COMENTARIO AL EVANGELIO DE MARCOS

Xabier Pikaza Ibarrondo

EDITORIAL CLIE
C/ Ferrocarril, 8
08232 VILADECAVALLS
(Barcelona) ESPAÑA
E-mail: clie@clie.es
http://www.clie.es

© 2013 por Xabier Pikaza Ibarrondo

«Cualquier forma de reproducción, distribución, comunicación pública o transformación de esta obra solo puede ser realizada con la autorización de sus titulares, salvo excepción prevista por la ley. Diríjase a CEDRO (Centro Español de Derechos Reprográficos) si necesita fotocopiar o escanear algún fragmento de esta obra (www.conlicencia.com; 917 021 970 / 932 720 447)».

© 2022 Editorial CLIE, para esta edición en español.

COMENTARIO AL EVANGELIO DE MARCOS
ISBN: 978-84-19055-06-4
Depósito Legal: B 8801-2022
Comentarios Bíblicos
Nuevo Testamento
REL006800

Colección Teológica Contemporánea

Estudios bíblicos

Michael J. Wilkins y J. P. Moreland, eds., *Jesús bajo sospecha*, 2003.
Michael Green y Alister McGrath, *¿Cómo llegar a ellos?*, 2003.
Wayne A. Grudem, ed., *¿Son vigentes los dones milagrosos?*, 2004.
Murray J. Harris, *3 preguntas clave sobre Jesús*, 2005.
Bonnidell Clouse y Robert G. Clouse, eds., *Mujeres en el ministerio*, 2005.
J. Matthew Pinson, ed., *La Seguridad de la Salvación*, 2006.
Robert H. Stein, *Jesús, el Mesías. Un estudio de la vida de Cristo*, 2006.
J. S. Duvall y J. D. Hays, *Hermenéutica. Entendiendo la palabra de Dios*, 2008.
D. A. Carson y Douglas J. Moo, *Una introducción al Nuevo Testamento*, 2009.
Panayotis Coutsoumpos, *Comunidad, conflicto y eucaristía en la Corinto romana*, 2010.
Robert Banks, *La idea de comunidad de Pablo*, 2011.

Estudios teológicos

N. T. Wright, *El verdadero pensamiento de Pablo*, 2002.
G. E. Ladd, *Teología del Nuevo Testamento*, 2002.
Leon Morris, *Jesús es el Cristo: Estudios sobre la teología joánica*, 2003.
Richard Bauckham, *Dios Crucificado: Monoteísmo y Cristología en el Nuevo Testamento*, 2003.
Clark H. Pinnock, *Revelación bíblica: el fundamento de la teología cristiana*, 2004.
Millard Erickson, *Teología sistemática*, 2009.
I. Howard Marshall, *Teología del Nuevo Testamento*, 2022.

Comentarios bíblicos

F. F. Bruce, *Comentario de la epístola a los Gálatas*, 2004.
Peter H. Davids, *La Primera epístola de Pedro*, 2004.
Gordon D. Fee, *Comentario de la epístola a los Filipenses*, 2004.
Leon Morris, *El Evangelio de Juan, volúmenes 1 y 2*, 2005.
Robert H. Mounce, *Comentario al libro del Apocalipsis*, 2005.
Gordon D. Fee, *Comentario de las epístolas de 1ª y 2ª de Timoteo y Tito*, 2008.
Gary S. Shogren, *Primera de Corintios*, 2021.
Xabier Pikaza, *Comentario al Evangelio de Marcos*, 2022.
Douglas J. Moo, *Comentario a la epístola de Romanos*, 2022.
F. F. Bruce, *El libro de los Hechos*, 2022.

Contenido

Presentación   *7*
Introducción   *11*
División de Marcos *42*

Prólogo. Comienzo del Evangelio (1, 1-13)   *44*

I. Galilea, Evangelio del Reino (1, 14—8, 26)
1. Necesidad humana y mensaje de Reino (1, 14-3, 6)   *83*
2. Elección y misión. La tarea de los Doce (3, 7–6, 6a)   *161*
3. Mesa común. Sección de los panes (6, 6b–8, 26)   *263*

II. Camino de Jerusalén. Muerte del Cristo (8, 27—15, 47)
1. Anuncios de muerte. Camino de Iglesia (8, 27–10, 52)   *371*
2. Jerusalén, ciudad del Mesías (11, 1–13, 37)   *503*
3. Muerte solidaria. El Mesías crucificado (14, 1–15, 47)   *623*

Epílogo. Pascua, un final abierto (16, 1-8)   *725*
Apéndice. Conclusión eclesial y epílogo canónico (16, 9-20)   *740*

Bibliografía   *751*
Índice de recuadros   *764*
Índice general   *776*

Presentación

El evangelio de Marcos, escrito hacia el año 70 d.C., es decir, unos cuarenta años después de la muerte de Jesús, es un texto esencial para entender el cristianismo, pues expone la vida mesiánica de Jesús y desarrolla así la primera teología fundada en esa vida. Ciertamente, existen teologías anteriores, como la de Pablo (que escribió entre el 49/57 d.C.) y la de un documento de dichos de Jesús, llamado Q, hoy perdido (que pudo haber surgido entre el 50/60 d.C.), pero ellas no se ocupan del Jesús histórico, sino de su presencia pascual (Pablo) y de sus palabras de sabiduría salvadora (documento Q).

Marcos ha sido el primero que ha escrito una biografía teológica de Jesús, una obra que ha sido y sigue siendo importante no sólo por sí misma, sino porque su trama y las bases de su argumento han sido retomadas de un modo directo por otros dos evangelistas (Mateo y Lucas), e indirectamente por el cuarto (Juan). Ciertamente, en la visión del cristianismo sigue siendo esencial la aportación de Pablo; pero sin la historia de Jesús que ofrece Marcos, la teología de Pablo hubiera terminado perdiendo su «mordiente», que es inseparable de la humanidad de Jesús. Es posible que Marcos no hubiera podido escribir su evangelio si no hubiera existido antes Pablo, el gran apóstol de Jesús. Pero la aportación de Pablo no hubiera podido mantenerse si no hubiera sido recreada por la «biografía» de Jesús que ofrece Marcos.

Anunciando la próxima venida de Jesús, que había muerto hacía muy pocos años (el 30 d.C.), el apóstol Pablo (que actuó entre el 34 y el 64 d.C.) interpretaba el evangelio como anuncio de la resurrección y la gloria del Cristo, sin interesarse casi por la historia de Jesús. Por el contrario, Marcos, que escribió su libro unos años después (entre el 70-74 d.C.), tras la muerte de Pablo y de Pedro, interpretó el evangelio como anuncio de la vida y la presencia del Jesús histórico.

Este evangelio es un «relato biográfico», es decir, una semblanza mesiánica de Jesucristo, Hijo de Dios, que abarca el tiempo que va desde su llamada o vocación (después de su bautismo, de manos de Juan, un profeta poderoso: 1, 9-11), hasta su muerte, dictada por Poncio Pilato, gobernador romano de Judea (Mc 15). Esa «biografía» histórica-teológica (religiosa) de Jesús ha marcado toda la experiencia posterior de los cristianos. Ella sigue siendo fascinante, y su lectura constituye una inmensa aventura intelectual y religiosa. Es como volver a los principios de la vida, tal como Jesús y los primeros cristianos lo vivieron, para recuperar de esa manera las raíces de la humanidad. Convencido de eso, llevo muchos años pensando, enseñando y escribiendo sobre Marcos. Por eso, con una larga experiencia de fondo, tras haber ofrecido muchos cursos sobre el tema en la Universidad Pontificia de Salamanca, me atrevo a condensar ya mi visión de su evangelio, en este nuevo comentario didáctico-pastoral.

Lo he escrito recogiendo la amable invitación del Dr. Alfonso Ropero, Director Editorial de CLIE, a quien agradezco la confianza que me ha mostrado, pensando de un modo especial en los catequistas, pastores y misioneros, tanto protestantes como católicos, que quieran conocer mejor a Marcos, y descubrir con más hondura el cristianismo, no sólo para vivirlo, sino para predicarlo y exponerse de un modo didáctico en las comunidades. Pero este libro no está dedicado sólo a pastores y misioneros, sino a todos los que quieran conocer la «vida y obra» de Jesús según Marcos. No trato, por tanto, de Jesús en sí, ni ofrezco una visión de conjunto de los cuatro evangelios, sino que me limito a presentar un comentario del texto de Marcos.

Me honra el hecho de que una editorial protestante haya querido ofrecerme esta invitación, sin condiciones teológicas o doctrinales, de manera que así puedo escribir un comentario «cristiano» (pastoral) de Marcos, el más incisivo de los evangelios, para lectores en principio (pero no exclusivamente) protestantes. Soy católico, como he dicho, y en condición de tal escribo (es decir, como cristiano), pero debo añadir que no me opongo en modo alguno a las demás iglesias, sino todo lo contrario, y que gran parte de mi conocimiento científico de Marcos depende de autores de tradición luterana o reformada, desde E. Lohmeyer a J. Marcus, y de otros muchos, cuyas obras recojo adecuadamente en la bibliografía, sin distinguir ya entre católicos, protestantes o de otras confesiones.

Sólo partiendo del estudio de muchos investigadores protestantes he podido escribir este comentario, que ha crecido entre católicos, y que dedico, por igual, a unos y otros, a todos los cristianos, y, de un modo más amplio, a quienes quieran conocer mejor a Marcos, desde una perspectiva religiosa, histórica y literaria, en un mundo donde resulta esencial la escucha y el diálogo entre todos. Lo escribo con el deseo de que unos y otros podamos ser mejor aquello que somos, buscando en el Jesús de Marcos la raíz y fundamento de nuestra experiencia y tarea cristiana.

He querido que este comentario sea *didáctico-pastoral*, y en ese contexto se sitúan mis aportaciones principales. No escribo un estudio de exégesis pura, en clave histórico-crítica, pues en esa línea existen muchos y buenos comentarios (como los de Gnilka o Pesch, citados en la bibliografía); además, yo mismo he trabajado y sigo trabajando en esa perspectiva, como indica un libro más especializado, que he venido preparando hace tiempo para la Editorial Verbo Divino (Estella, España). Tampoco escribo un comentario puramente espiritual, pues también existen en ese plano buenos comentarios, tanto entre católicos como entre protestantes. Pero no hay, que yo sepa, buenos comentarios didáctico-pastorales, escritos en línea ecuménica, y en esa línea quiero situar este libro.

Ciertamente, asumo y tengo en cuenta las aportaciones principales de la mejor exégesis científica, tanto en línea protestante como católica, pero me he fijado de un modo especial en el *aspecto didáctico* del evangelio y así expongo el pensamiento y teología de Marcos (sus aportaciones principales) en forma de esquemas y recuadros que acompañan sin cesar al comentario. Con ellos podría preparar un diccionario o enciclopedia de Marcos (en la línea de mi *Diccionario de la Biblia*, Verbo Divino, Estella 2007), pero en este libro he preferido que los recuadros vayan insertos en la misma trama del texto, al final de las diversas secciones, como resumen, conclusión o aclaración de lo dicho en el comentario.

El índice final de los recuadros, elaborado por aparición en el texto, por orden alfabético y por materias, permitirá alcanzar una visión de conjunto de la temática de Marcos, cosa que, a mi juicio, no se ha hecho hasta ahora de un modo suficiente. En esa línea debo repetir que mi comentario es ante todo doctrinal (pastoral), y se funda en la experiencia de tres decenios de docencia universitaria, en la Universidad Pontificia de Salamanca, donde he venido utilizando con regularidad varios tipos de esquemas o recuadros. Espero que ellos sirvan para introducir a los lectores no sólo en el mundo interior de Marcos, sino para trazar sus conexiones con algunos temas de la actualidad.

Pero, siendo didáctico, mi comentario quiere ser también *pastoral* o, si se prefiere, catequético. Escribo ante todo para lectores creyentes o, al menos, interesados por la aventura cristiana que quiso exponer Marcos, al principio de la Iglesia. Ciertamente, su evangelio se puede interpretar también desde unas claves culturales y sociales, literarias e intelectuales ajenas al cristianismo (es decir, desde presupuestos puramente racionales); pero Marcos lo escribió, ante todo, para proclamar su fe en Jesús y para exponer las exigencias e implicaciones de esa fe. Por eso, su texto hallará una resonancia especial entre creyentes, sobre todo si son catequistas y pastores.

Queriendo ser didáctico y pastoral, este libro contiene algunas repeticiones, que están pensadas para entender mejor el desarrollo de los temas, que expongo de un modo escolar, buscando siempre la cercanía de los lectores. El lector interesado descubrirá, además, algunas repeticiones entre el texto del comentario y los recuadros temáticos. Ellas han sido inevitables, pues una parte considerable de los recuadros recoge y sistematiza informaciones que están desarrolladas, de otra forma, en los comentarios; espero que ellas sirvan para un mejor conocimiento de los temas.

Mi libro empieza con una introducción que sirve para situar el evangelio y para entenderlo mejor, aunque no quiere resolver ni resuelve todos los problemas implicados en el surgimiento del evangelio. Después viene el comentario propiamente dicho, capítulo a capítulo, incluso verso a verso, destacando aquellos puntos que, a mi juicio, son más importantes, desde el punto de vista histórico, teológico y literario, pero siempre con una finalidad pastoral, que es la de ayudar a comprender el texto, que es lo que me importa. Al final de cada sección, y a veces de cada pasaje, voy introduciendo, como he dicho, unos recuadros, que permiten comprender el sentido de conjunto de los textos, dentro de la dinámica de Marcos.

Ofrezco al final una bibliografía selecta, sobre todo en castellano, para aquellos que quieran seguir profundizando en los temas. Por las mismas características del comentario he prescindido de las notas eruditas a pie de página y de las discusiones exegéticas especializadas, que no servirían de ayuda a los lectores a quienes se dirige. Quienes quieran situarse a ese nivel harán bien en consultar otros comentarios, como los ya citados de Lohmeyer y Pesch, Gnilka y Marcus, o incluso el mío, también citado. Para orientación de los lectores, al comienzo de cada capítulo y a veces de cada sección ofrezco algunas referencias bibliográficas selectas, que deberán completarse con los comentarios que he tenido siempre presentes en mi estudio (y que van citados en la bibliografía).

Sólo me queda decir que he seguido y explicado directamente el texto griego, a partir de la edición del GNT (cf. bibliografía), utilizando mi propia traducción que he comparado con otras castellanas, como la de Cantera-Iglesias y la de Reina-Valera. Y finalizo diciendo que he querido dedicar, de un modo especial, este comentario a los amigos y amigas de las comunidades protestantes que he conocido, tanto en España como en América Latina.

San Morales de Tormes
Agosto de 2011

Introducción

1. Marcos, el primer evangelio escrito

Cf. D. E. Aune, *El Nuevo Testamento en su entorno literario*, Desclée de B., Bilbao 1993; R. E. Brown, *Las iglesias que los apóstoles nos dejaron*, Desclée de B., Bilbao 1986; R. Bultmann, *Historia de la Tradición Sinóptica*, Sígueme, Salamanca 2000; M. Dibelius, *La historia de las formas evangélicas*, Edicep, Valencia 1984. C. H. Dodd, *La predicación apostólica y sus desarrollos*, Cristiandad, Madrid 1974; S. Guijarro, *Los cuatro Evangelios*, Sígueme, Salamanca 2010; H. Koester, *Ancient Christian Gospels. Their History and Development*, Fortress, Philadelphia 1990; G. Strecker-U. Schnelle, *Introducción a la exégesis del Nuevo Testamento*, Sígueme, Salamanca 1997; F. Vouga, *Los primeros pasos del cristianismo*, Verbo Divino, Estella 2000; L. M. White, *De Jesús al cristianismo. El Nuevo Testamento y la fe cristiana: un proceso de cuatro generaciones*, Verbo Divino, Estella 2008.

Tomemos en la mano el libro (Evangelio de Marcos), que forma parte de nuestras biblias cristianas, acudiendo si fuera posible a la lengua original (el *texto* griego). Si no manejamos el griego, busquemos una buena traducción castellana, entre las que cito en bibliografía. Antes de venir a mi comentario, será bueno que cada lector haya dedicado un tiempo al «texto», es decir, al libro de Marcos, para tener así una idea personal de su mensaje, descubriendo mejor su contenido. La mayoría de mis lectores lo conocerán ya, no sólo por su lectura de la Biblia, sino también porque Marcos es un libro que se emplea con abundancia en la liturgia y catequesis de las iglesias cristianas.

Este comentario se dirige básicamente a personas que ya conocen de algún modo a Marcos, porque han leído su texto o porque han escuchado sermones sobre sus pasajes principales. Conocen a Marcos, pero quizá no han leído su texto de un modo unitario, o no han tenido ocasión de estudiarlo y entenderlo de un modo más profundo, penetrando así mejor en los orígenes del cristianismo.

Para ellos he querido escribir este comentario, que es más didáctico-pastoral que puramente científico, aunque se funda en las mejores aportaciones de la ciencia exegética.

Deseo que mis lectores puedan acercarse de manera más profunda y creadora al texto del evangelio, prescindiendo incluso de mi libro, si crea interferencias con el texto. No es mi comentario lo que importa, sino el «libro» (que es Marcos) o, mejor dicho, su tema, el Evangelio de Jesucristo. Yo sólo puedo ofrecer una guía de lectura; quedarse en ella sería perder la riqueza del original y la creatividad del lector, llamado a recorrer de una manera personal, de mi mano (o, mejor dicho, de la mano de Marcos), los caminos de la vocación cristiana, porque, a mi juicio, este evangelio es un libro de «vocación», es decir, de llamada cristiana, para recrear así la Iglesia de Jesús, a comienzos del siglo XXI.

Yo sólo ofrezco una «guía» de lectura, son los lectores los que deben hacer el camino, de un modo individual, o en grupos de reflexión y compromiso cristiano. A lo largo de los últimos años, me he detenido cierto tiempo ante Marcos y así puedo ofrecer algunas claves a los que estén interesados en el tema, acompañando de esa forma a mis lectores, siempre que no se detengan en ellas, sino que vayan al texto, es decir, al evangelio en sí, leído en forma de estudio individual o en grupos de reflexión cristiana y compromiso evangélico.

Una de las primeras preguntas que suelen plantear los lectores es: ¿Qué es el evangelio de Marcos? ¿Cómo definirlo? Como verá quien siga leyendo, se pueden proponer y se han propuesto muchas respuestas: Marcos es una biografía, un libro de historia, un tratado de meditación, un folleto de propaganda político-religiosa, un relato de tipo fantasioso, un sermón dogmático, una guía de conducta... Es bueno que el lector empiece sin ideas previas; que no quiera saber con demasiada rapidez lo que es el texto, que no lo clasifique de antemano y encajone.

Desde su propia extrañeza, como libro antiguo y diferente, Marcos nos sigue sorprendiendo. Es bueno que la sorpresa se mantenga por un tiempo. No sabemos bien qué es Marcos (es decir, el evangelio que lleva ese nombre); no podemos precisar su género literario, pero se trata de un libro que ha impresionado e impresiona a muchos. Tuvo un gran éxito al principio, pues logró cautivar la mente de autores como Lucas (= Lc) y Mateo (= Mt) que, recreando y asumiendo en gran parte sus esquemas, redactaron después unos evangelios más extensos y quizá más doctrinales que se siguen leyendo todavía dentro de la Iglesia. El mismo Juan (= Jn) ha retomado el esquema básico de Marcos para escribir su libro de revelación y misterio de Jesús, Hijo de Dios, y Logos de los hombres.

Hay, según eso, otros evangelios (Mateo, Lucas y Juan), pero Marcos nos sigue fascinando, porque es el más directo y porque está en la base de todos. ¿Cuál es su género literario? ¿Cómo debemos entenderlo? Para precisar nuestra respuesta, será bueno que nos detengamos recordando tres de las posturas que se han dado en los últimos decenios. Algunos piensan que Marcos quiso escribir una aretología: un tratado de grandezas y virtudes de Jesús. Otros opinan que intentó escribir la vida ejemplar de Jesús como profeta. Otros, en fin, sostienen que su libro es una especie de tratado teológico, centrado en la epifanía o manifestación de Dios en Jesús. Hagamos un esquema.

- *Aretología.* «Areté» significa en griego virtud, acción noble y honrada. Las «aretologías» eran escritos donde se destacaban las virtudes y acciones de los grandes personajes, que solían aparecer como delegados de Dios sobre la tierra. En esa línea han querido entender algunos a Marcos. Pero otros dicen que ese esquema acaba siendo estrecho: más que la grandeza y triunfo divino de Jesús, Marcos destaca su fracaso humano y muerte. Además, el Jesús de Marcos no es sólo un hombre «virtuoso», en el sentido ordinario de ese término, sino otra cosa.
- *Vida de un profeta.* Por entonces (siglo I d.C.) se empezaron a escribir libros de carácter didáctico y ejemplar, resaltando la figura de los grandes personajes (en Israel, de los profetas); tales libros incluían la llamada o vocación, con los gestos principales y la muerte del protagonista (como podría ser Moisés, de quien escribió Filón un libro). Este esquema nos acerca más al objetivo, pero tampoco es suficiente, pues el evangelio de Marcos no es la vida de alguien que ha pasado, sino evangelio o buena nueva de un ser que está viviente. Y además la vida de Moisés que escribió Filón tiene un sentido distinto, y está escrita para paganos (no para judíos).
- *Epifanía teológica.* Epifanía significa manifestación sagrada. Marcos habría escrito su libro para describir la revelación de Dios en Jesús. Quienes lo entienden así piensan que él transmite los secretos sagrados de Jesús: expresa su ser divino en formas de humildad, en velos de sufrimiento y muerte. Para narrar ese ocultamiento glorioso de Jesús, Hijo de Dios, habría escrito Marcos su evangelio. Esto es cierto, pero no llega hasta la entraña del problema: Marcos no se puede entender sólo como libro de la epifanía oculta de Dios en Jesús, sino que es algo más, como seguiremos viendo.

El Jesús de Marcos es un hombre virtuoso (digno de ser incluido en una aretología), un enviado de Dios (profeta), alguien a quien los cristianos tomaban y toman como manifestación de lo divino (epifanía), pero esos rasgos acaban siendo insuficientes, pues él rompe todos los esquemas anteriores. Por eso Marcos ha tenido que contar (escribir y proclamar) algo que hasta entonces nadie había logrado decir en un libro, creando así una nueva forma de literatura, un género que llamamos «evangelio».

Éste es el título que él mismo ha dado a su libro: Evangelio de Jesucristo, Hijo de Dios... (Mc 1, 1). No ha escrito una crónica de historia (como muchos modernos quisieran), ni un tratado filosófico (como otros hubieran deseado), ni un esquema de razones teológicas sobre el Cristo, ni un manual de meditación, ni un sermón, ni un conjunto de mitos, ni un poema, una epopeya o una carta.

Marcos entiende su libro como «evangelio», es decir, como expresión de la presencia pascual de Jesús, que se concreta en su mensaje y en el recuerdo de su vida. Marcos ha tomado el anuncio de Jesús (proclamación mesiánica del Reino) y el despliegue de su vida (su misión en Galilea, su muerte en Jerusalén) como argumento y contenido de un libro que a su juicio ha de tomarse como guía y principio de vida para los cristianos a quienes se dirige (probablemente en Roma, quizá en el entorno de Galilea), para decirles quién ha sido y quién es Jesucristo.

Prácticamente todo lo que dice su libro era ya conocido, pues recoge elementos que se hallaban previamente dispersos en la tradición de Jesús (recuerdos de milagros, controversias, parábolas, una «historia» de la pasión). Pero él ha recreado esos elementos de una forma que parece biográfica, algo que nadie había hecho previamente, traduciendo en forma de «libro» el contenido del mensaje y de la vida/pascual de Jesús, desde su bautismo hasta su muerte, desde una perspectiva creyente, es decir, desde el convencimiento de que él está presente y actúa a través de sus seguidores.

Con elementos que eran ya conocidos, desde una perspectiva cercana a la de Pablo (que había muerto en torno al 64 d.C.), retomando tradiciones vinculadas a Pedro (muerto también hacia el 64 d.C.) y a las primeras mujeres cristianas, Marcos ha escrito hacia el año 70-74 d.C. un libro de recuerdos o, mejor dicho, del «recuerdo» viviente de Jesús, que culmina en su muerte y que se encarna en la experiencia de su resurrección, entendida de manera activa, a modo de compromiso de misión cristiana.

De esa forma, el mismo libro se puede y se debe entender como «evangelio», es decir, como proclamación de la buena nueva de Dios para los hombres. Es un libro para «leer», pero sobre todo para transformar la vida y misión de los creyentes. Según Pablo, que había realizado su misión principal unos años antes, el evangelio era básicamente el anuncio de la resurrección de Jesús crucificado. Para Marcos, en cambio, ese anuncio del resucitado se expresa en la «biografía mesiánica» de Jesús, es decir, en la historia de su vida, desde el bautismo (1, 9-11) hasta la muerte (15, 1- 47).

En esa línea debemos afirmar que Marcos ha creado por primera vez y para siempre un «evangelio biográfico», en el sentido extenso de la palabra: un libro que transmite el testimonio del mensaje y realidad, de la llamada y esperanza escatológica del reino de Jesús. Él ha escrito según eso un manual de la vocación cristiana: el texto clave donde se define la identidad de Jesús y de sus seguidores. Su libro es un relato «histórico» (en el sentido pascual del término: la historia de Jesús resucitado), siendo un auténtico catecismo, compendio y expresión del camino que los seguidores de Jesús han de recorrer para alcanzar el Reino.

Quizá pudiéramos decir que Marcos ha ofrecido la primera *Constitución* del Cristianismo, pero no como un código cerrado donde se definen las condiciones (derechos y deberes) de la ciudadanía mesiánica, dentro de la Iglesia, sino como un mensaje articulado y creador, como anuncio y presencia de aquello que el mismo Dios ha hecho en Jesús a favor de los hombres. En esa línea podemos afirmar que Marcos es un libro instituyente, que ofrece y va trazando los caminos de la realización cristiana, en un sentido que recuerda al de los libros de la Ley (Pentateuco) israelita.

Marcos escribe, según eso, un libro «canónico»: quiere ofrecer la clave y sentido del mensaje de Jesús y tipo de «canon» de vida cristiana. En ese sentido, no es un libro de Ley (como puede ser el mismo Pentateuco israelita), sino un evangelio, es decir, un libro de anuncio e historia pascual, una noticia de Dios y de la vida humana que se ofrece con poder a los que quieren aceptarla. No es una expresión de lo que ya existía desde siempre, sino recuerdo muy concreto de Alguien que «ha sido» (es un relato de la historia de Jesús), siendo promesa y garantía de aquello que ahora empieza a realizarse, pues el Jesús que ha muerto por anunciar el evangelio se halla vivo y quiere reunirse con sus seguidores «en Galilea» (16, 67).

Por eso, es buena noticia: frente a todas las calamidades que agoreros y hombres de tragedia han extendido sobre el mundo, Marcos es anuncio de la felicidad y promesa de Jesús, que suscita una esperanza y abre una experiencia profunda de Dios. La novedad del evangelio consiste en su carácter de anuncio y presencia gozosa de Dios, a través de Jesús, el crucificado. Marcos anuncia la resurrección del crucificado y su presencia en Galilea, donde hay que buscarle y descubrirle como expresión de Dios y germen o semilla de nueva humanidad; de esa forma sigue proclamando la llegada del reino de Dios, que es felicidad y plenitud, reconciliación y vida que se ofrece a los hombres y mujeres que parecen condenados a la muerte sobre el mundo, porque Jesús nazareno ha resucitado y el anuncio de su Reino se retoma en Galilea.

Marcos es el libro de Jesús que ha muerto en Cruz y que ha resucitado, pero no se cierra en Jesús, sino que evoca también la figura y tarea de un grupo de discípulos de ese mismo Jesús, que continúan recorriendo su camino y expandiendo su anuncio de Reino dentro de la historia. En un primer momento, ese evangelio de Jesús y sus discípulos se había transmitido solamente a través del testimonio de la vida y la palabra predicada de sus seguidores, y también por unas cartas, como las de Pablo, pero nadie había pretendido plasmarlo en un escrito unitario, fijarlo en una «historia» literaria. La buena nueva de Jesús era (y sigue siendo) palabra que se ofrece de manera personal, anuncio que va unido a la existencia de aquellos que lo expanden, sin necesidad de un libro escrito. Así lo habían transmitido los primeros discípulos del Cristo, y de una forma peculiar lo había hecho Pablo, el cristiano mejor conocido de la primera generación de la Iglesia.

Conocemos bien la acción de Pablo a través de sus escritos personales (cartas o epístolas). Pero debemos añadir que él no quiso (y quizá no habría podido) redactar un evangelio «biográfico», es decir, un compendio de la vida y mensaje de Jesús como hará luego Marcos, pues en su tiempo eso no era necesario. La figura de Jesús se hallaba viva en el corazón mismo de sus testigos, en la boca de los misioneros, en el gozo de los fieles… y además se esperaba su venida inmediata, como Hijo del Hombre y Señor de la historia. La atención de los creyentes no se centraba en lo que Jesús había sido y había hecho (el Jesús de la historia, según la carne), sino en su «fracaso» mesiánico (en su muerte) y en aquello que haría pronto, cuando viniera como Señor Universal.

Ciertamente, los seguidores de Jesús recordaban lo que había hecho, sin necesidad de libro, y además les importaba mucho más aquello que debía ser y hacer cuando viniera a culminarlo todo. Por eso, el primer «evangelio» no estaba contenido en un libro, sino que se centraba en la confesión pascual y en la esperanza de la venida del Cristo (no en el pasado de su historia). No era un libro, ni una historia ya pasada, sino la experiencia del Cristo presente, como recuerda todavía Ignacio de Antioquía, a principios del siglo II: «Mi archivo es Jesucristo, su cruz, su muerte, su resurrección y la fe que, de él, me viene» (Flp 8, 2). Los cristianos como Ignacio no necesitaban archivos con libros como Marcos, pues mantenían viva la memoria de la cruz-muerte-resurrección de Jesús.

Pero pasaron los años, los grandes testigos de Jesús fueron muriendo: Santiago, el hermano del Señor, fue ajusticiado por el Sacerdote Anás (62 d.C.); Pedro y Pablo murieron en la durísima persecución de Nerón (hacia el 64 d.C). Se desencadenó la gran guerra de los judíos (años 67-70 d.C.)… y el anuncio pascual parecía no haberse cumplido: Jesús no vino a instaurar su Reino. Algunos afirmaban que Jesús había olvidado su promesa y lo dejaba todo en manos de la historia, en el conflicto sin fin de las guerras y opresiones de este mundo. Ciertamente, el mensaje y esperanza de Pablo (y de Pedro, y de las primeras mujeres cristianas) podía ser verdad, pero él había muerto y parecía que nada había sucedido. ¿Qué se podía hacer? ¿Dónde podían volverse los ojos?

Por otra parte, en aquellos años, en varias iglesias estaba circulando ya un libro de Dichos (llamado el Q o los Logia), donde se contenía una colección de sentencias proféticas de Jesús y de preceptos morales (que han recogido más tarde Lucas y Mateo). Ese libro de profecías y enseñanzas de Jesús era importante para mantener su memoria, pero en el fondo podía sumarse a la lista de los libros proféticos del Antiguo Testamento: importaba lo que Jesús decía (su mensaje, sus *logoi* o palabras), no lo que él había sido y era como *Logos* o palabra encarnada (humana) de Dios.

Pues bien, en ese momento empezaban a existir cada vez más cristianos que se interesaban por Jesús como tal (por lo que había hecho, por lo que había sido), más que por lo que dijo e incluso más que por lo que haría cuando viniera. En ese contexto, hacia el 70-74 d.C., tras la hecatombe de la Guerra Judía, una vez que habían muerto ya Pedro y Pablo, escribió alguien el libro de Marcos, para decir que lo fundamental era la «historia viva de Jesús». El evangelio no era lo que Jesús dijo, ni lo que haría cuando viniera al fin de los tiempos, sino lo que él había sido, en la historia de su vida.

Marcos (el autor de ese libro) hizo algo que parecía muy sencillo, pero que a nadie se le había ocurrido todavía: Presentó la «vida mesiánica de Jesús» (desde su bautismo hasta su muerte) como confesión y testimonio de la presencia definitiva de Dios y como salvación de los hombres. Escribió así, por sí mismo y/o por encargo de su Iglesia (quizá en Roma) un texto que respondió al deseo de muchísimos cristianos, que estaban esperando que alguien les ofreciera la «imagen viva» de la historia de Jesús, partiendo del Antiguo Testamento (la Escritura oficial), pero con cierta autonomía, inaugurando así lo que será la Escritura cristiana, el Nuevo Testamento.

---

(1) La Escritura de Marcos: Antiguo Testamento

Marcos no es un «escriba cristiano» como Mateo, y por eso no ha elaborado una interpretación particular de la Escritura. Sin embargo, todo su evangelio se apoya en una lectura especial del Antiguo Testamento, como muestra de un modo especial la controversia de Jesús con los saduceos, en torno al matrimonio y la resurrección de los muertos (12, 18-27; cf. también 10, 2-11). Por eso es importante que fijemos, al comienzo de este comentario, los elementos básicos de la «lectura» bíblica (del Antiguo Testamento) en Marcos, divididos en cinco momentos.

a) *Principio*. Juan Bautista es para Marcos el cumplimiento viviente de la Escritura, como indica 1, 1-3, con cita de Ex 23, 20; Mal 3, 1 e Is 40, 3. En algún sentido, la Escritura culmina en Juan Bautista, no en Jesús, que es testigo de algo nuevo. Más aún, pudiéramos decir que, aceptando como base la Escritura israelita, Marcos ha querido escribir un texto de Nueva Escritura para los cristianos.

b) *La gran crisis*. El rechazo de Israel que no acepta a Jesús está explicado en Marcos a la luz de la misma Escritura. Para ello se utilizan algunos textos clave de la tradición profética:

1. *Crisis mesiánica*. Marcos la entiende a la luz de Is 6, 9-10 y Jr 5, 21: ya estaba predicho que «viendo no vieran...», etc. (4, 12; cf. 8, 18).
2. *Crisis ritual*. Marcos 6, 6-7 condena el gesto ritual de unos labios mentirosos, que no responden al corazón, falto de fe, partiendo de un modo especial de Is 29, 12 LXX.

3. *Crisis escatológica.* Marcos 9, 48 ha destacado, desde Is 66, 24, el riesgo de aquellos que escandalizan a los otros, diciendo que «su gusano no morirá...». En esa línea se sitúa la reinterpretación marcana de la apocalíptica judía, elaborada de forma consecuente en Marcos 13, como indica el texto clave de 13, 14 (quien lea entienda), refiriéndose a la «abominación de la desolación», evocada ya en Dn 11, 21; 12, 11.
4. *Condena del templo,* dictada por Jesús en 11, 17, con la ayuda de Jr 7, 11 e Is 56, 7.
5. *La piedra desechada por los arquitectos de Israel* es piedra angular para Dios, conforme a 12, 10-11, con cita de Sal 118, 22-23.
6. *Abandono de los discípulos,* leído en 14, 27 a la luz de Zac 13, 7 (¡heriré al pastor...!).
7. *Discusión sobre la Escritura en la muerte de Jesús,* centrada en la referencia a Elías, que debería venir para «imponer» el orden de Dios (cf. Marcos 15, 35; Mal 3, 4-5).

c) *Retorno al origen.* Hay en Marcos una serie de textos que ponen de relieve un tipo de «hermenéutica interior» de la Escritura: frente a los que acentúan una «ley» más vinculada al rito externo y normas secundarias, el Jesús de Marcos quiere volver al «principio» de la misma Escritura, destacando sus momentos más universales y creadores de humanidad:

1. *Ayuda a los padres necesitados.* Marcos pone la Escritura sobre la Tradición, y en algún sentido en contra de ella, en un pasaje que rechaza una «ley oral» de los escribas, diciendo que la necesidad de los padres está por encima de la sacralidad particular israelita (7, 10, con cita de Ex 20, 12).
2. *Comer en caso de hambre.* Jesús rompe una ley restrictiva del sábado (que está en el centro del Antiguo Testamento) apelando al caso de David y de sus compañeros que comieron los panes del santuario, prohibidos para los no-sacerdotes (cf. 2, 25).
3. *Los mandamientos* forman para Jesús una base, como aparece claro en 10, 17-22 (con cita de Ex 20, 12-16), pero han de ser trascendidos desde el seguimiento de Jesús.
4. *El mandato fundamental* ha sido formulado por Jesús desde Dt 6, 4-5 y Lv 19, 18, en palabra fundante que puede aceptar el judaísmo (12, 28-34).
5. *La ley del adulterio,* avalada por Moisés, viene a ser rechazada por Jesús, que apela al comienzo de la Escritura, por encima de la «norma concesiva» de Dt 24, 1.3. Texto clave en Marcos 10, 1-12, con cita de Gn 1, 27.

> 6. *La ley del Levirato* (Dt 25, 5): no aparece criticada directamente en este mundo (Jesús no entra en ello), pero ha sido superada en clave escatológica; en ese contexto se apela a los patriarcas para dar sentido a la resurrección (12, 18-27, con cita de Ex 3, 2.6.15.16).
> 7. *El sentido del término Señor (Kyrios):* desde una lectura de Sal 110, 1 LXX eleva Jesús el problema sobre las relaciones entre Dios como Kyrios y el mismo hijo de David como Kyrios (12, 35-37).
>
> d) *La muerte de Jesús.* Marcos ha sentido la necesidad de «iluminar» la muerte de Jesús desde un fondo de Escritura, latente en los anuncios de la entrega (8, 31; 9, 31; 10, 32-34) y en la misma lectura que 12, 1-12 hace de Is 5, 1-2. Hay quizá una referencia al Sal 41, 9 en 14, 18, pero el texto que guía y unifica el relato de la pasión es Sal 22, citado en 15, 24.34. Por eso, desde Marcos, se puede afirmar, con 1 Cor 15, 3, que Jesús murió conforme a las Escrituras (cf. 12, 10; 15, 28).
>
> e) *La resurrección* no se apoya en la Escritura, sino en la misma promesa de Jesús (16, 6-7 con cita de 14, 28). Lo que sí aparece prometido en la Escritura es la venida escatológica del Hijo del Hombre, a quien Marcos identifica ya claramente con Jesús: cf. 13, 24-26 (donde se unen varias citas proféticas, además de Dn 7, 13-14), y 14, 62, que vincula y cita Sal 110, 1 con Dn 7, 13. Conforme a todo esto, es evidente que para Marcos la novedad que define a Jesús (que desborda la promesa de la Escritura) ha sido y sigue siendo su resurrección.

2. Título y contenido

Cf. comentarios a Marcos, en especial los de Gnilka, Marcus, Navarro, Pesch. Para estudiar el proceso de fijación del texto de Marcos, con su autor y circunstancias, cf. sobre todo E.-M. Becker, *Das Markus-Evangelium im Rahmen antiker Historiographie*, Mohr, Tübingen 2006; R. E. Brown, *Rome*, en R. E. Brown-J. Meier, *Antioche and Rome*, Chapman, London 1983, 191-202; H. Cancik (ed.), *Markus-Philologie: Historische, literaturgeschichtliche und stilistische Untersuchungen zum zweiten Evangelium*, Mohr, Tübingen 1984; S. Guijarro, *Los cuatro evangelios*, Sígueme, Salamanca 2010; L. Hurtado, *The Gospel of Mark: Evolutionary or Revolutionary Document?*: JSNT 40 (1990) 15-32; E. S. Malbon, *Narrative Space and Mythic Meaning in Mark*, Academic Press, Sheffield 1991; J. Marcus, *Marcos 1-8*, Sígueme, Salamanca 2010, 79-95; W. Marxen, *El evangelista Marcos. Estudio sobre la historia de la redacción del evangelio*, Sígueme, Salamanca 1981; D. Rhoads (ed.), *Marcos como relato*, Sígueme, Salamanca 2002.

Marcos escribió en el momento oportuno, aquello que era más significativo, e incluso más necesario, para los cristianos, mostrando de hecho que el centro del cristianismo era la «historia» de Jesús, y creando así una especie de nueva «Escritura» (que ocupaba de algún modo el lugar del Pentateuco israelita). No se sabe quien fue este «Marcos» (ese nombre era corriente en aquel tiempo), ni dónde escribió su libro.

Los exegetas siguen discutiendo: muchos piensan que lo escribió en Roma, en torno al año 72-74, tras la muerte de Pablo y Pedro, tras la caída de Jerusalén (año 70), para ofrecer una base a los cristianos desnortados de la gran ciudad. Otros piensan que escribió más bien en el entorno de Palestina (entre Galilea o Siria), para orientar a los creyentes de origen judío y gentil, tras la gran catástrofe del año 70, que había pasado sin que se cumplieran las esperanzas de muchos.

No lo sabemos y no debe ser muy importante, pues el autor no quiso decirnos quién era, ni dónde escribió su obra, pero quiso que ella valiera para todos los cristianos, tanto en Palestina como en Roma, tanto en Alejandría como en Éfeso, Corinto o Antioquía, lugares donde residían las iglesias más significativas. No sabemos quién escribió este libro, pues no puso su nombre al principio ni al final, pero sabemos que quiso titularlo «Evangelio de Jesucristo» (Marcos 1, 1). Alguien, a mediados del siglo II d.C. (es decir, unos ochenta años después de su publicación) insertó al inicio dos simples palabras: *kata Markon*, es decir, «según Marcos».

Posiblemente, quien puso ese título sabía que el autor se llamaba Marcos, pero eso no nos ayuda mucho, pues Marcos era un nombre latino bastante común de aquel tiempo (como hoy sería Juan o Francisco). Más tarde, a partir del testimonio enigmático de un autor llamado Papías, se ha pensado que ese Marcos era un compañero de Pedro o de Pablo (o de los dos: cf Hch 12, 12.25; 15, 37; Flm 24; Col 4, 10; 2 Tim 4, 11; 1 Ped 5, 13). Pero no es fácil probarlo, de manera que la mayor parte de los investigadores renuncian a fijar mejor la identidad de «Marcos», autor del evangelio que hoy lleva su nombre. Sólo sabemos que fue un gran escritor y un gran cristiano y que hizo un servicio máximo a la vida de las iglesias, que aceptaron con gozo su libro.

Recordemos que en el momento de escribirse Marcos (y los otros evangelios) la Iglesia tenía su Escritura (nuestro Antiguo Testamento). Además, en algunas comunidades circulaban ya las cartas de Pablo. Pues bien, en aquel tiempo, en torno al año 70, una Iglesia (probablemente en Roma, quizá en torno a Galilea) sintió la necesidad de poseer un Evangelio, es decir, una historia de Jesús como Mesías. No simplemente como Mesías futuro (del fin de los tiempos), sino como Mesías con una historia humana, con un rostro, una figura, un desarrollo, desde el principio de su misión hasta su muerte. Esto es lo que quiso hacer Marcos.

En un primer momento, se podría decir que Marcos cuenta la historia humana de un ser «divino», de un ser superior (un espíritu más alto, como podrían ser Henoc o Daniel) que se encarna y manifiesta en Jesús. Pero, miradas las cosas con mayor profundidad, advertimos que entre Jesús y Dios no se establece ninguna «distancia»: Jesús no es un tipo de ser intermedio entre Dios y los hombres, ni es la presencia de un ángel, o de otro ser inferior, aunque cercano a lo divino, sino presencia del mismo Dios. Ésta es la novedad de Marcos: Dios mismo actúa a través de un hombre concreto.

En ese sentido podemos afirmar que Marcos es la «historia humana de Dios». Ciertamente, hay en Marcos un fondo de hechos concretos: el recuerdo de los acontecimientos básicos de la vida y muerte de Jesús. Pero ésta es una historia entendida, expandida y proclamada en clave pascual: es la buena nueva o evangelio de la acción definitiva de Dios, que es salvación final para los hombres.

(2) Marcos, un libro de fe

Marcos ha escrito la «historia pascual» de Jesús. Desde ese fondo se pueden precisar algunas características de su texto:

1. *Marcos no cuenta la historia externa de Jesús.* No ha querido escribir los hechos por los hechos, ni ofrece un retrato psicológico de la vida de Jesús, ni ha estudiado el desarrollo de su personalidad. Es cierto que asume y transmite los elementos principales de la historia de Jesús, los rasgos principales de su vida y muerte. También refleja su intención mesiánica: su forma de entender a Dios y su manera de ejercer la acción salvadora al servicio de los hombres. Pero, en un sentido estricto, Marcos no es una biografía. Por eso, si buscamos allí los perfiles psicológicos del Cristo o los momentos del proceso de maduración de su persona, nos equivocamos y corremos el riesgo de olvidar o deformar los datos más valiosos de su evangelio.
2. *Marcos no es tampoco un libro de mitología religiosa*, en el sentido clásico del término. Ciertamente, en un plano general extenso, se puede afirmar que es un libro mítico, pues habla de la intervención de Dios (de algo que no puede hablarse), pero se trata de un mito que se expresa y despliega en forma de historia o, mejor dicho, de vida humana. No expone aquello que existe desde siempre, ni cuenta las transformaciones internas de Dios, ni los procesos divinos, sino la historia de Jesús, a quien concibe y presenta como el hombre en el que Dios se manifiesta. Este Jesús de Marcos no es una imagen del hombre universal que existía desde siempre, no es la expresión simbólica del hombre eterno, sino un hombre concreto dentro de la historia concreta de este mundo. Por eso decimos que no es un libro de mitología, sino de «historia teológica»: Marcos cuenta la historia de Jesús como historia de aquel hombre en el que Dios se manifiesta y actúa, como buena noticia de amor y de vida para los hombres. Por eso le llamamos evangelio.

> 3. *Marcos no es tampoco un libro filosófico* al modo de los diálogos de Platón o de los tratados de Aristóteles. No es un texto donde maestros y discípulos dialogan razonando juntos para que así cada uno de ellos encuentre el sentido más hondo de su vida, los valores eternos, permanentes, de la realidad divino-humana. Tampoco es un tratado de tipo aristotélico: no busca la verdad por medio de la coherencia racional de una investigación sobre los principios y causas de las cosas. Por su misma forma literaria y por su contenido, Marcos es libro de anuncio y promesa: da testimonio de la buena nueva y la esperanza de vida que Dios está ofreciendo a los hombres por el Cristo muerto y resucitado.
>
> 4. *Marcos no es tampoco un libro de Ley en el sentido clásico del término.* Ciertamente, puede compararse con aquellos textos que los judíos de su tiempo (tras el 70 d.C.) están empezando a recopilar y que más tarde formarán la Misná o colección de sentencias-tradiciones que interpretan la ley del Antiguo Testamento y fijan el sentido de la identidad judía dentro de la tierra. Marcos no se ocupa de ordenar y trazar las leyes que derivan de las viejas tradiciones: no quiere que Israel venga a cerrarse dentro de sí mismo. En contra de eso, su evangelio acoge, proclama y ofrece a todos los pueblos de la tierra el camino de la libertad y la novedad mesiánica del Cristo galileo.
>
> 5. *Marcos es un libro de fe, el libro de la fe en el Dios que se expresa y actúa paradójicamente en la vida y muerte de Jesús.* Marcos supone que el mensaje cristiano se identifica con la buena nueva de la vida de Jesús (desde su bautismo hasta su muerte), tal como ha culminado por la resurrección y tal como se anuncia en la Iglesia. A su juicio, Dios se revela o manifiesta en esa vida, que él ha recogido y actualizado en su libro (es decir, en un texto escrito). Por eso, su libro no trata de la genealogía de lo divino (mito), ni se ocupa de las leyes sagradas de un pueblo (Misná judía), ni define los principios de la realidad en forma de diálogo racional o tratado teórico (filosofía), ni recoge uno por uno los detalles y procesos psicológicos de la vida humana de Jesús (historia profana), sino que expone y proclama la historia de la vida de Jesús como «vida humana» de Dios.

3. Un evangelio para comunidades cristianas

Las eclesiologías más documentadas de los últimos decenios han ignorado la aportación de Marcos, tanto en perspectiva católica y más dogmática (cf. A. Antón, *La Iglesia de Cristo. El Israel de la Vieja y de la Nueva Alianza*, BAC Maior, Madrid 1977, que dedica 110 páginas a Mt sin citar casi a Marcos) como en línea protestante y más bíblica (cf. J. Roloff, *Die Kirche im NT*, NTD Erg. 10, Göttingen 1993, que no dedica ni siquiera un apartado a Marcos). Tampoco R. E. Brown, *Las iglesias que los apóstoles nos dejaron*, Desclée de Brouwer, Bilbao 1996, 27-29, se ha detenido en el tema. Para descubrir la rica eclesiología de Marcos hace falta una metodología exegética más fina, en la línea de trabajos como los de Minette de T., *Secret*; Best, *Following*; Belo, *Lectura*; Martínez, *Memoria*; Navarro, *Ungido*; Santos, *Un paso*. Para una visión de conjunto: R. Aguirre, *Del movimiento de Jesús a la iglesia cristiana*, Desclée de Brouwer, Bilbao 1987 [=EVD, Estella 1997]; E. S. Fiorenza, *En memoria de Ella*, Desclée de Brouwer, Bilbao 1989; G. Theissen, *Estudios de sociología del cristianismo primitivo*, Sígueme, Salamanca 1985; W. A. Meeks, *Los primeros cristianos urbanos*, Sígueme, Madrid 1988. Sobre un posible contexto de Marcos, cf. L. E. Vaage, *El Evangelio de Marcos: Una interpretación ideológica particular dentro de los cristianismos originarios de Siria-Palestina*: RIBLA 29 (1998) 10-30.

Marcos nos sitúa en el centro de la primera tradición eclesial, allí donde confluyen, se fecundan o separan ya otros escritos cristianos, elaborados unos años antes, entre el 50 y el 60 d.C., como son las colecciones de *palabras* (Logia, Q), que podían deslizarse hacia una gnosis sapiencial, y las *tradiciones kerigmáticas* (cercanas a Pablo, más centradas en la muerte y pascua del Mesías), que podían separarse de la historia concreta (de la vida) de Jesús. Ciertamente, Marcos recoge algunas palabras (*logoi*) de Jesús, pero a su juicio lo que importa no son esas «palabras», sino Jesús mismo como «logos» o Palabra de Dios.

No parece que Marcos conozca ya una «colección» de cartas de Pablo (quizá no habían sido aún recogidas de un modo unitario), aunque él proclama, como Pablo, la Pascua de Jesús resucitado. Pero, según Marcos, las palabras de Jesús se condensan y expresan en la «biografía», es decir, en la vida mesiánica de Jesús como Palabra; por otra parte, a su juicio, el mensaje de la pascua (Jesús resucitado) nos lleva de nuevo a Galilea, es decir, al comienzo de la vida de Jesús. Desde ese fondo, Marcos ha querido trazar un «retrato» coherente de la «vida» mesiánica de Jesús, ofreciendo así las bases de la tradición cristiana posterior.

A diferencia de lo que harán, desde otras perspectivas, Mateo y Lucas (el autor Lc-Hch), Marcos no ha desarrollado temáticamente su visión de la comunidad cristiana, pero él ha ofrecido las bases teológico-simbólicas de toda posible *eclesiología mesiánica* desde el fondo de la vida de Jesús (a distinción de Pablo que destaca de forma casi exclusiva su aspecto pascual y pospascual). De esa forma, su misma cristología se vuelve eclesiología: su «retrato» de Jesús es un esquema o modelo (principio) de la vida de la Iglesia.

Todo lo que Marcos va narrando puede y debe entenderse desde el fin del libro (16, 7-8), como palabra de Jesús para la Iglesia (es decir, como llamada al seguimiento). Dejando el sepulcro vacío de Jerusalén y buscando a Jesús en Galilea, con las mujeres, discípulos y Pedro, debemos encontrarle como *Iglesia*, recorriendo así con él, de otra manera (en perspectiva pascual), su camino de historia.

Marcos no ofrece apariciones del resucitado, doctrinas separadas sobre el sentido de la Iglesia, cuyo mismo nombre evita, pues no quiere ni puede desligarla del camino pascual de Jesús, para hacerla entidad social independiente. Lo que a Marcos le importa no es el nombre del grupo (que se diga: *¡no somos judaísmo, sino Iglesia!*), ni el orgullo de unos elegidos (*¡somos comunidad escatológica!*), en la línea de aquello que a su juicio están haciendo los que él llama seudoprofetas y seudocristos, deseosos de afirmar *¡yo soy! ¡nosotros somos!* y de hacer milagros exteriores sobre el mundo (cf. 13, 6.21-22). Marcos ha querido edificar la comunidad cristiana sobre el mensaje de Jesús (su anuncio del Reino) y especialmente sobre su vida, tal como culmina en la entrega pascual (muerte y resurrección), entendida como alianza de aquellos que comparten *casa y pan*, es decir, familia y tareas, de forma universal, en torno al Mar de Galilea que se abre a los siete pueblos de la tierra (a todo el mundo).

Por eso, la misma «vida de Jesús» ha de entenderse como principio y centro de la vida de la Iglesia, que debe volver siempre a su principio, que es Jesús. Desde ese fondo podemos evocar algunos signos de esa comunión de creyentes que Jesús va reuniendo en torno a su persona y a su vida, pues al exponer la vida de Jesús, Marcos nos llama a formar parte de su comunidad, del grupo de aquellos que le siguen, para trazar de esa forma caminos de Reino.

Marcos está contando la vida de Jesús (que es la historia humana de Dios); pero, al mismo tiempo, de hecho, está contando y presentando la vida de la comunidad cristiana, que recoge y actualiza la historia de Jesús. En ese sentido podemos afirmar que su evangelio está ofreciendo, de un modo indirecto, los rasgos fundamentales de la vida y tarea de la comunidad cristiana. Por eso, Marcos empieza su libro hablando del «comienzo del evangelio» (1, 1). El evangelio comienza en Jesús, pero se expande en su comunidad. Por eso es muy importante fijar los signos de esa comunidad, presente en Roma o en Galilea. En sentido estricto, su evangelio es un Libro de la Comunidad (para la comunidad), entendida como barca de Jesús, comunión de discípulos que entienden los misterios del Reino, rebaño de Dios, templo y familia, creada y sostenida por Jesús.

Éstas son imágenes apropiadas (¡imágenes, no conceptos!) de la comunidad de seguidores de Jesús, que Marcos quiere potenciar, como iremos indicando en el comentario que sigue, pero ellas no agotan el tema, pues todo el evangelio es una historia (la historia de Jesús Mesías), que ha venido a convocar a los creyentes en la comunidad de Dios, a partir de las mujeres de la tumba vacía (16, 1-8). Ellas son para Marcos (por encima del posible influjo de Pablo, antes que Pedro) las verdaderas y misteriosas fundadoras de la comunidad de Jesús tras su muerte.

En ese sentido diremos que la Iglesia en Marcos es la comunidad de creyentes (seguidores de Jesús) que, apoyándose en el testimonio miedoso y creador de las mujeres (que empezaron huyendo de la tumba vacía de Jesús), se reúnen en

Galilea para retomar y rehacer el camino del evangelio. Ésta es la novedad de Marcos. Todo su libro trata de Jesús (es una gran Cristología, si se puede utilizar esa palabra), pero no de un Jesús en sí (en clave dogmática o teórica), sino de un Jesús que pone en marcha a los creyentes, que vive y actúa en ellos, creando la comunidad final de los convocados por Dios para el Reino.

Quizá podría decirse que Marcos ofrece una «cristología narrativa»: Cuenta la historia de Jesús como Mesías (presencia de Dios) en forma humana (no la historia de un ser divino que se encarna), sino la del mismo Dios que se manifiesta y actúa en una vida humana, a través de Jesús resucitado, que pone en marcha a los creyentes, desde Galilea. Marcos no habla de una Iglesia ya fundada (que podemos dejar en el pasado), sino de una Iglesia que debemos fundar de nuevo, desde Galilea:

- *Por eso no ha incluido un capítulo especial de apariciones pascuales* (acaba en 16, 8) porque, en el fondo, todo su evangelio ha de entenderse como presencia del resucitado, allí donde hay hombres y mujeres que se reúnen en su nombre, para rehacer su camino. De esa forma supera la distancia entre el *hoy* de la pascua y el *ayer* de la vida histórica de Jesús, entre los primeros discípulos y nosotros, discípulos del siglo XXI. Su libro es, por un lado, una historia: narra el pasado de Jesús, es recuerdo de su vida acabada en el Calvario. Pero es, al mismo tiempo, un testimonio de pascua: presencia activa del resucitado. No dice cómo fue la «aparición» de Jesús a Pedro, a los otros discípulos, pues quiere decirnos cómo tenemos que verle nosotros, en este momento de la historia, en esta Iglesia.
- *Tampoco ha incluido Marcos un capítulo eclesial* porque todo su evangelio es libro de comunidad. Jesús no asciende al cielo para dejar en su lugar la Iglesia (en contra de Lc-Hch), tampoco sube al final a la montaña de Galilea para fundar allí el camino nuevo del discipulado (en contra de Mt 28, 16-20), sino que invita a sus discípulos (incluidos Pedro y las mujeres) a verle en Galilea (16, 1-8) y reiniciar allí su obra. Por eso termina con un mandato abierto: que vayamos a Galilea (es decir, al lugar del mensaje de Jesús), para verle allí, para empezar a seguirle de verdad.

En esta perspectiva, pienso que Marcos podría entenderse como libro de cristología y eclesiogénesis pascual. Es el libro de Dios presente en Cristo (cristología), siendo el libro del surgimiento de la comunidad del Cristo (eclesiogénesis) No es testimonio de la Iglesia hecha, sino de aquella que *se hace*, retomando el camino de Jesús en Galilea. De esa forma se sitúa en un nivel de «estado naciente»: nos hace recrear la Iglesia, llevándonos con finura literaria y pasión de evangelio al principio mesiánico de Jesús de Nazaret, el crucificado (16, 6-8). Por eso hemos querido escribir, al filo de su texto, nuestra eclesiología bíblica. Ciertamente, no es «la» eclesiología, como si no hubiera otros modelos en el NT (en Mt, Lc y Jn, en Pablo y en Ap). Pero tampoco es «una» eclesiología más, como si Marcos fuera un texto al lado de otros.

Marcos ofrece, con Pablo (y quizá con Juan), el testimonio eclesial más valioso del Nuevo Testamento. Sobre su entramado han tejido su propuesta Lucas y Mateo, de manera que hace falta entenderle para comprenderlos. En su camino nos ponemos. No polemizamos, no discutimos; pero el lector atento verá que nuestro libro quiere ofrecer una protesta creadora contra algunas visiones actuales de la Iglesia. Con afán de renovación cristiana queremos penetrar en Marcos, buscando así las bases de una eclesiogénesis mesiánica del Nuevo Testamento.

(3) Imágenes de la Iglesia

Marcos no ha desarrollado un tratado conceptual o legal sobre la Iglesia (en el sentido jurídico o administrativo posterior), pero ha ofrecido unas imágenes poderosas, que nos permiten entender el sentido de la Iglesia, de una forma activa o, quizá, mejor interactiva. Somos Iglesia en la medida en que hacemos que ella surja, y nos hacemos creyentes y hermanos en ella.

1. *Marcos presenta la Iglesia como una barca* desde la que Jesús enseña a sus seguidores (4, 1), para acompañarles en la dura travesía misionera que lleva por el mar a todo el mundo (4, 35-41; 6, 46-52). Los misioneros cristianos le siguen concibiendo así, como aquel que les sostiene y anima en la fuerte tarea de extender el evangelio a todo el mundo, concebido como un conjunto de tierras que rodean al Mar Mediterráneo (simbolizado en Marcos por el Mar de Galilea). También hoy (año 2011) la Iglesia sigue siendo una barca donde los creyentes pueden refugiarse, para superar la gran tormenta del mundo que amenaza (la bomba y la opresión generalizada, el hambre y la violencia…), una barca que se abre a todos los que quieren realizar con Jesús la travesía de la vida.
2. *La iglesia es comunión de discípulos llamados a entender los misterios del Reino*: escuchan a Jesús y comparten su doctrina, buscando así la verdad de la vida (cf. 4, 10-12; 7, 17-23; 10, 10-11, etc.). Ciertamente, la iglesia de Marcos no es un tipo de universidad de élite (para triunfadores del sistema), ni es un club de sabios separados del resto de la gente. Pero ella es un lugar donde se escucha y acoge la palabra, un lugar en el que todos pueden saber (pueden adquirir el más alto conocimiento de la fe) y de esa manera caminan (y viven) iluminados por la luz de Dios. El ejemplo «negativo» de los discípulos históricos de Jesús (que no entienden del todo las parábolas,

abandonando al fin a Jesús) sirve de contraste para descubrir el sentido de la Iglesia, formada por aquellos que se dejan iluminar por la palabra y por la vida de Jesús, conociendo los misterios del Reino.

3. *La iglesia es rebaño*, disperso con la muerte de Jesús, pero reunido de nuevo tras la pascua en Galilea (14, 27-28; cf. 16, 7-8) con la ayuda de un pastor que es misericordioso (cf. 6, 34). Esta imagen del «rebaño» (que Marcos toma de la tradición del Antiguo Testamento) nos resulta hoy poco atractiva: ¡No somos ovejas, somos seres libres! Pero en el fondo de ella existe una certeza superior, alimentada por los grandes salmos (cf. Sal 23, 1), en los que aparece la imagen del Señor como Pastor, una imagen que sirve para iluminar a los vivos y para ofrecer consuelo a los que lloran a los muertos. Los cristianos saben que con Cristo pueden caminar por el mundo, confiados, sabiendo que la vida es un don que Dios ofrece a todos y que los fieles pueden confiar en aquel Jesús Pastor que les guía en el camino, ofreciéndoles el pan y la palabra, como indica el signo de las multiplicaciones (6, 34).

4. *La Iglesia es templo*, pero no un santuario construido por manos humanas (sólo para un pueblo), sino casa de oración y comunión pascual en Cristo, para todas las naciones (cf. 11, 17; 12, 10-11; 14, 58; 15, 29), un templo edificado por la palabra de Dios (no un edificio construido por los hombres). Gran parte de la historia de Jesús (especialmente en su última parte) está centrada en la imagen del templo (la caída del templo antiguo, la edificación del nuevo templo universal, para todas las naciones). La misma comunidad es «templo» de Dios, es decir, espacio de oración y de experiencia compartida de fe... No hacen falta templos exteriores, edificios materiales, grandes complejos religiosos, pues los mismos creyentes reunidos son templo de Dios. Para mostrar eso ha escrito Marcos su evangelio.

5. *Ella es también nueva familia de Jesús*, compuesta por aquellos que se sientan a su alrededor, escuchando la palabra de Dios (3, 31-35), de manera que abandonan y dan lo que tienen (todas sus cosas particulares) para acompañarle en el camino (10, 29-31). Éste es el tema de fondo del evangelio de Marcos: la creación de una familia de creyentes, reunidos en torno a la palabra de Jesús, que habla en nombre de Dios. Esa familia está formada por los verdaderos discípulos de Jesús, es decir, por seguidores, por aquellos que lo dejan todo para seguirle, como el ciego del camino (10, 46-52) o como las mujeres de 15, 40-41. Cómo formar la familia de Jesús, eso es lo que Marcos ha querido enseñarnos al contar la historia de Jesús.

4. Para leer a Marcos. Un método

El estudio más sistemático, en clave narrativa, es el de M. Navarro, *Marcos*. Cf. también J. Delorme, *El evangelio según san Marcos*, Verbo Divino, Estella 1981; W. Kelber, *The Kingdom in Mark: A New Place and a New Time*, Fortress, Philadelphia 1974; F. J. Matera, *The Kingship of Jesus: Composition and Theology in Mark 15*, Scholars, Chico CA 1982; N. Petersen, «*Point of View*» *in Mark's Narrative*: Semeia 12 (1987) 97-121; D. Rhoads-D. Michie, *Marcos como relato*, Sígueme, Salamanca 2002; W. R. Telford (ed.), *The Interpretation of Mark*, Clark, Edinburgh 1995; J. G. Williams, *Gospel Against Parable: Mark's Language of Mystery* (BLS 12), Sheffield 1985; A. Winn, *The purpose of Mark's gospel. An early Christian response to Roman imperial propaganda* (WUNT 246), Mohr, Tübingen 2008; R. Zwick, *Montage im Markusevangelium. Studien zu narrativen Organisation del ältesten Jesuserzählung* (SB 18), Stuttgart 1989.

Más que de *uno* podemos hablar de *varios*, de métodos en plural: de caminos y formas de lectura de su evangelio, que ha de estar abierto para todos los creyentes y lectores. Siguiendo en la línea de la «barbarie de la especialización», algunos exegetas parece que están (estamos) empeñados en alejar al pueblo de la Biblia: así van elevando problemas técnicos y poniendo una dificultad tras otra en el camino, de tal forma que al fin sólo algunos eruditos muy letrados e iniciados serían capaces de llegar hasta la meta y entender el texto, en nuestro caso a Marcos.

Esa impresión tiene una parte de verdad: a lo largo de más de doscientos años, una legión de especialistas (historiadores y filólogos, lingüistas y teólogos de todo tipo) han estudiado y siguen estudiando el evangelio de Marcos y lo han hecho de tal forma que nadie es hoy capaz de seguir al detalle todo lo que dicen, nadie puede leer todos sus libros. Cientos de investigadores, en diferentes universidades e instituciones, siguen estudiando a Marcos, como indican de un modo inicial los libros que ofrezco en la bibliografía. Eso es bueno y tiene que alegrarnos: es hermoso que se estudie de esa forma a Marcos.

Pero, al mismo tiempo, debemos recordar que esa especialización puede y debe ponerse al servicio de la comprensión más concreta y personal del texto. En esa línea, queremos pasar de la lejanía del tecnicismo puro a la ayuda evangélica de la especialización: centenares de exegetas e historiadores han trabajado y siguen trabajando con tenacidad y hondura sobre Marcos para que nosotros podamos acercarnos de manera más límpida y fructuosa al texto del evangelio.

Nadie puede conocer y recorrer hoy todos los caminos de la investigación, pero, en general, podemos confiar unos en otros, partiendo de un conocimiento básico del texto y de sus circunstancias, para así entender y acoger lo que dice Marcos, es decir, su mensaje básico, que es profundo, pero sencillo. En esa línea quiero leer a Marcos como creyente, desde la tradición de las iglesias. Debo vincular de esa manera la aportación de los investigados y la experiencia de los creyentes, porque Marcos es un libro abierto a la investigación pero, sobre todo, a la fe de los que quieren seguir a Jesús.

Hay exegetas que oponen ciencia y fe, diciendo que sólo la ciencia es capaz de entender a Marcos, de manera que la fe de los creyentes resulta un impedimento. Hay, por el contrario, creyentes que afirman que sólo la fe permite entender a Marcos, rechazando las aportaciones de la ciencia. A mi entender, tanto una visión como la otra están equivocadas. (a) La mejor ciencia exegética tiene que llevarnos a entender el texto, es decir, a escuchar su mensaje, a no ser que quiera quedarse en la pura superficie del texto. (b) Pero, al mismo tiempo, la fe más profunda ha de encontrarse abierta a los problemas de la ciencia, pues ella nos ayuda a entender los supuestos históricos, literarios y temáticos del evangelio.

Para que se valore mejor mi aportación, pudiendo situarse de manera crítica ante ella, quiero indicar brevemente mis presupuestos, es decir, mi punto de vista exegético-teológico. (a) Quiero leer a Marcos como creyente, dentro de una tradición católica, abierta a las aportaciones de las diversas iglesias, y en especial de las protestantes, que son las que más han influido en mi lectura (pues he tenido menos contacto con las iglesias ortodoxas); en ese sentido, pienso que la visión de Jesús que ofrece Marcos resulta coherente y responde a lo que ha sido la vida y obra del mismo Jesús. (b) En el campo científico no sigo ninguna escuela especial, sino que me sitúo dentro de una generación de exegetas y teólogos cristianos (protestantes y católicos) que en este tiempo (a principios del siglo XXI) queremos conocer de manera más profunda y más abierta o integral el evangelio. De esta forma, al seguir el comentario, el propio lector podrá asumir y valorar-criticar mis presupuestos.

1. *Asumo los resultados básicos de la crítica histórico-literaria* que han desarrollado fundamentalmente en el siglo XIX los investigadores protestantes del área cultural germana. Con métodos de análisis muy fino, los autores de esta escuela fueron trazando con cierta aproximación los momentos de la recepción y evolución eclesial de las diversas tradiciones de Jesús en los años que siguieron a su muerte. Muchos de los presupuestos de esa «crítica» se encuentran superados, pero hay elementos que resultan valiosos todavía: tenemos que distinguir (sin separar del todo) las diversas comunidades cristianas de Judea, Galilea, Siria..., precisando en cada caso las relaciones de la Iglesia con su fuente judía y con el nuevo espacio ya pagano de su crecimiento.

    En el caso de Marcos, resulta fundamental el estudio de las comunidades cristianas que se han arraigado en Galilea, para extenderse luego a Siria (Antioquía) y quizá a Roma. Pero más importante que el trasfondo histórico resulta el dato textual y literario. Los autores de la escuela histórico-literaria han fijado, de manera casi definitiva, el texto base de Marcos a través del estudio minucioso de los antiguos manuscritos. Por eso nosotros asumimos los resultados de su crítica. Partimos de un dato seguro: podemos confiar y confiamos en la exactitud del texto griego que ellos nos ofrecen, tal como está representado, por el ejemplo en el GNT (*Greek New Testament*), que cito en la bibliografía.

2. *También acepto y aprovecho el trabajo de la escuela de la crítica o historia de las formas* (*Formgeschichte*), representada también, sobre todo por autores protestantes alemanes como Bultmann y Dibelius (cuyas obras se citan en bibliografía). No basta con decir que Marcos ofrece un texto antiguo, para añadir después que está en la base de Mt y Lc (con el posible libro Q o los Logia). Es preciso utilizar criterios más concretos de tipo social (siguiendo el interés de las primeras comunidades cristianas) y de mayor exactitud literaria. Así se pueden distinguir dentro de Marcos (y de Mt y Lc) pequeñas unidades o «formas» (sentencias de Jesús, narraciones) que pudieron tener en el principio cierta independencia.

Este método de historia de las formas ha estudiado, desde los años 20 del siglo XX, los diversos relatos y dichos religioso-literarios que se encuentran en la base de los actuales evangelios. Así pueden distinguirse apotegmas-paradigmas, sentencias sapienciales, profecías, anuncios escatológicos, parábolas, relatos de milagros... Esas unidades se empleaban en la predicación, el culto y la enseñanza de la Iglesia antigua. Eran un modo de presencia de Jesús y su mensaje entre los hombres. La división del texto de Marcos que iré ofreciendo en el comentario presente responde en gran parte a los criterios de esta escuela de investigadores que nos ha enseñado y nos sigue enseñando a entender el evangelio. Pero su aportación resulta insuficiente. Por eso quiero fijarme y me fijo en nuevos métodos de lectura.

3. *Me sitúo en la línea de la crítica o historia de la redacción* (*Redaktionsgeschichte*), tal como ha sido desarrollada por gran parte de los investigadores de Marcos desde los años 50 del siglo XX, partiendo sobre todo de las obras de Marxsen (cf. libro de J. Rohde, en bibliografía). Marcos es más que un simple recopilador de sentencias y relatos previos: es un verdadero autor, un creador que, asumiendo datos de la tradición, fijados en parte por la comunidad cristiana, ha elaborado un género literario nuevo, desconocido hasta entonces: ha escrito un evangelio.

Ciertamente, Marcos tiene prehistoria (plano diacrónico): asume el testimonio previo de un Jesús a quien se toma ya como Mesías, recoge elementos de una tradición eclesial bien estudiada en la línea de los métodos anteriores. Pero, al mismo tiempo, Marcos es un libro unitario que debe entenderse y leerse por sí mismo. En este nivel he querido situarme, acentuando aquello que pudiéramos llamar la sincronía, es decir, la unidad temporal y, más aún, textual de su evangelio. El redactor (Marcos) es un verdadero autor: un hombre que asume con autoridad la tradición eclesial de Jesús y fija su figura de un modo unitario, ofreciendo así su propia versión del evangelio que la Iglesia ha aceptado como propia, al incluirla en el canon de su Escritura (en el NT).

4. *Quiero poner de relieve la teología o mensaje de Marcos*, dentro de la tradición creyente de la Iglesia. Como indicará el comentario que sigue, pienso que forma literaria y contenido doctrinal resultan de algún modo inseparables. Por eso, el estudio de la redacción se encuentra vinculado al análisis teológico. Deseo conocer lo que dice Marcos, por qué y cómo lo dice. En esta perspectiva, reasumo la inspiración de los grandes comentaristas, protestantes y católicos, como son, por ejemplo, Lohmeyer y Lagrange, Schlatter y Pesch, Marcus y Gnilka. Y, de esa forma, poniéndome en la línea de esos autores (citados en bibliografía) elaboro la teología de Marcos. Sigue habiendo aún miedo, una especie de escisión, que separa a filólogos (que estudian sólo el plano literario) y a dogmáticos (que buscan sólo el contenido) de los evangelios. Pues bien, en contra de eso, reasumiendo la tradición exegética de los padres de la Iglesia y los comentaristas medievales, quiero ofrecer una lectura integral de Marcos.

La teología, es decir, el contenido o mensaje no es algo accidental, ni es tampoco un dato secundario, algo que se estudia sólo al fin, cuando se ha visto ya y se ha definido (se ha resuelto) el dato literario. El contenido teológico, es decir, la buena nueva mesiánica es elemento básico de Marcos. Así quiero estudiarlo. No es que mi análisis sea primero literario y luego teológico: es teológico siendo literario, y viceversa. Quizá no he logrado trazar bien las líneas de fuerza del texto: la letra-sentido de Marcos. Eso debe indicarlo el lector, si concede crédito a mi libro y si lee con mi ayuda el evangelio. Pero debo decir ya desde ahora y con toda claridad que me he esforzado en vincular el mensaje y la forma del texto. Marcos ha escrito de esta forma su texto porque tiene un mensaje nuevo que decir y no podía decirlo de otro modo. Por eso ha creado un evangelio, que es, al mismo tiempo, un libro de literatura y de teología, siendo un texto eclesial (para edificación de la vida cristiana).

5. *Me he fijado de un modo especial en el aspecto narrativo del evangelio*, porque es esencial para entenderlo. A diferencia de Marcos, Pablo no es narrador, sino un predicador, un vidente, un apologeta, un teólogo… El Apocalipsis tampoco es una narración, sino un texto profético… Pues bien, en contra de eso, Marcos ha escrito un libro narrativo: Ha contado la historia de Jesús como historia del Hijo de Dios. Por eso, su texto sólo se puede entender teniendo en cuenta el ritmo narrativo del relato, su principio y fin, su itinerario, sus partes. Ciertamente, siguiendo sobre todo las aportaciones de autores de lengua francesa (cf. Barthes), me he fijado también en el plano estructural:

he destacado algunos elementos estilísticos, como son las inclusiones, los esquemas circulares o quiasmos, etc. Así he querido presentar el evangelio como texto progresivo (donde las ideas avanzan), siendo, al mismo tiempo, circular u ondulatorio (los temas se repiten, vuelven...). Pero sobre todo he querido destacar su aspecto narrativo.

Marcos es, ante todo, un libro-relato: narra la «historia» (*story*) de Jesús de tal manera que la misma narración viene a presentarse como buena nueva. No es que la narración diga algo sobre un Jesús que permanece fuera de ella. La misma narración se presenta como verdad-actualidad de Jesús: es su forma de presencia. Esto es lo que la tradición cristiana ha sabido siempre al decir que Jesús (= palabra de Dios) se manifiesta y llama a través de la Escritura. No es que Marcos trate de Jesús: su misma narración es presencia de ese Jesús, buena nueva de Dios para los hombres. Han destacado este aspecto narrativo muchos autores de lengua inglesa (cf. Rhoads y Michie, Kelber y Matera, citados en bibliografía).

En esa línea quiero poner de relieve el comentario de M. Navarro (*Marcos*, Verbo Divino, Estella 2007), que ha destacado con lucidez los aspectos literarios, psicológicos y, sobre todo, narrativos del texto de Marcos. Mi comentario mostrará lo que debo a esos autores y, en especial, a M. Navarro, aunque he querido mantenerme de algún modo independiente. He prescindido del aspecto más técnico de su terminología; doy más importancia a los rasgos teológicos del texto, etc.

He querido poner los aspectos anteriores al servicio del «mensaje», es decir, ellos me sirven para entender mejor la «palabra» que Marcos quiere transmitir y transmite a los cristianos de su tiempo y también de nuestro tiempo, pasados casi veinte siglos, basándose en la historia de Jesús. Mi comentario quiere ser de tipo teológico y pastoral, al servicio de la Palabra, es decir, de la predicación del mensaje. Somos millones los cristianos que creemos que Marcos es un libro «inspirado», una Palabra de Dios para los creyentes, no la «única» palabra (está a su lado Pablo, están los otros evangelios...), pero sí una palabra muy importante. Por eso he querido acogerla y presentarla a mis lectores.

No he leído el texto con miras prefijadas. Simplemente he deseado escuchar su voz, para ofrecer los elementos básicos del mensaje y camino de Jesús, mirado desde la experiencia pascual de la Iglesia, desde la perspectiva de Marcos. Por eso, siempre que aluda a Jesús, presentándolo como sujeto (viendo lo que él dice, hace, planea, etc.), me estoy refiriendo al Jesús de Marcos, dentro de la trama narrativa y teológica del texto. Quiero destacarlo bien: no ofrezco la historia o figura de Jesús en sí, sino la historia y teología de *Jesús según san Marcos*, como voz de su propia Iglesia.

(4) Crítica bíblica y lectura de Marcos

Estrictamente hablando, la crítica bíblica se ha desarrollado en Europa y en el mundo occidental a partir de la aplicación de las diversas ciencias al estudio de los libros sagrados, sobre todo desde la Ilustración (siglo XVIII). Sus componentes principales son:

1. *Estudio histórico-literario*. Se ha desarrollado fundamentalmente a lo largo del siglo XIX, en una línea casi siempre evolutiva (lo más complicado proviene de lo más simple) y de carácter literario (se ha supuesto que la Biblia ha surgido a través de un despliegue y desarrollo de textos, que se han ido juntando y desarrollando). Así, al comienzo de los evangelios había pequeñas unidades (breves sentencias y relatos cortos, desligados entre sí) que, a través de fusiones y reforzamientos sucesivos, han ido convirtiéndose en conjuntos literarios o temáticos más amplios y complejos. Partiendo de ese presupuesto y aplicando unos métodos de análisis muy finos, los críticos de esta escuela histórico-literaria fijaron con bastante nitidez los momentos de la génesis y evolución eclesial de las diversas tradiciones de Jesús, atreviéndose a delimitar las unidades subyacentes en el fondo de los textos actuales. Algunas de las viejas formas de entender ese proceso de avance evangélico ya han sido superadas. Sin embargo, muchos elementos del método se emplean todavía y nos parecen confirmados, como aspectos de un primer acercamiento científico al estudio de los textos, distinguiendo matices y momentos en su crecimiento. Con la ayuda de este método se han distinguido, al menos hipotéticamente, diversos documentos escritos, es decir, unos textos antiguos que se encuentran asumidos y reelaborados por nuestros evangelios actuales: la primera redacción de Mt, un posible Proto-Mc, el Q o la fuente de los logia de Jesús...

2. *Historia de las formas*. Comenzó a principios del siglo XX, por influjo de los nuevos estudios sociales, fijándose de un modo especial en el estudio de los evangelios y mostrando que la hipótesis de los documentos (Q, Proto-Mt, Mc, etc.) resultaba insuficiente. Era preciso utilizar unos supuestos históricos de tipo más preciso. En esa línea, los evangelios se empezaron a tomar como expresión de la creatividad de unas comunidades cristianas que, asumiendo las aportaciones de un Jesús más o menos lejano pero siempre activo y creador, iban formando y conformando ese recuerdo en pequeñas unidades (formas), empleadas en la misión, la catequesis o la misma liturgia de la Iglesia. Por medio de esas unidades, empleadas en la predicación, el culto o la enseñanza, los cristianos reflejaban su experiencia de Jesús y la expresaban de manera creadora ante los hombres de su tiempo. Los autores

más significativos que trabajaron en esta línea, M. Dibelius (1883-1947) y R. Bultmann (1884-1976), apelaron para eso a la multiplicidad creadora de las comunidades antiguas, que vinieron a mostrarse como verdaderas forjadoras de los evangelios. Más que como biografías estrictas de Jesús, los evangelios, y en especial el de Marcos, debían entenderse como signo y resultado de la vida y la misión de las comunidades cristianas primitivas.

3. *Historia de la redacción*. A partir de los años 50 del siglo XX, por agotamiento de la crítica formal y por urgencias de la nueva investigación teológico-literaria, ha venido a desarrollarse un nuevo método que pone de relieve la aportación creadora de los redactores de los evangelios (y de los autores de los libros básicos del Antiguo Testamento). Según eso, más que recopiladores de unidades o formas literarias precedentes, Marcos y Mateo, Lucas y Juan fueron verdaderos escritores, creadores que, partiendo de unos datos previos, en parte ya fijados por la historia de Jesús y de la tradición comunitaria, crearon unas obras literarias nuevas, de un estilo (o género) que era aún desconocido, suscitando así los evangelios. En esa línea, Marcos es un escrito de recuerdo que traduce y actualiza el camino de Jesús, presentándolo como historia salvadora y de presencia de Dios entre los hombres; pero es también un escrito de catequesis, una llamada al compromiso de los fieles en el seguimiento de Jesús, dentro de la Iglesia.

4. *Estudio sincrónico* (estructural y narratológico). Muchos críticos del último tercio del siglo XX han destacado la importancia de la estructura formal de los evangelios como escritos de literatura. Partiendo de esos presupuestos y de forma indicativa distinguimos dos modelos de lectura sincrónica. (a) *Hay un modelo más estructural*, propio de aquellos que resaltan la unidad formal del texto evangélico, partiendo de eso que pudiéramos llamar significantes más externos, de tipo estilístico y verbal, como pueden ser las palabras repetidas, las inclusiones, las rupturas textuales, los quiasmos, etc. En esa línea, la labor del comentarista (en este caso la mía, al ofrecer mi lectura de Marcos) consiste en descubrir y explicitar el orden y sentido interior de ese conjunto. Desde esa base he destacado el aspecto más teórico (teológico) del texto, concebido como documento significativo para un grupo de creyentes.

(b) *Hay un método más narratológico*, pues la Biblia, y en especial Marcos, es un texto narrativo, con una intensa creatividad literaria que se expresa en forma de parábolas, historias de milagros, etc. El estudio de Marcos ha estado en manos de personas con formación teórica, de tipo filosófico y teológico, pero con menos sensibilidad literaria. En contra de eso, en este comentario he querido poner de relieve sus aspectos narrativos, destacando el ritmo y despliegue interno del texto, en la línea de M. Navarro, *Cuando la Biblia cuenta: claves de la narrativa bíblica*, SM, Madrid 2003.

5. Un evangelio teológico y pastoral. Temas fundamentales

Para una visión de la teología de Marcos, desde perspectivas diversas, cf. Belo, *Marcos*; Castro, *El sorprendente*; Hooker, *Message*; Kingsbury, *Christology*; Minette de T., *Secret*; Roskam, *Purpose*; L. Schenke, *Glory and the Way of the Cross: The Gospel of Mark*, Franciscan HP, Chicago 1982; S. Schulz, *Mark's Significance for the Theology of Early Christianity*, en Telford (ed.), Interpretation, 197-206 [=EstEv II, 1 (1964) 135-145].

Teniendo en cuenta las reflexiones anteriores, he querido recoger y evocar a lo largo del texto, en ciento cuarenta y un recuadros, aquellas palabras o temas de fondo en los que se condensa la teología y mensaje de Marcos. Esos ciento cuarenta y un recuadros funcionan de alguna manera como «notas ampliadas», que podrían ir a pie de página; también podría haberlos convertido en un «diccionario», colocándolo al final del libro (en la línea de mi *Diccionario de la Biblia*, Verbo Divino, Estella 2007), pero he preferido introducirlos en el mismo despliegue del texto para ayudar a los lectores que quieren tener una visión de conjunto de algunos de sus temas fundamentales.

Esos recuadros no son imprescindibles para entender la dinámica del evangelio, pero estoy convencido de que podrán servir de ayuda para muchos lectores. Ellos se entienden, por un lado, dentro de la dinámica de este libro, de manera que son muy importantes para seguir el despliegue del comentario, pues exponen y despliegan los motivos básicos del texto y lectura de Marcos, desde una perspectiva actual. El lector interesado podrá ver sus temas y su contenido en los tres índices finales de recuadros. (a) El primero presenta todos los recuadros por orden de aparición. (b) El segundo los ofrece en orden alfabético. (c) Y el tercero los clasifica por motivos, siguiendo los trece motivos que ahora presento de modo introductorio, para orientar desde el principio a los lectores:

1. *Marcos, interpretación*. Expongo en siete recuadros algunos de los temas principales de la crítica bíblica, en relación con la lectura y comprensión de Marcos. Como he dicho, mi comentario no quiere situarse sólo en un plano de fe y de confesión cristiana, sino también de comprensión histórico/literaria del evangelio.
2. *Lugares y cosas*. He tenido mucho interés en presentar el trasfondo sociocultural de Marcos y, por eso, he presentado también, en otros siete recuadros, algunos de los temas vinculados a la geografía del evangelio, insistiendo en las plantas y animales que aparecen en su texto y en los diversos escenarios donde se desarrolla la historia de Jesús.
3. *Personajes*. Presento después nueve recuadros donde estudio y comento el sentido de algunos de los personajes básicos que actúan en la trama del evan-

gelio, desde Juan Bautista hasta Herodes Antipas, pasando por los discípulos fundamentales de Jesús. El evangelio no es sólo la historia del «Mesías», sino también la de sus compañeros, amigos y antagonistas.

4. *Jesús I. Vida.* Ofrezco además catorce recuadros más extensos que se centran en el tema de la vida de Jesús. Insisto, de un modo reiterado en algunos temas que son más importantes en Marcos o más discutidos en la actualidad, sobre todo en relación a la familia de Jesús y a su controversia con el judaísmo de su entorno.

5. *Jesús II. Títulos y presencia.* Varios títulos (Hijo de David, Hijo del Hombre) definen el sentido de su acción y de su presencia salvadora, según los creyentes. En este contexto he querido destacar el signo de Elías, que ha marcado toda la vida pública de Jesús, hasta el momento de su muerte. Jesús aparece así como cumplimiento de una larga esperanza israelita.

6. *Jesús III. Signos y milagros.* Uno de los temas que siguen inquietando más a los que estudian la figura de Jesús es el sentido de sus pretendidos «milagros», tanto desde una perspectiva simbólica de lucha contra el Diablo, como desde una perspectiva «salvadora» (milagros de curación de los enfermos). Los catorce recuadros de esta sección nos sitúan en el centro de la controversia antigua y moderna sobre la acción «milagrosa» de Jesús.

7. *Discípulos y seguidores.* Marcos se encuentra muy interesado con los discípulos de Jesús, tanto en sentido positivo (ellos son necesarios para expandir la obra mesiánica del Cristo), como en sentido negativo: de forma sorprendente, el evangelio va describiendo el fracaso de todos los discípulos de Jesús, de manera que al final él muere solo (acompañado quizá de unos «bandidos» sociales, pero por ninguno de sus seguidores). Del camino «vocacional» de los discípulos de Jesús, de su llamada y de su posible «retorno» tras la pascua tratan los doce recuadros de esa sección.

8. *Mujeres.* Marcos viene a presentarse de un modo intenso como evangelio de mujeres. A lo largo del texto, ellas parecen ocupar un lugar secundario, pero al final, tanto en 14, 3-9, como en 15, 41-42 y en 16, 1-8, ellas vienen a presentarse como portadoras del testimonio y del mensaje y proyecto de Jesús. Este «retorno» a las mujeres constituye quizá la clave de la comprensión de Marcos y de su visión del evangelio.

9. *Reino y escatología.* Los diez recuadros siguientes están dedicados al mensaje central de Jesús, que es la venida del reino de Dios. En ese contexto he querido poner de relieve la visión escatológica de su evangelio, tal como se centra de un modo intenso en Mc 13, el pequeño «apocalipsis» en el que culmina su evangelio. Marcos sigue siendo un texto abierto al futuro sorprendente del cumplimiento mesiánico y de la culminación de todas las cosas.

10. *Iglesia, comunidad.* De un modo lógico, Marcos no ha empleado nunca la palabra «Iglesia», pues no trata directamente de ella, sino de la vida y obra

de Jesús. Pero todo su evangelio, centrándose en la historia de Jesús, viene a expandirse en la comunidad de sus seguidores. En esa línea podemos quizá afirmar que Marcos ha ofrecido la eclesiología más significativa del Nuevo Testamento (al lado de la de Pablo y Juan), como muestran los catorce recuadros que he dedicado al tema.

11. *Sacramentos y vida cristiana.* Marcos tampoco habla directamente de sacramentos, en el sentido posterior de la palabra, pero todo su evangelio está lleno de un simbolismo sacramental, centrado especialmente en las comidas, tal como aparecen en las dos multiplicaciones (con su culminación eucarística en la Cena del Señor). También del bautismo habla Marcos, y en otro sentido de la familia y matrimonio, como ámbito sacramental de presencia del reino de Dios (aunque no como sacramento estricto), como indican los doce recuadros de esta sección.

12. *Textos básicos I. Enseñanza.* En un primer momento parece que Marcos no se detiene como Mateo y Lucas en las enseñanzas de Jesús, pues le interesan más sus «obras». Pero, en sentido estricto, todo su evangelio es una «enseñanza», pues Jesús se define en sentido estricto como «palabra de Dios». De las enseñanzas de Jesús, centradas en el anuncio del evangelio, en las parábolas y en la experiencia de Dios tratan básicamente los quince recuadros de esta sección.

13. *Textos básicos II. Condena y muerte de Jesús.* Marcos ha centrado su evangelio en el camino de entrega y muerte de Jesús; éste es el secreto de su mensaje, el motivo básico de su «secreto mesiánico», como he querido indicar en los doce recuadros de esta sección, que puede entenderse (desde el anuncio pascual de 16, 1-8) como expresión culminante del evangelio. Sobre el triunfo pascual de Jesús crucificado ha querido tratar Marcos, como he señalado cuidadosamente en estos recuadros.

Como he dicho, con estos 141 recuadros (divididos en trece secciones) podría haber elaborado una teología de conjunto de Marcos, pero de esa forma habría tenido que escribir otro libro, mejor o peor, pero distinto. Por eso, por fidelidad a Marcos y respeto al desarrollo de su texto he preferido mantener el modelo de *comentario seguido*, introduciendo esos recuadros como *esquemas*, en los lugares que me han parecido más oportunos. Quien quiera resaltar su unidad y elaborar a partir de ellas su propia eclesiología, acuda al índice, buscando el lugar donde se encuentran, leyéndolas una tras otra (para facilitarlo conservamos la numeración de las palabras/esquemas).

Este libro ofrece, según eso, dos planos o niveles de lectura: puede entenderse a modo de comentario seguido de Marcos, tomando las palabras/esquemas como ayuda o referencia auxiliar, como algo que se añade al texto (casi como nota a pie de página); y puede entenderse como manual temático, partiendo de los esquemas y leyendo el comentario a partir de ellos. Cada lector escogerá su tipo de lectura, si es que juzga que este libro puede ayudarle a comprender a Marcos y a su (nuestra) Iglesia.

Desde ese fondo he querido leer y comentar todo Marcos, aunque a veces mi libro puede parecer selectivo, pues me detengo de un modo especial en los pasajes más significativos. Debo indicar también que me sitúo en un punto donde vienen a cruzarse y se fecundan dos planos que estarán siempre implicados en este comentario.

- *Plano de antropología, trasfondo histórico.* Supongo conocidos algunos elementos principales de la historia del movimiento de Jesús a quien entiendo como profeta escatológico. Desde ese fondo he destacado los modelos de familia y sociedad judía de aquel tiempo. Soy básicamente optimista en un nivel de historia: los nuevos métodos permiten comprender mejor la vida de Jesús y de las comunidades cristianas evocadas por Marcos. Como he dicho, he querido tomar su evangelio como texto literario, utilizando en ese plano o en un primer acercamiento modelos de análisis formal y estructural (no estructuralista), acentuando las divisiones del texto y las funciones de los personajes. Leído de esta forma, Marcos aparece como obra literaria de gran belleza y precisión; sólo penetrando en su despliegue total y en la unidad de sus diversos elementos podemos entenderla rectamente.
- *Plano de hermenéutica teológica (o religiosa).* Todo lo que Marcos supone y dice es *teología* (palabra sobre Dios, visión evangélica del ser humano). En esta perspectiva debe superarse la barrera de los dogmáticos, que quieren mantener su discurso de un modo resguardado, fuera del influjo de la Biblia, y la barrera de ciertos exegetas que estudian las formas de la Biblia sin mirar su contenido. En contra de eso, debo afirmar que el mismo estudio literario (y sociológico) de Marcos implica ya una teología. El Dios que se hace carne en Cristo (conforme al dogma cristiano) se hace letra y programa de vida social en su evangelio. Por eso he querido acentuar los aspectos teológicos, no como algo que se añade desde fuera, sino como elemento textual y social del mismo Marcos.

No he partido de ninguna escuela o teoría, pero supongo que esos dos planos se encuentran implicados y así quiero estudiarlos, destacando el aspecto literario y teológico. Marcos se ha convertido en libro de intensa controversia. Gran parte de las últimas visiones sobre Cristo y los orígenes cristianos (como muestran las obras de S. G. F. Brandon, y J. Klausner, de G. Vermes y E. P. Sanders, de B. L. Mack y J. D. Crossan o J. Meier) se apoyan en su estudio. Es buena a ese nivel cierta dosis de sospecha (Marcos esconde a veces algunos temas importantes). Pero me parece mejor una actitud de confianza básica: Marcos no es un libro que quiera engañar, ni es rompecabezas para eruditos, o un tratado de difícil tecnicismo. Hay que esforzarse por entrar en su lenguaje: comprender su idioma, descubrir sus ritmos interiores; pero una vez que eso se hace, Marcos nos muestra con gusto su secreto.

Soy contrario a los exclusivismos de una historia que dice bastarse a sí misma, sin volverse palabra (y sin abrirse a la Palabra); y también soy contrario a la literatura por la literatura. Estoy convencido de que el texto de Marcos contiene una «palabra», es decir, un mensaje (una llamada, una teología) que es muy importante para comprender la identidad del cristianismo. Estoy, además, convencido de que ambos niveles (el de la historia/literatura y el de la teología/mensaje) se encuentran implicados, de manera que pueden y deben estudiarse al mismo tiempo, en ejercicio de sobria interpretación y confianza hacia los textos, pudiendo así llegar hasta el lugar donde ellos quieren y pueden decirnos su palabra.

Debo recordar que Marcos es testimonio de una gran *crisis mesiánica*. No es un documento para sacralizar los esquemas familiares ya existentes (en el hogar y nación israelita), sino manifiesto de una fuerte y dura crisis de familia (Iglesia) que culmina con la muerte de Jesús a quien condenan precisamente aquellos que quisieron defender un tipo sacral de nación israelita. Jesús había puesto en riesgo unos modelos sociales que garantizaban la distinción y pureza del pueblo escogido (dentro del Imperio romano). Lógicamente, los representantes del pueblo, en nombre de su propio Dios amenazado, le rechazaron y los romanos le mataron. Sólo desde el fondo de esa gran crisis mesiánica puede entenderse (y actualizarse) el evangelio de Marcos.

Leído en esa perspectiva, Marcos aparece como *documento de una praxis*, relato y programa de una fuerte mutación social fundada en Cristo. Sólo así recibe densidad su texto, interpretado en perspectiva de *antropología social de fondo religioso*. Hacernos humanos y hermanos con Jesús, en actitud de gracia y universalidad (desde la pobreza y entrega de la vida, es decir, sin imposiciones de tipo social o religioso): esa es la tarea primordial de Marcos. Desde ese fondo quiero leer y comentar su libro, ofreciendo unas claves de lectura que puedan resultar atractivas en nuestro contexto social y religioso, al comienzo del siglo XXI. Como es normal, lo divido en dos partes principales (1, 14–8, 26 y 8, 27–15, 46), con un prólogo (1, 1-13) y un epílogo (16, 1-8, con un apéndice posterior: 16, 9-20).

(5) Quince comentarios fundamentales

En la bibliografía ofrezco una tabla más extensa de comentarios y libros sobre Marcos. He seleccionado aquí algunos más importantes. Ellos estarán presentes a lo largo de mi comentario, aunque no los cite a cada paso. Valgan como referencia básica para mi libro.

1. Barclay, W., *Comentario al Nuevo Testamento* III. *Marcos*, Clie, Barcelona 1998. Forma parte de un comentario ya clásico a todo el Nuevo Testamento. Sigue gozando de gran autoridad, tanto en su texto original (inglés), como en las distintas traducciones.
2. Belo, F., *Lectura materialista del evangelio de Marcos*, Verbo Divino, Estella 1975. Más que comentario, es una reflexión, quizá arriesgada, pero muy sugerente, de Marcos, desde la problemática planteada por los nuevos modelos sociales de la segunda mitad del siglo XX.
3. Gnilka, J., *El evangelio según San Marcos* I-II (BEB 55-56), Sígueme, Salamanca 1986-1987. Sigue siendo un comentario clásico, en línea de crítica histórico-literaria. No ha sido todavía superado dentro de su género.
4. Grundmann, W., *Das evangelium nach Markus* (THNT 2), Berlin 1977. Comentario clásico, siguiendo los modelos de la crítica histórico-literaria.
5. Lagrange, M. J., *Évangile selon Saint Marc* (Ebib), Gabalda, Paris 1910. Texto clásico del mayor de los exegetas bíblicos de tradición católica. Ofrece numerosos datos históricos, con agudas interpretaciones teológicas.
6. Lohmeyer, E., *Das Evangelium des Markus* (KKNT I/2), Göttingen 1967 (original 1937). Comentario ejemplar, vincula el aspecto histórico, con el literario y el teológico.
7. Lührmann, D., *Das Markusevangelium* (HNT 3), Tübingen 1987. Obra ya clásica. Sitúa el texto de Marcos en el trasfondo del surgimiento del cristianismo primitivo.
8. Marcus, J., *Marcos. Marcos 1-8*, Sígueme, Salamanca 2010; la segunda parte, Mark 8-16 (Yale UP), New York 2009, no ha sido aún traducida al castellano. Es el comentario más extenso y documentado que conozco.
9. Mateos, J. y Camacho, F., *El evangelio de Marcos. Análisis lingüístico y comentario exegético* I-III, Almendro, Córdoba 1993-2000. Un trabajo monumental, que compagina la fidelidad crítica y la aportación teológica, desde una perspectiva de compromiso activo con el texto.
10. Navarro Puerto, M., *Marcos*, Guías de Lectura del Nuevo Testamento, Estella 2007. El mejor comentario de tipo narrativo y psicológico que existe en la actualidad sobre Marcos. La autora ofrece unas claves y unas interpretaciones que derivan de la misma dinámica del texto.
11. Pesch, R., *Das Markusevangelium* I-II (HTKNT 2), Herder, Freiburg 1976 (hay versión italiana: *Il vangelo di Marco* I-II, Paideia, Brescia 1980). Texto monumental, de asombrosa erudición. Quiere buscar los datos históricos de fondo y el desarrollo del texto, en sus diversas etapas redaccionales.

12. Schlatter, A., *Markus, Evangelist für die Griechen*, Stuttgart 1935. Texto clásico, de un autor protestante interesado por el mensaje de los textos, más que por los puros datos histórico-críticos. Su aportación sigue siendo básica para entender la teología de Marcos.
13. Swete, H. B., *The Gospel according to St Mark*, London-New York 1898. Comentario de asombrosa erudición y gran fidelidad al texto original. Sigue siendo básico en el plano literario.
14. Taylor, V., *Evangelio según san Marcos*, Cristiandad, Madrid 1979. Libro clásico, quizá demasiado interesado por la historia. Sigue ofreciendo una visión de conjunto muy coherente del evangelio.
15. Witherington, B., *The Gospel of Mark. A Socio-Rhetorical Commentary*, Eerdmans, Grand Rapids 2001. Pone de relieve los nuevos métodos sincrónicos de lectura bíblica.

División de Marcos

Como he dicho ya y como irá viendo el lector, el libro de Marcos se puede dividir en cuatro unidades bastante bien diferenciadas: un prólogo, un epílogo y dos partes centrales:

a) *Prólogo (1, 1-13). Origen de Jesús.* Marcos presenta a Jesús como hijo «adoptivo» de Dios o, quizá mejor, como un hombre muy especial en el que Dios realiza su misión salvadora y expresa su misterio entre los hombres. Este Jesús comienza su misión («nace» en un sentido estricto) a partir de Juan Bautista, por obra de Dios, que le llama su Hijo y le ofrece su Espíritu después del bautismo.
1) *Primera parte (1, 14-8, 26). Galilea, anuncio del Reino.* Con la autoridad de Dios, Jesús proclama en Galilea el mensaje del Reino, a través de una serie de llamadas y de gestos (milagros). Este anuncio del Reino debería haber culminado en Galilea, con la llegada del reino de Dios.
2) *Segunda parte (8, 27-15, 47). Camino de Jerusalén, muerte del Cristo.* Pero el mensaje de Jesús en Galilea no culmina en la llegada del Reino, de forma que Jesús decide subir a Jerusalén, para proclamarlo allí. En el camino de «ascenso» a la ciudad de las «promesas proféticas» va ofreciendo los principios de vida que han de cumplir sus seguidores. Al llegar a Jerusalén, tras una serie de signos y controversias, es ajusticiado y muere en una cruz, aparentemente fracasado.
b) *Epílogo (16, 1-8, más 16, 9-20). Mensaje de Pascua.* En un sentido, la historia del evangelio de Marcos culmina en su muerte (en Jerusalén). Pero, conforme a la fe de la Iglesia, Marcos añade un epílogo, que vincula, en forma de llamada y misión, todas las partes anteriores: el «joven» de la tumba vacía anuncia a las mujeres la resurrección de Jesús y pide que vayan, con sus discípulos, a Galilea, donde podrán verle y retomarán la tarea del evangelio (16, 1-8). Un siglo más tarde, algunos «lectores» y copistas posteriores han añadido un nuevo final «canónico», es decir, aceptado por la Iglesia (16, 9-20), pero que no forma parte del texto original de Marcos.

División de Marcos

Como es normal, esta división de Marcos no convence a todos, pero nos parece la más simple y luminosa. Ella podrá ayudarnos a entender las dos partes fundamentales del evangelio, con su prólogo y epílogo, como iremos mostrando.

Prólogo
Comienzo del Evangelio (1, 1-13)

Este prólogo de Marcos presenta el nacimiento «mesiánico» de Jesús, a través de una llamada o vocación por la que el mismo Dios le ofrece identidad y tarea sobre el mundo, haciéndole su Hijo (1, 9-11) y llevándole al lugar en el que debe enfrentarse con el espíritu perverso, que es el Diablo (1, 12-13). No importa su patria o sus labores precedentes; lo que Jesús había sido antes pertenece al nivel de lo privado, no es la historia del Hijo de Dios para los hombres; por eso, a diferencia de Mt 1–2 y Lc 1–2, Marcos no tiene un evangelio de la infancia.

La historia de Jesús como Hijo de Dios empieza precisamente ahora, a partir de su Bautismo, que le integra en la misión profética y misionera (escatológica) de Israel. Esa historia mesiánica de Jesús (definida por su bautismo: 1, 9-11) se encuadra en una tradición anterior de profecía, personificada en Juan (1, 1-8) y se expresa en forma de lucha contra Satán (1, 12-13). Esto nos permite dividir ya el texto en tres partes: (1) Juan Bautista, el precursor (1, 1-8); (2) Jesús y Dios, el origen mesiánico (1, 9-11); (3) La gran prueba, Jesús y el Diablo (1, 12-13).

1. Profeta y precursor eclesial: Juan Bautista (1, 1-8)

Sobre Juan Bautista, cf J. Ernst, *Johannes der Täufer. Interpretation – Geschichte – Wirkungsgeschichte*, BZNW 53, Berlin 1989; J. A. Kelhoffer, *The Diet of John the Baptist: «Locusts and Wild Honey» in Synoptic and Patristic Interpretation*, WUNT, Mohr 2005; E. Lupieri, *Giovanni Battista nelle tradizioni sinottiche* (SB 82), Brescia 1988; *Giovanni Battista fra Storia e Leggenda* (BCR 53), Brescia 1988; *Giovanni e Gesù* (UR 60), Milano 1991; W. B. Tatum, *John the Baptist and Jesus. A report of the Jesus Seminar*, Polebridge, Sonoma 1994; J. Taylor, *The Immerser: John the Baptist within Second Temple Judaism*, Eerdmans, Grand Rapids 1997; W. Wink,

John the Baptist in the Gospel Tradition, Cambridge UP 1968. Sobre el comienzo del evangelio: M. E. Boring, *Mark 1:1-15 and the Beginning of the Gospel*, Semeia 52 (1990) 43-81; H.-J. Klauck, *Vorspiel im Himmel? Erzähltechnik und Theologie im Markusprolog*, Neukirchener V., Neukirchen-Vluyn 1997; Marxsen, *Marcos*, 27-48; F. J. Matera, *The Prologue as the Interpretative Key to Mark's Gospel*, en Telford (ed.), *Interpretation* 289-306 [=JSNT 34 (1988) 3-20].

a. (Comienzo) ¹*Comienzo del evangelio de Jesús, Cristo, Hijo de Dios.* ²*Según está escrito en el profeta Isaías: «Mira, envío mi mensajero delante de ti, el que ha de preparar tu camino.* ³*Voz del que grita en el desierto: ¡Preparad el camino al Señor; allanad sus senderos!».*
b. (Juan Bautista) ⁴*Surgió Juan el Bautista en el desierto, predicando un bautismo de conversión para el perdón de los pecados.* ⁵*Toda la región de Judea y todos los habitantes de Jerusalén acudían a él y, después de reconocer sus pecados, Juan los bautizaba en el río Jordán.* ⁶*Iba Juan vestido con pelo de camello, llevaba un cinturón de cuero a su cintura, y se alimentaba de saltamontes y de miel silvestre.* ⁷*Esto era lo que proclamaba: «Detrás de mí viene el que es más fuerte que yo. Yo no soy digno ni de postrarme ante él para desatar la correa de sus sandalias.* ⁸*Yo os bautizo con agua, pero él os bautizará con Espíritu Santo».*

El evangelio de Marcos es una llamada a la vida (vocación) cristiana, un libro que quiere «crear» Iglesia, presentando a Jesús como culminación y cumplimiento de la historia profética de Israel. Es lógico que, al comenzar su texto, como prólogo de todo lo que sigue, encontremos un relato de vocación (que culmina en 1, 10-11), vinculado a la función profética de Juan Bautista. Por eso, el evangelio comienza con una llamada personal, que Jesús recibe y que marca su vida, cuando él ya es adulto: Dios mismo le dirige la palabra y le encomienda su tarea mesiánica, en contexto de fuerte antagonismo (lucha con Satán), cumpliendo de esa forma la palabra profética que estaba expresada y culminada en Juan Bautista.

Lógicamente, Marcos no ha podido comenzar con la anunciación dirigida a la madre de Jesús, ni con el nacimiento de Jesús (en contra de lo que harán Mt 1-2 y Lc 1-2). Tampoco empieza con el surgimiento eterno de Jesús como *logos* de Dios (en contra de Jn 1). Su historia de Jesús Mesías empieza con su llamada vocacional: su existencia misma es vocación, su vida entera nace y se consolida desde el llamamiento de Dios.

Antes de esa palabra de Dios que le pone en pie diciéndole: ¡Tú eres mi Hijo!, Jesús no existía como tal (como Mesías); fuera de ella, su vida carece de importancia. A Marcos no le importan todavía (ni podrían importarle) las preguntas posteriores de una tradición teológica o curiosa, muy interesada en detalles de tipo historicista, filosófico o psicológico: ¿Cómo nació Jesús?, ¿qué hacía antes de su bautismo-vocación?, ¿cuál era su ser en la eternidad divina? Éstas y otras preguntas carecen para Marcos de importancia.

Prólogo

Jesús nace de la llamada de Dios. Por eso, su misma existencia es llamada de Dios, principio y sentido de las vocaciones posteriores de sus seguidores, es decir, de aquellos que le escuchan, que responden con él a la palabra de Dios Padre y se disponen a recorrer el camino mesiánico. De la fidelidad de Jesús dependen nuestras fidelidades: en su respuesta se pueden inscribir nuestras respuestas. Por eso, en el principio de todas las llamadas está la que Dios dirige a Jesús, que le ha escuchado plenamente y respondido.

Según eso, Jesús se ha situado en la gran historia humana de carencia y esperanza de la profecía, precisamente en el lugar donde se alza el gesto del Bautista. Desde ese lugar, como hombre entre los hombres, ha podido acoger la voz de Dios que le ha llamado haciéndole su Hijo Mesías en la misma tierra. Desde ese momento, viviendo en transparencia vocacional, ha tenido que enfrentarse al poder de lo satánico en el desierto de la prueba. Estos son los momentos y temas que desarrolla nuestro texto, que empezaremos leyendo con atención para comentarlo.

a) *Comienzo del evangelio. Título y cita bíblica* (1, 1-3). Del tema general (*evangelio*: 1, 1) y de los apelativos principales de Jesús (*Cristo, Hijo de Dios*) trata lo que sigue: el evangelio o buena nueva de Dios se identifica con la historia del Cristo, Hijo de Dios (cf. 1, 11; 9, 7; 14, 61; 15, 26.39).

De ordinario, el comienzo de una obra literaria enmarca y, de algún modo, suscita o pone en movimiento todo lo que sigue. Eso sucede de manera aún más intensa en los escritos antiguos como Marcos, donde el «*incipit*» (comienzo) es el título del libro, pues el que ahora tiene (*Kata Markon*, Según Marcos) le ha sido puesto más tarde. Pues bien, difícilmente podía haberse dado un título y comienzo más hermoso: *El principio del evangelio de Jesucristo, Hijo de Dios...* (1, 1).

La palabra principio (= *arkhê*), también utilizada en Gn 1, 1 y Jn 1, 1, puede interpretarse aquí de varias formas: como título de la introducción (l, 1-13) o del libro entero (todo Marcos) o, más bien, como trasfondo del que brota en general el evangelio como mensaje de Dios. Sea como fuere, el evangelio de Jesús tiene su punto de partida en el mensaje y obra del Bautista, en la línea de la antigua profecía. Tres son las palabras centrales de este verso introductorio (1, 1). Ellas definen y enmarcan a Marcos, ofreciendo así el motivo y tema principal de todo el libro. ¿De qué trata este principio? No se refiere a la creación de cielo y tierra (Gn 1, 1), ni tampoco al logos o palabra que existía siempre en lo divino (Jn 1, 1). Trata de esto:

- *El evangelio*. Tema y contenido del libro será la «buena nueva», es decir, el anuncio de la salvación de Dios que cambia la vida de los hombres (cf. 1, 15). Por eso en el camino de Jesús hacia la muerte se dirá que el evangelio debe proclamarse en todos los pueblos, desbordando la frontera israelita (13, 10; 14, 9).

- *De Jesucristo.* Marcos sabe que el evangelio es de Dios (1, 14), pero lo identifica en el fondo con la causa (vida y obra) de Jesús el Cristo (cf. 8, 35; 10, 29). En el interior del libro, el título de Cristo resulta ambiguo y se utiliza en diversas perspectivas que, evidentemente, Marcos (= narrador) no hace siempre suyas, al menos en sentido expreso (cf. 1, 34; 12, 35; 13, 21; 15, 32). En su momento, destacaremos la función de ese título en los textos capitales de la confesión de Pedro (8, 2) y la pregunta del Sumo Sacerdote (14, 61). Ahora sabemos sólo que Jesús es Cristo, de manera que ambas palabras pueden unirse (Jesucristo), y que él es autor y contenido del evangelio.
- *Hijo de Dios.* Siendo Cristo, Jesús aparece como cumplimiento y realizador de la esperanza mesiánica. Pues bien, el texto le llama, al mismo tiempo, Hijo de Dios, abriendo una gran interrogación sobre el sentido de ese término que, puesto en boca de los demonios (3, 11; 5, 7), tendrá un sentido paganizante; pero Marcos sabe que la hondura de ese título la funda el mismo Dios que llama a Jesús Hijo (1, 11; 9, 7). En esa línea ha de entenderse la confesión del centurión romano que descubre la filiación divina de Jesús al verle crucificado (15, 39).

Éste es el tema: Evangelio de Jesucristo, Hijo de Dios (1, 1)... La buena nueva, que proclama y condensa Marcos, se identifica con el camino mesiánico (culminación humana) de Jesús, a quien iremos descubriendo como Hijo de Dios (revelación suprema del misterio divino). Así lo muestra el principio de este libro que comienza presentando (1, 1-13) a sus grandes personajes. Ellos (Juan Bautista, Dios, Satán) fundan o enmarcan el sentido de Jesús, como veremos en los tres relatos de esta introducción.

Según eso, el primer verso (1, 1) constituye la presentación de Jesús y el título de todo el libro, pues en la literatura israelita (lo mismo que en los documentos oficiales de algunas iglesias posteriores, hasta los documentos conciliares y las encíclicas actuales de la Iglesia católica) los textos no llevan un título aparte, pues el título lo forman las primeras palabras del texto. El libro de Marcos se titula, por tanto, *Evangelio de Jesucristo, el Hijo de Dios*, que comienza precisamente aquí.

Como he dicho, Marcos no ha querido presentar el nacimiento humano o tradiciones de la infancia de Jesús (a diferencia de Mt 1-2 y Lc 1-2), ni ha evocado su origen divino (a diferencia de Jn 1). No lo hace por ignorancia (como si desconociera la concepción por el Espíritu y/o preexistencia), sino por decisión teológica: en el origen mesiánico de Jesús ha puesto la figura del Bautista, conforme a una visión de grandes consecuencias tanto negativas como positivas.

- *Negativamente*, Marcos ha tenido que excluir otras opciones o genealogías israelitas menos aptas. A su juicio, *Jesús no proviene de los sacerdotes levitas*, encargados de mantener la sacralidad del templo. No va a Jerusalén para recibir instrucciones, como indica la historia de conflictos que terminan con su muerte.

Jesús tampoco se sitúa en la línea de *escribas oficiales*, que frecuentan las escuelas de la tradición (cf. 7, 1-3) y definían lo puro y manchado, tal como harán los nuevos escribas, fundadores del judaísmo rabínico tras la caída del templo (70 d.C.); lógicamente, los paisanos de Nazaret le rechazan porque no forma parte de la élite letrada de los estudiosos oficiales (6, 1-6). *Tampoco viene de las tradiciones del heroísmo nacional guerrero* que están simbolizadas en los antiguos macabeos o en los nuevos «celosos», como Judas Galileo, activo en los años de la infancia de Jesús, o como sus nietos, prontos a elevarse contra Roma, cuando la ocasión se haga propicia, a los pocos decenios de la muerte de Jesús (el 66-70 d.C.).

– *Positivamente*, al situar el origen de Jesús en Juan Bautista, Marcos ofrece una clave hermenéutica preciosa para interpretar su mensaje. Jesús no empieza siendo un filósofo popular de corte cínico (como suponen L. B. Mack o J. D. Crossan); tampoco es un carismático sanador, un protofariseo hillelita o un rabino de corte galileo, como dicen otros. Él proviene de la más honda tradición de Israel, como heredero de la profecía escatológica, tal como ha venido a culminar en Juan Bautista, el *profeta* más significativo de su tiempo.

Por eso, Marcos ha querido poner de relieve la relación entre Juan Bautista y Jesús Nazareno, pero marcando también las diferencias: Juan es un «Bautista», se sitúa en la línea de renovación penitencial y de purificación legal (marcada por los bautismos); Jesús, en cambio, es el «Cristo», en la línea de la transformación social, total, de la vida israelita.

---

(6) Dios habla a Jesús, una cita compleja (1, 2-3)

En el comienzo del evangelio, para presentar a Juan Bautista y fijar su función respeto a Jesús, introduce Marcos una larga cita de la Escritura que él atribuye a Isaías («como está escrito en el libro de Isaías»), pero que está tomada de Ex 23, 20; Is 40, 3 y Mal 3, 1), vinculando así los tres tiempos básicos de la historia de Israel. Ésta es una cita «hermenéutica» que sirve para interpretar el conjunto de la historia de Jesús:

– *Jesús proviene del pasado antiguo, del Éxodo*. Según el texto antiguo (Ex 23, 20), Dios hablaba al pueblo de Israel, diciéndole que enviará delante de él a su Ángel (el Ángel de Yahvé), para que fuera abriendo el camino de los israelitas, cuando entraban en la tierra prometida. Pues bien, Marcos

supone ahora que Dios habla a Jesús (¡le ha hablado ya!), diciéndole que ha enviado un «ángel» (que será Juan Bautista) para preparar su camino.
- *Jesús se vincula, al mismo tiempo, al pasado más cercano de la Vuelta del Exilio* (Is 40, 3). El texto de Marcos identifica ahora a ese Ángel precursor del Éxodo con la «Voz que clama en el Desierto», preparando la vuelta de los judíos exilados en Babilonia, conforme a la promesa del Segundo Isaías. Ésta es, a los ojos de Marcos, la referencia fundamental, que da sentido a todo el pasaje.
- *Marcos sitúa la venida de Jesús a la luz del final o cumplimiento escatológico*, representado por Elías, a quien alude también este pasaje, conforme a la promesa de Mal 3, 1, con la que concluye y culmina la Biblia israelita, en su versión hebrea. La Biblia hebrea terminaba prometiendo la venida final de Elías para preparar el camino del Señor. Pues bien, según Marcos, ese profeta final (Elías definitivo) ha sido de hecho Juan Bautista, que ha preparado el camino de Jesús.

Esta cita compleja (cita múltiple, en la que se vinculan varios textos de la Escritura, conforme a una técnica judía bien conocida, por ejemplo en Qumrán) aparece como una «palabra» que Dios dirige precisamente a Jesús (¡he aquí que envío a mi ángel/mensajero delante de ti...!). En el original hebreo, esa palabra se dirigía al pueblo de Israel en cuanto tal. Pues bien, Marcos supone y afirma que ella se dirige precisamente a Jesús.

Ésta es la primera palabra del evangelio, que Dios dirige a Jesús, diciéndole que le ha enviado ya su «precursor», el ángel mensajero. De cómo y cuándo ha escuchado Jesús esa palabra no dice Marcos nada, y así el tema ha de quedar velado. Lo único que importa es saber que Dios se ha dirigido a Jesús, le ha hablado y le ha dicho, de algún modo, que toda la Escritura (nuestro Antiguo Testamento) se encuentra dirigida a él. De esa forma, en contra de algunos gnósticos posteriores (como Marción), Marcos reconoce el valor del Antiguo Testamento como palabra de Dios, que ha de entenderse desde Jesús.

b) *Juan Bautista* (1, 4-8). Según Marcos, Juan Bautista arraiga a Jesús en el pasado de Israel y en el presente de la humanidad, mostrando así que no es un alma caída del cielo (en línea gnóstica), ni un solitario separado de los demás humanos. A través de Juan, Jesús viene a presentarse como auténtico israelita, entroncado en la tradición profética y mesiánica de su pueblo, dentro del «misterio» de la revelación de Dios y de la historia profética de la humanidad. Así podemos trazar sus relaciones:

Prólogo

- *En el principio está la profecía* (1, 2-3), la esperanza que Dios mismo ha sembrado a través de su palabra. Sobre un mundo al parecer cerrado, mundo de opresión donde los israelitas padecían cautiverio en tierra extraña (Babilonia), se escuchó la voz del enviado (Is 40, con referencia a Ex 20 y Mal 3), anunciando salvación para los humanos. Insuficientes o inadecuados resultan otros elementos de la identidad judía. Bueno y necesario ha sido para Marcos el profetismo que, por medio de Juan Bautista, permite que podamos llegar hasta el *Kyrios* verdadero, que es Jesucristo (1, 3).
- *La profecía se ha cumplido en Juan* (1, 4), que es el «ángel de Dios» (Ex 20), voz que clama en el desierto (Is 40), siendo el Elías final (Mal 3), que pide a los israelitas que preparen la venida del *Kyrios* mesiánico, asumiendo y culminando así la historia del pueblo de Dios, en este tiempo final de gran riesgo, y ofreciéndoles *un bautismo de conversión para el perdón de los pecados* (1, 4-6). De esa forma se cumple la Escritura de Israel en el Bautista, que es para Marcos el auténtico origen (precursor, antecedente humano) del evangelio mesiánico. En referencia a Juan, los parientes de Jesús (cf. 3, 20.31-35 y 6, 1-6b) resultan secundarios.

En el pasado de Jesús está Juan, profeta escatológico de penitencia que pide a las gentes que confiesen su pecado y se bauticen en el agua, en rito de purificación que es anuncio y contraste de aquello que más tarde hará Jesús. Marcos sabe que Juan ha reunido a mucha gente, que provienen de Judea y Jerusalén, para convertirse y bautizarse (1, 4-5). Sabe que ha tenido unos discípulos, que asumen su estilo penitente, hecho de ayuno (2, 18) y que han recogido y enterrado su cuerpo decapitado (6, 29). Es muy posible que conozca otros detalles sobre su mensaje y vida, en la línea de los textos paralelos de Mt 3, 1-12; Lc 3, 1-9; Jn 1, 19-28 (cf. Jn 3, 23-27; 5, 33.37; Hch 18, 25; 19, 3-4). Pero sólo le importa el Bautista en la medida en que es *arkhê* o comienzo del camino de Jesús. De esa forma, lo que dice es suficiente para evocar su vida y conocer *su iglesia*, es decir, la comunidad que ha formado con su ministerio profético.

En línea negativa, afirmar que el evangelio de Jesús comienza con el Bautista significa dejar a un lado (en un segundo plano) otros esquemas y valores judíos de aquel tiempo, parte de los cuales aparecen reflejados en el mismo Marcos: los escribas y fariseos que encarnan el aspecto más legalista de la herencia judía, los sacerdotes que dirigen y controlan el culto del templo, los herodianos que siguen apoyando la política de restauración nacional bajo el poder de los romanos, quizá los celotas, defensores de la independencia social y religiosa de Israel... De todos ellos (con excepción de los celotas) hablará Marcos, como tendremos ocasión de señalar. Pues bien, el evangelio de Jesús no empalma con ninguno de esos grupos. Sus auténticas raíces brotan de la profecía de Juan Bautista.

Comienzo del Evangelio (1, 1-13)

Como certeramente indica el texto (1, 4), Juan fue un profeta escatológico de conversión y quiso actualizar, de una manera expresa, algunos de los rasgos más significativos de la tradición israelita. Por eso, Marcos (1, 2-3) ha interpretado su mensaje y su figura a la luz de una palabra atribuida a Isaías, aunque en el fondo está tomada de Mal 3, 1 (cf. Ex 23, 20) e Is 40, 3: el mensajero final (Mal 3, 1) se identifica con Juan, voz personalizada que prepara el camino de Dios en el desierto (Is 40, 3).

La misma forma de empalmar los textos y aplicar la cita (para definir con ella a Juan Bautista) implican un modo muy concreto y muy profundo de entender su actividad escatológica. En esta misma línea ha de entenderse la descripción posterior de su figura, donde se combinan rasgos de retorno al desierto y signos que evocan la llegada apocalíptica de Elías, profeta que según la tradición se hallaba anunciado en este pasaje sobre el «ángel» del fin o mensajero: lleva un vestido de pelo de camello, con un ceñidor de cuero a la cintura y come langostas de monte y miel silvestre (1, 6). A partir de aquí, podemos ya fijar los rasgos principales de Juan, en la visión que ofrece Marcos. Prescindamos, por ahora, de sus gestos, señalemos más bien su geografía. En ella se distinguen tres matices o momentos:

- *Desierto* (1, 4). Está anunciado por la profecía (Is 40, 3; cf. Marcos 1, 3) y tiene un doble sentido: alude, por un lado, a los cuarenta años del primer nacimiento israelita, conforme a las tradiciones recogidas entre Éxodo y Deuteronomio; y se refiere por otro al camino del retorno del exilio, conforme a las palabras de Is 40–55. El desierto es la austeridad, la vuelta a la intemperie o dureza natural (como indican la comida y el vestido del profeta): es lugar de ruptura fuerte, es un espacio de prueba o tentación intensa.
- *Río Jordán* (1, 5). Estrictamente hablando, el río no se adentra en el desierto, pero discurre por zonas casi desérticas. Esto es suficiente para Marcos, quien supone (teológicamente) que en el mismo centro del desierto (del momento final del camino) hay un río que no es signo de fertilidad (como en Ez 47), sino de bautismo y conversión. El agua de ese río pertenece al desierto: no sirve para dar vida, sino para confesar los pecados y esperar el perdón. Por otra parte, ese río evoca la experiencia de Josué (Jos 3), cuando aquellos que venían del desierto (del río) atravesaron su cauce para entrar en la tierra prometida; también ahora los penitentes del Bautista tendrán que entrar en el agua, confesando los pecados y esperando alguna especie de liberación en este tiempo de juicio en que se encuentran.
- *Camino* (1, 2-3). El profeta del desierto y río prepara el paso del Señor que, conforme a la visión de Marcos, es el mismo de Jesús. De esta forma anuncia un tema que resulta decisivo en todo el evangelio: Jesús pedirá a sus discípulos que le sigan (cf. 1, 16-20; 2, 15) en palabra-gesto que aparece con

gran fuerza en el «centro» del evangelio (cf. 8, 27-10, 52); con su mensaje de penitencia, Juan vino a preparar la novedad de Jesús, es decir, su camino mesiánico, pasando ya el río y entrando en la tierra prometida.

---

(7) Desierto, punto de partida y espacio de crisis (1, 1-20)

Suele decirse que la «cosa» empezó en Galilea (cf. Hch 10, 37), y eso es cierto si identificamos la «cosa» con el mensaje de reino (1, 14-15) y el «encuentro pascual» (16, 6-7), que ratifica el camino previo de Jesús y pone en marcha la nueva y definitiva andadura de la Iglesia. Pero sólo se puede llegar a la Galilea de Jesús si se pasa con Juan por el desierto. Al desierto se retiraron, conforme a su Regla, los esenios de Qumrán (cf. 1QS 8, 13-14), para cumplir la palabra de Is 40, 3 (¡preparad en el desierto el camino del Señor!), que Marcos aplica a Juan Bautista (1, 3). Éstos son los sentidos básicos del desierto en Marcos:

1. *El desierto de la profecía* (1, 2-3) es lugar donde se escucha la palabra de promesa y se prepara el camino. Se trata de hacer desierto con los israelitas antiguos, en gesto que recuerda los años de la dura y probada travesía del pueblo (Ex, Nm) y que, al mismo tiempo, asume las promesas de amor de los profetas (Oseas). Éste es básicamente el desierto de la promesa de Is 40, 3, donde los israelitas deben preparar el Camino del Señor.
2. *El desierto de Juan* (1, 4-8) es lugar de bautismo para perdón de los pecados; por eso, a lo largo del mismo desierto (que sigue siendo duro, lugar de penitencia) pasa el río de la promesa, el Jordán que se puede abrir para que lleguemos a la tierra prometida. El agua de ese río del desierto (pura penitencia) es para el profeta Juan signo de un agua-bautismo más fuerte, el del Espíritu Santo (1, 8).
3. *¿Bautismo en el desierto? Experiencia de Dios* (1, 9-11). El texto no cita la palabra desierto, pero es evidente que se sitúa en el mismo contexto, vinculado al agua del Jordán purificador. Jesús ha entrado allí, haciendo la experiencia plena de la prueba del Bautista. Sólo después que ha salido del agua del desierto se abre ante él el cielo de Dios y recibe el agua del Espíritu Santo.
4. *Desierto de la victoria y nuevo comienzo del Mesías* (1, 12-13). Jesús va ahora a un desierto donde ya no hace falta río. Ciertamente, es desierto: lugar de prueba, cuarenta días de encuentro con el abismo del que brotan las destrucciones de los hombres. Pero, al mismo tiempo, es una especie de nuevo paraíso: Jesús encuentra allí el sentido de la vida, vinculada a los animales (naturaleza amiga) y a los ángeles (experiencia de ayuda divina).

> 5. *Del desierto al mensaje del Reino* (1, 14-15). El paso por el desierto ha capacitado a Jesús para descubrir el Reino y ponerse a su servicio en Galilea (en la tierra donde viven los humanos concretos de la historia). Convertir el desierto, hacerlo un camino de reino: este es un aspecto central del ministerio de Jesús.
> 6. *Del desierto al Mar de Galilea* (1, 16-20). En el desierto de Juan había sólo un río para penitencia, el Jordán de las viejas esperanzas nacionales. Ahora, dejando el desierto, Jesús ha llegado al Mar de Galilea, es decir, al espacio de agua-vida de los humanos, al lugar donde puede iniciarse el proceso del Reino, que se centrará en el gesto de la «pesca escatológica» (pescar para el Reino a los peces del Mar de este mundo). Por eso tendrá sentido el afirmar, como hemos dicho al principio, que la cosa empezó en Galilea.

c) *Juan Bautista y Jesús. Una visión de conjunto*. Conforme a lo anterior, en el comienzo del evangelio de Jesús está Juan, el hombre de la profecía israelita, que llega hasta el límite, hasta el mismo lugar donde los hombres se encontraban dominados por la propia culpa. Conoce esa frontera y en ella ha querido situarse, como vigilante de Dios, preparando un camino que le desborda. Se coloca en el lugar donde el pecado es más intenso, y quiere que los hombres lo confiesen, descubriéndose culpables en el agua del Jordán; pero no puede llegar al otro lado, cruzar el río y avanzar por el territorio de la gracia, pues le falta precisamente el Espíritu Santo (que lleva a Jesús del desierto a Galilea, como muestra luego 1, 14).

Sin poder atravesar el límite, pero preparando y anunciando de algún modo al que ya viene (*erkhetai*: 1, 7), en las puertas de la nueva tierra del Reino (donde habrá bautismo en el Espíritu), se encuentra Juan Bautista. Así es, al mismo tiempo, testigo de la impotencia (no soy digno de desatar su sandalia...) y de la fuerte potencia y profecía del pueblo israelita, conforme a la escritura de Isaías (y de todo el AT).

En ese lugar paradójico de la humanidad que no puede salvarse, pero espera salvación y de algún modo la prepara, sitúa Marcos a Juan a quien llama «ángel» («He aquí que envío a mi ángel»: 1, 2), voz que en el mismo desierto mantiene velando y muy viva la espera del Cristo. No hay ángeles celestes al comienzo de este evangelio (en contra de aquello que de algún modo sucede en Mt 1, 18-25 y Lc 1, 26-38). El ángel mensajero que prepara la venida de Jesús es Juan Bautista, ángel de conversión que abre el camino para que después brote la gracia.

Desde este fondo podemos hablar de un «pueblo del Bautista», formado por aquellos que vienen de Judea y de Jerusalén (1, 5), es decir, del contexto confesional judío porque aceptan de algún modo su mensaje profético de juicio (purificación bautismal) y de esperanza (nuevo paso del Jordán, entrada en la tierra prometida). En el corazón de ese pueblo se encuentran sus discípulos propiamente dichos, aquellos que han seguido su estilo de vida y su ayuno (como sabe Marcos 2, 18), formando su comunidad o iglesia.

En ese grupo de Juan (al menos por un momento) se ha integrado Jesús, que no viene del círculo cercano de Judea y de Jerusalén, sino de la lejana Galilea (1, 9). Desde ese fondo quiero precisar algo mejor las relaciones entre Juan y Jesús:

- *En su origen, Juan* ha sido un profeta de Dios y no un simple precursor de Jesús, porque sus discípulos no se han hecho cristianos (cf. 2, 18; 6, 29). En esa perspectiva ha de entenderse su palabra: «Viene tras de mí Aquel que es Más Fuerte (*iskhyroteros*) que yo...» (1, 7-8). A los ojos de Juan, ese más fuerte cuyo camino él prepara es el mismo Dios de quien se cree mensajero. Para Marcos, en cambio, el Más Fuerte es ya Jesús.
- *Marcos* ha entendido y aplicado la profecía de Juan en perspectiva cristiana. Allí donde el Bautista habla de Dios, pone Marcos a Jesús, reinterpretando así no sólo el mensaje de Juan, sino la misma profecía del AT: el camino de Dios (cf. 1, 2) se entiende ahora como camino de Jesús que bautizará a los humanos con Espíritu Santo (1, 8), introduciéndoles en la vida Dios y no en el agua de pura penitencia (así pasa Marcos del bautismo de Juan al de Jesús, en la Iglesia).
- *¿Qué ha pensado Jesús?* Más difícil de saber es cuándo y cómo se ha pasado, en plano histórico, de la visión teológico/judía de Juan (que anunciaba la llegada de Dios) a la visión casi cristológico/cristiana de ese mismo Juan (que había anunciado de hecho la llegada de Jesús, como el Más Fuerte). Esta misma pregunta se puede aplicar a Jesús: ¿Ha creído él que era el Más Fuerte que el Bautista prometía? ¿Sólo la Iglesia ha llegado a pensar eso tras la pascua? ¿Cómo ha llegado ella a esa conclusión? Marcos no responde, pero ofrece una indicación muy significativa, al afirmar que ha sido Dios (sólo Dios) quien ha podido definir a Jesús al llamarle y decirle: *¡Tú eres mi Hijo!* (1, 11), presentándole así como aquel en quien se cumplen las promesas del Bautista.

Desde este fondo se entiende la diferencia y relación entre Jesús y Juan en Marcos. A su juicio, Juan ha bautizado a Jesús conforme a un rito de purificación, abierto a la esperanza del juicio; pero Jesús, saliendo del agua (habiendo recibido el bautismo), ha escuchado una voz que le llama a cumplir su tarea mesiánica por obra del Espíritu (1, 9-11), superando así el nivel en el que actuaba Juan Bautista. Jesús empieza aceptando el bautismo de Juan, pero sólo recibe su identidad y su tarea después, cuando sale del agua del bautismo, cuando «ve» y escucha la palabra de Dios, que le proclama su Hijo.

Parece evidente que Marcos conoce más datos sobre Juan, como suponen 6, 14-29 y 11, 27-33, pero en nuestro caso ha preferido reducirse a los que aluden a Jesús. No se ocupa del posible mensaje del Bautista en cuanto tal, ni pretende recrear su historia. Sólo intenta presentarle como testigo y precursor de Jesús. Juan es el profeta en quien se cumple la promesa del AT, en cuanto abierta a uno más grande. Así proclama: «Viene detrás de mí aquel que es más fuerte que yo, y no soy digno de inclinarme para desatar la correa de sus sandalias; yo os bautizo con agua, él os bautizará con Espíritu Santo» (1, 7-8).

El Bautista no se cree ni siquiera digno de ser «siervo» del Más Fuerte (a quien los cristianos de Marcos identifican con Jesús); no se cree digno de llevarle la sandalia o de desatársela, para que se pueda reclinar en la comida. Según Marcos, entre Juan y Jesús hay un abismo y, sin embargo, desde el fondo de ese abismo, él cree que el gesto penitente y el mensaje del Bautista (con el cumplimiento de la profecía israelita) son principio de evangelio. En este contexto debemos recordar que la profecía del AT (Mc 1, 2-3) se cumple en Juan, y no en Jesús. Juan sigue situándose en el nivel del agua de la penitencia/purificación (que es un nivel de judaísmo reformado); Jesús, en cambio, se sitúa ya en el plano de la culminación escatológica (definida por la venida del Espíritu Santo).

- *Yo [Juan] os bautizo con agua*. Agua es símbolo de purificación y penitencia, signo del humano que se siente pequeño ante Dios, dominado por su ley, obligado a limpiarse sin cesar. Todo el camino de Israel culmina en el agua de las purificaciones: no sirve ya el templo, parecen inútiles los sacrificios, pero resulta necesaria el agua de los ritos incesantes, de los bautismos sin fin, del pecado que debe superarse. Juan bautiza con agua, en el río que pasa a través del desierto, haciendo que los hombres se conviertan y reciban el perdón, dentro de la misma tradición intrajudía, confesando los pecados: «toda Judea y todos los de Jerusalén» (1, 5). En contra de eso, 3, 7-12, dirá que a Jesús vienen gentes de fuera de Judea y Jerusalén, no para bautizarse, sino para recibir el don del reino de Dios. Juan pone a los judíos y jerosolimitanos ante el espejo de sus pecados, dejándolos así en manos del juicio de Dios. Jesús les ofrecerá el perdón de Dios.
- *Él [Jesús] os bautizará con Espíritu Santo*. Cesa el agua, termina el tiempo de purificación, llega la gracia, entendida como experiencia de Espíritu, presencia transformadora de Dios. Al anunciar de esta manera la llegada de Jesús, el Juan de Marcos se convierte en profeta de la pascua cristiana: está anunciando aquello que Jesús dará a los suyos en el tiempo de la

Iglesia; su palabra es una anticipación del futuro eclesial en Marcos (en una línea que se suele llamar extradieguética, porque va más allá de lo que dice expresamente el texto). Más aún, este Juan está hablando ya a los cristianos y diciéndoles que Jesús «os» bautizará no con agua, sino con el Espíritu Santo. De esa forma, Juan anuncia un «bautismo más alto», es decir, del Espíritu Santo, que Marcos verá realizado por Jesús (cf. 1, 7), a quien presenta de hecho como fuente de la gracia creadora de Dios: hará que los hombres superen su viejo espacio de pecado, abriéndose al Espíritu del nuevo nacimiento.

Los otros evangelios indicarán el cumplimiento de esta «profecía» (os bautizará con Espíritu Santo) en clave de experiencia de pascua (Jn 20, 22), de envío misionero (Mt 28, 16-20) o de pentecostés eclesial (Hch 2). Marcos no ha sentido la necesidad de precisar el cumplimiento cristiano de esa promesa de Juan, aunque de hecho él ha sido el primero que ha definido a Jesús (que es Hijo de Dios; cf. 1, 1) como aquel que «bautiza con el Espíritu Santo». Jesús aparece así como portador del Espíritu de Dios; esa es su obra, conforme al evangelio de Marcos, que aquí está hablando ya de la Iglesia, donde los fieles de Jesús reciben el Espíritu de Dios.

Nos gustaría saber lo que significa *bautizar con el Espíritu Santo*, descubriendo así el tipo de experiencia social y sacral que está en el fondo de esa palabra. Marcos no habla aquí de *Espíritu Santo y fuego*, en contra de Mt 3, 11 y Lc 3, 16, que sitúan el tema en perspectiva apocalíptica (de juicio); tampoco habla de *Espíritu Santo y agua*, como hará Jn 3, 5, interpretando esa tradición en clave de rito bautismal cristiano. ¿Cómo bautiza entonces Jesús con Espíritu Santo, y sólo en Espíritu Santo, sin fuego escatológico, sin agua ritual? Probablemente, Marcos está pensando aquí en el surgimiento de la Iglesia cristiana. Todo nos permite suponer que Marcos conoce ya el bautismo con agua, dentro de la Iglesia, pero sólo ha destacado el bautismo en Espíritu Santo.

El Juan de Marcos aparece así como profeta que anuncia el nacimiento de la Iglesia, que brota del Espíritu (bautismo) de Jesús. Así ha sabido distinguir entre un judaísmo ceremonial (comunidad de purificaciones, iglesia de ritos penitenciales) y la iglesia de Jesús (comunidad que surge del bautismo del Espíritu de Dios). En el fondo, ese Espíritu aparece aquí como promesa (resumen y/o condensación) de aquello que Jesús ofrecerá a los suyos en el culmen de su vida (perdón, mesa común, fraternidad gratuita...). Al final de su relato Marcos no hablará del Espíritu; pero dirá a las mujeres que *vayan a Galilea*, para descubrir allí, con Jesús resucitado, lo que significa la vida de Dios, el bautismo en su Espíritu.

(8) Juan Bautista, una comunidad alternativa

Para conocer la eclesiología, es decir, la visión de la comunidad de Jesús debemos evocar la de Juan Bautista. Estos son sus lugares y sus rasgos principales, según Marcos, sin contar otros testimonios como los de de Mateo, Lc-Lucas-Hechos, Cuarto Evangelio y Flavio Josefo:

1. *Desierto*. Jesús iniciará su camino en Galilea (1, 14), para culminarlo en Jerusalén. Juan, en cambio, *es hombre de desierto* (1, 4): abandona las seguridades de la vida triunfadora, las ventajas del poder y la estructura sacral de la comunidad israelita. Su estilo de vida es condena para los sacerdotes de Jerusalén y los ricos instalados en la tierra. De esa forma vuelve al principio de la historia israelita (de Ex a Dt), creando, con aquellos que le siguen, una iglesia de gentes que dejan todo para preparar la llegada del juicio (destructor y salvador) de Dios.
2. *Río*. Allí donde acaba el desierto discurre el Jordán: quien lo pueda cruzar como lo hicieron antaño Josué y los suyos (cf. Jos 1–4) entrará en la tierra prometida. A la vera del río habita Juan, preparándose para recibir el don de Dios, para cruzar el río y para pasar a la tierra de las promesas (1, 5). En su entorno se congrega una iglesia de entusiastas escatológicos, atentos al primer movimiento del agua (como dirá en otro contexto la glosa de Jn 3, 4), para pasar el río y poseer la tierra prometida.
3. *Vestido*. Juan y sus discípulos van cubiertos con *pelo de camello y cinturón de cuero* (1, 6). Lógicamente evocan a Elías, profeta tipo, anunciador del juicio de Dios sobre el Carmelo (cf. 2 Re 1, 8). Juan es austero y son austeros los suyos, en la línea del viejo profeta. Por otra parte, el camello es *animal impuro* (cf. Lv 11, 4). Al vestirse con su pelo, Juan parece protestar contra las normas de pureza de los «miembros puros» de Qumrán o del fariseísmo.
4. *Comida*: *saltamontes y miel silvestre* (1, 6). Sirve para evocar un ideal de *vuelta a la naturaleza* (alimentos no preparados por los humanos). Para los judíos observantes la miel silvestre era impura, pues contiene restos de mosquitos e insectos. Juan y sus discípulos forman, por su comida y vestido, una comunidad *contracultural y anti-cultual* (no valoran el templo de Jerusalén, no aceptan las normas de pureza de los fariseos y de los esenios de Qumrán).
5. *Conversión y bautismo*. La vida penitencial les abre por el *bautismo en el Jordán* a un tipo más alto de esperanza. La palabra que él dice acentúa la función de Juan (*¡yo os bautizo...!*: 1, 8), el contexto destaca su fuerte personalidad: ha convocado un grupo de seguidores, llevándoles al desierto y bautizándoles en el río de las promesas antiguas, con la certeza de que viene El Más Fuerte, es decir, el mismo Dios.

Prólogo

> Una comunidad como la de Juan, elevada como protesta contra un tipo de judaísmo de su tiempo, representado por los sacerdotes de Jerusalén (y contra todas las formas de perversión humana), está al comienzo del evangelio de Jesús. El Bautista ha presidido una nueva agrupación de liberados, portadores de esperanza, sin casa común, ni comida mesiánica gozosa. Eran penitentes en gesto de fuerte esperanza, dominados por la exigencia de conversión y la certeza del juicio. A la orilla del Jordán, en el desierto de las promesas y los nuevos comienzos, estaban ellos dispuestos a escuchar la voz de Dios y ponerse en pie para cruzar a la orilla de la libertad. Entre ellos estuvo por un tiempo Jesús.

2. Bautismo y nacimiento mesiánico: ¡Tú eres mi Hijo! (1, 9-11)

Además de obras citadas en el apartado anterior (1, 1-8), sobre el bautismo de Jesús, cf. J. C. K, Barret, *El Espíritu Santo en la tradición sinóptica*, Secretariado Trinitario, Salamanca 1978; G. Barth, *El Bautismo en el tiempo del cristianismo primitivo* (BEB 60), Sígueme, Salamanca 1986, 25-40; G. R. Beasley-Murray, *Baptism in the New Testament*, Eeerdmans, Grand Rapids 1988; M. A. Chevallier, *Aliento de Dios, el Espíritu Santo en el NT* I, Secretariado Trinitario, Salamanca 1982; G. Delling, *Die Taufe im NT*, Berlin 1963; D. G. Dunn, *Baptism in the Holy Spirit* (SBT 15), SCM, London 1970; Id., *Jesús y el Espíritu*, Secretariado Trinitario, Salamanca 1981, 81-122; G. W. H. Lampe, *The seal of the Spirit*, London 1967, 33-45; H. Mühlen, *El Espíritu Santo en la Iglesia*, Secretariado Trinitario, Salamanca 1998; X. Pikaza, *Trinidad y comunidad cristiana*, Secretariado Trinitario, Salamanca 1990, 81-114 y 173-198; M. Sabbe, *Le baptême de Jésus*, en I. de la Potterie (ed.), *De Jésus aux évangiles*, Paris 1967, 184-211; E. Schweizer, *El Espíritu Santo*, Sígueme, Salamanca 1984.

Éste es un texto de *epifanía filial* (manifestación de Dios). Recoge un recuerdo histórico y lo interpreta en clave de revelación y llamada divina, situando el origen y nacimiento de Jesús en su vocación mesiánica. Incluye elementos *apocalípticos* (apertura del cielo, voz del Padre), *pascuales* (el Hijo de Dios es el mismo Jesús resucitado, como en Rom 1, 3-4) y *eclesiales* (la misión del Espíritu anticipa el surgimiento de la comunidad cristiana).

a. (Bautismo) *⁹Y sucedió en aquellos días que llegó Jesús desde Nazaret de Galilea y fue bautizado por Juan en el Jordán.*
b. (Experiencia posbautismal) *¹⁰En cuanto salió del agua vio los cielos rasgados y al Espíritu descendiendo sobre él como paloma. ¹¹Se oyó entonces una voz desde los cielos: «Tú eres mi Hijo Querido, en ti me he complacido».*

a) *Bautismo* (1, 9). Juan se hallaba en el desierto. No se dice que va y viene, parece sentado en la frontera, como voz de conversión y exigencia escatológica. No tiene más que hacer: está aguardando la llegada de aquel que ha de venir a trascenderle. Bautiza a los que llegan de Judea y Jerusalén (1, 5), hasta que llega el momento en que viene Jesús, para ser bautizado. En este contexto se inscribe el *bautismo de Jesús* (1, 9), con su experiencia posterior (1, 10-11), que marca su continuidad y su ruptura respecto de Juan.

El bautismo de Jesús es una experiencia vocacional, en la línea de Is 6, 1-13 y Jr 1, 4-19. La escena sucede en un lugar público, allí donde Juan ha realizado sobre Jesús su gesto penitencial (el bautismo de las profecías). Pero es, al mismo tiempo, una escena privada, un encuentro personal con Dios. Jesús es el único que ve (descubre el cielo abierto, reconoce la presencia del Espíritu), es el único que escucha, al menos en sentido intenso; la voz de reconocimiento filial y vocación le llega directamente y dice: «Tú eres mi Hijo».

Esta experiencia inmediata de Dios, esta llamada del Padre que, en palabra que asume la más honda «profecía» de Sal 2, 7, se dirige a Jesús, llamándole Hijo querido, es fundamento y centro interior del evangelio. *Juan Bautista* era punto de partida en clave de profecía israelita; *Dios*, en cambio, es principio interno de Jesús, como Padre que proclama su palabra y constituye a Jesús, haciéndole su Hijo y ofreciéndole la fuerza del Espíritu. La profecía mesiánica se cumple; cesa el tiempo de la espera; se abre el cielo, llega la voz, y se realiza el poder de Dios sobre la tierra.

Ésta es una escena de vocación y nacimiento: Jesús nace de Dios (es su Hijo), desbordando de esa forma el testimonio del Bautista. Esto significa que ha nacido de manera mesiánica como expresión total de Dios, precisamente allí donde ha llegado a su fin el camino de la esperanza israelita, simbolizada y expresada en Juan Bautista. Por eso es importante que entendamos bien la «mediación» vocacional de Juan, a quien el texto presenta de algún modo como iniciador humano del nacimiento divino de Jesús.

La mediación vocacional que ejerce Juan es paradójica. Como sabemos, él imparte un bautismo de conversión, para perdón de los pecados. Todo nos permite suponer que Jesús ha comenzado aceptando ese bautismo con aquello que supone de juicio y penitencia. Pero después, tras una experiencia personal que nuestro texto (Marcos 1, 9-11) evoca de forma teológica, precisamente después del bautismo, cuando sale del agua, Jesús ha superado el plano del Bautista, para ofrecer un mensaje de evangelio, es decir, para anunciar y realizar la novedad del Reino.

Eso significa que el Bautista ha sido mediador de una vocación que le trasciende: no ha cerrado a sus discípulos (al menos a Jesús) en las fronteras de su mensaje; no les hace esclavos de su modo de pensar y obrar. Ha sido fiel al Dios del juicio, abriendo a los otros su llamada. Pues bien, asumiendo el camino del

Bautista, y aceptando su misión, Jesús ha podido superarlo, descubriendo de una forma personal el rostro de Dios y escuchando su palabra que le adopta y constituye, diciendo: «Tú eres mi Hijo».

Juan ha llevado a Jesús hasta el límite de la penitencia, el lugar donde puede colocarse de un modo directo en manos de Dios, dialogando con él. Volvamos a la escena: Jesús hace con otros israelitas una peregrinación de penitencia, llegando hasta el final de la iniciación. Ha entrado en el río del desierto uniéndose a las gentes que confiesan su pecado (1, 5) y reciben el signo del bautismo. Sólo así, en el culmen del proceso, habiendo cumplido todo lo que humanamente ha de cumplirse, ha descubierto el cielo abierto y ha escuchado la llamada personal de Dios. Tres son por tanto los momentos básicos de su proceso vocacional:

- *Mediación de Juan.* Es evidente que Jesús ha conocido a Dios a través de la Escritura y la historia de su pueblo, haciendo suyo el mensaje-camino de sus antepasados en la fe (Abrahán, Moisés, Isaías, Jeremías...). Pues bien, esa Escritura y esa historia se han cumplido en el Bautista: para escuchar la voz del Padre, Jesús ha de buscar a Juan, reconociéndole como iniciador o guía en el camino de su mesianismo.
- *Aprendizaje de Jesús.* El texto dice que «vino desde Nazaret de Galilea». Esto significa que ha roto con su vida pasada, dejando pueblo y familia, trabajo y seguridad social, recorriendo unas etapas de escucha de Dios y compromiso personal. Sólo al final de su camino de iniciación, como resultado y expresión condensada (signo conclusivo) de la búsqueda, recibe su bautismo. Parece uno de tantos y, sin embargo, es diferente, como lo dirá la voz de Dios. Pero ya su mismo origen resulta peculiar: no viene de Judea o Jerusalén (como aquellos de que habla 1, 5), sino de Nazaret de Galilea; asume el camino de iniciación penitencial judía del Bautista, pero tiene otro origen que será determinante para todo lo que sigue pues, en vez de quedarse en el espacio de influencia de Judea-Jerusalén (en el desierto de la conversión), Jesús vuelve a Galilea, proclamando allí su nueva experiencia de Reino (1, 14-15).
- *Palabra de Dios.* Sobre ese fondo de mediación de Juan y búsqueda personal viene a escucharse la llamada de Dios que se desvela como Padre, diciendo a Jesús su más honda palabra de llamada y ofreciéndole su gracia-misión. De esta forma, culminando el camino de todos los profetas y, al mismo tiempo, desbordándolo por dentro, Dios se dice y expresa como Padre, llamando a Jesús: «Tú eres mi Hijo».

(9) Bautismo, visión general

Marcos no alude a la circuncisión como signo específico de los judíos, o como fuente de disputa con los cristianos (en la línea de lo que sabemos por Pablo en la carta a los Gálatas y por Hch 15: Concilio de Jerusalén); parece que en su comunidad (en contra de lo que sucede en comunidades paulinas), ella resulta secundaria. El bautismo en cambio es importante, tanto en clave judía como cristiana.

1. *Bautismo judío.* Marcos lo presenta en dos perspectivas. *Hay un bautismo penitencial-escatológico*, realizado por Juan para perdón de los pecados: Jesús lo asume, según la Escritura, y lo supera (Dios le reconoce Hijo, pero sólo después de salir del agua, no en ella [cf. 1, 1-11]). *Hay unos bautismos judíos (fariseos) de purificación* que Jesús ha rechazado con fuerza: limpiarse las manos, bautizarse uno mismo al venir de la plaza (de lo contaminado), «bautizar» (quizá en palabra irónica) copas, vasos, etc... (7, 3-4).

2. *Bautismo cristiano.* Puede entenderse también desde dos perspectivas: 1) *Conforme a la promesa de Juan, asumida por Marcos, Jesús bautiza en el Espíritu Santo* (1, 8): no ofrece el agua de la purificación por los pecados, sino la gracia del Espíritu; para Marcos, el pentecostés cristiano se identifica con el camino de entrega de Jesús y en esta línea ha de entenderse la asistencia del Espíritu a los creyentes perseguidos (13, 11). 2) *Ese bautismo de Jesús es la entrega de la vida, simbolizada por el cáliz*: este es el bautismo que ofrece a los zebedeos (10, 38-39) y al conjunto de sus discípulos en el momento de la cena (14, 23). En esta perspectiva se identifican bautismo cristiano y eucaristía, en el gesto de la muerte (entrega) por los demás (por el Reino).

3. *¿Conoce y/o admite Marcos un bautismo ritual de la Iglesia?* Es muy difícil responder a esa pegunta, aunque parece que Marcos debe conocerlo. Pablo asume y desarrolla un *bautismo cristiano*, no en línea de purificación escatológica y/o legal de bautistas y fariseos, sino en clave de entrega de la vida con Jesús (morir con él: cf. Rom 6, 1-11). También Marcos podría aceptar un bautismo en esa línea, pero quizá no lo pondría como condición de identidad cristiana: no pide que la Iglesia «bautice» a los niños, sino que los abrace/bendiga/imponga las manos (10, 13-16); no pide a sus discípulos que bauticen a los pueblos (en contra de Mt 28, 16-20), sino que vivan y extiendan el evangelio del pan y la palabra.

Es posible que Marcos esté protestando contra una ritualización del bautismo, entendido como gesto exterior separado de la entrega de la vida. En esa perspectiva, su evangelio puede ayudarnos a superar un carácter puramente ritual del bautismo y a renovar su signo dentro de la Iglesia.

b) *Experiencia posbautismal* (1, 10-11). Para Marcos, lo que importa en este caso no es el bautismo de Juan, en el que no sucede nada, sino lo que viene después, una vez que Jesús sale del agua, ve los cielos abiertos, escucha la voz de Dios y recibe su Espíritu. Estando precedida por la mediación de Juan y por el mismo aprendizaje de Jesús, esta palabra de Dios sigue siendo inesperada, gratuita, milagrosa: no se puede exigir, ni calcular, ni manejar, ni probar de una forma externa. Dios actúa porque quiere, rasgando el cielo con la voz de su palabra y con la fuerza de su Espíritu. Estamos ante eso que puede llamarse una experiencia escatológica. Termina el tiempo viejo, se cumplen las promesas, acaba o se realiza todo lo iniciado, de manera que viene a concretarse la llamada: la voz de Dios resuena de manera personal, ofreciendo nuevo contenido a todo lo que existe.

En otro tiempo, Dios había ido ofreciendo su palabra y asistencia a unas personas de la tierra, haciendo así que recorrieran un tramo en el camino de liberación o juicio. Llamaba Dios a Abrahán como patriarca o caminante primero de su pueblo (Gn 12, 1-9); salía al paso de Moisés en la montaña, confiándole su obra de liberación para Israel (Ex 3-4); igualmente llamaba a Isaías (Is 6), Jeremías (Jr 1) y otros muchos profetas importantes. A pesar de eso, seguía estando lejos de los hombres, sobre un trono de gloria y realidad inaccesible. Sólo ahora, en su llamada de Padre, con su voz engendradora, Dios se viene a hacer presente del todo entre los hombres.

Dios hablaba, encomendaba su tarea, se mostraba de algún modo sobre el mundo. Pero todos los llamados, los profetas, seguían encontrándose alejados de la entraña más profunda del misterio. Sólo ahora se desvela en Jesús de una manera total, definitiva. Los profetas anteriores eran «siervos» fieles y leales que acogían el mandato de Dios y lo cumplían. Pero ahora Dios ha dicho a Jesús: «Tú eres mi Hijo», confiándole el encargo de su vida y salvación para que pueda expandirlo hacia los hombres, como ha precisado con toda nitidez Heb 3, 5-6.

Desde aquí puede entenderse ya la escena. Jesús asume el rito de Juan, introduciéndose en el agua de purificación y profecía (río de frontera de la tierra prometida). Juan cumple su función y Jesús sube del agua (1, 10a). Sobre el bautismo en sí, Marcos no dice nada; lo que Jesús experimenta viene después. Tampoco dice nada del «tiempo» que Jesús estuvo con Juan, sólo dice que vino y «fue bautizado», como en un rito momentáneo, sin un tiempo de discipulado anterior (en contra de lo que dirá el evangelio de Juan). Estrictamente hablando, según Marcos (en contra de lo que debió suceder históricamente), Jesús no fue discípulo de Juan, no estuvo con él, sino que vino solamente a bautizarse. Es como si (según Marcos) Juan Bautista hubiera sido sólo una ocasión. La experiencia de Jesús depende directamente de Dios, en su aspecto de visión y audición:

Comienzo del Evangelio (1, 1-13)

1. *Visión 1: Cielos rasgados* (1, 10b). Hasta ahora cielo y tierra se encontraban separados: Dios arriba, incognoscible; los humanos muy abajo. Pues bien, Jesús abre los ojos y ve que la separación se ha roto. Han cesado las antiguas divisiones, se han roto las distancias: Dios es Cielo (verdad de salvación), pero haciéndose presente en la vida de los hombres a través de Jesús, como indicará de un modo más preciso el final del evangelio, cuando diga que el velo del templo se rasgó al morir Jesús, de forma que Dios vino a expresarse (habitar) en todo el mundo (cf. 15, 38), para los humanos. En ese sentido se sitúa Ap 4, 1 y 12, 1, cuando dice que el cielo se abrió y que apareció el «arca de la alianza», que es ahora el mismo Jesús.
2. *Visión 2: Espíritu bajando como una paloma* (1, 10c). Como antaño sobre el agua del gran caos, para suscitar el mundo (Gn 1, 1-2), desciende el Espíritu sobre Jesús y le convierte en Mesías. Se cumple así lo prometido: «Vendrá el Más Fuerte y os bautizará en Espíritu Santo» (1, 8). La función de Jesús no será crear o mantener una comunidad penitencial (como hace Juan), para atravesar un día el Jordán de las promesas, sino ofrecer el Espíritu que él mismo ha recibido; por eso puede crear la nueva familia o comunidad de Dios.
3. *Audición: Voz de Dios* (1, 11). Conforme a la tradición bíblica, la experiencia fundamental está vinculada a la palabra. Jesús escuchó una voz: «¡Tú eres mi Hijo Querido, en ti me he complacido!» (1, 11b). Ésta es la Palabra de Dios, la voz primera que le constituye *Hijo*. En el principio de la comunidad mesiánica no está la penitencia o dolor de los hombres (no están las obras de la Ley, como dice Pablo), sino la gracia paterna de Dios.

Antes de toda acción humana está la voz del Padre que reconoce a Jesús y le llama Hijo, en palabra que cumple lo evocado en Gn 1, donde el mismo Dios creaba el mundo con su voz para complacerse en lo creado, *viendo que era bueno*. Pero entonces Dios creaba cosas fuera de sí mismo; ahora suscita a Jesús desde dentro de sí mismo (en su amor), en medio de este mundo, en la culminación de la historia (cf. 1, 14).

Marcos no ha distinguido (como harán después los concilios de la Iglesia) entre una generación eterna del Hijo de Dios (de la naturaleza del Padre) y una generación histórica (en el tiempo de la salvación), sino que lo ve todo unido. Al evangelio de Marcos sólo le interesa esta palabra histórica y salvadora de Dios, que (suscita) a su Hijo, llamándole su Hijo, pero no en la pascua, como acontece en Pablo (cf. Gal 4, 4), sino en la misma vida histórica de Jesús.

Esto es lo que Pablo ha descubierto y ha dicho, al afirmar que por encima de la Ley, que no logra salvar, está la experiencia radical de filiación, que se funda en Jesús (cf. Gal 4, 4-6). Al cumplirse la plenitud de los tiempos, Dios envió a su mismo Hijo, para que todos pudiéramos participar de su filiación. Lo mandó «bajo la ley», pero superando toda ley, para introducirnos en el misterio de Dios.

Prólogo

Todo lo que Marcos muestre luego sobre el surgimiento y sentido de la Iglesia como familia mesiánica de madres/hijos, hermanos/as (cf. 3, 31-35; 10, 28-30) debe interpretarse como una consecuencia de esta primera declaración de amor de Dios que dice a su Hijo:¡*Mi Querido!*

En el fondo de Pablo y de Marcos está la experiencia de la Iglesia, que se ha sentido capaz de aplicar a Jesús las palabras centrales de Sal 2, 7: ¡Tú eres mi Hijo, yo hoy te he engendrado! Pablo interpreta esas palabras desde el acontecimiento pascual de Jesús, a quien Dios ha engendrado como Hijo, en Poder (cf. Rom 1, 3; cf. también Heb 1, 5, texto que la tradición teológica posterior despliega en perspectiva trinitaria). A diferencia de Pablo, Marcos 1, 11 aplica esa palabra de generación al «nacimiento mesiánico» de Jesús, tras su bautismo, en el comienzo de su historia mesiánica.

Esas palabras de Dios a Jesús (¡Tú eres mi Hijo, en ti me he complacido!) constituyen la buena nueva del amor de Dios, en el comienzo de la historia mesiánica de Jesús. No son ley de conversión sino evangelio. Más allá del Dios Violencia, que se expresa a través de una ley de sangre (en talión de sacrificio y venganza), ellas desvelan el misterio del Dios amor, que por amor suscita a los humanos. Ellas constituyen la palabra fundacional de la nueva comunión mesiánica.

Más allá del Principio Terror que algunos colocaron en el origen de todo, más allá del Realismo Violento que otros aplican al mismo Dios del cielo, más allá del Dios Conversión de Juan Bautista, superando el nivel del puro pacto nuestro texto ha destacado el amor gozoso de Dios Padre, que suscita por amor al Hijo y se goza compartiendo la vida con los humanos.

Éste es a los ojos de 1, 11 el fundamento de toda relación humana: el don del Padre, el gozo compartido del Hijo y de aquellos que escuchan con él la voz del Padre. Había en la Escritura israelita atisbos de esta nueva visión de la realidad de Dios (cf. Gn 22, 2; Sal 2, 7; Is 41, 8; 42, 7; 1 Henoc 46, 4; 62, 1; 71, 12, etc.), pero sólo ahora se expresa en plenitud como palabra fundadora de Dios y principio de todo lo que existe. Allí donde Gn 1 situaba la creación, donde Ex 3, 14 evocaba la automanifestación de Yahvé (El Que Es) y Jn 1, 1 la Palabra eterna, ha colocado nuestro texto la llamada personal del Padre que rasga el cielo (se abre, se expande) y habla a Jesús diciéndole ¡Tú eres mi Hijo! Dios mismo se expresa a través de esa llamada, abriendo un espacio de dualidad (suscita un ¡tú!) en clave de amor (¡querido!) y gozo intenso (¡en ti me he complacido!).

Sólo este Dios que sabe dar vida y gozar, diciendo que se goza, puede ser feliz haciéndonos felices. Únicamente un Dios que rompe la cota de malla de envidia, la espiral de deseos que nos atan en violencia mutua, puede aparecer como principio de vida compartida, Padre de un Mesías que reúne en amor a los humanos. Frente al miedo y dureza del Bautista, ha revelado Dios su amor hecho ternura, principio de familia. Aquí encuentra sentido, aquí se funda toda familia de amor, toda Iglesia como espacio de comunicación gratuita sobre el mundo.

En el origen de todo ya no está la guerra (como dice Heráclito), ni el padre monstruo (Cronos) que devora a su prole, porque tiene envidia de ella, ni el hijo que mata al padre y/o madre, para así sobrevivir y alzarse a nivel de competencia despiadada y enfermiza (mito de Edipo o Marduk). El origen es la palabra fecunda del Padre que sabe crear y gozarse en lo creado, con su Hijo Jesús (y los humanos). De la fuente de amor/gozo de Dios hemos nacido. Sólo en ella podemos madurar, recibiendo el Espíritu divino (cf. 1, 8).

El Bautista vivía en nivel de penitencia (conversión), preocupado por las purificaciones (¡vinculadas siempre al agua!); su ritual más hondo se encontraba vinculado al deseo ineficaz (¡no soy siquiera digno!) de servir como criado que ata y desata las sandalias de su amo (1, 7-8). Jesús ha superado ese nivel de servidumbre y penitencia, porque Dios le ha revelado su gozo al decirle: ¡Eres mi Hijo! Desde la luz de ese gozo ha sabido mirar, viendo los cielos abiertos y el Espíritu como paloma descendiendo sobre él (1, 10). La misma ternura de Dios (¡te quiero, en ti me he complacido!) se vuelve creadora, convirtiendo a Jesús en el Más Fuerte, *Iskhyroteros*. Frente a los poderes del mundo, que imponen su ley de violencia, sobre la penitencia del Bautista, que aguarda el juicio de Dios, se eleva el Poder filial (amor gozoso) de Jesús que bautizará a los humanos en Espíritu Santo (1, 8). Éstos son los dos rasgos básicos de su vocación mesiánica:

- *Vocación es filiación.* Dios dice: «Eres mi Hijo, en ti me he complacido». Ésta es palabra de «generación»: llamar Hijo es hacer a Jesús Hijo, concediéndole una gracia que precede a todas las misiones o tareas que después quiera ofrecerle. Dios es Padre porque ha decidido decir al propio Hijo: «Yo te amo, tú me gustas y es hermoso podértelo expresar en este instante y desde siempre».
- *Vocación es envío.* Bajó el Espíritu sobre Jesús, haciéndole Cristo, es decir, mensajero y creador de salvación escatológica. Sólo porque es Hijo, porque lleva dentro el gozo del amor del Padre, Jesús puede y debe cumplir su tarea sobre el mundo.

Precisamente allí donde se unen filiación y envío, diálogo personal y compromiso en favor de los demás, cobra sentido la llamada de Jesús, que es la primera y en el fondo la generadora de todas las restantes vocaciones (cf. Gal 4, 1-7). Todos conseguimos en él la filiación, escuchando así la voz que dice: «eres mi hijo». En Jesús y por Jesús podemos recibir y recibimos el Espíritu del Hijo que responde: «¡Abba, Padre!».

Pero con esto adelantamos temas y motivos que debemos señalar más en concreto a lo largo del relato. Ahora nos basta con saber que Juan Bautista fue para Jesús iniciador en un camino que le desbordaba: sobre el agua del bautismo (que es llamada a penitencia) podemos escuchar la voz de Dios que reconoce (engendra) a Jesús como su Hijo, ofreciéndole el Espíritu.

Prólogo

De ahora en adelante, sabremos ya que Dios está en el fondo de la vida y obra de Jesús, como Padre que suscita y acompaña la existencia de su Hijo. No tendrá que intervenir de un modo externo a lo largo del relato: sólo escucharemos su voz reveladora (epifanía) en la transfiguración (9, 7), para acoger la gracia de su nuevo nacimiento en el mensaje de la pascua (16, 8). En todos los momentos restantes, Dios parece silencioso; pero su silencio es una forma de manifestación muy fuerte: se ha expresado (encarnado) en su Hijo; por eso deja que Jesús actúe, haciendo que nosotros podamos encontrar el Reino en su mensaje.

---

(10) ¡Tú eres mi Hijo! Generación mesiánica (1, 10-11)

Marcos no se ocupa de la generación «pascual» de Jesús, como Pablo (cf. Rom 1, 12 o Gal 4, 4), ni distingue entre un «nacimiento histórico» en la carne y un «nacimiento glorioso», por el Espíritu, en la resurrección. Según Marcos, el nacimiento mesiánico de Jesús acontece inmediatamente después de su bautismo. Antes del bautismo, él vivía «en la carne» (para utilizar la terminología de Rom 1, 2-3); tras el bautismo recibe el Espíritu y vive como Hijo mesiánico de Dios. Éstas son las palabras que escucha y que le constituyen como hijo divino:

- *Tú eres*. La primera palabra de Dios no es *¡Yo soy!* (Ex 3, 14), como en el nombre de *Yavhé* (= Soy el que Soy), sino la voz que afirma y engendra a otra persona, afirmando *¡Tú eres!* El judaísmo rabínico posterior seguirá acentuando el *Yo Soy* (= *Yahvé*) que define a Dios como misterio incognoscible. El evangelio en cambio se funda en el *Tú Eres*, es decir, en la palabra de Dios, que se dice (se expresa a sí mismo) diciendo a su Hijo y fundando en él todo lo que existe.
- *Mi Hijo*. Estrictamente hablando, el Dios cristiano sólo existe diciendo *¡Eres mi Hijo!* Ésta es para Marcos la «esencia» y base (principio divino) de todo su evangelio. Jesús atiende a la voz del Cielo que le llama y así él escucha (escuchamos con él) la Palabra que le engendra como Hijo. Previamente no existía, es como si no fuera. Todo su ser lo recibe a través de esa palabra, surgiendo de Dios, en el lugar donde culmina por medio del Bautista la conversión penitencial del judaísmo. Allí donde parece que la historia humana ha terminado emerge y se despliega por Jesús la historia de la presencia de Dios, que dice a Jesús: Tú eres mi Hijo. La palabra de Dios a Jesús, la experiencia radical de paternidad (de gracia de Dios) no va unida al bautismo de Juan (que es para perdón de los pecados), sino que viene después de ese bautismo penitencial, cuando Jesús está ya fuera del agua (1, 10): ha cumplido todo, ha salido del río... y sólo entonces,

> por gracia de Dios (no por algún mérito que él haya podido conseguir al bautizarse) escucha la gran Voz.
> - *El Querido (ho agapētos)*. No es un hijo más, entre todos los hijos de Israel (¡todos los judíos se saben hijos de Dios!) sino el único, escogido, preferido, como aquel a quien Abrahán estaba dispuesto a sacrificar (*agapêtos*: Gn 22, 2.12) o como el pueblo de Israel (*primogénito, elegido*: Ex 4, 22-23) a quien amaba Dios intensamente. También el profeta final, Siervo *Elegido* (*eklektos*) de Is 42, 1 LXX, aparece en la tradición judía como amado (*jhjd*). Pues bien, ahora es el mismo Dios quien llama a Jesús con este nombre más íntimo y gozoso, en declaración de amor que define y da sentido a todo el evangelio: Dios se expresa y dice su verdad diciendo (= haciendo) a Jesús, Querido suyo.
> - *En ti me he complacido*. Esta expresión se vincula con Is 41, 8; 42, 1 donde Dios se goza (complace) en su Siervo (Elegido). En perspectiva más amplia podemos evocar la teología de la alianza donde el mismo Dios parece entregarse, complacido y exultante, en brazos de su esposa (cf. Os 2, 21; Is 62, 5; Cant 2, 10). En esa línea despliega nuestro texto el gran amor del Padre que suscita a su Hijo para descubrirle luego como fuente de felicidad (de la más honda complacencia).

3. Prueba mesiánica: Jesús y el Diablo (1, 12-13)

Sobre el desierto en Marcos, cf. Calle, *Situación*, 31-54 *y* Malbon, *Space*, 72-79. Sobre el sentido cósmico de bautismo y tentación de Jesús, cf. Robinson, *History*, 26-32. Cf. también J. Dupont, *Les tentations de Jésus au désert*, SN 4, Bruges 1968; A. Feuillet, *L'épisode de la tentation d'après l'ev. selon S. Marc (1, 12-13)*: EstBib 19 (1960) 49-73; A. Fuchs, *Die Versuchung Jesu*, SNTU, Linz 1984; H.-J. Klauck, *Vorspiel im Himmel? Erzähltechnik und Theologie im Markusprolog*, Neukirchen-Vluyn 1997; U. W. Mauser, *Christ in the Wilderness. The Wilderness Theme in the Second Gospel and its Basis in the Biblical Tradition*, SCM, London 1963.

Tras la experiencia posbautismal (que es su nacimiento mesiánico), Jesús debe asumir la lucha humana contra los poderes de la muerte, en camino donde se vinculan, en clave simbólica, los aspectos principales de la trama de Marcos: victoria contra Satán y surgimiento de la nueva humanidad, abierta a su culminación escatológica. Éste es un *relato anticipatorio*, de tipo especular (un texto espejo) que permite comprender desde el principio el sentido y final de la historia que sigue.

> ¹²*Y de pronto, el Espíritu lo expulsó hacia el desierto;*
> ¹³*y estaba en el desierto durante cuarenta días,*
> *siendo tentado por Satanás.*
> *Estaba con las fieras y los ángeles le servían.*

Jesús no es Hijo para encerrarse con Dios, sino *para extender la filiación*, como indica el texto al afirmar que *euthys* (1, 12), de pronto, el mismo Espíritu que había recibido en el bautismo le arrojó al desierto, para iniciar la creación de la familia de Dios (1, 12-13). El desierto es un lugar geográfico (a la vera del Jordán). Pero, al mismo tiempo, es signo de la prueba que Jesús debe asumir a lo largo de su vida. Por eso, en contra de Mt 4 y Lc 4, nuestro evangelio no ha contado ninguna tentación concreta.

Conocemos ya al antagonista: Satán, espíritu de muerte que desea destruir al ser humano. Ascetas de Qumrán y apocalípticos judíos le habían vinculado a los principios cósmicos del mal y a los poderes enemigos que combaten contra el judaísmo. Marcos le vincula con la enfermedad, marginación y muerte de los pobres.

El desierto en que Jesús debe luchar contra Satán no es el lugar de *penitencia y bautismo ritual*, donde Juan sigue actuando (1, 4), sino lugar de prueba y tentación, pues los cuarenta días de Jesús, nuevo Israel (1, 13), reflejan los cuarenta años de prueba del antiguo Israel (cf. Ex, Nm, Lv, Dt), siendo también un recuerdo del paraíso de Gn 2: como nuevo Adán, Jesús invierte el antiguo pecado y suscita el verdadero ser humano. Así ha vuelto al principio, para convocar, como Hijo de Dios y con la fuerza del Espíritu, la auténtica familia de Dios sobre la tierra. En ese principio nos hallamos incluidos. En su victoria se anticipa ya nuestra victoria.

Como Hijo de Dios, Jesús ha recibido su mismo Espíritu que, en vez de sacarle del mundo, le lleva hasta el lugar del surgimiento humano donde, venciendo a Satán (Espíritu perverso), puede iniciar la nueva travesía mesiánica. La misma vida filial que ha comenzado implica tentación. No dice el texto que Jesús ayune, pues el ayuno era propio de Juan Bautista (experto en langosta de estepa y miel silvestre), a nivel de judaísmo. Jesús ha superado ese nivel y llega hasta el lugar de la prueba originaria, habitando frente a frente con *Satán*, el Tentador, a lo largo de cuarenta días que son el tiempo del trauma del nuevo nacimiento. Como verdadero Adán (Adán/Eva,) colocado en el desierto-paraíso donde empieza la vida de nuevo, Jesús es tentado por el Diablo. Uno frente a otro se sitúan los poderes de la historia: *Jesús* como principio de humanidad liberada desde Dios, y *Satanás*, que es signo y causa de muerte sobre el mundo.

Quizá podamos decir que ésta es una tentación «hermenéutica»: permite interpretar el pasado, definir a Jesús y entender el evangelio. Al situar a Jesús en el principio, Marcos afirma que la historia antigua no se encuentra clausurada, ni perdida para siempre: lo que en una perspectiva fue «pecado» (principio de caída) puede interpretarse en otra como fuente de vida para todos los humanos. Marcos reescribe desde aquí la historia de la Biblia, llevándonos del agua del Bautista al principio de la humanidad, para decirnos que Jesús es salvación.

Cumplida su misión preparatoria, Juan Bautista ha desaparecido de la escena y ya no actúa. Desde el fondo, sosteniendo a Jesús de manera invisible y ofreciéndole su Espíritu, se expresa Dios, a quien podemos llamar protagonista oculto del relato, es decir, del evangelio (cf. 1, 14). Pues bien, en contra de ese Espíritu de Dios que es el principio bueno, como poder de perversión y antagonista de la historia, se desvela ahora Satanás. Por eso, para completar el cuadro inaugural y presentar así a los grandes actores de la trama, Marcos ha debido crear (o recrear) este relato.

Evidentemente, se trata de un relato simbólico muy bien construido que quiere proyectar y proyecta sobre Jesús los cuarenta años de prueba de los israelitas de otro tiempo en el desierto. Es posible que el autor ignore los motivos más concretos de la tentación, expuestos de manera convergente por Lc 4 y Mt 4 (pan, poder, milagro). Pero parece más probable suponer que Marcos no quiso introducir esos u otros motivos semejantes, aunque fueran conocidos y narrados en su ambiente.

En este primer acto del relato (1, 1-13), Marcos no ha querido bajar a los detalles de la trama: ha partido de Juan como iniciador profético, ha presentado a Dios como agente principal (trascendente) y, por fin, ha de ofrecernos el sentido y funciones de Satanás como antagonista, acudiendo para ello a los motivos más salientes de su tradición simbólica, según indicaremos.

Las acciones y gestos concretos de Satanás irán apareciendo a lo largo del texto que sigue, desde los primeros encuentros (1, 27.34) y el conflicto central de 3, 20-30, hasta el rechazo satánico de Pedro (8, 33) y los relatos de exorcismos donde actúa el gran antagonista de Jesús y su evangelio (5, 1-20 y 9, 14-29). Por eso resulta improcedente hablar ahora, en esta introducción, de una lucha o combate especial entre Jesús y Satanás, porque la gran lucha ha de extenderse, de maneras diversas, a lo largo de todo el evangelio.

En este momento, Marcos sólo ha querido mostrar al personaje (Satán), para que se sepa de ahora en adelante quién ha sido (y está siendo) antagonista de Jesús. De todas formas, como iremos viendo a lo largo del relato, Satán o los espíritus inmundos sólo actúan de manera expresa hasta un momento del evangelio (dejamos de sentir a Satanás en 8, 33 y a los espíritus malignos en 9, 29). ¿A qué se debe eso? Probablemente al hecho de que Satanás es solamente un «indicador» de los poderes perversos que se adueñan del hombre. Por eso, cuando el hombre llega a su maldad extrema, en los relatos del conflicto de Jesús con Jerusalén y en los motivos centrales de su muerte no aparecen ya Satanás ni sus poderes: quien actúa es simplemente el ser humano.

Prólogo

En el momento final y más profundo de la historia, allí donde parece que los hombres deberían hallarse invadidos con más fuerza por el diablo (poseídos por espíritus inmundos), Marcos ha querido y ha sabido presentar la historia del conflicto mesiánico empleando categorías y motivos solamente humanos. Ciertamente, en el fondo de Jesús se encuentra y obra Dios. Es muy posible que en el fondo de los hombres que persiguen y condenan a Jesús sitúe Marcos el poder del diablo. Pero el texto no lo dice; por eso cuenta el gran combate utilizando principios y visiones de una trama que es sencillamente humana.

Pero volvamos a nuestro pasaje. En un primer momento nos parece extraño: mezcla de fábula (presencia de animales compañeros), mito religioso (se oponen ángeles y diablo) y relato edificante (el héroe Jesús vence la prueba). Ciertamente hay esos y otros rasgos extraños en el texto. Pero al estudiarlo con más detenimiento, descubrimos que ellos quedan de tal forma ensamblados que se integran en un tipo de unidad revelatoria que explicita con toda claridad los rasgos principales de este nuevo nacimiento mesiánico (filial) de Jesucristo.

En este contexto se evocan los cuarenta años de prueba de Israel en el desierto; también hay que recordar los cuarenta días de estancia de Moisés en la montaña (Ex 34, 28) o del camino de Elías, el profeta, en el desierto (2 Re 19, 1-8). Pero en nuestro caso, el símbolo del texto nos conduce todavía más al fondo, haciéndonos llegar hasta el motivo más antiguo de Adán, el ser humano, creado por Dios y puesto a prueba en el desierto-paraíso, como indican numerosos textos de aquel tiempo. Siendo en verdad Hijo de Dios (1, 9-11), Jesús es a la vez el hombre verdadero, el que repite la historia de Adán para invertirla: vence la prueba y así puede presentarse como iniciador positivo de la historia. Hemos presentado en el recuadro los aspectos del pasaje, leídos desde Gn 2–3 y enriquecidos por lo que sabemos ya sobre Jesús.

Desde ese fondo podemos decir que *prueba y servicio* definen todo el evangelio. Jesús se encuentra situado en un contexto de *tentación* (*peiradsomenos*) entre Satán y sus fieras y los ángeles de Dios que le sirven (*diakonia*), es decir, que le ayudan y sostienen en su gran batalla mesiánica. Tentar es destruir al otro por envidia, encaminándole a la muerte (como harán los sacerdotes de Jerusalén, según 15, 10). Servir, en cambio, es procurar su bien, el bien de los demás (como han hecho las mujeres, compañeras de Jesús: cf. 15, 40-41 y 1, 31). En este lugar originario donde se dividen los espíritus (tentadores y servidores) ha venido a situarse Jesús, Hijo de Dios. Su vida aparece así como campo de batalla primordial, lugar donde se resuelve no sólo el pecado humano (de Adán/ Eva), sino el mismo pecado de los ángeles.

En ese contexto debemos distinguir entre *mito angélico/demoníaco e historia evangélica*. Se pudiera pensar que este prólogo teológico tendría que expandirse luego en un relato mítico, en una *batalla espiritual* (al estilo de Ap 12, 7-9) entre

Comienzo del Evangelio (1, 1-13)

poderes puramente sobrehumanos (como en guerra de galaxia espiritual). Pues bien, esa impresión resulta falsa. Marcos ha evocado estos poderes, como en un espejo para que podamos mirarnos en ellos. Nos ha dicho lo que es tentar y servir, nos ha arraigado en la «historia original». Pero luego, cuando pasa a la historia concreta, esos actores sobrenaturales desaparecen (o quedan velados) y es Jesús quien debe «servir» (cf. 10, 45) a sus discípulos.

Jesús realiza su servicio luchando contra un Satán que se expresa de manera especial en los posesos (cf. 3, 22-30), pero que después está como «encarnado» en los poderes de violencia de este mundo, es decir, en aquellos que le matan. Significativamente, en la primera parte de Marcos (1, 1–8, 26) Jesús se opone a Satán de una manera expresa; pero luego (8, 27–16, 8) Satán en cuanto fuerza personificada tiende a desaparecer y en su lugar emergen los poderes de este mundo y los discípulos satanizados (cf. 8, 31-33) que tientan a Jesús. De esta forma, lo que podía parecer mito angélico viene a convertirse en *historia evangélica*: situado en el lugar de la gran prueba, superando el nivel de tentación (de imposición sobre los otros), Jesús ha desplegado su vida como servicio salvador. Por eso es nuevo Adán, ser humano verdadero.

Estos cuarenta días de prueba se extienden a lo largo de todo el evangelio. Jesús no ha ido al desierto para allí evadirse, sino para asumir, como Adán universal, el camino y problemas de la historia. Evidentemente, no está aislado: en la dureza y soledad de aquel lugar ha podido escuchar y asumir las pruebas y dolores de lo humano. De esta forma muestra Marcos, en bella escena narrativa (conforme a Gn 2–3 y al libro de Adán y Eva), que Jesús es salvador universal: ha condensado en su historia nuestra historia. En la trama de su vida se ha venido a introducir y decidir la trama de pecado y esperanza de todos los vivientes (incluidos ángeles y diablos). La teología posterior dirá estas cosas en claves conceptuales. Pablo las ha dicho ya en lenguaje de discusión escolar y proclamación kerigmática (Rom 5). Marcos las evoca de un modo respetuoso y profundo. No ha necesitado largas discusiones. Le bastan unos trazos para presentarnos a los personajes que estarán al fondo de todo lo que sigue.

Por medio de este relato simbólico, con rasgos que pudieran parecernos casi míticos, Marcos ha logrado presentar un elemento clave de la identidad de Jesús. Estamos todavía en el principio, en el lugar donde se exponen los rasgos permanentes del relato: en el fondo de Jesús está la historia de Israel como promesa centrada en el Bautista; está Dios Padre que le reconoce (engendra) y que le da su buen Espíritu; está, en fin, el mal espíritu Satanás que tienta a Jesús y quiere destruir su obra mesiánica.

Pero más que la figura de Satanás importa a Marcos el camino de Jesús, a quien presenta como nuevo y verdadero Adán, el ser humano. Mejor no podía haberse dicho. Había en 1, 9-11 el riesgo de tomar a Jesús como un fuerte y puro superhombre, alguien que viene de Dios, tiene su Espíritu, y no sufre ni

Prólogo

tampoco participa en los caminos de la historia de los otros hombres. Pues bien, en contra de eso, después de haberle situado en el final del camino israelita (1, 1-8), Marcos ha querido enraizar a Jesús en el principio de lo humano y presentarle como verdadero Adán que asume (y vence) la prueba de Satanás que amenazaba con quebrarnos, destruyendo nuestra historia.

En esta perspectiva se iluminan ciertos rasgos del pasaje. Jesús ha de estar solo, como principio de nueva humanidad; no va con Juan, no se expande y se divide en varón-mujer como el Adán de Gn 2–3, no se rodea de discípulos. Tiene que asumir solo la prueba, iniciando así la nueva travesía de lo humano; por eso se halla en el desierto, rodeado únicamente de animales. Pues bien, esta misma soledad humana se explicita como una experiencia de fuerte compañía «espiritual»: Dios le sostiene, su Espíritu le impulsa en el camino de la prueba, y le rodean los signos de lo bueno (ángeles) y malo (Satanás).

Satanás y los ángeles carecen aquí de autonomía, no son protagonistas de la historia, como sucedía en numerosos textos de tipo apocalíptico del tiempo. Protagonista es Jesús, el hombre nuevo. Satanás y los ángeles expresan las dos posibles líneas de apertura de su vida: caer en la prueba (servirse de los otros) o servir a los demás en gesto de entrega de la vida.

Hemos dicho que Satanás pierde importancia en el transcurso del relato de Marcos, de manera que al final sólo encontramos a Jesús que está enfrentado a los poderes humanos pervertidos de la historia (pues en ellos se expresa lo satánico). Eso mismo ha de afirmarse, pero con más fuerza todavía, de los ángeles. Marcos ya no alude más a ellos en toda la historia de Jesús. Sólo ha querido ponerlos al final del tiempo como servidores del juicio del Hijo del hombre (8, 38; 13, 27) y ejemplo de una vida donde se supera el deseo posesivo del varón sobre la mujer (12, 25). Ciertamente, ellos poseen poder grande, pero al fin resultan incapaces de conocer la hora de Dios para los hombres (13, 32). Significativamente (en contra de Mt 28, 2), el revelador pascual de Marcos 16, 1-8 aparece como joven celeste y no como ángel.

Y con esto podemos acabar. Queda así completo el principio (1, 1) del evangelio de Jesús. Hemos conocido a los diversos personajes de la trama. Así podemos entenderla en todo lo que sigue: de la esperanza de Israel (centrada en Juan), pasando a través de la palabra de Dios que constituye a Jesús como su Hijo, hemos llegado al relato del nuevo surgimiento de lo humano. En el lugar donde el paraíso del principio (Gn 2–3) se ha venido a convertir en desierto de prueba y creación mesiánica ha venido a colocarnos Marcos.

Empieza así en Jesús la nueva humanidad, precisamente en el lugar donde se cumple la antigua profecía y se escucha la llamada de Dios Padre. Surge el hombre verdadero (a quien después se llamará Hijo de Hombre) en un contexto de respuesta a la palabra, en actitud de prueba donde el Cristo invierte la caída del Adán, ofreciendo a los humanos un camino de salvación escatológica.

Comienzo del Evangelio (1, 1-13)

La vocación (llamada o nacimiento mesiánico de Jesús) ha venido a expandirse en la prueba satánica, en gesto que después se irá expresando a lo largo de todo el evangelio, tal como lo muestra de manera especial el gran reproche que Jesús dirige a Pedro: «¡Apártate de mí, Satanás...!» (8, 33). El diablo se identificará de esa forma con el ideal mesiánico impositivo de aquellos discípulos que quieren apartar al Cristo del camino de la entrega por los otros. Nosotros mismos, nos volvemos, según eso, diablos: podemos pervertir la vocación y pervertirnos, transformando el reino de la gracia de Dios en campo donde triunfan y se imponen los propios privilegios.

---

(11) Satán y Jesús. La gran batalla (1, 12-13)

Podemos fijarnos por un momento en el esquema. En el centro está Jesús, que es el protagonista. A un lado, en la línea buena, está al Espíritu de Dios (que le arroja al desierto), con los ángeles que le sirven. Al otro lado, en la línea mala, tiene a Satán con las fieras. En sentido estricto, la lucha no es entre Jesús y Satán, sino entre el Espíritu Bueno y Satán, que es el Espíritu Perverso. Arriba se inscribe el lugar (desierto) y abajo el tiempo (cuarenta días).

Desierto
♦
ESPÍRITU → Ángeles → **JESÚS** → Fieras → SATÁN
♦
Cuarenta días

1. *El Espíritu le expulsó (lo arrojó) al Desierto.* Éste no es un espíritu de contemplación interior (tipo platónico), de mística tranquila, separada del mundo. Jesús ha recibido más bien el Espíritu mesiánico, que le lleva más allá de la ribera resguardada del río de Juan Bautista (bautizando a los que vienen ya arrepentidos), para asumir la gran lucha de la historia humana, situándose en el mismo centro de esa lucha. El mismo Espíritu de Dios le «arrojó», le puso en el centro de la gran tentación, identificándose así con el dolor y la lucha humana.

2. *Cuarenta días.* Son el tiempo de la prueba, cuarenta años de los israelitas en el desierto, cuarenta días de Moisés en la montaña (Ex 24, 18) o del camino de Elías por el desierto hasta enfrentarse con Dios en el Horeb (1 Re 19, 8), etc. No se dice que ayune (como en los paralelos de Mt 4 y Lc 4), el Jesús de Marcos no es Mesías de ayunos... Se dice simplemente que estuvo allí, durante un tiempo que, en sentido estricto, se identifica con toda

su historia mesiánica (hasta el momento de la muerte). Los cuarenta días de la prueba no son tiempo que pasa y queda atrás, de forma que después no hay desierto, ni tentación, ni servicio en el camino y muerte de Jesús. Todo lo contrario: estos cuarenta días (lo mismo que la palabra de Dios: «Tú eres mi Hijo») reflejan y explicitan una dimensión que permanece a lo largo de todo el evangelio.

3. *Tentado por Satán*. El antagonista de Jesús no es un hombre (el Sumo Sacerdote o el César de Roma) o un tipo de clase social (los ricos, los soldados...), sino el poder diabólico. De esa forma lucha Jesús contra Satán, conforme a una visión muy extendida en aquel tiempo en Israel, pues se dice también que los «soldados» de Qumrán (cf. *Rollo de la Guerra*), lo mismo que los combatientes del Apocalipsis (cf. Ap 14), lucharán contra Satán y sus poderes. Pues bien, en este caso, Satanás le tienta desde el primer momento y no al final de los cuarenta días como en Mt 4 y Lc 4. El texto no quiere concretar las tentaciones, pero es evidente que ellas están conectadas con la prueba original de Adán: Jesús, el hombre nuevo, nos conduce hasta el principio; allí se pone, allí nos pone, ante los riesgos de lo humano. Pero este Satán contra el que Jesús se mantiene en lucha viene a expresarse a lo largo del evangelio a través de los posesos y, de un modo especial, a través de aquellos que le condenan a muerte (cf. Marcos 14–16).

4. *Y estaba entre las fieras*. Ésta es una imagen que se puede entender en dos niveles. (a) Así encontrarnos a Jesús como el Adán primero, habitante del antiguo paraíso, rodeado de animales, dándoles un nombre (Gn 2). Ha vuelto a las raíces. También nosotros seguimos en ese lugar; de allí partimos, desde allí debemos elevarnos, buscando la más alta compañía de lo humano, como Adán en Gn 2–3. Es evidente que Jesús no se ha quedado a ese nivel de fiera, no es Mesías ecológico al que bastan los vivientes inferiores de la estepa, sino que rompe la inmediatez biológica para suscitar la nueva «iglesia» de lo humano. (b) Pero esa imagen puede entenderse también desde la tradición apocalíptica de Dn 7 o 1 Henoc, donde las fieras son los poderes demoníacos destructores, las grandes «bestias» que dominan en la historia humana.

5. *Y los ángeles le servían*. Frente al fondo animal, frente a la prueba tentadora de Satán, se eleva el orden y servicio de lo angélico entendido como principio de comunicación salvadora. Los ángeles son para Marcos *mensajeros* de esperanza (cf. 1, 2) y portadores de salvación escatológica (cf. 8, 38; 12, 25; 13, 27). Pues bien, el texto añade que *servían a Jesús* (1, 13). Esta anotación ha de entenderse desde la versión del pecado que ofrece *El Libro de Adán y Eva* (recogida y popularizada en el Corán) donde se dice que Dios mandó a los ángeles servir a los humanos (que los adoraran como imagen divina).

> Pues bien, algunos ángeles, dirigidos por Satán, se rebelaron, negándose a servir a los hombres, y volviéndose así *tentadores suyos*. Lógicamente, donde Jesús retorna al paraíso para iniciar el camino de lo humano, enfrentándose a Satán, los buenos ángeles han de servirle. Pues bien, desde lo dicho al hablar de Satán y las fieras (bestias destructoras), podemos hablar aquí de un enfrentamiento entre poderes buenos (ángeles) y destructores (Satán, fieras). En el centro de ese enfrentamiento estará Jesús.

Parte I
GALILEA, EVANGELIO DEL REINO
(1, 14—8, 26)

1. Necesidad humana y mensaje del Reino (1, 14-3, 6)   *83*
2. Elección y misión. La tarea de los Doce (3, 7-6, 6a)   *161*
3. Mesa común. Sección de los panes (6, 6b-8, 26)   *263*

He dividido el núcleo de Marcos (1, 14-15, 47) en dos unidades que en algún sentido son complementarias: el anuncio y los signos de presencia del Reino en Galilea (1, 14-8, 26), y el camino de entrega de la vida que culmina con la muerte de Jesús en Jerusalén (8, 27-15, 47). Al principio ha quedado el prólogo, del que acabamos de tratar (1, 1-13). Al final añadirá Marcos una conclusión pascual (16, 1-8), a la que sigue el apéndice canónico (16, 9-20).

De la primera parte tratamos ahora. Ella está anunciada y, en cierto sentido, condensada en el resumen inicial donde se dice que Jesús vino a Galilea empezando a proclamar allí el reino de Dios (1, 14-15). Lo que sigue es expansión y realización de esa palabra. Jesús viene a Galilea, es decir, al lugar de su procedencia (cf. 1, 9). No se queda en el desierto, como Juan o los esenios. No pretende que los hombres se alejen de este mundo, para realizar una austera existencia penitencial (de alejamiento y bautismo), fuera de su tierra. Al contrario, Jesús busca a los hombres en su propio ambiente, en medio de sus ocupaciones y tareas, ofreciéndoles algo que ellos no tenían: la llamada del Reino.

Eso significa que Jesús no empieza su proyecto subiendo a Jerusalén: no busca a Dios en la sacralidad del templo, no dedica su vida a perfeccionar el ritual de los sacrificios, ni a transformar el culto que realizan en el gran santuario nacional los sacerdotes. No los critica directamente, pero hace algo que en el fondo resulta mucho más peligroso para ellos: los ignora; así descubre y cultiva el camino de Dios en la vida (sufrimientos y esperanzas) concretos de todos los humanos, junto al lago-mar de su comarca en Galilea.

Jesús no va tampoco a la escuela donde están enseñando los escribas, en gran parte de tendencia farisea. Ellos querían cultivar la sacralidad del templo (de los sacerdotes) en su propio ambiente y casa. Por eso se preocupan de las leyes del sábado, de la limpieza ritual de las personas y alimentos, de las separaciones de lo puro y de lo impuro. Están empeñados en levantar el edificio del pueblo sobre los cimientos de una ley nacional, iniciada en la Escritura y precisada en las costumbres-normas-tradiciones de los «ancianos».

A diferencia de ellos, Jesús va a ligar la llamada y presencia de Dios (anuncio del Reino) a la fe de los hombres, entendida como poder de conversión o transformación humana. Este es su evangelio: «Se ha cumplido el tiempo, se ha acercado el Reino: convertíos y creed en la buena noticia» (1, 15). Jesús no se limita a proclamar con su palabra el Reino, sino que lo va haciendo presente con su propio compromiso y con la entrega de su vida. Él mismo es el signo-portador del Reino que llega, es evangelio hecho persona, es principio de conversión transformación (de fe) para los hombres. Así lo iremos descubriendo en toda esta sección de anuncio en Galilea.

Notaremos, por un lado, que no busca a los fuertes ni a los sanos (para hacer con ellos la gran guerra de Dios), ni a los sabios ni a los puros (para edificar con ellos el templo de la ley), sino a todos, y de un modo especial a los más pobres, marginados y enfermos. Su gesto es el principio verdadero de eso que pudiéramos llamar una democracia creadora: quiere elevar a todos, para que todos descubran y realicen en camino de fe lo mejor de su existencia.

Tiene prisa, como si el reino de Dios urgiera tanto que fuera necesario recorrer todos los caminos, preparar a todos los humanos para el gran momento de la manifestación de Dios. Esta prisa es resultado y expresión de eso que pudiéramos llamar «deslumbramiento de Dios». No ve Jesús la sombra de la muerte final planeando ya sobre la historia, sino que ve la aurora de Dios, ha descubierto ya su claridad, por eso tiene prisa y quiere preparar a los perdidos y pequeños de su pueblo para la irrupción plena del Reino. Pero, al mismo tiempo, en paradoja sorprendente, Jesús tiene gran calma, cuenta con todo el tiempo del mundo para detenerse entre los pobres, los enfermos y pequeños. Parece que vive ya desde otro mundo (el Reino) y, sin embargo, esa misma distancia o separación le capacita para descubrir y realizar de forma nueva las cosas de esta tierra.

Así, vuelve a Galilea con la experiencia y palabra de Dios que le ha llenado, tras la inmersión en el Jordán por mano del Bautista. Sabe oponerse a Satanás (cf. 1, 12-13). Puede iniciar su camino. Como hemos anunciado ya en la traducción, dividiremos esta parte en tres amplias secciones que pueden distinguirse, tanto en plano literario como teológico, a partir de los momentos o rasgos de la gran llamada, es decir, del fondo vocacional.

Veremos más tarde (de forma explícita en 13, 10 y 14, 9) que Jesús quiere ofrecer el evangelio a todos los hombres-pueblos de la tierra. Pero en este primer momento se centra en Galilea. Allí le envía Dios, allí ofrece su llamada, dentro del espacio de esta región israelita abierta a un mar menor donde se cruzan y se encuentran muy diversos grupos de personas. Actúa en Galilea, en mensaje abierto a todos, pero su palabra va tendiendo de manera especial a unos discípulos que aparecen como destinatarios y transmisores especiales de su llamada vocacional. En esa perspectiva dividimos nuestro texto, distinguiendo de manera inicial sus tres secciones:

- *Introducción: llamados al Reino* (1, 14–3, 6). Incluye un *prólogo*, con el resumen del mensaje de Jesús (1, 14-15) y la presentación de los cuatro primeros compañeros de Jesús (1, 16-20), con un *despliegue temático*, que muestra la acción de Jesús a través de siete paradigmas o narraciones ejemplares (1, 21-2, 22), y un *contrapunto judío*, con la reacción de las autoridades galileas (2, 23-3, 6). Estrictamente hablando, esta primera parte empieza en 1, 16-20 (1, 14-15 es sumario-introducción de todo lo que sigue hasta 8, 26): Jesús convoca a cuatro discípulos para iniciar con ellos la gran «pesca escatológica» del reino de Dios, abierta a todos los pueblos (en signo de misión universal). De manera programada y consecuente les va mostrando su autoridad, superando los aspectos más estrechos de un tipo de judaísmo de su entorno.

- *Nueva comunidad: casa y familia* (3, 7-6, 6a). Dentro de la nación israelita ha introducido Jesús un nuevo esquema de vida o movimiento social. Por eso escoge a algunos (Doce) para convertirlos en familia más cercana y para hacerlos principio de misión-salvación para Israel (cf. 3, 7-19). Para realizar su programa él debe enfrentarse con parientes y escribas, que defienden otras estructuras sociales y sacrales (3, 20-35). En ese fondo ha de entenderse su siembra de palabra (4, 1-34), que después se abre a los gentiles oprimidos y a los israelitas marginados (4, 34-5, 43). Termina esta sección en controversia, pues le expulsan de su pueblo (6, 1-6a). Sobre ese fondo de rechazo viene a revelarse Jesús como portador de la palabra de Dios (cf. 4, 1-34) y vencedor de lo diabólico y de todo lo que oprime al ser humano (cf. 5, 1-43).

- *Riqueza y riesgo de la comunidad: pan compartido, barca amenazada* (6, 6b-8, 26). El proceso de llamadas culmina en el envío escatológico de los Doce, que deben anunciar el Reino entre las gentes de su pueblo. Así comienza esta sección, marcada ya por el relato de la muerte del Bautista (6, 6b-30). Esta sección suele llamarse *de los panes*, pues se centra en la multiplicación o pan compartido (6, 30-44; 8, 1-9) y en el paso por el mar, también relacionado con los panes (6, 45-52; 8, 10-21). En ella culmina la primera parte de Marcos: los discípulos deberían tener los ojos abiertos (cf. 8, 22-26), para descubrir a Jesús como Mesías que reúne a los humanos en torno a su propio pan multiplicado. Los enfrentamientos con la autoridad israelita se vuelven más duros, el campo de la acción de Jesús parece abrirse a los gentiles, pero sus discípulos van siendo incapaces de entenderle.

Éstos son los momentos de esta sección, dedicada al anuncio del Reino en Galilea. Cada una de las secciones de esta parte empieza y queda definida por un texto vocacional: la llamada se abre a la elección, y así culmina en una misión donde la causa de Jesús y la causa de sus discípulos queda al fin identificada. Sobre el trasfondo de esa misión de los discípulos han de interpretarse sus incomprensiones, eso que pudiéramos tomar ya desde ahora como principio del fracaso de su ministerio.

Pero no adelantemos acontecimientos, no nivelemos el drama de Marcos, poniendo todos los gestos y datos a la misma altura. Por ahora, en esta parte de anuncio en Galilea, los discípulos van asumiendo progresivamente una responsabilidad mesiánica, y parece que ellos pueden responder al proyecto de Jesús, realizando la tarea que les encomienda. Sólo después, de una manera brusca, a partir de 8, 27, veremos cómo todo quiebra y cambia: ellos resultan incapaces de asumir y recorrer de verdad el camino de Jesús.

Por ahora sabemos que Jesús tiene un programa de Reino y cuenta con unos discípulos que pueden acompañarle para realizarlo juntos. Los sacerdotes cuentan con ayudantes, siervos y levitas para realizar su acción sacral. Los escribas (fariseos) abren sus aulas y colectan-educan buenos estudiantes. Los celotas adiestrarán cuidadosamente a los nuevos soldados de la liberación nacional. También Jesús necesita colaboradores; por eso su tarea de Reino resulta inseparable de la llamada, elección y envío de sus discípulos.

1. Necesidad humana y mensaje de Reino (1, 14–3, 6)

Israel era una nación (una buena *familia*), edificada por su Dios en siglos de diálogo religioso y solidaridad humana. En ella se guardaban las tradiciones fundantes de los antepasados (cf. *presbíteros* de 7, 3), codificadas e interpretadas fielmente por los escribas, que bajan de Jerusalén (cf. 3, 22), lugar del templo o casa nacional de la unidad israelita. En esa «buena familia» de Israel había nacido y crecido Jesús. Pero, tras el bautismo, siguiendo el ejemplo de otros grandes israelitas, buscó en su pueblo unas tradiciones alternativas o más profundas de libertad ante Dios y de solidaridad con los más pobres. Esta primera sección de la primera mitad del evangelio puede dividirse en tres partes:

1. *Comienzo y vocaciones* (1, 14-20). Arraigado por (con) Juan Bautista en la tradición profética, Jesús ha escuchado la voz de Dios que le hace Hijo y le da su Espíritu. Pues bien, después de enfrentarse con Satán, él ha iniciado su mensaje en Galilea, proclamando la llegada del reino de Dios y llamando a cuatro discípulos para iniciar con ellos la pesca de Reino.
2. *Paradigmas de Iglesia* (1, 21–2, 22). De forma provocativa, Jesús va escogiendo a las personas que forman el «pueblo» de su Reino (leprosos, pecadores, publicanos). Así supera un tipo de sinagoga particular, iniciando la familia de la Iglesia (es decir, de todos los convocados por Dios, a través del evangelio).
3. *Controversia* (2, 23–3, 6). Quizá la más importante de las instituciones israelitas era el sábado, día de descanso avalado por la Ley. Jesús no rechaza de manera directa su valor sagrado (descanso de Dios), pero lo pone al servicio de la plenitud (comida) y la integridad (salud) del hombre. De esa forma entra en conflicto directo con los representantes de la autoridad establecida (cf. 3, 6), suscitando así la oposición de unos jerarcas que sitúan el sábado judío (tiempo de identidad religiosa) por encima de su proyecto de Reino. Ellos deciden condenarle a muerte, confirmando de esa forma la novedad de su proyecto.

Galilea, Evangelio del Reino (1, 14-8, 26)

Esta primera sección de la primera mitad de Marcos constituye un resumen y compendio de todo el evangelio. Aquí aparecen los principios de su gran tarea de Reino, que Jesús comienza a proclamar en Galilea. Así comienza anunciando la llegada del reino de Dios en Galilea (1, 14-15) y para expresar su sentido universal llama a cuatro discípulos, que son pescadores, como signo de su tarea de Reino.

Esta sección, abierta a la promesa de la pesca escatológica, se encuentra paradójicamente marcada por una serie de conflictos con las autoridades judías, unos conflictos que pueden parecernos casuales, muy pequeños, pero que definen la actitud de los adversarios de Jesús, que indican la novedad de su mensaje y que, al fin, le impiden realizar su tarea en Israel. Jesús no combate directamente, no se enfrenta de manera programada contra nadie, pero llega al lugar de la máxima conflictividad israelita, enfrentándose con las instituciones que aplastan u oprimen a los hombres.

1. Comienzo y vocaciones (1, 14-20)

Esta primera sección de la primera parte de Marcos comienza con dos pequeñas escenas de tipo programático: (a) La proclamación del reino en Galilea, con el sumario del mensaje de Jesús. (b) La llamada de los cuatro primeros compañeros de Jesús, que son testigos y garantes de la pesca escatológica del Reino.

a) Sumario: mensaje en Galilea (1, 14-15)

Sobre Galilea en Marcos, cf. Calle, *Situación*, 75-120; Malbon, *Space*, 26-30. Para una discusión posterior, cf. S. Freyne, *Galilee, Jesus and the Gospels*, Fortress, Philadelphia 1988, en especial páginas 33-68; Id., *Galilee from Alexander the Great to Hadrian 323 BCE to 135 CE. A Study of Second Temple Judaism*, Clark, Edinburgh 1998; J. González Echegaray, *Jesús en Galilea. Aproximación desde la arqueología*, Verbo Divino, Estella 2000. Sobre el mensaje del Reino, cf. R. A. Horsley, *El Reino de Dios y el Nuevo desorden mundial*, Ágora 14, Verbo Divino, Estella 2003; R. Schnackenburg, *Reino y reinado de Dios*, AB 3, Fax, Madrid 1970.

Como signo de ruptura (frente a Juan Bautista), y como anuncio de los temas de esta primera mitad de su evangelio (1, 14–8, 26), Marcos ha ofrecido un sumario intenso y breve en el que recoge los temas principales del mensaje de Jesús, anunciando así los motivos básicos de esta primera parte del evangelio (1, 14–8, 26):

Necesidad humana y mensaje de Reino (1, 14-3, 6)

a. (Relato) ¹⁴*Después que Juan fue entregado, marchó Jesús a Galilea, proclamando el evangelio de Dios*
b. (Palabra) ¹⁵*y diciendo: «El tiempo se ha cumplido. El reino de Dios ha llegado. Convertíos y creed en el evangelio».*

El tiempo de Juan ha pasado ya, por cumplimiento interior y por violencia externa (le han entregado, como explicará 6, 14-29). Ahora viene Jesús como Hijo de Dios y vencedor de Satanás, para expresar en Galilea aquello que los ángeles habían comenzado a realizar en 1, 13 (servir). Dios, Satanás y los ángeles no actúan en él de una manera externa; por su aspecto y realidad más honda, Jesús se muestra y actúa sólo como humano.

Viene a Galilea, su tierra de origen (1, 9). Eso significa que ha dejado el desierto en su doble aspecto de lugar de conversión donde actuaba Juan Bautista (1, 1-8) y campo de prueba solitaria (1, 12-13). Ciertamente, lleva consigo el resultado de la victoria que ha logrado frente a Satán y actúa con la fuerza del Espíritu, que Dios le ha concedido en el desierto; pero ahora actúa en Galilea, que es la tierra de los hombres concretos, necesitados y perdidos, en torno a un mar que es signo del conjunto de los pueblos y del mismo riesgo creador de la existencia humana, como iremos señalando en lo que sigue.

Viene Jesús y proclama el evangelio de Dios (1, 14), interpretando de esa forma el título del libro (1, 1). *Juan Bautista* se había centrado en el problema del pecado y ofrecía sólo el agua de la conversión en el desierto: no tenía un proyecto de vida, no podía venir hasta el lugar donde habitan los hombres y mujeres concretos de la tierra de Israel, para transformarlos con la gracia de Dios. Era un separado en el sentido más estricto de ese término: se había retirado hasta el desierto; allí moraba, fuera del espacio concreto de la historia, llamando a penitencia a los que estaban más perdidos sobre el mundo. Pues bien, en contra de eso, *Jesús* se ha presentado como un hombre vinculado a los demás: viene a Galilea donde sufren y esperan los humanos, para ofrecerles evangelio de Dios, es decir, un tipo de nuevo nacimiento.

Jesús lleva en su vida el testimonio de la filiación gozosa de Dios («tú eres mi Hijo, en ti me he complacido»: 1, 9-10), y así expande la experiencia de esa filiación entre las personas de su entorno galileo. De esa forma expresa y comunica la simiente de su nueva humanidad, como verdadero Adán que sale del desierto-paraíso de su prueba, como vencedor de Satanás que permite a los hombres vivir de una manera auténtica, llevándoles al lugar donde se anuncia y cumple el hombre verdadero (cf. 1, 12-13).

Éste es el evangelio de Dios, es decir, la buena nueva de su amor recreador hacia los hombres. En contexto de juicio, Dios actuaba como protector de los suyos, pero también aparecía como una amenaza para aquellos que se hallaban fuera del espacio de su alianza. Pues bien, para Jesús, Dios se define ya como evangelio:

Galilea, Evangelio del Reino (1, 14-8, 26)

buena nueva de amor, proclamación gozosa y plenitud de la existencia. Que los hombres se alegren en Dios y nazcan de nuevo: eso es lo que Marcos 1, 15 quiere decir cuando explicita en forma condensada el evangelio. Y con esto pasamos ya al comentario del texto, que consta de dos partes, como indica la traducción:

a) *Relato* (1, 14). Está condensado de manera muy intensa, recogiendo los elementos básicos de la visión que Marcos tiene del comienzo de la actividad de Jesús.

- *Después que Juan fue entregado...* Este dato sirve de contrapunto histórico y teológico de toda la historia que sigue. Juan ha sido y seguirá siendo lugar de referencia. Jesús viene después (*meta*), en indicación más teológica que cronológica. Según Marcos, Jesús y Juan no coincidieron, no tuvieron un tiempo de actividad común (en contra de lo que afirma el evangelio de Juan). A su juicio, Juan ha sido un puro precursor, pero su historia es importante para entender la de Jesús, pues la entrega de Juan (*paradothênai*: 1, 14; cf. 6, 14-39) anuncia la de Jesús (cf. 9, 33; 10, 33; 14, 10-11, etc.).
- *Vino Jesús a Galilea.* El espacio geográfico (y teológico) de Juan era el desierto con el río. El de Jesús, en cambio, es Galilea; según Marcos, Jesús no misionó ni bautizó por un tiempo en el Jordán, ni tampoco en Judea (en contra del cuarto evangelio; cf. Jn 3, 22), sino que vino directamente a Galilea que era, a su juicio, el lugar del evangelio. No permaneció en el lugar de la prueba (desierto), ni se instaló al borde de la tierra prometida (junto al río Jordán); tampoco buscó un lugar de salvación junto a los atrios de Jerusalén, en gesto de sacralidad nacional, sino que vino a su tierra y a su gente, en Galilea, junto a un mar simbólicamente abierto a las naciones del entorno. Su relación con Galilea culmina en 14, 28 y 16, 7 donde Jesús (o el joven pascual) manda a los discípulos a Galilea, lugar que será para Marcos espacio fundante y el signo duradero de la Iglesia.
- *Proclamando el evangelio de Dios.* La evocación de Galilea no es suficiente, ni tampoco la entrega del Bautista. Lo propio de Jesús es la «proclamación del evangelio de Dios» (algunos manuscritos ponen «del Reino»). Se cumple así lo que se había anunciado en 1, 1 (el comienzo del evangelio), y de esa forma él aparece «proclamando el evangelio». Esta palabra (evangelio) proviene de la tradición profética de Isaías y quizá ha sido empleada por el mismo Jesús. Pero todo nos permite suponer que ella ha tomado una importancia central entre los cristianos helenistas y luego en Pablo.

Al decir que Jesús ha empezado «proclamando el evangelio de Dios», Marcos está haciendo una opción trascendental: interpreta el mensaje de reino de Jesús como buena nueva de la llegada salvadora de Dios. Con un poco de exageración se podría afirmar que este Jesús de Marcos recoge y desarrolla un tipo de mensaje paulino, de manera que aparece como el primer «predicador del evangelio». De todas formas, este Jesús es ya importante como persona (Dios le ha llamado y le he dicho: ¡Eres mi hijo!), pero él está al servicio del Evangelio de Dios (*euangelion tou theou*). Marcos no ofrece todavía ninguna «absolutización de Jesús», no le separa en modo alguno de Dios. Todo lo que Jesús hace y dice lo hace y lo dice como enviado de Dios, siempre a su servicio; no tiene un evangelio propio, una tarea suya, sino que su tarea es el evangelio de Dios, la proclamación y despliegue de la obra de Dios.

El progreso temático es claro: pasamos del Bautista (desierto/río) a Galilea, descubriendo allí el mensaje de Jesús, abierto a todos los humanos. No se encierra Jesús en las casas, susurrando al oído un secreto de iniciados; no se instala en la escuela, ofreciendo cursos largos de enseñanza especializada, no ofrece su palabra a la vera del templo sagrado (a los puros), ni a la orilla del río/desierto (a los especialistas de la penitencia). Viene a Galilea, ofreciendo su evangelio para todos; lo hace con claridad (que se entienda bien), en voz alta (que lo escuchen), como heraldo o pregonero de buenas noticias que deben extenderse por el pueblo.

b) *Palabra* (1, 15). El evangelio de la Iglesia se condensa en el mensaje de Jesús: «Se ha cumplido el tiempo y ha llegado el reino de Dios; convertíos y creed en el evangelio» (1, 15). Ésta es la palabra clave, que consta de dos frases paralelas dobles, cada una con dos partes, unidas por un *kai* (y). Como resulta usual en Marcos, la segunda sirve para precisar el sentido de la primera: *se ha cumplido el tiempo «y» llega el Reino* (el Reino define y da sentido al tiempo); *convertíos «y» creed en el evangelio* (la fe da sentido a la conversión).

La narración aludía *al evangelio de Dios*. Jesús habla *del reino de Dios*. De las dos maneras se trata en el fondo de lo mismo, pues en ambos casos tenemos un genitivo «epexegético», es decir, que sirve para interpretar el sentido de la palabra a la que califico. Así *el evangelio «de» Dios* quiere decir que el evangelio o buena noticia es el mismo *Dios*, aquello que él es y, ciertamente, aquello *que Dios hace* (con genitivo de objeto). Ahora *el reino «de» Dios* quiere decir lo mismo: que el Reino es el mismo Dios (y aquello que hace).

En el lugar donde estaba la conversión y penitencia del Bautista viene a situarse la *buena noticia* de Dios (que es el reino de Dios), buena noticia y Reino que Jesús expande a hombres y mujeres de su tierra, aquello que Dios mismo le ha dicho (*¡eres mi Hijo...!*) y que se expresa en la victoria sobre lo diabólico. Su experiencia es buena noticia; la palabra de su vida puede hacerse ya palabra y principio de existencia para aquellos que quieran escucharle, acompañarle. De esa forma el camino de Jesús se hace camino para todos los humanos, empezando en Galilea:

- *El tiempo se ha cumplido «y» (= porque) ha llegado el reino de Dios.* El cielo se ha rasgado y Dios se hace presente en Jesús (1, 9-11). Por eso él puede expandir su experiencia, ofreciendo espacio de vida filial y fraterna (de amor) a quienes quieran escucharle. El reino de Dios se identifica con aquello que Jesús ha recibido en su bautismo. Quiere que todos escuchen (escuchemos) la voz de Dios que dice (*¡eres mi Hijo!*), recibiéndola de forma compartida, fraterna, solidaria. Porque el reino de Dios ha llegado podemos y debemos afirmar que *el tiempo se ha cumplido*, han culminado las promesas de 1, 2-3.

- *Se ha acercado el reino de Dios.* Ésta es la experiencia original, el principio motor del evangelio. La solución de los problemas que atenazan a los hombres no depende simplemente de ellos, de forma que no se encuentran condenados a buscar su salvación con obras propias, con un esfuerzo duro al servicio del cambio social o personal. Hay algo previo, hay evangelio: Dios existe y viene (está viniendo ya) para ofrecer su Reino o señorío salvador para los hombres.

- *Se ha cumplido el tiempo.* Juan moraba todavía al otro lado, antes de que el tiempo terminara y se cumpliera; por eso, dentro de la lógica de la profecía israelita, debía mantenerse en actitud de conversión penitencial. Pero ahora, cuando llega el Reino que Jesús anuncia, el tiempo (*kairos*) de los hombres se ha cumplido. Nos encontramos ya del otro lado de la historia. Por eso, frente a las posibles pequeñas conversiones que sólo cambian por fuera lo que existe, dejando que en el fondo todo siga como estaba, Jesús nos ha ofrecido una gran mutación, es decir, el nuevo nacimiento. Dios nos hace ser, y de esa forma somos: herederos y testigos de su gracia.

- *Convertíos «y» creed (= porque creéis) en el evangelio.* La pertenencia al Reino no se logra por la carne y sangre, es decir, por los principios naturales de la historia (poder genealógico, imposición política), sino por *metanoia* o *con-versión* interpretada como *cambio de existencia*. Superando el nivel previo de lucha, viene a desplegarse ahora un extenso y gozoso continente de existencia filial, hecha de gratuidad y expresada como *fe en el evangelio*, es decir, como acogida de la buena noticia de Dios. No es la conversión la que causa el evangelio, sino al revés: *el evangelio de Dios*, que aceptamos por Jesús con fe gozosa, nos convierte, nos transforma, haciéndonos capaces de acoger y construir la familia mesiánica o Iglesia.

- *Creed en el evangelio.* Frente a los principios viejos de la historia, que son obras angustiosas y batallas, que son fuertes envidias y estrategias de poder (como irá señalando todo el evangelio), Jesús pone a los hombres ante el principio de la fe. No se trata de creer en cualquier cosa, en ejercicio simple de autoengaño, sino de creer en el evangelio, en la buena nueva de Dios que ama a los hombres. De una vez y para siempre, en la tierra Galilea, ha venido a realizarse la mutación humana principal, el cambio que conduce de la vieja a la nueva historia. A la venida del reino de Dios responde el hombre con fe, es decir, con el propio y fuerte asentimiento. Aceptar el don de Dios, reconocerse amado: esta es la verdad, es el poder del evangelio de Dios en nuestra vida.

- *Convertíos*. La palabra (*metanoeite*) se puede traducir de dos maneras, y ambas buenas: convertíos, es decir, naced de nuevo por la fe en el Dios del Reino, o dejaos convertir: dejad que el mismo Jesús, anunciador del Reino, transforme vuestra vida, haciendo que seáis capaces de responder a su llamada. No nos convertimos nosotros para que Dios venga después y nos ofrezca el premio que se debe a nuestras obras. Sólo nos convierte el evangelio del Reino, es decir, la buena nueva de la palabra creadora del amor de Dios donde venimos a vivir en realidad y renacemos. Dios nos quiere convertir, de tal manera que seamos hombres nuevos: ésta es la verdad, es la palabra radical del evangelio.

Los cuatro momentos del pasaje son fundamentales y se implican mutuamente: hay un Dios que viene, ofreciendo su misma realidad (su ser) como evangelio; por eso nos transforma por sí mismo, es decir, desde el principio soberano de su gracia; pero es tan intenso su poder que logra transformarnos de manera humana, haciendo que nosotros mismos nos hagamos seres nuevos. El evangelio no es anuncio de un Dios que flota por arriba, dejando que la historia de los hombres siga como estaba, sino fuerza superior e interna del Dios que ha penetrado en nuestra vida; por eso, si no logra cambiarnos, si no envuelve por dentro nuestro ser y nos convierte en seres nuevos no es poder de Reino, ni se puede tomar como evangelio.

En un primer momento parece que Jesús se ha limitado a proclamar, en nombre de Dios, esta buena nueva de transformación, como un simple pregonero que habla y deja que las cosas sigan como estaban. Pero pronto, a lo largo de todo lo que sigue, iremos descubriendo que este anuncio de Reino (= evangelio) queda vinculado y de algún modo encarnado en la persona de Jesús: no se limita a proclamarlo, sino que lo ha expandido y realizado como vida, ofreciéndolo con obras y palabras a los hombres de su entorno (1, 14-8, 26).

Así lo veremos de un modo especial en el comienzo de la segunda parte, en el camino que lleva de Galilea hacia Jerusalén (8, 27-10, 52), allí donde la causa de Jesús y el evangelio se identifican (8, 35; 10, 29), de tal forma que el mismo Jesús puede presentarse como verdad del evangelio. Eso aparece con más fuerza todavía en el proceso de su entrega y muerte (cf. 14, 9). Por eso, el joven de la pascua concretiza o, mejor, identifica el evangelio del Reino al igualarlo ya con la persona de Jesús resucitado, que discípulos y amigos han de ver de nuevo en Galilea (16, 6-7).

Marcos ha superado el nivel biológico (no alude a la familia carnal de Jesús); también ha superado el plano cultural (no sitúa a Jesús en una escuela exegética o filosófica). El grupo cristiano empieza a surgir y se despliega allí donde varones y mujeres asumen con Jesús una experiencia de nuevo nacimiento en amor, desde Dios Padre. Juan era la línea divisoria: podía suscitar un grupo de discípulos penitentes, pero nada más: no ha visto el cielo abierto, no ha escuchado la voz ¡eres mi Hijo! Donde Juan se ha detenido sigue Jesús: ha escuchado la palabra, se ha descubierto Hijo de Dios, se ha mantenido en la prueba, ha recibido un mensaje de vida para todos. Por eso ha comenzado a expandir su experiencia, ofreciendo su evangelio universal, en el cruce de caminos de su patria, en Galilea.

Jesús *no ha pedido nada*. No aparece en el texto como un suplicante que implora a Dios agua para el campo, hijos para la familia, fortuna para la casa, vida para los enfermos... Simplemente ha venido en busca de Dios, con los penitentes del Bautista y ha escuchado la voz *¡eres mi Hijo!* empezando a reunir a los humanos. Y con esto podemos ya pasar a los temas siguientes. Todos ellos explicitan el sentido de este anuncio del Reino; en todos se concreta y condensa el evangelio por medio de los gestos de llamada y gracia, de promesa y controversia de Jesús. Así vamos pasando, de forma imperceptible y fuerte, del Jesús que anuncia el Reino y ofrece el evangelio (1, 14-15), al Jesús a quien veremos como tema y argumento, como sentido y verdad de ese mismo evangelio (1, 1). Así lo muestra todo lo que sigue.

(12) Creed en el evangelio. Del amor a la fe (1, 14-15)

En su conjunto, Marcos elabora una profunda teología de la fe, y apenas habla del amor como sentimiento separado, pero es claro que su fe implica aspectos fuertes de amor humano (entrega cordial, confianza básica, comunicación), y está fundada en el amor más fuerte de Dios. Por eso unimos ambos términos, para definir por ellos la conducta básica de los cristianos. El judaísmo de los escribas (y fariseos) corre el riego de absolutizar un ritualismo de las obras. Por el contrario, el mesianismo de Jesús está centrado en el amor creyente, que lleva a la fe.

a. *Experiencia de amor*. Forma parte de la raíz judía del evangelio, como indica el acuerdo básico de Jesús y el escriba sobre el doble mandamiento (amar a Dios y al prójimo: 12, 28-34). Más específicamente cristianos resultan otros contextos donde Marcos habla de amor o lo expresa con algunos signos básicos:

Necesidad humana y mensaje de Reino (1, 14-3, 6)

1. *Dios mismo define a Jesús como Hijo agapêtos o querido* en tres relatos fundamentales de su evangelio (1, 11; 9, 7; en 12, 6 le llama así el autor de la parábola). En la base de Marcos hay una experiencia afectiva, vinculada a la filiación de Jesús, el «agapêtos» o querido de Dios.
2. *Jesús mira con amor al rico postulante* (10, 21), en gesto que (no siendo aceptado por aquel que ha venido a pedirle consejo) desvela un aspecto esencial del evangelio: Como hijo amado de Dios, Jesús llama a un seguimiento de amor a los hombres, que pueden rechazarle.
3. *Son signo especial de amor los pasajes donde Jesús se relaciona con los niños* (9, 33-37; 10, 13-16), en los que se dice de manera enfática que Jesús les «abrazaba» (*enankalisamenos*), en gesto de profunda vinculación afectiva.
4. *Fue amado por los suyos*. En el fondo de Marcos se encuentra la experiencia de amor de sus discípulos (como ha puesto de relieve Flavio Josefo, *Ant*. 18, 63-64), y en especial el amor de las mujeres. No se dice que Jesús les llamara y, sin embargo, ellas le siguieron, le sirvieron y quisieron embalsamarle, gesto que sólo se entiende por amor (15, 40-41; 16, 1-8). Ese amor es principio de la fe cristiana.

b. *Experiencia de fe*. El mismo amor se expresa en forma de experiencia de fe, que conforma el movimiento de Jesús, como indica la palabra del principio: ¡*Convertíos y creed en el evangelio!* (1, 15). La fe se identifica con la conversión y lleva al cambio mesiánico. Éstos son sus rasgos principales.

1. *Es fe que cura y/o transforma*, como dice Jesús a la hemorroisa y al Archisinagogo (cf. 5, 34.36), al ciego de Jericó (10, 52). En esa línea pide al padre del niño mudo y lunático, que tiene una fe vacilante, que crea, es decir, que confíe, pues *¡todo es posible para quien cree!* (9, 23-24).
2. *Es fe misionera*, que supera las tormentas y permite navegar en la barca de la Iglesia, cruzando el mar y superando sus riesgos. Por eso Jesús pide a los que van en su barca que tengan fe, no que crean en algún tipo de «dogmas» separados de la vida real, sino que confíen en él (cf. 4, 40).
3. *Es fe que perdona y ora*. La misma fe de los amigos que llevan en la camilla al paralítico es fuente de perdón (2, 5). Esa es la fe que se expresa en la plegaria: Orar es en el fondo confiar en Dios, sabiendo que nos da (nos ha dado) lo que necesitamos, en gesto de confianza, sin necesidad de un templo externo (cf. 11, 23-26).
4. *Es fe que define a los seguidores de Jesús*, que aparecen así como *pisteuontes* (o creyentes en mí). La nota que distingue a los cristianos no es algún tipo de vinculación genealógica o algún tipo de signo externo, ellos son simplemente los creyentes (cf. 9, 42-50).

> *Fe de Reino, fe de Dios.* La fe que Jesús ofrece y cultiva es una *fe mesiánica*. Por eso, cuando él dice: «*Creed en el evangelio* está diciendo 'creed en la buena noticia del Reino' que llega». De un modo significativo, totalmente novedoso en el Nuevo Testamento, ésta es *la fe de Dios* (11, 22). Por eso, los que tienen la misma fe de Dios pueden hacerlo todo, son creadores, como él. Esta fe no es un fanatismo ciego, ni puro razonamiento, ni demostración de fuerza (cf. 13, 21), ni una forma de imponerse por la fuerza sobre los demás (cf. 15, 32), sino confianza en la persona y obra de Jesús. A los cristianos les define esa fe en el Dios del Reino (¡fe de Dios!). Confían unidos en el camino mesiánico de Jesús, lo asumen y comparten. Por eso son del Cristo, están vinculados en su nombre y en su pascua.

b) Pescadores de hombres, los primeros compañeros (1, 16-20)

Cf. Barton, *Discipleship*, 61-67; Best, *Following*, 168-169; Hengel, *Seguimiento*, 76-81; Guijarro, *Fidelidades*; F. J. Moloney, *The Vocation of the Disciples in the Gospel of Mark*: Salesianum 43 (1981) 487-516; R. Pesch, *Berunfung und Sendug. Eine Studie zu Mk 1, 16-20*, ZkTh 91 (1969) 1-31; W. Wuellner, *The Meaning of «Fishers of Men»*, Westminster, Philadelphia 1967. Sobre la posible relación de patronazgo de Jesús con sus discípulos, en el contexto antiguo, cf. B. J. Malina, *El mundo del Nuevo Testamento*, Verbo Divino, Estella 1995, 126-130; Id., *Patron and Client. The Analogy Behind Synoptic Theology*, Forum 4 (1988) 1-32. J. D. Crossan insiste en que Jesús ha superado todo patronazgo: *Jesús. Vida de un campesino judío*, Crítica, Barcelona 1994, 352-408.

Como acabamos de indicar, en el comienzo de su tarea Jesús ha ofrecido un sumario de su programa mesiánico (1, 14-15). Pues bien, para expandir su misión, él ha querido llamar a cuatro colaboradores para que le sigan, anunciando su obra final: la llegada de la pesca escatológica del Reino. No busca la ayuda de ángeles de Dios, preparando con ellos la victoria en la guerra escatológica No quiere sacerdotes bien expertos en tareas religiosas, ni escribas entrenados en cuestiones de ley israelita. Tampoco necesita soldados o celotas de la dependencia política del pueblo. Pero quiere y busca colaboradores mientras viene por la orilla del lago que el pasaje presenta de manera generosa (simbólica) como Mar de Galilea:

a. (Simón y Andrés) *[16] Y pasando junto al Mar de Galilea, vio a Simón y a su hermano Andrés que estaban echando las redes en el mar, pues eran pescadores. [17] Jesús les dijo: «Venid en pos de mí y os haré pescadores de hombres». [18] Ellos dejaron inmediatamente las redes y lo siguieron.*

b. (Santiago y Juan) *[19] Un poco más adelante vio a Santiago, el de Zebedeo, y a su hermano Juan. Estaban en la barca reparando las redes. [20] Jesús los llamó también; y ellos, dejando a su padre Zebedeo en la barca con los jornaleros, se fueron tras él.*

No hay preparación. Nadie nos ha dicho quiénes eran estos pescadores que, de ahora en adelante, formarán un elemento integral del evangelio. Marcos sólo indica que estaban junto al mar, que es campo de trabajo y signo de la pesca escatológica. Pues bien, ese mar «se transfigura» y aparece ante los ojos de Jesús como señal del Reino, a través de un proceso de simbolización que conocemos ya por los profetas. Is 6 evocaba la brasa ardiente del altar del templo, que purificaba los labios del vidente. Jr 1 aludía a la vara muy fuerte de almendro que anuncia el castigo que viene sobre los culpables. Pues bien, en nuestro caso, la misma imagen de unos pescadores suscita en Jesús la más honda expectación de la pesca escatológica cercana.

Tanto Is 6 como Jr 1 ofrecían el signo, y la interpretación de ese signo de Dios a su profeta. En nuestro caso, el creador del signo es Jesús. No necesita tener una visión milagrosa, desde arriba, para entender la realidad humana (pesca sobre el lago), sino que el mismo mar viene a presentarse ante sus ojos como signo de tarea mesiánica y promesa escatológica.

El Dios de Is 6 realizaba su obra en el profeta, limpiando con la brasa del templo celeste sus labios. Según Jr 1, 11-14, al hacer que se fijara en la rama de almendro o la olla inclinada, Dios decía al profeta lo que debía suceder más tarde, lo que sería su vida. Pues bien, avanzando en esa línea, aquí es el mismo Jesús el que dice y el que hace, transformando la vida de los cuatro pescadores que trabajan en el lago, haciendo que ellos puedan convertirse en obreros de la pesca decisiva de Dios, que es ya su Reino.

El lenguaje que emplea Jesús es performativo (creador), pero no arbitrario, pues él descubre y crea una intensa continuidad significativa entre el signo actual de los pescadores, que extienden y arreglan sus redes, para pescar en el lago, y la realidad final de la pesca salvadora para todos los hombres y mujeres de la tierra, es decir, del mar de este mundo. Estamos en el centro de un mensaje parabólico que la tradición evangélica utiliza con cierta frecuencia.

Conforme al signo de la siembra, que encontraremos en 4, 3-9 par, Jesús podría haber llamado a su tarea a unos obreros del campo (agricultores), diciendo «yo os haré sembradores de hombres». Utilizando el signo del pastor que ha de cuidar a las ovejas frágiles o errantes (cf. 6, 34; 14, 27), podría haber llamado a los ovejeros del entorno, diciendo «yo os haré pastores de hombres y mujeres» (cf. también Jn 21, 15-19). Pues bien, conforme a una tradición que es muy significativa, Jesús comenzó llamando a cuatro pescadores, porque descubrió en su oficio un rasgo o motivo que podía ayudarles a cumplir mejor su nueva tarea escatológica de Reino. Aquí ha venido a situarnos Mc 1, 16-20. Éstos son algunos de los rasgos principales de su gesto:

- *Jesús llama a personas que conocen bien su oficio*: son expertos en echar redes en el agua, saben arreglarlas, están en la barca, son expertos en faenas de pesca. No son profesionales de la religión (escribas, sacerdotes), sino trabajadores del mar, expertos en el duro oficio de la pesca, muy extendida y valorada por entonces en el Mar de Galilea. Según eso, el proyecto de Reino de Jesús se encarna y expresa a través de unos trabajos ordinarios, penetrando así en el centro de la vida de los hombres. No hace falta ser especialistas en cosas de Dios para escuchar la llamada de Jesús; pero es importante ser experto en trabajos de la tierra.

- *La palabra de Jesús transforma ese oficio anterior*, convirtiéndolo en señal de un compromiso más alto al servicio del Reino: «Os haré pescadores de hombres». Jesús aparece así como «formador» de trabajadores para el Reino, transformando la pericia precedente en la faena de la pesca en punto de partida o principio de una pericia superior: pescar hombres, recogerlos, transformarlos para el Reino. Jesús ha visto a los hombres como peces amenazados y perdidos en un mar adverso, por eso quiere pescarlos para el Reino. Resulta normal que Jesús haya escogido como compañeros (primeros misioneros) a cuatro pescadores.

- *Es necesaria una ruptura*. Los llamados por Jesús han de dejar redes y barca, padre y jornaleros (es decir, trabajo, posesiones, familia) para seguirle en camino de Reino al servicio de la nueva faena escatológica. Empieza de esa forma el más alto aprendizaje que debe realizarse ya a la vera de Jesús y al imitarle. Sólo el pescador de Dios que es Cristo puede adiestrar a sus colaboradores de tal forma que su vocación (llamada) venga a convertirse en principio de un seguimiento que transforme la existencia.

Esta escena de llamada se puede interpretar desde diversos planos. (a) Es evidente que hay un recuerdo histórico: las dos parejas de hermanos pescadores escucharon un día la llamada de Jesús y le siguieron, poniéndose al servicio de la gran pesca del Reino. (b) Hay también una ejemplificación eclesial: estos pescadores aparecen al comienzo del texto como signo de todos los varones y mujeres que Jesús ha ido llamando en el camino de su historia y luego en el transcurso de la Iglesia. (c) Los cuatro pescadores son, en fin, figura de promesa: en vez de su labor intramundana (pescar en el lago), Jesús les ha ofrecido una tarea escatológica, en el borde entre este mundo y el futuro, haciéndoles compañeros de su gran obra de Reino, que es la pesca del fin de los tiempos (cf. también Mt 13, 47-50).

Jesús les ha llamado para que sean colaboradores suyos, mejor dicho, para que realicen su obra. El cuarto evangelio presenta su llamada de un modo

Necesidad humana y mensaje de Reino (1, 14-3, 6)

históricamente más «verosímil», situando a los primeros discípulos de Jesús en el contexto de Juan Bautista, mostrando así que ellos están preparados para la tarea que van a recibir (cf. Jn 1, 29-51). En contra de eso, Marcos ofrece una visión mucho más simbólica (y teológica) del tema: no le preocupan los elementos históricos, ni psicológicos de estas vocaciones, sino los estrictamente evangélicos y eclesiales; a su juicio, Jesús ha llamado a estos cuatro pescadores de una forma abrupta, sin preparación de ningún tipo, sin decir que ellos habían sido discípulos de Juan Bautista; de ahora en adelante, él caminará por Galilea como Pescador Mayor del Reino, acompañado de sus cuatro Ministros Pescadores, poniendo así de relieve su «soberanía», pues él comienza actuando como Dios, y así llama a quienes quiere, ofreciéndoles una tarea que forma parte de la llegada del reino de Dios.

Jesús ha venido a proclamar la llegada del reino de Dios, y para suscitarlo necesita colaboradores, personas dispuestas, que sepan trabajar y le acompañen en su obra. Significativamente empieza llamando a cuatro «pescadores» escatológicos, que son como signo y anuncio de la pesca final (como los cuatro ángeles del juicio de 1 Henoc 6-39, encargados de dirigir la lucha final contra los poderes perversos). Todo se realiza junto al Mar de Galilea, lugar de la Gran Pesca (en contra de Joel 4, donde la Reunión final acontece en el Valle de Josafat, junto a Jerusalén):

- *Pasa a la vera del Mar de Galilea*. Ha dejado el desierto y el río de Juan, no ha buscado en escuelas o templo, sino junto al mar que es origen y meta del mundo, junto al mar donde nacen y acaban los pueblos se sitúa Jesús. Viene a observar, como dejando que la vida le sorprenda; luego llama, en vocación que es signo de todas las restantes vocaciones de la historia, a la vera del mar, donde se anuncia y se juega el futuro de la historia humana.
- *Llama a Simón y a Andrés*, diciendo que le sigan, para hacerles pescadores de Reino. Tiene un proyecto: necesita juntar a los humanos, sacarlos del mar (del espacio de muerte) en que se encuentran y juntarlos en la playa de la fraternidad del Reino. Necesita especialistas que dejen las redes del trabajo material del mundo (*diktua*) y asuman su tarea mesiánica (1, 16-17). Por el carácter ejemplar de sus personas, estos pescadores aparecen en el texto sin historia precedente. No importa lo que han sido, lo que han hecho; no pregunta Jesús de dónde vienen. Jesús llama, ellos responden: eso es todo. Ellos echan las redes; Jesús les interrumpe en el momento de la pesca. No se dice si tienen barca, si son dueños o criados. Sólo podemos conocer que son hermanos y que tienen nombre griego (Andrés) o helenizado (Simón parece forma griega del hebreo Simeón); ciertamente, son israelitas galileos o de la cercana Gaulanítide (Golán) donde parece estar su patria que es Betsaida (cf. Jn 1, 44), pero están bajo el influjo del ambiente helenizado.

- *Llama después a Santiago y Juan, hijos de Zebedeo*. Parecen ricos: tienen barca propia, un padre con el que trabajan y unos jornaleros. Por eso han de dejar más que la redes: abandonan al *padre*, que es autoridad, ley básica de la vieja tierra y a los *asalariados* (*misthôtoi*), subordinados del trabajo. Padre y obreros pertenecen a este mundo viejo; quien se ponga al servicio de Jesús ha de dejarlos. Los zebedeos aparecen mejor determinados: llevan nombre estrictamente hebreo (Juan, Jacob-Santiago), trabajan bajo el mando de su padre y tienen jornaleros. Viven, según eso, en un ambiente familiar (padre) y social (criados) más jerárquico. Quizá deba entenderse desde aquí el deseo de poder que luego muestran (en 10, 35-45).

La palabra de Jesús abre un camino de seguimiento. Él llama, diciendo «venid en pos de mí», y ellos le siguen (van en pos de él). Éste es un camino fundado en la promesa de Jesús (os haré pescadores de hombres), de manera que puede suponerse que ellos vencerán los obstáculos que encuentren, para convertirse al fin en compañeros de Jesús en la faena escatológica. Pero entre llamada y cumplimiento hay un largo período de maduración y prueba, de incomprensión y muerte. Esa incomprensión de los discípulos (especialmente de Pedro) es tema central en Marcos, como iremos señalando en lo que sigue.

El hecho de que Jesús llame a unos pescadores «acomodados», en el sentido social de la palabra, tiene gran importancia y debe destacarse desde ahora. Para preparar su Reino, Jesús no necesita profesionales de la religión, no busca hombres de culto ni tampoco devotos rezadores, sino buenos trabajadores, conforme a un criterio y simbolismo muy preciso. Sólo aquellos que saben pescar bien en este mundo podrán volverse buenos pescadores para el Reino.

En los textos que siguen (1, 21-39) descubriremos a Jesús como un hombre compasivo que cura a los enfermos (endemoniados, leprosos, etc.), en gesto que nos lleva al corazón del evangelio. Los enfermos serán ya para siempre los primeros en el reino de los Cielos (en lenguaje que hallará su madurez en Mt 11, 2-6; 25, 31-46, en primer lugar a cuatro buenos pescadores).

Esto significa que todos valen para el Reino, y de un modo especial los más pequeños y más pobres, que son meta y centro del mensaje de Jesús. Pues bien, precisamente para llevar la plenitud (pescar, pastorear, animar) a esos pobres-enfermos, Jesús quiso convocar y ha convocado a unos hombres sanos, capaces de trabajar con seriedad, diestros en el arte de la pesca humana (en el lago) y evangélica (para el Reino).

Estos cuatro pescadores, que aparecen desde ahora como compañeros de Jesús en la tarea de pesca del Reino, son un signo de todos aquellos que el Maestro irá llamando en el arco de su vida y en el tiempo de la historia de la Iglesia. Ellos trazan eso que pudiéramos llamar modelo básico y fundante de toda vocación. Jesús ha convocado a los que están de alguna forma atareados, a los que saben hacer algo y pueden ya aplicarlo desde y para el Reino.

Entre el oficio antiguo y el nuevo existe un tipo de continuidad: sembrar, pescar, pastorear, enseñar para el Reino. Pero, al mismo tiempo, hallamos una ruptura más fuerte. Simón y Andrés tienen que dejar las redes recién echadas sobre el lago. Santiago y Juan han de separarse de la barca, del padre y los criados, iniciando con Jesús una aventura arriesgada de libertad creativa al servicio del Reino. Quizá pudiera afirmarse que, para seguir de verdad a Jesús, se deben quemar las naves (o abandonarlas en la orilla), iniciando un camino sin retorno. No se trata de probar por un momento y luego volverse atrás, si es que no (me) vale. Sólo una ruptura fuerte y una decisión mantenida nos hace pescadores de hombres, es decir, mensajeros del Reino sobre el duro mar del mundo (Marcos 4, 35-41; 6, 45-52; cf. Mt 8, 18-22; Lc 9, 57-62).

---

(13) Pesca final, cuatro pescadores (1, 15-20)

Estos cuatro primeros discípulos aparecen así como signo de misión universal y escatológica (son cuatro, expresión de la tierra, de los elementos cósmicos), *parábola del Reino*. Les ha convocado Jesús, ofreciéndoles tarea y ellos le han seguido, poniéndose al servicio de su Reino:

- *En el principio está Jesús*, diciendo: «Venid en pos de mí» (*deute opisô mou*). En lugar del padre o de las redes, del dinero y de la barca se sitúa él, como nuevo patrono que ofrece garantía de vida y trabajo a quienes llama. Tiene autoridad, y por eso ellos le siguen, dejándolo todo. No les reúne desde cosa alguna (enseñanza, templo, negocios...), sino en torno a su persona, de manera que él aparece así como portador de la tarea de Dios sobre el mundo, de la gran pesca escatológica.
- *Llama a dos parejas de hermanos pescadores*. Quizá representan el riesgo de la fraternidad violenta (cf. Gn 4) que debe superarse, en línea de Reino. Son cuatro y parecen un signo de los puntos cardinales, columnas o pilares de la nueva humanidad reconciliada. Ellos ofrecen (antes que los doce apóstoles del nuevo Israel de 3, 14) el principio y garantía de la pesca universal, pesca de Dios, culminación escatológica. Son cuatro, los primeros *pescadores misioneros*, Iglesia interpretada en forma de comunidad de pesca. En un sentido ellos dejan la barca (ya no trabajan con ella), pero en otro la recuperan, poniéndola al servicio de los viajes misioneros (eclesiales) de Jesús. Cuando hablemos más tarde de la Iglesia como barca en plena mar (4, 35-41; 6, 46-52; 8, 14-21) recordaremos a estos cuatro.

> – *Les dice os haré pescadores de hombres, es decir, pescadores al servicio de la humanidad* (1, 17). Ellos lo dejan todo por cumplir su misión, poniendo hasta su barca al servicio de Jesús (cf. 3, 9; 4, 3-5, etc.). Habiendo aparecido aquí, al principio de Marcos, emergerán de nuevo en el último discurso de Jesús, allí donde se anuncia el fin del tiempo (13, 3) y la venida de los ángeles de Dios para reunir a los escogidos de los cuatro «vientos» o extremos de la tierra (13, 27).
> – *Llama a cuatro*, y lo hace sin duda de manera expresa, significativa, para presentarse junto al lago de Galilea como heraldo de la Pesca Universal del Reino, extendida a los cuatro puntos cardinales. Jesús no ha venido con un libro (como los escribas), enseñando las leyes de la Iglesia, interpretando la Escritura de Israel o la sabiduría de los pueblos. Tampoco ha traído unos planes ya fijados, definidos de antemano, sin necesidad de personas que le siguen y acompañan en la obra de su Reino. Tiene un proyecto de nueva humanidad, está esperando la Gran Pesca final, y por eso llama a cuatro pescadores, que son signo de la humanidad, pero también de todos los que luego cumplen con él (por él) la tarea de convocar y reunir a los humanos para el Reino.

2. Siete paradigmas. Invitados al Reino (1, 21–2, 22)

Acompañado de los cuatro pescadores inicia Jesús su *campaña de Reino* invitando a los más necesitados. No se fija en los hombres más valiosos en un plano social o religioso, ni llama a quienes dicen ser los importantes, sino que viene a los lugares de marginación y allí convoca para el Reino a los que están más alejados de los varios reinos de este mundo. Así lo muestran los *siete paradigmas* que siguen, relatos breves, relativamente independientes, que Marcos ha querido presentar en unidad como modelo de evangelio.

Estos paradigmas no exponen ninguna teoría general sobre la vida de Jesús o sobre el gesto misionero de la Iglesia. Pero uno a uno y todos en conjunto constituyen la más bella invitación al Reino. Los primeros parecen estructurados en forma progresiva, en función de los lugares: de la *sinagoga* judía (1, 21-28), a través de la *casa* cristiana (1, 29-34), pasamos a *las aldeas* o poblados del entorno donde debe proclamarse el evangelio (1, 35-39). Los tres siguientes están vinculados por la marginación de sus protagonistas: *leproso* (1, 40-45), *paralítico/pecador* (2, 1-12) y *publicano* (2, 13-17) son los expulsados de la sociedad judía. Como conclusión hallamos el paradigma de *bodas*: los discípulos de Jesús no ayunan (2, 18-22).

Necesidad humana y mensaje de Reino (1, 14-3, 6)

1. *Sinagoga, un espíritu inmundo* (1, 21-28). Los escribas enseñan con buena técnica, pero son incapaces de curar al hombre enfermo. Su sinagoga, casa de oración-estudio, viene a presentarse como lugar donde habita lo demoníaco. Pues bien, en este contexto se inscribe la acción de Jesús, que cura al endemoniado en la misma casa comunitaria de la enseñanza antigua, proclamando de esa forma su enseñanza nueva, es decir, curando a los posesos.
2. *La suegra de Simón, casa cristiana* (1, 29-34). De la sinagoga (lugar del judaísmo antiguo) pasamos a la «casa» cristiana, donde habita la suegra de Simón, a la que Jesús cura, levantándola de la cama. La suegra de Simón sirve a Jesús y a sus compañeros, apareciendo así como la primera cristiana; siguen después las curaciones de los enfermos de Cafarnaún, al terminar el sábado judío.
3. *Conflicto con Simón y otros discípulos* (1, 35-39). Ellos quieren convertir a Jesús en predicador y terapeuta a su servicio, encerrándole en el entorno de su casa. Jesús rompe ese encierro y se va, con el fin de orar en libertad, iniciando un gesto de misión creadora, abierta hacia todos los necesitados. Sus discípulos quieren retenerle: Ser «pescadores de hombres» significa para ellos cultivar el éxito inmediato de la fama conseguida a través de los milagros; pero Jesús les contradice y abre su misión a todos los que viven en los campos del entorno.
4. *Un leproso que enseña a Jesús* (1, 40-45). Los sacerdotes controlan el orden de pureza sobre el pueblo, pero no pueden curar. Por eso expulsan al leproso de la vida social y religiosa. Jesús, en cambio, le cura, pidiendo que se integre en el viejo orden sacral. Pero el curado se niega: ha descubierto en Jesús un principio de vida que rompe el esquema sacrificial (de expulsión y control religioso) de los sacerdotes; pero, en contra de Jesús, que por ahora no quiere, empieza a anunciar su mensaje de curación.
5. *Perdón de Dios, curación del paralítico* (2, 1-12). Los escribas aparecen como guardianes y defensores de un «perdón de Dios» que puede y debe administrarse ritualmente, conforme a los principios de la ley. Pues bien, Jesús perdona de un modo directo, ofreciendo vida integral al paralítico. Es evidente que con eso rompe el orden sacral israelita, apareciendo como dueño de una autoridad que debería ser exclusiva de la ley de Dios.
6. *Leví y los publicanos* (2, 13-17). Ampliando su conflicto con las autoridades sacrales y rituales de Israel, Jesús extiende su llamada a los publicanos, a quienes se tenía como pecadores públicos. Es evidente que les escoge de una forma provocadora y programada: el camino de su discipulado rompe los cauces del Israel establecido, abriéndose en una dirección de universalidad, de cambio integral del ser humano, más allá de la ley del judaísmo que tiende a encerrarse sobre sí misma.
7. *Ayuno de los fariseos (y de Juan Bautista)* (2, 18-22). Los judíos interpretan la religión como «ayuno», un modo de indicar la propia impotencia, destacando, al mismo tiempo, la supremacía de Dios. Pues bien, Jesús rompe

ese esquema: interpreta la religión y la vida como gozo ante la presencia salvadora de Dios, tiempo de bodas para el ser humano.

Fijémonos bien en esta progresión de enfrentamientos. Poniéndose al servicio de los más necesitados (como promotor de la pesca final del Reino), Jesús ha venido a enfrentarse con las instituciones fundamentales de un tipo de ley. Viviendo como vive, dentro de un contexto socialmente judío donde todos están circuncidados, no ha podido encontrar dificultades en la circuncisión, como hará después la Iglesia primitiva (cf. Hch 15; Gal 1, 4). Pero su conducta ha suscitado un problema (y un problema grave) en relación con algunos elementos importantes de la estructura nacional judía: el sábado, la ley de la pureza, las normas alimenticias.

Desde ese fondo debemos releer los textos, resaltando su relación interna y recordando los aspectos principales de la institución israelita: la enseñanza de los escribas, la sacralidad de los sacerdotes, el perdón de los justos (conforme a ley), el ayuno de los observantes (fariseos)... Jesús ha ido minando una por una la autoridad de estas instituciones, dejando a los hombres abiertos de un modo radical ante el Reino, es decir, ante la posibilidad y el ejercicio de la acción creadora de Dios.

Parecen conflictos pequeños, sobre temas que en algunos casos podían encontrarse sometidos a la discusión de los mismos escribas judíos. Pues bien, tomados en conjunto y mirados desde la óptica del evangelio, como buena nueva de la libertad del hombre para el Reino, estos conflictos llevan a la destrucción de la identidad israelita, como de manera muy precisa indica el fin del texto: fariseos (representantes de la piedad religiosa) y herodianos (mantenedores del orden civil en Galilea) se reúnen para ver la forma de matar a Jesús (3, 6).

a) Sinagoga: un espíritu impuro (1, 21-28)

Sobre el sentido y funciones de la sinagoga, cf. Malbon, *Space*, 117-118; J. Peláez, *La sinagoga*, Almendro, Córdoba 1988; E. Schürer, *Historia del pueblo judío en tiempos de Jesús* II, Cristiandad, Madrid 1985, 539-600. Visión parcial en J. Montserrat, *La sinagoga cristiana*, Muchnik, Barcelona 1989, con aplicación a Marcos en 189-202. Sobre la posesión y exorcismos, cf. M. Hull, *Hellenistic Magic and the Synoptic Tradition* (SBT 28), SCM, London 1974, y H. C. Kee, *Medicina, milagro y magia en tiempos del NT*, Almendro, Córdoba 1992; G. H. Twelftree, *Jesús*. Visión sesgada en M. Smith, *Jesús el mago. Las claves mágicas del cristianismo*, M. Roca, Barcelona 1988. Perspectiva cristológica en J. D. G. Dunn, *Jesús y el Espíritu*, Sec. Trinitario, Salamanca 1981, 123-160.

De ahora en adelante, el evangelio va narrando los acontecimientos en plural «entraron en Cafarnaún...» (1, 21). Han dejado la orilla del mar, que es

Necesidad humana y mensaje de Reino (1, 14-3, 6)

lugar de pesca y de llamada de los mensajeros del Reino, y entran en el espacio en que los hombres habitan reunidos y transmiten su antigua enseñanza religiosa, conforme a las doctrinas y técnicas elaboradas por los siglos. Viene Jesús y en ese espacio de seguridad y tradición, que es la sinagoga, despliega su doctrina.

Marcos expone así un paradigma del magisterio de Jesús. Además del templo (sacralidad máxima) había sinagogas donde los fieles acudían para escuchar la Palabra de Dios y comentar (aplicar) las enseñanzas de la Escritura. Precisamente donde el pueblo cultivaba y mantenía su pureza, ha encontrado Jesús al hombre impuro. La ley sinagogal no ha podido curarle. Sólo la nueva enseñanza de Jesús le sana.

a. (Sinagoga. La gente) *²¹Y fueron a Cafarnaún y de pronto, llegado un sábado, entró en la sinagoga y se puso a enseñar. ²²La gente estaba admirada de su enseñanza, porque los enseñaba con autoridad, y no como los escribas.*

b. (Poseso) *²³Había precisamente en la sinagoga de ellos un hombre con espíritu inmundo, que se puso a gritar: ²⁴«¿Qué tenemos nosotros que ver contigo, Jesús de Nazaret? ¿Has venido a destruirnos? Sé quién eres: ¡El Santo de Dios!».*

b'. (Jesús) *²⁵Jesús lo increpó diciendo: «¡Cállate y sal de él!». ²⁶El espíritu inmundo lo retorció violentamente y, dando un fuerte alarido, salió de él.*

a'. (La gente) *²⁷Todos quedaron admirados y se preguntaban unos a otros: «¿Qué es esto? ¡Una doctrina nueva con autoridad! ¡Manda incluso a los espíritus inmundos y éstos le obedecen! ²⁸Pronto se extendió su fama por todas partes, en toda la región de Galilea.*

a) *Sinagoga. La gente* (1, 21-22). Jesús sale a «pescar» para el Reino con sus cuatro delegados escatológicos y, de forma paradójica, su primer lugar de pesca es una sinagoga, casa de enseñanza y oración, donde se juntan los judíos para cultivar su ley sagrada. Lógicamente, Marcos está proyectando hacia la historia anterior su propia experiencia de misión cristiana.

No ha comenzado ofreciendo su palabra en los lugares que parecen más contaminados: casas públicas, cuarteles, mercados, caminos... Al contrario, él ha venido al corazón de la pureza judía (sinagoga) como indicando que precisamente allí, en el espacio que debía ser más limpio, se encontraba un hombre hundido en gran necesidad, poseído por un *espíritu impuro*. Él ha escogido con toda claridad el lugar de su actuación. No clama en el desierto, esperando que los hombres vengan, como hacía Juan bautista. Le hemos visto en la orilla del mar, para llamar a cuatro pescadores. Más tarde le hallaremos enseñando de manera sistemática en el campo, también junto al mar (cf. 3, 7-12). Pero ahora, por imperativo de su formación (raíz) judía, él tiene que acudir a la sinagoga que convoca y reúne a los creyentes normales de su pueblo.

Galilea, Evangelio del Reino (1, 14-8, 26)

Aprovecha el sábado, día en que los fieles se reúnen, para así enseñarles, como judío cumplidor que tiene una palabra para el pueblo. Aunque Marcos dice que la sinagoga era de ellos (*autôn*), como indicando la ruptura que ya existe (hacia el 70 d. C.) entre cristianos y judíos fieles a su vieja tradición, es evidente que en tiempo de Jesús no había tales divisiones. El nuevo profeta galileo entra de forma normal en esa casa de cultura-religión y enseña de manera programada dentro de ella. Como maestro de renovación intrajudía se comporta Jesús en ese tiempo.

Pero el texto destaca pronto un rasgo imprevisto: dentro de la sinagoga se halla un hombre impuro, un endemoniado, una presencia que va en contra de todos los esfuerzos de separación y santidad que ha trazado (está trazando) el rabinismo, a partir de los principios recogidos en el código legal antiguo de Lv 16. Ciertamente, las autoridades judías no parecen saber que es un impuro; si pudieran conocerlo, si supieran que dentro de la misma sinagoga se esconde un hombre extraño (endemoniado), lo habrían expulsado de su seno.

Posiblemente, Marcos utiliza la ironía para referirse a la ignorancia de los escribas (los que enseñan en la sinagoga). Ellos imponen con detalle las leyes de pureza (cf. 7, 1-23), pero luego resultan incapaces de encontrar al verdadero impuro, al hombre dominado por Satanás. Es evidente que no puede forzarse el simbolismo, pero también parece claro que ese texto (Marcos 1, 21-28) entiende las sinagogas «de ellos» (los judíos) como lugares donde se ha escondido y se agazapa el poder de lo diabólico.

b) *Un hombre con espíritu impuro* (1, 23-24). Era difícil encontrar un signo más hiriente. La sinagoga debería ser espacio de total pureza, hogar donde los humanos forman la *auténtica familia de Dios*, en libertad y transparencia. Pues bien, en contra de eso, Jesús sabe que la sinagoga mantiene al hombre en impureza, fuera de sí, cautivado. Por eso, él viene con sus cuatro pescadores finales (cf. Mc 13), para empezar su tarea, en gesto solemne, buscando al pobre endemoniado, primer destinatario de su Reino. Jesús viene al lugar donde debía encontrarse todo limpio, pero «descubre» que en esa sinagoga sufren y malviven los humanos oprimidos por los varios «demonios» de este mundo: enfermos, marginados, destruidos por la patología religiosa.

¿Cómo explicar eso? ¿Cuál es la razón de que siga habiendo endemoniados en la sinagoga? El texto supone que ello se debe a la impotencia de los escribas. Lo que está en juego es el valor o, mejor dicho, el poder de la enseñanza. Ciertamente, los escribas saben: son técnicos capaces de entender e interpretar las Escrituras al detalle, fijando su sentido literario y precisando sus aplicaciones. Pero les falta poder para cambiar al hombre, es decir, para encontrar y curar al poseído.

Las sinagogas son casas donde se estudia y se quiere cumplir la Ley de la pureza de Dios (de la Escritura), pero el pobre endemoniado sigue impuro y nadie puede transformarlo. Discuten los sabios y el poseso calla, dominado por su enfermedad, como aplastado por su misma sensación de desamparo y dependencia. Parece que todo está normal, hasta que llega Jesús. Los letrados callan, pero la gente sabe discernir: ¡éste trae una enseñanza nueva! Callan los escribas, pero los endemoniados hablan: entran en crisis, descubren en Jesús algo distinto; por eso le preguntan y le increpan: ¿«Qué tenemos que ver contigo?, ¿has venido para perdernos?».

El impuro de la sinagoga «conoce» a Jesús, descubriendo que ha venido a «luchar contra el demonio». No es el impuro el que habla, sino el «espíritu» que le tiene poseído, un espíritu plural, que conoce a Jesús desde el principio, y así le dice: *¿Qué tenemos nosotros que ver contigo, Jesús de Nazaret? ¿Has venido a destruirnos?* Es como si le dijera que «ellos» no quieren hacer la guerra, que pueden pactar con Jesús, repartiéndose cómodamente las «posesiones», como han hecho con las autoridades de la sinagoga, donde pueden entrar y tener sus posesos. Pero, al mismo tiempo, ese «espíritu» es singular y se identifica quizá con el mismo Satán que dice a Jesús: *¡Conozco quién eres: El Santo de Dios!*

Estamos en el mismo contexto de 1, 12-13, donde Jesús luchaba contra Satán y sus fieras. Ese Satán no se manifiesta aquí en poderes bestiales de tipo cósmico, sino en algo mucho más sutil y, en el fondo, más peligroso: en la destrucción de los mismos fieles del judaísmo de la sinagoga, donde ha entrado. Éste es un espíritu que utiliza la «religión» (aquí el judaísmo sinagogal) para apoderarse de los hombres y mujeres y para destruirles.

b') *Jesús cura al poseso* (1, 25-26), mandándole que calle. No argumenta con él, no razona. Hay poderes de perversión con los que no se puede hablar, hay que mantenerles en silencio desde el principio, no con la autoridad de una doctrina erudita (como aquella que han desarrollado los escribas), sino con el poder más fuerte de la vida, propio del Hijo de Dios, que sabe descubrir la opresión humana y luchar contra ella, en la sinagoga o fuera de ella (o en la misma Iglesia). Todos los restantes principios de la sinagoga le parecen secundarios (ritos, doctrinas, sacralidades...). Lo único que importa (que le importa) es la libertad de los hombres y mujeres, que puedan ser ellos mismos, sin disociación interior, sin estar poseídos por espíritus externos.

La autoridad de Jesús se identifica con su misma palabra sanadora que ilumina al oprimido por la sacralidad ritual judía. Frente a la *sinagoga* que impone una enseñanza que no cura, sino que regula y organiza lo que existe, ofrece *Jesús la enseñanza* que cura y transforma, superando la opresión del *espíritu impuro*. La enseñanza de Jesús no es valiosa por ser más profunda en plano teórico, por ser más rica en simbolismos literarios o cósmicos, sino porque libera al oprimido de la sinagoga (1, 23). No se dice la enfermedad del oprimido (ceguera, parálisis...), se dice simplemente que está *impuro*: dominado por un espíritu antihumano al que Jesús descubre y hace hablar.

a') *Conclusión, admiración de la gente* (1, 27-28). Los *escribas* mantenían en la sinagoga su propia *enseñanza* vinculada a tradiciones de ley, que deja al ser humano en su propia enfermedad, dominado por espíritus impuros que brotan de su misma religión. La ley sacral del judaísmo aparece de esta forma como mala o, por lo menos, como inútil: no consigue sanar al enfermo, quizá aumenta su opresión con nuevas opresiones. La misma estructura religiosa (en este caso sinagoga) es fuente de impureza. *Jesús* ha ofrecido en esa sinagoga su *enseñanza nueva* (*didakhê kainê*: 1, 27) con *autoridad* para sanar a los enfermos. No cura como *mago*, con ensalmos de misterio, sino como *maestro*, con la palabra: su enseñanza desata, libera, purifica al ser humano que se hallaba oprimido dentro de ella. Frente a la esclavitud de una religión que se utiliza para oprimir ha elevado Jesús su palabra de poder que libera a los enfermos. Por eso se admiran los integrantes de la sinagoga.

No discute Jesús sobre Dios en forma abstracta; no propone teorías de pureza más intensa, sobre ritos y alimentos. Tampoco desarrolla una doctrina sapiencial de tipo moralista (como piensan aquellos que han querido convertirle en una especie de cínico galileo). No tiene un *sistema mejor* sobre leyes o formas de conducta. No es un rabino más sabio que Hillel el Grande o que Johanan ben Zakai, famosos en el judaísmo posterior. Todo eso es secundario para Marcos. La *enseñanza nueva* de Jesús se identifica con su autoridad personal, con su capacidad de limpiar a los enfermos de la sinagoga. Por eso, su nueva familia mesiánica nace y se funda en su palabra de liberación: sólo existe verdadera Iglesia (familia humana) allí donde la vieja sinagoga (o la moderna institución cristiana) deja de ser campo de opresión, lugar donde se esconden los «demonios» que mantienen al hombre sometido, para convertirse en espacio de libertad, fuente de limpieza humana y transparencia. Por eso, los escribas reaccionan admirados y gozosos.

La primera y mayor de las señales de la presencia del Reino en Jesús ha sido esa conmoción de los posesos y la admiración de los buenos fieles de la sinagoga. Los posesos moraban fuera del sistema de la seguridad sagrada de los escribas, refugiados en su propia marginación impotente. Por eso estaban silenciosos. Pero viene Jesús y penetra con su fuerte enseñanza hasta el lugar de la más honda ambivalencia de su vida. En ese contexto se dice que ellos «le conocen»: descubren su poder como Santo de Dios, es decir, como expresión de pureza salvadora. Por otro lado gritan con gran miedo: la misma enseñanza de Jesús se vuelve principio de crisis para el pueblo (especialmente para los enfermos).

Es significativo el hecho de que Marcos no haya realizado esfuerzo alguno por mostrar el contenido conceptual de la enseñanza de Jesús, pues ello no le importa. Sobre contenidos conceptuales discutían hasta el puro agotamiento los escribas, pero sin lograr cambio ninguno. Lo que importa en la enseñanza de Jesús es ella misma, es decir, el poder o autoridad que ella tiene para cambiar a las personas. Más que lo que enseña, vale quién y cómo enseña. Éste es el secreto de Jesús: él penetra con fuerza, como signo de curación y vida, dentro de un contexto (sinagoga) que se hallaba dominado por disputas inútiles, estériles. Ésta es la causa de la admiración gozosa de los escribas.

En este contexto se habla de la *nueva enseñanza* de Jesús (*didakhê kainê*; cf. 1, 27). La tradición cristiana ha terminado acuñando el título de *nueva alianza* (*kainê diathekê*) para referirse al encuentro definitivo de Dios con los hombres en Cristo (Lc 22, 20; 1 Cor 11, 25; 2 Cor 3, 6; Heb 9, 15; 12, 24; cf. Gal 4, 24). Pues bien, Marcos emplea una terminología igualmente expresiva que podría (quizá debería) haberse convertido en clave para interpretar todo el mensaje de Jesús: es enseñanza nueva. Esa *nueva enseñanza*, que causa admiración, no se sitúa en un plano de teoría, en un nivel de contenidos conceptuales, sino en su poder de liberación. Precisamente en el lugar donde los hombres se encontraban dominados por sus tradiciones sagradas (sinagoga), incapaces de cambiar, pactando con la opresión de lo demoníaco, Jesús ha introducido su fuerte novedad al ofrecer el Reino.

---

(14) Enseñanza nueva. El poder de Jesús (1, 23.27)

*No es nueva por lo que dice, sino por lo que hace. Lo que importa no es organizar teórica*mente el mundo o la vida, sino transformarla, ayudando y liberando a los más pobres (que son los posesos). La mejor enseñanza es la acción que libera a las personas. Con ella ha penetrado Jesús en el lugar donde se hallaban los proscritos de la sociedad (posesos). Ha superado los esquemas ordinarios de la vida; ha quebrado las antiguas certezas y ha creado un tipo de tensión liberadora al interior de la misma sinagoga. Evidentemente, su actitud puede entenderse como ambigua, pues los representantes del orden sinagogal donde se hallaba el poseso pueden acusarle (como harán en 3, 20-30) de haber pactado con el mismo diablo. Éstas son sus notas, según el evangelio:

1. *Es una enseñanza vinculada al Espíritu Santo*. El problema de la enseñanza no es de tipo «racional» (de conocimiento teórico), sino de acción, es decir, de poder del Espíritu Santo, que Jesús ha recibido de Dios (*Pneuma Hagion*: cf. 1, 8), para así «bautizar» a los hombres, es decir, liberarles del mal que les tiene oprimidos. Por eso puede descubrir y expulsar a los espíritus impuros o no santos (*pneumata akatharta*: cf. 1, 23.27). Lógicamente, por la atracción que suscitan los contrarios, esos mismos espíritus descubren el poder de santidad de Jesús y le llaman *Hagios tou Theou* (Santo de Dios: cf. 1, 24); ellos «conocen» en teoría a Jesús, pero no se dejan transformar por su «poder» liberador.

2. *Jesús enseña luchando contra el Diablo*, como supone este pasaje, que se sitúa en el contexto de la tentación (Marcos 1, 12-13). Satanás aparece como fuente y expresión de lo impuro, es decir, de aquello que destruye al hombre, impidiéndole vivir en libertad. Jesús, en cambio, viene a presentarse como Santo de Dios: libera a los que viven sometidos a impureza, poseídos y arrastrados por aquello que les cierra y les impide realizarse como humanos. Ésta es la enseñanza de Jesús, que ha penetrado con sus discípulos en la sinagoga «de ellos» (de un tipo de judíos) para liberar a los que, estando guiados por sus viejas leyes y enseñanzas, no podían descubrir el peligro de la fuerza de Satanás, ni abrirse a la nueva enseñanza mesiánica.
3. *Esta palabra (enseñanza nueva con autoridad: 1, 27) define a Jesús*. Él no va a la sinagoga para discutir doctrinas, sino para enseñar curando, para liberar a los humanos del demonio social y religioso. Lógicamente, su evangelio es palabra sanadora. Frente a la ortodoxia legalista de una antigua o nueva sinagoga que encierra bajo la opresión de sus códigos, ofrece Jesús el poder de su enseñanza sanadora.
4. *La enseñanza de Jesús es nueva porque él enseña con autoridad y expulsa a los demonios*. (a) *Enseña con poder y no como los escribas* (1, 23). No repite lo ya dicho, no estructura su enseñanza como un sistema de teorías para conservar y organizar lo que ahora existe (dejando en su opresión a los posesos). Jesús actúa de manera creadora, en gesto de transformación humana Esto es enseñar: cambiar con fuerza al hombre. (b) *Enseña expulsando a los demonios*. No construye ideologías sobre los posesos, no intenta comprenderles en un plano intelectual, conforme a los principios generales del saber o a los esquemas de la sociedad establecida. Enseña a los demás al liberarles, haciéndoles capaces de vivir en forma humana.

b) Casa de Simón; curación y servicio de la suegra (1, 29-34)

Sobre la casa, cf. Malbon, *Space*, 117-120; R. Aguirre, *La casa como estructura base del cristianismo primitivo: las iglesias domésticas*, en Id., *Del movimiento de Jesús a la iglesia cristiana*, DDB, Bilbao 1987, 65-92 [=EstEcl 59 (1984) 27-51]; sobre la suegra de Simón en el contexto de los «personajes menores» de Jesús en Marco, cf. J. F. Williams, *Other Followers*; S. Miller, *Women in Mark's Gospel*, T&T Clark, London 2004. Cf. también R. Pesch, *Ein Tag vollmächtigen Wirkens Jesu in Kapharnaum (Mk 1, 21-34.35-39)*: Bibel und Leben 9 (1968) 114-128; 177-195 y 261-277.

Seguimos todavía en sábado, de forma que el principio de la escena empieza siendo continuación de la anterior (1, 21-28). Se supone que, tras dejar la sinagoga,

Jesús y sus cuatro pescadores (1, 16-20) entraron en la casa de Simón y Andrés. La suegra de Simón sufre de fiebre; es sábado, día de fiesta sagrada y descanso, pero ella no puede descansar, está tumbada en el lecho.

Podemos definir las dos escenas como *paradigma de servicio ampliado*, y así las vinculamos (1, 29-31; 1, 32-34), desde la perspectiva de *la casa*, que viene a situarnos en ámbito cristiano. Frente a la sinagoga de los endemoniados surge la Iglesia de la casa de Simón donde Jesús cura a su suegra, ésta le sirve, y vienen muchos para ser curados ante la puerta:

> a. (Suegra de Simón). *[29]Al salir de la sinagoga, se fue inmediatamente a casa de Simón y Andrés, con Santiago y Juan. [30]La suegra de Simón estaba en cama con fiebre. Le hablaron enseguida de ella, [31]y él se acercó, la agarró de la mano y la levantó. La fiebre le desapareció y se puso a servirles.*
>
> b. (Milagros a la puerta de la casa) *[32]Al atardecer, cuando ya se había puesto el sol, le llevaron todos los enfermos y endemoniados. [33]La población entera se agolpaba a la puerta. [34]Él curó entonces a muchos enfermos de diversos males y expulsó a muchos demonios, pero a éstos no los dejaba hablar, pues sabían quién era.*

a) *Suegra de Simón*. De la *sinagoga* (ámbito judío) pasamos a *la casa* (espacio normal de la comunidad cristiana). Jesús viene con sus cuatro pescadores a la casa de Simón, cuya suegra está enferma. No se dice que tenga un espíritu impuro, como lo tenía el hombre de la sinagoga (cf. 1, 23), sino que está con calentura (*pyressousa*: 1, 30), una fiebre que le impide trabajar. Parece impotente, no puede hacer nada. Pero Jesús agarra con fuerza su mano, para levantarla, en gesto y palabra de evocación pascual.

Se completa así la pareja de enfermos primordiales: *el endemoniado* de la sinagoga, sometido a la impureza de una enseñanza opresora; *la enfebrecida* de una casa que parece invadida por varones. Jesús cura a los dos, pero sólo a la mujer la levanta o resucita, de manera que ella puede servir en la casa.

> – *La casa* (*oikia*: 1, 29) es espacio de reunión y grupo familiar, lugar privilegiado de la comunidad (cf. 3, 20.31-35). Estamos en la casa de Simón y Andrés, donde entra Jesús con sus cuatro. Es quizá la casa de pascua donde deberían reunirse las mujeres de la tumba vacía cuando vuelvan a Galilea (cf. 16, 7). Jesús toma la mano de la enferma y la levanta (*êgeiren autên*: la resucita: 1, 31; cf. 16, 6), para convertirla en servidora. Casa de evocación pascual y servicio mutuo será la Iglesia de Jesús. La mujer curada, es la primera cristiana de la historia.
>
> – *El sábado* (cf. 1, 21). Para los judíos es día sagrado en que nadie se afana en hacer cosas externas (trabajos materiales). Parece irrelevante que una mujer enferme en ese día, pues ese día no tiene labor que realizar entre las obras o trabajos de la casa. Pues bien, Jesús la toma de la mano y la levanta. Ésta

es una *experiencia pascual*: superada por Jesús la fiebre (signo de muerte), la enferma se levanta y transforma el sábado en día pascual de servicio a los demás. Jesús no le manda. Es ella la que asume la iniciativa y saca las consecuencias, descubriendo el valor del servicio mutuo, por encima de la sacralidad del sábado judío.

- *Ella les servía* (*diêkonei autois*: 1, 31). La *diakonia* era el signo primordial de los ángeles de Dios que, en vez de descansar, servían a Jesús en el desierto (1, 13); ella define a las mujeres que al final del evangelio aparecen como *servidoras o diaconisas mesiánicas* (15, 41). La suegra de Simón interpreta el don que ha recibido; su servicio no se puede entender como trabajo servil de la mujer, bajo el dominio de varones ociosos, sino como verdadero ministerio mesiánico, creador de la nueva familia de Jesús. Por eso, la curada es la primera servidora de Jesús (cf. esquema 6, 4). En el origen de toda obra eclesial se encuentra esta mujer, conforme a Marcos.

El gesto de Jesús resulta sorprendente, y casi puede verse como anuncio pascual, pues Marcos utiliza el verbo *egeirô*, levantar, lo mismo que en 16, 6 (cf. 2, 11; 5, 41; 9, 27). La mujer está postrada, y Jesús la levanta, realizando el verdadero trabajo humanizante que debía distinguir al sábado, aunque los fariseos no compartan esa forma de entenderlo (cf. 3, 1-6). Pero tan importante como el gesto de Jesús resulta en este caso el tipo de respuesta de la suegra: se puso a servirles (*diêkonei autois*).

Recordemos que el servicio es un tema clave del evangelio, como hemos visto en la escena de la tentación: Satanás pone a prueba a los hombres para destruirles, los ángeles sirven (1, 13). Servidoras de Jesús, el siervo universal (cf. 10, 45), vendrán a ser las mujeres de la cruz y de la pascua (15, 51). Pues bien, como primera servidora de Jesús y sus discípulos, como mujer que desde ahora ha comenzado a ser el más perfecto o grande entre todos los discípulos (cf. 9, 3), hallamos a la suegra de Simón.

Ella sabe y realiza desde ahora algo que Simón (al que Jesús llamará Pedro) no querrá aprender en el transcurso de su seguimiento histórico de Cristo (como indica 8, 32; 14, 29-31.66-72). Pero hay todavía otro detalle significativo: estamos en sábado; conforme al ritual judío, se hallaban todos obligados al descanso; pues bien, esta mujer rompe ese rito, supera el sábado judío y comienza a realizar la obra mesiánica, sirviendo a Jesús y sus discípulos.

No ha hecho falta que Jesús la llame a través de una vocación especial al seguimiento (como en 1, 16-20). No hace falta que le diga cómo debe comportarse. Jesús ya le ha enseñado todo en el momento mismo de curarle. Ella responde como auténtica discípula, rompiendo por Jesús la misma ley del sábado: sirve a los que vienen y convierte así su casa en la primera de todas las «iglesias» (= de todos los lugares de servicio cristiano).

b) *Milagros a la puerta de la casa* (1, 32-34). Siguen después las *curaciones al anochecer*. A la puesta del sol, terminado el descanso sagrado de los judíos (escribas incapaces de curar), las gentes del entorno vienen trayendo ante la casa de Simón a sus enfermos para que Jesús les cure (1, 32-34), pues son muchos los que siguen oprimidos por el mal, endemoniados. Precisamente cuando acaba el sábado judío del culto y descanso sagrado, puede empezar para los pobres el tiempo mesiánico de las curaciones.

Le llevan a «todos» los enfermos y él cura a «muchos» (no se dice que a todos), a la caída de la tarde, en el tiempo «normal» de la vida, después del tiempo sagrado en que no se puede trabajar (ni traer enfermos en camillas). Éste es sin duda un texto irónico; es como si hubiera que esperar el fin del tiempo de la religión (santo sábado) para recibir el don de Dios. Ante la puerta de la casa de Simón se agolpa la ciudad, en culto de miseria (van trayendo a los enfermos) y esperanza que se expresa a través de la palabra y curaciones de Jesús.

Ese mundo de enfermos y endemoniados constituye la familia de Jesús, en el margen de la buena sociedad, en la misma calle, en el tiempo profano de la vida ordinaria, pasado el tiempo sagrado (más propio de los sacerdotes). Lo mismo que en el caso anterior (del poseso de la sinagoga: 1, 23-28), los endemoniados «conocen» a Jesús, desde su misma miseria. Pero Jesús no les deja hablar, para resguardar su secreto mesiánico (sólo se sabe quién es Jesús y cómo es Mesías cuando ha culminado su camino de cruz). La verdadera palabra debe brotar de otra fuente, no del lugar de la opresión diabólica.

Según eso, las curaciones resultan importantes (cf. 1, 21-28), pero también es importante el contexto donde vienen a realizarse: los judíos van centrando su práctica ritual en torno a un sábado entendido de forma legalista; Jesús, en cambio, quiere liberar el hombre entero, mostrando de esa forma que sus curaciones sobrepasan el nivel del sábado judío. Jesús cura a los enfermos y los endemoniados, pero no permite que ellos propaguen de manera abierta sus acciones, viniendo a presentarle como un mago curandero.

Es evidente que los endemoniados saben algo, como hemos indicado en relación con 1, 24-25. Pero Jesús no quiere ni puede hacerse famoso y fundar su mensaje en aquello que dicen los hombres que han sido curados. Tiene una tarea peculiar, y ha de cumplirla. Su visión del mesianismo incluye aspectos que desbordan el nivel de la palabra sumisa de los endemoniados y el nivel de la respuesta agradecida de aquellos que han sido curados. Se ha dejado servir por la suegra de Simón, en gesto mesiánico claro (1, 31), pero no puede aceptar que los endemoniados (curados o no) definan su figura, dirijan su camino.

(15) Presencia del Reino. Signos sacramentales

Estrictamente hablando parece que Marcos ha desarrollado sólo los temas básicos de dos sacramentos: Bautismo y Eucaristía. Pero en su evangelio hay otros signos sacramentales, como muestra con claridad este «milagro» de la curación de la suegra de Simón. Desde ese fondo quiero evocar algunos signos sacramentales básicos del Jesús de Marcos, para destacar después aquellos que están más cerca de los «sacramentos» posteriores de la Iglesia, y para recordar aquellos otros que el Jesús de Marcos no ha desarrollado (o ha rechazado):

a. Signos básicos de Jesús y de su grupo. Es difícil encontrar en Marcos los siete sacramentos de la tradición medieval católica, en el sentido institucional que tendrán en ella. Pero son muchos y muy ricos los signos sacramentales que allí aparecen. Ordenamos aquellos que nos parecen más importantes:

1. *Exorcismos.* Constituyen un signo básico de la misión de Jesús, que han sido asumido por la misión eclesial (6, 13) y que aparece institucionalizado en el final canónico (16, 17).
2. *Curación.* El signo «sacramental» más hondo es la curación de los enfermos, es decir, la restitución de la vida, en todos los sentidos (partiendo de la suegra de Simón, a la que toma de la mano y levanta de la cama [1, 29-31]). Éste es su sacramento, éste su signo: que los ciegos vean, que los cojos anden, que los postrados puedan levantarse.
3. *Imposición de manos.* Aparece como gesto clave de «ordenación» (transmisión de autoridad) a los niños en 10, 16 y de solidaridad sanadora con los enfermos en el final canónico (16, 18).
4. *Bendición.* Jesús bendice los panes en 6, 41 (en gesto vinculado a la comida compartida) y también a los niños (10, 16) en gesto de reconocimiento y donación de vida.
5. *Abrazo.* El gesto litúrgico del abrazo de paz-amor está referido en Marcos 10, 16 a los niños. Desde ellos se puede abrir al resto de la comunidad. El signo del «beso de paz» ha sido invertido por Judas (14, 45), convirtiéndolo en señal de traición y entrega.

b. Signos que están más cerca de los gestos sacramentales posteriores de la Iglesia. Siguen en la línea de los anteriores, aunque en ellos domina ya un tipo de simbolismo que será esencial en las iglesias que asumen la herencia de Marcos, aunque quizá no deban entenderse como sacramentos en sentido estricto.

Necesidad humana y mensaje de Reino (1, 14-3, 6)

1. *Perdón de los pecados*. Es un es gesto mesiánico de Jesús (2, 8), abierto al conjunto de los creyentes-orantes (11, 25). Es evidente que Jesús supera el rito sacral del perdón (por los sacrificios del templo). Parece que el perdón brota de su misma entrega de la vida (10, 45 y 14, 24) y se actualiza en el bautismo eclesial (cf. 16, 16).
2. *Matrimonio*. Aparece ratificado como signo y lugar originario de fidelidad humana en 10, 1-12.
3. *Bautismo*. Había un bautismo de agua, que era signo de conversión para Juan Bautista (1, 4-8). Pero Jesús bautizará a los hombres en el Espíritu Santo (1, 8; cf. 1, 9-11). Está vinculado a la muerte (a dar la vida por los otros, cf. 10, 39) y es el signo clave de la Iglesia conforme al final canónico (16, 16), donde parece que ya se han vinculado el bautismo de agua y el bautismo en el Espíritu Santo.
4. *Eucaristía*. Está vinculada a la multiplicación de los panes (6, 30-44; 8, 1-10) y a la entrega de la vida (cáliz) de Jesús (cf. 10, 39), pero se define por la cena de Jesús y su promesa de Reino (beber el vino nuevo) en 14, 22-25. Parece lugar de experiencia pascual en el final canónico de 16, 14.
5. *Apostolado* (ministerios). Está vinculado de un modo especial a la llamada de los Cuatro (1, 16-20), a la elección de los Doce (3, 13-19) y a su mismo envío (6, 6-13). Tras la pascua se recupera y reconstruye el grupo de apostolado, a partir de las mujeres (16, 1-8), pero de otra forma, sin que se hable ya de los Doce ni de los Cuatro. El final canónico acentúa la acción de María Magdalena y dos discípulos anónimos, para centrarse luego en los once (sin nombrar a Pedro).

c. Signos sacramentales judíos que el Jesús de Marcos ha superado. Es difícil establecer una valoración, pero parece que han sido superados en la Iglesia estos signos y ministerios que eran importantes para el judaísmo del entorno:

1. El *sábado* pierde su carácter fuerte, de día sacramental, en su sentido negativo, de no trabajar (cf. 2, 23-3, 6). En su lugar empieza a ponerse de relieve la importancia simbólica del «día después del sábado» (cf. 16, 1).
2. La *circuncisión* no se nombra en Marcos, pero es evidente que deja de ser normativa.
3. El *templo*, que era esencial para el judaísmo de los sacerdotes, ha sido rechazado (superado) por el Jesús de Marcos, de manera que ya no aparece como signo de Dios y de centro de unión de los creyentes.
4. *Sacrificios animales*. Parece evidente que han sido superados en Marcos, ya no se nombra. Jesús deja también a un lado las comidas rituales (alimentos

> puros, entre personas puras) de la tradición que desembocará en el rabinismo. Marcos acentúa la multiplicación de panes (eucaristía), pero no deja lugar para las comidas rituales como las que cultivan los judíos (cf. 7, 1-23).
> 5. El *sacerdocio* del templo pierde también su sentido; es claro que en el camino de Jesús no hay sacerdotes.

c) Aldeas del entorno. Misión itinerante (1, 35-39)

Simón representa aquí un tipo de Iglesia judeocristiana que quiere «encerrar a Jesús en una casa», sin asumir la apertura pascual, universal, de Galilea (cf. 16, 7-8): cf. Tagawa, *Miracles*; Trocmé, *Formation*, 96-103; J. M. González R., *Marcos*, 27-31; J. B. Tyson, *The Blindness of the Disciples in Mark*, JBL 80 (1961) 261-268. Como seguiremos viendo, la figura de Simón/Pedro ha de entenderse desde diversas perspectivas. Cf. A. Rodríguez, *La figura de Pedro en el evangelio de Marcos*, en R. Aguirre (ed.), *Pedro en la iglesia primitiva*, EVD, Estella 1991, 29-42.

El texto recoge diversos motivos que explicitan, de algún modo, lo antes visto. Allí donde pretenden encerrarle, Jesús abre camino, rompe la atadura que le ponen y despliega un tipo de programa misionero creativo que se funda en la experiencia del mismo Dios que le ha enviado. En esa línea podríamos decir que este pasaje ofrece un *paradigma eclesial*. Marcos no quiere encerrar a Jesús en una casa, no quiere establecerle en un lugar, en contra de Simón y compañeros. Lo propio de Jesús es el mensaje abierto, su misión nueva de Reino. Así lo muestra este pasaje, oponiendo los proyectos «eclesiales» de Simón y Jesús.

> a. (Salida) *[35]Muy de madrugada, antes del amanecer, se levantó, salió, se fue a un lugar solitario y allí se puso a orar.*
> b. (Persecución) *[36]Simón y los que estaban con él le persiguieron, buscándole. [37]Cuando lo encontraron, le dijeron: «Todos te buscan».*
> c. (Misión itinerante) *[38]Y les contestó: «Vamos a otra parte, a los pueblos vecinos, para predicar también allí, pues para esto he venido». [39]Y se fue a predicar en sus sinagogas por toda Galilea, expulsando los demonios.*

De la *sinagoga* (judaísmo) y de la *casa de Simón* (Iglesia) pasa Marcos al *servicio* misionero, que viene a realizarse en el campo abierto. Queda en medio *la noche de la división*. Se han retirado los enfermos. Jesús y sus discípulos meditan, se dividen en la noche, de forma que al amanecer se enfrentan sus posturas. Éstos son los motivos que Marcos ha querido resaltar:

- *Oración de Jesús*. Tanto los endemoniados como Simón y los otros discípulos quieren «fijar» a Jesús (apoderarse de él), para ponerle al servicio de sus propias ideas o intereses. En contra de eso, Jesús busca un principio orientador más alto, poniéndose en contacto con Dios en oración y actualizando así lo que hemos visto en el bautismo (1, 9-11).
- *Simón y los que están con él* (otros discípulos) quieren manejar a Jesús, en perspectiva de popularidad y triunfo externo. No le han comprendido todavía, no quieren servirle ni servir a los necesitados, sino sólo triunfar: hacer de su maestro un tipo de taumaturgo popular, al servicio de sus propios intereses nacionales, económicos, sociales, etc.
- *Declaración de Jesús: no ha salido (exelthan) para encerrarse en una casa*. Es evidente que, en un primer aspecto, Jesús ha salido «físicamente» de Cafarnaún, donde querían retenerle sus discípulos, pero él quiere extender su mensaje en las aldeas vecinas, y por eso ha salido. Pero en perspectiva más profunda, teniendo en cuenta el hecho de que habla desde un previo contacto con Dios, quizá ese verbo indique un gesto de salida teológica: Jesús ha salido «espiritualmente» de Dios y ha venido para predicar en todas partes el mensaje.

Los endemoniados de Marcos aparecen así vinculados con Simón y los discípulos (en una línea que culmina en 8, 33, cuando Jesús llama a Simón Satanás), pues unos y otros (demonios y Simón) quieren mandar sobre Jesús, encerrarle de algún modo en sus conceptos y sus planes. Jesús, en cambio, rompe esa atadura, poniéndose al servicio de los necesitados del entorno, asumiendo y ampliando de esa forma el gesto mesiánico de la suegra de Simón, la primera servidora a la que alude el evangelio.

a) *Jesús sale para orar* (1, 35). Las primeras palabras (*kai prôi ennykha lian anastas: y de madrugada, levantándose*) parecen un anuncio de la resurrección (*kai lian prôi: y muy temprano*...: 16, 2; recordemos que en ambos casos nos hallamos en el día después del sábado: cf. 1, 32; 16, 1). Entre la noche y la mañana hay un gran cambio que el pasaje presenta como *anastasis*, en término de clara evocación pascual (cf. 5, 42; 8, 31; 9, 9.31; 10, 34; 12, 18.23; 13, 2). Desde aquí se entiende mejor las acciones de los personajes, en forma de intercalado concéntrico: Jesús, Simón, Jesús.

Jesús se levanta de mañana (resucita) para orar en un lugar desierto (1, 35). Es como si debiera retomar su experiencia de encuentro con Dios (bautismo) y de compromiso mesiánico (tentación). No se queda en lo hecho, busca en Dios (en oración y discernimiento) lo que debe hacer.

b) *Simón le persigue* (1, 36-37). Persigue a Jesús, como cabeza de grupo (viene con *los suyos*: *hoi met'autou*: 1, 36) apelando a la necesidad de la multitud (*todos te buscan*: 1, 37). Es el primer enfrentamiento, la primera discusión mesiánica. Simón es signo de una Iglesia que intenta utilizar a Jesús para servicio propio, convirtiéndole en curandero doméstico, establecido en su propia casa a la que acuden los necesitados y enfermos del entorno (cf. 1, 33-34). No quiere servir a los demás, como hizo su suegra, sino servirse de Jesús para su provecho, interpretando en forma egoísta la pesca que él le ha encomendado (1, 16-20). Evidentemente quiere hacerse «dueño» de Jesús, representante de su empresa, como cabeza de una Iglesia establecida.

Estamos, sin duda, ante una imagen eclesial de Simón, a quien el evangelio de Marcos ha querido presentar de un modo ejemplar, para superarla. Éste es el Simón que intenta apoderarse de la obra de Jesús, para organizarla él, a su servicio, en el entorno de la buena sociedad de Israel, en el contexto de su casa. De ahora en adelante, la tónica de la acción de Simón, a quien Jesús llamará luego Pedro-Piedra (3, 16), será siempre la misma: apoderarse de Jesús, traerle a su terreno para así manipularle.

c) *Jesús inicia una misión itinerante* (1, 38-39). *Jesús* rechaza la propuesta y no se deja «establecer» en el entorno de la casa de Simón, para convertirla (convertir su movimiento) en negocio de milagros al que acuden en gesto de esperanza los de lejos y medran, egoístas, los de cerca (1, 38-38). En medio de la noche se ha escapado para orar en soledad de gracia ante Dios; en pleno día inicia un recorrido en el entorno, ofreciendo el don de Dios (kerigma, curaciones) en las *sinagogas* de los judíos y en Galilea.

No quiere encerrarse en una estructura sagrada, fundando otro *centro espiritual de sanación* entre los centros que ya existen en el mundo (sinagogas, escuelas filosóficas, templos). Dios le ha enviado (*exêlthon: he salido*, he venido desde Dios, en sentido teológico) para ofrecer el kerigma a los necesitados; para que vayan con él ha llamado a Simón y a los suyos, no para establecerse con ellos (sea en la casa de milagros de Cafarnaún, sea en una Iglesia que Simón ha podido establecer en Jerusalén u otro lugar).

Ha vuelto al lugar deshabitado, adecuado para la plegaria (*erêmos*: 1, 35), a fin de iniciar desde allí un trabajo generoso, universal, para bien de los enfermos. No deja que los suyos le encierren, manipulando su misión a partir del éxito logrado (¡todos vienen...!). Toma distancia (encuentro con Dios), en soledad de tiempo (noche) y espacio (desierto), para redescubrir y recrear su entrega por el Reino. Por eso, cuando Simón y los suyos pretenden encerrarle en el círculo cómodo y estrecho de lo ya sabido (como a un curandero doméstico y domesticado), desde la hondura de su propia libertad mesiánica, abre su camino hacia los *necesitados del entorno*. No ha caído en la tentación del éxito, no se ha dejado llevar por la inmediatez del triunfo; no ha creado una casa eclesial de milagros, sino que ha ofrecido su poder de curación y/o de palabra a los más necesitados del entorno.

Necesidad humana y mensaje de Reino (1, 14-3, 6)

Simón ha dejado las redes, pero quiere hacerse administrador de las curaciones de Jesús, representante cualificado de su «grupo». Es evidente que habría salido ganando. Pues bien, frente a ese riesgo de institucionalización eclesial (grupal: de Simón y los que estaban con-él) instaura Jesús su camino misionero, en gesto de fuerte gratuidad. No busca el honor propio, al servicio de un grupo, no establece en su casa (casa de Simón) un santuario de sagradas curaciones; no funda un negocio de Reino, una Iglesia establecida. Por eso ha rechazado el proyecto de Simón; no ha construido una casa de superioridad religiosa sobre los demás.

Simón le quiere establecer en una casa, fundando así una Iglesia instituida. *Jesús*, en cambio, sale por toda Galilea, expandiendo su mensaje en las sinagogas *de ellos* (de los judíos, de los demonios: cf. 1, 23), expulsando los demonios (1, 39). Esta Galilea de la apertura misionera de Jesús es signo de un mundo poseído por espíritus impuros. Así expande Marcos el programa que había presentado en 1, 12-13: Jesús ha venido a luchar contra Satán, superando la impureza de galileos y de todos los humanos.

---

(16) Satán, los endemoniados

Jesús se introduce y actúa en un mundo amenazado por Satán (espíritu impuro) y dominado por una fuerte obsesión de limpieza, que define la vida oficial del judaísmo de ese tiempo. La tarea de Jesús será luchar contra Satán (cf. 1, 12-13), en una guerra que él entabla en las sinagogas de Galilea, por las que va pasando, de un modo casi organizado, expulsando demonios (1, 39). Los escribas adversarios le llamarán endemoniado; él se defiende asegurando que no es endemoniado, sino que ha venido a liberar a los endemoniados, superando las normas de pureza legal/nacional y ofreciendo salvación (lugar eclesial, humano) a los que se tenían entonces por impuros (cf. 3, 21-30). Lógicamente, los primeros destinatarios de su mensaje/llamada son los dominados por espíritus impuros:

1. *El impuro de la sinagoga* (1, 21-28), lugar que aparece así como propio de demonios (cf. 1, 39). Jesús aparece así como un «reformador» del judaísmo (en la línea de otros que había en su tiempo, como los esenios de Qumrán). En esa línea él ha querido «limpiar», es decir, liberar las sinagogas.
2. *Los endemoniados de los sumarios* (1, 32.39; 3, 11). Cuando recoge la enseñanza y la acción liberadora de Jesús, Marcos le presenta como alguien que realiza exorcismos, liberando a los hombres de su impureza, es decir, del dominio de Satán.
3. *El leproso* (1, 40-45). Jesús vive en un mundo que se siente dominado (obsesionado) por la impureza de Satán, que se expresa en todas las facetas

de la vida. Juan Bautista (1, 4-8) quiso «limpiar» a los hombres en el río, a través del bautismo. Jesús los limpia «curándoles». Así se dice, por ejemplo, que limpia (es decir, que cura) al leproso.

4. *El endemoniado de Gerasa* (5, 1-20) está poseído por una legión de espíritus impuros, muy violentos, vinculados, sin duda a la opresión romana. Curar es «liberar» para la vida, es decir, para que el poseso pueda vivir en humanidad, dialogando con los otros, y no en gesto de pura violencia.

5. *Las dos mujeres de 5, 21-43* parecen enfermas de un tipo de «impureza judía», vinculada a la misma legislación israelita sobre el flujo de sangre y la menstruación, aunque el texto no las llame expresamente impuras. Curar significa en este caso «limpiar» para la vida.

6. *La niña pagana de 7, 24-30* está poseída por un espíritu impuro o demonio, que el texto no concreta más. Parece que el texto identifica su impureza con el paganismo (ella forma parte del mundo de los «cerdos», es decir, de los sucios). La curación implica reconocer que ella es «hija», digna del pan de los hijos, llamada a la herencia del Reino.

7. *El niño mudo de 9, 14-29* está dominado por un espíritu impuro (9, 25), que se encuentra relacionado con la falta de fe del padre.

Jesús no viene a mantener o sancionar el orden israelita de lo puro e impuro, sino a transformarlo de manera subversiva. Los primeros destinatarios de su acción mesiánica son los expulsados del pueblo, es decir, los considerados impuros. Sus exorcismos han de entenderse como expresión de mesianismo: Jesús ha comenzado invitando para el Reino a los posesos, a los que el judaísmo de entonces rechazaba. Es normal que los escribas le condenen (3, 21-30), diciendo que él mismo se encuentra endemoniado.

En ese contexto, partiendo del primero de los gestos de Jesús (expulsar a los demonios de la sinagoga: 1, 21-28), se podría decir que el signo de Jesús en el templo (11, 15-17) deberá entenderse como un gran exorcismo: Jesús quiere liberar al templo de Jerusalén de sus «demonios». Por eso le rechazan los sacerdotes y le condenan a muerte. La Iglesia posterior se ha vuelto muchas veces un refugio para los antiguos o los nuevos puros, invirtiendo el proyecto y tarea de su fundador.

d) Un leproso curado que no va a los sacerdotes (1, 40-45)

Presentación básica del tema, desde perspectivas distintas, en el comentario de Marcus (que prefiere no hablar de lepra, sino de enfermedad de escamas en la piel) y en el de M. Navarro (que pone de relieve el carácter antropológico de la escena).

Sobre la «lepra» como impureza y los ritos de purificación que marcan el retorno del «curado» a la vida social/sacral, cf. E. P. Sanders, *Judaism. Practice and Belief 63BCE-66CE*, SCM, London 1992, 220-234, con referencia al sistema de purezas estudiado por M. Douglas, *Pureza y peligro*, Siglo XXI, Barcelona 1991, 42-60. Cf. también D. P. Wright y R. N. Jones, *Leprosy*, ABD IV, 277-282. Sobre los milagros en Marcos: K. Kertelge, *Die Wunder im Markusevangelium*, SANT, München 1970; L. Schenke, *Die Wundererzählungen des Markusevangeliums*, SBS, Stuttgart 1974. Para una visión del entorno social, cf. B. J. Malina, *El mundo del Nuevo Testamento*, Verbo Divino, Estella 1995, 181-207. Análisis de los diversos planteamientos del tema en A. Álvarez V., *Enigmas de la Biblia* 11, Paulinas, Buenos Aires 2009, 45-53.

Tras la «salida» de Cafarnaún, viene el milagro del leproso (1, 40-45). Está expulsado de la sociedad, no puede entrar en pueblo o sinagoga Por eso ha de venir al encuentro de Jesús mientras recorre la región de Galilea, por los descampados (cf. 1, 39). Llega en gesto de fe: «Si quieres, puedes limpiarme». Jesús escucha su llamada, se apiada, le toca con la mano y dice: «Quiero, queda limpio» (1, 40-41).

Aquí se expresa la más honda voluntad de Jesús como poder de curación o de limpieza, superando un tipo de judaísmo que no logra mantener limpios a sus seguidores, por más que lo intenta, según vimos ya en 1, 21-29. Conforme a los principios de Lv 1-16, la religión es ante todo un problema de pureza ritual o de separación humana. Este leproso está manchado, en un sentido oficial: está expulsado del espacio santo de su pueblo, como indica la exigencia posterior de presentarse a los sacerdotes para que le incluyan de nuevo entre los fieles, limpios en lo externo, capaces de vivir en la ciudad y de acudir a la sinagoga y el templo (1, 44-45, con cita en Lv 14).

La contraposición es evidente. Un tipo de judaísmo (Levítico, ley de sacerdotes) declara lo que es limpio y manchado: divide, separa, organiza ritualmente a los hombres, expulsando a los sucios y reintegrando a los curados, pero sin poder limpiarles. Jesús, en cambio, dice: «Queda limpio», y de esa forma cambia y construye un orden nuevo donde el hombre estaba destruido.

Este pasaje se puede titular paradigma de pureza. De la sinagoga, pasando por la casa, hemos llegado al campo abierto, donde vagan los impuros, aquellos que no pueden integrarse en la ciudad. Allí habita el leproso. No podía venir a la ciudad, ante la casa de Simón, pero encuentra y se acerca a Jesús en despoblado. Reconoce su enfermedad y pide curación. Jesús le toca y habla, ofreciéndole pureza y pidiéndole un silencio y obediencia legal que él no acepta.

a. (Milagro) [40]*Se le acercó un leproso y le suplicó de rodillas: «Si quieres, puedes limpiarme».* [41]*Y compadecido, extendió la mano, lo tocó y le dijo: «Quiero, queda limpio».* [42]*Al instante desapareció la lepra y quedó limpio.*

b. (Mandato de Jesús) ⁴³*Y de pronto, irritado con él, le expulsó,* ⁴⁴*y le dijo: «Mira, no digas nada a nadie, sino, vete, muéstrate al sacerdote y ofrece por tu purificación lo que mandó Moisés, para testimonio de ellos».*

c. («Desobediencia» del curado) ⁴⁵*Pero él, saliendo se puso a divulgar a voces lo ocurrido, de modo que Jesús no podía ya entrar abiertamente en ninguna ciudad. Tenía que quedarse fuera, en lugares despoblados, y aun así seguían acudiendo a él de todas partes.*

a) *Milagro* (1, 40-42). En el campo (expulsados de la sinagoga y de la casa) habitan los leprosos. Con ellos inicia Jesús una serie de signos dirigidos a la acogida/curación de los expulsados (vendrán luego el paralítico y publicano). Según ley, *esos expulsados sufren una enfermedad social*: están impuros, son fuente de peligro y mancha para la buena familia israelita. Por eso, cuando el sacerdote descubre su impureza ha de enviarlos fuera de la sociedad civil y religiosa, conforme a su código sagrado (Lv 13–14).

Para mantener la pureza del conjunto social, los leprosos eran expulsados *al exterior del campamento o ciudad israelita*: no podían orar en el templo, ni acudir a la sinagoga, ni unirse en lecho o mesa con los familiares sanos. Su enfermedad les convertía en solitarios, como especie aparte, secta de proscritos. Desde aquí se entiende el gesto de Jesús:

- *El leproso le dice que puede curarle,* y Jesús acepta su petición, extiende la mano y le toca (1, 41a). No tiene que agarrarle y levantarle (resucitarle) como hizo con la suegra de Simón (1, 31). Ahora le basta con tocar (*haptomai*), poniéndose en contacto con él, un gesto que estaba prohibido por ley, ofreciendo así presencia personal (contacto sanador) al que se hallaba condenado, sin contacto. Esta mano de Jesús es la expresión suprema de la misericordia (*splagnistheis*) que transciende las leyes de pureza del viejo judaísmo. Ella es signo de piedad y vida compartida.

- *Dice ¡quiero, queda limpio!* (1, 41b). El leproso le había dicho «si quieres, puedes curarme». Ha sido él quién ha iniciado el movimiento, quien ha mostrado a Jesús la capacidad que él tenía de «limpiar», una capacidad de la que el mismo Jesús no se había dado cuenta. Pues bien, Jesús responde a la petición y dice «quiero». Este *thelô* (yo quiero) de Jesús, vinculado a su misericordia, crea nuevas relaciones de pureza. De esa forma, la palabra y voluntad sanadora ratifica el gesto de comunicación. Es palabra creadora, un *thelô ¡quiero!* que define la nueva realidad del evangelio. En ese querer misericordioso de Jesús se funda la nueva familia de discípulos, la Iglesia de enfermos y expulsados.

El contacto y palabra transformante de Jesús llega a la hondura del enfermo, que está fuera de la sociedad sagrada. Él no expulsa ni rechaza. Tampoco espera, como deben hacer los sacerdotes, para sancionar una curación ya realizada (cf. 1, 44; Lv 14, 3), sino que escucha la necesidad del enfermo y le acoge, ofreciéndole su toque y palabra sanadora. Así le recibe en el camino de su nueva familia mesiánica.

b) *Mandato de Jesús* (1, 43-44). Jesús manda al leproso que se mantenga fiel a las instituciones de Israel, que se presente a los sacerdotes y cumpla las leyes de purificación. Este mandato puede entenderse desde varias perspectivas.

- *Históricamente*. Jesús se mantuvo fiel a las instituciones de Israel. Por eso pide al leproso que «calle» (que no propague el milagro) y que *vuelva al conjunto social establecido*: que los sacerdotes reconozcan su salud y le admitan de nuevo en el pueblo. No quiere ser competidor. No ha intentado deshacer por fuerza el tejido de sacralidad de los judíos, ni imponer su mesianismo con milagros exteriores. Por eso pide al curado que vuelva a la vida israelita, controlada por los sacerdotes (1, 42-43).
- *Puede haber una razón de tipo más teológico*, vinculada a la hipótesis del «secreto mesiánico» de Marcos... y quizá a su propia experiencia de transgresión, pues, de un modo paradójico, después de haber afirmado que *tuvo misericordia de él* y dijo «quiero», Marcos afirma que Jesús se «enojó» severamente con el enfermo, quizá porque había dicho «si puedes», como dudando de su poder, o quizá (y más probablemente) porque este enfermo había roto el plan de curaciones que Jesús había programado.

Sea como fuere, el caso es que entre Jesús y este leproso se establece una durísima (y bellísima) relación, llena de tensiones. El leproso es quien inicia el gesto de Jesús, y Jesús le contestó aceptando su propuesta (y curándole). Pero después da la impresión de que Jesús no quiere (o no puede) aceptar las consecuencias de esta curación (de haber tocado al leproso, de haber admitido su compañía), pues él mismo (Jesús) se ha vuelto de esa forma impuro, teniendo que mantenerse por un tiempo en los descampados (como veremos), sin relacionarse con la gente (al menos en un ámbito judío).

Por esto parece enfadarse, porque esta curación parece convertirle a él mismo en impuro y le impide seguir comunicándose con la gente, como antes. Por eso se enfada, y manda al leproso que se muestre al sacerdote «oficial», para ratificar de esa manera la curación (la limpieza), como queriendo mantenerse dentro del espacio sagrado de un Israel dominado y dirigido por sacerdotes.

c) *Desobediencia del curado* (1, 45). Pero el leproso ya curado (purificado) le desobedece y pregona su milagro, sin acudir a los sacerdotes. De esa forma viene a convertirse en testigo de la novedad mesiánica: expone lo que Jesús ha hecho con él, apareciendo como germen de una nueva comunión de liberados, que superan la ley sacral, haciéndose testigos de evangelio. Jesús es para ellos curación y fuente de libertad.

Este curado indica con su gesto que la propia dinámica de la actividad de Jesús lleva a «romper» (superar) las estructuras sagradas de Israel. Hemos visto ya que la suegra de Simón respondía al «milagro» poniéndose a servir a los demás en sábado, superando así un aspecto de la sacralidad del judaísmo. Ahora lo hace el leproso, de un modo directo y programado, influyendo en la ruptura mesiánica del evangelio. El primer protagonista de esa ruptura creadora ha sido el mismo leproso curado. Ciertamente, ha escuchado a Jesús y desea cumplir su deseo, pero quiere hacerlo de una forma más intensa, expresando aquello que se hallaba oculto en el gesto mesiánico de la curación. Su respuesta resulta significativa:

- *Sale y empieza a «keryssein polla»*, es decir, a proclamar intensamente lo que ha hecho Jesús. No le importa ya la vieja ley, no necesita buscar la protección ritual de los sacerdotes. No pudieron curarle en otro tiempo; no tiene que rendirles obediencia ahora. Es un liberado, un hombre nuevo que, en la línea de la suegra de Simón (1, 31), y conforme a lo que hará después el endemoniado de Gerasa (5, 19-20), viene a convertirse en mensajero de Jesús sobre la tierra.
- *Es un misionero de Jesús, y así divulga «ton logon», la palabra*. Ese término es central en Marcos (cf. 2, 2; 4, 14; 8, 32; 13, 31...) y alude al mensaje-acción de la enseñanza de Jesús. Este leproso se ha vuelto predicador mesiánico: es el primero de los evangelistas, es decir, de aquellos que ponen su vida al servicio de la nueva acción liberadora de Jesús.

Este contraste entre Jesús (que pide fidelidad a la ley y a los sacerdotes) y el leproso (que rompe con la ley y predica la palabra-acción de Jesús) nos lleva al mismo centro de la trama de Marcos. El redactor no juzga ni adjetiva las acciones; simplemente indica lo que pasa, y dice que Jesús debe ocultarse, pues le buscan por doquier, pidiéndole milagros. Eso significa que la predicación del leproso es buena, su gesto es positivo, aunque resulte por ahora apresurado: existe el riesgo de que confundan a Jesús con un simple milagrero que busca el triunfo externo. Solamente tras la pascua, cuando recuerden plenamente lo que ha pasado en Galilea (cf. 16, 6-7), los discípulos podrán entender su verdad y proclamar sin miedo la palabra que propaga este leproso que no ha querido reintegrarse en el sistema legal de los sacerdotes.

Los otros discípulos (incluido Simón) acabarán abandonando y entregando a Jesús en manos de los sacerdotes de Jerusalén (Marcos 15). Este curado ha visto mejor: se ha arriesgado por Jesús desde el principio, superando la ley sacral

Necesidad humana y mensaje de Reino (1, 14-3, 6)

antigua y abriendo por Jesús (para Jesús) un camino de predicación y palabra que sólo podrá entenderse del todo y culminar tras la pascua. De esa forma ha recorrido ya en un solo movimiento los muchos pasos que ha de dar el verdadero discípulo del Cristo.

Marcos nos muestra así que el mismo Jesús tiene que *aprender*: ha puesto en marcha un movimiento de Reino y debe esperar las reacciones que su gesto ha suscitado. Por eso ha respondido con ira al leproso curado y le ha pedido que acepte la ley sacral *¡muéstrate al sacerdote...!* Pero el curado ya no puede obedecerle, pues ha descubierto un camino de liberación y Reino que supera el control de los sacerdotes. De esa forma surge una situación paradójica que marca el proceso posterior del evangelio:

- *El leproso se vuelve predicador: Empezó a proclamar con insistencia (kêryssein polla) y a divulgar la Palabra (ton logon*, término que aquí puede significar lo que ha hecho Jesús en concreto, al curar al leproso, pero también todo su mensaje). Ambos rasgos llevan al corazón del evangelio: la curación del leproso (tocado y querido por Jesús) se hace kerigma y palabra. Este es el *logos mesiánico*, que el mismo Jesús proclama y siembra (2, 2; 4, 14ss), *logos* de su entrega hasta la muerte (cf. 8, 32). El primero en proclamarlo es el leproso.

- *Jesús ya no puede entrar abiertamente en las ciudades, sino que ha de habitar en despoblado* (1, 45b). ¿Porque le buscan demasiado? ¿Porque quiere evitar las muchedumbres? ¡No! *¡Porque él mismo se ha hecho impuro!* Ha tocado al leproso, está contaminado, es hombre sucio, conforme a la visión de pureza de sacerdotes y escribas, cuya autoridad parece rechazar el curado. No viene Jesús a los pueblos, pero vienen las muchedumbres de los pueblos a Jesús. Pudiéramos decir que la confrontación está servida: el gesto de Jesús no puede pasar inadvertido.

Es como si Jesús estuviera desencadenando un proceso de ruptura y de nuevas relaciones sociales. Sus discípulos no entienden y siguen calculando conforme a los principios antiguos de poder del mundo (del judaísmo). Este leproso, en cambio, ha comprendido, como hizo la suegra de Simón (1, 31) y hará la sirofenicia (7, 24-30); desobedeciendo ha obedecido de verdad, abriendo un camino de esperanza en la trama de opresión del mundo. Marcos no dice cómo organiza después su vida, cómo se ha integrado en Israel (¡si lo ha hecho!) sin acudir a los sacerdotes. Todo nos permite suponer que su caso sigue abierto. Por eso es lógico que volvamos a encontrarlo, al menos veladamente, en 14, 3, en contexto de oposición sacral a los sacerdotes: cuando ellos deciden matar a Jesús, reaparece, ofreciéndole, en fuerte contraste, casa y comida.

(17) Irritado con él... La ira del Cristo (1, 43)

Jesús purifica al leproso, pero se irrita con él (*embrimêsamenos*) y le expulsa (*exebalen auton*), mandándole que vaya a presentarse al sacerdote, según ley. Esas dos palabras (irritado, le expulsó) resultan muy significativas y escandalosas, de manera que el leproso curado opta por no cumplirlas: ciertamente, él se va, como le ha dicho Jesús, pero no se presenta al sacerdote, sino que pregona lo que Jesús ha hecho con él.

1. *Opiniones*. El profesor A. Álvarez Valdés, ha resumido las posturas de los exegetas sobre el «enojo» de Jesús. «(a) Algunos afirman que se debió a que el leproso se acercó demasiado a él, violando la ley judía que ordenaba a estos enfermos mantenerse lejos de las personas sanas... (b) Otros piensan que Jesús se enojó porque el leproso lo había interrumpido en su oración, o en su predicación, o en la actividad que estaba desarrollando en ese momento... (c) Un tercer grupo opina que Jesús no se molestó con el leproso sino con la ley judía, que obligaba a esta pobre gente a vivir aislada y excluida de la sociedad... (d) Un cuarto grupo supone que Jesús se enojó porque la gente lo buscaba como curandero, y nada más. (e) En realidad, Jesús se enoja porque el leproso «ha dudado» del poder y de la voluntad sanadora de Dios y de Jesús, como si Dios no quisiera la curación y salud de los enfermos. Esa parece haber sido también la intención de Marcos al contar el enojo de Jesús con el leproso. Éste se había acercado al Maestro de Nazaret diciéndole: '*Si quieres, puedes limpiarme*'. Y ésa frase le ofendió. ¿Cómo podía decirle 'si quieres'? ¿Por qué no iba a querer curarlo? Por supuesto que él quería curarlo... Por eso Jesús se molestó».

2. *Nueva opinión. Jesús se irrita con las instituciones de Israel*, porque quieren mantener sometidos por ley a los leprosos y a otros marginados. Se irrita al descubrir la situación de este leproso, pero no puede (no quiere) empezar rompiendo la ley de los sacerdotes y, por eso, con ira, le manda que vaya y que cumpla según ley, para que los sacerdotes, en principio, no se opongan a su mensaje (de Jesús, que quiere que el leproso sea un testimonio para ellos). Esa actitud puede situarnos ante un dato histórico: En principio, Jesús quiso mantenerse fiel a las instituciones de Israel y por eso pidió al leproso que «callara»: que no propagara el «milagro» (la revolución total que implica su manera de «tocar» a los leprosos) y que volviera al conjunto social establecido, para que los sacerdotes reconozcan su curación (sin decir quién la ha causado) y le admitan de nuevo en el orden sagrado que ellos controlan. Jesús no quiere ser competidor. No ha intentado deshacer por fuerza el tejido del judaísmo sacral, ni imponer su mesianismo con milagros exteriores.

> 3. *Jesús se irrita, quizá, porque el leproso a quien ha purificado le hace cambiar sus proyectos*, y pone en riesgo su misión en Israel (en las sinagogas del entorno). Por eso, en vez de mantenerle junto a sí y decirle que le siga (como ha hecho con los cuatro pescadores de 1, 16-20), Jesús le expulsa (*exebalen*). No le acepta a su lado, no le quiere en su grupo, porque sería un impedimento para su misión en los pueblos del entorno, en el entramado de sinagogas de Galilea. De esa manera, parece indicar Marcos que Jesús buscaba un imposible: por un lado declaraba puros a los leprosos; por otro lado intentaba mantenerse dentro de las estructuras sagradas del viejo Israel (que expulsaba a los leprosos). Por eso, en este momento, preso de una división interior, él «expulsa» al leproso curado (¡no quiere que le acompañe, pregonando con su misma presencia lo que ha hecho!) y le ordena, con gran irritación, que se marche y se inscriba dentro del orden sagrado de los sacerdotes... Jesús se irrita (como parece irritarse en 7, 27), pero aprende y deja que el mismo leproso le enseñe a descubrir las implicaciones de su proyecto liberador.
>
> Sea como fuere, el tema de la «irritación» de Jesús nos sitúa en el centro del evangelio. Jesús no es un maestro «apático», hombre de suprema tranquilidad, en la línea de los maestros del budismo, sino un hombre apasionado por el reino de Dios, en la línea del Dios de Israel, que es un Dios lleno de pasión, como ha mostrado A. Heschel (*Los profetas. Concepciones históricas y teológicas* I-III, Paidós, Buenos Aires 1973). Este «enojo» de Jesús se sitúa en la línea de la «ira de Dios», de la que trata Pablo en Rom 1, 18; 2, 5-8 (que es ira contra el pecado, ira para salvación y no para destrucción).

e) Paralítico en casa. Perdón de los pecados (2, 1-12)

Marcos 2, 1-3, 6 ofrece el primer gran debate público entre Jesús y las autoridades judías, y se puede dividir en tres *paradigmas* (2, 1-12; 2, 13-17; 2, 18-22) y una *disputa doble* en torno al sábado (2, 23-3, 6). Cf. Dewey, *Debate*; Id., *The Literary Structure of the Controversy Stories in Mark 2, 1-3, 6*, en Telford (ed.), *Interpretation*, 141-152 [=JBL 92 (1973) 394-401]; J. D. G. Dunn, *Mark 2, 1-3, 6. A Bridge between Jesus and Paul on the Question of the Law*, NTS 30 (1984) 395-415; Kilunen, *Vollmacht*; Thissen, *Erzählung*; M. Trautmann, *Zeichenhafte Handlungen Jesu* (FB 37), Echter, Würzburg 1980, 234-258. Sobre el Hijo del Hombre y el poder de perdonar pecados, cf. Kingsbury, *Christology*, 157-176; *Conflicto*, 85-89; M. D. Hooker, *The Son of Man in Mark*, SPCK, London 1967; K. Kertelge, *Die Vollmacht der Menschensohnes zur Sündenvergebung (Mk 2, 10)*, en *Fests. J. Schmid*, Herder, Freiburg 1973, 205-213; B. Lindars, *Jesus Son of Man*,

SPCK, London 1983, 101-114. Sobre el perdón ritual de los escribas y el perdón de Jesús, cf. E. P. Sanders, *Judaism. Practice and Belief. 63BCE - 66CE*, SCM, London 1992, 190-241; *Jesus and Judaism*, SCM, London 1985, 174-211.

El marco externo es nuevo. Jesús ha vuelto a Cafarnaún de donde salió (cf. 1, 35) y ha entrado en la casa que ya conocemos (cf. 1, 29-34). En una casa particular, y no en el templo (con los sacrificios), ni en la sinagoga (con sus leyes), acontece el gran prodigio del perdón y nuevo nacimiento del antiguo paralítico, es decir, de aquel que no podía recorrer su vida humana y religiosa. Presentemos los rasgos básicos de la escena:

- *Jesús decía la Palabra* (*ton logon*: cf. 2, 2), reasumiendo así el mensaje del leproso convertido en predicador (cf. 1, 45). Sólo en este contexto de palabra, es decir, de nueva enseñanza (cf. 1, 27) adquiere sentido la curación del ser humano y el perdón de los pecados.
- *La fe de los compañeros*. El leproso confiaba en Jesús cuando se hallaba todavía enfermo (l, 40). Ahora se dice que los que confían (creen) son unos amigos-camilleros que portan al enfermo y lo introducen por el mismo tejado de la casa hasta ponerlo delante de Jesús (2, 3-4). Postrado en su parálisis, el enfermo y sus amigos creen, iniciando de esa forma su andadura de nuevo nacimiento.
- *Conflicto con la autoridad israelita*. En el caso anterior era el mismo curado quien abría ese conflicto, al extender la palabra de Jesús en vez de presentarse a los sacerdotes. En nuestro caso ha sido el mismo Jesús quien lo ha iniciado, ofreciendo al paralítico de un modo gratuito el perdón de los pecados (2, 5).

Desde aquí podemos leer ya el pasaje, que se entiende como una controversia en torno al perdón, que es el tema clave de la «religión» israelita de aquel tiempo. Los que se oponen a Jesús no son los sacerdotes (como podía suponerse desde 1, 44-45), sino los escribas, que aparecen en la misma casa, bien sentados, en postura de juicio y magisterio. Es evidente que ellos llevan el libro de la ley entre sus manos: en ese libro estudian; en sus tradiciones se mantienen. Lo que se discute no es el carácter divino del perdón (¡Sólo Dios puede perdonar!; 2, 7), sino las «mediaciones» de ese perdón (¿quién puede ofrecerlo?) y sus consecuencias en la vida de los hombres.

En ese sentido, podemos decir que este pasaje es un *paradigma de perdón*. El control sobre los pecados era un elemento fundamental del poder de los sacerdotes. Sobre ese fondo ha de entenderse el gesto de Jesús que ratifica, en solemne sacramento, un perdón no sacerdotal, que brota de la fe y solidaridad humana, en el espacio profano de la casa. El texto incluye aspectos de controversia legal y milagro. Pero en su raíz lo interpretamos como paradigma de perdón mesiánico.

Necesidad humana y mensaje de Reino (1, 14-3, 6)

a. (Introducción. Un paralítico) *¹Y entrando de nuevo en Cafarnaún después de algunos días, se corrió la voz de que estaba en casa. ²Acudieron tantos, que no cabían ni delante de la puerta. Jesús se puso a anunciarles la Palabra. ³Y llegaron entonces trayendo un paralítico entre cuatro. ⁴Pero, como no podían llegar hasta él a causa del gentío, levantaron la techumbre por encima de donde él estaba, abrieron un boquete y descolgaron la camilla en que yacía el paralítico.*

b. (Jesús 1. Perdón) *⁵Jesús, viendo la fe de ellos, dijo al paralítico: «Hijo, tus pecados te son perdonados». ⁶Unos escribas que estaban allí sentados comenzaron a pensar para sus adentros: ⁷«¿Cómo habla éste así? ¡Blasfema! ¿Quién puede perdonar pecados sino sólo Dios?».*

c. (Jesús 2. Curación) *⁸Jesús, percatándose enseguida de lo que estaban pensando, les dijo: «¿Por qué pensáis eso en vuestro interior? ⁹¿Qué es más fácil? ¿Decir al paralítico: Tus pecados te son perdonados; o decirle: Levántate, toma tu camilla y anda? ¹⁰Pues, para que veáis que el Hijo del Humano tiene en la tierra poder para perdonar los pecados (se volvió al paralítico y le dijo): ¹¹Levántate, toma tu camilla y vete a tu casa». ¹²El paralítico se puso en pie, tomó enseguida la camilla y salió a la vista de todos, de modo que todos se quedaron maravillados y daban gloria a Dios diciendo: «Nunca hemos visto cosa igual».*

a) *Introducción. Un paralítico.* Ha terminado el tiempo de ocultamiento, motivado por su manera de acoger-curar al leproso (1, 45), pero no ha cesado, sino que aumenta, su polémica con un tipo de judaísmo galileo. Viene Jesús a la ciudad (Cafarnaún: cf. 1, 21) y entra en una casa (parece la de Simón: cf. 1, 29) donde se junta mucha gente a la que *dice la palabra* (2, 2). Allí realiza un signo que es principio de extenso debate: El gesto de ofrecer el perdón de Dios a un paralítico es todavía mucho más peligroso que el de tocar-curar al leproso, pues rompe el esquema sacral de un judaísmo de sacerdotes/escribas, donde son ellos los únicos que tienen (dicen tener) el poder de perdonar los pecados (2, 1-3, 6).

Ha vuelto a la casa que había dejado en 1, 35-39 (tras el tiempo de misión y ocultamiento, por el contacto con el leproso), no para hacer los milagros que Simón pedía, sino para ofrecer la Palabra, que se expresará en el perdón de los pecados y en la curación del paralítico. Jesús no les dice (*elalei*) la palabra en la sinagoga, sino en una casa. No lo hace en la sinagoga (lugar de estudio de ley), ni en el templo, sino en el hogar de las relaciones cotidianas, allí donde se juntan cada día hombres y mujeres, anudando nexos de vida y creando comunión de Reino.

La escena está perfectamente construida, con personajes bien marcados, formando una parábola viviente. *Le rodean muchos*, deseosos de participar en el secreto de su nueva palabra y comunión interhumana. *Están los escribas* vigilando, como instancia de control, por si rompe, con su gesto y voz, las normas legales que mantienen bien unida la familia israelita. Traen un paralítico... Es un enfermo *con amigos*. No puede andar, pero cuenta con cuatro camilleros que le alzan, le llevan, le creen (2, 3-4): tiene una familia verdadera; no está solo en el mundo, no se encuentra abandonado. Sin este primer gesto de solidaridad de los camilleros resulta imposible la escena que sigue.

b) *Jesús 1. Perdón (2, 5-7). Viendo la fe de ellos* (los camilleros), Jesús *dice al paralítico:* «*¡Hijo, tus pecados han sido perdonados!*». El enfermo no ha hecho nada; simplemente se ha dejado traer por cuatro amigos que buscan a Jesús, pidiéndole su ayuda. Esta fe de los amigos perdona los pecados, de forma que resulta innecesario el rito de los sacerdotes del templo que expían a través de sacrificios. Lo que de verdad perdona al paralítico es la fe activa de estos camilleros que le ponen ante Dios al colocarle delante de Jesús. Ellos inician y cumplen el gesto «sacramental» (si es que se puede utilizar esa palabra); Jesús se limita a sancionar lo que hacen, diciendo al paralítico, en pasivo divino: *¡Dios te ha perdonado!* La misma casa se vuelve templo y los camilleros sacerdotes de la nueva religión mesiánica. El perdón que Salomón pedía desde el templo (cf. 1 Re 8) se cumple ahora en la humilde casa con el paralítico.

- *Para los escribas, el perdón de Dios está codificado en los ritos de Lv 1–16* y se realiza en la línea de la fidelidad sagrada israelita. Ciertamente, Dios perdona, pero su perdón se expresa a través de la estructura social y religiosa de la ley: allí donde el pueblo se convierte, cumple el rito y acepta el orden de la ley, puede afirmarse ya que Dios perdona.
- *Para Jesús, en cambio, el perdón es don gratuito que brota de la fe.* Por eso puede decir y dice: «Dios te perdona», sin esperar el cumplimiento de las leyes y los ritos. Jesús mismo aparece de esa forma como mediador de perdón y transmisor de gracia de Dios para los hombres. Su palabra es creadora, su gesto transformante.

Como seguiremos viendo, los rasgos principales de ese perdón mesiánico son dos. (a) *Gratuidad*: el perdón no deriva de un cumplimiento de la ley, sino que es efecto del amor de Dios, que actúa allí donde los hombres creen, es decir, le aceptan. (b) *Poder transformante*: la misma palabra de perdón actúa, penetrando en el enfermo y convirtiéndose en principio de curación: «Toma tu camilla y vete a tu casa» (2, 11). Así lo veremos leyendo el texto, con su fuerte controversia.

Los *escribas* rechazan el perdón de Jesús: ¡Blasfema! ¡Sólo Dios puede perdonar! (2, 6-7). Jesús estaría de acuerdo (¡sólo Dios perdona!), pero entiende esa afirmación de un modo no sacral, ni legalista. Dios no ha vinculado su perdón a los rituales del templo ni a las normas de ley que los escribas controlan por oficio, sino que perdona por la fe comprometida de estos cuatro camilleros, desde el fondo de la misma realidad humana, allí en la casa.

Es normal que los escribas protesten, pues se creen administradores del perdón de Dios, según normas de la ley, codificadas en su *Libro* y centradas en el templo. Jesús les quita el *control sobre el pecado*, el monopolio del perdón. Allí donde la solidaridad humana, expresada por la acción de estos amigos camilleros, perdona los pecados (desde Dios, con la palabra de Jesús), pierden sentido los intermediarios religiosos.

c) *Jesús 2. Milagro y conclusión* (2, 8-12). El perdón es lo importante: es el principio donde puede sustentarse la existencia, como indica el gesto solidario de los camilleros. Desde esa base inicia Jesús su argumento (su defensa), relacionando el perdón de los pecados con la curación: ¿Qué es más fácil: curar o perdonar? Jesús no responde teóricamente, sino de un modo práctico: curando al enfermo. Esa curación será signo de la realidad del perdón: «Para que veáis que el Hijo del Humano tiene poder de perdonar, dijo al paralítico:... ¡levántate!...» (2, 10-11). Al recoger esta palabra, Marcos demuestra una confianza plena en el camino y poder de la Iglesia, porque el argumento se debería invertir: *Para que veáis que no hay perdón en la Iglesia: ¡Mirad sus paralíticos!* Si Marcos mantiene el argumento es porque sabe que el perdón se expande dentro de ella como *poder de caminar*.

Este pasaje ha ofrecido la primera visión completa del mesianismo de Jesús. Los textos anteriores podían parecer introducción, escenas de valor circunstancial. Aquí llegamos al punto de conflicto fuerte con el judaísmo, representado por los escribas que controlan el poder religioso (perdón) impidiendo caminar a los enfermos.

- *El judaísmo* normativo de ese momento mantiene la coherencia comunitaria como disciplina sobre el pecado: sólo Dios perdona a través de un ritual muy preciso, controlado por los sacerdotes (escribas), distinguiendo así a puros de impuros. En ese fondo, el *paralítico* sigue atado a su camilla, no puede caminar.
- *El grupo de Jesús* se funda en el principio de la solidaridad (camilleros), abierta a un perdón humano (no sacral), ratificado por Jesús. Es como si de pronto perdiera su sentido la vieja institución sacrificial del templo, ideada para perdonar los pecados. Jesús no necesita sacerdotes ni escribas para ello; le basta la fe y solidaridad de los camilleros que representan y realizan más que todos los escribas juntos, más que el templo de Jerusalén, más que el Día de la gran Expiación o *Yom Kippur* con su ritual sangriento. Ellos son principio de perdón e Iglesia para este paralítico.

Las palabras finales del texto (2, 11-12) son como un «anticlímax». Lo fundamental ha pasado ya, Jesús ha mostrado su poder, rompiendo así la coraza sacral de un tipo de judaísmo (o cristianismo posterior). Ahora se confirma lo dicho: Jesús dice al perdonado que tome la camilla y que vaya a su casa, y él lo hace, ante la admiración de todos.

Ésta es la novedad de Jesús, que está al servicio del paralítico como tal (¡por eso le manda a su casa!) y no de ninguna institución, ni del judaísmo rabínico ni del cristianismo de Marcos. Lo que importa es el hombre (el enfermo), a quien han traído cuatro camilleros (que han creído en él), pero que una vez curado ya no les necesita, de manera que puede llevar por sí mismo la camilla, para iniciar un tipo distinto de vida (su propia vida) en la casa. Los que habían protestado antes (los escribas de 2, 6) ya no dicen nada, pues ninguna teoría sacral puede oponerse a la curación del paralítico, que es lo que importa. Los escribas callan, pero responde la gente admirada, glorificando a Dios: ¡Nunca se ha visto nada igual!

La gloria de Dios se identifica por tanto con la curación del paralítico, una curación en la que se vincula el perdón de los pecados y la capacidad de «andar». Sólo el perdón capacita para andar. Por eso, Jesús envía al hombre a su casa, no al templo. No le manda al lugar santo de los sacerdotes, ni a la escuela doctrinal de las sinagogas donde siguen razonando los escribas. Le devuelve a su casa, es decir, al espacio de vida normal, que aparece desde ahora como campo donde viene a expandirse y se refleja el perdón ya recibido.

Este pasaje (2, 1-12) ha de entenderse en unión con lo anterior (1, 40-45). Leproso y paralítico, perdonados y curados ambos, quedan desde ahora sustraídos de la vigilancia y cuidado de sacerdotes y escribas. Rompen así los vínculos religiosos que les mantenían atados a la institución y pueden vivir ya para siempre la nueva libertad mesiánica de Jesús, que les abre directamente a Dios y a los otros humanos.

Sacerdotes y escribas eran una especie de controladores sagrados, tanto en plano de pureza social como de perdón religioso (siempre vinculados). Jesús, en cambio, desde el fondo mismo de lo humano, viene a ofrecer limpieza social a los leprosos y perdón transformante a los antiguos paralíticos. La estructura de Israel había ido extendiendo su principio de cohesión sagrada sobre los humanos, pero no podía curar a leprosos y paralíticos. Y así los mantenía de algún modo sometidos dentro del sistema.

Pues bien, Jesús rompe el sistema, poniéndose al servicio del más necesitado. Por eso, en su proyecto mesiánico, al lado de la suegra de Simón, como primeros liberados para el Reino, hallamos al leproso y al paralítico. Ellos forman como la avanzada de eso que, con término que Marcos no utiliza, llamaremos el camino de la Iglesia. Uno ha empezado a predicar entre los vecinos, el otro ha vuelto a casa. Ambos llevan en su carne (en su vida entera) la marca de Jesús, Hijo de Hombre que ofrece perdón y nueva comunión de Dios sobre la tierra.

Por eso, cuando vuelvan a Galilea (cf. 16, 7), los discípulos del Cristo muerto y resucitado encontrarán el recuerdo y vida de estos liberados, reiniciando con ellos el camino mesiánico del perdón, la curación y vida compartida. De esa forma los dejamos, como testigos de una esperanza abierta hacia el misterio y plenitud del evangelio. Sólo al fin sabremos de verdad lo que implica quedar limpio (1, 41) y haber sido perdonado para caminar por la palabra de Jesús (2, 9-11) en la nueva comunión que forman los discípulos (Marcos 16, 6-7).

---

(18) Un paralítico. Perdón de los pecados (2, 1-12)

El control sobre el pecado, es decir, la autoridad de perdonar, convierte a los escribas y sacerdotes en señores de la vida (conciencia) de otros seres humanos. Ciertamente, ellos ejercen ese control de una manera paternal, ilustrada, bondadosa (en el mejor de los casos). Pero su capacidad de saber el pecado y dictar el perdón les hace pensarse superiores a los otros. Desde aquí se entiende 2, 1-12, que comentamos de nuevo en esquema:

1. *Pecado y parálisis.* La religión en cuanto ley sagrada, tal como ha sido trazada en ciertos momentos del judaísmo (partiendo de una interpretación del Levítico), ha visto una relación estrecha entre pecado-impureza y enfermedad, sobre todo enfermedad de la piel (lepra) y de la sangre. Es evidente que este paralítico se encuentra, conforme a esa visión, en los bordes del pecado.

2. *Los camilleros, que llevan al enfermo ante Jesús* confían en él, por encima de todas las posibles leyes sociales y sagradas (y confían también en el enfermo, a quien llevan). Ellos están en el principio de su curación. Estrictamente, es la fe de los camilleros la que perdona y cura al enfermo.

3. *Sólo Dios puede perdonar* (2, 7). Así protestan los escribas, y Jesús está de acuerdo con ellos. Pero el problema no está en Dios, sino en sus «representantes»: ¿Quiénes pueden proclamar y expresar-realizar el perdón de Dios sobre la tierra?

4. *Controladores del perdón.* Sólo Dios perdona, pero los escribas de 2, 6-8 (unidos a los sacerdotes) se creen depositarios del perdón de Dios que debe realizarse «según ley», a través de un ritual sagrado (templo) y de un cambio social (según ley).

5. *Perdón gratuito.* Jesús también perdona en nombre de Dios, como muestra el pasivo «tus pecados te son perdonados» (= Dios te perdona) de 2, 5. Pero lo hace en actitud de pura gracia, sin exigir nada, sin querer controlar en modo alguno, en gesto creador que ofrece ánimo y vida al hombre postrado en su camilla.

> 6. *Inmediatez de Dios en Jesús.* El escándalo de los escribas está justificado, pues Jesús se atreve a hablar directamente en nombre de Dios, en voz de perdón; de esa forma vuelve inútiles las normas infinitas de control legal, los rituales sagrados del templo. Jesús mismo es ya templo: expresión inmediata del perdón de Dios.
> 7. *¿Qué es más fácil: perdonar o decir toma la camilla y anda?* (2, 9). Jesús deja la pregunta sin respuesta teórica, pues no se encuentra en ese plano su problema. Lo que solemos llamar milagro (el paralítico puede caminar...) es sólo consecuencia del más grande misterio que ha sucedido antes: el perdón del paralítico; la fe en el perdón gratuito le capacita para andar.
> 8. *Función social del perdón.* Con frecuencia, la Iglesia católica ha hecho de la confesión-reconciliación-perdón un rito de pura conciencia privada, interpretando al confesor como un nuevo escriba que tiene control sobre los demás y les domina-dirige desde el fondo de la llave del pecado. Es importante que las iglesias cristianas recuperen en clave catequética, litúrgica y social la gracia humana y el poder sanante del perdón, vivido y celebrado en la experiencia cotidiana de los creyentes, para que las gentes puedan dar gloria a Dios diciendo: ¡Hay perdón!

f) Vocación del publicano. Iglesia de pecadores (2, 13-17)

Sobre la identidad de los publicanos, cf. J. Jeremias, *Jerusalén en tiempos de Jesús*, Cristiandad, Madrid 1985, 315-323; J. R. Donahue, *Tax Collector*, ABD VI, 337-338. Sobre Jesús y los publicanos, cf. P. Fiedler, *Jesus und die Sünder*, BET 3, Franckfurt 1976; W. O. Walker, *Jesus and the Tax Collector*: JBL 97 (1978) 21-38; E. P. Sanders, *Jesus und Judaism*, SCM, London 1985, 174-211. Sobre el texto de Marcos, cf. R. Pesch, *Das Zöllnergastmahl (Mk 2, 15-17)*, en *Melanges Bibliques B. Rigaux*, Duculot, Gembloux 1970, 63-87. Sobre escribas y fariseos, cf. F. Mussner, *Tratado sobre los judíos* (BEB 40), Sígueme, Salamanca 1983, 238-241. Sobre los fariseos, cf. E. Schürer, *Historia del pueblo judío en tiempos de Jesús* II, Cristiandad, Madrid 1984, 497-254.

Después que ha impartido su enseñanza, curando a los enfermos (1, 21–2, 12), Jesús pasa otra vez por la orilla del Mar de Galilea (como en 1, 16-20) y vuelve a transmitir su invitación. Necesita nuevos compañeros y colaboradores para el Reino.

Antes quería pescadores, hombres diestros en lanzar las redes. Ahora llama a unos pequeños traficantes marginados, cobradores de impuestos (publicanos), que la sociedad establecida rechazaba como impuros, colaboradores de Roma y sus aliados en una tarea prohibida (cf. Lv 25, 36-37; Dt 15) de cobrar con intereses los impuestos para los dominadores del Imperio. Pues bien, Jesús se acerca al lugar y llama precisamente a un publicano, abriendo así un acceso nuevo a su discipulado.

Éste es un *paradigma de comensalía*. Ciertamente, incluye elementos de vocación y controversia mesiánica. Pero en el centro sitúa el tema de la mesa común: Jesús rompe el ritual de comidas de un judaísmo nacional y, llamando al seguimiento a todos (incluidos los publicanos), comparte con ellos la mesa.

> a. (Llamada) *[13]Y salió de nuevo a la orilla del mar. Toda la gente acudía a él, y él les enseñaba. [14]Al pasar vio a Leví, el hijo de Alfeo, que estaba sentado en su telonio y le dijo: «Sígueme». Él se levantó y lo siguió.*
> b. (Comensalía) *[15]Y sucedió que mientras Jesús estaba reclinado (comiendo) a la mesa en su casa, muchos publicanos y pecadores se reclinaron con él y sus discípulos, pues eran ya muchos y le seguían.*
> c. (Crítica de los fariseos y defensa de Jesús) *[16]Los escribas de los fariseos, al ver que Jesús comía con pecadores y publicanos, decían a sus discípulos: «¿Por qué come con publicanos y pecadores?». [17]Jesús lo oyó y les dijo: «No necesitan médico los sanos, sino los enfermos. Yo no he venido a llamar a justos, sino a pecadores».*

Jesús enseña a todos los que pasan-miran por la orilla del lago, pero, según este pasaje, sólo llama de una forma especial a Leví, un publicano, pidiéndole, de modo expreso, que le siga (*akolouthei moi*: 1, 14). Así reasume la llamada de 1, 16-20, pero en vez de Cuatro pescadores (para la tarea final de la gran recogida escatológica) Jesús quiere que le sigan los pecadores (pues ellos pueden decir con su vida lo que es haber sido perdonados). De esa forma expresa el nuevo poder de su enseñanza (cf. 1, 21-28): no comenta o codifica lo que existe, como los escribas, sino que lo transforma. Su llamada se inscribe por tanto dentro del motivo (esquema) de la purificación y perdón de los pecados, aunque en la forma de aplicarlo se separa totalmente de los sacerdotes.

Este publicano (Leví) y los otros que siguen a Jesús aparecían ante los «justos» de Israel como marginados (pecadores), igual que el leproso de 1, 40-45 y el paralítico de 2, 1-12. Pues bien, Jesús les cura, es decir, les transforma y recrea al llamarles, invitándoles al Reino, de un modo ostentoso, ante los ojos de todos.

El leproso curado predicaba la palabra (1, 45), pero lo hacía de un modo espontáneo, recreando el mandato de Jesús. El paralítico perdonado volvía a su casa (2, 12), entre el rechazo de los escribas que condenaban a Jesús. El publicano, en cambio, ha sido expresamente convocado para el grupo del discipulado. Le llama Jesús para el seguimiento, rompiendo así los moldes de la ley israelita y superando las barreras religiosas de su pueblo. La palabra del perdón de los pecados, primordial en 2, 5s, sirve para introducir este relato.

Jesús no se limita a perdonar a pecadores, diciéndoles que vivan, que vuelvan a su casa. Ahora les llama al seguimiento. Por eso Leví y sus compañeros pueden entenderse aquí como leprosos hechos misioneros, como paralíticos que siguen expresamente al nuevo maestro galileo. Ellos enmarcan y definen el poder y alcance de su discipulado.

a) *Llamada. El publicano* (2, 13-14). El pasaje comienza con una *llamada* (2, 13-14). Jesús vuelve a la orilla del mar (como en 1, 16-20), donde encontró a los Cuatro pescadores. Ahora encuentra allí a un publicano y le dice como a los primeros pescadores: *¡Sígueme!* Él lo hace, volviéndose discípulo. Tras el *leproso* (impuro) y el *pecador enfermo* (paralítico) es normal que venga el *marginado* (publicano). Se llama *Leví* (levita), es judío, hijo de padre conocido (Alfeo), pero la vida le ha echado al margen de la sociedad sagrada, y sentado al telonio cobra impuestos.

Los judíos se sentían una gran familia y sólo podían imponer tributos o intereses a otros pueblos, conforme a una ley antigua (con dos pesas y medidas). Leví, publicano israelita, dedicado a recibir (o controlar) el tributo a sus hermanos, para servicio de una administración extraña (de Roma o sus reyes tributarios), aparecía en Israel como proscrito, un expulsado del templo y/o sinagoga (conforme a una palabra que parece derivar de Lv 19 y Dt 15). Para mostrar con él (en él) la fuerza creadora de su nuevo proyecto de familia, Jesús le ha llamado. Ambos comparten un camino eclesial:

Jesús ha llamado al publicano, ofreciéndole un lugar en la tarea del Reino, allí donde no existen ya intereses monetarios ni expulsiones sociales. Provocadoramente dice que le siga, expandiendo así el perdón que acaba de ofrecer al paralítico (cf. 2, 1-12). De esa forma rompe el duro exclusivismo de una sociedad judía que se cierra en sí misma. No viene a sancionar las divisiones sagradas, sino a ofrecer y promover el reino de Dios, que no es sólo (ni principalmente) para los limpios y puros, sino para todos.

Según eso, el mensaje de Jesús no marca un proyecto «religioso» de tipo elitista, en el que sólo pueden tomar parte los limpios y puros, sino que abre un espacio de humanidad para los expulsados y/o marginados del entorno social, de manera que incluso los colaboracionistas (publicanos) pueden ser aceptados entre los invitados al Reino. Por eso, Jesús vuelve a la orilla del mar universal, buscando allí precisamente a Leví, de nombre judío, pero cobrador de impuestos, quizá en la zona de frontera que separa a Galilea y Golán (Gaulanítide).

Despreciado por los buenos, rechazado u odiado por la mayoría, como un hombre sin conciencia o patria, se sienta en su mesa Leví. Pues bien, de modo escandaloso y muy calculado, Jesús viene a su lado y le dice: «Sígueme». El texto no ha querido desvelarnos la psicología de Leví. Podía ser sincero, un hombre bueno dentro del conjunto de los recaudadores. Pero lo cierto es que se hallaba «excomulgado» por el judaísmo oficial, porque su mismo oficio le ponía en contra de la ley (cf. Dt 15, 3; Lv 25, 35-38) y las tradiciones sagradas de su pueblo.

Como paria religioso, se movía y realizaba su negocio junto al lago. Pues bien, en gesto que ha rasgado el tejido de la ley y la manera en que ella se portaba con los marginados religiosos (publicanos), Jesús se ha detenido expresamente ante el telonio de Leví, pidiéndole que deje todo y que le siga en el camino de su Reino. Este gesto ha sido misionero y profético. Como enviado de Dios, Jesús viene a llamar precisamente a los que viven marginados, rechazados en su pueblo. Pero más escandaloso es todavía su carácter misionero. Jesús no se limita a consolar o perdonar al publicano, sino que le ha llamado al seguimiento expreso, para convertirlo de esa forma en compañero y colaborador en su tarea de Reino.

b) *Comensalía* (2, 15). Jesús no se limita a llamar a Leví, sino que le invita a su casa (a su mesa). El texto no es fácil de traducir, ya que, estrictamente hablando, se podría pensar que es Leví el que invita a Jesús, pero desde el punto de vista gramatical, parece preferible afirmar que ha sido Jesús el que ha invitado a Leví, sentándole en su mesa y en su casa (es decir, en la casa de la comunidad, que es signo de la Iglesia).

En el relato anterior (2, 1-12), la casa (que era casa de Jesús) aparecía como *lugar de perdón y curación*, donde él acogía a los paralíticos. Ahora, conservando ese matiz, la casa de Jesús viene a presentarse como *espacio de comida compartida* (en la línea de lo que ha de ser Iglesia). Si Jesús llama al publicano para que le siga es evidente que debe ofrecerle un lugar en su casa y en su mesa. Así nos encontrarnos antes una comida de acogida y reconciliación, ante la primera eucaristía, si puede hablarse así. La palabra clave del texto es *synanekeinto* (2, 15): publicanos y pecadores se recuestan juntos a comer, en la mesa de Jesús, en gesto distendido de celebración; superan las antiguas diferencias, vencen los recelos, transcienden los motivos sacrales del templo y sus leyes.

Estamos ante un signo mesiánico. Jesús nos ha llevado al lugar originario de la vida, a la casa y a la mesa donde vienen a juntarse por un lado *sus discípulos* y por otro lado *publicanos y pecadores*. Este es su milagro, el signo mesiánico supremo. Al situar aquí esta escena de reconciliación de grupos divididos, en torno a una mesa, Marcos ofrece su más honda visión de la Iglesia: Jesús hace suya la familia de los publicanos, indeseables de Israel, comiendo y bebiendo con ellos; por su parte, los publicanos dejan de estar separados y vienen a ser miembros de la casa mesiánica.

El gesto de Jesús supera la doble moral de un tipo de judaísmo (y cristianismo) legalista y las posibles actitudes sectarias que han podido introducirse en una Iglesia que también ha separado muchas veces a los *puros* (hijos de familia) que comen en casa y los *impuros* que deben quedar fuera. De esa forma quiere que todos se vuelvan hermanos de mesa. No condena al publicano, no rechaza su pan. Al contrario, después de haberle llamado, en reciprocidad gratuita, acepta su comida.

La vocación de los Cuatro pescadores (1, 16-20) nos había permitido penetrar en un tipo de reconversión escatológica del trabajo intramundano, pues Jesús quiso hacerlos pescadores de hombres para el Reino. Pues bien, nuestro pasaje presupone un gesto de reconversión más honda y difícil, como muestra la disputa que Jesús y sus seguidores entablarán más tarde con los escribas de los fariseos. Aquí queda claro que Jesús vincula vocación (llamada) y comida (que es signo del Reino).

De esa forma se han unido la llamada de los pescadores (cf. 1, 16-20) con la comida de los pecadores-publicanos que comparten la mesa con él. Estos publicanos y Leví siguen a Jesús desde ahora como auténticos discípulos, suscitando así el escándalo de todos los judíos orgullosos de su propia limpieza religiosa. Aparecen al principio y no tendrán que nombrarse más veces. A partir de aquí, siempre que Marcos aluda a los seguidores (discípulos) de Jesús, habrá que suponer que están presentes estos publicanos. Ellos han iniciado así un camino de transformación que sólo podrá entenderse plenamente tras la pascua (en 16, 1-8), aunque su signo tiene ya un valor definitivo dentro de la historia prepascual. Ellos comparten la comida con Jesús, iniciando de esa forma una solidaridad económico-social y humana que Gal 2, 12-14 ha interpretado como verdad del evangelio. Comer juntos (*esthiein meta*: Marcos 2, 16), compartir la mesa (*synesthiein*: Gal 2, 14): ésta es la señal plena del Reino, el signo de presencia más profunda de Dios entre los hombres.

Ésta es comida medicinal (Jesús ha venido a llamar a los pecadores: cf. 2, 17), siendo, al mismo tiempo, unión sacramental: es promesa y anticipo del banquete escatológico. Estos publicanos que comen con Jesús están anunciando de algún modo el gran misterio de 14, 22-26, es decir, el banquete final donde Jesús convierte el pan y vino de la cena en anticipo de su Reino y signo de la alianza escatológica.

Compartiendo la comida con Jesús, estos publicanos han abierto en su camino una puerta para el Reino. Jesús sabe acoger su regalo: se sienta en su mesa, agradece su gesto de solidaridad. Al mismo tiempo, en palabra de perdón y creación, les llama a todos para el Reino verdadero. Allí donde se juntan los «buenos» discípulos (antiguos pescadores) y los publicanos, allí donde comparten todos la comida, superando los rituales viejos de purificaciones especiales de los separados, se anuncia ya el camino de la Iglesia, se expresa la verdad del evangelio (cf. Gal 2, 5-14).

(19) Llamada y mesa compartida (2, 13-17)

Ciertamente, Jesús llama a los discípulos para que le sigan y compartan su tarea, al servicio del Reino (3, 14; cf. 10, 17-22). Pero esa llamada resulta inseparable de la mesa compartida, es decir, de la comunicación personal, en el plano de la palabra y del pan. Comer juntos es compartir vida y camino. Para eso llama Jesús a sus seguidores:

1. *Vocación 1. Jesús llama a los que él quiere* (porque les quiere), superando de esa forma el entramado de una «ley» que debería marcar para siempre y para todos lo que es bueno y lo que es malo (a quienes recibir y a quienes no). Llama de una forma especial precisamente a quienes, conforme a la ley de los escribas, son enfermos-pecadores, ofreciendo así el amparo del amor de Dios a los que están en situación de desamparo. No convoca a los buenos (confirmando así valores anteriores), sino a aquellos que él pretende curar (= santificar), como supone 2, 17. Así lo ha entendido Pablo, cuando habla del Dios que «justifica a los pecadores».
2. *Vocación 2. La llamada suscita un seguimiento*. Le sigue Leví y le siguen muchos publicanos y pecadores (2, 14-15), en gesto que supera las expectativas normales del judaísmo ambiental. Precisamente en las fronteras de la marginación religiosa, allí donde malviven aquellos que a los ojos de los buenos son perversos, ha ofrecido Jesús su palabra de vida, haciendo posible un modo nuevo de discipulado y seguimiento. Escuchaban a los buenos maestros de la ley, los buenos estudiosos, hombres intachables en conducta y en capacidad de aprendizaje. Eso era normal, algo que siempre ha sucedido. El milagro de Jesús consiste en convocar al seguimiento a los mismos publicanos.
3. *Comida 1: una mesa abierta*. Abre su mesa y acoge en ella a publicanos-pecadores. Éste es un dato absolutamente significativo. Los pescadores de 1, 16-20 aportaban a Jesús el arte de una pesca aplicada en forma misionera. Los publicanos y amigos de Leví comen con él, en gesto de comunión que ellos mismos expanden (pues el pasaje puede suponer también que son ellos los que invitan a comer a Jesús y al resto de sus seguidores). De esa forma el dinero de su recaudación se vuelve fuente de fraternidad abierta al Reino (es decir, al servicio de todos). Seguidor y misionero de Jesús será quien sepa abrir su mesa y ensancharla, ofreciendo en ella un espacio de humanidad universal, como pondrán de relieve las multiplicaciones (6, 30-44; 8, 1-12).
4. *Comida 2: compartir los panes y los peces es signo del reino de Dios*, de la gran «pesca final» (de 1, 16-20; cf. 6, 33-44; 8, 1-10). Jesús interpreta la comida como presencia de Reino. La pesca era un signo previo, un medio: aludía

> a la gran concentración de los hombres, al fin de los tiempos. La comida, en cambio, es meta, es la verdad del Reino. Los profetas antiguos habían prometido ya un banquete de gozo y plenitud (eternidad) para los hombres (cf. Is 25, 6-8). El mismo Jesús ha retomado esa imagen poniéndola en el centro de su anuncio de esperanza (cf. Lc 14, 15-24 par). Pues bien, en gesto de creatividad sorprendente, él ha querido expresar la presencia del Reino comiendo con los publicanos, compartiendo mesa y amistad con los «pecadores».

c) *Crítica de los fariseos y defensa de Jesús* (2, 16-17). En 2, 6 criticaban a Jesús simplemente *los escribas*, ahora lo hacen los *escribas de los fariseos*, que parecen ser el grupo dominante dentro de ellos. Esa precisión pone de relieve la importancia que los fariseos reciben ya en Marcos, como grupo que puede tener sus propios escribas (sus intérpretes de la ley). Ellos son los guías de la buena sociedad israelita que rechaza la conducta de Jesús y de sus discípulos. No le acusan por falsas ideas sobre Dios, no le condenan por cuestiones de dogma o teología «espiritual», sino por algo más simple y en el fondo mucho más importante: ¡él mismo come con publicanos y pecadores! No acusan a los discípulos (como será el caso en 7, 1-2, que nos sitúa ante un tema posterior de la Iglesia), sino al mismo Jesús, porque es evidente que se le recuerda como un hombre que ha comido con «pecadores» y expulsados de la buena sociedad.

Este pasaje nos sitúa ante el *articulum stantis et cadentis ecclesiae*, al principio y cimiento del nuevo mesianismo de Jesús, tal como se vive en la comunidad de Marcos. Como se sabe, para Lutero, el «artículo central» de la Iglesia era la experiencia de que el hombre es al mismo tiempo pecador (por sí mismo) y justificado (por la gracia de Cristo). Pues bien, para el Jesús de Marcos ese artículo central, el primer «dogma de fe» o de conducta mesiánica, es la posibilidad de comer con los pecadores y excluidos de la sociedad. Comer en grupo aparte, crear comunidad de mesa separada: ésa es la clave de un tipo de judaísmo (o de mal cristianismo) propio de escribas. Por el contrario, abrir un lugar para todos (y en especial para los pecadores) en la casa y mesa, haciendo así posible la comunidad con ellos, ésa es para Marcos la novedad cristiana, el centro de la comunidad mesiánica.

Jesús defiende con pasión su conducta, su forma de compartir comida y casa con los pecadores, abriendo así la comunidad mesiánica (2, 17). De esta forma zanja y supera el escándalo que había comenzado con la llamada (vocación de Leví). Es evidente que, si ha llamado a los pecadores, no es sólo para tener comunidad espiritual con ellos, sino para compartir con ellos la casa y comida, es decir, la vida.

Cierta comunidad cristiana ha mantenido la conducta de Jesús, pero sólo en un plano espiritual, aceptando, incluso de forma apasionada, su forma de llamar y justificar a los pecadores (sobre todo, en la línea de la teología de Pablo). Pero, de hecho, después, ha tenido dificultad en compartir con los «pecadores» la casa y la mesa (es decir, el plano material y social de la vida). Pues bien, esto es lo que preocupa a Jesús, que defiende su conducta con una sentencia de sabiduría natural (*no necesitan médico los sanos sino los enfermos*) y con una declaración cristológica (*no he venido a llamar a los justos sino a los pecadores*). Ambas se iluminan y completan, debiendo entenderse *en plano irónico* (¿quiénes son justos, quiénes pecadores?) y *polémico*: Jesús se descubre amenazado y se defiende, asumiendo los riesgos de su acción; una vez que se empieza llamando a los «pecadores» (oficialmente rechazados) las coordenadas de la vida social y eclesial han de cambiarse, creando con ellos una comunidad no sólo espiritual, sino de mesa y casa.

Jesús ha ofrecido su tarea de Reino al publicano; ha confiado en él y en sus «amigos» los publicanos y pecadores. No se ha limitado a darle una limosna, dejándole fuera de su ambiente (de su casa y mesa), sino que se ha vinculado con él en comunión de mesa, es decir, en un gesto de solidaridad total. Es fácil dar consejo espiritual, ofrecer una limosna sin más complicaciones, quedando cada uno en su casa, separados por el muro de las seguridades religiosas y sociales. Pues bien, rompiendo ese nivel, Jesús inicia un camino espiritual y material, de gracia y mesa, es decir, de fe y de vida compartida. De esa forma crea *comunidad mesiánica*.

Ciertamente, hay otras fuentes creadoras de familia: la vinculación afectiva y sexual de los esposos, la educación de los hijos, la oración común, un trabajo solidario, el mismo techo... Pero Jesús ha destacado el signo de *la mesa compartida*. Llama a los publicanos (les ofrece su gracia de Reino), para comer luego con ellos, hablando con calma, compartiendo su experiencia. Así suscita, por encima de purezas rituales o diferencias dogmáticas, un espacio de vida compartida, centrado en casa y mesa, para discípulos «puros» y para «impuros» publicanos.

La casa mesiánica, que había aparecido como lugar de servicio (1, 29-31) y perdón (2, 5), se vuelve mesa y comida compartida. Más tarde veremos la importancia del banquete a campo abierto (sección de los panes: 6, 6-8, 26). Pero ya sabemos que el *comer con* (*esthiein meta*) publicanos y pecadores constituye la esencia del mesianismo e Iglesia de Jesús. Quedan en penumbra otros aspectos; en la base del discipulado pone Marcos *la comida* que vincula a los humanos por encima de sus diferencias sacrales y sociales.

Es evidente que en el mismo lugar donde Jesús y sus discípulos más puros comen con los «pecadores» (rompiendo de esa forma los rituales de separación de mesa) está irrumpiendo sobre el viejo Israel un orden nuevo de esperanza. La eucaristía posterior cristiana está simbolizada no sólo en las comidas de Jesús y de los Doce, sino en forma todavía más profunda en la comida con los publicanos: el sacramento de la Iglesia es un recuerdo del banquete que celebran, comiendo y gozando juntos, en diálogo de vida, los antiguos justos con los pecadores antiguos, los buenos israelitas con los israelitas expulsados de templo y sinagoga.

Resumamos. En el camino de la vocación de Leví se han fecundado y completado varios elementos. (1) La llamada de Jesús que toma la iniciativa y de esa forma convoca a los que quiere. (2) Su perdón transformador: la vieja ley era incapaz de cambiar a los hombres; la palabra de Jesús, en cambio, les ofrece dignidad y les hace humanos, uniéndoles a todos en la gracia. (3) El banquete de gozo y comunión con los pecadores: nos llama Jesús, y no podemos cerrarnos en gesto de purismo selectivo; nos llama para ofrecer y compartir la casa, acogiendo de manera especial la invitación que nos dirigen los antiguos pecadores para compartir con ellos la comida.

---

(20) El Reino es Perdón: No he venido a llamar a los justos... (2, 17)

El judaísmo postexílico podía definirse como *institución penitencial*: estructura religiosa dominada por la experiencia del pecado y dirigida a la superación (sacrificial, legal) de ese pecado, entendido en forma de impureza sacral y/o injusticia social. Por eso, sacerdotes y escribas acentuaban los medios de control religioso y/o purificación de los pecados. Desde ese fondo se entiende la nueva actitud de Jesús, iniciada de forma eclesial en 2, 1-17 y culminada en 11, 20-25, en contexto de entrega de la vida y nuevo templo. Estos son los gestos principales:

1. *Perdón y curación* (2, 1-12). El judaísmo sacerdotal perdona de forma sacral, en el templo. Jesús lo hace de modo *no sacrificial*, sin sacerdotes y ritos, dentro de la misma casa donde están los creyentes. Lo que perdona es la fe de los amigos del enfermo (2, 5), avalada por Jesús, Hijo del Humano (2, 10). Allí donde los humanos se perdonan, perdona Dios, en gesto de transformación creadora (individual y comunitaria). Por eso, el mismo perdón se expande en forma de «milagro» (el paralítico camina). El sistema anterior era incapaz de levantar al enfermo. Sólo el perdón de Jesús puede hacerlo.
2. *Perdón y comida* (2, 13-17). Los escribas de los fariseos acusan a Jesús de comer con pecadores y publicanos; evidentemente, al aceptar su mesa, Jesús les perdona de hecho, ofreciéndoles gozosamente el Reino. Él se defiende, presentándose a sí mismo como médico. Medicina de banquete, terapia de comunicación de amor es la suya y no gesto penitencial de arrepentimiento y conversión ritual.

> 3. *Perdón y templo.* Jesús ha «provocado» con un signo fuerte la caída del templo, institución sacrificial (11, 15-19), que se ha vuelto patológica (cueva de bandidos) e innecesaria, pues los humanos pueden relacionarse de manera directa con el Dios que les concede todo lo que piden. En ese nuevo contexto les habla de perdón: *¡Cuando oréis perdonad, para que Dios os perdone!* (11, 25). No hacen falta sacerdotes, ni sacrificios, ni templos: Dios perdona allí donde los humanos se perdonan.
> 4. *Perdón mesiánico.* El Hijo del Hombre tiene el poder de perdonar pecados (2, 10), como ratifican y confirman las fórmulas de muerte («el Hijo del Hombre ha venido a servir y dar su vida como redención; ésta es la sangre de mi alianza, derramada por muchos»: 10, 45; 14, 24). Marcos es un evangelio «laico» (sin sacerdotes); precisamente por eso, en el fondo de su texto se despliega una fuerte experiencia de perdón, vinculada al «ministerio mesiánico» de Jesús (tal como culmina, de forma paradójica, en clave sacramental, en el epílogo canónico: 16, 6).
>
> Marcos es testigo de una Iglesia que proclama conversión (1, 14-15; 6, 12) y perdón de Dios, vinculándolo a la entrega de Jesús y al mismo perdón interhumano. Es como si Jesús hubiera asumido lo mejor del judaísmo (la experiencia del perdón), para separarlo del control de los escribas y del templo. Con el poder que Dios le ha dado y con su propia entrega, devuelve a la comunidad su don más grande: el poder de perdonarse y caminar como liberados. El sacramento del perdón pertenece en Marcos a la Iglesia, no a una jerarquía previa o independiente de ella.

g) Comunidad en bodas. No es tiempo de ayuno (2, 18-22)

Sobre la comida como signo de Jesús, cf. R. Aguirre, *La mesa compartida*, Sal Terrae, Santander 1994, 17-34; Fowler, *Reader*; E. Tourón del Pie, *Comer con Jesús. Su significación escatológica y Eucarística* II, RET 55 (1995) 429-448. Sobre el *no ayuno de Jesús*, cf. J. Klausner, *Jesús de Nazaret*, Paidós, Buenos Aires 1971, 369-376; J. B. Muddiman, *Jesus and Fasting*, en J. Dupont (ed.), *Jésus aux origins de la Christologie* (BETL 25), Duculot, Gembloux 1975, 283-301. Visión de conjunto sobre el tema de las comidas y del ayuno según Jesús en E. Schillebeekx, *Jesús, la historia de un viviente*, Cristiandad, Madrid 1981, 173-226.

Tras la llamada y banquete de Leví, sin transición narrativa ni cambio de temática, Marcos introduce un texto novedoso y sorprendente sobre la condición del nuevo discipulado de Jesús. Los temas se entrelazan de manera muy profunda, formando así una especie de continuo narrativo. Del banquete de Leví, publicano hecho discípulo, que comparte la mesa de Jesús, con discípulos y publicanos, pasamos al festín de noviazgo de Jesús que regala a sus discípulos comida abundante (no ayuno) en apertura al Reino. Ha llegado el tiempo escatológico, y desde ese fondo ha de entenderse y vivirse ya el discipulado. Lógicamente, los de fuera no comprenden ni comparten.

Este pasaje desarrolla un paradigma esponsal, en forma de disputa, con sencillo contexto narrativo y larga respuesta o revelación sapiencial. En el centro destaca la presencia mesiánica del novio que enmarca y define la vida de aquellos a quienes ha venido llamando (poseso, leproso, paralítico...); no les exige Jesús penitencia, les invita a gozar de las bodas.

a. (Ocasión y pregunta) *[18]Y estaban los discípulos de Juan y los fariseos ayunando; y vinieron a decir a Jesús: «¿Por qué los discípulos de Juan y los discípulos de los fariseos ayunan y los tuyos no?».*

b. (Respuesta de Jesús) *[19]Jesús les contestó: (1) «¿Pueden acaso ayunar los hijos (= amigos) del novio mientras el novio está con ellos? Mientras tengan al novio con ellos, no pueden ayunar. (2) [20]Llegará un día en que el novio les será arrebatado. Entonces ayunarán».*

c. (Dos concreciones simbólicas) *«[21]Nadie cose un remiendo de paño nuevo en un vestido viejo, porque lo añadido tirará de él, lo nuevo de lo viejo, y el rasgón se hará mayor. [22]Nadie echa tampoco vino nuevo en odres viejos, porque el vino reventará los odres, y se perderán vino y odres. El vino nuevo en odres nuevos».*

Fue señal fuerte de Reino la comida reconciliadora y de promesa de Jesús que vinculaba a sus discípulos con los publicanos. Los escribas se extrañaban de la mezcla: de la comunidad de mesa que rompe los principios de separación ritual judía. Pues bien, ahora la comida es signo de Reino. Los fariseos y el Bautista entienden la religión como renuncia (es un modo de ayunar, el signo de una prohibición). Jesús, en cambio, ofrece su evangelio como gozo, invitación al Reino que se expresa en forma de comida compartida, como tiempo de boda y canto que dura para siempre. Así lo indica el texto, que podemos definir como disputa sobre la conducta y condición del discipulado.

Para ello emplea el tono literario general de un paradigma o ejemplo: parte de un hecho histórico de tipo sorprendente y extraño, algo que rompe las normas o costumbres de aquel tiempo (sus discípulos no ayunan); luego ofrece una pregunta sobre su sentido, y finalmente responde de manera decisoria, fijando y descendiendo a la nueva situación en que se encuentran sus discípulos. La disputa versa, como he dicho, sobre la condición de los discípulos. No trata directamente de Jesús, sino de aquellos que le siguen que, según este contexto, son los cuatro pescadores de 1, 16-20 y los publicanos-pecadores de 2, 15. Conforme a la visión de fariseos y discípulos del Bautista, ellos deberían ayunar, realizando así un gesto de ruptura frente a los poderes y deseos de este mundo. Los judíos observantes de aquel tiempo ayunan, como sabe bien el texto.

a) *Ocasión y pregunta* (2, 18). Un judío fiel a su ley podría aceptar el camino de Jesús, pero sólo a condición de que exigiera penitencia a los conversos (pecadores, publicanos...). Así entienden el tema los discípulos de Juan y los fariseos que han hecho de Israel una Iglesia penitencial, centrada en el ayuno: interpretan la religión como ejercicio programado de autodominio, en las márgenes del mundo (Bautista) o en los pueblos habitados (fariseos). Ellos, bautistas y fariseos, son lo mejor que Israel ha ofrecido en clave nacional judía. Por eso, como representantes de la tradición legal, vienen y preguntan a Jesús: «¿Por qué tus discípulos no ayunan?...» (2, 18).

Ciertamente, Jesús había empezado ayunando (cuando estaba con Juan Bautista), pero luego ha superado ese nivel, descubriendo y cultivando la presencia de Dios en el perdón y vida (mesa) compartida. En ese camino (evocado por los textos anteriores) se mantienen sus discípulos. Por eso, la respuesta de Jesús (2, 19-20) ha de entenderse desde su pasado (historia), en camino que lleva al futuro (pascua) de la Iglesia. Tras el perdón (2, 1-12) y la comida que vincula a justos y pecadores (2, 13-17) se alza el signo de las bodas:

- *Bautistas y fariseos ayunan* (2, 18a), como virtuosos de la ascesis, capaces de vencerse y dominar sus apetencias con esfuerzo. Así interpretan la vida y religión como heroísmo. Pues bien, a los ojos de Jesús su ayuno corre el riesgo de volverse elitista porque puede situar la salvación en un nivel humano, como realidad que los «buenos» y perfectos pueden conseguir a base de esfuerzo. ¿Y los demás? ¿Los millones de pobres del mundo que no logran comportarse como ascetas? Por otra parte, ese tipo de ayuno silencia (o pone en un segundo plano) la gracia de Dios.

- *Por el contrario, los discípulos de Jesús no ayunan* (2, 18b). A diferencia de fariseos y bautistas, Jesús ha puesto en el centro de la vida el don de Dios, su amor de Padre (cf. 1, 9-11), interpretando de esa forma el Reino como perdón y comida compartida (cf. 2, 1-17). Lógicamente, para él, el ayuno es secundario: no lo ha cumplido en el desierto (cf. 1, 12-13, en contra de Mt 4 y Lc 4). De esa forma vuelve al principio generoso de la *creación* (cf. Marcos 10, 6), descubriendo que todas las cosas son buenas y anunciando el Reino como Bodas de Dios y los humanos. Lógicamente, sus discípulos no ayunan, pues para ellos el Reino se expresa en el signo de la comida compartida.

Entendida la religión como ley, los ayunos y purificaciones forman parte primordial de la conducta de los observantes. La mortificación constituye en ambos casos un aspecto esencial del proceso religioso. El ser humano se halla inmerso dentro de un mundo amenazante y malo, y para evitar el contagio de los fuertes deseos de ese mundo, ha de ayunar, confesando así la fuerza soberana del Dios que impone su ley para educarnos. Toda la experiencia religiosa puede condensarse de algún modo en los rituales de purificación y sacrificio que se encuentran muy bien explicitados en la ley de penitencia grande a la que alude Lv 16.

Los fariseos han llevado la sacralidad de los rituales del templo al contexto de la vida familiar. Los discípulos de Juan Bautista entienden la vida como ayuno, hasta el momento en que llegue el juicio. Lo que importa no son los sacrificios de animales y la sangre que los sacerdotes ofrecen a Dios sobre el altar. El rito verdadero es para unos y otros la misma vida austera que mantienen conforme a los principios de una ley, que ellos entienden como principio en que se basa el ser humano. La misma religión se interpreta como ayuno, ascesis que define de manera muy profunda y precisa la existencia.

De esa forma hemos llegado al centro de la discusión entre Jesús (el cristianismo) y los diversos movimientos de renovación penitencial del judaísmo de aquel tiempo, que en gran parte seguían aferrados a la «ley» interpretada en el sentido de exigencia activa que mantiene la unión con Dios por medio de las obras de los sacrificios: el ayuno y conversión consecuente es lo que vale, es lo que importa. Por eso, el verdadero discípulo se debe curtir utilizando el ascetismo. Fariseos y seguidores de Juan aprenden a privarse, mortificando los apegos de la vida y logrando de esa forma un tipo nuevo de transparencia ante el Dios que se revela como ley para los hombres.

b) *Respuesta de Jesús* (2, 19-20). En el caso anterior (2, 15-17), los escribas y fariseos habían acusado al mismo Jesús ante sus discípulos. Ahora, en cambio, acusan a Jesús, que defiende a sus discípulos y ofrece su visión del ayuno. La respuesta de Jesús consta de dos partes principales (a las que seguirán los razonamientos de 2, 21-22, que luego veremos): (1) Un principio general; (2) una excepción pospascual.

(1) *Principio general: los «amigos del novio no ayunan»* (2, 19). Jesús no quiere iniciar a poseídos y leprosos, paralíticos y publicanos, en técnicas de ascesis, que les seguirían encerrando en el mundo viejo de la lucha y muerte. Él ofrece fiesta de bodas. Su nueva familia mesiánica es don, regalo gratuito de Dios, campo de amor, no efecto del trabajo especial de unos virtuosos. No se funda la Iglesia en ayunos y ritos; no se eleva sobre leyes represivas y separaciones (como quieren fariseos y bautistas). Ella brota y culmina como bodas: fiesta en que el mismo Jesús aparece como *novio*, amigo universal de los humanos. Por eso añade que *sus hijos (= amigos) no ayunan estando a su lado* (2, 19).

- *Jesús vincula bodas y comida*. Mientras los novios celebran el amor, en fiesta que reúne a la familia, sería indecoroso que algunos de su grupo fueran pregonando el ayuno. La vida de Jesús es culto de amor y gozo de mesa compartida. Su camino se despliega como fuerte utopía de bodas abiertas a todos los humanos. Por eso es normal que sus discípulos no ayunen.
- *Jesús mismo es novio*. No es predicador penitencial, profeta del gran miedo, sino amigo cercano, Hijo querido de Dios (cf. 1, 11) que despliega sobre el mundo el gozo de la vida, la experiencia fascinante de la transformación esponsal. Noviazgo y amor no son ley, no se realizan con imposiciones. Por eso sus discípulos no ayunan.
- *Jesús no aparece, sin embargo, como esposo varón de una esposa femenina*, en la línea que ha desarrollado Ef 5, haciendo al varón signo específico del Cristo (cabeza) y a la mujer figura de la Iglesia (cuerpo). Nuestro pasaje no separa aún (o ya) la función de amor entre los sexos: todos los humanos, varones y mujeres, se vinculan como amigos del novio, es decir, como invitados de su fiesta, sin separación ni jerarquía interna; así celebran unas mismas bodas de Reino. Por eso no pueden ayunar.

Según eso, la vida no es ayuno, ni la religión es sacrificio, sino revelación y gozo de Dios, ya en este mundo. No ha venido Jesús levantando un estandarte de leyes y vedas, sino con el vino y vestido de bodas abundantes, como *nymphios* o *novio* de la humanidad, en palabra que quizá debe entenderse desde la experiencia primera del encuentro interhumano en el paraíso (cf. Gn 2, 23-24). Frente a la *ley del ayuno* que imponen bautistas y fariseos como norma de sus comunidades ha proclamado Jesús la *gracia de las bodas*, haciéndola principio de vida de la Iglesia. Por eso sigue: *Mientras esté el novio con ellos no pueden ayunar sus amigos* (= *hijos*: 2, 19).

El amor es fuente y fundamento; desde el amor cobra sentido lo que existe. Como novio de bodas y no como predicador de penitencia ha llegado Jesús, dispuesto a cambiar por amor (no por miedo o ley) el viejo mundo. La comida forma parte de su gozo; lógicamente, al menos en principio, la Iglesia de Jesús no ayuna. La tradición israelita había interpretado desde antiguo el reino de Dios como banquete (compartir el gozo de la mesa con Dios y entre los hombres) y como matrimonio (descubrir y realizar la unión de amor con Dios y entre los hombres). Pues bien, según Jesús, ese banquete y matrimonio ya ha llegado. Los discípulos de Jesús no pueden ayunar porque ha llegado para ellos el tiempo de las bodas.

En ese contexto, Marcos define a los discípulos de Jesús como «hijos» (amigos) del novio. No se presentan como «esposa» en la línea de un simbolismo de dualidad sexual que asume la diferencia de lo masculino-femenino como signo de encuentro con Cristo (como harán después Ef 5, ApJn 21–22). En nuestro pasaje, Cristo es novio de las bodas, pero los discípulos no son aún «novia» (en femenino), sino «amigos», el grupo de aquellos que gozan y celebran con el novio la llegada del día de las bodas.

El evangelio no se impone (ni avanza) por ayuno, como ejercicio de ascesis negadora. Tampoco se puede interpretar, conforme a este pasaje, en claves de vinculación esposo-esposa, en una especie de mística matrimonial de tipo solamente interior. El evangelio es la experiencia expandida, compartida, de las bodas de Jesús, que son bodas del Reino Por eso es tiempo de alegría abierta para sus «amigos» (= los hijos del novio).

De esta forma, la llamada de Jesús se expresa como una fuerte invitación al gozo. Solo son (o pueden ser) discípulos aquellos que saben disfrutar con él, aquellos que han abierto los ojos ante el don de la existencia. No llama Jesús a los humanos para promover con ellos una especie de pedagogía de renuncia o de ascesis, no quiere enseñarles negaciones. Su camino es fiesta de gozo o de bodas enseña a celebrar el banquete de la vida, en comunión con Dios, en alegría compartida.

Éste es el misterio de las bodas compartidas o, mejor dicho, mesiánicas. Vivimos en un mundo donde el gozo personal se cierra en grupos muy pequeños (dos novios, una familia reducida); pues bien, Jesús invita a sus discípulos al gozo universal de las bodas mesiánicas donde todos los que siguen su camino (varones y mujeres) son desde ahora «amigos» (hijos) del esposo. Del ayuno se hablara sólo más tarde, en dimensión de pascua (con la muerte del esposo). Habrá un tipo de renuncia, pero también ella será distinta a la que muestran ahora los discípulos de Juan y fariseos. Lo que define el nuevo tiempo es la presencia o ausencia del esposo.

El seguimiento de Jesús se ha interpretado así a manera de experiencia nupcial. Pescadores y publicanos no han venido a Jesús para ayunar con él, para llorar y lamentarse en el desierto hasta que llegue la liberación siempre anhelada y alejada. Los discípulos han visto ya la luz del Reino, han recibido el regalo de su vida y comen juntos. No es ayuno ni silencio lo que a Dios agrada, sino el gozo de la mesa común, de la palabra compartida.

Por eso, lo contrario al ayuno no es comer mucho en plano material, en gesto de egoísmo. Lo contrario al ayuno es comer juntos: sentarse a la mesa con los marginados (publicanos), aceptar su invitación y seguirles invitando, de tal forma que la vida se convierta en gozo de comunicación. Por eso, el signo de comer (sentarse juntos a la mesa) se vincula con el gozo de las bodas, es decir, con el regalo personal de la existencia. Imaginemos a publicanos y pescadores (a puros e impuros, en lenguaje antiguo) celebrando juntos una boda en la que todos son esposa y esposo, realizando Jesús la función de novio originario que a todos ha querido invitar para su fiesta: así ha de ser el Reino.

(2) *Una excepción* (2, 20). Marcos añade un nuevo inciso, entendido como excepción por la Iglesia posterior, diciendo: «Pero vendrán días en que el novio

les sea arrebatado, entonces ayunarán» (2, 20). De forma que parece inesperada, sobre la alegría de las bodas, se proyecta una sombra de sangre. De pronto advertimos que el novio posee enemigos, personas que le quieren llevar, arrebatar. Es como si tuviera que morir para ser fiel a su amor. Entonces, cuando él falte, ayunarán (llorarán) sus amigos.

Éste es el primer anuncio, todavía velado, pero intensamente triste, de la pasión del novio, a quien llevarán con violencia, dejando abandonados a sus «hijos» (seguidores), que aprenderán entonces a ayunar, no por separación elitista o ascesis escatológica (como fariseos y bautistas), sino por solidaridad de amor. Sería difícil encontrar símbolos más hondos, palabras más hermosas: la presencia del novio se traduce en forma de *comida* que comparten y celebran con él sus amigos; por el contrario, su ausencia se expresará como *ayuno*. Cuando el amigo falta, cuando llega el luto al alma individual y a la familia, no hay que exigir ayuno pues lo cumplen por sí mismos, de manera natural, los auténticos amigos.

Éste es el gesto que brota del amor (entrega y muerte) del esposo, que Marcos ha evocado en la segunda parte de su texto (desde el anuncio de 8, 31) y que culmina de un modo especial en el vino de la eucaristía y del Reino, aquí evocados (cf. 14, 23-25). Pierden su importancia los ritos fariseos y bautistas, con sus leyes minuciosas sobre aquello que se puede o no se puede comer y surge el nuevo ayuno de la ausencia del amigo, de la falta de contacto posible con el novio.

En el principio de la Iglesia está la fiesta del amor que se vuelve comida compartida. Como novio de esa fiesta será asesinado Jesús, iniciando un ayuno que brota de la misma fiesta del amor. Amar es ser arrebatado (dejar que te maten) aquellos que son enemigos del amor (los antiguos y nuevos profesionales de violencia). Pero amar es a la vez ayunar de forma activa, poniéndose al servicio exigente de los otros (del amado, los amados), entregándose por ellos.

Exigencia y momento de amor es el ayuno que Jesús ofrece a sus discípulos. Su propio camino de muerte se vuelve modelo para ellos. Los que sigan a Jesús en su entrega por el Reino descubrirán la exigencia de este nuevo ayuno: sabrán sufrir con él, sufrirán con todos los que sufren, ayudándoles de un modo eficaz y cariñoso. Jesús no ha sido *domador religioso* ni su Iglesia se define por ayunos. No ha querido reprimir por ley los malos instintos de los humanos, para formar así una familia de esclavos obedientes, sino que se ha presentado como amigo universal para suscitar entre los pobres y caídos (expulsados) de su pueblo las bodas del Reino a las que todos se encuentran invitados. Así ha iniciado un camino de amor hecho de gozo que resulta en realidad más exigente que todos los viejos ayunos. Quien ama de verdad sabe que debe entregar la vida por sus amigos, no en gesto de penitencia sino por gracia y don de Dios. Quien esto sabe conoce ya el más hondo misterio de la Iglesia.

(21) Tres formas de ayuno (2, 18)

En el más puro estilo israelita, Mt 6, 1-18 ha desarrollado la doctrina judeocristiana sobre los tres gestos que definen normalmente la religión (limosna, oración y ayuno), poniendo de relieve el carácter «interior» que ha de tener cada uno de ellos, superando así la «justicia externa» (que equivale, en lenguaje paulino, a la justificación por las obras). Marcos no ha expuesto expresamente ese tema, aunque habla intensamente de la limosna (10, 21) y de la oración (cf. 11, 22-25). Su postura ante el ayuno resulta más matizada y así queremos verla, en comparación con el ayuno de fariseos y bautistas. En su esquema se pueden distinguir tres tipos de ayuno:

1. *Ayuno ritual (de fariseos y bautistas).* Era de tipo sagrado y corría el riesgo de volverse fin en sí mismo, expresión de una ley que los humanos pueden y deben cumplir con su esfuerzo, como si a Dios le interesara *controlarles* a través de penitencias (de comida y/o sexo). Jesús lo ha superado, de tal forma que todos los intentos por recuperarlo al modo antiguo (como negación o control) significan una recaída en el judaísmo. Cuando la Iglesia cristiana retorna a ese ayuno traiciona su novedad mesiánica.

2. *Dolor de ausencia (ser arrebatado, morir).* La raíz del ayuno cristiano es la ausencia del novio, consecuencia de su entrega por el Reino. Al gesto esponsal de Jesús (que es lo contrario al ayuno) pertenece la donación de su vida hasta la muerte. Jesús es novio (Mesías) siendo Hijo del Hombre, entregándose en favor de los humanos, como novio en manos de la novia y viceversa (cf. 8, 31; 9, 31; 10, 32-34). Por eso, los que quieran estar con Jesús (hijos o amigos del novio) han de asumir su ayuno en gesto de acompañamiento solidario (tomar la cruz y seguirle en la entrega: cf. 8, 34–9, 1). Éste será ayuno de fidelidad: quien da la vida así no necesita leyes, no le hacen falta normativas exteriores: el mismo amor le lleva a entregarse por los otros, privándose de aquello que necesitan los otros.

3. *Ayuno cristiano.* La entrega de Jesús rompe la estructura separada (elitista) de un ritual separado de la vida y nos introduce de forma poderosa en el mundo real donde hombres y mujeres ayunan porque se aman, porque se dan mutuamente y ponen la vida en manos de los otros, porque sufren la violencia de este mundo que les utiliza y oprime. En este contexto se entiende la eucaristía de los cristianos, mientras esperan el vino nuevo del Reino (14, 23-25). Los seguidores de Jesús ayunan (sufren) porque el «novio» les ha sido arrebatado y también por los amigos de Jesús, es decir, por aquellos (parientes, amigos, pobres...) que están necesitados. Éste es

> el *ayuno cristiano* de la solidaridad que no consiste sin más en no comer, sino en privarse de algo por los otros, a fin de que todos participen en la fiesta de las bodas de Jesús, con pan y vino, con libertad y gozo grande. Para que ellos puedan celebrar sus bodas ha ayunado (ha muerto) Jesús. Sólo en este contexto recibe sentido el nuevo ayuno de sus seguidores.

c) *Dos concreciones simbólicas* (2, 21-22). La referencia a la muerte del novio y al ayuno han sido una excepción, propia de la Iglesia posterior, que ha introducido de nuevo el ayuno. Por eso, el texto de Marcos vuelve al argumento anterior (los amigos del novio no ayunan mientras el novio está con ellos) y, desde esa perspectiva ofrece estos signos vinculados a las bodas, es decir, a la superación del ayuno: *vino bueno* de fiesta que requiere nuevos odres, formas nuevas de conducta gozosa (sin ayunos); *buen paño* del gozo que no puede ser remiendo sobre un viejo vestido penitencial (2, 21-22).

Ha llegado para todos (incluidos de un modo especial los dementes, leprosos, paralíticos) la alegría de los esponsales; ha llegado el Reino proclamado en 1, 15. Lógicamente no es tiempo de ayuno. En los márgenes del mundo, rodeado por enfermos y expulsados, ha iniciado Jesús un movimiento definido por el gozo de las bodas (vino, buen vestido), por el noviazgo de Dios entre los hombres. Ésta es la nota propia de los discípulos de Jesús; este es el sentido de su Iglesia.

El mundo del ayuno (fariseos, Juan Bautista) es mundo viejo: paño gastado donde ya no pueden ponerse remiendos, odre carcomido que no tiene resistencia para vinos fuertes. Vino nuevo y paño nuevo: ese es el proyecto de Jesús, es el camino que ha ofrecido a publicanos y pescadores, para comer juntos y vivir desde ahora en actitud gozosa de apertura al Reino.

> **(22) Copa de Reino. Cinco tipos de vino (2, 22; 14, 25)**
>
> Marcos 2, 12 habla del vino nuevo, que debe guardarse en odres nuevos. Está así suponiendo que ese vino está vinculado a la vida y obra de Jesús, que rompe el «odre» (caparazón) de un tipo de judaísmo antiguo. El evangelio se define, según eso, como apertura de los «odres» nuevo del vino nuevo de Jesús. En ese contexto podemos hablar de «tres vinos»:
>
> 1. *Vino de bodas* (2, 22). Jesús presenta su evangelio como tiempo de bodas, momento en que los hombres y mujeres (empezando por los esposos) toman vino. Por eso, sus discípulos (= amigos del novio, en boda permanente) no

ayunan. El mensaje de Reino es para ellos como *vino nuevo (oinon neon)* que rompe los odres viejos del ayuno o/y práctica legal judía.

2. *Vino de entrega de la vida: El cáliz que yo beberé...* (10, 38-39). En el contexto de bodas y vino se anunciaba que el novio será arrebatado y que entonces sus amigos ayunarán (2, 19). Pues bien, en este pasaje, de respuesta a los Zebedeos, que quieren reinar a los lados de Jesús, Jesús les dice que el honor del Reino es de Dios, que él sólo puede ofrecerles la copa de la entrega de la vida. Del vino de bodas pasamos al *potêrion* o copa de donación personal (muerte) que Jesús quiere compartir con sus discípulos. Es copa asociada a un bautismo de muerte (morir en el agua, renacer): tomar el cáliz (= bautizarse) es dar la vida por los demás. Lo hará Jesús, han de hacerlo los suyos (Zebedeos) en una especie de eucaristía eclesial.

3. *Vino de eucaristía y alianza* (14, 23-24). En la Última Cena, Jesús ofrece su cáliz a todos los presentes, para que lo beban, diciendo que es «la sangre de su alianza». De esa forma ratifica su entrega (les da su vida, derramada por muchos, es decir, por todos), haciéndoles participantes de ella: son verdaderos discípulos los que toman el cáliz de vino de Jesús, vinculándose a su entrega por los demás (como lo harán los Zebedeos: 10, 39). Según eso, el vino es «sangre de la alianza de Jesús», *diathêkê* o compromiso de solidaridad que establece con los suyos. Dentro del contexto de pascua judía en que empezó la cena (14, 12), la alianza de Dios estaba simbolizada por el cordero y la sangre de los sacrificios animales (cf. Ex 14, 24). Pues bien, la alianza de Jesús se expresa en la sangre de su entrega (*haima mou tês diathêkês*) que aparece como vino de bodas. De manera muy significativa, Marcos no habla de alianza nueva (cf. 1 Cor 11, 25; 2 Cor 3, 6.14; Lc 22, 20), como si la antigua, del judaísmo anterior, hubiera terminado. Para él sólo existe la alianza de Jesús, la de la entrega de su vida.

4. *Vino de Reino* (14, 25). En el contexto eucarístico, Marcos introduce el «logion escatológico», en el que Jesús ofrece la copa de vino a sus seguidores (¡la última copa!) y les promete que no beberá ya más en este mundo, pues la copa siguiente será ya en el reino de Dios. Entre la última copa de este mundo y la nueva en el Reino hay una continuidad, que Marcos ha trazado cuidadosamente, vinculando este texto con el anterior (uniendo 14, 22-25 y 14, 25). El reino de Dios aparece así como Banquete de Vino, dentro de la mejor tradición israelita (cf. Is 25, 6).

5. *Vino de olvido, una droga* (15, 33). Marcos dice que al llegar al Gólgota, monte de la Calavera y la Crucifixión, a Jesús le ofrecieron «vino con mirra» (*oinon esmyrnomenon*), y que él no quiso beberlo. Se trata de una tradición, propia de las «mujeres humanitarias», que solían ofrecer a los reos un tipo

> de vino narcotizante, para mitigar sus dolores (muy distinto del vinagre de 15, 36). Marcos añade que Jesús no lo bebió: quiso mantenerse despierto y lúcido ante la muerte, a pesar del dolor que ello implicaba.

3. Contrapunto judío: disputa sobre el sábado (2, 23-3, 6)

Los siete paradigmas anteriores han mostrado la disputa de Jesús con sacerdotes (1, 44), escribas (2, 6), escribas de los fariseos (2, 16) y con fariseos/bautistas (2, 18), poniendo de relieve los temas del perdón (2, 1-12), la comensalía (2, 13-17) y las bodas (2, 18-22). Ellos culminan en dos pasajes paralelos sobre el sábado, que recogen recuerdos del tiempo de Jesús, pero expresan de un modo más concreto la disputa de la Iglesia con los *fariseos* posteriores (cf. 2, 24 y 3, 6 donde aparecen unidos a los herodianos), en torno a la comida (2, 23-28) y a la salud (3, 1-6). No se trata de una disputa académica. Está en juego el sentido de la comunidad. Por eso, el texto acaba con una condena a muerte (3, 6; cf. 2, 19).

a) Sábado y comida: templo y hambre (2, 23-28)

Sobre este pasaje ha dicho lo esencial D. Roure, *Jesús y la figura de David en Marcos 2, 23-26. Trasfondo bíblico, intertestamentario y rabínico* (AnBb 124), Roma 1990. Sobre el sábado, cf. G. F. Hasel, *Sabbath*, ABD 5, 580-586; J. Kilunen, *Die Vollmacht im Widerstreit. Untersuchungen zum Werdegang von Mk 2, 1-3, 6*, AAS Fennicae, Helsinki 1985; E. P. Sanders, *Judaisme. Practice and Belief. 63BCE - 66CE*, SCM, London 1992, 190-212; Sariola, *Markus*. En otra clave, S. Bacciochi, *From Sabbath to Sunday*, Gregoriana, Roma 1977, 19-73.

El problema no se encuentra iniciado por Jesús, sino por sus discípulos: arrancan espigas en el campo, las limpian y comen en día de reposo (sábado). Los fariseos les acusan, Jesús les defiende, poniendo como ejemplo el caso de David y sus compañeros que, conforme a 2 Sm 15, 35, en tiempo de necesidad, comieron el pan consagrado del templo, que sólo podían usar los sacerdotes.

El argumento (2, 25-26) se estructura como exégesis nueva de un viejo texto: lo que en otro tiempo hizo David es ahora ejemplo de aquello que pueden hacer sus discípulos. Precisemos la razón de Jesús: (a) David y los suyos: entraron en el santuario y comieron el pan de la proposición, en un momento en que se hallaban apurados; su necesidad era más fuerte que la ley sacral del templo. (b) Los discípulos de Jesús pueden hacer algo semejante: no van al templo de Jerusalén para comer el pan «sagrado», pero desgranan las espigas en día de sábado y comen de su grano.

Galilea, Evangelio del Reino (1, 14-8, 26)

Esto significa que el hambre, la necesidad humana, tiene así ventaja sobre las leyes y preceptos de tipo religioso. El texto aparece como disputa legal. Por su encuadre es paradigma, por su fondo exégesis legal. Fondo y encuadre están cerca de relatos rabínicos. El recuerdo de Jesús se explicita como disputa de cristianos con fariseos de su entorno.

> a. (Encuadre) ^{23}*Y sucedió que un sábado él pasaba por entre los sembrados, y sus discípulos comenzaron a arrancar espigas mientras caminaban.*
> b. (Acusación) ^{24}*Los fariseos le dijeron: «¡Mira cómo hacen en sábado lo que no está permitido!».*
> b'. (Defensa) ^{25}*Y les respondió: «¿No habéis leído alguna vez lo que hizo David cuando tuvo necesidad y sintió hambre él y los que lo acompañaban?* ^{26}*¿Cómo entró en la casa de Dios en tiempos del Sumo Sacerdote Abiatar, comió de los panes de la ofrenda, que sólo a los sacerdotes les era permitido comer, y se los dio además a los que iban con él?».*
> c. (Declaración fundamental) ^{27}*Y les decía: «El sábado ha sido hecho para el ser humano y no el ser humano para el sábado.* ^{28}*Así que el Hijo del Humano es señor también del sábado».*

La familia sagrada del judaísmo se congrega en torno al sábado entendido como tiempo de Dios. Por eso, quien lo rompe o desprecia, desprecia a Dios y rompe la vida de su pueblo. Pues bien, Jesús y sus discípulos valoran al ser humano sobre el sábado y entienden a Dios como el que asiste a los necesitados. El alimento y salud es lo primero, por encima de las normas de un día entendido de manera legalista. Así lo expresa Marcos en texto-espejo de gran densidad económica, social y teológica, que anticipa de algún modo todo el resto del evangelio. En la traducción lo he dividido en cuatro partes.

a) *Entorno narrativo. El atrevimiento cristiano* (2, 23). Se trata, posiblemente, de un encuadre ideal, de una escena que ha sido creada en la disputa de los cristianos con otros grupos judíos. El caso no es imposible, pero resulta poco verosímil: Un día de sábado el «paseo» por el sembrado debía ser muy corto, pues no se podía andar mucho más de un kilómetro fuera del poblado. Por eso no es verosímil que los discípulos tuvieran mucha hambre (además podían volver en poco tiempo al poblado).

b) *Acusación* (2, 24). Los fariseos atacan a Jesús, condenando a sus discípulos (Iglesia), iniciando así un proceso judicial que está al fondo de todo Marcos. No les acusan de comer, ni de comer espigas del campo ajeno, cosa permitida, tanto en sábado como en no-sábado. Les acusan de arrancar/frotar las espigas para extraer el grano, cosa que está prohibida en sábado.

b') *Defensa* (2, 25-26). Jesús actúa, al mismo tiempo, como protector de sus discípulos (de la Iglesia) y como revelador de la voluntad mesiánica de Dios. Su respuesta ha de entenderse como una justificación hermenéutica (2, 25-26), que se funda en una tradición bíblica: Jesús apela al testimonio de David y de sus compañeros hambrientos que, en contra de la ley, comieron los panes consagrados del templo (cf. 1 Sm 21, 1-6), aunque la cita parece equivocada, como veremos. Sea como fuere, Jesús vincula la ley del sábado y la del templo.

c) *Sentencia mesiánica* (2, 27-28). Es la segunda parte de la defensa de Jesús. Conforme a un modelo ya visto en 2, 17, el Jesús de Marcos empieza citando un principio de sabiduría (¡el sábado se ha hecho para el ser humano!: 2, 27) y culmina con una declaración cristológica (¡el Hijo del Hombre es señor del sábado!: 2, 28). Es evidente que estamos en el centro de una disputa entre discípulos de Jesús y otros grupos judíos.

Éste es un texto de clara inspiración universal, pues pone de relieve el valor de la comida por encima de un tipo de sacralidad particular. El Hijo del Hombre, que avalaba el perdón de los pecados (2, 10), aparece ahora como superior al sábado (2, 28). El texto identifica *el bien del anthropos o ser humano* (principio de sabiduría: 2, 27) con *el señorío del Hijo del Hombre* (principio cristológico: 2, 28; cf. 2, 10). De esa forma identifica a Jesús (Hijo del Humano) con el bien de los necesitados (pecadores, hambrientos), superando el riesgo de una teología gloriosa de imposición social o triunfo religioso.

Jesús y sus discípulos quedan asociados a David y compañeros. La disputa sobre el trigo del campo se amplía: las espigas del sábado y los panes del templo, puestas al servicio de los necesitados, sirven para desarrollar el tema de 2, 12-22: Jesús no quiere ayuno sagrado (sábado con hambre, panes sobre el templo mientras sufren los necesitados), sino que los humanos compartan el pan en este tiempo de bodas. Tanto el templo como el sábado están al servicio del hombre, y en especial del hombre necesitado. En el lugar del templo y del sábado, como expresión de la verdad definitiva de lo humano (mesianismo), allí donde se cumple la esperanza israelita, emerge el pan compartido de Jesús para los hambrientos.

Jesús actúa como hermeneuta, es decir, como intérprete autorizado y creativo de la Biblia. Ésta es su función: penetrar en la Escritura y descubrir su sentido más oculto, en visión liberadora. David está al principio, como signo fundante y base de interpretación para la ley. Pues bien, como antitipo (o cumplimiento) de David no encontramos ya a Jesús, sino a sus discípulos: ellos son el verdadero David, pueblo que ahora se encuentra en necesidad.

En sentido estricto, estos discípulos sólo pueden «superar» un tipo de sábado legal porque Jesús les ha enseñado a hacerlo, introduciéndoles en la hondura de la Biblia (ofreciéndoles una interpretación verdadera del ejemplo de David), que ha culminado, como hemos visto, en dos sentencias paralelas, y en parte complementarias, puestas en boca del mismo Jesús: (a) El sábado fue hecho para el hombre, no el hombre para el sábado. (b) Pues el Hijo del Hombre es señor también del sábado (2, 27-28).

En el primer caso tenemos una sentencia antropológica, que debe tomarse como interpretación mesiánica de Gn 1, 1–2, 4a. El viejo texto podía entenderse de dos formas: si damos primacía a Gn 1, 27-31, debemos afirmar que todo lo que existe (las creaturas anteriores y hasta el sábado) se encuentra dirigido y dominado por el hombre; al contrario, si es que destacamos el valor de Gn 2, 1-4a, debemos confesar que las obras de los seis días anteriores (incluido el hombre) han de encontrarse sometidas a la primacía del sábado. La primera tendencia es más humanista, la segunda destaca más el valor de lo sagrado.

En este contexto se sitúa la aportación del Jesús de Marcos. Los fariseos serían partidarios de la lectura sacral de Gn 1, 1–2, 4b, que sitúa al hombre bajo la autoridad del sábado. Jesús, en cambio, habría invertido esa visión, diciendo que el sábado (día séptimo de la creación) ha sido hecho para el hombre (día sexto), y no a la inversa. Este descubrimiento del valor supremo del hombre profano (día sexto) y de su autoridad sobre el mismo sábado sacral intramundano (día séptimo) de la tradición judía viene a situarnos en el centro del mensaje más humanista de Jesús, en una línea que sólo puede comprenderse de verdad allí donde se toma en serio la encarnación: Dios se revela en el hombre y no en el culto sabático de una religión que puede separarse de las necesidades de los pobres de la tierra.

Desde ese fondo puede (y a mi juicio) debe interpretarse la segunda sentencia, de carácter cristológico: «El Hijo del Hombre tiene poder sobre el sábado». Hijo del Hombre es el hombre que llega a plenitud, es la verdad de aquello que se hallaba oculto en tiempos anteriores y que ahora se desvela por Jesús. Pues bien, ese Hijo del Hombre (vinculado a Jesús y, en el fondo, identificado con él) ha venido a situarse por encima de todas las prescripciones legalistas del pueblo israelita: importa el ser humano y no una ley sacral que puede convertirse en norma independiente que domina nuestra vida. En este contexto se puede afirmar que hombre e Hijo del Hombre son lo mismo. El Hijo del Hombre, que es Jesús, no ha venido a presentar una verdad distinta, no revela misterios de carácter esotérico alejado de la vida y de la historia, sino que realiza sobre el mundo y nos presenta la verdad del mismo ser humano.

---

(23) **Sábado, un tema humano** (2, 23-28)

Ciertamente, el evangelio es un tema «espiritual», es decir, de liberación interior y de apertura a Dios. Pues bien, precisamente por eso, es un tema de «comidas», es decir, de comunicación social, un tema que Marcos ha desarrollado extensamente en la doble sección de los panes (6, 6b-8, 26), tal como culmina en la «eucaristía» (14, 22-24), pero que se encuentra ya anunciado aquí (2, 23-28), desde la perspectiva de las espigas que pueden desgranarse en sábado, en caso de hambre. Desde ese fondo se vinculan casi todos los motivos básicos del evangelio:

1. *La comida, problema humano*. En la raíz del pasaje (desgranar y comer las espigas del campo, en caso de hambre) hay un problema social (universal) de participación económica, pues el texto supone que en caso de necesidad todos los bienes son comunes, pues el hambre es la ley suprema de la vida. Conforme a una visión extendida también en otros pueblos, la Biblia israelita permitía que el hambriento comiera, para saciar su necesidad, de la viña o trigal a la vera del camino (Dt 23, 25). Por eso comen trigo los discípulos hambrientos pasando junto a la finca, pues los bienes de la tierra son comunes ante el hambre. Para el Jesús judío queda claro que los pobres pueden «tomar» para comer las cosas que están a la vera del camino de la vida, aquello que necesitan para sobrevivir, saciando su necesidad. Ésta es a mi juicio la enseñanza de fondo permanente (judío y cristiano) de la escena, su actualidad revolucionaria que fariseos antiguos y muchos exegetas modernos no advierten: la comunión con los necesitados y el derecho a la comida es anterior a toda disputa sobre el sábado.

2. *El sábado, un problema religioso*. Lo que preocupa a los fariseos no es que los discípulos coman (o roben), sino que lo hagan en sábado, teniendo que arrancar para ello las espigas, frotándolas a mano para desgranarlas, haciendo así un trabajo que va en contra de lo que establece la Escritura (cf. Ex 31, 12-18), como han destacado los escritos rabínicos. Leído así, el texto ofrece una profunda *disonancia*, un cambio de nivel muy brusco: frente *al hambre* de los discípulos se eleva una *ley ritual* (¡prohibido desgranar en sábado!). Los fariseos han situado un pretendido principio religioso por encima de la necesidad humana (compartir o no compartir, comer o no comer). Llevando esa disonancia hasta el ridículo, alguien diría que se puede tomar comida ajena (robar) los días de semana, pero no el sábado. Es evidente que el dueño de la finca o viñedo pensará más en la falta (robo) que en el día en que suceda; es evidente que el hambriento pone su necesidad (su vida) por encima del sábado.

3. *Solución: Como hizo David… (lo que vale para el templo vale para el sábado)*. El texto ha comparado el sábado y el templo, desde la perspectiva de la comida, citando a 1 Sm 21, 1-6, donde se afirma que un sacerdote del santuario yahvista de Nob dio los panes «sagrados» a David y compañeros, en tiempo de dificultad (iban hambrientos). Del día (sábado) pasamos al

> lugar sagrado por excelencia (templo), descubriendo en ambos casos un mismo valor de humanidad: según Jesús, los bienes del templo (panes) están destinados al servicio del ser humano; por otra parte, él y sus discípulos tienen la misma dignidad que David. Si en caso de necesidad se pueden comer los panes del templo también se podrán desgranar espigas en sábado. Por encima de toda sacralidad (templo, sábado) está el hambre de los necesitados.

b) Sábado y salud: curación por la palabra (3, 1-6)

Sobre el debate entre Jesús y sinagoga sobre los enfermos, cf. Robinson, *History*, 43-49; Kingsbury, *Conflicto*, 31-40; J. I. González F., *Clamor de Reino*, Sígueme, Salamanca 1972, 53-58. M. Trautmann, *Zeichenhafte Handlungen Jesu* (FB 37), Echter, Würzburg 1980, 278- 319, ha situado el gesto en la historia de Jesús.

Seguimos en sábado. Jesús ha entrado en la sinagoga, el lugar donde se defiende y se custodia de manera sistemática el valor sacral del sábado. Están allí sus adversarios, dispuestos a acusarle, mirando de un modo especial a un hombre con la mano seca. Jesús le coloca en medio de la sala y argumenta: ¿Se puede hacer bien o mal en sábado? ¿Se puede salvar una vida o matar? (3, 4). Evidentemente, esa pregunta nos conduce hasta el principio de la creación, hasta el lugar donde el ser humano viene a descubrirse como dueño de sí mismo, por disposición de Dios.

Esa pregunta no se puede contestar en plano de teoría: no hay lugar para escaparse discurriendo sobre ideas o principios generales. En el centro de la sinagoga se encuentra un hombre enfermo. Estamos en sábado y Jesús plantea la pregunta: ¿Cómo ha de expresarse el poder de Dios ante un manco, en un día de sábado? Evidentemente, los acusadores no responden. Marcos ha compuesto así un pasaje de *disputa legal en forma de paradigma*, con milagro incluido. Su centro es la controversia sobre el sábado, elaborada a partir de la curación del enfermo (y no de la comida, como en el caso anterior). El fin del texto (con la condena de Jesús) constituye un anticipo de los relatos de pasión (Marcos 14–15).

a. (Encuadre) *¹Entró de nuevo en la sinagoga y había allí uno que tenía la mano seca. ²Lo estaban espiando para ver si lo curaba en sábado, y tener así un motivo para acusarlo.*
b. (Jesús) *³Jesús dijo entonces al hombre de la mano seca: «Levántate y ponte ahí en medio». ⁴Y a ellos les preguntó: «¿Qué está permitido en sábado: hacer el bien o hacer el mal; salvar la vida o matar?».*

c. (Antagonistas) *Ellos permanecieron callados.*
b'. (Jesús) *⁵Mirándoles con indignación y apenado por la dureza de su corazón, dijo al hombre: «Extiende la mano».*
a'. (Conclusión). *Él la extendió, y su mano quedó restablecida. ⁶En cuanto salieron, los fariseos tuvieron un consejo con los herodianos para planear el modo de acabar con él.*

Del hambre pasamos a la enfermedad, pero en el mismo contexto de sábado, un tema y contexto que ha debido ser un motivo de enfrentamiento entre discípulos de Jesús y otros grupos judíos. Pasamos de las espigas desgranadas en el campo a la curación en la sinagoga, de la vera del camino a la casa común del judaísmo.

Allí donde al principio habitaba el poseso (1, 21-28) encontramos al manco. En la sinagoga hay un hombre con la mano seca. Los dirigentes no pueden ya trenzar teorías. Jesús tampoco responde con ideas. Simplemente se entristece por su cerrazón y su ceguera. No necesita exponer nuevas teorías, pero actúa. Dice al hombre que extienda su mano, y el hombre se cura. De esa forma ha venido a colocarnos al principio de la creación, allí donde Dios quiso poner todas las cosas, y de forma especial el mismo sábado, al servicio de los hombres.

La misma estructura legal del judaísmo le condena a la impotencia. Es clara la ironía: los opositores de Jesús defienden el sábado de Dios en la sinagoga de sus leyes, dejando así que el enfermo siga manco; Jesús, en cambio, sabe que el bien (la curación total de ese hombre) está por encima del sábado. Así lo veremos evocando de forma de un modo resumido las cinco partes del pasaje:

a) *Encuadre ambiental* (3, 1-2). Ofrece una presentación del espacio (sinagoga) y de los personajes que intervienen en la escena. El primero (3, 1a) es Jesús que vuelve (*palin*) a la sinagoga, como reasumiendo el tema iniciado en 1, 21-28. El segundo (3, 1b) es un manco, alguien que no puede trabajar, llenando con su impotencia la sinagoga. El tercer personaje (3, 2) lo forman aquellos que vigilan a Jesús; aquí no se dice quiénes son, pero por la conclusión (a': 3, 6) vemos que son los fariseos. Antes de actuar, Jesús se encuentra ya observado por aquellos que buscan una forma de acusarle. Ya le han condenado; sólo necesitan pruebas y así espían. No se dice quienes son, pero el contexto les presenta como fariseos (cf. 2, 24), apareciendo como fariseos y herodianos (3, 6).

b) *Primera acción de Jesús* (3, 3-4a). Consta de dos momentos. (1) Jesús dice *al enfermo* (3, 3) que se levante y se ponga en medio. Así coloca en el centro de todas las miradas, por encima de sábado y ley, al hombre manco, como clave hermenéutica de todo lo que sigue. (2) Jesús dice *a los acusadores* (3, 4a), en palabra de discusión legal, que escojan entre el sábado y el hombre de la mano seca. No se trata de una elección teórica o de escuela, con textos y textos a estudiar, sino de una elección concreta, entre unas posibles leyes y un hombre enfermo, de carne y hueso.

c) *Silencio de los antagonistas* (3, 4b). Probablemente están acostumbrados a la dialéctica judicial y querrían apelar a textos para responder. Pero Jesús les pone ante un hombre concreto, y ante él deben decidir, no por sabiduría de libros, sino por solidaridad humana. Ellos no saben (o no quieren) ponerse a ese nivel, de forma que callan.

b') *Segunda acción de Jesús* (3, 5ab). Consta también de dos momentos (como b), pero invirtiendo el orden de destinatarios. (1) Jesús mira *a los acusadores* (3, 5a) y responde con ira y tristeza, pasando la vista de unos a otros, en círculo (*periblepsamenos*), como hará en 3, 34, mirando a sus discípulos. Esta reacción de Jesús, llena de dolor y pasión, puede y debe compararse con otras reacciones, que hemos visto ya (cf. 1, 43; 10, 21-22). (2) Jesús manda *al enfermo* (3, 5b) que pide que extienda la mano; no le toca, no le unge con algún aceite o medicina, no realiza con él gesto ninguno, que pueda hallarse prohibido por la ley. Simplemente le dice que *extienda su mano*, dejando que sea él, el mismo enfermo, quien asuma su libertad y se cure, extendiendo la mano.

a') *Conclusión* (3, 5c-6). Jesús no ha empleado gestos externos, sino sólo palabras. Es evidente que no ha «profanado» el sábado, ni siquiera en el sentido más legal de los judíos puristas, pues no ha «hecho» nada material. Pero su palabra transforma todas las relaciones de la sinagoga. (a) Por un lado, provoca la *reacción positiva del enfermo, que extiende la mano* (3, 5c). Jesús se lo ha mandado, y él ha respondido sin miedo a los acusadores, porque sabe que el bien de su mano está por encima de unas pequeñas leyes religiosas. Éste es el milagro: que el manco dominado, esclavizado por el sábado judío, abra su mano, descubriendo que ella queda sana (que puede trabajar). (b) *Los acusadores reaccionan de forma negativa* (3, 6). Vinieron a espiar a Jesús y no han podido responder a sus razones (c). Ahora salen y convocan la asamblea (*symboulion*), decidiendo matarle; son fariseos, defensores de un tipo de ley sagrada que se vincula con las nuevas sinagogas, en los años en que Marcos escribe su evangelio. Pues bien, el texto dice que ellos se vinculan con los herodianos, representantes del orden político de Galilea.

Sinagoga y sábado controlan al manco: mantienen su poder imponiéndose al enfermo, impidiendo que asuma su propio trabajo (su mano). *Jesús*, en cambio, quiere liberarle, ofreciéndole una salud integral (salva su *psychê*, vida entera). Para ello necesita su colaboración: que venga al centro y extienda su mano. Él responde. Ha confiado en Jesús, ha preferido su salud, se ha enfrentado a sus acusadores. Su mano abierta a la vida, mano que confía y se extiende en medio de la sinagoga para trabajar y amar todos los días de la semana, es para Jesús el auténtico sábado, signo de Dios sobre la tierra. Uniendo este pasaje al anterior

(2, 23-27) podemos afirmar que sólo allí donde el lisiado importa más que el culto (templo y sábado) puede haber Iglesia.

- *Fariseos y herodianos* valoraban también al ser humano, pero añadiendo que debe ser guardado (protegido) por las normas de la ley (descanso del sábado, rituales de comidas, estructuras políticas, templo). Allí donde esa ley se debilita, allí donde se aflojan los vínculos que integran a los hombres y mujeres dentro de un conjunto bien organizado se acaba o devalúa el judaísmo: donde el humano extiende con libertad su mano sobre el sábado pierde su valor la religión sacralizada.

- *Jesús ha roto esa coraza de sacralidad*, ese tipo de coraza de ley impositiva, precisamente allí donde emergen las dos grandes necesidades: comida (2, 23-28) y salud (3, 1-6). En situación de hambre y dolencia cesan las leyes exteriores y Dios viene a presentarse como principio de libertad suprema para los seres humanos. De esa forma, superando un tipo de estructuras sacrales siempre posteriores, Jesús vuelve al origen de toda religión, que se vincula a la salud y al pan compartido.

La sinagoga, lugar de impureza en 1, 21-28, es aquí signo de opresión personal: No deja que el manco se eleve y actúe libremente. Por el contrario, Jesús pone la comida y la salud por encima de un cumplimiento ritual del sábado. Los humanos se vinculan a través de la comida compartida y de la mano que se extiende. El reino de Jesús se expresa así en el centro de la misma vida humana: no se funda en ritos separados, no se expresa en oraciones especiales. Por la comida y trabajo pueden vincularse, sin normas o estructuras de separación partidista, todos los humanos. Un espiritualismo o ritualización (nacional o eclesial) que olvide o devalúe estos aspectos destruye el evangelio.

Ahora entendemos ya con nitidez lo implicado en el relato de la tentación (1, 12-13): Satanás quiso probar a Jesús-hombre, y Jesús le resistió; en su gesto descubrimos que los mismos ángeles de Dios están, como el sábado, al servicio de lo humano. Ahora podemos añadir que Jesús, Hijo de hombre, es el verdadero servidor, el auténtico Adán que colabora con la creación de Dios, poniendo su vida al servicio de los otros (los necesitados). Esta búsqueda y despliegue de lo humano resulta peligrosa para los representantes del poder establecido (fariseos y herodianos), que utilizan la debilidad del hombre para mantenerle sometido. Por eso, unos y otros se juntan, celebran una especie de congreso, deciden matar a Jesús (3, 6). Así, de pronto, sin preparación aparente, en respuesta a su libertad creadora, los poderes fácticos se unen para condenarle:

- *Los fariseos* son representantes de las tradiciones religiosas, es decir, del poder del sábado sagrado. Necesitan que el hombre se encuentre sometido a sus leyes, para dominarlo, manejarlo y quizá domesticarlo a su medida. Dios es para ellos una especie de «ley soberana» que se extiende implacable (y benefactora) desde arriba. Si los hombres descuidan esa ley, se destruyen a sí mismos. Por eso es conveniente que Jesús, hombre contrario a la ley, desaparezca.

- *Los herodianos* son representantes del poder político; también ellos necesitan que los hombres acepten la autoridad y obedezcan a las leyes. Donde el sábado se rompe en favor de la libertad religiosa, los hombres no querrán ya mantener otras barreras de la vida, las fronteras que separan lo legal y lo perverso; de esa forma vendrá sobre la tierra una especie de lucha o desajuste universal en la que todo acabará por destruirse. Por eso es conveniente que muera Jesús, antes que el mal (ruptura de la ley) resulte irreparable.

De esa forma aparecen vinculados, desde el principio del evangelio, los dos poderes que quieren dominar al hombre: uno religioso (fariseos), otro político (herodianos). Ambos se sienten amenazados por la libertad de Jesús, ambos se unen para defenderse, en nombre de las leyes que protegen la estructura y orden de este mundo. El peligro de Jesús está en querer que los hombres logren simplemente ser humanos y puedan desplegarse en libertad, desgranando espigas en sábado y curando en la sinagoga de la ley la antigua mano seca. Quiere Jesús que el sábado (signo de Dios) esté al servicio de los hombres, y no al contrario; quiere que los hombres sean libres, conozcan la verdad y puedan realizarse de manera consecuente. Fariseos y herodianos se apoyan en la base de su ley: por eso amenazan a Jesús y critican a sus discípulos.

Se han abierto ya los frentes, las cosas quedan claras. A un lado está Jesús con sus nuevos discípulos, empeñados en una tarea que parece amenazar el tejido sacral (social) del pueblo israelita. Por otro están las autoridades religiosas y sociales de ese pueblo, que han tomado nota de la novedad de Jesús; le han comprendido bien, le han condenado a muerte, aunque el camino que va de su deseo al hecho ya cumplido de la crucifixión resulte largo. En la segunda parte de Marcos, especialmente en el juicio (14, 1–15, 47), veremos que a Jesús le condenaron de hecho los sacerdotes de Jerusalén con los romanos (no los fariseos y herodianos de Galilea), pero estos sacerdotes-romanos seguirán en la línea que habían iniciado ya fariseos-herodianos.

Los «enemigos» saben: han descubierto la novedad de Jesús, se han puesto en guardia para condenarle. Lo han entendido bien aquellos que, respondiendo a lo que dice y realiza Jesús a lo largo de esta sección (2, 1–3, 3), se reúnen en consejo para condenarle a muerte (3, 6). *Los fariseos* de la ley religiosa y *los herodianos* de la civil han pactado. Pueden tener y seguramente tienen intenciones e intereses diferentes, pero en esto concuerdan: *¡Se debe mantener el orden público!* Los ciudadanos de este mundo viejo sólo se sienten seguros sometidos por una ley, entendida como signo de Dios y principio de estabilidad social. Donde esa sumisión se niega intervienen el poder civil y el religioso, ambos unidos, de forma sorprendente, en este principio de Marcos.

Se anuncia así, desde Galilea, la unión final de sanedritas (judíos) y Pilato (poder romano) que condenarán y matarán a Jesús conforme a Marcos 14-15. Los amigos (discípulos) parecen no entenderlo. Jesús ha iniciado con ellos un camino nuevo, pero ellos resultan incapaces de comprender lo que sucede de verdad en su camino. Éste será un tema que iremos desarrollando en las secciones siguientes de este comentario.

---

(24) Enfermos, curar a los (3, 1-6)

En el entorno de Jesús, los enfermos (y los muertos) aparecían casi por definición como impuros: hay que protegerse de su influjo, guardando distancia y/o purificándose después de haber entrado en contacto con ellos. Pues bien, en contra de eso, Jesús quiere crear una fuerte comunión con los enfermos, haciendo así posible un tipo nuevo de salud, es decir, de madurez y de relación personal. La curación de los enfermos tiene para Marcos también otras funciones, pero en el fondo de todas destaca una fuerte intencionalidad eclesial: Jesús ha venido a llamar de un modo especial a los hombres y mujeres que se encuentran dominados por sus enfermedades, para crear con ellos un camino de Reino. A partir de esa base, desde este relato ejemplar (3, 1-6), quiero ofrecer un breve esquema de curaciones:

1. *Sumarios, es decir, conjuntos de curaciones*. Ofrecen el testimonio más claro de la acción sanadora de Jesús (1, 32-39; 3, 7-12; 6, 53-56), y son como un compendio de todo el evangelio. Jesús aparece en ellas rodeado por todos los enfermos del entorno a quienes ofrece un lugar en su camino de Reino. Más que lo que hoy llamaríamos curación física importa la acogida humana.
2. *Curación por encima de la Ley*. La curación de los enfermos es para Jesús más importante que el cumplimiento de las normas sagradas de pureza y del sábado legal (cf. 1, 21-28; 3, 1-6; 5, 21-42). En otras palabras, la salud está por encima de un tipo de religión separada de la vida. La comunidad de Jesús se construye sobre el bien integral del ser humano; no es una patología sacral, para mantener a los hombres sometidos, sino una fuerza y experiencia de libertad y autonomía personal.
3. *La salud, un tema de fe*. La curación implica un compromiso de fe por parte del enfermo y/o de sus familiares y amigos (2, 1-12; 9, 14-29); la raíz

> de toda curación es la fe, es decir, un potencial humano de maduración y transformación interior. Por eso, allí donde no hay fe, Jesús no puede curar (6, 1-5).
> 4. *Curación y pertenencia eclesial*. La curación abre un camino eclesial de servicio o/y seguimiento, que vincula a los hombres y mujeres en torno a Jesús (cf. 1, 29-31; 5, 1-20; 10, 46-50). Jesús cura a los hombres y mujeres para que anden (2, 9), para que vuelvan a «su casa» (5, 13); pero, al mismo tiempo, sus curaciones abren un camino de discipulado y seguimiento, es decir, de comunión humana, en clave de libertad y reino de Dios. La Iglesia de Jesús es una comunidad de curados, perdonados.
>
> La iglesia de Jesús no es simple hospital ni una sociedad de magos y/o curanderos reunidos. Pero en su base hallamos la atención transformadora a los enfermos. Desde el margen del mundo donde estaban y siguen estando arrinconados inútiles y enfermos inicia Jesús un camino de Reino. No es claro que las iglesias posteriores hayan dado prioridad a ese elemento en su mensaje.

2. Elección y misión.
La tarea de los Doce (3, 7–6, 6a)

La sección anterior comenzaba con la llamada a los Cuatro pescadores (1, 16-20), que simbolizaban la misión universal del evangelio, abierta a todos los pueblos de la tierra (la pesca escatológica), y terminaba con la condena de Jesús, pues las autoridades religiosas y sociales de Galilea buscaban la forma de perderle (3, 6). Quieren matarle aquellos que controlan el poder, imponiendo su ley, pero la multitud le sigue, viniendo de todos los lugares del entorno israelita (3, 7-12); y con esto sigue el evangelio.

Esta sección (3, 7-12) comienza ofreciendo un sumario de la actividad mesiánica del Cristo, que cumple la función de mensajero del Reino, marcada en 1, 14-15. Allí aparecía Jesús anunciando el reino de Dios en Galilea; aquí se dice que son muchos los que le siguen de todas partes, en camino mesiánico abundoso y triunfal, porque los mismos espíritus impuros reconocen su poder, con una especie de confesión sacral que implica sometimiento: «Tú eres el Hijo de Dios» (3, 12).

Pues bien, en ese contexto de polémica y seguimiento multitudinario, Jesús insiste en su llamada vocacional y escoge de un modo más preciso a Doce discípulos para que le acompañen en su propia tarea de Reino, desde una perspectiva israelita (3, 13-19). Pasamos así del plano universal (los Cuatro de la sección anterior: 1, 16-20) a la mediación judía de los Doce (entre los cuales se incluyen los Cuatro anteriores), con una tarea precisa de Reino. Por un lado, esto parece una «reducción» (¿por qué limitarse a Israel?). Por otro lado es una mediación necesaria (Jesús quiere ofrecer un evangelio de Reino a todos, a través de la transformación de Israel, según las promesas proféticas) y una provocación: Jesús inicia con sus Doce, de un modo abierto, la tarea del Reino, enfrentándose así a las autoridades instituidas.

Jesús escoge, según eso, a Doce, que no son ya pescadores de la gran faena del fin de los tiempos, sino representantes del nuevo Israel y portadores de un mensaje mesiánico abierto a las Doce Tribus del pueblo prometido. (a) Por un lado, les llama para que estén con él, asumiendo así su mismo camino e identificándose con su vocación al servicio del Reino. (b) Por otro lado, les envía para anunciar el mensaje y curar a los endemoniados, en gesto de servicio creador. Estos Doce forman el grupo de Jesús: son signo viviente de su proyecto mesiánico, dirigido a la recreación del Israel escatológico, integrado por las verdaderas doce tribus del pueblo escogido. Se inicia una obra que se irá desarrollando, en clave dramática de envío y fracaso, en todo lo que sigue. Desde aquí han de interpretarse los temas principales de esta nueva sección:

1. *Llamados al Reino* (3, 7-35). Marcos ha separado y vinculado en sus varios escenarios a los miembros de la nueva comunidad mesiánica: multitud en el mar, Doce elegidos de (para Israel) en la montaña, familia en la casa. Sus parientes le acusan, diciendo que está loco, los escribas de Jerusalén afirman que es poseso: forma parte de la «casa de lo demoniaco». Jesús se defiende de unos y otros presentando su nueva familia, en cuyo centro han de hallarse, implícitamente, los Doce: los que cumplen la voluntad de Dios, ésos son su hermano-hermana y madre.
2. *Siembra de familia: sermón de las parábolas* (4, 1-34). La nueva comunidad mesiánica se funda en la palabra de siembra de Jesús, que reúne a sus elegidos desde el nuevo conocimiento del Reino; esos han de ser sus seguidores: aquellos que entienden a Jesús (4, 1-34). Habla en parábolas, y aquellos que están fuera no comprenden, confunden su enseñanza. Sólo sus propios discípulos consiguen penetrar en lo que dice, formando con Jesús una comunidad de conocimiento, un espacio familiar de experiencia compartida.
3. *Milagros mesiánicos* (4, 35–5, 43). Para expandir su siembra de palabra Jesús cruza el mar, en travesía misionera que le lleva a la Decápolis (curación del endemoniado de Geresa) para volver de nuevo a Galilea (curación de dos mujeres marginadas). Destacan así dos momentos. (a) Actividad hacia fuera (4, 35–5, 20). Jesús se dirige a la otra orilla del mar, y los suyos se quejan, dominados por el miedo, en la tormenta. Jesús vence su miedo y calma la tormenta, de manera que sus discípulos pueden acompañarle, siendo testigos de su acción mesiánica ante el endemoniado de Gerasa. (b) Actividad en Israel, curación de dos mujeres (5, 21-43). Jesús llama de una forma especial a dos mujeres oprimidas, dentro del contexto israelita, abriendo de esa forma un camino mesiánico que se dirige especialmente a ellas.
4. *Conclusión: rechazo en Nazaret* (6, 1-6a). Terminaba la sección anterior con un rechazo (2, 23–3, 6). Más claro es todavía el rechazo en esta nueva sección. Jesús entra en Nazaret, su ciudad de origen, acompañado de sus discípulos, pero sus paisanos no aceptan su proyecto de familia (Iglesia) mesiánica y le rechazan, expulsándole de su pueblo. Así termina esta sección, situándonos ante un Jesús a quien su gente de Galilea no quiere recibir.

Marcos empieza diciendo (3, 7-35) que Jesús ha constituido Doce para que estén con él y para que realicen su función. Evidentemente, todo lo que haga desde ahora ha de hacerlo con ellos (es decir, para que vean, aprendan, asuman y compartan su camino mesiánico), para todo Israel, en gesto abierto de recreación mesiánica. Por eso, esta sección podría titularse «aprendizaje vocacional», en línea de mediación israelita y «principio de Reino», a través de unos gestos de hondo sentido provocador.

Jesús inicia a sus Doce «judíos» en los misterios mesiánicos: en los secretos de la familia nueva (3, 20-34), en la línea del nuevo conocimiento del Reino (4, 1-34) y de la liberación que se abre a los posesos de Gerasa (4, 35–5, 20), transformando, al mismo tiempo, el espacio familiar y el camino vital de la mujer judía (5, 21-43). De esa forma comienza su gran tarea, su movimiento de Reino, desde la perspectiva israelita, rompiendo o superando muchos aspectos que parecían «sagrados» en el judaísmo de su tiempo.

Ciertamente, cada uno de los temas y pasajes que siguen tienen relativa independencia y pueden interpretarse también de una manera más autónoma, como indicaremos en las reflexiones que siguen. Además, después que Jesús ha escogido a los Doce para que le acompañen y representen, a veces da la impresión de que el texto los olvida; no habla de ellos, habla de «los que están en torno a Jesús» (3, 34; 4, 10), de sus propios discípulos (4, 33.35), o de Pedro-Santiago-Juan (5, 37)... Se plantea ya de esta manera un problema que se irá haciendo más fuerte en las próximas secciones del evangelio: la identidad y diferencia entre los Doce y los discípulos.

Por ahora nos basta con saber que en el grupo de discípulos destacan Doce que Jesús ha escogido de un modo especial para que sean sus compañeros-representantes. Ellos están en el fondo de todo el proceso mesiánico de Jesús, y así van «aprendiendo», en camino vocacional cuyos resultados no han sido todavía indicados por el texto. La llamada del Reino abre un espacio de libertad, y por eso resulta imposible conocer-calcular previamente sus resultados. Lo único que podemos decir por ahora es que Jesús ha escogido seriamente a Doce como principio y signo (mediación) de un camino vocacional más amplio. De esa forma se ha mantenido dentro de la tradición del mesianismo israelita, asociado a las doce tribus de Israel.

En este contexto podemos destacar dos rasgos, del principio y del fin de la sección: (1) La nueva familia de Jesús, condensada o centrada en los Doce, se encuentra amenazada desde el principio por la acusación de los viejos familiares y los escribas (3, 20-35). (2) Ésta es una familia rechazada: los paisanos de Nazaret no quieren escucharle, no aceptan su mensaje ni creen en su nuevo mesianismo precisamente porque conocen su «familia antigua» y piensan que no puede iniciar camino nuevo, crear otra familia de Dios sobre la tierra (6, 1-6a). Leída de esa forma, esta sección ofrece el mismo esquema de la anterior: entre una llamada y un rechazo; así se mueve, así avanza (fracasa y se cumple) el camino vocacional de Jesús.

1. Convocados: muchos, los Doce, familia (3, 7-35)

Esta primera sección se despliega a través de tres escenarios simbólicos, que sirven para distinguir (y vincular) a los tres grupos que se vinculan de un modo esencial con el mesianismo de Jesús. Terminaba la sección anterior, diciendo que fariseos y herodianos se habían reunido para juzgar y condenar a Jesús por lo que había hecho en la sinagoga (en relación al sábado). Pues bien, Jesús abre de nuevo el abanico de su tarea, volviendo al primer escenario de (de 1, 16-20), pero no para llamar de nuevo a los Cuatro pescadores del fin de los tiempos, sino para encontrarse allí con la gran muchedumbre. Desde el mar de la multitud inmensa sube a la montaña, donde escoge a Doce (signo de Israel), para volver a la casa (donde había estado ya varias veces en la sección anterior, para comer y para ofrecer el perdón al paralítico: cf. 2, 1-12.15-17), para reunir allí a su familia de Reino:

1. *La orilla del mar es plaza de encuentro de los pueblos* (3, 7-12), que se juntan buscando a Jesús para tocarle y liberarse de sus enfermedades; allí había llamado Jesús a sus cuatro primeros «pescadores» (1, 16-2). Allí se expresa de nuevo el carácter universal del mensaje y camino de Jesús.
2. *La montaña es santuario de elección particular*, es decir, israelita (3, 13-20). Desde el mar de encuentro de los pueblos se eleva Jesús al monte de Israel, llamando a quienes quiere y formando el grupo de los Doce apóstoles, enviados para fundar con ellos el nuevo Israel universal.
3. *Mar y monte desembocan en la casa, que es centro y signo de la comunidad* (3, 20-35), es decir, de aquellos que se juntan en corro como hermanos (familiares) de Jesús, escuchando con él la voluntad de Dios para cumplirla y convertirse en Iglesia mesiánica (3, 30-35), pero amenazados por escribas y familiares falsos, que acusan a Jesús (y a los suyos) de locos y endemoniados.

---

(25) Geografía. Lugares de Jesús

Voy destacando en mi comentario el aspecto geográfico de Marcos. Aquí ofrezco un resumen del tema, para destacar algunos rasgos de su geografía «sagrada», distinguiendo de un modo convencional entre espacios cerrados y abiertos:

a. Espacios cerrados, como vivienda, casa de culto, de enseñanza o de juicio. En Marcos aparecen cinco principales:

1. *Espacios de oposición*. Entre ellos se pueden citar: (a) *Templo*: rechazado por Jesús (11, 15-18), rasgado y abierto (desacralizado) por su muerte (15, 38). (b) *Sinagoga*: lugar del poseso y enfermo (1, 21; 3, 1), donde Jesús cura,

pero es rechazado (6, 1-6). (c) *Aula del Sanedrín* o juzgado supremo de Israel, donde le condenan a muerte (14, 54). (d) *Sede del tribunal romano* y pretorio (15, 1-20; cf. 15, 16), donde sentencian a Jesús y le torturan.

2. *Casas*. Frente a los lugares anteriores, Marcos ha puesto de relieve el valor de la casa como estructura base de encuentro y maduración mesiánica, tanto en su valor de lugar físico (*oikos*) o de signo de la familia (*oikia*). La casa es espacio de curaciones y enseñanzas, de reuniones y de fraternidad, como indican 1, 21; 2, 1; 3, 20-35; 5, 38; 6, 10; 7, 24; 9, 33; 14, 3.12-26. El lugar propio de los seguidores de Jesús no es un templo (un edificio sacral), sino una casa profana, es decir, un lugar abierto a la fraternidad concreta, universal.

3. *Barca*. Es un signo especial de la Iglesia, vinculada a los cuatro pescadores mesiánicos (de 1, 16). Es lugar desde el que Jesús enseña, es medio de transporte y navegación hacia los lugares que están en la otra orilla, lugar de prueba y profundización mesiánica (cf. 1, 19-20; 3, 9; 4, 36-37; 5, 2.18.21; 6, 32.47-50; 8, 10.13).

4. *El huerto*, que parece estar situado en la zona del mismo Monte de los Olivos (unir 14, 32 con 14, 26), es lugar «privado» de oración y angustia; pero lo profanan los que vienen de fuera y se apoderan de Jesús.

5. *El sepulcro*. Debía ser lugar cerrado, que contiene el cuerpo de Jesús, como lugar donde se ratifica la muerte (15, 42-47). Pero el texto dice que está abierto, viniendo a ser luego un signo pascual, matriz del nuevo comienzo mesiánico (16, 1-8).

b. *Espacios abiertos*. El mensaje de Jesús, vinculado a la casa, se encuentra, sin embargo, expandido hacia diversos lugares de la geografía humana. Éstos son algunos de ellos:

1. *Nazaret*. Lugar de origen, en Galilea (1, 9). Aparece veladamente en 6, 1, donde le rechazan, y al final del evangelio, donde el joven de la pascua llama a Jesús el «nazareno» (16, 6).

2. *Desierto* (1, 1-13). Espacio de preparación y prueba; hay que entenderlo desde el trasfondo del Antiguo Testamento. Los *lugares solitarios* son apropiados para orar (1, 35) y para ocultarse en momentos de crisis mesiánica (1, 45). Son también lugares propios para la enseñanza tranquila y la multiplicación de panes (6, 35), y quizá para la reflexión sobre Jesús y la confesión mesiánica (8, 27-29).

3. *Mar*. La orilla (1, 16; 2, 13; 3, 7-12) es lugar de llamada y enseñanza abierta a los diversos pueblos del entorno. El mar (4, 35-41; 5, 13; 6, 45-52) es

> espacio de prueba, de derrota de lo demoniaco, y de signo de apertura y expansión del evangelio.
> 4. *Montaña y camino*. La montaña es lugar de llamada (3, 13) y oración (6, 46); es, al mismo tiempo, lugar de transfiguración, anuncio mesiánico y revelación escatológica (9, 2; 11, 1; 13, 3). El camino constituye, en algún sentido, la patria de Jesús, en su ascenso a Jerusalén, que comienza de hecho en 8, 27. Toda una sección de Marcos (9, 27-10, 52) está centrada en el camino.
> 5. *Jerusalén y Gólgota. El sepulcro*. Jerusalén es la meta del camino de Jesús y el lugar de su juicio (Mc 14-15). Al lado de Jerusalén está el Gólgota, que el mismo texto traduce como lugar del cráneo (15, 22), y que es el espacio propio de las ejecuciones capitales; este es el último lugar de la geografía de Jesús en su historia como hombre vivo de este mundo. En relación con Jerusalén y el Gólgota está el sepulcro, al que nos hemos referido ya como lugar cerrado.
> 6. *Galilea*. Había sido el lugar del comienzo del mensaje de Jesús (1, 14-15); será con la pascua el lugar donde vuelven a reunirse sus discípulos para reasumir su anuncio, y camino de evangelio por la pascua (16, 7).

En el proceso que lleva de la orilla del mar (cruce de pueblos), por la montaña del envío, a la casa de la fraternidad, va surgiendo la Iglesia de Jesús. Marcos ha creado una *geografía teológica* muy honda que define de algún modo su evangelio. Presentamos brevemente los dos primeros temas para detenernos más en el tercero, dividido en dos secciones: *disputa con los escribas* (3, 22-30), relación con *los antiguos y nuevos familiares* (3, 21.31-35).

a) Orilla del mar, todos los pueblos (3, 7-12)

Algunos autores han insistido en la tradición que interpretaba a Jesús como *theios anêr, hombre divino*, lleno de poderes sobrenaturales, que iba mostrando su grandeza y derrotando a los demonios, como supone Weeden, *Mark; La herejía que exigió el evangelio de Marcos*, en Rodríguez (ed.), *Investigación*, 109-126 [=ZNW 59 (1968) 145-158]. En contra de Weeden, pensamos que no hay tal diferencia entre el Jesús exorcista poderoso y el Hijo del Hombre que sufre; cf. Telford, *Introduction: The interpretation of Mark*, en Id (ed.), *Interpretation*, 30-32. Fowler, *Loaves*, 172-174 piensa que Mc 3, 1-19 anticipa gran parte de los temas de Marcos. Sobre los espacios (mar, monte, casa), cf. Calle, *Situación*, 85-87 y 129-130, y especialmente Malbon, *Space*, 76-79 y 84-89. Sobre el tema de los milagros en su contexto, cf. P. J. Achtemeier, *Toward the Isolation of Pre-Markan Miracle Catenae*, Journal of Biblical Literature 89 (1970) 265-291.

Elección y misión. La tarea de los Doce (3, 7-6, 6a)

Culmina el primer desarrollo de la misión iniciada en 1, 14, y Jesús vuelve a la orilla del mar donde ha llamado, conforme al principio y centro del relato anterior (1, 16-20; 2, 13-17), a Cuatro discípulos y a Leví, el judío publicano. Ha enseñado curando, ha discutido con las autoridades de Israel sobre el sentido del perdón y la pertenencia al pueblo (pecadores), y de un modo especial sobre el valor de la ley (sábado). Como respuesta ante su gesto y su llamada, se le acercan muchos hombres y mujeres (*poly plêthos*) de todos los lugares que componen la tierra primera y pretendida del pueblo elegido:

a. (Muchedumbre) *⁷Jesús se retiró con sus discípulos hacia el mar y lo siguió una gran muchedumbre de Galilea y también de Judea, ⁸de Jerusalén, de Idumea, del otro lado del Jordán y de la región de Tiro y Sidón acudió a él una multitud grande, al oír hablar de lo que hacía.*

b. (Discípulos) *⁹Como había mucha gente, encargó a sus discípulos que le preparasen una barca, para que no lo estrujaran. ¹⁰Pues había curado a muchos, y cuantos padecían dolencias se le echaban encima para tocarlo.*

c. (Posesos) *¹¹Los espíritus inmundos, cuando lo veían, se postraban ante él y gritaban: Tú eres el Hijo de Dios. ¹²Pero él les prohibía enérgicamente que lo descubriesen.*

a) *Muchedumbre* (3, 7-8). La orilla del mar (cf. 1, 16-20 y 2, 13) ha aparecido ya como principio de Reino. No se ha encerrado Jesús con sacerdotes en el templo, o con letrados en un tipo de escuela particular. A la vera del mar ha venido como pescador (cf. 1, 17-20) de hombres, para llamar a sus Cuatro colaboradores. Allí ha vuelto para invitar a Leví y a los excluidos del sistema sagrado (2, 13-14). Pues bien, ahora vuelve para «encontrar» y recibir a las gentes de siete pueblos que vienen a buscarle.

Estamos ante un caso clave de apertura geográfica y humana, que define no sólo el entorno de la actividad de Jesús, sino también el entorno del evangelio de Marcos, distinguiéndole de Juan Bautista, a quien sólo buscaban junto al río personas que venían de Judea y de Jerusalén, es decir, del Israel «sagrado» (1, 5). A Jesús, en cambio, le buscan, junto al mar abierto, personas del antiguo Israel (Galilea, Judea, Jerusalén) y de su entorno semipagano (Idumea y la región del otro lado del Jordán) y pagano (Tiro, Sidón). La orilla del mar es plaza donde confluyen *los siete pueblos del entorno*, judíos y paganos, a diferencia. Significativamente faltan Decápolis (¿incluida en Perea?) y Samaría (ausente en todo Marcos), quizá porque Marcos sólo destaca siete pueblos como signo de la humanidad entera:

a. y *una gran multitud*
    b. de Galilea le seguía, y de Judea y Jerusalén, y de Idumea y Transjordania y del entorno de Tiro y Sidón;
a'. *una multitud grande*, oyendo las cosas que hacía, vinieron e él (3, 7-8).

Galilea, Evangelio del Reino (1, 14-8, 26)

El texto ha sido cuidadosamente redactado: repite, al principio y final, invirtiendo el orden de palabras, para indicar mejor el quiasmo, que una gran multitud le buscaba. En el primer caso se dice que le seguía (*ēkolouthēsen*), como indicando que se trata de un verdadero discipulado (cf. uso de la palabra en 1, 18; 2, 14-15; 8, 34). En el segundo se indica que venían (*ēlthon*) hacia él.

Como he dicho, la referencia más cercana al texto es la que vimos en 1, 5: «Venían a Juan toda Judea y los jerosolimitanos todos, y se bautizaban». Ahora siguen viniendo de Judea-Jerusalén, pero el círculo de gentes que le buscan se amplía y llegan muchos del sur (Idumea), del este (Transjordania) y del norte (entorno de Tiro y Sidón), como abriendo hacia las cuatro dimensiones (falta el oeste, que es el mar) la tierra de apertura y atracción mesiánica.

Quizá pudiéramos añadir que Jesús reconstituye desde su evangelio las fronteras ideales del Israel mesiánico (cf. Jos 13–24), pero debemos añadir algunas precisiones importantes: falta Samaría, y tampoco se habla aquí de la Decápolis (cf. Marcos 5, 20; 7, 31) o Siria (citada en Mt 4, 24). Por eso resulta difícil buscar en el texto una especie de mapa detallado de las pretensiones misioneras de Jesús (o de la más antigua Iglesia). Quizá baste con decir que Jesús ha desbordado los límites de influjo del Bautista, superando aquello que pudiéramos llamar concentración judeo-jerosolimitana de su llamada penitencial.

A partir del centro galileo, el mensaje se extiende a las tierras del entorno israelita, en una especie de preparación de lo que después será la Iglesia. Pero más importante que la extensión geográfica resulta la orientación de fondo del relato. Jerusalén ha perdido su categoría de centro religioso donde el pueblo sube desde todas partes para adorar a Dios, reconociendo su presencia en el templo. La ciudad se ha convertido en un lugar entre los otros, como un espacio más en el que habitan seres que pueden acoger el evangelio. También Judea pierde su importancia, y se enumera al mismo nivel que Transjordania, Idumea o las ciudades principales de Fenicia. Es evidente que Jesús se centra en Galilea, convertida en principio de su actividad y lugar de irradiación del Reino. Pero tampoco Galilea es verdadero centro; el foco de atracción mesiánica es la persona misma de Jesús.

Los judeo-jerosolimitanos venían a bautizarse bajo Juan (1, 5). Ahora los habitantes de las muchas tierras del entorno siguen a Jesús, vienen a él. Eso significa que templo y tierra, lo mismo que el bautismo y la nueva realidad de salvación, se identifican ya con el mismo Jesús. Así se inicia una especie de comunidad mesiánica, centrada en su enseñanza (= actividad sanadora). Por eso el texto indica en forma condensada y reasume todo lo que han sido los temas anteriores. Jesús llama a sus discípulos, que sirven ya de mediadores, y les pide que preparen una barca; se separa así de aquellos que le tocan y aprietan, para hablarles ya tranquilo y ofrecerles su enseñanza desde la cátedra de esa misma barca, fondeada en las orillas de un mar donde parecen juntarse muchos pueblos.

De un modo lógico, en este contexto, Jesús no ofrece ley como Moisés en la montaña (no es judío rabínico, ni habla sólo para judíos), no enseña, ni exige un bautismo de penitencia (para perdón de los pecados, a diferencia de Juan Bautista), ni siquiera pide conversión, como aparece en 1, 14-15. Básicamente, él «cura», en gesto que, en principio, puede aplicarse tanto a judíos puros como a marginados y paganos. Por su parte, la muchedumbre le busca porque ha oído «las cosas que hacía», no para buscar expresamente el Reino de Israel, sino para conseguir la salud. Eso significa, ante todo, que él cura a los necesitados, en la línea de la enseñanza nueva que ya vimos en la sinagoga (cf. 1, 21-29). Éste es un Jesús sin condiciones previas. En la orilla de la enfermedad y miseria le buscan todos; como Hijo de Dios (así le llaman: 3, 11), *él recibe y* cura a todos los que vienen.

Los necesitados acuden porque desean curación. Han oído *lo que hace* (3, 8) y vienen a su encuentro, desde muchos caminos. Son *multitud* (*poly plêthos*: 3, 7.8): humanidad dominada por espíritus impuros, que actúan por igual sobre judíos y gentiles. En el cruce de caminos de la orilla del mar, allí donde se juntan y le buscan los posesos de la tierra, ha venido a situarse Jesús con sus discípulos en gesto de curación, es decir, de humanidad. Aquí, a la vera del Mar de Galilea (que es símbolo de apertura universal) y no en el templo de Jerusalén, viene a desembocar la *peregrinación de pueblos* de que hablaba la promesa israelita (cf. Is 60). Los caminos del mundo no conducen ya a Sión, santuario nacional judío, sino al mar universal donde Jesús ofrece su mensaje.

b) *Mediación de los discípulos* (3, 9-10). Jesús cura a través de un contacto personal, uno a uno. Las gentes llegan con necesidad de *tocarle* (*hina autou hapsôntai*: 3, 10). Vienen como si estuvieran faltos de humanidad, como si no lograran comunicarse con nadie. En el centro de este evangelio de Marcos está el signo de las manos que necesitan otras manos. En este nivel de presencia corporal se sitúa Jesús, Mesías universal (no sólo de los judíos). Pues bien, tanto él como la muchedumbre de los que vienen tienen la necesidad de «organizar» esos contactos, a fin de que Jesús llegue de un modo personal a la gente.

La imagen no podía resultar más apropiada: la orilla está cuajada de gentes que de todas partes vienen a buscarle. Jesús, sobre la barca que preparan sus discípulos, va hablando, suscitando de esa forma un nuevo pueblo, en el Mar de Galilea. Pues bien, lo más significativo es que Marcos no transmite el contenido «doctrinal» de esa enseñanza, sino un rasgo distinto: la palabra convertida en curación, como hemos visto en 1, 21-28. Tenemos la impresión de que Marcos desconfía de doctrinas impersonales, de discusiones eruditas sobre viejos dogmas y libros antiguos, como hacían los escribas (1, 22). Por eso ha interpretado la enseñanza de Jesús como contacto personal de liberación:

a) Curaba a muchos, de manera que los que sufrían de algo
se le echaban encima para tocarle;

a') y los espíritus impuros, cuando le veían,
se postraban ante él gritando: ¡Tú eres el Hijo de Dios! (3, 10-11).

Claramente se ve el paralelismo. (a) En un caso se habla de gentes que sufren: ellas se acercan a Jesús para tocarle, es decir, para acoger la fuerza positiva de su gracia curadora. Este es un gesto de veneración o, quizá mejor, de identificación mesiánica. Los enfermos ya no acuden al templo de Jerusalén para adorar a Dios. Vienen a Jesús para sentirse de verdad humanos, es decir, curados (a'). En el segundo caso hallamos a los espíritus impuros. Evidentemente, son los mismos enfermos anteriores que aparecen como «poseídos» por lo satánico. Ellos, los espíritus que hemos encontrado en 1, 23-24, no pueden tocar a Jesús, ni identificarse con él. Se postran a su paso, como indicando sumisión (separación), y reconocen su poder diciendo: «¡Eres Hijo de Dios!».

Se repite así la misma confesión de 1, 24, aunque ahora llaman a Jesús Hijo de Dios (cf. 1, 1; 15, 39), en lugar de Santo de Dios. En este doble movimiento de acercarse y tocar (enfermos) o de postrarse y confesar (demonios) se ha condensado de algún modo todo el evangelio. Jesús desenmascara el mal para liberar a las personas. (a) Por un lado, demuestra una gran autoridad (le confiesan los demonios). (b) Por otro, despliega una inmensa cercanía, de manera que todos los enfermos vienen a tocarle, y al hacerlo quedan transformados. Este modelo de evangelio es bueno, pero, como hemos indicado ya al tratar de 1, 25.34.44, resulta limitado. Jesús no puede ni quiere presentarse como un «mesías satánico», es decir, reconocido y confesado en el nivel en el que actúan los espíritus impuros. Por eso nuestro texto acaba señalando que «les prohibía que le descubrieran» (3, 12).

No es que fuera mentira el título que le han atribuido los espíritus. Es que ellos no pueden proclamarlo de manera buena. En la línea de su confesión, Jesús sería una especie de varón divino, un habitante de frontera, es decir, alguien que vive entre el poder de Dios y los demonios, imponiendo ese poder (con fuerza externa e intenciones de glorificación personal) sobre los enfermos de este mundo, para así adquirir o demostrar dominio impositivo.

c) *Posesos: los demonios le conocen* (3, 11-12). El tema aparecía en 1, 24 y volverá en 5, 7. Los espíritus impuros pertenecen al poder antidivino, contra el que Jesús ha mantenido (mantiene) dura lucha (cf. 1, 12-13). Ellos descubren el secreto de Jesús y lo manifiestan diciendo que es Hijo de Dios, pero de una forma que no responde al mesianismo de Jesús, como seguiremos viendo (3, 11). El tema puede interpretarse en perspectiva mítico-simbólica, como indicación del carácter sobrehumano de la lucha de Jesús, que ha destruido con su vida y con su muerte el poder de lo diabólico. Pero también debe entenderse en clave social y psicológica: hay un mundo de enfermedad y sufrimiento, de opresión y locura que está cerca de Jesús.

Pues bien, precisamente en ese límite de muerte le descubren e interpelan los que están desesperados, destruidos sobre el mundo. Le conocen los dementes, le descubren los demonios, pero Jesús les hace callar: no penetra en ese mundo para resolver con nueva locura los problemas de locura de la tierra, sino para ofrecer, en el lugar del sufrimiento, una palabra fuerte de presencia humana y curación personal.

Jesús no es un Satán más fuerte (como piensan algunos, incluso entre aquellos que le llaman Hijo de Dios; 3, 11), sino portador de un poder totalmente distinto. Por eso manda a los «demonios» que se callen. El descubrimiento de su verdadera identidad tendrá que hacerse de otra forma, por medio de su propio camino de entrega de la vida en favor de los demás. Ciertamente, Jesús es Hijo de Dios, pero ese título y nobleza sólo adquiere dignidad y sentido cuando se le confiese como el Cristo que ha muerto por los otros, es decir, el Mesías crucificado, como vemos en 15, 39.

Éste es un tema abierto a lo largo del evangelio. Este primer cuadro de multitudes en torno a Jesús ha sido como un ensayo o prueba de su verdadero mesianismo. Necesitada está la gente que viene por doquier. Buena es la actitud de Jesús que acoge a los enfermos y vence a los demonios. Pero todo eso se debe purificar, en un camino de profundización evangélica que irá desarrollando el mismo relato de Marcos. Y con esto pasamos al texto siguiente.

Por eso, los discípulos le sirven de intermediarios (3, 9-10). Una cosa es tocar, otra aplastar. Por eso pide Jesús una barca, para que no le estruje el gentío, para que no le ahogue la muchedumbre, y desde ella, a la vera del mar, va ofreciendo su propio cuerpo, su mano amiga, su mirada de persona a los que vienen dominados por diversas plagas, por espíritus impuros, por las fuerzas de la muerte. *Esa barca* de los discípulos tiene dos fines. (a) Sirve para que no aplasten a Jesús. (b) Pero sirve también de lugar de mediación, apareciendo así como signo de la «Iglesia», es decir, de la comunidad a través de la cual Jesús puede «curar» a los que vienen. La memoria del Jesús sanador es principio de vida y experiencia de la Iglesia que sigue ofreciendo sanación a los humanos, porque en su barca tiene que estar Jesús, curando.

Este pasaje presenta así un signo básico de la Iglesia. Expone Jesús su mensaje (palabra hecha exorcismo) a la vera del mar donde se cruzan los pueblos, sentado en la barca, venciendo a los demonios y cumpliendo de esa forma la promesa de 1, 12-13. No les deja hablar, no quiere que entiendan su obra como imposición violenta. Ha iniciado con sus discípulos un camino, para servicio de los endemoniados y oprimidos y lo quiere ratificar, de forma expresa, en la escena que sigue.

(26) Multitud

Jesús no ha iniciado su camino sólo con endemoniados y/o enfermos, sino que ha suscitado un movimiento mesiánico más amplio, de forma que ha venido a recibir su ayuda y curación, su palabra y pan, una multitud (*plêthos*), un pueblo (*okhlos*) más extenso de personas. No se ha cerrado en unas élites de tipo económico, social y/o cultural. La multitud está presente a lo largo de todo el evangelio, cumpliendo funciones distintas (escucha a Jesús, le acompaña o condena). Le ha buscado mucha gente y con ella (para ella) ha iniciado un movimiento de Reino, como aparece de forma ejemplar en 3, 6-12.

1. *Multitud con enfermos* (1, 32-39; 3, 7-12; 5, 31; 6, 53-56): gente que viene de todas las tierras del entorno y pretende *tocar* a Jesús para recibir su curación.
2. *Multitud que acoge su enseñanza*, recibiendo la semilla que él esparce por doquier (4, 1), aunque él precise y aclare luego esa enseñanza, en privado, a sus propios discípulos (4, 10-11).
3. *Multitud necesitada* que le sigue, buscando su palabra y su pan, porque se encuentra en gran apremio, como ovejas sin pastor (6, 34-45; 8, 1-10).
4. *Multitud que le acompaña a Jerusalén*, en gesto mesiánico (11, 1-11), y le escucha con aprobación, de manera que los sacerdotes tienen miedo de prender a Jesús, por la forma en que puede reaccionar la multitud (cf. 14, 2).
5. *Multitud que le condena a muerte* (15, 6-15). Pilato pone la sentencia del juicio de Jesús en manos de la multitud, que acaba cumpliendo los deseos de los sacerdotes y condenando a Jesús (15, 6-15).
6. *Multitud, más allá de judaísmo y paganismo*. Estrictamente hablando, la juventud del entorno de Jesús pertenece en general al pueblo judío, pero, en otro sentido, ella desborda el judaísmo, pues aparece como signo del conjunto de la humanidad, pues todos los hombres y mujeres, en Israel y en las naciones, tienen unos mismos problemas y esperanzas.

Iglesia (grupo de llamados) y multitud (la gente en general) no son magnitudes separadas (Iglesia santa, muchedumbre pecadora), como han supuesto algunos, sino que tienen puntos comunes, pues tanto la enseñanza como la celebración de la vida (multiplicaciones de 6, 34-45 y 8, 1-10) son gestos al mismo tiempo eclesiales (sacramentales) y de multitudes. Eso significa que la Iglesia de Jesús no se separa del mundo: no lo ha expulsado de sí, ni lo ha condenado, sino que actúa como signo y principio de salvación para todo el mundo.

Elección y misión. La tarea de los Doce (3, 7-6, 6a)

b) Montaña de elección, el signo de los Doce (3, 13-19)

Sobre el signo profético de la elección de los Doce, cf. M. Trautmann, *Zeichenhafte Handlungen Jesu* (FB 37), Echter, Würzburg 1980, 167-233. Siguiendo especialmente a E. P. Sanders (*Jesus and Judaism*, SCM, London 1985, 95-106), he presentado el tema en *El Evangelio. Vida y Pascua de Jesus* (BEB 75), Sígueme, Salamanca ²1993, 108-117, poniendo más de relieve el aspecto positivo de los Doce. Varias obras citadas en bibliografía general (Bartolomé, *Discipulado*; Best, *Following*; Kertelge, *Conflicto*, 123-158; Mateos, *Doce*; Schmahl, *Zwölf*; Stock, *Boten*; Tannehill, *Disciples*) tratan con amplitud de los Doce. Síntesis del tema en G. Leonardi, «*I dodici*» e «*gli apostoli*» *nei vangeli sinottici e Atti*, StPatavina 42 (1995) 163-193, esp. 165-171, y en Telford, *Introduction*, en Id (ed.), *Interpretation*, 35-37. Cf. además K. H. Rengstorf, *Apostellô*, TWNT 1, 397-448; *Dôdeka*, TWNT 2, 321-328.

Hubo una primera llamada, dirigida a los Cuatro pescadores, signo de la pesca universal de Dios (1, 16-20), y a los publicanos-pecadores, que habían recibido la promesa del banquete de Reino (2, 13-17). Jesús ha expandido luego su tarea, y le sigue una gran multitud que proviene de las diversas regiones y del entorno de Israel (3, 7-12). Pues bien, de un modo consecuente, reasumiendo el viejo gesto de Moisés que asciende a la montaña para recibir las leyes fundadoras de su pueblo (cf. Ex 19, 34), Jesús va precisando el sentido de su mesianismo, en línea israelita, para convocar y establecer a los Doce representantes del nuevo Israel escatológico (que deberá estar, evidentemente, al servicio de la pesca universal, representada por los Cuatro de 1, 16-20). Esta es la segunda llamada de Jesús, que fracasará, como veremos; la definitiva habrá de hacerse tras la pascua (cf. 6, 6-7).

Ciertamente llama a Doce, como representantes de las tribus, signo de la totalidad israelita. Pero ellos romperán el esquema del buen pueblo sagrado, compuesto por hombres puros, cumplidores de la ley, y por sacerdotes que realizan su liturgia sobre el templo. Este nuevo Israel no se construye sobre ley y templo, sino sobre el mismo Jesús que llama a los que quiere y constituye a Doce como signo de las tribus de su mesianismo. Le sigue rodeando la inmensa multitud de 3, 7-12. Del centro de ella y para servicio de los otros ha convocado a sus representantes y enviados. Este pasaje tiene un fondo histórico y pascual, y presenta a Jesús como fundador de la comunidad mesiánica, centrada en los doce apóstoles. Entre el pasado de elección (historia de Jesús) y el futuro del cumplimiento escatológico se instaura la Iglesia, reflejada por los Doce en Marcos.

a. (Llamada) ¹³*Subió después al monte, llamó a los que quiso y fueron donde él.*
b. (Los Doce, misión) ¹⁴*Constituyó entonces Doce, a los que llamó apóstoles, para que estuvieran (fueran) con él y para enviarlos a proclamar el mensaje* ¹⁵*con poder de expulsar a los demonios.*

c. (Los Doce, nombres) *¹⁶Constituyó a estos Doce: a Simón, a quien dio el sobrenombre de Pedro; ¹⁷a Santiago, el hijo de Zebedeo, y a su hermano Juan, a quienes dio el sobrenombre de Boanerges, es decir, Hijos del trueno; ¹⁸a Andrés, Felipe, Bartolomé, Mateo, Tomás, Santiago el hijo de Alfeo, Tadeo, Simón el Cananeo ¹⁹y Judas Iscariote, el que lo entregó.*

a) *Montaña, llamada* (3, 13). La muchedumbre sigue abajo, necesitando curación. Para curarla mejor asciende Jesús al monte donde llama a los que quiere (*proskaleitai*) y funda como Moisés el nuevo pueblo de Dios, en este monte que es como el Sinaí judeo-cristiano de su evangelio. Les llama para que se acerquen (*proskaleitai*) y ellos fueron donde él (*apêlthon pros auton*). Éstos que «van donde él» son el conjunto de sus seguidores y discípulos, un grupo indeterminado, pero grande, ente los que están, sin duda, las mujeres de 15, 40. El texto pone de relieve la iniciativa de Jesús en la llamada.

El nuevo pueblo emerge y se mantiene a través de la palabra de Jesús que convoca (*proskaleitai*) a los que quiere, para que ellos sigan llamando después a otros hombres y mujeres en el ancho camino de la historia. La Iglesia, que aparece desde aquí como mediadora de una salvación universal, destinada a todos los pueblos que se han juntado a la vera del mar, se funda así a través de la palabra de Jesús que reúne de un modo especial a algunos (llamó a quienes quiso: *hous êthelen*), para servicio de todos los demás.

Hemos pasado del mar (que es signo universal, reunión de todos los pueblos) a la montaña (que es signo de Israel). El mar era el espacio abierto de llamada. También era lugar de la predicación para los pueblos del entorno (3, 1-12). Pero, en un momento dado, para que esa misma predicación y gesto evangélico se extienda y consolide, Jesús debe buscar unos colaboradores especiales (en línea israelita). Para ello, siguiendo las tradiciones del tiempo más antiguo (cf. Ex 12, 19-34), sube a la montaña de la revelación de Dios, al lugar donde se puede establecer el nuevo pueblo. El texto ha sido estructurado de una forma muy precisa. Jesús sube, y es evidente que hay muchos que le siguen; desde arriba, en gesto de autoridad creadora, poniendo las bases del nuevo pueblo mesiánico, llama a los que quiere. Mantiene así la iniciativa, como delegado y portador de Dios ante los hombres.

La vocación que ahora ofrece no se expresa a modo de puro sentimiento interno, ni tampoco a modo de compromiso que cada uno puede asumir desde sí mismo. Vocación viene de llamada, de aquella palabra que Jesús ha dirigido a los que quiere, para hacerlos signo y principio misionero al servicio de la nueva humanidad mesiánica. Siendo convocados, los llamados deben responder y han respondido libremente, acercándose a él para formar las bases de su pueblo israelita, que será ya desde ahora el portador de la esperanza mesiánica.

> **(27) Proceso vocacional (3, 13-14)**
>
> Estrictamente hablando, en el caso de los Cuatro, en 1, 16-20, no hubo proceso, pues Jesús llamó directamente a los pescadores del lago, sin que le conocieran de antemano, en signo de apertura universal. Ahora tenemos un proceso bien estructurado de llamada y respuesta, con cuatro elementos básicos:
>
> 1. *Búsqueda previa* (2, 15; 3, 13). Son muchos los que han escuchado a Jesús, habiendo quizá recibido una llamada previa (como los pescadores y Leví). Son muchos los que están (parecen estar) dispuestos a seguirle más profundamente si les llama para ello.
> 2. *Llamada expresa* (3, 13). De entre aquellos que le siguen (todos bien dispuestos para el Reino), Jesús ha elegido a unos cuantos llamándolos por su nombre, para así ofrecerles una tarea peculiar en el camino de esperanza israelita.
> 3. *Respuesta* (3, 13). Los llamados se acercan, realizan de esa forma un tipo de gesto litúrgico de separación respecto a todo lo anterior y se disponen para las nuevas tareas del Reino, en línea israelita.
> 4. *Institución* (3, 14). Con soberana autoridad, como iniciador y centro de la obra mesiánica, Jesús ha creado un grupo de Doce amigos-apóstoles que expresan de manera visible la llegada del Reino sobre el mundo.
>
> Pero ese proceso, con todo el camino que sigue, desemboca en un tipo de ruptura, de manera que el evangelio de Marcos aparece como la crónica de una crisis vocacional, que comienza en 8, 27-33, con la «confesión» y rechazo de Pedro, y culmina en 14, 52, con el abandono de los discípulos, de manera que ellos no participan en la muerte de Jesús (no la comparten). Esa crisis ofrece evidentemente un signo de las dificultades y rupturas que implica el seguimiento mesiánico. Por eso, Marcos ofrece también un *recuperación vocacional*, aunque no sea de todos, sino de algunos discípulos, a través de las mujeres, en la experiencia pascual, con la palabra del joven que les manda volver a Galilea (16, 1-8).

b) *Los Doce, misión* (3, 14-15). El texto ha destacado el número de Doce (cf. también 3, 16), que nosotros preferimos escribir con inicial mayúscula. Es claro que ellos han de interpretarse en forma corporativa. Este es su nombre y su función: ser Doce como fueron doce los antiguos patriarcas de Israel cuyo recuerdo o nombre se mantiene a lo largo de la historia en las tribus que ellos suscitaron. Pues bien, ha llegado el tiempo de fundar o explicitar las nuevas doce tribus del Israel mesiánico, abierto hacia todos los necesitados, como ha presupuesto el pasaje precedente de la enseñanza y curaciones de Jesús (3, 1-12). Por eso, Jesús no sólo llama a los que quiere (que son signo de toda la Iglesia), sino que constituye en especial a Doce especiales, con una tarea específica, siguiendo el simbolismo de Israel, para ser el centro del nuevo pueblo elegido, del Israel escatológico, al servicio de la familia universal humana.

- *Constituyó (hizo, epoiêsen) Doce en la montaña de su revelación israelita* (3, 14.16). Antes, en la orilla del mar, había comenzado llamando a *Cuatro* pescadores, que eran signo de toda la humanidad convocada para el Reino (1, 16-20). Ahora escoge a *Doce* que son signo del Nuevo Israel. Esta constitución de los Doce es un dato histórico de Jesús, que actúa así como Mesías de Israel (de las Doce tribus de Israel). Marcos recoge ese dato (como lo había recogido Pablo en 1 Cor 15, 3-6), vinculando de esa forma el hecho histórico con su propia visión de la historia.
- *A los que llamó «apóstoles»* (3, 14). Pablo distingue entre los Doce (que habrían sido constituidos por Jesús antes de la pascua) y los «apóstoles» (que serían misioneros helenistas de la Iglesia, distintos de los Doce y más numerosos). Pero bastante pronto el nombre de apóstol tiende a aplicarse a los Doce de un modo especial, convirtiéndolos así en los primeros misioneros de la Iglesia. Esta identificación puede estar fundada en el hecho de que los Doce de Jesús se conciben como «saliah», sus representantes.

Esa identidad entre los Doce y los apóstoles no aparece todavía en Marcos, que distingue entre «constituir» (*epoiêsen*) a «los Doce» (*tous Dôdeka*), que aparecen así como un grupo cerrado (no pueden ser más ni menos que doce), y el hecho de llamarles «apóstoles», sin artículo, lo que indica que ese nombre (apóstol) puede aplicarse también a otros (en la línea de Pablo), en contra de Mt 10, 2 y Lc 24, 10 donde se identifica ya a los Doce con los apóstoles. Estos Doce, llamados apóstoles, tienen según Marcos tres funciones. Jesús les constituye para:

- *Para ser-con-él* (*hina ôsin met'autou*: 3, 14). Dios se definía en Israel como Yahvé, es decir, como aquel que *es-con-los humanos* (los israelitas); éstos por su parte *son-con-Dios*. Ahora, en el lugar de Dios hallamos a Jesús como el que instaura e instituye a sus discípulos (a los Doce que son signo del Israel escatológico y, a través de Israel de toda la humanidad), de forma que *sean-con-él*, pues Jesús es fundamento y contenido de la nueva comunidad mesiánica. La meta y centro de la llamada es ahora el mismo Jesús. Sus discípulos no van ya por ahí en busca del Reino en general, ni se preocupan de verdades más o menos especiales, de tipo religioso, sino que escuchan y siguen a Jesús: la primera tarea de la vocación consiste en estar con él. Sin esta experiencia de intimidad, de encuentro mesiánico y nuevo nacimiento con Jesús, no hay vocación cristiana. Lo que diferencia y define a sus discípulos no es ya básicamente la relación con el antiguo pueblo israelita (cuya plenitud representan), sino el hecho de estar vinculados con Jesús, quien aparece como principio de vida y comunión para los suyos. Jesús mismo les sustenta y vincula, como iremos descubriendo en lo que sigue, especialmente en la sección de los panes (6, 6-8, 26) y el relato eucarístico (14, 22-26), aunque al fin, según todo el despliegue de Marcos, este signo de los Doce ha fracasado, no ha cumplido su misión, de manera que ellos no han sido «reconstruidos» tras la pascua (16, 1-8).

– *Y para enviarlos a proclamar* (*apostellê kêryssein*: 3, 14). Lo que ellos reciben en germen o símbolo fundante (como Doce) han de expandirlo en forma misionera. El mismo *ser-con-Jesús* que les hace grupo mesiánico se vuelve *kerigma* creador de nueva humanidad. Estos discípulos centrales del proyecto de Jesús no llevan algo independiente, que pudiera separarse de su vida, sino que ofrecen lo que son, su vida unida a Jesús, explicitada en forma de *kerigma* (anuncio y camino de Reino) para las doce tribus de Israel y, a través de ellas, para todos los seres humanos. Por eso, siendo signo de culminación israelita, ellos son esencialmente misioneros: están insertos en la vida de Jesús (son con él) en la medida en que la expanden. La intimidad con Jesús se traduce en forma de envío y apostolado, es decir, como camino abierto hacia los hombres. Jesús les ha enseñado (confiado) la palabra y con ella han de tender hacia los otros, en actitud de apertura universal. Este envío definirá a los Doce (signo del nuevo Israel), haciendo que ellos vengan a llamarse apóstoles, es decir, embajadores mesiánicos que rompen el antiguo círculo cerrado del pueblo israelita, llevando el mensaje de Cristo hacia todos los extremos de la tierra. Pero, como he dicho y como seguiremos viendo, este grupo de los Doce discípulos terminan siendo un fracaso (no cumplen su función), aunque lo que ellos significan pueda y deba expandirse y realizarse de otras formas en el tiempo de la Iglesia. La vocación se traduce y explicita como envío.

– *Y les dio poder para expulsar a los demonios* (3, 15), es decir, para ponerse y vencer a los poderes antihumanos que tienen sometidos a los hombres. Por eso, ellos son ante todo exorcistas. La palabra del mensaje que ellos han de proclamar contiene una *exousia* o autoridad sanadora, como indicaba 1, 21-28 (*enseñanza nueva que derrota a los demonios*) y la escena anterior (cf. 3, 7-12). Siendo-con-Jesús (*met'autou*), los discípulos expresan y expanden su misma tarea. Por eso pueden enfrentarse a los demonios y expulsarlos, en camino misionero que se extiende a lo largo de la Iglesia (aunque ya no por ellos, sino a través de las mujeres y de otros discípulos).

El poder de la palabra (que define al apostolado) viene a interpretarse de esa forma como principio de curación: los discípulos de Cristo han de enfrentarse con un mundo enfermo, dominado por el mal de lo diabólico, es decir, la postración que destruye a los humanos. Una palabra que no cura ni transforma no sería palabra mesiánica. Por eso es normal que Jesús haya enviado a sus discípulos para curar y predicar. No son generadores-masculinos como los doce patriarcas de Israel. Son algo más profundo: Doce seres humanos (lo de varones resulta accidental) capaces de expresar con su vida y palabra la novedad creadora (curadora) del mensaje de Reino de Jesús.

Leído de esta forma, nuestro texto resulta hermosamente paradójico. (a) Jesús escoge, por un lado, a Doce, simbolizando en ellos la plenitud escatológica de Israel (las nuevas doce tribus). (b) Pero, al mismo tiempo, ellos reciben el título de apóstoles: están llamados a salir al mundo (en la línea de 3, 7-12), rompiendo de esa forma la frontera intrajudía. Son Doce (Israel) siendo apóstoles de lo humano, forjadores de eso que pudiéramos llamar el pueblo universal. Son signo de la comunidad definitiva (escatológica) sólo en la medida en que se abren, expandiendo a todos los pueblos la palabra-curación que recibieron; por eso el mismo texto les presenta como enviados; esta es su grandeza y paradoja.

También es paradójica su forma de relacionarse con Jesús. Por un lado, ellos han sido llamados para estar con él, como una especie de guardianes o liturgos del nuevo templo escatológico. Por eso han de dejarlo todo, renaciendo y reviviendo en compañía de Jesús que es Cristo. Pero, al mismo tiempo, el Cristo que les llama a su lado (intimidad) les separa de su compañía inmediata y les envía hacia fuera, para que lleven su evangelio a todo el mundo, como presuponen 13, 10 y 14, 9. Intimidad con Jesús (concentración mesiánica) y apertura misionera (expansión universal) constituyen los dos polos complementarios de esa nueva y definitiva vocación cristiana.

En ese contexto, estos Doce (3, 13-19) aparecen como signo de los restantes discípulos de Jesús: en ellos se inicia y toma base todo futuro apostolado de la Iglesia. Por eso hay que volver a recordarlos, rehaciendo con ellos el camino mesiánico. Pero debemos recordar que, en cuanto tales, esos Doce acabaron fracasando: ni Jesús ha logrado realizar con ellos la obra de reconciliación israelita, ni ellos le han respondido manteniéndose firmes hasta el final. Sobre la caída de estos Doce se edifica la Iglesia posterior que asume y supera lo que ellos simbolizan, fundándose ya en el conjunto de los discípulos, entre los cuales hay que contar como primeros a las mujeres que, no siendo de esos Doce, han sido verdaderas seguidoras de Jesús (15, 40-41.47), encargadas de ofrecer su testimonio pascual (16, 7-7).

Han fracasado los Doce, pero no del todo. Por eso su elección se sigue recordando en este texto, lo mismo que en textos posteriores (especialmente en la cena final de 14, 12-31). En la paradoja del fracaso salvador de los Doce, que siguen recordando a la Iglesia futura su origen y mesianismo israelita, encontramos una de las bases principales del texto de Marcos y de todo el misterio cristiano.

Estos *Doce* forman, según eso, un cuerpo frágil, que se rompe en la pasión de Jesús, cuando ellos le traicionan y/o abandonan, de manera que sólo Jesús permanece firme, con las mujeres que le siguen (son seguidoras, no discípulos en sentido estricto: cf. 15, 40-41). Estos Doce son signo del Reino, que debía venir a través de Israel, pero no ha venido. Ellos forman parte del proyecto de la Iglesia, pero no son toda la Iglesia, ni su parte más importante, por ahora. En un sentido, ellos han fracasado, de manera que, en cuanto tales, no aparecen en la pascua cristiana (cf. 16, 1-8), de tal modo que su función en cuanto grupo israelita, signo de la Iglesia del judaísmo abierta a los gentiles, ha fracaso, al menos por ahora, como supone el mismo Pablo, al hablar del misterio del Reino (Rom 9-11), diciendo que el camino mesiánico de Israel ha quedado abierto (y sin cumplirse), hasta el tiempo final, cuando todo Israel será salvado (Rom 11, 25-26).

De la llamada y «fracaso» de los Doce en cuanto tales se ocupa gran parte del evangelio de Marcos, como seguiremos viendo. Ellos representan un camino truncado por el «fracaso del mesianismo Israelita» (por el hecho de que los sacerdotes de Jerusalén han condenado a muerte a Jesús y los Doce le han abandonado). Pero lo que esos Doce representan (han sido llamados para estar con Jesús, para proclamar su palabra y realizar sus exorcismos) se sigue realizando en la Iglesia, pero a través de las mujeres y de los discípulos (en general) y de Pedro, como seguiremos viendo (unir 16, 7-8 con 13, 10 y 14, 9).

Marcos no separa Iglesia y evangelio, de manera que, en un sentido, *los discípulos* (simbolizados por los Doce) aparecen identificados con el mismo Jesús, en hondo proceso dramático. Los Doce son signo de Israel (expresión de las doce tribus), recuerdo de la historia de Jesús (que los quiso compañeros suyos), y así podrán convertirse en signo de la Iglesia posterior (que se mira en ellos como en un espejo), pero lo serán a manera de espejo roto (fracasado, como iremos viendo sobre todo a partir de 8, 27 y de un modo especial en Marcos 14). Ese fracaso de los Doce será un momento providencial de la pascua y de la misión universal cristiana.

---

(28) Representantes de Jesús (discípulos, seguidores...)

En el contexto de 3, 11-19 resulta esencial precisar el nombre y función de los convocados por Jesús, es decir, de los protagonistas de su tarea mesiánica o, mejor dicho, de sus representantes mesiánicos:

- *Discípulos (mathetai)*. De ellos se habla con más frecuencia a lo largo del evangelio. Discípulos (personas que aprenden, del latín «discere», en hebreo «melamedim») son los que Jesús ha llamado en el principio (1, 15-18.23; 3, 7-9). Ellos le seguirán en el camino, apareciendo, al fin, como destinatarios del mensaje pascual, preparados para iniciar con Jesús la tarea ya definitiva, como presupone 16, 6-7. Pero ellos, como tales, no han aprendido (no han asimilado) bien la tarea de Jesús, de forma que al fin (como veremos en Marcos 14) le abandonan.
- *Los Doce (dôdeka)*. Forman el grupo especial, como una concentración israelita del discipulado. En el camino que empieza en 3, 13-16, Marcos ha querido dar la impresión de que el seguimiento cristiano se concentra en estos Doce, concebidos como «cuerpo» (no como individuos aislados). Sólo si los Doce siguen siendo tales (se mantienen unidos), conserva su valor el signo. Esa identificación fáctica entre los Doce y los discípulos está en el fondo de 6, 7; 9, 35; 10, 32 y, sobre todo, en el momento final de subida a Jerusalén (11, 11; 14, 10.17.20.43). Pues bien, este grupo de los Doce quiebra o se rompe con la traición de Judas (14, 10.43) y la negación y abandono del resto (14, 52). Tras la pascua, parece que Jesús no viene a refundar los Doce, sino a llamar de nuevo a sus discípulos, tomados en sentido general, como indica el texto: decid a sus discípulos (*mathêtais*) [no a los Doce], que os precede en Galilea... (16, 7). Tuvieron los Doce su tiempo. Con la muerte de Jesús termina su función.
- *Apóstoles*. Mc 3, 14 es (con 6, 30) el único lugar en que Marcos habla de apóstoles, en el sentido de enviados, identificándolos en el fondo con los Doce. Se sitúa de esa forma en la línea de una tradición que luego codificará Lucas (en Lc-Hch) aplicando la palabra apóstol sólo a los primeros Doce discípulos de Jesús. La experiencia del envío universal de los apóstoles sólo recibe su sentido tras la pascua, como indica la expansión del evangelio a todo el mundo. Pero es posible que el título de apóstoles haya quedado condensado (ejemplificado) para Marcos en aquellos primeros compañeros-enviados de Jesús que hallamos en 3, 14 y 6, 30.
- *Seguidores*. Ciertamente, Marcos 16, 5-7 recupera la palabra «discípulo» (¡decid a sus discípulos y a Pedro...!), pero el término clave en el conjunto de Marcos no es ya discípulo, sino «seguidor», como aparece al hablar de las mujeres, que siguieron y sirvieron a Jesús (cf. 15, 41-42). Las mujeres no aparecen como «discípulas» de Jesús, pero sí como seguidoras, cumpliendo de un modo ejemplar aquello que Jesús pide a los que quieran estar con él: «tomar la cruz y seguirle» (8, 34). Ellas serán las que retoman el mensaje de Jesús, reiniciando su camino (cf. 16, 1-8). En esa línea, más

> que «discípulos», los que creen son para Marcos «seguidores», empezando por las mujeres que así aparecen como prototipo del «pueblo de Jesús».

c) *Los Doce, nombres* (3, 16-19). Ha subido Jesús a la *montaña* de la nueva humanidad para iniciar la «batalla» de liberación contra lo diabólico. Por eso, escogiendo y llamando a los que quiere, «constituye» en especial a Doce, como representantes del nuevo Israel, encargado de *anunciar* y expandir su kerigma. Había llamado a *cuatro pescadores* universales (1, 16-20). Sin renunciar a esa llamada, ahora elige a *Doce* testigos israelitas para *ser-con-él* y para constituir el Israel escatológico, en un camino dramático, que se «cortará» con la muerte de Jesús, y será recreado tras la pascua.

Los nombres de esos Doce discípulos han sido recordados con ciertas variantes por la tradición eclesial (cf. Marcos 3, 16-19; Mt 10, 2-4; Lc 6, 14-15; Hch 1, 13), lo que significa que sus nombres no se recordaban con exactitud en el momento de la redacción de los textos (o que pudieron cambiar). Dentro del texto de Marcos pueden ponerse de relieve estos motivos.

a) *Los nombres de los Doce se citan de uno en uno,* no de dos en dos, como podría haberse esperado a partir de 6, 7 (les mandó de dos en dos) y del paralelo de Mt 10, 2-3. Eso significa que ellos aparecen para Marcos como figuras individuales, a pesar de la función especial que realizan cuatro (Pedro y Andrés, Santiago y Juan: cf. 1, 16-20.29 y de 13, 3), tres (Pedro, Santiago y Juan: cf. 5, 37; 9, 2; 14, 33), los dos (Santiago y Juan: 10, 35.41) y alguno de ellos, como Juan (9, 38-40) y, especialmente, como Pedro.

b) *Simón-Pedro*. Jesús cambia el nombre de Simón, el primero de la lista, a quien llama Pedro, sobrenombre que deberíamos traducir por Roca, para resaltar de esa forma su carácter paradójico, mezcla de dureza y fragilidad. Significativamente, en este pasaje, se le nombra separado de su hermano Andrés, en contra de lo que sucedía en 1, 16-18, quizá para poner de relieve la precedencia de los Zebedeos respecto de Andrés. Simón-Pedro forma parte del grupo de los cuatro y de los tres. De la tarea quebrada y abierta de Pedro (cf. 8, 28-33; 10, 28; 11, 21; 14, 54-67), habla Marcos con abundancia.

c) *Zebedeos*. Marcos cita después a *los Zebedeos*, Santiago y Andrés, a quienes cambia de nombre, a los dos a la vez, llamándoles Boanerges, hijos del trueno, quizá por su carácter violento. Ellos dos forman parte del grupo de los cuatro, pero sólo Santiago ha sido incluido entre los tres. Tanto la función de Simón-Pedro, como la de Santiago y Juan (Zebedeos), con el sentido de ese nombre, se irá aclarando a lo largo del texto (cf. 10, 35-45).

d) *Juan y Judas*. Del resto de los Doce no se dice nada, a no ser de Judas Iscariote, de quien se dice ya aquí «que le entregó» (3, 19), anticipando así lo que se dirá de él 14, 10-11.43-47). De Juan se dirá más tarde que quiso controlar el movimiento de Jesús, impidiendo que un exorcista no comunitario utilizara su nombre (9, 38-40).

e) *Grandeza y fracaso de los Doce*. La función y sentido de los Doce se ratifica en 6, 6-13, como indicaremos en su lugar. Ellos irán apareciendo en diversos momentos del despliegue narrativo, especialmente en la Última Cena (14, 10-21), para abandonar luego a Jesús en el Huerto de los Olivos (14, 52), desapareciendo así del evangelio. Ellos no aparecen como tales (como Doce) en el relato de Pascua (donde sólo se cita a Pedro), aunque pueden estar incluidos (al menos algunos de ellos) en el nombre más genérico de discípulos (16, 6-7).

Acaban los Doce, pero su fracaso ha sido providencial, según Marcos, pues permite «volver» de nuevo, de otra forma, a Galilea (16, 7-8), como supone Pablo en otra perspectiva al hablar de la «providencia divina» que se expresa en el fracaso del judaísmo histórico, que ha rechazado a Jesucristo, de tal forma que los gentiles pueden abrazar el evangelio (Rom 11, 1-26). Desde ese fondo recuerda Marcos el nombre cambiado de Simón (16, 7), a quien se llama Pedro, en su sentido ambivalente y precioso de piedra de escándalo (cf. 8, 33), y también de base o principio del camino pascual de la Iglesia. No se sabe si los otros han tornado a Jesús tras la pascua, aunque 10, 39 supone que Juan y Santiago, Hijos del trueno, sí lo han hecho. Es muy probable (casi seguro) que la lista que hemos visto en 3, 16-19 incluya a personas que fueron importantes en la Iglesia posterior cristiana, como supone Hch 1, 13-14. Excepto Judas Iscariote, los restantes Doce pudieron volver a creer en Jesús tras la pascua. Pero (a diferencia de lo que supone Hch 1, donde se afirma que Pedro reconstruye el grupo de los Doce), conforme a la visión de 16, 6-7, parece que aquellos discípulos especiales de Jesús ya no ejercieron su función en cuanto Doce, es decir, como expresión del Israel escatológico, pues ese signo ha fracasado en su sentido estricto con la muerte de Jesús, al que ellos abandonaron.

---

(29) Llamada, envío y seguimiento

Nuestra lectura de Marcos se centra en el tema de la llamada y del seguimiento, como queremos destacar expresamente en torno al tema de los Doce. Resumimos desde aquí varios motivos fundamentales de este comentario:

a. Elección y envío al servicio del Reino. Temas de (1, 14–8, 26):

1. *Llamada.* Con libertad plena y soberana autoridad, Jesús llama a unos pescadores (1, 16-20) y a unos publicanos (2, 13-17) para el servicio del Reino.
2. *Elección.* De forma especial escoge a Doce, que son signo del nuevo Israel, para que le acompañen y para poder hacerles mensajeros suyos (3, 13-19).
3. *Envío.* Un curado empieza a expandir la novedad curadora de Jesús sin haber sido enviado (1, 40-45); después Jesús envía expresamente al geraseno, para que dé testimonio entre los suyos (5, 19-20); el envío expreso de los Doce, que culmina de algún modo esta sección, se expone en 6, 7-13.

b. Camino de seguimiento. Define las dos primeras secciones de la segunda parte (8, 27–13, 37):

1. *Tomar la cruz.* Quien siga a Jesús debe asumir su camino de cruz o entrega de la vida, como indica expresamente 8, 35 y como suponen los anuncios de pasión (8, 31–9, 1; 9, 30-31; 10, 32-34).
2. *Dejarlo todo.* Sólo pueden seguir a Jesús los que, en contra del rico de 10, 21-22, lo dejan todo por él mismo y por su evangelio (10, 28-31).
3. *La fiesta del seguimiento.* La entrada en Jerusalén expresa el gozo mesiánico del seguimiento (11, 1-11). En ese contexto se incluye la figura del auténtico seguidor: el ciego curado (10, 52).

c. Crisis y nuevo comienzo. La sección final (Marcos 14–15) y el capítulo pascual (Marcos 16) exponen la crisis del discipulado y la nueva llamada del resucitado. Desde aquí se entiende el discurso de Marcos 13:

1. *Mujer de la unción, en todo el cosmos* (14, 9). Mientras ella anuncia simbólicamente la muerte-sepultura de Jesús, él afirma que su evangelio se anunciará en todo el cosmos.
2. *Mujeres seguidoras.* Los discípulos han abandonado a Jesús (14, 52). Entonces descubrimos que unas mujeres le han seguido y que darán el testimonio de su vida, convocando a los discípulos y a Pedro para el encuentro y envío definitivo en Galilea (15, 40-41.47; 16, 1-8).
3. *Discurso escatológico.* Jesús revela su doctrina final a los Cuatro pescadores escatológicos (13, 3; cf. 1, 16-20), afirmando que ellos (u otros) expandirán el evangelio a todos los pueblos (cf. 13, 10).
4. *El apéndice canónico* (16, 15) expone el envío universal («Id a todo el cosmos y proclamad el evangelio a toda criatura»), suponiendo que ya se ha realizado.

c) Casa familiar: Iglesia disputada (3, 20-35)

Tras la orilla del mar y la montaña está la casa (3, 20) de la fraternidad donde está Jesús con aquellos que escuchan su palabra (palabra de Dios). Quedaba pendiente desde atrás (cf. 1, 12-13.21-28 y 2, 23–3, 6) el tema de la relación entre Jesús y lo satánico. El tema lo vuelve a plantear ahora, con radicalidad extrema, este relato doble, construido con la técnica del emparedado (o sándwich): se inicia un tema (3, 20-21), se introduce y desarrolla luego otro que está relacionado con el precedente (3, 22-30), y se recupera o completa finalmente el primero (3, 31-35). De esa forma se destaca, ya en un plano narrativo, la unidad que hay entre ambos, pues plantean el tema de la familia y sitúan en el centro de atención la palabra casa (*oikos-oikia*), como empezaremos indicando:

1. Introducción y estructura básica (3, 20-21)

Marcos nos sitúa ante un escenario ideal, que es la casa, que será signo de la Iglesia, y en ella se van trazando los círculos de presencia y pertenencia eclesial: familiares que pretenden llevarle al hogar de su tradición, escribas que le juzgan endemoniado y compañeros que se sientan en su entorno, cumpliendo con él la voluntad de Dios. Queda pendiente (para multiplicaciones y eucaristía) el motivo de la comida. Desde este versículo (3, 20) presentamos los temas que siguen en 3, 21-35.

²⁰Y volvió a casa, y de nuevo se reunió la gente, de manera que no podían ni comer.
²¹Y sus parientes, al enterarse, salieron para agarrarlo, pues decían: ¡Está fuera de sí!...

La *casa* suscita la *disputa*: muchos combaten a Jesús porque piensan que destruye la estructura israelita, en clave de nación (escribas) y parentesco (hermanos). En esa casa pueden juntarse, de forma simbólica y real, los que él ha ido buscando en el camino (posesos, leprosos, paralíticos...), con los que él ha llamado y el grupo de los Doce convocados sobre el monte. Así lo indica el pasaje de disputa jurídica y/o institución eclesial (3, 20-35) que comienza con esta introducción, con el escenario (*oikos* o casa: 3, 20), y las dos escenas que siguen, una intercalada en otra: al principio y fin está la familia (3, 21.31-35) y en el centro la acusación y condena de los escribas (3, 22-30), como indicaré.

- *Principio del pasaje: casa de la Iglesia* (3, 20). En ella está Jesús, rodeado por el pueblo (*okhlos*) que le busca (3, 20) a partir de la muchedumbre inmensa de la orilla del mar (*poly plethos*: 3, 7-8). Todo lo que sigue se refiere a esta *casa* donde él queda con los suyos, a pesar de la condena de unos (escribas) y el intento de rapto de otros (familiares). En ella define Jesús su familia como corro de personas que cumplen con él la voluntad de Dios (cf. 3, 34-35).

Elección y misión. La tarea de los Doce (3, 7-6, 6a)

- *En los extremos del pasaje* (3, 21.31-35) aparecen *los familiares que le toman por loco y pretenden sacarle de esta casa galilea*. Se sienten postergados por el tipo de apertura familiar (social) que Jesús ha cultivado y se creen con derecho para imponerle su criterio (su forma de comunidad). Posiblemente hay en la escena un recuerdo prepascual. Pero el texto de Marcos se refiere más directamente al tiempo de la Iglesia: los parientes de Jesús han querido controlar y mantener su herencia, en el contexto de Jerusalén y de las tradiciones israelitas. Así lo indica Marcos al intercalar la escena de los escribas en el tema de los familiares.
- *En el centro queda la acusación de los escribas* (3, 22-30). Son representantes oficiales del judaísmo de la ley (y del templo) controlado por Jerusalén (de donde *bajan*: 3, 22). Creen que Jesús ha roto la verdad y el orden de la casa de Israel y le acusan (acusan a los suyos), diciendo que su acción y grupo nace de Satán. Asumen así el reto de Jesús (que había curado en la sinagoga *al hombre con espíritu impuro*: 1, 23), diciéndole que es él el poseído (3, 22.30). Jesús responde con un gesto de condena, defendiéndose y acusándoles de pecado contra el Espíritu Santo.

No es fácil saber lo que Marcos ha querido destacar con más fuerza: el rechazo de los familiares (extremos) o la condena de los escribas (centro). Las estructuras concéntricas resaltan normalmente el momento central (en este caso la disputa con los escribas), pero a veces destacan el valor de los extremos. A Marcos le interesan sin duda los familiares, que quieren llevarse a Jesús, encerrándole en la Iglesia (¿sinagoga?) judeocristiana de Jerusalén (3, 21). Pero quizá no les puede ni quiere criticar directamente, y por eso vincula su gesto a los escribas que vienen también de Jerusalén (3, 22-30) y que ocupan el centro de la escena. Así, aprovechando su disputa contra los escribas de Jerusalén, Marcos rechaza también a la «comunidad» de los familiares de Jesús, para ocuparse después de su auténtica familia (3, 31-35).

Según Marcos, en el fondo de la pretensión de los familiares, que acusan a Jesús de «locura», queriendo «retornarle» a su buena casa israelita de tradiciones sagradas (3, 21), opera la actitud de los escribas que vienen de Jerusalén y le condenan por poseso. En otras palabras, en la raíz del judeocristianismo de los familiares de Jesús se esconde el judaísmo duro (anticristiano) de los escribas de Jerusalén. Estamos en el centro de una disputa a tres bandas entre comunidad de Marcos, judeocristianismo de los familiares de Jesús y judaísmo rabínico de los escribas de Jerusalén. Desde ese fondo intentamos leer y entender lo que sigue.

Jesús sigue dirigiéndose a la gran multitud de 3, 1-6, cosa que los judíos tradicionales podrían admitir, siempre que ellos (el Israel de las Doce tribus) fueran los portadores de esa misión. Pues bien, al haber escogido a Doce, Jesús se atreve a iniciar con ellos un camino nuevo, rompiendo de hecho las tradiciones del buen Israel. Por eso, resulta comprensible que su antigua familia se oponga y quiera prenderle. «Y sus parientes, al enterarse, salieron para agarrarlo, pues decían: ¡Está fuera de sí! » (3, 21). Esos parientes son los *«para'autou»*, es decir, los que forman su grupo «natural» y tienen, según eso, una especie de responsabilidad respecto a él.

Ellos intentan prenderle, quieren que salga del círculo donde se encuentra (una casa abierta a todas las gentes), agarrarle por la fuerza (*kratêsai*: 3, 21), para que abandone la casa de su comunidad, para que vuelva a su familia judeocristiana (cf. 6, 1-6). Ciertamente, en el fondo de ese gesto puede haber un recuerdo histórico de la familia de Jesús, que quiso obligarle a dejar su misión. Pero ese gesto puede expresar también la actitud pospascual de la comunidad de los «familiares de Jesús» (los de Santiago), que quieren encerrarle dentro del contexto judío.

---

(30) Casa y comunidad de Jesús

Casa (oikia, oikos) es el lugar de reunión, y la comunidad reunida. La nueva familia de Jesús, formada por hermanos/as, hijos y madres (sin padres de tipo patriarcal: 3, 31-35; 10, 29-30), aparece como *casa* de Jesús. Sus seguidores no son *sinagoga* (estancia judía de oración y estudio de la ley), ni *iglesia* en el sentido jurídico de comunidad sagrada, sino casa y/o comunión fraterna. Frente al templo nacional israelita, construido en jerarquía, partiendo de los sacerdotes privilegiados, Jesús ha iniciado un movimiento *laical* de personas que abandonan templo y sinagoga para convivir y descubrir la presencia de Dios (el mesianismo) en la casa familiar donde se juntan, dialogan y oran, en apertura a todas las naciones (11, 17). Lógicamente, le condenan pues ello implica la «caída» del templo israelita (11, 12-14; 14, 58; 15, 29), pero él ha puesto ya las bases de la «casa» cristiana. Éstas son las casas principales que aparecen en Marcos:

1. *Casa de Simón (de la suegra de) y de Andrés*, lugar de curación (resurrección) y servicio (1, 29), frente a sinagoga «de ellos» (judíos) donde habita el hombre impuro (1, 23).
2. *Casa de curación y perdón*, donde Jesús perdona y cura al paralítico, siendo criticado por los escribas, que vienen a vigilar esa casa (2, 1-12).
3. *Casa de comida*, que Jesús comparte con publicanos y pecadores, superando la ley de pureza de los escribas de los fariseos, que le critican (2, 15-17).
4. *Casa de familia*, donde Jesús reúne al «corro» de madres, hermanos/as, que cumplen la voluntad de Dios, superando la crítica de escribas y familiares antiguos, que le vigilan o vienen a expulsarle de ella (3, 20-35).

> 5. *Casa de explicación y doctrina especial para la Iglesia* (7, 17; cf. 4, 10). Jesús ofrece a todos la enseñanza fundamental, pero después se la explica a los discípulos «en casa».
> 6. *Casa de nuevos «milagros»*. (a) *Del Archisinagogo* judío que se hace «creyente» con su esposa, pues entra Jesús con tres discípulos y cura a la hija enferma/muerta (5, 35-43). (b) *De la sirofenicia*, con la curación de la niña pagana y la apertura universal del mesianismo de Jesús (7, 24-30; cf. 9, 28), por encima de la ley de los escribas, con pan/curación para los gentiles (cf. 7, 17, donde se expone un mensaje de pureza universal, en la casa).
> 7. *Casa de igualdad/fidelidad matrimonial* (10, 10), donde Jesús afirma que el niño es el más grande (9, 33).
> 8. *Casa de Simón leproso*, donde la mujer unge a Jesús para la sepultura y se anuncia (anticipa) la misión universal (14, 3-9). En esa línea se puede hablar de una *casa eucarística*, aunque Marcos no llama al cenáculo casa, sino habitación superior (*katalyma*: 14, 14) donde Jesús instaura su pascua.
>
> La casa es el lugar de la Iglesia por excelencia, tanto en su perspectiva negativa (las normas de esa casa van en contra del ideal y práctica de los escribas) como positiva (en ella se cumplen los elementos básicos del mensaje de Jesús). En esa línea podemos decir que Jesús ha venido a destruir la *Casa del Fuerte* (3, 22-30), Satán, que dominaba este mundo, y a reconstruir la casa del templo, donde entró David y tomó los panes de la proposición (2, 26), edificando así un Templo que sea casa de oración para todos los pueblos (11, 17).

2. Dios y Satán. Discusión con los escribas (3, 22-30)

Para situar el tema en el trasfondo de Satán, según el judaísmo, cf. P. Sacchi, *L'Apocalittica giudaica e la sua storia*, Paideia, Brescia, 1990, 272-297. En perspectiva Cristiana, T. W. Manson, *The Sayings of Jesus*, London 1971, 84-87. Sobre los «espíritus» malos y Buenos, cf. H. Schlier, *Mächte und Gewalten nach dem NT*, en *Besinnung auf das NT*, Herder, Freiburg 1964; C. K. Barret, *The Holy Spirit in the Gospel Tradition*, SPCK, London 1970; V. P. Hamilton, *Satan*, ABD V, 985-989. Sobre los escribas, cf. J. Trebolle, *La Biblia judía y la Biblia cristiana*, Trotta, Madrid 1993, 119-131; J. I. Levine, *The Rabbinic Class of Roman Palestine in Late Antiquity*, Jerusalem 1989; A. J. Saldarini, *Scribes*, ABD V, 1012-1016. No parece clara la visión de Jesús como protofariseo de H. Falk, *Jesus, the Pharisee: A New Look in the Jewishness of Jesus*, Paulist, New York 1985. El judaísmo rabínico actual sigue juzgando peligrosa la actitud de los carismáticos que desde su experiencia y libertad amenazaban las instituciones sociales, legales (sacrales) de lo que G. Vermes llama respetabilidad del judaísmo: *Jesús, el judío*, Muchnik, Barcelona 1977, 87 (cf. págs. 63-87). Cf. también J. Klausner, *Jesús de Nazaret*, Paidós, Buenos Aires 1971, 369-376. Sobre el pecado (especialmente contra el Espíritu Santo), cf. E. P. Sanders, *Sin, Sinners*, ABD VI, 40-47; C. Colpe, *Der Spruch von der Lästerung des Geister*, en *Fest. J. Jeremias*, Göttingen 1970, 63-69; M. E. Boring, *The Unforgivable sin Logion*, NT 18 (1976) 258-279; H. W. Beyer, *Blasphêmeô*, TDNT, I, 621-625. He planteado de forma básica el tema en *Trinidad y comunidad cristiana*, Sec. Trinitario, Salamanca 1990, 45-80. Cf. también Trocmé, *Formation*, 104-109; Mateos-Camacho, *Marcos*, 326-355; Gnilka, *Marcos* I, 168-181; Pesch, *Marco* I, 323-363.

Éste es un pasaje de controversia social y escatológica, una disputa múltiple, con acusación de los escribas (3, 22) y respuesta simbólica (parabólica: cf. 3, 23) de Jesús (3, 23-29), estructurada en forma de quiasmo con una advertencia del redactor (3, 30), recogiendo en paréntesis o aparte narrativo la acusación de los escribas (cf. 3, 22). La respuesta de Jesús, con elementos de tipo sapiencial y apocalíptico (3, 23-27), desemboca en una revelación escatológica (3, 28-29).

a. (Acusación) *²²Y los escribas que habían bajado de Jerusalén decían: «Tiene dentro a Belcebú y con el poder del Príncipe de los demonios expulsa a los demonios».*
b. (Discusión) *²³Jesús los llamó y les propuso estas comparaciones: «¿Cómo puede Satanás expulsar a Satanás? ²⁴Si un reino está dividido contra sí mismo, ese reino no puede subsistir. ²⁵Si una casa está dividida contra sí misma, esa casa no puede subsistir. ²⁶Si Satanás se ha rebelado contra sí mismo y está dividido, no puede subsistir, sino que está llegando a su fin. ²⁷Nadie puede entrar en la casa del Fuerte y saquear su ajuar, si primero no ata al Fuerte; sólo entonces podrá saquear su casa».*
c. (Profundización) *²⁸En verdad os digo: «Todo se les perdonará a los humanos, los pecados y cualquier blasfemia que digan, ²⁹pero el que blasfeme contra el Espíritu Santo no tendrá perdón jamás; será reo de pecado eterno». ³⁰Porque decían: «¡Tiene un espíritu impuro!».*

Los escribas le acusan de expulsar demonios con ayuda de Belcebú, su señor, dueño malo de la casa del mundo, para destruir el judaísmo: bajo capa de bien (ayuda a unos posesos), arruina o destruye a todo el pueblo, entregando al conjunto de Israel en manos del Diablo. Remitiendo al tiempo de Jesús, esta disputa nos sitúa en el principio de la Iglesia, donde los discípulos, expertos exorcistas (cf. 3, 14-15), reciben el rechazo oficial de los escribas (3, 22). He dividido la escena en tres partes. (a) Acusación de los escribas. (b) Discusión sobre Satanás. (c) Profundización.

a) *Acusación de los escribas* (3, 22), que bajan (*katabantes*) de la altura sagrada de Jerusalén, ciudad donde se anudan las tradiciones del pueblo, centrado en el templo. Rechazar su doctrina supone rechazar a Dios. Ellos traen la autoridad de la Ley, son hombres del Libro (*sopherim*) y están encargados de entenderlo y comentarlo para el pueblo. Lógicamente, al acusar a Jesús, ellos están condenando de hecho a su comunidad. Por eso, tal como aquí está narrada, la escena debe situarse en el tiempo de las disputas eclesiales, más que en el tiempo de Jesús.

Estos escribas que vienen de Jerusalén con poder de control pueden ser judíos rabínicos, pero también judeocristianos de la línea de Santiago. No se dice dónde están: ¿dentro, fuera de la casa? Evidentemente, no están en el corro, al interior del grupo, acogiendo la voluntad de Dios (cf. 3, 32-34). No vienen a escuchar, saben lo que debe saberse de antemano. Tienen una ley y según ella definen lo bueno y lo malo (lo judío y lo antijudío). No lo hacen por cuestiones de dogma separado de la vida, sino desde su propia visión de la pureza judía, amenazada por Jesús. Así le acusan:

- *Tiene a Belcebú* (3, 22) que significa *Señor de la casa*. Ese nombre se podía entender en sentido positivo: el mismo Dios, quizá Jesús, es Señor de la morada/casa del mundo y así puede realizar los exorcismos, expulsar a los demonios, curar a los enfermos y acoger a los posesos, leprosos, paralíticos (cf. 1, 21-2, 17). Pero aquí tiene sentido negativo: Belcebú es *Señor de la morada demoníaca*, Dios de suciedad (o de las moscas), un ídolo pagano (quizá originario de Ekron, en la franja filistea), identificado por los judíos con el Diablo. Jesús sería por tanto un anti-dios, encarnación de lo satánico.
- *Y con poder del Príncipe de los demonios expulsa a los demonios* (3, 22). El reino de lo malo tiene un *Príncipe*, llamado en hebreo Satán o tentador, a quien en griego nombran *Diablo*; en otras versiones ha tomado el nombre de Mastema o Azazel y se dice que se ha opuesto a Dios y lucha contra su poder sobre la tierra. A sus órdenes combaten los innumerables demonios o espíritus menores que llenan el mundo y lo infectan de locura, enfermedad y muerte.

La condena de los escribas resulta coherente: Sólo *el Dios de Israel* es para ellos el Señor de la Morada Buena y ejerce su reinado desde Jerusalén, salvando a los humanos a través del judaísmo; *el Diablo*, en cambio, es Señor de la Morada Mala y quiere destruir la obra de Dios por todos los medios a su alcance. Al servicio de ese Diablo obra Jesús: parece bueno lo que hace; como un hombre piadoso ayuda a posesos y enfermos, pero en realidad actúa así para engañar a los ingenuos, destruyendo al judaísmo y encerrando a los humanos bajo el reino implacable de Satán.

Ésta es la *sentencia final* de unos letrados oficiales que han venido de Jerusalén para observar a Jesús y definir con autoridad el sentido de su obra. Han verificado su conducta, han sopesado su intención de fondo y su manera de enfrentarse al poder de lo satánico en el mundo. Han visto claro y pueden emitir su veredicto. No se sientan en el aula de condenas capitales (como harán en 14, 53-66, con sacerdotes y ancianos), pero a nivel social y religioso ya han fijado la sentencia: *¡Culpable de magia diabólica o satanismo!* Este tribunal se coloca en el lugar de Dios, en cuyo Nombre (viniendo de Jerusalén y apoyándose en su Ley) dicta sentencia. No se limita a rechazar algunos rasgos menores del mensaje de Jesús: no le acusa por desviaciones secundarias. Ha visto lo que hace y desde Dios emite sentencia:

- *Es una sentencia teológico-social.* El tema de discusión no es Dios, en plano de teoría o de experiencia individual, sino saber cómo se expresa, a través de quién (de qué comunidad o iglesia) actúa, cómo se manifiesta en la vida social. El tema de fondo es el de saber cuáles son las mediaciones sociales de la manifestación y presencia de Dios.
- *Es sentencia razonada y razonable.* Los escribas no parecen envidiosos o engañados: piensan que el movimiento de Jesús es un peligro pues destruye la identidad social del pueblo israelita. Por eso su más hondo deber (cf. Dt 17) les obliga a dar sentencia: piensan que Jesús es emisario de Satán y así lo tienen que decir, en nombre de Jerusalén y el judaísmo.

Los demonios son muchos: son poderes del mal que oprimen y destruyen a los hombres. El Príncipe de los demonios, a quien el texto llama también Satanás (3, 23), recibe aquí el nombre popular de Belcebú, un viejo «Dios de la casa» (de origen quizá filisteo), a quien los judíos han interpretado como «Dios o Señor de las moscas», es decir, de los vivientes inferiores, infectos, de este mundo. La acusación sigue la lógica de todas las noticias precedentes sobre el exorcismo de Jesús: expulsa a los demonios, los demonios le conocen y confiesan... ¿No será que actúa en colaboración con ellos? ¿No será que quiere destruir las bases de la santidad israelita, buscando un nuevo pueblo de leprosos-publicanos, dominados por Satanás? La acusación se encuentra bien articulada: a través de su (aparentemente bueno) exorcismo, Jesús seduce al pueblo. Esto es lo que quieren mostrar los escribas, utilizando para ello su poder o control sobre la ley, queriendo destruir así las pretensiones del falso profeta nazareno.

> **(31) Jesús y el reino de Satán (Marcos 3, 23-27)**
>
> Los escribas de Jerusalén han condenado el movimiento de Jesús, diciendo que es satánico. Marcos le defiende, poniendo en boca de Jesús unas palabras rítmicas, con una pregunta, tres frases condicionales y una afirmación conclusiva, que retoma el motivo de la pregunta. Éste es el núcleo de su argumento:

a. *Pregunta: ¿Cómo puede Satanás expulsar a Satanás?* (2, 23). Esta pregunta sirve para introducir el tema que se desarrolla en parábolas o comparaciones (*parabolais*), no por argumentos conceptuales. Jesús no quiere demostrar en abstracto su verdad, sino incitar a sus oyentes, haciendo que sopesen lo que supondría una ruptura interior en la casa o familia (dominio) de Satán; desea que disciernan en cuestión tan importante. Siguen después tres frases condicionales:

1. *Si un reino está dividido...* (3, 24). Sirve como ejemplo o concreción del tema (por eso empieza *kai ean*, y si...), situándolo a la luz del símbolo del Reino (*basileia*; cf. 1, 15). Ha venido Jesús a construir el reino de Dios, pero los escribas dicen que de hecho está construyendo el de Satán. Jesús responde: ¿Podría mantener su reino Satanás si estuviera dividido, permitiendo que Jesús cure a sus posesos? ¿No habrá que entender la acción sanadora de Jesús y de su Iglesia como argumento en favor de la caída del reino de Satán? Así supone Marcos.

2. *Si una casa está dividida...* (3, 25). Repite el comienzo anterior (*kai ean*) y la estructura de la frase, pero no desde la perspectiva del Reino, sino de la *casa*, entendida como *espacio* (*edificio*) donde Dios y Satán disputan su dominio. Los escribas llaman a Jesús enviado de Satán, dicen que rompe la casa judía y destruye su verdad sagrada. Jesús responde adoptando el argumento anterior: si la casa de Satán estuviera dividida, si Jesús luchara en contra de sus habitantes (posesos), esa casa no podría mantenerse. Argumentando así, Marcos desea que el oyente (lector) responda de manera negativa: ¡No! Satán no deja que su casa se divida.

3. *Si Satanás está dividido...* (3, 26). Lo que decía sobre el Reino y casa se aplica ahora a Satán, objeto de la controversia. Han acusado a Jesús de emisario suyo diciendo que en su nombre expulsa a los demonios. Jesús contesta otra vez en estilo condicional (*kai ei*...): ¿Cómo podría mantenerse Satanás así escindido? La respuesta del lector ha de ser esta: Satanás no está escindido; Jesús ha conquistado el duro edificio de su reino y casa; no ha venido a destruir la casa de Israel, sino a Satán que dominaba a los humanos; de esa forma construye la Iglesia/casa de los liberados.

b. *Afirmación mesiánica conclusiva: nadie puede entrar en la casa del Fuerte sin atarle o vencerle primero* (3, 27). De las condicionales pasamos a la afirmación solemne de Jesús (encabezada por un *alla*, pero...), por las que él se presenta veladamente como triunfador de Satán. Fuerte (*iskhyros*) era Satán; dura su casa o familia (*oikia*), potente su reino. Pero Jesús es el Más Fuerte (cf. *Iskhyroteros* de 1, 7), conforme a una palabra de clara confesión mesiánica: él ha conquistado

> ya el reino/casa de Satán; le ha vencido, le ha atado, ha empezado a liberar a sus cautivos, cumpliendo así lo que latía en 1, 12-13. La Iglesia de Jesús está constituida por aquellos que confiesan su victoria sobre el Diablo y continúan realizando su tarea sobre el mundo.

b) *Argumentación de Jesús sobre Satanás* (3, 23-27). Jesús asume el reto de los escribas y responde, en palabras de gran dureza que expresan su mensaje. Recogiendo elementos prepascuales, su discurso (3, 23-30) forma parte de la *polémica cristiana* con el judaísmo. La respuesta de Jesús empieza siendo una llamada al pensamiento, para culminar en una de condena fuerte expresada a través de una intensa voz de alerta, que dirige a los que manipulan a los otros, manteniendo la propia religión (seguridad) a costa de oprimirles. No desarrollo la respuesta; me limito a presentar sus temas:

- *Reino o casa dividida*. Siguiendo la terminología de aquel tiempo, Jesús supone que Satanás tiene su reino bien organizado y así pregunta: ¿Cómo podría mantenerse ese reino si está dividido? Si una casa se escinde en lucha interna, no puede mantenerse. Si, como dicen los escribas, luchara Satanás contra Satanás, esa sería una noticia buena. ¿Qué más podrían pedir los escribas? La propia división de Satanás ofrecería un signo de su ruina. Pero ¿es eso cierto? Así pregunta Jesús, introduciendo un tinte de ironía inquietante en el discurso que han trenzado los escribas (3, 23-27).
- *La casa del fuerte*. Juan llamó a Jesús «más fuerte» (1, 7). Pero en el lenguaje de los escribas el más fuerte es Satanás. Así lo emplea Jesús y pregunta: ¿Quién puede entrar en su casa y atarle para apoderarse luego de su armamento? Pues bien, al venir y vencer a Satanás, el mismo Jesús cumple la palabra del Bautista y se presenta, de un modo implícito, pero bien claro, como aquel que es más fuerte que Satanás: es emisario de Dios. Sus enemigos, los escribas, no lo han entendido. Viene a luchar contra Satanás, liberando a los posesos-pecadores y ofreciendo a todos un camino de Reino, y los escribas, enfrascados en sus discusiones eruditas y en su forma de entender los ritos de su pueblo, no le aceptan (3, 27).

c) *Profundización*: *Pecado contra el Espíritu Santo* (3, 28-29). Son Iglesia los que aceptan la acción liberadora de Jesús. Caen en pecado, según Marcos, aquellos que le condenan como emisario de Satán. De esa manera, Jesús invierte la razón de los escribas, diciendo que son ellos en el fondo los endemoniados (pues luchan contra el Espíritu de Dios), corriendo el riesgo de quedar prendidos, destruidos, bajo el poder diabólico de la opresión humana.

Elección y misión. La tarea de los Doce (3, 7-6, 6a)

El Espíritu es la fuerza sustentante de la nueva comunidad (Iglesia) que Jesús ha instituido con su proyecto mesiánico; por eso *pecan contra el Espíritu* aquellos que niegan y rechazan su acción liberadora en favor de los pobres. Dura ha sido la acusación contra Jesús; durísima su respuesta: ¡Negándose a acoger la obra de Dios, los escribas se destruyen a sí mismos! Al afirmar que Jesús «tiene un espíritu impuro» (3, 30), los escribas no le rechazan simplemente a él, rechazan y niegan la obra salvadora de Dios a favor de los excluidos de la sociedad.

Hemos visto ya los argumentos. Los *escribas* acusan a Jesús de traición contra la casa nacional del judaísmo, afirmando que es un «poseso»: no es hombre de Dios, sino del Diablo. *Jesús* les contra-acusa diciendo que son ellos los que en realidad destruyen la obra de Dios (del Espíritu Santo), corriendo así el riesgo de quedar prendidos bajo el poder de Satán (pecado contra el Espíritu Santo). La misma ayuda que Jesús ofrece a los proscritos, su forma de acoger a los posesos, pecadores, publicanos, viene a presentarse también (junto al tema de la comida con los pecadores y marginados, cf. 2, 16) como *articulum stantis et cadentis Ecclesiae* (es decir, como el «dogma práctico» que define la esencia de la Iglesia).

Los escribas piensan que al abrir su comunión a los posesos, marginados, pecadores, Jesús destruye la estructura sagrada del judaísmo legal, actuando así como emisario satánico. Por el contrario, *Jesús* muestra que su acción expresa y despliega la más honda verdad del judaísmo universal (abierto desde ahora a todos los necesitados del mundo). En el fondo de esta disputa se vinculan el aspecto teológico y social. Hemos destacado hasta aquí más el rasgo social; ahora evocamos el teológico:

- Dios. Sólo rechazando a los escribas, Jesús puede ofrecer el mensaje de Dios y la acción liberadora en favor de los proscritos. Por eso emplea la fórmula de revelación solemne (*¡amên legô hymin!*), mostrando (cf. pasivo divino) que Dios mismo perdona los pecados... (3, 28). En nombre de ese Dios actúa Jesús cuando ayuda a los endemoniados. Sin el descubrimiento fuerte y creativo de su gracia carece de sentido esta controversia. Sólo allí donde Dios se revela como amor, venciendo la opresión de los que intentan controlar a los demás con su legalismo, puede hablarse de evangelio.

- Espíritu Santo. Han acusado a Jesús de poseso, infiltrado de *Satán*, *Espíritu impuro* (3, 22), como muestra el *aparte literario* conclusivo: ¡Decían: tiene un Espíritu impuro! (3, 30). Pues bien, al hablar así, los escribas pecan en contra del Espíritu Santo, rechazan la acción salvadora universal que convoca por Jesús a los posesos y pobres (3, 28-29). De esta forma se oponen los espíritus: *el impuro* de la destrucción del ser humano, vinculado a Satán; y el *santo* que brota de Dios y se presenta por medio de Jesús como fuerza de liberación. El Espíritu Santo es el Poder de pureza que se opone a la impureza del demonio; es el amor y comunión que va creando familia desde los últimos (posesos).

- *Jesús.* Aparece en el centro de la discusión como Fuerte (*iskhyros*, cf. 3, 27), en palabra que sitúa nuestra escena en el trasfondo del Bautismo (cf. *iskhyroteros*: 1, 7). Vino a vencer a Satanás, ya le está venciendo. Esa victoria no implica el fortalecimiento de la ley, sino superación del Israel de los escribas. Jesús no es mensajero de renovación israelita; no ha venido a repetir u organizar en clave de ley lo que ya existe, para bien de la nación sagrada, como desean los escribas (cf. 1, 22), sino a vencer a Satanás y construir sobre el mundo la nueva familia de Dios, con autoridad sobre los espíritus impuros (cf. 1, 21-28). El mismo Dios le ha llamado *Hijo amado* (1, 11); es evidente que tiene autoridad sobre su casa.

Hemos vinculado así el aspecto social y teológico del tema. Es claro que Marcos no ha desarrollado este modelo «ternario» de la revelación (Dios, Espíritu, Jesús), pero está latente en su discurso. Jesús y los escribas no discuten sobre aspectos generales del misterio (bondad, omnipotencia), sino su concreción social. Esa discusión nos conduce a la raíz eclesial de eso que podemos llamar el dogma cristiano.

---

(32) Exorcismos, lucha contra el Diablo (3, 20-35)

Los exorcismos son un gesto apotropáico destinado a expulsar los malos espíritus (demonios) de un lugar o persona. Evidentemente, el Jesús de Marcos asume (por ley de encarnación) la visión de los exorcismos de aquel tiempo, aunque introduce dentro de ella novedades significativas, que ahora destacamos en perspectiva de polémica y surgimiento eclesial:

- *Exorcismo y polémica judía* (3, 20-35). Los escribas «que bajan de Jerusalén», como representantes de la ortodoxia del pueblo, reconocen los exorcismos de Jesús (su acción en favor de los posesos), pero los interpretan como provocación antijudía: al introducirse en el mundo de posesos y ayudarles, Jesús y su grupo universalista (no los parientes judeocristianos, unidos a los escribas) rompen las fronteras de lo puro y de lo impuro, apareciendo como socialmente peligrosos.
- *Exorcismo y polémica pagana* (5, 1-20). Jesús libera al geraseno, pero los habitantes de la zona (de la ciudad y los campos: 5, 14) le «ruegan» que salga de su tierra. Prefieren quedar como estaban, en equilibrio de violencia con los posesos. No aceptan la libertad de Jesús.
- *Exorcismo y polémica intra-cristiana* (9, 38-41). Como representante de la «iglesia zebedea», Juan pretende impedir que un exorcista no comunitario

«expulse demonios» en nombre de Jesús: quiere edificar una estructura de poder sobre la fuerza «sacramental» de su exorcismo, poniéndose al frente de una Iglesia para dominar sobre el mundo. Evidentemente, Jesús se lo impide.

- *Exorcismo cristiano*. A los discípulos, que *son-con-él* (forman su familia), Jesús les ofrece dos tareas que en el fondo se identifican: proclamar el mensaje (*keryssein*) y expulsar demonios (3, 14-15; cf. unidad de ambos gestos en 1, 27). Los enviados de Jesús son exorcistas: proclaman conversión, expulsan demonios y curan a los enfermos (6, 7.12-13). Éste es su poder, éste su oficio sobre el mundo.

Consecuencia. El exorcismo es un «sacramento» difícilmente controlable en clave de institución. Para que funcione y sea eficaz tienen que «verse» sus frutos, de tal modo que aparezca como amenaza para los que quieren «controlar» la sociedad a través de sus demonios (judíos, paganos, cristianos falsos). La Iglesia de Jesús responde a su llamada expulsando demonios, liberando de esa forma al ser humano.

3. Hermanos, hermanas y madre (3, 21.31-35)

Marcus, *Marcos*, y M. Navarro, *Marcos*, ofrecen las dos visiones más completas (y quizá complementarias) que conozco sobre el tema. Sobre los familiares de Jesús en general, en J. Blinzer, *Die Brüder und Schwestern Jesu* (SBS 21), Stuttgart 1967; A. Meyer y W. Bauer, *The Relatives of Jesus*, en E. Hennecke, *NT Apocripha I*, SCM, London 1973, 418-432. Sobre el tema en Marcos: Lagrange, *Marc*, 69-90; Taylor, *Marcos*, 265-268 y 277-280; Gnilka, *Marcos* I, 269-272; Pesch, *Marco* I, 342-363; J. D. Crossan, *Mark and the Relatives of Jesus*, NT 15 (1973) 81-113; J. Lambrecht, *The relatives of Jesus in Mark 3, 21*, NT 16 (1974) 241-258. Sobre el trasfondo del tema, Robinson, *History*, 78-85; Best, *Following*, 208-245; *Mark*, 83-92; Kee, *Community*, 106-144. Sobre la comunidad que está al fondo de Marcos, cf. E. S. Malbon, *Disciples/ Crowds/ Whoever: Markan Characters and Readers*, NT 28 (1986) 104-130; B. D. N. Peterson, *The Origins of Mark: the Markan Community in Current Debate*, Leiden 2000; M. F. Trainor, *The Quest for Home: The Household in Mark's Community*, Collegeville 2001; L. E. Vaage, *En otra casa: el discipulado en Marcos como ascetismo doméstico*, Estudios Bíblicos 63 (2005) 21-42. Sobre el trasfondo histórico y la posible polémica mariana del tema, cf. R. E. Brown (ed.), *María en el NT*, Sígueme, Salamanca 1986, 59-78; B. Rigaux, *Sens et portée de Marcos 3, 31-35 dans la Mariologie néotestamentaire*, en Varios, *Maria in S. Scriptura* IV, Roma 1967, 529-549; H. Reisanen, *Die Mutter Jesu in NT*, Helsinki 1969, 26-36. Sobre el carácter igualitario de la familia de Jesús, cf. E. Schüssler Fiorenza, *En memoria de ella*, Desclée de Brouwer, Bilbao 1989, 145-204, y J. D. Crossan, *Jesús. Vida de un campesino judío*, Crítica, Barcelona, 1994, 273-408.

En este mismo fondo ha de entenderse el final de la escena que había sido iniciada por los familiares de Jesús, a los que el texto llama *hoi par'auton* (3, 31-35. Cf. 3, 20-21.). Conforme al esquema ya indicado, esos familiares están de parte de los escribas y dicen que Jesús se encuentra «loco» (*exeste*): está fuera de sí porque ha puesto en peligro la estructura fundante de la casa patriarcal, donde se vive en tradición, en respeto a los valores sanos del entorno israelita. La religión judía se define por su fidelidad al entramado de leyes y principios sociales que van configurando la vida del pueblo, identificándolo hacia dentro y separándolo de todos los pueblos de la tierra.

Religión y casa (estructura familiar, tradición) se igualan en la perspectiva israelita. Por eso los familiares tienen el derecho y la obligación de «encauzar» a quien desvía su camino, llevándolo al hogar de las sacralidades anteriores. Ya no le acusan los escribas de lejos, argumentando en nombre de leyes que rigen la estructura religiosa de Jerusalén (cf. 3, 22), sino los propios familiares con la madre (3, 31), que parece ser la representante de su casa. No le llaman expresamente endemoniado, no le acusan con grandes palabras religiosas; pero afirman que está loco, le tratan como a un hombre que ha roto los principios y valores que permiten construir una familia sobre el mundo. Jesús, a quien en 1, 12-13 vimos como el hombre verdadero (Adán), es para sus parientes un simple perturbado:

Marcos responde a la acusación de los familiares con este pasaje de institución, que incluye elementos de paradigma (relato ejemplar) y controversia familiar. Jesús constituye su familia mesiánica a partir de la voluntad de Dios. Su mensaje ha de entenderse desde el texto anterior: en la Iglesia no hay lugar para escribas, pero sí para nuevos esquemas familiares.

a. (Contexto) *³¹Y llegaron su madre y sus hermanos y, quedándose fuera, lo mandaron llamar. ³²La gente estaba sentada a su alrededor, y le dijeron: «¡Mira! Tu madre y tus hermanos están fuera y te buscan».*

b. (Pregunta) *³³Respondiendo les dijo: «¿Quiénes son mi madre y mis hermanos?».*

c. (Institución) *³⁴Y mirando en torno a los que estaban sentados a su alrededor, en corro, añadió: «He aquí mi madre y mis hermanos. ³⁵Pues quien cumple la voluntad de Dios, ése es mi hermano, mi hermana y mi madre».*

a) *Contexto*. Frente a la multitud inmensa, que no dejaba a Jesús ni comer, se había elevado, como ya hemos visto, su antigua familia que quería prenderle (3, 21). Pues bien, según su técnica habitual (de construir textos en forma de sándwich), Marcos ha dejado el tema abierto, para ocuparse de la controversia

Elección y misión. La tarea de los Doce (3, 7-6, 6a)

de Jesús con los escribas de Jerusalén (3, 22-30), que acabamos de desarrollar. Desde ese fondo (controversia sobre Satanás y pecado contra el Espíritu Santo) Marcos puede retomar el tema de la familia, es decir, de la Iglesia judeocristiana que, en realidad, va en la línea de los escribas.

La gente le avisa: *¡Tu madre y hermanos* están fuera y te buscan! (3, 32). *En casa* (cf. *oikos*: 3, 20.22) está Jesús con la gente sentada en torno a él (*peri auton*: 3, 32.34), como los apóstoles que estaban con-él (*met'autou*: 3, 14). *Fuera (exô) permanecen los familiares* (3, 31-32). No entran, ni se sientan en corro, ni acogen los nuevos caminos del Reino. Desde allí quieren que el mismo Jesús salga, abandonando por fuerza (*kratêsai*: 3, 21) la casa de su comunidad, para volver a su familia judeocristiana (cf. 6, 1-6).

Los familiares habían querido llevar a Jesús a la fuerza (*kratêsai*), diciendo: *¡está loco!* (3, 21). Han presenciado (a nivel de texto) su disputa con los escribas (3, 22-30), y en vez de renunciar insisten. Parecen gozar de autoridad sobre Jesús; por eso envían a llamarle (3, 31). No repiten la acusación de los escribas, pero en el fondo les respaldan afirmando *exestê, está fuera de sí*, en el doble sentido de *loco* (perturbado) y *peligroso social* (destructor de la familia). Entre la posesión demoníaca (escribas) y este tipo de locura familiar hay una relación estrecha. Por eso, aún siendo distintas, Marcos ha asociado sus razones.

Los escribas han dictado una sentencia negativa, expulsando a Jesús del pueblo israelita. *Los familiares*, en cambio, parece que desean ayudarle, separándole de la *mala compañía* (publicanos, pecadores), para llevarle al lugar de la pureza, a la buena casa familiar (judeocristiana) donde su mensaje puede ser asumido y aceptado en Israel (incluso por los escribas). En ese contexto resulta lógica la doble respuesta de Marcos:

- *Jesús ha condenado a los escribas*, diciendo que pecan contra el Espíritu Santo: al no aceptar ni perdonar a los posesos pierden ellos mismos el perdón. Para recorrer el camino de Jesús, tendrían que dejar su función legisladora, abandonando su mismo oficio antiguo, vinculado a la sacralidad israelita.
- *Jesús rechaza el control de sus familiares*, pero no les condena de forma absoluta. Ciertamente, él rechaza su autoridad, pero acepta la función y nombre de hermanos/as y madres en un Reino donde no hay escribas pero sí verdaderos familiares. Por eso, más allá de la condena, nuestro texto ofrece las bases de la nueva familia mesiánica, formada por aquellos que escuchan a Dios y se convierten con Jesús en hermanos, hermanas y madres.

Volvamos al centro de la escena. A su alrededor, en círculo de escucha y diálogo (*kyklo peri autou*), se sienta un *okhlos* o pueblo indeterminado de gentes dispersas, sin origen reconocido, sin certificado de buena procedencia. Es evidente que su buena familia se siente autorizada para buscarle y liberarle de esa mala compañía.

Galilea, Evangelio del Reino (1, 14-8, 26)

Frente a la ruptura israelita de Jesús, viene a elevarse la pretensión de retorno de su «honrada» familia israelita, que quiere traerle de nuevo al foco y centro de sus tradiciones, a la casa donde se mantiene viva la ley original judía. En esa perspectiva se comprenden los dos gestos de los familiares:

- *Quieren apoderarse de Jesús, en actitud de fuerza*, claramente destacada por el texto (cf. *kratêsai auton*: 3, 21). No le dan ni siquiera un aviso, en rasgo de diálogo, en actitud de libertad. Ante hombres como Jesús (está loco) es necesario utilizar la fuerza. Este es el lenguaje de la imposición familiar, contrario a la llamada libre dirigida al corazón de la persona.
- *Envían gente para llamarle* (3, 31). Parece que no apelan a la fuerza, como en 3, 21; da la impresión de que se sienten incómodos ante la multitud que le rodea. No pueden entrar con facilidad hasta el círculo de sus íntimos. Pero confían en el peso de su autoridad y le llaman: es evidente que esperan que venga, para llevárselo a casa. Si los familiares se hubieran impuesto, habría terminado la aventura de Jesús, habría fracasado su evangelio. Ellos pensaban que todo el que rompe la estructura familiar sagrada de Israel viene del diablo.

Jesús era por tanto un hombre peligroso, tal como lo habían sentenciado los escribas de Jerusalén (3, 22). Sus parientes tenían el deber sagrado de impedir que pervirtiera a los demás, y por eso tenían que llevarle de nuevo al orden de la casa familiar, a la estructura fundante israelita.

b) *Pregunta* (3, 33). Antes de responder, Jesús pregunta: ¿Quiénes son mi madre y mis hermanos? Parece que todos deberían conocer lo que implica el verdadero parentesco: el tema tendría que estar claro, pues se sabe lo que son madre y hermanos. Pero Jesús ataca precisamente esa certeza. Lo que parece evidente no lo es. Lo que se da por descontado debe cuestionarse. Por eso, Jesús no comienza afirmando nada, no parte de una seguridad, sino de una cuestión: *¿Quiénes son mi madre y mis hermanos?* Pregunta así para decirles que piensen mejor lo que le han dicho, al afirmar que «su madre y sus hermanos han venido»; quiere que piensen lo que implica la familia.

Así ha puesto un signo de interrogación sobre aquello que parecía evidente en una sociedad estructurada en torno a la sacralidad de la familia. Su pregunta sirve para superar las certezas anteriores de la historia israelita. Todos suponían que un Mesías debía mantenerse fiel a su genealogía. Ciertamente, hay al fondo un recuerdo de la historia de Jesús. Pero, desde su propia perspectiva, Marcos está formulando aquí un principio básico de la teología de Pablo en su discusión sobre el «verdadero judaísmo». Por encima de los principios de vinculación familiar, del cumplimiento de la ley nacional y de la circuncisión, está el «cumplimiento de la voluntad de Dios», es decir, el mensaje del evangelio.

> **(33) Familia 1. Visión general**
>
> Marcos ha recreado las vinculaciones familiares a partir del mensaje y obra de Jesús. Desde ese fondo citaremos algunos de sus textos más significativos sobre la familia:
>
> 1. *Jesús, Hijo de Dios* (1, 11; 9, 7; 13, 32; 14, 36; 15, 39). En el principio y centro de Marcos se encuentra la visión recreadora de Jesús como Hijo (es decir, de la familia) de Dios, que anuncia (ofrece) su experiencia filial (familiar) a los hombres.
> 2. *Círculo de Jesús: Nueva familia* (3, 21.31-35). En contra del clan o grupo genealógico que quiere encerrarle en su estructura antigua, ha fundado Jesús una comunidad universal de hermanos/as y madres desde la voluntad de Dios.
> 3. *Desprecio y expulsión* (6, 1-6). Los nazarenos (judíos) no aceptan a Jesús porque menosprecian su familia humana y no le quieren admitir como principio de una comunidad social distinta.
> 4. *Ruptura y recreación.* Para unirse al grupo de Jesús hay que abandonar trabajo y padre (1, 16-20); sólo aquellos que han dejado la familia antigua pueden alcanzar el ciento por uno en comunión de Iglesia (10, 28-30).
> 5. *Persecución* (13, 12). El camino de Jesús rompe la estructura de seguridad de la familia genealógica; por eso los cristianos son perseguidos por sus antiguos familiares.
>
> Dentro de la nueva familia universal de Jesús no hay lugar para los padres/varones en el sentido patriarcal; pero hay espacio abundante para madres e hijos, hermanos y hermanas (3, 31-35; 10, 28-30). En ella deben ser cuidados los padres mayores o necesitados (7, 9-13), ha de valorarse la fidelidad matrimonial (10, 1-12) y los niños han de ser objeto de cuidado especial (9, 33-37; 10, 13-16).
>
> Marcos puede interpretarse como manifiesto de familia: la Iglesia es para él la fraternidad y maternidad mesiánica de seguidores de Jesús. Por eso es significativo que al final aparezca la madre (de los hermanos) de Jesús (vincular 6, 3 con 15, 40-41.47; 16, 1), con Magdalena y Salomé, invitadas a dar el gran testimonio de familia en Galilea, uniéndose a los discípulos y a Pedro (16, 7-8).

c) *Institución* (3, 34-35). La *nueva familia* de Jesús está formada por aquellos que se sientan en su entorno y cumplen la voluntad de Dios (superando ley y genealogía israelita). *Sus parientes* representan la seguridad genealógica; en el fondo siguen siendo israelitas (están con los escribas); no quieren entrar en la casa de Jesús, ni mezclarse con «impuros». Con la autoridad de su pasado (sangre israelita) y el presente de su institución (Iglesia judeocristiana de Santiago y José, con quienes la madre de Jesús parece vinculada en 15, 40.47; 16, 1) han venido a llevarle. Jesús no se detiene a discutir con ellos, no les da razones, sino que presenta ante todos, desde la casa eclesial de los «impuros», el sentido y alcance de su familia mesiánica.

Por fidelidad a una familia más extensa y profunda de hermanos, Jesús ha roto el nivel de la vieja familia intra-judía; su misión desborda los muros de la identidad israelita y así lo indica en palabra que constata, razona y crea: ¡Estos son mi madre y mis hermanos! Pues quien cumpla la voluntad de Dios ese es mi hermano, mi hermana y mi madre (3, 33-35). Esa es una sentencia que constata, razona y crea:

- *Ésta es una sentencia que constata*, señala lo que hay, de forma que puede llamarse deíctica. Jesús mira a su entorno y descubre a la gente que le busca, le escucha y rodea. Permanecen sentados a su lado, en gesto dialogal: no van y vienen, como transeúntes de la vida, sino que se han establecido en una casa, de forma sedentaria, en corro de igualdad. No están unos sobre otros, unos imponiendo, otros sufriendo, sino todos sentados, mirándose y conversando. Jesús les señala con el dedo y dice: *¡Éstos son mi madre y mis hermanos!* (3, 35). Por ahora no hace nada, se limita a constatar. No está solo, necesitado de madre y hermanos que le cuiden. Tiene otra familia, está a gusto con ella.
- *Es una sentencia que razona*. Jesús desvela por ella los principios de la nueva fraternidad: *¡Pues quien cumpla la voluntad de Dios, esos son mi madre...!* (3, 35a). De esa voluntad de Dios hablará en la oración del huerto (14, 37; cf. Mt 6, 10). Es evidente que los escribas de Jerusalén y los familiares antiguos de Jesús pueden pensar que la voluntad de Dios consiste en mantener la estructura y unidad de la familia genealógica israelita. Pero Jesús sabe que Dios quiere ayudar a los posesos, leprosos y expulsados, buscando de esa forma el surgimiento de una fraternidad universal con lugar para todos en el corro fraterno.
- *Es una sentencia engendradora, creadora de familia* (3, 35b). Jesús no se limita a mostrar (éstos son...) y a razonar (pues quien...), sino que él mismo crea lo que dice: *¡Éstos son mi hermano, mi hermana y mi madre!* Así suscita la familia de aquellos que están a su lado, naciendo de su palabra (no de un tipo de semen genealógico). No ha venido a confirmar lo que ya existe, sino a proclamar y realizar lo nuevo (reino de Dios) sobre la tierra (1, 14-15), construyendo la familia mesiánica.

Según eso, Jesús no está solo. A su lado hay hombres y mujeres que le buscan, le escuchan y acompañan, realizando su camino. Porque ellos están a su lado, él puede decir esta palabra de nuevo nacimiento compartido. Siendo palabra que muestra, argumenta y engendra, ella es también la expresión de un intenso reconocimiento agradecido, pues muestra el gozo de Jesús por la familia que Dios le ha dado. En el camino que lleva de la muchedumbre desarticulada (*okhlos* de 2, 20) a la familia mesiánica de madres y hermanos se gesta la comunidad eclesial. Quedan fuera los escribas, pues no aceptan el modelo de Jesús. Quedan a la puerta los parientes, pues deben superar el judaísmo genealógico. Sin la protección de la ley y familia nacional, Jesús y sus amigos han de juntarse en nueva casa edificada desde el más hondo misterio de Dios. Estos son sus cimientos:

- *Principio, la voluntad del Dios* (*thelêma tou Theou*: 3, 35). Pensaban los escribas que esa voluntad se expresa por la ley. Los familiares querían vincularla a su derecho genealógico judío. Pues bien, la voluntad de Dios actúa para Marcos allí donde Jesús ofrece a los humanos un espacio de encuentro concreto (en corro) y muy extenso (abierto a los necesitados). Hermeneuta activo de esa voluntad de Dios es Jesús, creando esta familia de Reino, entregando la vida (como madre) por aquellos que se juntan a su lado (cf. 14, 36).
- *Centro, Jesús*. Así le vemos suscitando un corro (cf. *kyklô*) de madres, hermanos y hermanas en su entorno (*peri auton*: 3, 32.34. Cf. 3, 14: *met'autou*). No vive para sí, no se cierra en egoísmo solitario y dominante, ni se impone por encima de los otros. Al contrario, él acoge, cura, enseña y de esa forma va creando sobre el mundo un círculo nuevo de personas solidarias.
- *Fuerza impulsora, el Espíritu Santo* (cf. 3, 29-30, comparado con 1, 8). Pecan contra el Espíritu quienes quieren impedir el surgimiento de la nueva familia universal de hermanos. Efecto del Espíritu es el surgimiento de la familia mesiánica, que supera la opresión de lo diabólico (cf. 1, 9-15).

Ampliación. La nueva familia mesiánica. Estamos en el lugar donde se cruzan y oponen antigua y nueva alianza. La vocación anterior viene expresada por los valores de la familia sacral israelita que organiza el lugar y función de cada uno en el conjunto, conforme a los principios de una ley que se encuentra regulada por los escribas. Como representantes de esa familia, los parientes de Jesús quieren llevárselo a su vieja casa. Jesús en cambio ha escuchado la voz de la nueva vocación como llamada y voluntad de Dios (su Padre), que le abre a un campo de familia universal de hermanos/as que escuchan y cumplen la Palabra.

No existe llamada cristiana que no implique esta crisis y recreación de la familia. Lo que sucede con Jesús puede ampliarse, y de ese modo se aplica a sus discípulos. Pueden venir sus familiares antiguos y afirmar: «Se han vuelto locos», queriendo que vuelvan cada uno a sus hogares viejos, cumpliendo de esa forma las tareas «sagradas» de este mundo. Pues bien, en contra de eso, sólo aquel que sepa romper con la estructura dominante seguirá a Jesús, repitiendo el gesto primero de Abrahán (Gn 12, 1-9) y creando sobre el mundo una familia de hermanos/as, sin patriarcas varones que se impongan por arriba.

Alguien pudiera afirmar que hoy (año 2011) no existen estructuras familiares fuertes como aquellas que imperaban en tiempos de Jesús. Puede ser. Pero en lugar de la familia se han impuesto otros poderes económicos, sociales, culturales o políticos que tienden a cerrarnos también en su estructura, trazando ante nosotros su círculo de fuerza. Sólo aquel que sabe resistir, rompiendo por dentro esos poderes y cultivando desde Cristo los principios de la familia universal de Dios, puede seguir la vocación cristiana. Leído de esa forma, el texto es paradójico y resulta en realidad muy positivo.

Ciertamente, hay que romper una estructura de familia vieja, superando los principios de la madre y los hermanos que nos cierran en el mundo (en imposición que desemboca siempre en la locura). Sólo entonces, por la nueva libertad que Dios ofrece en Cristo, puede descubrirse el sentido del hermano, de la hermana y de la madre. Eso significa que la Iglesia no destruye la fraternidad y maternidad, ni condena los afectos familiares, sino todo lo contrario: allí donde los hombres escuchan por Jesús al Padre, allí donde se abren a la nueva familia mesiánica descubren el sentido verdadero del hermano, de la hermana y de la madre, en gesto que la Iglesia ha comprendido bien al presentar a la Madre de Jesús (María) como primera de los creyentes y hermana mayor de los cristianos.

Después que ha desgarrado un tipo de familia antigua, la llamada de Jesús ha de expresarse por el surgimiento de una fraternidad nueva, fundada en la palabra compartida. Lógicamente, vinculados por Jesús en familia escatológica, todos los creyentes, y de un modo especial los que se llaman hermanos en la Iglesia, asumen el camino de la fraternidad universal iniciada por Abrahán (Gn 12, 1-9) y centrada para siempre en Jesucristo, el gran hermano.

Frente a la anterior jerarquía establecida (padres sobre hijos, varón sobre mujeres), que todavía parece reflejada en el signo de los Doce (sólo varones), viene a suscitarse aquí la verdadera hermandad de la familia de Jesús. Cuando el ángel de la pascua diga a las mujeres (16, 6-7) que busquen a los discípulos y a Pedro, es evidente que está aludiendo a los que conforme a nuestro texto forman desde ahora su casa y familia. Si persistieran en su intento de arrancar a Jesús de esta casa de fraternidad, para llevarle con ellos, los antiguos familiares (incluida la madre) quedarían fuera del camino del Reino. Sólo al integrarse en esta familia más amplia de hermano-hermana-madre, los antiguos parientes de Jesús (incluida su madre) pueden adquirir y adquieren (conforme a Hch 1, 14 y a la tradición antigua) un lugar dentro de la Iglesia.

(34) Familia 2. Comunidad mesiánica (3, 31-35)

Ciertamente, Jesús es israelita, y como tal forma parte del «pueblo de Dios», representado por las Doce Tribus. Por fidelidad a esa tradición ha escogido a Doce discípulos especiales, que son signo del nuevo Israel mesiánico. Pero de hecho, su familia o pueblo está formada por aquellos que le acompañan, escuchando la voluntad de Dios. Éstos son sus rasgos básicos:

1. *Es comunidad de creyentes*, fundada en la gracia (en la fe), según la voluntad de Dios (*to thêlema tou theou*: 3, 35), no en un tipo de ley genealógica o social. Jesús ha ido llamando a los carentes de *méritos* o *status*, para compartir con ellos una familia de evangelio. Así se van juntando, Jesús y los suyos, como nuevo grupo humano, en la casa de la vida compartida, porque Dios les ama y Jesús les invita al Reino. Ni sangre ni dinero les vinculan; ni poder o autoridad social les unen. Sólo la gracia de Dios, expresada como voluntad creadora, les convoca como hermanos.

2. *Es una comunidad donde hay un lugar especial para la madre*, es decir, para aquellos que cumplen la función de la madre. Jesús llama madre a las personas que le van acompañando (ayudando) en el camino de la vida, expandiendo de esa forma una experiencia vinculada a su madre original, María (3, 34; cf. 6, 3). Así, lo que en un plano puede parecer rechazo en contra de ella viene a presentarse en otro como reconocimiento de su simbolismo materno dentro de la Iglesia.

3. *Es Iglesia de hermanos y hermanas*, sin distinción o jerarquía de sexos. Vienen a buscarle *madre y hermanos* (en perspectiva judía, sin hermanas). Jesús, en cambio, incluye a las hermanas, presentando así su nueva comunidad donde se sientan en corro, a su alrededor, hermanos, hermanas y madres que cumplen la misma voluntad de Dios. Caben por igual varones y mujeres, en círculo que impide la imposición jerárquica de unos sobre otros. Las mujeres quedan incluidas en la familia de Jesús igual que los varones.

4. *Es Iglesia sin padres/patriarcas*, en exclusión importante que volvemos a encontrar en 10, 28-30. Posiblemente había muerto ya José, a quien los otros evangelios presentan como padre (legal) de Jesús. Pero el problema del texto no es biográfico sino teológico: en la nueva familia de Jesús hay hermanos, hermanas y madres... pero no padres en el viejo sentido patriarcal judío de *jefes de familia*, *presbíteros* que imponen las viejas tradiciones (cf. 7, 3), sacerdotes y escribas que dictan su ley desde arriba. Como base de esta familia, llenando el hueco que ha dejado la falta de padre, viene a presentarse Dios, voluntad fundadora que vincula a hermanos, hermanas y madres de Jesús.

> Es significativo el hecho de que aquí no aparecen ya los Doce. El contexto se ha ampliado, el horizonte se ha expandido, y como verdaderos discípulos-hermanos de Jesús están aquellos que le escuchan, cumpliendo con él la voluntad de Dios. Frente a la familia que se cierra de manera legalista en la tradición antigua, está la nueva familia de aquellos que (viniendo de cualquier origen) guardan y realizan juntos la voluntad del Padre. Los discípulos de Jesús no son ya simples receptores de una voz que llega desde fuera. Ellos son antes que nada cumplidores de la voluntad liberadora de Jesús, y de esa forma se convierten en hermanos-compañeros, es decir, en familia mesiánica. Otro aspecto aquí bien resaltado es la igualdad entre varones y mujeres.

2. Siembra de Reino. Parábolas (4, 1-34)

Sobre las parábolas en Marcos, además de obras generales (C. H. Dodd, *Parábolas del Reino*, Cristiandad, Madrid 1974, y J. Jeremias, *Las parábolas de Jesús*, Verbo Divino, Estella 1997), cf. R. Donahue, *El evangelio como parábola. Metáfora, narrativa y teología en los evangelios sinópticos*, Desclée de Brouwer, Bilbao 1997, 48-76; Cuvillier, *Parabolê*; V. Fusco, *Parole e Regno. La sezione delle parabole (Marcos 4, 1-34) nella prospettiva marciana*, Morcelliana, Napoli 1980. Sobre el *secreto mesiánico*, cf. Blevins, *Secret*. Desde su propia perspectiva literaria, y destacando la ironía de 4, 12-13, Fowler, *Reader*, 168-168 y 183-184, ha destacado la ignorancia de los discípulos, que parecen conocer, aunque de hecho ignoran la parábola; J. Marcus, *The* Mystery; M. A. Beavis, *Mark's Audience. The Literary and Social Setting of Mark 4, 11-12* (JSNT SuppSer 33), Sheffield 1989, habla de una doctrina secreta o conocimiento superior de los discípulos. He desarrollado el tema en *El Evangelio. Vida y pascua de Jesús* (BEB 75), Sígueme, Salamanca 1983, 123-133.

Es un capítulo largo, que tendremos que explicar parte a parte. Por eso es bueno empezar ofreciendo un esquema general, que muestre su carácter concéntrico:

> *a: Introducción* (4, 1-2). La parábola es lenguaje para todos, a la orilla del mar. El Jesús terapeuta se vuelve sembrador de la palabra, es decir, revelador de Reino. Marcos no ha recogido en su evangelio las sentencias de Jesús (como hace el Q), quizá porque a su juicio el mismo Jesús es la Palabra de Dios.
> *b: Parábola de siembra y tierras* (4, 3-9), bien delimitada entre un *akouete* (4, 3) y un *akouetô* (4, 9): *escuchad..., quien tenga oídos que escuche*. Es como si el «shema» o confesión básica del judaísmo (¡Escucha Israel...!) se condensara ahora en la escucha de la parábola/palabra de Jesús.

c: División de los hombres (4, 10-12). A los humanos les une y separa la palabra, que acogen o rechazan. Los discípulos de Jesús son comunidad de oyentes, que la entienden y comparten.

d: Explicación alegorizante (4, 13-20). Lo que era mensaje universal se recibe y expresa de formas distintas, entre los varios grupos de hombres y mujeres, que se dividen entre sí por la forma en que acogen y entienden la palabra, según los diversos tipos de tierra donde cae la semilla (cf. 4, 11).

c': Ampliación sapiencial (4, 21-25). En este fondo introduce Marcos unas sentencias sapienciales sobre la luz (encendida para alumbrar), el desvelamiento de lo oculto y la reciprocidad en el juicio entre los humanos.

b': Dos nuevas parábolas (4, 26-32). Reasume el tema (parábola) de 4, 3-9, ofreciendo dos nuevas versiones que matizan su contenido. La primera (*semilla que crece por sí misma*: 4, 26-29) destaca su aspecto sobrenatural: la siembra de Dios por Jesús dará fruto, aunque parezca ahora escondida. La segunda (*grano de mostaza*: 4, 30-32) destaca la diferencia entre la pequeñez de la semilla y la grandeza de la planta final.

a': Conclusión (4, 33-34). Recoge el tema del principio (a), matizándolo a partir de la división que la misma palabra suscitaba (c). Acaba el discurso, permanece la experiencia y misterio de Jesús como palabra.

Parábola es el proyecto de Jesús y su persona, fuente de unidad y división para los humanos que aparecen ahora separados en dos grupos (los de dentro y los de fuera: 4, 11), conforme a un motivo de 3, 31-35. Son familia de Jesús los que reciben su semilla de palabra y la comparten, creando un espacio de comunicación sobre ley (escribas) y genealogía (familiares).

a) Introducción (4, 1-2)

¹*De nuevo se puso a enseñar junto al mar. Acudió a él mucha gente, de modo que tuvo que subir a una barca que había en el mar y se sentó en ella, mientras toda la gente permanecía en tierra, a la orilla del mar.* ²*Les enseñaba muchas cosas por medio de parábolas.*

Jesús ha dejado *la casa* (3, 20) y ha vuelto a la *orilla del mar*, lugar de llamada (cf. 1, 16-20; 2, 13) donde se juntan las multitudes (3, 7). Pero él ya no viene a llamar ni a curar, sino a sembrar palabras de Reino. Hasta ahora su enseñanza nueva (cf. 1, 27) se expresaba sobre todo en los milagros, las acciones sanadoras, la acogida de los expulsados (posesos, leprosos, pecadores...). Pues bien, ahora Jesús quiere expandir y traducir su acción en forma de palabra: no llama de manera externa; no vincula a los hermanos por la fuerza, sino que les ofrece un tipo de unidad y comprensión más alta en las parábolas. De esta forma se reúne la familia de Jesús por la palabra que todos entienden y comparten, en crecimiento fraterno.

Así se entiende el texto: (1) *Marcos habla de parábolas en plural* (4, 2.11.33) pero de hecho sólo expone una parábola que trata del evangelio de Dios (cf. 1, 14). (2) *Esta parábola se identifica con la obra de Jesús.* Toda su acción (llamar, curar, reunir a los humanos) se vuelve *siembra de palabra*, apertura racional (o dialogada) hacia los humanos. (3) *Esta parábola expresa la voluntad (thelêma) de Dios que vinculaba a los hermanos en* 3, 35. El evangelio no es imposición ciega, sino presencia de Dios que convoca a los humanos en familia. (4) *La parábola es en fin el mismo Jesús.* No dice cosas, se dice a sí mismo; no expande ideas, siembra su vida. Por eso no puede haber en Marcos más que una parábola que expresa todo su evangelio.

Éstos son los planos principales de este pasaje sencillo y complejo, abismal y transparente (4, 1-34) que aquí nos limitamos a evocar, poniendo de relieve su sentido para la comunidad cristiana (Iglesia). Dios mismo se vuelve por Jesús palabra que se siembra, dejando que la tierra le acoja o rechace, iniciando de esa forma una conversación personal con los humanos. No les ofrece una herencia de riquezas materiales, ni les impone su ley sacral, ni construye para ellos un imperio, como Roma. Jesús se ofrece a sí mismo como palabra (parábola) para que podamos entender y dialogar en ámbito de Reino.

---

(35) Parábolas fundamentales, el evangelio como parábola

Marcos ofrece un catálogo más reducido de parábolas que Mateo y Lucas, de manera que en su evangelio no aparecen algunas tan significativas como la del trigo y la cizaña, la del buen samaritano o la del hijo pródigo (Lc 10, 30-37; 15, 1-32). Sin embargo, todo su evangelio, y en especial la figura de Jesús, aparecen como una «parábola» del Reino, es decir, de la forma de actuar de Dios. Éstas son sus parábolas estrictamente dichas, miradas desde su perspectiva paradójica:

1. *Semilla de Reino* (Mc 4, 3-9). Es en el fondo la única parábola de Marcos, es la expresión y compendio de todo su evangelio, entendido como anuncio y presencia del Dios que es Palabra en la vida de los hombres. Nos sitúa ante la gran paradoja de Dios, ante la gran provocación del mensaje de Jesús: ¿Por qué sembrar en terrenos baldíos, como el camino o el campo de piedras y zarzas?
2. *Siembra que crece por sí misma* (Mc 4, 26-27). Es una variante poderosa de la anterior y nos sitúa ante el poder de Dios que actúa de forma misteriosa, sin que los hombres puedan controlar su acción, el poder de su vida.

Tanto Lucas como Mateo han encontrado en esta parábola algo extraño, amenazante y por eso no han querido insertarla en sus evangelios: Si la semilla crece día y noche, mientras duerme el labrador: ¿para qué sirve el trabajo de los hombres? Marcos respondería diciendo que misterio de Dios y trabajo humano operan en simbiosis misteriosa de gracia y compromiso.

3. *Grano de mostaza* (Mc 4, 31). En el principio del reino de Dios parece que deberían actuar poderes más intensos, más visibles. El judaísmo, en general, había esperado las «obras» poderosas de Dios, unas señales más (como recuerda Pablo en 1 Cor 1, 22). Pues bien, en contra de eso, según esta parábola, el Reino actúa como semilla diminuta, de manera que casi no puede ni verse. ¿Puede el reino de Dios brotar y triunfar desde algo tan pequeño? ¿No se estarán equivocando los cristianos al afirmar que ellos son portadores de la gran obra de Dios?

4. *Amo y viñadores* (Mc 12, 1-12). Es la segunda gran parábola de Jesús (junto a la de la semilla: 4, 3-9) y en algún sentido puede presentarse como una variante o una expansión de ella. El grano de trigo se vuelve aquí viña que produce unos frutos, que son para el «amo», es decir, para Dios. Ésta es una parábola paradójica en extremo. Si Dios lo tiene todo: ¿para qué necesita las rentas de la tierra que ha dado a los hombres? Si Dios es poderoso: ¿por qué deja que maten a su Hijo? Quizá podemos decir que esta parábola implica una revolución en la misma idea de Dios.

5. *Amo que regresa tarde* (Mc 13, 34-37). Parece que Dios ha dejado la administración de la tierra en manos de unos servidores, que deben responder de su trabajo. Pero ¿por qué le ha dado todo el poder al mayordomo? ¿Por qué tarda en venir en la noche?

Estas son las parábolas principales de Marcos, pero en un sentido más profundo, todo su evangelio es la parábola del enviado (Hijo) de Dios, una parábola «abierta», cuyo fin no está todavía definido, pues un «ángel» (mensajero parabólico de Dios) dice a las mujeres de la pascua que vayan a Galilea para ver a Jesús y reiniciar su obra y, en el texto, se añade que se van, se marchan, porque tienen miedo. Es como si los mismos oyentes o lectores del evangelio tuvieran que responder, interpretando con su vida el sentido de la parábola que es Jesús.

b) Una siembra y cuatro tierras (4, 3-9)

³*Les decía: «¡Escuchad! Salió el sembrador a sembrar.* ⁴*Y sucedió que, al sembrar, parte de la semilla cayó al borde del camino. Vinieron las aves y se la comieron.* ⁵*Otra parte cayó en terreno pedregoso, donde no había mucha tierra; brotó enseguida, porque la*

tierra era poco profunda, ⁶pero, en cuanto salió el sol se agostó y se secó porque no tenía raíz. ⁷Otra parte cayó entre espinos, pero los espinos crecieron, la ahogaron y no dio fruto. ⁸Otra parte cayó en tierra buena y creció, se desarrolló y dio fruto: el treinta, el sesenta, y hasta el ciento por uno. ⁹Y añadió: ¡Quien tenga oídos para oír, que oiga!».

La parábola es *siembra de palabra* que Jesús proclama a la orilla del mar (4, 1), en el cruce de pueblos y caminos de la tierra (3, 7-12). En la universidad de la calle y no en la escuela elitista donde sólo estudian y saben unos pocos ha sembrado Jesús su mensaje de unidad fraterna. No ha plantado teorías, no ha impuesto sentencias o dogmas especiales: él ha dicho simplemente la palabra para que así todos puedan acogerla y cultivarla, convirtiendo la semilla en planta de vida que comparten dialogando. Desde esta perspectiva han de entenderse los niveles de 4, 3-9:

- *En un primer nivel las tierras resultan iguales* porque el operario siembra en todas ellas (camino, pedregal, campo de zarzas). Mirado con ojos de ley (de justicia pura, según este mundo) el texto puede parecer impío, pues afirma que el agente ha extendido semilla en toda tierra, sea buena o sea mala. Esto significa que en el fondo da lo mismo ser judío o gentil, fariseo o publicano. Cesan los privilegios, como si la historia anterior (tierra judía, injusticia pagana) no importara. La palabra actúa por encima de las divisiones. No podía decirse de manera más paradójica que toda tierra humana es buena para el Reino.
- *En un segundo nivel, unas tierras se distinguen de otras*, como indica ya la parábola (4, 3-9) y como destaca el comentario alegórico (4, 13-20). Lógicamente, la cosecha depende de la forma en que la tierra reciba la semilla. Esta parábola pone de relieve el hecho de que el hombre es «oyente» de la palabra, de una voz o llamada que le viene de fuera, del mismo Dios. Por eso, ella se opone a un tipo de inmanentismo, en el que se supone que todo lo que producen los hombres procede de ellos mismos. Ciertamente, es decisiva la respuesta humana, pues una palabra no acogida y/o compartida pierde su sentido. Pero esa respuesta sólo es posible si existe una Palabra de Dios, tal como Jesús la ha proclamado.

En clave de creatividad profética, desde el mensaje de Jesús, debemos empezar destacando la primera perspectiva. No hay para Marcos tierra buena y tierra mala, lugar aprovechable y campo yermo, pues Jesús, buen maestro, siembra entre piedras y zarzas, en el duro camino y en la fértil gleba... Esto significa que todos (posesos y publicanos, paralíticos y leprosos) pueden ser y son tierra apropiada para el Reino. Sólo en ese fondo se puede añadir que la misma palabra (ofrecida para todos los humanos) suscita espacios concretos de experiencia dialogada o reunión fraterna.

Elección y misión. La tarea de los Doce (3, 7-6, 6a)

Así pasamos, de forma consecuente, de la multitud que busca a Jesús al grupo que escucha su palabra, volviéndose Iglesia. El texto anterior (3, 7-35) nos llevaba de la orilla del mar, lugar donde Jesús acoge y cura a todos (3, 7), a la casa familiar, donde dialoga con algunos que cumplen la voluntad de Dios, haciéndose Iglesia (3, 31-35). También éste (4, 1-34) nos lleva de la orilla del mar, donde Jesús ofrece semilla universal de Reino (4, 1-2), al grupo menor (4, 10.33-34) de los que comprenden y comparten la palabra.

En el camino que lleva de la *multitud móvil* y ansiosa, que escucha desde fuera, al *grupo* estable que acoge la palabra nos sitúa Marcos 4 y todo el evangelio. Jesús suscita así una comunión que sólo fructifica allí donde a partir de la muchedumbre (siempre llamada, buscada, acogida) van surgiendo grupos de encuentro personal a través de la parábola, es decir, escuchando y respondiendo en forma dialogada. Dios no crea a los humanos por la fuerza, sino a través de la palabra. No les define por la raza, nación o dinero, sino a través de la comunicación o palabra compartida que les vincula y madura.

No les enseña *palabras* en general (verdades que se pueden sumar unas a otras), sino *la palabra* (*ton logon*: 4, 13), que aquí se podría traducir a modo de comunicación o don de Dios. En ella nacemos, de ella renacemos, conforme al evangelio. Fuera de ella no tenemos verdad ni salvación posible. Comprender la parábola no implica aprendizaje de teoría sino conversión (cf. 1, 15; 6, 12) y seguimiento (cf. 8, 34-36). Ser y acoger, escuchar la palabra y existir se identifican. Desde este fondo se vinculan las dos formas de entender la palabra: *la vertical*, de escucha de Dios con oración, y *la horizontal* de relación interhumana.

1. *Sembrar en toda tierra*. Desde aquí se entiende la gran paradoja que implica el sembrar en toda tierra (primer plano de lectura de 4, 3-9). Hemos pasado del signo de la pesca (1, 16-20) y de la imagen del banquete (2, 13-20) al potente simbolismo del trabajo agrícola, la siembra y la cosecha. Hasta aquí todo es normal, y el tema ha sido utilizado en casi todas las culturas. La novedad del pasaje está en el hecho de que el sembrador parece que se goza en ir lanzando su semilla a todo tipo de tierras, sin haberlas preparado bien para la siembra. Ésta es la primera paradoja Un buen sembrador empieza preparando los terrenos y no quiere trabajar en vano, no malgasta su semilla entre las rocas del monte, las zarzas del arroyo o en la dura línea del camino.

   Quien no haya sentido esta primera «disonancia», nunca entenderá la parábola, perdiéndose luego en discusiones más o menos alegóricas. Es claro que Jesús está aludiendo al hecho de que él ha venido a extender la semilla del Reino en todos los terrenos, desbordando así las vallas protectoras de la buena tierra de los buenos escribas legalistas. Sin duda, él se está defendiendo. Es más, defiende y describe la estrategia creadora del reino de Dios, que ofrece vida y gracia a publicanos, pecadores y expulsados de la sociedad israelita. En un primer momento, la parábola ha de verse, por tanto, como una expresión de la potencia creadora del reino de Dios y su evangelio. Antes de ofrecernos un «catálogo» de tierras, Marcos 4, 3-9 quiere hablarnos de aquel Dios que siembra su semilla salvadora en todas ellas.

2. *Diferencia de tierras.* Sólo en un segundo momento, cuando se acentúa la respuesta eclesial hay que insistir en la diferencia de las tierras (segundo plano de lectura de 4, 3-9). La potencia de Dios queda de esa forma en un segundo plano. En este desplazamiento significativo, que lleva del Dios de la siembra creadora al tipo de respuesta de las tierras, ha tenido una gran importancia la comparación primera: el sembrador siembra la palabra (4, 14). Recordemos que el leproso curado divulgaba la palabra (*ton logon* 1, 45), igual que hará el mismo Jesús.

Esto significa que el mensaje de Dios se hace palabra, es decir, se vuelve principio de diálogo. No estamos condenados a pensar sólo por dentro y descubrir así, por nuestras solas fuerzas, el camino de Dios en nuestra vida. Nos llama Dios, nos ofrece su palabra en Jesús, y nosotros podemos y debemos responderle. Una palabra que sólo se escucha no es palabra, una voz que se impone por fuerza sin abrir en el oyente un espacio de respuesta no es llamada personal, ni realidad humana. De manera consecuente, la palabra de la siembra de Dios en Jesús (ofrecida a toda la tierra) sólo realiza su acción donde hay alguien que la acoge y responde, transformando con ella (por ella) su existencia. Éste es el tema principal de la interpretación de Marcos 4, 13-20.

---

(36) Grupo de Jesús, símbolos de Iglesia

El pueblo de Israel se definía por el templo (sacerdotes), la ley de pureza (escribas) y la genealogía nacional (presbíteros). Ninguno de esos elementos permanecen en la comunidad de Jesús, cuyos miembros se definen más bien por su relación mesiánica con él, en una perspectiva que recuerda la eclesiología post-paulina del *cuerpo de Cristo.* Así lo muestra una serie convergente de textos y símbolos:

1. *Seguidores.* La Iglesia está formada por los seguidores de Jesús, a quienes él ha dicho: Venid en pos de mí (*opisô mou*: 1, 17), sígueme (*akolouthei moi*: 10, 21). Jesús quiere que sus discípulos caminen con él; no les vincula a través de una doctrina o realidad externa, sino por su persona y su seguimiento.
2. *Les llamó para ser-con-él* (*met'autou*: 3, 14). La referencia a Jesús les define, les hace renacer, de tal forma que él puede darles nombre nuevo (Pedro, Boanerges: 3, 16-17).

3. *Círculo de Jesús, los que están peri auton kyklô*, es decir, los que forman corro alrededor de su persona, en clave de igualdad y comunicación (3, 34; cf. 4, 10).
4. *Familia de Jesús*. La Iglesia está formada por aquellos que son verdaderamente madre y hermanos de Jesús (3, 31-35), en un contexto donde todos los creyentes son familia (cien madres/hijos, hermanos/as: 10, 28-30).
5. *Los discípulos son idioi*, es decir, los propios, íntimos de Jesús (4, 34), a los que él dice su palabra personal secreta (9, 28; 13, 3) y lleva consigo para comer juntos y orar (6, 31-32; 9, 2).
6. *La Iglesia son las bodas mesiánicas*: los discípulos son *hijos/amigos del novio Jesús* (cf. 2, 19). Espacio de intimidad de esposos/amigos es la Iglesia para los creyentes (mujeres y/o varones).
7. *La Iglesia está formada por los que son «khristou»*, es decir, *del Cristo* (9, 41), nombre vinculado al *khristianos* de Hch 11, 26; 26, 28; 1 Ped 4, 16. A los discípulos les define la referencia, seguimiento e identificación vital con Jesús y su evangelio (cf. 8, 35; 10, 29). Por eso, igual que *los de Cristo* se les podía llamar *los del evangelio* (es decir, los evangélicos).

Marcos ha escrito su relato precisamente para mostrar a los seguidores de Jesús lo que significa su nueva pertenencia, su nueva identidad personal (de seguimiento) y social (de vinculación) con el grupo de los que son de Jesús, en camino de muerte y resurrección.

c) División de los hombres, misterio del Reino (4, 10-12)

[10]*Cuando quedó a solas, los que estaban en torno a él con los Doce le preguntaron sobre las parábolas* [11]*y les dijo: «A vosotros se os ha comunicado el misterio del reino de Dios, pero a los de fuera todo les resulta en parábolas,* ([12]*para que, por más que miren, no vean, y, por más que oigan, no entiendan, a no ser que se conviertan y sean perdonados).*

La misma Palabra divide. Jesús quiere que le entiendan y por eso esparce la semilla de Reino en toda tierra. Pero no puede imponerla, pues lo impuesto no es palabra. Siendo totalmente gratuita, la Palabra requiere aceptación, lo mismo que la llegada del Reino implicaba conversión (en 1, 14-15). Un mismo don del Reino puede transformar y transforma a los oyentes, formando con aquellos que lo acogen, un grupo de familia o comunicación, que se distingue (divide) así de los restantes. No les impone su verdad, no les subyuga desde fuera, sino que les invita a penetrar en el mensaje para comprenderlo y transformarse. Por eso, a partir de la parábola (de la palabra de Jesús) los hombres pueden dividirse.

(a) Unos creen y entienden, dejándose transformar por la Palabra. (b) Otros no creen, no aceptan, no entienden: no conocen la Palabra.

a) *Reflexión general*. Jesús ha querido crear una familia humana de personas que acogen y entienden la Palabra, es decir, que conocen. Él no tiene dinero, ni impone algún tipo de organización legal, nacionalista o estatal. Simplemente ofrece palabra y con ella se siente capaz de crear humanidad. Siendo principio de unión universal (siembra en toda tierra), esa Palabra se hace fuente de comunicación concreta para quienes forman Iglesia o familia en su entorno. Éstos que entienden y acogen la Palabra se llaman de dos formas:

- *Son el corro de Jesús (hoi peri auton*: 4, 10, como en 3, 31-35). Se encuentran vinculados a los Doce elegidos en el monte (el nuevo Israel de 3, 13-19), pero son más numerosos: son los que acogen la semilla con presteza para hacerla principio de nueva humanidad. Al exterior del corro de la Palabra (*exo*: 4, 11) permanecen (cf. Marcos 4, 12, con cita de Is 6, 9-10) aquellos que no quieren acogerla, como los familiares que quedaban fuera (cf. *exo*) en 3, 32 y no aceptaban la casa de la palabra. No es que ella sea esotérica, difícil, sino todo lo contrario: (es la más fácil y sencilla). Pero muchos prefieren su falta de comprensión y no aceptan la semilla de Jesús. Por el contrario, los que escuchan y comprenden, vinculándose con él, forman su familia.
- *Los propios (hoi idioi) de Jesús le escuchan en privado (kat'idian*: 4, 33), formando parte de su movimiento de Reino. Le entienden porque están con él (le quieren, dejan que él les quiera). Para Marcos sólo es verdadero el *conocer en compañía y como compañía*. La familia de Jesús, que el pasaje anterior (3, 35) entendía desde el *compromiso* compartido (cumplir con Jesús la voluntad de Dios), se vuelve grupo de profundización y conocimiento común: Jesús enseña a todos (a la muchedumbre junto al mar), conforme a su capacidad; pero sólo *los suyos* (los que aceptan su voz y le acompañan) alcanzan el secreto más profundo del Reino (4, 33-34).

Pues bien, fuera de esos, que «entienden» y acogen (los que forman el corro de Jesús, sus íntimos), quedan «los otros», los que no entienden. La misma parábola divide así a los hombres. (a) Por una parte, ella funda a la Iglesia de los que entienden. (b) Por otra parte, ella hace más visible la separación de los otros (de los que no entienden). Jesús ofrece su palabra al ancho mundo (siembra en toda tierra); pero algunos no la acogen ni desean vivir conforme a ella, quedando de esa forma fuera de su comunicación (y/o comunidad).

Según eso, la Iglesia se define como grupo de personas que escuchan y entienden la palabra de Jesús, compartiendo por ella la existencia. Resultan de esa forma innecesarias las normas de pureza sagrada, de raza y condición económica o social; la nueva familia de Dios por Jesús se abre a todos los humanos. La comprensión de las parábolas (ver, escuchar, transformarse: cf. 4, 11-12) define a los cristianos, como hará más tarde el signo de panes compartidos. En este contexto, Marcos apela a la palabra misteriosa de Is 6, 9-10, donde se habla del «endurecimiento» que proviene de Dios, que permite (y quiere) que los hombres no vean (no entiendan), para que así caigan en el abismo de su destrucción, un abismo del que sólo Dios puede salvarles.

b) *Breve comentario*. La reflexión anterior nos permite entender este pasaje intermedio (Marcos 4, 10-12), donde se recoge e ilumina desde una nueva situación cristiana la palabra profética más honda de Is 6, 9-10, tan importante en el comienzo de la Iglesia (cf. Mt 13, 10-17 par; Hch 28, 26-27). La misma parábola (enseñanza de Jesús), viene a explicitarse de dos formas principales.

(a) *Ella es luminosa para los de dentro*, es decir, para aquellos que escuchan la llamada de Jesús y le siguen; así deben acogerla los Doce y los que forman el entorno de Jesús, siendo como vimos sus hermanos (cf. 4, 34).
(b) *Ella se vuelve oscuridad y falta de sentido para aquellos que no acogen y siguen a Jesús*. El evangelio no es verdad neutral, como una especie de teoría general que se entiende desde fuera, sin que uno esté comprometido en lo que dice. La parábola (enseñanza) de Jesús es verdad personal y sólo se comprende si uno deja que ella le transforme.

De esa forma se vinculan el abismo insondable de la libertad de Dios que elige a los que quiere, tal como ha indicado también Rom 11, 8, y el más hondo enigma de la libertad del hombre, que no puede ser forzado desde fuera. No se entiende mejor el evangelio allí donde se aprenden más teorías, sino allí donde se quiere, es decir, allí donde hay un hombre que se deja transformar en libertad por el libre amor de Dios en Cristo. Si no pudiera haber rechazo no podría haber tampoco siembra de evangelio. Esto es lo que de un modo emocionadamente duro, ha querido decirnos Marcos 4, 10-12, reinterpretando las palabras abismales de Is 6, 9-10... y sabiendo que en el fondo el mismo rechazo (la no comprensión) está al servicio de una comprensión más honda del misterio (cf. Rom 11, 25-36).

Desde aquí podemos trazar ya una línea de surgimiento eclesial (y comprensión de Marcos) que lleva de la Palabra como semilla sembrada en toda tierra al pan multiplicado de la comunidad, como seguiremos viendo:

– *Los de fuera «mirando no ven y oyendo no entienden»* (4, 12), a diferencia de los discípulos que acogen la palabra y forman comunión interhumana. Posiblemente, en el fondo de esa afirmación hay un toque de ironía porque, conforme a lo que sigue, tampoco los discípulos comprenden a Jesús.

- *En esa línea se añade que los discípulos* navegan en medio de la noche, gritando angustiados, pues *¡no habían comprendido lo de los panes!*, no entienden la parábola de (que es) Jesús (cf. 6, 52).
- *Una escena posterior ratifica el signo y la ignorancia.* Siguen navegando los discípulos ciegos, sin entender lo de los panes. Jesús pregunta (como en 4, 12): «*¿Teniendo ojos no veis?...*» (8, 18). Los mismos que en 4, 12 parecían entender aparecen al fin no comprendiendo.

La parábola se identifica con la entrega de Jesús (sus panes comunitarios). Lógicamente, entender la parábola supone aceptar la vida de Jesús con el camino de su muerte. De ese modo se confirma lo que ya sabemos: para Marcos sólo existe en realidad *una parábola*: la palabra de la vida de Jesús que se siembra, se comparte como pan, se entrega hasta la muerte. Quienes no la aceptan quedan fuera (4, 11-12). Los mismos discípulos de Jesús tardarán en entenderla, como indican los textos citados de los panes.

---

(37) Misterio del Reino. El gran conocimiento (4, 11)

En la explicación de la parábola de la siembra, Jesús distingue dos tipos de personas. (a) Los que están a su lado y comprenden: *¡A vosotros se os da (se os revela) el misterio del reino de Dios*. (b) Los que están fuera, que sólo ven puros signos, sin saber entenderlos, pues *todo les resulta en parábolas...!* (4, 10-11). Las parábolas (que son lo más claro para aquellos que se dejan transformar por ellas) son pura oscuridad para aquellos que están fuera. Desde aquí se entiende el tema del «secreto» del conocimiento de Jesús:

1. *Es poder de sanación*: su saber es nuevo (*didakhê kainê kat'exousian*) porque expulsa con autoridad a los demonios (1, 21-28). Por eso es normal que los «demonios» sepan quién es (1, 24.34; 3, 11-12; 5, 7), en sabiduría de condena y no de salvación. Así critica Marcos un conocimiento orgulloso, que es propio del Diablo y no de Dios. Frente a la ideología al servicio de la opresión, frente a la gnosis orgullosa e impotente de los endemoniados, eleva Marcos el conocimiento liberador de Jesús.
2. *Es semilla que se vuelve pan compartido*: su parábola de la siembra (palabra: 4, 15) ha de entenderse como signo de purificación o limpieza universal (5, 1-43) y pan compartido (6, 30-44). Éste es el conocimiento salvador de Jesús, y de sus discípulos que pueden superar de esa manera un tipo particular de ley judía, de comidas y sabidurías especiales de algunos pretendidos iniciados (7, 1-30).

3. *Es conocimiento de la vida que se entrega a favor del Reino.* Sólo aquel que sabe darse y morir por el Reino conoce. Por eso, el conocimiento de Jesús se adquiere y comparte siguiéndole a él y entregando la vida, superando el mesianismo triunfal de Pedro, que no quiere «darla» (darse), pues piensa como los hombres, no como Dios (cf. 8, 27-33). La sabiduría de Dios consiste en entregar la vida (8, 34-38), como irá mostrando a lo largo de toda la segunda parte Marcos (8, 27–16, 8).
4. *Es secreto mesiánico.* Marcos ha escrito el evangelio de la «revelación escondida» de Jesús, que va pidiendo a los curados «que no digan», que no propaguen «el misterio del Reino» (4, 11), pues ese misterio sólo se comprende desde el final, allí donde culmina su camino de entrega a favor de los demás (muriendo por ellos: cf. 10, 45). Jesús no cumple aquello que ya se sabe, sino que despliega un nuevo conocimiento por su forma de realizar el Reino.
5. *Es conocimiento pascual,* que culmina en Galilea (16, 7), a modo de comunión de aquellos que al fin ven (conocen) a Jesús. Desde ese fondo se entiende la enseñanza privada más profunda (cf. 13, 1-36: *¡Mirad, no os engañéis!*) de aquellos que saben mirar (y vivir) las cosas desde la resurrección del crucificado, dejando el sepulcro, para verle al fin en Galilea.

Marcos no ha querido interpretar el evangelio en la línea de la gnosis (saber misterioso que se puede codificar en un cuerpo de misterios) o de la doctrina teológica (teoría hecha ley). Su conocimiento es seguimiento de Jesús. Saben el «misterio» de su parábola quienes hacen su camino.

d) Explicación alegórica (4, 13-20)

[13]Y añadió: «¿No entendéis esta parábola? ¿Cómo vais a comprender entonces todas las demás? [14]El sembrador siembra la palabra. [15]La semilla sembrada al borde del camino se parece a aquellos en quienes se siembra el mensaje, pero en cuanto lo oyen viene Satanás y les quita el mensaje sembrado en ellos. [16]Lo sembrado en terreno pedregoso se parece a aquellos que, al oír el mensaje, lo reciben enseguida con alegría, [17]pero no tienen raíz en sí mismos; son inconstantes y en cuanto sobreviene una tribulación o persecución por causa del mensaje sucumben. [18]Otros se parecen a lo sembrado entre espinos. Son esos que oyen el mensaje, [19]pero las preocupaciones del mundo, la seducción del dinero y la codicia de todo lo demás los invaden, ahogan el mensaje y éste queda sin fruto. [20]Lo sembrado en la tierra buena se parece a aquellos que oyen el mensaje, lo acogen y dan fruto: uno treinta, otro sesenta y otro ciento».

La parábola (un símbolo central, provocador y luminoso) se vuelve alegoría: enseñanza concreta, de tipo moralista, donde cada detalle recibe un sentido. Lo que era «poesía, metáfora expandida o poema que ilumina como rayo el horizonte de la vida, se vuelve «prosa» y teología, también necesaria, pero ya secundaria. Ciertamente, las palabras de la «explicación» son importantes, porque nos permiten conocer la experiencia teológica y moral (¡moralista!) de la comunidad de Marcos, en el principio de la Iglesia. Pero ellas no pertenecen ya al origen del mensaje de Jesús, con su poder provocador, sino que forman parte de una reflexión de la Iglesia, que aplica el mensaje a sus propias circunstancias.

La parábola original (4, 3-9) nos situaba en la perspectiva fundante de Jesús, que ofrecía siembra de Dios en toda tierra. La interpretación alegórica que acabamos de evocar (4, 13-20) ya no se entiende en ese plano, sino que ha de verse en perspectiva eclesial, es decir, desde el lugar donde aquellos que siguen a Jesús sienten más dificultad en mantener y hacer que fructifique la semilla recibida.

> a) *En los extremos del texto* aparecen dos especies de tierras que no necesitan más comentario: (1) Los que escuchan sin escuchar (sin acoger en verdad la palabra), como un camino liso donde viene Satanás, principio del mal, que devora lo sembrado. (2) Y los que acogen la palabra en verdad y así consiguen que fructifique, es decir, los buenos seguidores de Jesús (4, 15.20).
>
> b) *En medio quedan los que ofrecen más dificultad*, pues empiezan recibiendo la semilla y luego pierden o destruyen lo empezado: (1) Son pedregal los que acogen la palabra, pero luego cuando llega la dificultad o persecución se escandalizan y se vuelven atrás y no permiten que ella fructifique (4, 16-17). (2) Son zarzal los que, escuchando primero la palara, la sepultan luego en el tumulto de sus preocupaciones y deseos de riqueza (4, 18-19).

Éstos parecen para Marcos 4, 13-20 los problemas principales de la Iglesia, que debe superar el riesgo del pedregal y del zarzal, para conseguir que la palabra fructifique en la línea de aquello que Jesús pedirá a sus discípulos en 8, 34-37 y 10, 21-22. Entender la palabra (parábola) es más que un ejercicio intelectual. No se trata de saber una doctrina como los letrados (cf. 1, 22), sino de saberla y vivirla, de tal modo que ella cambie, no sólo a los posesos (cf. 1, 27), sino a todos aquellos que la acogen por dentro y colaboran de manera que ella fructifique. Así recibe sentido y resulta necesaria esta reflexión intermedia (4, 10-12).

(38) Siembra de parábola. Las cuatro tierras (4, 14-20)

El Sembrador que siembra la Palabra (4, 14) es, en principio, Dios; pero, en un segundo momento es Jesús, enviado de Dios, y con él son sembradores sus enviados, los mensajeros de la Iglesia. Ellos no llevan dinero, ni medios materiales de producción, ni bienes de consumo, sino la Palabra, pero no para imponerla o negociar con ella, sino para sembrarla generosamente. De esa forma, la gran parábola de la siembra se vuelve experiencia y tarea de misioneros de Jesús, que pueden ir y van con su Palabra a todo el mundo (13, 10; 14, 9), con la certeza de que ella puede y debe fructificar. Ésta es la forma de crear, sembrando. Desde ese fondo se entiende la diferencia de las cuatro tierras en las que se distingue el fruto de la Palabra:

1. *Tierra 1: hombres-camino* (4, 15). Hay oyentes que son puro camino, lugar por el que pasan todo tipo de ideas, ilusiones, deseos, ambiciones, sin que nada cale, nada eche raíces. Estos hombres-camino «escuchan» la Palabra, pero al lado de otras miles de palabras que van y vienen. No están sordos ni impedidos, pero no quieren que les cale la Palabra, hecha semilla en su interior. De esa forma se encuentran a merced de Satanás, que acecha y roba, devorando la Palabra (algo que no pudo hacer con Jesús en 1, 12-13). Satanás no devora a los hombres, no mata a personas, pero hace algo casi peor: devora la Palabra, convierte a los hombres en un tipo de puras marionetas en las que todo resuena, nada cala; así lucha contra el mensaje de Dios, devorando la Palabra.

2. *Tierra 2: un pedregal* (4, 16-17). Estos hombres y mujeres tienen algo de tierra buena, pero en ella dominan los extensos pedregales duros, donde nada puede entrar, nada tiene espacio y tiempo para producir los frutos. Ciertamente, la Palabra resuena por un momento en ellos y hasta se alegran de escucharla, pero su interior de piedra les impide dar fruto. (a) Son hombres a merced de la tribulación (*thlipsis*), de una dificultad personal o social, que les impide centrarse en la Palabra. (b) Son hombres y mujeres a merced de persecuciones (*diôgmoi*), es decir, de las diversas luchas de la vida. No llegan a ser portadores de la Palabra, no son tierra donde la semilla puede dar fruto.

3. *Tierra 3: campo de zarzas* (4, 18-19). Han recibido la Palabra, pero se encuentran a merced de otras semillas que vienen del aire o del ambiente, semillas que crecen con rapidez, que todo lo inundan, impidiendo que brote y crezca la palabra, produciendo sólo zarzas, que apresan y ahogan la Palabra. (a) Esas zarzas son las *preocupaciones (merimnai)* vinculadas al

> honor y al poder, al prestigio y al gozo inmediato, que crecen rápidamente y que todo lo ahoga, sin dejar ni espacio ni tiempo para la buena Palabra. (b) Esas zarzas son el deseo de riqueza (*apatē tou ploutou*), que convierte a los hombres en esclavos de aquello que quieren tener; no son ellos los que acogen y tienen la Palabra. Es la riqueza la que les tiene y les impide ser personas.
> 4. *Tierra 4: buena tierra, la semilla fructifica* (4, 20). Los modelos anteriores de tierra han elevado una serie de dificultades, una tras otra, de manera que podía parecer que la semilla no daría fruto. Pues bien, en contra de eso, por la misma fuerza de la Palabra de Dios, Jesús sabe que la siembra del evangelio va a convertirse en cosecha de vida y de gracia. Así lo muestran estos hombres-fruto, oyentes de Jesús, que producen el treinta, el sesenta o el ciento (cf. 10, 30) por uno. Con esta certeza, apoyados en la Palabra, han de ir los misioneros de Jesús, los enviados del Reino, por el mundo. Sólo tienen la Palabra, pero con ella han recibido y pueden todo, pues ella es presencia creadora de Dios, es impulso de vida en un mundo que parece enfermo, condenado a la muerte.

e) Ampliación sapiencial

²¹Les decía también: «¿Acaso se trae la lámpara para taparla bajo un celemín o ponerla debajo de la cama? ¿No es para ponerla sobre el candelero? ²²Pues nada hay oculto, sino para ser descubierto; nada secreto que no haya de ponerse en claro. ²³¡Quien tenga oídos para oír, que oiga!».
²⁴Les decía además: «Prestad atención (mirad cómo) escucháis. Con la medida con que vosotros midáis, Dios os medirá, y con creces. ²⁵Pues al que tenga se le dará, y al que no tenga se le quitará incluso lo que tiene».

Así planteamos el tema de la luz (cf. 4, 12), es decir, de la semilla convertida en lámpara encendida que viene para alumbrar el mundo entero, y también el de la «medida» (del treinta, sesenta o ciento por uno). Son dos comparaciones breves, pero muy profundas, que nos sitúan en el centro del evangelio.

- *La Luz viene, todo es gracia. Plano del don* o del regalo de la vida (4, 21-23). Frente a los que pueden entender la enseñanza de Jesús (parábola) como estrategia de oscurecimiento general para destrucción de todos o como ciencia elitista al servicio de unos pocos, Marcos 4, 21 responde presentando a Jesús como lámpara que viene (*erkhetai ho lychnos*), con el fin de iluminarlo todo. Jesús mismo es la Luz Universal, la Lámpara de Dios, que no está quieta o cerrada ante el templo (o en el templo), sino que viene, como la palabra de los misioneros, y se extiende por doquier.

Ésta es una luz que viene para alumbrarlo todo: el evangelio no es un mensaje de esoterismo, una verdad reservada para algunos elegidos, en conventículos pequeños de iniciados. La Luz de Cristo (Pascua, nueva creación) no puede ocultarse, ni encerrarse, no hay nadie que puede taparla (ni persecuciones, ni avances científicos). El mensaje de Jesús no puede ser escondido o *apokryphon*, como sucedía en numerosas escuelas religiosas de aquel tiempo, sino que viene para iluminarlo todo. Portadores de esa luz (lámpara del evangelio) son los cristianos y de un modo especial los misioneros de la Palabra.

- *La medida depende de nosotros*, por eso debemos acoger la luz (4, 24-25). La comparación anterior (de la lámpara) indicaba que todo depende de Dios (de su Cristo), que es la luz que viene. Pero esta nueva comparación pide que estemos atentos: Mirad cómo escucháis, es decir, cómo recibís la luz, cómo acogéis la palabra y respondéis (4, 24), pues Dios mismo ha puesto su luz (la luz de Cristo) en nuestras manos. Dios nos ha confiado la «medida» de la vida. Por eso, la comprensión depende de nosotros. «Con el metro que midáis seréis medidos».

Esto significa que Dios nos dejará entender aquello que queramos entender, en gesto de libertad comprometida, creadora y arriesgada. En otras palabras, el fruto de la semilla (treinta, sesenta, cien...) depende de la forma en que nosotros la acojamos. Dios nos da todo, quiere darnos su vida infinita; de nosotros depende que la recibamos.

Es como si nosotros fuéramos (y somos) los responsables de la «generosidad» de Dios: como nosotros queramos, así nos dará Dios; como nosotros midamos, así nos medirá Dios. Pero no se puede hablar de pura equivalencia, y por eso el texto añade «con creces»... Esto significa que no estamos ante un tipo de justicia conmutativa de tipo mundano: «Doy para que me des, te daré según lo que me has dado...». Al contrario, Dios responde con creces, con abundancia, con gratuidad. Por eso, al que tiene se le dará, de manera que donde la vida empieza siendo gracia, todo será gracia. Pero el que no tiene (el que se niega y rechaza) perderá incluso aquello que parecía tener. «Al que no tenga se le quitará incluso lo que parecía tener...». Donde la vida es falsedad todo se vuelve falsedad, donde la tierra produce sólo zarzas quedará sin nada.

Estamos ante el don de la vida y ante el riesgo de la perdición, que Marcos presenta como aviso a sus lectores, de parte de Jesús. Dios es abundancia y gratuidad, pero allí donde se niega esa abundancia el hombre queda hundido en su perdición. La palabra de siembra humanizante se vuelve principio de transparencia y don, pero también de responsabilidad y riesgo. La palabra nos ha vuelto transparentes y en esa transparencia hemos de vivir, si queremos que el mensaje nos transforme.

f) Dos nuevas parábolas y conclusión

a. (No sabemos cómo fructifica) *²⁶Decía también: «El reino de Dios es como el grano que uno echa en la tierra. ²⁷Duerma o vele, de noche o de día, el grano germina y crece, sin que él sepa cómo. ²⁸La tierra da fruto por sí misma: primero hierba, luego espiga, después trigo abundante en la espiga. ²⁹Y cuando el fruto está a punto, enseguida se mete la hoz, porque ha llegado la siega».*

b. (Como grano de mostaza) *³⁰Proseguía diciendo: «¿Con qué compararemos el reino de Dios o con qué parábola lo expondremos? ³¹Es como un grano de mostaza. Cuando se siembra en la tierra, es la más pequeña de todas las semillas. ³²Pero, una vez sembrada, crece, se hace mayor que cualquier hortaliza y echa ramas tan grandes que las aves del cielo pueden anidar a su sombra».*

c. (Conclusión) *³³Con muchas parábolas como éstas les anunciaba la palabra, conforme a su capacidad de entender. ³⁴No les decía nada sin parábolas. A sus propios discípulos, sin embargo, se lo explicaba todo en privado.*

Sólo ahora, cuando el gozo y riesgo (responsabilidad) del hombre quedan claro, allí donde se ha dicho que podemos quedar ciegos si rechazamos la luz (cf. 4, 12), o quedarnos ya sin nada, si es que no tenemos (no ofrecemos, no aportamos) nada, Marcos puede ofrecernos dos pequeñas parábolas que tratan de la gratuidad silenciosa y eficaz de Dios. Aisladas de ese contexto, ellas podrían entenderse de manera equivocada. Aquí reciben su más pleno sentido, de tal forma que resultan casi necesarias para equilibrar el mensaje de todo nuestro texto (Mc 4).

a) *La semilla que crece silenciosa*, por sí misma (4, 26-29). Ciertamente, ella necesita buena tierra (como sabe 3, 3-20), pero hay Alguien invisible que la cuida (que nos cuida): estamos en las manos eficaces de un Dios que nos sobrepasa, con creces, y que «trabaja» para bien en nuestra vida sin que podamos (o necesitemos) advertirlo. Esa trascendencia creadora y buena de Dios es primordial para entender el evangelio. No se angustien los discípulos, no piensen que depende el Reino de ellos; ciertamente, deben cumplir con Jesús la voluntad de Dios, pero la semilla del Reino puede más que todos los poderes de este mundo; en manos de Dios están, él hará que culmine en buen puerto su empresa.

b) *La semilla chiquita que se vuelve árbol grande* (4, 30-32). Es pequeña, parece invisible en la tierra la buena simiente del Reino, sembrada por Jesús o recibida (tras la muerte de Jesús) por los creyentes de la Iglesia. Es diminuta y parece inviable en un mundo saturado de fuertes violencias y opresiones. Pero ella se hará un árbol grande, será fuente de vida para todos los creyentes. También esta fe en la semilla pequeña que un día ha de llenarlo (transformarlo) todo es esencial al evangelio. El tema eclesial resulta aquí más claro: los discípulos son grano pequeño, casi invisible en el campo, pero crecerán, se harán planta donde aniden los pájaros del cielo. La comunidad de cristianos que habla a través de esta parábola tiene la certeza de ser como Jesús (con Jesús) semilla de Reino. Por eso, entender la parábola supone para ellos hacerse parábola: realizar su vida desde el interior del Reino.

c) *Conclusión*. El mensaje de Jesús es parábola/palabra (es decir, kerigma, anuncio salvador). Pero es palabra que debe penetrar en la tierra de los hombres. Por eso es necesario que Jesús la explique a sus discípulos, y que ellos a su vez la expliquen a todos los hombres y mujeres del mundo. En ese lugar donde la Palabra creadora (la siembra de vida) se convierte en explicación, que debe acogerse y entenderse, se sitúan los discípulos de Jesús, con su teología y su predicación, traduciendo de esa forma el mensaje en voz que puede enriquecer y transformar la vida de los hombres.

El evangelio de Marcos sigue siendo Palabra Viva, kerigma, como la parábola de 4, 3-9, pero empieza a convertirse ya en explicación alegórica, es decir, en teología (como en 4, 14-20). De esa forma nos anima a penetrar en su despliegue interno, de manera que nosotros podamos seguir realizando esa misma tarea, como predicadores de la Palabra de Dios, como teólogos que la piensan, descubriendo su sentido, para decírselo a otros, desde la Iglesia, para el mundo.

---

(39) El Evangelio es Palabra (Mc 4)

Marcos es un evangelio de pocos «discursos», especialmente si lo comparamos con Mateo. Ciertamente, Marcos dice que Jesús habla mucho, pero apenas recoge sus palabras. Da la impresión de que lo que importa de Jesús son los gestos (curaciones, exorcismos, camino de entrega de la vida). Pues bien, en el fondo de esos gestos encontramos una profunda teología de la Palabra, o, mejor dicho, de Jesús como Parábola, como se dice en 4, 14: «El Sembrador siembra la Palabra». Jesús mismo es sembrador, que siembra la semilla de Dios, sembrándose a sí mismo.

1. *El Evangelio es Palabra*, que Jesús anuncia de forma solemne desde el principio de su ministerio (1, 14). El mismo evangelio de Marcos pertenece al acontecimiento (al despliegue) de la Palabra, como muestran 13, 10 y 14, 9.

2. *Palabra poderosa.* Jesús enseña (*edidasken*), y su misma enseñanza es capaz de expulsar a los «demonios». Por eso su palabra se define como *didakhê kainê kat'exousian*, una enseñanza nueva con poder. Estamos ante eso que hoy pudiera llamarse «creatividad y terapia verbal»: la misma palabra ofrece espacio de vida, cura (1, 21-28).
3. *Palabra que perdona.* Cuando Jesús dice perdonados te son tus pecados (2, 5), su misma palabra tiene poder de perdonar. Seguimos en el plano de la «terapia verbal» pero ahora se realiza a un nivel más profundo de reconciliación del ser humano consigo mismo (con Dios).
4. *La palabra como semilla* aparece a lo largo de todo Marcos 4 (especialmente en 4, 14). Lo propio de Jesús es la «palabra de Reino» que el siembra en la tierra de los hombres. Lo que importa no son las «muchas palabras» (en plano de teoría), sino su poder, su vida hecha palabra para todos.
5. *Esa palabra es «sophia» o sabiduría que viene de Dios* (cf. 6, 2), como principio de transformación, aunque muchos le acusan diciendo que su Palabra viene del Diablo (3, 22-30). Como sabiduría suprema de Dios, Jesús revela al ser humano su propia verdad.
6. *Palabra hecha pan.* La enseñanza de Jesús, que él expone en gesto compasivo, se expresa a través del pan que él ofrece y multiplica al ofrecerlo, compartiéndole con todos. Esta palabra hecha pan se expresa en las multiplicaciones (6, 30-44 y 8, 1-10) y de un modo especial en la Eucaristía; en este contexto se puede y se debe llamar Sacramento de la Palabra (14, 22-26).
7. *Palabra de entrega.* Cuando anuncia su muerte, cuando realiza su vida como don por el Reino (en 8, 31; 9, 31; 10, 32-34), Jesús se hace «Palabra» para los seres humanos, se hace semilla sembrada en la tierra. Cuando el sacerdote le pregunta, en nombre de su Dios, Jesús responde «yo soy», viniendo a convertirse de esa forma en mártir (testigo) de la Palabra (cf. 14, 61-62).

En esa línea, se podría decir que la Pascua de Jesús (16, 1-8) es la certeza de que la Palabra de Jesús sigue adelante. El «joven» de la tumba vacía, que dirige a las mujeres hacia Galilea, para el encuentro con Jesús Nazareno, el resucitado, le sitúa así ante el futuro transformador de la Palabra, que es experiencia y presencia de Dios a través de Jesús.

3. Misión sanadora (4, 35–5, 43)

Jesús no es ya un desconocido. Ha suscitado en su entorno una familia (3, 20-31), ha iniciado con ella un proyecto: ha sembrado en la tierra su Palabra (4, 1-34). Por eso, lo que viva y haga en adelante ha de entenderse a partir de lo ya dicho. No va solo. Le vemos normalmente acompañado por los Doce que son expresión de su evangelio, su verdad concretizada, en perspectiva israelita, como muestran las tres escenas de esta sección:

- *Jesús inicia con sus discípulos una travesía difícil* que lleva al otro lado del mar, en signo que evoca la misión universal posterior de la Iglesia; lógicamente, el mar se encrespa, *la barca eclesial* ha de enfrentarse a la tormenta (4, 35-41).
- *Al otro lado aguarda el geraseno*, señal de los paganos dominados por un diablo de violencia, en locura que parece sin remedio; precisamente allí ofrece Jesús su palabra sanadora, en el comienzo de la Iglesia abierta a los gentiles (5, 1-20).
- *Vuelve otra vez a Galilea* y encuentra al *Archisinagogo*, incapaz de mantener viva a su hija, y a la *hemorroisa*, expulsada de la comunidad por impura; son el judaísmo que debe transformarse y Jesús lo transforma (5, 21-43).

a) Miedo a la misión. Barca en la tormenta (4, 35-41)

Con este relato comienzan las dos cadenas de milagros que Marcos habría recibido de la tradición anterior, como ha indicado Kee, *Community*, 33, citando a P. J. Achtemeier, *Pre-Markan Miracle Catenae*, JBL 89 (1970) 265-291. Sobre el mar en Marcos, cf. Malbon, *Space*, 76-79; Calle, *Situación*, 85-90 y 132-143. Sobre Jesús como «revelación divina», cf. B. Blackburn, *Theios Anêr and the Markan Miracle Tradition* (WUNT 40), Tübingen 1991, 141-145, quien supone que el texto ha de entenderse desde la pascua cristiana y no recoge una visión premarcana del *theios anêr*. Para situar el tema en el conjunto de la teología de Marcos, cf. D. A. Koch, *Die Bedeutung der Wundererzählungen für die Christologie des Markusewangeliums* (BANW 42), Berlin 1975; Theissen, *Miracle*.

Esta escena puede titularse *parábola pascual*. Contiene un recuerdo biográfico y un milagro cósmico. Pero en un sentido más profundo es narración de pascua: Jesús resucitado inicia con sus discípulos una dura travesía misionera; parece dormido (muerto), ellos le llaman, él responde despertándose y mostrando su poder, en la barca amenazada. Estamos en ámbito de Iglesia.

a. (Vayamos a la otra orilla). ³⁵*Aquel mismo día, al caer la tarde, les dijo: «Pasemos a la otra orilla».* ³⁶*Ellos dejaron a la gente y lo llevaron en la barca, tal como estaba. Otras barcas lo acompañaban.*
b. (Tormenta) ³⁷*Se levantó entonces una fuerte borrasca y las olas se abalanzaban sobre la barca, de suerte que la barca estaba ya a punto de hundirse.* ³⁸*Jesús estaba a popa, durmiendo sobre el cabezal, y lo despertaron, diciéndole: «Maestro: ¿No te importa que perezcamos?».*
c. (Jesús: milagro) ³⁹*Él se levantó, increpó al viento y dijo al mar: «¡Cállate! ¡Enmudece!». El viento amainó y sobrevino una gran calma.*
d. (Discípulos) ⁴⁰*Y les dijo: «¿Por qué sois tan cobardes? ¿Todavía no tenéis fe?».* ⁴¹*Ellos se llenaron de un gran temor y se decían unos a otros: «¿Quién es éste, que hasta el viento y el mar le obedecen?».*

a) *Vayamos a la otra orilla* (4, 35-36). Espacio de familia era la casa. Ahora, los compañeros de Jesús se arriesgan a pasar en barca hacia un lugar de habitantes distintos, a través del mar bravío. Es evidente que su riesgo se encuentra calculado: forma parte de la misma estrategia eclesial del evangelio tras la pascua. *Familia en la tormenta*, este podría ser el título del tema. Estamos ante la dificultad de una travesía que debe conducir a la otra orilla (*eis to peran*: 4, 35).

Recordemos que muchos habían venido a la vertiente galilea (3, 7-8). Pero ahora es Jesús quien decide pasar al otro lado, a la tierra donde habitan los paganos de Decápolis. Esa tierra está cerca: sus colinas se ven desde Galilea. Pero sus gentes son lejanas: distintas por cultura y religión, por tradiciones y formas de existencia. Este paso implica un verdadero comienzo en la travesía del evangelio. Estamos simbólicamente al inicio de una *gran marcha*, de la misión universal de la Iglesia, que ha de hallarse dispuesta a llevar su semilla a tierra pagana.

b) *Tormenta* (4, 37-38). Desde ese fondo se entiende mejor la tormenta. Jesús inicia el gesto, pero luego se acuesta en la popa (4, 35-38a). Embarca a los suyos, pero no responde. Deja que sufran ante el riesgo, en la nave amenazada. En el cabezal trasero de la barca, él duerme. Los discípulos despiertan a Jesús, gritándole su miedo (4, 38b-41). Él se eleva y responde, ordenando al viento y diciendo al mar: «*¡Calla, sosiégate!*». Ambos se calman y la barca puede hacer la travesía.

Barca azotada, casa frágil, entre el viento exterior y el miedo interno, es la Iglesia de Jesús. Sus compañeros no pueden ya sentarse a su lado, en círculo agradable de palabra. Jesús duerme, ellos combaten contra el viento y las olas. Parece que no pueden sembrar nada (cf. 4, 1-34) y se limitan a luchar contra el mar, aislados en medio de la gran tormenta, sin tierra firme ni ayuda sobre el mundo. Así realizan la primera misión pospascual de la Iglesia, al oriente de Galilea.

Este relato es como *una nueva parábola* o, mejor dicho, la misma parábola anterior: la siembra (4, 1-9) debe realizarse en otras tierras (misión de la Iglesia).

Probablemente el texto ha recogido recuerdos de historia prepascual, experiencias de un pasado en que Jesús calmó a los miembros de su grupo temeroso sobre el lago familiar donde muchas veces navegaron con sus barcas. Pero ofrece también una experiencia de Jesús resucitado, proyectada de un modo simbólico al pasado de su vida. Los discípulos son Iglesia amenazada, barca en la tormenta, *familia en miedo*, sin cimientos permanentes, sin patria asegurada ni ciudades fijas, navegantes-misioneros sobre un mar embravecido, con un Maestro (*didaskale*, así le llaman por primera vez en Marcos: 4, 38b) que duerme en popa, eso son ellos.

Es lógico que teman. ¿Qué hallarán en la otra orilla? Los lectores sabemos que está esperando el loco, rodeado de porqueros miedosos, atrapado en la ciudad de la violencia, invadido por una legión interior (locura) y exterior (ejército romano), expulsado de la propia familia, solitario en los sepulcros. Los discípulos en barca no lo saben, pero lo presienten. Tienen miedo.

Quien haya escuchado la voz de Jesús *¡a la otra orilla!*, embarcándose en la nave, entenderá esta angustia. Quien no comparta el terror de los discípulos gritando en frágil barca no podrá comprenderlo. ¿Por cuánto tiempo van? ¿Cómo podrán resolver, al otro lado, los problemas? El texto no lo dice. Simplemente evoca el miedo del viento y de las olas, con un Jesús dormido en popa.

c) *Jesús: milagro* (4, 39) Les había llamado para *ser-con-él* (cf. 3, 14), reuniéndoles en torno a él (*peri auton*: 3, 32.34). Ahora parece que no está, que duerme (ha muerto), pero ellos pueden llamarle: *¿No te importa que perezcamos?* (4, 38). Había invitado a los suyos (*autois*: cf. 4, 33.35). Ahora parece desinteresarse, ellos gritan: Y Jesús, levantándose (*diegertheis*: resucitando) mandó al viento... y el viento cesó. Es evidente que pueden y deben pasar a la otra orilla. ¿Se trata de un milagro histórico? Posiblemente, los discípulos conservaban el recuerdo de un Jesús que les había animado y aquietado en medio de la tormenta, en el lago.

d) *Discípulos* (4, 40-41). Estamos en la Iglesia del Jesús dormido, atravesando con su barca el mar airado. Es una *travesía pascual* y en ese fondo ha de entenderse el miedo (cf. 16, 8) y su superación. El mismo Jesús de la nueva familia eclesial, vencedor de los riesgos del mar (de la muerte) quiere que los suyos crean, decidiéndose a pasar al otro lado. Por eso les pregunta: «*¿Aún no tenéis fe (pistis)?*». Había hallado fe en los camilleros del paralítico (2, 5) y más tarde la hallará en la hemorroísa (cf. 5, 34), la sirofenicia (7, 24-30), el padre del enfermo (9, 23-24) y el ciego de Jericó (10, 52). Ahora no la encuentra en sus discípulos miedosos.

Aquí ha de surgir la *fe pascual, que cura y salva*, supera la tormenta y crea vida. Es fe que nos permite pasar con la Iglesia (como Iglesia) al otro lado de la tierra segura, más allá de un judaísmo rabínico que se cierra en sí mismo, para iniciar la misión universal, en tierra de paganos (cf. 11, 22-24). Con esa fe todo es

Galilea, Evangelio del Reino (1, 14-8, 26)

posible. La misma fe es ya salvación, es el milagro verdadero, apertura misionera de Iglesia. Sólo ella permite superar la travesía de la muerte, para llegar al lugar donde se encuentra el poseso geraseno.

Estamos ante un Jesús al que obedecen los vientos y el mar, conforme a una experiencia que ha desarrollado en otro plano el autor de la carta a los Colosenses (cf. 1, 17), una experiencia radicalmente religiosa, de transfiguración cósmica. El mundo externo (mar embravecido, viento huracanado) no es obstáculo para que los discípulos realicen su tarea. El mismo mundo está al servicio de los hombres, es decir, de los creyentes.

Pero existe todavía mucha marcha de evangelio. Dejemos por ahora el texto así. Sigamos navegando sobre un mar donde, en su día, en la tormenta de la persecución, ante los muros de Jerusalén, acabará muriendo el Cristo. Precisamente de esa muerte, en inversión pascual recreadora (cf. 16, 6-7), nace el evangelio. Y en el centro del camino que lleva hacia esa muerte, en la tierra de los gerasenos, a la orilla del mar de las tormentas, nos hallamos con Jesús y sus discípulos ahora.

---

(40) **Misión cristiana, una barca en la tormenta (4, 35-41)**

Las parábolas (4, 1-34) son de Palabra. Situado en ese fondo, este pasaje (tempestad calmada) puede y debe interpretarse también como parábola, centrada en el gesto y mensaje de Jesús. Posiblemente reproduce recuerdos de los discípulos, que se sintieron protegidos por el Maestro, en medio de una fuerte tormenta, sobre el Mar de Galilea. Pero más que ese recuerdo, esta parábola refleja la experiencia y esperanza posteriores de la Iglesia, que proyecta sus nuevos riesgos y tareas sobre el pasado de la historia de Jesús.

1. *El capítulo de las parábolas* (4, 3-34) aludía a la palabra que los discípulos han de sembrar sobre el campo. Ahora ellos se encuentran encerrados en una pobre barca, rodeados de otras barcas que no pueden ayudarles (cf. 4, 36), y corren el riesgo de perderse. En ese riesgo y miedo de los seguidores que llevan a Jesús a la otra orilla para que allí ofrezca su palabra está expresado en su verdad el evangelio. Si los discípulos mueren en medio de la gran tempestad, si es que no logran llegar a la otra orilla, es que no existe sobre el mundo lugar para la siembra verdadera, de manera que todo lo indicado en 4, 3-20 sería al fin equivocado.

2. *Barca en la tormenta, eso es la Iglesia.* Los discípulos despiertan a Jesús diciendo: «¿No te importa que perezcamos?». Se trata de pasar al otro lado, de llegar a la orilla desconocida del mar, donde habitan hombres

diferentes, a los que también ha de anunciarse el evangelio. La Iglesia es una barca que lleva a Jesús (que parece dormido) en su popa. El naufragio, con la muerte de Jesús y sus discípulos, hubiera supuesto que es mentira todo el evangelio (4, 38).

3. *Jesús increpa al viento y dice al mar «silencio, calla»*, y viento y mar se calman. Esta palabra nos conduce de algún modo al principio de la creación (Gn 1, 1-2, 4a). Teniendo poder sobre el sábado (cf. 2, 28), Jesús ha de mostrar su Poder sobre los peligros y los riesgos de este duro mundo, conforme a la palabra del principio de la Biblia: «¡Dominad la tierra!» (cf. Gn 1, 28). Esto significa que la misma naturaleza está ordenada al servicio del evangelio, es decir, a la siembra creadora de Jesús. No hay mar que pueda detener su avance en el camino (4, 39).

4. *Jesús pregunta a los discípulos: «¿Por qué sois tan cobardes? ¿Aún no tenéis fe?»* (4, 40). La fe supone aquí tener confianza en que la «siembra de Jesús» supera y vence todos los peligros de este mundo. Por encima del riesgo del mar se desvela el poder de la palabra del Reino. Esta certeza ha sostenido a los mensajeros de Jesús, encerrados en una frágil barca, rodeados por riesgos del aire (viento) y de los mares, navegando hacia tierras desconocidas, pobladas de personas que parecen amenazadoras. Pues bien, saber que Jesús se encuentra cerca (en la popa de la barca), creer en la palabra que él ha dado (vayamos a la otra orilla) y confiar en el futuro de la siembra evangélica, que vence todos los riesgos y amenazas de la historia, esa es la fe que Jesús quiere en sus discípulos.

En el fondo de la escena hay una experiencia de vida eclesial. Los discípulos del Cristo pascual se han atrevido a llevar su mensaje al otro lado de los mares, hasta el corazón de territorios no judíos (como la región de los gerasenos, de la que trata el texto siguiendo 5, 1-20). Han sufrido grandes miedos, han gritado desde el fuerte corazón de la tormenta. Pero Jesús les ha ayudado, desplegando así el poder del evangelio, que supera a los restantes poderes de los cielos y la tierra.

La experiencia se convierte de ese modo en esperanza. Ese pasaje nos abre hacia el futuro de la Iglesia, animada sin cesar por aquella palabra de Jesús que sigue diciendo: «¡Vayamos a la otra orilla»; hacia la orilla más lejana de los mares, atravesando todo tipo de tormentas, deben navegar los discípulos del Cristo, por travesías desconocidas, hacia gentes muy distintas. Pues bien, nuestro pasaje nos sostiene en la esperanza de que la nueva travesía misionera puede y debe realizarse porque Cristo quiere superar toda tormenta del viento y de los mares.

b) Geraseno. Violencia y misión cristiana (5, 1-20)

Sobre la ciudad de Gerasa, cf. E. Schürer, *Historia del pueblo judío en tiempos de Jesús* II, Cristiandad, Madrid 1985, 206-214. Sobre el «milagro», además de comentarios (entre los que destacan en esta ocasión los de Navarro y Pesch), cf. J. D. M. Derrett, *Spirit-Possession and the Gerasene Demoniac*, Man n.s. 14 (1979) 286-293; R. Pesch, *The Markan Version of the Healing of the Gerasene Demoniac*: Ecumenical Review 21 (1971) 349-376.

Drama escatológico con rasgos de paradigma biográfico o milagro. En el comentario he querido acentuar su dramatismo. Conforme a un esquema anunciado en 1, 12-13, Jesús y el Diablo se enfrentan en torno a este poseso. Vence Jesús y libera al enfermo, en escena de fondo histórico, simbolismo pascual y anuncio escatológico: la Legión ha sido derrotada; se abre el evangelio a los paganos.

a. (Introducción. Un poseso violento) *[1]Llegaron a la otra orilla del mar, a la región de los gerasenos. [2]En cuanto salió de la barca, vino a su encuentro de entre los sepulcros un hombre poseído por un espíritu inmundo. [3]Tenía su morada entre los sepulcros y ni con cadenas podía ya nadie sujetarlo. [4]Muchas veces había sido atado con grilletes y cadenas, pero él había roto las cadenas y había hecho trizas los grilletes. Nadie podía domarlo. [5]Continuamente, noche y día, andaba entre los sepulcros y por los montes, dando gritos e hiriéndose con piedras. [6]Al ver a Jesús desde lejos, echó a correr y se postró ante él, [7]gritando con todas sus fuerzas: «¿Qué tengo yo que ver contigo, Jesús, Hijo del Dios altísimo? Te conjuro por Dios que no me atormentes».*
b. (Curación: los cerdos) *[8]Es que (Jesús) le decía: Espíritu inmundo, sal de este hombre. [9]Entonces (Jesús) le preguntó: «¿Cómo te llamas?». Él le respondió: «Legión es mi nombre, porque somos muchos». [10]Y le rogaba insistentemente que no los echara fuera del país. [11]Había allí cerca una gran piara de cerdos, que estaban hozando al pie del monte, [12]y le rogaron diciendo: «Envíanos a los cerdos para que entremos en ellos». [13]Y se lo permitió y los espíritus inmundos, saliendo, entraron en los cerdos, y la piara se lanzó al mar desde lo alto del precipicio, y los cerdos, que eran unos dos mil, se ahogaron en el mar.*
c. (Disputa y expulsión) *[14]Los porquerizos huyeron y lo contaron en la ciudad y los campos. La gente fue a ver lo que había sucedido. [15]Llegaron hasta Jesús y, al ver que el endemoniado, que había tenido la legión, estaba sentado, vestido y en su sano juicio, se llenaron de temor. [16]Los testigos les contaron lo ocurrido con el endemoniado y con los cerdos. [17]Entonces comenzaron a suplicarle que se alejara de su territorio.*
d. (El decapolitano misionero) *[18]Al subir a la barca, el que había estado endemoniado le pedía que le dejase ir con él. [19]Pero no le dejó, sino que le dijo: «Vete a tu casa con los tuyos, y cuéntales todo lo que el Señor ha hecho contigo y cómo ha tenido compasión de ti». [20]Él se fue y se puso a publicar por la Decápolis lo que Jesús había hecho con él, y todos se quedaban maravillados.*

Elección y misión. La tarea de los Doce (3, 7-6, 6a)

a) *Introducción. Un poseso violento* (5, 1-8). Al otro lado del mar sufre un geraseno endemoniado, expulsado de la ciudad que descarga en él su violencia, atándole con hierros. Es hombre amenazado, que se encierra en su deseo de matarse sin cesar, con grandes piedras, viviendo, como en muerte anticipada, entre sepulcros. Es hombre sin familia, signo del mundo pagano, sometido a la violencia, expulsión y soledad. Evidentemente, ha pactado con su propia locura para seguir sobreviviendo.

- *Es señal del paganismo* y habita al borde de la muerte, en gesto de agresión circular, infinita, que pasa de la ciudad al enfermo y del enfermo a la ciudad violenta. En sepulcro de muerte, como si recogiera en su vida los demonios de toda la ciudad, sufre el hombre de Gerasa.
- *Es señal de la política de Roma*, no sólo por el nombre (*¡me llamo Legión!*: 5, 9), sino por la forma en que expresa la violencia del conjunto social. Es como si toda la fuerza represiva del imperio viniera a condensarse en el espejo de su vida. Al fondo del texto hay posiblemente una *ironía*, velada indicación de la locura de un mundo militarizado que descarga su violencia en los más débiles del grupo.

Jesús ha venido al lugar donde se cruzan las contradicciones del paganismo (Imperio romano) en la tierra gerasena. No le importa el rito religioso de la gente, ni los bellos edificios y los cultos de los sabios de Gerasa. No visita su teatro, ni conversa con sus grandes pensadores. Para Jesús, la «verdad» del territorio se refleja en este endemoniado que habita, con su propia violencia destructiva, entre sepulcros.

Este endemoniado no es un ignorante. Es un poseso, pero sabio. En algún sentido sabe más que los sabios del gran territorio, pues su propio sufrimiento le permite barruntar el misterio mesiánico, diciendo: «*¡Jesús, hijo del Dios Altísimo! Te conjuro por Dios que no me atormentes*» (5, 7). Reconoce a Jesús y acepta su poder pero le tiene miedo: ha pactado con su diablo y está a gusto dentro de su esfera. Por eso, la iniciativa parte del mismo Jesús que se adentra en su locura. Está ciertamente dividido, disociado entre su propia verdad personal y el *pneuma akatharton* o impuro que le posee.

Precisemos mejor el tema. La escenografía anterior (4, 35-41) sirve para preparar un texto duro, de intenso simbolismo y cruda fuerza. Ha dicho Jesús: «¡Vamos al otro lado!» (*eis to peran*), y ya están al otro lado (unir 4, 35 y 5, 1). Han pasado la tormenta del mar y ahora se encuentran ante la más loca tormenta de la tierra, ante el riesgo del hombre poseído por un espíritu impuro, en relación con la ciudad pagana Los discípulos, como supone el texto, están allí, pero no actúan. Sólo Jesús es quien puede enfrentarse a ese poseso, calmando su tormenta interior y haciéndole discípulo, capaz de predicar en tierra extraña (en su Ciudad pagana) aquello que el Señor le ha concedido: la autonomía personal, la libertad y conciencia de sí mismo. Pero no adelantemos los motivos.

Este endemoniado es un hombre duro, peligroso, porque lleva en sí la culpa o, mejor dicho, el conflicto y perversión en que parece hundida la ciudad. Los rasgos principales del relato han de tomarse en serio y son bien claros. Los que dominan la ciudad quieren atarle y no lo logran: rompe siempre sus cadenas. Por su parte, el poseído intenta matarse y, según indica el texto, no consigue hacerlo (5, 3-45). Vive en los sepulcros, manteniendo un tipo de combate de violencia e impureza permanente.

Pero llega Jesús, se enfrenta a los poderes diabólicos que oprimen su vida y los vence, haciendo que se alejen del poseso y, yéndose a unos cerdos (signo de impureza suma), terminen despeñándose en el mar, donde se ahogan (5, 1-13). No podía haberse presentado de manera más dramática y precisa, en términos simbólicos, la contradicción de una existencia endemoniada. Aquí aparece el poder de lo satánico, que llena de conflicto la vida de los hombres de un entorno pagano. También descubrimos el imperio de violencia, que triunfa y se impone sobre el pobre endemoniado al que expulsan del pueblo, pero a quien, al mismo tiempo, necesitan para descargar en él la carga agresiva del conjunto social.

b) *Curación: los cerdos*. Este poseso no es un iluso, no es visionario. Responde a la pregunta de Jesús, presentando su propia identidad enferma. Pide a Jesús que no «le atormente», porque Jesús había mandado al Espíritu: ¡Sal de este hombre! Después, cuando Jesús le pregunta cómo se llama responde: «Me llamo Legión, porque somos muchos» (5, 9).

Es uno y son muchos, lleva en sí la locura de toda la ciudad, expresada como ejército invasor. Es un territorio ocupado: lugar poseído por una «legión de demonios». De esta forma evoca Marcos su violencia guerrera: como legión romana, que domina un territorio, impidiendo que sus gentes se puedan expresar de un modo libre, así son los demonios invasores de Gerasa. Es una víctima, chivo expiatorio de una sociedad militarizada.

A partir de aquí se entiende el relato, construido de forma admirable, paradigma de toda la violencia humana, en perspectiva social de paganismo y ocupación militar. *Un loco*, ése es el último eslabón y el signo más sangrante de la cultura de muerte del imperio. *Jesús* penetra con sus discípulos en ese territorio, en gesto de liberación, no de conquista. No necesita legiones. Trae su semilla de la palabra. Está en el corazón de la tierra pagana; inicia su acción mesiánica:

- *Ésta es una acción simbólica*, con fondo histórico, expresada en línea de *dramatización escatológica*. Todo tiene un sentido real, pero en plano de nueva creación. Humanamente parecía imposible curar a este poseso, cambiar esta ciudad, en tierra de paganos. Jesús lo hace. Penetra en el abismo de su crisis, asumiendo los signos básicos de su mal (demonios, cerdos, legión), para curarle.

- *El relato ha de entenderse también en clave cristológica.* Han acusado a Jesús de alianza con el Diablo (cf. 3, 22-30). Este pasaje muestra la mentira de aquella acusación: Jesús se enfrenta a la legión de Gerasa y rompe la estructura diabólica del mundo. Como *Hijo del Dios Altísimo*, Jesús supera la opresión del Diablo, no sólo en Israel, sino también en una tierra de paganos.

- *El texto evoca la destrucción dramática de los demonios* (5, 11-13) que pasan del hombre a los cerdos (animales impuros) y de los cerdos al mar (lugar de miedo y muerte). Toda la escena ha de entenderse en clave de psicodrama (sociodrama, teodrama): Marcos ilumina nuestra vida con el gesto de este hombre que, ayudado por Jesús, puede vencer a sus demonios (poderes del mundo que le tienen atenazado) despertando de esa forma a una existencia verdadera. No entiende el pasaje quien pregunta por la suerte externa de los cerdos, por la pérdida económica del amo, por el tipo de pared o acantilado que buscaron para despeñarse.

- *Hay en el texto una fuerte ironía*. Marcos dramatiza, mostrándonos las cosas desde su vertiente paradójica: el loco se llama *Legión*, el ejército romano; en otra perspectiva son Legión (dominadores del mundo) los demonios, que aparecen después como impotentes, y suplican a Jesús que les permita quedarse en el entorno; Jesús acepta el ruego, pero ellos, buscando refugio entre los cerdos, terminan despeñados, ahogándose en el mar... Es como si Jesús limpiara el campo de demonios, haciéndonos llegar a la verdad del ser humano.

c) *Disputa y expulsión* (5, 14-17). La curación del endemoniado Legión se convierte en principio de una serie de gestos llenos de admiración, miedo y rechazo. El endemoniado empieza a vivir de un modo distinto, en gesto de relación personal: se ha vestido (sabe estar entre la gente), se ha sentado en corro (compartir palabra, escuchando y respondiendo), razona sabiamente... (5, 15). Estos son los signos de su salud, las señales de su nueva vida humana. Ya no es Legión, no combate en forma ritual enfermiza contra los poderes de su pueblo. Simplemente aprende a vivir como humano. Jesús no le obliga a creer en dogmas especiales, no le impone el cumplimiento de ninguna ley sacral del judaísmo. Le ha ofrecido un camino de humanidad solidaria; en ella le mantiene.

Pues bien, esa *curación tiene unas consecuencias de tipo social conflictivo*. La muerte de los cerdos ha de verse como visualización sanadora. Pero el texto no se puede cerrar en un nivel de pura dramatización interna. Lo que hace Jesús es más que una curación simbólica de unos simples males subjetivos del endemoniado geraseno. El gesto de Jesús introduce en la ciudad un conflicto social, pues libera al poseso, de forma que su curación resulta peligrosa para sus opresores. Por eso se admiran los porqueros y, por su parte, los habitantes de Gerasa expulsan a Jesús *de su territorio (5, 16-17).*

Necesitan al enfermo para descargar en él su agresividad, necesitan la Legión para vivir. Sólo de esa forma desahogan y de algún modo controlan su violencia con otra violencia más grande. No son capaces de aceptar a Jesús, no quieren su paz, no pueden asumir su transparencia. Han pactado con su opresión y en ella permanecen, encerrándose en un tipo de relaciones familiares y sociales hechas de expulsión y mentira. Desde ese fondo podemos resaltar algunos rasgos simbólicos del texto:

1. *Simbolismo militar.* Los demonios son muchos y tienen como nombre Legión, palabra que parece aludir a la unidad tradicional del ejército de ocupación romana; soldados y demonios se hallarían de esa forma vinculados (5, 9). El ejército romano aparece así como una realidad demencial.
2. *Cerdos.* También debemos resaltar el simbolismo de los cerdos, rechazados por los judíos como impuros. El texto acepta ese signo (animales impuros) e interpreta a los demonios como seres que tienen afinidad con los cerdos, pues unos y otros se definen para los creyentes como impuros (5, 11-12). Este «milagro» sólo puede entenderse desde una perspectiva simbólica judía.
3. *El mar.* Hay, en fin, un signo todavía más intenso que se encuentra vinculado con el mismo relato precedente: el poder maléfico del mar que, habiendo sido ya vencido y aplacado por Jesús (4, 35-41), viene a presentarse ahora como tumba de los cerdos-demonios. Seguimos estando en un espacio simbólico judío.

Evidentemente, esos motivos ponen de relieve el carácter simbólico (parabólico) del «milagro». Es posible que en el fondo del relato siga habiendo un recuerdo histórico, pero lo que Marcos 5, 1-20 quiere transmitirnos no es un hecho del pasado en cuanto tal, sino el mensaje fuerte del poder de Cristo que ha vencido a los demonios, abriendo así un camino actual de misión sobre la misma tierra dura donde moran los paganos. Los habitantes de Gerasa (Decápolis) no habían venido a la orilla de Galilea, con los otros habitantes del entorno cuando hablaba Jesús ante los diversos pueblos en 3, 7-8. Pero Jesús ha venido ahora a liberarles de su opresión de satanismo, dejando en medio de ellos un signo de esperanza misionera (el propio poseso curado).

---

(41) **Curaciones, salud en la Iglesia**

Muchas religiones hablan de salvación en términos de salud. De una forma u otra, ellas vinculan la enfermedad con un tipo de pecado (del enfermo o del grupo social que le oprime). Por su parte, las iglesias suelen ser instituciones o movimientos al servicio de la salud o plenitud humana. En esta línea se ha situado Jesús, de forma que gran parte de sus acciones o signos van dirigidos a curar a los enfermos. Dejamos de lado los exorcismos propiamente dichos, y los milagros vinculados a la iniciación cristiana (cf. 7, 31-37; 8, 22-26), y nos centramos en los «milagros» que tienen un trasfondo más sacramental, destacando sus rasgos más significativos:

1. *Sumarios* (1, 32-39; 3, 7-12; 6, 53-56). Marcos presenta a Jesús como sanador universal; el evangelio aparece así como anuncio de salud-salvación para los enfermos.
2. *Milagros, superación de un judaísmo ritual.* Jesús cura al leproso (1, 40-45) y al manco del sábado en la sinagoga (3, 1-6). Se opone de esa forma a un ritualismo opresor, falto de fe, incapaz de liberar a los enfermos y de ofrecerles espacios de vida en plenitud (cf. 6, 1-5).
3. *Milagros, la acción de la fe.* El principio de todas las sanaciones es la «fe», esto es, la apertura hacia el poder o fundamento de la vida, tanto en un plano judío (la hemorroisa y la hija del Archisinagogo: 5, 21-42) como en un plano (geraseno de 5, 1-20; madre sirofenicia de 7, 24-30). Judíos y gentiles aparecen así igualmente necesitados, pero abiertos a la fe que cura.
4. *De dos en dos, milagros eclesiales.* La curación va unida al gesto de los misioneros de Jesús, que van de dos en dos, como portadores de una salud compartida (6, 6b-13). Su gesto (ellos ungían a los enfermos con aceite y los curaban: 6, 13) se puede volver rito vacío (como ciertas unciones posteriores de algunas iglesias), pero que puede y debe ser principio de transformación humana. Una Iglesia que no cura, que no es portadora de salud no es Iglesia cristiana.
5. *Milagros manipulados.* El «ritual» de curaciones, separado de la entrega de la vida y del camino de amor de Jesús, puede volverse expresión de soberbia, un modo de engañar a los incautos, como muestra el sermón escatológico, cuando habla de falsos «cristos» y falsos profetas que harán «señales y prodigios» para seducir y/o dominar a los hombres (13, 21-22).

El sacramento de curación no se puede institucionalizar nunca del todo, aunque la Iglesia lo ha ritualizado en la *unción de los enfermos*. Debemos recordar que el único sacramento total es la entrega de la vida. Por eso, los que se burlan de Jesús crucificado y quieren que baje de la cruz, haciendo un milagro, y se salve a sí mismo para mostrar que es Mesías (15, 29-32) no han entendido su entrega salvadora.

d) *El decapolitano misionero* (5, 18-20). El curado ha descubierto el don de Jesús y por eso desea acompañarle (5, 18). Ha superado la locura de su legión; se siente querido, perdonado, valorado. Es normal que quiera ir con Jesús, para guardar la verdad que ha descubierto. Busca la ayuda del Señor (cf. 5, 19), el refugio de una sociedad no represiva donde pueda realizarse. Acaba de salir de la gran crisis. Es bueno su gesto, quizá teñido de una relación de dependencia.

Pero Jesús le manda que se quede (5, 19-20). Él (Jesús) debe marcharse, porque ha realizado su tarea y no es un geraseno. Los habitantes de la ciudad le expulsan y él acepta la expulsión porque debe culminar su camino en Galilea y Jerusalén, como seguirá indicando Marcos. Pero quiere que el curado siga en la Decápolis como signo salvador, principio de una vida que supera la violencia reflejada en la Legión por siempre.

Era un hombre sin entorno social: expulsado de la ciudad, atado a las cadenas de violencia de su grupo y su locura, en autodestrucción constante. Jesús le ha sacado de esa tumba viviente en que moraba, haciéndole vivir en compañía y, por eso, a diferencia de lo que dijo al leproso (1, 39-45), le envía a su patria, como misionero de familia mesiánica, en medio de la tierra pagana: «*Vuelve a tu casa... y anúnciales lo que el Señor ha hecho contigo...*» (5, 19). Aquí no hay impedimentos «de ley o sacerdocio» (como en el caso del leproso). Por eso, este poseso escucha y obedece: fue y comenzó a proclamar en la Decápolis... (5, 20). La vocación (cf. 1, 16-20; 2, 14; 10, 17-31) ha culminado. La crisis ha cedido, la salud es plena.

Este geraseno es, con el leproso de 1, 45, el primer misionero de Jesús. No ha tenido más catequesis o iniciación que su propia experiencia de libertad. Pero ella basta. Así aparece como portador de Reino en la Decápolis donde le han recordado y recuerdan. Arraigándose en la historia de Jesús, este geraseno pertenece a la vida de la Iglesia, llamada a expandir el mensaje más allá de la frontera israelita. Los enfermos de los textos anteriores parecían judíos marginados. Este es un pagano. La curación y vida de la Iglesia desborda las fronteras del judaísmo.

Comentario-conclusión. Este relato tiene un final inesperado, o por lo menos sorprendente. En este contexto, los temas anteriores, de corte al parecer más mitológico (legión de demonios, piara de cerdos en el mar), quedan en segundo plano. En el centro de la escena viene a ponerse ahora Jesús, de manera que las funciones precedentes de los habitantes paganos de la zona y del antiguo endemoniado parecen invertirse. Los presuntos sanos de la ciudad dan la impresión de haber enloquecido: tienen miedo de Jesús, no aceptan que el enfermo se haya sanado, temen a la gracia. Por eso le ruegan que se aleje. Es evidente que no pueden expulsarle por la fuerza ni matarle, porque tienen miedo a sus poderes;

pero quieren que se vaya, y le despiden. El endemoniado, en cambio, se ha curado: sabe agradecer el don que ha recibido de Jesús y quiere acompañarle en el camino, como pronto indicaremos.

Desde el desenlace de la escena descubrimos que ellos se encontraban bien relacionados con el satanismo. El poseso formaba parte del «paisaje» cultural y religioso de la ciudad (del paganismo). Le necesitaban a la vera del camino, en los sepulcros de la roca, como blanco viviente de su propia descarga de violencia. Podían arrojar en él sus males, convirtiéndole en un tipo de chivo emisario de las culpas o violencias del conjunto. Por su parte, el loco también representaba su papel de violencia en la ciudad: era un signo claro de la lucha de todos contra todos, una expresión de la «locura colectiva» de los gerasenos.

Pues bien, Jesús ha roto ese equilibrio de muerte, poniendo al enfermo en camino de vida haciéndole capaz de dialogar y mantener una palabra de conversación madura. Todo ha sucedido en un nivel humano, sin necesidad de apelar a ritos religiosos (de tipo judío o pagano). El texto no habla de Dios, sino del poder de Jesús que ofrece conciencia y madurez personal al antiguo endemoniado y le enseña a descubrir su propia dignidad y a comportarse de una forma humana en la ciudad de la locura colectiva. De esa forma, con su propia salud recuperada (o conseguida por primera vez), el mismo poseído se convierte en signo de humanidad dentro de aquella tierra pagana.

Éste es el mensaje de Jesús, la verdad de sus parábolas ofrece en el mundo una promesa de vida «racional», es decir, personalizada, sin necesidad de que los unos descarguen su violencia sobre el miedo o la locura de los otros. De esa forma se distinguen los caminos, se separan las respuestas: (a) Los gerasenos no resisten esa nueva conciencia que quiere ofrecerles Jesús. Por eso le piden que se marche. Quieren seguir instalados en su propio sistema de violencia, creando nuevos endemoniados para descargar sobre ellos su fuerte agresión culpable. (b) El endemoniado, en cambio, ha descubierto la novedad de Jesús y quiere acompañarle, en gesto de diálogo y seguimiento, en la línea de 1, 16-20 y 3, 14 (estar con él).

Marcos 3, 13-19 recordaba que Jesús había instituido a Doce para que estuviesen con él y para enviarlos, en complementariedad siempre actual de gestos y palabras. Pues bien, este endemoniado ya ha estado con Jesús (5, 18): ha recibido la gracia de su vida (es decir, la curación). Por eso debe quedar en su región, como enviado o apóstol del Señor entre sus conciudadanos agresivos y miedosos. Significativamente, el primer apóstol de Jesús en Marcos ha sido este «pobre» endemoniado de Gerasa, que ni siquiera parece conocer el judaísmo (es pagano), pero sabe bien lo que Jesús ha hecho en él y está dispuesto a proclamarlo.

Jesús le dice «vuelve o, mejor dicho, vete (*hypage*: 5, 19) a tu casa y anúnciales (*apangeilon*) la obra del Señor», y él lo hace. Así evangeliza el geraseno: atestigua lo que ha hecho Jesús al curarle. Mirada así, esta escena muestra cómo se vinculan curación, llamada y envío, apareciendo encarnadas en este endemoniado a quien podemos llamar el primer evangelista del Reino en el ancho mundo, más allá del Mar de Galilea. Su propia curación viene a convertirse de algún modo en llamada misionera: Jesús le sana precisamente para enviarle, haciéndole así un testigo viviente de su poder de transformación evangelizadora.

Este endemoniado no anuncia el mensaje de Jesús con palabras generales; no ofrece teorías sobre Dios, tampoco explica dogmas diferentes sobre el Cristo. Simplemente proclama (*keryssein*) aquello que el Señor ha realizado en su existencia. Los violentos habitantes de Gerasa han expulsado a Jesús de su ciudad, para seguir así tranquilos y encerrados en su propio laberinto de intrigas diabólicas. Se va Jesús, pero les deja, como signo de su amor liberador y de su fuerza transformante, al antiguo endemoniado, haciéndole el primero de los grandes testigos de su salvación sobre la tierra.

Los demás «apóstoles» (nombrados en 3, 13-19) necesitan todavía un largo recorrido, acompañando a Jesús en el camino de su muerte y de su pascua: sólo al fin, resucitados con el Cristo, podrán ser mensajeros de la gracia sobre el mundo. En cambio, este endemoniado ya no tiene que esperar hasta la pascua: estaba muerto, y de alguna forma ha revivido; estaba hundido en la violencia, y ha nacido a la experiencia de la gracia. Por eso puede anunciar las obras del Señor como el primero de todos los llamados.

Marcos retoma así el motivo ya esbozado al ocuparnos del leproso de 1, 39-45, aunque entonces Jesús le había dicho que se presentara a los sacerdotes y guardara silencio. Ciertamente, a pesar de ese mandato, superando un tipo de ley sacerdotal (que ejercía el control sobre los leprosos), aquel leproso curado hablaba de Jesús, proclamando (*kerydsein*) y extendiendo la palabra (*logon*). En nuestro caso, en cambio, ha sido el mismo Jesús quien ha enviado al antiguo endemoniado a predicar, rindiendo testimonio de aquello que el *Kyrios* le ha dado al curarle. Sin duda, lo mismo que en 1, 21-28, la enseñanza de Jesús no ha de entenderse aquí en forma de doctrina o de teoría, sino como expresión (principio o consecuencia) de su acción liberadora.

No sabemos más de este primer evangelista pagano, que anuncia la salvación de Jesús en la Decápolis. No sube a Jerusalén con los Doce (cf. 10, 32), no le abandona ni le niega como harán un día sus cercanos seguidores (cf. 14, 50.66-72). Pero es evidente que cuando los discípulos vuelvan recibiendo el mensaje de pascua a Galilea (16, 6-7) recordarán y asumirán lo que vivió y después testimonió este antiguo endemoniado, convertido en misionero de Jesús entre las gentes paganas de Gerasa, en la Decápolis.

(42) Animales: la fauna en Marcos

Con ocasión de los «cerdos» de Gerasa (5, 11-13), podemos recordar la presencia de animales en el evangelio. Marcos no ofrece un bestiario propiamente dicho donde aparezcan los diversos animales simbólicos que sirven para expresar mejor las condiciones y rasgos de lo humano, pero incluye algunas alusiones significativas, que pueden ayudarnos a entender su universo cultural y simbólico:

1. *Pelo de camello y cinturón de cuero* (1, 6). Juan Bautista lleva una túnica tejida de pelo de camello, animal «impuro» de las zonas esteparias (Lv 11, 4; Dt 14, 7), lo que indicaría que no cumple escrupulosamente la ley de pureza. El cinturón de cuero con el que se ciñe podría estar hecho de piel de cabra/oveja o de vaca y parece aludir al signo de Elías (2 Re 1, 8).
2. *Saltamontes*, comida del Bautista (1, 6). Parece que alude a la comida natural, no contaminada por trabajo o por cultura humana. Juan representa el ideal de una vuelta a lo puro, al mundo en cuanto tal, antes de haber sido corrompido por la acción pecadora de los hombres.
3. *Fieras, desierto de la tentación* (1, 13). El texto acentúa aún más la vuelta a la naturaleza, de tal forma que podría decirse que Jesús es como el Adán de Gn 2, en equilibro con los animales. Pero estos animales pueden ser también las «fieras», las bestias simbólicas de Dn 7 y Ap 13, que actúan como delegadas de Satán, en contra de los ángeles que sirven a Jesús.
4. *Peces.* Se pueden entender de dos maneras. (a) *Peces de la pesca escatológica* (1, 16-20). No se nombran, pero están presupuestos. Representan el conjunto de la humanidad que Dios quiere reunir por medio de los enviados de Jesús. (b) *Peces de la multiplicación* (6, 38-44; 8, 7). No representan ya la humanidad, sino la comida concreta de los seres que se debe compartir. Los peces y los panes son una expresión de todo lo que puede conseguirse y se comparte en forma de comida.
5. *Cerdos de Gerasa* (5, 11-13). Desde una perspectiva israelita son un signo de todo lo que es impuro, de los poderes diabólicos que Jesús ha destruido, dejando que ellos mismos se despeñen y se ahoguen en el mar.
6. *Ovejas sin pastor* (6, 34). Son un signo del pueblo Israelita, falto de auténticos guías y maestros, conforme a una tradición que encontramos ya en Ezequiel y que se hace luego muy común.
7. *Perros paganos* (7, 28-29). Frente a las ovejas (y a los «hijos») de Israel aparecen aquí los perros, en palabra despectiva, que alude a los gentiles. Pero el mismo texto, por boca de la mujer cambia el sentido de esos perros-perritos que reciben la gracia del Cristo y se vuelven «hijos».

> 8. *El camello y el ojo de la aguja* (10, 25). El camello aparece simbólicamente como «animal grande» que no puede pasar a través del ojo de una aguja de coser.
> 9. *Asno mesiánico* (11, 1-11). Es signo de la autoridad y realeza especial de Jesús, que entra en Jerusalén como portador del plan de Dios, en signo que ha sido explicitado por Mt 21, 1-11, desde el trasfondo de Zac 9, 9.
> 10. *Serpientes* (16, 18). Aparecen sólo en el epílogo canónico, al lado del veneno. Son signo de los males de este mundo que no pueden detener ni dañar al enviado de Jesús. No hay poder alguno que pueda impedir el anuncio de Cristo.

c) Dos mujeres. Iglesia y pureza social (5, 21-43)

Sobre el tema de la mujer y la pureza, en perspectiva de Marcos, cf. Schierling, *Woman*, especialmente las páginas 47-71; Booth, *Purity*. Para situar el tema en un contexto más extenso, cf. J.-P. Roux, *La sangre. Mitos, símbolos y realidades*, Península, Barcelona 1990, 51-82. Sobre el sentido social de la pureza, cf. M. Douglas, *Pureza y peligro*, Siglo XXI, 1991, 1-26, 106-132; *Símbolos naturales*, Alianza, Madrid 1988, 56-72. Desde una perspectiva bíblica, M. Navarro, *Cuerpos invisibles, cuerpos necesarios. Cuerpos de mujeres en la Biblia: exégesis y psicología*, en Id. (ed.), *Para comprender el cuerpo de la mujer*, EVD, Estella 1996, 175-177; M. Fander, *Die Stellung der Frau im Markusevangelium* (MThA 8), Altenberg 1990, 35-62; E. S. Fiorenza, *En memoria de Ella*, DDB, Bilbao 1989; B. Witherington III, *Women in the Ministry of Jesus*, Cambridge UP 1994. Sobre estos pasajes en concreto, además de los comentarios de Marcus, Navarro y Pesch, véase, sobre todo, E. Estévez, *El poder de una mujer creyente. Cuerpo, identidad y discipulado en Mc 5, 24b-34. Un estudio desde las ciencias sociales*, Verbo Divino, Estella 2003. Cf. también J. M. Derret, *Mark's technique: the haemorrhaging woman and Jairus's daughter*, Bib 62 (1982) 474-505; E. López-Dóriga, *Y cogiendo la mano de la niña le dice: Talitha koumi*, EstEcl 39 (1964) 377-381; M. J. S. Schierling, *Woman, Cult, and Miracle Recital. A Redactional Critical Investigation on Mark 5, 24-34*, Bucknell UP, Lewisburg 1990.

Jesús vuelve a la ribera galilea que había sido espacio de llamadas (1, 16-20; 2, 13-14), de curaciones (3, 7-12) y parábolas (4, 1). Entre los paganos, la opresión tenía *rostro de hombre y signos de violencia externa* (cf. 5, 14). Aquí aparece vinculada a *un hombre y dos mujeres*, con rasgos de violencia personal y familiar muy honda: una de ellas es joven, hija del Archisinagogo, y parece que no tiene más salida que la muerte, habiendo cumplido doce años (al hacerse mayor); la otra es ya madura, lleva doce años de mal flujo de sangre. Ambas están vinculadas por una misma enfermedad: son signo de impotencia del pueblo israelita. Jesús las cura, pero no para que vuelvan a lo antiguo, sino para que inicien un camino de humanización evangélica (de Iglesia) donde merece la pena crecer, ser mujer, realizarse en familia.

Marcos cultiva con maestría la alternancia y el suspense de sus narraciones. Había dejado atrás temas pendientes, simplemente esbozados, que ahora debe desarrollar; así el motivo de la mujer curada (1, 29-31) o el problema de la ritualidad judía (2, 23-3, 6). Pero el motivo más saliente de la escena que ahora sigue es su contraste con la precedente (de 5, 1-20). Estábamos antes en tierra pagana, hemos vuelto al espacio israelita, atravesando otra vez las grandes aguas. Al otro lado parecía dominar lo demoníaco, aquí hallamos la angustia del Archisinagogo y la impureza de una judía enferma: allí dominaba la figura de un varón brutal, endemoniado, aquí están unas mujeres dominadas que no pueden realizar en libertad su vida.

Pasamos así de la lucha satánica (5, 1-20) al espacio de las preocupaciones familiares, donde es central la cuestión de la mujer en su doble perspectiva de niña que debe y no puede pasar a la vida madura (5, 21-24a.35-43) y de adulta vencida por su misma impureza de sangre (5, 24b-34). Ésta es una historia de mujeres, narrada con intimidad y fuerza grande. No hay demonios ni disputas externas (en contra de 5, 1-20 y 2, 23-3, 6). Todo parece realizarse en calma y, sin embargo, hallamos en el fondo un intenso potencial de ruptura y liberación humana, en perspectiva femenina.

Es probable que en la forma de narrar el tema exista un influjo de los textos de milagros de Elías-Eliseo (cf. 1 Re 17, 17-24; 2 Re 4, 25-37), también se puede hablar de paralelos en las resurrecciones de la tradición cristiana (cf. Lc 7, 11-17; Jn 11; Hch 9, 36-43); pero en nuestro caso el texto de la adolescente revivida se entrelaza con la curación de la hemorroisa, formando una intensa unidad significativa. Se trata de un tríptico, en forma de sándwich o emparedado. El relato es doble y unitario y se encuentra construido en forma concéntrica:

- *La adolescente enferma* (5, 21-24a). Es una nota introductoria. En el lugar de máxima pureza del entorno, en la casa de un Archisinagogo o Jefe de la sinagoga de Cafarnaún, una adolescente muere. La religión israelita es incapaz de curarla. Por eso, el Archisinagogo acude a Jesús (condenado por ley: 3, 22-30) buscando vida por encima de su ley y sinagoga.
- *La hemorroisa* (5, 24b-34). Mientras Jesús va hacia la casa de la adolescente, para retardar la narración y producir mayor suspense, Marcos introduce el relato de una mujer que lleva doce años enferma de flujo de sangre. No puede casarse, tener relaciones sexuales o comunicarse de forma cercana a los otros. Por eso viene escondida en su enfermedad, llena de vergüenza, para tocar a Jesús, que es principio de limpieza superior, en medio de la calle.

- *Resurrección de la adolescente* (5, 35-43). Ha muerto, dicen, pero Jesús afirma que se encuentra dormida. Entra en su cuarto, le da la mano y la levanta, introduciéndola de ese modo en el camino de su vida madura, de mujer y de persona, que tiene doce años, la edad para el amor y matrimonio en el oriente.

La relación entre las dos escenas no es simplemente narrativa, por haberse introducido una en el hueco de la otra, sino temática: ambas tratan de mujeres en peligro, vinculadas por doce años de vida (5, 42) o de enfermedad (5, 25). Además, ambas aparecen como hijas, una para Jesús (llama así a la hemorroisa: 5, 34), otra para su padre (5, 35). Ambas forman (con 1, 29-30) el primer capítulo del evangelio femenino de Marcos (que seguirá en 7, 24-30; 14, 3-9 y 15, 40-41.47; 16, 1-8).

Comienza esta escena doble a la orilla del mar, es decir, en el espacio privilegiado donde Jesús llama (1, 16-20; 2, 13-17) y enseña (3, 9; 4, 1). Aquí sigue ofreciéndonos su llamada y magisterio. El punto de partida es hondo e inquietante: la hija de un Archisinagogo va a morir y ante esa circunstancia, el funcionario judío deja a un lado todas las posibles prevenciones y busca a Jesús en medio del gentío, a la orilla del mar. Leídos así, estos textos son la carta magna de la libertad de la mujer. Se trata, evidentemente, de una libertad que empieza por el cuerpo, libertad para la vida, para ser ellas mismas, dentro de la Iglesia. En el lugar donde la Misná pone el código *Nashim* (*De las Mujeres*), centrado en rituales que consagran el sometimiento femenino, ha colocado Marcos esta escena que avala para siempre la libertad de la mujer creyente.

---

(43) Mujeres en Marcos. Un panorama

Las mujeres ocupan un lugar significativo en Marcos, tanto en el despliegue del discipulado como en el comienzo de la vida eclesial. Ellas reflejan (con la excepción de Herodías) el aspecto bueno de la vida, de manera que ya no aparece como grupo inferior, bajo una ley especial, dictada y sancionada por varones, sino que empiezan a mostrarse simplemente como seres humanos, como discípulas y creyentes, en igualdad con los varones, pero más fieles que ellos.

a. Punto de partida:

1. *Herodías y su hija* representan el aspecto sombrío de la vida, la mujer dominada por la intriga del deseo y por la envidia de muerte (6, 14-29).
2. *La madre de Jesús*, unida a sus hermanos, representa el poder genealógico de la vida, conforme a una ley que Jesús va a superar (cf. 3, 21.31-35; 66, 1-5);

ella aparece, probablemente, ante la cruz de Jesús y entre las mujeres de la pascua (15, 40-41.47; 16, 1-8), pero no juega todavía un papel positivo en el despliegue de la salvación, como sucederá en Mt 1-2 y en Lc 1-2.

b. *Mujeres curadas*:

1. *La suegra de Simón*, que recibe poder para servir a los demás (1, 31).
2. *La hemorroisa y la hija de Jairo* reciben salud para poder realizarse plenamente como mujeres (personas) en libertad y gozo (5, 21-43).
3. *La sirofenicia y su hija* son signo de todo el paganismo (varones y mujeres) que se abre a la fe mesiánica (7, 24-30).

c. *En el camino de la Iglesia*:

1. *La suegra de Pedro*, que sirve a los demás, es el primer signo eclesial (1, 31).
2. *Las hermanas* forman con los hermanos y las madres la verdadera Iglesia: en los lugares clave de Marcos, la fraternidad eclesial incluye en igualdad a varones y mujeres (cf. 3, 21-35; 10, 28-31).
3. *La mujer casada* no puede ser expulsada por el marido dentro de una Iglesia donde resulta esencial la fidelidad mutua (10, 1-12).
4. *La madre y el padre*, en igualdad total, han de ser objeto del cuidado de los fieles, por encima de toda norma sacral (7, 10-13).
5. *La viuda pobre* que da todo lo que tiene es signo de Jesús, pero también de la verdadera comunidad, que sustituye al templo (12, 41-44).
6. *La mujer del vaso de alabastro* unge a Jesús y entra a formar parte del kerigma universal del evangelio (14, 3-9).
7. *Las mujeres de la cruz, del sepulcro* y de la pascua (entre las que puede estar la madre de Jesús) son las verdaderas discípulas, las únicas que han hecho todo el camino con Jesús y le han permanecido fieles hasta la muerte (15, 40.41.47); ellas están en el principio del camino de la Iglesia (16, 1-8), como ratificará el final canónico, aunque citando sólo a María Magdalena (16, 9).

1. Jairo, el Archisinagogo (5, 21-24a)

a. (Muchedumbre) *²¹Y cruzando al otro lado en la barca, mucha gente se aglomeró junto a él a la orilla del mar.*

b. (Un Archisinagogo) *²²Entonces llegó uno de los jefes de la sinagoga, llamado Jairo. Al ver a Jesús, se echó a sus pies ²³y le suplicaba con insistencia, diciendo: «Mi hijita está agonizando; ven a imponer las manos sobre ella para que se cure y viva».*

c. (Jesús) ²⁴*Y se iba con él...*

a) *Muchedumbre* (5, 21). Jesús vuelve al otro lado, es decir, a la orilla galilea del lago y se reunió mucha gente (*poly plethos*) a la orilla del mar, como en 2, 13; 4, 1 y 4, 39. Éste es su espacio privilegiado, a la orilla del mar.

b) *Un Archisinagogo* (5, 22-23). De improviso se acerca un jefe de la sinagoga y le busca a Jesús para pedirle que cure a su hija (*thygatrion*: 5, 22-24b). Sólo al final (5, 42) se dirá que ella tiene *doce años*, edad de maduración como mujer casadera (los mismos años de enfermedad, menstruación irregular, de la hemorroisa, como veremos en 5, 25). Esta hija del Archisinagogo debía ser (hacerse ya) mayor y, sin embargo, el texto la presenta por dos veces como *niña*, en palabra significativa (*paidion, korasion*: 5, 40-41) que acentúa eso que pudiéramos llamar su *rasgo infantil*, presexuado.

Es como si negara su maduración de mujer, intentando quedarse en la infancia. Quizá ella muere precisamente porque eso es imposible. Pero no adelantemos acontecimientos. Como testigo de una estructura social y religiosa que no puede ofrecer vida a su hija, el Archisinagogo busca a Jesús pidiendo que *le imponga las manos*, ofreciéndole algo que él, jefe judío oficial, no puede darle (5, 23). La sinagoga, que debía estar al servicio de la vida, parece incapaz de curar al hijo de aquel que manda en ella.

c) *Jesús* (6, 14a) escucha al Archisinagogo y se dispone a ir a su casa. Esta disponibilidad indica que no está en contra de la sinagoga (ni de sus servidores), sino todo lo contrario: está dispuesto a ayudar a los que trabajan y viven en ella, como este padre de la niña enferma. Pero a fin de hacerlo debe enseñarle algo importante, que le permita superar un tipo de ley de pureza judía. Por eso, de pronto, se para la escena... El Archisinagogo tiene que ver algo que no ha visto, aprender algo que no sabe.

2. Mujer con hemorragia, la hemorroisa (5, 24b-34)

a. (Hemorroisa) ²⁴*Mucha gente lo seguía y lo estrujaba,* ²⁵*y una mujer que padecía hemorragias desde hacía doce años,* ²⁶*y que había sufrido mucho con muchos médicos y había gastado todo lo que tenía sin provecho alguno, yendo más bien a peor,* ²⁷*oyó hablar de Jesús, se acercó por detrás entre la gente y tocó su manto.* ²⁸*Pues se decía: Si logro tocar aunque sólo sea su manto, quedaré curada.* ²⁹*Inmediatamente se secó la fuente de su sangre y sintió que estaba curada del mal.*
b. (Jesús). ³⁰*Y Jesús, dándose cuenta enseguida de la fuerza que había salido de él, se volvió en medio de la gente y preguntó: «¿Quién ha tocado mi manto?».* ³¹*Sus discípulos le replicaron: «Ves que la gente te está estrujando ¿y preguntas quién te ha tocado?».* ³²*Pero él miraba alrededor a ver si descubría a la que lo había hecho.*

c. (Fe que salva) ³³*La mujer, entonces, asustada y temblorosa, sabiendo lo que le había pasado, se acercó, se postró ante él y le contó toda la verdad.* ³⁴*Él le dijo: «Hija, tu fe te ha salvado; vete en paz y queda curada de tu flagelo».*

a) *Una hemorroísa* (5, 24b-29). Es persona sin familia, pues la ley sacral judía y su misma condición (mujer con hemorragia menstrual permanente) le expulsa de la sociedad: no puede tener relaciones sexuales, ni casarse; no puede convivir con sus parientes, ni tocar a los amigos, pues todo lo que toca se vuelve impuro a su contacto: la silla en que se sienta, el plato del que come... Es mujer condenada a soledad, maldición social y religiosa. El milagro de Jesús consiste en dejarse tocar, ofreciéndole un contacto purificador. En el fondo del relato hay un recuerdo histórico (forma de actuar de Jesús) y una experiencia eclesial (la comunidad cristiana ha superado las normas de pureza humana y sexual del judaísmo).

Como veremos, Jesús no la ayuda para llevarla después a su grupo; no le dice que venga a sumarse a la familia de sus seguidores, sino que hace algo previo: le valora como mujer, acepta el roce de su mano en el manto, ofreciéndole el más fuerte testimonio de su intimidad personal; le anima a vivir y le cura, para que sea sencillamente humana, persona con dignidad, construyendo el tipo de familia que ella misma decida. No la quiere convertir en nada (a nada), sino capacitarla para ser al fin y para siempre humana.

Precisemos la escena. Va andando Jesús, y la gente le rodea, apretándole por todas partes. Pues bien, en medio del gentío y de los roces se eleva una persona que le necesita en forma especial: una mujer que le toca de modo distinto. Lleva doce años enferma (el tiempo que una vida humana tarda en madurar) con un flujo de sangre o menstruación continua que, por un lado, le impide vivir sana y, por otro, le cierra las puertas de la relación social, conforme a la ley tajante de Israel:

Cuando una mujer tenga hemorragias frecuentes fuera o después de la menstruación quedará impura, como en la menstruación, mientras le duren las hemorragias. La cama en que se acueste mientras le duren las hemorragias quedará impura, lo mismo que en la menstruación. El asiento en que se sienta quedará impuro, como en la menstruación. El que los toque quedará impuro, lavará sus vestidos, se bañará y quedará impuro hasta la tarde (Lv 14, 25-27).

Fuente y foco de impureza es esta mujer que avanza escondida y miedosa, en medio del gentío, pues si la reconocen deben expulsarla del grupo, haciendo un hueco en torno a ella. Nadie puede acercarse, ni tocar sus cosas. Es una muerta viviente, expulsada de la sociedad y condenada a su propia amargura por causa de una ley religiosa, defendida con celo por los «sinagogos» (jefes de la asamblea israelita). Pues bien, esta mujer, que no ha podido ser curada por la medicina (5, 26), no se ha resignado a vivir como lo manda la ley israelita.

El mismo gesto de esconder su enfermedad y avanzar entre el gentío, tocando a unos y otros a su paso, es una especie de protesta religiosa: no se resigna a vivir condenada y aislada, como un cadáver ambulante, porque así lo diga un libro antiguo, regulado por los sabios varones de su pueblo. Avanza, va rozando a muchos a su paso y expandiendo a todos su contagio de impureza ritual, pero nadie se da cuenta: la ley no capacita para abrir los ojos ni sentir el corazón herido. Como veremos, sólo Jesús advierte el toque «delicado», pues la mujer no se atrevía ni a rozar su cuerpo, ni a tomar su mano. Le ha bastado con tocarle por el manto (5, 28).

b) *Jesús* (5, 30-32). Su cuerpo irradia pureza y purifica a la mujer que le ha tocado. También él conoce y actúa por su cuerpo, vinculándose a ese plano con la hemorroisa. Sólo ellos dos, en medio del gentío se saben hermanados por el cuerpo. A ese nivel ha tocado la mujer, a ese nivel sabe Jesús que, más allá de los que aprietan y oprimen de manera puramente física, le ha tocado una persona pidiendo su ayuda; evidentemente, él se la ha dado. Del valor curativo del manto habla luego 6, 56, pero en nuestro caso es posible que se aluda también a un viejo rito esponsalicio israelita. Así se dice de Rut que tocó-elevó el manto de Boaz en la noche, para pedirle de esa forma ayuda, casándose con ella, según ley, en su desgracia (cf. Rut 3, 4).

Esta mujer se ha limitado a tomar por un momento entre sus manos el manto de Jesús, como pidiendo ayuda: también ella quiere liberarse de su oprobio, tener libertad para casarse, ser persona con autonomía. La respuesta es clara: Jesús, liberador de la mujer necesitada, irradia un poder de curación, y ella siente en su cuerpo que está sana (5, 28-29).

Los discípulos no saben entender, ni distinguir los roces: quedan en el plano físico de aquellos que tocan y aprietan (5, 31). *Jesús*, en cambio, distingue y sabe que ha sido *un roce de mujer*, pues antes de mirarla y conocerla se vuelve para descubrir *tên touto poiêsasan*, es decir, a «*la que ha hecho esto*» (5, 32). Estamos en el lugar donde más allá de toda posible magia (algunos buscan poderes misteriosos por el tacto) viene a desvelarse el poder sanador del *encuentro de los cuerpos*. La conversación que sigue nos conduce al centro del poder purificador del evangelio.

a) *Jesús pregunta:* «¿Quién ha tocado mi manto?» (5, 30), en cuestión que se halla abierta a las respuestas posteriores. Notemos que no pregunta por aquellos que le han tocado en general, en roce de tipo ordinario. Quiere saber quién le ha tocado precisamente el manto, aludiendo de esa forma al simbolismo ya indicado.

b) *Los discípulos no entienden* (5, 21). Piensan que Jesús alude al toque ordinario de todos los que caminan a su lado y le empujan u oprimen por curiosidad o falta de espacio. La mujer, en cambio, sabe: sabe lo del manto y conoce el movimiento de su cuerpo. Le ha tocado «sólo» el manto, pero le ha rozado en intimidad personal, entrando en contacto con la fuerza más interna del cuerpo de Jesús (cf. la insistencia de 5, 30). Así lo dice, con temor, pero abiertamente, en medio de todos (5, 33).

a') *Jesús responde*, diciendo a la mujer: «Tu fe te ha salvado, vete en paz...» (5, 34). Debemos insistir en las últimas palabras. La mujer ha buscado a Jesús; Jesús la devuelve hacia el poder y confianza que existe dentro de ella (hacia su propia fe). No era una esclava de su enfermedad, no estaba condenada a vivir fuera del círculo social, como muerta viviente, en doce años de impureza. La fe le ha transformado: la confianza es lo que salva y dignifica a la persona; así lo dice Jesús, superando los rituales sacralizadores (marginantes) de la vieja ley de la pureza-impureza (Levítico).

c) *Fe que salva* (5, 33-34). Jesús no la envía al sacerdote, como al leproso de 1, 40-45, cumpliendo la ley de Lv 14, que aquel leproso, interpretando bien la curación, no cumplió. En este momento, Jesús ya no cumple la ley de Lv 14, 28-30, y dice a la mujer que vaya en paz: que se descubra y viva liberada, sin necesidad de someterse al control sagrado de los sacerdotes. Jesús dice simplemente a la mujer que sea ella misma: la introduce en la paz de su propia vida liberada, le permite ser mujer en salud y autonomía.

En otras ocasiones, Jesús ha pedido a los curados que no digan lo que ha hecho, para que el milagro no rompa el secreto mesiánico o se vuelva propaganda mentirosa sobre su persona (cf. 1, 34.44; 3, 12). Pero en esta ocasión él pide a la mujer que salga al centro y cuente a todos lo que ha sido su vida en cautiverio y cómo ha conseguido la pureza de su cuerpo. Ella debe contar lo que ha pasado y sufrido, mostrando así en la plaza pública, ante todos los hombres legalistas y de un modo especial ante el Archisinagogo, lo que fue el tormento de su vida clausurada en la impureza de su enfermedad.

No basta lo que diga Jesús. Ella misma tiene que hablar, delante de todos, para que sepan lo que ha pasado y sufrido. Una mujer que dice toda su verdad (*pasan tên alêtheian*) ante los varones y mujeres de la plaza (y en especial ante el Archisinagogo): Ésta es la meta de la curación, éste es el principio de la Iglesia mesiánica, donde las mujeres pueden y deben decir lo que sienten y saben, lo que sufren y esperan, en historia que comparten con los varones.

Jesús ratifica en forma sanadora el gesto de confianza y el contacto humano de la mujer que le ha tocado. No se atribuye la curación, no quiere ponerse en primer plano. Cariñosamente le habla: «*¡Hija! Tu fe te ha salvado. Vete en paz*» (5, 34). Todo nos permite suponer que esta palabra ¡hija! resulta en este caso la apropiada, la voz verdadera. Quizá nadie le ha llamado así, nadie le ha querido. Jesús lo hace, dejándose tocar por ella, reconociéndole persona (hija) y destacando el valor de su fe. Ella le ha curado.

Puede seguir existiendo el problema de la *sangre menstrual* (trastorno físico) en plano médico y psicológico, pero aquí ha perdido su carácter de maldición y su poder de exclusión religiosa, de rechazo humano. Esta mujer no aparece ya como impura, sino como persona enferma a la que ha sanado su fe y su palabra (su forma de decirse en público). Así la ha valorado Jesús, superando una tendencia corporalizante (biologista) del judaísmo, codificada en el Levítico y la Misná. Frente a la *mujer naturaleza*, determinada por el ritmo normal o anormal de las menstruaciones, encerrada en la violencia que simboliza (para los varones) su sangre y su proceso genético, Jesús ha destacado su valor *como creyente* que vive y despliega su humanidad a nivel de fe.

Jesús no se limita a definirla desde fuera, como cuerpo peligroso que se debe controlar, sino que la recibe en su valor total, como persona: *mano* que puede tocar, *mente* capaz de expresarse y decir lo que siente, *corazón* que sufre y cree. Sólo una mujer a quien se deja que actúe y se exprese, diciendo lo que ha sido su dolor, puede madurar como persona. No la retiene para su Iglesia, ni le manda al sacerdote (para ratificar su curación sagrada). Simplemente le dice que vaya sin miedo y asuma ante todos su camino de mujer en dignidad. De ahora en adelante, ella no se definirá por su menstruación, sino por su valor como persona. Sólo así podrá crear familia, hacerse humana (hermana, madre) dentro del corro de Jesús o de la Iglesia (cf. 3, 31-35), abriendo hacia los otros la fe que ella ha mostrado «tocando» a Jesús.

Un espacio de intimidad donde los hombres y mujeres pueden *tocarse en fe*, es decir, relacionarse en clave de confianza: eso es la Iglesia conforme a este pasaje. Los tabúes de sangre y menstruación pasan a segundo plano, pierden importancia las reglas que han tenido sometidas desde antiguo a las mujeres por la propia «diferencia» de su cuerpo.

---

(44) Hemorroisa, mujer muerta en vida (5, 25-34)

Es una persona socialmente borrada, incapaz de entrar en comunicación con su entorno, según ley establecida (Lv 15, 19-33). Toda mujer era un viviente cercano a la impureza, tanto por sus ciclos menstruales, como por los partos; toda mujer se hallaba sometida a leyes de carácter sacral hechas para mantenerla de algún modo atada a sus procesos naturales y a su condición de servidora de la vida (engendradora). Esta hemorroisa es una impura total, neuróticamente impura. Rescatarla para la humanidad, para las relaciones personales y la familia, ésta ha sido una conquista capital del evangelio:

1. *Doce años de impureza sacral*, toda una vida (5, 25). Nadie podía acercarse a su cuerpo, compartir su mesa, convivir con ella. Como solitaria, tras el cordón sanitario de su enfermedad, vive en la cárcel de su sangre impura.

No puede curarla la ley, pues la misma ley social y sacral ha creado y ratificado su enfermedad. Por eso no puede acudir a los escribas ni a los sacerdotes.

2. *Mujer sin solución*, pues los muchos médicos (*pollôn iatrôn*) fueron incapaces de curarla (5, 26). Lo ha gastado todo en sanidad y no ha sanado. Podría decirse que los médicos (israelitas o gentiles) son mejores que los sacerdotes y escribas, pues al menos han intentado ayudarla. Pero al fin se han mostrado incapaces, a pesar del dinero que la mujer ha gastado: no han podido llegar a la intimidad de la persona, no han encontrado la raíz de la sangre manchada, fuente de sus trastornos.

3. *Mujer solitaria*, pues su tacto ensucia lo que toca. Lógicamente, su misma enfermedad se vuelve deseo de contacto personal. Ha oído hablar de Jesús y quiere entrar en contacto con él: *¡Si al menos pudiera tocar su vestido!* (cf. 5, 27-28). No puede venir cara a cara, avanzar a rostro descubierto, con nombre y apellido, cuerpo a cuerpo, porque todos deberían expulsarla, para no volverse impuros con su roce. Por eso llega por detrás (*opisthen*), en silencio (5, 27).

4. *Mujer que conoce y sabe con su cuerpo* (5, 29). Toca el manto de Jesús y siente que se seca la *fuente* «impura» de su sangre, se sabe curada. Alguien puede preguntar: ¿Cómo lo sabe? ¿De qué forma lo siente, así de pronto? ¿No será ilusión, allí en medio del gentío? Evidentemente no. Lo que importa de verdad es *que ella sepa, se sepa curada*, que pueda elevarse y sentirse persona, rompiendo la cárcel de sangre que la tenía oprimida, expulsada de la sociedad por muchos años. Por eso es decisivo que ella sepa, se descubra limpia en contacto con Jesús.

Este «milagro» tiene así un sentido instituyente, apareciendo como una ley fundamental para las mujeres, que son ya capaces de creer y realizar la vida en gesto de confianza, igual que los varones, sin tener que hallarse sometidas a los tabúes de sangre. Por eso, Jesús no les ofrece leyes especiales de sacralidad o pureza, como han hecho por siglos muchos sacerdotes (incluso cristianos). Que sea mujer, que viva en libertad como persona, eso es lo que Jesús le ha deseado (le ha ofrecido), dentro de una sociedad donde la ley de enfermedades corporales y purificaciones de mujeres ha sido construida casi siempre por varones para proteger sus privilegios.

3. La hija del Archisinagogo: impureza y muerte (5, 35-43)

De la adulta hemorroísa (doce años enferma) pasamos a la niña de doce años, condenada a morir por el sistema religioso y social de su padre en el momento clave de su maduración. Pero Jesús le da la mano y la levanta para la vida, completando así el milagro anterior e incorporando a la mujer en la Iglesia.

a. (Ha muerto) *35 Todavía estaba hablando cuando llegaron unos de casa del Archisinagogo diciendo: «Tu hija ha muerto; no sigas molestando al Maestro». 36 Pero Jesús, que oyó la noticia, dijo al Archisinagogo: «No temas; basta con que tengas fe». 37 Y sólo permitió que lo acompañaran Pedro, Santiago y Juan, el hermano de Santiago. 38 Llegaron a casa del Archisinagogo y, al ver el alboroto, unos que lloraban y otros que daban grandes alaridos, 39 entró y les dijo: «¿Por qué alborotáis y lloráis? La niña no ha muerto; está dormida». 40 Pero ellos se burlaban de él.*

b. (Talitha koum) *Entonces Jesús echó fuera a todos, tomó consigo al padre de la niña, a la madre y a los que lo acompañaban, y entró a donde estaba la niña. 41 La tomó de la mano y le dijo: «Talitha koum» (que significa: Niña, a ti te hablo, levántate). 42 La jovencita se levantó al instante y echó a andar, pues tenía doce años. Ellos se quedaron atónitos. 43 Y él les insistió mucho en que nadie supiera esto y les dijo que le dieran de comer.*

a) *Ha muerto* (5, 33-40a). La escena (iniciada en 5, 21-24a) quedaba retrasada (cf. 5, 24b-34), y pudiera parecer que ese retraso ha matado a la niña (5, 35). Pero es lo contrario: el testimonio de la *hemorroisa* permite situar el nuevo gesto de Jesús (la curación de la hija del Archisinagogo). *La hemorroisa* vivía encerrada en su flujo constante e «impuro» de sangre menstrual, que duraba doce años (5, 25). Doce años de vida infantil ha recorrido *la hija del Archisinagogo* (5, 42): había estado segura, se hallaba resguardada en el espacio de máxima pureza de Israel (casa de un jefe de la sinagoga) y, sin embargo, al descubrirse mujer, con el primer flujo de sangre que enciende su cuerpo, ella decide por dentro apagarse; no tiene sentido madurar en estas circunstancias.

Son muchas las mujeres que han sufrido y sufren al llegar a esa edad: pueden sentir el temor de su propia condición, su cuerpo deseoso de amor y maternidad, amenazado por la ley de unos varones (padres, hermanos, posibles esposos) que especulan sobre ellas, convirtiéndolas en rica y frágil mercancía; se saben objeto del deseo de unos hombres que no las respetan, ni escuchan, ni hablan.

Parece que esta niña no se atreve a recorrer la travesía de su feminidad amenazada: es víctima de su propia condición de mujer, en un mundo de varones, y se siente condenada a muerte por las leyes sacrales de su sociedad. Hasta ahora había sido feliz, niña en la casa, hija de padres piadosos (sinagogos), resguardada en el mejor ambiente. De pronto, al hacerse mujer, se descubre moneda de cambio, objeto de deseos, miedos, amenazas, represiones. Le bastan doce años de vida para sufrir en su cuerpo adolescente, que debía hallarse resguardado de todos los terrores, un terror que sienten de forma especial ciertas mujeres marginadas: hemorroisas, leprosas... Por su misma condición de niña hecha mujer empieza a vivir en condición de muerte.

Sabemos que la *sinagoga* era lugar donde se escondía el poseso (1, 21-28), espacio donde el sábado valía más que la salud del hombre de la mano seca (3, 1-6). Para la sinagoga vive el *Archisinagogo*, símbolo de la institución sacral judía. Parece tenerlo todo y, sin embargo, no puede educar a su hija, acompañándola en la travesía de su maduración como mujer: mantiene con vida a su comunidad, pero tiene que matar (como nuevo Jefté) a su misma hija para conseguirlo.

La niña debería ser feliz, deseando madurar para casarse con otro Archisinagogo como su padre, repitiendo así la historia de su madre y de las «limpias» mujeres envidiadas, de la buena comunión judía. Pero a los doce años, edad de sus sueños, renuncia. No acepta este tipo de vida: carece de medios para iniciar un camino diferente; no le queda más salida que la muerte, en gesto callado de autodestrucción que, por la palabra final de Jesús (¡*dadle de comer!*, 5, 43), parece tener rasgos anoréxicos.

Entramos en el centro de una *crisis familiar*. No sabemos nada de *la madre* (que aparece al final, en 5, 40), aunque podemos imaginar que sufre con la hija, identificándose con ella. El drama se expresa y culmina desde el padre, capaz de dirigir una sinagoga (ser jefe de una comunidad) pero incapaz de ofrecer compañía, palabra y ayuda, a su hija. Por eso, *el verdadero milagro de Jesús es la conversión del padre*, que debe transformarse, a través del testimonio de la hemorroisa, a fin de acoger y educar a la hija para la vida y no para la muerte. Que la hija del judaísmo viva (que el jefe de la sinagoga se abra a la fe, creadora de familia), eso es lo que quiere el Jesús de Marcos:

Todos dicen que la niña ha muerto, pero Jesús hace que el padre Archisinagogo, representante de un judaísmo que parece poseído por un espíritu impuro (cf. 1, 21-28; 3, 1-6), recorra un largo camino de fe (5, 35-36). Está la niña muriendo (*eskhatôs ekhei*) y, sin embargo, él se detiene con la hemorroisa (5, 24b-34). Es un retraso mortal, la niña muere. Dicen que no merece la pena que venga, no hay remedio (5, 35). Pero Jesús responde ofreciendo salud allí donde humanamente era imposible y diciéndole al padre: «*¡No temas, sólo cree!*» (5, 36). En el caso anterior era la misma mujer quien creía (así le dice Jesús: «¡*Tu fe te ha salvado!*»: 5, 34). Ahora es el padre quien tiene que creer, realizando el milagro. Jesús tiende de esa forma un nexo muy profundo entre dos personas que parecen hallarse en los extremos del tejido social israelita: *la hemorroisa impura y el puro Archisinagogo*. A los dos se les pide lo mismo: ¡que tengan fe!

b) *Talitha koum* (5, 40b-43). Jesús ha dicho al padre que tenga fe y entra, con él y con la madre, en la habitación de la niña. El centro del relato está en la «conversión del padre», que tiene que aceptar lo que Jesús ha hecho con la hemorroisa, superando la visión anterior de la pureza e impureza de la mujer.

Galilea, Evangelio del Reino (1, 14-8, 26)

Éste es el milagro: que la niña se vuelva mujer, en estas circunstancias, que asuma con gozo la vida. En busca de Jesús había salido un padre importante e impotente, vinculado a la vieja estructura sacral israelita. Ahora viene con Jesús como hombre nuevo, pues ha aceptado el gesto y curación (limpieza) de la hemorroísa.

- *Toma consigo a tres discípulos* (Pedro, Santiago y Juan: 5, 37). No van como curiosos, ni están allí de adorno. Son miembros de la comunidad o familia cristiana que ofrece espacio de esperanza y garantía de solidaridad a la niña hecha mujer. Significativamente son varones, pero ahora penetran como humanos (respetuosos, deseosos de vida, no dominadores) en el cuarto de una enferma que probablemente ha muerto, está muriéndose, por miedo a los hombres. Su presencia convierte este pasaje en *sacramento eclesial*: superando la sinagoga judía (donde la niña parece condenada a morir) emerge aquí, con el Archisinagogo y su esposa, una verdadera Iglesia humana donde la niña puede hacerse mujer en gozo y compañía. Esta Iglesia se distingue de las sinagogas antiguas y modernas que ponen sus estructuras y dogmas por encima de la libertad de la mujer. Estamos ante un sacramento de la *maduración personal de la mujer*. Antes de pedir que sea judía o cristiana, en clave confesional, la Iglesia ha de ofrecerla gozo de vivir en una comunidad donde nadie imponga su forma de ser sobre los otros. Este es un *texto de iglesia, texto de familia*: padres y discípulos penetran juntos en el cuarto de la enferma, ofreciéndole confianza de futuro.
- *¡Talitha koum!* Sólo entonces (con el padre convertido, la madre presente y los discípulos formando comunión) puede realizar Jesús su gesto: agarra con fuerza a la enferma (*kratêsas*) y dice a la niña (*talitha*) levántate (*¡koum!*) (5, 41). No basta un toque suave que limpia (como al leproso: 1, 41); hace falta una mano que agarre con fuerza y eleve (como a la suegra de Simón: 1, 31), rescatando a la niña del lecho en que había querido quedarse por siempre y diciendo: *¡Egeire! ¡levántate!* Frente al llanto funerario que celebra la muerte (5, 38-40) se eleva aquí Jesús como dador de vida y promesa de pascua: al misterio de la resurrección de Jesús, proclamada en Galilea, pertenece esta niña devuelta al camino de la vida.
- *Que le den de comer*. Jesús pide a los padres que alimenten a la niña (5, 43), como insinuando que sufría de anorexia. Están en el cuarto los siete (los padres, tres discípulos, Jesús y la niña). Ella empieza a caminar. Jesús no tiene que decirla nada: no le da consejos, no le acusa o recrimina. Es claro que las cosas (las personas) tienen que cambiar a fin de que ella viva, animada a recorrer un camino de feminidad fecunda, volviéndose cuerpo que confía en los demás y ama la vida. Tienen que cambiar los otros; por eso dice a todos (*autois* que incluye a padre y discípulos) que alimenten a la niña, que le inicien de forma diferente en la experiencia de la vida.

Éste es un milagro de Iglesia y familia. *Jesús acepta a los padres judíos,* pero sabe que en ellos hay algo insuficiente: no pueden ofrecer vida a su hija. Por eso introduce a los representantes de la *comunidad mesiánica* en la casa de la niña muerta, para ofrecer el testimonio supremo de la vida. Evidentemente, Jesús sólo podrá curar a la niña si *el padre* cambia, si viene a su lado *la madre,* para ofrecerle nuevo nacimiento (5, 40), si se comprometen otros miembros de la comunidad eclesial, ofreciendo a la niña espacio de libertad y amor humano.

c) *Conclusión.* La «resurrección» de la niña ha de entenderse en referencia a la curación (nuevo nacimiento) de la hemorroísa. En ambos casos nos hallamos ante una mujer impedida por doce años de impureza adulta o de niñez ya cumplida que parece llevar a la muerte. A la mujer mayor dijo Jesús: «¡Vete en paz!», es decir, sé tú misma y vive. A la niña renacida, hecha mujer, deja Jesús que ande, diciendo a sus padres que le den de comer, es decir, que le fortalezcan para que pueda ser ella misma.

El ritual judío se encontraba dominado por el miedo de la muerte. Por eso el cadáver aparece como impuro (cf. Lv 21, 1-15; 22, 4-8, etc.). En contra de eso, Jesús ha penetrado con los suyos (padres de la niña y discípulos) en el mismo espacio de la muerte, tocando a la que parecía muerta y devolviéndole la vida, es decir, haciéndole capaz de libertad personal, de autonomía. No le pide nada, no le impone ley alguna. Simplemente le ofrece camino de vida, precisamente en el momento en que cumple doce años, la edad crítica para la mujer antigua del oriente.

Esta escena puede titularse vocación de mujer. Eso es lo que Jesús hace a la niña: la llama a la vida en el mismo momento en que ella parecía condenada a muerte (con sus doce años). Merece la pena que ella madure como mujer despertando a la conciencia responsable, en un contexto en que los padres (sus educadores antiguos) se encuentran acompañados ya por Pedro, Santiago y Juan, representantes de la comunidad cristiana. Dentro de esa comunidad, la niña revivida deberá asumir su propia autonomía y realizarse ya como persona. Y con esto podemos culminar el tema de las dos mujeres, curadas por Jesús para asumir su propia vida y trayectoria femenina.

Ésta es la llamada de Jesús, ésta su aportación «a este lado del mar», es decir, en medio de la sociedad israelita. Al geraseno le había ofrecido la conciencia de su libertad, pidiéndole que diera testimonio de su curación en tierra pagana (4, 1-20). A estas dos mujeres israelitas solamente les pide que vivan; por encima de las prescripciones de una ley que amenaza con esclavizarlas, les ofrece libertad humana. Este es el principio en que se basa su mensaje, esta es la tarea de su vocación mesiánica.

Que aquella mujer, antes rechazada por impura, y la nueva adolescente, antes condenada a muerte, puedan vivir y desplegarse en libertad: éste es uno de los primeros ideales de la Iglesia. Precisamente allí donde podía parecer más alejado del mundo (dedicado sólo a las tareas del fin de los tiempos), Jesús se nos muestra más cercano y familiar, es decir, más ocupado en los problemas y esperanzas, sufrimientos y anhelos de estas dos mujeres que son signo de todas las mujeres oprimidas-liberadas de la historia.

Siendo «milagro de mujeres», éste es un milagro especial para el *Archisinagogo*, que es con Jesús un personaje central de la escena. Sólo admitiendo a la hemorroísa él podrá dar vida a su hija. Para eso tiene que entrar en el cuarto interior de su casa con los tres discípulos de Jesús. Sólo allí donde el buen judío acepta la pureza de la impura (hemorroísa) y la comunidad de los discípulos del Cristo puede hacerse padre.

De esta forma se cumple el arco de las curaciones *eclesiales*. Jesús había salido a sembrar (cf. 4, 1-34). Había cruzado al otro lado del mar, llevando a los discípulos, en medio del gran miedo (4, 35-41) para convertir al *poseso geraseno* (5, 1-20), signo de los paganos envueltos en violencia militar. Luego ha vuelto a su tierra para cambiar al Archisinagogo judío con su hija. Así aparece en ambos casos como creador de comunión mesiánica.

---

(45) **Mujeres en Marcos. Identidad cristiana**

Estrictamente hablando, no deberíamos citar y estudiar a las mujeres por separado, pues ante el mensaje y vida de Jesús ellas son igual que los varones. Pero, a causa de la marginación que sufrían (y en parte sufren), el evangelio ha tenido que destacarlas, como sucede en 5, 21-43:

a. *Dos ejemplos*:

1. *La hemorroísa* estaba enferma según códigos sociales y sacrales del entorno judío. Jesús la cura y dice que vaya en paz y quede libre de su dolencia (5, 34), pero a fin de que ella sane y pueda vivir han de sanar (cambiar de mente y vida) los Archisinagogos de la tierra.
2. *La niña de doce años* sufre también la enfermedad de falsa pureza del ambiente social, pero la hemorroísa era mayor, esta niña, en cambio, depende de su padre; para que ella viva tiene el sinagogo que «creer», ofreciendo dignidad (espacio de vida y futuro) a las hemorroísas... y a su hija (5, 36).

b. *Identidad de las mujeres en Marcos*:

1. *Madres*. Marcos destaca la función de la madre de Jesús, en el contexto de la comunidad (donde hay lugar para las madres: 3, 31-35) y desde la

perspectiva de origen (6, 3), de manera que a Jesús se le define como «Hijo de María».
2. *Hermanas.* Forman con hermanos y madre la comunidad o corro de Jesús en 3, 31-35 (cf. 10, 28-30), de un modo destacado, pues en la comunidad hay lugar para las madres, pero no para los padres, en sentido patriarcal.
3. *Esposas.* Ellas tienen los mismos derechos y deberes que los esposos en el matrimonio (10, 1-12; cf. 12, 18-27).
4. *Curadas.* Jesús cura a las mujeres igual que a los varones y al hacerlo las presenta como símbolo y/o compendio del mundo judío (5, 21-43) y pagano (7, 24-30) que espera la llegada del Mesías.
5. *Discípulas.* Ellas son símbolo fuerte del discipulado: sirven (1, 29-31) y al hacerlo ofrecen lo que tienen, hasta su propia vida (12, 41-44), ungiendo a Jesús para su entrega (14, 3-9).
6. *Seguidoras.* Pero, más que discípulos, las mujeres de Marcos son seguidoras de Jesús, las primeras cristianas. Las tres mujeres de la cruz, entierro y tumba vacía (15, 40-41.47; 16, 1) constituyen la culminación histórica del discipulado; llegan donde nadie ha llegado, se mantienen donde todos han caído. Es evidente que para culminar el camino han de dar el último paso (venir a Galilea: 16, 7-8), pero eso han de hacerlo también los varones.

Marcos no idealiza a las mujeres (cf. 6, 14-29: la «mujer» de Herodes Antipas, asesina de Juan Bautista), pero es evidente que no las subordina a los varones. No hay diferencia de pureza, ni distinción de jerarquía entre unas y otros. La Iglesia posterior, reintroduciendo la jerarquización masculina del ambiente social (del judaísmo), ha sido infiel a la experiencia de Marcos. Sin duda, ella debe dar un cambio.

d) Profeta sin patria. La sinagoga incrédula (6, 1-6a)

Sobre la persecución de los profetas en la tradición israelita, cf. O. H. Steck, *Israel und das gewaltsame Geschick der Propheten* (WMANT 23), Neukirchen 1967. Sobre el rechazo de Jesús en Nazaret y la exigencia de la fe para los milagros: Barton, *Discipleship*, 67-9; Marshall, *Faith*, 188-195; C. Perrot, *Jésus à Nazareth. Marcos 6, 1-6*, AS 45 (1974) 40-49; P. J. Temple, *The Rejection at Nazareth*, CBQ 17 (1955) 229-242. He tratado sobre el posible sentido de la denominación metronímica de Jesús (Hijo de María) y sobre la identidad de sus hermanos en *Los orígenes de Jesús*, Sígueme, Salamanca 1977. Investigación de fondo sobre el tema en J. Schaberg, *The Illegitimacy of Jesus: A Feminist Theological Interpretation of New Testament Infancy*

Narratives, Harper, New York 1987. Cf. también R. E. **Brown**, *The Virginal Conception and Bodily Resurrection of Jesus*, Paulist, New York 1973.

Este pasaje se puede titular relato biográfico, paradigma eclesial. Ofrece elementos de carácter genealógico y disputa de familia, en contexto de controversia social (eclesial). Los nazarenos rechazan a Jesús, negando sus pretensiones mesiánicas, de manera que él aparece como apátrida, hombre sin apoyo de su gente. Ha tenido que romper sus raíces familiares y sociales, pero crea su grupo de discípulos, formando con ellos una comunidad mesiánica.

a (Sinagoga de Nazaret) *¹Y salió de allí y llegó a su patria, acompañado de sus discípulos. ²Cuando llegó el sábado se puso a enseñar en la sinagoga.*
b. (Admiración y escándalo) *Y muchos, escuchándole, se admiraban y decían: «¿De dónde le vienen tales cosas? ¿Qué sabiduría es esa que le ha sido dada? ¿Y esos milagros hechos por él? ³¿No es éste el carpintero, el hijo de María, el hermano de Santiago, de José, de Judas y de Simón? ¿No están sus hermanas aquí entre nosotros?». Y se escandalizaban de él.*
c. (Falta de fe) *⁴Y Jesús les dijo: «Un profeta sólo es despreciado en su patria, entre sus parientes y en su casa». ⁵Y no pudo hacer allí ningún milagro. Tan sólo curó a unos pocos enfermos, imponiéndoles las manos. ⁶Y se admiraba de su falta de fe.*

a) *Jesús en la sinagoga* (5, 1-2a). Culmina aquí la sección comenzada en 3, 7: Jesús viene a ofrecer testimonio de Reino, y sus paisanos, vinculados a la tradición israelita no le aceptan. De esa forma se completa, o se repite en nueva perspectiva, el tema de 3, 21.31-35, con participación de madre, hermanos y hermanas. Pero hay una fuerte novedad, motivada por el cambio de escenario; no estamos en la *casa eclesial* donde rodean a Jesús los miembros de su nueva familia mesiánica, mientras le critican o buscan los de fuera, sino en la sinagoga de su patria (Nazaret; cf. 1, 9), ante sus paisanos.

El mismo Jesús parece el causante del enfrentamiento: ha venido de forma ostentosa (rodeado de discípulos) para exponer el camino y condiciones de la nueva familia mesiánica. (a) *Por un lado está Jesús con sus discípulos* (6, 1). Vienen de fuera, con nueva identidad social, nueva forma de comunicación y relaciones personales. Es evidente que son un reto en Nazaret; su estilo de vida aparece como subversión social, va contra la estructura y orden de la tradición inmemorial del pueblo. (b) *Al otro lado están los nazaretanos*, con la familia de Jesús (6, 2-3). Ellos representan la identidad patriarcal de la aldea israelita, garantizada por la autoridad religiosa del judaísmo. Su disputa con Jesús ha de entenderse a nivel de problemática social.

Llega el sábado, y Jesús acude de manera normal a la sinagoga para ofrecer su enseñanza (*didaskein*, cf. 6, 2). Nuestro texto, lo mismo que 1, 21-28, no

Elección y misión. La tarea de los Doce (3, 7-6, 6a)

tiene que pararse a detallar el contenido de ese magisterio, pues, como venimos indicando en todo lo dicho, el problema no está en los nuevos contenidos conceptuales que podían ser objeto de disputa tensa entre escribas. Lo que está en discusión es la autoridad misma de Jesús, su forma de romper el equilibrio familiar israelita, desvelando así una especie nueva de «poder», una manera diferente de vivir sobre la tierra. Así lo indica claramente el texto que presento y estructuro de un modo parcial.

---

(46) Sinagoga, un lugar conflictivo

Para hablar de Jesús, Marcos empieza presentando el movimiento escatológico de Juan (1, 1-11; cf. esquema 5, 1). Después habla de la sinagoga o casa de reunión y plegaria donde se cultiva la pureza y se defiende la familia nacional israelita (cf. 1, 21-28). Es normal que Jesús entre en conflicto con ella en la primera parte de su obra (en Galilea). Éstos son los textos que reflejan los diversos momentos de ese conflicto.

1. *Sinagoga, lugar de enseñanza «impotente»* (1, 21-28). En ella ejercen su magisterio los escribas, pero incapaces de expulsar a los demonios. En la raíz de esa enseñanza sinagogal se esconde una impureza que Jesús viene a curar.
2. *Lugar de demonios* (1, 39). Jesús proclama el mensaje en las sinagogas de ellos «y» expulsa demonios. Conforme a una técnica habitual de Marcos, la segunda parte de la frase amplía y precisa la primera. Eso significa que, a su juicio, las sinagogas son lugares donde dominan (o amenazan) los espíritus impuros.
3. *Lugar de impedidos* (3, 1-6). La sinagoga mantiene al manco en su impotencia. Jesús, en cambio, supera esa ley y pide al tullido que extienda su mano para el trabajo (para la libertad). Lógicamente, fariseos y herodianos, defensores de la estructura sinagogal, deciden matar a Jesús.
4. *Un Archisinagogo incapaz de curar a su hija* (5, 21-42). Por eso llama a Jesús, que ya no cura a la niña en la sinagoga, sino en su misma casa familiar. Este paso de la sinagoga a la casa (que es signo de curación-resurrección, como en 1, 21-31) es un paradigma de la Iglesia. Jesús cura en ambos casos a la enferma/muerta, con palabras semejantes (cf. *kratêsas* y *egeiren*: 1, 31; 5, 41), en gesto pascual de superación de una religión ritual.
5. *Sinagoga de Nazaret* (6, 1-6). Constituye el lugar donde culmina el conflicto de Jesús con su gente en Galilea. La sinagoga defiende el orden genealógico, los principios de la familia israelita, y acepta a Jesús en ella; como expulsado, sin la garantía familiar y social de su gente, Jesús sale de ella.

> 6. *Azotados en las sinagogas*. Lógicamente, desde la perspectiva anterior, se puede suponer que los seguidores de Jesús *serán azotados en la sinagogas* (13, 9), convertidas para ellos en lugar de rechazo y persecución, teniendo que proclamar el evangelio en otros lugares.
>
> Sin duda, esta forma de presentar el tema resulta partidista, pues las sinagogas judías (sobre todo tras el 70 d.C.) han sido también lugares de intensa vida social y espiritual. Pero los cristianos se han ido separando de ellas, desde su misma conciencia social. La Iglesia de Jesús en Galilea ha crecido en contacto con la sinagoga, pero se ha independizado de ella, apareciendo vinculada a la casa familiar, a la barca misionera y al campo abierto de las multiplicaciones.

b) *Admiración y escándalo* (6, 2b-3). Jesús empieza a enseñar en la sinagoga (6, 2), proclamando mensaje y práctica de Reino. Es claro que ha venido a crear un tipo nuevo de familia y que lo ha hecho con palabras de sabiduría que remiten al origen de la historia de su pueblo. El mismo texto ofrece la novedad de su enseñanza y las razones del escándalo de los nazarenos:

– *Pregunta por el origen: ¿De dónde (pothen) le vienen tales cosas (tauta)?* (6, 2). Parece que la procedencia determina el valor de lo que dice y es una persona. Los escribas de 3, 22 creían conocer su origen más profundo, al llamarle endemoniado (= hijo del diablo). Los paisanos conocen a un nivel la procedencia de Jesús; son de su tierra y piensan que así pueden (deberían) conocerle, controlarle. Pues bien, Jesús ha roto esos esquemas. Tiene gestos, pretensiones que provienen de otra parte. Por eso preguntan: *¿pothen, de dónde?*
– *Pregunta por el conocimiento: ¿Qué es esta sabiduría (tis hê sophia) de Jesús, capaz de hacer milagros (dynameis*: 6, 2)? Quieren seguridad. Reconocen que es buena la sabiduría y más cuando realiza curaciones. Pero necesitan controlarla, descubriendo su sentido y situándola a la luz de la Ley israelita, conforme a las escuelas rabínicas del tiempo. Aceptan el poder sanador del conocimiento de Jesús, pero ignoran su origen y sentido. Reconocen que hace cosas que parecen buenas, pero desconfían del valor profundo y las ventajas duraderas de su acción. Pudiera ser un mago destructor. Por eso dudan.
– *Pregunta por la familia: ¿No es este el artesano, el hijo de...?* (6, 3). Tanto el origen como el sentido de la obra de Jesús han de entenderse a la luz de la familia en que ha nacido y crecido. Sus paisanos se interesan por las relaciones sociales que definen sus vidas en la aldea. Desde ese fondo quieren definir y controlar el movimiento de Jesús.

Elección y misión. La tarea de los Doce (3, 7-6, 6a)

Los nazarenos quieren encerrar a Jesús en su patria, dentro de los límites ya conocidos de su trabajo (operario) y hogar (madre, hermanos/as). Su familia le había ofrecido un espacio en el mundo (en Nazaret, en Israel). Jesús lo ha roto, ha quebrado (superado) ese tipo de familia. De manera comprensible, situados ante el enigma de Jesús, sus paisanos se sienten escandalizados; no le entienden, rechazan lo que ignoran o, quizá mejor, aquello que juzgan peligroso en su conducta. La seguridad de su vida nacional, la solidez de su modelo de familia y profesión en Israel, les impiden aceptarle.

A partir de aquí se entiende la ausencia paterna. Jesús no se apoya en un padre (Marcos sólo cita a su madre y hermanos/as): no admite la autoridad de los escribas que instauran y definen un tipo de legalidad israelita, ni la autoridad de los «presbíteros» o ancianos del pueblo (cf. 7, 5). Por eso, la pregunta (¿de dónde le vienen tales cosas?: 6, 2) puede encerrar una ironía: Jesús sería hijo ilegítimo, no tendría padre verdadero (es un hijo de María ¿de soltera?). El evangelista sabe en cambio, en ironía más alta (desde 1, 9-11), que su Padre verdadero es Dios, como supone el «pasivo divino» (se le ha dado = Dios le ha dado). Es evidente que el lector de Marcos debe responder: *¡Dios mismo le ha dado poder, es su Padre!* Por eso, la ausencia de padre en el mundo está evocando una presencia paterna superior.

Éste es el lugar del escándalo, como expresamente indica 6, 3. El texto anterior señalaba la forma en que Jesús había entrado en la familia del Archisinagogo vinculando en la intimidad del cuarto familiar a los padres de la niña y a sus propios discípulos, en gesto que nos permitía vislumbrar el surgimiento de una nueva y más amplia familia de Reino donde la misma niña muerta recibía lugar para realizarse (5, 35-43). También conocemos la casa donde Jesús abre un espacio de fraternidad (hermanos, hermanas y madres) para todos aquellos que cumplen la voluntad de Dios (3, 31-35). Pero ahora sus vecinos (compatriotas) quieren encerrarle en las fronteras de su vieja familia nazarena, y así no reconocen su sabiduría y sus milagros. Éste es el escándalo.

No estamos ante un problema teórico, ante una discusión sobre enseñanzas generales, sino ante una cuestión de orden social. Los habitantes de Nazaret sólo reciben como bueno aquello que viene avalado por la tradición del pueblo, dentro de la estructura legal israelita. Artesano es Jesús y trabajando en su «arte» (como *tektôn*, albañil o carpintero; 6, 3) debía quedar, en el plano de las enseñanzas manuales. Preguntar por el origen de su sabiduría significa plantear el tema en un nivel de disputas escolares ¿Dónde ha estudiado? ¿Es discípulo de Hillel o Shammai, de Gamaliel el Viejo o de cualquiera de los grandes oráculos de ciencia escolar de aquel momento? Si así fuera, no habría ya problemas. La discusión sólo sería una simple disputa de tendencias. Pero la enseñanza de Jesús ha roto ese «nivel de escolares», es decir, de escribas. Su enseñanza y su sabiduría son principio soberano de transformación que rompe los esquemas familiares de su origen y los mismos círculos de escuela legalista de su pueblo.

Este escándalo reproduce en otro plano la disputa anterior de los escribas y los familiares (3, 20-35). Jesús no se ha esforzado por atenuarla. Es más, la ha provocado trayendo a Nazaret a sus discípulos (nueva familia, en contraste con la antigua) y expresándose con fuerte libertad en la sinagoga. El problema no son las «enseñanzas» tomadas en plural y discutidas (discutibles) una a una. El problema es la forma de ser, es decir, de enseñar-obrar de Jesús, que ha quebrado con su libertad creadora el tejido social israelita, dejando a las personas de su pueblo sin apoyo.

c) *Falta de fe* (6, 4-6). *Ellos, los nazaretanos,* no quieren cambiar su modelo social; por eso rechazan al pretendido profeta de su pueblo. *Jesús,* en cambio, quiere superar el viejo esquema familiar; rompe la comunidad cerrada de su patria y viene a presentarse, rodeado de discípulos, como iniciador de un grupo que incluye a los pobres y expulsados de la tierra. Leído en esa perspectiva, nuestro texto puede evocar el momento en que Abrahán dejó patria y familia, para iniciar así un camino de bendición en favor de todos los humanos (Gn 12, 1-16).

Como creador de humanidad se ha presentado Jesús, pero la gente de Nazaret no le acepta, queriendo encerrarle otra vez en la familia vieja de su pueblo. Jesús responde recordando a los profetas que, conforme a una larga tradición israelita (en línea Dtr), han sido rechazados por su *patria, parentela y casa* (6, 4).

- *Patria (en patridi).* Como profeta ha venido Jesús, y su *patria*, el grupo de gentes que comparten su origen, le desprecia. *Forman y tienen una misma «patria»* los que apelan a un padre común, manteniendo y cultivando su herencia o tradiciones sobre el mundo. Jesús ha superado ese nivel: ha roto la urdimbre de nexos fundantes que definen al pueblo israelita, tal como aparece en Nazaret. Es comprensible que sus paisanos le desprecien.
- *Parientes (en syngeneusin).* Por etimología, *parentela* (de *parens, pario*: dar a luz) y *patria* (de *pater*: padre) son términos cercanos. Pariente en griego es *syngenês*: alguien del mismo *genos*, con origen común. Son parentela aquellos que poseen una proveniencia «genética» en sentido extenso. Allí donde el *genos* define al ser humano, allí donde los vínculos de carne (cultura, nación, pueblo) se convierten en ley y determinan desde arriba la existencia de los individuos no se puede aceptar la profecía, no queda lugar para el mesianismo. Es lógico que Jesús rompa ese nivel de parentesco.
- *Casa (oikia)* es la unidad familiar más pequeña de aquellos que conviven, unidos por vínculos de origen y consanguineidad (padres, hijos, hermanos, primos) o trabajo servil, como indica el mismo nombre castellano de *familia* (de *famulus*, siervo). Marcos nos había puesto ya en contacto con la nueva «casa de Jesús», formada por aquellos que cumplen con él la voluntad de Dios (cf. 3, 20-35). Ahora le acusan aquellos que desprecian su antigua casa, integrada por los parientes primeros (cercanos) de Jesús.

Estos mismos términos aparecen en Gn 12, 1 LXX, con la diferencia de que Marcos dice *patria* donde Gn pone *tierra*. En el fondo está la misma experiencia. *Abrahán* deja su tierra (que la tradición judía y luego musulmana define como lugar de idolatría) para encontrar el camino de Dios y su promesa en Palestina. *Jesús* debe superar su patria (hecha lugar de opresión) para caminar con sus discípulos buscando el Reino.

Frente a la vieja *patria, parentela y casa*, que ha tenido que dejar porque le expulsan de ella, ha venido a establecer Jesús la nueva *casa o comunidad de creyentes*, iniciada con sus discípulos. Ésta es la *casa* que hallamos en 3, 20, es la *comunidad* formada por el grupo de aquellos que *son-con-él* (3, 14) o se sientan en su *corro* (3, 32.34). El mismo Jesús *expulsado* (no recibido) en su patria, parentela y casa de Nazaret ofrece a sus discípulos y amigos, a todos los que quieran seguirle en el camino, la nueva comunidad mesiánica.

Jesús crea una Iglesia de personas que acogen su palabra y creen en su Reino. Fuera queda *la sinagoga judía*, como lugar donde Jesús ha venido a ofrecer su palabra y no le han creído, no han aceptado su sabiduría. Lógicamente, *no ha podido hacer allí ningún gesto de poder, ningún milagro* (6, 5). Él no es un mago que actúa desde fuera de los hombres. Sólo puede curar donde hay fe, sólo puede cambiar a los demás si es que le aceptan. Jesús no cura a los enfermos desde fuera, como mago que dispone de poderes que se ejercen a pesar o por encima de la voluntad de los beneficiados.

El verdadero milagro de Jesús se encuentra vinculado a la fe de aquellos que le aceptan, que dialogan con él y de esa forma se ponen en camino hacia un tipo más alto de existencia, superando los viejos equilibrios de la ley judía que termina por cerrar al ser humano en un espacio de impureza, enfermedad y muerte. Los nazarenos no le creen, no aceptan su milagro y por tanto no pueden transformarse. Ellos son un signo muy claro del rechazo mesiánico de aquellos israelitas que prefieren quedarse en sus «valores», condenando como pervertido y peligroso el programa de humanización creadora que ofrece Jesús.

De todas formas, el texto no es tajante: Jesús no hizo ningún milagro grande (*dynamis*), pero curó algunos enfermos menores, pues parece que ellos (quizá los marginados que había en Nazaret) creyeron algo en él (6, 5). En este juego entre la incredulidad básica de los representantes de su pueblo y la pequeña fe de algunos, que parecen desgarrar los moldes de esa sociedad establecida, viene a moverse Jesús en Nazaret y en el conjunto de Israel, sufriendo por dentro la sorpresa de la *apistia*, es decir, de la falta de fe de sus conciudadanos.

La curación que Jesús ofrece se apoya en la «debilidad» de la fe y sólo puede expresarse allí donde los humanos acogen su nuevo comienzo, superando las certezas anteriores, representadas en el Nazaret de carne, con su sinagoga llena de seguridades, con su familia cargada de certezas y derechos. Vino Jesús y no pudo curarles. Es la tercera vez que ha entrado de forma solemne en una sinagoga. En la primera curó al endemoniado (1, 21-28), en la segunda al de la mano seca, en día de sábado (3, 1-6). Ahora no le queda nada que hacer: los representares de la sinagoga judía, paisanos nazarenos, discuten su origen, rechazan la fuente de su sabiduría/milagros y él tiene que marcharse, sin haberlos transformado.

Estamos así ante el Jesús *expulsado* (no recibido) en su patria, parentela y casa de Nazaret, ante el *Jesús no creído*, que se admira de la *apistia*, falta de fe, de las gentes de su pueblo. No puede actuar si no le creen: necesita la fe de aquellos que le acogen, que reciben su palabra, dejando que la fuerza de la libertad de Dios transforme su vida. A los humanos sólo se les puede cambiar en humanidad, con fe. Jesús no ha conectado en fe con los nazarenos, ha sido rechazado en su patria. Así, rechazado, fracasado, sin milagros, tiene que irse de su pueblo y sinagoga (6, 5-6). Ya no volverá a Nazaret, no entrará más en la sinagoga de los judíos.

Este es el *éxodo nazareno y sinagogal de Jesús*: tiene que salir del entorno de su vida antigua (patria, parentela y casa de este mundo) para crear la nueva familia o comunión de los humanos, a partir de su palabra o siembra (cf. 4, 14). Tiene que dejar la sinagoga, sin haberla transformado. Acaba de curar a la hija del Archisinagogo (5, 21-43), ha dejado abierta la puerta de la salvación para el judaísmo. Pero a la sinagoga en sí no ha podido cambiarla: allá queda, en Nazaret, en medio de Galilea, como institución al servicio de los intereses familiares, nacionales, de los «buenos» israelitas. Este mismo Jesús *expulsado* (hombre sin patria, parientes, ni casa, israelita sin sinagoga), rechazado por los hombres de su pueblo, será raíz y fundamento de la nueva familia de los hombres liberados.

Jesús ha sacudido la conciencia nacional del judaísmo, ha quebrado los valores que sustentan su estructura familiar, hiriendo la fibra más sensible de sus gentes, no por lo que dice en teoría, sino por lo que implica su nuevo programa de familia. Ha fracasado en su aldea: no ha sido capaz de convencer a su familia, pero ese mismo fracaso es principio de nuevo mesianismo.

Esta escena marca un corte en la narrativa de Marcos y debe interpretarse como final de la sección dedicada a la *casa mesiánica* (3, 7–6, 6a). También la anterior (1, 1–3, 6) terminaba en un rechazo: unidos en un mismo intento de seguridad nacional, fariseos y herodianos habían decidido matar a Jesús por quebrantar el sábado (3, 1-6). Ahora le rechazan sus paisanos, asumiendo de esa forma el juicio anterior de los escribas (3, 22-30; cf. 2, 1-12).

Jesús sale de su patria (Nazaret) y de la sinagoga de su pueblo. Extenderá hacia muchos su mensaje (cf. 6, 6b–8, 26); pero la sombra del rechazo final y de la muerte ha empezado a planear sobre su vida, anticipando así el juicio y condena de Jerusalén (Marcos 14–15). El *viernes santo nazareno* (6, 1-6a) es como anuncio de *viernes santo jerosolimitano* (Marcos 15).

Así acaba esta parte de Marcos que estaba centrada en la elección especial de los Doce. Como auténtico israelita se ha portado Jesús, escogiendo a Doce compañeros que expresen y expandan su vocación mesiánica, entendida como algún modo al fracaso. Los galileos han ido oponiéndose a Jesús, como han ido mostrando las secciones precedentes. ¿No rechazarán también a sus discípulos? Para mostrar el carácter enigmático de ese envío, Marcos introduce aquí el relato de la muerte del Bautista (6, 14-29 entre 6, 6b-13 y 6, 30).

El texto no juzga la acción de los Doce, sino que parece suponer que ellos han actuado bien y han curado a muchos enfermos (6, 12-13); después dice que han vuelto y han contado a Jesús lo que han dicho y han hecho (6, 30). Pero en ningún momento afirma que hayan conseguido convertir al pueblo. Todo nos parece indicar que esa misión, necesaria y enigmática, ha implicado un tipo de fracaso. No es que los Doce hayan actuado mal, no es que Jesús se haya equivocado, pero es evidente que las cosas no han ido saliendo como se podía haber esperado. Ciertamente, el redactor no opina, no siente la necesidad de introducir discursos de aclaración que vayan resolviendo el hilo de la trama. Pero sitúa de tal forma los gestos y los mismos diálogos y dichos que el lector puede y debe sacar sus consecuencias, en un camino que, de alguna forma, anuncia ya la muerte de Jesús.

b) *Dos mitades paralelas*. De manera muy significativa, esta sección incluye algunos dobletes importantes (dos multiplicaciones, dos pasos por el mar, dos disputas con los fariseos...), con temas que aparecen también en Jn 6, 1-51. Esas repeticiones pueden resumirse así: (a) 6, 30-44/8, 1-9: Multiplicaciones. (b) 6, 45-56/8, 10: Paso por el mar. (c) 7, 1-13/8, 11-13: Disputa con los fariseos sobre la pureza. (d) 7, 24-30/8, 14-21: Un pan misionero, la sirofenicia y disputa en la barca; (e) 7, 31-37/8, 22-26: Dos curaciones, del sordomudo y del ciego.

No podemos resolver aquí el origen histórico de esas repeticiones, a las que precede una introducción (6, 6b-29) con la misión de los discípulos y la muerte del Bautista, y a las que sigue ya la segunda parte del evangelio (8, 27ss), pero es evidente que ellas tienen un sentido, como iremos mostrando en lo que sigue. La primera parte (6, 30-7, 37) tiene una perspectiva más judía: Jesús parece actuar dentro de unos límites israelitas. La segunda (8, 1-26), una más universal: su misión se va abriendo a los gentiles. Las dos vienen precedidas por el envío de los discípulos y la pregunta de Herodes sobre la identidad de Jesús (introducción: 6, 6b-29); a las dos sigue la pregunta de Jesús por su identidad, con la llamada a un seguimiento radical (segunda parte de Marcos).

Estudio el texto en su forma actual, como unidad narrativa, y pienso que sus varias partes forman una clara unidad. La Iglesia, que antes vimos como *casa* donde los discípulos se juntan en corro para cumplir la voluntad de Dios, se muestra aquí como experiencia de *pan compartido*, sobre todo a partir de las multiplicaciones (6, 30-44 y 8, 1-10). En este contexto he querido destacar el paso del ámbito doméstico o *casa* donde se juntaba y construía la familia (cf. 3, 31-35; 6, 4) *al campo abierto* de la vida (de la misión de la Iglesia), poniendo de

Elección y misión. La tarea de los Doce (3, 7-6, 6a)

plenitud y cumplimiento de las viejas tribus de Israel. Como verdadero israelita se presenta, pero los representantes de la vieja familia judía (parientes, escribas, paisanos de Nazaret) no quieren aceptarle.

Situada en este contexto, la elección de los Doce recibe un sentido enigmático. Ellos están abiertos a la comprensión de los misterios del Reino, proclamados en forma de parábola (cf. 4, 10-12.33-34) y atraviesan con Jesús el mar de las tormentas para liberar al geraseno (4, 35–5, 20). Pero, al seguir a Jesús, se encuentran amenazados: también ellos son objeto de la acusación de satanismo que formulan los escribas (3, 22); también ellos han sido expulsados o, al menos, no aceptados en la patria nazarena (6, 1-6a). Sobre este fondo se podrá entender de manera más precisa lo que sigue.

---

(47) Identidad de Jesús. Familia y oficio (6, 1-6)

Este pasaje transmite recuerdos históricos de Jesús. Pero Marcos no lo ha redactado por afán de erudición histórica o social, sino para expresar la identidad de Jesús, retomando motivos de 3, 20-35, desde la perspectiva de Nazaret. Antes se enfrentaban a Jesús escribas de Jerusalén y familiares. Ahora preguntan sus paisanos escandalizados y definen a Jesús por su trabajo y origen:

– *Cuestión de oficio ¿No es éste el tektôn, artesano?* (6, 3). Quieren definirle por su profesión de carpintero y/o albañil. Algunos han pensado que este nombre de oficio (carpintero) serviría para resaltar su ciencia, pues los carpinteros poseían fama de eruditos. Ciertamente, los rabinos judíos posteriores han sido artesanos (en contra de la opinión de Eclo 38, 24-34): el estudio de la Ley va acompañado para ellos de un trabajo productivo que les permita mantenerse, de manera que en ciertos ambientes se hablaba de carpinteros sabios. Pero la pregunta tiene aquí un matiz peyorativo: los nazarenos llaman a Jesús *operario* o carpintero para descalificarle, por su carencia de estudios: no tiene formación para enseñar, es sólo un obrero manual que debía haber permanecido en el contexto de su oficio. En su pretendida condición de sabio y/o terapeuta Jesús resulta peligroso: ha dejado su labor, ha roto con su origen y su forma de trabajo.

– *Cuestión de madre: ¿No es este el hijo de María?* (6, 3; cf. 3, 31-35). Falta el padre porque probablemente ha muerto (y por razones teológicas, vistas en 3, 31-35). Como representante de la tradición emerge aquí María: ella ofrece a Jesús su propio nombre (*metronímico*), ella le brinda un sentido (una educación), un lugar en la familia. Pero Jesús ha roto ese origen, ha negado esa familia, y viene a presentarse como «extraño»: actúa de forma irregular. No se dice aquí nada en contra o a favor de María, ni en la línea positiva de Mt 1–2; Lc 1–2; Jn 2, 1-12; 19, 25-27 (resaltando su aportación mesiánica) ni en la negativa de cierto judaísmo posterior (que la acusará de madre irregular, diciendo que ha concebido a Jesús con un soldado romano). Nuestro texto afirma algo anterior, mucho más sencillo: la sabiduría y obras de Jesús desbordan el nivel donde su madre ha podido situarle (aunque muy posiblemente el mismo Marcos, más tarde, como veremos al comentar 15, 40-41, ha introducido a María, la madre de Jesús, entre las mujeres de la cruz y de la pascua).

- *Cuestión de hermanos y hermanas* (6, 3). El tema aparecía ya en ámbito eclesial (3, 35). Aquí vuelve, en un contexto de pueblo y familia. Es significativo que Marcos cite los dos grupos (hermanos, hermanas), aunque destaque a los hermanos a quienes presenta por su nombre (Santiago y José, Judas y Simón), suponiendo que han sido importantes en la Iglesia. Parece claro que en principio no asumieron el camino de Jesús, o lo hicieron tras la pascua de una forma insuficiente, sin superar la tradición social del judaísmo, (cf. 3, 31-35). Por eso, Marcos los sigue vinculando con los nazarenos, es decir, con los judíos no cristianos, aunque aquí se puede suponer que en la afirmación de los nazarenos hay un matiz de desprecio (la familia de Jesús no tiene sabiduría ni valores especiales). Sea como fuere, para hacerse miembros de la Iglesia, estos hermanos y hermanas tendrían que dejar la estructura social y religiosa de Nazaret, para seguir a Jesús y formar parte de su familia mesiánica.

3. Mesa común. Sec[ción] de los panes (6, 6b–8[...])

Tras la muerte de Jesús, el joven de la pascua dirá a sus discípulos que v[uelvan a] Galilea para retomar el camino del evangelio (16, 1-8). Pues bien, al rec[hazar a] Jesús en Nazaret, que anticipa aquella muerte (6, 1-6b), sigue el primer m[envío] misionero en Galilea (6, 6b-13). De esta forma empieza la tercera secci[ón de la] primera parte de Marcos que suele llamarse *de los panes*, pues ellos def[inen su] centro y sentido.

También esta sección empieza y queda marcada por un texto vocacio[nal. El] mismo Jesús que había llamado a Cuatro pescadores (1, 16-20), y elegid[o] a Doce en especial (3, 13-19), envía ahora a esos Doce como misioneros [al ser-] vicio de la conversión que implica el Reino (6, 6b-13). De esta forma c[ontinúa] el anuncio en Galilea: Jesús había comenzado la tarea solo (1, 14-15); a[hora la] realiza por medio de sus Doce compañeros-representantes, encargados [de pro-] clamar la llegada del Reino a su pueblo. Así empieza esta sección, que [queda] fracasada, y que se expresa en dos mitades casi paralelas.

a) *Hay un fondo de fracaso*. Este envío de los Doce resulta necesario: ll[amada] y elección deben abrirse, y los seguidores de Jesús, que escuchan con él [la voz] del Padre (cf. 1, 10-11), han de expandirla sobre el mundo. Pues bien, den[tro de] un esquema de culminación mesiánica, se podía esperar la conversión de [todo] el conjunto del judaísmo galileo debería haber aceptado la llamada de [parte] de Jesús, expandida a través de sus discípulos misioneros. De esa forma [habría] surgido un Israel distinto; hubiera llegado de manera diferente y plena el R[eino,] pasando del Israel convertido a las naciones.

Con ese fin, conforme a la lógica de la esperanza israelita, para ofrece[r a su] pueblo los signos de salvación, Jesús ha enviado a los Doce con misión de R[eino.] Pero, a partir de todo lo que Marcos ha venido señalando hasta aquí, el [lector] puede sospechar que ese envío de los misioneros está condenado tambi[én] relieve la necesidad económica centrada en los panes. Jesús comienza enviando a sus discípulos (6, 6b-13); después son los necesitados quienes vienen a buscar su pan y su palabra (cf. 6, 30-44). En esa interacción de envío y búsqueda, de misión y acogida eclesial, centrada en los panes, se edifica la Iglesia.

El reino de Dios se va expresando como pan (comida mesiánica), curación (hay lugar para enfermos e impedidos) y plenitud humana (libertad, interioridad), más allá de la ley del judaísmo. Precisamente allí donde Israel va rechazando la llamada de los mensajeros de Jesús, al menos de una forma oficial, por medio de sus representantes (escribas y fariseos), Jesús abre a los suyos (con los suyos) un nuevo banquete de Reino.

Ahora se plantea de un modo especial la crisis de Jesús. Solamente ahora, cuando la misión de sus discípulos ha sido iniciada, puede hablarse de ruptura fuerte y de separación definitiva: mientras Jesús ofrece en abundancia el pan mesiánico (en contexto de misión a los gentiles: cf. 8, 1-9), los fariseos piden seguridad, quieren un signo del cielo, para controlar de esa manera su mesianismo. Desde el fondo del envío mesiánico ha venido a plantearse el tema del nuevo alimento del Reino. Esta es la crisis conclusiva de toda la primera gran parte de Marcos (1, 14–8, 26), interpretada como anuncio del Reino en Galilea. Jesús ha hecho todo lo que tenía que hacer: ha ofrecido los signos de Dios, ha escogido unos discípulos, ha expandido por ellos su palabra. Esos discípulos tendrían que haber aprendido, identificándose con Jesús, asumiendo su tarea al servicio del Reino, pero ellos no quieren saber ni curarse como el sordomudo y ciego (7, 31-37; 8, 22-26). Los fariseos, en cambio, ya saben, aunque en forma equivocada: siguen optando por su «ley nacional», Jesús no les convence. Esto es lo que iremos señalando en el comentario que sigue.

1. Introducción. Envío y muerte (6, 6b-30)

Jesús envía a sus discípulos de un modo universal (sin las limitaciones de Mt 10, 5-6) para que expandan su tarea (6, 6b-13), haciendo lo que él hizo, que es expulsar demonios y curar a los enfermos (6, 12-13), iniciando así un camino de conversión y quedando en manos (en las casas) de aquellos a quienes ofrecen su anuncio (6, 8-11), para construir su nueva comunidad. Mientras tanto, él se retira (como si hubiera muerto), dejando que sus enviados pongan los cimientos de la Iglesia (como deberán hacer tras la pascua: 16, 1-8). Es lógico que en ese fondo emerja el tema de su identidad (¿quién es?), planteada desde la perspectiva del Bautista (6, 14-29), que con su muerte anticipa la muerte de Jesús, con cuyo anuncio termina está sección y comienza la siguiente (8, 27-33).

De esa forma va tranzando Marcos el hilo rojo del texto, que une todo el evangelio, vinculando los temas y los textos de una forma velada pero intensa. Jesús responde al rechazo de sus compatriotas enseñando en las zonas del entorno y ampliando su campo de influjo por medio del envío misionero de los Doce (conocidos desde 3, 13-19). Le rechaza su pequeña patria nazarena, y él expande su mensaje, abriendo de manera sistemática el espacio de su discipulado. De esa forma retoma el motivo de la institución de los Doce (3, 13-19) y el de su familia, formada por aquellos que buscan y cumplen con él la voluntad de Dios (cf. 3, 31-35).

Por eso se introduce aquí la pregunta por la identidad de Jesús (6, 14-16), a quien Herodes relaciona con el Bautista, con el relato ejemplar de la muerte-asesinato de Juan (6, 17-29), para indicar así, en premonición muy honda, el riesgo en que se encuentra Jesús cuando destruye el tejido de la vieja familia y sociedad israelita. El tema se hallaba anunciado desde la perspectiva de fariseos y herodianos, que querían matarle, pues quebrantaba la institución fundamental de la nación, que es el sábado (cf. 3, 6). Desde ese fondo podemos ofrecer ya la estructura general del texto:

a) *Misión de los Doce* (6, 6b-13). Rechazado en Nazaret, su pueblo, Jesús ha programado y realizado su tarea de anuncio del Reino en el conjunto de Israel, a través de sus Doce compañeros. Quiere anunciar y explicitar por ellos el sentido de la nueva familia universal del Reino.

b) *Testimonio, muerte y entierro del Bautista* (6, 14-29). Marcos siente un inmenso respeto por el Bautista, como indica en 1, 9-11 y presume al añadir que sus discípulos ayunan (2, 18) porque piensan que no llega a revelarse todavía el Reino. Juan ha dado el buen testimonio ante Herodes, y Herodes le ha matado. Sus discípulos le entierran, y de esa forma (sin resurrección ni Reino) ha terminado su camino sobre el mundo (cf. 6, 29).

a') *Retorno de los Doce* (6, 30). Mientras los discípulos de Juan entierran al profeta (6, 29), los apóstoles de Jesús siguen expandiendo su mensaje y retornan a él para decirle lo que han hecho. La semilla del Reino (cf. 4, 3-9.26-32) puede parecer pequeña, pero ya queda sembrada dentro de este mundo.

Estos serán los temas que expongo de forma sencilla y enlazada en lo que sigue, vinculando, como en los relatos precedentes, el aspecto literario y teológico y destacando los procesos dramáticos más hondos, que determinan y definen el proyecto evangélico de Jesús y de sus enviados.

a) Envío y misión de los Doce (6, 6b-13)

Sobre la doble sección de los panes, cf. P. J. Achtemeier, *Toward the Isolation of Pre-Markan Miracle Catenae*, JBL 89 (1970) 265-291; L. Cerfaux, *La section des pains*, en *FS A. Wikenhauser*, München 1954, 472-485 (= *Recueil Cerfaux* I, Duculut, Gembloux 1954, 472-485); *La mission de Galilée dans la tradition synoptique*, en

Mesa común. Sección de los panes (6, 6b-8, 26)

Ibid., 525-570; C. Focant, *La fonction narrative des doublets dans la section des pains (Marcos 6, 6b–8, 26)*, en F. van Segbroeck (ed.), *The Four Gospels*. FS Neirynck, Leuven 1992, 1039-1063. Sobre el envío de los Doce, cf. Barton, *Discipleship*, 23-56; S. Guijarro, *Fidelidades*; Henderson, *Christology*; Kertelge, *Funktion*; Mateos, *Doce*; Schmahl, *Zwölf*; Stock, *Boten*; Tannehill, *Disciples*. El tema del envío de los Doce, tal como ha sido transmitido por Marcos y el Q, está en el centro de gran parte de los intentos de reconstrucción de la historia de Jesús, desde Meier, *Marginal*, hasta Crossan, *Campesino*, y Dunn, *Jesús recordado*.

Trata del envío y de la norma de vida de los misioneros. El recuerdo de un envío histórico de los Doce en tiempos de Jesús ha sido elaborado y transformado en perspectiva pascual. Ofrece la primera metodología de la misión cristiana, arraigándola en la conducta de Jesús. Los enviados (que actúan ya a la luz de 16, 1-8, aunque no anuncian expresamente la resurrección de Jesús) realizan curaciones y buscan la conversión (transformación) de los oyentes, quedando en manos de aquellos a quienes ofrecen su palabra.

a. (Envío) *⁶ᵇY recorría las aldeas del entorno enseñando, ⁷y llamó a los doce y comenzó a enviarlos de dos en dos,*
b. (Autoridad) *dándoles poder sobre los espíritus impuros.*
c. (Equipamiento) *⁸Les ordenó que no tomaran nada para el camino, excepto un bastón. Ni pan, ni alforja, ni dinero en la faja. ⁹Que calzaran sandalias, pero que no llevaran dos túnicas. ¹⁰Les dijo además:*
c' (Acogida) *«Cuando entréis en una casa, quedaos en ella hasta que os marchéis de aquel lugar. ¹¹Si en algún sitio no os reciben ni os escuchan, salid de allí y sacudid el polvo de la planta de vuestros pies, como testimonio contra ellos».*
b. (Acción) *¹²Ellos marcharon y predicaban que se convirtieran. ¹³Expulsaban muchos demonios, ungían con aceite a muchos enfermos y los curaban.*
a' (Retorno) [en 6, 30]

a) *Introducción*. Le han rechazado en Nazaret, pero él no abandona su proyecto, sino que lo amplía y universaliza. Al principio del evangelio, Simón quiso encerrarle en su casa, pero Jesús le respondió expandiendo su mensaje a todos los lugares del entorno (1, 35-39). También se le opusieron escribas y parientes, impidiéndole ayudar a los posesos (3, 20-35), pero él respondió sembrando de forma universal su palabra/parábola de Reino (4, 1-34). Ahora le expulsan de su patria y contesta enviando por doquier a sus discípulos, para ofrecer y compartir humanidad mesiánica.

Estos Doce, a los que envía, son el signo de la plenitud israelita (cf. 3, 13-19). Jesús les ha llamado dentro de un grupo más grande de discípulos para significar por medio de ellos la reconstrucción del viejo pueblo mesiánico. Ahora asume y cumple lo que allí estaba esbozado, respondiendo de esa forma al rechazo de los nazarenos: no le quieren en su patria chica, pero envía a sus Doce para crear (juntar) por ellos la gran patria israelita. Hay en este envío dos aspectos que debemos anotar con gran cuidado, si es que no queremos confundir el texto, entremezclando sus motivos:

- *Fondo histórico, tiempo de Jesús.* Él ha querido refundar el Israel escatológico: ha juntado para ello Doce discípulos y les ha enviado, como signo de la llegada del Israel definitivo, en misión de testimonio mesiánico. Este envío, centrado en los Doce y dirigido a Israel, se quiebra y queda superado por la pascua: los israelitas no se han convertido, los Doce han desertado de Jesús, y las autoridades de Israel le han condenado. En esa perspectiva ha de entenderse el relato de la muerte del Bautista, que es anuncio y anticipo de la cruz de Cristo en Marcos 15.
- *Misión pascual.* Al mismo tiempo, ese envío se hace signo de la misión universal que Marcos propone tras la pascua (cf. 16, 6-7, en relación con 13, 10 y 14, 9). Por eso, estas palabras y señales de apertura primera de los Doce no han quedado perdidas y olvidadas en el puro fracaso del pasado. Precisamente aquel fracaso (los Doce no han triunfado, no han logrado realizar lo que Jesús quería) ha de entenderse como signo (anticipo) del nuevo mesianismo de la cruz de Jesús: los Doce no han podido realizar su función, al final han rechazado (traicionado, negado, abandonado) al mismo Jesús que les había hecho misioneros del Reino. Pero, a partir de la muerte de Jesús, ese fracaso se ha convertido por la pascua en fuente y signo de nueva misión universal.

En este cruce y cambio, en el lugar donde el fracaso israelita de Jesús (con el abandono de los Doce en cuanto tales) se abre a la misión universal de la pascua cristiana, está el centro de Marcos. Este envío de los Doce fracasó: no logró Jesús lo que quería en el contexto israelita, de manera que los mismos que debían convertirse (6, 12), formando de ese modo el Israel mesiánico, acabaron por matarle. Pero el fracaso de esa muerte será expresión y principio de nueva apertura, fundando así la misión universal cristiana. Estas palabras y gestos de envío de los Doce se convierten así en signo de una misión posterior (pospascual) donde no importa el número de Doce ni se trata ya de convertir a los judíos para que ellos sean luego signo salvador para el conjunto de los hombres, sino de ofrecer directamente el evangelio a todos los pueblos (cf. 13, 10), al cosmos entero (14, 9).

Para esta nueva y definitiva misión pospascual no serán ya necesarios los Doce en cuanto tales (pues han fracasado con Jesús en su intento israelita). Pero muchos de ellos, centrados en Pedro y animados por las mujeres (cf. 16, 6-7), asumirán como discípulos el camino nuevo de la misión universal. Por eso se conserva nuestro texto, convertido ya en espejo o signo de lo que será el envío pospascual de los predicadores del evangelio.

Aquello que los Doce no pudieron conseguir en Israel, han de lograrlo sobre el mundo entero los nuevos misioneros del Jesús que ha muerto y resucitado. Marcos no ha trazado una teoría intemporal donde cada gesto y palabra se pudiera interpretar de forma aislada, independiente del proceso (drama) del conjunto. Cada texto, cada signo sólo adquiere su sentido al situarse en el despliegue total del evangelio que se encuentra marcado, como luego mostraremos, por la ley suprema del fracaso israelita de Jesús y de la entrega de su vida (muerte y pascua), que viene a convertirse en tema primordial de todo el libro desde Marcos 8, 27. Tengamos eso en cuenta en lo que sigue.

Esta misión nos conduce al pasado de la vida de Jesús: los enviados (los Doce de 6, 7, a quienes en 6, 30 se llama veladamente apóstoles) eran signo del antiguo Israel y querían ser comienzo del nuevo y verdadero Israel escatológico. Jesús necesitaba de ellos: sólo a través de esos discípulos, del grupo de los Doce, ha podido expresar y realizar en Israel el signo de la transformación mesiánica. Pero, después de fracasar en Israel, el mismo signo antiguo se ha convertido tras la pascua en principio de misión universal. Jesús no se cerró como Mesías de un grupito. Ha venido a convocar al nuevo pueblo de Dios, y por eso necesita testigos que expandan su venida y anuncien su mensaje con su misma palabra y con sus gestos (curaciones). Por eso, la vocación misionera no es algo accesorio o derivado: ella pertenece a la esencia del mesianismo de Jesús, tanto en su primera fase (antes de su muerte) como en la fase posterior o tras la pascua (16, 1-8).

b) *División y temática*. Antes les había *constituido* como Doce en la montaña (3, 13-14), haciéndoles sus compañeros y delegados. Ahora les envía: *¡Llamó a los Doce...!* (6, 7). Le han rechazado sus parientes; él expande su proyecto a través de otros parientes hacia todo el mundo. Este envío puede presentarse como gran provocación: no cesa en su empeño a pesar de los rechazos que ha sufrido. Precisamente allí donde la sinagoga (Nazaret) cierra sus puertas, Jesús abre su mensaje al mundo entero, en gesto histórico (alude al tiempo de su vida) y pascual (evoca la misión posterior de la Iglesia). Conforme al esquema de la traducción (y según la técnica ya conocida del «sándwich»), este pasaje del envío queda abierto, culminando en 6, 30, tras la muerte del Bautista:

a: *Envío* (6, 6b-7a). De la enseñanza (6, 6b) se pasa de manera directa a la misión (6, 7), que significativamente no es de los Cuatro (de 1, 16-20), sino de los Doce de 3, 14-17.

b: *Autoridad sobre los espíritus impuros* (6, 7b), la misma que Jesús tenía (cf. 1, 27; 3, 22-30).

c: *Equipamiento* (6, 8-9). Van sin comida, ropa o dinero, en gesto de confianza mesiánica.

c': Acogida (6, 10-11). Esperan recibir comida y ropa en las casas y lugares donde les reciban.
b': Acción (6, 12-13). Incluye exorcismos (cf. 6, 7b), conversión y curación de los enfermos.
a': Retorno (6, 30). Tras el paréntesis de la pregunta de Herodes y el asesinato del Bautista (6, 14-29), presenta Marcos el retorno de los misioneros (6, 30) que será punto de partida de todo lo que sigue.

En el centro (c y c') está el signo de los enviados que marchan desprovistos de todo, desarmados, a merced de quienes les reciban o rechacen. Desde ese centro ha de entenderse la acción misionera propiamente dicha (b y b'). Ella no es recuerdo de un pasado (en la línea de Lc 9, 1-6; 10, 1-12), ni ensayo parcial (intrajudío) de una tarea posterior universal (como es Mt 10, 5-15, en relación con Mt 28, 16-20), sino el texto central de la misión en Marcos: recuerda la estrategia misionera de Jesús y ofrece el programa de la misión cristiana tras la pascua. Marcos no ha establecido distancia entre *el tiempo/acción de Jesús* y *el de su Iglesia*. Por eso, hablando de la obra de Jesús habla de la obra de la Iglesia y viceversa.

Esos enviados de Jesús son «sanadores», portadores de una salud más alta: pueden enfrentarse al poder diabólico y curar a los enfermos, en gesto sacramental que nos sitúa en el comienzo de la praxis de la Iglesia (ungen con aceite: cf. 6, 12-13). Marcos recuerda aquí lo que hacen los misioneros cristianos de su tiempo, que son como fermento de humanidad mesiánica, misioneros con su propia vida y con sus gestos. No van anunciando nuevas enseñanzas abstractas; no van con dinero, no tienen poder para exigir a los demás nada. Pero, desde su más honda pobreza ofrecen lo más importante: capacitan a los hombres y mujeres para que se conviertan, ofreciéndoles libertad personal, superación de lo diabólico, curación completa. Expertos en humanidad, eso son los enviados de Jesús sobre la tierra.

---

(48) Programa misionero (6, 7-13)

Este pasaje ofrece el mejor programa de misión de la Iglesia antigua (que sirve básicamente para la moderna). Por eso es bueno retomar y presentar de un modo esquemático sus rasgos principales:

1. *Jesús les manda de dos en dos* (6, 7a), como expresión de misterio compartido. Son signo de comunidad, solidarios. No son filósofos cínicos o mendigos asociales, obligados por vocación a vivir en soledad. Su misma vida en compañía (de dos en dos) es signo de Iglesia germinal, es experiencia de evangelio. Más que lo que dicen importa lo que son: testigos de vida hecha

diálogo, experiencia común de fraternidad. Marcos no ha concretado la relación que hay entre ellos (si son hermanos, célibes, hombre y mujer, dos mujeres, un matrimonio...). Todas las variaciones son posibles. Sólo se dice que van en pareja.

2. *No llevan nada para el camino: ni pan, ni alforja, ni dinero, ni dos túnicas* (6, 8-9). Ciertamente, calzan sandalias para caminar; pero no llevan vestido de repuesto; no van así por austeridad ni por espíritu de pobreza; no son ascetas profesionales, ni mendigos (comen y beben, no ayunan; cf. 2, 18-22). Van sin equipaje por confianza: tienen la certeza mesiánica de que habrá quien les ofrezca lo que necesiten. No van para construir su propia casa (aislados de los otros), sino para «quedarse» en el lugar que les acoja, recibiendo allí comida, vestido, alojamiento. Con esa fe caminan. Son testigos vivientes de esperanza.

3. *Les dijo: cuando entréis en una casa, quedaos allí...* (6, 10). Ésta es la otra cara del rasgo anterior: si nada llevan es porque todo lo esperan recibir. No imponen, no exigen, pero aceptan la hospitalidad de quien les abra las puertas, integrándose en el contexto familiar y social del lugar que les reciba. Son pobres: caminan sin seguridades materiales; pero su misma pobreza es fuente de comunión: son dos *en manos de muchos* que les acogen, ofreciéndoles familia, o les expulsan, rechazando así la invitación mesiánica. Son más ricos no teniendo nada, pues esperan recibirlo todo de los otros. No llevan armas, no pretenden conquistar cosa ninguna por dinero o por prestigio social; pero confían en la ayuda de los otros.

4. *Son mensajeros mesiánicos que inician sobre el mundo un camino de intercambio salvador* (6, 12-13). No son mendigos (no piden limosna), ni ricos autosuficientes (no van con lo que necesitan, para aislarse de los otros), sino personas capaces de realizar la «obra» del Reino que es la conversión (*meta-noia*), que se expresa en la expulsión de los demonios y en las curaciones. Ellos son, ante todo, *portadores de la meta-noia o conversión* y de esa forma continúan realizando lo mismo que había iniciado Jesús al comenzar su mensaje en Galilea (1, 14).

5. *Su tarea se expresa en dos signos básicos: exorcismos y curaciones.* Como he dicho, los enviados de Jesús son ante todos «portadores» de una conversión (de una *meta-noia*) que se expresa en dos gestos: la expulsión de los demonios y las curaciones (6, 12-13). La conversión que ellos anuncian y ofrecen viene a presentarse ante todo como exorcismo, esto es, como transformación de una vida que se hallaba dominada por lo demoníaco, en el sentido personal más hondo. En un segundo momento, el exorcismo se expande en forma de «curación»: «ungían con aceite a muchos enfermos y los curaban».

c) *Misión cristiana, una tarea mesiánica.* Los envía de dos en dos, es decir, en gesto de solidaridad misionera, no sólo para que se ofrezcan ayuda y compañía unos a otros, sino también para que puedan indicar mejor que el Reino es solidaridad y plenitud de vida compartida. La verdadera vocación es realidad comunitaria (se va de dos en dos), y ella nos pone al servicio de la gran comunidad del Reino. Desde aquí se han de entender las notas del anuncio misionero:

- *Pobreza.* Los enviados de Jesús llevan las manos vacías de bienes materiales. Se han puesto las sandalias, han tomado el bastón que les permite caminar por todos los caminos (es decir, por lugares de fácil y difícil acceso). Pero prescinden de pan y de dinero: no son criados al servicio de una institución que paga, no son jornaleros de ningún tipo de empresa. Van voluntarios: porque quieren. Van ligeros de equipaje: simplemente con lo puesto. De esa forma pueden ser testigos de un Reino que es gracia, don de Dios que nunca puede comprarse, venderse o merecerse.
- *Solidaridad.* La misma pobreza les hace solidarios de los otros en el sentido más radical de la palabra: no pueden pagar un hotel ni comprar una casa. Tienen que pedir alojamiento prestado, quedando de esa forma en manos de aquellos que quieran recibirles. La misma autoridad del Reino que transmiten les hace dependientes de los hombres: así viven a merced de la hospitalidad de los otros, como signo intenso de que creen en la fuerza del Señor que les envía y acompaña de manera misteriosa en su camino.
- *Autoridad escatológica.* Nada tienen, nada pueden en sentido externo y, sin embargo, en su propia debilidad, son signo viviente del juicio de Dios sobre la tierra. Por eso, allí donde no les reciben, pueden (deben) sacudir el polvo de las sandalias (o los pies), como diciendo: quedáis en las manos del juicio de Dios. Os ofrecemos vida, y vosotros preferís la vieja muerte de la tierra. Estos enviados de Jesús son misioneros con su propio gesto, con el signo de su vida pobre. Antes de ofrecer nada, antes de dar algo a los otros, ellos empiezan recibiendo: se ponen en las manos de los hombres y mujeres del lugar, en actitud de intensa pequeñez, pobreza suma. Sólo de esa forma (no llevando ropa o bienes, sin dinero y sin poderes) vienen a mostrarse (y ser) testigos de la gracia del Reino que al sanarles les transforma.

De esa forma, ellos han puesto en marcha una misión dirigida a todos, centrada en las casas, con el fin de cambiar las formas de vida personal y social de aquellos a los que «convierten». El texto no dice que vayan a la plaza del mercado, ni al templo, sino que entran en las casas (*oikia*: 6, 10), es decir, en los lugares de convivencia familiar, para iniciar allí un proceso de transformación mesiánica universal (cf. *topos*: 6, 11). No piden como mendigos, ni venden como comerciantes. Ellos ofrecen y comparten. Por eso suscitan gratuidad y vida compartida (evangelio, reciben un lugar en casa), estableciendo lazos de familia en gratuidad.

No son mendicantes, ni buscadores de fortuna, sino profetas, creadores de fraternidad. Dan y reciben: ofrecen su riqueza mesiánica y quedan en manos de aquellos que quieran acogerles. Así convierten la vieja casa de este mundo (antes lugar de disputa y separación) en espacio de encuentro universal. No hay venta o negocio en su gesto. Ofrecen solidaridad mesiánica (van de dos en dos, curan...) y quedan en manos de aquellos que quieran responderles con solidaridad humana.

Este pasaje nos sitúa ante la *eclesiogénesis* de Marcos, es decir, ante su estrategia misionera de creación de la Iglesia como familia mesiánica. Frente al *orden romano*, que se instaura por códigos de honor, poder y dinero, frente al *orden judío*, edificado sobre bases de distinción nacional y pureza religiosa, Jesús expone las bases del *orden mesiánico, universal*, sobre principios de donación humana (cada uno da a los otros lo que tiene) y de acogida mutua (cada uno queda en manos de los otros). Así pierde sentido la vieja diferencia entre judío y gentil. Es evidente que al fondo está la misión a los judíos. Pero en ella no hay nada exclusivamente judío. Todo es universal, todo humano. Quien empieza a ofrecer así evangelio rompe las fronteras de nación o grupo elegido.

Los enviados de Jesús van suscitando una familia en la que todos pueden compartir en gratuidad vida y palabra. (1) *Ofrecen lo que tienen*: su experiencia de Reino, como principio de conversión y poder de curación. (2) *Quedan en las casas y lugares* de aquellos que se «convierten». Por eso, la palabra clave es *recibir* (*dekhomai*: 6, 11), que volveremos a encontrar hablando de los niños (9, 37; 10, 15). Como niños indefensos en manos de los grandes, así quedan los misioneros de Jesús en el mundo. Ellos dan en la medida en que reciben, iniciando una forma de existencia dialogada, en plano de palabras, dones y afectos.

d) *Tarea cumplida, tarea abierta*. El texto supone que estos misioneros han cumplido bien su cometido (cf. 6, 12-13 y 6, 30), en fuerte contraste con aquello que iremos descubriendo luego, a partir del texto paralelo de 8, 27–9, 1 donde esta misión anterior se interpreta en forma de «seguimiento» (acabarán rechazando a Jesús). Mirada así, la sección de los panes (6, 6b-8, 33), que continúa en toda la segunda parte del evangelio de Marcos, nos sitúa ante los dos «momentos» de la misión cristiana.

(a) Ésta es *una misión que pudo cumplirse* (6, 6b-13, 30), tanto en el tiempo de la vida de Jesús como en el tiempo de la primera Iglesia, en la cual los enviados cumplen la tarea: *saliendo, anunciaron la conversión...* (6, 12-13). Los enviados van por sí mismos, sin Jesús (que queda solo), van y proclaman y realizan la verdad de su mensaje, que es la conversión, la expulsión de los demonios, la curación.

(b) *Pero, desde otros aspectos del evangelio, ella debe completarse*, pues si la miramos desde la perspectiva de 8, 27-33 (o, mejor dicho, de 8, 27–9, 1), ella ha de entenderse y realizarse como seguimiento mesiánico de Jesús, que sube a Jerusalén dispuesto a dar la vida. Esta nueva perspectiva no va en contra de la anterior, sino que la ratifica y culmina, tal como irá mostrando toda la segunda parte de Marcos.

En un sentido, esta misión cristiana ya pasó, pues la nueva debe realizarse tras la pascua, incluyendo el anuncio de la muerte y resurrección de Jesús. Pero aquello que hicieron los Doce primeros sigue siendo norma y ejemplo para todos cristianos posteriores, sobre todo a partir de su impulso mesiánico. Los discípulos de Jesús no poseen nada, pero pueden darlo todo (salud, esperanza de Reino). Nada llevan y, sin embargo, ofrecen una gracia que desborda todo lo que puede conseguirse sobre el mundo. Tres son los rasgos o momentos principales de esta acción de los apóstoles primeros, tal como ha quedado posteriormente fijada en el camino de la Iglesia. Lo que aquí se dice del pasado, del tiempo de la vida de Jesús, es fuerza de presente para todos los que expanden palabra de evangelio tras la pascua:

- *Predican conversión* o, mejor dicho, la anuncian. No ofrecen una predicación moralizante que busca sólo el cambio externo. Los discípulos del Cristo «proclaman» (*kerīdsō*) el gran cambio o conversión que Dios realiza por su gracia entre los hombres. No somos nosotros los que cambiamos; nos cambia el reino de Dios. Así lo anuncian.
- *Expulsan a los demonios*, es decir, curan a los posesos, capacitándoles para vivir en plenitud el don de amor del Reino. Este es el poder de los discípulos: se arriesgan a llegar hasta la intimidad de los endemoniados (locos), ofreciéndoles camino de confianza y vida en clave de evangelio.
- *Ungen a los enfermos...* para curarlos. La palabra que se emplea (*arrostois*) alude a los que sufren pequeñas dolencias, como aquellas que Jesús pudo curar en Nazaret, a pesar de la poca fe de sus paisanos (6, 5). El anuncio del evangelio ofrece esperanza de vida a los enfermos, capacitándoles para cambiar incluso en el plano corporal. Así actúan los Doce, enviados por Jesús, en el tiempo de su vida, como mensajeros del reino de Dios en contexto israelita. Su gesto ha de entenderse a la luz de todo lo que estamos mostrando. Lo que Jesús quiere anunciar y preparar por ellos es la nueva comunidad mesiánica, aquella familia de personas que cumplen la voluntad de Dios (3, 34), superando así y rompiendo los muros de la vieja casa de la ley judía, reflejada por los escribas de Jerusalén (3, 22) y los habitantes de Nazaret (6, 1-6a).

Ese cambio o conversión implica una expulsión de los demonios, en la línea de lo ya indicado en 3, 20-35: comenzó Jesús curando al poseso de la sinagoga

(1, 21-28); ahora pretende liberar a todo Israel de los demonios, y por eso envía de dos en dos a sus discípulos. Finalmente, el proyecto de Jesús ha de entenderse como proceso de curación: hemos visto ya el tipo de enfermos que ha sanado (leprosos, paralíticos, mujeres con fiebre o flujo de sangre, endemoniados...); curar de esta manera significa procurar que los últimos del mundo (expulsados de la sociedad) puedan convertirse en los primeros para el Reino, es decir, en fundamento y base de la nueva comunidad mesiánica.

> (49) **Misión (6, 7-13; cf. 3, 14-17)**
>
> No hay en Marcos un mandato misionero tras la pascua, como en Mt 28, 16-20, donde se reinterpreta el despliegue anterior del evangelio, de manera expresa, desde la montaña de Galilea. Para Marcos toda la vida de Jesús es misión: lo que él hace y lo que dice, ésa es la esencia de la misión cristiana, que sus seguidores han de actualizar, cuando vayan tras la pascua Galilea y le vean allí resucitado (Mc 16, 6-7). Los portadores judíos de esa misión son los Doce, como indicaba 3, 13-17. El nuevo texto (6, 7-13) supone que esa misión se centra en Israel, aunque más tarde veremos que ella debe abrirse a todos los pueblos del cosmos (cf. 13, 10; 14, 9). Jesús no queda atrás, no se pierde en el pasado, está presente en la obra/misión de sus enviados. En ese contexto quiero recoger los textos relacionados con la misión en Marcos:
>
> a) *Principio y meta*:
>
> 1. *Principio: El evangelio del Reino*. El mismo Jesús ofrece en 1, 14-15 el compendio y sentido de la misión cristiana, centrada en el anuncio del Evangelio de Dios, con la llegada del Reino.
> 2. *Meta: La pesca final*, es decir, la reunión de todos los pueblos. Así lo muestra la llamada y encargo de Jesús a los Cuatro pescadores (1, 16-20; cf. 13, 3).
>
> b) *Misioneros*: El primer misionero es Jesús, que aparece en Marcos como enviado de Dios para anunciar y hacer presente el reino de Dios. Pero a su lado hay una serie de misioneros, que pueden dividirse así:
>
> 1. *Los cuatro* de 1, 16-20: pescadores del Reino. Expresan su carácter universal (cf. 13, 3).
> 2. *Los Doce* de 3, 14-17 y 6, 6-13. Son los portadores de la misión *oficial israelita*. *Realizan* exorcismos y curaciones. Realizan una misión de presencia vital y sanadora, no de simple interioridad o palabra externa. Los

enviados de Jesús ofrecen conversión/curación y quedan en manos de aquellos que les reciben o rechazan; hacen Iglesia haciéndose humanidad (casa) allí donde ofrecen su mensaje.

3. *Los curados*, que anuncian de diversas maneras la obra de Jesús. Entre ellos destacan. (a) El *leproso* a quien Jesús pide que calle, pero él habla, dando testimonio de lo que Jesús ha hecho al curarlo (1, 40-45). (b) *Los diversos curados* y la gente que da testimonio de los milagros, son también misioneros que propagan los milagros salvadores de Jesús (cf. 2, 12; 7, 37). (c) Tiene un valor especial el testimonio kerigmático del *geraseno*, a quien Jesús deja en su tierra para que anuncie la misericordia que el Señor le ha mostrado (5, 18-20).
4. *Las mujeres de 16, 1-8*, son principio de la nueva misión pascual de la Iglesia.

c) *Elementos básicos de la misión*:

1. *Pan compartido*. Quiere Jesús descansar con sus enviados y no puede; debe expandir su acción, ofreciendo su palabra y su pan a todos los que vienen, a través de sus discípulos (6, 30-44; cf. 8, 1-10). La Iglesia se extiende de esa forma, a través de la comunión del pan.
2. *Universalidad*. En dos textos fundamentales (13, 10 y 14, 9), el evangelio de Marcos presenta la misión como mensaje universal, abierto a todos los pueblos.
3. *Mensaje pascual*. Los rasgos anteriores culminan en la entrega de Jesús (cf. 8, 31-38). Por eso, la misión cristiana ha de asumir su muerte, iniciándose de nuevo en Galilea (16, 7-8).

Consecuencia. La misión consiste en expandir la vida mesiánica de Jesús. Eso significa que el mismo ser de la Iglesia es misión: presencia testimonial y transformadora del evangelio.

b) Pregunta de Herodes y asesinato del Bautista (6, 14-29)

Para un primer acercamiento a la «historia» de Juan, cf. J. Ernst, *Johannes der Täufer. Interpretation – Geschichte – Wirkungsgeschichte*, BZNW 53, Berlin 1989; L. Guyénot, *Jésus et Jean Baptiste. Enquête historique sur une rencontre légendaire*, Imago, Chambéry 1999; E. Lupieri, *Giovanni Battista nelle tradizioni sinottiche*, Paideia, Brescia 1988; J. Taylor, *The Immerser: John the Baptist within Second Temple Judaism*, Eerdmans, Grand Rapids 1997: W. B. Tatum, *John the Baptist and Jesus. A report of the Jesus Seminar*, Polebridge, Sonoma 1994; S. Vidal, *Los tres proyectos de Jesús*, Sígueme, Salamanca 2003; W. Wink, *John the Baptist in the Gospel Tradition*, Cambridge UP 1968. Sobre el trasfondo de Ester, cf. D. J. A. Clines, *The Esther Scroll: The Story of the Story* (JSOT SuppSer 30), Sheffield 1984; A. Lacoque, *Subersives ou un Pentateuque de femmes*, Cerf, Paris 1992, 63-98. Con su habitual agudeza, R. Girard, *El chivo emisario*, Anagrama, Barcelona 1986, 167-196, ha destacado la trama antropológica del asesinato del Bautista.

Éste es un pasaje extenso, que podemos presentar como *narración profética* con fondo histórico. Es muy posible que Herodes Antipas se interesara por Jesús (como supone Lc 13, 31). El tema del asesinato (ajusticiamiento) de Juan ha sido narrado en otra perspectiva por Flavio Josefo (*Ant*. 19, 109-119). Marcos lo ha recreado desde un doble fondo. (a) Ha interpretado esa muerte desde las injusticias familiares de Herodes, condenadas por el Bautista. (b) Las ha presentado en el trasfondo de la misión cristiana, como un anticipo de la muerte de Jesús.

a. (Opinión de Herodes sobre Jesús) *[14]Y el rey Herodes oyó hablar de él, pues su nombre se había hecho manifiesto. Unos decían que era Juan el Bautista resucitado de entre los muertos, y que por eso actuaban en él poderes milagrosos; [15]otros, por el contrario, sostenían que era Elías; y otros que era un profeta como los antiguos profetas. [16]Herodes, al oírlo, decía: «Ha resucitado Juan, a quien yo mandé decapitar».*

b. (Muerte) *[17]Y es que Herodes había mandado prender a Juan y lo había condenado metiéndolo en la cárcel por causa de Herodías, la mujer de su hermano Filipo, con quien él se había casado. [18]Pues Juan le decía a Herodes: «No te es lícito tener la mujer de tu hermano».*

[19]Herodías detestaba a Juan y quería matarlo, pero no podía, [20]porque Herodes lo respetaba, sabiendo que era un hombre justo y santo y lo protegía; hacía muchas cosas oyéndole a él y lo escuchaba con gusto. [21]La oportunidad se presentó cuando Herodes, en su cumpleaños, ofrecía un banquete a sus magnates, a los generales y a los príncipes de Galilea. [22]Y entró su hija Herodías y danzó, gustando mucho a Herodes y a los comensales. El rey dijo entonces a la niña: «Pídeme lo que quieras y te lo daré». [23]Y le juró una y otra vez: «Te daré lo que me pidas, aunque sea la mitad de mi reino». [24]Ella salió y preguntó a su madre: «¿Qué le pido?». Su madre le contestó: «La cabeza de Juan el Bautista». [25]Ella entró enseguida a toda prisa adonde estaba el rey y le hizo esta petición: «Quiero que me des ahora mismo en una bandeja la cabeza de Juan el Bautista». [26]El rey se entristeció mucho, pero a causa del juramento y de los comensales no quiso desairarla. [27]Sin más dilación envió a un guardia con la orden de traer la cabeza de Juan. Este fue, le cortó la cabeza en la cárcel, [28]la trajo en una bandeja y se la entregó a la niña y la niña se la dio a su madre.

c. (Tumba) *[29]Al enterarse sus discípulos, fueron a recoger el cadáver y lo colocaron en un monumento.*

Jesús ha enviado a sus discípulos (6, 6b-13). Ellos han ido y, en el hueco teológico y temporal que abre su misión, Marcos retoma la figura del Bautista, ya evocada en 1, 1-11, para iluminar con ella el sentido de Jesús y la tarea de sus discípulos cristianos (6, 14-29). Con su vuelta (6, 30) se cierra el tríptico formado por el envío misionero, la muerte del Bautista y la misión de los discípulos.

Juan es profeta de ayuno (cf. 2, 18), pero tiene una misión que cumplir y la ha cumplido, preparando el camino del Más Fuerte (1, 7). Se ha retirado al desierto que lleva, pasando el río, hacia la tierra prometida, y «vigila» sobre Israel desde su retiro profético, diciendo su palabra de justicia. Ese desierto (como la zona galilea de Jesús) se encuentra controlado por los herodianos (vinculados en 3, 6 con los fariseos), que quieren imponer su violencia sobre el mensaje de Jesús, en nombre de Herodes Antipas (hijo de Herodes el Grande), tetrarca/rey de Galilea y Perea.

El texto se divide en tres partes: (a) *Opiniones y miedo de Herodes y sus cortesanos*, que identifican a Jesús con Juan Bautista (6, 14-16). Ciertamente, Herodes tiene miedo: ha matado a Juan y tiembla, sintiéndole vivo en Jesús. Marcos responde a sus temores contando la muerte y sepultura del Bautista. (b) *Asesinato del Bautista* (6, 15-28), a quien Marcos sitúa en el trasfondo de la vida y misión de Jesús. De esa muerte del Bautista trata el largo texto central (6, 17-28) que estudiaremos con más detalle, como anuncio y trasfondo de la muerte de Jesús. (c) *Sepultura del Bautista* (6, 29). Mientras los discípulos de Jesús expanden su kerigma pascual, los de Juan entierran a su maestro.

La referencia a la tumba recordada (llena) del Bautista ha de entenderse como anuncio invertido (y promesa) de la tumba vacía de Jesús (16, 1-8) que hace posible la misión de sus discípulos. En contra de lo que harán los discípulos de Jesús, vergonzosos fugitivos, los de Juan le han enterrado en un monumento que conserva su memoria. Es claro que él (Juan) desde la perspectiva cristiana no ha resucitado.

a) *Opinión de Herodes y sus cortesanos* (6, 14-16). El tema comienza con el miedo del rey, que relaciona a Jesús con el Bautista, dentro de un contexto de presagios temerosos y murmuraciones de la corte. Herodes es rey con poder de matar, pero se encuentra dominado por sus propios fantasmas, angustiado porque Juan, a quien mató, haya podido resucitar para vengarse. Jesús y Herodes aparecen unidos y contrapuestos en su miedo, en una escena donde Jesús es poderoso (puede enviar misioneros) y Herodes débil (le domina el propio miedo). Desde esta perspectiva podemos presentar las opiniones de Herodes y su corte (6, 14-16):

> *a: Algunos* (cf. *elegon* plural: GNT), o quizá el mismo *Herodes* (cf. *elegen* de otros manuscritos) identifican a Jesús con el Bautista (6, 14). Juan no hizo milagros; pero si ha resucitado en Jesús podría hacerlos. Ésta es la fe supersticiosa de aquellos que buscan y cultivan las apariciones de difuntos para malvivir sobre la tierra.

b: Otros identifican a Jesús con algún profeta antiguo o le toman por profeta (6, 15). Como, hombre de Dios, puede hacer milagros. Ellos interpretan la historia de manera apocalíptica, tomando a Jesús como fantasma, ser reencarnado que proviene del pasado que sigue latente: vuelve para culminar su obra sobre el mundo. En esa línea se hablaba de Elías, Henoc o de algún otro parecido, en tradición que el mismo Marcos 9, 13 acoge y aplica a Juan Bautista (identificándole en el fondo con Elías).

a': Herodes defiende la primera opinión: es Juan a quien yo he decapitado. Su mismo gesto de poder (ha decapitado a Juan) se ha vuelto principio de terror, como en visión de sueño fatídico que Marcos presenta aquí sin comentario (6, 14-16). Esta palabra final (es Juan a quien yo he decapitado [*apekephalisa*: 6, 16]) suscita y dirige el relato posterior (6, 17-29), centrado precisamente en la cabeza cortada de Juan que desea con fuerza la madre (6, 24), pide su hija (6, 25), concede Herodes, reyezuelo (6, 27) y separa del tronco el verdugo (cf. *apekephalisen*: 6, 27), para así ponerla en manos de la niña que la entrega a la madre (6, 29). De esa forma, Herodes identifica a Jesús con Juan, «a quien yo he decapitado», añadiendo: «ha resucitado» (6, 16).

En el centro (6, 15) están los que interpretan a Jesús como retorno (encarnación) de una vieja figura (Elías) o como profeta nuevo, en la línea de los antiguos. A uno y otro lado (6, 14b y 6, 16) se repite, solemne y fatídica, la opinión de Herodes (y quizá de algunos de su grupo) que interpreta a Jesús como aparición (reencarnación resucitada) del Bautista.

En este contexto cuenta Marcos la muerte del Bautista (6, 17-28), como signo de evangelio, pues ella anticipa y distingue la de Jesús: *los discípulos del Bautista* veneran a un profeta muerto; *los de Jesús* proclaman el kerigma del Hijo de Dios vivo. La verdadera resurrección se expresa a través del mensaje de los discípulos de Jesús, que expanden el kerigma de la conversión y la vida mientras Marcos certifica la muerte de Juan y su sepulcro. En ese contexto ha contado la historia de Herodías, la mujer causante del «asesinato» del Bautista.

(50) Herodías, la que hizo morir al Bautista (6, 17-27)

Parece que históricamente Herodías no jugó el papel que aquí le asigna Marcos, pero esta narración recoge de forma ejemplar la forma en que muchos judíos y cristianos interpretaron su influjo en la corte de Herodes Antipas. Esta Herodías (antigua mujer de Filipo, hermano de Herodes Antipas (cf. 6, 17) era nieta de Herodes el Grande. Su primer marido fue un hijo de ese Herodes el Grande (por tanto tío de ella), quien, según Josefo, se llamaba también Herodes. Sin embargo, Marcos le llama Filipo, quizá confundiéndole con el tetrarca Filipo, que era también tío político de Herodías, y hermano de los otro dos personajes aquí implicados: de Herodes, el primer marido de Herodías, y de Antipas; de todas formas, es posible que se llamara también Herodes Filipo, pues varios hijos (y nietos) de Herodes el Grande llevaban su nombre común, con otro nombre distintivo: Herodes Antipas, Herodes Filipo, Herodes Agripa.

Herodías se divorció de su primer tío/marido Herodes (que vivía en Roma, de forma privada, aunque con mucho dinero) y se casó con Antipas, medio hermano de su marido anterior, que era también tío suyo (de Herodías). Entre sus dos tíos, ella prefirió al más rico, al rey. Su hija Salomé (así la llama Flavio Josefo), nacida de su primer matrimonio, era por doble partida sobrina de Herodes Antipas (sobrina directa por parte de su padre y sobrina nieta por parte de madre), siendo hijastra. Aquí presento una parte del libro de familia de Herodes, que nos permite «ver» las relaciones de Herodías con Herodes Filipo y con Herodes Antipas. En la primera línea presento cuatro de las mujeres de Herodes el Grande, en la segunda tres de sus hijos, y en la tercera a una de sus nietas (cf. Marcus, *Marcos 1–8*, 457):

Herodes el Grande
casado (=) entre otras con cuatro mujeres:

= Mariamne I ↓	= Mariamne II ↓	= Maltace ↓	= Cleopatra ↓
Aristóbulo IV Hijo por madre de los asmoneos (macabeos). Casado con Berenice. Herodes le acusó de pretender el reino y le asesinó (el 7 a.C.) ↓	**Herodes (Filipo)** Vivió como persona privada en Roma. Fue el primer marido de Herodías y puede haber sido el padre de Salomé, la que baila.	**Herodes Antipas** Rey de Galilea, del 4 a.C. al 39 d.C. Casado primero con la hija de Aretas, rey nabateo, y luego con Herodías, mujer de su hermano.	**Filipo** Tetrarca de Iturea y Traconítide del 4 a.C al 34 d.C. A veces se le confunde con el primer marido de Herodías. Aparece en Mc 8, 27.
Herodías Casada primero con su tío Herodes Filipo y después con su otro tío Antipas. Marcos no aclara si su hija (Salomé/Herodías), es de Filipo o de Antipas.			

Mesa común. Sección de los panes (6, 6b-8, 26)

b) *Asesinato del Bautista* (6, 15-28). Como profeta del juicio de Dios, Juan ha denunciado al rey: *¡No puedes tomar la mujer de tu hermano!* (6, 17). Sólo donde se respeta el amor (intimidad de la familia) y se resguarda la vida (al menos del cercano) es posible la existencia de la humanidad. Pues bien, Herodes ha roto esas leyes, empezando con un incesto (un matrimonio prohibido) y culminando su gesto con un asesinato. Donde debía colocar la justicia ha puesto la injusticia. Así lo indica el texto, dramáticamente construido, con presentación de personajes (6, 17-20), trama hecha de intrigas (6, 21-25) y desenlace de muerte (6, 26-28). Se forma así un «triángulo» entre Herodes, su mujer y Juan Bautista.

El profeta del juicio de Dios se vuelve así objeto de disputa. *Herodes* le encarcela, pero le escucha, por afecto verdadero o por miedo religioso (porque le teme); y, sobre todo, para decirle a su mujer que ella es objeto de dominio o posesión, no reina verdadera. *Herodías* acecha contra Juan porque el profeta le recuerda su origen irregular y sobre todo porque quiere vengarse de Herodes, tenerle en sus manos, dominarle. La vida o muerte del Bautista se convierte en *test* para saber quién manda de verdad sobre el pequeño reino galileo, el rey o su mujer robada. La verdad y bondad del Bautista es tema secundario.

Sobre este fondo se teje la historia: un rey, una reina, un profeta. Estamos en el centro de un *triángulo de relaciones conflictivas* fundadas en la envidia y lucha por el reino: se enfrentan dos hermanos por causa de una mujer; se oponen profeta y rey por razón de un matrimonio injusto; luchan rey y reina por motivo de un profeta. Es evidente que la vida de familia queda rota; no hay armonía, no hay confianza. Todo se edifica sobre bases de violencia.

En el centro está el conflicto del rey con su esposa. Todo nos permite suponer que vencerá la mujer (al menos a nivel externo). Herodes está dividido, desea conservar las dos fidelidades o, mejor dicho, poderes. (a) Por un lado retiene a Herodías, demostrando que es rey. (b) Por otro mantiene en honor al profeta, mostrando ante su esposa su propia independencia (y fidelidad israelita). Pero no podrá seguir en esa situación y acabará preso en su trampa, es decir, en la envidia que le ha llevado a robar a la mujer de su hermano. Ella lo sabe y emplea para triunfar los medios tradicionales de la seducción (cf. Est 5-7, aunque los fines sean diferentes). Ésta es la trama de intrigas del texto (6, 1-25):

- *La oportunidad es un banquete* (6, 21a). Según tradición, la fiesta es momento de renovación y *suerte buena* (cf. *eukairos*: 6, 21) como en los *Purim* de Ester. Éste es el tiempo que Herodías aprovecha para realizar sus fines. Cesan las convenciones normales, se establecen nuevas relaciones, puede desatarse la violencia destructora y creadora. Es el *cumpleaños* (*genesia*) del rey; se celebra su dominio sobre el reino. Vienen al banquete aquellos que se encuentran más cerca de su autoridad. Es el momento en que una mujer puede actuar con éxito, imponiendo sus deseos, conforme a un esquema de seducción y engaño, común en la literatura judía (cf. historia de Ester en la Biblia hebrea y de Judit en los LXX, con el discurso sobre el poder femenino en 3 Esdras 3-4).

- *Los invitados forman parte de la trama* (6, 21b). Están allí cumpliendo un deber político: mostrar acatamiento al rey y ofrecerle sumisión, en el centro de una fiesta que expresa su grandeza. Ésta es la mesa de los grandes, signo fuerte del poder que se perpetúa a sí mismo (nacimiento del rey). Asisten los *megistanoi* o magnates, los *khiliarkhoi*, jefes de tropa, y los *prôtoi* o príncipes, representantes de las áreas de poder que culminan y se centran en el trono. No están en la casa de Jesús, donde todos son hermanos y hermanas y madres, en corro de igualdad, escuchando juntos la voz de Dios (3, 31-35), sino en una casa de mundo, en un banquete de principales, reunidos con Herodes para celebrar su fiesta y compartir su mando. Es evidente que todos «consienten», en contra del profeta, que sigue en la cárcel como signo de muda acusación contra Herodes y su fiesta. En ella no importa la justicia, ni los derechos de los pobres. Puede pensarse que todos, menos Herodías y la niña, se encuentran dominados por el vino.

- *En medio de la fiesta baila la niña* (6, 22). Conforme al modelo del libro de Ester, debería hacerlo la misma reina, mostrando sus encantos ante el rey y sus invitados (cortesanos). Pero aquí baila una *niña pequeña* (*korasion*). Significativamente, la tradición textual vacila al identificarla. Algunos manuscritos suponen que ella es *hija anterior de Herodías* (*thygatros autês tês Hêrodiados*: 6, 22), que la madre habría traído de su matrimonio con Filipo, dejando sin hija al primer marido y consiguiendo por ella lo que directamente no podría (la cabeza del Bautista). Pero, partiendo de razones textuales, podemos suponer igualmente que la niña, que significativamente se llamaría también *Herodías*, era *hija de Herodes* (*thygatros autou*). Si esta lectura es mejor, como pensamos, la madre, que no ha logrado el corazón del rey su esposo, utiliza a la hija del mismo rey, para vengarse por ella y conseguir lo que desea. Aquí está fuera de lugar una visión tradicional que ha interpretado el baile en forma de provocación erótica. No hay sexo en la escena, sino algo mucho más fatídico y perverso: la madre utiliza a una niña «inocente», que no puede actuar como objeto sexual (es hija y *korasion*, muy pequeña), para engañar al marido (padre) con fines de muerte.

- *Juramento de rey y petición de niña* (6, 22b-25). Está al fondo el texto del baile de Ester (Est 5, 6), la bella reina antigua que había excitado al rey Asuero en un banquete, con su misma hermosura (atracción sexual) unida al vino, de modo que el rey jura, en brindis solemne: *«Pídeme lo que quieras, aunque sea la mitad de mi reino»*. Pues bien, en nuestro caso, la reina no puede excitar al rey (que no cumple sus deseos); por eso, ella envía en su lugar a la niña que baila y emociona al duro padre que promete: *«Pídeme lo que quieras...»*.

Puede suponerse que el rey, bebedor festivo, no sabe en ese día lo que promete y así cae en la trampa de su propia palabra y del encanto de una niña. Ester era mayor y sabía lo que se puede y debe pedir a un rey (la sangre de Amán y de los enemigos «perversos» de los judíos), aunque tome el consejo de su tío Mardoqueo. Esta niña, en cambio, no tiene aún voluntad, por sí misma no desea todavía nada. Le ha mandado su madre, por voluntad de ella ha bailado, para cambiar la voluntad del rey que le ofrece emocionado lo que ella misma podría querer. Pero la niña aún no quiere nada. Por eso viene al lugar de su madre y pregunta: «*¿Qué debo pedir?*». La reina contesta segura: «*¡La cabeza de Juan Bautista!*» (6, 22-24). La niña vuelve y repite el deseo de la reina, añadiendo sólo: «*¡Sobre una bandeja!*».

El rey no tiene autoridad para volverse atrás. Si la tuviera podría haber dicho que *Juan era para él más que medio reino*, podía haber abdicado, liberando al Bautista y uniéndose con él en el desierto, en actitud de conversión... Pero no tiene fuerza y por eso, entristecido, dividido, derrotado, por los juramentos y los comensales, cumple aquello que le piden y entrega a la niña/hija la cabeza del Bautista, para que ella se la dé luego a la madre triunfadora (6, 26-28).

Ésta es la historia de un rey que regala a su niña (hija o hijastra), como don de baile, en el día de su fiesta, la cabeza sangrante de un profeta, colocada sobre una bandeja. Estamos en contexto de comida; están invitados los grandes del reino. En medio del banquete, como precio de envidia, sirven la cabeza del Bautista en la bandeja.

Por situarse en el cruce de intereses entre Herodes y su esposa, por hablar como testigo del amor y la justicia, ha muerto el profeta. Su anuncio era principio de evangelio, en camino que Jesús ha culminado. Fue testigo de *transparencia familiar y fidelidad social*. Con autoridad de Dios defendió el valor de una familia que se funda en el respeto y la fidelidad que se deben los hermanos (y esposos). Mantuvo su palabra a pesar de que implicaba muerte y esa forma ha demostrado que el rey carece de poder: está manejado por su envidia (deseo de quitar la mujer a su hermano) y la de ella (la mujer que así ha obtenido).

De esta forma, en el espejo de Juan y de su muerte, ha evocado Marcos la temática más dura de la historia humana, misterio de iniquidad y familia rota. Sobre ese contexto hay que entender la figura y obra de Jesús. Recordemos que sus mensajeros están anunciando conversión por las casas de la tierra, ofreciendo en ellas su palabra sanadora y recibiendo el pan que les ofrecen. Frente al *banquete de Herodes*, que es fiesta de asesinato y muerte, ellos anuncian *el banquete de Jesús*, hecho de confianza y vida compartida. Comienza la *sección de los panes* (6, 6b-8, 26). Frente a Juan que edifica al pueblo sobre bases de justicia, frente a Jesús que anuncia el Reino con amor de entrega, hallamos aquí a un rey atrapado por su envidia.

Ésta ha sido la historia de la muerte del profeta. Sus detalles resultan novelescos, pero en su conjunto ella reproduce un «acontecimiento real» en el sentido más profundo del término: allí donde domina el deseo al servicio del poder, allí donde el «banquete» de la vida se vuelve exclusivo de los grandes, quiebran los valores fundantes de este mundo. La misma niña cae bajo los impulsos más oscuros y sangrientos de Herodes y su esposa. Entre todos matan al profeta.

c) *Sepultura de Juan* (6, 29). Significativamente, el relato de la muerte de Juan termina con su sepultura, que parece coincidir con el retorno de los discípulos de Jesús (6, 30). Los discípulos de Juan recogen su cuerpo y lo sepultan. Mientras tanto, los discípulos de Jesús vuelven, para encontrarse con él, después de haber realizado su misión. De esa forma, el profeta del Juicio de Dios ha muerto en manos de la parodia del Juicio de los hombres. Introducida aquí, esta escena sirve de premonición y nos hace entrar en la trama del relato. Indiquemos, a manera de simple referencia, algunos de sus significados:

- *Mientras los Doce de Jesús proclaman el Reino, muere Juan*, víctima de su propio mensaje de Justicia. El mismo Herodes ha relacionado a los dos profetas. Esto significa que Jesús corre también el riesgo de morir asesinado.
- *Los discípulos de Juan entierran a su maestro en un monumento funerario* (6, 29), ratificando de esa forma su memoria con un signo de muerte. En contra de eso, el sepulcro de Jesús resultará innecesario, pues él ha resucitado, y su memoria se expande en el mensaje pascual de la Iglesia, como indica 16, 1-8. El monumento de Jesús será el grupo de aquellos que le siguen.
- *Matando a Juan, Herodes muestra su impotencia y cae en manos de su propia envidia*, dominada y alimentada por Herodías, la mujer que él ha robado a su hermano; la envidia se le vuelve miedo, y por eso, en el sueño de sus imaginaciones morbosas, él identifica a Jesús con Juan Bautista, que habría resucitado precisamente para vengar su asesinato, metiéndole miedo.

En contra del miedo de Herodes, Marcos sabe que Juan, siendo un gran profeta, no ha resucitado. Jesús, sin embargo, es más que profeta. Es cumplimiento de todas las promesas, portador del Reino. Jesús no terminará en un sepulcro, como Juan, pero puede morir y morirá. En ese contexto, la muerte de Jesús es evidentemente un aviso: igual que han matado al Bautista, pueden matar al Mesías. La misión de los Doce hacia Israel lleva desde ahora las señales del fracaso: ellos no conseguirán lo que querían (la conversión del pueblo; cf. 6, 12); no podrán lograr lo que han buscado, pues igual que ha muerto Juan, será ajusticiado Jesús. De esta forma, el relato de la muerte de Juan, situado en el centro de la misión de los Doce, ha de entenderse como anticipo de las profecías del fracaso y muerte del Hijo del Hombre, que introducen y jalonan toda la

Mesa común. Sección de los panes (6, 6b-8, 26)

parte siguiente de Marcos (8, 31; 9, 31; 10, 33-34). Transformar ese fracaso de Jesús y de los Doce en principio de un logro más hondo (entrega de la vida) y más extenso (misión a todo el mundo y no sólo a los israelitas): este es el tema fundante y la clave de Marcos.

Lógicamente, la historia del Bautista acaba en un sepulcro: sus discípulos entierran su cuerpo (¿sin cabeza?) en un monumento funerario que es lugar de recuerdo (*mnemeion*: 6, 29). Allí se fija la historia del último profeta. En contra de eso, la verdadera historia de Jesús comenzará junto a un sepulcro abierto: la memoria del Mesías muerto ya no se conserva en una tumba. Por eso el joven de la pascua dice a las mujeres: «Ha resucitado» (16, 6-7). La misión de los Doce en Israel (6, 6-13) se transformará de esa manera en nuevo envío pascual de los discípulos con Pedro y las mujeres. Desde la muerte-pascua de Jesús, se abre el anuncio universal del evangelio. Jesús había comenzado su misión después que Juan había sido entregado (1, 14). El texto supone que la primera parte de la misión de Jesús, hasta el envío y retorno de sus discípulos, coincide con el tiempo del encarcelamiento de Juan. Sólo ahora, tras la muerte de Juan, comenzará la etapa decisiva de la misión de Jesús.

---

(51) Muerte del Bautista: Herodes y Herodías (6, 17-29)

La trama de la muerte del Bautista ha servido para que Marcos escriba uno de sus textos más famosos y significativos: el «adulterio» de Herodes, que se casa con Herodías (mujer de su hermano), y el asesinato de Juan (que condena ese adulterio). Dejemos a un lado al hermano de Herodes (primer marido de Herodías), que estaba por entonces «exilado» o instalado en Roma, y completemos el tema del recuadro anterior (50):

1. *Herodes* tiene envidia de su hermano Filipo (Felipe), que no es el etnarca/ rey de Gaulanítide (Golán), en cuya zona se encuentra Cesarea de Filipo, ciudad de 8, 27, sino otro medio-hermano, residente en Roma, llamado también Herodes-Felipe, a quien considera rival, y por eso le quita el signo de su propia identidad, su esposa (6, 17). En el centro de la disputa está ella. Normalmente, la lucha por la mujer suele preceder al matrimonio: combaten dos hermanos y el más fuerte o astuto conquista lo que ambos ansían, relegando de esa forma al derrotado. Aquí hallamos un caso más perverso: el fuerte roba su mujer al débil ya casado. Esta es la maldad radical del adulterio, entendido como ocasión y fuente de lucha fraterna y de opresión del fuerte sobre el débil: el matrimonio se vuelve violencia y envidia entre hermanos.

2. *El Bautista* es profeta de Dios y debe condenar esa injusticia (6, 18). No puede permitir que el rey emplee de esa forma su poder sobre su hermano, quitándole su esposa, por más legal que ello parezca (los rabinos tomaron como válido el divorcio de Herodías, mujer disputada; el marido, Antipas, podía tener varias esposas). Quien obra como Herodes destruye no sólo las leyes de familia, sino todos los principios de justicia sobre el mundo. Se pueden recordar las leyes del Antiguo Testamento, que Herodes ha quebrado al actuar de esa manera (cf. Lv 18, 16; 20, 21). Pero su pecado de rey sobrepasa el nivel de una ley particular. Lo que está en juego es la misma estructura de las relaciones familiares. Desde una perspectiva legalista se podía suponer que Herodes actuaba de forma jurídicamente correcta: habría podido anular el matrimonio precedente, legalizando así su situación. Pero el mensaje del Bautista va más allá de una pura ley: allí donde el hermano fuerte (en este caso, el rey) actúa como Herodes estallan y se rompen los principios de convivencia sobre el mundo.
3. *Herodías, mujer disputada* (6, 17) desea este nuevo matrimonio, pero no puede sentirse segura mientras viva su acusador, Juan Bautista (6, 19). No ha sido objeto de violación ni víctima de rapto. Ella acepta su papel y quiere controlar (o dominar) a su marido, pero ello es imposible mientras siga acusándola el profeta cautivado, que dice al rey: ¡*No tienes derecho!*... No puede sentarse segura sobre el trono si Juan sigue viviendo (aunque sea en la cárcel). Por eso intenta matarle pero no lo consigue, porque Herodes (en gesto lógico de compensación) «teme al profeta» y le escucha y sigue muchas veces su consejo, como indica con toda precisión el texto (6, 19-20). Ella es reina impotente, a no ser que utilice la intriga para deshacerse de su rival, que es el Bautista.

Herodes aparece de esa forma dividido por un doble vínculo de amor/odio. Ha encarcelado a *Juan*, pero en el fondo le ama, hablando con él y siguiendo su consejo. Se ha casado con *Herodías*, pero no la ama ni cumple su deseo de matar al Bautista (cf. 6, 19-20). Este matrimonio no es campo de amor, ni fuente para el surgimiento gozoso de la vida. Los esposos no se buscan o vinculan por afecto; no confían entre sí, no dialogan a nivel de corazón, sino que ocultan la verdad, se ocultan uno al otro. El mismo matrimonio se ha venido a convertir así en mentira, batalla esponsal que culmina con la muerte del profeta. El deseo envidioso de Herodes suscita una violencia que sólo se resuelve con nueva violencia. Así se va tejiendo la *tragedia* de una vida sin amor en la familia. Aquí sólo hay envidia y deseo de poder, no hay afecto y cariño, no hay ternura o confianza. Tanto Herodes como Herodías (dos caras de un mismo personaje, dos formas

> de un mismo nombre), han caído en las redes de su propio egoísmo. Allí donde debía haber triunfado el amor se impone la lucha. Cada uno es cautivo del otro. Herodes necesita a su mujer para humillar a su hermano. Ella necesita a Herodes para reinar. No se aman; se utilizan.

2. Iglesia de los panes I: primer desarrollo (6, 30–7, 37)

Como he dicho, la «sección» de los panes ofrece dos desarrollos paralelos y sucesivos (6, 30-7, 37 y 8, 1-26), que repiten, a niveles distintos, los mismos temas. Empecemos por el primer desarrollo, donde Marcos elabora un esquema mesiánico y eclesial en cinco tiempos. (1) La Iglesia es *pan multiplicado y compartido* (6, 30-44). (2) Ella se abre hacia fuera de Israel, superando el riesgo de *una dura travesía*, en medio de la noche pascual (6, 45-56). (3) Ella desborda las *leyes de pureza* del judaísmo fariseo, que encierra a sus fieles en un círculo estrecho de normas nacionales (7, 1-23). (4) El pan de la Iglesia se expande también a *los gentiles* (7, 24-30). (5) La Iglesia es lugar donde *Jesús abre los oídos y desata la lengua a los humanos* (7, 31-37), para escuchar y decir su palabra de Reino, en torno a los panes compartidos.

a) Banquete de Jesús. Doce canastas (6, 30-44)

Sobre el símbolo del pastor y el rebaño (Sal 23), cf. L. Alonso-C. Carniti, *Salmos* I, Verbo Divino, Estella 1992, 396-407; H. J. Kraus, *Salmos* I (BEB 53), Sígueme, Salamanca 1993, 467-477. Referencia a los discípulos de Jesús como rebaño en 14, 27-28; cf. Best, *Following*, 210-213. Mt 25, 32 presenta el tema en perspectiva apocalíptica, como he mostrado en *Hermanos de Jesús y servidores de los más pequeños (Mt 25, 31-45)* (BEB 46), Sígueme, Salamanca 1984, 155-156. Sobre la compasión de Jesús, E. Estévez, *Significado de splagkhnidsomai en el NT*, EstBib 48 (1990) 511-541. Estudio básico en Fowler, *Loaves*, 43-90, quien supone que el mismo Marcos ha construido 6, 30-44 desde 8, 1-10. Cf. R. Trevijano, *La multiplicación de los panes (Marcos 6, 30-46; 8, 1-10 par)*, Burgense 15 (1974) 303-329; S. Masuda, *The Good News of the Miracle of the Bread*, NTS 28 (1982) 191-229; J. M. van Cang, *La multiplication des pains dans l'Évangile de Marc*, en Sabbe (ed.), *Marc*, 309-346; Tagawa, *Miracles*, 123-154; E. K. Wefald, *The Separate Gentile Mission in Mark: A Narrative Explanation of Markan Geography, the Two Feeding Accounts and Exorcisms*, JSNT 60 (1995) 3-26. Visión panorámica en E. Tourón del Pie, *Comer con Jesús. Su significación escatológica y eucarística*, RET 55 (1995) 285-329, 429-486, especialmente 460-486.

Galilea, Evangelio del Reino (1, 14-8, 26)

Este pasaje ofrece un *paradigma eclesial* y puede entenderse como narración biográfica sobre Jesús, milagro simbólico, aparición pascual, anticipación del banquete escatológico... Así vincula rasgos de tipo histórico, pascual y escatológico. Aquí destacamos el rasgo eclesial: el texto evoca el nacimiento de la nueva familia mesiánica, en torno al pan compartido.

a. (Introducción) *³⁰Los enviados volvieron a reunirse con Jesús y le contaron todo lo que habían hecho y enseñado. ³¹Él les dijo: «Venid vosotros solos a un lugar solitario, para descansar un poco». Porque eran tantos los que iban y venían, que no tenían ni tiempo para comer. ³²Se fueron en la barca, ellos solos, a un lugar despoblado. ³³Pero los vieron marchar y muchos los reconocieron y corrieron allá, a pie, de todos los pueblos, llegando incluso antes que ellos.*
b. (Acción 1: Palabra) *³⁴Al desembarcar, vio un gran gentío, sintió compasión de ellos, pues eran como ovejas sin pastor, y se puso a enseñarles muchas cosas.*
c. (Acción 2: Comida) *³⁵Como se hacía tarde, los discípulos se acercaron a decirle: «El lugar está despoblado y ya es muy tarde. ³⁶Despídelos para que vayan a los campos y aldeas del entorno y se compren algo de comer». ³⁷Y respondiéndoles les dijo: «Dadles vosotros de comer». Ellos le contestaron: «¿Cómo vamos a comprar nosotros pan por valor de doscientos denarios para darles de comer?». ³⁸Él les preguntó: «¿Cuántos panes tenéis? Id a ver». Cuando lo averiguaron, le dijeron: «Cinco panes y dos peces». ³⁹Y les mandó que se reclinaran todos por grupos de comida sobre la hierba verde, ⁴⁰y se sentaron en corros de cien y de cincuenta. ⁴¹Él tomó entonces los cinco panes y los dos peces, levantó los ojos al cielo, pronunció la bendición, partió los panes y se los fue dando a los discípulos para que los distribuyeran. Y también repartió los dos peces para todos. ⁴²Comieron todos hasta quedar saciados, ⁴³y recogieron doce canastos llenos de trozos de pan y de lo que sobró del pescado. ⁴⁴Los que comieron los panes eran cinco mil hombres.*

a) *Esquema general* (6, 30-33). Esta escena se anuda a la anterior, en forma de cadena, de modo que el último verso de 6, 6b-30 es principio del nuevo texto. Allí donde acaba *la misión anterior* (los discípulos vuelven y cuentan a Jesús lo sucedido: 6, 30) comienza *un nuevo desarrollo* (los discípulos quieren retirarse con Jesús, pero los necesitados del entorno les siguen, buscando su ayuda: 6, 31-34). De esta forma, *la misión centrífuga* de 6, 6b-13 (los enviados van hacia el mundo) se vuelve *centrípeta* (los discípulos de Jesús acogen a los que vienen), conforme a un esquema normal de la historia israelita. Éste es el esquema del pasaje:

- *Introducción. Estrategia de descanso* (6, 30-33). Jesús quiere que sus discípulos reposen, pero la muchedumbre les sigue. Los Doce han contado al Maestro lo que han hecho. Están cansados, y, lógicamente, Jesús propone retirarse con ellos a un lugar deshabitado, para restaurar así las fuerzas desgastadas. Eso es lo que hacen (6, 31-32). Ese gesto muestra que el evangelio no es un simple activismo, una pura tarea externa de misión y cambio del mundo: es también tiempo de gozo y comunión personal con el maestro.

- *Acción 1: acogida, misericordia y palabra* (6, 34). Jesús quería descansar. Pero hay muchos que les siguen, a él y a sus discípulos, viniendo a buscarles por doquier. Esta afluencia imprevista de gente transforma su estrategia, pero le permite descubrir unos caminos más profundos de evangelio y gracia creadora. Y de esa forma, de manera inesperada, viene a desvelarse la auténtica misión de Jesús. No se trata sólo de buscar, hay que acoger. En el relato anterior era él quien enviaba de manera programada a sus discípulos, fijando con ellos las horas y modos del mensaje. Pero ahora no son ellos (discípulos y Jesús) los que toman la iniciativa, pues están en las manos de aquellos que vienen, y no pueden rechazarles. Eso significa que, por encima de la planificación humana, ha de ponerse la actitud de acogida misericordiosa (cf. *esplagkhnisthê*: 6, 34) ante aquellos que les buscan.

- *Acción 2: comida* (6, 35-44). Se hace tarde y los discípulos quieren *despedir* (*apolyson*: 6, 36) a los presentes. Jesús, en cambio, les ofrece el alimento. El lugar deshabitado aparece así como un espacio propicio para los panes y peces compartidos. Si estuvieran cerca de la ciudad, podrían abastecerse y comprar lo necesario. Aquí no pueden hacerlo: están a merced de la solidaridad mutua y del gesto creativo de Jesús, que quiere ofrecerles banquete de Reino. Los Doce han recorrido la tierra anunciando la transformación final (conversión) que ofrecerá el Mesías. Pues bien, conforme a la esperanza repetida de las profecías, que hablan de un banquete mesiánico (cf. Is 25, 6), la promesa que los discípulos acaban de anunciar debe de culminar o cumplirse en forma de comida gratuita y salvadora. De esta manera descubrimos nuevamente el hilo rojo de la narración evangélica: mientras Juan Bautista muere, Jesús reúne a sus discípulos y ofrece a los pobres de la tierra que le buscan y le siguen hasta el interior de las zonas deshabitadas el banquete de la gracia final y salvadora de Dios.

b) *Acción primera: palabra* (6, 34). Jesús, que ha utilizado ya las imágenes del pescador (1, 16-20) y agricultor (4, 3-9), aparece ahora como pastor que se apiada de las ovejas perdidas que no tienen quien las cuide. Por eso enseña, y su palabra (cf. 6, 34), que había aparecido ya como principio de poder para expulsar demonios (cf. 1, 21-28), viene a presentarse ahora como voz abierta a todos los que llegan y le buscan en el campo. Los escribas desarrollan un tipo de enseñanza elitista dirigida a los que tienen mucho tiempo para ello, en espacios donde sólo pueden entrar y habitar los escogidos. Jesús lo hace a campo abierto, en palabra dirigida a miles de personas que posiblemente no tienen estudios especiales, pero saben y quieren acoger la Palabra, que se expresa con dos términos de gran importancia en la tradición bíblica: pastor y misericordia:

- *Jesús actúa como buen pastor*, conforme a una imagen mesiánica del Antiguo Testamento (cf. Nm 27, 17; Jr 23, 4; Ez 34, 23) y de textos judíos posteriores (cf. Sal Sal 17, 40; 1 Henoc 83–90). Así conduce, protege y alimenta al rebaño de los descarriados (ovejas sin pastor), asumiendo una experiencia israelita expresada sobre todo por Sal 23, donde el mismo Dios se revela a modo de *pastor* que guía y protege a sus fieles, ofreciéndoles *mesa* o comida de gozo triunfante, que la tradición ha interpretado como plenitud escatológica. Como pastor de Dios, Jesús ofrece palabra y comida a los más necesitados, que están sin protección en Israel o sobre el mundo.
- *Jesús se compadece* (*esplankhnisthê*: 6, 34) de los necesitados, como el Dios misericordioso del Antiguo Testamento (cf. Ex 34, 6-7; Jon 3, 3). Por encima de la ley, como principio de nueva comunión humana (de Iglesia), se ha elevado esta profunda *misericordia de Jesús*, tanto aquí (y en 8, 2) como en los milagros del leproso y niño enfermo (1, 41; 9, 22). Sólo esa piedad que nace de su entraña (*splankhna*), superando el egoísmo de un pequeño grupo, que tiende a cerrarse en sí mismo, hace posible el surgimiento de la nueva familia mesiánica. Quería Jesús descansar con los suyos, pero deja que le influyan las necesidades del mundo. Renuncia así al reposo y abre para todos, en pleno campo, las entrañas de su nueva casa mesiánica, en gesto de palabra y pan compartido.

Al principio de la acción de Jesús, como expresión de su misericordia, está la enseñanza, que es el objeto directo de su cuidado (cf. 4, 1-34). La comida irá después de la palabra (cf. Mt 4, 4). En ese contexto se dice que *les empezó a enseñar muchas cosas* (o quizá mejor *con insistencia, largo tiempo: didaskein polla*, 6, 34), ofreciendo palabra mesiánica a todos, y no sólo a unos letrados, en pleno campo, en un lugar desierto (deshabitado). No se aísla y escoge a unos pocos en el monte de la revelación; no necesita casa estrictamente dicha (cf. 3, 13.20). La muchedumbre que antes (3, 7-12) le había buscado a la orilla del mar le sigue y busca ahora en pleno campo, en un lugar desierto, para escuchar su palabra. Allí ofrece Jesús la enseñanza creadora, simiente que debe sembrarse en la tierra (cf. 4, 3-9) y produce mucho fruto. Quizá buscaban otras cosas, pero Jesús empieza regalándoles palabras comprensibles, para que no estén perdidos (como ovejas sin pastor), para que nadie pueda manejarles o engañarles.

c) *Acción segunda: comida* (6, 35-44). Conforme a una visión normal, que parecen asumir los discípulos, podría ofrecerse de un modo gratuito la palabra, pero luego la comida debería reservarse para un grupo de contados familiares. Eso supondría que debemos ser hermanos de palabra, a nivel de ideas que no cuestan, compañeros de teorías. Pero luego, al llegar a la comida, al plano de la mesa, nos hacemos egoístas. Por eso, después que han escuchado y compartido

Mesa común. Sección de los panes (6, 6b-8, 26)

una misma palabra, que habla de comunicar los bienes en teoría, los que han buscado a Jesús deberían separarse, sin compartir de hecho los bienes de la vida. Cada grupo volvería a lo que era, para resolver a su manera los problemas: los que disponen de dinero y pueden comprar comerán; los pobres quedarán sin nada (6, 36). Así piensan los discípulos. Pues bien, en contra de ellos, Jesús vincula palabra y pan compartido.

- *Frente a la palabra separada de los escribas* que actúan como dueños del mensaje de Dios (hecho enseñanza elitista de unos pocos), Jesús ha ofrecido en el desierto una *palabra, dialogada, convertida en pan*, por la que pueden vincularse y se vinculan los hombres, conforme a los dos rasgos de 4, 1-34: *palabra* sembrada y *trigo* de la mesa compartida. Sólo de esa forma recibe densidad y encuentra su sentido la unión de los humanos en familia: los que siguen a Jesús comparten la palabra y panes/peces bendecidos. La misma enseñanza de Jesús es una especie de comida, un alimento que se expande y llega a todos, en estilo «democrático», es decir, universal, si es que se puede utilizar esta palabra. Por eso se vinculan en el texto palabra y alimento, formando así una especie de magisterio integral que quiere enriquecer a toda la persona.

- *También los discípulos quieren separar enseñanza y comida, en la línea de los escribas*. La enseñanza es gratuita y así, gratuitamente, la ha ofrecido Jesús en el lugar desierto. Pero la comida hay que pagarla: por eso, cada uno, después de haber oído la palabra, ha de salir para comprar su alimento en las aldeas vecinas. De esa forma, todo queda como estaba: los que tienen, comen; los que no, se aguantan. Se ignora de ese modo la doctrina de la comunión universal, ofrecida por Jesús en signo de misericordia; los hombres siguen divididos en nivel de comida y bienes materiales, que cada uno ha de comprar conforme a su dinero (6, 35-36). Jesús invierte ese principio, supera esa escisión. La misma doctrina compartida le lleva a compartir el pan, diciendo a sus discípulos: «Dadles vosotros de comer».

Desde esa interpretación de la doctrina, hecha principio de comunión económica, viene a realizarse el «milagro»: Todos comparten los cinco panes y dos peces, y así pueden comer hasta quedar saciados (6, 37-42). La misma enseñanza de Jesús, expresada en forma de comida que se multiplica y comparte, en medio de un lugar desierto, es signo y principio del banquete escatológico. De esa forma hemos llegado al corazón del evangelio. Aquí culminan las visiones, las palabras y esperanzas anteriores: la expulsión de los demonios, la curación de los leprosos, el surgimiento de la nueva familia mesiánica, la parábola o palabra hecha simiente, etc. En el centro del mensaje de Jesús hay una mesa que se abre y comparte de manera gratuita entre todos.

Galilea, Evangelio del Reino (1, 14-8, 26)

Podemos entender ahora mejor el signo de Leví, el publicano, que escuchaba la llamada, y a quien Jesús ofrecía después (a él y a los publicanos) un banquete de solidaridad (2, 13-17). También se comprende ya el gozo de aquellos que no tienen que ayunar porque el esposo está con ellos (2, 18-22). Fiesta de bodas es esta que Jesús inicia en un lugar desierto con aquellos que le siguen, fiesta en la que vienen a ser protagonistas sus discípulos, es decir, la Iglesia:

- *Los discípulos* ponen a disposición de los demás los panes y los peces. De ellos son los peces, pues eran los únicos que habían venido preparados para una estancia más o menos larga en lugar descampado. Ellos los ofrecen, poniéndolos en manos de Jesús, es decir, al servicio de la multitud hambrienta.
- *La Iglesia comparte.* Jesús bendice, pero los discípulos se afanan y reparten, ofreciendo para todos panes y peces, y actuando así como servidores de la mesa escatológica del Reino. Han puesto primero el pan, luego lo sirven. De esa forma, en gesto de gratuidad y de servicio social, los discípulos mesiánicos empiezan a cumplir su verdadera misión al servicio del Reino.

No es la Iglesia la que se aprovecha del pan común, sino a la inversa: Jesús pide a sus discípulos que pongan a disposición de los demás lo que ellos tienen, ofreciendo así no sólo la palabra proclamada, sino también el don de la comida (panes, peces, bienes materiales). En general, los hombres tienen otro modo de hacer cuentas. La Iglesia sabe que ella debe ofrecer a los demás todo lo suyo, en gesto de gratuidad gozosa que multiplica los panes y los peces; darlo todo, esa es su cuenta.

---

(52) Comida 1. Notas de la «multiplicación» (6, 30-44)

Se puede seguir hablando de «multiplicación», porque esa palabra indica una experiencia básica de Jesús (y de la humanidad): el pan compartido «aumenta». Pero lo que importa en nuestro texto no es la mera multiplicación física de panes y peces, sino una experiencia de comunicación profunda, en el plano de la comida, de manera que podemos hablar de alimentación compartida. Éstos son sus elementos básicos:

1. *Es comida para muchos (polloi), es decir, para todos* (6, 31), en contra del banquete selectivo de los puros (fariseos) o los poderosos (Herodes). Vienen de un modo especial los más necesitados (*como ovejas sin pastor, no tienen provisiones*: 6, 34.36). Jesús no excluye a nadie, sobre el campo de la tierra, abriendo espacio universal de comensalía, que se logra a través de

la palabra escuchada y compartida. No empieza proponiendo un sacramento selectivo para bautizados y limpios (nuevamente puros, separados de los malos) como después exigirá la Iglesia en su forma normal de eucaristía. La comida de Jesús es para todos.

2. *Es comida de pan y palabra.* Jesús sabe que no sólo de pan (ni de palaba descarnada) vive el ser humano (cf. Mt 4, 4). Por eso empieza compartiendo la *palabra*, para hacer después lo mismo con el pan y los peces. Una palabra que estuviera cerrada en sí sería ideología; un pan que no estuviera fundado en la palabra dialogada no sería comida verdadera ni signo de encuentro personal, sino ocasión de «caridad» clasista, para mantener sometidos, distanciados, a los más pequeños.

3. *Es comida de panes y peces* (6, 38), alimentos profanos, necesarios para vivir. No se dice nada del *agua*, porque allí (junto al lago) resulta gratuita y abundante. Tampoco se habla aquí de *vino*, bebida de bodas (cf. 2, 22; Jn 2, 1-11), o de la *carne* de ternera o cordero de la pascua, pues vino y carne son lujo, comida de banquete, ajena a la dieta del campo o de los pobres. Pan y pescado forman esa dieta, alimento cotidiano de supervivencia gozosa. Por eso deben distinguirse (para luego vincularse) *las multiplicaciones* (a campo abierto, con panes y peces) y *la eucaristía* (casa privada, grupo de iniciados, pan y vino: cf. 14, 22-26). Sólo si se empiezan compartiendo los panes y peces se puede llegar al pan y vino de la eucaristía.

4. *Comida gratuita* (6, 36-37). Los discípulos de Jesús piensan que la solución sería tener mucho dinero para comprar: ¡que compren (*agorasôsin*: 6, 36) quienes puedan! y añaden que haría falta muchísimo dinero (*unos doscientos denarios*: 6, 37). De esa forma asumen así la lógica del capital y el salario, suponiendo que cada uno ha de arreglarse con lo suyo, unos a espaldas de los otros, de forma que algunos puedan comprar, y los demás ayunen. A ese nivel no habría multiplicación, sino cambio económico, trueque controlado de bienes egoístas. Pues bien, Jesús rompe el esquema monetario, empezando por los miembros de su grupo a quienes dice: «Dadles vosotros... ¿Cuántos panes tenéis?...» (6, 37-38). Supera así la ley del mercado (*comprar*) introduciendo en la Iglesia el principio de la donación y gratuidad activa (*dar*). No hay problema de carencia (los bienes resultan suficientes), sino de participación. Jesús suscita un gesto de donación y vida compartida; por eso empieza pidiendo a sus discípulos (Iglesia) que pongan en común (regalen y compartan) lo que tienen.

5. *Comida de bendición.* En este contexto ha utilizado Marcos un lenguaje celebrativo, diciendo que Jesús «bendice» a Dios y ofrece (comparte) la comida de los necesitados, por medio de la Iglesia. Aquí cobran sentido

las palabras rituales: «Y tomando lo cinco panes y los dos peces, mirando hacia el Cielo, bendijo y partió lo panes y los dio a los discípulos para que los repartieran...» (6, 41). Los sacerdotes bendecían a Dios en un lujoso santuario, sobre el sacrificio elitista y pagado de los animales muertos. Jesús, en cambio, le bendice (*eulogêsen*: 6, 41) en pleno campo, allí donde los suyos con todos los humanos comparten la comida. De esa forma se vinculan de manera inseparable *el culto* (mirar al Cielo en *eulogía o beraká*) y la *comunicación económica* o fracción del pan. Donde tal culto nace, ha terminado el templo, han perdido su función los sacerdotes, ha nacido ya la Iglesia.

6. *Comida pascual, comienzo de la Iglesia*. Los judíos mantenían el recuerdo del *maná*, como alimento sagrado en el principio de su historia: Dios mismo les había sostenido en los cuarenta años de desierto. Ahora, en este descampado (cf. 6, 32) del comienzo eclesial, sobre la hierba verde (6, 39) del nuevo nacimiento, Jesús ofrece a quienes llegan un banquete de abundancia que es don de Dios y contraseña de la nueva comunidad mesiánica. *Los judíos* tienen pueblo, templo y ritos (normas de comida, circuncisión), *los romanos* administradores judiciales y soldados que mantienen el orden militar. Pues bien, *los discípulos de Jesús sólo tienen como propio este signo de comida compartida* que es su ley, su poder y sacramento.

7. *Comida de Jesús y sus discípulos, comida para todos*. Jesús ha ofrecido la palabra, regalando su riqueza a los que viven y mueren desprovistos de riqueza, a los que vagan perdidos sobre el mundo, como ovejas sin entendimiento. Por su parte, los discípulos deben ofrecer los panes y peces de su grupo (vienen preparados como indica 6, 31), compartiendo su comida y casa con los pobres. Jesús quiso hacerles *pescadores de humanos* (1, 16-20), enviándoles para curar y expulsar demonios (cf. 3, 13-19; 6, 7-13). Pues bien, ahora les hace (si vale la ironía) *repartidores de panes y pescado*. Esta es su mayor autoridad, esta su tarea: ofrecer lo propio, organizar los grupos de comida, servir de criados a los otros en el campo (6, 39-42). Por eso, los discípulos tienen que ponerse al servicio de la muchedumbre, ofreciendo sus panes para todos y además sirviéndoles en gesto que funda y ratifica el surgimiento de la nueva comunidad, en torno a la mesa del pan y la palabra. Sólo así consiguen que la *multitud de los que buscan a Jesús y tienen hambre* (*unos cinco mil*: 6, 44) puedan convertirse en *verdadera Iglesia*. Para ello, los discípulos reúnen a la multitud sobre la hierba verde, bajo el ancho cielo, *en grupos de cincuenta o cien* (6, 39-40), *symposia, symposia* (de *symposion*, banquete), en grupos de diálogo y comida compartida. Les reúnen *prasia, prasia*, en corros de comunicación humana, como pétalos

de flor en primavera. La muchedumbre se convierte así en comunidades donde todos pueden conocerse, compartir la mesa y dialogar desde el Reino.

Ésta es una comida de abundancia, marcada por la saciedad de los presentes y la cantidad de sobras, recogidas simbólicamente en doce cestos, signo de las doce tribus de Israel a las que Jesús promete y entrega el pan mesiánico (6, 42-43). A través de sus discípulos, Jesús ofrece alimento a los que vienen, como signo y anticipo de todo Israel, de manera que ellos participan de esta experiencia de pascua cristiana (los cinco mil de 6, 44 han de ponerse en relación con los quinientos de 1 Cor 15, 6). De esa forma invierte la tendencia normal de los humanos, empeñados en lograr la *posesión egoísta de bienes*, en círculos de agresión y respuesta violenta. Jesús no tiene que crear externamente nada nuevo, no trae maná del cielo, no espera codornices milagrosas sobre el campamento de los nuevos israelitas (cf. Ex 16). Lo que él suscita por su entrega pascual es más grande: hace posible esa liturgia de los discípulos que ofrecen su comida a los que llegan, compartiéndola con ellos. Así crea la Iglesia.

c) *Ampliación*. Un texto posterior (Hch 6, 1-6) ha distinguido dos tipos de tareas eclesiales: están por un lado los ministros de la palabra, al servicio de la oración y el mensaje predicado; están al otro los ministros de las mesas, al servicio de huérfanos y viudas. Nuestro texto no permite tal separación. Jesús ha llamado a sus discípulos (6, 35.41) para que expandan y expliciten su palabra y curaciones (cf. 6, 12-13) en forma de servicio material: ofrecen lo que tienen a los otros (sus panes y sus peces), y además les reparten la comida, como servidores. Los discípulos asumen la carga del trabajo, dedicándose a servir a los demás como criados de la fiesta. De esta forma cumplen su función de pescadores del Reino (cf. 1, 16-20), ofreciendo de balde sus peces. De esa forma, los que quieren seguir a Jesús han encontrado mesa puesta en descampado, sobre la hierba verde, en primavera, por grupos bien organizados de gozosos comensales (cf. 6, 39).

Ellos son agricultores, sembradores de palabra en toda tierra: dan sus panes a los otros y les sirven en la mesa. No regala y multiplica Jesús la comida para comprar la voluntad de los que vienen a buscarle, sino todo lo contrario: en expresión de gratuidad y palabra esperanzada ofrece a los hambrientos todo lo que tienen sus discípulos. No encontramos en el texto un ideal de Iglesia miserable. No se ensalza la pobreza en cuanto tal; los discípulos poseen unos panes y unos peces; es bueno que los tengan, para así ofrecerlos de manera gratuita a los que están necesitados. En la hartura de los pobres que buscan a Jesús hallamos aquí señal de Reino. La riqueza de la Iglesia que regala todo lo que tiene es signo primordial del evangelio.

Es evidente, la lectura eclesial posterior ha incluido en el fondo del texto el tema de la eucaristía. Es buena esa expansión, pero ella no implica que se dejen los aspectos materiales, que se olviden el pan y peces concretos de la mesa compartida, para así venir a un tipo de pura comunión espiritual, separada del trabajo y tareas de este mundo. Todo lo contrario: la eucaristía eclesial sólo recibe su sentido, desde Marcos 6, 30-44, allí donde se funda en la experiencia de la mesa eclesial ofrecida generosamente a todos los que vienen. Antes que signo de comida intraeclesial, la bendición del pan de nuestro texto (cf. *eulogesen*) se expande en gesto de comida abierta hacia los hombres más necesitados del entorno. Jesús no da su pan para que coma en soledad su Iglesia, sino para que pueda darlo de manera gratuita a los que vienen.

De esta forma se completa la misión de 6, 6b-13. *Antes* eran los discípulos del Cristo quienes iban buscando y ofreciendo la palabra sanadora a los necesitados, para quedar así en sus manos, esperando que ellos respondieran abriéndoles la casa. Pero *ahora* son los otros, los de fuera, los que buscan a Jesús sin provisiones, como ovejas sin pastor, sin pan y sin palabra; escuchan a Jesús, pero no pueden ofrecerle a cambio nada, pues no tienen casa, ni dinero, ni comida. Lógicamente serán los misioneros (de la Iglesia) quienes deben invitarles a la mesa, pues han venido preparados para mantenerse un tiempo y tienen bienes (comida) para ello.

Éste es el momento en que surge la familia mesiánica, en pleno campo, allí donde se unen todos y no sólo los grandes del banquete de Herodes (6, 14-29). Ésta es la fraternidad universal, gratificante, que Jesús instaura culminando la historia israelita. No es algo casual, que pasó una sola vez, sino el momento central y permanente de la misión de Jesús en Galilea; éste es el lugar y signo al que deben volver los creyentes, tras la pascua (cf. 16, 7).

Conservando un fondo histórico (Jesús ha compartido su comida con la muchedumbre, en zonas abiertas), esta escena se abre en clave pascual y eucarística: sale a nuestro encuentro Jesús resucitado, ofreciendo en (por) la Iglesia su signo de palabra y comida que se vuelve sacramento de su Reino. Por eso, tanto este pasaje como el que vendrá (8, 1-10), han de interpretarse desde el fondo de la entrega de Jesús, ratificada por su eucaristía (14, 22-25) y expandida de forma misionera por su pascua (16, 1-8). Marcos establece así un *camino de ida y vuelta*: lo que dice aquí culminará en la eucaristía; lo que allí diga nos hará volver a este principio.

Precisamente aquí, sobre el campo abierto, en el lugar donde los suyos traducen la palabra común en pan de vida gratuita y compartida, puede surgir la nueva humanidad, en grupos de cien o cincuenta personas (cf. 6, 40), que son las unidades eclesiales básicas de conversación y comida fraterna. En el *primer éxodo* ofreció Dios codornices y maná, por medio de Moisés, para el pueblo israelita, en el desierto. En este *nuevo éxodo* ofrece Jesús panes y peces de solidaridad a los que vienen, que, según el texto son cinco mil «hombres» (*andres*: 6, 44).

Estamos en el centro del proyecto evangélico. Los panes y peces compartidos (que Marcos 8, 1-10 volverá a presentar en un contexto universal) son signo espejo donde viene a condensarse y encuentra su sentido el evangelio, centrado en la experiencia de comunicación que es la Iglesia o comunidad mesiánica, que Jesús edifica en pleno campo, en apertura a todos, sin estructuras sagradas especiales.

Basta para ello su palabra, basta que algunos quieran compartir los panes y peces en su nombre. De esa forma instituye su fiesta de plegaria, bendiciendo a Dios allí donde los suyos comparten la comida (6, 41). Éste es el momento esencial de su liturgia, es decir, de su creación de Iglesia. Por ahora, en este contexto, él no necesita subir como peregrino a Jerusalén, no le hace falta la pascua judía, ni el templo de Salomón, ni la maravilla de los viejos y nuevos santuarios de la tierra. Su templo es la misma comunión de hombres y mujeres que escuchan, se sientan y comparten el pan sobre el campo. Esta es su verdad, el lugar de su comunidad, formada por «cinco mil hombres» (todo Israel: simbolizado por los cinco libros del Pentateuco), una comunidad simbolizada en las Doce cestas sobrantes de comida, para las doce tribus de Israel.

Los discípulos habían ofrecido cinco panes (los libros del Pentateuco) y dos peces (signo más difícil de precisar: quizá juntando los cinco panes y los dos peces tenemos el «siete» que es signo de plenitud). Ahora, al final, recogen doce cestos, es decir, mucho más que aquello que pusieron al principio. Así parecen quedar simbolizados, cada uno de los Doce con su cesto lleno, como servidores del banquete del Reino sobre el mundo.

---

(53) Comida 2. Marcos, un libro de alimentos

El judaísmo implicaba *comunidad de mesa*: eran judíos aquellos que podían compartir en sus casas una *comida limpia*, semejante a la de los sacerdotes de Dios en el santuario: cada casa judía (especialmente farisea) era templo y cada comida un sacrificio. Jesús ha mantenido la importancia de la comida, pero le ha dado un sentido nuevo de universalidad y entrega. Así lo muestra Marcos a través de un evangelio que pudiera titularse *tratado de comida*. Estos son sus aspectos principales:

1. *Comidas de Jesús con pecadores* (2, 13-17), con quienes comparte la mesa, y a quienes Jesús ofrece perdón y solidaridad universal (les promete el Reino).
2. *Trigo para los hambrientos* (2, 23-28): por encima de ley sacral de sábado y templo (y de la propiedad particular) Jesús destaca la comida para los hambrientos (2, 25).

> 3. *Pan para la enferma* (5, 43). Jesús pide a la familia que haga comer a la niña enferma, que ha muerto a los doce años, quizá de anorexia.
> 4. *Penes y peces multiplicados*, alimento para todos (6, 30-44; 8, 1-10). El signo fundante de la Iglesia es la comida compartida y celebrada abiertamente, sobre el campo hecho templo, con panes y peces.
> 5. *Comida de pureza interior*, abierta a los gentiles. Jesús supera un tipo de ley judía, con sus alimentos puros; para él todos los alimentos son limpios (7, 1-23), de manera que su comunidad puede abrirse en ese campo a los gentiles (8, 24-30).
> 6. *Un solo pan basta para todos*, pero ha de ser un pan según Jesús; por eso se debe evitar la levadura del poder (herodianos) y de la pureza exclusivista (fariseos) (8, 14-21).
> 7. *Es comida de entrega de la vida y anuncio universal de evangelio* (14, 3-9). En este contexto unge a Jesús una mujer; en este contexto le dice Jesús que el evangelio se anunciará en todo el cosmos.
> 8. *Es comida de pascua cristiana*, con Jesús hecho pan y vino compartido, invitando a sus discípulos al Reino (14, 22-26).
>
> Los dos últimos textos (de la segunda parte de Marcos) ratifican lo que ha sido su vida y mensaje de evangelio. Por eso la palabra de vuelta pascual a Galilea (16, 7-8) debe recrear en forma de Iglesia los elementos fundamentales de las comidas de Jesús. Marcos testifica así la *eucaristía de la vida*, haciéndonos ver la presencia de Jesús en la comida concreta de solidaridad, perdón y comunicación gratuita.

b) Fantasma en la noche. Paso por el mar y curaciones (6, 45-56)

Tanto el tema del paso por el mar como las curaciones expresan el sentido más profundo de la vida y obra de Jesús en Marcos. Cf. J. P. Heil, *Jesus Walking on the Sea: Meaning and Gospel Functions of Matt 14: 22-33, Mark 6: 45-52 and John 6: 15b-21* (AnBib 87), Roma 1981. Para situar el tema, cf. D. A. Koch, *Die Bedeutung der Wundererzählungen für die Christologie des Markusewangeliums* (BANW 42), Berlin 1975; Q. Quesnell, *The Mind of Mark. Interpretation and Method through the Exegesis or Mark* (AnBib 38), Roma 1969; K. Scholtissek, *Die Vollmacht Jesu. Traditions- und redaktionsgeschichtliche Analysen zu einem Leitmotiv markinischer Christologie* (NTAbh 25), Münster 1992; G. Theissen, *The Miracle Stories of the Early Christian Tradition* (SNTW), Edinburgh 1983.

Ésta es una acción parabólica, proyectada sobre la vida de Jesús, desde un fondo pascual. Vuelve al tema de 4, 35-41, enriquecido desde la experiencia

Mesa común. Sección de los panes (6, 6b-8, 26)

de los panes, con elementos pascuales más precisos. Al fondo late un recuerdo de la historia de Jesús, aunque dominan los motivos eclesiales. La comunidad de Jesús ha debido asumir muchas duras travesías para anunciar el evangelio «en la otra orilla».

    a. (Introducción. Despedida) *⁴⁵Luego mandó a sus discípulos que subieran a la barca y le precedieran hacia la otra orilla, en dirección a Betsaida, mientras él despedía a la gente. ⁴⁶Cuando los despidió, se fue al monte para orar. ⁴⁷Al anochecer, estaba la barca en medio del mar, y Jesús solo en tierra.*
    b. (Difícil travesía. Aparición pascual) *⁴⁸Viéndolos cansados de remar, ya que el viento les era contrario, vino hacia ellos hacia la cuarta vigilia de la noche caminando sobre el mar. Hizo ademán de pasar de largo, ⁴⁹pero ellos, al verlo caminar sobre el mar, creyeron que era un fantasma y se pusieron a gritar. ⁵⁰Porque todos lo habían visto y se habían asustado. Pero habló inmediatamente con ellos y les dijo: «¡Confiad! Soy yo. No temáis». ⁵¹Subió entonces con ellos a la barca y el viento se calmó. Ellos quedaron más asombrados todavía, ⁵²pues no habían entendido lo de los panes y su corazón seguía embotado.*
    c. (Curaciones en la orilla) *⁵³Terminada la travesía, tocaron tierra en Genesaret y atracaron. ⁵⁴Al desembarcar, lo reconocieron enseguida. ⁵⁵Se pusieron a recorrer toda aquella comarca y comenzaron a traer a los enfermos en camillas adonde oían decir que se encontraba Jesús. ⁵⁶Cuando llegaba a las aldeas, ciudades o campos, colocaban en la plaza a los enfermos y le pedían que les dejase tocar siquiera la orla de su manto; y todos los que lo tocaban quedaban curados.*

Jesús y sus discípulos vinieron navegando a un lugar deshabitado para descansar (6, 32). A pie les buscó la multitud, dando un rodeo por tierra (6, 33). Acabadas la enseñanza y la comida, llega el tiempo del retorno. Jesús embarca a sus discípulos a fin de que naveguen a Betsaida y queda solo, en lugar deshabitado, despidiendo a la gente que vuelve por tierra, como había venido (6, 45). Así empieza la escena algo compleja que ahora presentamos y que puede dividirse en tres momentos:

- *Jesús en oración* (6, 46). Se han ido todos, y sube a la montaña para ponerse en actitud de encuentro personal con Dios, en gesto paralelo al de 1, 35.
- *Los discípulos en riesgo* (6, 47-53). Navegan con dificultad en la noche del mar, pues sopla el viento en contra. Ven a Jesús que camina a su lado y tienen miedo. Jesús les tranquiliza, se aplaca el viento y, en vez de llegar a Betsaida como pensaban, desembarcan en Genesaret.
- *Jesús y la multitud* (6, 54-56). No le esperaban, pero le necesitan, le acogen y le traen enfermos de todas partes (como en 1, 32-34), a fin de que les cure simplemente con tocarles.

Galilea, Evangelio del Reino (1, 14-8, 26)

Posiblemente, esos momentos de la escena han de mirarse y entenderse de un modo unitario, como expresión de los tres rasgos de una misma acción dramática cuyo protagonista es Jesús. Los tres están entrelazados y forman como un complemento de aquello que hemos visto en la escena precedente de la multiplicación de los panes. Marcos ha proyectado la experiencia de pascua en la historia de Jesús, como indican los últimos relatos, mirados desde la travesía anterior por el mar (4, 35-41). Así lo muestra el nuevo tema, dividido en despedida, aparición y curaciones:

a) *Introducción. Despedida de Jesús; personajes* (6, 45-46). Esta despedida es el fin de la escena anterior. Se ha reunido (se ha creado) la comunidad en torno a los panes compartidos, en anticipación gozosa de la parusía. Ha terminado la celebración, sigue el camino. Por eso es importante organizar la despedida:

- *Jesús embarca a sus discípulos*, haciéndoles pasar hacia Betsaida, en Galilea (6, 45). Tiene que seguir con ellos y educarles para nuevas travesías. Por eso les sitúa en el lugar del riesgo, allí donde el trayecto es más difícil: en la barca de su Iglesia, cruzando el mundo entendido como un mediterráneo (océano interior donde se encuentran y vinculan por mar todas las tierras). Les deja solos, en evocación de pascua.
- *Despide (apolyein) al pueblo* (6, 45b-46a), en gesto de *adiós* que define el nuevo tiempo de maduración y compromiso de la Iglesia. La gran comunidad está formada. Los cinco mil participantes de la mesa del desierto son el germen de una Iglesia que puede y debe crecer en todas direcciones.
- *Finalmente, sube a la montaña para orar* (6, 46b), en gesto que debe interpretarse en perspectiva pascual, conforme a una imagen que volvemos a encontrar en la transfiguración (9, 2-9). Es como si hubiera culminado su camino y no tuviera más misión que abrirse a Dios orando. Navega en la noche su comunidad misionera, vuelven a sus casas los invitados. Jesús puede mantenerse en oración de triunfo pascual.

Así quiere detenerse para orar, en soledad que define de manera intensa su experiencia mesiánica (como en la tentación de 1, 12-13 o en la salida mañanera de 1, 35). Rodeado antes de gente, ahora quiere tener tiempo para sí mismo: manda a sus discípulos a casa (a Betsaida, patria de Simón, Andrés y Felipe; cf. Jn 1, 44); despide luego al gentío y busca soledad. Es la caída de la tarde (6, 46). Parece que quiere mantenerse en oración toda la noche, y para eso se adentra en la montaña, lugar de revelación sagrada y encuentro con Dios, como sabe la Escritura y repite el mismo Marcos (cf. 3, 13; 9, 2; 14, 26).

Está en la altura de Dios, pero sus discípulos se afanan y fatigan navegando sobre el mar (hay cierto paralelo en los dos planos del díptico que forma 9, 2-29).

Mesa común. Sección de los panes (6, 6b-8, 26)

Tratábamos ya de la tormenta en 4, 35-41, pero ahora hallamos muchas diferencias. En aquel caso es Jesús quien va en la barca y duerme mientras el mar se encrespa, como queriendo impedir que el grupo llegue a la otra orilla (que es la zona endemoniada); en nuestro caso (6, 47-53) no hay tormenta propiamente dicha, sino simplemente la fatiga del remar con viento adverso en una larga noche, y con Jesús ausente.

El viaje anterior era de tipo misionero (4, 35-41): Jesús quería pasar «al otro lado» donde estaba el geraseno endemoniado. Por eso dominaba el miedo hacia lo desconocido: ¿Quién espera en la ribera opuesta? Jesús estaba dormido, en medio de las olas que amenazan a su Iglesia (comunidad angustiada); los discípulos le llaman, él se eleva, calma al viento con el mar y pueden realizar su misión en la otra orilla. *En cambio, este nuevo viaje será de retorno* (6, 47-52): Jesús ha realizado con los discípulos el gran signo de los panes; ahora son ellos los que deben seguir, navegando sobre el mar de este mundo con su nueva riqueza.

b) *Difícil travesía. Aparición pascual* (6, 47-52). Los discípulos se afanan en la noche, desde el atardecer (*opsias*: 6, 47) hasta la *cuarta vigilia*, cerca ya de la madrugada (cf. 6, 48). Esta es noche entera de navegación difícil (o pesca estéril; cf. Jn 21, 1-14 y Lc 5, 1-11). Sufren los discípulos en barca. Pero el Jesús de la montaña pascual (oración) les ve angustiados y se acerca para sostener su travesía. Esta barca en mar adverso es imagen de la Iglesia que debe realizar su misión desde el recuerdo de los panes.

Es sin duda un recuerdo pascual, proyectado hacia la historia de Jesús y recuperado nuevamente en forma eclesial. La comunidad se identifica con la barca entre las olas: ellos, los cristianos, son grupo misionero de Jesús, atrapado por el miedo, en medio de la noche. *Los antiguos israelitas* nacieron como pueblo en el desierto, habiendo atravesado el gran mar (cf. Ex 14). *Los discípulos mesiánicos* se arriesgan en la noche de ese mar; esta es su prueba, el signo de su tarea misionera sobre el mundo.

- *Viendo a sus discípulos sufriendo, Jesús viene en su ayuda sobre el mar* (6, 48). Tiene compasión, no puede abandonarles: desde el fondo de su plegaria en la montaña, desde su más fuerte novedad de pascua, sigue ayudando a su Iglesia en la travesía misionera (cf. Jn 21, 4).
- *La aparición suscita al principio un gran terror* (6, 49). Parece que Jesús quiere pasar de largo; ellos no le reconocen, tienen miedo, como alucinación en la noche. A modo de experiencia colectiva de pánico (¡aterrorizados por Cristo!) va desplegándose la escena (6, 48-50a), que remite a la visión final de las mujeres de pascua, dominadas igualmente por el miedo en 16, 7-8 (cf. Ex 14, 11-12).

- *Jesús se manifiesta superando su terror y calmando el viento adverso.* Por eso dice a los discípulos: «*¡Confiad*, yo soy, no temáis!» (6, 50). Son las palabras del Señor (Yahvé) cuando ofrecía su ayuda a los necesitados, orantes, perseguidos. Son palabras que repiten y actualizan el *¡Egô eimi!*, *yo soy*, del Dios que dice su nombre y ayuda a sus creyentes, ofreciéndoles su fuego (verdad) desde la zarza ardiente, por Moisés (cf. Ex 3, 14). Quizá debamos avanzar aún y recordar que estas palabras (*¡no temáis!*) sostuvieron al pueblo israelita en el mar Rojo (cf. Ex 14, 13). Éste es el nuevo éxodo del pueblo de Dios.
- *Los discípulos no entienden, están fuera de sí (existanto), como las mujeres de la pascua* (comparar 6, 51 y 16, 8). Ambas escenas deben vincularse, pues nos ponen ante un Cristo que no está presente al modo antiguo (no duerme en la barca, no yace en el sepulcro), sino que aparece superando el riesgo del viento del mar (tema de Ex 14, 21, quizá evocado en Marcos 6, 48). Viene Jesús desde la montaña de su pascua, como Señor que supera la furia de los elementos y ofrece salvación al pueblo de la Iglesia.

Todo parece indicar que nos hallamos ante un signo pospascual, con un Jesús glorificado (en la montaña de Dios) y un grupo eclesial que se cansa y tiene miedo, en la barca de la pesca, es decir, de la misión cristiana, dura y fuerte (cf. 1, 16-20), sobre el duro mar del mundo En esa perspectiva puede comprenderse mejor la imagen de un Cristo que avanza sobre el agua, llega hasta los mismos remeros fatigados y les dice en voz de calma: «Confiad, soy yo, no tengáis miedo» (6, 50). Sea como fuere, la escena se proyecta sobre el pasado de la historia de Jesús y nos vale, al mismo tiempo, para comprender mejor la fuerte travesía de la Iglesia, en la noche del tiempo, sobre un mar adverso.

Es casi el momento de la madrugada (cuarta vigilia de la noche, dice 6, 48), momento propicio a las alucinaciones, y Jesús mismo aparece avanzando sobre el mar, acercándose a la barca, en ademán de adelantarla ¿No es esta una imagen de la Iglesia? Sea como fuere, esta imagen evoca la experiencia de muchos que se sienten enviados y, mientras permanece Jesús en la montaña de su contemplación (su pascua), se fatigan en el mar y tienen miedo de caer en manos de fantasmas. Fantasma parece además este Jesús que va avanzando sobre el lago, es como una alucinación su figura en medio de la noche cansada, con gestos que pueden acercarnos al relato de Jn 21.

Entendida así, esta navegación retardada en medio de la noche, con el Cristo lejano o fantasma, parece referirse a la llamada o aventura misionera de la Iglesia. Jesús ha dicho a sus discípulos que vayan; les ha embarcado en la frágil noche, ofreciéndoles palabra de compañía (y diciéndoles que se verán en Betsaida), pero luego les deja en soledad, encerrados en su propia fatiga y en la barca de su miedo, donde parece que sufren «alucinaciones». Esta experiencia de Jesús en la noche, sobre el mar encrespado, ha tenido mucho influjo en la Iglesia antigua.

Mesa común. Sección de los panes (6, 6b-8, 26)

De lo contrario no se habrían escrito y transmitido en Marcos. No es el mar el que en este caso les mete miedo. El miedo viene de Jesús, que aparece como un fantasma, unido al largo cansancio de una noche en que no avanzan sobre el lago (en Jn 21 no han pescado pez alguno). En esta situación se encuentran y debaten con peligro de perderse o naufragar en su propio desaliento, convertido en grito y conmoción intensa (cf. 6, 49-50).

Es entonces cuando habla Jesús, acallando los gritos y aquietando la angustia de sus discípulos No se trata de calmar el mar externo, sino de aquietarles a ellos. Ellos eran portadores de la auténtica tormenta, ellos deben ser curados: «Confiad, soy yo, no tengáis miedo» (6, 50) Ésta es la palabra creadora y reconciliadora de un Jesús que anima a sus discípulos en medio de la noche adversa. Esto es exponencial pascual, esto es nuevo nacimiento de la Iglesia, tal como había prometido el Joven de la tumba abierta en 16, 6-7.

Sube Jesús a la barca, y cesa el viento, el externo y el interno (que quizá no se distinguen). Los discípulos se extrañan, salen fuera de sí (*existanto*: 6, 51), en palabra que recuerda al éxtasis que sienten las mujeres de la pascua (16, 8). La experiencia de Jesús sobreviene como una sacudida, un miedo primero (tumba vacía, tormenta) que sólo se trasciende y se supera con otro miedo segundo o más grande ante el mensaje pascual o la presencia de Jesús en la barca, si es que seguimos comparando nuestro texto con 16, 1-8, cosa que a mi juicio resulta ilustrativa. En este contexto de ruptura superior y desconcierto sumo ha ofrecido el redactor su comentario, diciendo que tenían miedo:

- Pues no habían comprendido lo de los panes,
- sino que estaba su corazón eneguecido (taponado) (6, 52).

Estas palabras han trazado un tipo de relación luminosa entre el milagro de los panes (ya visto en 6, 30-44) y la presencia de Jesús en la fatiga nocturna de los suyos (6, 47-53). Ellas indican que el mismo Jesús que da a su Iglesia pan para compartir con los hambrientos (y lo multiplica) es quien alienta a sus discípulos en medio del cansancio y les sostiene para que así puedan llegar hasta Betsaida. Descubrir la relación de esos gestos (pan en el campo, presencia tranquilizadora en el mar de la misión) es el principio de aquella comprensión más alta que Marcos 4, 11 y 8, 17-21 han presentado como riqueza de la fe. El mismo Jesús que alimenta a los hombres sostiene a la Iglesia en la fuerte travesía de la noche sobre el mar. Quien esto ha comprendido, entiende a Cristo, conoce el evangelio.

Marcos ha unido historia y pascua. Por eso dice, como volviendo al tiempo anterior, que Jesús subió a la barca y cesó el viento contrario, confirmando a los discípulos en medio de la dura travesía. La respuesta que les ofrece es el recuerdo del *signo de los panes*, pues sólo ella resuelve los problemas. Todo el evangelio

Galilea, Evangelio del Reino (1, 14-8, 26)

se condensa en ese signo, pero los discípulos no entienden; siguen aferrados a sus miedos, amenazados ante el viento adverso, imaginando fantasmas en la noche. Si lo hubieran entendido podría ya acabar el evangelio. Pero no lo han hecho todavía; no conocen a Jesús, no han confiado en su camino, están como perdidos en el mar de un mundo adverso.

Frente a toda evasión intelectual o misticista, frente a toda manipulación social o religiosa, Jesús ha vinculado la verdad del ser humano a la *comprensión de los panes* compartidos, en signo de bendición. No está en juego un problema «económico», sino un misterio de comprensión integral, en la línea de 4, 1-32.

- *Las parábolas* se comprenden sólo en gesto de *conversión*: es preciso que el ser humano *vea* (*horaô*) y *entienda* (*syniêmi*) de forma diferente, cambiando su existencia (cf. *epistrephô*: 4, 12), a través de un *conocimiento integral* que afecta a toda la persona.
- *Los panes son ahora el tema de la parábola (o palabra) de Jesús*. Una vez que ha ofrecido los panes, Jesús puede dejar a sus discípulos en la barca misionera, en medio de la noche. Pero ellos *no han entendido* (de nuevo con *syniêmi*), pues tienen el corazón *obturado* (*pepôrômenê*). En el fondo, no han querido cambiar; han preferido mantener su vida antigua (6, 52).

El signo de los panes ofrecía a los discípulos, un modo nuevo de entender y realizar la travesía de la vida. Por eso, Jesús les ha dejado en el mar, como *pescadores*, *nagevantes* de pascua (cf. 1, 16-18), pero ellos siguen ignorando y él vuelve en su ayuda, al final de la noche. Hubiera sido mejor no tener que hacerlo; que hubieran entendido, sabiendo navegar con la seguridad de los panes. Pero no lo han hecho, siguen ciegos, y Jesús ha de venir a corregirles y curarles. La Iglesia parece amenazada, como barca que no logra pasar a la otra orilla, con Jesús en la montaña, con el viento adverso... Pero ella posee el mayor de los tesoros, los panes compartidos que son signo de comunión, fuente de confianza, presencia de Jesús resucitado.

---

(54) Barco en el lago. Misión cristiana

El barco es símbolo de pesca escatológica (cf. 1, 16-20) y envío misionero. Los discípulos pescadores se vuelven en Marcos navegantes: atraviesan una y otra vez el mar de Galilea, concebido como un mar interior que vincula los pueblos. Es normal que el barco actúe como un signo privilegiado de la Iglesia: por un lado separa a Jesús de la gente, para que no le aplaste la muchedumbre; por otro lado le pone en relación de contacto sanador con ella (3, 9-10). Desde ese fondo entendemos mejor los grandes relatos del barco (de la Iglesia) en Marcos:

> 1. *Barco para navegar a la orilla del geraseno* (4, 35-41). Evidentemente, se desata la tempestad, los discípulos temen a la tierra de los gerasenos (endemoniados, paganos). Pero Jesús, que parece dormido en la popa, calma el viento y las olas. Éste es viaje misionero, de apertura a los gentiles. La Iglesia es comunidad navegante: no se establece en torno a un templo, un edificio de piedra, un lugar santo; su signo es el barco que navega a nuevas tierras.
> 2. *Para ir al lugar de la multiplicación de los panes* (6, 32). Navegan hacia un lugar solitario, pero muchos les siguen y Jesús les alimenta. Vuelven los discípulos solos en la barca y tienen miedo, ven a Jesús como fantasma: no han entendido el signo de los panes, ni el sentido de su pascua (6, 45-52), pero Jesús les ofrece su presencia y les pacifica.
> 3. *Barco con pan* (8, 14-21). Después de la segunda multiplicación, Jesús y sus discípulos se embarcan para Dalmanuza (8, 10) y, tras la controversia con los fariseos (8, 11-13), vuelven a embarcarse *con un solo pan* a bordo. Sobre ese pan dialogan, discuten: una barca de vida y misión, con un pan que es Jesús (comida compartida para todos los humanos), eso es la Iglesia según Marcos.
>
> En la segunda parte de Marcos (desde 8, 27) no hay más barco. Es lógico. Lo que había sido navegación misionera y pan compartido en Galilea se hace camino de subida y muerte en Jerusalén (cf. 8, 27; 10, 17.32.52). Culminado ese camino, Jesús enviará a sus discípulos a Galilea, para hacerlos de nuevo (para siempre) barco de Iglesia que se abre a todas las naciones (14, 28; 16, 7-8).

c) *Curaciones en la orilla* (6, 53-56). Culmina la travesía y vuelven a la ribera israelita. Les espera la muchedumbre (como en 1, 32-34; 3, 7-12) y Jesús va curando a los enfermos. Todavía no conocen la verdad del evangelio, pero sufren muchos males y Jesús les cura, dejándose *tocar*. De esta forma se completan los motivos de 6, 30-44 y aparece la trilogía de necesidades humanas y acciones salvadoras de Jesús: (a) *Palabra* (6, 33). Al descampado habían asistido las personas sanas, capaces de largos caminos. Allí les había ofrecido Jesús *su enseñanza*, en siembra de evangelio (cf. 1, 14-15; 4, 1-20). (b) *Pan* (6, 35-44). La palabra se expandía por los panes, en gesto de comunicación integral, pues ella sólo es verdadera cuando capacita a los humanos para compartir el mismo pan. (c) *Salud* (6, 55-56). Palabra y pan culminan en la curación, como indicaba 1, 21-28, definiendo el evangelio como *enseñanza nueva con poder* para transformar al ser humano.

La *palabra* que actuaba en los *panes* se vuelve fuerza *sanadora*, vinculada a la forma de *tocar y ayudar* en solidaridad que vence los tabúes y distancias corporales que imponía el judaísmo. Curaciones y panes expresan un mismo proyecto de comunicación donde se vinculan *comer juntos* (panes compartidos) y *curarse* (presencia sanadora de los cuerpos). La *hemorroísa* tocaba el manto de Jesús, quedando curada (5, 28); ahora vienen *todos* y quieren repetir su gesto, para introducirse en la intimidad corporal de Jesús, siendo así curados (6, 56).

Dos rasgos resultan significativos en este contexto. (a) Las camillas o *krabatta* (6, 55) en que yacen los enfermos, recordando de esa forma al paralítico de 2, 1-12, llevado también en un *krabatton*. (b) El gesto de *tocar el manto*, que recuerda el gesto de la hemorroísa de 5, 24b-34. Es como si hubieran estado esperando muchos paralíticos y enfermos de la sangre, hombres y mujeres que no pueden andar, que están impuros a los ojos de todos los que viven a su lado. Pues bien, en un momento dado, superando los rituales religiosos, rompiendo los tabúes y los miedos de la enfermedad y pecado, esos varones y mujeres del subsuelo salen a la calle y vienen a ponerse sobre el mismo espacio abierto (las ágoras) por donde tiene que pasar el profeta nazareno, rechazado de su pueblo. Así se completa el gesto de su gracia, el don del pan y la salud (uniendo todo: 6, 1-56). Es evidente que esa actitud puede suscitar y suscita el rechazo de las autoridades religiosas que vienen de Jerusalén.

Algunos exegetas, influidos por un idealismo ambiental, han pensado que ese gesto es magia: estaríamos ante un Jesús primitivo que cree en los poderes de un contacto físico de tipo sobrenatural, que ignora las más duras realidades de este mundo donde sólo influyen de verdad las leyes de la ciencia. Pues bien, en contra de eso, Jesús nos reconduce al origen de la vida, al lugar donde el más hondo y verdadero ser humano nace y crece (madura y se realiza) en contacto personal. Desde esa perspectiva estudiaremos en su lugar los textos de los niños que Jesús *abraza* (10, 13; cf. 9, 33-37).

c) Pureza y libertad. Discusión sobre las comidas (7, 1-23)

Visión general en J. J. Pilch, *A Structural Functional Approach to Mark 7*, Forum 4, 3 (1988) 31-62. He presentado las tradiciones básicas del judaísmo del tiempo de Jesús en *Dios judío, Dios cristiano*, Verbo Divino, Estella 1996, y en *Antropología Bíblica*, Salamanca 2006, 356-367. Temática de fondo, desde el judaísmo, en J. Neusner, *Judaism in the Matrix of Christianity*, Fortress, Philadelphia 1986; Id., *The Idea of Purity in Ancient Judaism with a Critique by M. Douglas*, Brill, Leiden 1973; Id., *A History of Mishnaic Law of Purity* (22 vols.), Brill, Leiden 1974/77; S. Safrai-M Stern (eds.), *The Jewish People in the First Christian Century* (CRJ ad NT 1-2), Assen 1974/76. Desde diversas perspectivas, cf. Booth, *Jesus* (con bibliografía en págs. 253-258); J. Klausner, *Jesús de Nazaret*, Paidós, Buenos Aires 1971, 363-411; J. Lambrecht, *Jesus and the Law. An Investigation of Mark 7, 1-23*, ETL 53 (1977) 24-52; H. Hübner, *Mark 7, 1-23 und das «jüdisch-hellenistische» Gesetzverständnis*,

Mesa común. Sección de los panes (6, 6b-8, 26)

NTS 22 (1975/6) 319-345; Sanders, *Jesús; Judaism. Practice and belief 63BCE - 66CE*, SCM, London 1982, 213-241; E. Schürer, *Historia del pueblo judío en tiempos de Jesús* II, Cristiandad, Madrid 1985, 615-630. Para un estudio comparativo concreto del catálogo de vicios de 7, 20-23, con paralelos judíos, helenistas y paulinos, cf. Taylor, *Marcos*, 406-408; Pesch, *Marco* I, 592-595; Gnilka, *Marcos* I, 332-333. Esos «vicios» pueden compararse con los que ha desarrollado Ap 22, 15; cf. 21, 8, como he mostrado en *Apocalipsis* (GLNT), Estella 1999.

Texto de *controversia jurídica*, en torno a ley de comidas. Recoge la ordenación fundamental de la Iglesia sobre la pureza exterior (alimentos) e interior (corazón). Asume tradiciones de la historia de Jesús, pero las recrea desde la historia y situación posterior de la Iglesia, en discusión con un judaísmo que tiende a centrarse en torno a unas leyes de separación centradas en la Misná.

En el principio de la discusión están los escribas, es decir, las autoridades legales de Jerusalén (del judaísmo oficial), encargadas de velar por la ortodoxia práctica del pueblo, que ya habían acusado a Jesús de haber hecho un pacto con el diablo (3, 22). Ahora vienen de nuevo, desde la misma capital del judaísmo, unidos con los fariseos locales, a quienes hemos visto acusar a Jesús ya en 2, 24 y 3, 6, para combatir a sus discípulos porque no cumplen los rituales de separación social y alimenticia de la tradición (7, 1-2). Se unen de esa forma escribas y algún tipo especial de fariseos, como parece haber sucedido ya en 2, 16, cuando acusaban a Jesús de comer con pecadores, sin guardar por tanto la separación legal y socio-religiosa prescrita para los judíos. No critican directamente a Jesús, a quien hallamos de algún modo por encima de la discusión, sino a sus seguidores o discípulos, lo mismo que en 2, 23-28, cuando les condenan por no guardar el sábado.

Evidentemente, estamos ante una antigua disputa eclesial entre judíos y cristianos, o quizá también entre cristianos que han universalizado el camino de Jesús, separándose por tanto de las observancias particulares de la ley judía, y judeocristianos que siguen aferrados al nacionalismo religioso de los ritos alimenticios y sociales de la tradición judía. Éste ha sido un motivo de fuerte contraste en la primera Iglesia, como muestran Hch 15 y Gal 2 (con otros testimonios de Mateo y Lucas).

Es difícil precisar la cuestión histórica de fondo. Baste con saber que el joven de la pascua ha dicho a las mujeres que salgan de Jerusalén (donde sólo hay una tumba vacía, el recuerdo de una muerte) y vuelvan a Galilea para reconstruir el camino de Jesús (16, 6-7). Pues bien, a esa misma Galilea han llegado los emisarios de Jerusalén, dispuestos a controlar y reconvertir desde la ley judía a los cristianos, es decir, a los discípulos de Jesús. Con palabra creadora y soberana, Jesús defiende a sus discípulos, y al hacerlo se presenta como verdadero intérprete del mandato de Dios (*entolēn tou Theou*), que es la Escritura frente a las tradiciones (*paradosis*) posteriores de los hombres (cf. 7, 8).

Retomamos el motivo de 2, 23-28: Jesús interpretaba allí, en clave de libertad creadora, el relato en que David comía los panes de la proposición; ahora (7, 1-23) recrea y actualiza para sus discípulos, en forma de polémica anti-legalista, toda la Escritura. Nos hallamos de nuevo ante el Jesús hermeneuta que defiende a sus discípulos apelando a una lectura más profunda y libre de la misma ley escrita.

En este contexto es significativo el hecho de que Jesús quiera apoyarse en un tipo de profecía que pudiéramos llamar «antilegalista» (cita de Is 29, 13 en Marcos 7, 6-7) para interpretar desde ella la palabra fundante de la ley: honrar a los padres (cita de Ex 20, 12; Dt 5, 16 en Marcos 7, 10). También es importante su esfuerzo por fundar la novedad del hombre mesiánico más allá de las disposiciones mosaicas (especialmente del Levítico), para iluminar su vida desde el principio de la creación (Gn 1-2). El Jesús de Marcos 7 viene a presentarse de esa forma como verdadero Adán (en la línea de 1, 12-13), en claves y caminos que de un modo convergente han recorrido otros intérpretes del NT, como Pablo, Mateo y Juan.

El texto puede dividirse en tres secciones: 1) *Acusación de fariseos y escribas* contra los discípulos de Jesús porque no guardan la pureza en las comidas (7, 1-5). 2) *Respuesta de Jesús* que critica a sus críticos, diciendo que no cumplen el mandato fundamental de Dios (7, 6-13). 3) *Enseñanza general sobre la pureza*, explicada después a los discípulos (7, 14-23).

---

(55) Un modo de comer: fariseos, bautistas, cristianos

Mc 7, 1-23 retoma, en otro plano, el tema de 2, 18, donde se dice que fariseos y bautistas ayunan, mientras que los discípulos de Jesús no lo hacen. En el fondo está el tema de cuándo, cómo y con quién comer. En este contexto (desde una perspectiva quizá posterior, donde los fariseos, bautistas y cristianos aparecen como grupos organizados), se puede trazar un esquema en tres grupos:

1. *Fariseos* (¿y esenios?): (a) *Ayunan*: Guardan ciertos días de penitencia, es decir, de expiación (Lv 16, 29-31) o duelo nacional y/o familiar. (b) *Comen* alimentos cultivados y sus comidas comunitarias, con pan y vino, son signo sagrado de Dios y esperanza de salvación. (c) *Rechazan* las comidas impuras (cerdo, sangre, animales ofrecidos a los ídolos...). (d) *Manera*. Comen en estado de pureza, lavándose las manos antes de hacerlo, y siempre en compañía de otros hombres puros. De esa forma se separan de los no observantes (judíos impuros y todos los gentiles).

2. *Juan* (y otros bautistas). (a) *Ayunan siempre*, no en tiempos especiales, oponiéndose al pecado del pueblo y de la humanidad, concebida como impura. Así pueden vincularse con los que pasan hambre, por razón de la injusticia

social. (b) *Comen sólo alimentos silvestres*, en actitud de protesta contra-cultural (los alimentos cultivados/vendidos son patrimonio de los más ricos) y quizá de retorno a una vida de naturaleza. En esa línea, compartir los alimentos injustos no es para ellos sacramento de Dios (c) *Rechazan* los alimentos culturalmente contaminados, como el pan y el vino. Por eso, anuncian el juicio, no expresan el Reino. No podrían celebrar la eucaristía. (d) *Manera*. No se sabe si se purifican antes de comer y si sólo comen con otros que se encuentran en estado de pureza (como en Qumrán), aunque no parece probable que lo hagan.

3. *Jesús* (y los cristianos o mesiánicos). (a) *No ayunan*: Rechazan la visión penitencial de la existencia. Entienden y celebran las comidas como signo de Dios, pero han de ser comidas abiertas a los pobres, sin distinciones de pureza-impureza, como en las multiplicaciones (cf. Mc 6, 34-46; 8, 1-2 par). (b) *Comen y beben*, en medio de un mundo injusto, no para avalar la injusticia, sino para iniciar un camino de revelación de Dios (de Reino), compartiendo el pan y los peces (multiplicaciones) y el pan y el vino con los necesitados, por alegría y por solidaridad. En ese contexto ellos pueden afirmar que está presente el novio: el amor es más fuerte que la injusticia; la creación de Dios supera a la injusticia de los hombres (cf. Mc 2, 19). (c) *No rechazan ningún alimento*. En principio, comen de todo, superando así, como había hecho ya Juan, un tipo de leyes de pureza que ratificará el rabinismo posterior en la Misná. En esa línea, la Iglesia de Jesús superará pronto el régimen de comidas puras e impuras (cf. Hch 15), aunque quedará en el fondo el tema del ayuno por la ausencia del novio (cf. Mc 2, 20), que puede vincularse al ayuno por solidaridad con aquellos que sufren (o no pueden comer). (d) *Manera*. Comen con impuros, como resulta evidente en las multiplicaciones, donde resulta imposible imponer unos cánones de limpieza formal a todos los que vienen (8, 30-44; 8, 1-10).

Este esquema (que compara a los cristianos con fariseos y bautistas) nos recuerda que la historia de Jesús no desembocará en un sistema de creencias, sino en un proyecto y programa de comidas (es decir, de Reino).

1. Acusación judía. Normas de comida (7, 1-5)

a. (Ocasión) *¹Los fariseos y algunos escribas procedentes de Jerusalén se acercaron a él ²y observaron que algunos de sus discípulos comían los panes con manos impuras, es decir, sin lavárselas.*

b. (Paréntesis explicativo) *³Es de saber que los fariseos y los judíos en general no comen sin antes haberse lavado las manos meticulosamente, aferrándose a la tradición de sus presbíteros;* ⁴*y al volver de la plaza, si no se bautizan no comen; y observan por tradición otras muchas costumbres, como los bautismos de vasos, jarros, bandejas y lechos.*

c. (Pregunta) ⁵*Así que los fariseos y los escribas le preguntaron: «¿Por qué tus discípulos no proceden conforme a la tradición de los presbíteros, sino que comen el pan con manos impuras?».*

Fariseos y bautistas preguntaron ya sobre el ayuno (2, 18). Ahora lo hacen fariseos (quizá de Galilea) y escribas que vienen de Jerusalén (como en 3, 22), con autoridad oficial, para inspeccionar la conducta de las comunidades cristianas (que aparecen así vinculadas al judaísmo). Su cuestión nos sitúa en el centro del mundo rabínico que está ya surgiendo, tras la caída del templo (70 d.C). He dividido el pasaje en tres partes. (a) *Ocasión* (7, 1-2). Fariseos y escribas observan la impureza alimenticia de los discípulos. (b) *Paréntesis explicativo* (7, 3-4). Marcos explica, en un aparte literario, las normas de pureza del judaísmo de los escribas. (c) *Pregunta concreta* (7, 5). Fariseos y escribas plantean a Jesús la cuestión de la pureza.

a) *Ocasión* (7, 1-2). Ellos (fariseos y escribas) mantienen la tradición de los *presbíteros* o antepasados, que aparecen como padres fundadores, guardianes de la historia y garantes de la identidad actual del pueblo. Por eso defienden la vieja *Ley Escrita* (Pentateuco, Biblia hebrea) y la completan y/o explicitan con la *Ley Oral*, fijada por las tradiciones que los escribas cultivan con esmero, siendo después codificadas (siglo II d.C.). En el fondo identifican *mandamiento* de Dios y *tradición de los presbíteros* (*paradosis tôn presbyterôn*: 7, 3) como exige la Misná.

Así han trazado en torno al pueblo una especie de *valla de seguridad* (cf. Misná, *Abot*, 3, 13), un muro de protección que les permita vivir en santidad y pureza, tanto en plano personal (cada uno cumple la Ley) como a nivel comunitario (esa Ley identifica y distingue al pueblo). Dios mismo se revela por la tradición, de tal manera que la fe en Dios aparece como experiencia de vinculación nacional a través de los ritos (tradiciones) de los presbíteros.

La ley se explicita en forma de *comunidad de mesa*, pues ella distingue alimentos (puros e impuros) y fija la manera en que deben prepararse y consumirse, en un entorno de purificación ritual (lavatorios o bautismos), que convierte la comida en sacrificio sacerdotal. La casa y mesa de los judíos ha venido a convertirse de esa forma en templo. Por eso, ellos deben purificarse para comer y no pueden sentarse a la mesa con los gentiles, sobre todo en los días de fiesta. Desde este fondo han planteado su objeción los escribas y fariseos. Jesús ha compartido la comida en descampado (con todos), sin sujetarse a las normas de pureza y se ha dejado tocar por los impuros (enfermos).

Lógicamente, en la línea del antagonismo anterior (cf. 2, 1-13; 2, 23-3, 6; 3, 22-30) los responsables del puro Israel le critican. *Jesús y sus discípulos comen el pan con mano impura* (7, 2.5). Para ellos, lo que importa es la multiplicación, pan compartido. Lógicamente, el ritual de purificación de comidas les parece secundario. *Los fariseos y escribas de Jerusalén acentúan la pureza sobre la multiplicación.* Por eso consideran esenciales las normas de separación nacional/ritual, no sea que se mezcle lo puro con lo impuro, el judaísmo y los gentiles.

b) *Paréntesis explicativo* (7, 3-4). El fariseísmo quería extender a todo el pueblo unas normas de pureza del Levítico, que en principio regulaban la conducta de los sacerdotes en el templo. No está en juego ningún dogma sobre Dios, sino un rito de comunicación en torno a la comida. Aquí se distinguen y separan dos formas de entender la tradición: *Jesús* ofrece su alimento compartido a todos, rompiendo para ello las normas de comensalía ritual intrajudía. Le preocupan los pobres: que todos los humanos puedan compartir el don del Reino, expresado en la comida. *Escribas y fariseos* acentúan la importancia de la pureza ritual. Mientras Jesús ofrece un proyecto universal de mesa compartida, ellos siguen discutiendo sobre normas de comensalía nacional.

La dificultad no está en disputas conceptuales sobre propiedades genéricas de Dios (amor, bondad, justicia...), que nadie niega ni discute en ese plano. Esa dificultad no se halla tampoco, por ahora, en cuestiones sobre el carácter dogmático del mesianismo de Jesús, que tampoco han preocupado de manera directa a judíos y cristianos del principio. La dificultad está en el modo de crear y sostener una comunidad religiosa (y social) en medio de un mundo amenazante. De forma expresa, los escribas de Jerusalén basan su función y la misma identidad nacional en dos normas básicas:

- *La tradición de los ancianos* (*paradosis tôn presbiterôn*). Un pueblo vive de tradiciones que todos respetan. Por eso es fundamental la autoridad de los ancianos, de los padres y garantes de las normas que definen la vida del conjunto. Ésta es la línea de sustentación vertical que ya Eclo 44–50 había resaltado con gran fuerza; es la actitud que ha tomado como base el Tratado de los Padres de la Misná: «Moisés recibió la Torá desde el Sinaí y la transmitió a Josué, Josué a los ancianos, los ancianos a los profetas, los profetas a los hombres de la Gran Asamblea...» (*Abot*, 1). Allí donde esta línea de tradición se quiebra, allí donde alguien rompe esa unión vital con los ancianos (padres fundadores), el judaísmo se destruye. Se puede discutir y se ha discutido todo lo imaginable en la sinagoga de aquel tiempo, menos la autoridad de la tradición de los ancianos. Jesús no ha discutido nada (o casi nada), pero ha prescindido de esa autoridad: por eso mismo resulta peligroso.

- *Los «judíos» comen el pan con mano pura*. El conjunto de purificaciones alimenticias, codificadas en su forma inicial por Lv 11–15, y luego expandidas y concretadas por la tradición de los escribas (como indica el mismo Marcos 7, 1-23), tiene dos finalidades principales. (1) Por un lado, mantiene la pureza legalista de los alimentos, de manera que los judíos sólo pueden comer aquellos que, según la tradición, Dios mismo ha permitido o ha querido que se coman. (2) Por otra parte, suscita y defiende la pureza exterior del pueblo, que se separa de los otros pueblos de la tierra, no pudiendo mantener con ellos comunión de mesa o de familia. Los judíos observantes fueron construyendo de esa forma un tipo de alambrada o muro de separación con una ley que dicen que es divina. Todos los judíos tienden a convertirse de esa forma en fariseos (separados) para mantener su identidad sacral (pureza); no comen ni conviven con los otros.

Éste ha sido el problema principal que han encontrado los cristianos desde el mismo momento en que han querido expandir el mesianismo de Jesús hacia los pobres y enfermos del entorno, como ya hemos visto al ocuparnos de los temas anteriores (6, 30-44 y 6, 45-56). Ahora advertimos que hay un gran problema (como un viento contrario) que dificulta el avance del mensaje (6, 47-53). Para alimentar de manera real a los hambrientos, para acoger y curar en hondura a los enfermos que vienen de todas partes (no se puede controlar de donde, ni trazar cordones religioso-sanitarios de pureza), los seguidores de Jesús deben superar el gran complejo de las tradiciones de los padres.

Aquí se fija la separación entre judaísmo cristiano y judaísmo rabínico, que empieza concretarse ya. Jesús insiste en la comida abierta, en gratuidad, en la apertura a los pobres y comunicación universal. Escribas y fariseos acentúan la comida limpia, acentuando la identidad e integración de grupo. Así se plantea el dilema: ¿Compartir los panes con todos o sólo con los miembros del grupo de los puros? ¿Dar primacía a la comunicación universal, con riesgo de caer en algún tipo de impureza, o crear islas pequeñas, resguardadas, de pureza intensa en el mar de impureza de este mundo?

Este problema está al fondo del llamado *Concilio de Jerusalén* (cf. Hch 15) y se expresa de un modo especial en el *evangelio de la libertad de Pablo* (cf. Gal 1-3), empeñado en lograr que todos los cristianos (procedentes de la gentilidad y/o del judaísmo) compartan el pan de manera que el misterio del único Cristo se exprese como *unión familiar* concreta entre los humanos antes separados. Marcos 7, 1-23 nos lleva al lugar de enfrentamiento más intenso de la Iglesia primitiva y ofrece su respuesta partiendo de la misma conducta de Jesús (multiplicación, curaciones).

En la respuesta de Jesús se vinculan dos bases que irán apareciendo en todo lo que sigue. (a) *Principio de universalidad*: todos los humanos pueden y deben compartir la comida mesiánica. En la raíz de ese principio hay más que una experiencia social de solidaridad, más que una doctrina sobre la unidad del logos o del pensamiento en la vida humana; en esa raíz está la entrega de Jesús.

(b) *Principio de interioridad*: la pureza verdadera brota y se mantiene a nivel de corazón (cf. 7, 21). Sólo allí donde los humanos se vinculan en comunidad de mesa puede expresarse de forma completa, perfecta, el valor del corazón como principio del que brotan los buenos pensamientos y deseos.

Esos principios (universalidad e interioridad) expresan la más honda aportación del evangelio. Lo que aquí se pone en juego no son unas verdades teóricas, sino el bien de los pobres (hambrientos, enfermos). Jesús no ha comenzado discutiendo teorías sobre lo puro o impuro, sino curando a los enfermos, ofreciendo comida a los hambrientos... Para defender sus curaciones, para mantener su proyecto de pan compartido, expone ahora su visión de la pureza interior, superando el nivel particular de escribas y fariseos y remontándose al principio de lo humano, a los mandatos primordiales de Gn 1.

c) *Pregunta concreta* (7, 5). Escribas y fariseos no preguntan a los discípulos (que son los que cometen esa trasgresión), sino a Jesús, a quien consideran causante de ella. La pregunta va al corazón del judaísmo: «¿Por qué tus discípulos no proceden conforme a la tradición de los presbíteros, sino que comen el pan con manos impuras?». Conforme a esta pregunta, los cristianos han «abandonado» la tradición alimenticia del juda*ísmo del* entorno, centrada en la pureza de las comidas.

Lo que distingue a los judíos rabínicos y a los cristianos es, en el fondo, una manera de comer. Para los judíos rabínicos la comida es sagrada en sentido ritual: sólo se pueden consumir alimentos puros con una compañía pura. Por el contrario, los cristianos comen todos los alimentos, y no se preocupan por el grado de pureza legal de los comensales. Para ellos, el tema de la comida se sitúa en otro plano: en el plano de la comunicación personal, en el hecho de que todos puedan compartir, a campo abierto (sin imposiciones de pureza) la comida real, los panes y los peces.

---

(56) Presbíteros y tradición

a. Principio. Frente a la Iglesia, que se centrará en los niños (conforme a 9, 33-38), se eleva la comunidad judía, edificada sobre los ancianos o presbíteros que formaban, con sacerdotes (templo) y escribas (ley), el tercer estamento de la autoridad del Gran Consejo de Jerusalén, siendo los primeros o más importantes en la mayoría de las comunidades de la diáspora. En cierto sentido ellos poseen la autoridad suprema del *judaísmo nacional*: son portadores de la tradición, representantes varones (patriarcales) de las «buenas» (ricas) familias, autoridad colegiada, jerarquía vinculada a la experiencia (en principio son ancianos) y al poder engendrador (padres de familia). Marcos los presenta en dos contextos:

- *Aparecen ya en Galilea* como garantes de la tradición, limpieza legal y/o separación del judaísmo (7, 3.5).
- *En Jerusalén* se vinculan con sacerdotes y escribas avalando, como representantes del pueblo, la condena de Jesús (8, 31; 11, 27; 14, 43.55; 15, 1).

b. *Ampliación: ¿Presbíteros cristianos?* Por necesidad social, por mimetismo judío o eficacia administrativa, la Iglesia posterior (extramarcana), ha ratificado en parte la estructura y autoridad de los presbíteros, tanto en Jerusalén (Hch 11, 30; 15, 2.4.6.22; 16, 4) como en las comunidades pospaulinas (cf. Hch 14, 23; 20, 17; 1 Tim 5; Tit 1, 5). Ella ha seguido una dinámica normal en la organización de las sociedades humanas, estableciendo no sólo la autoridad colegial de los presbíteros, sino también la monárquica de los obispos o inspectores (que puede estar evocada en Hch 20, 28; 1 Tim 3, 2; Tit 1, 7). Esa evolución, necesaria en un sentido, debe ser contrastada y recreada desde el testimonio original de Marcos (y los otros evangelios). Es probable que Marcos haya reaccionado contra ese riesgo de jerarquización presbiteral (y masculina):

1. *Frente a la autoridad exterior de los presbíteros* (7, 3.5) establece Jesús la autoridad interior (personal) del corazón (7, 21).
2. *En la comunidad de Jesús no hay lugar para «padres»* (presbíteros varones como signo de poder), sino solo para madres/hijos, hermanos/as (3, 31-35; 10, 28-30; cf. 1, 16-20).
3. *Frente al poder del presbítero eleva Jesús la autoridad del niño* (9, 33-37; 10, 13-16) o pone de relieve la exigencia del abajamiento y servicio (10, 35-46).

2. Respuesta: mandato de Dios y tradiciones (7, 6-13)

a. (Denuncia profética) *⁶Pero él les contestó: Bien profetizó Isaías de vosotros, hipócritas, según está escrito: Este pueblo me honra con los labios, pero su corazón está lejos de mí. ⁷En vano me dan culto, enseñando doctrinas que son preceptos humanos.*
b. (Argumentación legal) *⁸Vosotros dejáis a un lado el mandamiento de Dios y os aferráis a la tradición de los hombres. ⁹Y añadió: ¡Qué bien anuláis el mandamiento de Dios para conservar vuestra tradición! ¹⁰Pues Moisés dijo: Honra a tu padre y a tu madre, y el que maldiga a su padre o a su madre, será reo de muerte. ¹¹Vosotros, en cambio, afirmáis que si uno dice a su padre o a su madre: «Declaro korbán (es decir, don sagrado) lo que puedo deberte», ¹²ya le permitís que deje de socorrer a su padre o a su madre, 13anulando así el mandamiento de Dios con esa tradición vuestra, que os habéis transmitido. Y hacéis otras muchas cosas semejantes a ésta.*

Jesús responde de modo directo, acusando a sus acusadores, en texto de fuerte dramatismo que consta de dos partes principales:

a) *Denuncia profética* (7, 6-7), tomada de Isaías (como en Mc 1, 3 y 4, 12). El texto de Isaías, la interpretación de Jesús, ofrece una operación de voladura sistemática de un tipo de tradiciones alimenticias y legales que serán fundamentales para la «recreación rabínica» del judaísmo, que está comenzando ya, en los años que siguen a la caída del templo (70 d.C). Esta operación cristiana parece extraordinariamente peligrosa, no sea que al final no quede nada de la vieja Escritura y caigamos en un tipo de puro gnosticismo más o menos arbitrario (como harán grupos gnósticos del siguiente siglo). Pues bien, para plantear el tema, Marcos comienza arraigando la novedad de Jesús en la Escritura (como hizo en 1, 1-8 y 2, 23-28), utilizando como base un texto de Is 29, 23 (¡este pueblo me honra con los labios...!) que, a su juicio, confirma la novedad cristiana.

Partiendo de la cita de Isaías, Marcos afirma que las tradiciones de los padres, convertidas en norma de vida, acaban ofreciendo una enseñanza puramente humana, es decir, un simple modo de control social. Ésta es la religión de los labios, de la palabra externa que se vuelve mentira (hipocresía) y no permite llegar al nivel del corazón, es decir, de la apertura a Dios y del encuentro universal entre los hombres. Para ser fiel a Isaías, Jesús debe superar un tipo de legalismo de algunas tradiciones judías entendidas en forma nacionalista. De esa forma, Jesús (el cristianismo de Marcos) opta por una ruptura profética respecto a las tradiciones «legales» (alimenticias, ceremoniales: circuncisión, comidas...), interpretadas como religión de labios, o de corazón. El cristianismo de Marcos es un tipo de judaísmo, pero un judaísmo profético, abierto por Jesús al interior del corazón y a la misión universal.

b) *Argumentación legal* (7, 8-13). Tras la denuncia profética de Isaías, Marcos introduce este «razonamiento» legal, que parece (y es) sesgado, pero que ayuda a entender la novedad del mensaje de Jesús, desde dentro del mismo judaísmo, partiendo de dos pasajes fundamentales, elaborados a partir de Ex 20, 12 y Dt 5, 16. En esa argumentación distingue Marcos dos actitudes o valores:

1. *Por una parte está la tradición o paradosis de los presbíteros* que Marcos toma como creación humana, religión al servicio del sistema. Una vez que se ha empezado a caminar por la vía de las leyes socio-religiosas, el ser humano corre el riesgo de absolutizarlas, poniendo así el templo por encima de los padres necesitados y haciendo de la norma un fin y no un servicio creador. Es difícil encontrar en el Antiguo Testamento esa *ley del korbán*, por la que un hijo puede «dedicar a Dios» lo que debería dar a sus padres. Más aún, es muy posible que Jesús esté aquí exagerando. Pero, de hecho, cuando se empieza

absolutizando un tipo de «religión o culto» (judío, católico o protestante...) se puede terminar poniendo ese culto por encima de las obligaciones que se deben a los padres y a los necesitados. Lo que Jesús quiere afirmar aquí es que el servicio a los necesitados (y a los padres en cuanto necesitados) está por encima de todo culto «religioso» (pretendidamente religioso). No hay «korbán» (es decir, no hay sacralidad ninguna) que pueda ponerse por encima del deber social de ayudar a los necesitados, empezando por los padres.

2. *Por otra parte está el valor «absoluto» al mandamiento de Dios* (Ex 20, 12; Dt 5, 16), que no es mandamiento de religión separada de la vida, sino de ayuda al hombre necesitado. De esta forma, Jesús absolutiza a los padres en cuanto necesitados (pobres, ancianos, enfermos) desde la palabra fundante del decálogo, mientras rechaza la autoridad religiosa normativa de los padres en cuanto presbíteros, es decir, en cuanto portadores y garantes de sacralidad legal (cf. 7, 3-5). Jesús rompe así con un tipo de paternidad que se identifica con una tradición y ley particular, para así descubrir y cuidar mejor a los padres en cuanto personas que están necesitadas. Sólo en esta dialéctica de ruptura paterna (independencia y libertad mesiánica de cada creyente) y mayor servicio personal a los padres adquiere su sentido el evangelio. La misma palabra de la Escritura, aceptada como fundamental por los escribas, ha servido a Jesús para superar la interpretación legalista de los ancianos, según Marcos. Jesús se pone así en contradicción con las tradiciones cerradas de los escribas, pero no con la Escritura. Como exegeta de la libertad, él ha descubierto en el mismo fondo de la Biblia hebrea el valor humano del corazón (Is 29) y del servicio a los padres en cuanto ancianos o necesitados (Ex 20; Dt 5). De esa forma, los cristianos se pueden sentir seguros con la voladura del edificio de las tradiciones judías. No es para ellos destrucción, sino descubrimiento del sentido más profundo de la voluntad de Dios (cf. 7, 9), reflejada en las mismas Escrituras, tal como Jesús las interpreta.

Las leyes de separación ritual (nacionalismo religioso) son invento humano, obra de aquellos que se escuchan y buscan a sí mismos en vez de buscar a Dios. Por fidelidad a Dios (a su palabra originaria, transmitida por la Escritura) Jesús ha superado los principios de comensalía intrajudía, para conducirnos a través de un éxodo nuevo al amplio espacio de lo humano, al lugar donde judíos y gentiles (conforme al signo de la multiplicación de los panes) podemos compartir una misma palabra y comida. Así rompe *la familia nacional de los presbíteros* (avalada por la pureza del templo) para que pueda surgir la *comunión universal* de los humanos. Sobre ese fondo ha destacado Marcos la importancia de los *padres* en cuanto necesitados:

(a) *Por un lado ha criticado a los presbíteros*, garantes de la separación ritual de pureza y comidas (7, 3.5), y de esa forma ha liberado a sus discípulos de toda obligación respecto a los ancianos entendidos como mediadores de imposición sacral (cf. 7, 1-7), conforme a 3, 31-35 y 10, 29. Sólo así nos hace seres personales, abiertos a la familia universal de los humanos.

(b) *Por otro ha valorado más al padre y a la madre*. Criticando a los presbíteros, Jesús recupera el valor del padre y la madre en cuanto seres concretos, especialmente necesitados (7, 8-13). De esta forma eleva la comunión humana por encima de toda ley positiva y declara absoluta la exigencia de ayudar a los padres menesterosos, en palabra que sitúa el mandamiento del decálogo (Ex 20, 12) sobre las tradiciones sacrales del judaísmo. Allí donde el padre pierde su autoridad sagrada (no es presbítero que impone su ley) puede aparecer ya unido a la madre como signo de Dios para los hijos, por encima del mismo templo de Jerusalén.

Precisamente allí donde Marcos supera la *paternidad israelita* puede presentarnos la verdadera *familia humana* como lugar donde los hijos deben responder en amor a sus padres ancianos o necesitados. Este pasaje nos permite entrar en el laberinto de las *distorsiones ideológicas*. Los mismos judíos (o cristianos) legalistas que acentúan las *tradiciones de los antepasados* pueden olvidar a los *padres concretos*, pues colocan el orden sacral, representado por el templo, por encima de sus padres necesitados. Por el contrario, al desmontar ese edificio ideológico de la ley tradicional (de los presbíteros), Jesús nos capacita para situarnos ante los padres concretos, necesitados de cariño y presencia, fundando así la verdadera familia humana.

---

(57) Marcos y la cuestión del judaísmo

Marcos no ha planteado la problemática eclesial en términos de separación y conflicto exterior entre judeo-cristianos y pagano-cristianos, tal como hará la tradición paulina (Gal, Ef) y lucana (cf. Hch 15), pues, a su juicio, en la raíz mesiánica de la salvación, judíos y gentiles aparecen vinculados por una misma necesidad y por un mismo don de Cristo. En esta perspectiva podemos afirmar que en Marcos todo es israelita, desde el mensaje del Bautista (1, 1-8) hasta el juicio de los sacerdotes que condenan a Jesús (14, 55-65); pero todo es, al mismo tiempo, humano, pues Jesús expande y aplica a todos la promesa de salvación de Israel. En ese sentido decimos que la problemática del judaísmo rabínico no está fuera, sino dentro del mismo cristianismo, como lo muestran los tres rasgos que siguen:

1. *Curaciones*. Es evidente que Jesús ha empezado curando a los endemoniados y enfermos de Israel. Pero a nivel de enfermedad llega un momento en que judíos y gentiles son iguales (se encuentran igualmente necesitados), como saben los mismos rabinos. Por eso, las curaciones

> de los gentiles (5, 1-20; 7, 24-30 y quizá 7, 31-37) aparecen insertas de un modo normal en un contexto judío.
> 2. *Palabra y pan*. Es también evidente que Jesús ha empezado ofreciendo su palabra a los judíos; pero la necesidad de la enseñanza es también igual para judíos y gentiles; por eso, la parábola de las tierras (4, 3-9) se puede aplicar por igual a unos y otros. Lo mismo sucede en las multiplicaciones: ante el hambre no existen distinciones; parece claro que la primera multiplicación sucede en contexto judío (6, 30-44); la segunda se inscribe en contexto pagano (8, 1-10).
> 3. *Judíos y gentiles condenan por igual a Jesús* en Marcos 14–15, vinculándose en un mismo ritmo de violencia. Las razones de unos y otros resultan semejantes. Unidos en la muerte del Mesías, ellos se vinculan también ante su salvación.
>
> Por eso, el problema del judaísmo ha de plantearse desde dentro del cristianismo. Ciertamente, para la Iglesia de Marcos el judaísmo de tipo rabínico es ya un problema exterior: así habla de las sinagogas *de ellos* (1, 23.39). Pero, al mismo tiempo es un tema interior, como muestra el conflicto de 7, 1-23 sobre la auténtica pureza. Ese texto resulta esencial para toda comprensión del evangelio: en el fondo de la Iglesia de Jesús sigue habiendo un judeocristianismo que no llega a comprender la implicación de pureza (7, 1-23) y entrega universal (8, 27–9, 1) de Jesús. De un modo especial, los judeocristianos de 3, 31-35 (y/o las mujeres de 16, 1-8) están llamadas a unirse a la casa de Jesús que es la Iglesia en Galilea.

3. Conclusión: ritos de pureza y mesianismo (7, 14-23)

a. (Principio básico) ¹⁴*Y llamando de nuevo a la gente, les dijo: «Escuchadme todos y entended esto: ¹⁵Nada que entra en el ser humano puede mancharlo. Lo que sale de dentro es lo que contamina al ser humano».*

b. (Incomprensión y pregunta) ¹⁷*Cuando dejó a la gente y entró en casa, sus discípulos le preguntaron por esta parábola. ¹⁸Jesús les dijo: «¿Así que también vosotros sois faltos de mente? ¿No sabéis que nada que entra en el ser humano desde fuera puede mancharlo, ¹⁹puesto que no entra en su corazón, sino en el vientre, y va a parar a la letrina? –purificando así todos los alimentos–.*

c. (Profundización eclesial) ²⁰*Y añadió: «Lo que sale del ser humano eso es lo que mancha al ser humano. ²¹Porque es de dentro, del corazón de los humanos, de donde salen los malos pensamientos, fornicaciones, robos, homicidios, ²²adulterios, codicias, perversidades, fraude, libertinaje, envidia, injuria, soberbia e insensatez. ²³Todas estas maldades salen de dentro y manchan al ser humano».*

Aquí aparece la *formulación general* de la nueva experiencia de pureza. Jesús responde en tres tiempos a la pregunta sobre el ritual judío:

a) *Principio básico*, para todo el pueblo (7, 14-15): frente a quienes buscan la pureza e impureza en lo exterior (comidas, abluciones...), Jesús entiende la pureza o impureza como algo que brota del interior del ser humano. En este plano se sitúa su llamada a la «meta-noia» (1, 14-15), al cambio de «pensamiento». Jesús pone de relieve el valor y las implicaciones de una nueva interioridad, de manera que, a su juicio, *toda comida es limpia* (cf. 7, 19): no hay alimentos puros e impuros (contra Lv 11; Dt 14). Desde su experiencia de mesa compartida, Jesús puede afirmar que ningún alimento (ni cerdo ni sangre) mancha al ser humano, pues todos son (eran) limpios al principio: (¡*vio Dios que era bueno!*: Gn 1). Éstos son los puntos centrales de su propuesta, ofrecidos ante todo el judaísmo, en la plaza pública de Israel y del mundo (es decir, como palabra abierta para judíos y gentiles). Éstos son los puntos cardinales de su propuesta:

- *Interioridad*. Frente a la pureza exterior (*exôthen* 7, 15) de alimento y manos que separa a los judíos de los otros, busca Jesús la pureza interior (*esôthen*) del corazón y los deseos (reasumiendo en 7, 21 el tema de Is 29, ya citado en 7, 6). Esa interioridad implica un descubrimiento del corazón, es decir, del lugar de las experiencias y decisiones profundas. La religión se vuelve de esa forma tema de conciencia. No es valioso lo que hago desde fuera, en ritos que se imponen por vieja tradición o por costumbre social. La religión es libertad interna, descubrirme responsable desde el don de Dios, escuchar su llamada y responderle. Marcos 7, 14-23 nos lleva así hasta el corazón mismo del evangelio, tal como lo entiende y desarrolla Pablo en Gal 2–5.
- *Nueva comunidad*. El problema de fondo está en lograr que exista comunión desde esa libertad fontal humana en ámbito de gracia. Se ha pensado que los hombres sólo pueden vincularse por una ley de fuerza, por un Código de normas bien ritualizadas, impuestas desde arriba con carácter sagrado. Cuando se derriban esas normas, cuando el muro de la protección legal se hunde, puede llegar el desenfreno, la falta de distinciones, la lucha de todos frente a todos. En esa línea piensan los escribas y por eso tienen miedo del proyecto de Jesús, miedo a que el conjunto caiga, y así desaparezca el edificio de la seguridad judía, construido en siglos de paciencia religiosa. Pues bien, en lugar de eso, Jesús apuesta por una nueva comunidad universal, fundada en la libertad interior, en la conversión del corazón y en la apertura de la gracia, allí donde se invierte el mal interno de que habla 7, 20-23.

b) *Incomprensión de los discípulos y primera respuesta de Jesús* (7, 17-19). Significativamente, los discípulos «no entienden» aquello que Jesús dice para «todos», es decir, para sus discípulos y para todos los judíos y gentiles. Estos discípulos forman parte de la Iglesia de los parientes de Jesús (o incluso de Pedro) que no son capaces de llegar al principio de la interioridad que toman el discurso de Jesús como parábola que no logran descifrar (en la línea de 4, 13). En esa línea, esta primera respuesta de Jesús es una simple repetición de la propuesta universal que ha ofrecido, que acaba de ofrecer a todos.

Ésta es la propuesta judía y universal de Jesús, para sus discípulos y para todos sus oyentes: todo lo relacionado con la comida, en un plano material, queda «desacralizado». Jesús supera así toda la distinción judía (cf. Lv 11 y Dt 14) sobre los alimentos puros e impuros. Más aún, si puros son los alimentos, en forma superior lo serán los humanos en cuanto tales (judíos y gentiles); por eso no hace falta lavarse las manos ritualmente para superar la impureza del contagio que ha podido surgir del encuentro con «impuros» (leprosos, menstruantes, etc.). Hemos aludido al tema en varios pasajes anteriores (1, 40-45; 5, 25-34). Es evidente que Jesús ha superado Lv 13-15, haciendo que volvamos al principio bueno de la creación, conforme a Gn 1.

Ésta es una enseñanza que Jesús empieza ofreciendo a todos los que quieren escucharle, en la gran plaza del judaísmo de su tiempo (7, 14-17), y después concretizada para sus discípulos dentro de la casa de la Iglesia (7, 20-23), en estrategia didáctica que vimos ya en 4, 1-34. Pero allí (Marcos 4) parecía que sólo los discípulos podían comprender hasta el final la voluntad y mensaje de Jesús. Aquí, en cambio, se pide a los de fuera, es decir, a todo el pueblo, que escuchen y que entiendan (*akousate mou pantes kai synete* de 7, 14, contra 4, 12 donde los de fuera *mê syniusan*, no logran entender). Jesús quiere que en ese plano de superación de la ley alimenticia-social y de profundidad religiosa todos puedan ser capaces de llegar a un entendimiento.

La propuesta de Jesús resulta escandalosa, pues destruye los principios de separación del judaísmo rabínico (significativamente no se habla aquí de la circuncisión, que ha preocupado tanto a Pablo). Allí donde todos los alimentos son ya puros (7, 19), allí donde no deben cumplirse los principios de separación en la comida (temática central del mensaje evangélico en 2, 13-17 y 6, 20-44), cesan ya las distinciones entre judíos y gentiles (como supone Gal 3, 28). En este nivel sólo quedan ya seres humanos. Hemos vuelto a los principios de Gn 1, 1-2, 4a sobre un mundo en el que todo es limpio (no hay alimentos impuros, no existen separaciones ritualistas), todos los humanos pueden vincularse si es que tienen corazón auténtico (limpio).

Esa limpieza de corazón permite que todos los hombres y mujeres puedan comer juntos, en banquete mesiánico anunciado ya en 6, 30-44, y les lleva a abrirse en gesto de acogida transformante a los enfermos y a los marginados (como indica 6, 54-56). Éste es el duro camino que los discípulos de Jesús debían asumir en la noche de un mar con viento adverso (cf. 6, 47-53). La tarea de unificar a los humanos desde el corazón y no a través de separaciones religiosas ritualistas ha venido a situarnos de esa forma en el centro mismo del evangelio, allí donde la disputa con los escribas de Jerusalén acaba siendo más hiriente.

c) *Segunda respuesta: profundización eclesial, catálogo de vicios* (7, 20-23). En un plano de aplicación ya más «circunstancial», en una línea que podemos ver en las tablas morales de su tiempo, este Jesús de Marcos ofrece un catálogo de vicios que brotan del «mal corazón» y manchan al ser humano. Así supera la ley externa para ofrecer al ser humano su auténtica pureza. Esa lista de vicios está tomada de los catálogos morales de aquel tiempo y puede encontrarse tanto en un plano judío como helenista. La novedad de Marcos está en interpretar todos esos males desde la perspectiva del corazón humano.

Los vicios brotan de otra fuente: del mal corazón (cf. 7, 19-23). Sobre esa doble base (toda comida es limpia, todo humano en cuanto tal es puro) se puede y debe edificar una moral universal, centrada en la limpieza del corazón. El mal no se halla fuera (en algunas comidas o humanos), sino en el centro de la persona (varón o mujer) que puede hacerse mala a través de su deseo pervertido. En ese fondo ha presentado Marcos un catálogo de vicios semejante a los que ofrece la tradición judía y cristiana, desde la *fornicación, robo y homicidio* (signos clásicos del pecado) hasta *la blasfemia, soberbia y necedad destructora* de aquellos que rompen todo límite y medida de convivencia humana. La maldad de las acciones proviene del mal corazón, no del gesto externo, tomado de un modo ritual o biologista.

Jesús nos reconduce al lugar del surgimiento humano, a la fuente de bondad de la que toman su sentido personas y comidas. De esa forma nos sitúa en el principio (cf. Gn 1-3), en el mismo manantial de la limpieza humana que es el *buen corazón*. Ciertamente, el corazón puede mancharse, convirtiéndose en origen de los males. Para superarlos ya no basta el rito; toda imposición legal termina siendo esclavizante, pues acaba dividiendo a los humanos. En la fuente y origen de toda limpieza, en contacto con el Dios creador, ha situado Marcos la experiencia interior del corazón. Esa pureza sólo puede expresarse entre personas «liberadas» de presiones sacrales exteriores y que buscan la manera de crear comunión de corazón entre todos los humanos.

Marcos no discute una visión genérica de Dios, ni una norma de sacralidad interior, vinculada a creencias o convicciones subjetivas, sino la tradición nacional de limpieza y/o mesa, que suele expresarse en dos leyes. (a) *Ley de comidas*. Los buenos judíos sólo toman alimentos puros, preparados de un modo especial y para ello deben mantenerse separados de aquellos que comen carne impura, como el cerdo. (b) *Ley de personas*. Sólo pueden compartir la mesa los ritualmente puros, sin contacto con cosas o personas contaminadas (paganos, publicanos, etc.), sin enfermedad y/o situación disgregadora (lepra, menstruación, etc.). Todos los gentiles quedan excluidos.

Galilea, Evangelio del Reino (1, 14-8, 26)

Este Jesús de Marcos no polemiza aquí directamente con una endogamia de tipo familiar, que la ley judía interpreta como principio de supervivencia nacional en Esdras-Nehemías, sino con el sistema endo-alimenticio más amplio, unido al anterior. Al ofrecer y compartir el pan en descampado, Jesús supera los principios de comensalía sacral intrajudía (sobre la ley de matrimonio, cf. 10, 1-12), de manera que lo que había empezado siendo *comida compasiva* acaba convirtiéndose en principio de nueva comprensión de la existencia, tanto en plano positivo (todos los hombres y mujeres pueden vincularse en comunión personal), como en plano negativo (ellos sólo pueden vincularse superando los «vicios» o pecados que brotan del mal interior, es decir, de un «mal corazón», y que manchan y dividen a los hombres. Esos vicios están formados por un «mal principio» y por cuatro tríadas de pecados «graves»:

---

(58) Raíz mala y pecados mortales (7, 21-22)

Marcos no conoce o no desarrolla el tema del «pecado original», que ha preocupado a Pablo; pero ha presentado una importante tabla de pecados, que comienzan con un «principio malo» y se expanden en cuatro tríadas de males o pecados ya concretos.

1. *Raíz mala, pensamiento pervertido* (7, 21b). Está en el lugar que en otro contexto ocuparía el pecado original. Significativamente, el origen de los males es un «pensamiento perverso», que se concreta en forma de deliberaciones malas (*dialogismoi kakoi*), de las que provienen los males que seguirán: del mal corazón (*ek tēs kardias*) brotan los pensamientos y deseos perversos, contrarios a la gracia y transparencia de la vida. Lógicamente, conforme a esta visión, en el principio del «pecado» no está, sin más, el mal deseo (en un plano afectivo o volitivo), sino *el mal pensamiento*, un tipo de razonamiento palabra que sólo busca su propio provecho. Lo contrario a estos *dia-logismoi*, que forman una especie de ideología de la perversión, es la Palabra de vida que emerge en Marcos, Palabra de vida que Jesús siembra, una Palabra que se acoge en fe y se abre en amor a los demás.
2. *Primeros pecados: idolatría (fornicaciones), robos, homicidios* (7, 21c). En el principio de todos los males concretos suele ponerse el robo y homicidio (¡no robo, no mato!), como saben casi todos los tratados de moral, antiguos y modernos. Más complejo resulta el sentido del primer mal (*porneiai*, fornicaciones), que pueden entenderse como perversión sexual y familiar, pero también (y más probablemente) como idolatría, en sentido bíblico más hondo, según ha mostrado Pablo en Rom 1, 18-32. Éste es el primero

de todos los males concretos: la fornicación sagrada, que es el abandono de Dios y adoración de los ídolos. Quizá se pueda añadir que la idolatría es el primero de los doce malos pensamientos y deseos, el mal por excelencia, y que de su perversión brotan todos los restantes pecados, empezando por los robos y los homicidios, que son, precisamente, una expresión de esa idolatría.

3. *Pecados personales: adulterios, codicias, perversidades* (7, 22a). El primer mal de la tríada anterior era la fornicación sagrada (es decir, la idolatría). Pues bien, el primero de los males de ésta es el adulterio, entendido como fuente de todas las codicias, desde la perspectiva del varón, pero también de la mujer (cf. 10, 10-12). Esta nueva tríada de males (adulterio...) brota de la anterior, viniendo del plano más interno y familiar (adulterio, destrucción de las relaciones personales más profundas), al más externo, que es la codicia o deseo de adquirir siempre más y de tenerlo todo (¡una verdadera idolatría material!), para culminar en las perversidades (*ponêriai*) en conjunto. También estos tres males provienen del interior, pero son básicamente de tipo familiar y social, en una línea de destrucción de la vida en su conjunto (partiendo del adulterio o quiebra del amor).

4. *Perversiones más sociales: fraude, libertinaje, ojo malo (envidia)*. Fraude es el engaño (*dolos*), o, quizá mejor, la mentira, que se impone y domina sobre la vida humana, rompiendo la transparencia personal que Jesús ha buscado y promovido. Allí donde el mal corazón se expresa en forma de pensamientos malos (mentiras) se desemboca en el engaño general (que es el fraude, dolor), expresado en el libertinaje (*aselgeia*), que actúa no sólo en el campo sexual, sino en todos los planos de la vida, dejando al hombre o mujer a merced de sus propios deseos, que conducen, finalmente, al ojo-malo (*ophthalmos poneros*), que traducimos como envidia, es decir, como deseo de ocupar el lugar del otro (es decir, de destruirle). De un modo muy significativo, Marcos 15, 10 afirmará que la envidia fue el pecado supremo de los sacerdotes que quisieron deshacerse de Jesús porque no les dejaba vivir conforme a sus deseos, en gesto de engaño generalizado.

5. *Última tríada: blasfemia, soberbia, insensatez*. Éstos son los males supremos de muchos hombres y mujeres, a quienes acaban enfrentando nuevamente a Dios (como en la idolatría). El hombre que se deja llevar por el poder de sus cavilaciones pervertidas termina negando a Dios, para ocupar su lugar (blasfemia). Como hemos visto, los escribas, movidos precisamente por sus «malos pensamientos» (*dialogismoi, dielogidsomenoi*: cf. 2, 6) acusaban a Jesús de blasfemia, por perdonar pecados (cf. 2, 7). Aquí son ellos, en el fondo, los que vienen a quedar como blasfemos, queriendo

> ocupar el lugar de Dios (poniendo sus propias tradiciones en el lugar de la voluntad de Dios: 7, 8). Siguiendo en esa línea, la blasfemia se convierte en soberbia (*hyperêphania*), que consiste en querer mostrarse (brillar) por encima de lo que es uno mismo, ocupando el lugar de Dios (mostrándose como Dios). De un modo significativo, esta última tríada y todos los doce pecados, culminan en la insensatez (*aphrosynê*), que es lo contrario al buen pensamiento.

Conclusión. Así podemos resumir el argumento de este pasaje (7, 1-23). En la Iglesia actual (año 2011) hemos superado el problema de comidas, pero el tema de fondo sigue siendo el mismo y sólo puede resolverse desde la pureza interior: para que surja la comunidad mesiánica, superando el plano de la ritualidad social de mesa (comidas), los discípulos del Cristo han de alcanzar la raíz de la pureza (el nivel del corazón). A ese nivel se unen interioridad (buen corazón) y exterioridad comunitaria (mesa compartida) y la Iglesia se separa del judaísmo.

Esta discusión de Marcos 7 es *espejo de todo el evangelio*. Decenios de lucha eclesial parecen haberse condensado en este texto que Marcos ha puesto en boca de Jesús, haciéndole maestro de la *nueva ley de libertad y universalidad centrada en la comida*. Estos son los núcleos de su argumento, leídos desde el conjunto de 7, 1-23:

- *El mesianismo es libertad respecto a los presbíteros o ancianos* (7, 5). El mensaje de Jesús destruye los sistemas de seguridad de una ley que se absolutiza a sí misma, especialmente en el plano de familia y mesa. Jesús critica esa «comida nacional», regulada por los presbíteros, pero es evidente que ella no se puede identificar con el banquete elitista y sanguinario de Herodes (6, 14-29), aunque ambos tengan conexiones.
- *Lógicamente, las leyes sacrales de Israel pasan a segundo plano*, como muestra de forma sorprendente el ejemplo sobre los dones del templo y los panes (7, 5-13). Tomada en su literalidad, las palabras que aquí dice Jesús podrían haberlas asumido otros maestros judíos. Pero es nueva la fuerza que reciben y el trasfondo donde se sitúan, relativizando el templo con las tradiciones sacrales de Israel.
- *La interioridad mesiánica va unida a la libertad personal*: no es lo externo (*exôthen*: 7, 15.18) lo que mancha al ser humano, sino aquello que brota de dentro (*esôthen*: 7, 21). Asumiendo la más honda tradición profética, Jesús ha situado a los humanos ante la verdad (o riesgo de mentira) de su propio corazón. Sólo partiendo de esa fuente puede edificarse la familia mesiánica.
- *Esa interioridad fundamenta el valor de la familia*, no entendida ya en clave de poder (imposición de los presbíteros), sino de reciprocidad de dones y

servicios: Dios mismo aparece así como garante de los padres necesitados, a quienes los hijos deben acompañar y ayudar, por encima de toda ley social o religiosa (7, 9-13).

– *Esa interioridad conduce a la universalidad.* Todos los principios de vinculación externa (comida o raza, poder o prestigio) acaban siendo parciales y separan a unos grupos de otros. Sólo la pureza de corazón vincula por igual a todos los humanos, en fraternidad de amor y mesa.

– *Jesús ratifica, finalmente, el valor del mundo (animales, plantas) declarando pura toda comida.* Tras afirmar que ella no llega al corazón sino que pasa por el vientre a la letrina, Marcos 7, 19 introduce un comentario o «aparte» (purificando así todos los alimentos) que tiene quizá un carácter irónico y puede entenderse de dos formas: *el mismo Jesús* los purifica con su declaración fundamental; o los purifica *el proceso digestivo*, que termina en la letrina, sin distinguir alimentos sagrados y profanos, pues son todos iguales para el vientre (con tal de que se digieran bien). Sea como fuere, Jesús nos lleva hasta el lugar donde hombres y alimentos son profanos. No impuros, añadiendo que la sacralidad (nueva vida mesiánica) se edifica a partir del corazón del que provienen los buenos pensamientos y el amor gratuito.

---

(59) Un sistema de purezas (7, 1-23)

a. Principios. Según todo este comentario, los «impuros» son destinatarios privilegiados del evangelio. Eso supone que Jesús ha introducido su principio de pureza superior, transformadora (Espíritu Santo), sobre un mundo que parecía totalmente manchado, conforme a la visión de Juan Bautista (1, 4-8). Así ha luchado contra Satán y le ha vencido, purificando con su entrega el mundo viejo, simbólicamente lleno de demonios. Los endemoniados (posesos) e «impuros» no son personas a las que se debe rechazar, sino a las que se debe amar con más intensidad, desde la raíz del evangelio. Estos son los principales «impuros» liberados según Marcos:

1. *Los endemoniados* de las sinagogas dominadas por un tipo de ley (1, 21–29.39).
2. *Los leprosos* que quieren quedar (ser) limpios (1, 40-45).
3. *Los publicanos y pecadores*, considerados impuros (2, 13-17).
4. *El geraseno* (5, 2) y *la niña sirofenicia* (7, 25), símbolos de la gentilidad impura.
5. *Las mujeres judías* con «impureza» menstrual (5, 21-42).
6. *El hijo mudo del semicreyente*, incapaz de comunicarse (9, 25).

> *b. Jesús y la impureza.* Ha venido para curar-limpiar a los impuros, no para sancionar las normas de separación, sino para superarlas, suscitando un mundo donde los humanos puedan vincularse entre sí, sin las trabas de una impureza sacral. No teoriza sobre lo puro e impuro (como harán los maestros de la Misná), sino que quiere liberar a los humanos de las opresiones de impureza. De aquí derivan tres consecuencias:
>
> 1. *Lo exterior y lo interior.* Jesús supera las viejas leyes de pureza externa (de bautismos y separaciones, de comidas y ritos: 7, 4-5). De manera sorprendente, su actitud destaca la exigencia de pureza interior (del corazón) que transforma la vida humana en clave de bondad (7, 20-23).
> 2. *¿Jesús impuro?* Le han acusado de impuro (¡tiene un espíritu inmundo!: 3, 30), precisamente porque rompe los tabúes y leyes de impureza. Su gesto es peligroso para el sistema religioso y/o social de los escribas/sacerdotes y de los mismos judeocristianos (3, 20-35). Por defender una pureza universal, en clave de entrega de la vida y pan compartido, en ámbito de bodas y fiesta (cf. 2, 18-22) ha muerto Jesús.
> 3. *Iglesia purificadora.* Está llamada a seguir el gesto purificador de Jesús, expulsando a los demonios (cf. 3, 15; 6, 6-7) y acogiendo a los marginados (impuros) de este mundo (leprosos, publicanos, etc.). Fundar la comunidad humana, desde la nueva pureza de Jesús: este es el secreto y misterio de la Iglesia.

d) Pan de los hijos. Mujer siro-fenicia, maestra de Jesús (7, 24-30)

En clave histórico-crítica: J.-F. Baudoz, *Les miettes de la table. Étude synoptique et socio-religieuse de Mt 15, 21-28 et de Marcos 7, 24-30* (ÉB-27), Gabalda, Paris 1995. Cf. también T. Burkill, *The Syrophoenician Woman. The Congruence of Mark 7, 24-31*, ZNW 57 (1966) 23-37; J. M. Derrett, *Law in the NT: The Syro-Phoenician Woman and the Centurion of Capernaum*, NT 15 (1973) 161-186; J. A. Díaz, *Cuestión sinóptica y universalidad del mensaje cristiano en el pasaje evangélico de la mujer cananea*, CulBib 20 (1963) 274-279; Fander, *Stelllung*, 63-84. J. Martínez Sánchez, *El aprendizaje narrado*, ha puesto de relieve, de forma consecuente, la capacidad de aprendizaje de Jesús en Marcos, insistiendo, de un modo especial, en la figura de la siro-fenicia. Cf. también Malbon, *Followers*; Mitchell, *Beyond Fear*.

Éste es un texto de ampliación legal o, mejor dicho, de superación de las leyes de sacralidad israelita y de *apertura mesiánica* universal. Está construido sobre una base de milagro y conserva, probablemente, un recuerdo histórico. Pero Marcos lo ha convertido en paradigma de universalización mesiánica. Entra en disputa una mujer pagana; ella simboliza la apertura mesiánica a los gentiles, es decir, el argumento mesiánico de la gentilidad.

a. (Introducción) *²⁴Salió de allí y se fue a la región de Tiro y Sidón. Entró en una casa, y no quería que nadie lo supiera, pero no logró pasar inadvertido. ²⁵Una mujer, cuya hija estaba poseída por un espíritu impuro, oyó hablar de él, e inmediatamente vino y se postró a sus pies. ²⁶La mujer era griega, sirofenicia de origen, y le suplicaba que expulsara de su hija al demonio.*
b. (Conversación) *²⁷Y él le dijo: «Deja que primero se sacien los hijos, pues no está bien tomar el pan de los hijos y echárselo a los perrillos». ²⁸Ella le replicó: «Es cierto, Señor, pero también los perrillos, debajo de la mesa, comen las migajas de los niños».*
c. (Curación) *²⁹Y le dijo: «Por esta palabra, vete, el demonio ha salido de tu hija». ³⁰Al llegar a su casa, encontró a la niña echada en la cama, y el demonio había salido de ella.*

Sigue el hilo rojo del relato (apertura mesiánica) al que venimos aludiendo. La discusión anterior sobre la pureza ha servido para derribar el muro que divide a judíos de gentiles. Así lo sabe Marcos, que ha querido seguir insistiendo sobre el tema, pero no ya en forma de tratado halákico (o discusión en torno a tradiciones y leyes) como en 7, 1-23, sino empleando su estilo preferido de narración fundadora. Desde ese fondo ofrece un milagro de Jesús que rompe los esquemas anteriores de la vida del pueblo judío, abriendo el camino de la universalidad eclesial para sus discípulos (7, 24-30).

Antes ya había presentado veladamente el tema, contando el gran milagro del endemoniado de Gerasa (5, 1-20), en la Decápolis pagana. Pero la dificultad de la acogida y curación de los paganos no quedaba allí tratada de manera expresa, pues no había llegado el momento para ello. Ahora ha llegado. Jesús acaba de presentar con toda solemnidad su «nueva ley» de pureza interior, que vincula a todos los hombres ante el Reino. Es normal que Marcos quiera mostrar la riqueza y consecuencias de esa ley de libertad y que lo haga trazando la relación de Jesús con el paganismo.

Pero en vez de escoger un varón (como en 5, 1-20), escoge unas mujeres, una madre con su hija, siguiendo con algunas variantes el esquema narrativo ya iniciado en 5, 21-43, donde aparecía un padre con una hija necesitada. Aquí tenemos a una madre con su hija. Nuestro relato es simbólico en sentido extremo: habla de mujeres, de mujeres enfermas, de mujeres paganas. Buscando la raíz del tema, podemos suponer que Marcos quiere explicar con una sola narración dos de los tres momentos de la declaración solemne de Gal 3, 28: «No hay judío ni pagano, no hay varón ni mujer...». Estas dos mujeres (la madre pagana y su hija) son, con el endemoniado de 5, 1-20, los primeros cristianos venidos de la gentilidad. Así parece que quiere presentarlas Marcos.

a) *Introducción* (7, 24-26). El principio del relato es sobrio, casi convencional. Jesús ha llegado a los confines de Tiro de Fenicia, y parece esconderse. Es como si viniera sin querer venir: como si entrara en el mundo pagano sin habérselo propuesto de verdad. Esta paradoja que, sin duda, alude también a la experiencia posterior de la Iglesia, está indicando algo muy hondo: la expansión del mensaje a los gentiles no ha sido el fruto de un programa anterior bien calculado.

Los acontecimientos se han desencadenado de forma inesperada, rompiendo las barreras protectoras que la tradición y la prudencia humana habían calculado. Es Jesús quien viene a Tiro (una región pagana) porque quiere, pero luego parece retraerse. No da el primer paso. El nuevo impulso de llamada e insistencia, de apertura hacia el misterio de la gracia, lo ha dado una mujer necesitada que sufre por su hija.

Ciertamente hay precedentes en la Biblia, sobre todo en las historias de Elías y Eliseo (cf. 1 Re 17; 2 Re 4), pero lo que el texto narra acerca de Jesús desborda todos los esquemas anteriores. Su milagro realiza algo que estaba ya supuesto de un modo teórico (cf. 7, 1-23), pero que después resulta difícil de aplicar en la experiencia y misión de la Iglesia. Viene a una tierra pagana, y los acontecimientos le desbordan, haciéndole cambiar sobre el terreno (como harán cambiar luego a la Iglesia). Pues bien, el motivo es aquí una madre con la niña enferma. Surgen en la vida de los hombres formas de separación muy fuerte, en plano social y nacional, cultural y religioso; pero al situarse ante los misterios primordiales de la vida (relaciones madre-hija, enfermedad y muerte), todos los humanos resultan iguales.

A ese nivel ha situado Jesús su mensaje de Reino, como estamos viendo en todo este trabajo. Es ahí donde vuelve a llevarnos nuestro nuevo texto. Viene Jesús a la región de Tiro y no se detiene ante el comercio de su puerto, ni ante el templo de sus dioses, ni ante el tipo de experiencia social de sus instituciones económicas o políticas. Viene Jesús y se encuentra con lo más antiguo, profundo e inquietante: una mujer que llora y pide por su hija enferma.

De manera sorprendente pero lógica, para mostrar con un ejemplo lo que significa superar las leyes de pureza y comensalía intrajudía, confirmando el veredicto anterior, que declara puros todos los alimentos (7, 19), Marcos introduce este pasaje con la *enseñanza mesiánica de la madre pagana* (sirofenicia) que cambia a Jesús para que cure a su hija enferma. Como buena maestra, ella enseña a Jesús algo que estaba implícito en su mensaje: la curación de los paganos.

Es *una mujer de cultura helenista y raza sirofenicia* cuya hijita (*to thygatrion*: parece hija única) está enferma (7, 25-26). Esta madre es signo viviente de los pueblos que a lo largo de siglos han luchado contra los judíos en la misma tierra Palestina y/o en su entorno. Es figura de las razas, religiones y naciones que han luchado en contra de Israel desde los tiempos más antiguos, en los años de los jueces y de Elías, en los tiempos de la restauración de Esdras-Nehemías y en las guerras de los Macabeos. Es la gentilidad inmensa.

Mesa común. Sección de los panes (6, 6b-8, 26)

El texto la presenta simplemente como mujer (*gynê*). Es muy posible que un judío habría malinterpretado la ausencia de esposo: ¡No es legítima, es un signo claro de la prostitución de cananeos y gentiles! Pues bien, ella aparece aquí ante el *Kyrios* (el Señor poderoso de Israel: 7, 28) como necesitada. Todo el mundo gentil, la humanidad entera ha venido a condensarse en esta madre con su hija enferma.

En contexto judío había presentado Marcos 5, 21-43 la figura y conversión del *padre* Jairo, Archisinagogo impotente (y presentará al padre del endemoniado mudo de 9, 14-29). Pues bien, en contexto gentil presenta como signo de la humanidad a una madre que no logra transmitir vida a su hija y a una hija que muere de impureza. Madre e hija son el signo de los pueblos y naciones de la tierra. La buena ley israelita las habría rechazado, porque contaminan a los judíos puros (cf. Esd 9-10). Pero Marcos las presenta como signo de mesianismo verdadero: la madre le enseña la verdad de su dolor, la miseria de una humanidad que espera salvación.

Desde su propia impotencia (engendra a su hija y no logra ofrecerle futuro), ella busca y tiene esperanza en Jesús. Es imperfecta (no logra transmitir vida madura a su hija), pero busca a Jesús. Marcos ha dejado en segundo lugar (ha silenciado o superado) otros rasgos que serían esenciales para el judaísmo legalista: su idolatría (adora a dioses falsos), su ideología política (no acepta el orden social del judaísmo), destacando sólo el hecho de que es madre humanamente fracasada.

b) *Conversación* (7, 27-28). Desde ese fondo ha de entenderse el pasaje. Está en juego la historia israelita y la extensión de la obra del Mesías. El texto es duro, pero al mismo tiempo aparece como ejemplo de dulzura: el mismo Jesús cambia ante el argumento y dolor de esta mujer pagana; deja que las circunstancias le enseñen, para avanzar paso a paso en el camino de la apertura salvadora. Antes le hacía cambiar la multitud necesitada de palabra y pan (6, 34); ahora lo hace esta mujer.

El texto dice expresamente que es griega (*hellenis*) de cultura, y precisa después que es sirofenicia de raza (es decir, de religión y procedencia). Pues bien, hasta ese dato resulta luego secundario. El hecho decisivo es que tiene una hija enferma y pide por ella, viniendo hasta Jesús. Según eso, el primer gesto de apertura y misión de la Iglesia ante los greco-paganos no es el que realiza Pablo en el areópago de Atenas (cf. Hch 17); anterior y más profundo es el contacto de Jesús con la mujer e hija paganas de Fenicia.

Todo el pasaje se estructura como diálogo de la necesidad universal humana (representada por esta mujer) con el Cristo israelita, diálogo a nivel de enfermedad y vida, sobre el lecho de una niña enferma. Marcos ha sabido hallar para contarlo las palabras más precisas, y así nos muestra a una madre pagana que sabe argumentar, aceptando y transformando las razones de su dialogante; y nos lleva hasta un Jesús que sabe escuchar a la mujer, cambiando de opinión y adelantando un tiempo salvador que debería venir mucho más tarde. Leamos primero la parte central del pasaje (7, 26-29); destaquemos luego su ritmo y estructura:

- *Jesús llega a los confines de Tiro y se refugia en una casa, no queriendo conocer a nadie* (7, 24). Este ocultamiento pertenece a su estrategia: se acaba de enfrentar a la ley del judaísmo (7, 1-23) y tiene que esconderse, para observar las consecuencias de su gesto; paradójicamente, ese ocultamiento es principio de nueva revelación (como en 6, 30-44). Esa *casa* en la frontera entre Israel (Galilea) y la región de Tiro es punto de partida de misión cristiana.
- *Viene a su encuentro una pagana (siro-fenicia, griega) pidiendo curación para su hija enferma* (7, 25-26). Los escribas no vienen a Jesús, se cierran en su legalismo particular. Por el contrario, esta madre descubre más allá de la ley, desde su mismo paganismo, su poder de curación mesiánica. Con el dolor más profundo de mujer y madre (su hija está enferma), viene ante Jesús, pidiéndole ayuda. Ella ha dado el primer paso: ha venido hasta la casa donde está Jesús y se ha postrado ante él, reconociendo así su autoridad mesiánica. Es ciertamente una mujer concreta que sufre por su hija, pero, al mismo tiempo, es signo de todo el paganismo, de aquello que Pablo presentaba como el mundo de los griegos (gentiles), tan opuesto al judaísmo (cf. Gal 3, 28; Rom 10, 12).
- *Jesús se niega*: «Deja que primero se sacien los hijos (*tekna*). No es bueno tomar el pan de los hijos y echárselo a los perrillos» (7, 27). Así responde Jesús, con la tradición y teología israelita: primero han de comer los judíos, en abundancia mesiánica; sólo después, como en consecuencia, podrá extenderse la hartura a los gentiles. Es fuerte esta palabra, pero Jesús debe decirla, si quiere mantener la tradición israelita. No responde en nombre suyo, sino en nombre de la ley y teología de su pueblo. Ha de ofrecer *a los hijos de Dios* (hijos de Israel, judíos necesitados) el pan del Reino.
- *Lógicamente, esta mujer y su hija humana* tendrán que esperar. No forman parte de la familia de Dios, de la nación mesiánica; son sencillamente unos «perrillos» que ladran; su lugar se encuentra fuera, separado de la mesa de la casa. Ciertamente, Jesús no les condena al hambre para siempre, pero quiere que *primero* se alimenten los hijos. No ha llegado su tiempo todavía. Sólo los judíos son hijos: cuando ellos se conviertan y lleguen a la plenitud, abrirán la mesa de su gracia a todos los pueblos de la tierra, presentados aquí como perritos, en terminología normal de aquel contexto. Jesús dice a la mujer: «¡Espera!». Así aparece como israelita que cumple los principios de vida y de promesa de su pueblo.
- *Pero esta madre rompe la lógica diciendo*: «También los perritos debajo de la mesa...» (7, 28). No niega los principios de Jesús, no discute la precedencia

Mesa común. Sección de los panes (6, 6b-8, 26)

de Israel, pero encuentra en las mismas palabras de Jesús (mesa ya puesta al servicio de los hijos) una especie de gran hueco abierto a la esperanza: el banquete es grande, hay para todos. No ha venido Jesús con pan tasado, haciendo cuentas de aquello que recibe cada uno. Estamos en el mismo contexto de la multiplicación de los panes y los peces, donde el texto resaltaba la abundancia de las sobras (doce cestos llenos: 6, 43). Esta mujer no quiere quitar el pan a nadie, no es vengativa, reivindicativa o egoísta, sino que hace algo que es mucho más profundo: se introduce en el torrente de gracia del mensaje-vida de Jesús, y desde el mismo lugar de este torrente pide sólo algo de gracia (se contenta con las sobras). Ella sabe bien que hay para todos.

- *Maestra de Jesús.* Así aparece como la primera hermeneuta del mensaje de la multiplicación de los panes, y entiende aquello que los discípulos no habían entendido cruzando el mar en barca. Así responde la mujer, respetando el argumento israelita y profundizándolo de forma sorprendente. Ella acepta esas palabras (distingue entre hijos y perrillos), pero las invierte recordándole al Señor (*Kyrios*) de Israel que su banquete es abundante, que *sobra pan* (se desborda de la mesa), que es tiempo de hartura universal. No pide para el futuro (cuando se sacien los hijos...), sino para el presente, para este mismo momento, suponiendo que los hijos (si quieren) pueden encontrarse ya saciados.

Recordemos que en el fondo de la escena late el motivo del banquete al que se encuentran invitados desde antiguo los judíos (cf. Lc 14, 15-24). Esta mujer sabe que ellos están ya comiendo en la mesa, como herederos y dueños principales. Pero quiere que Jesús haga un lugar para su hija enferma. Le basta con las sobras. No pide otra cosa. Pues bien, Jesús responde ofreciéndole mucho más que sobras: le ofrece la salud plena de la hija. De ahora en adelante, ellas dejarán de ser ajenas, endemoniadas, abandonadas. Serán mujeres cristianas.

c) *Curación* (7, 29-30). Jesús queda convencido por el argumento de la mujer y responde: «Por esta palabra que has dicho, ¡Vete! Tu hija está curada» (7, 29). Jesús acepta el argumento de la mujer, aprendiendo por ella a ser *Kyrios* universal. De esa forma avanza hasta las últimas consecuencias de su propio mensaje: el banquete de pan compartido, la mesa abundante de nueva familia (la Iglesia) ha de abrirse desde ahora para todos. Así supera o rompe el muro que escindía a judíos y gentiles: en *la casa de frontera*, Jesús ha recibido la fe de la madre pagana que le ha convertido al mesianismo universal.

La primera respuesta de Jesús (*¡deja que se sacien los hijos!...*: 24, 27) había sido duramente negativa, suscitando una fuerte *disonancia* respecto a los temas y argumentos anteriores. Alguien pudiera pensar que Jesús se vuelve atrás, que olvida el carácter universal de su pan multiplicado, que vuelve a distinguir puros e impuros (hijos y perros), separando de esa forma el alimento de unos y otros. Es como si quisiera cerrar el camino que ha iniciado y no asumiera las consecuencias de su gesto. Pues bien, esta disonancia ha de entenderse desde la figura sorprendente de la madre que sabe penetrar en la estrategia de Jesús, para recordarle lo implicado en su mensaje. Desde el puro judaísmo resultaba difícil comprenderlo: hay que pasar a la otra orilla y mirar del otro lado. Es lo que hace esta mujer, ayudando a Jesús:

- *Ella aduce la lógica de su maternidad frustrada (se le muere la hija) y razonante.* Sabe más que el padre Archisinagogo de 5, 21-43 y el «de poca fe» de 9, 14-29: sabe que el inicio de su maternidad tiene sentido y que Jesús, Mesías de Israel, debe ayudarla en el camino de maduración de su hija. Ante su necesidad pasan a segundo plano los argumentos de pureza e impureza, de buen pueblo y mal pueblo. Si Jesús ha ofrecido pan multiplicado para los «hijos» (han sobrado doce cestos de *migajas*: cf. 6, 43) debe haber comida para los perrillos. Por encima de las leyes de pureza, que acaban dividiendo a los humanos, por encima de todas las teorías que pueden emplearse para oprimir o expulsar a los pequeños, esta mujer presenta ante Jesús su *argumento de madre*: su hija necesita «el pan del Reino»; si Jesús es Mesías verdadero se lo tiene que ofrecer.
- *Jesús acepta ese argumento.* Como Mesías que escucha a todos, Jesús se deja convencer, y dice a la madre: «Por esta palabra (que has dicho), vete; ha salido el demonio de tu hija» (7, 29). No está cerrado en sí; no lo sabe y decide todo de antemano. Acepta el argumento de la mujer, reconociendo que ella tiene razón y ratificando de esa forma la palabra (logos) que ella ha dicho. Estamos en el corazón de una escena que se encuentra repetida de algún modo en Jn 2, 1-12 (bodas de Caná), donde la palabra de la madre judía de Jesús adelanta el banquete de la boda escatológica; en nuestro caso, la palabra de la madre pagana de la niña enferma sirve para adelantar la hora de Cristo para los gentiles. No tiene la respuesta ya fijada, no posee una verdad inmutable. Su respuesta y verdad se mantiene y despliega en diálogo con ella.

Esta mujer extranjera (pagana) *conoce algo que ignoran los varones y en especial los israelitas*. Lo sabía también la hemorroísa de 5, 24b-34, que iniciaba en contexto israelita el cambio en la visión de la impureza. En esa línea sigue esta mujer pagana, descubriendo una verdad que los grandes escribas de Israel, fundados en la ley de los presbíteros varones (cf. 7, 1-7), ignoraban, por hallarse dominados por su propia ley patriarcal. Aquí, en el momento clave de la historia, cuando se rompe el nacionalismo religioso israelita y el pan del Reino se abre a los gentiles (los perrillos), ha sido necesaria una pagana. Ella es *mujer-madre*, nueva Eva de la reconciliación: no rechaza a los «hijos» antiguos (a los israelitas como *tekna*: 7, 27); pero quiere un puesto para los «perrillos» en la mesa grande del banquete mesiánico.

Mesa común. Sección de los panes (6, 6b-8, 26)

Esta mujer ha visto claro por hallarse en la otra parte (en la parte de los oprimidos gentiles). Ella es la «exegeta de Dios» y así sabe que ha llegado el momento de compartir la comida mesiánica, superando la ruptura entre antiguos hijos (que comían el pan sobre la mesa) y perrillos (que quedaban fuera). Con esta escena podría haber culminado la primera parte de la sección de los panes (6, 6b-8, 27) e incluso de Marcos (1, 1-8, 27). Jesús ha ofrecido su pan y misión, en tierra de gentiles; puede comenzar la etapa final de su entrega en Jerusalén. Pero Marcos ha querido explicitar lo anterior en nueva catequesis.

Recordemos que en el fondo de la escena se halla el gran motivo del banquete al que se encuentran invitados desde antiguo los judíos (cf. Lc 14, 15-24). Esta mujer sabe que ellos deben estar ya comiendo en la mesa, como herederos y dueños principales. Pero quiere que Jesús haga un lugar para su hija enferma. Le basta con las sobras. No pide otra cosa. Pues bien, Jesús responde ofreciéndole mucho más que unas sobras: le ofrece la salud plena de la hija. De ahora en adelante, ella dejará de ser ajena, endemoniada, abandonada. Será mujer cristiana.

Esta madre creyente, con su hija curada, son signo de la nueva humanidad que nace por la gracia de Jesús y por la fe, rompiendo así el nivel de clausura mesiánica judía. Por eso no aparece aquí marido, no hay mención de padre (en contra de 5, 21-43). Jesús mismo actúa como auténtico «marido» de esta mujer pagana, como verdadero padre y amigo de la hija que ahora nace a una existencia verdadera, es decir, no endemoniada.

En este sencillo y emotivo relato que Marcos ha puesto como una expansión del conflicto de Jesús con los escribas de Jerusalén, hallamos la más honda teología de la plenitud de los tiempos y de la misión universal cristiana. Lo que Pablo ha presentado como dura disputa, en largos textos de interpretación bíblica y diatriba (Gal y Rom), lo ha dicho Marcos 7, 24-30 en forma amable, como milagro de Jesús que abre el convite del Reino hacia las gentes.

Frente a los escribas que vienen de Jerusalén, con la intención de controlar a Jesús, cerrándole en los límites de la tradición de los ancianos (de los padres, cf. 7, 5), quiere presentarnos Marcos a la madre verdadera que viene de las gentes: ella ha descubierto el valor universal del mensaje de Jesús y ha conseguido que su gracia (su evangelio) pueda ya anunciarse y vivirse en plenitud entre los paganos.

---

(60) La siro-fenicia. Gentiles en Marcos (7, 24-30)

Marcos no ha desarrollado de un modo argumentativo la misión de los gentiles, quizá porque el tema ya estaba resuelto en su tiempo (se practicaba esa misión), quizá porque su mismo género literario (evangelio de la vida-historia de Jesús) le impedía hacerlo. Sin embargo, todo su relato se halla abierto a la misión universal, como muestra de forma temática el milagro de la hija de la mujer sirofenicia. En ese contexto podemos citar estos textos, divididos en niveles que van marcando la apertura universal del mesianismo en Marcos:

1. *Milagros de gentiles* (5, 1-21; 7, 24-30; quizá 7, 31-37). El argumento principal lo ofrece la palabra de la madre sirofenicia con la curación de su hija (7, 24-30): la acción salvadora de Jesús se abre a todos los hombres, superando la clausura (no la mediación) israelita.
2. *Misión de los discípulos.* Frente a las limitaciones de Mt 10, 5 (no vayáis por los caminos de los gentiles), el envío misionero de Marcos 6, 6-13 es universal. Tanto por el tema como por la salvación que ofrece, la misión de Jesús en Marcos iguala a todos los humanos, rompiendo la diferencia anterior entre judíos y gentiles.
3. *Más allá de las leyes de pureza* (5, 24-34; 7, 1-23) *y matrimonio israelita* (10, 1-12), superando la tradición judía (ley concesiva, válida para un tiempo), Jesús se eleva a la experiencia universal humana, retornando así al principio de la revelación de Dios (cf. 7, 10; 10, 6).
4. *Anuncio universal*: en medio de la persecución, el evangelio debe proclamarse a todos los pueblos (*panta ta ethnê*: 13, 10), pues la crisis escatológica iguala ante el pecado y gracia a todos los humanos.
5. *Evangelio cósmico.* La muerte de Jesús, expandida por la unción pascual a todos los humanos, rompe las barreras previas, de forma que su memoria (la memoria de la mujer que le unge) se recordará con (por) Jesús en todo el cosmos (14, 9).
6. *Ruptura del velo del templo.* Los sacerdotes habían convertido su templo en «cueva de bandidos»; Jesús los transforma en aquello que debía haber sido desde siempre: *casa de oración para todas las naciones* (11, 17). Lógicamente, la ruptura del velo cuando muere Jesús (15, 38) indica que la antigua diferencia judía ha terminado. Ante el nuevo templo de Jesús ya no hay división entre judíos y gentiles.

La universalidad no es para Marcos algo que se logra desde fuera del evangelio (desde la razón humana), sino elemento clave de la dinámica mesiánica del mismo camino israelita, culminado en Jesús.

e) Pan y palabra: el sordomudo catecúmeno (7, 31-37)

Desde dos perspectivas distintas, son notables los comentarios de Marcus y Navarro, que acentúan el aspecto eclesial y psicológico del «milagro». Sobre la utilización de saliva y otros medios de curación, cf. J. Gnilka, *Marcos* I, 346-347; R. Pesch, *Marco* I, 612-616; V. Taylor, *Marcos*, 417-420, y de un modo especial, J. M. Hull, *Hellenistic Magic and the Synoptic Tradition* (SBT 28), SCM, London 1974, 76-78, que ha mostrado la relación de 7, 33 y 8, 23 con la cultura del ambiente. Sobre el carácter no mágico de las acciones de Jesús, cf. H. C. Kee, *Medicina, milagro y magia en tiempos del NT*, Almendro, Córdoba 1992, 14.

Estamos ante un milagro de comunicación, que es como un ritual o sacramento de iniciación a la palabra. Para entender la enseñanza anterior sobre la pureza y acompañar a Jesús en el camino que se iniciará en 8, 27, es necesario abrir oídos y lengua, aprendiendo a escuchar y decir. Éste es un milagro que la Iglesia ritualiza en forma de sacramento.

a. (Presentación) *31Dejó el territorio de Tiro y marchó de nuevo, por Sidón, hacia el mar de Galilea, atravesando el territorio de la Decápolis. 32Le llevaron un hombre que era sordo y tartamudo y le suplicaban que le impusiera la mano;*

b. (Milagro) *33y separándolo de la gente y, a solas con él, le metió los dedos en los oídos y escupiendo tocó la lengua con saliva. 34Luego, levantando los ojos al cielo, suspiró y le dijo: «Effatha» (que significa: ábrete). 35Y al momento se le abrieron sus oídos, se le soltó la traba de la lengua y comenzó a hablar correctamente.*

c. (Conclusión) *36Él les mandó que no se lo dijeran a nadie, pero cuanto más insistía, más lo pregonaban. 37Y en el colmo de la admiración decían: «Todo lo ha hecho bien. Hace oír a los sordos y hablar a los mudos».*

Parece a primera vista un texto casi mágico, de manera que ni Mateo, ni Lucas lo introducen en sus libros. Comienza siendo extraño su encuadre geográfico: Jesús sale del entorno de Tiro (donde ha curado a la niña pagana), sube hacia el territorio de Sidón y, atravesando el mar de Galilea, llega a la zona central de la Decápolis (7, 31). Esta serie de nombres resulta, a mi entender, complementaria respecto a la que ofrece 3, 7-8. Se alude allí a las tierras de origen de las gentes que salen de su zona y vienen a escuchar a Jesús, ofreciendo así una especie de mapa ideal del Israel escatológico. Pues bien, ahora es Jesús quien sale, rompiendo esas fronteras, en viaje misionero que realiza en el entorno del mar de Galilea, que aparece como centro donde confluyen muchos pueblos.

Jesús no expande su misión en una zona encerrada sobre sí. Desde el principio le hemos visto caminando, llamando a sus discípulos y abriendo su doctrina en las orillas de un mar de Galilea donde, al menos simbólicamente, vienen a juntarse diferentes países de judíos y paganos. En ese mar, que es camino abierto entre los pueblos, ha querido situar Marcos 4, 35-41 y 6, 46-52 la tarea de la Iglesia. Pues bien, en una especie de ficción geográfica que, por otra parte, resulta muy comprensible, nuestro texto (Marcos 7, 31) supone que entre Tiro-Sidón y la Decápolis se extiende el mar de Galilea.

Atraviesa Jesús aquel mar, y de esa forma pasa de una región pagana (de Tiro, por Sidón) a otra pagana (Decápolis). Había estado allí en otro momento, abriendo camino inicial de evangelio (5, 1-20), pero ahora vuelve para completarlo y ofrecer palabra al decapolitano sordomudo. No hay en Marcos detalles rechazables, no hay gestos inútiles. Este sordomudo que habita al interior de la Decápolis pagana es signo de sus gentes, es decir, de los paganos que en otro tiempo no podían escuchar la voz de Dios ni responderle.

a) *Presentación* (7, 31-32). Jesús está haciendo el trayecto que lleva de Tiro (misión pagana) a sus raíces galileas, a través de la Decápolis (7, 31). Es un camino difícil de fijar en el mapa, con un contenido y una finalidad más teológica y pastoral que geográfica. Jesús, que en 7, 24 estaba en el territorio de Tiro, sube hacia el norte (al territorio de Sidón) para bajar después hacia el mar de Galilea, pero no de un modo directo, sino pasando por la Decápolis, que está al otro lado del Mar de Galilea. Es muy posible que Marcos esté evocando con este viaje los lugares de presencia cristiana, fuera de la tierra de Israel, en el entorno de Fenicia, Siria y Decápolis.

Volvemos de esa forma al contexto de la siembra (4, 1-32). Es evidente que Jesús quiere sembrar la palabra de Dios en la Decápolis. Por eso ha de venir y preparar la tierra, en gesto cuidadoso de profundo taumaturgo: saca al hombre fuera de la aldea, haciendo que se aleje de su entorno hostil a la palabra. Después toca el oído sordo con sus dedos y cura con su propia saliva (aliento creador) su lengua muda. Mira al cielo y dice con palabra creadora: «¡Effathá!», es decir, «que Dios os abra» (7, 34). Éste es un relato de nueva creación.

Jesús no tiene que vencer ahora la lucha o resistencia de una antigua dogmática cerrada en las fronteras nacionales de la ley judía. Esa frontera ya se ha roto en 7, 24-29. Lo que en este momento le interesa es expandir lo allí iniciado. Por eso, poniéndose en el mismo centro pagano de Decápolis, alza su voz y pide a Dios que rompa las cadenas de silencio que amordazan a los muchos paganos del entorno; quiere ofrecerles la palabra, es decir, quiere que escuchen a Dios y le respondan. No sabemos más en concreto dónde se puede fijar este milagro, aunque debe situarse probablemente fuera de Israel, pues Jesús no ha llegado a Dalmanuza (lo hará en 8, 10). Según eso, este sordo-tartamudo puede ser judío, pero puede igualmente ser pagano.

No es fácil entender y explicar por qué Marcos ha situado aquí este gesto de Jesús, aunque todo nos permite suponer que él quiere presentar aquí un gran cambio, un giro epistemológico, una transformación *radical de paradigma*: hay que pasar de una comprensión cerrada a una abierta; hay que aprender a escuchar y a hablar de un modo nuevo, conversando ya con todos. Lógicamente, para visualizar este cambio de paradigma ofrece Marcos este milagro. Le traen un sordo (no es capaz de escuchar la nueva palabra) y tartamudo (*mogilalon*: alguien que tiene la lengua impedida y no puede expresarse, comunicarse con todos). Es signo de aquellos que no entienden: prefieren mantenerse en sus esquemas viejos, escuchando sus palabras y razones, que en este caso son razones de los fariseos que Jesús ha querido superar en Marcos 7, 1-23.

Es un enfermo cerrado en sí: no puede dialogar de verdad, no puede escuchar la nueva voz de Dios, no puede comunicarse de verdad con los demás. En el fondo es un esclavo de su propia sordera y tartamudez: no logra entender lo que dicen, no puede decir lo que ha mal-entendido. Así vive encerrado en una doble distorsión de lenguaje (de la escucha y habla), cautivo de su propia impotencia. Estamos cerca del niño con demonio mudo de 9, 14-29 y de las mujeres de 16, 7-8 que por miedo no podrán decir lo que han visto.

Es un enfermo de aislamiento, pero no está completamente solo: hay personas que le traen, y ellas ruegan a Jesús que le imponga las manos, en gesto de autoridad (que se repite con los niños en 10, 16) y curación. Está enfermo de sordera, pero lo reconoce, y se deja llevar, en contra de los fariseos que se sienten sanos para escuchar y decir lo que quieren.

b) *Milagro* (7, 33-35). Esta curación se encuentra estratégicamente situada, al final del primer desarrollo de los panes. Para que este enfermo entienda y diga el evangelio (esto es, la buena noticia de la salvación) tiene que haber alguien que le abra bien los oídos y la lengua. Jesús lo hace, en ritual de comunicación y/o catequesis sacramental, en la que se funda y se refleja la práctica cristiana de la Iglesia de Marcos. Para ello, Jesús toma al enfermo en privado, separándolo de la muchedumbre (7, 33), para así poder mantener un contacto directo con él. Da la impresión de que el enfermo no ha recibido hasta ahora atención personal y Jesús se la ofrece: se acerca, le toma consigo, le trata como hermano o amigo, iniciando una terapia de cercanía y conversación.

- *Mete sus dedos en el oído sordo* (7, 33), en gesto que dramatiza una experiencia interior de limpieza auditiva y de libertad, como diciendo que no tema las voces que llegan, que no rechace la palabra que viene, que no encierre su vida en el miedo de un silencio amargado, de una ley ya fija. Hay una sociedad hecha de mentiras y ocultamientos, sociedad donde sólo algunos pueden escuchar y saben lo que pasa, mientras otros, todos los restantes, se encuentran condenados, recibiendo solamente aquello que el sistema les impone. Evidentemente, el sordomudo es miembro de esa sociedad enferma, sin acceso a la palabra. Pues bien, Jesús abre con el dedo sus oídos, para que escuche la palabra.
- *Toca con su propia saliva la lengua del mudo* (7, 33). Parece que escupe en la mano, para después mojar la punta de su dedo y ungir así, con dedo ensalivado, la lengua muda. La saliva es signo íntimo de la fuerza personal del ser humano, del cariño que cura, del beso que enriquece y vincula a los

amantes. Pues bien, ungir con saliva la lengua muda significa fortalecer su palabra. Con ella transmite Jesús al enfermo su más hondo mensaje: que no tenga miedo, que escuche y confíe en los otros.

– *Finalmente, mira hacia el Cielo, suspira y dice ¡Effatha! ¡Qué se abra!* (7, 34). Que se abra evidentemente el Cielo (Dios), ofreciendo su gracia al enfermo, y que se abran (como el mismo texto indica luego: 7, 35) sus oídos y lengua cerrada. Todo el gesto sacramental (visualización sanadora) se condensa en este ruego de Jesús que actúa en realidad como *creador* de vida (en la línea de Gn 1) sobre la boca y oídos del enfermo.

El sordomudo es reflejo de una sociedad que encierra al ser humano en su silencio, impidiéndole escuchar y decir, comunicarse. Vive en soledad enferma donde muchos resultan incapaces de acceder a la palabra. Por eso, el milagro es en principio un *gesto de creatividad*: que todos puedan acceder a la palabra, en conversación de libertad. Es gesto de dramatización sanadora que, mirado externamente, puede parecernos magia, como muchos han dicho. Prefiero verlo como *ritual de comunicación* y despliegue personal. El enfermo es signo de una humanidad que no ha tenido acceso a la palabra: las leyes del judaísmo le han impedido entender y hablar, haciéndole puro espectador en un sistema donde otros piensan y deciden en su nombre; el engaño del paganismo le ha impedido escuchar la voz de Dios. Es un solitario, viviente sin palabra.

El milagro de Jesús consiste en abrir al ser humano *la palabra* en un mundo enriquecido por los panes (comida compartida). La apertura de oídos y lengua pertenece al *signo de los panes*. Los escribas judíos enseñaban en largas sesiones elitistas que a la postre dejaban a este pobre sin «palabra». Jesús le cura abriéndole a la comunicación, para que pueda vivir en diálogo fecundo, en ámbito *de Iglesia*. Siendo lugar de panes compartidos, ella aparece al mismo tiempo como *espacio de comunicación*, casa o campo donde los humanos pueden acceder a la palabra, superando la fosa que separa a judíos y gentiles. El signo de los fariseos era la comida ritual entre los limpios, el de Jesús los panes compartidos, desde el don de la palabra; por eso, la Iglesia ha de ir a abrir los oídos y la lengua a los humanos.

c) *Conclusión* (7, 36-37). Jesús ha realizado el milagro a través de un «gesto privado», separando al sordomudo de la gente, pero el milagro no puede ocultarse, porque el sordomudo habla y todos entienden sus palabras. Entonces Jesús pide a todos que no digan lo que ha hecho, pero lo dicen. Este Jesús de Marcos pide silencio porque el camino del evangelio no se puede extender con «milagros exteriores», sino a través del milagro personal de la entrega de la vida, tal como culmina en la entrega de Jesús y en su resurrección. Pero es evidente que, aunque Jesús no haya querido que propaguen el milagro, la forma en que lo hace responde a la dinámica del evangelio:

Todo lo ha hecho bien.
Hace oír a los sordos y hablar a los mudos (7, 37).

Esta alabanza de Jesús puede compararse a la del Pedro lucano, en la casa de Cornelio, el centurión (Hch 10, 38), cuando dice que «Jesús pasó por el mundo haciendo el bien, y sanando a todos los oprimidos por el diablo, porque Dios estaba con él». Se trata de una alabanza que recoge, sin duda, una opinión popular sobre Jesús, como hombre capaz de crear espacios y medios de comunicación humana, tal como se centra en el nivel de la palabra (oír, hablar). Por eso se le puede presentar como «hombre de la palabra» (en la línea de la parábola del sembrador). Más que las cosas que dice (es decir, más que sus ideas) importa el hecho de que él crea espacios de comunicación universal, desbordando el nivel israelita.

En esa línea se puede afirmar que el Jesús de Marcos anuncia e inicia con su vida (es decir, con sus milagros) la llegada del reino de Dios que se expresa en forma de comunicación escatológica, haciendo a los hombres y mujeres capaces de oír y de hablar. Por eso se puede afirmar que «todo lo ha hecho bien» (*panta kalôs pepoiêken*), porque el bien supremo del hombre (y de la mujer) consiste en la comunicación, es decir, en que ellos pueden decir y hablar, esto es, comunicarse.

Desde ese fondo, podemos definir el evangelio como culmen de un proceso comunicativo: La fe en Dios se identifica con el despliegue de la comunión personal, gratuita y gratificadora, entre todos los humanos. A través de su vida, en el centro de la historia humana (como grano de mostaza, simiente sembrada en la tierra), Jesús ha puesto en marcha un proceso definitivo de comunicación, sembrando «la Palabra» (4, 14), esto es, haciendo que los hombres y mujeres puedan oír y hablar, como dice ahora la gente. El judaísmo en su conjunto esperaba la llegada del «gran día», cuando vinieran de todos los pueblos hacia Sión, hombres y mujeres, para compartir la vida en gesto de paz. Pues bien, Jesús ha comenzado a realizar ese «proceso de comunicación», haciéndolo todo bien, es decir, haciendo que los sordos puedan escuchar y los mudos hablar. Lo que ellos pueden escuchar y hablar en concreto es secundario; lo que importa es la comunicación, esto es, que puedan compartir la vida como Palabra. De esa forma, asume y realiza aquello que los israelitas esperaban para el fin del tiempo, traduciendo la Palabra (amor universal) de Dios en forma de comunicación interhumana.

---

(61) Admiración y gozo. Todo lo ha hecho bien (7, 37)

Suele decirse que Marcos es un texto duro, el testimonio austero de una crisis mesiánica, que estalla, en forma de ruptura y que conlleva luto y llanto. Pues bien, en contra de eso son numerosos los pasajes donde el texto ha destacado los temas de alegría, como indicaremos en este breve esquema, donde recogemos algunos de los pasajes básicos sobre el tema:

1. *Evangelio, buena nueva*. Éste era el título o principio del libro (1, 1), éste es el contenido del mensaje de Jesús (1, 14) y el anuncio de la Iglesia (13, 10; 14, 9). Es evidente que se puede y debe dejar todo por el evangelio (10, 29), pero es más evidente todavía que el evangelio es ante todo una expresión de gozo. Alegría desbordante por la salvación de Dios, eso es evangelio.

2. *Admiración desbordada* ante los gestos salvadores de Jesús, fascinación ante su gracia poderosa. En esa línea quiere situarse el testimonio primordial de Marcos conforme a 1, 27; 2, 12 y otros varios textos.

3. *Fiesta de bodas*, tiempo en que no se puede ayunar, porque está el novio presente, tiempo de vestido nuevo y de buen vino; eso es lo que ofrece Jesús y lo que Marcos ha puesto de relieve, interpretando el evangelio como fiesta de bodas (2, 18-22).

4. *Confianza en la prueba del mar amenazante*, eso significa la presencia de Jesús en la barca de los suyos (cf. Marcos 4, 40-41; 6, 50-51). Evidentemente, no se trata de un gozo regresivo y neurótico, sino de una admiración llena de miedo, por la presencia del misterio.

5. *Jesús abraza y bendice a los niños* (9, 36; 10, 16). No es un profeta huraño de represión y miedo a la muerte, no ahoga la alegría, sino todo lo contrario. En su movimiento hay lugar de gozo para los niños y espacio de vida para las mujeres enfermas o casadas (cf. 5, 21-43; 7, 24-30, 10, 1-12).

6. *Ciento por uno*. Al invitar al seguimiento, dejándolo todo, Jesús no actúa por represión, sino por búsqueda de un gozo más alto; por eso promete a los que le siguen y crean (creando comunión en este mundo, en medio de pruebas) que recibirán el ciento por uno en bienes verdaderos en este mundo y así la vida eterna (10, 17-31).

7. *Hosanna mesiánico*: constituye un elemento clave en el camino de Jesús. Sólo allí donde se asume y recorre ese camino de gozo (11, 9-10) adquiere sentido el compromiso de entregar la propia Vida, tal como aparece en el fondo de 8, 31ss; 9, 31 y 10, 32-34.

8. *Buen perfume*. Jesús agradece el gesto profético de unción y el buen perfume de la mujer que le «unge para la sepultura» (14, 3-9). Ciertamente, Jesús muere angustiado, como enviado mesiánico fracasado (cf. 15, 34), preguntando a Dios por qué ha dejado que «fracase»; pero, al mismo tiempo, él muere en gesto de confianza creadora, como indica el gesto del cáliz o copa que ha de beber en este mundo y en el Reino (cf. 10, 38; 15, 25).

> 9. *La Cena, una fiesta de despedida* (14, 12-25). Ciertamente, Marcos la presenta como cena de traición y entrega de la vida. Pero, en medio de la tensión por la entrega (van a traicionarle y negarle), Jesús sigue manteniendo el gozo, y así se deja invitar por los suyos al banquete final, al vino bueno-nuevo del reino (14, 25).
> 10. *Gozo pascual*, un signo paradójico. Las mujeres tienen miedo, y el Joven pascual (Jesús) tiene que decirles «no temáis». Ellas, sin embargo, escapan, tienen miedo (16, 6-8). Pues bien, en medio de ese miedo viene a destacarse el gozo más grande del mensaje de resurrección que está al fondo de todo el evangelio.

3. Iglesia de los panes II: profundización y catequesis (8, 1-26)

Como he dicho al comienzo de esta sección (6, 6b–8, 33), Marcos ofrece, en el centro de ella, dos versiones progresivas de la misma temática. Acabo de presentar la primera (6, 30–7, 37), con sus cinco momentos. Esta segunda (8, 1-26) contiene también cinco momentos, que retoman la problemática anterior en clave de *profundización y catequesis* (parece dirigida de manera especial a los discípulos), pero también en una línea más universal, de apertura «velada», a los gentiles.

Es como si Marcos necesitara confirmar la novedad del signo de los panes, para resaltar algunos de sus rasgos más significativos. Su texto nos sigue situando, por un lado, en plano de *evocación histórica de Jesús*: todo lo aquí dicho es la verdad (y culminación) del camino de Jesús en Galilea; pero todo es, al mismo tiempo, *una ventana que nos abre al tiempo y tarea de la Iglesia*. La geografía de las varias escenas se vuelve difícil de precisar sobre un mapa, aunque es claro que Jesús ha iniciado un rico camino de retorno que le lleva desde las fronteras de Tiro (donde estaba en 7, 24), pasando por Sidón, hasta Betsaida (cf. 8, 22-26, que es patria de Felipe, Andrés y Pedro, según Jn 1, 44) a través de la Decápolis (7, 31).

a) Pan universal. Siete canastas (8, 1-9a)

Cf. bibliografía a 6, 30-44. Sobre el carácter más «antiguo» de esta «multiplicación» y sobre sus rasgos básicos ha dicho lo esencial Fowler, *Loaves*, 91-148; *Reader*, 140-147, poniendo de relieve la «ignorancia» de los discípulos ante Jesús, Mesías pascual, que se hace presente en el gesto total de la comida. Sobre multiplicaciones y eucaristía, cf. E. Tourón del Pie, *Comer con Jesús. Su significación escatológica y eucarística*, RET 55 (1995) 285-329; 429-486. Sobre el carácter misionero del texto, cf. E. K. Wefald, *The Separate Gentile Mission in Mark: A Narrative Explanation of Markan Geography, the*

Two Feeding Accounts and Exorcisms, JSNT 60 (1995) 3-26. Ha destacado el carácter sacramental de los panes P. S. Minear, *Saint Mark*, SCM, London 1962, 79-91.

Este pasaje es un *paradigma de Iglesia* (como 6, 30-44, pero en contexto diferente). No hacen falta introducciones para justificar la presencia de la muchedumbre, ni se alude a la enseñanza de Jesús. Es como si el tema estuviera preparado y pudiera exponerse directamente. La Iglesia es experiencia universal de panes y peces compartidos.

> a. (Contexto) *¹Por aquellos días se congregó de nuevo mucha gente y, como no tenían nada que comer, llamó a los discípulos y les dijo: ²«Tengo compasión de esta gente, porque llevan ya tres días conmigo y no tienen nada que comer. ³Si los envío a sus casas en ayunas, desfallecerán por el camino, pues algunos han venido de lejos». ⁴Sus discípulos le replicaron: «¿Quién podrá saciar aquí a todos estos con panes en el desierto?». ⁵Y les preguntó: «¿Cuántos panes tenéis?». Ellos respondieron: «Siete».*
> b. (Alimentación) *⁶Mandó entonces a la gente que se sentara en el suelo. Tomó luego los siete panes, dio gracias, los partió y se los iba dando a sus discípulos para que los repartieran. Y los repartieron a la gente. ⁷Tenían además unos pocos pececillos. Y bendiciéndolos mandó que los repartieran también. ⁸Comieron hasta saciarse, y llenaron siete cestos con los trozos sobrantes. ⁹Eran unos cuatro mil.*

Desde el fondo anterior ha de entenderse el milagro de los siete panes donde aparecen muchos elementos de la multiplicación anterior (6, 30-44), aunque es muy posible que éste sea el texto más antiguo. De todas formas, ambos pueden tomarse como dobletes (dos versiones de un mismo hecho). También pudo haber, de hecho, dos o más experiencias de multiplicación que la Iglesia ha recogido. Sea como fuere, aquí seremos más breves, procurando no repetir lo antes ya dicho, aunque, estrictamente hablando, no se trata de repetición. La escena nueva ofrece muchos rasgos diferentes, entroncados, además, en un contexto muy distinto.

El texto anterior (6, 30-44) evocaba el banquete escatológico de Israel, mirado a la luz del mensaje de los Doce. Pero ahora, dentro del proceso narrativo de Marcos, hacia el final del mensaje de evangelio en Galilea, hemos venido a descubrir que la misión israelita queda de algún modo trascendida: Jesús ha ofrecido pan (migajas salvadoras) de su fuerte banquete de Reino a la mujer-niña pagana (7, 24-30); también ha curado el oído y la lengua del enfermo decapolitano, haciéndole capaz de acoger y responder a la palabra de Dios, en una especie de gesto bautismal o nueva creación, centrada en el *effatha* (abríos) de 7, 34.

En ese contexto se sitúa nuestra escena: es como si Jesús quisiera ofrecer señal y promesa de Reino (comida) no sólo a la madre con la hija de 7, 24-30, y al sordomudo con sus acompañantes de 7, 31-37, sino a todos los que han ido a buscarle en esa zona, que permanece sin identificar, pero que, obviamente, se halla en la Decápolis. También aquí es fundamental el motivo de la comida, especialmente del pan (8, 4-7), pues los peces quedan en un segundo plano (8, 7). A la misión de los paganos pertenece no sólo la salud y la palabra, sino también, y sobre todo, el signo escatológico y terreno del pan, es decir, la eucaristía o comida compartida.

No son unas sobras lo que quiere dar Jesús (como podía suponer 7, 24-30), sino los siete panes de la plenitud humana y misionera de su Iglesia. Posiblemente hay en el fondo de estos panes aquel mismo simbolismo de los siete diáconos primeros que, conforme a Hch 6, 1-6, se han ocupado del servicio de las mesas y las viudas, y al mismo tiempo han extendido el mensaje de Jesús hacia las gentes. Los Doce de 6, 30-44 hacían referencia a la esperanza israelita.

Estos siete panes (8, 5) y los siete cestos sobrantes (8, 8) aluden, como ya se ha dicho, al camino misionero de la Iglesia entre las gentes. La relación entre las dos multiplicaciones nos sitúa así en el centro de la vida de Jesús y de la historia de la Iglesia. En el camino del mensaje, allí donde se acoge la palabra de Reino, surge y sigue siendo necesario el signo de los panes: dar gracias a Dios, partir lo que se tiene y compartirlo, en gesto de misericordia... Esa es la señal de la presencia de Jesús en esta tierra; el Dios de su Reino se vincula de manera esencial a la comida. Frente al pan de una comida que divide y separa, en clave de legalismo judío (cf. 7, 1-23), ofrece ahora Jesús el pan multiplicado, expandido y regalado de la Iglesia.

a) *Contexto* (8, 1-5). Como he dicho, Marcos incluye esta nueva escena de multiplicación (cf. 6, 30-44) para indicar otra vez la importancia del pan en este contexto social, determinado por la disputa con los escribas y fariseos (7, 1-23) y por el milagro de la sirofenicia (7, 24-31). Le han acusado de ofrecer pan impuro; Jesús reincide. Le ha dicho la mujer que la comida mesiánica (pan de los hijos) es muy abundante; él quiere mostrarlo, ofreciéndola a todos los que vienen desde tierra de paganos. Así lo muestra esta nueva multiplicación (cf. *palin*, de nuevo: 8, 1), en clave de ruptura o transgresión israelita.

- *La iniciativa parte de Jesús* que se compadece de la muchedumbre (8, 2). Antes (6, 34) se decía que eran como ovejas sin pastor, israelitas perdidos a quienes sus dirigentes descuidaban; por eso empezaba ofreciéndoles doctrina. La multiplicación venía después. Ahora Jesús se limita a dar alimento a los hambrientos, pues quizá pudiéramos decir que ya ha dado la palabra al sordomudo (7, 31-37); de esa forma, la verdad de la palabra se expresa en los panes compartidos.
- *La escena parece situarnos en contexto de despedida pascual.* Igual que en el pasaje anterior, aquí encontramos también una liturgia de adiós: culmina un encuentro, los participantes deben separarse, volviendo cada uno hacia sus casas; Jesús, buen anfitrión, no los puede *despedir* hambrientos, *en ayunas* (*apolyein nêsteis*: 8, 3; cf. 6, 36.45), pues llevan *tres días con él* y algunos *han*

venido de lejos (quizá de tierra pagana: *apo makrothen*: 8, 3). Los *tres días* evocan el fin de un tiempo de muerte o necesidad que se abre a la pascua y culminación gozosa (cf. 8, 31; 9, 31; 10, 34; 13, 2; 14, 58; 15, 29). Llegado el tercer día, Jesús ha de ofrecer su signo a los que vienen a buscarle; no puede mandarles vacíos, no puede dejarles sin pascua.

- *Frente a la iniciativa de Jesús, el texto acentúa la incredulidad de los discípulos* (8, 4), que no han comprendido el signo de 6, 30-44, ni la enseñanza de Jesús. Esos discípulos forman una Iglesia incapaz de ofrecer pan (palabra, salvación) a los gentiles, a los miles y millones de hambrientos del mundo. Es como si ella (representada por los misioneros oficiales) juzgara inviable universalizar el signo de la mesa compartida. La objeción no es la falta de dinero (como en 6, 37), sino la escasez de comida (cf. Nm 11, 12-15): *¿Quién podrá saciar a todos estos...?* Pues bien, frente al *realismo miedoso* de los discípulos, acentúa Jesús su poder creador.

- *Jesús no responde impartiendo una lección a los de fuera (¡que aprendan, que cambien...!), sino haciendo que sus discípulos incrédulos compartan*. No pregunta *¿cuántos panes tienen?*, sino *¿cuántos tenéis?* (8, 5). La experiencia de pascua (tercer día) se explicita dentro de la Iglesia por los panes compartidos: ella no tiene teoría que ofrecer, tiene pan, siete panes para compartir con todos los humanos. Sus fieles son servidores del banquete, ministros de la mesa compartida sobre el mundo.

- *Todo sucede en un contexto pagano*, fuera de las fronteras del Israel sagrado, en el camino que va de la región de Tiro (donde estaba en 7, 24), pasando por Sidón, hasta Betsaida (patria de Felipe, Andrés y Pedro: cf. Jn 1, 44) a través de la Decápolis. Esta segunda multiplicación-alimentación, realizada en el entorno pagano de Israel, resulta fundamental para entender el evangelio de Marcos, que parece situarse precisamente en ese entorno. Esta segunda multiplicación amplía de esa forma el signo de la madre siro-fenicia, que pedía el pan verdadero incluso para los «perrillos», es decir, para los paganos.

b) *Gesto base: alimentación* (8, 6-9a). Frente a la incredulidad de los discípulos, este pasaje pone de relieve la iniciativa de Jesús que quiere alimentar a la muchedumbre, instituyendo así la verdadera liturgia de la Iglesia, que ocupa el lugar de la comida ritual de los judíos (evocada en 7, 1-23). Esta multiplicación (o, mejor dicho, alimentación) constituye el nuevo sacramento mesiánico: quien así comparte la comida no necesita ya templo, no puede valorar la sangre de los sacrificios animales.

La alabanza a Dios se identifica con la comida universal de los humanos. Lógicamente, esta liturgia aparece vinculada al gesto eucarístico de 14, 22-26. En ella destacan las dos palabras centrales de alabanza: *dando gracias a Dios* (*eukharistêsas*: 8, 6), parte el pan y lo ofrece a sus discípulos para que lo repartan a la multitud; *bendiciendo* (*eulogêsas*: 8, 7; cf. 6, 41), hace que los peces se compartan. Este gesto de *acción de gracias y bendición* nos sitúa en perspectiva de misión cristiana, dentro de una línea teológica convergente a la de Pablo.

- *El gesto de Jesús acentúa la abundancia de la Iglesia*. Los discípulos habían señalado la *carencia* (¿quién podría alimentar a tantos...?); Jesús, en cambio, ha resaltado el don de los *siete panes* que son signo de abundancia mesiánica: sólo allí donde los humanos (representados por los discípulos de Jesús) comparten la comida puede hablarse de Dios, hay oración. Evidentemente, la comida sigue siendo *pan y peces* de la dieta normal de las gentes del entorno, común a judíos y gentiles.
- *Gozo: comieron y se hartaron* (8, 8). La experiencia creadora de Iglesia no es el hambre ni el ayuno (cf. 2, 18-22), sino el pan y los peces compartidos con la muchedumbre. Aquí, en el culmen de la primera parte de Marcos, Jesús puede presentarse como aquel que vincula a los humanos en comida compartida, saciedad gozosa (8, 8; cf. 6, 42). La hartura implica plenitud en clave de satisfacción, en la línea del relato original de Gn 1: «Creced, multiplicaos...». Sobre una tierra buena, los humanos pueden vivir ya desde ahora en plenitud de Reino. La hartura implica también culminación, experiencia de Reino, en la línea de las grandes esperanzas de Israel y el judaísmo (Is 25, 6-8; ApBar 29, 5; 1 Hen 10, 17-11, 2, etc.): siendo experiencia pascual, la multiplicación es a la vez anticipación escatológica.
- *Sobraron siete cestos...* (8, 8). Siete eran los panes de la Iglesia (8, 5), siete los cestos sobrantes que pueden convertirse en principio de nueva multiplicación, misión dirigida a todos los humanos. El número anterior era *doce* (6, 43), uno para cada apóstol, como indicando que el banquete de Jesús estaba destinado a las doce tribus de Israel. Ahora son *siete*. Suponemos que ese número refleja el conjunto de la humanidad, expresada por los siete días de la creación abundante de Dios (Gn 1), y por los siete «diáconos», servidores de las mesas, de la Iglesia de Jerusalén (Hch 6 y los siete pescadores pascuales de Jn 21). Así se entiende mejor la afirmación de que algunos venían *de lejos* (*makrothen*: cf. 8, 3).
- *Eran unos cuatro mil* (8, 8). En el caso anterior eran «cinco mil hombres» (6, 44). Hemos puesto ya de relieve la dificultad de ese número y el hecho de que sólo se hable de «hombres» (andres), suponiendo que puede tratarse de una referencia al judaísmo (religión de hombres). Aquí, en tierra pagana, ya no puede hablarse de hombres, sino de «personas» (hombres y mujeres). Por otra parte, el número de «cuatro mil» parece ser signo de universalidad (lo mismo que los siete cestos). Cuatro es número de totalidad, tanto en Israel (cf. Gn 2, 10; Ez 1, 5; Dn 7, 3; Ap 4, 6, etc.), como en la cultura del entorno bíblico. En el momento en que escribe Marcos, los judíos que acogen el mensaje-comida de Jesús parecen ser y son más numerosos en sentido externo (cinco mil frente a los cuatro mil gentiles). Pero, en otro sentido, estos cuatro mil son signo de totalidad, es decir, de una misión abierta a todas las gentes.

Sobre estos panes y peces compartidos, abundantes, se edifica la comunidad, con el recuerdo de un Jesús que *bendice y da gracias a Dios*. La vida eclesial se vuelve *eukharistia*, bajo el ancho cielo, con la muchedumbre que viene de lejos. No hacen falta templos, ni rituales de purificación, ni discursos de tipo religioso, separados de la vida de los hombres. Tampoco son necesarias las iniciaciones largas, los procesos de extensa catequesis, años de preparación mistérica, como después ha desarrollado cierta Iglesia. Ni siquiera se requiere un «bautismo» sacramental. Jesús ha vinculado a los humanos en torno al pan y peces compartidos.

Estamos ante un fuerte signo eucarístico, conforme a lo indicado en 6, 30-44 (donde se habla de *eulogia* o bendición: cf. 6, 41). Nuestro pasaje dice que Jesús dio gracias a Dios (*eukaristia*: cf. 8, 6), en palabra que ha pasado a ser central en la liturgia de la Iglesia. Éste es un lugar de máxima densidad sacramental, dentro de la Iglesia, pues aquí se habla de un pan que simboliza y que realiza la unión entre los hombres. Pero, al mismo tiempo, debemos indicar que ese pan multiplicado rompe el espacio intraeclesial.

Aquí se ha superado el gesto de una comunidad que se cierra en sus fronteras para celebrar en pura intimidad el recuerdo de Jesús. Nuestro pasaje ha interpretado la fracción del pan (eucaristía) en perspectiva de misión y solidaridad social abierta hacia las gentes. De esa forma, el banquete del nuevo Israel (6, 30-44) se ha expandido, viniendo a convertirse en lugar de plenitud para todos los pueblos, conforme a la promesa de Is 25, 6.

---

(62) Comida 3. Visión general en Marcos

Marcos ha dado gran importancia al tema de la alimentación, dentro de un contexto socio-religioso donde todo lo relacionado con la comida es decisivo, enmarcando así la novedad del mensaje y práctica mesiánica de Jesús.

a. Comidas históricas. El camino de Jesús en Marcos está hecho en gran parte de comidas que van marcando los puntos fundamentales de su misión.

1. *Comida, un servicio humano*. Servir en la comida, preparar el alimento y dar de comer a los demás, es signo especial del Reino y distintivo de los auténticos discípulos, como aparece en el caso de la suegra de Simón (1, 31), en las mujeres que han seguido y servido a Jesús (15, 41), lo mismo que en el texto donde se habla de aquellos que ofrecen un vaso de agua en nombre del Cristo (9, 41).
2. *Comida, signo de curación*: es importante que la muchacha recién curada, a la que Jesús despierta de la muerte, se alimente, como pide Jesús a sus familiares (6, 43).

3. *Discusión por la comida: polémica con el judaísmo.* Frente a un tipo de judaísmo que prohíbe preparar comida en sábado, Jesús defiende a sus discípulos que toman, desgranan y preparan las espigas: saciar el hambre es más importante que cumplir los ritos religiosos (2, 23-27). Rechaza así el ritualismo alimenticio, la distinción entre comidas puras e impuras, la separación de mesa entre judíos y gentiles (7, 1-23). Evidentemente, Jesús ha superado también el signo de las comidas «naturales» del Bautista (cf 1, 6). Por eso, el mismo sistema de separación en las comidas puede aparecer para Jesús como una «mala levadura farisea», vinculada a un deseo de poder de los herodianos (8, 14-21).
4. *Las multiplicaciones* (6, 30-44; 8, 1-10; cf. 8, 14-21) muestran que el mismo pan se vuelve expresión y anuncio del Reino. En el centro de los signos de Jesús, como nota distintiva de su mensaje, está la comida compartida, gozada, en gesto de gratuidad y esperanza.
5. *Signo del Reino*: el sacramento de la comida. La apertura de Jesús a los «impuros» publicanos se realiza en un «banquete»: ellos se encuentran invitados al gozo del Reino (2, 16-19). También la mujer sirofenicia apela a la señal de la comida abundante de los hijos (del Reino) para pedir la curación de su hija enferma (7, 24-30).

b. Comidas en trasfondo pascual. Quiero citar cuatro. Cada una de ellas tiene un trasfondo distinto; cada una ha de entenderse de algún modo por aislado. Sin embargo, tomadas en conjunto, ellas ofrecen la visión mejor de la teología de Marcos:

1. *Comida de unción* (14, 3-9). Jesús cena en casa de Simón el leproso; la mujer profeta le unge para morir, para dar la vida, preparando así su sepultura, en clara evocación de pascua.
2. *Comida eucarística* (14, 12-26). Jesús ofrece su propia vida como alimento para sus seguidores en signos de pan. La higuera seca de Israel no ha saciado su hambre (11, 12-14); Jesús quiere saciar el hambre fuerte de todos los humanos.
3. *Comida de experiencia pascual, en apéndice canónico* (16, 14): están reclinados comiendo; el Jesús pascual se aparece entonces a sus discípulos, conforme al epílogo canónico de Marcos. La eucaristía viene a presentarse así como tiempo-espacio de resurrección.
4. *Comida del paraíso* (1, 13). Está al principio de Marcos, pero puede entenderse como meta final. En medio de la tentación, probado por Satanás, Jesús recibe el signo de los «ángeles» que le sirven, de manera que puede pensarse que ellos preparan (para él y para todos sus seguidores) el banquete mesiánico.

b) Despedida y paso por el mar (8, 9b-10)

Sobre la geografía básica de Marcos, cf. Calle, *Geografía*, 132-142. Taylor, *Marcos*, 357-442, acentúa el dato geográfico de la anotación de Marcos. Malbon, *Space*, pone de relieve su aspecto teológico/simbólico.

[9b]Los despidió, [10]subió enseguida a la barca con sus discípulos y se marchó hacia la región de Dalmanuza.

Tras la multiplicación (alimentación), Jesús despide a la gente (*apelysen*: 8, 9b), conforme a un texto breve, paralelo a 6, 45-56, en actitud que evoca el final de una liturgia. La comunidad que se ha formado en torno a los panes aparece como auténtica *Iglesia*. Han venido a Jesús hambrientos de curaciones y palabras. Jesús les ha ofrecido por tres días su presencia y al fin les ha dado de comer, haciéndoles comunidad: con la comida culmina la asamblea; la Iglesia ya constituida. El pan y los peces de la eucaristía y bendición han hecho de la multitud (*okhlos*: 8, 1) una Iglesia. Jesús debe despedirla.

No es un «adiós» para siempre, no es ruptura final sino despedida para volvernos a encontrar. Estamos al final de la misión de Jesús en Galilea. Ha creado su signo, quiere volver a empezar. Los cuatro mil de esta despedida, con los cinco mil de la anterior (6, 44), constituyen el germen de la Iglesia; a ellos tienen que volver los discípulos pascuales, abandonando la tumba vacía y reiniciando el evangelio en Galilea (cf. 16, 7-8). Jesús no puede establecerse con ellos; no forma una ciudad, no edifica un Reino material (como evoca en paralelo Jn 6, 14-15), no les reúne por ahora de manera estable. Han vivido juntos el misterio de la generosidad de Dios, le han dado gracias, se han sentido Iglesia. Pero el camino continúa. Por eso *despide* a la muchedumbre y se embarca con sus discípulos estrictos, en travesía de Reino, volviendo a la tierra judía donde le esperan los fariseos para discutir otra vez sobre los panes (como en 7, 1-23). No sabemos exactamente donde se encuentra Dalmanuza, aunque es muy posible que el lugar tenga un sentido especial para Marcos.

El signo ha sido *una comida multitudinaria*, sin lugar propio (tierra sagrada), ni templo especial (santuario de Dios al que volver siempre sus fieles), sin necesidad de crear unas nuevas estructuras de tipo sagrado... Los seguidores de Jesús son comunidad gozosa de comida, Iglesia móvil: se juntan y separan, para retornar cada uno a sus lugares y volver a juntarse, en ritmo pascual de celebración gozosa.

c) Signo de Dios, disputa con los fariseos (8, 11-13)

Sobre la señal que piden los fariseos, cf. Fowler, *Loaves*; Camery-Hoggatt, *Irony*, 151-153; K. H. Rengstorf, *Sêmeion*, TDNT 7, 231-236. En la línea de los signos que piden los fariseos se situarán los *signos y prodigios* de los seudo-cristos del tiempo de la crisis final, capaces de engañar a los elegidos (13, 22). Según Marcos, los que piden a Jesús señales son aquellos que se oponen a su cruz (cf. Flp 3, 18). Quizá la novedad mayor de Marcos está en la forma en que vincula la cruz-muerte de Jesús con los panes compartidos, como volveremos a ver en 14, 14-16. Cf. S. Schulz, *Mark's Significance for the Theology of Early Christianity*, en Telford (ed.), *Interpretation*, 197-206.

Texto de *controversia y juramento*. Tiene un fondo histórico, pero su formulación es de la Iglesia. Los fariseos exigen un signo. Jesús responde atacando su honradez y jurando que no se les dará signo ninguno. Por el contexto sabemos que el signo verdadero existe: son los panes.

a. (Fariseos) *[11]Y salieron los fariseos y comenzaron a discutir con él, pidiéndole una señal del cielo, con la intención de tenderle una trampa.*
b. (Jesús) *[12]Y dando un profundo suspiro dijo: «¿Por qué pide esta generación una señal? En verdad os digo: ¡A esta generación no se le dará señal alguna!». [13]Y dejándolos, embarcó de nuevo y se dirigió a la otra orilla.*

Esta disputa con los fariseos corresponde a la más extensa de la sección anterior (7, 1-23), centrada en el tema de las comidas puras. Ahora no le preguntan ya por un tema de comida, sino que le piden un signo del cielo, poniéndole una trampa, es decir, «tentándole» (*peiradsontes*). Jesús ha realizado abiertamente un signo de panes y peces, que unifica a judíos y gentiles. No establece oraciones o ayunos diferentes, ni reglas de conducta vinculadas a una sola comunidad, con sus sacrificios, ofrendas o rituales. No ofrece tampoco unos signos políticos (conquistas militares), ni celestes (fenómenos cósmicos).

Jesús vincula a todos los hombres en torno a la comida, de manera que podemos llamarle profeta mesiánico de los panes compartidos. Otros mensajeros o representantes de Dios utilizaron signos de tipo religioso, político o incluso militar (la guerra santa) o apelaron a señales cósmicas. Pues bien, en contra de eso la nota distintiva de Jesús son los panes bendecidos, repartidos, compartidos, y la conversión (exorcismos y curaciones), en una comunidad abierta a todos. Así lo indica esta nueva escena de disputa como las que vimos ya en 2, 1-11; 2, 23-3, 6; 3, 20-35; 6, 1-6; 7, 1-23.

a) *Los fariseos, quieren una señal* (8, 11). Lógicamente, los fariseos piensan que ese signo resulta demasiado *universal* (no define al grupo) y, además, es algo simplemente humano (una comida natural, sin purificar). Por eso le critican, exigiéndole un milagro: una señal prodigiosa que avale el carácter trascendente de su envío. Por el texto paralelo de Jn 6, esa señal puede entenderse en dos formas distintas (y complementarias): (1) Como signo político, más natural: el Jesús de los panes debería coronarse rey y triunfar (cf. Jn 6, 14-16), como supone la tentación de Mt 4 y Lc 4, vinculando pan y Reino. Quien da de comer puede y «debe» humanamente hacerse rey. ¿Por qué no ha expandido su gesto Jesús en esa línea? (2) Como signo sobrenatural. Los fariseos quieren una señal celeste (*sêmeion apo tou ouranou*: 8, 11), como en Jn 6, 30-33 cuando, en el mismo contexto de multiplicación, los judíos piden a Jesús *un signo (pan) que baje del cielo*, como el maná de la antigua historia israelita (cf. Ex 16, 15; Nm 11, 7-9; Neh 9, 15), o como la Ley que Dios mismo reveló a Moisés entre los truenos de su gloria sobre el Sinaí (cf. Ex 19–20).

Conforme al esquema general de la sección, este pasaje ha de verse unido al del conflicto sobre la pureza (7, 1-23). Los fariseos defendían en Marcos 7 la *identidad interna* del pueblo, separado de otros pueblos. Ahora buscan la *seguridad teológica*, a través de un signo objetivo, que pueda ponerse (imponerse) como demostración de Dios. Pues bien, para Marcos no existe tal signo, ni en línea de separación interior (el pan de Jesús es para todos), ni de imposición exterior (Dios no puede obligar con un prodigio a los humanos). Signo de Jesús es sólo el pan compartido, en amor universal.

En el fondo del pasaje sigue habiendo un toque de ironía. Los humanos necesitamos signos exteriores; nos parecen poca cosa unos panes compartidos; buscamos pruebas duras, apariciones, espadas que bajan del cielo, como han hecho y harán los diversos fariseos (incluidos de un modo especial muchos cristianos) de la historia. Pues bien, precisamente allí donde Jesús les niega el signo que ellos quieren les está ofreciendo el signo verdadero.

Ahora podemos ya volver al ritmo del relato: Jesús toma el barco de nuevo, y esta vez sin imprevistos ni tormentas (cf. 6, 46-52) viene a un lugar llamado Dalmanuza donde le esperan los fariseos, pidiéndole cuentas (8, 10-13). Pero ahora descubrimos una diferencia grande. Estos fariseos no discuten, dejan de ser interlocutores de un diálogo que puede parecernos duro, pero sigue siendo diálogo. Ahora actúan, más bien, como policías: piden a Jesús una señal de identidad; le exigen un milagro de los cielos. Jesús ya no responde; se ha roto todo diálogo. Veamos:

Los fariseos de este pasaje tientan a Jesús como lo había hecho Satanás en el principio (tanto 1, 23 como 8, 11 emplean la palabra *peiradsein*). No quieren preguntarle nada, le condenan. Rechazan por principio lo que hace y quieren destruirle (como ya querían en 3, 6, unidos a los herodianos). No aceptan ninguno de los signos anteriores: ni el pan multiplicado, ni la curación de la niña griega, ni la apertura del oído-lengua del decapolitano. Quieren un signo de los cielos, es decir, un tipo de manifestación impositiva, externa, manipuladora del Dios que está en lo alto (cf. 1 Cor 1, 22).

Los fariseos exigen un prodigio avalado por el cielo, en clave de comida material que baja (maná), de palabra que penetra desde fuera (Ley) o de triunfo militar sobre la tierra (reino político). En esta perspectiva, no habría verdadera encarnación: Dios continúa arriba, probando su verdad con prodigios extra-humanos. *Jesús*, en cambio, ofrece una señal de la tierra. Su signo es el pan bendecido, la palabra humanamente transparente de la fe que se vuelve comida compartida. De esa forma, Dios se encarna en nuestra propia vida humana: allí donde los creyentes escuchan la palabra y comparten el pan... se manifiesta Dios sobre la tierra.

b) *Jesús no les puede conceder esa señal* (8, 12-13). No por un capricho o porque quiera el mal de esos fariseos, sino porque un tipo de señal así iría en contra de su mensaje y de la salvación del Reino. Esa señal del cielo que le piden iría en contra de la semilla que se siembra con paciencia en toda tierra (cf. 4, 1-32), y también de la llamada a los pecadores, y de la multiplicación de los panes, etc. Jesús se admira de esta gente (generación), que pide esa señal, diciendo en una especie de solemne juramento: «No le será dada» (8, 11-12).

Lógicamente, Jesús no cumple aquello que quieren exigirle. Si aceptara el reto y quisiera (pudiera) realizar la señal que piden los fariseos, habría caído en su trampa, viniendo a ser un mensajero de la fuerza impositiva de Dios, un delegado de sus pretendidas leyes de poder y separación (es decir, del fariseísmo). Pues bien, Jesús no ha querido ofrecer una señal de su poder por fuera o por encima de aquello que está realizando con su gesto de evangelio. Su propia vida, en gesto de encarnación, al servicio de los demás, es signo de Dios para todos los humanos. Y dentro de esa vida son signo sus milagros en favor de los perdidos y excluidos de la sociedad, lo mismo que los gestos que hemos ido señalando a lo largo de nuestro trabajo. Quien no vea en ellos la señal de Dios no podrá descubrirle en ningún otro prodigio (sabiduría o gesto de poder) sobre la tierra.

> **(63) No hay señal del «cielo», sino pan de pascua**
>
> Los fariseos piden a Jesús una señal del cielo (8, 11-13), que puede estar relacionada con las que prometerán otros profetas posteriores, como Teudas y el Egipcio (caída de los muros de Jerusalén, apertura del río Jordán...). Pues bien, el Jesús de Marcos no concede esa señal. Es evidente que esta negativa debe vincularse desde el final del evangelio con el mensaje del joven de la pascua: «Ha resucitado, no está aquí» (16, 1-8). En el camino que lleva de nuevo a Galilea, en el encuentro pascual y misionero con Jesús, vendrá a expresarse la verdad del evangelio, y aparecerá la Señal de Dios, que es la vida pascual (una señal que no puede imponerse). Desde aquí se entiende la respuesta que incluye dos momentos: Una nueva pregunta y una declaración (como en 3, 33-34).

- *Una pregunta*: Jesús no empieza discutiendo el signo, sino la forma en que lo hacen, y por eso pregunta: *¿Por qué piden...?* Un signo sólo tiene sentido allí donde alguien está dispuesto a escuchar, a dejarse sorprender y transformar por su verdad. Los fariseos se sienten seguros en lo que tienen. No buscan un signo para cambiar, sino para acusar a Jesús, que se pregunta: ¿Por qué pide una señal esta generación?
- *Una declaración*: En verdad os digo: ¡No se le dará señal alguna! (8, 12). Ésta es la generación de aquellos que se cierran en su propia ley nacional, sin más signo que el Dios de sus ventajas, un Dios que debería cuadrar en sus cálculos, avalar sus valores, sacralizar lo que ellos ya han sacralizado. Por eso jura Jesús, en compromiso solemne (*¡en verdad os digo!*), añadiendo: *¡Ei dothêsetai!:* ¡No se le dará en modo alguno! Dios no puede ofrecer su signo a unos manipuladores porque el signo ya está dado, a la vista de todos, y ellos son incapaces de acogerlo: ¡El signo de los panes!
- *Aquí está la paradoja*. Estos fariseos exigen *señales de Dios*, seguridades externas o gestos que avalen su verdad. Pero camina Jesús a su lado, ofreciendo la verdadera señal (la comida de las multiplicaciones) y le rechazan: no aceptan los panes y peces compartidos que vinculan a todos los humanos. Quieren un Dios que se imponga por la fuerza. Si Jesús ofreciera lo que piden no sería enviado de Dios, ni su anuncio un evangelio, porque su misma vida es signo de amor desbordante que crea familia en torno a la mesa compartida.
- *La señal es el pan compartido, la experiencia de pascua*. Jesús está ofreciendo su señal, el pan de una experiencia abierta a la pascua. Pero ellos no lo ven, prefieren sus signos y, por eso, Jesús debe rechazar su petición y jura que no tendrán respuesta (*¡no puede ofrecerles lo que piden!*), anticipando así lo que dirá en 11, 27-33, al rechazar la demanda de los sanedritas). Este signo del pan ha sido insuficiente para aquellos que prefieran mantener su propio pan, comerlo de manera «santa» (ritual), sin mezclarse con los otros (como defendían en 7, 1-23); por eso, los judíos de la ley nacional no han aceptado el evangelio. El pan de Jesús, abierto a la pascua, éste es su signo, que se irá desplegando a lo largo del evangelio.

d) Un pan en la barca. Signo de Iglesia (8, 14-21)

En esa línea del signo del pan se sitúa el *secreto mesiánico*, como de forma evocadora ha mostrado Minette, *Secret*. Presentación del tema en Telford, *Introduction*, en Id. (ed.) *Interpretation*, 29-30. Cf. K. Kertelge, *The Epiphany of Jesus in the Gospel of Mark*, en Telford (ed.), *Ibid.*, 105-124 [Trad. castellana: *La Epifanía de Jesús en el evangelio de Marcos*, en J. Schreiner (ed.), *Forma y propósito del Nuevo Testamento*,

Mesa común. Sección de los panes (6, 6b-8, 26)

Herder, Barcelona 1973, 183-205]. De un modo especial, cf. Fowler, *Loaves*, y Ambrozic, *The Hidden Kingdom*.

Este pasaje puede entenderse como *enigma catequético*. Nos sitúa de nuevo ante el pan universal de la sirofenicia (7, 24-30) y retoma el signo que los fariseos han pedido y que Jesús acaba de negarles (8, 11-13). Desde esa base construye Marcos este diálogo esencial en su evangelio. Ya no hay tormenta como en los relatos paralelos (4, 35-41; 6, 45-52), sino enigma sacramental: la Iglesia es barca con pan compartido. Sólo eso tiene, eso le basta: un pan para compartir, en la barca movida por la fe. Estamos en contexto de pascua y misión eclesial.

a. (Situación y enigma) *[14]Se habían olvidado de tomar panes, y sólo tenían un pan en la barca. [15]Y se puso a advertirles, diciendo: «Mirad, tened cuidado con la levadura de los fariseos y con la levadura de Herodes».*
b. (Reflexión) *[16]Ellos comentaban entre sí: «¡Si no tenemos panes!». [17]Jesús se dio cuenta y les dijo: «¿Por qué comentáis que no tenemos panes? ¿Aún no entendéis ni comprendéis? ¿Es que tenéis embotada vuestra mente? [18]Tenéis ojos y no veis; tenéis oídos y no oís. ¿Es que ya no recordáis? [19]¿Cuántos canastos llenos de trozos recogisteis cuando repartí los cinco panes entre los cinco mil?». Le contestaron: «Doce». [20]«¿Y cuando repartí los siete entre los cuatro mil cuántos cestos llenos de trozos recogisteis?». Le respondieron: «Siete».*
c. (Pregunta, tema abierto) *[21]Y les dijo: «¿Y aún no entendéis?».*

Sobre panes y peces (no aceptados por los fariseos) ha fundado Jesús su familia. Con ella navega en la barca al otro lado del mar de Galilea (*eis to peran*, dice 8, 13), a la zona gentil, como en el caso del geraseno (5, 1-17). Este pasaje puede y debe situarse en paralelo a 7, 24-30 (la sirofenicia, pan para los gentiles).

Ésta será la última travesía de Jesús al otro lado del mar de Galilea. Navega sin miedo a tempestades (en contra de 4, 35-40 y 6, 40-52), pero sin más provisiones que un solo pan para todos. Éste será el tema de la travesía, el sentido del pan, un solo pan. Recordemos el tema de las travesías: *La primera* destacaba el miedo (4, 35-41) de llevar el mensaje (semilla de palabra) a la otra orilla. *La segunda*, el oleaje (6, 46-52), con Jesús fantasma nocturno. *La tercera* se centra en el pan o los panes (8, 14-21) que definen la novedad misionera de la Iglesia.

Suele preocuparnos la riqueza: *¡No tenemos suficiente! ¡faltan panes!* Así piensan los discípulos, creyendo que un pan es corta provisión para tan larga travesía (8, 14). Les había mandado Jesús por el mundo *sin pan* (*mê arton*: 6, 8), poniéndoles en manos de los pueblos a quienes ofrecen su mensaje. Evidentemente, no comprenden; Jesús les previene ahora de la *mala levadura* y ellos sólo escuchan el tema en perspectiva de penuria de panes materiales (8, 14-16).

Sobre esa disonancia significativa, con honda ironía, Jesús les hará ver que *un pan es suficiente*: ¡él mismo es el pan de vida compartida! Desde este fondo ofrece la más bella y enigmática de todas las posibles catequesis eclesiales, enseñando a sus discípulos que deben conservar su pan sin mezcla de fermento malo. Lo que daña de verdad no es el poco pan, sino la mala levadura. Así lo indica la escena, que he dividido en tres partes:

a) *Situación y enigma* (8, 14-15). Los discípulos llevan sólo un pan. Jesús advierte *¡Cuidaos de la levadura de* los fariseos y Herodes! De esa manera, Jesús empieza poniendo a sus discípulos en guardia frente al riesgo de contagio que representan los fariseos y Herodes. La levadura de Herodes sazonaba su banquete de envidia con la muerte del Bautista (cf. 6, 14-29). La levadura de los fariseos fermentaba el pan exclusivista de la ley, rechazando de la mesa a los impuros y gentiles (cf. 7, 1-23).

De esa manera, acabando la primera parte de su texto (1, 1–8, 26), Marcos ha querido presentar los dos peligros del evangelio, uno más político (Herodes), otro más sacral (fariseos). Frente a ellos se eleva el pan de Jesús que los discípulos llevan en la barca de su Iglesia. Éste es su tesoro, esta su grandeza. Por eso han de evitar todo contagio de mala levadura.

Los discípulos navegan como portadores de un proyecto de comida que vincula a judíos y gentiles. Sólo llevan como provisión un pan cuyo sentido no acaban de entender. Antes, en el gesto inicial de la misión, debían ir *sin pan* (cf. 6, 8), dispuestos a aceptar lo que les dieran en las casas. Ahora deben llevar *uno* en la barca y Jesús dice que basta. Si tienen ese pan, si lo conservan y ofrecen a todos, no padecerán jamás necesidad.

Marcos presenta así, otra vez, a los discípulos en barca con Jesús. Es evidente que, a la luz de 4, 35-41 y 6, 45-52, ellos representan a la Iglesia que realiza por el mar su travesía. Pero ahora no hay tormenta ni tampoco viento adverso. El único peligro se halla dentro de la propia barca, en el contagio de una mala levadura de los fariseos y de Herodes, que les puede estropear los panes (8, 15).

El lenguaje de Jesús resulta enigmático, conforme a la expresión de los mismos discípulos extrañados: «¡No tenemos panes!». Ellos no administran ni poseen un comercio de alimentos; por eso no piensan en el riesgo de que una levadura mala amargue o envenene su masa fermentada. Además, en su barca no tienen más que un pan, y ya está bien cocido. Por eso no corre el riesgo de perderse con un mal fermento. No es fácil saber el sentido que tiene ese único pan que llevan en la barca (¿será el mismo Jesús?). Más fácil resulta, sin embargo, ir descubriendo el valor simbólico más hondo del milagro de los panes. Ya había aparecido el tema después de la primera multiplicación, cuando los discípulos pasan en la barca al mar airado y tienen miedo de Jesús a quien descubren sobre el agua como un fantasma: «Es que no habían comprendido aquello de los panes, tenían el corazón cerrado» (6, 52).

Esa misma expresión (que ha utilizado ya el narrador) aparece en la pregunta de Jesús: «¿No conocéis ni entendéis?, ¿tenéis el corazón cerrado?» (8, 17).

Descubrimos así (al hablar de comprensión) que el signo de los panes, que los discípulos no acaban de entender, se identifica en el fondo con la gran señal (parábola) del grano de trigo que se siembra (Marcos 4, 3-9). Por eso ahora se aplica a los discípulos carentes de visión («teniendo ojos no veis») la misma palabra de Is 6, 9-10 que 4, 12 aplicaba a los de fuera (los que no comprendían las parábolas).

b) *Reflexión* (8, 16-20). Dialogan los discípulos y comentan ignorantes: *¡No tenemos panes! Pues bien*, en vez de responderles directamente, quiere que ellos descubran su ignorancia. No han entendido la pureza interior (como en 7, 17); no han penetrado en las parábolas (como los oyentes de fuera en 4, 12), no han entendido el sentido del pan para la hija de la siro-fenicia (cf. 7, 24-30). El pan es la verdad de la parábola (palabra) de Jesús; debían haberlo comprendido. En el principio del evangelio hallamos este discurso de ruptura que destruye las seguridades anteriores de una vida que parece fundarse sólo en la abundancia de los panes materiales (del dinero), en la línea de la levadura mala de la tierra.

Desde ese fondo desarrolla Jesús un ejercicio de *recuerdo creador*. Lo que era antes advertencia (¡cuidado con la levadura...!) se vuelve ejercicio de memoria. Aprender significa recordar, volver a la experiencia originaria de los panes, para iniciar la travesía de la Iglesia. En este contexto pregunta Jesús: «*¿No recordáis?*» (*ou mnêmoneuete*: 8, 18b). «Cuando partí los cinco panes... Cuando partí los siete panes... *¿cuántas cestas de restos llenasteis?*».

Ellos sólo recuerdan lo externo: han recogido en el primer caso Doce cestas sobrantes y en el segundo Siete (8, 19-20). Pues bien, significativamente, ese número de cestos debe transformarse para ellos en principio de comprensión del evangelio, que se expresa en los Doce panes sobrantes de la primera multiplicación (que aluden sin duda a la misión israelita) y en los Siete de la segunda (que alude a la misión entre los gentiles). Significativamente, esta palabra de memoria (recuerdo creador) falta en el relato de la Última Cena de Marcos (14, 22-25). Pero ella está aquí presente, como diciendo lo que ha de ser la eucaristía cristiana: un retorno activo y creador al gesto de los panes multiplicados y compartidos, abiertos a Israel y a todos los pueblos, en medio de la travesía misionera de la Iglesia.

Marcos ha querido que acabe el relato en forma de ejercicio de hermenéutica y pregunta. No puede utilizar violencia, ni debe responder en nombre de ellos (imponiendo su palabra). Por eso, de forma enigmática, pero inmensamente significativa y esperanzada, este pasaje final del evangelio de Jesús en Galilea acaba con una pregunta dirigida a los discípulos. Entre la levadura de los fariseos o Herodes y la abundancia de cestos recogidos como sobras (Doce o Siete) tiene que haber una relación de antítesis. Jesús no la resuelve con palabra expresa, pero el texto deja que ella misma se desvele, y así podemos verla:

- *La levadura de los fariseos y Herodes*. Tanto aquí como en 3, 6 (cuando querían matar a Jesús porque rompía el sábado) evoca sin duda la opresión de la ley (religiosa o política) sobre la vida de los hombres. Unos y otros, fariseos y Herodes, mantienen su dominio sobre los demás utilizando técnicas de fuerza. Ellos deben contar, organizar y separar al pueblo para mantenerlo sometido. Aquí no existe lugar para la gracia, para la vida convertida en don que vincula a todos los humanos. Pues bien, si esa levadura entra en la barca de la Iglesia, todo el pan de la multiplicación se pierde. Donde imperan Herodes y los fariseos, ya no queda lugar para la gracia.
- *Los cinco y siete panes que Jesús ha partido en la Iglesia*, al servicio de todos (israelitas y gentiles), son expresamente lo contrario de la levadura de los fariseos y de Herodes. Son pan que se bendice y multiplica, pan que se regala en abundancia, de tal forma que siempre hay más y sobra, sea en doce, sea en siete cestos de vida desbordante. De esa forma, el mensaje de Jesús en Galilea no termina con una afirmación doctrinal o un dogma sobre Dios, sino con la más fuerte y más hermosa de todas las preguntas que se pueden dirigir a los humanos. Normalmente, la exégesis se fija más en la cuestión posterior que abre el apartado siguiente del camino («¿quién dicen los hombres que soy yo?, ¿quién decís vosotros?»: 8, 27-30); pero es evidente que esa pregunta que Jesús dirige a Pedro sólo puede responderse allí donde se entiende la primera y tan profunda cuestión sobre los panes que se reparten y sobran, en gesto de gratuidad.

c) *Pregunta de Jesús: ¿No entendéis?* (8, 21). Se trata de una pregunta para hacer pensar. Evidentemente, Jesús no responde, ni pueden responder todavía los discípulos. El camino de la misión cristiana no se resuelve desde fuera, como enseñanza conceptual, sino sólo en el camino misionero, mientras van en la barca con el pan. La comprensión del signo de Jesús se encuentra vinculada al compromiso de su pan, que debe mantenerse limpio (sin mezcla de levadura herodiana o farisea).

Sin duda alguna en este contexto el pan verdadero es Jesús (lo que él hace, lo que vive), como irá mostrando luego el relato de la cena (14, 22: el pan es su *sôma*), pero aquí no se puede decir, pues no ha culminado aún su camino. En este momento, el pan de Jesús está vinculado a los Doce panes sobrantes de la primera «alimentación» y a los Siete de la segunda. Éste es su pan, un pan que es suficiente para Israel y para todos los pueblos. Así, embarcados con Jesús, sus discípulos tienen que «entender» el sentido del pan.

Éste es el enigma (misterio) de Jesús, con el que culmina la primera parte del evangelio de Marcos (1, 1-8, 26). Se trata, sin duda, del pan de Jesús, que sólo se puede entender desde el camino total de su entrega, desde su presencia pascual en medio de la Iglesia. Pero es, al mismo tiempo, el pan «abundante» (sobrado) de las multiplicaciones: Doce y Siete cestos, para Israel y para las naciones (pues el Siete es número de universalidad y la segunda multiplicación se ha realizado en zona «pagana», fuera de los límites de la tierra santa de Israel).

Comentadas así por Jesús, las multiplicaciones (6, 30-44; 8, 1-10) son clave hermenéutica de Marcos, espejo que recoge y explicita lo esencial del evangelio, condensando todo lo anterior, anticipando lo que sigue. Los discípulos no llevan en la barca *espadas* (no van de conquista), ni *libros* (no son legión de escribas), ni *dinero* o algún tipo diferente de equipaje. Les basta un pan que pueden ofrecer a (y compartir con) todos los humanos, en multiplicación ampliada. Por eso, el recuerdo de las *sobras anteriores* (doce cestas para los judíos, siete para los gentiles...) es indispensable.

Todo Marcos aparece así como un ejercicio de comprensión y de compromiso misionero en torno a esos números: el *doce* de la primera multiplicación, el *siete* de la segunda. Éste es el *recuerdo originario* (*mnêmoneuete*: 8, 18) de los discípulos de Jesús, que van en la barca de la Iglesia llevando la buena levadura del pan de Jesús a Israel y a las naciones.

Un solo pan en una barca frágil define a los cristianos. No les diferencia la ortodoxia legal ni un tipo de identificación política, sino *el pan misionero* que debe mantenerse resguardado de la levadura (herejía destructora) de Herodes y los fariseos. Familia embarcada en el mar universal, con un solo pan que se comparte y multiplica, eso son los seguidores de Jesús, en la travesía de la historia. Pedían *los fariseos* un signo que *Jesús* no quiso darles (8, 11-13), pues su signo es *el pan* que *los discípulos* llevan en su barca. No tiene más señales; su vida y obra se resume en esta experiencia de los panes.

¿Han aprendido la lección? Parece que no. A diferencia de lo que sucede con la sirofenicia, los discípulos son tardos. Por eso, acaba Jesús su catequesis preguntando: *¿Todavía no comprendéis?* (8, 21). Ellos responden con silencio. A lo largo de todo lo que sigue iremos viendo que no han comprendido, aunque sigan con Jesús en la barca.

---

(64) Pan, cuerpo mesiánico

El pan constituye el centro y signo distintivo de la Iglesia en Marcos. No es en principio un alimento sacral (para los hombres puros), ni un sacrificio religioso de los consagrados, sino comida ricamente humana de los muchos hermanos que se reúnen, compartiendo a cielo abierto, sin normas de pureza excluyente, los panes y peces de las multiplicaciones (6, 41; 8, 6). Del nivel de separación elitista de un tipo de judaísmo hemos pasado al pan bendecido que la comunidad comparte en nombre de Jesús con todos los que vienen. Éstos son los contextos en que aparece:

1. *Los panes de la proposición*, ofrecidos en el templo, según ley judía, y propios de los sacerdotes, han de ser, conforme a la lógica Jesús, para los hambrientos, como fueron en otro tiempo para David y sus compañeros (2, 23-28).
2. *Los misioneros no han de llevar consigo panes*, sino que deben confiar y recibir el pan que les ofrecen, allí donde ellos proclaman la Palabra y realizan sus curaciones (6, 8).
3. *La Iglesia se define como experiencia de panes y peces compartidos*; por eso, ella tiene que ofrecerlos a todos los que vienen, superando la ley de la compra y el miedo a la carencia. Los discípulos se vuelven ministros (servidores) de ese pan mesiánico esencial (cf. 6, 37-44; 8, 4-69).
4. *La experiencia cristiana del pan supera la ley de pureza del pan de escribas y fariseos.* Jesús lo ofrece y comparte con todos (cf. 7, 2.5). Por eso, la sirofenicia pagana sabe que su hija (con espíritu impuro: 7, 25) está invitada al pan de los hijos, pues no se separan hijos y perros en la Iglesia (cf. 7, 27-30).
5. *Este es el pan misionero* que permite a la Iglesia superar la travesía del mar en la noche (6, 42); es el pan del recuerdo originario, el signo de Dios en la barca de la Iglesia, como ha dicho Jesús en la travesía sobre el mar del mundo (cf. 8, 14-21).
6. *Este pan se hace «sôma» o cuerpo de Jesús.* De un modo sorprendente y lógico, culminando la trama de su libro, Marcos vincula el *sôma*, cuerpo ungido/enterrado de Jesús, cuyo evangelio se extiende a todo el cosmos (14, 8-9), con el pan que Jesús ofrece, ofreciéndose a sí mismo (14, 22), en comida y/o bebida de alianza para todos los humanos (cf. 14, 24).

La relación entre el pan multiplicado/misionero de la Iglesia y el pan de la Última Cena de los discípulos (cuerpo de Jesús) constituye el centro y clave Marcos. El pan de la multiplicación (comer juntos) culmina allí donde el creyente se hace pan (entrega su vida por los otros). Por otra parte, el pan de la Cena (cuerpo entregado de Jesús) sólo se despliega donde los suyos vuelven a Galilea y retoman (en la barca) el camino de la misión y las multiplicaciones.

e) El ciego de Betsaida (8, 22-26)

Esta escena final de la primera parte de Marcos, puede compararse con el final de la segunda (16, 1-8); cf. N. R. Petersen, *When is the End not End. Literary Reflections on the Ending of Marks Narrative*, Int 34 (1980) 15-66. P. S. Minear, *Saint Mark*, SCM, London 1962, 88-91, sigue acentuando lo sacramental en Marcos.

Mesa común. Sección de los panes (6, 6b-8, 26)

Estamos ante otro milagro de apertura humana y de comunicación. Este ciego corresponde al sordomudo de 7, 32-37. Jesús había comenzado ofreciendo palabra. Para completar el gesto ha de ofrecer también la vista. Estamos en contexto de catequesis sacramental. El recuerdo histórico de un milagro de Jesús ha sido recreado por Marcos para resaltar el valor del signo mesiánico (panes) y preparar el camino de entrega que empieza en la segunda parte del evangelio (en 8, 27).

a. (Presentación) ²²*Llegaron a Betsaida y le presentaron un ciego, pidiéndole que lo tocara,*

b. (Milagro) ²³*y tomando de la mano al ciego, lo sacó de la aldea y, después de haber echado saliva en sus ojos, le impuso las manos y le preguntó: «¿Ves algo?».* ²⁴*Él, abriendo los ojos, dijo: «Veo a los hombres, son como árboles que caminan».* ²⁵*Y de nuevo volvió a poner las manos sobre sus ojos; entonces el ciego comenzó ya a ver con claridad y quedó curado, de suerte que veía perfectamente todas las cosas.*

c. (Conclusión) ²⁶*Después le mandó a su casa, diciéndole: «No entres ni siquiera en la aldea».*

a) *Presentación* (8, 22). Se repite con el ciego la historia del sordomudo (7, 32-37), con la que concluía el primer desarrollo del tema de los panes: le traen al enfermo y le ruegan que lo cure; Jesús le saca de la aldea (le separa de la muchedumbre) y, escupiendo, unge sus ojos con saliva, iniciando un proceso de curación gradual y «personalizada», que le capacita para ver con distinción las cosas... Los dos gestos poderosos de Jesús pueden entenderse como rasgos o momentos de un único sacramento de iniciación o maduración cristiana, vinculado al signo de los panes.

Para entender y aceptar a Jesús es necesario un milagro de apertura sensorial y cognitiva, a nivel de palabra (el sordomudo de 7, 32-37) y de visión (el ciego de esta escena). Como acabamos de mostrar, los discípulos no entienden: el camino de Jesús les desconcierta, el signo de las multiplicaciones carece de sentido para ellos. De esa forma deambulan en medio de un mar que no saben dónde les conduce, con un pan cuyo sentido no acaban de entender.

Es evidente que estamos en contexto de Iglesia. El mismo Jesús resucitado instruye a sus discípulos, camina con ellos, les ofrece sus signos. No ha terminado aún su entrega (de ella tratará la segunda parte de Marcos), y, sin embargo, él actúa y habla aquí como ya resucitado, presente en el signo de los panes de la Iglesia misionera. Desde ese fondo entendemos el nuevo milagro: (a) *El milagro del sordomudo* de 7, 31-37 parecía situarse en zona de paganos (en la Decápolis), como el de la hija pagana: los gentiles tienen que abrir el oído para escuchar y decir la palabra del evangelio. (b) *Este ciego de Betsaida* (8, 22-26) representa, más bien, a los discípulos de Jesús, que no acaban de entender el signo de los panes. Más aún, quizá alude a Pedro, que en el pasaje siguiente (8, 27–9, 1) se portará como ciego.

Galilea, Evangelio del Reino (1, 14-8, 26)

Sea como fuere, la separación entre paganos y judíos, gentes de fuera y discípulos, parece aquí menos importante. Ante el signo evangélico de los panes (del pan entregado como principio de comunicación universal) cesan las antiguas diferencias. Estamos ante eso que pudiéramos llamar *el nuevo principio universal*, es decir, la realidad que vincula a todos los humanos: no les une la raza o religión, ni siquiera un tipo de palabra actuante, sino el pan compartido, que es *pan exterior* (para todos) e *interior* (representa la entrega de la vida). Por eso, la mayor dificultad para el despliegue y venida plena del reino de Dios la constituyen quizá los discípulos (los de Betsaida) que no logran ver.

b) *Milagro* (8, 23-25). Jesús había preguntado a sus discípulos, con palabras tradicionales que proceden de Jr 3, 21 (cf. también Is 6, 9-10): «¿Tenéis ojos y no veis...?» (Mc 8, 18; cf. 4, 12). Éste era el problema. A los paganos de Decápolis les faltaba la apertura a la palabra (cf. 7, 31-37). A los discípulos que siguen a Jesús les falta entendimiento (ojos para ver, oídos para escuchar...). Como signo de la necesidad de abrir los ojos, se introduce este relato. El ciego es ahora representante de todos los discípulos (y todos los judíos). Jesús le cura utilizando gestos semejantes a los que hemos visto al tratar del sordomudo: (a) le saca de la aldea y se enfrenta con él a solas, como si quisiera realizar con él un proceso de iniciación sacramental; (b) escupe o pone saliva en sus ojos, como queriendo ofrecerle lo más íntimo, su fuerza más grande, representada por la saliva que, además, se tenía como portadora de virtudes curativas; (c) le impone las manos por dos veces y le va preguntando lo que ve, hasta que consigue verlo todo de manera clara.

Es como una curación de largo aprendizaje, que podemos comparar con el proceso de enseñanza que Jesús ha utilizado para abrir los ojos de sus seguidores, haciéndoles capaces de mirar la realidad de forma clara, ya completa (8, 24-25). Resulta curioso el cuidado de Jesús que, lleno de paciencia, comienza imponiendo las manos, pregunta, escucha y vuelve a utilizar de nuevo sus poderes curativos, hasta que el ciego puede ver con perfección las cosas. Los comentaristas han buscado y encontrado numerosos paralelos, diciendo que esta escena de curación progresiva ha de entenderse a la luz de técnicas medicinales y taumatúrgicas del tiempo.

Esa perspectiva es buena y resulta, en un sentido, necesaria. Solo podremos comprender los milagros de Jesús si los sabemos situar en el trasfondo de las curaciones de aquel tiempo. Pero en nuestro caso hay algo más: Marcos 8, 22-26 quiere mostrar el cuidado que Jesús ha ido mostrando para iluminar a los suyos, a fin de que así puedan descubrir el signo de los panes y consigan entenderle. Este milagro del ciego de Betsaida es signo de todo lo que ha hecho Jesús con sus discípulos, en camino de enseñanza intensa y cuidadosa. Ha querido abrir sus ojos, haciéndoles capaces de mirar de forma nueva hacia las cosas, para comprender así el sentido de los panes (vida compartida) y para vincularse con todos los varones y mujeres de la tierra, en gesto de comunión mesiánica.

Mesa común. Sección de los panes (6, 6b-8, 26)

Podemos decir que la pregunta anterior (¿aún no entendéis?: 8, 21) ha quedado de algún modo respondida por el gesto de Jesús que ha decidido abrir los ojos de sus discípulos, representados por este ciego de Betsaida (recordemos que Pedro, Andrés y Felipe son oriundos de esa ciudad, conforme a Jn 1, 44). Como he dicho ya, y adelantando de algún modo el argumento de la siguiente sección (con el reconocimiento y rechazo de Pedro, cf. 8, 27-33), quizá se podría afirmar que el ciego de Betsaida representa precisamente a Pedro. Jesús le ha querido curar, abriéndole los ojos, y él ha comenzado a ver, pero luego ha quedado nuevamente ciego, incapaz de comprender la gratuidad y entrega de la vida que implica el signo de los panes.

De esa forma ha vinculado Jesús lo externo y lo interno, lo personal y lo comunitario. Todo puede condensarse y se condensa en el signo del pan, que permite realizar la travesía misionera de la Iglesia, en barco que lleva a los confines de la tierra. Los enviados de Jesús no deben llevar más equipaje (de libros o teorías, de poderes o certificados de conducta). El pan les basta; ese es su milagro. Por eso han de abrir los oídos/lengua (7, 31-37) y los ojos (8, 22-26) de los necesitados. Esos gestos:

- *Son milagros simbólicos y anticipatorios*. Sordomudo y ciego simbolizan la humanidad (Iglesia) que debe aprender a decir y mirar, comprendiendo la *parábola* de Jesús, condensada en su vida, expresada en su pan. Hemos vuelto a 4, 1-32; estamos en el centro del surgimiento eclesial. De esta forma anticipamos aquello que hallaremos al final del camino de Jesús, ante la tumba vacía, para volver con él a Galilea.
- *Son milagros sacramentales*, pues evocan y promueven un gesto de la Iglesia que abre los oídos/boca y lengua a los humanos, para que acojan y transmitan la palabra, para que comprendan el misterio de Jesús. Ésta es una de las más antiguas experiencias de catequesis de la Iglesia, centrada en el pan compartido (multiplicaciones) y en la comunicación profunda de la vida.

La Iglesia emerge así como *institución sacramental*, pues ofrece a los seguidores de Jesús unos signos profundos (poco ritualistas, muy humanos) de su nueva pertenencia a nivel de conocimiento y palabra. Ellos vienen a mostrarse como verdaderos *iniciados*. Aprenden a escuchar y a mirar, en camino de intensa vinculación con Jesús y los humanos del entorno (de su grupo, de la totalidad humana). Al tratar del sordomudo dijimos que el milagro de Jesús era terapia de comunicación. Lo mismo sucede en este caso. Jesús cura al ciego para que vea (acepte) el signo de los panes, comprendiendo así la verdad del ser humano, en el nivel de la comida compartida y de la entrega de la vida por los otros.

c) *Conclusión* (8, 26). ¡No entres en la aldea! De un modo enigmático, Jesús le dice al ciego curado que vaya a su casa (*eis oikon autou*), que ni siquiera entre en la aldea (*eis tên kômên*), es decir, que no vaya a Betsaida. ¿Por qué? Es evidente que el Jesús de Marcos quiere mantener el milagro «en secreto», para no delatar antes de tiempo su «mesianismo», es decir, su poder de enviado y delegado de Dios.

No sabemos si el curado cumple el mandato de Jesús y se va a su casa, no sabemos lo que responde la gente, es decir, los posibles testigos de la escena, que en el milagro anterior pregonaban la grandeza y bondad de Jesús, diciendo que todo lo había hecho bien (hacía oír a los sordos y hablar a los mudos: cf. 7, 37). Pero no sabemos ni siquiera si hay testigos, pues Jesús ha sacado al ciego de la «aldea» de Betsaida (8, 22) y ahora le manda que no vuelva a ella, de manera que, en caso de que el curado obedezca, el milagro puede quedar oculto a los ojos de todos, sin que nadie se entere (en contra de lo que había sucedido en otros casos, a partir de la curación del leproso de 1, 45).

Nos hallamos ante un final enigmático, empezando por el mismo emplazamiento de la «aldea» llamada Betsaida (cf. 8, 22-23); si se refiere a Betsaida Julias, una de las capitales del reino (tetrarquía) de Felipe, como parece evocar el nombre de la otra capital a la que van a ir de inmediato (Cesarea de Felipe; cf. 8, 27), no es una aldea (*kômê*), sino una ciudad o población de cierta importancia. Sea como fuere, es muy posible que el texto esté evocando una aldea de la zona de Betsaida (o quizá una aldea de Galilea, no de la tetrarquía de Felipe, en la Gaulanítide), lo mismo que 8, 27. Sea como fuere, Jesús no quiere que el «milagro» de la visión se conozca y propague, pues no se trata de un milagro para mostrar hacia fuera el poder del evangelio, sino para curar a los de dentro (a los discípulos), en línea de catequesis.

Quedan muchas cuestiones sin resolver en este «milagro» del ciego de Betsaida, vinculado a Pedro (que necesitará ser curado) o a otros discípulos de Jesús. En esa línea, más que la ubicación geográfica del milagro (en «una aldea de» o en «la aldea de» Betsaida) importa el sentido del gesto. Antes, en el pasaje paralelo de 7, 31-37, Jesús «ofrecía la palabra» a un sordomudo, posiblemente pagano (de la Decápolis). Ahora, en la escena final de la primera parte del evangelio (en 8, 22-26), Jesús abre los ojos del ciego de la aldea y le pide que se vaya a su casa, después de haberle curado «en privado» (sacándole de la aldea), como para indicar que la apertura de los ojos es un «milagro» personal, una experiencia de fe intransferible.

Aquí termina la primera parte de Marcos, en una especie de «milagro de visión», que parece semejante al milagro con el que termina la segunda parte de Marcos y todo el evangelio: animados y dirigidos por las mujeres, los discípulos de Jesús tienen que volver a Galilea, donde «verán» a Jesús. Ellos serán como este ciego que ha empezado a ver poco a poco, hasta terminar viendo todo con claridad (8, 25). Que los hombres y mujeres sean capaces de ver a Jesús (de verlo todo) con claridad: ésta es la finalidad y meta del evangelio.

En esa línea, es muy posible que este ciego de la aldea de (o en torno a) Betsaida seamos todos los lectores del evangelio de Marcos, que tenemos que ir aprendiendo a distinguir con precisión, para ver a Jesús, para descubrir de esa manera el sentido de la Pascua (es decir, de la transformación mesiánica de Jesús). Teniendo eso en cuenta, debemos añadir que la curación total del ciego de Betsaida sólo será posible en pascua, cuando los discípulos retornen de verdad a Galilea para ver allí a Jesús (16, 1-7), de esa forma se vendrá a cumplir en ellos lo que quiso mostrarles en el signo de la curación final del invidente (8, 22-26).

Y de esta forma acaba esta sección y todo el mensaje de Jesús en Galilea. El camino de maduración de los discípulos de Jesús, condensado en las palabras de llamada, elección y envió, ha culminado ya. Hasta ahora, ellos han ido respondiendo; más aún, al menos en sentido general, ellos han seguido a Jesús, recorriendo su camino. Pero, como indican o, al menos, insinúan los relatos anteriores puede llegar y llega el momento de la crisis. Hay que replantear todo el camino, y así lo hará Jesús en la parte siguiente del evangelio (8, 27-15, 47). ¿Lo harán también sus discípulos? ¿Habrán aprendido a ver, como este ciego de Betsaida, al que Jesús ha mandado que vaya a su casa, sin volver a la aldea, sin decir nada a nadie?

---

(65) Iniciación cristiana, gesto sacramental

El judaísmo posee ritos claros de iniciación y/o pertenencia (genealogía, circuncisión, ley, culto del templo...). Menos claros resultan esos signos en la Iglesia de Marcos, que parece todavía en *estado naciente*, antes de que cristalicen y se codifiquen en ella los ritos de entrada o separación grupal (bautismo, celebraciones especiales...). Más que ritos externos, Marcos ha ofrecido signos fundadores. Entre ellos pueden ponerse de relieve la llamada al discipulado (cf. 1, 16-20; 3, 13-19, etc.) y el seguimiento en el camino (cf. 8, 34; 10, 21, etc.). Desde ese fondo citamos algunos otros, vinculados a los milagros, entendidos como iniciación catequética:

1. *Bautismo*. En principio, el bautismo de Juan (1, 4-9) no es un signo cristiano, pues la iniciación y experiencia de Jesús empieza después (1, 11-12). En sentido estricto, el bautismo de Jesús se identifica con su muerte a favor de los demás (10, 39). En el apéndice canónico (16, 16) tiene ya un sentido sacramental estricto.
2. *Curación y servicio* (1, 30-31). Jesús levanta de la cama (*ĕgeiren*: resucita) a la suegra de Simón, que empieza a servir a los demás, ofreciendo el principio de toda iniciación cristiana.

3. *Perdón y curación* (2, 1-12). Jesús perdona al paralítico con amigos, dándole el poder de caminar, en claro gesto de iniciación.
4. *Jesús hacer oír y hablar al sordomudo* (7, 31-37), tocándole la lengua con saliva (como hacían curanderos y magos), le ofrece confianza y curación humana: seguir a Jesús significa escuchar y decir la palabra.
5. *Jesús ofrece vista al ciego* (8, 22-26), que es signo de los discípulos que no acaban de ver y entender el evangelio; abrir los ojos, eso es hacerse cristiano.
6. *Abrazar, bendecir, imponer las manos a los niños* (10, 13-16; cf. 9, 33-37). La verdadera iniciación de los niños es de tipo humano: que puedan vivir en afecto y dignidad. Marcos no conoce (o no habla) para ellos de un rito bautismal.
7. *Ver para seguir a Jesús* (10, 46-52). Éste es el gesto más perfecto de iniciación: el ciego quiere ver al Hijo de David y habiendo visto (ya curado) le sigue en el camino.
8. *Eucaristía* (14, 22-25). Ha de entenderse ya como signo sacramental de iniciación de maduración y solidaridad cristiana.
9. *Las mujeres junto a la cruz* (15, 40-41). Se dice que han seguido a Jesús y le han servido, subiendo con él a Jerusalén. De esa forma realizan el gesto más perfecto de iniciación mesiánica.

Esa iniciación culmina en perspectiva pascual, allí donde las mujeres (con los discípulos y Pedro) deben ir a Galilea (16, 1-8) para ver a Jesús y recrear su camino mesiánico. No hay más aprendizaje que el seguimiento de Jesús en su entrega de la vida. De todas formas, la Iglesia posterior ha destacado algunos gestos anteriores (perdonar, abrir ojos/oídos/lengua, imponer las manos...) para expresar la vinculación del creyente al camino mesiánico.

Parte II
CAMINO DE JERUSALÉN. MUERTE DEL CRISTO (8, 27–15, 47)

1. Anuncios de muerte. Camino de la Iglesia (8, 27-10, 52)   *371*
2. Jerusalén, ciudad del Mesías (11, 1-13, 37)   *503*
3. Muerte solidaria. El Mesías crucificado (14, 1-15, 47)   *623*

La parte anterior de Marcos (Galilea: anuncio del Reino; 1, 14-8, 26), culminaba en las multiplicaciones, y en los viajes de Jesús en torno al mar que es signo de Israel y espacio de apertura hacia los pueblos. La semilla quedaba echada (cf. 4, 1-32). Los Cuatro discípulos, llamados para realizar la pesca escatológica (1, 16-20) y ser signo de un banquete abierto a publicanos-pecadores-paganos (2, 13-17), han podido conocer a Jesús, descubriendo lo que implica el seguimiento. También los Doce, llamados para estar-con Jesús y realizar su misión en Israel (cf. 3, 14-17; 6, 6-13) han podido comprender el sentido de su misión, abierta a los gentiles, tal como ha culminado en el milagro del sordomudo y del ciego (7, 31-37; 8, 22-26).

Pues bien, cuando se llega a ese final, todo parece detenerse un momento (se ha realizado ya el anuncio en Galilea), para abrirse después nuevamente, para un nuevo despliegue de Reino, más centrado ya en la propia persona de Jesús y en su manera de ir abriendo camino (por el fracaso de Jerusalén) hacia las gentes. Desde este momento, el anuncio del Reino (en palabra y curaciones) se convierte en entrega por el Reino. No se trata ya de hablar (anunciar) ni conquistar (tomar por fuerza), sino de dar la vida, de morir o de entregarse en manos de los hombres para que ese Reino de gracia y abundancia de Dios venga a expresarse en forma de regalo radical de vida.

Iniciamos así esta nueva parte que se puede titular, camino de muerte del Cristo. Se trata de una muerte anunciada y preparada de algún modo por las controversias precedentes. Pues bien, Jesús asume y vive esa muerte como expresión de su propio evangelio: el mismo anuncio del Reino, que inició en 1, 14-15, le lleva a descubrir y recorrer ahora ese camino de muerte, como expresión y signo de su mesianismo. Esta segunda mitad queda iniciada con un texto de transición, que recoge la temática anterior para abrirla en forma nueva, a la luz de las nuevas coordenadas mesiánicas. Se trata de un texto dialogado donde los dos personajes fundamentales (Jesús y Pedro) exponen y despliegan sus propias perspectivas (8, 27-9, 1).

- *Jesús pregunta*. Al principio del evangelio, el proyecto mesiánico de Jesús había sido desencadenado por la voz de Dios que le decía en el Jordán: «Tú eres mi Hijo» (1, 11). Respondiendo a esa voz y desplegando así su vocación mesiánico-filial, había realizado Jesús su tarea de Reino. Ahora necesita una voz humana para replantear su camino. Sabe lo que Dios le dice: ha escuchado la respuesta de los judíos que están fuera: necesita conocer la postura de sus seguidores. Por eso pregunta: «Y vosotros ¿quién decís que soy yo?» (8, 29).

- *Pedro responde*: «Tú eres el Cristo», en palabra que recoge e interpreta todo el camino anterior de Jesús. La semilla ha sido echada en la tierra, la tierra se encuentra preparada. Este sería el momento de la acción victoriosa de Jesús. Pedro le pide que rompa los cauces más estrechos de un fariseísmo demasiado legalista, que actúe ya en nombre de Dios y así realice la culminación nacional israelita.
- *Jesús no niega nada*, no discute ni siquiera el título de Cristo que Pedro le ha aplicado, pero sitúa el tema en otra perspectiva, a partir de la respuesta que sus compatriotas judíos han dado a su mensaje: «Es necesario que el Hijo del Hombre padezca... que muera» (8, 29-31).

Estamos ante eso que pudiera llamarse la ruptura hermenéutica o, quizá mejor, el giro antropológico-teológico central del evangelio. Cuando Jesús empezó su mensaje de Reino no dijo dónde le llevaba. No podía siquiera saberlo. Este no es conocimiento de teoría, no es producto de una reflexión sobre principios eternos de lo humano. Este es saber de experiencia: algo que se descubre con la vida entera y no sólo con razones teóricas; es algo que sólo se aprende en relación con los demás, y no en aislado, como expresión de lo que soy o puedo por mí mismo.

Pedro está proyectando sobre Jesús unas categorías previas, ya formadas, de mesianismo triunfal. Así quiere conocerle desde aquello que ya sabe, quiere inscribirle en el círculo de sus propios intereses de triunfo nacional (y personal). Jesús, en cambio, se ha dejado enseñar por la vida, situando su camino mesiánico a la luz de aquello que han ido respondiéndole los hombres. Es ahí donde ha escuchado la voz de Dios pidiéndole que entregue su vida por el Reino. De esta forma, Jesús ha logrado aprender la lección más profunda de la historia, el rasgo más intenso de la condición humana: de manera gratuita y desinteresada ha ido ofreciendo el «Reino» como don de amor; nada quiere imponer, nada ha exigido; pues bien, al hacer eso, al portarse de esa forma, termina quedándose en manos de la violencia de los hombres.

Mil veces se ha dicho que Jesús no podía haber previsto su muerte, que los anuncios de pasión de 8, 31; 9, 31; 10, 32-34 son creaciones posteriores de la Iglesia y, ciertamente, en un sentido eso es cierto: Jesús no ha subido a Jerusalén para morir, sino para instaurar el Reino, de manera que hasta el final de su vida ha tenido la esperanza de que el Reino llegará: Le acompañarán los discípulos, le recibirán en Jerusalén, Dios responderá... Pero, al mismo tiempo, él conoce bien la violencia de la historia humana, como la conocieron los profetas antiguos. Por eso ha podido anticipar de alguna forma su fracaso. Parece evidente que la forma actual en que han sido redactadas esas predicciones proviene del mensaje o catequesis de la Iglesia, pero en su forma primitiva ellas derivan de Jesús.

Jesús no sólo ha podido, sino que, en algún sentido, ha tenido que ir descubriendo la exigencia y el sentido de su muerte. Durante largo tiempo ha expandido su mensaje mesiánico, poniéndolo desnudo sobre el campo de los intereses, de los pactos de violencia, de los mecanismos sacrificiales de los hombres. Pues bien, en un momento determinado ha debido descubrir que su forma de mesianismo gratuito, no violento, abierto a los pequeños, nunca puede ni podrá triunfar externamente en esta tierra.

Pedro le ha llamado «Cristo», presentándolo como triunfador mesiánico. Jesús prefiere llamarse Hijo del Hombre, utilizando una palabra que proviene de la vieja tradición israelita (Ezequiel, Daniel, libros de Henoc): «Es necesario que el Hijo del Hombre padezca»... La misma fidelidad a los valores de un mesianismo gratuito (no impositivo) pone a Jesús en manos de la violencia de los hombres; es Mesías siendo el hombre verdadero.

Estamos en el lugar de la gran paradoja: este es el momento en que el máximo poder mesiánico (que Jesús ha ido desplegando en 1, 14–8, 26) viene a desvelarse como debilidad suprema, un tener que morir. No se trata de dos momentos sucesivos, como si Jesús hubiera mostrado primero su poder externo (hacer milagros, multiplicar los panes, etc.), para humillarse después, escondiendo ese poder y quedándose por libre elección en manos de la violencia de los hombres.

No son momentos sucesivos y excluyentes, sino aspectos o rasgos internamente vinculados de un mismo camino de humanización. Jesús es poderoso en el sentido de creador (transformador mesiánico) siendo el más débil, es decir, rechazando la violencia de los hombres y quedándose en sus manos, para morir como un proscrito.

No es que Dios quiera esa muerte de Jesús, pero en ella y sólo en ella puede revelarse de verdad como divino en el contexto conflictivo de esta historia humana. Como enviado de Dios, Jesús acepta la muerte. De ahora en adelante sabe (siente en lo más hondo) que el Reino que ha ofrecido y preparado no es algo que viene de fuera y se puede separar de su persona; Reino es lo que Dios va haciendo (prometiendo, desplegando, sufriendo y anunciando) en su misma existencia mesiánica de enviado de Dios y sembrador de la palabra, es decir, de Cristo. Por eso, en algún sentido, el evangelio se convierte de ahora en adelante en una especie de biografía mesiánica de Jesús. Más que lo que dice y hace, cuenta desde aquí lo que vive y va siendo en camino de fidelidad a su propio proyecto de Reino. De esa forma, Jesús va realizando lo que ha dicho, haciéndose a sí mismo transparencia de Dios sobre la tierra.

- *Camino de entrega* (8, 27–10, 52). Jesús abandona Galilea y comienza a dirigirse geográfica y teológica o mesiánicamente hacia Jerusalén. Así define su camino de Reino anunciando por tres veces su muerte, en una historia de entrega que ha sido recreada de forma ejemplar por el evangelio. En ese camino de fidelidad personal abre un surco nuevo de seguimiento y discipulado que puede y debe actualizarse dentro de la Iglesia cristiana.

- *Entrada y controversia en Jerusalén* (11, 1-13, 37). Jesús ofrece públicamente su proyecto mesiánico en la ciudad, rodeado de discípulos que no acaban de entender lo que hacen. Allí se enfrenta con la autoridad Israelita (sacerdotes del templo) y, mientras ellos planean matarle, expone el sentido de la nueva humanidad: anuncia la misión futura de sus seguidores en el tiempo de la gran lucha apocalíptica.
- *Entrega y muerte* (14, 1-15, 47). Las autoridades de Jerusalén no le aceptan, entregándole en manos del poder romano, que le condena a muerte. Por otra parte, aquí la paradoja y tragedia del discipulado: Jesús regala su vida a los discípulos (Última Cena), y ellos le abandonan, le entregan a la muerte.

Condenado por judíos y romanos, como Mesías impotente muere Jesús. Sólo unas mujeres se mantienen hasta el fin y le acompañan al sepulcro. Ellas podrán ser el comienzo de la nueva historia tras la pascua. Fracasarán los Doce en cuanto tales, y por eso no podrá realizarse la misión israelita (centrada en Jerusalén); pues bien, esa ruptura del grupo originario de los Doce estará acompañada (compensada en plano más profundo) por el surgimiento de la comunión vocacional más extensa de los nuevos discípulos animados por las mujeres de la tumba vacía y centrados en el testimonio de Pedro, conforme a la palabra de 16, 1-8. Pero con eso desbordamos nuestro tema.

La primera parte del evangelio de Marcos había culminado en un final simbólico/misionero: por dos veces ha ofrecido Jesús banquete de Reino en las multiplicaciones, fundando su «Iglesia» en torno (sobre) el pan compartido. Cambia el escenario, pero sigue y se despliega el mismo tema: para suscitar la familia universal de los humanos, Jesús debe entregar su propia vida. Así aparece Jesús, en la segunda parte de Marcos, de manera dramática y muy honda, como aquel que debe convertir su cuerpo en pan (cf. 14, 22-26), quedando en manos de aquellos que le matan, en esperanza de resurrección (cf. 8, 31). Todo lo dicho y realizado permanece, lleno de valor, pero, precisamente por ello todo ha de cambiar, de forma que Jesús viene a mostrarse no sólo como *sembrador de palabra* (Marcos 4), sino como *palabra hecha comida para los hombres*.

1. Anuncios de muerte. Camino de la Iglesia (8, 27–10, 52)

Las secciones anteriores habían comenzado en línea vocacional, con una llamada (1, 16-20), una elección (3, 13-19) y una misión (6, 6b-13), que Jesús ofrece a sus discípulos. También esta primera sección de la segunda parte, dedicada a la muerte del Cristo empieza con una llamada vocacional. Pedro declara el mesianismo de Jesús, a quien llama el Cristo. Jesús lo reinterpreta en clave de entrega de la vida y Pedro le recrimina, pidiendo que abandone esa visión. Pues bien, Jesús le responde reiterando su postura y abriendo para sus seguidores un camino de discipulado más profundo: «Si alguien quiere venir en pos de mí, niéguese a sí mismo, tome su cruz y sígame...» (8, 34).

Jesús había escogido a los Doce para que estuviesen con él y para así enviarlos a predicar en su nombre (cf. 3, 15). Ahora tiene que aplicar y aplica lo allí dicho a la nueva situación: si él es Mesías por la entrega de la vida, también sus discípulos tendrán que acompañarle en ese gesto y camino de entrega. Se inicia así esta sección que llamamos del camino, porque en ella viene a presentarse la vida de Jesús y de sus seguidores, de una forma paradigmática, como existencia itinerante.

Frente a las leyes de un tipo de judaísmo, que quiere fortalecer el ámbito de seguridad ya existente para el pueblo, Marcos presenta el mesianismo de Jesús como proceso de realización que supera las leyes anteriores y que se expresa en la misma vida de Jesús. No estamos ya hechos, nos hacemos; no tenemos fijada la existencia, la vamos fijando nosotros, en actitud de escucha a la palabra de Dios y de fidelidad arriesgada (de entrega de la vida), siguiendo el ejemplo de Jesús, que es el primero de aquellos que han hecho el camino mesiánico. Entre el mar de Galilea, que era espacio de anuncio y preparación del Reino, y la ciudad «sagrada» de Jerusalén (sede del juicio y de la tumba vacía) se extiende el camino del descubrimiento mesiánico y de la entrega por el Reino.

En ese camino (*hodos*) pregunta Jesús por su identidad a los que han empezado a seguirle. Responde Pedro, en clave israelita, diciendo que es el Cristo o Mesías de

Camino de Jerusalén. Muerte del Cristo (8, 27-15, 47)

su pueblo. Le contesta Jesús mostrando su más honda verdad de Hijo de Hombre que padece y muere en manos de los otros (8, 27-35). Sobre ese contraste de posturas, en esa visión de Hijo de Hombre que se entrega, viene dado el tema central y el argumento concreto de todo lo que sigue en Marcos. En ese camino (9, 33) disputan los discípulos, queriendo saber quién es más grande y tiene más autoridad en el proyecto mesiánico del Cristo. Por el camino (10, 17) viene un hombre rico y busca a Jesús, pero no quiere al fin comprometerse por él, pues es preciso dejar todo para así seguirle en su proyecto de entrega por el Reino. En ese mismo camino (10, 32) ratifica Jesús el anuncio de su muerte y pascua, que no entienden ni siquiera sus más íntimos, es decir, los zebedeos (cf. 10, 35-45). Culmina esta sección, en forma semejante a la anterior, con el milagro de un ciego que, estando precisamente al borde del camino (10, 46), pide a Jesús ojos para verle, y al saberse curado deja todo y le sigue (10, 52; cf. 8, 22-26).

De esa forma ha entrelazado Marcos su argumento. Lo que era anuncio de Reino (como voz que puede quedar fuera de uno mismo independiente de la propia vida) se vuelve ahora camino personal, es decir, compromiso de entrega mesiánica. Según eso, el mismo despliegue del Cristo viene a quedar determinado por la reacción de los de fuera (escribas, fariseos, Herodes), tal como hemos ido señalando en todo lo anterior. No ha empezado Jesús escogiendo ese tipo de vida: le viene dado, no sólo por la voluntad de Dios, sino también por la manera que los hombres tienen de acogerle o rechazarle, como muestra con toda claridad la palabra *dei*, es preciso, de 8, 31, donde empieza a desplegarse el argumento de la entrega-camino para el Reino.

En este camino de Cristo, querido por Dios y, al mismo tiempo, determinado por la respuesta de los hombres, viene a desvelarse por un lado la tarea propia de Jesús y por el otro se explicita la respuesta de sus seguidores o discípulos. Hasta ahora, ellos han sido en el fondo espectadores: han ido viendo, han recibido dignidad como familia de Jesús (3, 30-35), han escuchado su enseñanza más profunda (4, 10-12), han iniciado una misión de plenitud israelita (6, 6b-13; 3, 13-19), han ensayado un ministerio muy gratificante al servir en la tarea de los panes que son signo del Reino (6, 41; 8, 6) y han sentido, en fin, el riesgo del mensaje de Jesús y su presencia pacificadora sobre el mar de Galilea, que parece lugar donde se cruzan todos los pueblos de la tierra (cf. 4, 35-41; 6, 45-52).

Eso significa que ya saben-tienen mucho, pero sólo ahora reciben su misión concreta de expresar su fe en Cristo y de seguirle, en gesto desprendido de entrega de la vida. Esta nueva y más profunda enseñanza, dirigida en primer lugar a sus discípulos, pero abierta, al mismo tiempo, a todos los que quieran escucharle (cf. 8, 34-38), constituye el centro y tema de esta sección del camino. El esquema literario es relativamente claro, pues repite por tres veces un mismo proceso narrativo y vuelve cada vez al mismo argumento, como para señalar de esa manera que ha sido completado, expuesto hasta el final, de tal modo que pueda comprenderse desde ahora su importancia. Estos son sus rasgos, los elementos básicos de eso que podemos llamar la conversión del mesianismo:

(a) *Tres referencias geográficas* (8, 27; 9, 30 y 10, 32). Cada una de las escenas de este camino de entrega se encuentra precedida por una indicación geográfica, en clave de viaje, desde Cesarea de Filipo, por Galilea, a Jerusalén.
(b) *Tres predicciones de la pasión y muerte* (8, 31; 9, 31 y 10, 33-34). Por tres veces anuncia y precisa Jesús el sentido de su muerte, como para asegurar de esa manera aquello que debe suceder, como para confirmar lo que parece imposible: que el Mesías de Dios debe fracasar, para cumplir de esa manera, a través del fracaso, la voluntad de Dios.
(c) *Tres incomprensiones de sus discípulos* (8, 32; 9, 32-34 y 10, 35-41). Jesús les ha expuesto su camino, pero ellos, una y otra vez, no le comprenden y buscan sus propios caminos mesiánicos, empezando por Pedro, siguiendo por todos, y culminando por los zebedeos, mostrando así que ellos no quieren aceptar el camino de Jesús.
(d) *Profundización de Jesús* (8, 34-9, 1; 9, 35-37 y 10, 42-45). Jesús insiste por tres veces en lo mismo, en su gesto de entrega, y lo amplía a sus discípulos, fundando así un camino de seguimiento que podemos definir como Iglesia.

Ésta es la secuencia, repetida de manera programada. Ella emplea los esquemas normales de revelación que suelen ya encontrarse en el Antiguo Testamento: a la palabra de Dios (situada en un tiempo-lugar determinado) sigue el rechazo de los hombres, que no la entienden o no quieren aceptarla; sobre ese rechazo se inscribe la enseñanza superior del Cristo, que rompe los moldes antiguos de mesianismo triunfal, ofreciendo a todos su verdad de Hijo de Hombre. De esta forma, el camino de Cristo viene a presentarse como principio eclesial, lugar de surgimiento de una nueva comunidad que debe mirarse, en clave de contraste, en el ejemplo negativo de los antiguos discípulos de Jesús, para responder bien allí donde ellos no supieron hacerlo. Pero tomemos ya de forma seguida las tres predicciones y organicemos desde ellas nuestro texto:

- *Seguimiento y transfiguración* (8, 27-9, 29). El camino mesiánico se define ya como experiencia de seguimiento del Hijo del Hombre, en actitud de negación y entrega hasta la cruz (8, 27-9, 1). Sólo allí donde se asume este camino se transfigura Jesús en la montaña, se cumple la promesa del AT y se vence lo satánico. Sólo en esta línea, los seguidores de Jesús se vuelven «cristianos».
- *Entrega del Hijo del Hombre y comunidad mesiánica* (9, 30-10, 31). Vuelve a definir Jesús su camino como «entrega», inscribiendo en ella los elementos fundamentales de la Iglesia, entendida como una comunidad de perdonados donde se invierten los valores anteriores y se hace posible la reconciliación

- entre los hombres: se destaca el valor de los niños, los expulsados del grupo y los pequeños (9, 33-50), se insiste en la fidelidad matrimonial, acentuando así el valor de mujeres y de niños (10, 1-16) y se supera finalmente el riesgo de opresión de la riqueza (10, 17-31).
- *Muerte mesiánica y servicio a los demás* (10, 32-45). Es la última y tercera predicción. Jesús presenta de manera ya completa y definitiva el sentido de su mesianismo. Le malentienden los zebedeos, invirtiendo su propuesta y deseando poder. Jesús contesta completando la doctrina del seguimiento y llevándola a sus últimas consecuencias: formar comunidad de discípulos del Cristo significa hacerse servidores de los otros.

De esa forma queda claro el nuevo mesianismo de la entrega de la vida. En un contexto de violencia humana, en este mundo en que los hombres buscan la seguridad, el triunfo de los propios intereses y el poder sobre los otros, sólo puede ser Mesías (Hijo de Hombre) el que se deja matar y de esa forma entrega la vida por los otros. En este contexto parece que los discípulos oficiales de Jesús fracasan. Le han respondido motivados por su anuncio de Reino; le han seguido después porque pensaban que el camino iniciado culminaba en plenitud de Dios y en triunfo sobre las dificultades y miserias de la tierra, conforme a la visión casi normativa del judaísmo nacionalista de su tiempo.

Parecen fracasar, pero Jesús no les rechaza, sino que continúa con ellos, en gesto de nueva enseñanza, empeñado en reconvertirles, rehaciendo su modelo de discipulado a la luz de su propia entrega. La vocación mesiánica anterior debe convertirse ahora en nueva y más profunda vocación cristiana, en donación de sí, en entrega de la vida. Ellos no le entienden, pero siguen con Jesús, que es lo que importa. Más aún, en el mismo momento en que parece que el modelo de discipulado anterior va a fracasar, encuentra Jesús un discípulo fiel, el ciego Bartimeo que recobra la vista y le sigue en la subida de Jerusalén (10, 46-52). Del rechazo de Pedro en el camino (8, 32) al seguimiento fiel de Bartimeo (8, 52) se extiende esta sección del camino que ahora comentamos.

1. Primer anuncio: Transfiguración y salud (8, 27–9, 29)

Salió Jesús con sus discípulos hacia las aldeas de Cesarea de Filipo (8, 27)... Así empieza la sección. Jesús abandona el lugar de su manifestación previa (que culminaba en una aldea de Betsaida: 8, 22-26) y se adentra en el territorio de la Gaulanítide o Golán, dominado por Filipo (uno de los herederos de Herodes el Grande), al Noreste de Galilea, hasta llegar a las aldeas (*kômas*) del entorno de Cesarea de Felipe. Probablemente quiere alejarse del peligro de Herodes Antipas, el Galileo, que conforme al relato anterior (8, 15; cf. 3, 6) ha comen-

Anuncios de muerte. Camino de Iglesia (8, 27-10, 52)

zado a perseguirle, y camina por el territorio de su hermano (cf. recuadro 50, y comentario a (6, 17-27).

En un terreno abierto, precisamente en el camino (*en tê hodô*: 8, 27), pregunta Jesús por su identidad a los discípulos. Así comienza esta escena ideal, construida en un primer nivel como conversación privada entre Jesús y los suyos, en gesto que se aleja del lugar donde las gentes le escuchan y le siguen (8, 27-33). Pero, al mismo tiempo, esa conversación se abre en forma de enseñanza pública, como si allí estuviera esperando todo el pueblo (*ton okhlon*: 8, 34) para recibir ya la doctrina universal sobre el seguimiento. Es una escena larga y densa, estructurada en forma de conversación y enigma, aunque en el fondo resulta sencilla y transparente. Aprender a dar la vida, éste es el tema. Ofrecer la vida por el Reino (panes compartidos), esa es la tarea de Jesús, que Marcos presenta en tres partes:

- *Preámbulo mesiánico* (8, 27-30). Cierra lo anterior (1, 14-8, 26) e introduce lo que sigue. La escena empieza en el camino (8, 27a), es decir, en un contexto de decisión y entrega (de transformación) e incluye dos momentos de un primer diálogo. (a) *Primer diálogo* (8, 27b-28). Pregunta Jesús a sus discípulos qué idea o visión ha suscitado en su entorno: ¡le toman por profeta! Jesús necesita conocer la imagen que suscita entre los hombres, para descubrir y expresar así su identidad. Éste es el nivel primero de su búsqueda mesiánica. (b) *Segundo diálogo* (8, 29-30). Pregunta directamente a sus discípulos, y Pedro le responde en nombre de ellos diciendo que es el Cristo. Jesús reconoce así la imagen que ha dejado entre los suyos y les pide que guarden el secreto, en gesto que hemos ido viendo con frecuencia en toda la sección anterior (cf. 1, 25.34.44; 3, 12; etc.).

- *Identificación: entrega y seguimiento* (8, 31-9, 1). Después de los dos momentos anteriores del diálogo (que son sólo aproximados), viene en un tercer momento (como sucede con frecuencia en las narraciones antiguas y modernas) la revelación o despliegue verdadero de la identidad de Jesús. Aquí no hay pregunta, no hay punto de partida humano. Jesús supera el plano previo de las opiniones exteriores (de hombres y discípulos) y ofrece su propia identidad, también en tres momentos. (a) *Revelación inicial* (8, 31-32a). Desbordando los niveles anteriores de profeta y Cristo, Jesús viene a presentarse como Hijo de Hombre, en gesto abierto de entrega de la vida. (b) *Oposición de Pedro* (8, 32b). Siguiendo en la línea de su confesión mesiánica anterior (8, 29), en nombre del resto de los discípulos, Pedro increpa a solas a Jesús, exigiéndole que cambie: que actúe como Cristo de gloria y no sea Hijo de Hombre que muere por los otros. (c) *Revelación definitiva o más profunda* (8, 33-9, 1). Jesús no sólo recrimina a Pedro ante el grupo de discípulos (es decir, en clave intraeclesial: 8, 33), sino que llama a todos los que quieran escucharle (plano extraeclesial) y vuelve a presentar con más amplitud, y en perspectiva universal, lo que ha dicho ya del Hijo del Hombre en 8, 31-32a: el gesto de entrega de la vida identifica a Jesús no sólo con los suyos, sino que le permite abrir dentro del mundo un camino nuevo de vida y plenitud salvadora para el conjunto de la humanidad.

– *Expansión: oración y servicio* (9, 2-29). Recoge todos los temas anteriores y los despliega de un modo programado. Consta también de dos partes. (a) *La revelación más alta* (en el Tabor), donde Jesús aparece reconocido como Hijo de Dios por el mismo Padre del Cielo y aceptado así por Elías y Moisés, los representantes de Israel. (b) *La acción liberadora* de Jesús, que cura al niño poseído por un espíritu mudo, mostrando así el poder liberador de su compromiso de Reino.

a) Preámbulo mesiánico: ¿Quién dicen que soy? (8, 27-30)

La «confesión» de Pedro con el mandato de silencio posterior de Jesús resulta inseparable del secreto mesiánico, entendido no sólo como tema teológico, sino (y sobre todo) como elemento de la trama literaria de Marcos. Historia de la investigación sobre el tema en Blevins, *Secret*. Cf. también Minette, *Secret*; Kermode, *Secrecy*. Presentación teológica y literaria en Fowler, *Leader*, 187-194, que cita a H. Kelber, *Conclusion. From Passion Narrative to Gospel*, en Id. (ed.), *Passion*, 179. Sobre el posible sentido «político» de la confesión original de Pedro, Brandon, *Fall* y *Jesús*; Horsley, *Hearing*; Myers, *Binding*. Entre la bibliografía sobre Pedro en castellano, cf. R. Aguirre (ed.), *Pedro en la Iglesia primitiva*, ABE-Verbo Divino, Estella 1991; A. Vanhoye, *Pedro y Pablo*, PPC, Madrid 1998; J. Gnilka, *Pedro y Roma: la figura de Pedro en los dos primeros siglos de la Iglesia*, Herder, Barcelona 2003.

Ésta es una *escena de identificación*. Jesús ha llamado a sus discípulos: quiere saber cómo entienden su tarea: por qué siguen a su lado, qué pueden aportarle. Él y ellos deben conocerse. Así comienza ese pasaje inicial de la segunda parte de Marcos.

a. (Quién dicen) *[27]Y salieron Jesús y sus discípulos hacia las aldeas de Cesarea de Filipo y por el camino les preguntó: «¿Quién dice la gente que soy yo?». [28]Ellos le contestaron: «Unos, que Juan el Bautista; otros, que Elías; y otros, que uno de los profetas».*

b. (Y vosotros) *[29]Él siguió preguntándoles: «Y vosotros, ¿quién decís que soy yo?». Pedro le respondió: «Tú eres el Cristo». [30]Y les prohibió terminantemente que hablaran a nadie acerca de él.*

a) *Quién dicen. Comparación con la pregunta de Herodes* (8, 27-28, cf. 6, 14-16). Todo lo anterior desemboca en esta pregunta: *¿Quién dicen los hombres que soy?... ¿Y vosotros?* (8, 27.29). Para ser auténtico Mesías, Jesús debe escuchar a sus discípulos. Ha culminado su obra en Galilea y en su entorno pagano de Tiro y Decápolis. No le ha vencido la prisa, no ha quemado etapas; no es tampoco un fracasado, ha expandido su programa, con el signo de los panes. Debe concretar su propuesta y para ello necesita saber cómo le miran los humanos. Antes no había conseguido aislarse en intimidad (cf. 6, 30-35). Ahora lo hace. Toma a sus discípulos e inicia con ellos el *camino* (cf. 8, 27) definitivo de su compromiso mesiánico.

Jesús empieza preguntando por la opinión de la gente: ¿Quién dicen que soy? La respuesta es conocida, pues es la misma de Herodes y su corte: le siguen vinculando a Juan Bautista, Elías o un profeta (6, 14-16). Es normal. Ellos no pueden llamarle Mesías, pues en ese caso deberían seguirle, pero tienden a verle como un *profeta escatológico*, alguien que se pone al servicio de la renovación penitencial de Israel, en la línea del cumplimiento mesiánico; en ese sentido, es normal que algunos le sigan identificando con Juan, viéndole como un continuador de su obra, y no como alguien que tiene una tarea autónoma que realizar. Quizá por eso, para superar la tendencia de aquellos que ven a Jesús simplemente como un «nuevo Juan» (Juan redivivo), ha narrado Marcos la muerte y entierro de Juan (6, 14-29), precisamente al comienzo de la sección de los panes.

Esta respuesta es bondadosa, porque algunos (y Jesús lo sabe por 3, 20-35) han afirmado que él es un emisario de Satanás sobre la tierra, alguien que quiere destruir la obra de Dios entre las gentes de su pueblo. Esta respuesta es para los cristianos posteriores muy parcial o limitada y reproduce de algún modo aquella que nosotros conocemos ya, porque corría por la corte miedosa de Herodes (cf. 6, 14-16). Pero entonces se podía interpretar como una voz que nace desde el propio miedo (va a destruirnos Elías), o proviene del rico manantial de la experiencia y esperanza Israelita.

Muchos en aquellos tiempos aguardaban la llegada de un profeta escatológico, de un hombre que viniera a predicar la conversión, preparando de esa forma a los judíos para enfrentarse con el juicio. En esa línea había avanzado Juan Bautista, en ella había muchos que aguardaban el retorno de Elías o de algún otro profeta del final del tiempo. Sobre las ruinas de un mundo antiguo, que ha de ser destruido por la Justicia de Dios, el profeta temido y esperado va disponiendo, en penitencia y conversión creadora, al nuevo pueblo de los Justos.

Esta visión de un profetismo escatológico era por entonces el «humus» o caldo de cultivo principal del movimiento mesiánico judío, como supone Flavio Josefo (tanto en su libro sobre la *Guerra Judía* como en los capítulos finales de *Antigüedades judías*). Es evidente que Jesús ha seguido de algún modo las huellas del Bautista, cultivando por lo menos en algún momento la esperanza de un profeta como ésos. Por tanto, en un sentido, la primera respuesta de los hombres a la pregunta por su identidad resulta positiva. Jesús la ha transformado, como indica todo el evangelio, pero no ha necesitado combatirla.

De esa forma reaparece en Marcos 13 (cf. 13, 3-8.18-23), reactualizada en un contexto mesiánico.

Así podremos ver que Jesús no es un profeta final de conversión y juicio como Elías. Pero la figura de Elías, asociada a la acción de Juan Bautista, y a la esperanza de la gran transformación escatológica, le sigue acompañando hasta el Calvario, donde vuelve a plantearse ese problema (cf. 15, 35). Ciertamente, no ha venido a revelarse Elías por Jesús, pero el recuerdo de ese Elías le precede (cf. 9, 1-13) y en algún sentido le impulsa, le acompaña. Por eso, los que dicen que es profeta de ese tipo no le han conocido todavía plenamente, pero van por buen camino. Ellos se sitúan allí donde 1, 1-8 colocaba (en Juan Bautista) el manadero y raíz del evangelio. Esos profetas no ofrecen aún mensaje de Reino, pero lo preparan y anuncian de algún modo.

b) *Y vosotros* (8, 29-30). Jesús supone que hay una diferencia entre sus discípulos y «los otros». Sus discípulos han hecho con él el camino de los panes, de manera que pueden tener y tienen una visión distinta de su persona y de su tarea. Para Marcos, como punto de referencia de los discípulos históricos (y pascuales) de Jesús está «ho petros», el Piedra o Pedro de la comunidad, que quiere hablar y habla en nombre de todos.

- *Respuesta de «el Pedro»* (*ho petros*, con artículo), portavoz de los discípulos: ¡*Tú eres el Cristo!* (8, 29). Ese apelativo (*ho Khristos*) sólo había aparecido al comienzo del evangelio, como tema y título del libro, lo que significa que para Marcos es positivo y valioso (1, 1). Pues bien, el primero que lo proclama es ahora Pedro, en palabra de fidelidad (le acepta como Cristo) y compromiso de seguimiento. Así podemos afirmar que, en cierto aspecto, él ha visto bien: ha sacado las consecuencias del camino anterior; ha entendido a Jesús como Cristo/Mesías (aunque después lo interprete de una forma que no responde al camino de Jesús).
- *Jesús le contesta exigiendo silencio* (8, 30). Ha preguntado para escucharles. Ahora son ellos los que deben escuchar y mantenerse callados, sin hablar a nadie sobre él. En un sentido, ese silencio que Jesús impone a sus discípulos forma parte de la «estrategia» del secreto mesiánico (¡Jesús no quiere que hablen de sus milagros!). Pero en un sentido más profundo puede compararse al silencio que Jesús impone a los «endemoniados», que le llaman «el Santo de Dios» (1, 24), el «hijo de Dios» (2, 12) o «el hijo de Dios Altísimo» (5, 7; cf. 1, 34). Eso significa que, en sí mismos, desligados de la vida y obra de Jesús, esos títulos pueden tener un fondo «demoníaco», como seguiremos viendo.

Es evidente que, en un primer momento, la respuesta de Pedro es más exacta que aquella que han dado los de fuera: Jesús no es simplemente un profeta del final, es verdadero Cristo, es decir, el enviado salvador que debe reconstruir la identidad Israelita, en clave de triunfo nacional, liberación social y plenitud humana, haciendo de esa forma que culmine la historia de este mundo. Por eso Jesús ha superado los esquemas de Juan y de todos los Bautistas y predicadores penitenciales de su tiempo. Ha venido a suscitar al hombre nuevo en clave social y religiosa, como Adán definitivo que ofrece plenitud de salvación (de pan y curaciones) sobre el mundo.

Es lo que han mostrado los relatos anteriores. Sabemos ya lo que Jesús ha ido expandiendo en las tierras del entorno galileo y sobre el mar de las tormentas. Ya sólo queda una cosa: abrir su movimiento de un modo eficaz, de manera que así pueda recrear toda la tierra, convirtiendo en triunfo político judío, abierto luego a los gentiles, aquello que ha sido su ensayo simbólico primero, ya cumplido en Galilea. Eso es lo que Pedro quiere y dice, y no tenemos más remedio que admitir que, en un sentido, su respuesta es acertada.

Es acertada la respuesta porque el mismo redactor de Marcos la hace suya, precisamente en el título del texto, al referirse al evangelio de Jesús el Cristo (1, 1). En ese aspecto podemos afirmar que Simón Pedro, hablando en nombre del resto de los seguidores, viene a presentarse como el primero en confesar el mesianismo de Jesús. Por eso Marcos le presenta como Pedro, en el sentido de piedra-fundamento (cf. 3, 16), adelantando de algún modo una función que él debe asumir con la mujeres y discípulos al final del evangelio (16, 6-7). Pero, al mismo tiempo, ese título de Cristo resulta radicalmente ambiguo, como indica el hecho de que Jesús no quiere darle (darse) propaganda en esa línea.

Le hablan de la gente que le ve como profeta, y Jesús no hace ningún comentario: parece que acepta como buena (aunque insuficiente) esa palabra. Por el contrario, cuando sus discípulos afirman que es el Cristo, les prohíbe que lo digan. Más aún: les ordena que guarden silencio sobre su persona y su tarea. Con más fuerza no podía haberse señalado. Marcos ha ido marcando las prohibiciones de Jesús en este plano tan del secreto mesiánico (cf. 1, 41; 5, 43; 7, 36; 8, 26). Pues bien, aquí ha llegado hasta el final ese camino de silencio: Jesús prohíbe que hablen de él (*peri autou*). No se limita a señalarles el riesgo de un mesianismo mal entendido, sino mucho más: no quiere ni siquiera que comenten su nombre y sus acciones. Estamos ante la más profunda descalificación posible: les ha llamado para que compartan su misión, les ha invitado a penetrar en su secreto (cf. 4, 10-12). Y ahora, como en gesto de rechazo total, les desautoriza y les impide que le nombren.

El sentido de esta prohibición se verá luego, cuando a lo largo de la escena descubramos el enfrentamiento de Jesús con Pedro (8, 31-9, 1), y al final del mismo evangelio, cuando descubramos la huida de los discípulos (14, 52) y las negaciones del mismo Pedro (14, 66-72). Pero ya aquí se pueden adelantar algunas precisiones. Todo lo anterior ha sido como ensayo general: una siembra primera, una apertura hacia la meta y la verdad del Reino. Tanto Pedro como Jesús están de acuerdo en eso. Pero luego empiezan las diferencias, divergen las interpretaciones. Pedro llama a Jesús «Cristo», y al hacerlo quiere reconducir toda su obra al campo y casa del mesianismo nacional israelita. Se ve claro que Jesús puede: tiene facultades para realizar algo que los otros son incapaces de iniciar y culminar. Ha llegado la hora: que ponga esas facultades al servicio del triunfo nacional, que empiece ya su obra verdadera. Eso es lo que Pedro dice y quiere al designarle como Cristo.

Esta designación (nominación) de Pedro desencadena los acontecimientos. Hasta ahora, el proyecto de Jesús se presentaba como abierto, de manera que podía interpretarse y aplicarse quizá en varias direcciones. Pues bien, Pedro toma el liderazgo y quiere mover ese proyecto en una dirección: en la línea del mesianismo nacional triunfante de Israel. Es una lectura posible, una interpretación buena, conforme a la esperanza de Israel. Jesús, en cambio, reasumiendo su misión anterior y situándola al trasfondo del rechazo israelita (se le han enfrentado los escribas, los fariseos y herodianos que quieren matarle), va a tomar un camino diferente, recreando de esa forma su evangelio.

No es que Jesús rechace el título de Cristo con el mesianismo originario israelita que supone. Es que quiere y debe darle otro sentido. Para que el camino antiguo siga adelante (y llegue de esa forma el Reino), todo tiene que cambiar. Por eso Jesús debe imponer silencio sobre su persona, ofreciendo ante Pedro y los suyos un camino-proyecto-destino más hondo de realización salvadora. Ahora descubrimos que Pedro y los suyos vienen a ponerse en el mismo lugar en que se hallaban ya desde el principio Satanás o los demonios (cf. 1, 9-11; 1, 25.34, etc.). En realidad, aunque de formas diferentes, estos discípulos «mesiánicos» acaban representando ante Jesús los mismos ideales de los fariseos y de Herodes que hemos descubierto en 8, 15. Pueden seguir a su lado, pero tienen que callarse.

Esta cura de silencio de Pedro y los Doce constituye el punto de partida y centro de toda verdadera teología. Jesús les impone silencio, pero sigue confiando en ellos: les lleva a su lado en el camino, con la esperanza de que un día cambiarán, de modo que ya puedan entenderle y hablen de verdad en su nombre, no sólo en clave israelita como hacían en 6, 6b-13. Toda la estrategia de evangelio de Jesús se encuentra condensada en esta escena. Deja que los discípulos vayan buscando y que se equivoquen. Les corrige, les increpa, pero sigue conservándoles al lado y ofreciéndoles una tarea que sólo podrán asumir de verdad y realizar del todo tras la pascua. Sin esta recreación de los discípulos, que pasa del deseo de triunfo (8, 29.32) y negación en el momento del peligro (14, 66-72) hasta la nueva experiencia pascual (16, 6-7), no existe verdadero seguimiento.

La historia de Pedro, que seguimos destacando en lo que viene, a partir de esos textos, no es un simple recuerdo privado o piadoso. Es paradigma y modelo de camino para todos los cristianos. Por eso (y no por razones moralistas o jerarquizantes) la ha contado Marcos. En ella estamos todos reflejados. Cada uno de nosotros somos Pedro que confiesa-increpa-niega-reencuentra a Jesús en un fuerte camino de iniciación evangélica. Frente a los que quieren definir desde fuera el nombre y tarea de Cristo, Jesús quiere que sea su propia vida la que hable, superando así el riesgo de un satanismo mesiánico. Este rasgo posiblemente «satánico» del título que Pedro le ha dado, suscita la reacción de Jesús, que solamente se irá desvelando a lo largo de toda la segunda parte del evangelio. Sin duda, Jesús ha encendido la esperanza mesiánica, pues eran tiempos de profetas escatológicos y «cristos». Es normal que, asumiendo e interpretando su camino, Pedro haya dicho que Jesús es el Cristo, quizá en el tiempo de su vida (antes de la crucifixión), y de un modo más claro después de su muerte (en la pascua).

Pedro se siente con autoridad para mostrarle a Jesús lo que ha de ser (hacer) trazando su camino. Es como si las cosas hubieran estado veladas, como si todo hubiera sido un ensayo o tanteo. Pues bien, ha llegado el momento en que Jesús ha de mostrar su verdad, expresando y realizando ya su mesianismo. Eso es lo que *Pedro* ha querido decirle. Pero *Jesús* responde cerrando ese discurso: no acepta ni rechaza, no se afirma Mesías ni lo niega; *dice simplemente que se callen*, que no hablen de él, que silencien su nombre.

La lógica de Pedro se comprende: quiere que Jesús actúe en la línea del mesianismo convencional (nacionalista) de su tiempo. *La lógica de silencio de Jesús* resulta más difícil de entender, pues a la luz del relato anterior, parece claro que él es creador de comunión, su signo es el pan compartido... Pues bien, precisamente esos rasgos dejan pendientes unos temas primordiales que Pedro quizá no ha valorado y que exigen silencio:

- ¿Quiénes son los *participantes de la comunidad mesiánica?* El relato anterior permitía suponer que Jesús ha desbordado las fronteras del nacionalismo, abriéndose de forma universal a pobres y gentiles. Pero debe precisar el modo, sopesar las mediaciones. Decir simplemente que Jesús es el Cristo puede llevar a encerrarle en las fronteras de un Israel sagrado o políticamente separado.
- ¿Cuál es el *coste y sentido final de los panes y peces?* No es fácil lograr que los humanos compartan de un modo gratuito el banquete, abriendo una mesa para todos; es evidente que el programa del pan compartido puede suscitar dificultades. Por eso no basta con decir que Jesús es el Cristo.

Parecen claros los temas básicos, queda por fijar el coste que supone el camino que Jesús ha comenzado. ¿Estará Jesús dispuesto a pagar el precio que supone crear una familia universal, empezando por los pobres, en grupos de comunicación de pan, superando los esquemas de Israel y Roma? ¿Querrá entregar su vida para ello? Pedro le ha llamado *Mesías* y Jesús no lo niega, pero pide que guarden silencio, como indicando que el tema verdadero empieza ahora, en el momento en que asume de un modo personal el coste de su gesto, expresando con su vida la verdad de su mensaje. A partir de aquí se entiende lo que sigue.

> **(66) Nombres y títulos de Jesús**
>
> Pedro acaba de llamarle Cristo (8, 29). Dios mismo le ha llamado Hijo (1, 11), y el autor del evangelio le llama Jesús Cristo, Hijo de Dios (1, 1). Desde ese fondo quiero clasificarlos y presentar aquellos que resultan más significativos. No los puedo estudiar con detención; por eso me limito a ordenarlos, en forma coherente:
>
> *a. Nombre de origen.* El primero es quizá *Nazareno* (14, 67; 16, 3), que marca su procedencia; pudiera aludir a su condición de «consagrado» (*nazir*), como parece indicar Mt 2, 23, pero eso no es seguro en Marcos. Más numerosos son los nombres que definen a Jesús como «hijo de», en un sentido extenso:
>
> 1. *Hijo de María* (6, 3). Marca su origen familiar, la importancia sorprendente de su madre (no de su padre humano, que queda en la penumbra).
> 2. *Hijo de David* (10, 48; cf. 12, 37). Origen mesiánico; en boca del ciego, expresa compasión. No se sabe si Marcos acepta el valor de ese título (como veremos al comentar 12, 7).
> 3. *Hijo de hombre.* Aparece en varios contextos: de poder (2, 10.28), de entrega de la vida (8, 31; 9, 31; 10, 33) y de venida escatológica (cf. 13, 26; 14, 62). Marca la identidad de Jesús como verdadero y nuevo ser humano; define el sentido de su mesianismo.
> 4. *Hijo de Dios.* Marcos lo cita en el título de su libro (1, 1). Aparece también en otros lugares, para destacar el carácter sagrado de Jesús y relacionarlo con Dios. Así le llama el poseso de Gerasa (5, 7), lo mismo que el centurión de la cruz (15, 39), en palabra que tiene sentido pagano, judío y cristiano.
> 5. *El Hijo*, en forma absoluta. Ésta es ya una designación cristiana y marca el carácter único de Jesús, la intimidad de su relación con Dios Padre que le llama así en 1, 11 y 9, 7. En esa línea están también 12, 6 y 13, 32, llevándonos al secreto de la identidad de Jesús.
>
> *b. Títulos de oficio y tarea.* Recogemos bajo este epígrafe nombres que expresan de forma especial su tarea mesiánica, definiéndole así por lo que hace:
>
> 1. *Maestro* (4, 18; 5, 35; 9, 17.38; 10, 17.20.35; 12, 14.19.32, etc.). Se utiliza este nombre en varios niveles, desde dentro y desde fuera de la Iglesia: presenta a Jesús como alguien que tiene autoridad para enseñar y tener discípulos.

2. *Profeta* (6, 15; 8, 28). Jesús no se limita a enseñar como maestro, sino que proclama la palabra, en gesto de anuncio y denuncia: en esta línea se sitúa cerca del Bautista.
3. *Santo de Dios* (1, 24). Así le llaman los posesos, presentándole como un exorcista, como alguien que tiene poder de Dios para luchar contra lo satánico.
4. *Cristo*. Así le presenta Pedro (8, 29) y en esa línea sigue la pregunta del Sumo Sacerdote (14, 61), lo mismo que el sarcasmo de los sacerdotes (15, 32): Jesús sería un pretendiente mesiánico (fracasado).
5. *Rey*. Es el título clave del proceso final. Pilato le condena como a rey de los judíos (15, 2.12.18.26). Los sacerdotes se mofan de él llamándole rey de Israel fracasado (15, 32), pues no puede bajar de la cruz.
6. *Señor*. Al asumir ese nombre, Jesús se identifica de alguna forma con Dios, que es el auténtico Señor-Kyrios, tanto en 12, 35-37 como en el final canónico (16, 19-20).
7. *El Crucificado*. Éste es, por contraste, el título más significativo de Jesús en Marcos (16, 6). Así le llama el joven de la pascua, diciendo que ha resucitado.

c. Símbolos fundamentales. Reúno bajo este epígrafe una serie de funciones de Jesús que, simbólicamente, se pueden convertir en títulos:

1. *El más fuerte*: por eso vence a los poderes del mal, conforme a palabra que hallamos en el fondo de 1, 7 y 3, 27, desde la perspectiva de Juan Bautista y de la polémica sobre los exorcistas.
2. *Pescador*: si hace a sus ministros pescadores (1, 16-20), él será el gran pescador.
3. *Exorcista*: Jesús aparece en Marcos como aquel que ha luchado contra el Diablo (1, 12-13), expulsando a los demonios. La controversia de 3, 21-30 le presenta como el gran Exorcista.
4. *El novio*: Así aparece veladamente en 2, 19, como signo y presencia de la alegría (de las bodas) de Dios; mientras él esté presente, no pueden ayunar sus seguidores.
5. *Sembrador*: así aparece en todo 4, 1-20 y de modo especial en 4, 14, donde se dice que el sembrador siembra «la Palabra».
6. *Pastor*: por serlo se ocupa de las ovejas errantes, a las que enseña y da de comer (6, 34).
7. *Sanador*: en el fondo de todos los relatos de milagros aparece Jesús como aquel que tiene poder para sanar a los necesitados-enfermos, etc.
8. *El que viene en el nombre del Señor*: así aparece en el canto de los peregrinos de 11, 9.

> *d. Los momentos de la vida de Jesús* se convierten también en títulos o designaciones de su misterio. Así podemos llamarle el *entregado*, en el fondo de 9, 31 y 10, 33, el *crucificado*, como aparece en 16, 6 y, finalmente, el *resucitado*, como vemos en el fondo de 16, 6 con 8, 31; 9, 31; 10, 34; 14, 28.

b) Revelación y llamada: ¡El Hijo del Hombre ha de sufrir! (8, 31–9, 1)

Según el Jesús de Marcos, Pedro defiende las cosas de los hombres, no las de Dios. Cf. Kingsbury, *Christology*, 47-50; N. Petersen, *Point of View in Mark's Narrative*, Semeia 12 (1978) 97-121. Fowler, *Reader*, supone (a mi juicio, de forma exagerada) que Marcos ha condenado del todo a Pedro, suponiendo que su visión de fondo no es cristiana. Sobre el anuncio de la pasión, la negación de Pedro y la nueva llamada de Jesús al seguimiento, cf. E. Dinkler, *Petrusbekenntnis und Satanswort*, en *FS R. Bultmann*, Mohr, Tübingen 1964, 127-153; E. Haenchen, *Die Komposition von Mk 8:27-9:1 und Par*, Novum Testamentum 6 (1963) 81-109; R. Pesch, *Das Messiasbekenntnis des Petrus (Mk 8, 27-30)*, BZ 17 (1973) 178-195; G. Strecker, *The Passion and Resurrection Predictions in Mark's Gospel*, Interpretation 21 (1968) 421-442. Ofrecen nuevas perspectivas: Belo, *Marcos*, 237-240; E. Best, *Folowing*, 19-54 y 109-127; K. P. Dornfried, *Peter*, ABD V, 251-263; N. Perrin, *The Christology of Mark*, en Telford (ed.), *Interpretation*, 126-136. Sobre la función del Hijo del Hombre en Marcos, a partir de este pasaje, cf. M. D. Hooker, *The Son of Man in Mark*, SPCK, London 1967; B. Lindars, *Jesus, Son of Man*, SPCK, London 1983. Sobre la venida del Hijo del Hombre en 9, 1, desde la perspectiva de una escatología consecuente, cf. M. Kunzi, *Die Naherwartung Markus 9, 1 par. Geschichte einer Auslegung* (BGBE 21), Tübingen 1977.

Éste es un texto de disputa mesiánica y revelación evangélica. Pedro ha llamado a Jesús «Mesías» en un sentido político. Jesús responde interpretando el mesianismo en clave de entrega. Pedro contesta en clave de esperanza política israelita. Jesús ratifica su postura, planteando las nuevas condiciones de su seguimiento. No es disputa con externos (judíos), sino con cristianos (Pedro) que buscan otro tipo de mesianismo. En esta perspectiva se identifica entrega de Jesús y evangelio (8, 35).

a. (Jesús) *³¹Y empezó a enseñarles que el Hijo del Hombre debía padecer mucho, que sería rechazado por los presbíteros, los sumos sacerdotes y escribas; que lo matarían, y a los tres días resucitaría. ³²Les hablaba con toda claridad.*

b. (Pedro y Jesús) *Entonces Pedro lo tomó aparte y se puso a increparlo. ³³Pero él se volvió y, mirando a sus discípulos, reprendió a Pedro, diciéndole: «¡Apártate de mí, Satanás!, porque no piensas las cosas de Dios, sino las de los hombres».*

a'. (Jesús) ³⁴*Y convocando a la gente con sus discípulos les dijo: «Si alguno quiere venir detrás de mí, que renuncie a sí mismo, que cargue con su cruz y que me siga. ³⁵Porque el que quiera salvar su alma, la perderá, pero el que pierda su alma por mí y por el evangelio, la salvará. ³⁶Pues ¿qué le vale al ser humano ganar todo el mundo, si pierde su alma? ³⁷¿Qué puede dar el ser humano a cambio de su alma? ³⁸Pues si uno se avergüenza de mí y de mi evangelio en medio de esta generación infiel y pecadora, también el Hijo del Humano se avergonzará de él cuando venga en la gloria de su Padre con los santos ángeles».*

1*Y añadió: «Os aseguro que algunos de los aquí presentes no morirán sin haber visto el reino de Dios viniendo con poder».*

Pedro le ha llamado *Cristo*, y lo ha hecho, sin duda, en clave de poder. Jesús, que ha mandado guardar silencio a sus discípulos, reinterpreta su función en perspectiva de entrega, añade que si alguien quiere seguirle para crear la nueva familia del Reino ha de estar dispuesto a morir por ello, si fuere necesario. Sólo el amor suscita nuevo nacimiento. Sólo la vida regalada crea vida. Desde este fondo se entienden los momentos de la escena:

a: Revelación (8, 31-32a). Jesús asume el título de *Cristo*, pero lo interpreta como *Hijo del Humano*, mostrando el coste de la casa y mesa compartida (cf. 2, 1-12; 3, 1-6; 3, 20-35; 7, 1-23) y descubriendo que su muerte pertenece al camino mesiánico.

b: Corrección de Pedro, corrección de Jesús (8, 32b-33). Pedro increpa a Jesús, exigiéndole que cambie de postura; desea construir la Iglesia mesiánica en claves de poder, sin morir o dar la vida por ello. Jesús le rechaza llamándole *Satán* (Tentador). Al principio les había invitado: *¡Sígueme!* (*deute opisô mou*: 1, 17); ahora le increpa a él: *¡Apártate!* (*hypage opisô mou*: 8, 33), en palabra de condena, pero sin expulsarle del grupo.

c: Revelación más honda (8, 34–9, 1). Jesús confirma su palabra, ampliándola hacia todos (pueblo y discípulos) a través de una nueva llamada al seguimiento. La comunidad de Jesús, la nueva Iglesia, está formada por aquellos que hagan suyo el camino de entrega del Hijo del Humano.

a) *Revelación o enseñanza básica* (8, 31-32a). Jesús responde a Pedro: «El Hijo del hombre debe padecer...» (8, 31), utilizando una fórmula teológica: *Dei* (Dios lo quiere, es necesario...). Habían pensado que Cristo es quien hace, en creatividad triunfadora. Pues bien, Jesús descubre que el auténtico Cristo es *quien sabe padecer*, dejando que le hagan, quien ama en gratuidad, poniendo la vida a merced de los otros.

En este contexto se entienden las tres palabras clave de 8, 31: (a) *Hijo del Hombre*. Ese título mostraba a Jesús como el que tiene autoridad de perdonar

(2, 10), siendo dueño del sábado (2, 27) y/o rompiendo la estructura sagrada del judaísmo legal. (b). *Las autoridades de Israel* (los grupos del gran Sanedrín), entienden el proyecto de Jesús como delito contra el pueblo. Son presbíteros (representantes de las grandes familias), sacerdotes (portadores de la sacralidad nacional, centrada en la casa del templo) y escribas (intérpretes de la Ley). (c). *Pero Dios le resucitará.* Así lo insinuaba el comienzo del texto (*dei*); así lo confirma la frase final, con pasivo divino (*anastênai*) en la que Dios mismo se opone a las autoridades de Israel y ratifica escatológicamente el gesto de Jesús.

Ha ofrecido solidaridad o reino de Dios (cf. 1, 14; 9, 1), pero los jueces del reino judío no le aceptan. Ha creado comunión, dando voz a los mudos, pan a los hambrientos, salud a los enfermos, pero los jerarcas religiosos y sociales de su pueblo le juzgan peligroso y en nombre de su ley social estrecha, le persiguen. Así lo ha descubierto Jesús, así lo acepta, sabiendo que al final de ese camino se halla Dios: *¡Al tercer día resucitará!* La fe en el Dios de vida (cf. 12, 27) le mantiene decidido, incluso ante el fracaso, en esperanza de Reino.

Para hacerse solidario de los hombres (especialmente de los pobres, enfermos, marginados y hambrientos), Jesús ha renunciado a toda forma de violencia o lucha externa. No puede imponer su proyecto por la fuerza, ni emplear en su favor las armas de la guerra u opresión humana, pues ellas las controlan los ancianos, escribas y sacerdotes de Jerusalén, vinculados al poder de Roma. Es claro que en este enfrentamiento desigual Jesús se encuentra derrotado de antemano. A pesar de ello (precisamente por ello) se mantiene, para que actúe Dios a través de su derrota, ratificando su entrega en favor de los humanos.

Jesús acepta ese «destino», descubriendo que la obra de Dios se realiza a través de su muerte. Así lo sabe y declara en el momento central de su vida. No ha rechazado su destino, no ha iniciado ninguna rebelión armada, sino que acepta las implicaciones de su obra, iniciando implícitamente un ascenso de muerte y pascua que le lleva a Jerusalén (lugar del Sanedrín). Todo su camino posterior será expansión de estas palabras, crónica y despliegue de una muerte anunciada en esperanza de resurrección.

La muerte está anunciada. No vendrá al final, como por casualidad. No es accidente inesperado que trunca la carrera victoriosa de un Mesías triunfador. No es tragedia contra la que debe elevarse angustiado el profeta del Reino. No es tampoco comedia, representación teatral que hace Jesús, sabiendo de antemano lo que debe suceder, sin implicarse de verdad en ello, como si sólo le afectara externamente, en actitud de docetismo (sufre el cuerpo, el alma no padece, está ya en gloria).

Esta declaración del camino de muerte de Jesús recibe el nombre de *evangelio* (cf. 8, 35), buena nueva de aquel que se ha dejado matar para que triunfe su mensaje de casa, pan y palabra (Iglesia universal). Jesús recorre ese camino porque cree en el amor y porque ama a los más pobres de un modo concreto, ofreciéndoles espacio de solidaridad y no violencia, de entrega personal, en medio de la fuerte violencia y egoísmo de la sociedad en la que vive. De esta forma, haciéndose Hijo del humano por la entrega de la vida, Jesús es de verdad *¡Mi Hijo querido!* (cf. 1, 9-11).

Esta declaración rompe los tejidos mesiánicos anteriores, ofreciendo ya el esquema o paradigma primordial del evangelio. Jesús ha precisado el final del camino, dialogando con sus discípulos. Esta nueva revelación que les presenta no es una teoría general sobre los principios del ser (de lo divino o de lo humano), sino algo, al mismo tiempo, más profundo y más sencillo: situado en un momento determinado de su vida, reflexionando sobre lo que ha sido su mensaje, en el contexto concreto del rechazo israelita y en respuesta a las opiniones de la gente y de sus propios discípulos, Jesús ha descubierto y anuncia de manera creadora, como propósito de vida y compromiso de entrega personal, su propio camino al servicio del Reino.

Jesús no teoriza: se sitúa ante su propia tarea, en el contexto concreto de su tiempo, y reinterpreta su camino. Descubre así su verdadera vocación, lo implicado en el principio (1, 9-11). Antes no lo había sabido. Sólo ahora descubre, desde el gesto precedente de su entrega por el Reino, que ser fiel a Dios y a los humanos significa en su caso sufrir y dar la vida (en manos de) los otros. Sólo a partir de aquí iremos descubriendo que esta experiencia-vocación de Jesús es fuente y modelo de llamada para todos los creyentes.

Responsables de la entrega de Jesús serán, en primer lugar, aquellos que le confiesan profeta (han creado una inquietud en torno a él, como sabemos por 6, 14-16) y los discípulos que quieren presentarle como Cristo, es decir, con pretensiones mesiánicas que chocan con la forma de ejercer la autoridad del Sanedrín y Roma (para abandonarle luego). Pero, en sentido más estricto, en el centro del pasaje, como responsables históricos concretos de la suerte de Jesús irán apareciendo los ancianos-sacerdotes-escribas, es decir, el Sanedrín de Jerusalén en pleno (Roma todavía no se nombra de manera expresa).

Recordemos de nuevo el lugar y circunstancia. Desde un extremo del país israelita, junto a las fuentes del Jordán, en el viejo territorio de Dan, límite septentrional de la tierra prometida, bajo el dominio de un pequeño tetrarca llamado Filipo, Jesús dirige su vista hacia el centro de Jerusalén donde residen y trazan su ley los escribas-sacerdotes-ancianos; ellos mismos, como representantes del pueblo sagrado y del templo, van a condenarle a muerte. Éste es el camino que ha descubierto Jesús; esto es lo que dice de forma abierta, en enseñanza clara, a sus discípulos confiándoles el testimonio de su vocación que ahora se muestra de una forma ya desarrollada.

Les había mandado callar porque quiere ofrecerles una palabra (*logos*) diferente, una voz que es semilla de Reino (cf. 4, 14) y que abre su propio destino. Esta es la voluntad de Dios (cf. *dei*, es preciso: 8, 31); pero es, al mismo tiempo, resultado

Camino de Jerusalén. Muerte del Cristo (8, 27-15, 47)

del rechazo de los hombres. Jesús quiere llevar su anuncio de Reino a Jerusalén, aunque sabe que allí van a condenarle. Pues bien, precisamente ese rechazo y muerte forman la verdad de su «mesianismo». Al hablar así, convierte su destino en vocación, descubriendo la voluntad de Dios en la condena de los hombres.

He dicho mesianismo, y quizá debe cambiarse la palabra, pues de un modo significativo Jesús mismo ha preferido evitarla o, mejor dicho, convertirla o recrearla, utilizando otra distinta: donde le han llamado profeta y Cristo se presenta como Hijo de hombre, es decir, como ser humano que, teniendo autoridad sobre sábado y pecados (cf. 2, 10.28), debe realizarse plenamente en el camino de la historia por la entrega de la vida en favor del Reino, es decir, para bien de aquellos hombres y mujeres que ha ido hallando en su camino.

De esta forma, al final de una primera etapa misionera, Jesús oye y presenta abiertamente su más honda llamada. Esta palabra actúa desde ahora como revelación inicial y fundante que define eso que podemos llamar conversión evangélica. Pedía Jesús *metanoia* o mutación en 1, 15, al exponer su programa en Galilea. Al servicio de ella ha ido cumpliendo hasta el momento su tarea. Ahora dice que por ella está dispuesto a que le maten. Esto es lo que pide el evangelio. Por eso quiere y debe reinterpretar su misión mesiánica (de profeta y Cristo) en términos de Hijo de hombre que padece y muere. No lo ha buscado, pero lo acepta. No lo ha programado así, pero lo asume, dejando que Dios mismo marque su camino a través de lo que hagan con él los representantes de su pueblo (escribas-sacerdotes-ancianos).

b) *Corrección de Pedro, confirmación de Jesús* (8, 32b-33). Simón es el discípulo primero (cf. 14, 29; 16, 7), a quien el mismo Jesús ha llamado *Pedro* (= *Petros*, *el Piedra*, fundamento de su comunidad mesiánica: cf. 3, 16). Pues bien, como escogido de Jesús, él se atreve a increparle, rechazando su forma de entender el mesianismo (8, 32b). También Pedro ha leído los hechos anteriores de la vida de Jesús (del evangelio), sacando las consecuencias pertinentes.

No es un criado, un servidor sin pensamiento. Jesús le llamó para encargarle la pesca escatológica (1, 16-20) y después le ha ofrecido la tarea de anunciar la conversión y expulsar a los demonios (cf. 3, 13-19; 6, 6-12). Es normal que piense y diga lo que piensa, corrigiendo a Jesús y ofreciéndole su propia visión del mesianismo. Jesús es maestro, pero no dictador. Ha pedido la opinión de sus discípulos (¿quién decís que soy?). Pedro responde: tiene derecho a corregirle, trayéndole al camino del triunfo mesiánico, utilizando así buenas razones que le ofrece la Escritura y tradición israelita. No podemos suponer que es un cobarde, un incrédulo egoísta o simplemente alguien que busca sólo el triunfo externo. Tiene su razón al corregir a Jesús.

Pedro representa un tipo de *buen mesianismo israelita*. Ciertamente, el lector de Marcos sabe que Jesús es Hijo de Dios (1, 11), porque ha escuchado la

Anuncios de muerte. Camino de Iglesia (8, 27-10, 52)

voz del mismo Cielo en el bautismo. Pero Pedro no lo sabe. Por eso es normal que rechace un camino de sufrimiento y fracaso que Jesús acaba de exponer al presentarse como Hijo del Humano. No es extraño que se enfrente a Jesús. Lo extraño hubiera sido que no lo hiciera, que aceptara que el Mesías *debe ser condenado* precisamente por los sanedritas de la ley sagrada.

Como representante de la tradición israelita (del Mesías que triunfa, del Sanedrín que es bueno), *Pedro* se cree obligado a corregir a Jesús, dándole una lección de mesianismo y cordura israelita. Pero *Jesús* mantiene su proyecto y corrige a Pedro: ¡Apártate de mí, Satanás! (8, 33). El rechazo de Pedro y la reafirmación de Jesús nos llevan según eso al fondo y base de todo el evangelio. Pedro representa «las cosas de los hombres» (es decir, las de Satanás, que actúa a través del mesianismo humano, violento y egoísta: 8, 33). Jesús, en cambio, representa las cosas de Dios. Por eso dice a Pedro: «Vete de mi seguimiento» (*hypage opiso mou*: 8, 33).

De esta manera ha invertido Jesús, palabra por palabra, la llamada que hizo en otro tiempo a Pedro al invitarle (con Andrés): *deute opiso mou* («Venid en pos de mí»: 1, 16). Ellos le han seguido de manera equivocada, para hacerse, al fin, sus enemigos, es decir, partidarios de Satanás. De esa forma se han opuesto al camino de Dios, representado por Jesús, en gesto de entrega de la vida, y han elegido el camino de los hombres, identificado en este caso con el deseo de dominio y triunfo que es propio del diablo. Vimos, al tratar de 1, 12-13, que Satanás no presentaba ante Jesús ninguna tentación concreta. Le tientan en su nombre los escribas de Jerusalén (cf. 3, 20-35), le tienta ahora el mismo Pedro al frente del discipulado.

De esa forma queda Jesús solo, como iniciador de un camino que los otros no entienden, no comparten. Por eso ha comenzado ya a sentir en carne propia lo que significa que el Hijo del Hombre esté llamado a padecer: los primeros en rechazarle son sus propios discípulos. Pues bien, este Jesús que parece abandonado y solitario puede y quiere presentar ahora su doctrina de forma universal, abriendo para todos los hombres (llama a los discípulos y a la multitud: 8, 34) el verdadero camino de lo humano.

Frente a Jesús se alza así Pedro, que defiende las cosas de los hombres, propias del Sanedrín, cuyos sacerdotes y asociados (escribas y presbíteros) se oponen a la voluntad de Dios: buscan su provecho, sólo enseñan doctrinas humanas (cf. 7, 7). El mismo templo aparecerá al fin en Marcos como *cueva de bandidos* (cf. 11, 18); en la línea de esa cueva antidivina se sitúa Pedro. Más aún, Pedro ante Jesús como un Satanás, que conoce a Jesús (le llama el Santo de Dios, el Hijo de Dios..., cf. 1, 25; 2, 12; 5, 7), pero utiliza ese conocimiento de un modo equivocado.

Frente a las «cosas de los hombres», que tienen aquí un sentido satánico (¡Pedro actúa como un poseso!), eleva Jesús las cosas de Dios que definen su conducta, que se expresa en la entrega de la vida en favor del pan y la palabra universal que ofrece como fundamento de comunidad a los humanos, conforme a 11, 18: Dios quiere que su templo sea *casa de oración para todos los pueblos*, lugar de encuentro y unión comunitaria para todos los vivientes. Como antagonista de Jesús dentro de su grupo, Pedro representa los principios de la historia humana, lo mismo que los miembros del Sanedrín. Esta es la ironía: Jesús sigue manteniendo a su lado a Pedro y a los Doce aunque no acepten ni compartan su camino. Por su parte, ellos siguen con Jesús, en camino que para Marcos continúa abierto, conforme a 16, 7-8.

De esa forma se vinculan y separan las dos perspectivas: la de Jesús y la de Pedro. *Jesús* ha dicho su auténtica palabra de manera abierta: no puede actuar como Cristo glorioso (8, 30) precisamente porque debe aceptar y asumir el destino o, mejor dicho, la providencia del Dios que le ha llamado para realizar su Reino a través del sufrimiento y rechazo, convertido así en verdadero Hijo del hombre. Le matarán los hombres, pero Dios le va a resucitar a los tres días, es decir, va a sostener y guiar su camino, en actitud de triunfo escatológico. Pues bien, *Pedro* no quiere aceptar este proyecto-vocación de Jesús. Piensa que aún está a tiempo de cambiarle. Por eso, tomando aparte (a Jesús), comenzó a increparle (8, 32b).

Esta es la anti-confesión de Pedro. No se atreve a responder a Jesús en un debate abierto, en presencia de todos. Por eso le lleva a un lugar escondido, como queriendo abrirle su intimidad. Allí le increpa (*epitimein*: 8, 32): se atreve a corregirle, dándole lecciones. El discípulo de 1, 16-20 se vuelve de ese modo maestro del Maestro, director mesiánico de aquel a quien debía escuchar como a Mesías. Es evidente que Pedro (en nombre de los otros discípulos) quiere mostrar a Jesús lo que implica ser el Cristo: posiblemente apela a textos de viejas Escrituras y de nuevas tradiciones, resaltando las gloriosas esperanzas nacionales.

Esta acción de Pedro, que se eleva sobre su Maestro, invierte el orden de la vocación y del discipulado. Si Pedro tuviera razón, ya no sería Dios quien llama por Jesús. Seríamos nosotros los que llamamos a Dios, poniendo al mismo Jesús a nuestro servicio: nos convertimos así en dueños del Reino y después pontificaríamos o impondríamos sobre los demás nuestros pequeños intereses; no dejamos que Dios hable, le hablamos nosotros, ocupando su lugar y confundiendo su llamada con los propios deseos egoístas de triunfo sobre el mundo.

---

(67) Anunciar la pasión, reinterpretar la muerte (8, 31; 9, 31; 10, 32-34)

La segunda mitad de Marcos (8, 27–15, 47) pudiera entenderse como ejercicio de reinterpretación de la muerte, en perspectiva mesiánica. Pedro le ha pedido que sea Mesías (8, 29), que venza, organice e imponga con fuerza su ley como esquema de vida. Jesús responde anunciando su nuevo camino de Hijo de hombre, que aquí interpretamos y presentamos en forma de conversión (libertad, salvación) de la muerte. Desde ese fondo podemos elaborar una tabla de actitudes ante la muerte:

1. *Resignación.* Es la actitud de aquellos que entienden su vida desde el proceso de vida y muerte del cosmos. Todos los vivientes (en el fondo todos los seres) nacen, mueren y renacen, para morir de nuevo. En esa rueda estamos. Vivamos lo posible y muramos resignados, pues no hay otra suerte ni esperanza para los humanos.
2. *Muerte como angustia.* Hay un momento en que algunos queremos vivir para siempre, por encima de la muerte: nos sentimos oprimidos, cautivados, apretados por su fatalidad absurda. No tenemos más solución que protestar y protestamos con angustia, para mostrar así que somos más justos y perfectos que esta vida de injusticia en que habitamos.
3. *Matar para vivir.* Son muchos los que tienen miedo y, de esa forma, para asegurar su propia vida matan a otros. Ellos se hacen de esa forma traficantes de la muerte, en guerra que se extiende a todos los países y penetra en todas las conciencias. Ésta es la ley del hombre viejo que llevamos dentro de nosotros: vamos matando, oprimiendo, utilizando a los demás para sentirnos de esa forma vivos.
4. *Vivir para la vida.* Más allá de la resignación y de la angustia, superando la violencia del sistema que mata a unos (enemigos, pobres, marginados), para que vivan otros (los privilegiados), Jesús ha presentado en la primera parte de su evangelio (1, 14-8, 26) un programa de Reino, desplegando su vida como gesto de servicio a favor de la vida de los otros.
5. *Morir para que vivan.* De tal forma ilusiona y llena a Jesús este programa de Reino que está dispuesto a dar la propia vida (a entregarse y morir) para que los otros puedan realizarse y vivan. La misma muerte que antes era espacio de resignación, de angustia o violencia, viene a convertirse ahora en signo de amor: darlo todo y darse, para que los otros vivan, eso es morir como Hijo de Hombre, morir como cristiano.
6. *Morir en manos de la Vida… y protestar contra la muerte.* En la perspectiva anterior se ha situado el Jesús de Marcos: si el morir por los otros tiene sentido, es que hay Dios, y Dios mismo acoge la existencia de aquellos que se pierden a sí mismos, entregan todo lo que son y lo que tienen para que los otros tengan y vivan, como indicará el relato de la muerte-pascua de Jesús. De esa manera camina Jesús hacia su meta, en gesto de fe, sin ver la respuesta de Dios, y protestando (preguntando) al fin: «Dios mío, Dios mío ¿por qué me has abandonado?» (15, 34).

> 7. *La resurrección no significa negar la crudeza de la muerte, sino afirmar su valor*. Dios no ha resucitado a Jesús para negar así lo que ha sido su camino de muerte, sino para ratificar su valor, diciendo a sus discípulos que vuelvan a Galilea, donde le encontrarán, retomando su camino, pero ya en clave pascual (16, 5-7).
>
> Y con esto pasamos al tema central de esta parte del evangelio, construido a partir de los tres pasajes en los que Jesús «predice» su muerte (8, 31; 9, 31; 10, 32-34). Él ha descubierto y va diciendo así que vivir para la gracia del Reino (en gesto de donación no impositiva hacia los otros) significa tener que dar la propia vida. Tal como están aquí formulados, esos pasajes han sido «creados» por la Iglesia, tras la pascua. Pero ellos van marcando el proceso de «aprendizaje» de Jesús, y así podemos verlos como textos en los que se define la «conversión» o transformación mesiánica de la muerte.

c) *Jesús, revelación más honda* (8, 34–9, 1). En otras ocasiones, Jesús había llamado a sus discípulos, para ofrecerles una tarea (1, 16-20; 3, 13-19; 6, 6b-13) o para enseñarles en privado (cf. 4, 10-20; 7, 17-23). Pues bien, ahora, al llegar al centro de su enseñanza y mensaje, Jesús convoca a la muchedumbre (*ton okhlon*), con sus discípulos (8, 34) para ofrecer a todos su enseñanza definitiva, la más honda de todas (como había hecho ya en 7, 14-15): *¡Quien quiera venir en pos de mí, niéguese a sí mismo...!* (8, 34). El camino mesiánico no está en la línea de la imposición sobre los demás (con el triunfo propio), sino en la línea de la negación, al servicio de los demás.

Estas palabras reflejan la experiencia primordial del Cristo que entrega la vida para construir el Reino. Aisladas del contexto, ellas pueden parecer un canto al sufrimiento: entrega masoquista, destrucción de la persona. Dentro de Marcos ellas expresan la exigencia y sentido de la entrega de la vida, para el surgimiento de la nueva *casa y comida* mesiánica. El proyecto de Jesús (compartir los panes, construir una familia donde caben todos los humanos...) no se puede conseguir con métodos de magia, imposición o infantilismo. La nueva comunión del pan compartido sólo se construye en actitud de gratuidad activa, con personas dispuestas a entregarse por lograrlo, como indican las palabras centrales de este pasaje (8, 24–9, 1), que expresan la paradoja fundamental de la vida cristiana.

Esas palabras (¡quien quiera ganar la vida ha de perderla...!) no son signo de inútil victimismo, ni gesto masoquista de huída de este mundo, sino principio y clave de una nueva forma de existencia gratuita y compartida: sólo allí donde los hombres superan su egoísmo y deseo de dominio (su violencia), en actitud fuerte de entrega, puede suscitarse la más alta comunión interhumana, la Iglesia en la que todos se vinculan. Los códigos sociales (especialmente el judío) suscitaban un espacio de cierta paz grupal, pero sólo lo lograban con violencia exterior (separación de los demás) e interior (imposición de grupo). Jesús ha superado esas formas de violencia, pero al hacerlo queda en manos de las jerarquías de Israel, amenazadas por su proyecto de gratuidad y palabra compartida.

Jesús no formula una nueva ley de familia como los rabinos. Tampoco impone por fuerza su proyecto, pues ello rompería la gracia de su Reino. Su mismo ideal le sitúa en camino de muerte porque, en un mundo como el nuestro, dominado por la ley de imposición de los violentos, quien pretenda servir a los demás en gratuidad ha de estar dispuesto a morir por ellos. De este modo ha formulado Marcos la novedad permanente de la Iglesia, fundada en la muerte del Hijo del Humano, superando un tipo de judaísmo que sigue a la espera del Cristo de Pedro y de un tipo de cristianismo posterior que ha buscado la victoria militar de los «cruzados», es decir, de los seguidores de un Cristo distinto del que aquí se ha revelado. Crear comunidad desde la derrota, vincular a los humanos por la entrega de la vida: esa es la novedad de Jesús y de su Iglesia según Marcos.

Como en un certero golpe de timón, Jesús ha cambiado la ruta de su barco mesiánico, y todas las palabras y los gestos anteriores comienzan ya a entenderse en forma nueva. Pero, si miramos con más detenimiento los motivos y los temas, descubrimos que este no es camino nuevo, sino el mismo camino de siempre que Jesús debe asumir ya de manera expresa si es que quiere mantenerse fiel a su mensaje de Reino. Ha crecido la oposición, se le ha mostrado el riesgo de su empeño. ¿Qué hará? ¿Volverse atrás? ¿Utilizar métodos y formas de violencia, como Pedro le insuma? ¿Podría mantenerse fiel a su mesianismo si tuviera que hacerlo con violencia y por la fuerza, luchando él también con las mismas armas y estrategias de escribas, sacerdotes y Herodes? ¡De ninguna forma!

Precisamente por ser fiel a su mensaje de Reino como fuente y lugar de gratuidad (salud, pan y palabra) para pecadores, enfermos y perdidos de este mundo, confiando en Dios, Jesús se tuvo que poner en manos de escribas-sacerdotes-ancianos. Ellos, los representantes de Jerusalén y su poder sagrado, le matarán, pero Dios le resucita (cf. 8, 31). Esta promesa de resurrección confiere su verdad y da sentido a todo su camino precedente. Por eso Jesús puede prometer la asistencia salvadora para aquellos que le sigan y confiesen su verdad ante los mismos tribunales de este mundo (8, 38).

En esta perspectiva de esperanza escatológica, que asume de algún modo elementos de la figura del profeta (8, 28) y recrea la visión del mesianismo israelita (8, 29), Jesús puede afirmar que el fin está ya cerca: *antes de que mueran algunos de los aquí presentes, llegará en poder el Reino* (9, 1). Esta última palabra ha de entenderse en el conjunto de Marcos a la luz de 16, 6-7: la verdad del fin del mundo, la experiencia del Reino se ha expresado en modo fuerte con la pascua de Jesús. Van a matarle, pero llega el reino de Dios. Ésta es la experiencia básica del Jesús de Marcos.

> **(68) Seguir a Jesús, negarse a sí mismo (8, 34-9, 1)**
>
> Marcos define aquí la nota clave del seguimiento de Jesús, que va más allá del puro discipulado teórico (escolar). Lo que importa no es aprender una doctrina de Jesús, sino «ser como él», asumir el camino que él ha iniciado. Así se expresa en cuatro signos básicos:
>
> *a: Principio* (8, 34b): «Quien quiera venir en pos de mí, niéguese a sí mismo, tome su cruz y me siga...». Venir tras Jesús implica tomar su cruz (el destino que a él le ha llevado a la cruz) y negarse a sí mismo (a la búsqueda sin más del triunfo propio), afirmando desde Dios la vida de los otros. El seguimiento para la pesca (1, 16-20) y para la comida de bodas o/y Reino (2, 13-22) exige una actitud de entrega; el *ser-con* (cf. 3, 14) se convierte en *caminar-con-Jesús* hasta la muerte. Jesús ha ofrecido su camino a los discípulos: quiere compartir con ellos su ser y mesianismo.
>
> *b: Aclaración* (8, 35): «Pues quien pretenda ganar su propia alma ese la pierde...». Ganar el alma propia es perderse, perderse por los otros es ganarse en plano de evangelio. Marcos identifica causa de Jesús y evangelio, *buena nueva* de fraternidad universal (de casa y mesa compartida). Jesús mismo es la vida que se entrega por los otros, en esperanza de resurrección.
>
> *b': Razonamiento* (8, 36-37): «¿Qué le vale al ser humano ganar el mundo entero si pierde su vida...?». Vida es la «psyché», el «alma», que se ofrece y recibe gratuitamente. Los valores del Sanedrín, los ideales de Pedro pertenecen a este mundo, en plano de ganancia impositiva, enfrentamiento y lucha interhumana. Alma, en cambio, es aquello que se tiene (y es) al compartirlo con los otros, como Jesús, por el Reino.
>
> *a': Ratificación escatológica* (8, 38-9, 1): «¡Quien se avergüence de mí y de mis palabras...!». Las palabras de Jesús expresan la condición del creyente como alguien que sigue a Jesús y confía en él, confiando así en el Hijo del Hombre (8, 38), que viene en la gloria de Dios, con los ángeles santos (cf. 8, 31). En este contexto se identifica, veladamente, a Jesús con el Hijo del Hombre, y se identifica también la venida del Hijo del Hombre (Jesús glorioso) con la llegada inminente, cercana, del reino de Dios.

c) Experiencia de Tabor, curación del niño mudo (9, 2-29)

Tras el anuncio de pasión y la llamada al seguimiento ha introducido Marcos un tríptico eclesial que vincula los diversos elementos o planos de la comunidad cristiana. (a) En la parte superior (zona del cielo) está Jesús transfigurado, con los testigos del AT y los tres discípulos que acogen arrobados y engañados su misterio (9, 2-8). (b) En la parte inferior (zona del mundo) están los otros discípulos que gritan, disputan y no pueden curar al niño enfermo (9, 14-29). (c) En medio queda una escena de diálogo que sirve para vincular las dos restantes (9, 9-13). Así se vinculan la experiencia pascual (transfiguración) y el compromiso creyente a favor de los demás, desde la perspectiva del camino de entrega de Jesús. Quiero empezar comentando los tres momentos del texto, para fijarme después en algunos de sus rasgos especiales.

Jesús ha iniciado su ascenso hacia Jerusalén, vinculando su más honda plegaria y su gesto sanador en favor de los necesitados. No está recorriendo la soledad del *idiota* que no sabe enfrentarse a los problemas pues le falta valentía o audacia para ello (como pensaba Nietzsche); no es tampoco *un puro marginado* que no tiene más remedio que aceptar su muerte. Al contrario, Jesús ha programado e interpretado su camino de rechazo.

Está Jesús sobre la montaña (con tres de sus discípulos) mientras los otros nueve (que han quedado en el llano) discuten con los escribas y la gente sobre un pobre mudo con el que ninguno puede comunicarse y/o curar sobre la tierra. Los poderes sociales, religiosos o económicos resultan impotentes ante el drama de ese niño mudo, enloquecido, hijo de un padre angustiado. Nadie puede alcanzar su intimidad, nadie puede dialogar con él, abrirle a la palabra. Sólo Jesús, Mesías del sufrimiento asumido que triunfa del miedo de la muerte, puede liberarle, cambiando su soledad en principio de más alta compañía. Desde ese fondo presentamos las tres partes del pasaje.

1. Transfiguración (9, 2-8)

Cf. B. D. Chilton, *The Transfiguration*: NTS 16 (1969/70) 305-317; A. Feuillet, *Les perspectives propres à évangéliste dans les récits de la transfiguration*: Bib 39 (1958) 281-301; H. Galtensweiler, *Die Verklärung Jesu*, Zwingli, Zürich 1959; P. Heil, *The Transfiguration of Jesus. Narrative Meaning and Function of Mark 9:2-8, Matt 17:1-8 and Luke 9:28-36*, AnBib 144, Roma 2000; Kazmierski, *Jesus*, 105-126; E. **Lohmeyer**, *Die Verklarung Jesu nach dem Markus-Evangelium*, ZNW 21 (1922) 185-215; E. Nardoni, *La transfiguración de Jesús y el diálogo sobre Elías según el evangelio de san Marcos*, UCA, Buenos Aires 1976; J. M. Nützel, *Die Verklärungs-erzählung im Markusevangelium* (FB 6), Würzburg 1973; L. F. Rivera, *El relato de la transfiguración en la redacción del evangelio de Marcos. Exégesis*, Buenos Aires 1975; Id., *El misterio* *del Hijo del Hombre en la Transfiguración*: RevBib 28 (1966) 19-34 y 79-89. Sobre el trasfondo judío de la «fiesta» evocada por Pedro, cf. R. Vicent, *La fiesta judía de las Cabañas (Sukkot)*, Verbo Divino, Estella 1996.

Comienza con este pasaje un *relato complejo* con tres unidades vinculadas por tema y estrategia narrativa. *La primera* (9, 2-8) es una epifanía pascual que probablemente conserva un recuerdo de aparición del resucitado. *La segunda* (9, 9-13) es una discusión mesiánica (pascual) de Jesús y sus discípulos sobre la doctrina de los escribas en torno a la resurrección y el retorno de Elías. *La tercera* (9, 14-29) una historia de milagro, recreado por Marcos en perspectiva mesiánica.

a. (Situación) ²*Y seis días después, Jesús tomó consigo a Pedro, a Santiago y a Juan, los llevó a solas a un monte alto y se transfiguró ante ellos.* ³*Sus vestidos se volvieron de un blanco deslumbrador, como ningún batanero del mundo podría blanquearlos.* ⁴*Se les aparecieron también Elías y Moisés, que conversaban con Jesús.*
b. (Tres tiendas) ⁵*Pedro tomó la palabra y dijo a Jesús: «Rabbi (= Maestro) ¡qué bien estamos aquí! Vamos a hacer tres tiendas: una para ti, otra para Moisés y otra para Elías».* ⁶*Estaban tan asustados que no sabía lo que decía.*
c. (Éste es mi Hijo) ⁷*Vino entonces una nube que los cubrió y se oyó una voz desde la nube: «Éste es mi Hijo amado; escuchadlo».* ⁸*De pronto, cuando miraron alrededor, vieron sólo a Jesús con ellos.*

a) *Situación* (9, 2-4). Arriba, en la montaña de la gloria, habita Jesús con sus discípulos privilegiados, Pedro, Santiago y Juan. Posiblemente, en su origen, el texto evocaba una experiencia de resurrección: brilla sobre Jesús la gloria de Dios en la montaña de su pascua; por eso le avala el testimonio de Elías y Moisés (signos de Escritura, Antiguo Testamento), que conversan con él en actitud de gloria. Los tres discípulos deben entrar en oración mientras Jesús les muestra su gloria pascual.

Puede haber un recuerdo histórico del tiempo de Jesús, pero en su forma actual este pasaje ofrece posiblemente una experiencia pascual proyectada sobre el camino de la historia de Jesús. Como indica el primitivo fin de su evangelio (16, 1-8), Marcos ha velado cuidadosamente todo lo que se refiere a la visión concreta de Jesús resucitado: el joven de la pascua pide a las mujeres y discípulos que vayan de nuevo a Galilea donde podrán verle, pero el evangelio no dice después cómo o si le han visto. Esto significa que su triunfo final sobre la muerte no se puede contar como se cuentan otros datos o momentos de la vida de Jesús; la pascua no es escena nueva que se suma a las escenas anteriores, no es una experiencia al lado de las otras experiencias. Pascua es todo: es la manera de entender la historia de Jesús desde el trasfondo de su muerte ya transfigurada (superada).

Habiendo culminado su camino de entrega y muerte, sobre el cielo pascual de la blancura de Dios, habita el Hijo divino, Jesús resucitado. Sin un tipo de experiencia pascual no existe discipulado. Sin un Cristo glorioso en la montaña, sin el gozo de verle allí cumpliendo todo lo anunciado (entre Moisés y Elías), carece de sentido su llamada. Sólo si subimos a la altura del misterio entenderemos la voz de Dios para seguir a su Hijo Jesús (¡escuchadle!). Estamos ante una escena de ruptura de nivel, ante una especie de visión de trascendencia que sólo puede entenderse en clave de comunión recreadora.

En el centro de la escena está Jesús, de forma que en su misma vida humana culminada podemos descubrir ahora la gloria de Dios que está brillando en sus vestidos y en su rostro. No es un ser celeste, ni un ángel alejado de la tierra. El Hijo de Dios transfigurado de la pascua es el mismo Jesús que sigue caminando hacia su muerte. Por eso la escena de gloria en la montaña no es negación de cruz, sino todo lo contrario: es una expresión del sentido salvador de la cruz. Desde ese fondo podemos afirmar que el evangelio entero, como llamada al seguimiento, es pascua. El Jesús glorioso no niega su vida precedente, sino todo lo contrario: nos lleva uno por uno a los caminos anteriores, para rehacer así el proceso del evangelio en una especie de recuperación mesiánica intensa de su entrega y de su muerte. Sobre el fondo de la cruz, como destrucción de todo mesianismo impositivo, como crisis de toda comprensión triunfalista de la historia, emerge nuestra escena de luz resucitada.

El mismo Jesús que rechazó a Pedro (8, 33) le llama de nuevo, en compañía de Santiago y Juan, como en 5, 37 y luego en 14, 33, para conducirles (desde el abismo de muerte) a la fuente pascual de toda vocación. De esta forma se repite, de algún modo, el esquema de ruptura y novedad que hallábamos en 1, 9-11: superando el profetismo del Bautista, escucha Jesús la palabra de Dios que le dice: eres mi Hijo. Pero ahora los que escuchan la palabra de revelación son los discípulos, a quienes el mismo Dios indica: Éste es mi Hijo amado: escuchadle (9, 7).

b) *Pedro: hagamos tres tiendas* (9, 5-6). Los discípulos descubren en el rostro de Jesús el resplandor de Dios y ven en su figura la culminación de las promesas de Israel. Dios ha revelado ya su gloria y plenitud sobre la tierra. Pero el texto indica que su gesto es egoísta e ignorante: lo que Pedro quiere es permanecer allí por siempre, sin pasar por la cruz, en tres tabernáculos de cielo, en eterna fiesta de separación y gozo, con el Jesús transfigurado (y con Moisés y Elías).

Que los otros, los muchos sufrientes que han quedado abajo, en el valle de locura y discusión del mundo, sigan sufriendo, continúen pervertidos. ¿Qué importa eso? Ellos, *los privilegiados de la tierra* (Pedro, Santiago, Juan), realizan la oración perfecta con *los privilegiados del cielo* (Elías, Moisés y Jesús): quieren hacer tres tiendas y quedarse allí, con el Señor resucitado, acompañando a Elías y Moisés. Así quieren formar la *Iglesia petrina y zebedea* del triunfo judío (nacional, de grupo) que cultiva su propia identidad impositiva y/o separada, olvidando a los sufrientes del valle de la historia.

Camino de Jerusalén. Muerte del Cristo (8, 27-15, 47)

Quieren hacer tres tiendas y quedarse allí por siempre. Quieren detener la historia en un gesto de glorificación anticipada de su vida en medio de la tierra. Ese deseo no puede cumplirse (ignoran lo que dicen), pero, al mismo tiempo, parece necesario. Es como si de pronto la historia hubiera culminado ya, al modo judío, en la línea de aquello que en el fondo pretendía Pedro al llamar a Jesús «Cristo» y al pedirle que no entrara en línea de sufrimiento (8, 29-32). Pues bien, ese deseo de hallarse en gloria y no sufrir es simplemente un sueño: la voz de la verdad (que es voz de Dios) les sacude, les despierta y les invita a escuchar a Jesús y seguirle en el camino concreto de muerte por el Reino.

---

(69) Pedro 1. Textos fundamentales

Pedro garantiza en Marcos la continuidad entre el discipulado histórico y la Iglesia. Así cumple una función tensa, multivalente y rica que precisaremos en sus elementos distintivos.

a. Un discípulo especial:

1. *Es uno de los Cuatro* (1, 16-20). Se llama Simón, es pescador, hermano de Andrés, y Jesús le llama para ser «pescador de hombres»; forma parte de los Cuatro pescadores escatológicos de Jesús.
2. *Es el primero de los Doce* (3, 12-1). Jesús cambia su nombre de Simón (cf. 1, 16.29.39) y le hace Pedro, el Piedra, en palabra irónica y firme: el mismo Simón vacilante es principio de firmeza para la comunidad de Jesús.
3. *Forma parte del grupo de los Tres íntimos* (5, 37; 9, 2; 14, 43), que quizá pueden vincularse con el triunvirato de las tres «columnas» de la Iglesia de Jerusalén, según Pablo (Gal 2, 9).
4. *Actúa como portavoz de todos los discípulos*, en varias ocasiones fundamentales, desde la «confesión» de Cesarea (8, 28) hasta la negación (14, 72) y la promesa pascual (16, 7).

b. Momentos básicos de su discipulado:

1. *Jesús viene a su casa* (la casa de su suegra, a la que cura), y él le *busca* después para que haga milagros en (ante) su casa de Cafarnaún, persiguiéndole después y queriendo convertirle en curandero doméstico (1, 29-38).
2. *Pedro confiesa a Jesús como Cristo* (8, 29), pero no quiere aceptarle como *Hijo del Hombre* que entrega la vida, en camino de cruz; por eso se vuelve Satán, tentador mesiánico (8, 32-33). Precisamente ahí, en el cruce entre

el Cristo glorioso israelita (¿judeocristiano?) y el camino de cruz, se sitúa Pedro según Marcos.

3. *Pedro mantiene su postura en la Transfiguración*: quiere quedar en la pascua (la gloria) de Jesús sin pasar por la entrega de la vida, sin aceptar su muerte. No sabe lo que dice (9, 5-6).
4. *Pedro dice que lo ha dejado todo por Jesús* (10, 28; cf. 1, 16-20) en representación de todos los que han dado su vida por Jesús y/o por el evangelio.
5. *Pedro descubre que la higuera de Israel está seca* (11, 21). El tendría que ser el primero en sacar la consecuencia, iniciando un camino universal de evangelio.
6. *Pedro promete fidelidad mayor a Jesús*, pero después le niega con más fuerza, como representante de los discípulos (cf. 14, 28-30). Su negación (14, 66-72) es el reverso de la fidelidad de Jesús, que confiesa y muere abandonado.
7. *Sin embargo, la misma negación de Pedro incluye su arrepentimiento* (lloró al segundo gallo: 14, 72). El joven de la pascua pide a las mujeres que digan *a los discípulos y a Pedro* que Jesús resucitado les precede en Galilea: *¡Allí le veréis!* (16, 7). El texto advierte que no fueron (16, 8), pero es evidente que Marcos escribe su evangelio para que vayan: en el lugar donde discípulos, mujeres y Pedro se juntan para asumir el evangelio ha querido situarnos Marcos.

El Pedro de Marcos es hombre en camino. Así va garantizando con sus debilidades y su mismo seguimiento que podemos y debemos pasar del Cristo glorioso (judaísmo nacionalista) al Hijo del Humano que entrega la vida por los demás. En ese lugar nos sigue acompañando, como signo de la continuidad (¿unidad?) de la Iglesia.

c) *Dios* (9, 7-8). Ciertamente, Pedro (con los zebedeos) conoce algo, ha tenido una visión de Jesús; pero en sentido más profundo ignora y no sabe lo que dice por el miedo (9, 6). Podemos comparar esa ignorancia y miedo de Pedro y los zebedeos con el miedo de las mujeres de 16, 7-8. Es evidente que este Pedro del Tabor no ha culminado su camino, no ha comprendido el sentido de la muerte de Jesús, no ha ido todavía a Galilea (16, 8), para reunirse con el resto de los discípulos e iniciar una Iglesia verdaderamente mesiánica.

La voz de Dios (¡Éste es mi Hijo amado, escuchadle!) está diciendo a Pedro y a los otros dos que tienen que acoger la palabra de Jesús y escucharle, pues todavía no lo han hecho. Ellos parecen moverse entre un mesianismo de poder (quieren al Jesús glorioso, que les conceda el dominio sobre el mundo) y un mesianismo del Jesús glorificado (que les permita vivir ya en la gloria, más allá de la nube, sin hacer el camino de Jesús). Pues bien, la voz de Dios les invita a retomar el camino de Jesús desde el principio, desde el bautismo, para entender lo que ha significado ese camino de entrega de la vida al servicio de los demás, como indica el pasaje siguiente.

Esa palabra de Dios recuerda el momento del bautismo (1, 9-11). Pero éste no es bautismo de Jesús, sino de sus discípulos: escuchan la voz engendradora (paterna) de Dios y descubren a Jesús como Hijo precisamente allí donde aprenden a seguirle en el camino de la cruz. La gloria de Dios se manifiesta sólo en el lugar donde los hombres son capaces de seguir a Jesús en camino de muerte, en entrega por los otros. Vista así, la escena de la transfiguración es una especie de fortalecimiento vocacional para los discípulos de Jesús (simbolizados en Pedro-Santiago-Juan). Ellos han sido introducidos en el monte de la paradoja, es decir, en el lugar donde el camino de entrega del Hijo del Hombre aparece nimbado de gloria. No es gloria sólo esperada (cuando todo el mal acabe), ni evasiva (como si no hubiera desgracias). Es gloria crucificada, si es que esta palabra puede utilizarse: en el camino que lleva hacia su muerte descubrimos que Jesús es Hijo de Dios (siendo, a la vez, Hijo de Hombre, como dice 8, 31); contemplamos de algún modo su gloria, escuchamos la voz de su Padre y podemos responderle.

En su origen, Elías y Moisés (¡por este orden, Elías antes de Moisés!) podían cumplir otra función. Quizá eran como aquellos profetas escatológicos a quienes aludía 8, 28. Pero probablemente representan la profecía (Elías) y la ley (Moisés), señalando que el camino de Jesús, rechazado como peligroso para la identidad y esperanza israelita, cumple en realidad esa esperanza. Vistos así, ellos realizan la misma función de Isaías y el Bautista en 1, 1-11: ofrecen testimonio, abren un camino de esperanza. Pero la palabra creadora y la revelación definitiva provienen directamente del Dios que engendra a Jesús (1, 9-11) o le declara como Hijo delante de sus discípulos (9, 7), cumpliendo y desbordando de esa forma las funciones de Elías y Moisés.

Ésta es ciertamente una escena de contraste. Las autoridades oficiales y sagradas de Jerusalén (escribas-sacerdotes-ancianos) van a condenar a Jesús en nombre de Dios (cf. 8, 31). Pues bien, ese mismo Dios avala a Jesús llamándole su Hijo, y así lo reconocen los representantes verdaderos de Israel (Elías y Moisés). Por eso, la Iglesia de Jesús que ha escrito y que acoge este pasaje viene a presentarse como auténtico Israel, como heredera de todas las palabras de la ley y profecía (Moisés y Elías), frente a los judíos no cristianos que, en el fondo, habrían rechazado a sus padres verdaderos.

(70) Tabor: experiencia positiva, riesgo elitista (9, 2-8)

El Tabor es una escena de Epifanía sagrada (Jesús en su gloria, con Elías y Moisés) y de Revelación personal de Dios, que dice quién es su Hijo, en presencia de Elías y Moisés. En este contexto se inscribe la respuesta-oración de Pedro y de los zebedeos, que quieren construir tres tiendas y quedarse allí, en la montaña, celebrando la Fiesta de los Tabernáculos eternos.

1. *Tabor de ambigüedad*. La petición de Pedro (¡hagamos tres tiendas, una para ti, otra…..!) es signo de la ambigüedad de un tipo de mesianismo israelita. Ella expresa por un lado *la grandeza de Jesús* (a quien el Padre constituye Hijo ante todos los que quieran escucharle), y por otro *el riesgo de Pedro* y sus dos compañeros (gloriosos y egoístas) que quieren controlar la gloria de la pascua sin abrirla a los sufrientes y posesos (mudos) del valle de locura de este mundo. El deseo del *Pedro Taborita*, que llama a Jesús «Rabbi» judío (como hará él mismo en 11, 21 y Judas en 14, 45), está en la línea de su Cristología de Gloria, es decir, de rechazo de la muerte del Hijo del Hombre (cf. 8, 32).
2. *Experiencia positiva*. Todo nos permite suponer que Marcos ha recordado en esta escena un relato de aparición de Jesús resucitado: la gloria de Dios está expresándose en el Cristo de la pascua. En el fondo de ella hay un deseo positivo de culminación israelita (encuentro con Dios en la montaña, con los testigos de la tradición: Elías y Moisés). Pedro y los zebedeos han tenido, según eso, una experiencia de resurrección en la montaña, una presencia del Reino, con la gloria de Dios, deseando aislarse y quedarse allí para siempre, construyendo las tiendas de la celebración judía. En ese sentido, podemos interpretar el Tabor petrino y zebedeo como una Jerusalén judeocristiana, con un Jesús que aparece como culmen y sentido de toda la historia israelita.
3. *Pero ésta es, a la vez, una experiencia negativa*, que destaca sólo el nivel israelita del triunfo de Jesús (con Elías y Moisés), corriendo el riesgo de olvidar al auténtico Jesús a quien el mismo Dios llama su Hijo, pidiendo que le escuchemos; es una experiencia que no ha logrado entender el sentido radical de la entrega de Jesús que penetra por la muerte en la miseria del mundo (el poseso de 9, 14-29) y que extiende su palabra hacia todos los humanos. *Pedro* (y los zebedeos) buscan una culminación israelita que no exija entrega de la vida. Ellos son capaces de entender la gloria del Tabor como experiencia pascual, pero de pascua sin muerte, sin entrega de la vida en favor de los demás, en gloria que se olvida de los endemoniados y posesos del mundo.

2. Discusión eclesial (9, 8-13)

Sobre la tradición de Elías, cf. O. Steck, *Ueberlieferung und Zeitgeschichte in den Elia-Erzählungen* (WMANT 26), Neukirchen-Vluyn 1968; sobre la tradición de Elías, en línea apocalíptica, cf. S. S. Johnson, *Elijah*, ABD II, 463-466, y O. Wintermute, *Apocalypse of Elijah*, ABD II, 466-469. Sobre la tradición de Elías en Marcos, G. Dautzenberg, *Elija im Markusevangelium*, en F. van Segbroeck y otros (eds.), *The Four Gospels*, FS Frans Neirynck, BETL 100, Louvain 1992, 1077-1094; M. M. Faierstein, *Why Do the Scribes Say that Elijah Must Come First*, JBL 100 (1981) 75-86; J. Marcus, *Mark 9:11-13: As it Has Been Written*, ZNW 80 (1989) 42-63. Wright, *NT and the Victory*, ha destacado la importancia de Elías en la primera comunidad Cristiana, vinculándola incluso a la estancia de Pablo en «Arabia» (Gal 1, 17).

Este pasaje ofrece una de las controversias más significativas de la Iglesia antigua, aquella en la que se discute sobre el sentido de la «resurrección». Es evidente que el tema ha sido discutido desde antiguo, como muestra la vibrante polémica de Pablo en 1 Cor 15, unos veinte años antes de la redacción final de Marcos. Sobre el sentido de la resurrección de Jesús y sobre la restauración «israelita» de Elías trata este pasaje.

a. (Resucitar de entre los muertos) *⁹Al bajar del monte, les ordenó que no contaran a nadie lo que habían visto hasta que el Hijo del Humano hubiera resucitado de entre los muertos. ¹⁰Ellos se aferraron a esa palaba, discutiendo entre sí sobre lo que significaría aquello de resucitar de entre los muertos.*

b. (Elías) *¹¹Y le preguntaron: «¿Cómo es que dicen los escribas que primero tiene que venir Elías?». ¹²Él, por su parte, les dijo: «Es cierto que Elías ha de venir primero y ha de restaurarlo todo, pero ¿no dicen las Escrituras que el Hijo del Humano tiene que padecer mucho y ser despreciado? ¹³Os digo que Elías ha venido ya y han hecho con él lo que han querido, como estaba escrito de él».*

a) *Resucitar de entre los muertos* (9, 9-10). En el descenso, como intermedio entre el monte pascual y el valle donde sufre el mudo, queriendo matarse, introduce Marcos *este diálogo de Jesús con sus discípulos*. No han podido quedar por siempre arriba, como pretendía el ignorante Pedro, en gesto de Iglesia evasiva (encerrada en sí, en esperanza de gloria). Han descorrido por un momento el velo del gozo (*¡Qué bien estamos...!*: 9, 5); tienen la impresión de que han llegado al final, pudiendo disfrutar para siempre del triunfo de Jesús. Pero la voz de Padre Dios (*¡Éste es mi Hijo amado, escuchadle!*: 9, 7) les ha despertado del sueño y les ha vuelto a colocar, pequeños, caminantes, ante la exigencia del camino de la entrega, escuchando a Jesús. Por eso deben bajar de la montaña y, a medida que se acercan al valle de la problemática humana, se va revelando su más honda tarea: no pueden hablar de lo que han visto, no pueden entenderlo, *hasta que el Hijo del Humano resucite de entre los muertos* (9, 9).

La gloria del monte adquiere sentido y se vuelve experiencia cristiana allí donde se asume *el camino del Hijo del Hombre* a través de la muerte; de esa forma retornamos a la palabra de 8, 31: *¡Debe padecer, ser rechazado!*... Sólo en ese contexto se entiende la experiencia de Jesús, lo que han visto en el Tabor. Pero ellos, *los discípulos de arriba* (*Iglesia petrina y zebedea*), no entienden, disputan entre sí (¡no con Jesús!) sobre el sentido de la resurrección de entre los muertos. Antes (8, 30) Jesús les había prohibido cualquier tipo de palabra sobre su persona. Ahora matiza aquella prohibición, poniendo un límite de tiempo: la resurrección del Hijo del Hombre.

Pues bien, desde ese fondo añade Marcos una palabra enigmática, que nos sitúa en el comienzo de la Iglesia: «Ellos se aferraron a esa palaba (*ekratêsan ton logon*), discutiendo entre sí sobre lo que significaría aquello de resucitar de entre los muertos». Este comentario refleja sin duda las discusiones que existieron al comienzo de la Iglesia: los diversos grupos de cristianos reflexionaron entre sí y discutieron (*sydsetountas*) sobre el sentido de la resurrección de Jesús y sobre su presencia. Estamos ante el «gran secreto» o, quizá mejor, ante la gran experiencia de la pascua, que convoca a los discípulos en torno a la novedad y reto de la resurrección. Evidentemente, los discípulos no entienden (o no acaban de entender). No comprendían antes lo que implicaba la muerte del Hijo del Hombre (8, 31-33). Así tampoco llegan ahora hasta el fondo de la resurrección de entre los muertos. Ambos misterios se encuentran vinculados; no hay posible aceptación de uno sin otro. Luego se plantea otro motivo: la vuelta de Elías (9, 11-13).

b) *Elías* (9, 11-13). Por eso, los discípulos, retomando una cuestión de los escribas (9, 11), y situándose dentro de la experiencia israelita, preguntan por el retorno de Elías (que ha sido figura central de la visión, antes que Moisés): piensan que la verdadera resurrección tiene que estar vinculada al triunfo externo del profeta que castiga a los perversos y reconstruye la gloria de Israel. De esa forma vuelven al esquema judío de una gloria pascual que se puede demostrar externamente. En realidad, el sufrimiento no sería más que un paréntesis, algo que pasa: en el fondo, el verdadero mesianismo es gloria, es el triunfo de Elías que lo restaura todo, es una resurrección victoriosa (maravillosa, mágica) que arregla los problemas de los seres humanos desde fuera.

Jesús les responde enigmáticamente, vinculando el retorno de Elías y la muerte del Hijo del Hombre (9, 12-13). El judaísmo de los escribas (y la Iglesia petrina y zebedea) quiere entender el mesianismo de Jesús a partir del triunfo previo de Elías. Marcos acepta el retorno de Elías, pero invierte su sentido, interpretándolo desde el Hijo del Humano: no es Jesús el que viene a quedar transformado por la gloria de Elías sino, al revés, es Elías quien queda asumido en el sufrimiento del Hijo del Humano. De esta forma ha realizado Marcos una audaz y profunda interpretación teológica: ha vinculado el martirio de Juan con la vuelta de Elías (cf. 6, 14-29) y con el sufrimiento y entrega del Hijo del Hombre.

Ésa es una cuestión central para Marcos. Sobre la montaña (9, 4-5) habíamos hallado las figuras de Elías (profetismo) y de Moisés (ley), integradas en el camino de entrega mesiánica. Pero luego Marcos 9, 11-13 sólo destaca el destino de Elías, enigmáticamente evocado con los rasgos del Bautista asesinado (cf. 1, 1-8; 6, 14-29). Sólo ese Elías que ha muerto puede ayudarnos a entender el *enigma supremo del Hijo del Humano que debe padecer y ser despreciado* (9, 12b). Ésa es la cuestión de fondo, la pregunta básica de Marcos.

Entre la gloria siempre necesaria pero insuficiente de un monte pascual, que corre el riesgo de encerrarse en egoísmo (9, 2-8) y el dolor del llano donde sufren los posesos (9, 14-29), ha situado Marcos este diálogo sobre Elías y la muerte y resurrección del Hijo del Hombre (9, 9-13). Es un diálogo que vincula y separa a los cristianos de los escribas judíos sobre el retorno de Elías, a quien ellos interpretan en clave de culminación gloriosa del judaísmo. Es diálogo de algunos cristianos que tienden a leer la Escritura como testimonio de resurrección (mesianismo glorioso), permaneciendo así en el nivel de los judíos; pero Marcos nos conduce al otro lado de la Escritura, para asumir su anuncio de muerte mesiánica del Hijo del Humano.

Así evoca las discusiones de la Iglesia primitiva tanto en plano exterior (con escribas judíos), como interior (entre ellos mismos), sobre el retorno de Elías, el sufrimiento del Hijo del Hombre y el sentido de la resurrección. No son discusiones eruditas; ellas pertenecen a la esencia permanente de la Iglesia, llamada a rehacer desde la experiencia pascual el camino de entrega de Jesús, bajando de una montaña de gloria (Tabor de Pedro y de los zebedeos) al llano de los oprimidos, en fidelidad al Hijo del Humano que, entregándose a merced de las autoridades, ayuda al niño mudo.

---

(71) **Retorno de Elías y resurrección de Jesús (9, 11-13)**

Ésta es quizá la discusión más enigmática del evangelio de Marcos. En un momento dado, los discípulos de Jesús y los escribas han vinculado el cumplimiento mesiánico a la vuelta justiciera de Elías (que había sido ya evocada en 1, 2-3; cf. Mal 3, 1). Es lógico que ese tema aparezca aquí en el entorno de la transfiguración, y se vincule a la pregunta por la resurrección (tema que reaparece en el entorno de la muerte de Jesús: 15, 33-37). Es como si la misma experiencia pascual exigiera profundizar en el misterio de la muerte, y en su vinculación con el triunfo de Elías, en gesto creador que define todo el evangelio y da sentido al camino de la Iglesia. Conforme a su técnica habitual, Marcos expone cuidadosamente la respuesta de Jesús:

1. *Tema de los discípulos y de los escribas: Elías ha de venir* (9, 11). Es una cuestión planteada implícitamente en 6, 15 y 8, 28. Marcos 1, 1-8 había respondido ya de alguna forma, identificando al Elías venidero (del final de la Biblia hebrea: Mal 3) con Juan Bautista. Pero es evidente que los escribas judíos, que aparecen aquí dando motivo de disputa a los cristianos, no aceptan esa respuesta. Por eso, aprovechando la presencia de Elías en la montaña de 9, 4-6 (esa habría sido su venida preparatoria), después de la referencia a la resurrección de entre los muertos, que sería el fin de todo (9, 11), los discípulos repiten la pregunta de los escribas: ¿Por qué tiene que venir Elías?

2. *Afirmación y contra-pregunta de Jesús* (9, 12). Conforme a una técnica bien conocida (empleada en el contexto paralelo de 11, 27-33), Jesús responde afirmando y planteando otra pregunta. (a) *Afirmación concesiva* (9, 12a): «Elías volverá para restaurarlo todo». Éste es el presupuesto de su argumento, el punto de partida que Jesús asume de la tradición. El evangelio comparte la esperanza escatológica de Israel. En ese sentido, Jesús sigue siendo un judío. (b) *Contra-pregunta* (9, 12b) «Pero: ¿cómo está escrito que el Hijo del Hombre tiene que padecer mucho y ser despreciado?» (9, 12b). La verdad cristiana no reside en la esperanza del retorno de Elías, sino en la «necesidad» *de que el Hijo del H*umano padezca y sea despreciado.

3. *Profundización: Sufrimiento del Hijo del Hombre.* Éste es para Marcos el mensaje central de la Escritura (está escrito: ¡*gegraptai!*), ésta es la palabra mesiánica de Dios, en la línea de 8, 31. De esta forma ha vinculado lo más nuevo (sufrimiento del Hijo del Humano) con lo más antiguo (¡está escrito!), conforme a una técnica que hallamos en otros lugares de su evangelio (cf. 10, 6). Éste es el más hondo problema no sólo para los escribas, sino para la misma Escritura (textos de Is 40–55; Sab 2). Es evidente que los discípulos de Jesús en su disputa con los judíos han planteado muchas veces este tema: se trata de entender el sufrimiento de Jesús (del Hijo del Hombre o del Cristo en Lc 24, 26.46).

4. *Respuesta de Jesús: A Elías le han matado* (9, 13). Sólo ahora, tras la pregunta abierta sobre el sufrimiento del Hijo del Hombre, vuelve Marcos al tema de la venida de Elías, con esta palabra de Jesús que afirma, de manera tajante, que Elías ha venido ya y que ha muerto (le han matado), de manera que él no ha podido llamarle ya desde la cruz (15, 33-37). El verdadero Elías, que debía reconstruir todo (es decir, preparar el camino de Jesús, según Mc 1, 1-9), ha sido Juan Bautista, y los hombres le han matado, vinculando

> de esa forma su destino al destino del propio Jesús. Ese rechazo y muerte de Elías (en la figura de Juan Bautista) no es para 9, 13 una simple opinión de los escribas, sino expresión original de la verdad de la Escritura.
>
> Juan y Jesús comparten, según eso, un mismo destino. Las muertes de Juan y de Jesús quedan de esa forma vinculadas, apareciendo así como cumplimiento de las profecías, cuando hablan del asesinato de los enviados de Dios. Marcos ha construido de esta forma un esquema unitario de la historia de la salvación, que ha de ser interpretado desde la parábola de los viñadores (12, 1-12).

3. Milagro del padre incrédulo y del hijo mudo (9, 14-29)

Entre los comentarios, cf. en especial los de Navarro y Pesch. Cf. también G. Bornkamm, *Pneuma alalon. Estudio sobre el evangelio de san Marcos*, en Id., *Estudios sobre el Nuevo Testamento* (BEB 35), Sígueme, Salamanca 1983, 261-268; Marshall, *Faith*, 220-224. Para interpretar el texto desde la perspectiva de los milagros de Jesús en Marco, cf. Koch, *Bedeutung*; Theissen, *Miracles*, 1975.

a. (Situación) *[14] Cuando llegaron a donde estaban los otros discípulos, vieron mucha gente alrededor y a unos escribas discutiendo con ellos. [15] Toda la gente, al verlo, quedó sorprendida y corrió a saludarlo. [16] Y les preguntó: «¿De qué estáis discutiendo con ellos?». [17] Uno de entre la gente le contestó: «Maestro, te he traído a mi hijo, pues tiene un espíritu mudo. [18] Cada vez que se apodera de él, lo tira por tierra, y le hace echar espumarajos y rechinar los dientes hasta quedarse rígido. He pedido a tus discípulos que lo expulsaran, pero no han podido».*

b. (Creo: fe del padre) *[19] Él (Jesús), respondiéndoles, les dijo: «¡Generación incrédula! ¿Hasta cuándo tendré que estar entre vosotros? ¿Hasta cuándo tendré que soportaros? Traédmelo». [20] Se lo llevaron y, en cuanto el espíritu le vio, sacudió violentamente al muchacho, que cayó por tierra y se revolcaba echando espumarajos. [21] Entonces le preguntó al padre: «¿Cuánto tiempo hace que le sucede esto?». El padre contestó: «Desde pequeño. [22] Y muchas veces lo ha tirado al fuego y al agua para acabar con él. Si algo puedes, compadécete de nosotros y ayúdanos». [23] Jesús le dijo: «¿Dices si puedo? Todo es posible a quien cree». [24] El padre del niño gritó al instante: «¡Creo, pero ayuda mi incredulidad!».*

c. (Milagro: acción de Jesús) *[25] Jesús, viendo que se aglomeraba la gente, increpó al espíritu impuro, diciéndole: «Espíritu mudo y sordo, te ordeno que salgas y no vuelvas a entrar en él». [26] Y el espíritu salió entre gritos y violentas convulsiones. El niño quedó como muerto, de forma que muchos decían que había muerto. [27] Pero Jesús, tomándole de la mano, lo levantó, y él se puso en pie.*

d. (Oración) *²⁸Al entrar en casa, sus discípulos le preguntaron a solas: «¿Por qué nosotros no pudimos expulsarlo?». ²⁹Les contestó: «Este tipo (de demonios) no puede salir si no es con oración».*

De la visión en la montaña (9, 2-8) y del diálogo enigmático sobre la resurrección del Hijo del Hombre y la muerte de Elías (9, 9-13) pasamos a la realidad concreta de un mundo hecho de impotencia y enfermedad (9, 14-29), un mundo donde los «nueve» discípulos de Jesús que han quedado en el llano son incapaces de curar al niño enfermo y de responder a los escribas con quienes discuten. Arriba, en la montaña, sigue Jesús. Abajo están los discípulos restantes (menos Pedro-Juan-Santiago); quieren curar al niño, y no logran hacerlo. Éste es el trasfondo del pasaje.

Situado a esa altura del proceso narrativo, nuestro texto adquiere una importante carga simbólica. Nos hemos referido ya al poder que brota del camino de muerte de Jesús, entendido como principio de amor creador. Sólo quien regala su vida en actitud fuerte de amor puede hacer milagros. También es importante destacar la fuerza de transformación del padre: frente a los escribas de Israel que parecen encajados en sus seguridades religiosas y sociales (por eso matan a Jesús), hallamos a este padre que aprende a querer-creer, escuchando a Jesús y poniendo su fuerza más honda (fe, entrega) al servicio del hijo impedido.

Siguiendo en esa línea, puede y debe trazarse un paralelo entre el milagro de la madre-hija pagana de 7, 24-30 (la fe materna cura y abre así la puerta de la salvación a los gentiles) y este milagro del padre-hijo de 9, 14-29, realizado sin duda en ámbito judío (ante la presencia de los escribas). Es posible que esta nueva pareja (padre incrédulo, hijo lunático) represente de un modo especial al pueblo israelita: los escribas siguen discutiendo con los discípulos bajo la montaña, los ancianos-sacerdotes-escribas de Jerusalén han condenado a Jesús..., pero hay padres angustiados, representantes de la buena tradición israelita, que empiezan a creer y consiguen así la curación del hijo. Era grande la fe de la madre griega (7, 24-30), y es grande la fe de este padre judío (cf. 9, 23-26) que rompe el cerco de las autoridades normativas de su pueblo y se coloca a los pies de Jesús, consiguiendo así la curación del hijo enfermo.

a) *Situación* (9, 14-18). Volvamos de nuevo a la escena. Abajo quedaban nueve discípulos impotentes con el niño del *demonio mudo*, discutiendo con escribas sobre el modo de curarle (9, 14). *Los tres* de arriba discutían sobre la doctrina de los escribas, en torno al triunfo de Elías y al sufrimiento del Hijo de Dios (9, 7), que se entrega como Hijo del Hombre. Sobre el valle de este mundo, discípulos y escribas representan la religión inútil de la ideología legal, del ritualismo muerto. Es evidente que mantienen la perspectiva de una iglesia judía que no ha sido capaz de asumir el camino universal (creador) del sufrimiento mesiánico de Jesús. El hijo enfermo parece hallarse en contexto judío (entre discípulos y escribas); pero en un sentido más extenso puede ser representante de la humanidad necesitada, pues no hay en su vida ni en la vida de su padre nada que se pueda identificar como judío.

Nos hallamos en el centro de un fuerte conflicto religioso, social y familiar. *Arriba* está Jesús rodeado por tres discípulos egoístas que prefieren quedarse allí, en tiendas de descanso y olvido. *Abajo* un padre impotente con el hijo enfermo, rodeado de escribas y nueve discípulos inútiles del Cristo. Ésta es la tragedia de la humanidad, éste el problema de la Iglesia. *Los visionarios del monte* piensan que han hallado a Dios, que han visto su misterio y quieren descansar ya con el Cristo transfigurado, sin participar de la pasión del mundo, sin asumir la complejidad de la historia, olvidando los problemas (disputas, locuras) de este mundo viejo. *Los inútiles del llano* disputan y razonan con los muchos escribas de la historia, pero sus razones y gritos no consiguen curar al niño enfermo.

Se ratifica así el divorcio de la Iglesia, la ruptura entre una *pascua* que no logra «curar» a los hombres (los de arriba se olvidan del enfermo) y *una discusión mundana* sobre leyes que no logan curar al niño enfermo. Unos desean construir la casa de recogimiento particular, tabernáculos santos, en una pretendida plenitud sin compromiso misionero que les separa del mundo. Otros viven en la casa de la disputa permanente, en enfrentamiento ineficaz con escribas y padres enfermos. En cierto sentido, los últimos son más coherentes, pues al menos saben que existe opresión sobre la tierra. En torno a ella discuten. Conocen algo del dolor del mundo, pero no logran remediarlo.

Marcos sabe sin duda que en el mundo hay otros hombres y mujeres oprimidos, hay problemas de lepra y locura, impureza y hambre, opresión y ceguera, como él ha venido señalando (cf. 3, 7-12; 6, 53-56). Pues bien, esa miseria universal se condensa en ciertas figuras emblemáticas y en gestos de *disociación familiar*: parece difícil ser padre o madre, transmitir la vida. Así lo sabe nuestro texto: toda la historia humana, impotente y enloquecedora, se condensa en este *padre angustiado*, presumiblemente judío (aunque su confesión religiosa importa poco), que desea curar a su hijo sin lograrlo, pues no tiene palabra sanadora, paterna, para ello.

Nadie (ni escribas judíos, ni discípulos del Cristo) ha logrado llegar a su corazón. Sólo Jesús, que desciende del monte de la transfiguración como Hijo querido, en camino de entrega de vida, lo consigue. Así llega hasta el lugar donde se separan vida y muerte, para introducir la experiencia de su filiación, la voz del Padre Dios que le llamó al principio (1, 11) y que ahora ratifica para todos su misión formadora de familia (9, 7). Uniendo las escenas laterales del tríptico (9, 2-8 y 9, 14-29) vemos que Jesús quiere *ofrecer al padre inútil su más íntima experiencia del Dios dador de vida que le ha dicho ¡Hijo querido!* El padre semi-creyente (¡*creo pero ayuda mi incredulidad!*: 9, 24), debe decir a su hijo enfermo ¡*eres mi amado!* para así curarle.

(72) Jesús transfigurado y niño con demonio mudo (9, 2-29)

La escena de la transfiguración (9, 2-9) sólo puede entenderse si la vinculamos a la tragedia de la humanidad representada por un padre de poca fe y un hijo lunático/mudo (9, 14-29). Sólo Jesús puede superar esa tragedia, bajando con los tres discípulos orantes (9, 10-13) al valle de locura y discusión para curar al hijo por el padre, mostrando que *este tipo de demonios sólo pueden salir con oración* (9, 29), esto es, subiendo a la montaña de la pascua para recibir allí la fuerza de Dios y bajar luego, al servicio de los pobres. En la unión de esos niveles se mantiene Jesús, vinculando plegaria y acción liberadora, en gesto que Marcos relaciona con muerte y resurrección de Jesús (9, 13). Así lo hace Jesús, al mostrarse por un lado *Hijo amado de Dios* (9, 7) y actuando, a la vez, como hombre que ayuda al padre enfermo a dialogar con *su hijo mudo* (9, 22-24). Nos hallamos ante dos escenas paralelas de paternidad y filiación vinculadas por el mismo Jesús, *Hijo divino* del monte que ayuda al *hijo enfermo* del valle.

1. *Arriba está Jesús a quien el mismo Dios llama su Hijo*, culminando un camino recorrido por los profetas (Elías) y la ley (Moisés), rodeado de discípulos que miran ignorantes y no saben expandir hacia los otros su experiencia. Dios en cambio sabe y de esa forma define y constituye a Jesús, en palabra de amor, revelando a los discípulos que es su *Hijo amado*, en palabra que sólo Jesús y los lectores de Marcos conocen (cf. 1, 11). El mismo Dios ha expandido esa palabra, para que la Iglesia entera (representada por los tres) sepa y actúe en consecuencia: *¡Éste es mi Hijo Querido, escuchadle!* (9, 7). La experiencia pascual de transfiguración debe expandirse, de manera que todos descubran el sentido de Jesús como Hijo a quien el Padre Dios avala. Esta revelación superior (voz de la Nube) desvela, al mismo tiempo, la paternidad engendradora de Dios y el poder creador (salvador) de Jesús, *el Querido* (*agapêtos*) a quien debemos escuchar.

2. *Abajo hay un padre fracasado que no puede hablar a su hijo enfermo* (cf. 9, 17-24) ni decirle aquello que Dios ha dicho a Jesús: ¡Eres mi Hijo! Desde este fondo ha de entenderse la terapia comunicativa de Jesús: que el padre del enfermo acepte a su hijo y le quiera (le crea), llamándole *agapêtos, querido*, traduciendo en forma humana el misterio celeste del Dios que habla en la nube. Esta es la escena: un padre incrédulo, un hijo mudo, incomunicados entre sí, entre unos profesionales de la religión (escribas, discípulos inútiles del Cristo) que no saben más que discutir gritando. En el centro de la tierra habita una familia rota, una sociedad impotente, consumiéndose en estériles disputas. La Iglesia mundanizada (abajo), se

> muestra así inútil, mientras la Iglesia sacralizada (arriba) sueña de forma egoísta en su propia tranquilidad celeste, olvidándose del mundo, ignorando al verdadero Cristo que ha venido a dar la vida por los oprimidos.

b) *Creo: fe del padre* (9, 19-24). Frente al Dios que quiere hablarnos por Jesús (*¡escuchadle!*) se sitúa un niño mudo. Es el hijo de la historia humana, sometido al silencio, pues nadie ha sembrado en él palabra (contra 4, 1-32) y el poder de la violencia le destruye. Su caso es una segunda versión del geraseno de 5, 1-20. La enfermedad brotaba allí de la ciudad violenta; aquí surge del padre, que quiere creer en el hijo, pero que no puede, hasta que Jesús le ayuda. Así describe el padre la enfermedad de su hijo:

- *¡Tiene un espíritu (= demonio) mudo!* (9, 17). Está encerrado en su propio vacío, sin acceso a la comunicación: no puede o no quiere hablar, vive en aislamiento. No ha escuchado jamás una voz personal y de esa forma habita en el silencio. Ciertos monjes cristianos (y no cristianos) han podido especular peligrosamente sobre una interioridad aislada, sin contacto con otros seres humanos, hablando del santo silencio más que de la santa comunicación, optando por una vida sin relación con otros. (Evidentemente, el silencio de la contemplación monacal cristiana no se puede identificar con el silencio de este niño poseído según el evangelio por un demonio mudo). Filósofos y místicos también han insistido en el *silencio metafísico*, que nos uniría al ser o a Dios más allá de la palabra. Pues bien, Marcos indica que este niño está atrapado en las cadenas de un *silencio demoníaco* (= *pneuma alalon*): malvive en un mundo sin diálogo, sufre y se agita en un espacio y tiempo pervertido sin palabra que le una con el padre ni con otros seres humanos. Su enfermedad le aloja en el vacío violento de su angustia, en inquietud muda y destructora, cercana ya a la muerte.
- *Y, cada vez que el espíritu le agarra le arrastra, le hace echar espuma y golpear los dientes y le seca* (9, 18). Malvive en gesto de violencia somatizada. Su silencio es causa y consecuencia de agresividad intensa. No escucha a nadie, en nadie puede confiar, nunca le han dicho o no ha sentido que le digan *¡Eres mi hijo, yo te quiero!* Por eso, padece su vida como un deseo de muerte que se enrosca en sí misma, en círculo incesante de violencia. El padre lo sabe y se sabe impotente. No puede ofrecer a su hijo, enfermo desde niño (9, 21), una palabra personal.
- *El espíritu le arroja muchas veces al fuego y al agua, para perderle* (9, 22). El niño habita en un conflicto que parece connatural a su existencia hecha de muerte, trenzada en lazos de agresividad ostentosa, destructiva. Es claro que se mata sin querer matarse, para hacer sufrir al padre, para decirle que se ocupa de él, para pedirle ayuda. Así vive y se agota este niño, en el borde

Anuncios de muerte. Camino de Iglesia (8, 27-10, 52)

de una vida hecha de muerte, en relación de violencia frente al padre, a quien desea en el fondo matar (o castigar) con su protesta de violencia.

Los gestos del niño (mudez, echarse al fuego, al agua) son expresiones de la misma enfermedad *pervertida*, una forma de manifestar la carencia de fe o/y la falta de cariño del padre. Por eso, la primera forma que él tiene de oponerse al padre (y al resto de la sociedad) es *el silencio*: el niño se cierra, aislándose en el mundo resguardado de su enfermedad, fuera de las decepciones de su ambiente. La segunda es su *auto-agresividad*: los gestos evocados (silencio, arrastrarse con espuma en la boca, amagos de suicidio) son síntomas de impotencia personal y falta de comunicación. Se trata, sin duda, de una *enfermedad psicosomática*. Este niño malvive en la noche de su propio trastorno, entre el fuego y el agua, en juego delirante con la muerte. Los gestos de su enfermedad son ambivalentes: por un lado le apartan de los otros (de la familia); por otro son un modo de torturarles e implorar su ayuda.

Sobre este fondo ha de entenderse la intervención de Jesús quien comienza pidiendo al padre que explique la enfermedad de su hijo. Lógicamente, Jesús cura al padre, haciéndole capaz de comprender al niño y decirle: *¡Eres mi hijo, yo te quiero!* Su terapia es de tipo antropológico (de humanización y transparencia de lenguaje), siendo profundamente religiosa:

- *Por un lado, el padre es causante de la enfermedad de su hijo* y así, para curarle, debe curarse a sí mismo, iniciando un camino de fe, con la ayuda de Jesús, redescubriendo la exigencia y gracia de su paternidad en clave de confianza. Convertir al padre para que cure al hijo: esa es la estrategia de Jesús.
- *El padre es enfermo pero está dispuesto a colaborar. Por eso ha buscado a los discípulos, por eso viene a Jesús*. No se empeña en mantener su posible razón, no se defiende a sí mismo, no echa la culpa al niño mudo. Sabe observar, asume su responsabilidad, deja que Dios le transforme.

Jesús penetra en ese infierno de ruptura y de opresión que atenaza al niño. Viene de la montaña del encuentro con Dios, donde ha escuchado la voz de la nube que dice: *¡Hijo querido!* (9, 7; cf. 1, 11). Por eso puede actuar como hermano de los hombres, llegando al lugar de mayor disociación y lucha, hasta el abismo de violencia y silencio donde no llegaba el padre. Así se muestra terapeuta o creador de familia. Dialoga con el padre, no le acusa ni humilla. Simplemente le escucha, deja que se vaya desahogando y al final le lleva al lugar donde la fe (en Dios, en sí mismo) le permite curar al hijo enfermo.

- *Todo es posible para quien cree*, dice Jesús (9, 23), en palabra que proviene de la tradición israelita (cf. Gn 18, 14) y que *Pablo* interpreta como fuente de vida cristiana (Gal 2-4; Rom 1-5), una palabra que Jesús aplicará mar tarde al referirse a la salvación de los ricos (10, 27). Esa fe es fuerza de transformación de la persona, en el plano individual y social. La misma familia (diálogo del padre con el hijo) viene a recrearse en ella. Allí donde otros podían colocar las relaciones de carne y sangre y el orgullo de raza como fuente de vida social ha colocado Jesús la fe mutua, la confianza creadora del padre que diciendo ¡*creo!* puede confesar al niño enfermo: *¡Eres mi hijo querido!*

– *Creo, pero ayuda mi incredulidad.* Así dice el padre del niño enfermo (9, 24), en palabra que invierte el orden normal de las relaciones familiares. Se afirma de ordinario que los hijos deben creer en los padres, obedeciéndoles sumisos. Aquí es el mismo padre quien, creyendo en el Dios de la vida (gran Padre), puede confesar su fe en el hijo. Marcos ha reservado el símbolo de padre para Dios y por eso en la comunidad cristiana no habla de padre (cf. 3, 31-35; 10, 28-30). Pues bien, en este caso ha presentado a un verdadero padre humano que, imitando a Dios, confía en su hijo e inicia con él un camino de curación que antes era imposible.

c) *Milagro: acción de Jesús* (9, 25-27). Así aparece Jesús en su doble función de amigo y sanador. Por un lado, *penetra en el abismo de dolor del hijo*, asumiendo su violencia para así curarle. Por otro, *llega al corazón del padre*, madurándole en la fe y haciéndole capaz de curar al niño enfermo. Jesús no actúa como mago indiferente, sobre el dolor del enfermo. Desde la montaña de su gloria (transfiguración) ha bajado al valle *de locura y violencia* que es el mundo, para rehacer la relación del padre con el hijo. Le duele la increencia y exclama, en fuerte desahogo: «¿Hasta cuándo estaré entre vosotros, hasta cuándo tendré que soportaros?» (9, 19).

Los hombres no creen en Dios y unos en otros, por eso enferman de este modo. No creen, por eso se oponen entre sí. A Jesús le pesa la falta de fe de los hombres, tanto en relación con Dios como en sus mutuas relaciones. Por eso se desahoga (¿hasta cuándo tendré que soportaros...?), *pero asume, desde el hijo enfermo, la miseria de la historia*, en gesto de encarnación sufriente y redentora. Sufre Jesús la falta de fe de *esta generación* (cf. 9, 19) e inicia un camino sanador que empieza por el padre: no le sustituye, no ocupa su lugar, no le niega la tarea de su paternidad, sino que le ayuda a creer, para reengendrar al hijo enfermo.

El Cristo de la transfiguración se introduce en el lugar de la mayor miseria humana (allí donde padre e hijo no dialogan). Pues bien, este Jesús que ha escuchado la voz de Dios Padre (¡eres mi Hijo!) y quiere que todos puedan acogerla con él (como él), habiendo curado al padre (¡yo creo, pero ayuda mi incredulidad...!), puede curar al hijo, como sigue indicando el texto: «Increpó al espíritu impuro, diciéndole: Espíritu mudo y sordo, te ordeno que salgas y no vuelvas a entrar en él». Estas palabras marcan lo que ya ha sucedido: una vez que el padre se ha curado (¡tiene fe!) puede curarse el hijo. El texto presenta este proceso de un modo simbólico: «El espíritu salió entre gritos y violentas convulsiones. El niño quedó como muerto». Se trata, sin duda, de la visibilización externa de un proceso producido en el nivel de la fe y de la oración, como indica la última parte del texto, de forma que muchos decían que había muerto. Pero Jesús, tomándole de la mano, lo levantó, y él se puso en pie.

d) *Oración* (9, 28-29). Desde el fondo anterior pueden entenderse mejor las actitudes de los personajes, situados estratégicamente al principio y al final del texto. Los discípulos preguntan a Jesús «por qué no han podido expulsar» al demonio mudo del niño enfermo, y Jesús les responde que «este tipo de demonios», es decir, de enfermedades sólo pueden curarse con oración. Algunos manuscritos tardíos (A C D L, etc.), retomando la versión de Mt 8, 15, hablan de «oración y ayuno». Pero el texto original de Marcos es claro: ¡Estos demonios se expulsan con oración! (*en proseukhê*), es decir, en transparencia ante Dios y ante los otros.

La oración de la que aquí se habla nos conduce al lugar de la miseria para que ofrezcamos el testimonio de la paternidad creadora de Dios. Ella nos hace verdaderamente *padres*, capaces de creer y de crear fe en nuestro entorno. De esa forma se vinculan plegaria y expulsión de los demonios: (a) Nos pone en manos de un Misterio que se expresa como padre. Diálogo absoluto, en plena transparencia, con aquel que nos hace ser personas y nos ama, eso es la oración. (b) *La expulsión de los demonios es obra de oración*. Sólo el orante se adentra en el abismo de locura, en el lugar donde se engendran las faltas de comunicación personal y las luchas sociales. Por eso, la fe expresada en oración, se expande en el encuentro con los pobres (los posesos) y en la misma asistencia sanadora.

- *Los escribas* (9, 14) no pueden expulsar a estos demonios, porque han colocado la estructura de su ley sobre el dolor y destrucción del ser humano (cf. Marcos 2, 1-12; 2, 23–3, 6; 3, 22-30; 7, 1-23). Defienden la legalidad que parece situarse por encima de la angustia y sufrimiento de unos marginados cuya curación importa poco: Dios habita para ellos en el cumplimiento de la ley, no en el dolor de la historia; Dios se expresa en la estructura sacral de la nación israelita; por eso es secundario el sufrimiento de los locos.
- *Los discípulos del llano también son incapaces de curarles* (cf. 9, 14-18). Ciertamente, ellos debían saber que Dios sufre en los necesitados, pero no pueden ayudarles de verdad *porque carecen de fe transformadora* (cf. 9, 19) *y oración* (9, 29), pues no han subido a la montaña de la pascua, ni han asumido desde allí el camino de entrega del Hijo del Humano.
- *Sólo Jesús puede curar*, porque ha hecho el camino de la fe, en oración, descendiendo del monte de pascua para dar la vida en favor de los humanos. Sólo él penetra en el dolor del niño enfermo, dando al padre fe para curarle. La oración de Jesús (y sus discípulos) se vuelve *creatividad* (*paternidad y*

maternidad) *humana*. Quien ora de verdad desciende para ayudar a los necesitados de la historia, en actitud de sanación.

Esto es lo que Jesús ha querido iniciar con los discípulos del monte. Sólo la oración pascual (experiencia de fe), vinculada a la entrega de la vida, puede introducirnos en la hondura del sufrimiento humano, en el lugar de la injusticia, para ofrecer allí la palabra creadora de Jesús. Por eso, la frase final (esta especie de demonios sólo salen con oración: 9, 29) podría invertirse: la oración sólo es verdadera cuando expulsa a los demonios.

(73) «Milagro» del niño con demonio mudo (9, 14-28)

Este milagro del niño mudo se vincula estrechamente a la escena del Tabor (9, 2-9), y, de esa manera se opone a la actitud de «gloria» de los tres privilegiados que quieren quedarse en la montaña del cumplimiento, sin tener en cuenta a los «perdidos» del valle de locura y muerte, donde quedan los otros nuevos discípulos. Éstos son los personajes que marcan el ritmo de la escena:

1. *Discípulos del llano, nueve impotentes* (9, 18.28). Discuten con los escribas y la multitud (9, 14), pero son incapaces de curar al niño. ¿Por qué? Evidentemente, porque se hallan separados de Jesús (de su camino de cruz-pascua) y no consiguen suscitar la fe del padre dolorido (cf. 9, 24) ni descubren o explicitan el poder de la oración (9, 29). El mismo desarrollo del texto nos dirá que oración verdadera es la que ha desplegado Jesús en la montaña, al escuchar la voz del Padre y asumir sobre la tierra el camino glorioso (duro y fuerte) de su entrega. Separados de la fuente de oración, sin la experiencia creadora de Jesús, los discípulos siguen encontrándose en el mismo nivel de los escribas, discutiendo con ellos sobre cosas muy pequeñas en medio de una multitud que no sabe a quién seguir.

2. *Jesús, el poder de la fe.* Jesús quiere fe, y por eso sufre al encontrarse con una generación *apistos*, incrédula (9, 19). Pues bien, transformando ese sufrimiento en fuente de vida, con la fuerza que brota de la transfiguración, Jesús logra suscitar la fe del padre, consiguiendo por ella la curación del niño. Así convierte su experiencia de oración (encuentro con Dios) en actitud y gesto de servicio a los demás (al niño endemoniado), a través del padre. En contra de lo que realizan los *theioi andres*, sanadores poderosos o «divinos», que quieren cambiar el mundo desde arriba (para mostrar que ellos son superiores), Jesús cura al niño desde la fuente de su debilidad, es decir, desde la fe que surge de la muerte-pascua.

3. *Padre semicreyente.* En el centro del relato y de toda esta sección (8, 17–10, 52) hay un problema de fe. Pedro ha comenzado no creyendo (8, 32); tampoco estos discípulos que quedan bajo la montaña pueden llamarse de verdad creyentes, pues se enzarzan en disputas vanas con escribas. En contra de eso, ayudado por Jesús, el padre del enfermo confiesa y pide: «Creo, ayuda mi incredulidad» (9, 24), en gesto de humilde fortaleza. Así pone su confianza en aquel a quien rechazan los escribas, en aquel a quien pretenden silenciar condenándole a muerte. La fe de este padre se vuelve de esa forma creadora, capaz de dar la vida al niño que se hallaba condenado bajo el diablo. Éste es el primer milagro del camino que lleva a Jerusalén y que ha empezado en 8, 27. El segundo y último será el de Bartimeo, en 10, 46-52. Ambos cumplen una función muy especial dentro de Marcos.

Desde aquí se entiende la curación del niño que tiene un «espíritu mudo» (pneuma alalon), como si un cerco de violencia exterior e interior le impidiera escuchar la palabra y responderla (9, 17.25). Por eso vive envuelto en una especie de batalla autodestructiva: no logra abrirse a los demás, se odia a sí mismo. Conforme a la letra y fondo del relato, para vencer ese cerco de incomunicación y violencia del niño, se debe transformar al padre, de manera que entre ambos (padre e hijo) se restaure (o se suscite por primera vez) un diálogo de amor y palabra liberadora. Pues bien, frente al silencio diabólico, que lleva a la impotencia y locura, emerge aquí la palabra sanadora de Jesús que cura al hijo con el padre. Éste es el sentido y poder de la oración transformadora, pues, como dice Jesús, este tipo de «demonios» sólo se expulsan con oración.

2. Segundo anuncio. Tratado de Iglesia (9, 30–10, 31)

El primer «anuncio» de la entrega de Jesús (8, 31) se había expandido en la llamada al seguimiento (8, 34–9, 1) y en la escena de la transfiguración, con el milagro del «endemoniado mudo» (9, 2-29). El segundo (9, 30-32) abre un pequeño *tratado de Iglesia* (9, 31–10, 30) en el que se anudan y organizan los rasgos fundantes de la comunidad mesiánica. Parece evidente que este desarrollo asume materiales de la tradición pospascual, aunque vinculados al mensaje antiguo de Jesús. Marcos no ha querido nivelar esos materiales y por eso pueden descubrirse ciertas repeticiones y faltas de equilibrio entre las partes del pasaje. Pero el conjunto resulta sorprendentemente claro, actual y creativo. Para ayudar a su lectura, ofrezco un esquema y después lo expando, resaltando la experiencia de conjunto más que los detalles.

Camino de Jerusalén. Muerte del Cristo (8, 27-15, 47)

Queda claro el tema general de la entrega del Hijo del Hombre, interpretada como axioma o punto de partida que suscita un tipo de comunidad donde se invierten los valores normales de este mundo: el poder, la pertenencia impositiva al grupo, el elitismo de los fuertes. Más que un desarrollo sistemático a nivel de teoría, Marcos ofrece aquí una serie de breves y fuertes pinceladas que trazan el punto de partida de un código o derecho de la Iglesia que, en sentido muy profundo, se pudiera llamar anti-derecho.

Estamos en el centro de la más hermosa y sorprendente escena de Iglesia de Marcos, fundada en la entrega de Jesús, abierta a los que quieran seguirle sobre el mundo en el que nació y nace sin cesar la Iglesia. Marcos es muy sobrio al presentar los sentimientos, razones o gestos de los personajes. Por eso no habla de *amor* (a no ser en 10, 21), pero todo su relato (este tratado de Iglesia) brota de la *entrega* de amor de Jesús, Hijo querido de Dios, y se explicita como experiencia de amor. El texto se divide en cuatro partes o escenas.

1. *Introducción: el Hijo del Hombre va a ser entregado* (9, 30-32). Retoma el motivo de 8, 1 e inicia esta nueva sección, centrada en la comunidad que brota de la entrega de Jesús, que ocupa ahora el lugar que en la primera parte de Marcos tenía el anuncio del Reino (2, 15).
2. *Principio de Iglesia: niños, alejados, pequeños* (9, 33-50). Allí donde Jesús viene a mostrarse como el impotente (entregado) reciben importancia quienes están como él en manos de los otros. Sobre bases de no-poder funda su Iglesia. Como experiencia de gratuidad ha querido desplegarla.
3. *Corazón de Iglesia: matrimonio, nuevamente niños* (10, 1-16). Jesús hace posible la palabra fiel de los esposos y la vida que todos ofrecen a los niños. Desaparece la imposición del varón (o/y del padre) y surge la Iglesia como espacio amoroso donde todos pueden realizar su vida en gratuidad y confianza.
4. *Culminación de Iglesia: ciento por uno* (10, 17-31). Un hombre busca apoyo en Jesús, Jesús le ama y quiere que le siga, pero él prefiere sus riquezas y le deja. Sólo en contexto de amor, superando el apego a los bienes de este mundo, puede surgir fraternidad del Reino.

a) Introducción. El Hijo del Hombre va a ser entregado (9, 30-32)

Sobre *la entrega de Jesús*, cf. W. Popkes, *Christus traditus* (ATANT 49), Zürich 1967, y K. Wengst, *Christologische Formeln und Lieder des Urchristentums* (SUNT 7), Gütersloh 1973, 55-77. En clave paulina S. Vidal, *La resurrección de Jesús en las cartas de Pablo* (BEB 50), Sígueme, Salamanca 1982, 189-199. Sobre la ruptura que implica el camino de Jesús y la exigencia del seguimiento, cf. Best, *Following*; Donahue, *Discipleship*; Hengel, *Seguimiento*; Reploh, *Markus*; Tannehill, *Disciples*. En clave literaria, cf. Fowler, *Reader*. He destacado la novedad de la enseñanza de Jesús y su ruptura frente al judaísmo del entorno en *Antropología Bíblica* (BEB 80), Sígueme, Salamanca 2006, 213-332. Sobre el tema del camino en Marcos, cf. E. Manicardi, *Il cammino di Gesù nel Vangelo di Marco. Schema narrativo e tema cristológico*, Ins. Bíblico, Roma 1981.

Jesús se aparta de la muchedumbre para centrarse en los discípulos, para hacerles fuente y modelo de Iglesia (aunque ellos no lo entiendan, ni acepten su doctrina). Marcos reasume, desde aquí, en forma algo distinta el tema de 8, 31. Allí había subrayado el rechazo de los ancianos-sacerdotes-escribas, para anunciar de esa manera el juicio de las autoridades socio-religiosas de Israel contra Jesús. Ahora acentúa el tema de la entrega. Jesús camina (*paraporeuein*) a escondidas, instruyendo a sus discípulos en la más honda y misteriosa de todas las doctrinas, en el arte tan difícil de saber perder y de dejarse matar en el camino de Reino.

a. (Introducción) *[30]Se fueron de allí y atravesaron Galilea y no quería que nadie lo supiera, [31]porque estaba dedicado a instruir a sus discípulos.*
b. (Anuncio) *Les decía: «El Hijo del Hombre va a ser entregado en manos de los humanos; le darán muerte y, después de morir, a los tres días, será resucitado».*
c. (Reacción) *[32]Ellos no entendían lo que decía, pero les daba miedo preguntarle.*

Dejarse entregar, éste es el secreto del Hijo del Hombre: ponerse sin violencia y sin venganza, por fidelidad de Reino, en manos de aquellos que le van a traicionar, es decir, de sus mismos hermanos judíos; dejar que éstos le entreguen ante los «hombres» (los romanos) en acusación que causa su muerte dolorosa; dejarse morir... Éste es el secreto, ésta es la fuerza del Hijo del Hombre. Sólo es grande y tiene verdadera autoridad el que sabe morir, quien no se ata a la propia vida, no la defiende con violencia, no se impone con rencor e injusticia a los demás. El Hijo del Hombre puede realizar su tarea mesiánica porque acepta la muerte, poniéndose así en manos de Dios, confiando en la resurrección que sucede «al tercer día», es decir, en la plenitud de los tiempos.

De esta forma, uniendo 9, 31 con 8, 31 y 10, 32-34, Marcos ha trazado en el centro de su evangelio una asombrosa guía de perdedores (no de pecadores, como ha solido a veces entenderse). Guía son sin duda estos pasajes, orientación y principio de vida para los nuevos creyentes mesiánicos que no buscan al Cristo triunfante de 8, 29, sino al Hijo del Hombre que se entrega por todos los humanos. Éste es el Jesús de Marcos: alguien que sabe perder, convirtiendo su derrota en principio de vida (de comunidad, de gloria) para aquellos que quieran seguirle.

Sólo aquí, desde la entrega-fracaso del Hijo del Hombre, se atreve Marcos a exponer el ideal de vida mesiánico de la Iglesia, como indicará todo lo que ahora sigue. Fracasar amando y convertir el fracaso en señal de presencia creadora de Dios: eso es evangelio. Ésta es la única lección, gran enseñanza que Jesús imparte a sus discípulos (cf. 9, 31), aun sabiendo que ellos por ahora no le entienden y en el fondo no quieren entenderle. Así, tienen miedo de hacerle preguntas; no se atreven ni a rozar el misterio (cf. 9, 32). Es como si prefirieran cerrar los ojos, no darse cuenta, suponiendo que todo es una especie de sueño o pesadilla que se disipará muy pronto, cuando Jesús tenga que pactar con los «poderes fácticos» del mundo, cuando se vuelva realista y procure buscar otra estrategia. Pero no hay otra. Ésta es la verdad del nuevo mesianismo: Dios viene al mundo y se pone de parte de los perdedores. Jesús ha visto bien. Éste es el esquema del texto:

a) *Introducción narrativa* (9, 30-31a). Jesús se separa de la gente y enseña a sus discípulos, recorriendo con ellos Galilea, iniciando así una marcha de vida que conduce al surgimiento de la Iglesia. De esa forma, la *didakhê kainê*, nueva doctrina poderosa que expulsaba a los demonios (1, 27), se traduce como catequesis personal de entrega. Jesús no hace teorías, no enseña verdades más o menos separadas de su vida, sino que convierte su vida en enseñanza, desplegando así el sentido de las parábolas (4, 1-32).

b) *Anuncio de Jesús* (9, 31b y c) puede dividirse en dos partes. (1) *El Hijo del hombre será entregado (paradidotai) en manos de los hombres y le matarán (apokteinousin auton)* (9, 31b). Se deja hacer, para mejor cambiarles. Es Hijo de los hombres: es lógico que quede en manos de ellos. No se impone, sino todo lo contrario: deja que los hombres le definan, le hagan, como muestra la palabra clave de la *entrega*, que viene a convertirse en signo distintivo de su vida; a partir de ella iremos definiendo y/o descubriendo los diversos elementos y comportamientos de la práctica eclesial. (2) *Pero, habiendo muerto, resucitará al tercer día* (9, 31c). Los hombres expresan su poder matando a Jesús, pero Dios desvela su poder al resucitarle, oponiendo así su vida al poder de muerte que define a los hombres (igual que en 8, 33). Éste es el anuncio clave del cristianismo: aquí no estamos ante una resurrección en general, sino ante la resurrección de aquel que ha sido rechazado y condenado por los líderes de Israel.

c) *Reacción.* Los discípulos no entienden y temen preguntarle (9, 32). La experiencia pascual suscita miedo (cf. 16, 8). Sobre un fondo de incomprensión sigue avanzando el evangelio a modo de inmensa *paradoja* (en ironía constante). Los caminos se van separando: por un lado Jesús que presenta su entrega como lugar de presencia de Dios, principio de la Iglesia; por otro los discípulos que cada vez entienden menos, en gesto que desembocará en la ruptura final y el abandono de 14, 12-72.

Jesús les ofrece su más hondo secreto, creando con ellos una comunidad de iniciados, hombres y mujeres que descubren y comparten su misterio (parábola) de Reino (cf. 4, 10-12), buscando las cosas de Dios, no las humanas (cf. 8, 33). Para ello, convierte su vida en palabra, la más clara y difícil de entender, pues se sitúa (le sitúa) en medio de la contradicción: *los hombres* le entregan (quieren silenciarle), *pero Dios* le resucita, haciéndole principio de nueva palabra (de evangelio).

Éste es el secreto del mensaje de Jesús, pero sus discípulos no quieren o no pueden entender. Esto debía ser la *Iglesia*: comunidad de personas que entienden y aceptan el sentido salvador de la entrega (muerte y resurrección) de Jesús. Así debía ser, pero los discípulos no entienden y no quieren preguntar pues se encuentran como atenazados por lo desconocido. Lo que Jesús dice parece imposible; escuchan pero no comprenden; oyen pero no son capaces de discernir el sentido de sus palabras (cf. 4, 10-12).

De esa forma se produce una constante *disonancia significativa*. Lo que Jesús dice en un plano (en clave de entrega pascual) lo escuchan y acogen sus discípulos en otro, en términos de triunfo mesiánico (que rechaza ese fracaso). En esperanza de triunfo intramundano siguen a Jesús, dentro de una perspectiva histórica (no podían entonces tener otra), conforme a la visión canónica (por así decirlo) del mesianismo israelita. Lógicamente, en fuerte paradoja, a medida que más escuchan menos entienden, cuanto más avanzan con Jesús menos le siguen. Esto es lo que Marcos irá mostrando en este bellísimo (y durísimo) tratado de Iglesia (9, 30–10, 31).

Tres son, a mi entender, los presupuestos que lo enmarcan. (1) *La palabra de Dios que avala a Jesús desde la nube, en la montaña pascual: ¡Este es mi Hijo amado!* (9, 7). Como Hijo de Dios ha bajado Jesús de la altura, para realizar su tarea de amor (9, 14-29) y la sigue realizando en todo lo que sigue. (2) *La palabra de Jesús que se presenta como Hijo del Hombre* (9, 31). Quien es amado de verdad responde amando y con amor se pone en manos de los otros, para crear en (para) ellos la comunidad mesiánica. (3) *La incomprensión creciente de los discípulos*. Desaparecen en el texto los «enemigos» exteriores (jerarcas judíos, Sanedrín). En relación directa con Jesús se encuentran sus discípulos que, dentro de eso que podemos llamar *inversión* magisterial, van recibiendo la nueva enseñanza mesiánica.

---

(74) Jesús, un magisterio peculiar (9, 30)

El judaísmo era en gran medida *religión de discípulos*, seguidores de un maestro, como muestra el rabinismo, con sus diversas escuelas que se mantenían dentro de una doctrina y pertenencia unificada en torno a la Ley de Moisés, transmitida por la Escritura, o a través de las tradiciones orales, que recogerá más tarde la Misná. Pues bien, en contra de eso, Marcos piensa que Jesús ha ejercido un *magisterio peculiar*, de tipo creador (cf. 1, 23-28), que va más allá de la disputa de las tradiciones, centrándose en la curación de los enfermos; más aún, por encima de esas tradiciones importa la persona de Jesús, su camino de entrega por el Reino. De esa forma, el verdadero discipulado se entiende como seguimiento de la persona de Jesús.

1. *Hubo otros maestros, como Juan y los fariseos* (2, 18). Juan Bautista ha formado escuela con su mensaje de juicio (él ha sido ajusticiado y sus discípulos le han enterrado, pero han seguido pregonando su doctrina; cf. 6, 14-29). *Los fariseos* centran su escuela en el tema de pureza (cf. 7, 1-5). Unos y otros ayunan, en contra de Jesús que quiere «amigos de bodas» más que penitentes (2, 19-22). En línea cercana al judaísmo, Pedro (9, 5; 11, 21), el ciego de Jericó (10, 51) y Judas (14, 45) llaman a Jesús *Rabbi*, maestro grande.

2. *Jesús fue sin duda un didaskalos* o maestro, y así aparece dialogando y discutiendo con los judíos, mostrándoles el camino del Reino (cf. 10, 17.30; 12, 14.19.32). Pero la enseñanza de Jesús se expreso ante todo en sus milagros, de tal manera que se puede afirmar que él enseñó curando, como portador de una *didakhe kainê*, de una enseñanza nueva que expulsaba a los demonios (1, 21.27; cf. 5, 35; 9, 17). En esa línea enseñó/ayudó a sus discípulos en la travesía del mar (4, 38), revelándoles los misterios del final del tiempo que superan el orden judío del templo y pascua israelita (13, 1; 14, 14).

3. *Jesús tiene discípulos* (*mathêtai*), que escuchan y siguen su enseñanza. Así les llama Marcos desde 2, 25 hasta 16, 7 (unas 44 veces). La Iglesia es comunidad de *discípulos* que aprenden y cumplen la enseñanza de Jesús. El término discípulo resulta *positivo* (y así se recupera en 16, 7), pero en muchos casos tiene un sentido *irónico* (los que siguen a Jesús no acaban de aprender, no entienden, rechazan su camino) y, al final, insuficiente, pues no basta ser discípulo, hay que convertirse en seguidor de Jesús.

4. *El magisterio de Jesús se expresa en su camino de Reino*. Por eso, más que discípulos, él quiere seguidores. Ciertamente, él enseña (*con el verbo didaskein*; cf. 1, 21-22; 2, 13; 4, 1-2; 6, 2.6, etc.) y dice la palabra (2, 2; 4, 14, etc.), pero Marcos no se ha dedicado a codificar esa enseñanza (en la línea del posible documento Q), sino que presenta a Jesús como alguien que no dice a sus discípulos que aprendan, sino «que le sigan» (8, 31; 9, 31), de manea que más que discípulos tiene seguidores (cf. 15, 40-41).

5. *El seguimiento de Jesús no está decidido (definido) de antemano*, sino que se va concretando a medida que él avanza, de un modo sorprendente, de manera que sus discípulos no entienden, y al final le abandonan (cf. 24, 52). Este Jesús no es un maestro «previsible». Sin duda, él escoge a unos discípulos, que en algún sentido le escuchan, pero él les sorprende, dice y hace cosas nuevas, y al fin ellos no pueden entenderle, dejándole solo ante la muerte.

> Ciertamente, ellos estarían dispuestos a sufrir con él, pero de otra manera, pues siguen anclados en un modelo mesiánico de tipo nacional, de triunfo y «mando» de los justos. Por eso, ante el final de fracaso y muerte de Jesús le abandonan.
>
> De un modo que puede parecer paradójico, pero que es normal, los discípulos abandonan a Jesús en el momento que se entrega (14, 52), mientras quedan a su lado unas mujeres que le han seguido, sin ser discípulas en sentido estricto (15, 41-42.47; 16, 1-8). Ellas serán las que «rehagan» el camino de Jesús desde la tumba «abierta». Sólo ellas pueden «recuperar» el discipulado, empezando de nuevo en Galilea, para entender las cosas de un modo distinto, desde el «misterio del reino de Dios» (cf. 4, 13), que está vinculado a la muerte por los otros.

b) Principio de Iglesia: niños, alejados, pequeños (9, 33-50)

Esta escena incluye, conforme al estilo de Marcos, tres partes. La primera (a: 9, 33-37) critica el ansia de poder de los discípulos, presentando a los niños como centro de la Iglesia. La segunda (b: 9, 38-41) entiende el amor como tolerancia en relación a los de fuera. La tercera (a': 9, 42-50) vuelve a los niños o pequeños, para presentarlos como objeto de cuidado preferente de la Iglesia.

1. Últimos y primeros. Los niños (9, 33-37)

Desde la perspectiva de los discípulos, cf. Kingsbury, *Conflicto*, 142-150; Mateos, *Doce*, 151-157. Sobre la importancia de los presbíteros judíos, cf. G. Bornkamm, *Presbys*, TWAT VI, 651-683; L. Coenen, *Anciano (= Presbeuô)*, DTMNT I, 122-129; G. Bettenzoli, *Gli «Anziani» di Israele*, Bib 64 (1983) 47-73; E. Schürer, *Historia del pueblo judío en tiempos de Jesús* II, Cristiandad, Madrid 1988, 555-562; J. Jeremias, *Jerusalén en tiempos de Jesús*, Cristiandad, Madrid 1977, 239-248. Sobre los niños en Marcos siguen siendo básicos los trabajos de J. D. Crossan, *Kingdom and Children. A Structural Exegesis*, JBL SemPap 1982, 63-80, y V. K. Robbins, *Pronouncement Stories and Jesus Blessing of the Children. A Rhetorical Approach*, JBL SemPap 1982, 407-435. He expuesto temáticamente ese motivo en *El Evangelio. Vida y pascua de Jesús* (BEB 75), Sígueme, Salamanca [2]1993, 133-143.

Los discípulos avanzan con Jesús, y en el mismo movimiento del camino (están *en tê hodô*) se preguntan quién es más grande. El ansia del Reino parece llevarles a exigir un dominio sobre el mundo, de tal forma que unos quieren ser mayores que los otros. En esa línea se rompe la armonía interna del conjunto (cada uno disputa con el otro por grandeza) y se destruye la misma vocación mesiánica. Llegan a casa, lugar de la enseñanza vocacional, signo de la Iglesia, y Jesús les habla y realiza con ellos (los discípulos) un gesto ejemplar que después comenta con nuevas palabras de intenso dramatismo:

> a. (Introducción y principio general) *³³Llegaron a Cafarnaún y, una vez en casa, les preguntó: «¿De qué discutíais por el camino?». ³⁴Ellos callaban, pues por el camino habían discutido sobre quién era el más grande. ³⁵Y sentándose llamó a los doce y les dijo: «El que quiera ser el primero, hágase el último de todos y el servidor de todos».*
> b. (Dos gestos simbólicos y una enseñanza) *³⁶Luego tomó a un niño, lo puso en medio de ellos y, abrazándolo, les dijo: ³⁷«Quien reciba a un niño como éste en mi nombre, a mí me recibe; y el que me recibe a mí, no me recibe a mí, sino al que me ha enviado».*

Este pasaje puede entenderse como *paradigma eclesial*, con un doble gesto (Jesús se sienta en su cátedra y coloca en ella a un niño) y una enseñanza doble (hacerse servidores y recibir a los niños). Acciones y sentencias se entrelazan de forma inseparable, formando así un relato unitario, donde se ha fijado el origen y sentido básico de la familia mesiánica. Hay al fondo un recuerdo de Jesús, pero ha sido reelaborado desde una perspectiva eclesial.

Jesús ha destacado la necesidad de estar dispuesto a dar la vida por los otros (9, 31-32). La lección parece clara, pero los discípulos la entienden de forma invertida. En este contexto ha expuesto Marcos la importancia de los niños. El tema había aparecido ya, marcando con un tinte de ternura y acogida familiar un evangelio que podía parecernos duro. Recordemos los «niños» de Marcos: la hija del Archisinagogo (5, 35-43), la hija de la sirofenicia (7, 24-30), y el hijo del hombre de poca fe (9, 14-29). Pero ellos entraban en el texto por hallarse en conflicto con sus padres, que podían parecer los importantes. Ahora, en cambio, son ellos los que tienen valor en cuanto tales, de manera que aparecen como miembros básicos de la comunidad del Reino. Jesús no ha construido una secta de sabios y justos mayores, sino una Iglesia concebida como casa de familia donde los primeros son los más pequeños (los más niños).

Podíamos pensar que el mesianismo era tarea de conquista, que son familia de Jesús sólo aquellos que realizan de manera adulta y responsable la palabra de Dios (cf. 3, 31-35). Pues bien, a la luz de Jesús, *Mesías entregado* a quien acechan y matan otros hombres, descubrimos que los más cercanos a su vida son los niños, aquellos que se encuentran *entregados a merced de los demás*. Pero no adelantemos resultados.

a) *Introducción y principio general* (9, 33-35). Los discípulos se han separado de Jesús y argumentan por su cuenta, de un modo invertido; piensan que no atiende, pero él oye y pregunta: *¿De qué hablabais?* (9, 33-34). De un modo normal, ellos hablan de quien es el mayor en el camino del Reino.

Anuncios de muerte. Camino de Iglesia (8, 27-10, 52)

Jesús había presentado su proyecto en claves de ruptura social. A su juicio, sólo crean verdadera humanidad aquellos que se entregan en manos de los otros: no dominan, no se imponen, sino que ofrecen su vida y quedan así en manos de los otros, esperando que Dios mismo responda, no a través de una venganza de este mundo, sino en resurrección de gloria (9, 30-31): quien aspira al Reino debería abandonar la lucha para conseguirlo, renunciando a la violencia y quedando en manos de aquellos que le matan.

Este proyecto de Jesús puede parecer hermoso, pero humanamente hablando resulta inviable: es como si debiéramos pactar con la derrota, abandonando de antemano nuestra vida para darla a los profesionales del puro poder o de la muerte. Es evidente que sus discípulos no pudieron (ni quisieron) entenderle. No es que fueran torpes (ignorantes) ni perversos, sino todo lo contrario. Eran precavidos, responsables, realistas. Lógicamente, saben que todo proyecto necesita un *liderazgo, una autoridad* que pueda aunar esfuerzos y vencer resistencias. Conocen la situación, por eso quieren organizarse como siempre (antes y después de Jesús, incluso dentro de su Iglesia) han hecho los humanos. En esa línea estarían dispuestos a entregar la vida, pero no como corderos indefensos, sino como leones capaces de morir matando.

Están siguiendo a Jesús, y eso supone que aceptan de algún modo su Reino. Pero, como humanos, deben traducirlo en cauces de poder. Hacen lo que han hecho y lo que siguen haciendo aquellos que piensan «las cosas de los hombres», como Jesús ha dicho a Pedro (8, 33), no las cosas de Dios (que son las de Jesús). Esos discípulos acogen a Jesús, pero luego le interpretan a su modo, rechazando de hecho su *angelismo*, su ingenuidad, su falta de contacto con los poderes reales de la tierra. Por eso conspiran a su espalda, *para bien de Jesús*, introduciendo un *correctivo* en su proyecto de evangelio. Es como si fuera necesaria una doble verdad, un doble lenguaje. Para que pueda triunfar, el proyecto mesiánico requiere organización y ellos parecen dispuestos a crearla.

Pero Jesús desenmascara ese falso realismo de sus seguidores, pues sólo superando la lógica y deseo de poder que ellos tienen se puede edificar el Reino. Desde ese fondo se entiende la escena. Jesús llega a la casa, lugar de su grupo, no para ocuparse de los de fuera (escribas y familiares), sino de sus propios seguidores. A ellos se dirige el principio general de su enseñanza de Jesús. Sentado en la cátedra de su magisterio, Jesús convoca a los Doce (poder eclesial) y dice: *¡Quien quiera ser primero hágase el último…!*).

Los discípulos querían construir la Iglesia en bases de poder, desde el *mayor y primero* (*meidson, prôtos*). Pero Jesús no necesita mayores ni primeros, sino que busca a los *últimos* y a los *servidores* (*eskhatoi, diakonoi*). Quiere personas que sepan ponerse al final, para ayudar desde allí a los otros, superando la lógica del mando. Al hablar así, no ha criticado un simple vicio de egoísmo, sino que ha invertido las mismas estructuras de la vieja sociedad, edificada a partir de los poderosos.

- *Jesús se sienta* (*kathisas*), como Gran Maestro de la comunidad, y llama a examen a los Doce. Han discutido sobre primacías y lo han hecho en el camino, a espaldas suyas, rechazando su llamada de Reino y la verdad del evangelio. Jesús se sienta, y como portador del Reino y verdadero maestro quiere enseñarles el sentido de su seguimiento.
- *Jesús dice*: «Ser primero significa hacerse el último, convertirse en servidor (*diakonos*) de todos». Esta palabra condensa su doctrina, y de algún modo sería suficiente: ella define con Jesús y por Jesús el sentido del discipulado. Pero el texto se ha extendido, presentando una segunda parte (b) que reasume de forma poderosa la imagen anterior, profundizando en la misma doctrina. Debemos insistir en la complementariedad interna de imagen y palabra (como seguiremos viendo).

(75) Un problema grave: organizar el Reino (9, 33-34)

Humanamente hablando (en la línea de las cosas de los hombres: 8, 33), Jesús es un «irresponsable». Quiera organizar el reino de Dios, pero no se preocupa de fijar su estructura, ni de mostrar quiénes son los primeros, quiénes llevan la responsabilidad sobre los otros. De una forma lógica, la Iglesia posterior (a partir de los Padres Apostólicos: Clemente de Roma, Ignacio de Antioquía y, sobre todo desde Ireneo de Lyon) ha «corregido» este defecto de Jesús, diciendo que de hecho él ha dado una autoridad muy especial a Pedro y a los Doce, fundando así la Iglesia sobre unas bases «jerárquicas». En la línea de esa Iglesia posterior, es lógico el argumento de los discípulos:

1. *Ellos comprenderían la exigencia de dejarlo todo y seguirle* (cf. 1, 16-20), pero dentro de un orden, de manera que se sepa bien dónde se encuentra cada uno. Eso significa que deben encontrar y fijar bien los medios humanos para asegurar la llegada del Reino, creando unas estructuras para mantenerlo (como ha hecho la Iglesia posterior, al organizarse a partir de los obispos). Evidentemente, gran parte de la historia posterior de la Iglesia ha dado la razón a los discípulos, quienes se han ocupado de de organizar las estructuras de la Iglesia, como institución de orden, con instancias jerárquicas bien determinadas, donde se diga con toda claridad quiénes son los primeros, los segundos, los terceros y los últimos, siguiendo los «órdenes» romanos, que han conquistado de esa forma casi todo el mundo conocido.
2. *Una organización parece necesaria.* Jesús les ha pedido que se nieguen (9, 31), tomando la cruz (cf. 8, 34–9, 1), y ellos en principio no niegan ese ideal, pero añaden que su proyecto debe organizarse de un modo «racional» (humano)

> y eso significa que se deben precisar bien los primeros puestos (9, 34). El tema de este pasaje podría personalizarse diciendo que han surgido envidias, deseos de liderazgo egoísta, disputas sobre privilegios. Suele suceder: Jesús no es dictador, no impone su dominio por la fuerza; lógicamente, su grupo tenderá a escindirse en grupitos de influjo o prestigio (como en los israelitas: cf. Nm 14 y 16). Pero también puede tratarse (¡y se trata!) de una discusión de principios, que podría formularse así: precisamente allí donde Jesús, partiendo de su propia utopía sentimental, poco ajustada a la realidad, parece haberse inhibido (no organiza el poder) tienen que hacerlo ellos, sus discípulos: ser el más grande significa en este fondo estar dispuesto a entregarse más (y mandar) por el Reino.
>
> 3. *Pero Jesús no quiere cargos*. Lo que Jesús critica no es el «egoísmo» en la búsqueda de cargos, sino la misma existencia de cargos en su Iglesia (9, 35-37). Si se tratara de una discusión sobre simples formas (sobre el egoísmo de algunos), éste sería un problema secundario, que se arregla con un modo de «buen moralismo» (de purificación de intenciones: ¡que todo siga igual, pero con buenas intenciones!). Pero el problema no es de formas, sino de principios: No se trata de mandar bien, sino de no mandar; no se trata de gobernar sin egoísmo, sino de superar el mismo gobierno, pasando así de la lógica de los hombres (¡de la mejor!) a una superación de toda lógica humana, en línea de gratuidad, desde los niños.

b) *Dos gestos simbólicos y una enseñanza* (9, 36-37). Los discípulos se creen importantes porque pueden ordenar la estrategia del reino de Dios. Para que funcione un grupo humano hacen falta dirigentes. Pero allí donde ellos mandan, los inútiles (y niños) quedan dominados, en segundo plano, pues no pueden imponerse todavía. Para invertir ese modelo, Jesús toma a un niño, lo pone en medio de todos (como signo de autoridad) y expone en ese contexto su enseñanza más alta sobre la Iglesia.

El niño a quien Jesús acoge y al que pone en el centro del corro es uno cualquiera del entorno. Había en aquel tiempo *niños sin familia*, pobres sin casa o afecto. Pues bien, Jesús les declara centro y sentido de la Iglesia. De esa forma, lo que empezaba siendo pregunta sobre el poder, entendido como signo de Dios sobre el mundo (¿quién es más grande?), desemboca en exigencia práctica de inversión del poder, de anti-jerarquía: ¡*la esencia de la I*glesia consiste en suscitar campo de vida, autoridad y afecto, para los necesitados, esto es, para los niños! Marcos había superado ya la vieja familia patriarcalista, fundada en ancianos o presbíteros, garantes de estabilidad social, para crear un corro de oyentes que buscan juntos la voluntad de Dios (3, 31-35; cf. 7, 5); también había ofrecido su signo de mesa compartida, abierta en fraternidad universal (6, 6-8, 26), destacando la exigencia de la entrega por el evangelio (8, 34-9, 1). Pues bien, siguiendo en esa línea, afirma ahora que el primer lugar es de los niños.

El problema de la Iglesia no se soluciona sabiendo quién domina en ella, quién controla u organiza el poder magisterial o ministerial, sino acogiendo de hecho a los niños (es decir, a los menos importantes). Ellos son el centro de una comunidad donde todos deben encontrarse acogidos. Así pasamos del ámbito privado de un pequeño hogar (con unos padres que se ocupan de sus hijos) al espacio comunal de la Iglesia donde los niños (unas veces con padres, otras sin ellos) forman el centro de identidad y cuidado del grupo entero. *La misma Iglesia viene a presentarse de esta forma como ámbito materno*, casa en que los niños encuentran acogida, siendo honrados, respetados y queridos.

La Iglesia no es (no debería ser) un grupo dominado por sabios ancianos (una gerontocracia), no es sociedad de sacerdotes poderosos o influyentes, un sindicato de burócratas sacrales, funcionarios que escalan paso a paso los peldaños de su gran pirámide de influjos, poderes, competencias (y también incompetencias). Conforme a este pasaje, la Iglesia es ante todo *hogar para los niños*, espacio donde encuentran acogida y valor los más pequeños.

Los aspectos anteriores del mensaje de Jesús en Marcos culminan de esta forma. Precisamente allí donde el Bautista anunciaba el fin del mundo (en fuerte crisis social), de manera que no merecía la pena traer niños al mundo, empieza el mundo de los niños: merece la pena haber nacido, tiene sentido la existencia. La Iglesia no puede decir esto con teorías o estructuras siempre repetidas de autoridad impositiva, sino convirtiéndose ella misma en hogar para los niños, por encima del deseo del de los hombres dominadores, por encima de los esquemas de poder que buscan sus discípulos.

- *Los niños no tienen que hacer nada*. No deben conseguir ninguna meta; no tienen que esforzarse por lograr influjo por encima de los otros. Su valor está en su propia pequeñez. No han de luchar para volverse símbolo de Cristo: lo son en sí, por encontrarse en manos de los otros.
- *Esa misma debilidad de los niños suscita un compromiso*. Los miembros de la nueva casa cristiana han de ofrecer para ellos lo que son y tienen. La ruptura familiar de Marcos (el mismo padre antiguo debe superarse) se traduce como ayuda hacia los niños. Ellos importan; a su servicio ha puesto Jesús el evangelio.
- *La comunidad cristiana se hace grupo especializado en recibir a los niños*. La palabra clave del texto es *recibir* (*acoger: dekhomai*). Ella había aparecido en 6, 11: los misioneros de Jesús necesitaban acogida. Ahora son ellos, los discípulos de Jesús, los que deben ofrecer ayuda. Frente a la institucionalización del poder que proponían (¿quién es mayor?), instituye Jesús una familia para la acogida integral de los pequeños.

Anuncios de muerte. Camino de Iglesia (8, 27-10, 52)

Los niños a que alude el texto no importan por judíos (de buena raza), ni tampoco por cristianos (iniciados, bautizados), sino simplemente porque son seres humanos que están necesitados, en manos de los otros. Ellos, los niños, son (han de ser) el centro de la Iglesia. Jesús supera así todo sacralismo eclesial y toda autoridad interpretada como signo de Dios (en la línea que propugnan los discípulos). Frente a una *sociedad de presbíteros, padres patriarcales* donde los humanos importan por aquello que aprenden y saben (por sexo, ley, función) surge aquí *una sociedad de madres* que se ocupan ante todo del bien y la felicidad más honda de los niños (necesitados). Es evidente que Jesús funda su Iglesia como hogar materno para ellos.

Jesús no es mujer ni madre, en el sentido convencional del término; pero ha dado primacía a la función tradicional de la mujer. Su forma de *abrazar a un niño* rompe los modelos del varón mediterráneo y judío, educado para el sexo y honor, la autoridad y trabajo. Aquí aparece un Jesús escandaloso, Mesías de ternura que no sólo abraza a los niños en grupo, sino que propone ese gesto como signo de identidad de su discipulado y Reino. Jesús ha culminado su camino dejando que le entreguen de tal forma que se encuentra en manos de los otros: por eso está presente en el signo y realidad de todo niño amenazado de este mundo. Comunidad de niños y de servidores de los niños: ese es el grupo que Jesús ha querido suscitar con sus discípulos. Del mismo gesto de su entrega y muerte se deduce la importancia suprema de los niños. No son grandes los que mandan y se imponen por encima de los otros, sino aquellos que padecen, que se encuentran entregados (como Jesús) o dependiendo de los otros (como los niños).

Un Jesús triunfador que se impone y vence sobre el mundo no podría quedar simbolizado en la vida de los niños. Por el contrario, el Jesús entregado, impotente, manejado, puede y debe compararse con los niños, pues se encuentra igual que ellos: a merced de la gracia o violencia de los demás. Depender de otros: éste es el signo del Hijo del Hombre, ésta es la condición de los niños sobre el mundo. Por eso, los niños están muy relacionados con Jesús, el Entregado.

El mismo niño aparece así como autoridad, signo del *Mesías* (¡quien le recibe a mi me recibe!). En el espacio central de la Iglesia, abrazado a Jesús, encontramos a un niño. Ambos, Jesús y el niño, forman la verdad mesiánica. Con esta imagen desaparecen los modelos de dominio (ser más grande, ser primero). El mayor y primero es el niño, no hace falta buscar más. A partir de ahí se puede hablar de Iglesia: ¡Quienes acogen al niño, ofreciéndole espacio para el abrazo en el centro de la casa, esos son comunidad cristiana!

El tema biológico (madre o padres del niño) queda en segundo plano. Lo que importa y crea Iglesia es ofrecer espacio humano, lugar de crecimiento cariñoso, al niño que ya existe. No es cuestión de dogmas más o menos racionalizados, ni tampoco de grandes estructuras. La Iglesia debe hacerse *¡lugar para los niños!* Ésta es la función de los *Doce* a los que el texto presenta como paradigma de la comunidad; han salido a ofrecer evangelio como misioneros (6, 6-13); Jesús les hace ahora creadores de familia (guardianes de niños); evidentemente, han de cambiar para ello. Frente a unos discípulos patriarcalistas que buscaban el dominio (ser grandes, conquistar con riesgo los primeros puestos) ha elevado aquí Jesús el modelo de una Iglesia que es familia, hogar materno al servicio de los más pequeños.

(76) Niños 1. Centro de la Iglesia (9, 36-37)

Marcos ha ofrecido en este pasaje una enseñanza general sobre la Iglesia, a partir del niño a quien él acoge y coloca en medio del corro, para abrazarle y presentarle como punto de partida de su enseñanza. Toda su doctrina sobre la Iglesia se construye y edifica a partir del signo del niño:

1. *Signo*: Jesús pone al niño en el centro (*estêsen auto en mesô autôn*: 9, 36a). Buscan los discípulos el centro, pero ese centro está ocupado ya por el más niño a quien Jesús coloca en pie, en señal de autoridad, en medio del corro donde él mismo estaba en 3, 31-35, convirtiéndole en jerarquía máxima. Visualicemos la escena: en gesto de creatividad sorprendente, Jesús deja el «trono» (cátedra) donde parecía estar sentado, sale a la calle, toma al más pequeño de los seres humanos (un niño) y lo pone en medio del corro de discípulos. Ellos, los que pretendían hacerse grandes, superando uno al otro en poder, han de estar ahora al servicio del niño, que se ha vuelto su maestro verdadero. Así están ahora, en el centro, Jesús y el niño, ambos abrazados, formando una potente comunión significativa. Jesús, Mesías de Dios, que acaba de ofrecerles desde el trono-cátedra de mando su enseñanza, se identifica ahora con un niño cualquiera, traído en ese mismo momento de la calle.
2. *Experiencia*: Jesús abraza al niño (*enankalisamenos*: 9, 36b). Buscaban los discípulos poder, habían empezado a conspirar. Pues bien, Jesús descubre y vence su conspiración ofreciendo amor (abrazando) a un niño. De esa forma, la autoridad (ponerle en medio) se vuelve ternura: el niño es importante porque está a merced de los demás y necesita cariño. Jesús se lo ofrece haciendo de su Iglesia lugar para el abrazo. Desde ese fondo se entiende su enseñanza, que no imparte desde la cátedra, sino desde su abrazo con el niño: «Quien recibe a uno de éstos, a mí me recibe...». El Hijo de Hombre, es más, el mismo Dios se ha venido a revelar por este niño.
3. *Enseñanza* (9, 37). Reasume la doctrina del principio de la escena (9, 35), desde el signo de la acogida del niño. En tiempo de Jesús y en la actualidad,

> los niños sufren las consecuencias de la lucha por el poder: son el último eslabón de una cadena de opresiones, de forma que al final quedan sin casa (sin familia, sin comunidad). Contra esa situación habla Jesús: *¡Quien reciba (dexêtai) a uno de estos niños...!* Los niños son signo mesiánico, expresión de autoridad, signo de Dios sobre la tierra. Aquello que los discípulos de Jesús no consiguen por su esfuerzo lo goza ya por gracia un niño, pues se encuentra en manos de Dios (de su Cristo que le abraza) y es el centro de la comunidad. Jesús responde así a la controversia de los discípulos sobre los «primeros puestos»: no se trata de saber quién es más grande, sino de ayudar a los más pequeños. La grandeza cambia de lugar: grande es el niño donde Dios se hace presente.

2. Fuera y dentro. Un exorcista no comunitario (9, 38-41)

Sobre los exorcismos de Jesús y de la Iglesia primitiva: Twelftree, *Exorcist*. Sobre el nombre de los «cristianos», cf. E. J. Bickermann, *The name of the Christians*: HavThR 42 (1949) 109-124. Para situar el tema del exorcista no comunitario entre las posibles «tendencias» y rupturas en la Iglesia primitiva: H. Koester y J. M. Robinson, *Trajectories through Early Christianity*, Fortress, Philadelphia 1971; Theissen, *Religión*; F. Vouga, *Los primeros pasos del cristianismo*, **Verbo Divino,** Estella 2001; L. M. White, *De Jesús al cristianismo*, Verbo Divino, Estella 2004.

Diferente al caso de los niños, pero convergente en su temática y fondo eclesial, es el de aquellos que están fuera de la comunidad (no aceptan su disciplina), pero actúan en nombre de Jesús. ¿Qué hacer con ellos? Parece que la Iglesia debe explotar el monopolio del Cristo, para integridad de su doctrina, y para gloria de su fundador dentro del mundo. Ésta es la actitud que defiende Juan el Zebedeo. Pedro se oponía a la debilidad y muerte de Jesús (8, 32). Ahora es Juan, su espíritu gemelo, el que rechaza aquello que podemos llamar debilidad eclesial. Es evidente que defiende los intereses de su grupo, como indica bien el texto:

> a. (Juan: se lo hemos impedido) *[38]Juan le dijo: «Maestro, hemos visto a uno que expulsaba demonios en tu nombre y se lo hemos impedido, porque no nos sigue a nosotros».*
> b. (Jesús: no se lo impidáis) *[39]Jesús replicó: «No se lo impidáis, porque nadie que haga un milagro en mi nombre puede luego hablar mal de mí. [40]Pues el que no está contra nosotros está a favor nuestro».*
> c. (Ampliación) *[41]«Os aseguro que el que os dé a beber un vaso de agua a causa de que sois del Cristo no quedará sin recompensa».*

La escena parece una consulta legal. Ha surgido en la Iglesia un caso no previsto y piden consejo a Jesús, mejor dicho, se apresuran a solucionar el caso antes de consultarle, y se lo cuentan luego. Con gran fuerza, Jesús rechaza aquella decisión que parecía ya tomada, pues contradice al nuevo espíritu de comunidad abierta que brota de su entrega. Los cristianos, nacidos del amor universal de Jesús, no tienen que esforzarse por mantener su propia identidad utilizando leyes exclusivistas. Más que el triunfo de su grupo han de querer que el bien mesiánico se extienda, es decir, que se realicen «milagros» en nombre de Jesús, siguiendo su ejemplo.

El nombre de Jesús (*to onoma mou*) aparece en este contexto como fuente de vida, como fuerza sanadora. Precisamente en su camino de entrega, allí donde pudiera pensarse que ha perdido todo su poder, de manera que su mensaje ha terminado en el fracaso de la muerte, Jesús viene a mostrarse como fuente de poder para los hombres, de tal forma que algunos (aun fuera de su comunidad) transforman a los otros y realizan milagros (*poiein dynamin*) en su nombre, con su poder mesiánico.

Como representante oficial de Jesús, Juan quiere ejercer un control sobre ese poder mesiánico, quiere imponer un «permiso», una tarjeta de fidelidad eclesial para aquellos que pronuncian el nombre de Jesús. Pues bien, en contra de eso, después de haber concentrado su enseñanza en los discípulos, Jesús amplía su campo de influjo y rompe toda envidia entre sus mismos seguidores. No quiere formar una secta o comunidad cerrada donde la institución deba imponerse, ni fundar un grupo oficial de realizadores de milagros. Quiere que el impulso de su doctrina (nombre poderoso) y la vida de sus discípulos puedan extenderse más allá de las fronteras de la misma Iglesia organizada.

a) *Se lo hemos impedido: la Iglesia zebedea* (9, 38). De la Iglesia acogedora pasamos a la sanadora y controladora. La dificultad permanece: los mismos que querían ser hacia dentro los primeros pretenden dominar hacia lo externo. Por mandato de Jesús, *sus enviados* deben expandir sobre la tierra el mesianismo, expulsando a los demonios y curando a los enfermos (6, 6b-13; cf. 3, 14-15). Es normal que estén organizados, para administrar sus dones. Lógicamente, quieren imponer sus condiciones, impidiendo que personas de fuera del grupo utilicen el nombre de Jesús pudiendo «triunfar» a su costa (9, 38).

No es que la Iglesia zebedea pretenda el monopolio sobre los valores humanos que han podido proceder del evangelio y luego se secularizan en el mundo. Juan no busca un control moral completo, sino algo más sencillo: desea mantener en ámbito eclesial (nuestro y de aquellos que nos siguen: *akolouthein hêmin*) el nombre de Jesús. No le parece mal que existan otros exorcistas; les deja en libertad de acción humana y religiosa. Solamente quiere que no tomen como propio *el nombre de Jesús*, pues ese nombre le parece propiedad de la Iglesia zebedea:

Anuncios de muerte. Camino de Iglesia (8, 27-10, 52)

- *Los de Juan quieren ser Iglesia oficial.* Humanamente, tienen razón. Es como si hubieran inscrito en el registro el nombre mesiánico: sólo ellos poseen el derecho de llamarse *los del Cristo* (cf. 10, 41). Pero Jesús es distinto: acaba de pedirles que acojan a los niños *en su nombre* (9, 37); por eso deberían aceptar a los de fuera, si es que emplean el nombre de Jesús para obras buenas.
- *La Iglesia de Juan reacciona con violencia*, oponiéndose al exorcista ajeno (*¡se lo hemos impedido: ekôlyomen auton!*) e iniciando un camino de imposición normal en largos trechos de historia cristiana. Ella quiere la exclusiva de Jesús, quizá por pureza (¡sólo nosotros lo hacemos bien!), quizá por egoísmo (¡este camino es nuestro!). ¿No tendrá razón? ¿Para qué sirve si Jesús cura a los posesos fuera de ella?

Muchos siguen dando la razón a Juan, destacando estos principios: *identidad social* (ser del grupo, seguir a los jefes); *propiedad sobre el nombre* (ser de Jesús, el Cristo); *diferencia de acción externa* (obra propia). Éstas parecen las notas de la Iglesia. Es evidente que ha empezado la disputa en torno a ellas. Marcos nos ha permitido vislumbrar por un momento los conflictos de competencia entre grupos eclesiales. Había ya una discusión con los *familiares* (3, 21.31-35) que querían mantener el control sobre Jesús y se oponían a sus exorcismos (a su forma de abrirse a los impuros, rompiendo la unidad sagrada de Israel). Ahora el problema lo plantean *los celosos zebedeos* que pretenden controlar el evangelio.

Los zebedeos reaccionan como grupo amenazado. Lógicamente, desean *controlar*: necesitan que la Iglesia sea estructura de dominio (como cierto judaísmo), con poder sobre los bienes mesiánicos. Jesús, en cambio, permite que el exorcista «no eclesiástico» utilice su nombre: no le controla, ni quiere que su grupo se convierta en familia exclusivista de influjos y poderes, al servicio de sí misma. Así sacude el miedo de los cristianos, haciéndoles Iglesia vinculada por gracia y donación de vida y no por dominio espiritual o control sobre los bienes mesiánicos. Pues bien, Jesús se opone, precisamente para bien de los necesitados (para que se puedan hacer los exorcismos).

b) *Jesús (¡no se lo impidáis!): Jesús más allá de la Iglesia* (9, 39-40). Jesús no ha creado un grupo de control, no quiere el triunfo de «su» Iglesia, en clave de poder o imposición interna. Es profeta de gracia universal, no rabino de escuela cerrada, nombre sagrado de un grupito de iniciados que desean adquirir dominio con gestos milagrosos. Así responde a los jerarcas zebedeos:

- *a. Principio general: ¡No se lo impidáis!* (9, 39a). Los discípulos no pueden controlar a Jesús, emplear la fuerza para asegurar el evangelio. Así lo exige el camino de pasión; no es Jesús quien hace, le hacen; no es él quien impone y exige, le imponen.

– *b. Razón 1: Pues nadie que haga un milagro en mi nombre...* (9, 39b). El «nombre» de Jesús (su mensaje fundante, su fama) es mayor que la Iglesia. Por eso es bueno que se extienda, que ayude a los humanos a cambiar y curarse. No es *Jesús* quien se pone al servicio de la Iglesia, sino al contrario: *la Iglesia* ha de ponerse al servicio del *nombre*, es decir, de la acción liberadora de Jesús.

– *c. Razón 2: Pues quien no esté contra nosotros estará con nosotros* (9, 40). Jesús aparece vinculado a sus discípulos, formando con ellos un mismo *nosotros* donde se incluyen aquellos que actúan en su nombre, aunque no formen parte oficial de la Iglesia. Frente a las luchas intracristianas por cuestión de exclusivas, privilegios y controles de ortodoxia jerarquizante (social), ha elevado aquí Jesús el principio de unificación suprema: lo que vincula a sus creyentes es la obra mesiánica de liberación que ellos realizan, no algún tipo de poder o dignidad grupal que ellos tengan.

El texto anterior (9, 33-37) presentaba como más importante al más niño; de esa forma superaba Jesús el peligro de que surgiera una autoridad o jerarquía impositiva dentro de su grupo. Pues bien, nuestro texto (9, 38-40) sirve para negar la autoridad del grupo oficial (de los Doce) sobre el legado mesiánico de Jesús. Los cristianos no son dueños del «impulso sanador» que brota de la entrega de Cristo, ni le pueden controlar a él, pues Jesús ha ofrecido impulso de vida (energía milagrosa) a todos los que quieran actuar en su nombre. Éste es el segundo principio de la Iglesia: ella dirige, anima, expande el camino mesiánico de Jesús, pero no lo encierra ni domina: no utiliza ese poder en nombre propio, ni quiere controlarlo para bien del grupo, por encima de los otros.

---

(77) **Exorcismo y control eclesial, cuestión zebedea (10, 38-40)**

Marcos sabe que el exorcismo es un «sacramento» difícilmente controlable en clave de institución, tanto en plano judío (3, 31-30) como eclesiástico/cristiano (9, 38-40), un signo que no puede manipularse de un modo ritual (aunque se intente), pues sólo tiene valor en la medida en que libera a los hombres de la coacción de lo diabólico. En ese sentido (a pesar de las diversas presiones del sistema), Marcos quiere que la libertad mesiánica de Jesús pueda expresarse de un modo abierto, superando los límites y fronteras del orden eclesiástico. Por eso, la autoridad del exorcista no puede cerrarse al servicio de un orden establecido, sino que ella vale por sí misma, por los frutos que produzca, pudiendo aparecer incluso como amenaza para la comunidad establecida. En ese contexto se distinguen Jesús y Juan Zebedeo:

- *Jesús* no ha puesto su exorcismo al servicio del sistema (o de una Iglesia), no ha utilizado sus «milagros» como principio de prestigio para el grupo: no ha buscado el poder, sino la libertad (liberación) de los hombres y mujeres concretos, de un modo abierto hacia todos. Ciertamente, sus exorcismos, tal como han sido narrados por Marcos (cf. 5, 1-20; 9, 14-29), contienen aspectos folclóricos y simbólicos que a primera vista nos extrañan. Pero, en su raíz, son un ejercicio de perdón y comunicación, de manera que pueden y deben entenderse como principio de salvación que se abre a los de fuera. Jesús y sus verdaderos seguidores han buscado un modelo alternativo de sociedad donde incluso (o sobre todo) los posesos encuentren un lugar para vivir y una fuerza para actuar. La interacción con los posesos de fuera del grupo, la apertura a expulsados y proscritos (diabólicos), constituye un elemento esencial de su proyecto, de manera que su nombre y poder puede expandirse y desplegarse más allá de las fronteras de los exorcistas «oficiales», pues la Iglesia no puede controlar su acción y movimiento.

- *En contra de eso, Juan Zebedeo* ha querido introducir en la Iglesia una autoridad de control, poniendo su «buena» institución por encima de la libertad de los oprimidos (y del mismo Nombre de Jesús). De esa forma, ha tendido a interpretar la Iglesia como *un sistema jurídico-religioso*, con *copy right* o patente, al lado de otros sistemas de poder social y/o religioso, iniciando un camino que puede llevar a un tipo de discriminación (inquisición) sagrada. En la línea zebedea, la Iglesia liberadora, que debe perdonar a los pecadores (Pablo) y acoger a los posesos (Marcos), se convertiría en *institución de nuevo control*. Pues bien, en contra de eso, el Jesús de Marcos reacciona con toda claridad, pues no quiere que organización ministerial pueda convertirse en medio de imposición del grupo y en causa rechazo para los otros. La respuesta de Jesús (¡no se lo impidáis!) es un recordatorio permanente de libertad y de poder liberador para la Iglesia. La Iglesia no es «propietaria» de los sacramentos o signos de Jesús, de manera que ellos pueden expresarse y expandirse fuera de ella.

Lo que el Jesús de Marcos dijo en aquel tiempo hablando de los exorcismos, debería hoy decirse y ampliarse en otras perspectivas. En esa línea, podemos añadir que el problema central de cierta iglesia posterior no ha sido sólo (ni sobre todo) el intento de controlar los exorcismos, sino su abandono, pues, tomados en sentido literal, ellos han dejado de hallarse en el centro de las comunidades helenistas posteriores, donde unos seguidores de los zebedeos han controlado a las iglesias. Quizá puede

> afirmarse que las iglesias «no galileas» han abandonado los exorcismos de Jesús y de sus primeros discípulos o, al menos, los han considerado menos importantes, dentro de unos contextos sociales y culturales donde el problema básico del hombre no son los demonios (la posesión diabólica, entendida en forma personal), sino otras formas de estructura e imposición cultural, social y/o religiosa. Ese abandono ha tenido consecuencias importantes para el despliegue posterior del cristianismo, centrado sólo en la palabra o en la eucaristía y el bautismo.

c) *Ampliación*: «Pues quien os dé a beber un vaso de agua a causa de que (en nombre: en onomati) sois del Cristo, en verdad os digo que no quedará sin recompensa» (9, 41). En este contexto recuerda Jesús a los suyos su nombre verdadero: son *khristou* (= *del Cristo*, cristianos). Pero ello no les da poder para imponerse, sino todo lo contrario: les hace servidores de los otros (como ha dicho 9, 35), poniéndoles en manos de quienes les acojan o rechacen (como en 6, 6b-13). No son *cristianos* (del Cristo, Hijo del Humano que va siendo entregado: 9, 31), para así imponerse sobre los demás, sino para quedar en manos de ellos. Sólo aquí se puede decir y se dice que tengan confianza: Dios mismo ayudará a quienes les quieran ayudar en el camino.

Esa ampliación (*¡un vaso de agua...!*: 9, 41) ofrece un contrapunto de evangelio frente al deseo de imposición de Juan y sus zebedeos (cf. plural *ekôlyomen*, se lo hemos impedido). Ellos han querido los primeros puestos (9, 33); ahora buscan el control sobre el poder mesiánico. Jesús ha rechazado en ambos casos su pretensión de autoridad. Pues bien, si Jesús les niega eso que piden, si no tienen nada propio: ¿Cómo podrán vivir y mantenerse? Jesús responderá diciendo, igual que en 6, 10-11, que no tengan miedo, pues habrá personas que les ayudarán porque son *khristou*, es decir, «del Cristo», cristianos. Éste es el consuelo de Jesús, cuando les dice *¡que no tengan miedo, pues les ayudarán!...* Gratuitamente ofrecen lo que tienen (su exorcismo) superando toda imposición o deseo de dominio. Gratuitamente han de esperar sin imponerse a los de fuera y recibiendo aquello que quieran ofrecerles.

Jesús afirma así que la Iglesia es mediadora de salvación (realiza exorcismos en su nombre) y que sus seguidores podrán mantenerse, pero sólo si renuncian a imponerse, si se ponen en manos de los hombres y mujeres a los que ofrecen su ayuda. Eso significa que Jesús está en la Iglesia, pero no se encierra en ella, en línea de poder. Por eso, los que son *khristou* (es decir, del Cristo, cristianos) han de ofrecer ayuda a todos, esperando que otros les ayuden, pero sin imponerse sobre ellos.

(78) Los que son «khristou». Los nombres de los cristianos (cf. 9, 41)

Marcos es el testimonio de un profundo cambio que ha venido a realizarse en el interior del judaísmo, al surgir, por medio de Jesús, un grupo nuevo de personas que se caracterizan por «ser del Cristo» (9, 41) o «por creer en mí», es decir, en Jesús (9, 42). Para precisar su identidad, veamos algunos de sus nombres:

1. Punto de partida. Los que creen en Jesús (9, 42) siguen vinculados al judaísmo, donde él ha surgido y ha comenzado a realizar su tarea. En ese contexto se puede afirmar que los «cristianos» son:

1. *Campo de Dios*, formado por aquellos que pueden recibir y reciben semilla de Palabra, pudiendo producir así la cosecha de Dios, es decir, verdadera humanidad (cf. 4, 3-20).
2. *Ovejas antes perdidas* (6, 34), mal guiados por sus autoridades religiosas, a las que Jesús ha querido enseñar y alimentar con su mensaje.
3. *Hijos* (judíos) frente a perros (gentiles)… Pero el mismo Jesús ha superado esa distinción entre hijos y perros, escuchando el argumento y petición de la sirofenicia (7, 27-28).
4. *Gente que espera el reino de Dios* (15, 43), como otros judíos abiertos a la novedad mesiánica (aunque no hayan creído en Jesús, como puede ser el caso de José de Arimatea).
5. *Jesús ha escogido a algunas personas y grupos especiales*, para realizar su tarea a través de ellos. Entre esas personas se encuentran, como venimos diciendo, los Cuatro pescadores (1, 16-20) con los Doce apóstoles israelitas (cf. 3, 13-19 y 6, 7-13), y de forma especial las mujeres de 25, 40-41.47; 16, 1-8.

2. Forma de vida. La llamada y compromiso mesiánico suscita un tipo de vida que se puede definir por algunos elementos que enmarcan de manera profunda lo cristiano:

1. *Discípulos*: Son los que escuchan y aprenden (cumplen) la enseñanza de un maestro o maestros. Así se puede hablar de discípulos de Juan Bautista o de los fariseos (2, 18). También Jesús tiene discípulos, como se dice de un modo normal, sin más explicación (2, 18.23; 3, 7). A partir de su elección (3, 16), los Doce tienden a identificarse con «los discípulos» de Jesús, formando su grupo o comunidad especial, tal como culmina en la Última Cena (cf. 14, 12.14). Pero esos Doce «abandonan» a Jesús y huyen (14, 52), de manera que el término «discípulos» se debe retomar y recrear de otra

manera, a través de las mujeres, que habían aparecido como «seguidoras» y «servidoras», no como discípulas (cf. 15, 40-41; 16, 7).

2. *Los que oyen y entienden* (cf. 4, 1-20; 7, 14, etc.). En sentido estricto se identifican con los discípulos; son conocedores especiales de los misterios del Reino.

3. *Los que siguen a Jesús*, respondiendo así a su llamamiento (cf. 8, 34; 10, 21). El grupo de Jesús lo forman sobre todo aquellos que escuchando su voz lo dejan todo, para seguirle en el camino mesiánico (cf. 10, 23-31), como han hecho en especial las mujeres (15, 41).

4. *Los que sirven*. Pero más que los discípulos (y los que entienden) importan aquellos que «sirven» a los demás, actuando de esa forma como él, pues no ha venido a que le sirvan, sino a servir y dar la vida por muchos (cf. 10, 35-45). En esa línea se sitúan de un modo especial las mujeres, que aparecen así como auténticas «cristianas» (15, 41; cf. 1, 31).

5. *Imitadores de Jesús*: seguir implica imitarle, asumiendo su comportamiento (cf. 8, 31–9, 1; 10, 43-45, etc.). Esta mímesis o imitación mesiánica no se realiza como disputa (uno quiere lo del otro), sino como mutua ayuda.

6. *Nuevo Templo*: rechazado el viejo (11, 12-26), puede (debe) elevarse sobre Jesús un nuevo edificio, fundado en su entrega (no construido por mano humana: 14, 58).

3. Relación con Jesús, nuevos simbolismos. El grupo de los seguidores de Jesús va tomando en Marcos rasgos que le delimitan y definen: estos son algunos de sus nombres:

1. *Son los amigos del novio*: compañeros/as de sus bodas, invitados a su banquete (2, 19).

2. *Son los que están en torno a él (a Jesús), familia de Jesús*; los que están a su lado, cumpliendo con él la voluntad de Dios, son su hermano-hermana-madre, nueva comunidad mesiánica (cf. 3, 31-35).

3. *Los del nazareno* (14, 67): nazareno era Jesús, del nazareno serán sus seguidores.

4. *Los que son del Cristo (khristou) o cristianos*: éste será el nombre definitivo del nuevo grupo, formado por aquellos que creen en Jesús, y de un modo especial los creyente (9, 41).

5. *El «final canónico»* (16, 9-16) refleja un estadio posterior de la Iglesia. Aquí se habla ya de los *bautizados, de los creyentes* (16, 16) y de los que *están en torno a Pedro* (16, s.n).

3. Grandes y pequeños. Escándalo de Iglesia (9, 42-50)

He desarrollado el tema en *El Evangelio. Vida y Pascua de Jesús*, Sígueme, Salamanca 1993, 133-143; *Hermanos de Jesús y servidores de los más pequeños. Mt 25, 31-46*, Sígueme, Salamanca 1984. De un modo especial, cf. V. K. Robbins, *Pronouncement Stories and Jesus Blessing of the Children. A Rhetorical Approach*, JBL SemPap (1982) 407-435; J. D. Crossan, *Kingdom and Children. A Structural Exegesis*, JBL SemPap 1982, 63-80. Sobre la «forma» del texto, cf. E. Käsemann, *Derecho sagrado en el NT*, en Id., *Ensayos exegéticos* (BEB 20), Sígueme, Salamanca 1978, 247-262.

Esta unidad comienza con unas normas de tipo casuístico sobre el escándalo (9, 42), con la misma fórmula con que había terminado la unidad anterior (cf. *hos an*, el que; cf. 9, 41.42); continúa después con unas ampliaciones tradicionales sobre el escándalo, empleando para ello el signo de la mano-pie-ojos (9, 43-47); y termina con unas afirmaciones sobre el riesgo de la condena escatológica (9, 48-50).

El comienzo (9, 42) se halla bien entrelazado en el contexto, tanto por su estructura formal (repite el esquema de 9, 37, que había culminado en 9, 41), como por su referencia al nombre de Jesús o Cristo (presente ya en 9, 37.38.39.41), entendido como fundamento de la comunidad cristiana. Marcos avanza así sobre el espacio suscitado por la entrega de Jesús (9, 31). De la prioridad de los niños (sean o no creyentes: 9, 33-37) y del valor de los exorcistas que no forman parte de la comunidad (9, 38-41) pasamos, de un modo que es lógico, al valor y autoridad de los pequeños en la Iglesia, para seguir con el escándalo, de forma que toda la sección termina hablando del riesgo de la condena escatológica:

a. (Principio general) *[42] Y quien escandalice a uno de estos pequeños que creen en mí, más le valdría que se colgara del cuello una piedra de molino y se echara al mar.*
b. (Aplicaciones) *[43] Y si tu mano te hace escandalizar, córtatela. Más te vale entrar manco en la vida, que ir con las dos manos al fuego eterno que no se extingue. [45] Y si tu pie te hace escandalizar, córtatelo. Más te vale entrar cojo en la vida que ser arrojado con los dos pies al fuego eterno. [47] Y si tu ojo te hace escandalizar, sácatelo. Más te vale entrar tuerto en el reino de Dios que ser arrojado con los dos ojos al fuego eterno, [48] donde el gusano que roe no muere y el fuego no se extingue.*
c. (Conclusión) *[49] Pues todo será salado por fuego. [50] Buena es la sal. Pero si la sal se vuelve insípida, ¿con qué le daréis sabor? Tened sal entre vosotros y convivid en paz.*

a) *Principio general*. Hemos visto que la Iglesia es institución para servicio de los niños (9, 33-37), y no puede controlar el nombre de Jesús ni hacerse dueña de los bienes mesiánicos (9, 38-41). Completando esos motivos (y culminando el tema en forma de *tríptico*), Marcos vuelve al motivo de los niños, presentándolos como pequeños o necesitados en la comunidad (a': 9, 42-50). Pasamos así de los *paidia* (niños por edad) a los *mikroi* (menores en conocimientos o influjo), de la exigencia activa (acoger) a la negativa (no escandalizar). En este contexto se formula el principio social y teológico más hondo de la comunidad cristiana: «Quien escandalice a uno de estos pequeños (*hena tôn mikrôn*) que creen en mí...» (9, 42). Este pasaje ya no trata de los pequeños o niños que están fuera de la Iglesia, y que merecen toda la ayuda de Jesús y de los suyos (cf. 9, 33-37), sino de los pequeños dentro de una Iglesia que corre el riesgo de marginarles, al estar controlada por unos «grandes» (en la línea de 9, 33-34.38), que utilizan el evangelio para imponerse a los menores.

Este pasaje nos sitúa en un plano intracristiano. No trata ya de la forma en que se portan los de fuera con los seguidores de Jesús, sino de la relación entre los cristianos, entre aquellos que se tienen por grandes (los que pueden escandalizar) y los más pequeños (que corren el riesgo de ser escandalizados). El texto alude, por tanto, a divisiones intraeclesiales, y pone como base de todo comportamiento cristiano el no escandalizar a los pequeños, es decir, no destruir la fe de aquellos más sencillos que confían en Jesús y siguen su camino.

Conforme a la visión de Marcos, la Iglesia ha de ser una comunidad «habitable» para los pequeños. No es una «república» de sabios, ni una comunidad de observantes, fuertes cumplidores de las normas establecidas, sino una comunidad para pequeños. Por eso, el mayor de todos los pecados consiste en «escandalizar» (destruir) a los pequeños, que son los representantes verdaderos de Jesús.

b) *Aplicaciones* (10, 43-48). Del escándalo externo (de los pequeños) se pasa al causante del escándalo, a través de una *profundización personal: si tu mano, tu pie, tu ojo...* (9, 43-47). El escándalo, entendido en 9, 42 como destrucción de otra persona (de los pequeños de la comunidad) aparece en 9, 43-47 como principio de ruptura interior, en las tres áreas fundamentales de la vida: *mano* que actúa, *pie* que camina, *ojo* que conoce y desea.

Escandalizar significa *hacer caer*, convertirse en fuente de opresión para los otros. Cortar la mano/pie o arrancar el ojo es signo de aquella purificación interior que pedía 7, 14-23 en un contexto de superación del legalismo de comidas y utensilios. Ahora, esa purificación es necesaria para superar el escándalo eclesial. En ese contexto se sitúa la apelación escatológica, que pone de relieve el riesgo de aquellos que escandalizando a los otros se destruyen a sí mismos, acabando por perderse a sí mismos, en el «lugar» de la condena final: *donde su gusano no muere, ni su fuego se extingue...* (9, 48-49).

Han surgido en la Iglesia de Marcos algunos «creyentes superiores» que pretenden valerse del mensaje de Jesús y de su seguimiento para imponer su verdad (su propia seguridad y su poder) sobre los otros. Pues bien, el Jesús de Marcos les dice que obrando así se oponen al camino-vida de Jesús, a quien todo nuestro texto ha venido presentando como el entregado (9, 31). Los fuertes de ese mundo entregaron y destruyeron a Jesús, el Mesías. También los cristianos se pueden torcer y pervertir, convirtiendo la Iglesia en lugar de imposición (de los grandes) y de muerte para los pequeños.

En contra de ese riesgo alza su voz de alerta nuestro texto (9, 42), completado por una serie de advertencias sobre el escándalo: si tu mano, si tu pie, si tu ojo te escandaliza... Frente al riesgo de escandalizar, destruyendo a los demás, no hay más remedio que una ascesis muy intensa: Uno tiene que vencerse a sí mismo, dejándose morir si hiciera falta, para bien del otro (9, 43-47). Sólo de esa forma se evita el riesgo de la propia destrucción, de la *gehena* (entendida en la tradición judía como basurero final donde se pudren y consumen los impíos). Sólo por medio de esa ascesis puede conservar el buen creyente su sal interior y conservarse a sí mismo para la vida eterna (9, 48-50).

Formulado así, nuestro pasaje retoma el motivo del pecado contra el Espíritu Santo (Marcos 3, 28-30), donde se destacaba el riesgo de los escribas, que condenaban a Jesús y le llamaban Belcebú porque ayudaba a los endemoniados y expulsados de la «buena» sociedad. Pues bien, en un riesgo semejante se sitúan ahora los cristianos que escandalizan a los más pequeños con sus propias actitudes o posturas de dominio. Estos falsos cristianos, los que piensan que son grandes y por serlo destruyen a los otros, corren el peligro de perder su propia vida, de perderse para siempre. Para Marcos, los más grandes e importantes son los más pequeños, aquellos que se encuentran entregados (en manos) de los otros, como estuvo Jesús y como están los niños. Desde el reverso del poder, desde el lugar de los antes perdedores, quiere edificar Jesús un tipo nuevo de unión comunitaria, una Iglesia de los pequeños.

c) *Conclusión: sal para salar la Iglesia* (9, 49-50). Del fuego negativo perenne (*pyr asbestos*: 9, 44) de la Gehena que consume sin fin a los que destruyen a los otros (como gusano interior de muerte) ha pasado Marcos al tema del «fuego positivo», que todo sala (salazona), retomando una imagen de tipo cósmico y religioso muy importante de la antigüedad: «pues todo será (*halisthêsetai*) por el fuego». Para entender esa imagen debemos mantener firme el tema anterior que trataba del riesgo del pecado. (a) *Éste era antes* el *pecado contra el Espíritu Santo*, en un contexto de oposición a los cristianos (cf. 3, 28-29): para defender su orgullo de grupo separado, los escribas cerraban a los impuros (enfermos y posesos) la salvación de Dios. (b) Éste es ahora *el pecado de los cristianos prepotentes*, que arruinan o destruyen a los pequeños, impidiendo que vivan, rompiendo así la paz de la Iglesia (10, 42-48). El peligro brota de los mismos cristianos principales, que utilizan el evangelio a su servicio, corriendo el riesgo de reproducir dentro de la Iglesia la actitud de prepotencia de los escribas judíos.

En otro momentos (cf. 3, 20-35), *Jesús había tenido que defender a sus discípulos*, iniciando con ellos un camino de fraternidad sin «padres» (sin patriarcas o presbíteros al modo israelita). Ahora, al iniciar su ascenso final hacia Jerusalén (9, 33-50), debe *corregirles*, a fin de que no vuelvan a crear una comunidad de jerarcas sacrales (9, 33-37), que expulsan a los disidentes (9, 38-41) y oprimen a los pobres y pequeños (9, 42-50). Aquí aparece para Marcos el único pecado «mortal»: cerrar a los menores (endemoniados, niños) su lugar en la familia mesiánica. Crecer a costa de los otros, no dejar que se realicen, desde un pretendido título de grandeza sacral judía (Marcos 3, 28-30) o cristiana (9, 42-49): ése es el delito que no podrá alcanzar perdón (cf. 3, 29) pues su gusano nunca morirá (9, 48). Pues bien, en este contexto, retomando el motivo del fuego (pero en línea positiva) y vinculándolo con la sal, ha escrito Marcos uno de los pasajes más significativos (y paradójicos) del Nuevo Testamento, con un principio general y una aplicación comunitaria, para tratar después de la comida/comunión:

- *Principio general: «Pues todo será salado con fuego»* (9, 49). Evidentemente, el Jesús de Marcos sigue evocando el «fuego de la Gehena» que destruye a los prepotentes. Pero aquí (utilizando un pasivo divino: el agente es Dios) retoma el motivo de un «fuego que conserva y cura» (en la línea de las teorías cosmológicas del tiempo). Este fuego final (que en el fondo es Dios) no se limita a mostrar lo que es cada uno (como en 1 Cor 3, 12-16), sino que «sala», es decir, «sazona», da un sabor a todo, de manera que lo convierte en aceptable (como hacía la sal con los sacrificios del templo). Como he dicho, los pasajes anteriores (que evocan el fuego de la Gehena que castiga/destruye sin fin) siguen estando en su lugar, como amenaza terrible contra los escandalizadores. Pero este nuevo pasaje explicativo (*pas gar...*: pues todo será salado con fuego) introduce en ese contexto una reserva teológica.

    Existe, sin duda, una amenaza, pues todo «pasará» por el fuego de Dios, pero ése no es un fuego simplemente destructor, sino que lo «sazona/sala» todo, para transformarlo (darle sabor) y conservarlo. No hay que añadirle sal, pues el mismo fuego «sala», lleva en sí la sal de Dios, que puede servir para conservar el calor (sal como aislante térmico), pero, sobre todo, para conservar y dar sabor a los alimentos. De esa forma, después de haber amenazado a los escandalizadores con el fuego de la Gehena (en 9, 42-48), Marcos 9, 49 les coloca ante el fuego «salante» de Dios que puede conservarlo/sazonarlo todo de una forma que el texto no ha razonado, pero que aplica a la vida de la comunidad.

- *Aplicación comunitaria: «Tened sal, mantened la paz entre vosotros»* (9, 50). Este nuevo versículo retoma un principio general: «Buena es la sal» (*kalon to halas*), pero ella puede perderse (volverse *an-halon*), dejando así de serlo. Por eso pide a los creyentes «que mantengan su sal», es decir, que vivan en paz (en comunión no impositiva) dentro de la Iglesia. La sal, es decir, el buen «sabor» comunitario, agradable a Dios, se pierde allí donde la comunidad se convierte en espacio de imposición de unos sobre otros. En esa línea ha de entenderse la frase que sigue: «Tened en vosotros mismos sal... y vivid en paz unos con otros». Marcos identifica así tener sal y vivir en paz.

Hay un pasaje paradójico de la tradición de Lucas donde Jesús afirma que «no ha venido a traer al mundo un tipo de paz impositiva (vinculada al dominio de unos sobre otros), sino un fuego más alto», que divide a los hombres y mujeres de una misma familia (Lc 12, 49-53). En esa misma línea se sitúa esta paz que el Jesús de Marcos propone a su comunidad. No es la paz que nace de la imposición de unos más fuertes sobre los débiles, sino la paz abierta a los pequeños (donde hay lugar para ellos), una paz «con sal», es decir, abierta a la comunicación creadora entre todos. De esa forma se vinculan el fuego de Dios que todo lo salará (*halisthêsetai*) y la sal de los cristianos (*ekhete en heautois hala*), que han de vivir en comunión de paz entre ellos. La misma sal de Dios (o de Cristo, según Mt 5, 13) es la que ahora debe sazonar la vida de la comunidad, apareciendo como signo de paz entre los miembros de la Iglesia. En esa línea, la comunidad cristiana se define como espacio de vida amistosa donde los creyentes *comparten la sal, viviendo en paz mutua*, superando el riesgo del escándalo.

- *Comida comunión*. De esa forma, por un juego de palabras fundado en el doble sentido de sal/salar (*halas*), Marcos reintroduce el tema de la comida. Frente a *la sal consumidora* del fuego que destruye al pecador emerge *la sal buena* que sazona el alimento (cf. 6, 6b-8, 26) y que vincula en fraternidad a los creyentes de la comunidad. Los discípulos deberían actuar como sal (cf. Mt 5, 13) para sazonar el mundo; pero «allí donde su sal se vuelve insípida», allí donde los grandes sólo buscan su poder, imponiéndose a los otros (los pequeños), ¿quién podrá condimentarlos, de manera que vuelvan a ser creadores de banquete salvador sobre la tierra?

El pan de Jesús necesitaba mantenerse con buena levadura (cf. 8, 14-21). *Su comida* exige condimento, en imagen que nos sigue manteniendo en contexto de comida. Los mismos discípulos se vuelven sal en la medida en que superan su egoísmo, dejan de centrarse en sí mismos y se diluyen como la sal en la comida (se entregan a los otros) para que reciba sabor el alimento (es decir, para bien de la comunidad). Si no actúan así, poniéndose al servicio de los otros, se destruye la vida de la Iglesia.

La sal es signo fuerte de amor. Ella no vale para sí sino para el conjunto de la masa. Tampoco los discípulos del Cristo pueden encerrarse en sí o mandar sobre los otros. Ellos han de ser como Jesús, un *condimento* para toda la comida: disolverse como sal, gozosamente, al servicio de la paz común, de la fraternidad mesiánica. Según eso, el fuego que sala (que actúa a través de la sal) se vuelve principio de paz. El escándalo destruye a los pequeños (9, 42), la sal les construye y pacifica. Por eso el texto ha situado en paralelo tener sal y conseguir paz compartida (9, 50). La comunidad cristiana no es lugar de mortificación masoquista, sino de entrega mutua y experiencia de vida compartida.

> **(79) La Iglesia y sus signos (cf. 9, 42-50)**
>
> La visión eclesial de Marcos se expresa a través de una serie de signos y motivos entre los que escogemos algunos más significativos, partiendo de 9, 42-50, donde se dice que el mayor «pecado» de la Iglesia consiste en escandalizar a los pequeños:
>
> 1. *Familia en movimiento, los caminos.* La Iglesia está constituida por aquellos que están (van) en torno a Jesús y le escuchan, creando así una comunidad de madres-hermanos-hermanas (3, 31-35), una agrupación itinerante, caminando con Jesús. En esa línea, la Iglesia es experiencia y camino de seguimiento de Jesús (con Jesús), en un proceso que sólo pueden recorrer de verdad los que no tienen nada o lo venden todo para darlo a los pobres y así acompañar a Jesús (10, 17-31).
> 2. *Una casa, lugar para sentarse.* Jesús ha creado una comunidad itinerante, que se crea y despliega en los caminos..., pero ella tiene también como lugar de referencia primordial la casa donde se busca la voluntad de Dios, se dialoga y se comparte la comida. Según eso, itinerantes y sedentarios (los de la casa) forman las dos caras de la familia de Jesús (3, 20; cf. 2, 1; 9, 33-34, 14, 3).
> 3. *Barca en el mar,* zarandeada por las olas, pero llena de la presencia de Jesús y llevando su mensaje a nuevos pueblos, eso es la Iglesia, que debe pasar de una a la otra orilla, desde Galilea a las naciones del entorno (cf. 4, 35-41; 6, 45-52). No es un santuario fijo (un templo, una ciudad sagrada), sino una «agrupación marinera», cuyo primer símbolo lo forman los cuatro pescadores del Reino (1, 16-20).
> 4. *Campo abierto para compartir y acoger.* La Iglesia es casa y barca, pero es también un espacio de encuentro universal (el ancho mundo) donde se comparte-multiplica el pan. Según eso, los seguidores de Jesús son portadores de un pan multiplicado, una comida universal (cf. 6, 30-44; 8, 1-10), de manera que en su «espacio» ha de haber lugar para los niños y los expulsados de otros grupos. Por eso, el mayor pecado de la Iglesia consiste en rechazar o escandalizar a los pequeños. (9, 33-50; 10, 13-16). Esta Iglesia, campo abierto, no puede convertirse en lugar de control sagrado o de exclusivismo de grupo: la Iglesia no es dueña del mensaje de Jesús, no puede impedir que otros también lo anuncien y expandan (9, 38-41).

5. *Dar la propia vida, recibir a todos.* La Iglesia es una comunión de seguidores de Jesús, donde cada uno toma su cruz y le acompaña, aprendiendo a dar la vida por los otros (8, 31-9, 1; 10, 32-45). Lógicamente, ella no puede cerrarse como templo particular, sino que ha de ser casa de oración abierta a todas las naciones, un espacio humano donde se puede conseguir aquello que el templo de Jerusalén no ha conseguido: una fe que todo lo recibe de Dios (cf. 11, 17-26).

Esta Iglesia de Jesús se concretiza tras la pascua en Galilea, donde sus discípulos podrán verle (16, 7-8), pero no para quedarse allí (como quisieron los tres del Tabor: 9, 2-9), sino para llevar su mensaje a todo el mundo, como dice el mismo Jesús en 13, 10 y 14, 9.

c) Corazón de la comunidad: matrimonio, nuevamente niños (10, 1-16)

La escena anterior de esta segunda sección del camino (9, 31-50) formaba *un tríptico*: empezaba con los niños (9, 33-37); trataba después de los exorcistas «no comunitarios» (9, 38-41); volvía a tratar de los niños-pequeños (9, 42-50). La nueva escena forma un *díptico*, y trata básicamente de las mujeres (de la fidelidad de los esposos: 10, 1-12) y del valor de los niños en la Iglesia (10, 13-16). El fondo simbólico y mensaje central es el de antes: el camino de entrega de Jesús (formulado en 9, 30-32) abre un espacio de vida para esposos y niños.

A diferencia del judaísmo rabínico (centrado en leyes de comida y de familia, que recogerá la Misná), el movimiento de Jesús es mucho más libre y genérico en ese campo, como hemos visto ya en Marcos 7, en relación a las comidas; en esa línea se mantiene lo que dice sobre la familia (mujeres y niños). Jesús no ha fundado un organismo social de «familias bien instituidas», sino un movimiento de liberación universal, desde los más pobres. En su centro de atención se encuentran los pobres y las comunidades, como estamos destacando. A pesar de ello (o quizá por ello) resulta muy significativo lo que dice sobre las mujeres casadas y los niños, que aparecen en el centro del cuidado de la comunidad.

Mujeres y niños suelen aparecer vinculados, en contexto judío, como seres de segundo plano. Pues bien, unas y otros reciben su auténtico valor desde el trasfondo de la entrega de Jesús (8, 31; 9, 31), que sigue estando en la base de los dos textos aquí unidos. El primero (10, 1-12) se formula como una disputa con los fariseos acerca de la forma de entender un pasaje bíblico sobre el libelo de repudio (de divorcio). El segundo (10, 13-16) reasume en contexto nuevo el tema ya indicado del encuentro de Jesús con los niños (cf. 9, 33-37). Internamente vinculados, estos textos constituyen eso que pudiéramos llamar el fundamento del derecho familiar de la Iglesia.

1. Sobre las mujeres, los esposos fieles (10, 1-12)

Para valorar el tema en clave antropológica, cf. J. Pitt-Rivers, *Antropología del honor o política de los sexos*, Crítica, Barcelona 1979; J. G. Peristiany (ed.), *Mediterranean Family Structure*, Cambridge UP 1976. Sobre el trasfondo social, cf. R. Loewe, *The Position of Women in Judaism*, SPCK, London 1966; B. J. Malina, *El mundo del NT*, Verbo Divino, Estella 1995, 145-180; C. Osiek, *What are they saying about the social setting of the NT?*, Paulist, New York 1992, 25-35; L. Swidler, *Women in Judaism: The Status of Women in Formative Judaism*, Scarecrow Press, Metuchen NJ 1976. Destacan la novedad de la palabra de Jesús y de la práctica eclesial: K. Berger, *Die Gesetzeauslegung Jesu* (WMANT 40), Neukirchen 1972, 507-571; R. Busemann, *Die Jüngergemeinde nach Markus 10* (BBB 57), Bonn 1983 (cf. páginas 102-108); E. Schüssler Fiorenza, *En memoria de ella*, Desclée de Brouwer, Bilbao 1989, 188-194; R. Trevijano, *Matrimonio y divorcio en Marcos 10, 2-12 y par*, Burgense 18 (1977) 113-132. B. Witherington, *Women in the Ministry of Jesus*, Cambridge UP 1984, 18-28. Entre los comentarios, además de Marcus y Navarro, cf. Gnilka, *Marcos* II, 79-90; Gould, *Mark*, 182-186; Lagrange, *Marc*, 256-262; Nineham, *Mark*, 259-266; Pesch, *Marco* II, 187-204. Taylor, *Marcos*, 495-501.

Éste es un texto de disputa legal y superación de la ley, en línea de matrimonio. Desde un diálogo sobre la Escritura (entre los fariseos y Jesús), ha construido Marcos esta escena de controversia con el judaísmo (10, 2-9) y de profundización eclesial (10, 10-12). Por el lugar que ocupa en el evangelio, el texto y su mensaje han de entenderse desde la entrega mesiánica de Jesús.

a. (Trasfondo. Camino y enseñanza) *¹Y saliendo de aquel lugar llegó a los confines de Judea y del otro lado del Jordán. De nuevo la gente se fue congregando ante él y, como tenía por costumbre, se puso de nuevo a enseñarles.*

b. (Los fariseos y Jesús) *²Se acercaron unos fariseos y, para ponerlo a prueba, le preguntaron si era lícito al varón despedir a su mujer. ³Él les respondió: «¿Qué os mandó Moisés?». ⁴Ellos contestaron: «Moisés ordenó escribir un documento de divorcio y despedirla». ⁵Jesús les dijo: «Por la dureza de vuestro corazón os escribió Moisés este mandato. ⁶Pero al principio de la creación Dios los hizo macho y hembra. ⁷Por eso dejará el hombre a su padre y a su madre, se unirá a su mujer ⁸y serán los dos una sola carne. De manera que ya no son dos, sino una carne. ⁹Por tanto, lo que Dios unió, que no lo separe el hombre».*

c. (Ratificación para los discípulos) *¹⁰Cuando regresaron a la casa, los discípulos le preguntaron sobre esto ¹¹y él les dijo: «Si uno despide a su mujer y se casa con otra, adultera contra ella ¹²y si ella despide a su marido y se casa con otro, adultera».*

Anuncios de muerte. Camino de Iglesia (8, 27-10, 52)

Varias alusiones anteriores (ruptura del patriarcalismo, familia, mesa compartida...) culminan de algún modo en esta escena sobre el matrimonio. En un aspecto, el matrimonio pertenece al principio de la creación (cf. Gn 1, 27), pero, en otro ha de entenderse en el contexto de la entrega de Jesús. Lo que parece fin del tiempo (muerte de Jesús) viene a presentarse como principio de un mundo renovado que se centra en la unión de los esposos. Sólo allí donde termina este mundo viejo (con su tipo de matrimonio) pueden surgir y han surgido nuevas relaciones familiares entre esposos. Para tratar de ello, Marcos tiene que cambiar de escenario y estilo, volviendo a situar a Jesús en campo abierto, en un contexto que puede entenderse en, uno más general, y otro eclesial (como en 4, 1-32 y 7, 1-23):

- *Trasfondo: camino* (10, 1). Las escenas anteriores (9, 30-50) eran catequesis cristiana, diálogo entre Jesús y sus discípulos (cf. 9, 30-31). Esta tiene un contexto más amplio: el camino que lleva por las fronteras de Judea y Transjordania hacia Jerusalén, donde enseña rodeado del pueblo.
- *Enseñanza básica: los fariseos* (10, 2-9). El tema del matrimonio forma parte de una controversia legal, con preguntas y declaración final de Jesús, todo a nivel de discusión sobre la Escritura, teniendo en cuenta la enseñanza de los fariseos, según la ley de Moisés.
- *Nivel eclesial: profundización* (10, 10-12). Los discípulos vuelven a preguntarle en privado y Jesús responde ofreciendo la doctrina básica de la comunidad cristiana donde varón y mujer aparecen como iguales ante el matrimonio.

a) *Trasfondo. Camino y enseñanza* (10, 1). Sobre el estatuto eclesial de la mujer trata en concreto la pregunta de los fariseos que tientan a Jesús, en el camino que le lleva por las lindes de Idumea y Transjordania, fuera ya del territorio anterior de Galilea (10, 1). Básicamente parece que ese texto se ocupa sólo de los fieles de Jesús, pero la disputa sobre la mujer trasciende luego el campo de la Iglesia y viene a interpretarse en perspectiva más extensa desde el sentido original del ser humano, tal como aparece en Gn 1, 27; 2, 24. El texto incluye dos partes bien marcadas: la primera de controversia con los fariseos, en plano más externo (10, 2-9), y la segunda de iluminación o ley eclesial para discípulos (10, 10-12). El mismo esquema aparecía ya en 4, 3-20.

b) *Los fariseos y Jesús, sobre el matrimonio* (10, 2-9). Según Marcos, la pregunta la formulan los fariseos, no para buscar la verdad o iniciar un diálogo académico, sino para tentar a Jesús (*peiradsontes auton*: 9, 2). Ellos conciben el matrimonio como *un contrato de dominio*: el varón adquiere a la mujer y puede dejarla en libertad al repudiarla (al divorciarse de ella). Desde ese fondo tientan a Jesús, para mostrarle que su ideal de fidelidad resulta imposible. Piensan que el matrimonio debe regularse a través de una ley que está en manos del varón (no del estado, como en tiempos posteriores). Allí donde la ley pierde importancia, allí donde el varón cede su derecho preferencial, el matrimonio quiebra y queda a merced del puro deseo cambiante de los humanos (varón y mujer). Precisamente para asentarlo en una firme voluntad y palabra reconocen los judíos (fariseos) al varón el poder de divorciarse.

Con argumentos de ley bíblica le prueban los fariseos, con argumentos de lectura más profunda de la Biblia responde Jesús, destacando el carácter universal de Gn 1, 27, que está por encima de una ley posterior que Moisés ha formulado sólo para los judíos (cf. *hymin*: 10, 3). Jesús argumenta como buen hermeneuta, superando una ley secundaria (que concede al varón poder de divorciarse), para llegar al centro de la palabra original de Dios (Génesis). Por encima de la ley particular y patriarcalista de Moisés, recupera Jesús el sentido de la humanidad mesiánica, con un argumento paralelo al que hemos visto en 7, 8-13.

- *Jesús acepta la ley de divorcio* (Dt 24, 1-3), pero sólo en plano particular y concesivo: «*¡Por la dureza de vuestro corazón...!*» (10, 4-5). Reconoce la existencia de esa ley, pero la entiende como norma pasajera, que proviene de la maldad humana y sirve para controlar una posible destrucción (ruptura matrimonial) por medios de violencia (del más fuerte). Es duro el corazón de los varones, fuerte su deseo, violenta y posesiva su conducta.
- Sobre esa ley descubre Jesús la fidelidad original del Dios de la alianza: «Al principio (*arkhé*) los hizo macho y hembra... de manera que no han de ser ya dos sino una carne» (10, 6-9; cf. Gn 1, 27; 2, 24). Al citar ese pasaje, Jesús lleva al ser humano hasta su fuente, es decir, hasta el lugar donde varón y mujer se vinculan en libertad. Sobre una ley que reprime o regula la vida con violencia, en perspectiva del varón, emerge aquí la vida compartida de varones y mujeres que celebran el amor no impositivo, en fidelidad personal.

La respuesta de Jesús ha vinculado dos pasajes de la Escritura (Gn 1, 27 y 2, 24), interpretando el uno desde el otro, conforme a una exégesis que podía haber hecho (y hacía) en un plano formal gran parte del judaísmo de su tiempo. Pero Jesús transciende la pura unión formal de esos pasajes, para retornar de un modo programado al origen de lo humano, al lugar donde se asienta la experiencia de fidelidad personal del varón y la mujer, antes de toda imposición de un sexo y de toda ley patriarcalista que permite el divorcio a los varones para controlar a las mujeres.

Ciertamente, ese proyecto *nuevo* de familia de Jesús ha de entenderse como *retorno* hacia la fuente de la creación, garantizada por la Escritura (Génesis). Jesús redescubre y ratifica en su verdad lo más antiguo, haciendo así posible que hombres y mujeres puedan amarse (vincularse) para siempre, en comunión, sin dominio de uno sobre el otro. De esa forma vuelve a la *arkhê ktiseôs* (10, 6) o principio de la creación, redescubriendo en su verdad de Dios al ser humano.

- *La voluntad de Dios* se expresa en Gn 1-2: *varón y mujer forman una sola carne*. Por eso añade Marcos que *Dios mismo les une* (10, 9), en vinculación que pertenece a las cosas de Dios, que 8, 33 entendía en clave de entrega de la vida. La fidelidad del Dios de la alianza funda la alianza fiel del matrimonio, basado también en la entrega mesiánica de Jesús.
- *En contra de esa fidelidad se alza el deseo* (= dureza de corazón) de aquellos (judíos, varones: 10, 5) que quieren regular por sí mismos (en casamiento y divorcio, en comienzo y fin) su vinculación con la mujer («separando aquello que Dios une»: 10, 9). De esa forma piensan al modo de los hombres, como Pedro, no al modo de Dios (cf. 8, 33). Al interpretar la ley de esa manera, Jesús choca con la exégesis normal de los escribas, pues declara que una parte de su ley es pura creación de los humanos (varones).

Es evidente que Jesús no propone una nueva *ley matrimonial*, pues como ley puede seguir la de Moisés o alguna otra, creada por los humanos, sino la voluntad de Dios. Por eso, protología y escatología, mesianismo y antropología se identifican. Cristo, hombre del Reino, revela así, para varones y mujeres, el sentido de la fidelidad original divina, tal como la habían trazado los relatos fundantes del paraíso original. Esa es la verdad que brota nuevamente allí donde Jesús y aquellos que le siguen son capaces de entregarse unos a otros, en fidelidad gozosa y creadora.

- *Macho y hembra (arsen kai thêly) los creó* (Gn 1, 27; cf. Marcos 10, 6). Más que individuos personales, ellos empiezan siendo expresión de lo masculino y femenino, en continuidad con los animales y así forman, en su enraizamiento vital y dualidad, el único ser humano. No se debe hablar, por tanto, de un Adam/primero y una Eva/posterior o derivada. En esta perspectiva el *anêr/varón* de los fariseos (10, 2) no puede arrogarse el poder de expulsar a *la gynê/mujer*, pues ambos se encuentran en principio vinculados, sin uno como jefe sobre el otro.
- *Por eso dejará el anthropos/varón al padre/madre y se unirá a su gynê/mujer y serán ambos una sóla sarx o realidad humana* (Gn 2, 24; cf. Marcos 10, 8). Pasamos de Gn 1(más sacerdotal) a Gn 2-3 (más profético), que nos muestra al ser humano en clave de palabra y trabajo, moralidad y encuentro familiar, deseo de vida y experiencia de muerte. Venimos del género más biológico (macho y hembra, *arsen kai thêly*) a la individualidad personal (y dual) de los humanos (hombre y mujer, *anthropos kai gynê*). Para realizarse en su verdad, el hombre ha de «romper» con su origen (padre/madre) y vincularse

en camino de unidad definitiva y concreta (*sarx*) con su mujer, en unión que no es algo exterior, que se pone y quita (como supone una ley de divorcio), sino elemento radical de su constitución humana.

Más allá de una ley impositiva del varón, estos pasajes conducen al lugar de surgimiento de lo humano, antes que hayan surgido o se puedan justificar los diversos tipos de dominio de unos sobre otros. Es precisamente el varón quien más debe romper para vincularse en matrimonio. Tanto Mc 10, 7 como Gn 2, 24, suponen que debe superar su situación anterior (casa propia, padre y madre) para vincularse a su mujer. Es como si debiera recorrer mayor camino, debiendo abandonar su seguridad (origen) para introducirse en un espacio de vida definida por la esposa que ocupa el lugar de los padres.

- *Matrimonio por ley. Los fariseos* ratifican la imposición patriarcalista de Dt 24, 1-3 que concede al varón autoridad sobre la mujer, escogiéndola cuando lo desee (en trato que realiza con su padre, no con ella) y expulsándola después, si lo decide (Mc 10, 2.4). *Ese matrimonio no se funda ni define sobre bases de amor sino de ley, y se justifica partiendo del dominio de uno sobre la otra.* Ciertamente, podía haber amor y gratuidad en matrimonios de tipo fariseo, pero la estructura de fondo, avalada por ley de varones, resultaba posesiva, como si la mujer sólo pudiera vivir sometida a su marido.
- *Matrimonio por fidelidad humana. Jesús*, en cambio, funda el matrimonio en aquello que pudiéramos llamar (desde Gn 1–2) la esencia previa de la vida humana, no desde la ley del varón, que desposa a la mujer que quiere, para expulsarla cuando le conviene, sino desde el valor fundante de hombre y mujer como personas. Ya no es el varón el que «marca» el sentido del matrimonio, pudiendo «expulsar» (con ciertas condiciones) a la esposa, sino que son los dos los que se unen, desde algo previo y más importante, que es la voluntad creadora de Dios. Para ello, el varón tiene que renunciar a su «dominio», de manera que ambos, varón y mujer, se vinculan por fidelidad, más allá del dominio del uno sobre el otro. El varón no puede expulsar a la mujer cuando lo desea, ni casarse con ella cuando le apetezca o convenga, sino cuando lo quieran ambos, en gesto de unión personal que se funda en la misma alianza divina.

Los fariseos parten del presupuesto, a sus ojos evidente, de la autoridad del varón. Jesús responde presentando la existencia del varón como un éxodo arriesgado, a la luz de su propia experiencia: debe romper con los padres, entregarse a la esposa. Preguntan a Jesús sobre el poder del varón y él responde presentando la tarea de hacerse varón. (a) *La razón farisea* es clara en perspectiva histórica*:* el varón ha utilizado un tipo de independencia genética (de menstruaciones y partos) y poder externo (fuerza muscular) para controlar a la mujer a lo largo de siglos; así aparece en realidad como si fuera dueño de ella. (b) *La razón de Jesús* nos reconduce al principio de la historia, a la estructura original del ser humano, allí donde varones y mujeres emergen como iguales según Gn 1-2: el varón ha de arriesgarlo todo (su seguridad impositiva, la casa de sus padres) para unirse en matrimonio de iguales con su esposa. La fidelidad que Jesús pide al varón (con la renuncia a su poder sobre la esposa) implica la destrucción del sistema patriarcalista.

Es evidente que esa perspectiva se puede invertir y completar desde el punto de vista de la mujer, mostrando también que ella debe abandonar su posible independencia egoísta para unirse al varón, pues ambos forman una sola carne (*eis sarka mian*: 10, 9). Esa unidad pertenece al proyecto creador de Dios: no es algo que varón y mujer puedan tomar o dejar a su antojo; es la expresión de un misterio de fidelidad que culmina en formas de amor personal, ratificadas por el mismo gesto de entrega mesiánica de Jesús.

Lo que está al fondo es la tarea de hacernos personas, con lo que ello implica de ruptura (cada uno debe superar su seguridad precedente) y fidelidad dual, entendida en clave de resurrección (cada uno encuentra su plenitud pascual en el otro). Podemos decir que la mujer sale aquí ganando, porque empieza a ser persona, responsable de sí, capaz de decir su palabra (mientras que antes dependía de la palabra del esposo, que podía expulsarla). En algún sentido el varón pierde: ya no puede dominar a su mujer, utilizando para ello el arma del divorcio. Pero en sentido más profundo los dos ganan: se convierten de manera igualitaria en caminantes; inician un proceso de amor que supera un matrimonio concebido como dominio de una parte (varón) o de un grupo (clan familiar).

El mismo Dios garantiza ese proceso que empieza de nuevo en cada matrimonio. Realizarse como humano (varón o mujer) es romper el pasado que define (cierra, determina) a cada uno en sí mismo, para madurar juntos en proyecto de entrega compartida (dándose uno al otro para siempre). De Dios provienen hombre y mujer (*arsen kai thêly*), de Dios proviene el camino de ruptura creadora (dejar padre y madre, asumir la propia responsabilidad) que culmina en la unión definitiva del hombre y la mujer (*anthropos kai gynê*), vinculados a nivel de carne concreta (realización vital concreta, en ámbito de entrega mutua). Por encima de todas las posibles leyes de divorcio emerge así la experiencia bellísima y posible (siempre gratuita) de un encuentro personal permanente.

---

(80) Matrimonio 1. Lo que Dios ha unido (10, 1-9)

Jesús, a quien Marcos presenta como intérprete autorizado de la Escritura (cf. 2, 23-28; 7, 1-23; 9, 9-13), aparece en la cuestión del matrimonio como un superescriba que entiende, compara, supera y aplica la palabra de la Biblia. No busca

> una ley nueva, sino que descubre en la Escritura una Palabra originaria, que supera el nivel en que se sitúa la ley matrimonial de los fariseos, que concede a los varones el poder de expulsar a sus mujeres (de divorciarse de ellas).
>
> 1. *Relativiza el texto al que apelan los fariseos* (Dt 24, 1), haciendo ver que se trata de una concesión temporal y no de una ley definitiva («por la dureza de vuestro corazón... »: 10, 5). Esa forma de interpretar una «ley» del Antiguo Testamento a partir de otra más precisa (o más importante) la aplicaron otros rabinos y maestros de aquel tiempo, pero nadie con la fuerza de Jesús, como indica Mc 7 (ley de comidas) y este pasaje sobre el matrimonio.
> 2. *Busca un texto más originario e importante*, y de esa forma sitúa al ser humano en el principio de la creación: «Varón y mujer los creó...; serán ambos una sola carne» (10, 6-8), con cita de Gn 1, 27; 2, 24). De esa forma emplea un método exegético que hallamos en Pablo (Gal y Rom), cuando expone la libertad del hombre mesiánico, apelando a Abrahán, que está antes que Moisés.
> 3. *Ofrece una sentencia conclusiva*: «Lo que Dios ha unido no lo separe el hombre» (10, 9). Desde esa base, en contra de la visión farisea y rabínica, Marcos interpreta la ley de Moisés como palabra o concesión del hombre, no como expresión de la voluntad primigenia de Dios. Hasta aquí, el texto ha querido defender a la mujer en contra del riesgo de sometimiento en que ella vive, conforme al derecho masculino del divorcio.
>
> En el camino de entrega de Jesús cesa el patriarcalismo, es decir, la ley del padre y varón que se impone sobre el resto de la familia, y de un modo especial sobre la esposa. Varón y mujer aparecen ahora como igualmente responsables, sin que uno pueda imponer su ley-dominio sobre otro. Esta responsabilidad en el amor mutuo, en dimensión de permanencia o fidelidad matrimonial, queda luego destacada en la profundización cristiana (10, 10-12), en la que Jesús, reunido en casa con los suyos, les explica el misterio de la igualdad esposo-esposa en gesto de vinculación matrimonial definitiva.

c) *Ratificación eclesial, profundización cristiana* (10, 10-12). De la discusión con los fariseos pasamos a la catequesis eclesial. Jesús deja la calle y se reúne con sus discípulos en la casa de la Iglesia (cf. 4, 34), para revelarles su más honda palabra de fe (entrega o fidelidad) matrimonial. Antes había dos leyes: *una de varón*, con autoridad para retener o expulsar a la mujer; *otra de mujer*, condenada a vivir en actitud pasiva o receptiva. Ahora, reasumiendo quizá normas esponsales vigentes en Roma o Egipto, sobre el principio de la Escritura (*¡y serán los* *dos una carne!*: Gn 2, 24) y en el camino de su propia fidelidad/entrega, Jesús fundamenta el sentido de todo matrimonio, como unión permanente entre un varón y una mujer, que son iguales.

- *Jurídicamente el hombre puede expulsar a su mujer* y casarse con otra, como sabe la tradición judía, pero al hacerlo comete adulterio contra ella (*ep'autên*), sea contra la primera (a la que es infiel), sea contra la segunda (con quien no debía vincularse): el texto (10, 11) permanece voluntariamente ambiguo y ambas traducciones son posibles. El varón posee ese poder, pero el discípulo del Cristo debe superarlo, descubriendo y realizando un más alto misterio de unión con su esposa. Al afirmar que «adultera contra la mujer», Marcos indica que el casado ya no se pertenece, pues ha dado su vida a otra persona.
- *También la mujer puede expulsar jurídicamente al varón* (10, 12), y es bueno que tenga ese poder, pero si lo ejerce adultera, pues también ella ha dado la vida a su marido. Al situar en paralelo el poder (y el adulterio) de mujer y varón, y al formularlo en términos iguales, Marcos ratifica la revolución (recreación) personalista de Jesús, que otros textos del Nuevo Testamento como las deuteropaulinas y las leyes de muchas iglesias posteriores aún no han asumido. Desde el ámbito de entrega de Jesús, en clave de unión matrimonial, varón y mujer aparecen ya en su plena igualdad, como personas.

El carácter definitivo del matrimonio no se funda en un poder impositivo (de mujer o de varón), ni es ley que planea por encima de ambos, de manera que se pueda controlar con métodos de coacción externa. Una cosa es *la ley*, entendida en clave de poder (tanto el varón como la mujer pueden divorciarse a ese nivel) y otra *la fidelidad humana*, fundada en Gn 1–2 y ratificada por Jesús. Esa fidelidad (donación compartida y recíproca de los esposos) es experiencia gozosa y sacrificada, paradisíaca y pascual, como vida que se arraiga en la *entrega de Jesús* y sólo en ella puede realizarse plenamente. Esa fidelidad sólo es posible allí donde la mujer se vuelve autónoma y tiene legalmente el «poder» de expulsar (lo mismo que el varón). Sólo si ambos pueden legalmente «adulterar» (no están coaccionados legalmente a vivir en unidad) pueden suscitar y gozar el matrimonio como expresión de fidelidad personal definitiva.

En el momento en que una ley se imponga sobre esa libertad gozosa y entregada, el matrimonio deja de ser signo de la gracia del Cristo (cf. 9, 41) que ha dado su vida en libertad por los humanos. Sobre la base de mutua libertad e igualdad, en camino de donación recíproca y esperanzada puede darse matrimonio mesiánico, como amor de Cristo hecho experiencia compartida de entrega interhumana. La ley ha estado y puede estar al servicio de una regulación del poder, sea en clave masculina, femenina o del conjunto social. Pero sobre ella, en clave de igualdad del varón y la mujer (ambos autónomos), ha presentado Jesús con su entrega y palabra un camino sacramental de matrimonio, vinculando *principio* (Dios los hizo varón y mujer) y *culminación mesiánica* (Jesús se ha entregado por ellos).

Jesús no ha venido a fundar otro sistema de equilibrio social o sexual que se mantiene por la fuerza, sino un camino de donación mesiánica, recuperando el principio de la Biblia (Gn 1-2), e introduciendo el matrimonio en su proyecto de evangelio. Así lo ha visto como algo *natural* (de la creación) y muy *sobrenatural*, pues sólo se comprende y puede realizarse desde el fondo de su propia entrega. Él ha puesto su vida en manos de la autoridad de Israel para realizar su fidelidad mesiánica. Marido y mujer han de entregarse igualmente uno a otro, no para la muerte, sino para la vida, no para la cruz, sino para el crecimiento mutuo en clave de fidelidad mutua, en un gesto de libertad compartida.

Libertad no significa aquí desinterés ni tampoco aislamiento del uno respecto al otro, cuidado del uno por el otro. En contra de una ley que parece permitir (¿exigir?) que sus seguidores entreguen a Jesús (le nieguen, le rechacen y le dejen en manos de enemigos), los auténticos creyentes (varón o mujer) no se pueden entregar o negar el uno al otro. Cada uno de ellos debe mantenerse siempre fiel respecto al otro, en gesto de responsabilidad compartida.

Ésta es una forma sorprendente de apoyar la dignidad de la mujer y de fundar el matrimonio como vínculo de unión fiel entre dos seres humanos. Superando los límites de la ley mosaica (expresión de violencia organizada y dureza de corazón), Marcos ha querido edificar el matrimonio en dos principios que se apoyan y sostienen mutuamente: a) la palabra original de Dios que ha creado al ser humano en forma de complementariedad; b) la entrega de Jesús que nos permite vencer los egoísmos derivados del pecado y volver al principio igualitario de la creación. El camino de la cruz libera al hombre de su violencia y le permite recuperar el sentido de la creación, como experiencia de fidelidad mutua y personal de varón y mujer.

El matrimonio no se puede ya entender como derecho del uno sobre el otro, sino como unidad original y responsable (definitiva) entre dos seres humanos. Allí donde le niegan, le entregan o le expulsan, dándole una especie de libelo de repudio que le llevará a la muerte, Jesús quiere que nosotros superemos el camino de las mutuas negaciones; por eso se ha atrevido a presentarnos un modelo de amor definitivo. Un grupo de judíos le ha expulsado, pero Jesús no quiere que el varón expulse a la mujer, ni viceversa. Más allá de la ley de dominio de uno sobre otro, que acaba siendo ley de muerte, viene a revelarse ahora el camino de fidelidad matrimonial. Cuidar del otro, no negarle ni entregarle: esto es lo que debe definir al ser humano. Sólo un hombre como Jesús, al que «han divorciado» o entregado sus mismos hermanos de pueblo, puede formular así el principio radical del no divorcio. Dos seres humanos son capaces de amarse para siempre: esto es buena nueva. Así lo dice aquel Jesús a quien un día rechazaron los mismos de su grupo. El sí de la fidelidad de Dios se puede convertir en sí de fidelidad interhumana.

(81) Matrimonio 2. Una visión más amplia

El Jesús de Marcos nos invita a superar los vínculos anteriores de genealogía y familia patriarcal. Sólo esa ruptura permite entender el valor de la mujer y la fidelidad del matrimonio (que es de fe, no de ley). El evangelio no es un proyecto de renuncia, sino de creatividad humana, que se expresa también en claves de matrimonio.

1. *El signo del novio, un ideal mesiánico* (2, 18-22). La presencia mesiánica del novio (Jesús) transforma la vida de sus «hijos» (= amigos), de tal forma que su Iglesia puede y debe presentarse como espacio de bodas, donde, en principio, los «invitados» (los cristianos) comen y visten de fiesta, no ayunan.
2. *Milagros de mujer, signo de bodas* (5, 21-42). Tanto la hemorroísa como la hija de Jairo han enfermado por imposición masculina de pureza. Curarse significa para ellas acceder a la libertad personal, en la que es posible el matrimonio entre iguales.
3. *Padre y madre como objeto de cuidado de los hijos*. Ambos por igual son valiosos (sagrados) por encima de la sacralidad del templo. Liberarse del padre en cuanto poder patriarcal (cf. 3, 31-35 y 10, 28-32, donde no aparece la figura del padre), significa asumir un compromiso más alto de ayuda a los padres en cuanto necesitados (7, 9-14).
4. *Igualdad y permanencia matrimonial* (10, 1-12). Jesús niega al varón el derecho impositivo (de divorcio) sobre la mujer, haciéndoles iguales en fidelidad fundada en la voluntad de Dios y avalada por la entrega de Jesús.
5. *¿Matrimonio dominado por la madre?* La nueva familia consta de madres/hijos y hermanos/hermanas (10, 28-30; cf. 3, 31-35). No se citan los padres, quizá para evitar el patriarcalismo, pero están incluidas las madres, en una Iglesia que es lugar de cuidado materno para los niños (9, 33-37; 10, 13-16).
6. *Serán como ángeles...* Frente al matrimonio levirático, que parece convertir al varón en dueño de la esposa (¡una misma mujer fue esposa de siete hermanos, que fueron dueños de ella), ofrece Jesús un proyecto de unión personal sin dominio de uno sobre otro (12, 18-27).

La fidelidad matrimonial es en Marcos un signo importante de Reino, vinculado a la voluntad de Dios y al camino de entrega de Jesús. La Iglesia posterior ha repatriarcalizado con frecuencia el matrimonio, haciéndose contraria a la intención más honda de Marcos.

2. Niños de Jesús: el hogar de la Iglesia (10, 13-16)

Sobre el tema de los niños y pequeños, cf. bibliografía citada en comentario a 9, 33-37. Sobre los niños en la tradición bíblica, cf. R. de Vaux, *Instituciones del AT*, Herder, Barcelona 1985, 77-90; R. E. Clemens, *The relation of Children to the People of God in the OT*, BapQuat 21 (1966) 195-205; J. A. Grassi, *Child*, ABD I, 904-907; A. Oepke, *Pais*, TWNT V, 636-653. Sobre la posible referencia al bautismo de niños, cf. K. Aland, *Die Säuglingstaufe im NT und in der alten Kirche* (TEH 96), München 1967; O. Cullmann, *El Bautismo de los niños y la doctrina bíblica del bautismo*, en Id., *Del evangelio a la formación de la teología cristiana*, Sígueme, Salamanca 1972, 151-232; J. Jeremias, *Nochmals: Die Anfänge der Kindertaufe* (TEH 101), München 1962. Recoge y evalúa la discusión sobre el bautismo de niños, con referencia a Mc 10, 13-15, G. Barth, *El Bautismo en el tiempo del cristianismo primitivo* (BEB 60), Sígueme, Salamanca 1986, 157-168. O. Cullmann, *Spuren einer alten Taufformel im NT*, en Id., *Vorträge und Aufsätze*, Mohr, Tübingen 1966, 524-532 [= RHPR 17 (1937) 424-434] interpreta el *mē kōlyete* de 10, 14 como elemento de una liturgia bautismal.

Este pasaje completa y explicita el anterior. Marcos inscribe lo ya expresado en 9, 33-37 (en un contexto de discusión sobre el poder: ¿quién es el mayor...?) en un plano de pertenencia eclesial. Las mujeres se hallaban en situación de sometimiento, pues podían expulsarlas sus maridos (10, 2-4); los niños resultaban inferiores, puesto que ellos no podían asumir los planes de mesianismo triunfal que siguen sosteniendo los discípulos, conforme a la visión de Pedro en 8, 27-33. Pero ahora no es Pedro quien riñe a Jesús; son los discípulos en general quienes lo hacen (cf. el mismo *epitiman* de 8, 32 y 10, 13), riñendo a los padres (o a las personas mayores) que molestan a Jesús, al pedirle que se ocupe de sus niños.

a. (Niños) *[13] Y le llevaban niños para que los tocara, pero los discípulos se lo impedían.*
b. (Enseñanza) *[14] Jesús, al verlo, se indignó y les dijo: «Dejad que los niños vengan a mí; no se lo impidáis, pues de los que son como ellos es el reino de Dios. [15] Os aseguro: quien no reciba el reino de Dios como un niño, no entrará en él».*
c. (Acción) *[16] Y, abrazándolos, los bendecía, imponiéndoles las manos.*

Este pasaje instituye una *norma eclesial*, en la línea de 9, 33-37 donde Jesús presentaba a los niños como jerarquía de la Iglesia. Puede entenderse como paradigma (une acción y palabra) y controversia eclesial. Lo presento como norma: hay que ofrecer a los niños los tres bienes supremos de la vida (abrazo, bendición y autoridad), pues ellos están en la base de la Iglesia.

a) *Le traen niños* (10, 13). Ellos eran según 9, 33-37 los primeros en la Iglesia. Ahora vuelven. Por un lado seguimos *en camino* (cf. 10, 1), de manera que los niños vienen de fuera (no son hijos de discípulos). Por otro estamos cerca de *la casa eclesial* (cf. 10, 10), pues en ella culmina el tema. En el lugar de cruce entre mundo e Iglesia emergen los niños, como signo del mensaje de Jesús, vinculados lógicamente a la *fidelidad matrimonial* (10, 1-12).

Es posible que nosotros (año 2011) hubiéramos desarrollado otros rasgos: paternidad responsable y número de niños, anticonceptivos y superpoblación. Esos problemas son importantes (y en su contexto deben plantearse), pero Marcos, desde el fondo de la entrega de Jesús, destaca la tarea de la comunidad ante los niños ya nacidos. Ha fijado en otros textos la tarea de los padres (5, 21-43; 7, 24-30; 9, 14-29). Ahora trata de la Iglesia que vuelve a presentarse (cf. 9, 33-37) como casa (lugar de acogida) para los que sean o no cristianos:

- *Le traen niños para que los toque* (10, 13a) en perspectiva que en su origen puede ser mágica (el santón, curandero o profeta transmite a los pequeños buena suerte), pero que ha de verse en clave de vinculación mesiánica. Quienes traen niños son los padres o familiares para que Jesús les toque, en gesto que es muy suyo (toca y cura en 3, 10; 5, 27-28; 7, 33; 8, 22). Ellos no forman todavía parte de la Iglesia, están en el camino, pero piensan que Jesús (su Iglesia) es buen lugar para el despliegue y crecimiento de sus niños.
- *Los discípulos lo impiden* (10, 13b). No pueden permitir que Jesús pierda su tiempo, que abandone sus misiones importantes, para dedicarse a los niños, en tarea que parece poco digna, propia de mujeres. Al fondo del pasaje sigue habiendo una disputa eclesial, semejante a la de Hch 6, 1-6: los Doce no atendían a las viudas y a las mesas de los pobres. Ahora, los *discípulos centrales* (esos Doce) no permiten que Jesús se ocupe de los niños: desean crear otra vez (cf. 9, 33-37) *un grupo de poder*, controlado por ellos; por eso forman una especie de guardia pretoriana o círculo de seguridad en su entorno, impidiendo que traigan los niños. La Iglesia corre el riesgo de volverse grupo de personas importantes, que no tienen corazón ni tiempo para perderlo en esas cosas. Los mismos discípulos a quienes Jesús hizo mensajeros de salvación (6, 6b-13) y servidores de sus panes para los hambrientos (6, 41; 8, 6-7) tienden a volverse instancia de control para los pobres.

El texto parece reflejar una visión eclesial de tipo impositivo, donde se destaca el control que los dirigentes ejercen sobre el conjunto de la comunidad, imponiendo su criterio sobre el de Jesús; no dejan que se ocupe de los niños; no permiten que los niños vengan a estorbarle. En el fondo desean manejar la vocación mesiánica, imponiendo sobre Jesús su voluntad y diciéndole aquello que ha de hacer: ocuparse de los grandes, conquistar un reino en disciplina de poder. De esa forma se presentan como «propietarios» y no como servidores de un Reino que ha dejado de ser gracia para convertirse en campo de disputa sobre méritos.

b) *Jesús, enseñanza* (10, 14-15). Significativamente, en contra de lo que sucedía en 9, 36-37, viene primero la enseñanza, luego el gesto. Jesús ha comenzado indignándose con los discípulos, que no dejan que los niños se acerquen a él, y en ese sentido tenemos un gesto previo de enfado y corrección de Jesús (10, 13); pero en el centro del pasaje, antes del gesto final (10, 16), ha incluido Marcos la enseñanza de Jesús (10, 14-15).

Frente a la imposición de los que quieren convertirse en grandes, Jesús reivindica el valor primario de los niños: son signo del Reino, los más importantes; no hay tarea más valiosa que acogerles, tocarles, bendecirles. En medio de su gran ocupación mesiánica, cuando parece que debía dejar todas las cosas secundarias, Jesús afirma con solemnidad que esos niños son objeto, centro y meta de su Reino, reasumiendo en clave distinta de acogida y organización lo dicho en 9, 33-37.

El camino de entrega, que en 10, 1-12 era principio de unión matrimonial, se vuelve ahora espacio para niños. Desde esa perspectiva ha de entenderse el sentido de la comunidad de Jesús: no es escuela de sabios, ni reunión de ascetas, ni concilio de iniciados, sino hogar para los niños. Por eso, allí donde sus discípulos critican la presencia de los niños, Jesús se indigna (con palabra dura *êganaktêsen*), oponiéndose de esa forma a un tipo de comunidad que algunos de sus discípulos quieren construir al margen (o en contra) de los niños. Nos hallamos ya ante el posible comienzo de una Iglesia donde no caben los niños o donde ellos quedan en un segundo plano:

a. Principio: Dejad que los niños... (10, 14). La palabra clave es *no se lo impidáis* (*mê kôlyete*), dirigida como en 10, 39 a los dirigentes de la comunidad: Jesús pedía tolerancia para el exorcista; ahora exige acogida para los niños, que son signo privilegiado de Dios (de quienes son *como ellos*, *toioutôn*, es el reino de Dios. Jesús supone que los niños «quieren venir» (o que se los traen), mientras hay una Iglesia que se lo impide.

b. De los que son como ellos... (10, 14). Los seguidores de Jesús han de hacerse hacer niños ante el Reino, para recibirlo como ellos (los niños) reciben la vida, en actitud de pequeñez, de acogimiento gratuito. Eso significa que el Reino es de los niños (que no tienen que hacer nada para ser lo que son) y de los que se hacen niños (de los que son como ellos es el Reino) Frente a la exigencia de las obras (conquistar el Reino por ascesis, ciencia o violencia) se expresa aquí la más honda experiencia de la receptividad: Mc 9, 35 hablaba de «hacerse los últimos»; en este contexto podemos hablar de «hacerse niños». Esta es la lectura que ha puesto de relieve Mt 18, 1-5 y 19, 13-19, espiritualizando el tema, que en Marcos tiene también otros matices.

c. Recibir el Reino como/a un niño (10, 15). Esta frase puede tener dos sentidos. (a) Recibir el Reino como niño, es decir, como lo reciben los niños, en actitud de infancia, haciéndonos niños. (b) Recibir el Reino como se recibe/acoge a un niño necesitado, como hace Jesús, que acoge a los niños (en contra de la tendencia de sus discípulos). Ciertamente, importa «hacerse» niño (= pequeño), pero sobre todo importa *recibir, acoger, ofrecer casa, a los niños*. En esa línea, la misma Iglesia ha de entenderse como sociedad especializada en acoger a los niños: como gran *maternidad*, hogar de cariño, escuela de experiencia y amor para ellos. Esta lectura asume y completa lo indicado en el texto anterior (9, 33-37): el reino de Dios se hace presente en los niños; el Reino se recibe (se deja construir y se construye) al recibirlos.

Ambos sentidos (hacernos niños y acoger a los niños) han de vincularse. (a) El camino del seguimiento convierte a los discípulos de Jesús en «niños ante el Reino»: no se trata de conquistar méritos (realizar grandes ayunos, transformar la mente o las costumbres en ascesis elitista), sino sólo de ponerse en actitud receptiva ante Dios. (b) Pues bien, quien actúa y vive de esa forma sabe acoger a los demás, suscitando así un espacio donde el niño pueda vivir, hacerse humano, madurar. (a) Hay, por tanto, *un sentido receptivo* de esa frase: como un niño que está abierto a (en manos de) los otros, los discípulos deben mantenerse en actitud de apertura ante el don de Dios que es Reino. (b) Pero hay también un sentido activo: se debe recibir el Reino como se recibe, cuida, educa a un niño. Sólo si ayudamos a los pequeños podemos acoger el Reino.

Este pasaje nos sitúa ante un dato claro y sorprendente del Evangelio: el mismo camino de entrega de Jesús (es decir, su mesianismo receptivo), que ha suscitado un espacio de comunicación libre y creadora entre varón y mujer, viene a presentarse en su raíz como principio de ayuda para los demás, de manera que nuestra vida se convierte en fuente de vida para los más necesitados y los niños. El mismo Jesús entregado es como un niño que está en manos de los otros Por eso los niños parecen (son) por siempre un signo especial de su presencia sobre el mundo.

c) *Jesús, acción* (10, 16). Las dos lecturas anteriores (recibir el Reino como lo recibe un niño y recibirlo como se debe recibir a un niño) son buenas pero el gesto final de Jesús (abrazar, bendecir, imponer las manos: 10, 16) y el conjunto de Marcos destacan la segunda: la Iglesia ha de abrirse como espacio de amor para los niños. Ellos son meta y sentido de la obra de Jesús: por ellos sube a Jerusalén, por ellos muere. Este pasaje nos lleva al centro del proyecto mesiánico de Jesús. Marcos emplea el verbo *amar* (*agapaô*), pero es claro que todo lo que dice ha de entenderse en trasfondo de amor. Jesús, varón mesiánico *abraza, bendice e impone las manos a los niños*:

- *Abrazo (enankalisamenos)*. Abrazar es gesto de cariño y comunicación vital entre esposos, amigos, familiares. Antes de toda voz está la palabra de la piel que acaricia, de las manos que tocan, de los brazos que sostienen, del cuerpo que dice su verdad a otro cuerpo. En este primer nivel se ha situado Jesús, ofreciendo a los niños la alegría de su vida y recibiendo la ternura y gozo que ellos le transmiten con la suya.

– *Bendición (kateulogei).* Jesús ofrece a los niños un futuro de vida al bendecirles, como hacía Dios a los humanos al principio (Gn 1, 28). No les abandona en su pequeñez, no les deja en su infancia por siempre; quiere que crezcan y gocen, para poseer los bienes de la tierra, pues eso significa bendecir: ofrecer a los demás una palabra y riqueza de vida, educación, esperanza gozosa, abundante. Crear un mundo donde la vida de los niños merezca la pena, eso es bendecir.

– *Imposición de manos* (*titheis tas kheiras ep'auta*). Este gesto final ha de entenderse como iniciación sanadora (cf. 5, 23; 7, 32) y consagración mesiánica: sirve para transmitir a otra persona el propio poder. Así lo hacen los sacerdotes de Israel con sus sucesores (cf. Nm 27, 18; Dt 34, 9). Así lo harán después los obispos cristianos, impartiendo su carisma a otros jerarcas. Pues bien, en gesto que rompe los esquemas de poder israelita, Jesús impone las manos a los niños, ofreciéndoles su autoridad. Ellos, los más pequeños, son desde ahora los verdaderos presidentes de la Iglesia.

Al tratar así a los niños, Jesús ha situado en el primer plano algo que parecía propio de mujeres: se ha pensado que los hombres deberían realizar negocios importantes (y apostólicos); las mujeres, en cambio, debían ocuparse del hogar y el futuro de los niños. Pues bien, en contra de esta división protesta aquí Jesús: el cuidado de los niños, la defensa de la vida es compromiso de todos, empezando por el Hijo del Hombre. La Iglesia se presenta así como lugar donde no sólo es posible y gozoso el matrimonio, sino también la vida de los niños. Ellos pertenecen en algún sentido a toda la comunidad que ha de ofrecerles su cuidado, haciéndose hogar para ellos (sean cristianos y no) como suponía el contexto del pasaje.

Frente al deseo de poder de los que se consideran grandes (ancianos, administradores eclesiales), que fijan desde arriba la ley comunitaria (cf. 7, 3), Jesús ha establecido aquí la *libertad sorprendente y amorosa de los niños* que, dejándose querer, son principio de vida para el resto de la comunidad. Amar implica en ese fondo *comenzar de nuevo*, en actitud de *neotenia*, de retorno creador hacia la infancia, pues el ser humano brota del cariño y confianza que en ella se reciben.

Jesús no ha fundado su grupo sobre unos fundamentos de ley social (manejada por escribas), ni de sacralidad religiosa (propia de sacerdotes), ni de poder social (controlado por ancianos), pues han sido ellos, escribas-sacerdotes-ancianos, quienes le han entregado con violencia en manos de la muerte. En contra de eso, Jesús funda su Iglesia desde el otro lado, es decir, sobre la impotencia misma de su vida pequeña y de su entrega. Es ahí donde adquieren su importancia y su valor original los niños, al situarse y crecer sobre un espacio donde varón y mujer viven en amor definitivo. Por eso hemos dicho que ambos temas, el de la mujer (fidelidad esposo-esposa) y el de los niños aparecen vinculados en esta sección fundamental del camino de Jesús hacia Jerusalén.

De esta forma se pone de relieve el potencial creador del evangelio. No vivimos sobre un mundo preparado ya para la muerte, como suponía Juan Bautista. No estamos a las puertas de un fin del mundo aterrador, de manera que no tenga ya sentido engendrar-cuidar a niños. Todo lo contrario. Sobre el ancho espacio de su entrega, Jesús quiere fundar un mundo nuevo donde exista amor y tiempo para que los niños puedan hallarse potenciados. El amor varón-mujer, potenciado ya desde la entrega de Jesús, viene a presentarse ahora como fondo en el que adquiere garantía y valor pleno el surgimiento y cuidado de la vida, la vida de los niños. Amarles a ellos significa aceptar el evangelio creer en la buena nueva de Dios sobre la tierra, asumir el futuro de la vida que surge de la entrega y cuidar de la vida más pequeña.

---

(82) Niños 2. Visión general en Marcos

Se tiende a pensar que la ley de la Iglesia debe regular de manera especial los derechos y deberes de los mayores: los grandes, los sabios, los dirigentes. Pues bien, Marcos ha invertido de manera programada esa tendencia, haciendo de los niños el principio y punto de referencia de la Iglesia, en tres contextos programáticos que definen de manera insuperable su evangelio.

1. *Experiencia fundante*: los padres están al servicio de los niños y no al revés, de manera que es la «fe» de esos padres la que cura a los niños. Así lo muestran los tres milagros básicos del evangelio, en los que se dice que el padre y/o madre debe cambiar (y creer) para curar al niño: el Archisinagogo y su hija (5, 21-24.35-43), la sirofenicia y su hija (7, 24-30), el semicreyente y su hijo (9, 14-29).
2. *Inversión del poder*, el niño en el centro de la Iglesia (9, 35-37): frente a los discípulos que quieren ser grandes dominando sobre los demás, sitúa Jesús al niño como testimonio y portador del valor supremo de la Iglesia.
3. *Recibir y ayudar a los niños* (10, 13-16). En contra de los discípulos que pretenden construir una Iglesia para ellos (sin lugar para los niños), presenta Jesús su programa de acción con (para) los niños, en gesto que incluye el cariño (abrazo), la educación (bendición) y el poder (imposición de manos).
4. *Lo que se dice de los niños se amplía a los «pequeños»*, es decir, a los que no poseen medio de control ni de dominio. Ellos, los más frágiles, forman la columna vertebral de la comunidad de Jesús (10, 42-50).

> La Iglesia posterior ha ritualizado el gesto y opción de Jesús, bautizando a los niños, y ése ha sido un gesto bueno, pero corre el riesgo de olvidar lo principal: lo que define aquí a los niños no es que sean cristianos (bautizados o no), sino que están necesitados. Frente a la caridad sacral de bautizar al niño para que se salve en la otra vida (cosa que Marcos no plantea), el evangelio insiste en el servicio social de ofrecer casa (acoger) a los niños del mundo (en el entorno de la Iglesia, a la que definimos como hogar de acogida para ellos).

d) Culminación de Iglesia. Ciento por uno (10, 17-31)

He planteado el tema en *El evangelio. Vida y pascua de Jesús* (BEB 75), Sígueme, Salamanca ²1993, 93-107. Estudio básico del tema en V. Fusco, *Povertà e sequela: La pericope sinottica della chiamata del ricco: Mc 10:17-31*, Paideia, Brescia 1991; G. Leal Salazar, *El Seguimiento de Jesús según la tradición del rico. Estudio redaccional y diacrónico de Mc 10, 17-31*, Verbo Divino, Estella 1996; S. Légasse, *L'appel au riche (Mc 10, 17-31 par)*, Beauchesne, Paris 1966, 19-63. Sobre la problemática de fondo, cf. H. Braun, *Spätjüdisch-häretischer und frühchristlicher Radikalismus* I-II, Mohr, Tübingen 1957; J. Dupont, *Le Beatitudini*, Paoline, Roma 1977/79, I, 513-720; II, 236-325 y 605-743; Th. Matura, *El radicalismo evangélico*, Claretianas, Madrid 1990; D. L. Mealand, *Poverty and Expectation in the Gospels*, SPCK, London 1980; T. E. Schmidt, *Hostility to Wealth in the Synoptic Gospels*, JSOT, Sheffield 1987. Para situar el tema en Marcos, cf. Barton, *Discipleship*, 96-107; Belo, *Lectura*; Best, *Following*, 110-120. Sobre el rico entre los «personajes menores» de Marcos, cf. H. J. Klauck, *Die erzählerische Rolle der Jünger im Markusevangelium*, NT 24 (1982) 1-26, y J. F. Williams, *Followers*. Entre los comentarios, Pesch, *Marco* II, 210-228; Gnilka, *Marcos* II, 95-104. Visión de conjunto del tema dentro de la ética eclesial, en W. Schrage, *Ética del NT* (BEB 57), Sígueme, Salamanca 1987, 27-147.

En esta segunda sección del camino (9, 31–10, 31), Marcos ha tratado ya de los niños y pequeños, y de las mujeres y los niños. Ahora se ocupa de un modo especial de las riquezas y de su sentido (de su riesgo) y del seguimiento de Jesús. El tema central es el riesgo y valor de la riqueza, en perspectiva de Reino y de discipulado. Desde ese fondo ha reinterpretado Marcos los pasajes ya conocidos de las vocaciones primordiales de los pescadores (1, 16-20) y publicanos (2, 13-17). Es evidente que unos y otros debían dejar todo (su viejo arte de pesca, el banco de las cuentas) para seguir a Jesús hacia el Reino. Pero ese tema no se había discutido ni expresado en toda su crudeza. Ahora se hace, en contexto de camino, en ámbito de entrega de la vida. Se recupera así y se expresa de manera dramática (en gesto y enseñanza) el motivo primordial de 8, 34-35: «Si alguien quiere venir en pos de mí, niéguese a sí mismo, tome su cruz y sígame...».

El camino mesiánico se entiende ahora en relación a las riquezas. ¿Podrá el hombre que es rico, apegado a las ventajas y seguridades que da el mundo, desprenderse de ese apego y seguir a Jesús en el camino? Tras haber tratado del discipulado (9, 32-50), con matrimonio y niños (10, 1-16), Marcos se ocupa por tanto del sentido y riesgo de las riquezas (10, 17-31), iniciando así una nueva narración sobre la Iglesia, que, como he dicho, puede dividirse en tres partes:

a. Un rico fracasado. Paradigma económico (10, 17-22). Mientras Jesús sigue en camino (*eis hodon*), un hombre corre a su encuentro. Quiere heredar la vida eterna (*dsôên aiônion*). Jesús le remite a los mandamientos y, viendo que los cumple, le invita a *dejarlo todo y seguirle*. El hombre queda triste y le abandona: es rico y no puede (no se atreve a) dejar sus posesiones.

b. Ampliación. Doctrina sobre las riquezas (10, 23-27). La dificultad mayor para seguir a Jesús no es la ley de los escribas (cf. 3, 20-35) ni la pureza sacral del judaísmo (cf. 7, 1-23), sino las riquezas: ellas constituyen el último enemigo, esclavizan al ser humano y le impiden caminar al Reino.

c. Ratificación. Ciento por uno (10, 28-31). Habla Pedro en nombre del resto de los discípulos y se atreve a decir que lo han dejado todo, haciéndose Iglesia. Jesús acepta su atrevimiento y le asegura que tendrán el ciento por uno en este mundo y después, en el futuro, heredarán la vida eterna (*dsôên aiônion*) como pedía el rico del principio (en 10, 17).

1. Vende lo que tienes: un fracasado (10, 17-22)

Narración vocacional en la línea de 1, 16-20, aunque la iniciativa parte aquí del hombre (postulante) y no de Jesús. Ofrece rasgos de diálogo legal, si por ley se entiende la exigencia de realización humana. Pero he querido destacar su aspecto de ejemplaridad económica. El suspense de la escena (¿por qué ha dejado este hombre a Jesús?) sólo se aclara al final, cuando el redactor comenta que *tenía muchas riquezas*.

a. (Pregunta) *[17]Y poniéndose en camino se le acercó uno corriendo, se arrodilló ante él y le preguntó: «Maestro bueno, ¿qué haré para heredar la vida eterna?».*

b. (Primera enseñanza) *[18]Él le contestó: «¿Por qué me llamas bueno? Sólo Uno es bueno: Dios. [19]Ya conoces los mandamientos: No matarás, no cometerás adulterio, no robarás, no darás falso testimonio, no defraudarás, honra a tu padre y a tu madre». [20]Él replicó: «Maestro, todo eso lo he cumplido desde joven».*

c. (Profundización) *[21]Jesús, mirándole, le amó y le dijo: Una cosa te falta: «Vete, vende todo lo que tienes y dáselo a los pobres; así tendrás un tesoro en el cielo. Luego ven y sígueme».*

d. (Desenlace) ²²*Ante estas palabras, él suspiró y se marchó entristecido, porque poseía muchas riquezas.*

Marcos no siente necesidad de presentarle (en contra Mt 19, 20 y Lc 18, 18 que le hacen *neaniskos*, joven, o *arkhôn*, príncipe). La misma trama narrativa mostrará su identidad. En este momento (10, 17) es simplemente *heis*, uno (alguien). Sólo al final, como desvelando aquello que el lector debería descubrir por sí mismo, se dice que este hombre, que llamó a las puertas de Jesús, tenía muchas posesiones (*ktêmata* 10, 22). Este hombre rico aparece así como figura y ejemplo negativo en el camino de Jesús.

a) *Cuestión de fondo ¿Qué haré...?* (10, 17). El postulante corre hacia Jesús a quien llama maestro bueno (*didaskale agathe*), indicando que confía en él y está dispuesto a escucharle, aceptando su doctrina. Este pasaje es, sin duda, un paradigma. Puede recoger un recuerdo histórico de la vida de Jesús. Pero Marcos ha presentado a este hombre como tipo de lo que implica el seguimiento. Es un hombre que valdría como discípulo (en plano de enseñanza y ley); pero no sirve como seguidor de Jesús.

Este hombre llama a Jesús Maestro Bueno. Parece que ese apelativo es acertado, pero Jesús lo matiza diciendo ¡*sólo Uno, Heis, es bueno!*, en palabra que recoge la confesión del judaísmo (*Dios es Uno, Heis*: Dt 6, 4-5; cf. Mc 12, 29) y la controversia de Jesús con Pedro y los fariseos a quienes ha dicho que busquen las cosas de Dios, no las de los humanos (cf. 8, 33; 10, 9).

Jesús sigue en camino (*eis hodon*). Alguien se le acerca, le saluda inclinando las rodillas, en gesto de profunda reverencia, y le pregunta cómo heredar la vida eterna. Es evidente que ha escuchado la llamada de la ley, es buen israelita, atento a las promesas que Dios hizo en otro tiempo a los patriarcas. No nos podrá sorprender el hecho de que luego afirme que ha cumplido bien los mandamientos desde el inicio de su juventud (*ek neotetos mou*: 10, 21). Este hombre no muestra ningún rastro de aquello que a veces se ha llamado la angustia o impotencia de la ley (en la línea paulina de Rom 78): este hombre pudo cumplirla ya en su infancia-juventud, sin dejarse llevar por las pasiones del robo, la infidelidad sexual o la mentira. Es una encarnación del buen judío: es cumplidor, es sincero y merece por ello el amor de Jesús (10, 21). Pero precisamente aquí se abre a sus ojos un camino nuevo de discipulado.

Aquí no se supone que la ley es mala o que ha regido sólo por un tiempo, como se decía de la norma de divorcio en 10, 4. No es ley concesiva, por la dureza de los corazones (cf. 10, 5). En sí misma, esa ley es buena, pero resulta insuficiente. Eso significa que Jesús viene a ofrecer algo más grande que la ley judía, un principio de existencia que desborda todos los valores anteriores de los mandamientos del judaísmo. Por eso añade: «Una cosa te falta.... ». Siendo hermeneuta de la ley antigua, Jesús nos invita a trascenderla, ofreciendo ya un modelo de realización en el amor para todos los que quieran alcanzar la plenitud de la existencia.

b) *Primera enseñanza*: *Ya conoces los mandamientos...* (10, 18-20). Jesús no quiere hacerse contrincante; por eso coloca al *buen judío* ante su propia ley, recordando los preceptos (*entolas*) que llevan a la vida eterna, la *dsôê* donde han venido a condensarse los bienes supremos. Ha preguntado el judío y Jesús le ha remitido a las normas de su grupo religioso, en gesto de profundo respeto cultural y coherencia sagrada.

El buen judío, a su vez, le responde: *¡Maestro! Todo eso lo he cumplido desde mi juventud* (10, 20). Es fiel a la ley, judío «perfecto», conforme a la estructura y tradición israelita. No es un impotente moral, un resentido, alguien que empieza cuando es viejo, sino que cumple la ley desde el primer momento de su vida (*ek neotêtos mou*). Éste es el enigma: un buen judío busca algo mejor que su ley y así pregunta a Jesús por el camino de la vida eterna. No tiene angustias personales, dificultades familiares o sociales. Es intachable conforme a los códigos legales.

c) *Profundización. Jesús, mirándole, le amó y le dijo...* (10, 21). Toda la escena se construye como cruce de miradas (la mirada de 10, 21 debe unirse a la de 10, 23). Lo que Jesús pedirá a este hombre (*vende todo, sígueme...*) sólo se puede cumplir desde el amor. Jesús ofrece al rico la mirada amante y, por encima de la ley, le capacita para superar la opresión de las riquezas, llevándole al nivel de gratuidad del Reino. No le aplasta con odio, no le rechaza ni denuncia. Simplemente le quiere, en gesto que define todo el evangelio. Una mirada de amor (*emblepsas autô êgapêsen auton*): fundamenta y da sentido a lo que sigue.

Éste es el centro de la escena. Este hombre ha cumplido las leyes de los mandamientos, de manera que puede decirse que es moralmente intachable. Pero hay algo que está por encima de esa «moral», por encima de todo lo puede hacerse según ley, es decir, por mandatos. Más allá de lo que alcanza el propio esfuerzo está el misterio de una vida donde, dejándolo todo por amor, se puede lograr todo. Entre el cumplimiento de los mandamientos de la ley (que tienen valor para alcanzar la vida eterna) y el camino de Reino de Jesús sigue habiendo una distancia: eso es lo que «falta» (*hysterei*) al hombre rico, eso es lo que ofrece Jesús. Para ello, el hombre rico tiene que «vender» toda su riqueza y dársela a los pobres, para así seguir a Jesús.

Jesús había llamado a los Doce para *ser-con-él* (3, 14), para acompañarle y compartir su suerte. Es lo que ahora dice al rico: que le siga, que sea-con-él en el camino. Sin nada mandó a los enviados en 6, 6b-13. Sin nada quiere que le siga este postulante (10, 21b). Desde ese fondo podemos profundizar en la respuesta de Jesús y en lo que pide a este hombre que ha venido a pedirle ayuda, para alcanzar la vida eterna.

La respuesta de Jesús («vende lo que tienes, ven y sígueme»: 10, 21) se puede interpretar en varios planos: de mística (confianza), de ascética (renuncia)... Aquí destaco su valor social: el rico debe convertir su hacienda en riqueza para los pobres. Ciertamente, Jesús sabe que es bueno tener y compartir dentro del grupo (como indicará 10, 28-30), pero ello puede encerrar a los creyentes en sí mismos, suscitando un tipo nuevo de egoísmo y poder comunitario, como aparece en la regla de Qumrán. Jesús no quiere sustituir la posesión individual (de familia pequeña) por el egoísmo o riqueza estructurada de un conjunto mayor de personas (una comunidad religiosa o Iglesia).

Jesús no necesita los bienes de este rico para edificar su comunidad; por eso no le pide que los ceda a su grupo; no quiere construir su Iglesia sobre donativos de los poderosos. Ama al rico en cuanto tal, como persona, no por lo que pueda darle. Le quiere en libertad y gracia, dando todo a los necesitados. El rico estaría dispuesto a ceder sus riquezas de otro modo. Si Jesús le hubiera dicho: ¿Cuánto puedes darme? habría respondido: ¿Cuánto necesitas? para invertir sus bienes (posiblemente todos) en la causa del maestro galileo y alcanzar así la vida eterna. Pero Jesús no necesita tales bienes, pues no eleva su Reino con dinero. Le quiere a él, le mira con amor y añade ¡*sígueme!*, como diciéndole: ¡*No quiero tus riquezas, te amo a ti como persona!*

Jesús está avanzando desde 8, 31 en una marcha que le pone en manos de las autoridades de Israel, y que 9, 31 ha definido como experiencia radical de entrega. El hombre rico quiere alcanzar la vida eterna al modo israelita, cumpliendo el mandamiento de la ley y manteniendo, al mismo tiempo, sus riquezas. Pero Jesús trasciende ese nivel y quiere ofrecerle la más honda palabra de lo humano, la verdad del verdadero mesianismo: le dice que no espere a que le quiten lo que tiene, que no espere a que le entreguen por la fuerza; que entregue él mismo su fortuna, que la ponga al servicio de los pobres, para asumir de una manera personal el nuevo proyecto y realidad de Reino.

Entre el postulante, que le llama *bueno*, y Jesús, que *le mira con amor*, se ha establecido una comunicación preñada de promesas. Podemos suponer que van a comprenderse, pues hay un presupuesto de cordialidad en la escena. Pero Jesús llega hasta el fondo y dice al hombre que ha pedido *vida eterna*: ¡*Vende lo que tienes... Sígueme!* Su propuesta resulta lógica. Al que, cumplida la ley del judaísmo, pregunta ¿*qué he de hacer?*, Jesús le responde ¡*ven conmigo!*, ofreciéndole un lugar en su camino, más allá de teorías sobre el cielo y de principios de oración contemplativa.

(83) Mirándole le amó. Abba, Dios de amor (10, 21)

Este pasaje ofrece un texto sobrio, pero intenso en experiencia de amor. Significativamente, Marcos ha presentado a Dios como aquel que llama y proclama a Jesús *¡Hijo querido!* (1, 11; 9, 7), para que nosotros lo escuchemos y sepamos entenderle en línea de amor. Lógicamente, a lo largo de todo el evangelio, Jesús aparece como hombre de amor, y de esa forma actúa, donde se dice que mirando al suplicante le amó, y así, por amor, le invitó diciendo: *¡Sígueme!* Marcos no ha dicho expresamente que Jesús amaba a los niños (aunque es evidente que lo hace al abrazarles), ni a las mujeres (aunque incluye escenas de amor hacia ellas: cf. 14, 3-9; 15, 40-41; 16, 1-8). Pero su vida y mensaje de Reino es una llamada de amor, como aquí se dice, en palabra de asombrosa concisión; *mirándole le amó*.

- *Un amor humano*. Estamos al final de los relatos de la entrega de Jesús, Hijo querido de Dios, que aquí se revela ofreciendo una mirada de amor a un hombre rico. Una mirada intensa, instantánea, que el rico no acepta, porque el amor es siempre libre, y Jesús no puede imponer una respuesta. Así es Jesús, amante fracasado que sigue dando amor (familia) a quienes quieran escucharle. Desde este fondo se distinguen y separan los motivos primordiales del pasaje: (a) *Un tipo de «buen» judaísmo* (y buen cristianismo) es compatible con las riquezas. Este hombre es bueno y rico; su honradez religiosa puede hallarse vinculada a la búsqueda y apego de los bienes materiales. (b) Pero el amor de, *Jesús, Hijo del Humano*, a quien el mismo Dios ha llamado *¡Querido!* desborda ese nivel de las riquezas según ley, abriendo un camino de desprendimiento (darlo todo a los pobres) y de comunión radical (tener un tesoro en el cielo), iniciando así el camino de Jesús, es decir, un seguimiento afectivo.
- *Un amor del Dios que es Abba* (en arameo: Padre). Marcos ha vinculado amor de Dios y amor al prójimo, en el texto clave de 12, 28-34. En esa línea podemos afirmar que su amor a los hombres y mujeres responde al que recibe de Dios, que le llama Hijo Querido (1, 11; 9, 7). Desde ese fondo ha de entenderse su invocación amorosa al Padre Dios, a quien llama con nombre de amor, Abba (14, 36). Ciertamente, esa palabra dirigida al Dios Abba (Padre Amado) resulta conocida en el judaísmo del entorno, de manera que no puede entenderse como algo exclusivo de los cristianos, como algunos exegetas han querido. Pero ella es muy importante para entender el evangelio de Jesús.
- *Abba, el Dios de Jesús*. Con esa palabra se dirigen los niños a sus padres, pero también lo hacen las personas mayores, cuando quieren tratar a sus padres

> de un modo cariñoso. Jesús la ha utilizado en su oración, al referirse al Padre Dios. Es una expresión importante, chocante, y, por eso, Marcos 14, 36 la cita en arameo y así la conserva la tradición, como nota distintiva de la plegaria cristiana (cf. Rom 8, 14; Gal 4, 6), aunque, en la mayoría de los casos, el mismo Marcos la ha traducido al griego y así dice *Patêr* (11, 25; 13, 32; cf. Mt 6, 9.32; Lc 6, 39; 23, 46, etc.). La singularidad de esa relación de amor con Dios reside, precisamente, en que ella nos sitúa en los orígenes de la vida, allí donde el ser humano (como niño: cf. 9, 33-37; 10, 13-16) nace del amor. No es una palabra secreta, cuyo sentido deba precisarse con cuidado (como el *Yahvé* de Ex 3, 14), sino la más simple, aquella que el niño aprende y sabe al principio de su vida, al referirse de manera cariñosa y agradecida al padre (un padre materno), que es dador de vida.
>
> - *Amor, una experiencia universal*. El amor que Jesús dirige el hombre rico, fundado en su experiencia de Dios como amor, es un principio universal de vida. No hace falta ser judío para entenderlo, no hace falta haber pasado por la Ley de un largo estudio. Basta ser persona. De esa manera, este Jesús, que es Hijo del amor de Dios, empalma con el origen de la humanidad, más allá de las religiones establecidas y de las posibles aportaciones del tiempo-eje de las grandes religiones. Estamos ante el Jesús-Hijo que puede ofrecer a todos los seres humanos, a todos los pueblos, una experiencia de vida universal (profética, divina). Quien haya tenido la dicha de nacer y pueda agradecer la vida que le han dado, no sólo unos padres concretos (especialmente una madre), sino alguien a quien puede llamar Padre en sentido superior, simbólicamente, como origen del que provienen y donde se sustentan todas las cosas y, de un modo especial, su propia vida, podrá descubrir que esa vida es don, gozando de ella, y podrá responder y llamar ¡Padre!

d) *Desenlace* (10, 22). Nos sitúa de nuevo ante la vida real, es decir, ante la reacción del «postulante». Este hombre no es capaz de seguir a Jesús con las manos vacías. Sabe que hay Dios, quiere su vida, pero no tiene el valor de entregarse a Jesús, confiando en los humanos: dando lo que tiene y esperando que ellos puedan/quieran acogerle, como a los discípulos de 6, 6-12. Necesita seguridad, en el fondo diviniza sus bienes y se marcha, entristecido, dividido, *porque era muy rico* (10, 22). Su reacción supone un fracaso mesiánico. Jesús le ha mirado, le ha ofrecido un lugar, pero él no lo ha aceptado. Ha puesto su dinero por encima del amor; su seguridad económica sobre el Reino.

Así se contraponen el camino del Reino y las riqueza, en paradigma cuyo sentido encontraremos en 10, 28-31. Pero ya desde ahora sabemos que este hombre indica el riesgo de las «buenas» riquezas, vinculadas a la honra y pureza de este mundo. Sólo allí donde ese ídolo-riqueza se supera emerge el Dios auténtico:

- *Dios.* En el principio se halla Dios como fuente de toda gratuidad. Por eso dice Jesús: Tendrás un tesoro en el Cielo (= en Dios)... Sólo si transcienden el riesgo radical de la riqueza, hecha de ley que les oprime, los humanos sabrán que Dios es Gracia y que se opone al deseo de divinizar las posesiones (*ktêmata*: 10, 22).
- *Jesús* es mediador de la gracia de ese Dios. Por eso mira al rico con amor y le llama para hacerle así participante (socio) de su Vida. No le pide bienes para construir con ellos algún tipo de Iglesia, sociedad o monasterio de iniciados. Le quiere a él como persona.
- *El Espíritu mesiánico* es la misma plenitud (riqueza) de la vida compartida. Jesús no rechaza los bienes del rico por ascesis, sino por amor, para que la vida se convierta en regalo mutuo, desbordando las fronteras del pequeño grupo (comunidad religiosa, nación, Iglesia...).

Entendida así, la escena (10, 17-22) es una acción parabólica, una especie de *novela ejemplar* que nos arraiga en el tiempo de Jesús, para alumbrar el camino de la Iglesia. Este hombre rico ha renunciado *al amor de Jesús* y de esa forma ha negado al *Dios del cielo* por servir *al Dios del mundo* (sus propios bienes). En función de ellos ha puesto su vida; en función de ellos la pierde. No plantea el texto una cuestión de dogma, sino de renuncia creadora que conduce a la existencia compartida. No se trata de tirar (negar) los bienes, sino de hacerlos signo de amor, al servicio de los pobres. La forma concreta en que se instaura y toma consistencia la comunidad de seguidores de Jesús es tema abierto y remite a la escena final del pasaje (10, 28-31) y del evangelio.

---

(84) Una llamada: Vende lo que tienes, dáselo a los pobres... (10, 21)

No es una llamada que empieza en Jesús, sin que hubiera nada previo, como la que dirigió a los Cuatro pescadores del principio (1, 16-20), sino que Jesús llama respondiendo al ofrecimiento del hombre que le ha preguntado «cómo heredar la vida eterna». Ciertamente, este hombre acude a Jesús, porque en el fondo le ama. Ha cumplido ya los mandamientos y Jesús le invita a dar un paso más, el último paso mesiánico:

1. *Una cosa te falta: vete...* (10, 21b). Allí donde está la perfección de un judaísmo legal (cumplir toda la ley) descubre Jesús una carencia. El hombre que le busca tiene muchas cosas, pero le falta la más grande: tiene que pasar

del único Dios (*Heis ho Theos*, cf. 10, 18, con cita del Shema: Dt 6, 4-5) al «una cosa te falta» (*hen se hysterei*), que define el mesianismo de Jesús.

2. *Vete, vende lo que tienes* (= *hosa ekheis*). La ley judía aprobaba sus posesiones, pero en el fondo de ellas descubre Jesús *una carencia*, pues ellas no dejan que el hombre descubra aquello que le falta. Por eso, el hombre tiene que «ir» (*hypage*) para venderlo todo, y renunciar a todo: no tener ya nada propio, no aspirar a construir cosa alguna como exclusivamente mía (o nuestra, de mi grupo) sobre el mundo.

3. *Y dáselo a los pobres*. No se trata de vender para compartir con el propio grupo (como podía hacerse en Qumrán), sino de vender para darlo todo a los de fuera (a los pobres). Jesús no le dice que entregue a la Iglesia lo obtenido por la venta; no nos lleva de la posesión individual (o de pequeña familia) a la posesión grupal de bienes, con la seguridad que ella suscita, situando al donante en un plano de ventaja económica o poder de grupo. Dar a los pobres significa desprenderse de todo, en gesto de gratuidad.

4. *Así tendrás un tesoro en el cielo*. Quien da gratuitamente recibe y tiene (*ekhein*) en plano superior lo dado. Tiene quien entrega, pero no a nivel de mundo, en competencia y lucha mutua, sino en el *cielo* (*ouranos*), que está vinculado, según eso, a los pobres. Ésta es la prueba de que hay Dios: *la entrega de los bienes, la certeza de que aquello que se da a los pobres* queda asumido y transformado en nivel de gratuidad o vida verdadera.

5. *Luego ven: ¡Sígueme!* La correspondencia con el principio (a) resulta clara. Allí se decía *vete*, aquí se añade *ven*, casi en el sentido de *vuelve*. Se pedía antes al hombre que dejara todo, ahora se dice *que siga a Jesús*, como indicando que con eso encontrará la máxima riqueza. Da la impresión de que todo este camino (ir, vender, dar, volver...) se puede hacer en muy poco tiempo, de manera que Jesús seguirá esperando la vuelta del hombre que quiere alcanzar la vida eterna. Este «ven» (*deuro*) se contrapone al vete (*hypage*) anterior. La salida (vender los bienes) culmina de esa forma en un retorno hacia Jesús, para seguirle (*akolouthein*) en el camino de su Reino. Esto es lo que al hombre le faltaba, esto es lo que Jesús le ofrece: un puesto a su lado, en el camino mesiánico.

2. ¡Hijos! El riesgo de la riqueza (10, 23-27)

Sobre el fondo anterior ha de entenderse el nuevo texto de enseñanza dialogada de Jesús en torno a la riqueza. Como es tradicional en estos casos, Marcos sigue un esquema en tres momentos, con una introducción y dos enseñanzas fundamentales de Jesús, que responden al asombro creciente de sus discípulos:

a. (Introducción) ²³*Jesús mirando alrededor, dijo a sus discípulos: «¡Qué difícilmente entrarán en el reino de Dios los que tienen riquezas!».*

b. (Como un camello...) ²⁴*Los discípulos se quedaron asombrados ante estas palabras. Pero Jesús, respondiendo de nuevo, les dijo: «Hijos ¡qué difícil es entrar en el reino de Dios!* ²⁵*Le es más fácil a un camello pasar por el ojo de una aguja, que a un rico entrar en el reino de Dios».*

c. (Todo es posible para Dios...) ²⁶*Ellos se asombraron todavía más y decían entre sí: «Entonces, ¿quién podrá salvarse?».* ²⁷*Jesús mirándoles les dijo: «Para los hombres es imposible, pero no para Dios, porque todo es posible para Dios».*

Motivo de conversación son las riquezas. Marcos no ha incluido en su enseñanza el *logion* sobre Dios y la Mamona (Mt 6, 24; Lc 16, 13), pero en esta catequesis, paralela y dramática, presenta la batalla entre reino de Dios y riqueza del mundo. En este contexto no hace falta hablar de Satanás como en 3, 20-35, pues el verdadero Satanás o dios del mundo es la riqueza convertida en fuente y signo de egoísmo que destruye a los humanos. Tampoco distingue aquí Jesús a judíos y gentiles, pues el riesgo para todos es el mismo: el deseo de tener, de asegurar la vida en la posesión de cosas. Éste es el lugar donde se asienta o destruye la comunidad humana. Aquí se define el sentido radical del mesianismo.

a) *Introducción: mirada de Jesús y comentario sobre riquezas y Reino* (10, 23). Había mirado con amor al postulante (10, 21). Ahora mira a sus discípulos, hablándoles de forma intensa por los ojos y la voz, ofreciéndoles en el fondo la misma invitación que había dirigido al rico. Les mira y dice, en cariñoso desahogo: ¡Qué difícilmente entrarán en el Reino...! Las posesiones que el ser humano desea con más fuerza son las que más le destruyen, impidiéndole vivir en libertad, abrirse para el Reino (pues el Reino es gracia y no posesión de riquezas o dominio de unos sobre otros). Ésta es la sentencia principal de Jesús, presentada como comentario sobre un caso concreto, en contexto de entrega de Jesús y de la llamada al seguimiento.

b) *La comparación del camello* (10, 24-25). Los discípulos se admiran y Jesús insiste con una enseñanza parabólica sobre el riesgo de la riqueza. Los discípulos responden conturbados, como si hubieran perdido pie, pues la palabra de Jesús destruye todas sus antiguas convicciones. Ellos quedan, igual que las mujeres ante la tumba vacía que destruye toda su experiencia previa (16, 6), consternados, sin respuesta (*ethambounto*: 10, 24a).

(1) *Los discípulos se admiran* (10, 24a). También otros escritos de aquel tiempo comentaban el riesgo destructor de las riquezas, desde Test XII Pat. a Parábolas de Henoc. Pero Jesús lo ha presentado de manera poderosa, en el contexto preciso

de la búsqueda del Reino: el ser humano tiende a pensar que puede conquistarlo por su esfuerzo, igual que otros valores de este mundo, por medio de trabajos, riquezas e influjos materiales. Pues bien, Jesús destaca el engaño de ese esquema posesivo y pone de relieve la suprema gratuidad del Reino. Es normal que los discípulos se admiren, que no entiendan lo que dice.

(2) *Primera enseñanza: como un camello...* (10, 24b-25). Jesús repite lo ya dicho, sobre la dificultad con que los ricos entrarán en Reino (en 10, 23), introduciendo en este contexto el signo del camello que no pasa por el ojo de una aguja. Se trata de una imagen paradójica (de fuerte ironía). Humanamente hablando la riqueza de este mundo y el reino de Dios se oponen como un camello grande y el minúsculo agujero de una aguja de coser.

Ese Reino al que no pueden entrar los ricos no es el cielo platónico de arriba, un paraíso espiritual para las almas. Ni es tampoco el cielo del futuro (después que este mundo se termine). Es el Reino que Jesús está anunciando y preparando, mientras sube hacia Jerusalén. Es el Reino aquí, en este mundo, el Reino de los pobres y excluidos, de los enfermos y leprosos, de todos aquellos con quienes Jesús quiere iniciar la nueva humanidad. Como hemos visto ya, no se trata de vender, dejar y abandonar la vida activa (irse al desierto), sino de vender para dárselo a los pobres y para comprar todo con ellos, recibiendo así el ciento por uno en casa, familia y posesiones (cf. Mc 10, 28-31 y par).

No se trata de atesorar para un «más allá» separado del mundo (guardar tesoros amontonados en un tipo de cielo espiritual, después de esta vida), sino de ofrecer aquí el tesoro y compartirlo, en este mundo, con estos pobres concretos que nos rodean, cultivando así el tesoro del cielo (10, 21), que empieza siendo la misma vida compartida, liberada, regalada. Ese cielo donde hay que atesorar no es un más allá de tesoros interiores, sino que empieza siendo relación de amor concreto de los hombres y mujeres de este mundo, donde Jesús anuncia y comienza a extender su Reino. Frente a los que amontonan aquí (de una manera posesiva, como el rico de 10, 17-22) quiere abrir Jesús un camino con aquellos que le siguen para logar aquí un tesoro de humanidad, un tipo de vida distinta, que comenzará precisamente en Jerusalén. Se trata de «vender» (de romper el modo egoísta de posesión), para darlo todo, de tal forma que pueda compartirse todo.

c) *Segunda enseñanza ¡Nada es imposible para Dios!* (10, 26-27). Como es normal, los discípulos siguen extrañados o, quizá mejor, enajenados: la nueva enseñanza les pone fuera de sí (*exeplêsonto*). Hasta ahora, de un modo u otro, habían relacionado el Reino de Dios con un tipo de riqueza, vinculada a los bienes de este mundo, que se expresan en forma de poder. Al romper esa ecuación, al decirles que precisamente aquello que parece «poder de salvación» es el mayor impedimento, ellos pierden todas sus referencias. Esta admiración, con la segunda enseñanza de Jesús constituye el «centro teológico» del evangelio de Marcos. La escena consta también de dos partes:

(1) *Nueva admiración y pregunta de los discípulos* (10, 26). Se espantan más, se extrañan, pues Jesús ha destruido todas sus referencias. Por eso se interrogan, diciendo entre sí: *¿Quién podrá salvarse?* Esta pregunta puede aludir, y en primer lugar alude, a la salvación intramundana, es decir, a la instauración del Reino: «Si las riquezas son tan peligrosas, si no las podemos buscar ni fundarnos en ellas... el éxito en la tierra es imposible; estamos condenados al fracaso». Los discípulos de Jesús se sienten derrotados de antemano, no podrán conseguir lo que desean. Pero, al mismo tiempo, esta pregunta alude también a la salvación final, vinculada a la presencia y manifestación última de Dios. Los discípulos suponen que la vida se encuentra dominada por el ansia de las riquezas: no podemos liberarnos de ellas para el Reino. Eso significa que *nadie se puede salvar*: los ricos porque tienen riquezas que esclavizan y los pobres porque las desean. En esta línea, los discípulos formulan la ley del fracaso total de la existencia.

(2) *Nueva mirada: ¡paradoja salvadora!* (10, 27). Jesús vuelve a mirar a sus discípulos (cf. 10, 23) y al hacerlo les llama para el Reino, revelándose así, por encima de la esclavitud de las riquezas, la gracia de sus ojos de amor, propios del enviado mesiánico que alumbra en la oscuridad y dice: *¡Es imposible para los hombres, pero no para Dios...!* (10, 27). Retomando una certeza clave de Gn 18, 14, que el mismo Marcos recuerda en otros lugares de crisis mesiánica y nuevo nacimiento (9, 23; 11, 24; 14, 26; cf. Lc 1, 37), Jesús dice que Dios puede aquello que a los ojos de este mundo es imposible. Dios hizo que Abrahán pudiera engendrar, siendo ya anciano, en el comienzo de la historia del pueblo elegido (Gn 18, 14). Dios podrá hacer ahora que los «pobres de Jesús», sin nada de dinero, puedan «salvarse», es decir, heredar el reino de Dios, precisamente aquí, en este camino de ascenso hacia Jerusalén.

Jesús ha venido precisamente con ese fin, para hacer posible lo imposible, pues ésa es la tarea de Dios, que es el único que puede salvar este mundo que parece condenado a perecer en dura lucha en torno a la riqueza. Desde un punto de vista humano, no hay más salvación ni salida que aquella que se logra a través de la riqueza (y de lo que va vinculado a la riqueza: poder, honor, ciencia más alta, soldados...). Pero Jesús está ofreciendo a los suyos, en el camino de ascenso hacia Jerusalén, otro tipo de riqueza más honda, en línea de humanidad, una riqueza que sólo es posible desde Dios.

De esa forma ha iniciado el nuevo camino mesiánico, que es el camino de Dios (opuesto al que quería Pedro en 8, 33), en gesto que exige total desprendimiento y fe absoluta, pues él pretende construir el Reino sin dinero. Esa es la tarea que Jesús quiso ofrecer al rico postulante, que la rechaza como imposible. Pero él sabe que en Dios todo es posible. No ha querido llamarnos a ciegas. Por eso ilumina a sus discípulos, abriéndoles los ojos, haciéndoles capaces de entender el riesgo anti-divino y antihumano que implica la riqueza, y aceptando el poder de una humanidad más alta, vinculada a la entrega de la vida en favor de los demás.

> **(85) Dios, que todo lo puede**
>
> Siendo revelación de la vida humana, el evangelio es revelación plena de Dios. Jesús es para los cristianos la manifestación escatológica y total del misterio divino. No va en contra de Dios, no quiere ocupar su lugar, sino todo lo contrario, quiere actuar a su servicio, para revelar su misterio, pues «todo es posible para Dios» (10, 27; 14, 36; cf. Gn 18, 14). Éstos son los rasgos principales de Dios según Marcos:
>
> *a. Principio.* El evangelio no es un tratado sobre Dios, sino una narración de las «cosas» que Jesús realiza a través de Dios. Éstos son sus rasgos distintivos:
>
> 1. *Tiene un plan, es autor de la Escritura* y actúa según ella. Según eso, Dios es quien «habla» a través de la Escritura de Israel (cosa que aparece clara desde 1, 2-3). En contra de la distinción gnóstica entre el Dios de Israel (que sería justiciero, vengativo, opresor) y el Dios del evangelio (que sería bueno), Marcos defiende la identidad radical del Dios de Israel y del Dios cristiano.
> 2. *Dios actúa de un modo indirecto, pero intenso y constante,* como indica el pasivo divino, u otros giros semejantes, por los que él aparece como sujeto de la acción, desde la voz celeste que se escucha 1, 11 (¡habla Dios!) hasta la voz del joven de la pascua, que dice a las mujeres êgerthê (ha sido resucitado, Dios le ha resucitado) en 16, 6, por poner dos ejemplos. En ese sentido, el evangelio es el descubrimiento y narración de las cosas que Dios hace por medio de Jesús.
> 3. *Las cosas de Dios* (que se expresan a través de la acción de Jesús) se distinguen de *las cosas de los hombres,* que siguen siendo las que busca Pedro (8, 33). El evangelio es el despliegue de esas «cosas de Dios» que Jesús va realizando.
> 4. *Todo es posible para Dios* (10, 27). Humanamente hablando, el camino mesiánico de Jesús es imposible, pero, conforme a la experiencia del Dios de Israel, todo se vuelve posible para los creyentes (Gn 18, 14; cf. Mc 9, 23; 11, 24; 14, 26).
>
> *b. Dios actúa por medio de Jesús,* Jesús actúa invocando a Dios, como indican algunos de los textos centrales de Marcos.

1. *Bautismo*: Dios reconoce a Jesús, diciéndole a él, de un modo directo (y haciéndole ser lo que le dice): ¡Tú eres mi Hijo! (1, 11).
2. *Transfiguración*: de nuevo, Dios se manifiesta como aquel que actúa por medio de Jesús, y así se lo dice a los discípulos de la montaña: ¡Éste es mi Hijo! (9, 7).
3. *Getsemaní*: Jesús realiza la obra de Dios y le invoca de un modo personal: ¡Abba, Padre! (14, 36).
4. *Cruz*. Jesús le vuelve a llamar, en el momento final de su vida, poniendo su suerte en las manos de Dios y preguntando: ¡Dios mío, Dios mío! (15, 34).

c. Dios como Padre. El título está implícito en el bautismo y la transfiguración, y aparece de manea explícita en Getsemaní. Así se muestra también en cuatro lugares fundamentales, en parte ya citados.

1. *Dios habla* como Padre de Jesús en los dos textos citados (1, 11; 9, 7).
2. *Jesús llama a Dios Padre* en Getsemaní (14, 36).
3. *Dios es Padre escatológico*, el único que sabe el día y la hora (13, 22).
4. *Dios es Padre* de aquellos que oran, superando el orden del templo Israelita (11, 25).

d. Otros títulos de Dios. Conforme a la tradición Israelita, Marcos presenta a Dios con otros nombres o títulos que enmarcan su identidad.

1. *Es el Kyrios o Señor* que todo lo dirige (vinculado al *Kyrios* Jesús) en 11, 9; 12, 35-37.
2. *Es el Bendito*, aquel cuyo nombre hay que bendecir, conforme al sacerdote (14, 61).
3. *Es el Poder*, conforme a una palabra del Antiguo Testamento (cf. 14, 62). En ese contexto se sitúan los textos citados en los que Jesús dice que «todo es posible para Dios» (10, 27; 14, 36).

e. Temas vinculados a Dios. Encontramos en Marcos algunas palabras que remiten al misterio de Dios y nos sitúan en su contexto; las más importantes son:

1. *El reino de Dios* (1, 15; 4, 26.30). Quizá pudiéramos decir que los nombres de Dios y Reino tienen un mismo sentido básico.
2. *Dios del amor*. Conforme a 12, 28-34, el amor de Dios está vinculado al amor de los hombres.

> 3. *Dios de vivos*. En 12, 24-27 Dios aparece casi como sinónimo de Vida, en el sentido fuerte de resurrección de los muertos; por eso se puede vincular a los patriarcas israelitas ya muertos (pues viven en Dios).
> 4. *Dios y el Cesar* se definen por su separación. Marcos va en contra de la utilización política de Dios, en clave de Imperio romano (12, 13-17).

3. Ratificación: Ciento por uno: riqueza y familia (10, 28-31)

a. (Pedro) *²⁸Pedro le dijo entonces: «Mira, nosotros lo hemos dejado todo y te hemos seguido».*
b. (Jesús) *²⁹Jesús respondió: «Os aseguro que todo aquel que haya dejado casa o hermanos o hermanas o madre o padre o hijos o tierras por mí y por el evangelio, ³⁰recibirá el ciento por uno en el tiempo presente en casas, hermanos, hermanas, madres, hijos y tierras, con persecuciones, y en el siglo futuro la vida eterna».*
c. (Conclusión) *³¹Pues muchos primeros serán últimos y muchos últimos serán primeros.*

a) *Pedro*. Ciertamente, algunos abandonan a Jesús por el apego de sus muchas posesiones (cf. 10, 17-22). Pero otros, como Pedro y los discípulos han sido capaces de dejarlo todo por el Reino (cf. 1, 16-20), al menos en sentido general. Llegamos así al culmen de esta gran sección sobre la riqueza (10, 17-31). Lo que parecía imposible se ha vuelto posible, porque lo dice Jesús y porque algunos lo han cumplido, en perspectiva de Iglesia.

El que introduce el tema (formulando de manera implícita la pregunta) es Pedro, que habla aquí como representante de los seguidores de Jesús. Pedro es sin duda un discípulo muy problemático: ha querido cambiar la «estrategia» de Jesús, que le ha llamado Satanás (8, 33) y más tarde le abandonará y le negará, buscando otro camino mesiánico (cf. 14, 50.66-72); pero Marcos supone que ha retomado el camino de Jesús (cf. 16, 6-7), de manera que aquí puede presentarle como representante de aquellos que han seguido a Jesús, de un modo total, de manea que puede afirmar: *¡Mira! nosotros lo hemos dejado...!* (10, 28). Habla como portavoz del grupo (dice nosotros) y contrapone su conducta a la del rico: han seguido a Jesús, son su familia, forman la Iglesia.

> **(86) Los pobres, la gran inversión de Jesús**
>
> Marcos no ha tenido que hablar expresamente, y por extenso, de los pobres (como hace, por ejemplo, Lucas) porque todo su mensaje y camino se encuentra inmerso en un mundo de necesidad y pobreza, pero la pobreza y los pobres ocupan un lugar importante en el evangelio:

1. *Pobres son en Marcos los que están necesitados*, y en ese grupo se encuentran ante todo los enfermos, leprosos, expulsados de la sociedad. Para ofrecerles el Reino ha venido Jesús (cf. 1, 21-2, 12).
2. *Jesús no demoniza la riqueza*, y por eso puede decir que le siga al «publicano» (que se supone que es rico), compartiendo con él y con otros publicanos la comida (2, 13-18). En esa línea, es evidente que los discípulos de Jesús no son «ascetas»: comen y beben (2, 18-22).
3. *El signo del Reino no es el hambre, sino la buena semilla* y el campo (buena tierra) donde se multiplica, produciendo buen trigo/pan para los hombres. Para Marcos, el Reino es abundancia de comida, y no miseria (4, 1-32).
4. *Los mensajeros del evangelio han de ser «pobres»*: no deben llevar ni comida ni dinero, ni deben buscar seguridades, pero no han de hacerlo por miseria o carencia, sino para crear una mejor comunicación. Sólo de esa forma, poniéndose en manos de los otros, confiando en ellos (acogiendo aquello que les ofrezcan), pueden ser testigos de un Reino de abundancia, del ciento por uno, que no puede conseguirse con dinero (6, 7-13; cf. 10, 28-31).
5. *Multiplicaciones* (6, 30-44 y 8, 1-10): pueden llamarse quizá mejor «alimentaciones». Signo de Dios es el pan y son los peces que se bendicen, comparten, multiplican, en gesto humanizante de comunicación económica. No dice Jesús a los hombres que «padezcan necesidad», sino que compartan. Esa es su riqueza.
6. *Ganar todo el mundo y perder «el alma»* sería para Jesús la máxima desgracia. En ese sentido, la riqueza (el ansia de posesiones) puede ser peligrosa, pues impide el descubrimiento y cultivo de los valores del Reino (8, 34-37).
7. *Vende lo que tienes, dáselo a los pobres...* (10, 21). Vender no es «echar», sino convertir la riqueza en algo que se puede ofrecer a los otros, convirtiendo así los bienes del mundo en un regalo para los pobres, y no para la propia comunidad (para el triunfo del grupo), esa es la nota distintiva de los que siguen a Jesús.
8. *Es difícil que un camello pase por el ojo de una aguja...*, pues más difícil es que un rico se salve. La dificultad no proviene de la riqueza en sí, sino del hecho de que ella convierte al ser humano en esclavo de los propios bienes, haciéndole olvidar la gratuidad. Nada es imposible para Dios, pero humanamente es imposible vivir para la riqueza y alcanzar el Reino (cf. 10, 23-28).
9. *El ciento por uno*. Aquellos que han dejado algo en línea de evangelio recibirán el ciento por uno, en relación a los mismos bienes materiales (casa, campos...). La riqueza compartida se multiplica; ésta es la enseñanza de Jesús: allí donde los seres humanos convierten sus posesiones en gracia (don compartido), la vida se vuelve abundante (10, 30).

> 10. *La ofrenda de la viuda,* que da lo poco que tiene (12, 41-44) es para Jesús un signo espléndido de la apertura al Reino.
> 11. *Perfume caro* (14, 3-9). La mujer da por Jesús lo mejor que tiene, en gesto generoso. Murmuran los que quieren convertir su don en puro dinero (en clave mercantil). Jesús defiende a la mujer y se presenta a sí mismo, en este momento, como el pobre a quien ella ha ayudado... y pide a los suyos que sigan haciendo lo que ha hecho esa mujer: que ha dado a los pobres (al Jesús pobre) lo mejor que puede darle.
>
> En el sentido más hondo, a Jesús le han matado «por dinero» (por oponerse a la economía del templo: 11, 15-16). Los ricos sacerdotes le han puesto un precio, y se lo han pagado a Judas (14, 10-11): por defender su riqueza, empleando para ello su dinero, han condenado a Jesús. En contra de eso, las mujeres amigas han comprado perfumes y los llevan a la tumba para embalsamar el cuerpo de Jesús (16, 1). Pero esos perfumes ricos no son ya necesarios: la riqueza que Jesús busca es la fe y la palabra de esas mujeres, que han de ser capaces de transmitir el mensaje pascual al resto de discípulos.

b) *Jesús, primera respuesta*. Marcos no ha querido valorar la afirmación de Pedro (lo hemos dejado todo...), que se irá precisando a lo largo del evangelio (y en especial cuando se diga que Pedro y los otros abandonaron a Jesús: 14, 52). De todas formas, aquí, en el momento clave de la llamada al seguimiento, Jesús supone que lo han hecho (lo han dejado todo) y les acepta en su familia, ofreciéndoles su «premio», que no es algo externo o posterior, sino la misma plenitud de aquello que han dejado:

no habrá nadie que haya dejado	que no reciba el ciento por uno en este tiempo
casa o hermanos o hermanas	*en casas, en hermanos y hermanas,*
o madre o padre o hijos o campos	*en madres y en hijos y en campos*
por mí o por el evangelio	con persecuciones
	y en el siglo futuro la vida eterna (10, 29-30).

El texto comienza con una renuncia. Lo que para el rico de 10, 17-22 eran sus muchas posesiones, entendidas en sentido indeterminado (*ktêmata polla*: 10, 22), es ahora la *posesión total*, centrada en la casa (*oikia*), que es el edificio con sus pertenencias (campos, bienes de producción y consumo) y es también la familia que allí vive (expandida hacia parientes y criados); dejar la casa implica perder las raíces anteriores de la vida. (a) *Hermanos y hermanas forman la familia en plano horizontal*: están vinculados por origen y opción en las posesiones y tareas de la vida; en ese contexto se puede incluir *esposo y esposa*, aunque aquí no se nombren. (b) *Padre, madre e hijos forman la familia en línea vertical*, arraigan al ser humano en el tiempo y son signo de Dios en cuanto principio (padres) y futuro (hijos). (c) *Los campos son expansión de la casa* y fuente de riqueza, trabajo y alimento para la familia; es imposible hablar de casa patriarcal (autosuficiente, rica) sin campos o posesiones, administradas en régimen jerárquico, con el padre como dueño y responsable del conjunto.

Dejar esa riqueza significa abandonar un tipo de existencia que se funda en un tipo de economía egoísta, al servicio de uno mismo (o de su pequeña familia), para pasar de esa manera a una economía compartida, en línea de evangelio. Los que siguen a Jesús tienen que abandonar sus bienes «por mí o por el evangelio», es decir, por Jesús y/o su causa. Se abandonan solamente cuando (y porque) se ha encontrado algo superior, una realidad más importante, que son los mismos bienes, pero ahora compartidos, de un modo gratuito. Las cosas que el seguidor de Jesús debe dejar no son malas, sino las más valiosas y mejores. El riesgo para el evangelio no es la riqueza robada, el mal dinero de las duras injusticias de la historia, sino las posesiones buenas, las buenas relaciones de padres, hijos, hermanos, cerradas en sí mismas, unas relaciones que deben recrearse desde el evangelio (es decir, en el nivel del ciento por uno).

Se unen de esta forma dos temas centrales del evangelio y de la vida humana: familia (cf. 3, 21.31-35) y riquezas (cf. 10, 22) formando una especie de totalidad significativa. La riqueza, en un sentido extenso, estaría representada por los valores del principio y fin de la lista del texto citado (casa y campos). La familia, en cambio, forma el centro (hermanos-hermanas, padre-madre, hijos). Volvamos de algún modo a la experiencia más profunda de Gn 12, 1-9. Abrahán lo deja todo para ponerse en camino hacia la tierra prometida. Pues bien, el nuevo Abrahán que es Cristo nos invita a seguirle, ofreciéndonos con él una experiencia nueva (centuplicada de bienes y riquezas, de amor y de familia). De esa forma, él, rompiendo todo el orden anterior, hace posible el surgimiento y disfrute de valores nuevos, desde el mismo centro de este mundo. Allí donde se deja uno (propiedad exclusivista), se recibe ciento: surge la familia nueva de aquellos que buscan con Jesús la voluntad del Padre (en la línea de 3, 34-35).

De esa forma, la ruptura (dejar el modo viejo de vivir) se vuelve por Jesús principio nuevo de vida y nacimiento. Sus creyentes descubren y reciben, en medio de persecuciones, el sentido (y la realidad centuplicada) de los mismos bienes anteriores (casa y familia). En el fondo no se trata de negar, destruyendo la vida, sino de transformarla y recrearla. Se recuperan así los bienes de este mundo (casa compartida, familia abierta) y se convierten en valor más alto (ciento por uno), apareciendo al mismo tiempo como signo y esperanza de la vida eterna. En este contexto, Jesús propone su principio social más solemne: Con la ayuda de Dios, en desprendimiento generoso, el hombre puede salvarse en este mundo (alcanzando el ciento por uno de los bienes que ha dado, que han de ser todos) y también en el mundo futuro (recibiendo en plenitud la vida eterna). De esa forma realiza la más honda y verdadera inversión o, mejor dicho, conversión de la riqueza. Pedro y los suyos pensaban que los bienes de este mundo son inconvertibles, y por eso nadie se puede salvar. Jesús responde en forma creadora: los que siguen su camino, dando todo lo que tienen a los pobres (a diferencia del rico de 10, 22), convierten la riqueza, se convierten y así viven sobre el mundo en abundancia de bienes y familia.

Según eso, Jesús ha vinculado, en forma profunda, bienes económicos (riqueza) y bienes afectivos (familia). El desprendimiento ha de ser absoluto en ambos casos. Pues bien, allí donde el hombre regala en gratuidad algo que tiene, recibe gratuitamente el ciento por uno. Su misma donación se vuelve espacio de abundancia de bienes y familia. No busca Jesús la negación por negación, sino por libertad, por gratuidad y trascendimiento. Los bienes y afectos abundan sólo allí donde se regalan y comparten, convertidos en signo de la donación gratuita del Reino. No se refleja Dios (la vida eterna) en la miseria y pura negación de nuestra tierra, sino más bien en la abundancia (ciento por uno) que encontramos-disfrutamos allí donde los bienes y el afecto se comparten.

Frente a la dinámica de exclusión y egoísmo de este mundo viejo, ha suscitado Jesús en su camino de entrega una dinámica de donación que multiplica amor y bienes. Allí donde los hombres asumen este último camino, la vida se transforma, avanzando por lugares y experiencias de creatividad y gozo sorprendente que ni siquiera podíamos soñar mientras morábamos en clave de egoísmo. En ese fondo podemos hablar de una *recuperación comunitaria* de riquezas y afectos. Mesa y relación humana, casa y parentesco van unidos. Los seguidores de Jesús han dejado la familia antigua con toda su riqueza, en plano horizontal de hermanos/as y en plano vertical de padres/hijos. Evidentemente, no lo han hecho con el propósito egoísta de que se enriquezca el grupo, sino dando sus bienes a los pobres (cf. 10, 21). Gratuitamente lo han dejado todo, pero de un modo aún más gratuito lo han recuperado en clave de multiplicación: su misma generosidad se expande en nuevos y más numerosos hermanos/as, madres/hijos... Se aplica así a las relaciones familiares la dinámica ya vista en la sección de los panes (cf. 6, 14-8, 26):

- *En la base sigue estando dar todo a los pobres.* Se supone que el grupo no capitaliza, no busca el despliegue egoísta de su economía. Sin este principio de gratuidad, sin el don más hondo de la palabra (cf. 6, 6-12) y riquezas materiales que los creyentes ofrecen a los pobres, es decir, a todos los necesitados (sean o no cristianos), carece de sentido la familia mesiánica.
- *La pobreza se vuelve comunicación.* Sólo allí donde los miembros de la comunidad ofrecen hacia fuera lo que tienen pueden compartirlo al interior del

grupo, recibiendo el ciento por uno de aquello que han dado. De esa forma, la pobreza (vivida como gratuidad) se vuelve principio de riqueza gozosa, abundante. La misma gracia (expresión y presencia del Padre Dios), abierta por Jesús hacia los pobres, es principio de más honda comunicación (lugar del Espíritu Santo).

Desde aquí se entiende la Iglesia mesiánica. No hay victimismo, no hay gesto de puro sufrimiento. Ciertamente, la entrega es necesaria: cada uno ha de dar lo suyo. Pero ella ha de expresarse como siembra de generosidad que permite recibir y disfrutar en este mundo el ciento por uno de lo dado, como sucedía en *la siembra evangélica* que cae en campo bueno (cf. 4, 8). Es evidente que Jesús ha sembrado Reino en toda tierra (entre leprosos y publicanos, posesos y enfermos...). Pero la misma simiente transforma la tierra de la iglesia y consigue en el mundo el ciento por uno de cosecha en abundancia.

La nueva comunión o Iglesia mesiánica (cien madres/hijos, hermanos/as) es casa grande de todos los creyentes. Dentro de ella, los esposos varones pierden su poder patriarcalista, pero ganan en humanidad mesiánica, integrados en el ámbito más amplio de relaciones horizontales (fraternidad) y verticales (madres/hijos). La fidelidad dual de los esposos (cf. 10, 1-12) recibe su sentido dentro del conjunto más extenso y gratificante de la mutua donación entre los creyentes. El matrimonio queda resituado en el ciento por uno de la comunidad de seguidores de Jesús. Volver a la familia patriarcal o clan cerrado, donde los parientes viven aislados en espacio de egoísmo, regulado por varones, sería contrario al evangelio.

---

(87) Dar y recibir. El ciento por uno (10, 29-30)

En su primer gran pasaje sobre la familia (3, 20-35), Jesús dejaba atrás un tipo de parentesco de imposición (fundado en un tipo de riqueza familiar particularista) para abrirse a una familia integrada por aquellos que cumplen la voluntad de Dios, en camino de seguimiento mesiánico. En este nuevo pasaje (10, 29-30) ha precisado el sentido de dejarlo todo para conseguir de esa forma todo, pero en gratuidad y abundancia, el ciento por uno. El rico de 10, 17-22 se ha ido, pero Marcos supone que muchas personas han seguido a Jesús: lo han dejado todo «por él», para formar una familia universal que supera los esquemas anteriores de ley impositiva y egoísmo del dinero. No se trata de dejar por dejar, de romper por romper, en masoquismo autodestructor, sino de hacerlo de manera que se recupere en un plano más alto lo dejado (10, 30):

- *Principio: quien deje recibirá (hos aphêken labê)... Dejar* no significa despreciar, sino dar, poner la vida en manos de los otros. Por eso, quien regala de verdad *recibe*: lo que se entrega se convierte en don más elevado. La siembra de gracia (de amor generoso) suscita una gracia más alta, en este mundo y en el nuevo. Solamente se tiene (recupera) aquello que por gracia se ha dado a los demás, superando el nivel de posesión violenta y egoísta de la tierra.
- *En este kairos el ciento por uno...* El rico preguntaba sólo por la *vida eterna*, sin distinguir entre «aquí» y «después». La respuesta de Jesús vinculaba también ambos niveles (el «tesoro en el cielo» del capítulo 10 unía el ahora y el después). Pues bien, aquí los distingue, pero sin separarlos. Así empieza prometiendo salvación (vida y reino de Dios) en este mundo, en nivel de gracia compartida, superando un tipo de subdesarrollo familiar y económico, un tipo de vida (casa, comida y familia) que ha limitado nuestras posibilidades. Por eso promete el ciento por uno en este mundo, en valores de casa, familia y campos. El evangelio no es simple renuncia y ascesis, no es rechazo afectivo, negación económica o miedo frente al mundo, sino todo lo contrario: es deseo y promesa de placer de bienes y amores, el ciento por uno en este tiempo (*kairos*).
- *Con persecuciones* o dificultades (*diôgmôn*: cf. 13, 3-13). Quienes asumen ese camino han de hacerlo por amor, en donación no impositiva. Han de amar sin buscar seguridad externa. De esa forma quedan en manos de los aprovechados o suscitan la oposición violenta de quienes se sienten acusados por un tipo tan distinto de existencia. El mismo evangelio suscita un rechazo de aquellos que buscan sólo las estructuras de seguridad del mundo.
- *Y en el aiôn o siglo futuro la vida eterna* (*dsôên aiônion*). Es muy posible que este «segundo rasgo del premio» haya sido añadido por la comunidad de Marcos, pues todo nos parece indicar que Jesús no distinguía entre Reino (ciento por uno) en este mundo y Vida Eterna en el «siglo futuro». Jesús ofrece a todos el don que pretendía el rico (10, 17): la meta del camino, la *dsôê* que es la Vida, Dios mismo, hecho regalo y plenitud para los hombres y mujeres, pero un Dios que empieza a expresarse en el «ciento por uno en este mundo». Sin esta esperanza de vida, que nos lleva hacia el árbol deseado del paraíso (Gn 2-3) carece de sentido el seguimiento de Jesús y su evangelio.

c) *Transformación eclesial. Primeros y últimos* (10, 31). Dentro de la Iglesia cesan los poderes genealógicos de los padres, conforme a lo que dice, en un contexto semejante, Mt 23, 9: «No llaméis a nadie padre sobre el mundo, porque uno sólo es vuestro Padre, el de los cielos». La familia patriarcal fundaba el matrimonio sobre bases jerárquicas, que hacían al varón *señor* de la mujer y *dueño* de los hijos.

Dentro de la Iglesia ya no existe lugar para ese tipo de bases, pues ambos, varón y mujer son libres e iguales, dentro de una comunidad de hermanos. Sólo Dios es Padre (cf. 11, 25; 14, 36); los humanos son hermanos/as en familia universal donde son fundamentales la madre (que incluye al padre en cuanto engendrador) y los hijos (en cuanto pequeños, necesitados). La comunidad entera se articula en torno a las funciones y servicios de maternidad, filiación y hermandad en gozo y multiplicación de vida (ciento por uno).

Quizá pueda decirse que ha surgido un nuevo matriarcado: una sociedad de madres/hijos que se expande en hermandad universal. Los cristianos han «matado» simbólicamente al padre dominador (que impone su ley desde arriba), para que así, desde una comunidad presidida por las madres, pueda revelarse el verdadero Padre Dios del Cielo que, por medio de Jesús, funda y sustenta a la familia universal de hermanos. La vieja dictadura del padre (presbítero sagrado, principio de ley), sin libertad para mujeres y niños, servía para justificar un tipo de agrupamiento impositivo (clan de puros, dominado por varones). Sólo allí donde ese padre/ley, signo y garante patriarcal, pierde su poder, integrándose en el grupo de hermanos/as y madres/hijos, se revela el Dios del cielo, desvelando su misterio por la Iglesia:

- *La Iglesia es fraternidad/sororidad* donde caben y encuentran plenitud quienes viven en gesto de amor y servicio mutuo. Ella supera las barreras que separan a ricos y pobres, varones y mujeres (cf. Gal 3, 28: *no hay judío ni griego...*). Desde ese fondo han de entenderse las relaciones esponsales.
- *La Iglesia es maternidad/filiación*, pues dentro de ella es primordial la experiencia del amor que se expande (madres) y suscita una acogida de amor (hijos). En esa función y figura de madre se incluye (invertida, recreada) la del padre. Difícilmente se podría haber superado con más fuerza la visión patriarcal del judaísmo antiguo y de muchas iglesias cristianas posteriores, que han sido en este campo, en gran parte, infieles al evangelio de Marcos.

¿Quién garantiza el surgimiento y existencia de tal comunidad? ¿Quién nos asegura que es posible esta familia donde todos se vuelven hermanos, dentro de un proyecto generoso de vida, simbolizada por las madres y los hijos? Evidentemente, el exegeta que se mueve en línea histórico/cultural está obligado a trazar los rasgos y exigencias de este proyecto de familia, en claves económicas y afectivas, políticas y estructurales. Sólo de esa forma la lectura de Marcos se vuelve reto creativo de familia en nuestro tiempo. Manteniendo de fondo esa intención, aunque sin desarrollarla, indicaré los rasgos más teológicos del tema:

- *Dios* aparece al principio del pasaje como *Heis*, Único, y *Agathos* o Bueno (10, 18). Como enviado mesiánico, predicador e instaurador del Reino de ese Dios, para quien *¡nada es imposible!* (cf. 10, 27), actúa Jesús, no para suplantarle, sino para expresar y desplegar su voluntad sobre la tierra. Dios es el único Padre (cf. 13, 32; 14, 36) y por eso, habiéndolo dejado todo, incluidos padre y madre, los seguidores de Jesús no vuelven a encontrar más padre sobre el mundo (10, 30).

– *Jesús* vincula a los hombres y mujeres en familia universal y alimenta en ellos el deseo de la Vida eterna, llamando a cada uno ¡*Ven, sígueme!* (10, 21). Les propone su propia tarea de Reino (cf. 1, 16-20), iniciando con ellos (para ellos) una travesía de fraternidad abarcadora y nuevo nacimiento. Por eso se atreve a pedir a sus discípulos (y a todos) que dejen casa y familiares *por mí y/o el evangelio* (10, 29).

– *El Espíritu mesiánico* se opone a los espíritus impuros y a la ley de los escribas que encierra a los humanos en su nacionalismo religioso (cf. 3, 28-30). Por ampliación o equivalencia, el Espíritu se enfrenta en nuestro texto al poderío destructor de las riquezas, haciendo así posible lo imposible, vinculando a los hu manos en gratuidad gozosa y abundante sobre el mundo. Los discípulos han dicho a Jesús ¡*es imposible!* Contestando que ¡*es posible!* (*panta gar dynatá* para Dios: cf. 10, 27), Jesús les ofrece el Espíritu del Reino.

A modo de conclusión de los pasajes sobre la pobreza (10, 17-31) y de la segunda sección del camino (9, 30–10, 31), Marcos ha introducido una sentencia sapiencial que proviene de la tradición israelita: «Pues muchos primeros serán últimos y muchos últimos serán primeros». Esta palabras nos sitúan ante la gran inversión que ha cantado, de un modo especial, el himno de María, la madre de Jesús (Lc 1, 46-55), retomando el canto de Ana, uno de los pasajes más significativos de la tradición religiosa y social de Israel (cf. 1 Sm 2, 1-10). No se trata de una simple inversión de lugares, en la línea de la fortuna que unas veces eleva y otras abaja, sino de una inversión salvadora que está en la base de todo el desarrollo anterior.

Lo que a los ojos humanos parece lo más grande (la riqueza y el poder del mundo) es a los ojos de Dios lo más pequeño, lo más peligroso. Desde el margen del mundo ha venido Jesús a proclamar su menaje mesiánico, anunciando la llegada del reino de Dios, mientras sube a Jerusalén, para realizar su gran revolución, sin armas ni dinero. No lleva nada, y sin embargo lo promete todo. No quiere realizar un pequeño cambio parcial, un cambio de lugares, de manera que todo siga como estaba, sino todo lo contrario (que todo cambia para que todo permanezca igual): quiere transformarlo todo, desde la base de una humanidad distinta, que se funda en el «poder de Dios», que es el poder de la vida que triunfa de la muerte. Y con esto acaba la segunda sección del camino.

(88) Familia 3. La gran abundancia

Más que en fundamentos de fe doctrinal, la Iglesia se edifica sobre la vida concreta de sus miembros... La familia mesiánica es comunidad abarcadora donde se comparten casa y campos, hermanos y hermanas. No es reunión de espíritus, como a veces se ha querido, sino espacio de comunicación de almas y cuerpos, experiencia de vida común.

1. *Símbolo central: cien casas.* La Iglesia va surgiendo desde el Cristo, allí donde los hombres y mujeres crean espacios gozosos, contagiosos, de vida común, de forma que la participación de bienes se vuelve signo de intensa comunión entre personas (hermanos, madres, hijos...). Parece que los escribas judíos tienen miedo de perder su casa (hogar humano, identidad). Pues bien, Jesús ofrece el ciento por uno a quien lo hace. Todo el mundo se vuelve hogar para aquellos que renuncian a un tipo de hogar egoísta. Todo el mundo se hace casa para aquellos que abren la suya y la comparten con los necesitados.

2. *Expresión primera: cien hermanos y hermanas.* Allí donde los creyentes han superado un tipo de relación cerrada (familia o nación particular) surge un tipo de fraternidad y/o sororidad universal de gracia. Los hermanos ya no son gentes que luchan por envidia hasta matarse (cf. Caín/Abel de Gn 4), sino amigos que se alegran juntos de la vida, en gozo de amor compartido. La Iglesia se presenta de esa forma como explosión de fraternidad, estallido de vida en compañía.

3. *Expresión segunda: cien madres e hijos.* Podía parecer que la vida acaba en sacrificio y muerte. Pues bien, en contra de eso, Marcos destaca su abundancia, representada en madres e hijos. Ellos expresan el despliegue diacrónico, la confianza del futuro, el crecimiento. Frente a los hermanos que son eje horizontal, madres e hijos forman el eje vertical de la existencia.

4. *Riqueza final: ciento por uno en campos.* La casa verdadera es imposible sin los campos que expresan la riqueza productiva, el trabajo, la abundancia. Este ciento por uno en propiedades indica que la comunidad de Jesús no vive en clave de austeridad negadora. No rechaza los bienes, no sataniza las posesiones, sino todo lo contrario, acentúa los valores paradisíacos (cf. Gn 2) de la vida. Jesús nos ha llevado al nivel de la utopía realizable, cercana. Allí donde los humanos aprenden fraternidad, allí donde la vida se convierte nuevamente en donación (de madres e hijos), vuelve a ser posible la abundancia, tal como aparece reflejada en profecías y bendiciones del AT (riqueza en rebaños y cosechas, en campos y heredades).

> Éste es el proyecto de *recuperación familiar* de Jesús que rompe las barreras de carencia y estrechez que ha ido elevando el egoísmo sobre el mundo. El evangelio ofrece esta utopía de ciento por uno, precisamente allí donde Jesús asume y ratifica su entrega hacia la muerte, recreando los grandes valores del mundo (casas/campos, hermanos/as, madres/hijos). Desde ese fondo resultan significativas dos carencias, evocadas en el mismo texto. (a) *Hay ciento por uno en madres..., pero no en esposos/as*. Según 10, 1-12, es evidente que Marcos supone la existencia y función del matrimonio, pero aquí no introduce el tema clave del ciento por uno. Se puede y debe hablar de cien hermanos/as (amigos/as), madres e hijos, pero no de cien esposas/esposos, a no ser que se cambie radicalmente el sentido de la palabra. (b) *Hay ciento por uno en madres... pero no en padres*. Ciertamente, el texto supone que hay padres, pero no los cita, porque su función debe ser reinterpretada y recreada desde la madre, dentro de la fraternidad/sororidad del grupo. Quizá pudiéramos decir que el mensaje y camino de Jesús revaloriza la experiencia de las madres. La función de los padres (varones) queda reasumida en ellas.

3. Tercer anuncio: inversión del poder y seguimiento (10, 32-52)

Sigue el contexto del camino y se acentúa, como riesgo supremo, el deseo de poder que termina haciendo al hombre esclavo de sus propias apetencias y enemigo de los otros. Pasamos así, lógicamente, del nivel de la riqueza (con la que culminaba la sección anterior: 10, 17-31), al nivel del deseo de poder, que va en contra del mesianismo de Jesús. Para plantear el tema, Marcos vuelve a presentar por tercera vez (la definitiva) el motivo del sufrimiento-entrega del Hijo del Hombre (10, 32-34), que aparece como punto de partida del relato posterior centrado en el deseo de poder de los zebedeos (10, 35-45).

De esa forma se cierra, en un primer nivel, el ciclo del camino. Estaba al principio el deseo de triunfo de Pedro que se atrevió a corregir a Jesús cuando empieza a tratar de sufrimiento y muerte (8, 32). Venía después el tema del dinero (10, 17-31). Culmina el tema destacando el deseo de poder de Santiago y Juan (10, 35), que han sido (con Pedro) los privilegiados de Jesús, llamados al comienzo de la misión de Galilea (1, 16-20), bautizados por Jesús con nombre nuevo (3, 16-17), testigos anticipados de su poder sobre la muerte (5, 35-43) y de su gloria pascual (9, 2-13). Pues bien, precisamente ellos, los zebedeos, aparecen rechazando aquí el camino de pasión del Hijo del Hombre. Pedro había reaccionado ante el primer anuncio de pasión (8, 31-32). Los zebedeos esperan y se elevan con deseo de poder frente al tercer anuncio de la pasión, vinculado de un modo especial a la renuncia del poder del Hijo del hombre En este fondo se entienden las tres unidades que siguen:

- *Introducción: en el camino, tercer anuncio* (10, 32-34). Lo que era descubrimiento de la voluntad de Dios (8, 31) y catequesis eclesial (9, 31) se vuelve anuncio detallado del juicio y muerte de Jesús, que se presenta como Mesías de Dios renunciando a la riqueza y al poder.
- *Despliegue básico: poder y servicio* (10, 35-45). Jesús ha puesto de relieve el riesgo del dinero, que destruye el camino mesiánico (10, 17-31). Ahora destaca el riesgo del poder y la exigencia de superarlo, en línea de entrega de la vida y de servicio mutuo. El mesianismo de Jesús no se cumple tomando el poder, sino superándolo.
- *Conclusión: un ciego se vuelve discípulo* (10, 46-52). Éste es el momento final en el camino que lleva a Jesús desde Cesarea de Felipe (en la Gaulanítide), pasando por Galilea y la hoya del Jordán (Jericó) hacia Jerusalén. En la última etapa del camino, el mendigo de Jericó pide al Hijo de David la vista, precisamente para seguirle en el camino mesiánico.

a) En el camino. Tercer anuncio (10, 32-34)

Estudio básico en A. de Mingo Kaminouchi, *But It Is Not So among You. Echoes of Power in Mark 10:32-45*, JSNTSup 249, **London** 2003. Cf. también E. Manicardi, *Il cammino di Gesù nel Vangelo di Marco. Schema narrativo e tema cristologico*, Inst. Bíblico, Roma 1981; G. Strecker, *The Passion and Resurrection Predictions in Mark's Gospel*, Interpretation 21 (1968) 421-442.

Profecía de anticipación histórica y de autoidentificación eclesial, palabra que ha sido creada para entender y «justificar» el acontecimiento misterioso, escandaloso y provocador de la muerte del Mesías. No es una palabra creada para engañar, sino todo lo contrario, para comprender. En sentido más profundo podemos presentarla como *prolepsis literaria y teológica*, que sirve precisamente para evitar el *suspense exterior* del relato (ya se sabe lo que va a suceder) y para aumentar el *suspense interior*, pues los lectores deben entender de forma personal los textos que siguen, introduciéndose en la trama de muerte y pascua de Jesús.

a. (Camino) *³²Estaban en el camino, subiendo hacia Jerusalén, y Jesús iba por delante; y se aterrorizaban y los que lo seguían tenían miedo.*

b. (Tercer anuncio de la pasión) *³³Entonces tomó consigo otra vez a los doce y comenzó a decirles lo que le iba a pasar: «Mirad, estamos subiendo a Jerusalén y el Hijo del hombre va a ser entregado a los sumos sacerdotes y a los escribas: lo condenarán a muerte y lo entregarán a los gentiles; ³⁴se burlarán de él, lo escupirán, lo azotarán y lo matarán, pero a los tres días resucitará».*

a) *En el camino* (10, 32). Estamos ante el tercer anuncio de la pasión, que será el definitivo y pleno Lo que antes se decía de un modo inicial, solo por partes, viene a presentarse ahora de un modo completo y más extenso, como anticipa en el fondo la misma introducción: «Estaban en el camino, subiendo a Jerusalén...» (10, 32). Ésta es una subida física (la ciudad está en lo alto) y simbólica. Jerusalén es lugar de cumplimiento de las promesas mesiánicas (del triunfo de Dios y de su Reino).

Se acerca el momento decisivo, y Jesús precede a sus discípulos, abriendo así camino para todos, en gesto que suscita, al mismo tiempo, admiración (suben hacia lo desconocido creador) y miedo (les espera lo desconocido). Éste es un camino de presagios e incertidumbres que el mismo Jesús se encarga de interpretar, ofreciendo a sus discípulos una palabra aclaradora, que les permita comprender aquello que están realizando. Suben a Jerusalén, y allí se decide la suerte del Hijo del Hombre, como indicaremos al mostrar la acción de cada personaje:

(1) *Jesús precede a sus discípulos* (*ên proagôn autous*), abriendo un camino que *sube hacia Jerusalén*, a las raíces del judaísmo sagrado. Antes han bajado los escribas para vigilar a Jesús y condenarle (cf. 3, 22; 7, 1). Ahora es Jesús quien asciende, con gran decisión, para presentar su proyecto mesiánico, situando así su mensaje ante el Dios de la ciudad (el Dios de las promesas) y ante sus representantes.

(2) *Los discípulos de Jesús sienten terror y temor* (*ethambounto, ephobounto*) ante el gesto de Jesús. Así lo muestran con toda nitidez estas palabras que volvemos a encontrar al final de Marcos: las mujeres de la tumba vacía se aterran y temen (16, 6.8). La decisión de Jesús aterra a sus discípulos. Es claro que no entienden pero, a pesar de ello, le siguen.

El camino les abre hacia lo desconocido. Los discípulos podrían entender otras actitudes o conductas, tanto en plano de enseñanza como de transformación social (en la línea de los fariseos, escribas o conquistadores militares). Lo que no entienden es la fuerte decisión de entrega que lleva a Jesús desarmado (y sin dinero) a la ciudad donde le espera el juicio. Jerusalén es más que una ciudad: son mil años de historia judía, es el templo de las seguridades nacionales, son los sacerdotes de Dios, es finalmente el poder de Roma que vigila para impedir todo disturbio.

b) *Tercer anuncio: Palabra interpretativa* (10, 33-34). Sube Jesús, sus discípulos temen. Sobre ese temor se vuelven especialmente duras sus palabras de anticipación pascual. Él no asciende a lo desconocido, sino que calcula y tiene en cuenta la respuesta que pueden ofrecerle las autoridades y el pueblo. Sabe lo que puede esperarle, y sin embargo sube. Desde su compromiso por el Reino, conociendo el misterio de Dios (cf. *dei*: 8, 31) y desvelando el sentido de sus propias enseñanzas (cf. *edidasken*: 9, 31), el mismo Jesús pascual anuncia a sus discípulos lo que ha de suceder (*ta mellonta*: 10, 32):

- *Subimos (nosotros)*. Jesús se incluye en su grupo, añadiendo (en frase impersonal) que el Hijo del humano será entregado a los sacerdotes y escribas, representantes oficiales de Israel (faltan aquí los presbíteros 10, 33a). Todo permite suponer que su propio grupo mesiánico va a quebrarse.
- *Sacerdotes y escribas* le condenarán a muerte, entregándole a los gentiles (10, 33b). Los jefes del pueblo le juzgarán indeseable, poniéndole en manos del mundo exterior, del poder de la muerte.
- *Los gentiles* le despreciarán, escupirán y matarán (10, 34a). Para ellos el camino mesiánico carece de sentido. A los buenos enemigos se les admira y combate en fiera guerra. Pero Jesús no es digno de admiración. Como a esclavo sin honor hay que tratarle; como a enemigo despreciable hay que matarle.
- *Y después de tres días resucitará* (10, 34b). Todos le han rechazado (nosotros, las autoridades de Jerusalén, los gentiles). Como fracasado ha muerto, sin amigos, sin pueblo, sin honra. Pero Dios le resucita. Evidentemente, el que habla de esta forma es el Jesús de la pascua, que ilumina desde el final su camino, el camino de la Iglesia.

Este anuncio de muerte resulta necesario para entender lo que sigue, aunque todavía la historia siga abierta, pues, dentro de Israel, las profecías nunca se cumplen de un modo automático, sino que su resultado depende de la respuesta de los hombres. Jesús sabe que pueden matarle, pero todavía no puede tener la seguridad de que lo hagan. De esa forma sube a Jerusalén, sabiendo que pueden matarle, pero haciendo todo lo posible para que no le maten, es decir, para que llegue el reino de Dios.

La novedad de esta «marcha de Reino» de Jesús está en el hecho de que no va preparado para asaltar y tomar el poder y, además, no lo quiere. Va a Jerusalén anunciando la llegada del Reino y, sin embargo, no se ha preparado: no tiene armas, ni dinero, ni contactos de poder. Confía sólo en su palabra y en la esperanza de Dios. De esa manera, de ahora en adelante iremos recorriendo una historia invertida. Precisamente allí donde todos matan a Jesús (y le quitan así todo poder) desvela Dios su autoridad más alta; él no se impondrá a través de una victoria militar, sino resucitando al crucificado.

---

(89) Camino de Jesús y seguimiento

El tercer anuncio de la pasión se sitúa expresamente «en el camino» de subida hacia Jerusalén (signo y lugar de venida del Reino). Jesús precede a sus discípulos, ellos le siguen. En ese contexto he querido precisar los tema del camino y del seguimiento:

1. Textos del camino. El mensajero mesiánico (que era Juan Bautista) ha preparado el camino de Jesús (cf. 1, 2-3), un camino que él debe recorrer y que define el sentido de su movimiento (como en Hch 9, 2; 22, 4, etc.). Barco y mar configuran la primera parte de Marcos, la misión galilea, abierta a los pueblos (1, 14–8, 26). El camino de la cruz define la segunda parte, con el ascenso de Jesús a Jerusalén y la llamada al seguimiento (8, 27–15, 47). Ambas palabras (camino y seguimiento), vinculadas entre sí, configuran el sentido de la Iglesia. Jesús recorría Galilea (cf. 1, 38-39), pero su camino culmina en Jerusalén:

1. *El camino es el lugar de la pregunta: ¿Quién decís que yo soy?* (8, 27). En ese contexto supera Jesús la visión triunfalista de Pedro y aparece como Hijo del Humano que nos llama en actitud de entrega de la vida (8, 28-35).
2. *El camino es lugar donde debe superarse el ansia de poder* (9, 33-34), sirviendo a los demás, especialmente a los niños. Por eso, quien venga y desee seguir allí a Jesús debe *darlo todo* (10, 17).
3. *El camino de ascenso a Jerusalén* suscita admiración y miedo; quienes lo recorren saben que el Hijo del Humano debe entregar la vida (10, 32-34) y ellos han de superar sus deseos de poder (10, 35-45) y mirar la realidad con ojos nuevos, comprendiendo lo que significa ser Hijo de David (cf. 10, 46-52).

2. Textos de seguimiento. Los discípulos de Jesús han de ser, ante todo, *seguidores*, recorriendo su camino; más que una doctrina que aprenden, les define el hecho de haber caminado (y seguir caminando) en pos de Jesús:

1. *Le siguen de modo especial aquellos a quienes él mismo ha llamado* (cf. 1, 18; 2, 14; 6, 1), pero algunos rechazan su llamada (cf. 10, 22) y otros que parecen no llamados le siguen, esperando recibir su ayuda (cf. 3, 7; 5, 24).
2. *El verdadero seguimiento de Jesús supone dar la vida* (cf. 8, 34), dejando las riquezas (10, 21) y aprendido a compartir todo a su lado (cf. 10, 38).
3. *Seguidores perfectos* son aquellos que, como el ciego de Jericó, aprenden a mirar para ponerse a su lado (10, 52) o las mujeres que le acompañan hasta la cruz, en gesto de servicio (15, 40-41).

Camino y seguimiento culminan en Galilea, allí donde el joven de la pascua envía a las mujeres, con los discípulos y Pedro, para fundar la Iglesia (cf. 16, 7-8).

b) Iglesia y poder. Los zebedeos (10, 35-45)

Este pasaje nos sitúa ante la problemática del poder en Marcos. Entre los que han planteado el tema, cf. R. J. Cassidy, *Jesus, politics and society*, Maryknoll, New York 1978; A. de Mingo Kaminouchi, *But It Is Not So among You. Echoes of Power in Mark 10:32-45*, JSNTSup 249, London 2003; Robinson, *History*, 56-63; Via, *Ethics*; Waetjem, *Reordering*. Sobre el fondo «religioso» de dar la vida como «rescate» por muchos, cf. L. W. Hurtado, *Señor Jesucristo*, Sígueme, Salamanca 2010, 328-362.

Los zebedeos (Santiago y Juan) forman parte del primer grupo de los cuatro «pescadores» escatológicos de Jesús (1, 16-20), a quien han acompañado (1, 29-31; 5, 37; 9, 2) y acompañaran (13, 3) en algunos momentos centrales de su tarea mesiánica. Pues bien, llegado el momento decisivo, tras haber oído lo que Jesús ha dicho del dinero y de la entrega de la vida (10, 17-33), quieren invertir su camino de Reino, apareciendo así como antagonistas mesiánicos. El maestro les habla de entregar la vida; ellos desean y planean la toma de poder. No están solos, no se diferencian en eso del resto de los Doce, sino todo lo contrario: actúan como representantes egoístas de un grupo antes llamado a compartir la misión de Jesús (cf. 3, 13-19; 6, 6b-13.30) y que ahora empieza a resquebrajarse por el egoísmo de sus miembros.

Cuando los zebedeos se quieren elevar sobre los otros, fracasa el mismo grupo de los Doce como expresión colegiada de plenitud israelita, de forma que la unión de grupo se esfuma y deshace. A medida que Jesús va interpretando su camino en términos de entrega, sus discípulos disputan y rompen su unidad de grupo (de los Doce). Ya no hay Doce, sino dos por un lado (10, 35-38) y diez por otro (10, 41), como grupos enfrentados entre sí.

Les ha escogido Jesús para que sean signo unido de un poder que es en el fondo anti-poder, gesto de entrega de la vida. Ellos prefieren apegarse a los resortes de fuerza de la antigua tierra, bien representada por aquellos judíos y romanos que mantienen el control político conforme a métodos de entrega y muerte ya evocados en 10, 33-34. Así, piden un lugar a la derecha y a la izquierda de Jesús, utilizando para ello los esquemas de poder antiguo y enfrentándose por eso (al menos implícitamente) a los restantes discípulos, que empiezan a sentirse así discriminados (10, 35-37).

a. (Petición) *[35]Y Santiago y Juan, los hijos de Zebedeo, se le acercaron diciéndole: Maestro, queremos que nos concedas lo que vamos a pedirte. [36]Jesús les preguntó: «¿Qué queréis que haga por vosotros?». [37]Ellos le contestaron: «Concédenos sentarnos uno a tu derecha y otro a tu izquierda en tu gloria».*

b. (Profundización) *[38]Jesús les replicó: «No sabéis lo que pedís. ¿Podéis beber el cáliz que yo he de beber, o ser bautizados con el bautismo con que seré bautizado?». [39]Ellos le*

> *respondieron: «Sí, podemos». Jesús entonces les dijo: «Beberéis el cáliz que yo he de beber y seréis bautizados con el bautismo con que seré bautizado. ⁴⁰Pero el sentarse a mi derecha o a mi izquierda no me toca a mí concederlo, sino que es para quienes está reservado».*
> c. (Enseñanza universal) *⁴¹Los otros diez, al oír aquello, se indignaron contra Santiago y Juan. ⁴²Jesús los llamó y les dijo: «Sabéis que los que parecen mandar a las naciones las gobiernan tiránicamente y que sus magnates las oprimen. ⁴³No ha de ser así entre vosotros. El que quiera ser grande entre vosotros, que sea vuestro servidor; ⁴⁴y el que quiera ser el primero entre vosotros, que sea esclavo de todos. ⁴⁵Pues tampoco el Hijo del Humano ha venido a ser servido, sino a servir y a dar su vida en rescate por muchos.*

Este pasaje nos ofrece un *paradigma social*, que debemos entender en clave de Iglesia, con petición de los zebedeos y rechazo razonado de Jesús. Puede interpretarse como ley de gobierno (pero también como experiencia de anti-gobierno, es decir, de superación de poder). Es paradigma en cuanto traza un modelo de comportamiento para los dirigentes de la Iglesia, representados por los zebedeos y se funda en la historia de Jesús, pero su formulación es posterior a pascua.

No hay en el camino de Jesús lugar para personas que quieran imponerse a los demás. Los discípulos debían saberlo, pero Marcos nos recuerda que ellos siguen sin comprender (cf. 9, 32), especialmente los zebedeos, ansiosos de gloria mesiánica. Ellos encarnan el riesgo eclesial del deseo de poder, evidentemente con «buena intención», para acabar dominando a los demás. El texto, escrito de forma paradigmática, consta de tres partes: petición, aplicación personal, principio universal.

a) *Petición de los Zebedeos* (10, 35-37). Como representantes de una lógica de poder ha presentado Marcos a Santiago y Juan, los primeros conspiradores de la Iglesia, que utilizan a Jesús para saciar su sed de jerarquía. No buscan algo nuevo, insisten en la línea de la *episteme y/o poder de lo mismo*, como los Doce (9, 33-34; cf. 8, 33). Juan es sin duda un reincidente, pues ya quiso controlar el Nombre de Jesús hacia lo externo (9, 38-41).

Juan y Santiago fueron llamados al principio para la pesca final (1, 16-29); unidos a Pedro, han acompañado a Jesús en casa del Archisinagogo (5, 37) y en la transfiguración (9, 2). Por eso, al pedirle ahora un puesto a la derecha e izquierda de su gloria, parecen responder con confianza a su confianza. Es lógico y bueno lo que piden (estar siempre al lado de Jesús), pero lo piden con lógica del mundo, elevándose sobre el resto de los discípulos. El riesgo mayor de la Iglesia no se encuentra fuera (en escribas judíos y gobernadores romanos), sino en sus propios jefes interiores, que, con pretexto de servicio mesiánico y acción liberadora, quieren mandar sobre los otros.

b) *Profundización de Jesús, profecía* (10, 38-40). Jesús responde cambiando el nivel de la petición. No acepta o rechaza aquello que piden, pues de ese modo seguiría utilizando (a favor o en contra) la lógica de fuerza de este mundo. Así rechaza la misma petición como carente de sentido: *¡No sabéis lo que pedís!* (10, 38). Los zebedeos le han seguido y, sin embargo, no entienden su estilo de Reino, no acogen su proyecto. Por eso vuelve a proponerles Jesús su proyecto en tres partes:

- *Pregunta y respuesta. ¿Podéis beber mi copa, bautizaros con mi bautismo?* (10, 38-39a). *Ellos* desean mandar con Jesús, para imponerse. *Jesús* les pregunta si pueden seguirle en su entrega, en donación de vida (copa, bautismo). Frente a la *gloria* que buscan en él, Jesús quiere ofrecerles su camino, expresado en signos de cáliz y bautismo, vinculados ambos con su muerte. En el fondo les pregunta si están dispuestos a morir con (como) él. Ellos responden que sí: ¡podemos! Ciertamente, no son miedosos o egoístas vulgares.
- *Concesión. ¡Mi cáliz lo beberéis, con mi bautismo os bautizareis!* (39b). En prolepsis o anticipación que rompe el orden temporal de la escena y adelanta el futuro de la Iglesia, Jesús confirma la disposición de los zebedeos, ratificando su entrega martirial ya cumplida (han muerto por/con él cuando se escribe este pasaje). Jesús acepta así el sentido más profundo de su petición, pues al fondo de ella hay algo bueno: quieren estar con Jesús, muriendo con él, compartiendo su entrega por el Reino. Evidentemente, nos hallamos en un contexto eclesial. Marcos está presentando algo que ya ha sucedido: los zebedeos han seguido a Jesús tras la pascua, muriendo como él.
- *Reserva escatológica. Pero el sentaros a mi derecha o a mi izquierda no me toca a mí concederlo...* (10, 40). De Jesús es la entrega, la copa y bautismo que ofrece a los suyos. Pero la gloria del trono es misterio de Dios, regalo de gracia que sólo gratuitamente puede recibirse. Jesús acoge y ratifica el camino de muerte. La respuesta final ya no es suya.

Esta respuesta de Jesús a los zebedeos (10, 38-40), posiblemente reelaborada por la Iglesia tras la pascua, distingue y vincula dos motivos que enmarcan y definen el sentido del discipulado. Uno es el cáliz (morir con Jesús), otro el trono (sentarse con él en la gloria). Así podemos esquematizarlos:

- *El cáliz del discipulado.* Los zebedeos piden trono, y Jesús sólo les puede ofrecer su propio gesto de entrega de la vida, asegurándoles que, a pesar de su ambición de poder, ellos acabarán siendo fieles a su tarea mesiánica: «El cáliz que yo bebo beberéis, con el bautismo con que yo soy bautizado os habréis de bautizar» (10, 39). Los discípulos reciben y realizan la misma vocación del Hijo del Hombre, una misión que se explicita como entrega de la vida. Esto es lo que Jesús puede ofrecer a los que vengan a seguirle en la subida de Jerusalén.
- *El trono del discipulado.* Por la entrega de su vida, Jesús viene a ponerse en manos de Dios. Lo mismo ha de pasar a sus discípulos: «Sentarse a mi derecha

o a mi izquierda no es cosa que yo pueda concederos, sino que es para aquellos para los que ha sido reservado» (10, 40). Jesús deja la gloria de los suyos en manos de Dios Padre (como indica el pasivo divino de *hois hêtoimastai*: a los que Dios lo ha reservado), sabiendo que esa gloria no puede entenderse en forma de dominio político y de poder sobre el mundo.

Esta unión de cáliz (bautismo) y de trono, de entrega actual de la vida (con Cristo) y de herencia del Reino futuro (desde Dios), constituye el centro y clave del discipulado. Lo más consolador en ese texto no es el hecho de que el texto deje la gloria (trono) en manos de Dios, sino el decir que los zebedeos podrán beber el cáliz con el Cristo y bautizarse como él se bautiza, no ya en el agua de Juan, sino entregando la propia vida por el Reino. Jesús supone y afirma, según eso, que los zebedeos le seguirán hasta el final en un camino de entrega de la vida que está simbolizado por el bautismo (morir con Jesús, a favor del Reino) y por el cáliz (entregar la vida, compartiéndola con Jesús). Aprender a morir con Jesús, eso es ser discípulo.

Los zebedeos le han pedido un trono de poder, en gesto equivocado de deseo de dominio. Jesús ha querido y ha podido transformar ese deseo, haciendo que ellos puedan mantenerse fieles a la gracia de la vida y a la entrega hasta la muerte. Ésta es la ironía y la profunda experiencia creadora del pasaje: tan grande es la fuerza que mana de su entrega, que Jesús puede cambiar con ella el mismo deseo egoísta de sus discípulos violentos (hijos del trueno: 3, 17), haciéndoles capaces de entregar la vida por los otros. De ese modo, la pascua de Jesús ha de expandirse y triunfar entre los suyos, convirtiéndose en principio de resurrección para sus mismos seguidores. Es evidente que esta gran promesa debe interpretarse desde 16, 6-7, como varias veces hemos señalado.

El camino de entrega de Jesús abre así un surco de fecundo seguimiento para sus discípulos. El signo del pan (central en toda la sección anterior: 6, 30-44; 8, 1-21) se abre al nuevo signo del cáliz: sin ofrenda de la vida es imposible el banquete escatológico. Este es un cáliz de entrega y regalo de la vida, no de imposición ni de conquista. Por eso, el trono final ha de quedar en manos de la gracia plena que es el Padre. De esa forma se anticipa aquí el motivo de la ignorancia de la hora (13, 32): ni los ángeles de Dios, ni el Hijo saben (es decir, deciden); sólo el Padre puede hacerlo, de manera que nosotros confiamos en su gracia y de esa forma podemos mantenernos confiados.

c) *Enseñanza universal* (10, 41-45). El problema de los dos zebedeos es de todos los discípulos de Jesús. Por eso, los diez restantes se enojan con ellos, iniciando una disputa general por el poder (10, 41). Es evidente que, dejándose llevar por ella, la Iglesia acabaría destruyéndose a sí misma. Para superarla ofrece Jesús la nueva lógica de autoridad y servicio que brota de su entrega.

Vuelve de esa forma a la enseñanza de 9, 33-35, cuando ponía al niño en el centro de la Iglesia.

Éste es para Marcos *el último enemigo* (después de la riqueza: 10, 17-31): *el deseo de poder que oprime precisamente a los mejores* (es decir, a sus discípulos). Jesús lo ha combatido, destruyendo dentro de la Iglesia los esquemas de jerarquía genealógica (familias sacerdotales), organizativa (cuadros de mando que se perpetúan según ley) o espontánea (carismáticos que lo asumen por inspiración). Así concluye, de manera iconoclasta:

- *Principio* (10, 42). Jesús desentraña la trama real del poder, y lo hace de un modo radical, siguiendo la línea del mensaje profético: *Los que parecen mandar* (que en realidad no mandan, pues están esclavizados por el sistema) *destruyen con su falsa pretensión a los demás*. Sabemos que el poder, vinculado casi siempre a las riquezas (cf. 10, 17-22) y expresado como dominación política, quiere rodearse de un aura sagrada (como si fuera signo de Dios), siendo en realidad diabólico. Al presentar la conducta de los que «parecen mandar», Jesús alude a una conducta que a su juicio es clara entre los grandes (*arkhontes, megaloi*) de este mundo: mandar es para ellos dominar y aprovecharse de los otros. Esta búsqueda de mando destruye la vida de los hombres. Por eso los discípulos de Jesús (toda la Iglesia) tienen que dejar a un lado los métodos de fuerza, imposición y dominio que se emplean en el mundo. Es evidente que la ley del poder terrenal es distinta de la gracia de Reino de Jesús, y así deben saberlo sus discípulos.

    Posiblemente, Santiago y Juan no buscaban de un modo directo el poder militar, sino un tipo de dominio «espiritual», un mesianismo o poderío divino de los justos, dentro de una tradición jerárquica judía que relaciona presencia (revelación) de Dios y triunfo nacional. Posiblemente quieren mandar en línea buena, para ayuda de los demás, apareciendo como servidores del Dios poderoso. Pero Jesús no les distingue de aquellos que mandan en forma pervertida. No hay para él *un poder malo* (propio de los gentiles) y *otro bueno* (de sus discípulos). Todo poder es en el fondo destructor, toda imposición es mala. Por eso, no quiere mejorar el poder (convertirlo), sino superarlo de base.

- *Inversión* (10, 43-44). Jesús no necesita el poder económico del rico (10, 17-22) ni el mesiánico de los buenos zebedeos (no ha venido a conquistar el Imperio romano) ni el sacerdotal del templo (cf. 11, 12-26). Por eso responde: «*No sea así entre vosotros…*». Siguiendo en la línea de 9, 33-37, Jesús no viene a fundar jerarquías entendidas en clave de honor y prioridad social o espiritual. Aquí se expresa la norma del seguimiento entendido como inversión respecto al mundo: el poder (deseo de dominio) se convierte en gratuidad, gesto de amor desinteresado por los otros. Sin esa inversión o ruptura no puede existir discipulado.

De esa forma, Jesús quiere cimentar la vida de sus seguidores sobre el mismo camino de su entrega. Aquí se expresa Dios, aquí nace la Iglesia, invirtiendo el deseo de poder de los zebedeos y del resto de los Doce. Jesús ha invertido la tendencia dominante de las comunidades religiosas que traducen en forma sacral las estructuras de poder mundano. Por eso, frente a la manipulación mesiánica de los zebedeos, que son junto a Pedro sus seguidores principales (cf. 5, 37; 9, 2), Jesús ha establecido aquí las bases de una fraternidad donde no existe poder sino servicio, ejercido por el *diakonos* (servidor libre) o *doulos* (esclavo).

Pedro había rechazado el proyecto de entrega de Jesús (8, 32); *los zebedeos* ratifican aquel gesto, buscando la *doxa* o gloria mundana del Mesías (10, 37). Son representantes de una humanidad ansiosa de dominio religioso. Ellos (con los doce: cf. 10, 41) quieren ofrecer un *correctivo mesiánico* a Jesús, ayudándole con su poder y organización. Jesús rechaza esa propuesta, pero no en la línea de *una utopía extramundana*, como si sus fieles tuvieran que encerrarse en un nivel de intimidad espiritual donde nada se posee ni desea, sino desde un más alto *realismo social*: busca una Iglesia transparente donde los humanos puedan compartir cien casas, madres, hermanos e hijos (cf. 10, 28-31). Jesús no se evade; busca la vida en común, el pan multiplicado; por eso debe rechazar un poder que quiere organizar el mundo desde arriba.

Ésta es la novedad de Jesús, que quiere ser rey «sin reinar», es decir, sin imponerse y mandar sobre los otros. Por eso, él no puede tener a su lado a unos líderes sentados sobre tronos paralelos, asegurando así el orden y obediencia de los pueblos, sino buenos servidores, gente de cariño eficaz, que sepa dar la vida por los otros. Se ha dicho que hacen falta *buenos gobernantes* o señores, como si el problema del mundo se arreglara con mandos mejores. Pues bien, para Jesús, la vida humana no se soluciona preparando mandos apropiados a nivel político, social o religioso. Por eso, él no busca en su grupo gobernantes o caudillos, estrategas de finanzas o de buena economía. No investiga las posibles dotes de los zebedeos, ni les hace estudiar leyes o filosofía del poder en una escuela israelita o griega, para hacerles funcionarios de su empresa. Él busca madres e hijos, buenos hermanos que sepan regalar su vida por los otros. Leído en este fondo, el evangelio de Marcos aparece como manual de una Iglesia de servidores.

El evangelio sólo puede anunciarse porque «¡El Hijo del Humano no ha venido a que le sirvan...!» (10, 45). De esa forma invierte Jesús el texto central de la esperanza apocalíptica: «Vino el Hijo del Humano... y todos los pueblos naciones y lenguas le servirán» (Dn 7, 14; cf. Dn 7, 25-27). Lógicamente, la nueva actitud de los discípulos ha de ser una ampliación del gesto de Jesús que, siendo Hijo de hombre, da la vida por los otros. Todo lo que pueda decirse de la Iglesia (eclesiología) es consecuencia de la cristología. Discípulo es aquel que logra actuar como Jesús. Volvamos al principio del discipulado. Así descubrimos que Jesús no pudo ofrecer ni ofreció una teoría general sobre el seguimiento, diciendo a Pedro-Andrés y a Santiago-Juan lo que debían hacer cuando les llamo para acompañarle como pescadores de hombres (1, 16-20). No les ofrece unas puras ideas, sino que les guía en su mismo camino, para que compartan con él las tareas y promesas del Reino.

Los zebedeos entendían esas promesas en clave de triunfo (ellos mismos se creían el pueblo de los santos); eran buenos exegetas de Dn 7. Pero Jesús las entiende en clave de más alto servicio: ha venido a dar la vida, no a exigir que otros le rindan homenaje. El evangelio se vuelve así una *guía de servidores*. No es directorio para triunfar, manual para ganar dinero y dominar sobre los otros. Por eso, todos los que alguna vez han buscado poder en la Iglesia, se equivocan de Mesías y confunden Dios y Diablo, Cristo y Antricristo. No se salva el pueblo con buenos gobernantes, sino con buenos servidores.

Sabemos que los hombres tienen una capacidad de engaño casi infinita: creen sólo en aquello que quieren creer, miran lo que les conviene y seleccionan las informaciones de tal modo que sólo aceptan aquellas que concuerdan con sus convicciones previas. Esto es lo que pasa con los Doce. Jesús les ha ofrecido su enseñanza más profunda, pero ellos no han podido (o querido) entenderle. De esa forma han convertido la misma vocación (llamada de Dios) en medio de autoengaño. Pensando escuchar a Jesús, estaban escuchándose a sí mismos. Esta fuerte densidad de engaño e ilusión de los primeros apóstoles del Hijo del Hombre puede parecer patética observando las cosas desde fuera. Miradas más por dentro, resulta consoladora: aquellos discípulos estaban donde solemos estar nosotros.

---

(90) Diaconía. No ha venido a que le sirvan sino a servir

Con el resto del Nuevo Testamento, Marcos parece distinguir dos términos: *diakonos* (servidor libre) y *doulos* (esclavo). Pero de hecho ellos tienden a ser intercambiables y además el sentido de *doulos* (siervo/esclavo) puede casi invertirse, volviéndose término honorífico, con el sentido de «ministro» u hombre de confianza de un amo o del Sumo sacerdote (12, 2.4; 14, 27). Marcos los utiliza como distintivos del movimiento de Jesús:

1. *Jesús se define como siervo (diakonos)*: no ha venido a que le sirvan sino a servir, dando su vida como redención por muchos –todos– (10, 45).
2. *Jesús define a sus discípulos como servidores en contexto de niños*: quien quiera ser primero hágase último/servidor de todos, especialmente de esos niños: la principal tarea y autoridad de la Iglesia consiste en acogerles (9, 35).

> 3. *También les define como servidores en clave de inversión de poder*: resulta normal hacerse grande mandando sobre los demás; Jesús quiere que los suyos lo sean haciéndose servidores y esclavos de todos: (10, 43-44).
> 4. *Las tareas de los siervos.* Conforme al texto parabólico de 13, 34, ese servicio se puede reglamentar: Jesús, amo de la casa/iglesia, confía su tarea a cada siervo y una especial al *thyrôros* o encargado de la puerta.
> 5. *Marcos ofrece el testimonio de varias mujeres servidoras*: la suegra de Simón (1, 31) y las que asisten a la muerte y sepultura de Jesús (15, 41). Ellas son ejemplo y base de la Iglesia, aunque deben culminar su camino en Galilea (cf. 16, 7-8), como la mujer de la unción, cuyo recuerdo se expande con el evangelio a todo el cosmos (14, 9).
>
> *¿Un ministerio del servicio?* La Iglesia posterior ha ratificado la exigencia del servicio evangélico estableciéndolo como ministerio (orden diaconal). Esa decisión es positiva, si se matiza desde Marcos según estos principios. (1) Más que un ministerio separado, el servicio es actitud y sentido de todo comportamiento cristiano. (2) Si su función se oficializa, el «ministro» (siervo de los siervos...) no debe convertirse en amo de aquellos a quienes dice servir, invirtiendo el camino de Jesús. (3) No hay en Marcos distinción entre el servicio (ministerial o no ministerial) de varones y/o mujeres.

c) Un ciego en el camino. Visión y seguimiento (10, 46-52)

Además de comentarios (Marcus, Navarro, Pesch...), cf. V. K. Robbins, *The Healing of Blind Bartimaeus (Mk 10:46-52) in the Marcan Theology*: JBL 92 (1973) 224-243; S. Schlumberger, *Le récit de la foi de Bartimée*, ETR 68 (1993) 73-78; F. Williams, *Followers*, 151-171.

Con el milagro de un ciego había terminado la sección anterior del mensaje en Galilea: abrió Jesús los ojos del hombre de Betsaida (signo de todos sus discípulos) a fin de que pudieran comprender el sentido de su Reino y seguirle en el camino (8, 22-26). Ahora, al final de esta nueva sección, y claros ya los rasgos de la entrega que supone el evangelio, ante la dificultad reiterada de sus discípulos, Marcos vuelve a presentar a un ciego, curado esta vez en el camino (10, 46-52).

Es evidente que las dos escenas (8, 22-26 y 10, 46-52) están entrelazadas. Los que quieran entender y seguir a Jesús han de pedir que cure sus ojos, como hace Bartimeo a las afueras de Jericó donde Jesús ha entrado, para salir luego de modo inmediato, sorprendente «(¿que hizo dentro?: 10, 46). Le acompañan los discípulos, viene con la gente, iniciando así el último tramo de ascenso que lleva a Jerusalén (cf. 10, 32). Al borde del camino (*para tên hodon*) se encuentra Bartimeo, mendigo ciego. Grita a Jesús, y la gente se lo impide diciéndole que calle (10, 46-48), pero Jesús sabe escuchar, como pronto indicaremos.

Este ciego es signo de aquellos que sienten una gran dificultad en comprender el evangelio de la entrega de Jesús. Necesitan ayuda para verle y seguirle en el camino. Es ciertamente un signo positivo, pues anuncia el surgimiento de discípulos de «ojos abiertos», que lograrán superar sus cegueras anteriores, descubriendo a Jesús resucitado, en Galilea (cf. 16, 6-8 allí «le veréis, según os dijo»). La luz de Bartimeo anticipa de algún modo la historia de la pascua, en la que todos los discípulos verán al Cristo en forma plena.

> a. (Un ciego pide misericordia) *⁴⁶Llegaron a Jericó. Y cuando salía de Jericó acompañado por sus discípulos y por bastante gente, el hijo de Timeo, Bartimeo, un mendigo ciego, estaba sentado junto al camino. ⁴⁷Y oyendo que era Jesús el Nazareno quien pasaba, se puso a gritar: «¡Hijo de David, Jesús, ten compasión de mí!». ⁴⁸Muchos lo reprendían para que callara. Pero él gritaba todavía más fuerte: «¡Hijo de David, ten compasión de mí!».*
> b. (Jesús dice: tu fe te ha salvado) *⁴⁹Jesús se detuvo y dijo: Llamadlo. Llamaron entonces al ciego, diciéndole: «Ánimo, levántate, que te llama». ⁵⁰Él, arrojando su manto, dio un salto y se acercó a Jesús. ⁵¹Jesús, dirigiéndose a él, le dijo: «¿Qué quieres que haga por ti?». El ciego le contestó: «Maestro, que recobre la vista». ⁵²Y Jesús le dijo: «Vete, tu fe te ha salvado».*
> c. (Seguimiento) *Y al momento recobró la vista y le siguió por el camino.*

Este ciego es un paradigma del auténtico discípulo. Los doce siguen a Jesús en camino equivocado de egoísmo mesiánico. Frente a ellos presenta Marcos a un auténtico discípulo: un ciego que ha visto a Jesús como *Mesías de la misericordia* y quiere alcanzar la vista externa para seguirle por dentro en el camino de la entrega. Hay al fondo un recuerdo histórico, un relato de milagro. Pero el texto es claro ejemplo de discipulado, construido en oposición a los zebedeos del pasaje precedente.

a) *Un ciego que pide misericordia* (10, 46-48). Jesús y sus acompañantes han entrado en Jericó (probablemente para descansar durante el sábado que precede a la gran semana de Pascua). Acabado el sábado salen de la ciudad, para emprender y realizar (a lo largo del primer día de la semana, que es nuestro domingo) el ascenso que les lleva a la ciudad sagrada (una distancia de menos de treinta kilómetros). La gente les rodea cuando salen (es tiempo de peregrinación pascual). A la vera del camino, pidiendo limosna, falto de poder y necesitado de ayuda, está sentado un ciego, llamado Bartimeo. Todos pasan, él se queda; pero escucha un ruido extraño.

Los fuertes zebedeos acabarán aprendiendo tras la pascua (*¡beberéis mi cáliz!*: 10, 39), pero no puede presentarse aún como ejemplo de seguimiento, pues no tienen limpia la mirada de evangelio. Pero allí donde ellos fallan ha encontrado Marcos un testigo mesiánico que sabe dejarlo todo y seguir a Jesús, con ojos nuevos. Es un ciego, mendigo en Jericó, donde se inicia la última jornada que lleva hacia Jerusalén. Allí donde ignoran los zebedeos, apegados al poder religioso, este ciego, llamado Bartimeo, sabe y pide: *¡Ten compasión de mí!* (10, 47-48).

Santiago y Juan querían sentarse en la gloria mesiánica, en deseo insaciable de dominio. Por el contrario, Bartimeo, sentado a la vera de un camino que no ve, busca compasión, llamando a Jesús por dos veces *¡Hijo de David!* No le importa el dinero, ni busca poder, ni le preocupa la estructura del sacerdocio israelita. Es un marginado al borde del camino, pero sabe que el mesianismo (filiación de David) se expresa como misericordia. No busca al Mesías de la victoria militar, sino al compasivo, al que se apiada de la gente.

b) *Jesús dice: tu fe te ha salvado* (10, 49-51). Era malo el deseo de dinero y poder para seguir a Jesús (cf. 10, 22; 10, 35-45). Es bueno en cambio el de ver, caminar, ser persona. Eso pide Bartimeo. Los que manipulan el mensaje, rodeando a Jesús como guardaespaldas, intermediarios que definen bien y mal, quieren acallar al ciego, impidiéndole que grite. Pero Jesús rompe ese círculo, llamando al ciego y dialogando con él: *¿Qué quieres que te haga?* (10, 51).

El ciego no pide ningún signo de dominio; simplemente quiere ver, vivir en plenitud. Jesús descubre y valora su fe (*¡creer es confiar en su poder mesiánico de abrir los ojos!*) y le responde que vaya (*hypage*) y vea, viviendo en libertad, conforme a su deseo. Jesús valora la fe del ciego y por eso le dice que «vaya», que se levante, que camine, es decir, que sea él mismo, que no siga más atado de un modo pasivo a la vera del camino. Jesús no le dice «cúrate», sino «vete». No le dice «yo te curo», sino «tu fe te ha salvado».

Evidentemente, el ciego no tiene por qué saber lo que Jesús ha ido diciendo en sus palabras anteriores, pero ha oído hablar de él y sabe que es «pretendiente mesiánico» misericordioso. Había estado inmóvil y ciego, a la vera del último camino que sube a Jerusalén, sin esperanza. Está impedido, es ciego y vive a costa de aquello que le quieren ofrecer los peregrinos. La ciudad pascual se encuentra cerca, pero no puede subir para admirar su santuario y orar con el resto de los fieles. Su ceguera le tiene clavado al borde del camino.

Pues bien, este día que sigue al sábado de descanso (y que precede a la gran pascua), este ciego sabe que Jesús va a pasar por allí, sabiendo, sin duda, que sube a Jerusalén para desplegar allí la misericordia de Dios y para morir por los demás, si hiciera falta, aunque sus mismos discípulos, no puedan (o no quieran) comprenderle. Él, en cambio, comprende el poder de la misericordia y así grita: «¡Hijo de David, Jesús!, ten piedad de mí. ¡Hijo de David!, ten piedad de mí» (10, 47-48). Este ciego sabe algo que la mayoría de los discípu-

Anuncios de muerte. Camino de Iglesia (8, 27-10, 52)

los de Jesús no entienden, algo que no han comprendido, aunque lleven con él mucho tiempo: Jesús es Hijo de David porque es misericordioso y puede curarle, y no porque logrará un triunfo militar y regalará unos tronos a su lado, como querían los zebedeos.

Este ciego se reconoce carente, sólo quiere ver, y para eso pide la ayuda de Jesús, en medio del gentío que llena el camino y que pasa, subiendo hacia Jerusalén. Otros piensan que Jesús ha de ocuparse de temas y problemas más urgentes, como vimos al tratar de los niños (10, 13). Por eso los acompañantes piden al ciego que calle: ¡no estorbes! Pero Jesús, entre los gritos huecos del gentío, escucha la verdad de esta petición que le está llegando desde el fondo mismo de miseria de la tierra. Subiendo hacia Jerusalén, como objeto de entrega o compraventa de los hombres, Jesús es el único que sabe ver las cosas y que puede dar la vista a los que quieran implorar su ayuda.

Los otros sólo entienden de problemas de dinero y de dominio; piensan que ya saben lo que quieren, y quieren en el fondo aprovecharse de Jesús para alcanzar así poder sobre su Reino. Este ciego en cambio sólo quiere abrir los ojos. Por eso se coloca en manos de Jesús, pidiéndole que alumbre su mirada. En una situación semejante, pero sin tener conciencia de ello ni reconocerlo, se encuentran los discípulos. Son como este ciego, no consiguen ver lo que regala el Reino. Pero, a diferencia del mendigo, esos discípulos suponen que conocen ya lo suficiente y por eso no piden ayuda a Jesús, sino que quieren imponerle su criterio. El ciego, en cambio, sabe que está necesitado y pide a Jesús que abra sus ojos. Superando el nivel de falsa seguridad de los discípulos, que en el fondo es sólo un egoísmo y un deseo de servirse de Jesús, a quien llaman falsamente Cristo (cf. 8, 29), este ciego está dispuesto a convertirse en seguidor auténtico del Hijo de David que sube hacia Jerusalén; por eso, pidiéndole su ayuda, quiere que sus ojos (exteriores e interiores) puedan verle y seguirle en el camino.

Estas palabras (¡hijo de David!) son una profunda confesión mesiánica, pero en línea de misericordia, no de toma del poder. Ellas se sitúan en la línea de aquello que después dirá con gesto de fuerte profecía la mujer del vaso de alabastro (14, 3-9). Ella ungirá a Jesús como Mesías, al verterle su perfume. Este ciego le ha nombrado Mesías, al llamarle hijo de David y al pedirle su ayuda para ver (seguirle en el camino). Los discípulos que el mismo Jesús ha ido formando no han llegado aún a la fe, y por eso siguen enzarzados en disputas sobre los primeros puestos. Este ciego, que no tiene nada más que su carencia, se pone en manos de Jesús, dispuesto a dejarse iluminar, recibiendo la ayuda del Maestro y comportándose en verdad como discípulo. Se ha despojado de lo poco que tiene, ha arrojado el manto, que es el signo de su condición de mendigo, y se ha puesto sin nada en las manos de Jesús.

c) *Curación y seguimiento* (10, 52). Los discípulos que Jesús ha ido formando directamente no han llegado aún a la fe, y por eso siguen enzarzados en disputas sobre los primeros puestos. Este ciego, que no tiene nada más que su carencia, se pone en manos de Jesús, dispuesto a dejarse iluminar, recibiendo la ayuda del Maestro y comportándose en verdad como discípulo. Se ha despojado de lo poco que tiene, ha arrojado el manto, que es el signo de su condición de mendigo, y se ha puesto sin nada en las manos de Jesús.

Jesús escucha su petición y le dice: «Vete, tu fe te ha salvado». Él se ha acercado hasta la vera de Jesús, en sus manos se ha puesto, recibiendo allí la luz para sus ojos. Por eso el texto sigue diciendo, de manera sorprendente: «Y al instante recobró la vista y seguía a Jesús en el camino». No pregunta nada, no busca más seguridades (posesiones, familia, algún tipo de mando). Este mendigo ciego es el prototipo del creyente liberado, de aquel que ya no tiene más oficio ni ejercicio que ir acompañando a Jesús en el camino de Jerusalén que, conforme a lo indicado, marca un tiempo de traición y entrega de la vida.

Marcos no vuelve a hablar más de este ciego, como tampoco habla más del endemoniado de Gerasa (5, 18-20). Estos dos, con la mujer de 14, 3-9, son ya portadores privilegiados de la obra mesiánica de Jesús. De esa forma indican la fecundidad de su mensaje. No hace falta que volvamos a encontrarlos en la pascua (16, 1-8). Es evidente que ellos forman un tipo de pascua anticipada. Aunque los Doce discípulos seguirán fracasando, como veremos a lo largo de Marcos 14–15, el evangelio presenta a otros discípulos que han sido y van quedando firmes a lo largo de la historia de Jesús como signo de una vocación que es acogida y respondida. Jesús ha llamado a este ciego ofreciéndole la vista; Bartimeo ha respondido acompañándole hacia Jerusalén.

Así acaban, en estallido de fuerte esperanza, las tres secciones del camino de Jesús (cf. 8, 27–10, 52): De pronto, el ciego vio y seguía a Jesús en el camino, en gesto de madurez creyente (10, 52). Éste es el discípulo perfecto, pues sigue a Jesús de verdad, en gesto de entrega (van subiendo hacia Jerusalén), y siendo ya capaz de ver (*aneblepsen*): anticipa así aquello que Pedro y los restantes discípulos sólo podrán conseguir (¡allí le veréis!, *opsesthe*) cuando vuelvan tras la pascua a Galilea (16, 7).

Este mendigo es desde ahora creyente verdadero, es la expresión de validez del camino histórico de Jesús. Todos los demás suben sin conocerle, acompañan a Jesús para dejarle luego, como indicará Marcos 14. Sólo este mendigo ciego, con las mujeres que después encontraremos en 15, 40-41, sube a Jerusalén de una manera positiva, preparando y de algún modo disponiendo el encuentro pleno de pascua. Aunque sólo hubiera respondido este ciego, habría merecido la pena esta sección del camino: hay alguien que ha entendido a Jesús. Por eso, Jesús sube a Jerusalén, como Mesías misericordioso, contando al menos con la ayuda y compañía de un mendigo que antes era ciego.

Este Bartimeo curado podría haber «marchado», para hacer su vida, como le dice Jesús: ¡Vete...! Pero él, en vez de marchar, se une a Jesús y le sigue, subiendo con él hacia Jerusalén (10, 52b). Ya había abandonado el manto (toda su riqueza) al escuchar su llamada (10, 50). Ahora, sin manto, le acompaña en el ascenso de su muerte. *Los zebedeos* no habían comprendido la verdad mesiánica. *Éste* la conoce, sabiendo que Jesús es Hijo de David por ser misericordioso. En cierto sentido hubiera sido más seguro y económicamente más rentable continuar sentado como invidente a la vera del camino.

Pero ha querido arriesgarse: ha buscado la luz y ha encontrado en Jesús el camino que culmina en la entrega de la vida. Frente al deseo de gloria de los zebedeos, ha confesado este ciego su fe en el *Hijo de David misericordioso*, que no se sienta en trono alguno, ni pretende imponerse sobre nadie. Este ciego sólo quiere ver para descubrir el camino mesiánico y seguirlo con Jesús. Este es el verdadero discípulo, alguien que funda su deseo en el poder de la misericordia transformante del que ha dado la vida por los otros.

(91) Fe y seguimiento de Jesús

Jesús dice a Bartimeo, ciego del camino, «tu fe te ha salvado» y él, abiertos los ojos, dejándolo todo, le sigue (10, 49-51). De esa manera actúa la fe sanadora en el evangelio de Marcos, desde el mismo comienzo hasta el epílogo canónico, como destacaré:

1. *Raíz del mensaje: Creed en el evangelio* (1, 15). Ésta es la palabra clave, el comienzo del evangelio, que ha de entenderse como expresión de la fe, como la aceptación creadora y transformadora del mensaje del Reino de Dios.
2. *Fe y milagros*: Jesús abre para los enfermos un campo de fe y de confianza en el poder de Dios, de manera que son los propios enfermos los que se curan, por su fe (cf. 5, 34; 9, 23-24). Por eso, la *falta de fe* deja a los paisanos de Jesús en su enfermedad, en su lejanía respecto del Reino (cf. 6, 6).
3. *La fe es una experiencia compartida*, como muestra el caso del paralítico (2, 5), del Archisinagogo (5, 35-43) y del padre del niño lunático (9, 23-24), donde la fe «de otros» empieza salvando a los enfermos. La fe es, por tanto, una experiencia contagiosa, que crea espacio de perdón, de confianza compartida y de solidaridad mesiánica.
4. *Fe y miedo*: la fe de los creyentes es fuerza que les hace capaces de enfrentarse y vencer la prueba (4, 40; cf. 6, 50) desde la presencia del mismo Jesús.

5. *Fe y oración*: frente al templo que debe ser destruido (pues no es lugar de fe transformante) emerge ahora la oración-fe de los discípulos (¡la fe de Dios!) que alcanza todo lo que piden (11, 20-25).
6. *Fe y salvación*: el final canónico dice que «los que crean y se bauticen se salvarán (hablando de una fe ratificada en el signo sacramental); por el contrario, los que no crean serán juzgados» (16, 16). El único criterio de salvación es por tanto la fe: la confianza en el misterio. Es evidente que esta falta de fe, que deja al hombre en ámbito de juicio, ha de entenderse en sentido amplio. Lo propio de Jesús ha sido suscitar fe en el Reino. La falta de fe es lo único que va en contra de Jesús, que destruye su obra y también a los incrédulos.

2. Jerusalén, ciudad del Mesías (11, 1–13, 37)

A la sección del camino (8, 27-10, 52) sigue la entrada, disputa y muerte de Jesús en Jerusalén. Como rey mesiánico, cumpliendo una liturgia preparada proféticamente desde hace siglos, Jesús entra en la ciudad de las promesas; pero no la encuentra preparada, ni los responsables de ella le reciben. De esa forma termina humanamente su camino.

Esta sección se engarza bien dentro de la trama de Marcos: por un lado, ella aparece como un despliegue posterior de la sección anterior del camino, centrada en las tres predicciones de pasión (8, 31; 9, 31; 10, 32-34); y por otro lado se abre a la sección siguiente, que trata del juicio y muerte de Jesús en Jerusalén (Mc 14-15). Es una sección «de paso», y presenta la entrada, signos y enseñanza de Jesús en Jerusalén, antes de su proceso y de su muerte.

Jesús toma la iniciativa y dirige de una forma clara la marcha de la trama. No viene a dejarse matar, aunque después le matarán de hecho por aquello que hace, como veremos en la sección siguiente (Mc 14-15); viene a decir su palabra mesiánica y a realizar el gesto profético de salvación y condena en la ciudad de las promesas y templo. La sección anterior (8, 27-10, 52), dividida según las predicciones de muerte de Jesús, destacaba el surgimiento y sentido de la Iglesia. Ésta plantea de manera dramática el conflicto entre dos tipos de comunidad o casa: la que brota de Jesús y la que está centrada en el templo de Jerusalén, con sus jerarcas. Así culmina un largo enfrentamiento, que se había iniciado en 2, 23–3, 6.

a. Introducción. Signo del templo (11, 1-12, 12). Jesús entra ritualmente en Jerusalén, como peregrino mesiánico del reino de Dios, para declarar el fin del templo y/o secar su higuera estéril. Lógicamente, los sacerdotes le condenan, en gesto que Jesús dramatiza en la parábola de los viñadores.

b. Despliegue. Controversia mesiánica (12, 13-44). Marcos aprovecha una pausa en el conflicto para desarrollar los elementos de su fuerte polémica legal con las tendencias judías de su tiempo. De esta forma recoge coincidencias y divergencias básicas entre el judaísmo de Jerusalén y el Cristo galileo.

a'. *Conclusión. Ruina del templo, fin del mundo* (13, 1-37). Cesa la disputa y se completa el mensaje con un discurso inquietante y consolador sobre el fin del templo, entendido como fin del tiempo y de la misma historia humana. De la higuera seca pasamos a la espera escatológica.

---

(92) Trama mesiánica: Un esquema de Mc 11-13

A Marcos no le interesan los aspectos puramente políticos y militares de Jerusalén (aunque es evidente que los tiene en cuenta), sino su sentido religioso, tradicionalmente vinculado al oficio de los sacerdotes y a la santidad del templo. En un principio parece que Jesús se deja hacer, pero luego descubrimos que es él quien toma la iniciativa y va trazando los hilos de la trama, según el esquema que sigue:

a. Entrada y juicio sobre el templo (11, 1-26). Entra Jesús en la ciudad, como rey sobre un asno, pareciendo que ofrece a sus seguidores un modelo de culminación mesiánica en clave de triunfo externo (11, 1-11). Pero inmediatamente después, al realizar su signo en el templo y al decir su palabra de condena de la higuera israelita (11, 12-26), vemos que él ha superado ese nivel particular de triunfo, abriendo un modelo de culminación humana totalmente distinta.

b. Conflicto sobre el mesianismo (11, 27-12, 12). Los jerarcas (sanedritas) se sienten heridos por el gesto de Jesús y exigen que exponga las bases de su autoridad. Jesús responde llevándoles al punto de partida, al mensaje del Bautista (cf. 1, 1-13). Ellos no quieren entrar en ese espacio de diálogo, y así se enfrentan con el riesgo del asesinato radical: ¡matar al enviado de Dios!

c. Diálogo en la plaza (12, 13-37). Amenazado de muerte, Jesús encuentra tiempo para dialogar, sobre el campo abierto de Jerusalén, con los diversos representantes del judaísmo, en gesto irénico de cercanía y mutuo reconocimiento. A pesar de su enfrentamiento posterior, cristianos y judíos pueden y deben seguir dialogando sobre los temas fundamentales de la vida (dinero del César, supervivencia y matrimonio, mandamientos...).

b'. Nuevo conflicto (12, 38-44). Perseguían a Jesús las autoridades; ahora es Jesús quien las acusa, en palabra de dura condena: ¡bajo apariencia de piedad devoran la casa de las viudas! En ese contexto, frente a la mala autoridad, que busca sólo su poder, a costa de los otros, Jesús viene a presentar la autoridad de la viuda que da todo lo que tiene al servicio de la causa de Dios.

a'. Juicio escatológico (13, 1-36). Está relacionado con el tema primero de la entrada en Jerusalén y el templo. El proyecto de Jesús implica y exige que acabe

> esta vieja ciudad con su santuario particularista: para que el Hijo del Hombre culmine su obra de entrega y universalismo, debe terminar y destruirse el orden antiguo de un judaísmo cerrado en sí mismo. Los representantes del templo no han querido hacerlo en clave voluntaria, de conversión gratuita; tendrán que hacerlo en perspectiva de ruina, destruidos por la sacudida de violencia de este mundo. Pues bien, en medio de esa sacudida, amenazados por todas partes, los discípulos de Jesús anunciarán y expandirán el evangelio por todo el mundo.

1. Templo de Dios, casa de todas las naciones (11, 1–12, 12)

El conflicto de Jesús con las autoridades de Israel ha empezado (11, 15-19) y culminado (15, 38) en torno al templo de Jerusalén. Ha sido en el fondo un conflicto sobre el santuario, en su relación con el mesianismo de Jesús, que ha presentado allí su alternativa mesiánica. Los sacerdotes no le han condenado por su forma de pensar, sino porque ponía en riesgo la firmeza social del judaísmo que ellos, en nombre de Dios, celosamente guardaban. Así se estructura esta sección:

a. Principio. Entrada en Jerusalén (11, 1-11). El enfrentamiento lo inicia Jesús, subiendo provocadoramente, en signo profético que habrán de interpretar sus seguidores y adversarios, precisando el sentido y llegada del *reino de David*, anunciado por las viejas profecías (11, 10).
b. Nudo: signo en el templo (11, 12-26). Como delegado de Dios y dueño de su Casa, entra Jesús en el santuario para anunciar su destrucción, es decir, el fin de la antigua identidad israelita. La comunidad mesiánica, centrada en los panes compartidos, supone el fin del templo israelita.
a'. Un desenlace abierto: parábola de los viñadores (11, 27–12, 12). Jesús aparece (se pasea) libremente por el templo (11, 27). Como es normal, sus «dueños» (sacerdotes y ancianos) le exigen credenciales. Él responde veladamente como Hijo de Dios al que pretenden asesinar los viñadores.

a) Asno de Jesús, signo de Reino: la gran entrada (11, 1-11)

Sobre la entrada de Jesús en la ciudad fundan su interpretación gran parte de los que estudian la vida de Jesús (cf. obras de Sanders, Vidal, Dunn, etc.). No acepto sin más una interpretación *historicista* (como la de Pesch, *Marco*), pero creo en la coherencia básica entre fondo histórico e interpretación marcana, como he mostrado en *El evangelio. Vida y pascua de Jesús* (BEB 75), Sígueme, Salamanca 1993, 175-242 (plano histórico), y en *Antropología Bíblica* (BEB 80), Sígueme, Salamanca 2006, 273-332 (plano teológico). Jesús entra en la ciudad de un modo más profético que político, aunque las dos líneas no se excluyen. Desde ángulos distintos, cf. Brandon, en *Fall* y en *Jésus*; Kelber (ed.), *Passion*; Schenke, *Studien*; Senior, *Passion*; Telford, *Temple*. Para un replanteamiento del tema desde la perspectiva de Marcos, cf. U. Luz, *¿La investigación marciana en un callejón sin salida?*, en R. Aguirre y A. Rodríguez (eds.), *La investigación de los evangelios sinópticos y Hechos de los Apóstoles en el siglo XX*, Verbo Divino, Estella 1996, 127-151.

Este pasaje puede interpretarse como *historia profética*. Jesús dispone con cuidado los gestos, como pretendiente mesiánico que llega a la ciudad, donde se dice que actúa Dios, y los hombres (los sacerdotes) deciden el sentido de Israel y del mundo. En nombre de Dios entra Jesús, y en manos de los hombres (los sacerdotes) se pone. La tradición cristiana ha transmitido ese recuerdo que Marcos ha reinterpretado introduciéndolo en su trama, al comienzo de la gran controversia en Jerusalén; es evidente que a sus ojos Dios mismo guía los hechos de esa historia.

a. (Asno) *¹Cuando se acercaban a Jerusalén, a la altura de Betfagé y Betania, junto al monte de los Olivos, envió a dos de sus discípulos ²con este encargo: «Id a la aldea de enfrente. Al entrar en ella, encontraréis enseguida un asno atado, sobre el que nadie ha montado todavía. Soltadlo y traedlo. ³Y si alguien os pregunta por qué lo hacéis, le decís que el Señor lo necesita y que enseguida lo devolverá». ⁴Los discípulos fueron, encontraron un asno atado junto a la puerta, fuera, en la calle, y lo soltaron. ⁵Algunos de los que estaban allí les preguntaron: «¿Por qué desatáis el asno?». ⁶Los discípulos les contestaron como les había dicho Jesús, y ellos se lo permitieron. ⁷Y llevaron el asno a Jesús, echaron encima sus mantos y se sentó sobre él.*
b. (Muchedumbre) *⁸Muchos tendieron sus mantos por el camino y otros hacían lo mismo con ramas que cortaban en el campo. ⁹Los que iban delante y detrás gritaban: «¡Hosanna! ¡Bendito el que viene en nombre del Señor! ¹⁰¡Bendito el Reino que viene, el de nuestro padre David! ¡Hosanna en las Alturas!».*
c. (Entrada y salida: Betania) *¹¹Y entró en Jerusalén, hasta el templo y observó todo a su alrededor y, haciéndose tarde, se fue a Betania con los doce.*

a) *El signo del asno* (11, 1-7). Jesús ha dicho ya (8, 31-32) que el Sanedrín (ancianos, sacerdotes, escribas) le juzgará en Jerusalén, en palabra que luego se vuelve comentario y anuncio solemne (10, 32-33). Ahora va a cumplirse lo anunciado. Entra en la ciudad, en gesto de toma de posesión y de entronización regia. Realiza así una señal profética, teñida de leve ironía. Esta primera parte de la escena contiene tres elementos:

Jerusalén, ciudad del Mesías (11, 1-13, 37)

1. Contexto. Jerusalén, ciudad sagrada (11, 1a). El relato se abre con la evocación de Jerusalén, ciudad donde Jesús va a entrar como pretendiente mesiánico. Es *la ciudad del Gran Rey* (Sal 48, 3), lugar de las promesas y Jesús viene a culminar allí su tarea mesiánica, todo el camino anterior, y debe hacerlo de un modo cuidadosamente preparado.

2. El signo del asno (11, 1b-6). Marcos dedica atención especial a la «preparación del asno», que dos de sus discípulos van a «pedir en préstamo». El texto supone que Jesús tiene conocidos en la zona y que sabe el lugar donde se encuentra el asno, que él quiere tomar simplemente de «prestado». No es un asno suyo, él no lo tiene, pero tiene amigos que se lo pueden prestar. Frente al caballo guerrero de los reyes militarizados de Israel y Judá, Zac 9, 9 había proyectado la figura de un Mesías que cabalga sobre un asno «nuevo» (no domado) de sencillez y concordia, pues según tradición, el rey debía montar sobre una cabalgadura en la que nadie antes hubiera cabalgado.

3. Sentarse: «entronización» (11, 7). Los discípulos colocan sus mantos sobre el asno y se sienta, queda entronizado, en el *monte de los Olivos*, lugar tradicional de victoria. En el fondo queda la imagen de Salomón entronizado sobre la mula de David, su padre, a quien sucede (cf. 1 Re 1). Así viene Jesús, en gesto que él mismo ha preparado cuidadosamente.

Jesús ha dispuesto cuidadosamente su venida. Todo estaba en algún sentido anunciado (8, 31; 9, 31; 10, 32-34), pero todo ha de fluir y realizarse ya en concreto. Jesús debe culminar su tarea ofreciendo el mensaje de Reino en Jerusalén. No quiere improvisar nada; todo lo planea, a fin de que aparezca claro lo que intenta y lo que ofrece en su ciudad. Es evidente que debe evitar los alborotos, a fin de que no puedan acusarle de provocaciones apresuradas, de gestos de poder militarista.

Sube a Jerusalén y quiere hacerlo en medio del gentío, el entusiasmo y las expectaciones mesiánicas que siempre estuvieron vinculadas con las fiestas de la pascua. Viene como peregrino de Dios, con el resto de los peregrinos y el grupo de discípulos, para celebrar, en la ciudad de las promesas, el recuerdo fundante de la historia de su pueblo. Es tiempo de visita de Dios, y en nombre de Dios viene, preparando su entrada con rigor de profeta mesiánico. Quiere hablar con signos más que con palabras. Ha cumplido su misión en Galilea, y ha iniciado su camino; así viene a ponerse en manos de las autoridades de su pueblo, entrando abiertamente en Jerusalén. Ya conocen su mensaje y sus acciones (cf. 3, 22; 7, 1). Le han ido vigilando. Ahora viene y se presenta abiertamente, rodeado de discípulos, cuidando y disponiendo hasta los signos que ellos deben realizar.

(93) Jesús ante Jerusalén. Temas abiertos

Con la entrada de Jesús en Jerusalén emergen en la trama de Marcos algunos temas fundamentales que definen su evangelio. Por eso es bueno tenerlos presentes, para entender la sección que sigue:

1. *Ambigüedad de los discípulos* (11, 1-11). Entran con Jesús en Jerusalén, pensando que viene a culminar de un modo triunfal su mensaje y camino de Reino. Jesús les ha venido preparando, diciéndoles que se trata de un camino de muerte, pero ellos no han querido comprender. El evangelio parece mirarles con cierta ironía, dejando que nosotros mismos descubramos cómo han errado, al menos en el plano externo (sin afirmar todavía que abandonarán a Jesús, como hacen en 14, 52).

2. *Hambre mesiánica* (11, 13; 12, 6). Viene a buscar higos del árbol de Israel, pero no logra encontrarlos. Viene a recibir el fruto bueno de la viña de Dios, pero aquellos que se piensan propietarios de ella no han querido darle nada, y en vez de eso le matan. Sobre el fracaso de Jesús que no encuentra ni recibe aquello que desea ha de elevarse el evangelio, como gracia de Dios para los hombres.

3. *Retorno al Bautista* (11, 27-33). En este momento, Jesús retoma los motivos del principio (cf. 1, 1-8). Los sanedritas le preguntan por su autoridad, pero él responde remitiendo a Juan Bautista: ¿Venía de Dios? ¿Realizaba una tarea sencillamente humana? En el momento clave del envío de los discípulos (6, 6b-30), Marcos nos había situado también ante el «enigma» de Juan Bautista, lo mismo que después de la transfiguración (9, 11-13). Es como si Jesús quisiera asentar su mensaje y misión sobre las bases del camino de Juan (un camino que puede estar latente, de un modo velado, en el mismo grito de la cruz, llamando a Elías, que es la figura asociada con Juan: 15, 33-37). Es evidente que los sanedritas, que preguntan por su autoridad, no entran en el tema.

4. *Entregar la vida: el signo de la viuda* (12, 41-44). Al final del camino público de Jesús emerge la figura de la viuda, como discípula ejemplar de Dios, pues ha sido capaz de dar todo a los otros. El viejo templo pierde su sentido, pero emerge ella, la viuda, que aparece así como «maestra» mesiánica de Jesús, modelo de fidelidad y entrega para sus discípulos. Allí donde el ejemplo de esta viuda se expande y aparece como signo de salvación universal, por encima del pequeño Israel y de sus leyes, ha llegado ya, se halla triunfando, el mesianismo de Dios sobre la tierra.

> 5. *Final del final, el gran discurso* (Mc 13). Sus discípulos querían ser culminadores del camino triunfal de Israel, imponiendo así los valores de su propio pueblo y triunfando ellos mismos. Pues bien, Jesús les ha descolocado, poniendo el sentido de su discipulado y su tarea escatológica sobre el fondo de la destrucción final del pueblo. Ya no aparecen ni siquiera como Doce (como en 5, 6b-13), porque el camino israelita en cuanto tal ha fracasado. Ahora vuelven a ser Cuatro, los pescadores finales del principio (1, 16-20); Jesús les llama (a ellos y a todos los que se les unan) para anunciar el evangelio del Reino y culminar su obra salvadora precisamente allí donde este mundo en su forma de violencia se destruye (13, 3.10). Y con esto ya podemos pasar al comentario.

b) *Manifestación de la muchedumbre, aclamación regia* (11, 8-10). Dos discípulos han buscado el asno para que el maestro se siente como rey mesiánico e inicie así su entrada «triunfal» en la ciudad. Ellos colaboran con Jesús y participan en eso que pudiéramos llamar procesión mesiánica de subida y entrada en Jerusalén (11, 1-6). Esos discípulos han puesto sus mantos sobre el asno (11, 7) para que Jesús pueda sentarse como rey mesiánico. La idea de una entrada solemne en la ciudad del reino de Dios se ha iniciado con Jesús, pero sus discípulos colaboran en ella y parece que en algún sentido superan el mismo deseo de Jesús y se convierten en actores principales de este gesto mesiánico, tomando en sus manos la iniciativa de los acontecimientos. Este es su momento; es el tiempo de su triunfo.

Estos datos resultan muy significativos para entender la interacción entre discípulos y Cristo. Es difícil llegar al reducto de la historia pura, al recuerdo impersonal de los hechos (si es que ello fuera de algún modo deseable). Pienso que no existen datos puros, sin las interpretaciones que van dando los diversos actores, como un diálogo en que se influyen mutuamente, y en el que, para los cristianos, habla el mismo Dios. Esto es lo que Marcos ha querido recoger y ha presentado en su evangelio, desde una perspectiva teológica muy honda, dejando que los mismos personajes hablen, y el relato de conjunto exprese de esa forma su sentido. Por eso el redactor apenas tiene que intervenir: prefiere que la misma trama de las relaciones se vuelva por sí misma transparente.

Teniendo eso en cuenta, debemos entender más hondamente el juego de signos de Marcos. Es evidente que Jesús está en el fondo, dirigiendo la trama del Reino, como autoridad soberana que introduce el misterio de su gracia (amor creador) en medio de la complejidad del mundo. Al lado de Jesús se mueven sus discípulos en gesto cuajado de equivocaciones: ellos sólo saben parcialmente lo que pasa. Por eso, sus acciones no pueden entenderse como normativas, fuera de su contexto.

En esa línea, en un primer momento, la entrada en Jerusalén ha de entenderse a modo de conquista y entronización. Jesús llega montado en el asno real, mientras colocan una alfombra de mantos y ramos en el suelo. Entra y cantan las palabras centrales del gran salmo procesional que vinculan al Mesías con el templo: ¡*Bendito el que viene en nombre del Kyrios...!* (11, 9b; cf. Sal 118, 25-26; la referencia al que viene, *ho erkhomenos*, reasume la promesa del Bautista sobre el *Más Fuerte*: 1, 7). Los que acompañan a Jesús proclaman así la llegada del *reino de David*, el cumplimiento de las profecías mesiánicas (11, 10a). El doble *hosanna* (¡*sálvanos, oh Yahvé!*), puesto al principio y fin del canto, enmarca un doble ¡*bendito!* El primero se refiere *al que viene* (Jesús) y el segundo *a lo que viene* (el Reino de nuestro padre David).

Toda la escena, condensada en las palabras del himno, aparece como *profecía*. Jesús ha iniciado su gesto, pero después ha dejado que la muchedumbre actúe. Él no dice nada; el sentido del canto de la muchedumbre irá desvelándose a través de su gesto en el templo (11, 12-26) y de la reacción posterior de las autoridades de Israel y de Roma que van dejando que el profeta galileo se defina y manifieste su postura. Se abre la expectativita mesiánica; queda la escena en suspense; sólo el despliegue ulterior podrá indicar la forma en que Jesús ha cumplido la esperanza mesiánica. Todo lo que sigue está de alguna forma anunciado en este gesto de entrada de Jesús, en este canto de realeza y reino del pueblo. En torno a la pretensión regia de Jesús (que será condenado como *rey de los judíos*: 15, 12.25) se teje el argumento de su juicio.

No está en juego una visión genérica de Dios, como ser espiritual, bueno y excelso (en el que todos pueden concordar), sino el valor del *templo*, entendido como casa de Dios que convoca a los humanos, y el sentido del *Reino*, interpretado como estructura social que les vincula en fraternidad y sencillez (desde el asno). Jesús ha iniciado la trama: ha ofrecido abiertamente su propuesta: no viene a oscuras, en la noche, como bandolero; no se esconde y engaña como conspirador. A plena luz, ante los ojos de todos, sin nada que esconder, ha entrado en la ciudad donde se anudan las historias y esperanzas.

Parece que ha vencido al fin la estrategia del poder, aquella que seguía Pedro (8, 32) y que buscaban los hijos del Zebedeo (10, 35-37). Los discípulos del Hijo del Hombre han conseguido que la gente se congregue, que despierte el entusiasmo mesiánico latente, que se exprese y cante, acompañando a Jesús, en proclama de Reino: «¡Hosanna. Bendito el que viene en nombre del Señor! ¡Bendito el Reino que viene de nuestro padre David...!» (11, 9). Discípulos y multitud se han unido y miran a Jesús como alguien que viene en nombre del Señor (es decir, de Dios). Llega con Jesús el reino de David, el padre de los buenos judíos nacionalistas, y así se cumplen las profecías mesiánicas en la línea de aquello que Pedro había deseado en 8, 29-32. Unos y otros, discípulos y gente, pueden suponer en fin que ya han quebrado, se han desvanecido, han saltado por el aire, las reticencias de Jesús. Parece que han dejado de existir sus miedos, las palabras que aludían a la entrega de su vida y fracaso de su muerte.

Discípulos de Jesús y muchedumbre se han unido para expresar su búsqueda mesiánica sobre el gran teatro de Jerusalén, cuando se acercan las fiestas de la pascua. Jesús permite: ha iniciado el gesto (11, 2-3) y deja que los otros lo sigan, introduciéndose de esa forma en una especie de liturgia mesiánica que puede tener muchas lecturas. Es evidente que Jesús y sus discípulos la entienden de manera diferente. De todas formas, en gesto misterioso, Jesús les deja hacer: bajo las puertas de Jerusalén ha pasado un cortejo mesiánico; es un profeta galileo montado sobre un asno. Cada uno de los grupos en acción deberá sacar las consecuencias. A modo de resumen, sin adelantar los momentos posteriores de la trama, podemos trazar una sencilla conclusión, situando en su lugar a cada uno de los personajes:

- *Jesús ha querido entrar de un modo solemne en la ciudad*, en medio del gentío, de los gritos y anhelos de Reino de los peregrinos. Ésta es su estrategia: introduce su mensaje en la alegría popular de pascua. No se cierra en un grupito, no se aísla, no se esconde. Abiertamente, en medio de la multitud, sube en un asno, como rey de un Reino no violento, sin armas, sin defensas militares, a la gran ciudad de las promesas y poderes fácticos del mundo.
- *Discípulos y pueblo le acompañan*. Muchos esperan todavía de una forma quizá mágica en el triunfo mesiánico, exterior, de Jesús, a quien conciben como Cristo: no han logrado entender los aspectos peculiares de su misión; siguen en el fondo confundidos. El pueblo se deja entusiasmar: es evidente que vibra con la música y gesto de triunfo mesiánico que envuelve a la figura de Jesús, que sube a Jerusalén sobre un asno de rey, cumpliendo así una antigua profecía de Zac 9, 9.
- *Las autoridades callan*. Es como si Jerusalén estuviera desierta de sacerdotes y escribas, de ancianos y procuradores romanos. Ha entrado Jesús, y nadie ha respondido, nadie le ha parado, en contra de lo que podía suponerse desde 8, 31; 9, 31; 10, 33-34. Este silencio del poder se eleva como un presagio fatal ante la entrada de Jesús. Mientras el pueblo canta bendiciendo al que viene en nombre de Dios (como son benditos todos los que suben a la fiesta: cf. Sal 118, 25-26) y anunciando el Reino que llega, sacerdotes y escribas callan.

De esta forma se han cruzado las perspectivas. El narrador ha querido dejarlas así, multiformes y abiertas. Sólo el relato posterior irá aclarando y destrenzando las posturas de los protagonistas. Ha entrado Jesús en son de triunfo, pero pronto veremos lo que implica su venida para el templo de Jerusalén y para el mismo pueblo israelita en su conjunto (cf. 11, 12-26). También podremos ver la reacción de discípulos y pueblo, desengañados al fin por las opciones que Jesús irá tomando, de manera que el actual canto de triunfo por el Reino (11, 9-10) acaba apareciendo como principio de un rechazo. Por su parte, las autoridades, ahora silenciosas, irán trenzando una corona de violencia y condena sobre el «falso» Cristo, para acabar entregándole a la muerte (cf. Mt 14–15).

---

(94) Entrada con asno y con ramos (11, 1-11)

El ciego del camino de Jericó llamaba a Jesús *hijo de David* y le pedía misericordia (10, 47-48). Desde ese fondo ha de entenderse la entronización de Jesús en el asno (11, 7) y su entrada en la ciudad (11, 11) con los gestos y cantos intermedios (11, 8-10), vinculados también a David. La figura de David, rey militar, conquistador armado de Jerusalén (2 Sm 5, 6-16), se ha proyectado e invertido ahora en Jesús, que viene pacíficamente, montado sobre un asno, cumpliendo las promesas mesiánicas de David, *nuestro padre*. De esa forma entra en la ciudad, tomando posesión de ella, como Mesías sobre el asno. Han preparado su camino *dos discípulos* (11, 1-7), al final va con *los Doce*, que son signo de la Iglesia (11, 11). En este contexto emerge *la muchedumbre* de peregrinos de Galilea, que vienen con él y le aclaman, en canto y profecía (11, 9b-10):

a. Hosanna. Los peregrinos piden a Dios que les salve, en oración de llamada y esperanza israelita. Es, sin duda, una palabra polivalente que puede entenderse en clave política, social y/o religiosa. Sólo el contexto permitirá discernir su sentido.
b. ¡Bendito el que viene en nombre del Señor! El que viene es Jesús, culminando el camino que había iniciado en la región de Cesarea de Filipo (8, 31). Viene en nombre del Señor, es decir, del *Kyrios*, es decir, de Yahvé, como su representante sobre el mundo, para realizar la obra mesiánica en Jerusalén. El tiempo de peregrinación y búsqueda culmina.
b'. ¡Bendito el Reino del Padre David que viene! Esta segunda bendición, paralela a la primera, presenta a Jesús como portador del reino de David. Los peregrinos cantores quedan asociados a ese reino *de nuestro padre David*. Ellos saben que ha llegado el tiempo, se ha cumplido el plazo; pero sólo Dios conoce cómo vendrá a realizarse.
a'. Hosanna en la Alturas (= en Dios). El primer Hosanna (a) podía referirse a realidades de la tierra. Este segundo nos eleva hacia el plano de Dios, como indicando que el mesianismo de Jesús y el Reino que viene no se pueden manipular con medios e intereses de este mundo.

---

c) *Conclusión. Entrada y salida: Betania* (11, 11). Entra Jesús, y sus acompañantes aclaman al Rey mesiánico, proclaman el reinado de David, pero él no

Jerusalén, ciudad del Mesías (11, 1-13, 37)

se queda en la ciudad, como hubiera sido lógico: le han aclamado cuando sube, pero los de la ciudad no le han recibido; no han salido a la puerta para acogerle como rey mesiánico. Él viene de fuera, entre cantos mesiánicos, entrando hasta el templo, pero sin hacer nada allí, sin quedarse en la ciudad.

Da la impresión de que la ciudad en cuanto tal no le importara, es como si ella se redujera a este lugar sagrado (templo) que él como Mesías debe inspeccionar. Viene a instaurar el reino de David, y, sin embargo, no busca el trono real para sentarse. Parece que en este momento se baja del asno, que ha cumplido ya su función y, en vez de tomar posesión de la ciudad, Jesús penetra en el santuario (*to hieron*) y mira bien en torno (*periblepsamenos*: 11, 11), observándolo todo. La escena acaba así en un tipo de anticlímax: Jesús ha preparado cuidadosamente el rito, ha recibido la aclamación del pueblo... pero después no pasa nada: llega al templo, mira y marcha.

Esta «salida» de Jesús resulta quizá más paradójica que su entrada. Podía pensarse que venía para quedarse. Ésta es la ciudad mesiánica; aquí debería haberse instalado. Pues bien, al caer la tarde, él sale con sus «Doce» para Betania, dejando la ciudad en manos de sus representantes oficiales (sacerdotes, soldados, jueces...). Es evidente que Jerusalén no le ha recibido. Sus representantes no le han hecho caso, ni le han pedido que se quede. Acabada la jornada tiene que marcharse y salir hacia Betania, que actúa como ciudad dormitorio para los peregrinos galileos que vienen a Jerusalén en las fiestas. Es evidente que Jesús cuenta allí con conocidos o amigos, como aquellos que le han prestado el asno (cf. 11, 1) y aquellos en cuya casa se queda, tanto esta primera noche (11, 11) como, probablemente, la siguiente (11, 19). Betania es, además, la ciudad donde se encuentra la casa de Simón el Leproso (14, 3), de la que hablaremos. El evangelio de Juan (Jn 11, 1.18; 12, 1) tiene también tradiciones propias sobre Betania, ciudad de los amigos de Jesús (en contra de Jerusalén).

Jerusalén ha sido una *ventana* abierta a la totalidad del mundo. Allí habitan los sacerdotes de Dios con su templo y el representante del César con su ejército, los escribas de la ley (sabios del pueblo) y los ancianos (defensores del orden establecido), pero ninguno de esos grupos le espera para darle la bienvenida. Jesús eleva en medio de ellos su propuesta, realizando el signo de Dios sobre la tierra, sin que nadie parezca responderle. Por eso no puede quedar allí, sino que tiene que salir en la noche, para refugiarse con amigos en Betania.

Así nos situamos ante la paradoja de Jesús. (a) Por un lado, entra en Jerusalén con pretensiones mesiánicas, quedando allí en manos de los que serán sus enemigos; así realiza la obra de Dios, y los representantes de Jerusalén realizan la suya. (b) Por otro lado, no pasa la noche en Jerusalén, sino que se «refugia» en Betania, que es, sin duda, un lugar más protegido. Él ha subió como Mesías y ha «visto» todo lo que había en el templo. Pero no ha realizado allí signo ninguno. Toda la narración parece estar esperando un gesto de Jesús en el templo que será el lugar de la tensión más alta, el campo de conflicto Así lo mostrará Marcos en la escena siguiente (11, 12-26).

> **(95) Discípulos de Jesús, novedad y crisis**
>
> El evangelio de Marcos no trata sólo de Jesús, sino también de sus discípulos, que suben juntos a Jerusalén, para anunciar y preparar allí la llegada del reino de Dios (11, 1-11). Discípulos son aquellos que tienen un Maestro, que le aceptan como tal, que aprenden a su lado, y que están dispuestos a colaborar en su tarea. Jesús ha tenido unos discípulos que forman su grupo de referencia; con ellos ha entrado Jesús en la ciudad, en contraste con ellos se define su mesianismo:
>
> *1. Discípulos de Jesús, una novedad mesiánica:*
>
> 1. *No ayunan*: frente a los discípulos de los fariseos y del Bautista que se definen por su actitud penitencial, los de Jesús, «amigos del novio», están de fiesta, no pueden ayunar (mientras no les quiten al novio: cf. 2, 18-22).
> 2. *No guardan el sábado* (1, 23), al menos en sentido legal estricto: por eso se distinguen y separan de los fariseos.
> 3. *No guardan la ley de pureza en las comidas* (7, 2): eso significa que han roto el «orden sacral» del judaísmo, apareciendo de algún modo como «un tipo de pueblo distinto».
> 4. *Entienden las parábolas y el mensaje del reino de Jesús*, frente a los otros (los de fuera) que no logran entender. Esto les define como discípulos mesiánicos (cf. 4, 10-12).
>
> *2. Discípulos de Jesús, una relación y tarea especial:*
>
> 1. *Les ha llamado para estar con él* (3, 14). Ésta es su nota esencial, como supone también 3, 30-35, pues ellos forman su familia.
> 2. *Les ha llamado para enviarles* (3, 14; 6, 7-13). Los discípulos son mensajeros mesiánicos: transmiten la misma palabra de reino de Jesús.
> 3. *Les ha llamado para compartir su tarea*: tomar la cruz y seguirle (8, 34), dejarlo todo para acompañarle en el camino (10, 21.28-31), ésta es la tarea principal y definición del auténtico discípulo.
> 4. *Por eso, ellos han de hacerse seguidores de Jesús* (cf. 8, 34), en un camino lleno de riesgos que parece culminar cuando entran a su lado en Jerusalén (11, 1-11), como portadores del Reino.

> 3. *Crisis del discipulado:*
>
> 1. *Los Doce elegidos como signo del nuevo Israel*, han entrado en Jerusalén a su lado (11, 1-11), pero no se han mantenido fieles, sino que, a pesar de que él les ha introducido en su intimidad (14, 12-25) han terminado abandonándole (14, 26.52).
> 2. *Ruptura del grupo de los Doce.* Marcos ha escrito su evangelio no sólo para exponer la fidelidad de Jesús a su proyecto, sino también la ruptura del grupo de los Doce, que parecen formar el centro de su discipulado. Siendo expresión de la «fe mesiánica» de Jesús, el evangelio ofrece también la noticia del rechazo final de sus discípulos, que al fin le dejan y no creen.
> 3. *Pero hay otros personajes fieles*. A lo largo de su texto, Marcos va presentando una serie de figuras secundarias que muestran su fidelidad al proyecto de Jesús, desde la suegra de Pedro (1, 29-31) hasta la viuda del templo (12, 41-44), manteniendo así el testimonio del valor de su obra.
> 4. *Las mujeres*. Allí donde fracasan los discípulos que han entrado triunfantes en Jerusalén (11, 1-11), permanecen fieles las mujeres (15, 40-41.47; 16, 1-8), que quieren ungirle en su tumba.
> 5. *Recuperación*. Sólo desde este fondo, por mediación de las mujeres, algunos de los discípulos pueden retomar el camino mesiánico de Jesús tras su muerte, en Galilea. Este retorno y recuperación de los discípulos forma parte de la intención teológica y pastoral de Marcos, que aparece así como un texto abierto a la esperanza y misión universal del Reino (13, 10; 14, 9), tras el fracaso anterior.

b) Templo de Jerusalén, higuera seca (11, 12-26)

Vinculamos el tema del signo del templo y de la higuera. Para una visión general, además del comentario, cf. Fowler, *Reader*, 155-194; *The Retoric of Direction and Indirection in the Gospel of Mark*, en Telford (ed.), *Interpretation*, 207-228 [=Semeia 48 (1989) 115-134]. Sobre el templo, cf. Y. Congar, *El misterio del templo*, Estella, Barcelona 1967; A. Edersheim, *El templo: su ministerio y servicios en tiempos de Cristo*, Clie, Terrasa 1990; R. de Vaux, *Instituciones del Antiguo Testamento*, Herder, Barcelona 1985, 361-448. Sobre el sentido y alcance del signo de Jesús discuten los historiadores y teólogos, desde Brandon, *Jésus*, hasta Sanders, *Jesús*, y Horley, *Hearing*. Visión de conjunto en G. Biguzzi, *Yo destruiré este templo. El templo y el judaísmo en el evangelio de Marcos*, Almendro, Córdoba 1992; J. L. Espinel, *El pacifismo del NT*, San Esteban, Salamanca 1992, 57-150; J. P. Heil, *The Narrative Strategy and Pragmatics of the Temple Theme in Mark*, CBQ 59 (1997) 76-100. Sobre la higuera como símbolo del pueblo, cf. E. Cortés, *El secamiento de la higuera a la luz de los profetas del AT y de los targumim (Mc 11, 12-14.20-21)*, EstFranc 70 (1969) 5-22; H. Giesen, *Der verdorte Feigenbaum. Eine symbolische Aussage? Zu Mk 11, 12-14.20f,* BibZeit 20 (1976) 95-111; C. H. Hunzinger, *Sykê*, TWNT VII, 751-757. Sobre el perdón, la oración y la nueva visión del culto en Marcos, cf. Sh. E. Dowd, *Prayer, Power and the Problem of Suffering. Mk 11, 22-25 in the Context of Markan Theology*, Scholars P., Atlanta 1988; G. Klinzing, *Die Umdeutung des Kultus in der Qumrangemeinde und im Neuen Testament* (SUNT 7), Göttingen 1971; E. S. Fiorenza, *Cultic Language in Qumran and in the NT*, CBQ 38 (1976) 159-177. He desarrollado el tema en *Antropología bíblica*, BEB 80, Sígueme, Salamanca 2006, 273-332.

El gesto de la entrada en la ciudad (11, 1-11) se amplía en una escena de fuerte carácter simbólico que expresa, desde el punto de vista de Jesús, el sentido de su mesianismo. No ha llegado para triunfar en un sentido externo. No ha venido para culminar la historia antigua de Israel y realizar su Reino, sino todo lo contrario. En dos gestos profundos (signo sobre el templo, higuera seca) Jesús ha expresado y, en algún sentido, ha provocado la ruina de Jerusalén y de su sistema socio-religioso. Los dos signos se entrelazan, conforme a la técnica habitual de Marcos, formando un tríptico (o sándwich): en el centro está el gesto de limpieza/destrucción del templo y a los dos lados la parábola de la higuera seca, símbolo de la destrucción del pueblo israelita. En el contexto narrativo en que ahora nos hallamos, el sentido de esos gestos no ofrece duda alguna: Jesús anuncia, anticipa y, de algún modo, suscita proféticamente la ruina de las grandes instituciones israelitas.

Esos gestos anuncian y provocan una destrucción, pero, al mismo tiempo, tienen una parte salvadora: lo mejor que puede suceder para que venga el Reino, que Jesús ha pregonado en Galilea, es que termine el orden viejo del templo y de la higuera Israelita; sólo de esa forma, sobre la ruina del orden antiguo, fundado en la violencia y dominio de unos pocos, podrá surgir un Reino abierto para todos, incluidos los israelitas. Jesús sigue así en la línea de los viejos profetas de denuncia (Isaías, Jeremías), pronunciando su juicio sobre los valores más visibles y triunfantes de la sociedad sagrada, centrados en el templo.

Con intención de Reino ha subido a Jerusalén donde, conforme a las profecías y esperanzas del pueblo debía irrumpir ese Reino. Con mensaje de banquete ha llamado en la ciudad de las tradiciones sagradas donde se esperaba que Dios mismo ofreciera su convite de unión y saciedad a todas las naciones (Is 25, 6-7). Lugar de cumplimiento y salvación debía ser el templo. Pues bien, ahora aparece como el mayor problema. Lo que debía ser presencia superior de Dios, foco de unión, se ha venido a convertir en el obstáculo más grande.

Para anunciar la llegada del Reino o familia de Dios, Jesús ha debido proclamar la ruina del templo, en gesto profético de gran densidad que define todo el evangelio. Es normal que los sacerdotes le condenen (14, 53-65) y que el procurador de Roma salga en defensa de ellos, matando a Jesús (15, 1-15). El templo aparece así como objeto de una fuerte paradoja: (a) es signo de la gracia de Dios; (b) es lugar de destrucción y nuevo nacimiento. Para destacar su carácter simbólico y contar con plena libertad su historia, Marcos lo vincula literaria y teológicamente con el signo de la *higuera*:

a. Signo: higuera estéril (11, 12-14). En el camino de Betania a Jerusalén encuentra Jesús una higuera sin fruto. Parece lógico que no tenga higos, pues en abril (pascua) no suele haberlos. Pero Jesús los estaba buscando y, al no hallarlos, promete (pide) que ya nadie coma nunca de ese árbol La «maldición» de la higuera sin fruto funciona como enigma. Es evidente que el lector se encuentra preparado para interpretarlo: habiendo subido a Jerusalén, después de mirar las cosas que había en su templo, Jesús ha descubierto que allí tampoco se dan frutos.

b. Gesto: acción sobre el templo (11, 15-19). Entrando en Jerusalén, Jesús anuncia con un gesto de fuerza el fin del templo que aparece ante sus ojos como higuera sin fruto que debe secarse. Jesús ya no mira, actúa con fuerte señal sobre el santuario donde viene a desvelarse el contenido de la higuera: ese templo (cueva de bandidos) debe terminar para que llegue a cumplirse la palabra de Dios sobre la *casa de oración universal*.

a'. Cumplimiento: higuera seca, nuevo templo (11, 20-25). Volviendo a pasar por el sitio de la higuera, los discípulos descubren que está seca. Pedro interroga. Jesús responde hablando de la fe y el poder de la oración que todo lo consigue. Es evidente que, en este contexto, la higuera que parece maldecida y yace seca es signo del antiguo pueblo de Israel que, al rechazar al Cristo, pierde su razón de ser y queda en manos de la ruina que produce el tiempo. Termina el viejo templo y de esa forma puede expresarse (se cumple y culmina) su auténtico sentido: la fe, oración y perdón se expande por Jesús a todos los pueblos. Lo que parecía maldición se vuelve plenitud de Dios para los humanos.

No es fácil comentar de forma unitaria este tríptico por su riqueza interna y por sus cambios de sentido. Hay continuidad entre sus tres partes (a, b y a'), pero también hay un tipo de ruptura, de manera que el final del texto parece decir algo contrario a lo que decía al principio o, a lo menos, nos sitúa en un contexto muy distinto. Pero vengamos al pasaje y veamos sus tres unidades en línea progresiva, como aspectos de un mismo camino de muerte y vida.

1. Signo, higuera estéril (11, 12-14)

a. (Hambre) *[12]Al día siguiente, cuando salieron de Betania, sintió hambre.*
b. (Higuera sin fruto) *[13]Al ver de lejos una higuera con hojas, se acercó a ver si encontraba algo en ella. Pero no encontró más que hojas (pues no era tiempo de higos).*
c. (Sentencia de Jesús).*[14]Entonces le dijo: «Que nunca jamás coma nadie fruto de ti». Sus discípulos lo oyeron.*

Camino de Jerusalén. Muerte del Cristo (8, 27-15, 47)

El pueblo es esa higuera, con hojas que pueden mirarse, admirarse, de lejos. Conforme al apólogo de Jotán (Jue 9, 8-15), ella debería ofrecer alimento sabroso a los que pasan. Pero ha venido Jesús y no encuentra fruto en ella. A partir de aquí se teje uno de los signos más enigmáticos del evangelio de Marcos.

a) *Hambre* (11, 12). Sale de Betania y siente necesidad. Todo el contexto supone que no es hambre física, pues habría podido comer en Betania donde le han acogido para pasar la noche. Se reproduce así de algún modo la escena de entrada del día anterior: Jesús había venido a la ciudad buscando el reino de Dios, pero la ciudad no había respondido, el Reino no había podido cumplirse. Pues bien, esa ciudad de las promesas y esperanzas de Dios viene a presentarse ahora en forma de higuera. Jesús viene y tiene «hambre», pero no hambre particular, sino hambre de Reino: espera y busca los higos de la promesa de Dios.

b) *Higuera sin fruto* (11, 13). Ciertamente, el que llega a Jerusalén desde Betania no se fija en una higuera física, sino en la ciudad que aparece a lo lejos llena de esplendor, llena de hojas, con su templo. Ésta es la «higuera» que él ve. Eso significa que viene con *hambre* de Reino al templo y ciudad de su Dios, para compartir los frutos de su higuera, que debe ofrecer comida universal. Su Reino es comida, como vimos en las multiplicaciones (cf. 6, 6b–8, 26); quiere que el árbol de Israel también lo sea, comida sabrosa, abundante, para los humanos. Si la hubiera encontrado, su Reino (la Iglesia) sería un Israel ampliado, la eucaristía una comida israelita. Pero, acercándose mejor, Jesús descubre sólo hojas, llamativas a lo lejos, estériles de cerca. Por eso proclama su palabra de destrucción y ruina: ¡Que nadie coma...! Ésta no es la historia material de un árbol malo, al que Jesús habría condenado por capricho, como niño enrabietado, sino el drama del árbol oficial de Israel, que se condena a sí mismo por estéril.

Esta higuera es un árbol frondoso, vistoso, con miles de hojas que excitan de lejos el deseo de los caminantes. Ella es evidentemente un signo de la ciudad, entendida a manera de árbol que se puede ver de lejos (*makrothen*: 11, 13). Como un peregrino más, mejor dicho, como gran peregrino que en pascua viene con ansia de Dios a la ciudad de las promesas, Jesús llega a sentir el hambre de Sión y quiere comer higos, los higos que son fruto bendecido de los hijos de Israel para los hombres y mujeres que vienen de países alejados, buscando aquí los dones salvadores de la vida (en tema que nos lleva a Gn 2–3).

Pero el árbol que Dios ha plantado en Sión carece de frutos: promete y no da, excita el hambre de los peregrinos y luego no puede saciarles. Ésta es la contradicción que Jesús ha descubierto en Jerusalén y que Marcos 11, 12-14 ha presentado de manera genialmente condensada. ¿Para qué vale un árbol con hoja y sin fruto? ¿De qué sirve que se siga levantado ante el camino de los hombres?

Jerusalén, ciudad del Mesías (11, 1-13, 37)

Toda la historia de Israel y de la humanidad se ha condensado en esta parábola viviente de la higuera mentirosa. Pues bien, ante ese signo del árbol sin fruto podemos hacer dos lecturas:

- *El redactor debe comentar que ¡no era tiempo de higos!* (11, 13), y a un nivel tiene razón. Por fiestas de pascua (en abril) no pueden hallarse en el árbol ni brevas (= higos tempranos). Pero el tiempo o *kairos* de la auténtica higuera es distinto, como ya estaba anunciado en 1, 15: «Se ha cumplido el *kairos-tiempo* salvador; ya llega el Reino». Pues bien, a la llegada de ese *kairos*, cuando la higuera de Israel debía dar su fruto en plenitud para el Mesías, ella sólo ofrece un espectáculo de engaño: hojas sin fruto.

- *Jesús ha interpretado el tiempo de la higuera en un plano de historia salvadora*: busca frutos de Dios en Jerusalén y no los encuentra. Por más de mil años ha preparado Dios a su pueblo, por medio de patriarcas y salmistas, de reyes y profetas... y, al final, cuando debían dar su fruto, las instituciones principales de ese pueblo (centradas en Jerusalén) son una frondosa higuera de mentira, hoja sin fruto.

Israel ha tenido su tiempo, pero ese tiempo ha pasado. Jesús ha preparado cuidadosamente el *kairos* de Dios, que se expresa a modo de comida abierta para todos los hambrientos de la tierra, como suponen sus gestos de 6, 30-44 y 8, 1-10. Por eso viene a Jerusalén para recoger allí sus frutos y poderlos compartir con todos los humanos. Pero el árbol de la ciudad sagrada no ofrece ningún alimento; sólo se ha ocupado de sus hojas, se ha centrado en su belleza externa, en su prestigio, pero no ha querido regalar su fruto a los que pasan a su lado en el camino, en contra de aquello que indicaba el más famoso y fuerte de los signos de los árboles valiosos de Jue 9, 8-15. La higuera de Israel se ha vuelto zarza inútil sobre el mundo.

c) *Sentencia* (11, 14). Jesús encuentra la higuera vacía de frutos y por eso proclama: *Que nadie coma...* Ésta es una palabra enigmática: si la higuera no tiene más que hojas, no hace falta decir que nadie coma de ella. ¿Qué significa que Jesús hable así y Marcos recoja esta palabra en el momento clave de la entrada en Jerusalén? El narrador no la comenta. Deja que los mismos lectores se introduzcan en la escena y la interpreten con su vida.

Es claro que la higuera es Israel: símbolo del templo, árbol de vida universal, que en vez de extenderse a las naciones ha venido a convertirse en puro decorado, fachada inútil que engaña al caminante: promete fruto y no lo tiene; anuncia comida y la niega. Ésta es la mentira oficial del judaísmo de los sacerdotes. Frente al *Jesús* que se ha hecho pan, *el Templo* se ha vuelto puro engaño. Lo mejor que puede sucederle, para bien de todos, es que se marchite, que no engañe más, que los humanos sepan que no pueden saciar allí su hambre.

¿Qué ha podido hacer Jesús? Teóricamente hablando hay otras respuestas posibles: mandar que se cuide mejor a la higuera, ponerse a podarla, concederle otra oportunidad... (en esa línea se moverá Lc 13, 6-9). Pero después de todo lo que ya hemos visto, esas respuestas resultan imposibles. Ha llegado el *kairos* final que es tiempo salvador para los pobres-hambrientos-enfermos-expulsados de la tierra. No se puede hacerles esperar. No se debe ya mimar la higuera inútil mientras todos los restantes pueblos sufren con Jesús el hambre de la tierra. Sólo en ese fondo se entiende la palabra de juicio profético: «¡Que nadie desde ahora hasta el final coma (pueda comer) fruto de ti!» (11, 14).

Normalmente esta palabra suele interpretarse como maldición, conforme a lo que dice luego el mismo Pedro en 11, 21 (la higuera que tú maldijiste...: *ên katêrasô*). Pero en sí misma esa frase no es una maldición, sino sentencia escatológica: como enviado de Dios, después de haber descubierto y experimentado la esterilidad de Jerusalén, Jesús declara terminado (desde ahora y para siempre) el tiempo de su aportación salvadora. En esa misma línea, como complemento de esta fórmula, debemos colocar la palabra paralela de la cena. Jesús despide a los suyos y elevando la copa de vino declara: «Desde ahora, ya no beberé del fruto de la vid hasta aquel día en que lo beba... en el Reino» (14, 25). Literalmente las dos sentencias son idénticas, una en positivo (11, 21), otra en negativo (14, 25). Por eso no podemos hablar aquí de una maldición sin más, sino de una declaración escatológica sobre el fin de la higuera israelita. Ha estado elevado por siglos el árbol de Israel junto al camino.

Ahora, cuando llega el *kairos* del Reino, su viejo tiempo se cumple y se acaba. Ésta es una declaración que debería haber sido positiva: la más pequeña pero buena higuera de Israel, llena de frutos de promesa, tendría que haberse abierto y expandido, dejando su lugar para la nueva higuera del Reino en la que pueden encontrar comida en saciedad (banquete pleno) todos los pueblos de la tierra. Pero de hecho Jesús ha tenido que ofrecer una declaración negativa: la institución israelita que ha encontrado a la vera del camino que conduce hacia la entrega de la vida es a sus ojos un árbol hipócrita, hojas llamativas pero sin fruto.

Sobre ese fondo, la declaración de condena mesiánica de Jesús a la higuera (¡ha pasado tu tiempo, nadie coma de tu fruto!) vuelve a situarnos en el centro de sus controversias con los representantes de Israel, como hemos visto en Galilea y también en el camino que lleva a Jerusalén. Sólo esta palabra de condena, que pone fin al nacionalismo estéril-mentiroso de las autoridades oficiales de Israel hará posible el cumplimiento de la bendición del Reino, es decir, la abundancia del banquete de multiplicación que Jesús quiere ofrecer a los hambrientos (cf. 6, 30-44 y 8, 1-10).

El Reino es comida de Dios para los hombres. Signo del Reino es una higuera, árbol de vida que nos lleva de nuevo al paraíso (Gn 2-3); es el árbol de las instituciones oficiales de Israel, que ha de secarse para que el anuncio de reino de

Jesús pueda ofrecer fruto para todos los que pasan por el mundo. Entendido así, este pasaje que parece duro (acaba el exclusivismo de la ley) resulta absolutamente necesario para el evangelio y consolador para todos los pobres de la tierra. Situado en un contexto simbólico semejante, Pablo dirá que en esa higuera (convertida en planta de olivo) se han injertado los gentiles, para que el árbol de Dios ofrezca fruto en abundancia y un día puedan reinjertarse de nuevo los judíos (Rom 11). Pero con eso salimos del discurso de Marcos. Sigamos en su línea.

---

(96) Flora. Plantas en Marcos

La mención de las plantas (flora) en Marcos no es abundante, pero resulta significativa, y debe vincularse a la mención de los animales (cf. recuadro 42, sobre cerdos de Gerasa: 5, 1-20). Conociéndola, podemos situarnos mejor ante su espacio cultural y simbólico. Así queremos situarlas en el contexto de la higuera seca:

a. Comparaciones:

1. *Semilla* (4, 1-20): aparece como signo privilegiado del mensaje del Reino: ella puede actuar en toda tierra (4, 3-9). En contexto algo distinto (4, 26-29) habla Jesús de la semilla que germina, crece y se hace grande sin que sepamos cómo. Así es el Reino, que actúa en silencio desde Dios.
2. *Ramos* de los árboles (11, 8): son signo de la gloria regia de Jesús, que entra sobre el asno en Jerusalén. La misma naturaleza (ramos verdes) se vuelve palabra de canto y de triunfo mesiánico.
3. Árboles andantes. Los seres humanos son como árboles que andan (8, 24) para el ciego que empieza a ver, pero todavía no distingue con claridad las cosas y personas.

b. Plantas concretas:

1. *Trigo*. Es quizá el signo más abundante en Marcos. Los discípulos desgranan y comen trigo en sábado (2, 23-27). La semilla de 4, 3-9 parece ser trigo. De trigo es el pan de las multiplicaciones (6, 30-44; 8, 1-11) y de la discusión en la barca (8, 14-20) y de la eucaristía (14, 22-25).
2. *Mostaza*. Grano y árbol de mostaza (4, 30-32) son signo del Reino, por la diferencia entre la pequeñez inicial (grano) y la magnitud final (árbol).
3. *Hierba verde* (6, 39) del campo de la multiplicación. Crea un escenario natural para el gesto de Jesús. Parece que existe un retorno a la naturaleza, como lugar donde los hambrientos aprenden de verdad a compartir.

4. *Higuera 1:* (11, 12–14, 21). Es signo del pueblo de Israel, lleno de hojas sin fruto, y del mismo templo de las grandes ceremonias sacrales, pura apariencia, promesa engañosa, pues no ofrece fruto. Por eso ha de secarse.
5. *Higuera 2:* (13, 28-31). Signo escatológico que muestra sus brotes y anuncia con ellos la llegada del tiempo de Juicio para el mundo. Los cristianos, que han visto secarse la higuera Israelita, conocen y aceptan la promesa que ésta les muestra.
6. *Olivo.* Está evocado por el signo de Getsemaní (Huerto de Olivos). Del monte de los Olivos se habla en 11, 1 (de manera que los ramos de la entrada en Jerusalén, 11, 8 deberían ser de olivo). Se habla después de Getsemaní (14, 32), que significa Huerto de Olivos, pero el texto no lo ha traducido y quizá no ha querido destacar ese motivo (presencia de olivos en la noche de la oración de Jesús).
7. *Viña 1:* (12, 1-9). Signo del don y tarea del Reino. El amo la ha ofrecido a unos renteros (los judíos) que quieren apropiarse de sus frutos Pero ella ha de ser para todos, como indica la muerte del Cristo.
8. *Viña 2:* (14, 22-26). Signo de la eucaristía y del Reino. Jesús bebe con los suyos del fruto de la viña y les promete que seguirá bebiéndolo con ellos en el Reino. En ese contexto se puede hablar del pan-vino (trigo-viña) como signo de fraternidad compartida Sobre el fruto de las buenas plantas (símbolo del Cristo) se reúnen los humanos.
9. *Nardo* (14, 3). Perfume de origen vegetal, muy puro y muy caro; como indica todo el texto sirve para la unción mesiánica, en gesto que Jesús, defendiendo a la mujer profeta que le unge, ha relacionado con el embalsamamiento de la sepultura. Es probable que los aromas de las mujeres de 16, 1 sean también de origen vegetal, pero el texto no lo dice.

2. Gesto de Jesús, ruina del templo (11, 15-19)

El signo de la higuera se vincula a la acción sobre el templo. Al proclamar su palabra de condena, Jesús no está pensando en sus oyentes, ni en los judíos, uno a uno (a los que sigue llamando para el Reino), ni tampoco en los claros valores de su pueblo (al que sigue ofreciendo su palabra), sino en un tipo de institución oficial sagrada, en este templo concreto (no el buen Templo de Dios), en el que viene a condensarse el poder de sacerdotes y escribas. Ese templo es higuera frondosa, pero carece de fruto: es lugar de economía egoísta y compraventa, de discriminación entre los hombres. ¿Qué hace Jesús con ese templo?, ¿lo corta de raíz como a una higuera?, ¿lo poda para que se purifique?, ¿se limita a maldecirlo?

a. (Acción) *¹⁵Y llegaron a Jerusalén y entrando en el templo comenzó a expulsar a los que vendían y compraban en el templo. Volcó las mesas de los cambistas y los puestos de los que vendían las palomas, ¹⁶y no consentía que nadie pasase por el templo llevando cosas.*
b. (Enseñanza) *¹⁷Luego se puso a enseñar diciéndoles: «¿No está escrito: Mi casa será casa de oración para todos los pueblos? Vosotros, sin embargo, la habéis convertido en cueva de ladrones».*
c. (Reacción) *¹⁸Los sumos sacerdotes y los escribas se enteraron y buscaban el modo de perderlo, pues tenían miedo, ya que toda la gente estaba asombrada de su enseñanza.*
d. (Conclusión) *¹⁹Cuando se hizo de noche, salieron fuera de la ciudad.*

Desde el signo de la higuera comprendemos la señal del santuario. Ya no basta una palabra, es necesario un gesto que explicite y prepare (ponga en movimiento) la caída de ese templo muy vistoso pero malo, bellas hojas sin fruto. Jesús había venido observándolo todo (11, 11), para decir su palabra a la higuera (11, 14). Ahora cumple esa palabra: expulsa a los traficantes, derriba las mesas de los cambistas y los puestos o cátedras de los vendedores de palomas, impide el acarreo de utensilios: ha llegado el fin del templo (11, 15-16).

Por imperativo de un tipo de ley sacral, el templo se había convertido en mercado y matadero de animales. Lo primero que un creyente descubre cuando llega, lo que define su espacio sagrado (*hieron*), es un tipo de mercado sagrado: se cambia el dinero para ofrendas y tributos, se venden y compran animales para sacrificios; se acarrean utensilios... La obra de Dios se ha vuelto comercio al servicio de los sacerdotes. Jesús se sitúa de esa forma ante uno de los temas fundamentales de la mejor tradición rabínica, que ha definido los espacios de sacralidad en torno al templo:

Hay diez grados de santidad: *la tierra de Israel* es más santa que la de todos los demás países... *Las ciudades amuralladas* (de Israel) son más santas que las otras partes (del país) ya que los leprosos eran expulsados de su interior... Mayor santidad tiene la zona *dentro de los muros* (de Jerusalén)... *La montaña del templo* tiene todavía mayor santidad, ya que no pueden entrar en ella los hombres o mujeres que padecen flujo... *La empalizada* es todavía más santa, ya que no pueden entrar en ella los gentiles y los que se han contaminado con impureza de cadáver. *El atrio de las mujeres* es todavía más santo, ya que no puede entrar en él nadie que no haya tomado el baño de purificación en el mismo día... *El atrio de Israel* es todavía más santo, porque nadie a quien falte la expiación puede entrar en él... *El atrio de los sacerdotes* es todavía más santo, ya que ningún israelita puede entrar en él a no ser cuando es necesario: para la imposición de manos, para la inmolación y para la agitación ritual. *La zona entre el vestíbulo y el altar* es todavía más santo, ya que no pueden entrar en ella los que tienen defecto corporal... *El Santo* es todavía más santo... *El Santo de los Santos*

Camino de Jerusalén. Muerte del Cristo (8, 27-15, 47)

es todavía más santo, ya que nadie puede entrar en él a no ser el Sumo Sacerdote, el día de la expiación, en el momento de la liturgia (Misná, *Kelim* 1, 8-9, Sígueme, Salamanca 22011, 843).

a) *Acción* (11, 15-16). Es evidente que este esquema progresivo de sacralidad en torno a Jerusalén y su templo se opone al proyecto de Jesús, que ha combatido esta visión de una pureza que expulsa de su espacio sagrado a leprosos y hemorroisas, a gentiles y mujeres. La misma lógica del Reino le ha traído al templo, para culminar allí su obra. En este contexto se entiende su gesto, que tiene un sentido *destructor*. No se limita a purificar el templo, condenando sus excesos, para que vuelva a estar limpio, como siempre debió hallarse, sino que anuncia y expresa simbólicamente su fin: *¡Qué nadie coma nunca más de sus frutos!* Hemos visto los obstáculos que surgen contra el proyecto de Jesús, especialmente el ansia de dinero y poder (10, 17-45); pues bien, ahora, el mayor es precisamente el templo con sus instituciones sacrales, al servicio de la separación israelita. Por eso, sus gestos (expulsar a los vendedores, derribar las mesas de cambio...) simbolizan el fin del templo como *hieron* (11, 15) o lugar sagrado de un tipo de judaísmo:

- *Expulsa a vendedores y compradores del templo* (11, 15b). De esa forma hace imposible todo el ejercicio de los sacrificios de violencia, fundados en la compra de animales puros. En un solo gesto ha «expulsado» del templo (es decir, de lo sagrado) a los poderes de la economía (compraventa). ¿Qué son unos sacerdotes sin control económico?, ¿qué es un templo sin dinero, un sacrificio sin sangre de animales?
- *Derriba las mesas de cambistas y palomeros* (11, 15c). No se limita a expulsar, como en el caso anterior, sino que derriba ese centro material del templo que es la mesa de los cambios, el banco de la economía y de la venta de palomas. Es evidente que ese gesto quiere ser el signo de un edificio que cae, aplastado por su propia inutilidad. Como derriba Jesús estas mesas, vendrá a derrumbarse en el suelo el edificio «sagrado» del templo.
- *Impide que transporten utensilios por el templo* (11, 16). Son utensilios los «vasos sagrados», los recipientes de agua para las abluciones, las cargas de madera para quemar los sacrificios, los mil diversos incensarios, fuentes, vestidos sacrales y objetos externos que son necesarios para un tipo de culto tan fastuoso y frondoso, tan regulado y constante como el de los sacerdotes de Jerusalén.

¿Qué quiere hacer-decir Jesús con eso? ¿Purificar el templo? Ciertamente sí, en algún sentido, pero se trata de una purificación radical que no deja «piedra sobre piedra» en este inmenso edificio de cultos sacrales. ¿Qué es un templo sin dinero, sangre y ritos de separación sagrada? Había en aquel tiempo grupos de judíos (sobre todo esenios) que no aceptaban el culto concreto de Jerusalén, por discrepancia sobre normas de estirpe clericales, de tiempos sagrados y de formas exteriores de liturgia. Otros (muchos judíos helenizados) querían destacar dentro del culto una especie de verdad espiritual, que es lo importante: de esa forma, lo exterior quedaba convertido en signo de algo más valioso... Pues bien, Jesús no se detiene a purificar o cambiar unos detalles, sino que declara ya que el mismo ser y tiempo de ese templo ha terminado. No busca lo interior más allá de las señales exteriores: declara abolidas las mismas señales exteriores.

Ese templo es de verdad la higuera de hojas grandes y sin fruto. Atrae al caminante y al devoto para así engañarle más, para pervertirle en su mentira organizada de tipo ritualista y económico. Esto que ha hecho Jesús en el templo no es improvisación, sino una consecuencia y despliegue de todo su camino. Si ha sido verdad su mensaje de Reino, si tiene sentido y validez de Dios su oferta salvadora universal en Galilea y su ascenso a Jerusalén, este templo ha terminado. Sólo donde el templo acaba y cae, se cumple paradójicamente la verdad de Dios en su Escritura y se supera ya la forma antigua del nacionalismo israelita. Así lo indican las palabras posteriores de la enseñanza.

---

(97) **Templo 1. El fin de una teología y de una época**

El templo era un elemento esencial de la religión israelita de aquel tiempo, pues vinculaba el culto de Dios con la vida del pueblo. El orden del templo y de sus sacrificios determinaba gran parte de la identidad del judaísmo, en el periodo del segundo templo (el primer templo había sido el de Salomón, destruido el 587 a.C.), en cuyo final se sitúa la figura y obra de Jesús:

- *Segundo templo* (525 a.C.–70 d.C.). Tras el «retorno» del exilio, los judíos tuvieron que aprender a vivir y defenderse sin un rey ni estado propio, y lo hicieron en torno a un templo nacional, con una «ley» especial, que les permitió sobrevivir y configurarse como un pueblo elegido. Dentro de la lógica de este mundo, los judíos tendrían que haber desaparecido, como desaparecieron los moabitas o edomitas, los filisteos o nabateos del entorno. Ellos, en cambio, no sólo no desaparecieron, sino que salieron fortalecidos de la crisis, pudiendo concentrarse en lo esencial: Su Ley, sus tradiciones, relacionadas con un templo.

- *Un pueblo sagrado.* Sin Estado independiente ni Rey, los judíos se definieron como *Qahal Yahvé, Ekklesia* o Comunidad sagrada, reunida ante el Sinaí (que ahora se identifica con el templo), para recibir la Ley de Dios, a quien descubren y veneran en el tabernáculo (templo). De manera lógica, el Gran Sacerdote adquiere autoridad legal (social) sobre los judíos, que formaban una comunidad de culto, en torno a un templo, tanto en Palestina como en la diáspora (Babilonia, Egipto...), pero en el fondo de esa comunidad fueron surgiendo diferencias y matices, que se expresarán en las inquietudes y revueltas, divisiones y levantamientos, que terminaron cuando los romanos conquistaron Jerusalén (70 d.C.) y expulsaron después a los judíos de su tierra (132-135 d.C.). En ese contexto de disputas ha de entenderse este gesto de Jesús.

- *Con un templo*. El judaísmo era comunidad o pueblo sagrado, vinculado a un santuario, con su propio libro (Biblia). La monarquía mundial (persa, helenista o romana) exigió y sancionó el surgimiento de una Ley particular que definía y regulaba la vida judía. De esa forma, por imperativo legal, para fijar su diferencia, los judíos codificaron su origen y ley en el Pentateuco, escrito a partir de viejas tradiciones tribales y monárquicas, pero redactado desde las nuevas circunstancias políticas y sociales. Simbólicamente, ellos seguían siendo la misma Ekklesia o Comunidad sagrada, reunida ante el Sinaí-Horeb, para recibir la Ley de su Dios, tal como se cultiva en este templo tabernáculo (templo) particular de Jerusalén. Hay otros grupos judíos que están descubriendo el carácter limitado (superado) de este templo y buscan soluciones nuevas, en línea de sacralidad o de transformación social (como, de formas distintas, han querido esenios, apocalípticos y fariseos).

Precisamente en ese fondo se entiende el gesto de Jesús, que a los ojos de los sacerdotes aparece como un peligro para el pueblo, pues afirma que el tiempo y función de este santuario, en su forma actual, ha terminado. Jesús no se opone simplemente al templo, como edificio particular, sino que rechaza la forma de organización social y sacral del judaísmo, con este templo y este tipo de visión de la pureza y del orden sagrado, que expulsa a los pobres. Jesús quiere volver, más allá del templo, a la experiencia originaria del pueblo Dios que sale de Egipto para vivir en libertad. Jesús no quiere destruir el judaísmo, sino recrearlo, superando el orden actual del templo.

b) *Enseñanza* (11, 17). Incluye una condena contra aquellos que han convertido la Casa de Oración para todas las naciones en cueva de bandidos (11, 17; cf. Is 56, 7; Jr 7, 11). Jesús no ha condenado el templo para negar la promesa israelita, sino todo lo contrario: para salvaguardar y mantener esa promesa. Suyo era el gesto de la multiplicación, los panes compartidos gratuitamente al descampado, mirando al cielo y bendiciendo a Dios (cf. 6, 41; 8, 6). Eso era oración, eso templo verdadero: una liturgia vinculada a la comida universal. Para mantener y expandir su mensaje, Jesús ha debido condenar el santuario pervertido de Jerusalén, con sus traficantes y cambistas, con sus vendedores y con sus ritos de separación que no dejan orar, ni abrirse a los gentiles.

El templo debía ser espacio donde se vinculan con Dios en oración todos los pueblos. Ciertamente, es Casa (*bayit*) donde el mismo Dios ha puesto su Nombre (cf. 1 Re 8); pero, siendo de Dios, ha de ser *de las naciones* (cf. Is 56, 7), ámbito de encuentro para todos los humanos. Como representante de Dios llega Jesús; no viene a plaza ajena, sino a propia; no llega para conquistarla con violencia como hicieron y harán los profesionales religiosos de la guerra, sino para convertirla en aquello que siempre debió ser: *casa de oración para los pueblos*. Entendamos desde aquí las palabras centrales de la enseñanza de Jesús, que expresan el sentido de su gesto:

- *Mi Casa (oikos mou)*. Jesús está citando un pasaje de Is 56, 7, presentando así la «Casa de Dios» como su propia «casa», es decir, como la morada mesiánica, donde se cumple su mensaje, donde culmina su camino. La casa ha sido expresión privilegiada del mensaje y obra de Jesús, en sentido de lugar de reunión y comunidad reunida, conforme a lo indicado en 1, 29; 2, 1.15; 3, 20; 7, 17; 10, 10.29-30. Como representante y portavoz de Dios actúa Jesús en esta «casa especial» de Jerusalén, que debía ser espacio universal de encuentro humano.
- *Casa de oración (proseukhês)*. Sigue la cita y promesa de Is 56, 7, donde el templo de Jerusalén aparece como espacio abierto para el culto sacrificial (los holocaustos) de todas las naciones. Pues bien, Jesús rechaza la función sacrificial que aparece también en el fondo de Is 56, 7 y sólo reconoce la de la «oración», una oración sin comercio de animales y sin sacrificios. En su gesto anterior, Jesús ha condenado su comercio (mesas de cambistas), ha rechazado los sacrificios de animales (venta de palomas, paso de aguadores para purificaciones externas), pero conserva y ratifica su función orante (cf. 11, 24-25). La oración aparecía en 1, 35 como principio de acción misionera; en 6, 41 y 8, 6 se vinculaba a la multiplicación de los panes y en 9, 29 a la exigencia de expulsar a los demonios... Todos esos rasgos aparecen ahora vinculados a una Casa, entendida como espacio simbólico (real) de encuentro con Dios en alabanza.
- *Para todos los pueblos (pasin tois ethnesin)*. El templo de Jerusalén se había convertido en lugar de sacralidad particular (*hieron*: 11, 15) del pueblo israelita. La nueva Casa de Jesús debe abrirse, en gesto de plegaria y comunicación económica (pan y peces compartidos), a todos los humanos. Frente a la cueva de negocios, dinero y compraventa, de los sacerdotes presenta Jesús el ideal y proyecto de su Casa como espacio de apertura a Dios y encuentro para todas las naciones.

Jesús recupera así lo que ha sido la voluntad original de Dios: anuncia una destrucción salvadora porque son ellos, los sacerdotes, quienes han pervertido el valor del santuario, casa de pan (cf. 2, 26) y de oración universal, convirtiéndolo en *cueva de bandidos*, como había dicho en su tiempo Jeremías (cf. Jr 7, 11): lugar donde se esconde lo robado y se guarecen los que roban, convirtiendo el santuario en antro de rapiña sistemática y sacral. Lógicamente, lo mejor que le puede pasar es que se acabe, para que así emerja y se construya la *Casa* (templo) de Jesús, en oración y en apertura a todas las gentes.

Cuando la casa de Dios exprese su verdad, dejará de ser lugar reservado a los judíos, en gesto de sacralidad particularista (con espacios separados para israelitas, varones, sacerdotes...) y se convertirá en campo abierto de oración-encuentro para todos los pueblos, es decir, para el conjunto de la humanidad. Ésta es la acusación más honda: en el mismo centro del particularismo judío, allí donde sacerdotes-escribas viven (económica y religiosamente) de sus privilegios, viene Jesús para decir que su tiempo ha terminado. Declara así una sentencia de muerte, no contra personas, sino contra la institución israelita del templo. Sacerdotes y escribas pueden «salvarse» (encontrar su plenitud) si declaran terminado el viejo templo, si se disuelven como cuerpo destinado a fomentar observancias separadas ya caducas y se ponen al servicio de la totalidad humana, sin más privilegio que la pequeñez y entrega mutua, tal como hemos visto en apartados precedentes (cf. 9, 30-50).

c) *Reacción* (11, 18). Lo que Jesús buscaba era en el fondo la conversión de los sacerdotes y escribas. Tendrían que dejar su forma actual de vida (ladrones al servicio de su cueva religiosa particularista), para abrirse con Jesús a la totalidad de lo humano, en gesto mesiánico de gratuidad y vida compartida. De esta forma, el fin de su templo (el descubrimiento de que su higuera está seca) podría llevarles con Jesús y por Jesús a la construcción del nuevo templo de la humanidad reconciliada, convertida en casa de Dios para los pobres. Jesús ha realizado su signo.

Los escribas y sacerdotes, unidos ya en 9, 33 (faltan aquí los ancianos que hallábamos en 8, 31) lo han entendido bien, de manera que su respuesta resulta comprensible. Por eso, ellos han respondido a la *violencia provocativa de Jesús*, que expulsa a los vendedores, ofendiendo al judaísmo de su tiempo, con una *violencia criminal*, que desemboca en una condena a muerte.

- *La violencia de Jesús es profética y no sangrienta*, se centra en un signo, una palabra (11, 15-16); es *humanizante y creadora*, al servicio de la conversión (renacimiento) de Israel y de la unión de los pueblos: derriba simbólicamente la casa egoísta (del dinero y la separación), para que pueda elevarse la Casa de oración y encuentro de todas las naciones. Actúa con dureza de profeta, para que el signo se pueda sentir y entender, por amor universal, arriesgando su vida.

- *Los sacerdotes y escribas reaccionan con violencia homicida: deciden matarle* (11, 18). La institución sacral que controlan (sacerdotes) y la legalidad que defienden (escribas) les importa más que la vida de Jesús. Conforme a sus propios intereses, tienen que matarle, y lo harán a escondidas, para no excitar al pueblo. Jesús ha realizado su gesto a la luz del día; ellos le responderán de forma oculta (11, 18).

Estas *dos violencias* van implicadas. *Jesús* no es un profeta intimista que sólo se ocupa del cambio del alma. Es profeta social: quiere una Casa de oración y pan abierto, superando así la tiranía y prepotencia de sacerdotes y escribas; por ella debe arriesgarse, iniciando un *movimiento fuerte, sin violencia externa*. Con la sola fuerza de su verdad, buscando el ideal de la oración y comida para todos, en familia universal, ha subido al templo, ratificando con un gesto su mensaje. Ha debido arriesgarse, entrando en conflicto con las familias poderosas, el clan de sacerdotes y escribas que controlan el templo.

Jesús ha debido arriesgarse para mostrar su programa de Reino y pedir la «conversión» de sacerdotes y escribas, como habían hecho los antiguos profetas de Israel (entre ellos Jeremías; cf. Jr 7). Pero en vez de convertirse y aceptar el nuevo mensaje-programa del Cristo, cumpliendo así las viejas profecías que se anuncian en 11, 17, sacerdotes y escribas deciden matar a Jesús, para defender de esa manera lo que tienen (su higuera estéril, su templo particularista y su propia economía).

Higuera estéril, templo sin Dios... eso son los escribas-sacerdotes. Frente a ellos se ha elevado Jesús, denunciando como buen profeta su pecado (declarando así el fin de la higuera-templo) y anunciando la salvación de Dios para los pobres de la tierra y todos los necesitados; por eso le escucha admirado el pueblo. Las palabras fundamentales ya se han dicho. Jesús anuncia el fin de este Israel, representado por sacerdotes-escribas. Estos le condenan a muerte. Todo el resto del evangelio (Marcos 12–16) no será más que expansión y desarrollo de este antagonismo, con la muerte de Jesús (condenado por sacerdotes-escribas) y su resurrección que es victoria del reino de Dios, abierto de nuevo en Galilea para todos los humanos.

d) *Conclusión* (11, 19). Como la noche anterior, tras la entrada en Jerusalén, realizado el signo, después de haber visto todo lo que había en el templo, Jesús y sus acompañantes/seguidores salen de la ciudad y se «refugian» en Betania (cf. 11, 11). También ahora, realizado el signo del templo, y siendo «rechazados» por los sacerdotes, Jesús y los suyos salen otra vez «fuera de la ciudad». No se quedan allí, como hubiera sido lógico, si les hubieran recibido. Jesús ha realizado su segundo «intento», más arriesgado que el primero, pero tampoco ahora le han acogido.

Por eso, Jesús y los suyos no «quedan» en el templo, como «ocupantes», siguiendo lo que sería la lógica normal de unos conquistadores religiosos o políticos violentos del santuario, sino que tienen que salir. Esa «salida» en la noche puede responder a una estrategia de no-violencia (Jesús no quiere ocupar el templo por la fuerza), pero también a un fracaso: los responsables del templo no le han acogido, sino todo lo contrario, han querido condenarle a muerte.

> **(98) Templo 2. Nombres y funciones. Jesús, nuevo templo**
>
> Era la institución fundamental del judaísmo: signo de presencia de Dios, centro económico, social y/o religioso del pueblo. Jesús lo combatió y por eso le mataron. Ese conflicto de Jesús con el templo define la novedad radical de la Iglesia, para la que el único templo es el camino y vida de Jesús que acoge y perdona a los hombres, vinculándoles con Dios. Podemos dividir los textos de Marcos sobre el templo en sentido histórico y teológico, partiendo de las tres palabras básicas (casa, santuario, nave), para hablar después de sus funciones
>
> *a. Tres nombres:*
>
> 1. *El templo es «oikos»*: casa donde los sacerdotes deberían compartir el pan (2, 26), superando un tipo de sacralidad clasista, y casa de oración para todos los pueblos (11, 17). En esa línea, Marcos asume su valor positivo.
> 2. *El templo es «hieron»*: espacio y construcción sacral (cuerpo central, edificios anejos, patios) controlada por los sacerdotes; Jesús lo ve (11, 11) y realiza allí un signo profético de destrucción que le lleva a ser condenado a muerte (11, 15-19). En ese santuario mentiroso que debe destruirse ofrece Jesús su enseñanza verdadera (12, 35; cf. 14, 49), centrada en la promesa de destrucción (*no quedará piedra sobre piedra*: 13, 1-3) y de nueva creación (en tres días construirá un templo no hecho por manos humanas, como casa de oración para todas las naciones: 14, 58 y 11, 17).
> 3. *El templo es «naos»*: nave o espacio interior (como nave invertida) donde se dice que habita Dios. Falsos testigos del juicio y Calvario (sacerdotes) acusan a Jesús de haber dicho que lo destruirá (14, 58; 15, 29), en palabra que irónicamente es verdadera: a su muerte se rasga *el velo del naos* (15, 38) y acaba el sistema de sacralidad judía.
>
> *b. Funciones y funcionarios:*
>
> 1. *Ha de ser casa de oración para todos los pueblos* (11, 17, con cita de Is 56, 7). Jesús quiere que el templo cumpla una función de unir en la oración (experiencia de Dios, amor mutuo) a todos los pueblos de la tierra. Es difícil precisar si se trata

sólo de un templo simbólico, sin construcciones externas, o si implica también una edificación material (cf. 14, 58).
2. *Se ha hecho cueva de bandidos* (11, 17; con cita de Jr 7, 11). Los sacerdotes del templo son para el Jesús de Marcos unos auténticos bandidos (*lêstai*), término que según la tradición de F. Josefo alude a los jefes militares que han destruido al pueblo de Israel (en la guerra del 66-70).
3. *Jesús: ¿nuevo sacerdocio y/o nuevo templo?* No fue al templo para «purificarlo», expulsando a los «malos» sacerdotes y asumiendo él mismo, con sus Doce, el sacerdocio (él sería Sumo Sacerdote, los Doce nuevos fundadores de nuevas dinastías clericales). Él no era sadoquita, ni levita (de la familia y tribu de los grandes sacerdotes), sino laico Galileo. Su conflicto con el templo no se resolvía con un cambio de sacerdotes, sino con una transformación radical del templo (y del sacerdocio). En esa línea (anticipando el tema de Jn 2, 21, donde Jesús habla del templo de su cuerpo) se puede afirmar que ya en Marcos el mismo cuerpo/vida de Jesús resucitado aparece como templo para los creyentes, como evoca 12, 10: *¡La piedra que desecharon los arquitectos...!* El mismo Jesús es la piedra angular de la nueva casa de Dios. Desde ese fondo ha de entenderse el sacerdocio de los cristianos (aunque es muy posible que Marcos no hubiera utilizado esa palabra, que aparece sólo de un modo casi marginal en el Nuevo Testamento, en 1 Ped, Heb y Apocalipsis).

Conforme a su estilo habitual, Marcos ha sustituido el templo judío por Jesús, que es principio y sentido de la casa/nave de Dios, lugar de reunión (plegaria) y de salvación para los humanos. Los judíos fariseos se reunirán en torno a la Ley, que ellos interpretan de un modo nacional intenso. Los judíos de Jesús se reunirán en torno a su doctrina y persona.

3. Higuera seca, fe salvadora. El verdadero templo (11, 20-25)

Tras el gesto del templo (11, 15-19) podemos volver, cerrando el tríptico, a la escena de la higuera (cf. 11, 12-14). Los discípulos habían escuchado la sentencia de Jesús y luego han visto su signo sobre el templo. A la mañana siguiente, vuelven a Jerusalén (desde Betania) y encuentran la higuera ya seca. El signo se ha cumplido, las autoridades han condenado a Jesús, Israel no puede dar frutos (11, 20). Parece que, en este contexto, valiéndose del signo de la higuera, Jesús debería haber hablado con claridad y por extenso sobre el gran misterio del rechazo mesiánico de Israel, construyendo de esa forma un discurso más o menos parecido al de Rom 9–11. Pues bien, de una manera sorprendente, él ha desviado (al menos en apariencia) esa línea de argumentación teológica y despliega una enseñanza diversa sobre la oración.

a. (Pedro: la higuera que maldijiste) [20]*Cuando a la mañana siguiente pasaron por allí, vieron que la higuera se había secado de raíz.* [21]*Pedro se acordó y le dijo: «Maestro, mira, la higuera que maldijiste se ha secado».*
b. (Oración: si tuvierais fe...) [22]*Y respondiendo, Jesús les dijo: «¡Si tuvierais la fe de Dios!* [23]*En verdad os digo, si uno le dice a este monte: Quítate de ahí y arrójate al mar, si lo hace sin titubeos en su interior y creyendo que va a realizarse lo que dice, lo obtendrá.* [24]*Por eso os digo: Todo lo que pidiereis orando creed que ya lo habéis recibido y así será».*
c. (Perdón) [25]*«Y cuando oréis, perdonad si tenéis algo contra alguien, para que también vuestro Padre celestial os perdone vuestras culpas».*

Ésta es la enseñanza central de Jesús sobre la oración y el perdón, éste el más radical y valioso de todos los «tratados» cristianos sobre el templo. Todo nos permite suponer que este pasaje, que recoge la enseñanza originaria de Jesús, ha sido escrito tras la destrucción del templo de Jerusalén (el año 70 d.C.), cuando Marcos, con otros cristianos y judíos no cristianos discuten (y disienten) sobre el sentido de esa destrucción. La higuera de Israel se encuentra seca, las «maldiciones» más hondas de profetas y videntes se han cumplido. ¿Qué puede hacerse ahora?

Desde aquí se formula el verdadero tema: Cómo vivir sin este templo material sin caer en la pura violencia y desesperanza, sino descubriendo que existe otro templo más hondo, que es la misma vida humana. Jesús quiere transformar así la maldición (higuera seca) en bendición: En descubrimiento y despliegue del sentido salvador de la fe (¡la fe de Dios!) hecha oración que todo lo consigue y todo lo perdona. Ésta es una enseñanza que Jesús dirige especialmente a Pedro, porque todo nos permite afirmar que es él quien más la necesita. Pedro no sabe qué puede hacerse sin templo, cómo se puede vivir sin el gran signo del santuario. Por eso pregunta, y Jesús le responde (¡nos responde a todos!) diciendo que el verdadero santuario es la fe-oración y el perdón mutuo. Éste es el principio de la «religión» cristiana, éste es para Marcos el verdadero judaísmo, que es posible y se despliega sobre el hueco del templo:

a) *Pedro* (11, 20-21). A la mañana, dirigiéndose de nuevo hacia Jerusalén, Pedro observa la higuera de la que Jesús había querido comer el día anterior y dice a Jesús: «*¡Mira, se ha secado!*». Estamos ante un símbolo muy duro: el judaísmo del templo ha perdido su valor; sólo allí donde se descubre que su higuera engañosa está seca, sólo allí donde los creyentes son capaces de comprender la mentira de ese templo podrá edificarse un nuevo tipo de experiencia mesiánica (una casa de oración y pan para todos los humanos). Ésta es la gran sorpresa, la pregunta implícita de Pedro: Rabbi, la higuera que maldijiste se ha secado (11, 21). El texto anterior (11, 12-14) había evitado cuidadosamente la palabra maldición, Pedro la ha empleado presentando a Jesús como una especie de «mago» peligroso, capaz de destruir con su sentencia las estructuras más fuertes y preciosas ¿No se podría utilizar ese poder para edificar un reino a su medida?

De esa manera él acentúa la destrucción de lo antiguo. Es como si el mundo anterior hubiera terminado. ¿Cómo replantear la nueva vida? ¿Dónde hallar a Dios si no existe ya templo? ¿Dónde unirse si no hay santuario? ¿Cómo recibir perdón si el lugar del perdón se ha destruido? Éstas son unas preguntas que han planteado de un modo angustioso los judíos supervivientes, tras la caída del templo, el 70 d.C. Éstas son preguntas que han preocupado también a los cristianos, que deben descubrir el sentido de su religión, ahora que no hay templo, desde la perspectiva de Jesús.

b) *Oración: Si tuvierais fe...* (11, 22-24). La destrucción del templo (higuera seca) es para Pedro un problema de primera magnitud. ¿Qué se puede hacer cuando el orden sagrado del judaísmo ha caído, está ya seco? Jesús responde mostrando que la destrucción del templo/higuera permite el surgimiento de la auténtica sacralidad evangélica, centrada en la palabra de la *fe, en la plegaria y el perdón*. De esta forma establece las bases de su Casa de oración para todas las naciones, ofreciendo a todos el acceso a Dios, en claves de confianza y reconciliación.

Pues bien, Marcos responde que Jesús ha superado el orden sacrificial del templo para ofrecer el verdadero camino de fe, oración y perdón que antes se hallaba cerrado por el templo. De estos valores trata la *nueva catequesis* evangélica. Lo que parecía maldición (11, 12-14) se vuelve así principio de más honda bendición. Sobre las ruinas de la antigua casa de comerciantes y animales muertos se ha elevado la *Casa de Oración universal* en la que todos los humanos ofic/an como sacerdotes del Dios grande, ministros del perdón y reconciliación:

- *¡La fe de Dios...!* (11, 22-23). Ha caído el templo material (se ha secado la higuera), pero se abre y triunfa el poder de la fe que mueve montañas. Frente a la cueva de negocios reunidos de sacerdotes y comerciantes elitistas, se eleva la Casa de Dios como espacio de confianza verdadera. Los cristianos carecen de templos, no se definen por instituciones sacrales como aquellas que posee el judaísmo. Pero les vincula una fe poderosa. Por eso son familia, comunidad mesiánica, en lenguaje cercano al de Pablo. Pueden tener y tienen la misma *fe de Dios (pistin theou)*, que no es una idea, sino una experiencia creadora de confianza y amor, que constituye al mismo Dios como principio y contenido de toda realidad, pues todo nace y se despliega en dimensión de fe, no de imposición.
- *Si alguien dijera a esta montaña...* (1, 24-25). El templo era espacio de sacralidad donde Dios escuchaba a los creyentes y orantes de Israel (cf. 1 Re 8). Ahora, seca su higuera, caídas sus piedras (cf. 13, 2), los seguidores de Jesús

se vuelven templo, pues *Dios mismo les concede de manera directa lo que piden*. No necesitan santuario nacional ni sacerdocio controlado por la ley de escribas: los creyentes pueden dialogar y dialogan directamente con Dios, en gesto de confianza, teniendo la certeza de que Dios les ha concedido ya (cf. *elabete*: 11, 24) aquello que piden. Así la *maldición* (palabra de Jesús que seca la higuera/templo de Israel) se vuelve principio de *oración* que mueve montañas. El evangelio mesiánico viene a presentarse así como experiencia de absoluta cercanía de Dios.

De esa forma, en el mismo lugar donde podría haber triunfado el principio de resentimiento o el odio frente a los escribas-sacerdotes que le matan (devolviendo maldición por maldición), Jesús ha interpretado el signo de la higuera y el mismo gesto sobre el templo en forma de oración de fe, abierta hacia el perdón de los demás. Sólo en este contexto pueden y deben escucharse las palabras más profundas de Jesús sobre la oración.

El signo de la higuera se convierte así en señal y garantía del valor de la plegaria, vivida en plan de fe (encuentro con Dios) y de perdón (apertura hacia los otros). De esa forma, lo que parecía pura maldición (gesto caprichoso y destructivo de Jesús contra la higuera) se convierte en expresión de fortaleza orante. Queda allí un viejo árbol seco, acaba el templo, pero todo eso se debe invertir y presentar como expresión y signo (principio) del valor de la oración que nos conduce hasta el misterio del amor universal y originario y nos permite vivir en confianza (en relación con Dios y con los otros).

Se podría decir que Marcos 11, 20-25 ha invertido el argumento anterior (la higuera estéril), y en algún sentido es cierto. Pero esa inversión está ligada al mismo proceso narrativo, de manera que el tema precedente sigue y culmina ya de forma nueva. La palabra sobre la oración (recordemos que ella es tema central en el gesto sobre el templo 11, 17) viene a convertIrse así en principio de hermenéutica para interpretar el signo de la higuera. En este contexto podemos y debemos decir que el árbol exclusivo de un tipo de Israel se ha secado, a fin de que ahora pueda abrirse hacia todos los pueblos la higuera abundante de la oración, que es el principio y signo del auténtico Israel (unir 11, 24-25 con 11, 17).

El esquema es claro. El judaísmo de los sacerdotes era una higuera estéril porque su oración sobre el templo estaba hecha de formas exteriores, de comercios particularistas, de cultos al servicio de unos pocos. Pues bien, solo ahora que el templo queda superado, Jesús puede abrir ante sus discípulos el espacio nuevo de la oración universal en gesto de fecundidad que se contrapone a la higuera seca. Casa de oración universal debía haber sido el templo israelita (11, 17). Pero no lo era. Por eso, en un sentido, a pesar del inmenso dolor que ello ha supuesto, la destrucción de «este» templo ha sido positiva. De esa forma se pude comenzar a vivir tras el año 70, cuando se ha secado (ha caído) ya la vieja higuera.

El culto del templo seguía dejando a los hombres y mujeres en el espacio de los conflictos materiales (económicos), en campo de ritualidad sacral particularista de división de unos con otros. Cae o termina en buena hora el edificio antiguo, la higuera mentirosa de los signos inútiles de los sacerdotes-escribas. Crece en su lugar la fe del hombre que confía en Dios, la fe del hombre que tiene *la fe de Dios* (*pistin theou*), sabiendo que su petición está cumplida ya en el mismo momento de formularla. Sin esta nueva enseñanza sobre la oración personal, la crítica del templo hubiera terminado siendo injusta, sólo negativa. El verdadero templo del reino de Jesús empieza ahora: templo es la fe orante que enriquece y vincula a todos los humanos.

---

(99) Oración 1. El poder de la palabra

La Iglesia es *casa* y *mesa* (pan compartido), pero ella es sobre todo espacio de Palabra, lugar de oración dirigida a Dios y principio de diálogo entre los hombres. Desde aquí se entiende el sentido de la Palabra, que no es para Marcos una serie de sentencias profético/sapienciales, en la línea del documento Q (los Logia), sino principio de curación y entrega de la vida.

1. *¿Palabra de maldición?* Pedro interpreta la palabra de Jesús sobre la higuera como «maldición» (11, 21), centrando la acción de Jesús en la destrucción del templo. Pero lo que, en un sentido, podría tomarse como maldición es principio de un perdón más alto, que ya no necesita del templo externo.
2. *Palabra de perdón y/o sanación.* Jesús dice *ton logon*, la palabra (2, 2), y con ella perdona al paralítico, haciéndole capaz de caminar. La palabra de Jesús es *didakhê kainê*, enseñanza nueva que expulsa demonios de la sinagoga (1, 27); ésa será palabra de semilla, perdón y entrega de la vida.
3. *Palabra de semilla.* Se dice que *el sembrador siembra ton logon*, la palabra (4, 14), que no consta de conceptos o teorías, sino que es el mismo evangelio de Jesús, expresado después a manera de pan compartido.
4. *Palabra de oración/perdón.* Jesús ha realizado el signo de la destrucción del templo y sus discípulos piensan que han quedado sin defensa ni sacralidad sobre la tierra (cf. 11, 12-21). Jesús les responde revelándoles el valor infalible de su palabra de oración/perdón; destruido el templo emerge la palabra que vincula al creyente con Dios y con los otros, en gesto de confianza y/o perdón (11, 22-26).
5. *Palabra de entrega de la vida.* En la segunda parte de Marcos (desde 8, 27), la Palabra de Jesús se identifica con su *camino de muerte y pascua*. Por eso, cuando 8, 31 afirma que *decía abiertamente la Palabra* sabemos que ella es su propia vida entregada, sembrada, como salvación de los humanos.

> En la primera parte (1, 14-8, 26) Marcos pone el acento en la *enseñanza nueva* de Jesús, entendida como palabra que cura (1, 27) y se expande en el pan compartido (6, 34.37). En la segunda (8, 27-15, 37) la palabra de Jesús se centra en su propia decisión de entrega en favor de los demás (8, 32; cf. 8, 38).

c) *Perdón* (11, 25). El templo era lugar de expiación y perdón de los pecados (cf. 1 Re 8; Lv 16) y allí subían los israelitas para conseguirlo, siguiendo un ritual avalado por la tradición sagrada. Pues bien, Jesús afirma que no hace falta templo para conseguirlo, pues Dios perdona directamente a través del perdón que se ofrezcan los hombres, que de esa forma aparecen como mediadores del perdón, como verdadero templo. Por eso ampliando y ratificando lo esbozado en 2, 1-12 (cf. esquema 4, 5), Jesús pide de un modo solemne: «*Y cuando oréis, perdonad si es que tuviereis algo en contra de alguien...*» (11, 25).

Lo primero no es pedir perdón a Dios, a través de una liturgia sacrificial o penitencial, como la realizada en el templo, sino empezar perdonando: «Cuando oréis perdonar»; no viene primero la oración y después el perdón, sino que la misma oración (diálogo con Dios) se expresa y se realiza a través del perdón que se ofrece a los demás. Daba la impresión de que Pedro no aceptaba el perdón, sino que interpretaba la caída del templo como efecto de una «maldición» de Jesús, de manera que seguía inmerso en una religión de ley y de venganza. Pues bien, en contra de eso, Jesús entiende toda la escena (la caída del templo y de un tipo de judaísmo vinculado al templo) como oportunidad espléndida para cultivar una experiencia de perdón universal.

Frente al orden (negocio) del templo, que divide a los humanos en grupos (judíos y gentiles, laicos y levitas, vendedores y compradores...), sitúa Marcos la experiencia revolucionaria y creadora de la reconciliación directa entre los hombres y mujeres, en una línea que parece cercana a la del evangelio de Pablo (a la interpretación paulina de Jesús). El judaísmo del templo había sido una especie de máquina sagrada (y particular) de perdonar, centrada en la liturgia misteriosa de la expiación (*Yom Kippur*), que expulsaba los pecados sobre un chivo emisario, una vez al año, quedando el pueblo limpio, para volver el año siguiente a la misma ceremonia.

Pues bien, superando el ritual elitista de un perdón sagrado (con templo, sacerdotes...), Jesús ha establecido la experiencia diaria del perdón interhumano de tipo directo, de manera que todos los creyentes aparecen así como sacerdotes o portadores de perdón, miembros de una comunidad que se construye sin templo, sin sacerdotes ni sacrificios especiales. Dios perdona en el mismo perdón interhumano. Por eso, la «condena» (maldición) del templo ha de entenderse como principio de un camino de perdón universal, en el que pueden incluirse los mismos sacerdotes del templo destruido.

Jerusalén, ciudad del Mesías (11, 1-13, 37)

Los sacerdotes habían «secuestrado» el templo, controlando desde allí el perdón, que sólo ellos podían ratificar (11, 17). Pues bien, en contra de eso, Jesús dice a los hombres y mujeres que ellos mismos pueden y deben perdonarse, asumiendo así las funciones del templo: «Cuando oréis, perdonad... para que vuestro Padre que está en los cielos perdone vuestros pecados» (11, 25). Estas palabras definen de un modo radical el movimiento cristiano. Desde Lv 16, gran parte de los rituales del templo estaban dedicados a conseguir el perdón de Dios (en clave de expiación, centrada en el *Yom Kippur* o día penitencial). Pues bien, conforme a este pasaje, ya no es necesario un templo expiatorio, pues Dios perdona de un modo gratuito no sólo a los judíos, sino a todos los humanos, haciendo así posible el verdadero perdón interhumano. Donde surgen esta oración y perdón universal, pierde sentido el templo antiguo.

Ésta es una experiencia y exigencia revolucionaria y, según ella, la misma comunidad de los seguidores de Jesús se vuelve *Casa de oración y de perdón* (cuando oréis, perdonad...) para las naciones. No hay templo ni altar especial para algunos. El mensaje de Jesús funda una Iglesia donde todos, hombres y mujeres, puedan perdonarse. Siglos habían tardado *los judíos* en construir una nación fundada en leyes y sacralidades encarnadas en un pueblo, centradas en un templo que era símbolo de fe y reconciliación (de sacrificio expiatorio). *Jesús* ha superado ese nivel, proclamando sobre el santuario estéril (cf. 11, 11) su palabra de condena y nueva creación. Para bien de los humanos, incluidos los judíos, es mejor que el templo acabe y todos se vinculen con Dios en confianza directa, perdonándose entre sí y edificando la Casa verdadera de la vida humana.

Frente a la ley hecha de purezas alimenticias y sacrales, frente a la santidad distinta de un lugar y pueblo, que sacrifica a Dios y toma su alimento separado de los otros, emerge aquí la libertad del ser humano, mayor de edad ante Dios y ante los hombres. En lugar del viejo templo emerge la *comunidad mesiánica* donde cada uno es sacerdote de sí mismo y puede orar con plena confianza, sin necesidad de sacrificios ni templos exteriores. Todos los humanos se vuelven mediadores de perdón, de manera que lo ofrecen y reciben por igual judíos y gentiles, pues el Hijo del Humano (y con él los que le aceptan) puede *perdonar pecados* (*hamartias*) sobre el mundo (cf. 2, 1-12). Desde aquí se entiende ya plenamente el texto:

- *Y cuando oréis, perdonad...* (11, 25a), en gesto que incluye deudas o rupturas (envidias, violencias, pecados) de unos contra otros. Éste es el «Padrenuestro» de Marcos, que no ha introducido en su evangelio la oración del Padrenuestro. Toda la «oración dominical» (cf. Mt 6, 9-13; Lc 11, 2-4) se condensa en esta escena y exigencia del perdón. No hay templo que avale unos posibles derechos particulares (de los judíos). Con la ruina del templo descubrimos el misterio del perdón de Dios, expresado a través del perdón interhumano. No podemos buscar auxilio en otra parte, no podemos defendernos con ningún tipo de ritos o de dioses. El gesto anti-idolátrico de Jesús nos sitúa ante la propia responsabilidad: orar es perdonar, vivir la gratuidad en referencia a todos. No exigir nada, no imponer los propios privilegios, no expulsar ni condenar a nadie... Eso es orar cuando no hay templo, ni sacerdotes profesionales, pues nosotros mismos somos templo y sacerdocio, sin protecciones sacrales que oculten nuestras violencias o mentiras.

- *Para que vuestro Padre Celestial perdone también vuestras ofensas* (11, 25b). Marcos utiliza aquí un lenguaje ritual muy preciso (*paraptôma*: caída, ofensa), situándose cerca de Pablo (Rom 4, 25; 5, 15-20) y del comentario de Mt 6, 14-15 al Padrenuestro. Para perdón de esas ofensas funcionaba el templo y se elevaba el judaísmo (con las religiones sacrificiales de la historia). Eso ha terminado. Ya no hay que buscar ritos sagrados para aplacar a Dios, pues Dios viene a mostrarse como Padre que perdona por sí mismo, directamente, y muestra su perdón allí donde los humanos se perdonan unos a los otros. Para proclamar este perdón ha realizado Jesús su tarea (cf. 2, 1-12), ha entregado su vida (cf. 10, 15; cf. 14, 22-26). Ratificando ese perdón ha muerto, como indicará Marcos mostrando que el velo del *naos* o nave central de la expiación (Santo de los Santos) se rasgó en su viernes santo (15, 38). Ese perdón es gracia del Padre y fruto mesiánico del Cristo, estando vinculado al perdón interhumano de la comunidad que brota de su seguimiento.

Sobre el perdón del Padre, que se expresa y ratifica en el perdón interhumano, se eleva la nueva comunidad de seguidores de Jesús. No les preocupa la higuera exterior (un pueblo santo), ni tienen ya necesidad de templo, porque el mismo Jesús les alimenta y Dios les perdona allí donde ellos mismos se perdonan. Superando con su signo el viejo templo, Jesús ha situado en el centro de su proyecto mesiánico el perdón absoluto del Padre y la vida de una comunidad creyente que ora y perdona.

Así culmina el tríptico sobre la higuera-templo (11, 12-26). Hemos querido presentarlo como centro del conflicto con las autoridades de Jerusalén. Es ciertamente un texto dramático: Jesús ha declarado terminadas (abrogadas) las instituciones sagradas de Israel, para bien del Reino (de todos los humanos); las autoridades del templo han respondido condenándole a muerte. La suerte de los protagonistas está echada. Leído así, nuestro texto parece muy duro, abierto casi al odio: da la impresión de que Jesús maldice con rabia a la higuera israelita (11, 14). Pero, como hemos visto, su palabra de sentencia final no es maldición, sino signo o elemento de una misión universal: Jesús quiere ofrecer a los humanos la higuera universal de la gracia de Dios, de la oración confiada, del perdón abierto sin rechazos ni exclusivismos. Es evidente que esa oración (de 11, 25) constituye el centro del evangelio: ella es signo y lugar del perdón que Jesús, profeta destructor del templo, ha ofrecido por su pascua a los mismos que le matan. Pero con esto adelantamos temas. Dejemos que siga el ritmo narrativo del evangelio.

---

(100) Oración 2. Poder del perdón, más allá del templo (11, 22-26)

En el centro de la controversia sobre los frutos de Israel (higuera) y sobre el valor o fin del templo nacional judío (11, 12-25) ha presentado Marcos su palabra sobre la fe-oración (11, 22-26). No hay en su evangelio discusiones eruditas sobre el tema ni tampoco nuevos formularios de oración (como el Padrenuestro: Mt 6, 9-13 par), pero él define en este pasaje el sentido y base de toda la oración cristiana:

1. *El poder de la oración*. Los sacerdotes habían materializado (simbolizado) la oración en un templo nacional que reflejaba (encarnaba, incluía) los poderes sacrales, sociales, económicos del pueblo. Pues bien, sólo allí donde el viejo templo «cae» (termina) puede elevarse la auténtica fe-oración poderosa de los hombres.
2. *La fe de Dios*. En ese contexto habla Jesús de la «fe de Dios» (*pistis theou*), como principio y sentido de toda oración. Lo que importa no es el culto de un templo, sino «la fe de Dios» (11, 22), que nos permite compartir su experiencia (potencia) de vida. Orar es creer como Dios.
3. *Oración que perdona*. Antes perdonaban los ritos sacrales en el templo, en gesto sacrificial abierto sólo a algunos (los judíos). Ahora Jesús hace a todos los hombres y mujeres «sacerdotes» de un templo de humanidad y oración, para todos los pueblos (a los que aludía 11, 17). En el mismo centro de esa vida, allí donde los seres humanos se perdonan-oran, surge el templo de Dios, ha llegado el Reino.
4. *Sin higuera engañosa*. Era Israel bella y grande higuera levantada a la vera del camino de la historia. No ha dado frutos, queda seca. Pero en su lugar se ha levantado la casa de oración universal donde no existen más condiciones o ritos que la fe de Dios, el perdón mutuo. No hay rituales separados de la vida, ni mediadores sacerdotes: emerge en su lugar la inmediatez y la belleza de una vida hecha misterio.
5. *Ritos sin templo*. Había en el antiguo templo, cuyo fin Jesús ha proclamado, bellos ritos, de fondo violento (sacrificios), que acababan separando a los hombres (dividían a unos seres de los otros). Al cesar el templo, sobre el vacío de los sacerdotes, sobre el fin de todas las ceremonias antiguas, emerge el nuevo rito de la oración de fe y el perdón mutuo.

> 6. *Más allá del templo, la vida.* Ha superado Jesús un tipo de sacralidad fundada en sacrificios y rituales vinculados al poder (economía, prestigio) de unos pocos. Éste es el momento en que puede ya nacer la verdadera humanidad, fundada en bases de fe y perdón humano (de confianza en Dios y de solidaridad gratuita entre los hombres).
> 7. *Y cuando oréis, perdonad* (11, 25). Todos los israelitas, todos los seguidores de Jesús son sacerdotes de la nueva fraternidad mesiánica, que se expresa y despliega en forma de oración, en el nuevo templo de Jesús, que se expresa en forma de oración y perdón. No necesitan intermediarios religiosos, ellos mismos son «sacerdotes» del nuevo culto cristiano.

c) *Autoridad de Jesús: discusión sobre la viña (11, 27–12, 12)*

Sobre la autoridad de Jesús, cf. M. S.-H. Lee, *Jesus und die jüdische Autorität. Eine exegetische Untersuchung zu Mk 11, 27–12, 12* (FB 56), Würzburg 1986; J. G. M. Mbâ Mundla, *Jesus und die Führer Israels* (NTAb 11), Münster 1984, 5-40. Sobre la parábola de los viñadores, cf. M. Hubaut, *La parabole des vignerons homicides* (CahRB 16), Paris 1976; J. D. Crossan, *La Parabole of the Husbandmen*, JBL 90 (1971) 451-465; R. Silva Costoyas, *La parábola de los renteros homicidas. Estudio crítico e interpretación de Mt 21, 33-46; Mc 12, 1-12; Lc 20, 9-19: Compostellanum 15 (1970) 319-355;* H. Weder, *Metafore del Regno*, Paideia, Bescia 1991, 182-199; W. J. C. Weren, *The Use of Is 5, 1-7 in the Parable of the Tenants (Mark 12, 1-12; Matthew 21, 33-46: Bib 79* (1998) 2-26. Para un estudio de fondo de los temas, desde diversas perspectivas, cf. Best, *Following*, 213-226; Crossan, *Campesino*, 478-488; Fowler, *Reader*; Kingsbury, *Christology*, 114-133.

El gesto sobre el templo marca la línea divisoria de la historia. Si Jesús tiene razón: ¿qué sentido le queda al templo? Estamos en el centro de todos los conflictos: Jesús ha declarado mesiánicamente, con signo de profeta poderoso, el fin de la institución sacrificial israelita; las autoridades sacrales de Israel le han condenado a muerte (11, 12-27). El enfrentamiento cobra nueva hondura en este texto de juicio, cuidadosamente construido con dos partes bien relacionadas entre sí: (a) la pregunta oficial de las autoridades (11, 27-33), que no obtiene respuesta directa de Jesús, pero que sirve para situar el tema; (b) la respuesta parabólica de Jesús (12, 1-12), que interpreta todo lo anterior y lo siguiente y sirve como principio orientador de esta sección de juicio y muerte.

1. Cuestión de autoridad. Jesús interrogado (11, 27-33)

Éste es un texto de *controversia profética*. El gesto de Jesús en el templo, con su comentario posterior es fuente de disputa: los componentes del Sanedrín piden sus credenciales, quieren los signos de su autoridad. Jesús comienza por negarse (11, 27-33), pero luego responde con una parábola (12, 1-12) que anticipa el sentido y desenlace de su muerte. En el fondo de la controversia está el tema de los profetas verdaderos y falsos, muy repetido en el Antiguo Testamento.

a. (Pregunta) *[27]Llegaron de nuevo a Jerusalén y, mientras paseaba por el templo, se le acercaron los sumos sacerdotes, los escribas y los presbíteros [28]y le dijeron: «¿Con qué autoridad haces estas cosas? ¿Quién te ha dado autoridad para actuar así?».*

b. (Discusión) *[29]Jesús les respondió: «También yo os voy a hacer una pregunta. Si me contestáis os diré con qué autoridad hago yo esto. [30]¿De dónde procedía el bautismo de Juan: de Dios o de los humanos? Contestadme». [31]Ellos discurrían entre sí y comentaban: «Si decimos que de Dios, dirá: Entonces ¿por qué no le creísteis? [32]Pero, si decimos que de los hombres... tenemos miedo a la gente, porque todos consideraban a Juan como profeta. [33]Y respondiendo a Jesús le dijeron: No sabemos».*

c. (Respuesta) *Jesús les contestó: «Pues tampoco yo os digo con qué autoridad hago esto».*

a) *Pregunta* (11, 27-28). Vuelve Jesús a Jerusalén y pasea de manera ostentosa sobre el templo. Su presencia resulta evidentemente provocativa, después de lo que ha hecho y proclamado en ese mismo espacio sacral. Es como si esperara la reacción de aquellos que le han condenado ya a muerte (11, 18). Pues bien, ellos vienen con toda puntualidad, como representación jerárquica del templo y del conjunto social israelita: son los sacerdotes-escribas-ancianos que hemos visto ya en 8, 31 y veremos en 14, 53 formando el Sanedrín o tribunal supremo de su pueblo (cf. 14, 55). Son los responsables del orden sagrado, los representantes de la ciudad y templo: han de velar por la justicia pactada con los romanos, ante los que deben rendir cuenta de todos los disturbios que pudieran suscitarse en el pueblo.

Es evidente que sacerdotes-escribas tienen obligación de mantener el orden, interpretando por un lado la vieja ley sagrada de Dios (Escritura) y dando cuenta de su propia gestión a los romanos. Son, al mismo tiempo, autoridad sagrada (representantes de Dios), intrajudía, y agentes del poder político-social, siendo también los transmisores o delegados de la propia autoridad romana. A modo de tribunal colegiado y en nombre de los dos poderes (religioso y civil), sobre la plaza del templo, sin acudir todavía a un juicio formal, en gesto de advertencia y amenaza, interrogan a Jesús: «¿Con qué poder haces estas cosas? ¿Quién te ha dado autoridad para que las hagas?» (11, 28).

Sin duda, ellos se refieren al gesto sobre el templo, estudiado ya en el pasaje anterior (11, 12-26). Jesús se ha introducido en un terreno controlado por las autoridades judías, ofreciendo proféticamente un signo cuyo cumplimiento supondría el fin de todas las estructuras existentes, en plano económico-social (y también político). Los sanedritas no vienen a dialogar con Jesús en forma abierta, dispuestos a escuchar, cambiando, si hace falta, de postura y buscando así la más profunda realidad del Reino. No son receptivos, no desean aprender, no quieren cambios. Se encuentran seguros en lo suyo, y así quieren permanecer, tomando el gesto y pretensión mesiánica de Jesús como una provocación, una locura peligrosa.

Ésta es la cuestión central: *¿Quién te ha dado autoridad?...* Así preguntaban sus paisanos: *¿Quién le ha dado tales cosas...?* (6, 2). En esta línea insistían los discípulos, buscando quién de ellos sería el más grande (9, 34; cf. 10, 37). Ahora elevan la cuestión los sanedritas (sacerdotes, escribas y ancianos), iniciando su juicio en ámbito del templo (11, 27). Cumplen su deber: la ley de Dios, expresada en Escritura y Tradición, les obliga a velar por el pueblo. Jesús pone en riesgo el templo. En nombre de su Dios deben preguntarle: *¿Con qué poder haces esas cosas?* (11, 28).

Las *cosas* a que aluden no son accesorias, gestos o actitudes que Jesús podía omitir por prudencia, quedando firme el resto de su obra. Al contrario, en ellas (higuera seca, fin del templo) se condensa el proyecto de Jesús: para que surja la casa de Dios y los humanos se vinculen en palabra y mesa, debe terminar el judaísmo actual. En nombre de ese judaísmo, los sanedritas (sacerdotes del templo, escribas de la ley, y ancianos del pueblo) piden a Jesús las credenciales.

b) *Discusión* (11, 29-33a). Es evidente que Jesús no puede responder en plano de teorías (diciendo que él sabe más que los otros sobre Dios), ni apelando a milagros exteriores, en clave más o menos cercana a la magia (diciendo que él hace prodigios mayores que otros), aunque en esa línea han razonado significativamente algunos libros apócrifos y también algunos teólogos, menos sensibles a la experiencia radical del Jesús de Marcos. Ese Jesús tampoco puede apelar al número y fuerza de los miembros de su grupo, pues el grupo no se encuentra formado todavía. Lógicamente, apoyado en la raíz de su evangelio (1, 1-11), Jesús apela a Juan: *¿Su bautismo era de Dios o provenía de los hombres?* (11, 30).

Capciosa era la pregunta, capciosa parece la contra-pregunta, aunque, bien mirada, ella es perfectamente lógica, pues responde al «principio» del evangelio, donde, según Marcos 1, 1-8, estuvo Juan Bautista proclamando un bautismo de penitencia para perdón, junto al río Jordán, en el desierto. Sólo quien sepa escuchar a Juan (acoger la profecía de Israel) podrá entenderle. Eso significa que Jesús se siente avalado por toda la tradición profética de Israel y a esa tradición apela. Es evidente que no puede responderles situándose en el plano en que ellos quieren situarle. Sería inútil ponerse a discutir sobre un espacio de razones generales, de una forma abstracta. Pero tampoco quiere dejarles sin respuesta y por eso les conduce hasta el único lugar en el que pueden empezarse a comprender estos problemas. De esa forma vuelve al tema de 1, 1-4: «El principio del evangelio... fue Juan Bautista».

Sólo aquel que se ha parado ante el gesto de Juan, confesando así su propio pecado (su necesidad de salvación) y buscando el perdón de Dios puede entender el evangelio. Ésta no es, por tanto, una pregunta retórica o capciosa. Jesús quiere conducir a los sanedritas al principio del auténtico camino, al lugar donde se hallaba Juan Bautista. Pero los que ahora interrogan no son de los que fueron en su tiempo a bautizarse (cf. 1, 5). Por eso no se paran ni siquiera a dialogar sobre el sentido del argumento de Jesús. Tienen ya su juicio decidido (11, 8), pero temen que el pueblo les rechace; por eso buscan sólo una respuesta que no les haga entrar en conflicto con el pueblo (11, 31-32).

Desde su lógica de «poder sagrado», los sanedritas no pueden contestar. Cualquier cosa que ellos digan podrá utilizarse en contra de lo que ellos quieren defender, como ellos mismos reconocen en sus palabras, que no requieren comentario: ¡Si decimos que sí...! ¡Si decimos que no...! Ellos, los jefes de Israel, el Sanedrín supremo que dicta sentencia en nombre de Dios, aparecen aquí como unos simples esclavos con miedo ante el amo, que es la opinión popular. De esa forma, para no herir a la gente, responden: «No sabemos». Sobre esta ignorancia de miedo y sobre su propia conveniencia egoísta se funda su juicio. No quieren entrar en el tema. Queda así pendiente el tema de Juan. Es evidente que, según la visión de los cristianos, los sacerdotes no han aceptado la propuesta profética de Juan.

c) *Respuesta* (11, 33b). Evidentemente, Jesús también se inhibe: *¡Tampoco yo os digo...!* (11, 33). Nos hallamos en el centro de una dura controversia. Los sanedritas representan el orden sacral de las instituciones; Jesús, el retorno al origen y meta de lo humano. Por eso quiere que sus acusadores vuelvan al principio de su vocación, enfrentándoles con Juan Bautista.

Su palabra se puede interpretar de dos formas: (1) *En gesto creyente*, indicando que sólo Dios puede revelar el origen de su autoridad, como saben los lectores del evangelio, que han escuchado la voz originaria que le decía: *¡Eres mi Hijo!* (cf. 1, 1-11). Dios mismo le dado sus credenciales, concediéndole autoridad. Para entenderle hay que volver al principio del Bautista, en camino que ha venido a culminar en la Transfiguración *¡Este es mi hijo!* (cf. 9, 7). No existe más prueba que el camino radical del evangelio. (2) *Como desacato ante el Sanedrín*: Jesús se niega a responder a la pregunta que los jefes de Israel le han dirigido, rechazando así su jerarquía. No les reconoce con derecho para cuestionarle, no les admite como autoridad sobre el auténtico pueblo de Dios. Así ha pasado de la maldición de la higuera y del signo sobre el templo a la desobediencia programada. Implícitamente se vuelve juez de sus jueces (de sus superiores).

Camino de Jerusalén. Muerte del Cristo (8, 27-15, 47)

Éste es un texto de fuerte ruptura mesiánica. Jesús mostrará sus credenciales allí donde se acepte el principio del Bautista, reasumiendo lo visto en 1, 1-11: sólo puede y quiere dialogar con los que asumen la profecía de Juan, para abrirse desde allí a su mesianismo. Los sanedritas (sacerdotes, escribas, ancianos) en cuanto tales no tienen autoridad para juzgarle. Como representante de Dios y heredero de la historia israelita ha subido Jesús a Jerusalén, enfrentándose con las autoridades de su pueblo, en desobediencia que le costará la vida.

No ha respondido Jesús, como no lo había hecho en 8, 11-13, cuando en gesto paralelo le pidieron que realizase un signo del cielo, demostrando así la autoridad que tiene para ofrecer comida salvadora a los gentiles. Preguntaban allí los fariseos, desde la disputa que Jesús había mantenido con ellos en Galilea. Aquí pregunta el Sanedrín entero, y Jesús tampoco les responde, poniendo su autoridad mesiánica sobre el fondo del gesto bautismal de Juan. Sin embargo, desde la misma raíz de esa no respuesta, surge una respuesta más profunda, presentada en forma de parábola (12, 1-12).

---

(101) Dios plantó una viña. Autoridad de Hijo Querido (12, 1-12)

Las «autoridades» de Jerusalén han preguntado a Jesús por su autoridad (11, 27-33), y parece que Jesús no les ha respondido, limitándose a preguntarles por la autoridad de Juan Bautista. Pero esa respuesta abre una puerta por la que Jesús entra ya con decisión, como lo indica la parábola de los viñadores y el Hijo Querido (que viene inmediatamente después: 12, 1-12). Ésta es la parábola de la autoridad, en la que Jesús retoma el motivo pendiente de 10, 45 (el Hijo del Hombre no ha venido a ser servido, sino a servir y dar la vida...). Esta parábola es una «historia», dentro de la gran historia (de la vida de Jesús), una historia que interpreta lo que está pasando (cómo van las cosas en la trama de la vida de Jesús) y que anticipa lo que puede pasar (lo que hará el dueño de la viña en el caso de que maten a su hijo), una historia en la que se despliega el sentido de la autoridad mesiánica, como indicaremos con más detención en el comentario:

1. *El hombre que plantó una viña* (12, 1)... es el Dios de la tradición bíblica, como muestra la cita (cf. Is 51, 1-2) y el conjunto del texto. Es evidente que, en un primer momento, la parábola retoma la historia israelita, pero la interpreta de un modo poderoso. Por ahora nos basta con saber que Dios está en el fondo.
2. *La arrendó a unos agricultores* (12, 1), que la reciben para trabajarla... Ésta es la «base» común de la parábola. A partir de aquí surgen las divergencias.

(a) *Interpretación de Jesús*. Los renteros (representados por los sanedritas actuales) quieren convertirse en dueños de la viña y se niegan a compartir los frutos con los pobres o gentiles (cf. 11, 17). Se sienten propietarios, no renteros o administradores, y tienden a convertirse en *ladrones* de los bienes de amor (tema de 11, 18: cueva de bandidos) y en *asesinos* que matan a sus siervos. (b) *Interpretación de los sanedritas*. Ciertamente, Jesús les acusa, pero ellos pueden contestar diciendo que se equivoca o miente, pues Dios les ha hecho administradores y así, en nombre de Dios, ellos tienen que matar a los profetas mentirosos, como Jesús (no a los buenos profetas antiguos, como Isaías o Jeremías).

3. *Los siervos* (12, 2-5), que piden los frutos de la viña para el amo son, sin duda, los profetas, hombres que no tienen más autoridad que *la palabra*; unos y otros, agricultores/sanedritas y Jesús aceptan la primera parte de la historia, diciendo que hubo, en otro tiempo, israelitas malos que mataron a los buenos profetas. Pero a partir de aquí se dividen las interpretaciones. (a) *Los sanedritas* aseguran que ellos no rechazan a los auténticos siervos de Dios (ni a los antiguos, ni a los modernos), sino sólo a los que apelan a Dios falsamente, destruyendo la herencia israelita (como hace Jesús que, a su juicio, no es heredero de los verdaderos profetas, sino de los falsos). De esa forma, ellos distinguen entre profetas auténticos y falsos, siervos de Dios y engañadores. También ahora hay ladrones que vienen al mundo con apariencia de *siervos de Dios*, pero que son unos falsarios; entre estos últimos, como falso cristo (cf. 13, 22), ellos rechazan a Jesús, este profeta galileo. (b) *Jesús*, en cambio, está suponiendo que los sanedritas son sucesores de los sacerdotes y reyes antiguos que mataron a los auténticos profetas; de esa forma les emplaza ante su misma historia.

4. *El Hijo Querido* (12, 6-8; cf. 1, 11 y 9, 7). La visión del Hijo Querido es propia de Jesús, que se presenta así, veladamente, como representante amado de Dios, heredero de los buenos profetas, de un modo paradójico. (a) Viene, por un lado, con toda la autoridad de Dios, como heredero de la viña. (b) Pero (o por eso) se halla solo: sin nadie que le proteja externamente, sin armas que le avalen o acompañen. Su vida indefensa es anuncio de Reino, señal de Dios sobre la tierra. Ciertamente, los sanedritas no le toman como el Hijo, sino que piensan que es un impostor. Por el contrario, el lector creyente de Marcos le reconoce como Hijo y sabe que todos le han abandonado (o lo harán) porque no defiende los intereses egoístas de ninguno de los grupos. Le han dejado solo, pero en su misma soledad de amor (es el Querido) representa no sólo a Dios, sino a todos los hombres.

> 5. *Desde ese fondo se entiende la paradoja del evangelio.* (a) *Los agricultores* se apoyan en la Ley y legalmente pueden matar al que se dice Hijo heredero, empleando para ello el poder policial o militar si hiciera falta (como indicará Marcos 14-15). (b) *Este Hijo Querido* sólo tiene la autoridad de amor del Padre, sin poder externo. Viene indefenso, le podrán matar, en un sentido se dejará matar.
>
> La parábola termina en forma abierta. Los sanedritas le habían preguntado con qué «autoridad» actuaba. Jesús, que no les había respondido directamente, pero lo hace ahora desde el interior de una parábola, afirmando que él viene con la autoridad de Dios (amo de la viña, su Padre) y suponiendo que van a matarle. Pues bien, en ese caso, suponiendo que le matarán, él pregunta: «¿Qué hará el amo de la viña?». De esa manera, la parábola termina con una «anticipación» (van a matarle) y una pregunta: ¿Cómo responderá el «amo»? ¿Qué dirá Dios? Ésta es la pregunta de la parábola, la pregunta de todo el cristianismo: ¿Cómo responderá Dios en caso de que maten a su Hijo?

2. Viña de Dios: los renteros y el Hijo (12, 1-12)

La respuesta parabólica de Jesús a la pregunta del Sanedrín constituye su más honda defensa: en ella ofrece su teología, presenta su misión e ilumina su venida a la luz de los profetas de su pueblo (del AT). La imagen primera es familiar: un hombre plantó una viña... (12, 1). No hace falta recordar que Jesús alude aquí al gran signo del canto de Is 5: el pueblo de Israel es esa viña que Dios mismo ha plantado sobre el mundo, para que así ofrezca vino y vida a todos los que pasan. También debe señalarse la profunda semejanza de esta viña con la higuera de 11, 12. Ambos textos evocan un mismo campo semántico: la obra de Dios se compara con el árbol o arbusto más preciado del entorno (cf. higuera, viña y olivo de Jue 9, 8-15).

Pero hay igualmente diferencias muy significativas. La higuera es signo oficial del Israel oficial (especialmente de sus sacerdotes o del conjunto del Sanedrín); por eso ha de secarse a la venida de Jesús que ofrece salvación mesiánica a los pobres de la tierra. La viña, en cambio, es expresión de todo el pueblo bueno, de los amigos de Dios, de los pobres del mundo: está en manos de Dios, no ha de perderse; los que corren el riesgo de perderse son los malos renteros, es decir, los miembros del consejo que actúan como dueños de esa viña y que no quieren responder a Dios por ella, dándole así el fruto pactado en el arriendo.

Marcos introduce así una historia (la parábola) dentro de la historia de Jesús, ofreciendo de esa manera un resumen y anuncio de aquello que sigue (o puede seguir). Marcos la sitúa aquí, en el momento crucial de la vida de Jesús. No es parábola nueva, inventada de raíz, sino que ha sido tejida con temas, miedos y esperanzas de la tradición israelita.

a. (Pregunta en forma de parábola) *¹Entonces comenzó a hablarles en parábolas: «Un hombre plantó una viña, la rodeó con una cerca, cavó un lagar y edificó una torre. Después la arrendó a unos labradores y se ausentó. ²A su debido tiempo envió un siervo a los labradores para que le dieran la parte correspondiente de los frutos de la viña. ³Pero ellos lo agarraron, lo golpearon y lo despidieron con las manos vacías. ⁴Volvió a enviarles otro siervo. A éste le hirieron en la cabeza y lo ultrajaron. ⁵Todavía les envió otro, y lo mataron. Y otros muchos, a los que golpearon o mataron. ⁶Tenía aún un hijo querido y se lo envió, pensando: A mi hijo lo respetarán. ⁷Pero aquellos labradores se dijeron: Este es el heredero. Matémoslo y la herencia será nuestra. ⁸Y echándole mano, lo mataron y lo arrojaron fuera de la viña. ⁹¿Qué hará, pues, el dueño de la viña?*
b. (Respuesta) *Vendrá, matará a los labradores y dará la viña a otros.*
c. (Reflexión bíblica) *¹⁰¿No habéis leído esta Escritura: La piedra que rechazaron los constructores se ha convertido en piedra angular; ¹¹esto es obra del Señor y es admirable ante nuestros ojos?*
d. (Conclusión) *¹²Y deseaban echarle mano, pero tuvieron miedo de la gente, porque se dieron cuenta de que había dicho la parábola por ellos. Y dejándole se marcharon».*

Rechazada la pregunta sanedrita, Jesús toma la iniciativa, interpretando en parábola su acción y las acciones de los personajes de la trama. Los sanedritas se creen seguros, agentes infalibles de la historia. Pues bien, Jesús les habla y avisa en perspectiva diferente, ofreciéndoles un espejo donde pueden mirarse y descubrir las consecuencias de su gesto. Es *enigma* que deben interpretar y *provocación* que desencadena y adelanta el posible desenlace de su trama. No deja que la historia venga y se realice de manera indiferente, como casualidad o destino que planea desde arriba, sino que dice la parábola para que sus personajes sepan de antemano lo que pueden hacer y padecer. Incluye parábola en sí (12, 1-8) e interpretaciones (1, 9-12).

a) *Pregunta en forma de parábola* (12, 1-9a). El tema es conocido: *Anthropos* (un ser humano) plantó una viña, la cercó y la arrendó a unos agricultores. Éstos, creyéndose con autoridad sobre la finca, rechazaron a los siervos que el dueño iba enviando para recoger los frutos. Por fin mataron al mismo Hijo Querido, pensando hacerse dueños de la herencia, pues el heredero legal (hijo del dueño) había «fallecido».

Con esta parábola contesta Jesús veladamente a la pregunta de los sanedritas, planteando una nueva pregunta, que sigue en la línea de la pregunta sobre Juan Bautista: «¿Qué hará el amo de la viña si matan a su Hijo Querido?». No plantea esa pregunta desde unas claves de ley, de sacralidad oficial o tradición, pues la ley defiende a los agricultores, representantes de la familia nacional israelita. Jesús, en cambio, responde apelando veladamente a Dios: dice que el Padre, dueño de la viña, le ha enviado. Esta respuesta es una profundización de la anterior (11, 29-33), cuando Jesús se apoyaba en Juan Bautista; ahora se apoya directamente en Dios que le ha dicho *¡Hijo Querido!* (1, 11).

Jesús encarna en sí el poder de Dios, pero (por eso, precisamente) está indefenso. Posee la autoridad de cielo y tierra (cf. Mt 28, 16-20), pero no puede imponerla ni exigir una respuesta de obediencia. En este fondo recordamos los tres anuncios de pasión (8, 31; 9, 31; 10, 32-34); la higuera sacral del judaísmo ha de secarse... (11, 12-26). Pues bien, ahora sabemos que el Hijo del Dueño de la viña puede morir para que sus frutos (de la viña y/o higuera) puedan extenderse a todos los humanos.

Para entender el sentido del texto, debemos recordar que es una parábola y no simple enseñanza escolar o alegoría. Eso significa que Jesús no tiene por qué defender ni hacer suyos todos los rasgos del amo (señor), que quiere y exige de un modo reiterado los frutos de la viña. Quizá pudiéramos decir que ese dueño o propietario que pide frutos es el Dios en el que piensa el Sanedrín; por eso se dirige Jesús a los sanedritas de esta forma. Ciertamente, en un nivel, los sanedritas tienen razón: hay que mantener y vigilar los frutos de Dios. Pero pensando de esa forma, ellos terminan por juzgar que los frutos de Dios les pertenecen, y así los administran para su propio provecho, matando a los profetas (y a Jesús).

Por el contrario, el Dios de los profetas, que es el de Jesús, es amor de gratuidad: no nos regaló una viña para tenernos luego sometidos; no plantó unas vides para pedir luego sus frutos, como amo avaricioso y fiero. Sobre este Dios de gracia que quiere compartir el fruto de la viña con los pobres, superando el exclusivismo de los malos renteros, habla en forma inmediata la parábola. Sólo podemos entender lo que ella dice entrando en su argumento: más allá del control de imposición de los sanedritas, que emplean a Dios para su provecho, surge el Dios de gracia que proclama nuestro texto.

Jesús no quiere hablar aquí directamente de su autoridad, como pedían los sanedritas (11, 28); aunque se presenta, de un modo velado como el «Hijo Querido» del amo, pero quiere y puede hablarles del origen y abuso de la autoridad que ellos pretenden ejercer: la han recibido de Dios y la realizan en contra del deseo e interés del mismo Dios que se la ha dado. Desde ese fondo ha de entenderse el argumento de la historia israelita, como oposición entre poder establecido (sanedritas) y poder carismático (profetas).

Éste es un tema conocido y bien desarrollado desde el gran despliegue de la historia deuteronomista. Una y otra vez (hasta tres veces) ha enviado Dios a sus profetas (siervos) para recibir los frutos de la viña, es decir, para que el pueblo viva fielmente su alianza. Pero los renteros (antiguos y nuevos sanedritas) han ido matando a los profetas. Estrictamente hablando, la historia debería haberse terminado aquí, disuelta en pura ruina, pues tres veces ha querido resolver Dios el problema, y por tres veces han negado y rechazado los renteros su embajada (12, 2-5).

Hasta ese momento, Jesús se ha presentado como un hábil exegeta que viene a dar lecciones de lectura bíblica a los mismos sanedritas, en la línea de hermenéutica ya vista en 2, 23-27; 4, 10-12; 7, 1-14; 9, 9-13. Pues bien, desde ese mismo fondo quiere introducir su misma vida y destino en la parábola, mostrándose a sí mismo como «Hijo Querido» poniendo a los sanedritas ante el propio espejo de su vida: ¿Qué pasará si le matan? ¿Cómo responderá Dios? De esa forma ha condensado la «verdad violenta» de nuestra historia, desde el pecado de Caín hasta la envidia y la violencia de los sanedritas que, conforme a lo ya visto, quieren hacerse dueños de la viña, administrando los «bienes de Dios» (templo, religión y pueblo entero) para su provecho.

De una forma velada, pero fuerte, Jesús viene a presentarse como «Hijo Querido» de Dios (en la línea de 1, 11; 9, 7). Paradójicamente, llega desarmado: el mismo dueño (Dios) le envía sobre el mundo sin defensas, sin poder para matar a los malvados. Frente a aquellos sanedritas que interpretan a Dios como principio de poder (control sobre los otros), este hijo querido manifiesta la autoridad creadora de Dios en términos de no-poder y no-violencia. Por eso cae en manos de los sanedritas.

b) *Primera respuesta* (12, 9b). Como he dicho, Jesús ha contado esta parábola a modo de anticipación y advertencia (siguiendo así en la línea de 8, 31; 9, 31; 10, 33-34). Las cosas a que alude todavía no han pasado. Estrictamente hablando, esas cosas (¡ese asesinato!) podrían detenerse y cambiar si es que cambiaran de actitud los sanedritas. Como en claro espejo les muestra Jesús la violencia que ellos llevan en su entraña, haciéndoles caer así en la cuenta del riesgo en que se meten al querer asesinarle.

Desde ese fondo han de entenderse tres posibles soluciones que Marcos ha ofrecido a la parábola que ahora descubrimos como un texto abierto, pues aún no se han resuelto ni han venido a suceder los hechos. La misma parábola se introduce en la trama de los acontecimientos, permitiendo que los actores tomen posiciones, sabiendo lo que hacen. El redactor actúa con habilidad, dejando que la historia intratextual (parábola) sirva para entender la trama del relato e ilumine la intención y riesgos de los protagonistas. Veamos sin poderlas comentar más, por extensas, esas respuestas: ¿qué solución tiene la historia aquí narrada?

Conforme a la parábola, los agricultores han matado al Hijo (heredero) para apoderarse de la viña de Dios e imponer su autoridad sobre los hombres. Pues bien, Jesús pregunta a los oyentes (¡que son, al menos en parte, los mismos agricultores!) cuál será la respuesta del dueño de la viña. Ellos mismos (u otros oyentes) caen en la trama de la parábola de Jesús y responden: *El señor de la viña vendrá y matará...* Así dicen los que temen, y de esa forma aplican sobre el amo su visión de egoísmo y venganza. Ésta no es la respuesta de Jesús, sino la de sus oyentes, que se siguen moviendo en un plano de talión.

Ésta es la primera respuesta de los espectadores, es decir, de aquellos que se sienten fuera de la trama del relato. Todo seguirá igual en la manera de relacionarse el dueño y los renteros. Bastará con buscar otros mejores y poner donde están los sanedritas otros sanedritas, pero buenos, dejando así que la estructura de la viña siga como estaba, en línea de talión. Ésta no es la respuesta final del evangelio, aunque, en el fondo de ella, aparece también un elemento de verdad mesiánica, en la línea de los signos de la higuera y del templo estéril, que deben ser destruidos. La familia de Dios no puede fundarse sobre el egoísmo grupal y la violencia de unos sanedritas que actúan como estos agricultores. Si ellos matan a Jesús corren el riesgo de ser destruidos, conforme a una lógica de talión escatológico, que hace posible el surgimiento de un grupo distinto de agricultores (¡dará la viña a otros!), que se sitúen por encima de la lógica del talión.

c) *Reflexión bíblica* (12, 10-11). Alguien (el texto parece suponer que es Jesús, como ratifica Mt 21, 22, pero podría ser el mismo redactor de Marcos) cita en este contexto una Escritura: *¡La piedra que desecharon los arquitectos...!* (12, 10-11; cf. Sal 118, 22-23). El mismo Jesús rechazado y expulsado aparece, según ella, como plenitud (*kephalê gônias*, piedra angular) del nuevo edificio de Dios.

Jesús no responde directamente, pero introduce en la trama del relato, y a modo de verdad final, una palabra de los salmos «la piedra que desecharon los arquitectos se ha convertido en piedra angular» (Sal 118, 22-23, cf. Hch 4, 11, 1 Pe 2, 7). La respuesta ya no viene por el cambio de renteros, sino en la línea del hijo asesinado. Así se invierte ya la perspectiva de una forma sorprendente, creadora. No es la buena autoridad la que permite resolver las cosas, nada cambia con mejores sanedritas, que un día volverán a crear las mismas redes de opresión sobre la tierra. No hay más que un camino: edificar sobre la piedra que los otros rechazaron. Esta respuesta de Jesús se sitúa en la línea de Mc 8, 31; 9, 31; 10, 33-34: sólo el Hijo del Hombre (que es el mismo Hijo Querido Dios), un hombre entregado (asesinado, muerto) puede ser principio de resurrección sobre la historia.

Pasamos así del plano vegetal (viña y comida) al arquitectónico, situándonos de nuevo en ámbito de templo. El mismo Jesús, que aparecía como destructor, se vuelve ahora pieza esencial de la nueva construcción. Frente a los que matan o expulsan se eleva la acción el Dios que construye sobre la piedra de Jesús el edificio de la auténtica familia humana.

d) *Conclusión* (12, 12). El final del texto supone que los sanedritas caen en la trampa de la parábola, identificándose con los agricultores y persistiendo en su

Jerusalén, ciudad del Mesías (11, 1-13, 37)

intento de matar a Jesús (12, 12). Los sanedritas han entendido la parábola. Saben que Jesús alude a ellos y no ven más solución que condenarle, cumpliendo de esa forma lo que el mismo Jesús había indicado al contar la parábola. La decisión no es nueva, la habían tomado en 11, 18 (tras el gesto de Jesús en el templo); ahora la ratifican, sabiendo lo que hacen. En el fondo, con esta parábola, Jesús ha respondido a la pregunta que le habían planteado en 11, 28, les ha mostrado su autoridad, les ha dicho quién es (Hijo Querido, culminación de los profetas). Pero, sobre todo, Jesús les ha dicho quienes son ellos: son culminación de una gran línea de enemigos de Dios y de asesinos.

Jesús les presenta como asesinos potenciales. Pero es evidente que ellos se sienten inocentes. A su juicio es mala la lectura del talión que ofrece 12, 9b: Ellos no quieren matar a Jesús para adueñarse de la herencia de Dios, de una forma perversa, sino que le persiguen precisamente para impedir que actúe como impostor y engañe a los incautos. Estos sanedritas suponen también que es mala la lectura profética de Sal 118, 22-23 que ha realizado Marcos 12, 10-11: ellos afirman que Jesús no es piedra angular del nuevo templo de Dios, sino un profeta falso que va contra el templo israelita; no sólo ha rechazado la autoridad sagrada de los sanedritas (cf. 11, 27-33), sino que se ha atrevido a condenarles con amenazas de muerte (en la parábola). Tienen derecho a defenderse. Humanamente hablando, como garantes de la ley de Dios, deben juzgar a Jesús. Son responsables de los frutos de la buena viña. No se creen herederos de los viejos asesinos de profetas, como quiere Jesús, sino custodios de la herencia israelita.

Ésta es la historia que Jesús ha contado en el momento culminante de su controversia. Ha entrado en Jerusalén, ha realizado su signo, ha suscitado una fuerte *disputa de familia* y así se expresa en las posibles lecturas del pasaje. Los sanedritas que le escuchan piensan que su relato está amañado: no cuenta la verdad sino que habla de forma partidista, presentando a Jesús como *bueno* (Hijo de Dios, partidario de extender los frutos a todos los humanos) y a ellos *agricultores sanedritas* como malos (renteros asesinos). Ha llegado a su culmen el tema de la higuera seca, el anuncio de la destrucción del templo.

Leído así, este pasaje constituye la más bella e inquietante parábola intertextual de Marcos: es una historia simbólica más breve que ilumina la histona «real» más extensa. Marcos ha sabido contarla como pocos genios literarios lo hubieran conseguido. Es maestro en narraciones o, quizá mejor, lo magistral es la historia que se ha puesto a contar; mientras los sanedritas condenan a Jesús y le preguntan ¿quién eres?, Jesús les responde diciendo que son ellos unos asesinos.

Pero la historia externa (real) todavía no está escrita. Esto ha sido sólo una parábola, el último de todos los anuncios de Jesús sobre su muerte. Los sanedritas se retiran (12, 12). Cuando vuelvan a la escena, será solamente para matarle. Jesús lo sabe y les sigue esperando en medio de la plaza, ofreciendo mientras pueda su doctrina y enseñanza a los que vengan a escucharle. Ha dicho su palabra; está

Camino de Jerusalén. Muerte del Cristo (8, 27-15, 47)

dispuesto a morir, deja su suerte en manos de Dios y de los hombres. Sólo en la pascua podremos descubrir lo que ha sido advertencia pasajera y lo que es verdad de Dios en este texto. Sabremos que los sanedritas viñadores han consumado su obra matando a Jesús, pero en contra de la opción impersonal de 12, 9 (vendrá el dueño y matará a los malos agricultores), el Dios de Jesús ofrecerá de nuevo, abiertamente, anuncio y camino de salvación para todos, incluso para estos renteros asesinos, comenzando otra vez por Galilea.

Sólo entonces sabremos la verdad completa de la interpretación que ha dado Dios (protagonista principal) a la parábola. La piedra desechada, la piedra de Jesús, arrojada ya por inservible en un sepulcro, será por siempre base y cumbre, principio y fin del nuevo edificio de lo humano (12, 10-12). Pasamos de esa forma de la viña de Israel a la casa de la Iglesia.

---

(102) Viña de Dios. La piedra que los arquitectos rechazaron (12, 10)

La parábola de los viñadores (12, 1-12) expone la experiencia del Dios Padre amoroso que envía a su propio Hijo, desarmado, para dejarlo en manos de los «viñadores», definiendo así el sentido de la historia humana, partiendo de su gracia:

1. *La parábola vincula así la historia de Dios y de los hombres en un asesinato.* Los hombres, repitiendo una trama de violencia que empieza con Caín (Gn 4) y culmina en el asesinato del justo (Sab 2), se han unido y han querido conquistar la viña matando al «heredero». Así ha venido comportándose a lo largo de los siglos: los más fuertes han ido matando a los demás para hacerse dueños de la tierra, en una historia que, según esta parábola, culmina en la muerte de Jesús. De todas formas, hasta ahora no se habían definido aún del todo. Habían comenzado a matar, pero no habían hecho de la muerte el fundamento de su vida, para conseguir así la herencia de Dios, haciéndose «dioses por violencia» (no por amor de Padre). Ahora lo hacen: han matado al Hijo para convertirse en dueños de la «herencia». Es evidente que para conservar la viña ellos tienen que estar dispuestos a seguir matando y matando sin fin, según ley de posesión violenta.

2. *Ese asesinato ha llegado hasta el corazón de Dios*, pues los renteros (hombres de ley impositiva) han matado a su «Hijo Querido». La parábola nos muestra así que el verdadero señor de la parábola no era un arrendador codicioso, sino un Dios de gracia, pues ha entregado a su mismo Hijo en manos de los hombres, desvelando así el mecanismo central de la historia. (1) Sabe, por un lado, que este mundo se edifica sobre cimientos de

> envidia y deseo posesivo, de violencia y muerte, como indica la conducta de los renteros. (2) Pero ella sabe también que hay algo más grande que esa envidia y violencia: El Dios de la Gracia amorosa, y el Hijo de Dios (Jesús) que muere para dar testimonio de ella.
> 3. *La piedra que desecharon los arquitectos.* En ese contexto se sitúa la cita de un pasaje misterioso de la Escritura: «La piedra que rechazaron los arquitectos se ha convertido en piedra angular, ha sido Dios quien lo ha hecho y es algo admirable a nuestros ojos» (Mc 12, 10-11, con cita de Sal 118, 22-23). Dios no construye su «edificio» (humanidad) con métodos de talión, respondiendo a la violencia de los renteros con una violencia más fuerte, sino que se manifiesta en su verdad más honda, como gracia. Éste es el Dios que construye en amor el edificio de la historia humana, respondiendo con su gracia a la violencia y ley del mundo.
>
> Jesús es la *piedra angular*, el mismo Jesús, asesinado y expulsado de la viña, que aparece como pieza esencial de la nueva construcción, es decir, de un templo de humanidad, que no es el templo de piedra de Jerusalén, ni el Capitolio imperial de Roma. Para el evangelio no existen amos ni renteros, ni obligaciones que cumplir, ni deudas que pagar, sino un Padre Dios y unos hijos que pueden compartir y comparten gratuitamente los frutos de su viña (es decir, de su vida). Sólo así se entiende el hecho de que, por gracia de Dios, Aquel/Aquello que, según ley, no sirve para nada (Jesús asesinado, la piedra desechada) venga a presentarse como cimiento del nuevo edificio de la vida humana. En el lugar de máximo pecado de los hombres (que matan a Jesús) se ha desvelado la gracia de Dios Padre, es decir, la posibilidad de una vida que se funda en la «piedra» del «hijo querido», que ama hasta dar la vida, superando las imposiciones y las obligaciones de ley, bajo las que se encuentra la ley de los renteros.

2. Diálogo en la plaza: César, resurrección y Dios (12, 13-34)

Los sanedritas se han ido (12, 12). Acaba así la discusión más tensa con las autoridades oficiales. Al llegar aquí, el discurso narrativo parece aquietarse un momento. Sobre la plaza de Jerusalén queda aún tiempo para dialogar, en clave ya menos polémica, sobre los grandes problemas religiosos y sociales de aquel tiempo. El texto ha sido cuidadosamente elaborado y consta de tres partes que se complementan, reflejando como en abanico las tendencias principales del judaísmo del entorno.

- *Fariseos y herodianos. Problema político.* ¿Se puede dar tributo al César? Éste es el único tema presentado con malicia, porque la respuesta de Jesús se puede utilizar de forma partidista como signo de favor u oposición a los romanos (12, 13 17).
- *Saduceos. Problema de supervivencia.* ¿De quién será, si hay reino futuro, la mujer que en este mundo fue de siete maridos? La respuesta de Jesús se inscribe dentro de la lógica del fariseísmo de su tiempo que cree en la resurrección (12, 18-27).
- *Un buen escriba. La ley más alta ¿Cuál es el mandamiento principal?* Dentro de la mejor tradición judía, Jesús ha unificado y destacado el amor a Dios y al prójimo, desarrollando una visión que él comparte con muchos escribas (12, 28-34).

Este momento de dialogo forma una parte esencial del mesianismo de Jesús y del camino de encuentro de la Iglesia cristiana con los grupos judíos que han seguido cultivando sus propias tradiciones. Ante la oposición más intensa de los sanedritas, condenado por las autoridades oficiales, Jesús sigue dialogando de manera abierta con otros grupos sociales y religiosos. Éste es un diálogo que se ha seguido dando en el tiempo de la Iglesia primitiva. Entre los seguidores de Jesús y el judaísmo rabínico naciente sigue habiendo grandes puntos de contacto, en torno a varias de las cuestiones fundamentales de todo grupo humano: los impuestos importan de manera especial a los celotas (12, 13-17); las cuestiones esponsales, vinculadas a la resurrección preocupan a los saduceos (12, 18-27); la ley fundamental interesa a los escribas de línea farisea (12, 28-34). Las respuestas de Jesús que sigue enseñando sobre el templo (cf. 11, 27) son básicamente judías.

a) La cosa es de Dios: devolved al César lo que es del César (12, 13-17)

He presentado el tema en *Antropología Bíblica*, Sígueme, Salamanca 2006, 259-273. Entre los comentarios, además de Marcus, cf. Lohmeyer, *Markus*, 252-254; Pesch, *Marco* II, 339-346; Gnilka, *Marcos* II, 175-182. Sobre la problemáica de fondo, cf. J. C. Eslin, *Dieu et le Pouvoir. Théologie et Politique en Occident*, Seuil, Paris 1999; J. G. Mbâ Mundla, *Jesus und die Führer Israels* (NTAb 11), Münster 1984, 5-40; D. L. Mealand, *Poverty and Expectation in the Gospels*, SPCK, London 1980; T. E. Schmidt, *Hostility to Wealth in the Synoptic Gospels*, JSOT, Sheffield 1987.

Estrictamente hablando, esta escena parece una continuación de la disputa anterior (12, 1-12): los mismos sanedritas que han marchado envían (*apostellousin*) fariseos y herodianos para que, empezando con halagos, presenten a Jesús una cuestión capciosa: ¿Se puede dar tributo al César? Si responde «no», le acusaran a los romanos; si responde «sí», ya no tendrá el apoyo de la gente que le admira.

Tomada aisladamente, la respuesta de Jesús «devolved al César lo que es del César y a Dios lo que es de Dios» (12, 17) supone un ejemplo de habilidad dialéctica, que otros muchos judíos de aquel tiempo podían haber compartido. Entre el puro «no» de los celotas y el puro «sí» de los colaboracionistas (que podían hallarse tácticamente los mismos fariseos y herodianos, como en 3, 6) se inscribe el «devolved a Dios…», que asumen con Jesús los cristianos posteriores, y muchos rabinos principales tras la ruina de Jerusalén en el 70 d.C.

Éste es un tema de *controversia política e identidad religiosa*. La vida judía se hallaba determinada por Roma, en plano político y militar y Jesús debe definirse, sea en favor, sea en contra del Imperio y de su economía. Él acepta la controversia, situada en el *hieron* (cf. 11, 27), espacio en torno al Templo, pero no cae en la trampa: su mesianismo no se puede definir desde la aprobación o rechazo del impuesto imperial. Ésta es una escena de fondo histórico, reinterpretada en clave pospascual.

a. (Pregunta) *¹³Y le enviaron entonces unos fariseos y unos herodianos con el fin de cazarlo en alguna palabra. ¹⁴Llegaron éstos y le dijeron: «Maestro, sabemos que eres sincero y que no te dejas influir por nadie, pues no miras el rostro de las personas, sino que enseñas con verdad el camino de Dios. ¿Es lícito pagar tributo al César o no? ¿Pagamos o no pagamos?».*

b. (Respuesta) *¹⁵Él, dándose cuenta de su hipocresía, les contestó: «¿Por qué me tentáis? Traedme un denario para que lo vea». ¹⁶Se lo llevaron, y les preguntó: «¿De quién es esta imagen y esta inscripción?». Le contestaron: «Del César». ¹⁷Jesús les dijo: «Devolved al César lo que es del César y a Dios lo que es de Dios».*

c. (Conclusión) *Y se admiraron de él.*

a) *Pregunta* (12, 13-14). En el principio está la economía, vinculada a *la moneda y al tributo* del César (Imperio). Jesús no ha venido a proclamar el Reino con dinero y por eso ha pedido a sus discípulos que vayan a extender su evangelio de conversión sin bolsa o vestidos de repuesto (6, 6b-13); por eso ha dicho al rico que venda lo que tiene, que reparta entre los pobres su producto y que le siga en camino de Reino (cf. 10, 17-31). Éste ha sido el tema clave de gran parte del texto de Marcos. Pero sólo ahora preguntan de un modo temático *fariseos y herodianos*, planteando el tema del dinero, interpretado como tributo político.

Se habían juntado ya contra Jesús en 3, 6 (cf. 8, 6), defendiendo, por razones quizá diferentes, la sacralidad del sábado. Ahora le siguen persiguiendo, con deseo de perderle (cf. 12, 13), desde perspectivas también diferentes, pues algunos *fariseos* parecen rechazar a Roma y no quieren pagar su tributo (están cerca de

Camino de Jerusalén. Muerte del Cristo (8, 27-15, 47)

los celotas). Sea como fuere, se han unido, para tentar a Jesús, pues, responda como responda, encontrará la oposición de unos u otros.

(1) Unos, *defensores del Imperio* (en el momento actual), tenderán a justificar la economía y política de Roma: los impuestos son un modo de participar del gran Imperio, en comunión con otros pueblos cultos de la tierra. El denario del tributo es para ellos positivo, vinculado con el orden externo (mundano) de Dios.
(2) Otros, *enemigos del Imperio*, entenderán el tributo como atentado contra la sacralidad israelita. Posiblemente, identifican la *familia de Dios* con el grupo nacional judío y quieren acuñar moneda propia, avalada con el nombre de Jerusalén. Por eso rechazan al César y su impuesto. Diga lo que diga, podrán acusarle: si afirma, le llamarán colaboracionista; si niega, insumiso, anti-romano.

El problema no está en la formulación teórica de la pregunta (pagar o no pagar), sino en el modo de entenderla y aplicarla. Es evidente que Jesús no ha planeado ningún tipo de alzamiento militar contra Roma; por otra parte, su propuesta mesiánica se encuentra dirigida directamente a los israelitas (no a los romanos). Pero debemos añadir que su actitud ante la tradición israelita (2, 23-3, 6), lo mismo que ante el templo (11, 15-19), ha suscitado el recelo de herodianos y fariseos. El orden de Israel (fundado en esa ley y templo) forma parte integrante de la *ecumene* romana, que debe cumplirse al interior del territorio judío. Por eso, si Jesús ha puesto en riesgo, con fuerte amenaza, la estructura Social (y económica) del judaísmo establecido: eso tiene que significar un peligro para el mismo impuesto (economía) del César.

---

(103) Moneda del César ¿moneda de Dios? (12, 13-17)

El pueblo de Israel había conocido el dinero desde los tiempos antiguos, pero su uso había sido limitado, pues gran parte de la población habían vivido hasta el tiempo de Jesús en un nivel de agricultura de subsistencia, produciendo lo necesario para vivir, o adquiriendo por trueque los productos faltantes, como ha sucedido en muchas sociedades agrarias tradicionales hasta la actualidad. En vez de moneda acuñada (oro, plata o bronce) se empleaban más bien como dinero (medida de intercambio) determinados animales (ganado mayor y menor: pecunia, abere) y medidas de alimento (de trigo, vino o aceite). Pues bien, en tiempos de Jesús, esa situación cambió de manera radical, con la introducción de la economía planificada y mercantil del Imperio romano, por obra de los reyes vasallos y en especial de Herodes Antipas (del 4 a.C. al 39 d.C.), que transformó en unos años la vida antes rural de Galilea. Ante las nuevas presiones fiscales y económicas (para mantener a los funcionarios de la corte y las ciudades de Séforis y Tiberíades), una parte considerable de la población campesina de Galilea perdió su campo, quedó sin trabajo, se volvió pobre, o tuvo que trabajar al servicio de los nuevos ricos y los reyes.

El nuevo culto al dinero (al que Jesús llamó Mamona), que ocupaba el lugar de «Dios», estaba destruyendo a los israelitas (a los que Dios había prometido tierra y vida en abundancia, según las tradiciones antiguas). Por otra parte, la administración imperial exigía un «tributo», que los galileos debían pagar al Cesar, de un modo directo (cada uno pagando su impuesto a los delegados imperiales) o indirecto (a través del rey Herodes Antipas, que debía enviar cada año el cupo estipulado a Roma, encargándose él de cobrar los impuestos, del modo que quisiera). En este contexto se sitúa la respuesta de Jesús, en la que pueden ponerse de relieve tres rasgos:

- *La moneda no es Dios.* El ser humano tiene aspectos vitales y experiencias que no pertenecen a un César, cuyo dominio aparece básicamente centrado en el tributo, en forma de moneda, pues el único rey de este mundo es el dinero. Pero el hombre es más que dinero. Los rasgos más importantes del mesianismo están fuera del alcance y dominio del dinero (cf. 6, 37). Tampoco Jesús puede comprarse o venderse con moneda (cf. 14, 5-7), aunque los sacerdotes lo entiendan de esa forma, poniendo un precio a su vida (14, 11). Eso significa que la familia mesiánica no es resultado de planificación económica. Más allá del dinero se abre para los cristianos un amplio campo de comunicación y familia, en torno al pan compartido.
- *Pero esta moneda no es tampoco el anti-dios*, no es diabólica en sí misma como han pensado algunos celotas o sicarios, pues el reino de Dios no se construye destruyendo a Roma, como si los dos fueran homogéneos. Hay un lugar (al menos provisional) para el César y su economía en la vida humana. Por otro lado, el dinero vale para dárselo a los pobres (cf. 10, 21). Ciertamente, Jesús ha destacado su riesgo (cf. 10, 17-31), pero no lo ha condenado en cuanto tal, como veremos en la escena de la viuda (12, 41-44).

Jesús no dice que se pague o no se pague, sino que él mismo «se sale» del sistema (devuelve la moneda, no quiere entrar en el juego de las cosas del César.) Estrictamente hablando, la moneda no es del César, sino que pertenece al conjunto del sistema, que está determinado también por otros poderes de tipo económico y social, de manera que el mismo César se encuentra, a veces, dominado por ella. Pero este pasaje de Marcos la vincula de un modo especial con el César, suponiendo (cosa que sólo es cierta de un modo muy amplio) que toda moneda

> lleva la efigie y sello del emperador de turno, vinculando así el poder económico y el político-militar. Pues bien, Jesús no discute si se puede pagar o no, sino que se «sale» del sistema: quiere crear una humanidad de Reino, sin valerse de las cosas del César. Quizá pudiéramos llamarle un «insumiso» radical.

b) *Respuesta* (12, 15-17). Pero Jesús rompe la alternativa, situándose en una dimensión más alta de revelación de Dios y política mundana. Les pide una moneda y se la muestran, lleva la efigie o sello del César: parece que todos, partidarios o enemigos de Roma, la utilizan en sus intercambios monetarios; aceptan de hecho el sistema económico del Imperio. Después responde en forma enigmática: *Devolved al César lo del César y a Dios lo de Dios.*

Es evidente que no ha caído en la trampa, pues los oyentes se admiran de él (12, 17). De esa forma, Jesús rompe el nivel de sacralidad inmediata en que parecen situarse todos: tanto defensores como enemigos del tributo tienden a entenderlo en línea religiosa, como si el César fuera servidor del orden de Dios (partidarios) o enemigo de ese orden (adversarios), como si Dios y el César se movieron sobre un mismo plano. Jesús responde desde la raíz de su mensaje:

- *Devolved al César...* Jesús no dice que se pague o no se pague tributo al César (como le han preguntado), sino algo mucho más hondo y radical, pidiendo a los que «traen» la moneda que se la «devuelvan» al César (*apodote kaisari...*). Eso significa que Jesús no se alza contra el César, sino que renuncia a su autoridad, a la «protección» que el César puede darle. No «reconoce» al César como poder que podría hallarse junto a Dios (o fundado en Dios), sino que renuncia a su poder, le devuelve el «billete» de pertenencia, que es el dinero, con el que se hacen las cosas del imperio de este mundo.
- *La palabra de Jesús sobre el dinero del impuesto ha de entenderse a la luz de todo el evangelio.* Tomada en sí parece enigma, salida ingeniosa, llena quizá de ironía; pero ella recibe su más hondo sentido a la luz de aquello que Jesús ha dicho y realizado en su camino de casa y comida compartida. Ciertamente, hay un dinero que puede valer para comprar y compartir los panes y peces con los necesitados (cf. 6, 37). Pero ese dinero debe darse a los pobres (10, 17-22), de manera que los seguidores de Jesús no necesitan emplearlo. Jesús admite el regalo de «cosas» que valen muchísimo dinero (cf. 14, 3-9), pero él no utiliza el dinero, se sitúa en otro plano de gratuidad. Por eso dice: «Devolved al César...». De esa forma sale del espacio de las cosas dominadas por el César.

Jesús no sataniza al dinero del César (contra los celotas), pero tampoco lo diviniza y, más aún, no lo necesita. Su evangelio no se centra en temas o motivos de economía particular (no se instaura con dinero), sino en la experiencia fundante de la gratuidad, la familia universal de mesa compartida. El mismo Jesús que ha derribado por el suelo *las monedas del templo* (interpretadas como culto a Dios) y ha derribado la estructura sacral del judaísmo deja que funcione *la moneda del César*, pero él se sitúa fuera del ámbito donde «discurre» esa moneda, fuera del plano de las cosas que se compran y venden.

Jesús no diviniza la moneda, pero tampoco la sataniza, sino que hace algo mucho más hondo: ¡Sale del espacio que se encuentra dominado por la moneda! No hay una moneda de Jesús, no hay una moneda mesiánica. Por eso la devuelve a los que se la prestan para mirarla y ver allí el signo del César. El signo de Dios no es moneda, sino pan regalado, fraternidad universal. Por eso, una moneda tomada como principio mesiánico se vuelve «mamona», realidad antidivina (como ha visto 10, 23-27; cf. Mt 6, 26 y Lc 16, 13).

c) *Conclusión* (12, 17b). «Y se admiraron de él». No se admiran de su respuesta como tal, sino de lo que él «es», de la forma en que se sitúa ante los problemas sociales y económicos. Jesús no cae en la trampa porque no se sitúa en el nivel de la pregunta (un nivel de oposiciones, sí o no), sino que sube de plano, situando su proyecto mesiánico más allá de la moneda, conforme al principio que hemos visto en las escenas sobre la riqueza (10, 17-31), cuando afirmaba que los ricos como tales no podrán entrar en el reino de Dios.

Clara es ésta respuesta de Jesús en plano de principios; compleja y difícil su aplicación concreta. Es evidente que la gente se admira, y los acusadores se vuelven sin tener motivos de condena en este campo; pero el problema continúa abierto. Para resolverlo, habría que desarrollar aquello que implican las cosas de Dios, en clave de perdón-gratuidad, de ayuda a los pobres y comida compartida, superando así las mismas estructuras opresoras de la economía que se apoya en la observancia sagrada del templo, con todo lo que ello significa para una sociedad como la judía. Sólo sabiendo lo que son las cosas de Dios se podrá entender lo que ha dicho Jesús: «Devolved al César...». Jesús no «destruye» este tipo de moneda (ni dice que se la demos a los pobres, como en 10, 21), sino que se la devolvamos al César, que tiene otro proyecto de humanidad (que no es humanidad de reino de Dios).

Ciertamente eran muchos los judíos de aquel tiempo que aceptaban, en su base, la respuesta de Jesús, pero sentían después una gran dificultad en aplicarla. Ese mismo problema ha seguido y sigue sintiéndose con fuerza en nuestro tiempo. No es extraño que tanto los sanedritas como los romanos condenaran a Jesús porque, a su juicio, no cumplía lo que implica su respuesta: algunos judíos podían pensar que él no daba a Dios lo que es de Dios (observancia legal y cúltica); muchos romanos podían añadir que no garantizaba al César lo del César (sumisión política), porque su manera de oponerse al templo acababa siendo un riesgo para la misma economía y paz romana. El nuevo ideal de gratuidad que Jesús propugnaba podía interpretarse como ataque contra las instituciones económico-políticas de Israel y Roma.

Era sabia la respuesta («devolved al César...»), y eran muchos los judíos de aquel tiempo que podían compartirla. Pero el problema desbordaba ese nivel de palabras generales y venía a plantearse en la manera más concreta de entender las realidades sociales del entorno: Jesús había roto los tabúes-normas de separación sagrada (publicanos, sábado...), había levantado una muy fuerte protesta contra el templo. Es evidente que a los ojos de unos él se oponía a las cosas de Dios, y a los ojos de otros se alzaba contra el César. Las autoridades, miradas en sentido general, sospechaban que atentaba al mismo tiempo contra Dios y el César. No es fácil «devolver» al César las cosas del César.

> (104) Cosa de Dios, cosas del César (12, 13-17)
>
> Devolver el dinero al César significa permitir que exista en este mundo un orden económico, pero separado de Dios, pues el reino de Dios, no se adquiere ni cultiva por dinero. Jesús deja que exista ese mundo, pero no colabora con él; por eso, ni acepta la moneda, ni combate contra ella, sino que sale del campo donde ella ejerce su influencia. Su respuesta («devolved al César, dad a Dios...») nos sitúa en el centro de un camino de interpretaciones que no tienen soluciones teóricas, sino que deben desplegarse desde la misma praxis cristiana. Así, a modo de ejemplo, podemos citar cuatro respuestas que se han dado o pueden darse:
>
> 1. *Oposición de planos*. Jesús habría invitado a devolver el dinero al César, de manera que los fieles quedarían de esa forma liberados del peso y de la carga de toda economía monetaria. *Los hombres del César* manejarían el dinero y lo que se hace con dinero (economía, política, ejército...). *Los hombres de Dios* tendrían que concentrarse en las cosas de Dios, viviendo en pura gratuidad (sin tener ningún dinero, ni entrar en el ejército, ni organizar empresas). Todo el orden del dinero (que es mundo del César) pertenecería a la mamona (orden impositivo e idolátrico); por eso los cristianos deberían abandonarlo.
> 2. *Subordinación, en línea sagrada*. A Dios pertenece lo más alto de la vida, al César lo más bajo, es decir, el dinero, con todo lo que implica en el nivel de la organización externa del mundo. Eso significaría que aquellos que están dedicados a las «cosas de Dios» (sabios, eclesiásticos) podrían y deberían dominar sobre los «hombres del César, como suponía ya Platón en la *República*, cuando afirmaba que los sabios dirigían a los guerreros

y a los trabajadores. Cierta Iglesia cristiana medieval ha interpretado de esta forma el texto, suponiendo que el Papa y los Obispos (dedicados a las cosas de Dios) debían dominar y dominaban sobre los «hombres del César», soldados y trabajadores.

3. *Coordinación o complementariedad*. Ha sido y sigue siendo la actitud más común: los seguidores de Jesús habrían terminado asumiendo y aceptando los dos planos. La moneda del César podría interpretarse como expresión de una comunicación humana en el plano económico y administrativo. Las «cosas de Dios» se situarían en un plano distinto y más alto, pero no opuesto al anterior. Los hombres vivirían de esa forma en los dos reinos, sabiendo que los «proyectos y caminos» de uno y otro plano pueden y deben complementarse, siendo distintos. En esa línea, los «hombres de Dios» deberían querer que la «mamona» pudiera «convertirse» (humanizarse), perdiendo su carácter egoísta, para ponerse al servicio de la gratuidad, es decir, del amor mutuo. En una línea convergente, «los hombres del César» deberían procurar que los «hombres de Dios» no impusieran su poder sagrado de un modo dictatorial, sobre el conjunto de los hombres.

4. *Subordinación, en línea política*. Los hombres del César, que manejan el dinero y poder del sistema, en clave de ley, han querido y quieren poner las «cosas de Dios» a su servicio. Ésta es la actitud más normal dentro de la sociedad capitalista de la actualidad, que no lucha contra la religión como pudieron hacer los sistemas marxistas del siglo XX, pero que la pone (pone todas las religiones y proyectos humanistas) al servicio de su propia dominación económica, en línea de sistema.

Esas cuatro respuestas definen la marcha cristiana de occidente. A lo largo de los siglos, en situaciones muy distintas, los cristianos (y también los judíos, de un modo directo) han apelado a este pasaje (dinero del César, gracia de Dios: 12, 17), completando su mensaje con Mt 6, 24, donde se dice que la Mamona (el dinero) es lo contrario a Dios. Poniendo de relieve la oposición entre dinero y Dios, Ap 13-14 ha pensado que la moneda del impuesto era mamona antidivina. Sin embargo, los autores de la escuela paulina (incluido 1 Pe) han visto esa moneda del impuesto como un elemento del orden que Dios ha querido para el mundo (cf. Rom 13, 7), en una línea aceptada también por el judaísmo rabínico.

b) Resurrección y familia: mujer de siete maridos (12, 18-27)

Sobre el levirato, cf. D. A. Leggett, *The Levirate and Goel. Institution in the Old Testament with special Attention to the Book of Ruth*, New Jersey 1974; R. de Vaux,

Instituciones del AT, Herder, Barcelona 1985, 71-73. Sobre el texto y la visión de Dios que está en su fondo, cf. M. Fander, *Die Stellung der Frau im Markusevangelium* (MThA 8), Altenberge 1990; J. Schlosser, *El Dios de Jesús* (BEB 82), Salamanca 1995, 79-94; O. Schwankl, *Die Sadduzäerfrage (Mk 12, 18-27 par)*, BBB, Bonn 1987.

Sólo aquí alude Marcos a los saduceos y añade, para lectores no enterados, que ellos niegan la resurrección. Desde ese fondo presentan a Jesús su dificultad, en tema que se inscribe dentro de las discusiones judías de aquel tiempo. En realidad, casi lo mismo que Jesús podría haberles contestado un buen maestro fariseo. Sea como fuere, las razones que Jesús aduce en favor de la resurrección resultan significativas y se pueden entender en un nivel antropológico y teológico.

Éste es un texto de *controversia legal*. De la política (tributo) pasamos al nivel de la familia. La resurrección divide a los judíos y Jesús debe inclinarse entre partidarios y contrarios (fariseos o saduceos). Él no elude la respuesta, poniéndose, al menos parcialmente, a favor de los fariseos, respondiendo sabiamente, como afirmará un escriba (12, 28). El texto, construido en diálogo, puede tener un fondo histórico, pues no apela a la resurrección de Jesús, sino a la experiencia judía del Dios de la vida, que está al fondo del mensaje del Reino en Marcos.

a. (Tema) *[18]Se le acercaron unos saduceos, que niegan la resurrección, y le preguntaron: [19]«Maestro, Moisés nos dejó escrito: Si el hermano de alguien muere y deja mujer, pero sin ningún hijo, que su hermano se case con la mujer para dar descendencia al hermano difunto. [20]Pues bien, había siete hermanos. El primero se casó y al morir no dejó descendencia. [21]El segundo se casó con la mujer y murió también sin descendencia. El tercero, lo mismo, [22]y así los siete, sin que ninguno dejara descendencia. Después de todos, murió la mujer. [23]Cuando resuciten los muertos, ¿de quién de ellos será mujer? Porque los siete estuvieron casados con ella».*
b. (Plano antropológico) *[24]Jesús les dijo: «Estáis muy equivocados, porque no comprendéis las Escrituras ni el poder de Dios. [25]Cuando resuciten de entre los muertos, ni ellos se casarán, ni ellas serán casadas, sino que serán como ángeles en los cielos.*
c. (Plano teológico) *[26]Y en cuanto a que los muertos resucitan, ¿no habéis leído en el libro de Moisés, en el episodio de la zarza, lo que le dijo Dios: Yo soy el Dios de Abrahán y el Dios de Isaac y el Dios de Jacob? [27]No es un Dios de muertos, sino de vivos. Estáis muy equivocados».*

a) *Tema* (12, 18-23). El dinero nos lleva a *la resurrección*, tema que el texto vincula con *la autoridad del esposo*, dueño de la esposa. Volvemos de esa forma a los planteamientos del divorcio, concebido por los fariseos como expresión de la autoridad del hombre (cf. 10, 2). Los saduceos ridiculizan la resurrección de una mujer que ha sido propiedad de muchos: ¿Quién la tendrá al fin de los tiempos? La cuestión ha sido bien planteada: no alude a la mera supervivencia espiritual, sino a realización integral. Es evidente que una mujer concebida como propiedad del varón no tiene cabida en el Reino. Así plantean el tema los saduceos a quienes Marcos presenta como enemigos de la resurrección, en «aparte» explicativo para lectores no judíos (como en 7, 3-4).

Tomemos una mujer que, por ley de levirato (cf. Dt 25, 5-10), haya sido poseída por siete hermanos, fallecidos sin lograr descendencia por medio de ella. ¿De quién será al final si existe resurrección, como se dice? (12, 23). Si hubiera tenido descendencia sería del primer marido (padre legal del hijo) o de quien la fecundó. Pero, al no tenerla, habrán de disputar por ella eternamente los citados siete hermanos. La resurrección confirmaría sobre el mismo cielo la ley terrena de la envidia y competencia, elevando hasta el nivel de lo grotesco la lucha de Herodes con su hermano, por motivos esponsales (cf. 6, 18). A los ojos de los saduceos, expertos sacerdotes, no hay más vida que la vida en esta tierra. Ellos emplean la ley (religión) para reprimir de una manera compulsiva (sacrificial) los impulsos de violencia. Lógicamente, toman la mujer como criada al servicio del deseo sexual y la seguridad genealógica.

Precisamente para impedir la lucha por la herencia (y confirmar la autoridad de los varones) se ha establecido la ley del levirato, aunque ella pueda aparecer después como *garantía de seguridad para las mujeres*: ¡Una viuda sin hijos (sin familia) carece de protección y derechos civiles; para defenderla en plano económico y afectivo, ofreciéndole una casa, la desposa su cuñado! Mirada así, esa ley resulta necesaria *en este mundo*, y no plantea un problema de competencia pues los siete maridos poseyeron a la esposa de forma sucesiva. Pero en la resurrección el tiempo cesa y volverían los siete, presentando cada uno su derecho y luchando por aquella que tuvieron todos.

b) *Plano antropológico: cuando resuciten los muertos* (12, 24-25). La respuesta de Jesús, que ha de entenderse como relectura de la Biblia y comprensión más honda del misterio de Dios (12, 24), supera el plano de la posesión y lucha mutua, para conducirnos al nivel donde la vida se vuelve libertad, de manera que varones y mujeres aparecen como seres personales y perfectos, sin que tengan que vivir en clave de batalla y dominio permanente.

Los resucitados no se casan al estilo antiguo y por eso carece de sentido la pregunta sobre quién de los siete poseerá a la viuda común en el cielo (12, 25). Ni ellos serán dueños, ni ella esclava. Habrá acabado el tiempo en que la esposa sin marido y descendencia pueda ser utilizada por esposos que la emplean para asegurar la herencia patriarcal de la familia. Ella será por fin persona en el sentido radical de la palabra: responsable y dueña de sí misma, independiente ante Dios y ante los otros. Mujeres y varones serán libres, ángeles del cielo, según el simbolismo del texto.

Esta respuesta empieza situándose en un plano antropológico (aunque después veremos su trasfondo teológico). En este mundo (en contra de lo que Jesús propone en 10, 1-12), la mujer suele vivir sometida al marido, como objeto de su propiedad. Si este modelo (propio de los saduceos) se aplica a la visión del cielo, la resurrección sería imposible: siete varones celosos y fieros seguirían disputando eternamente la propiedad sobre una misma mujer. Ellos sufrirían en batalla perdurable. Ella en sumisión interminable. Pues bien, en contra de ese modelo, que es ya malo para el mundo (10, 1-12), Jesús viene a presentar-aplicar para el cielo la antropología de la gratuidad y universalidad. No habrá dominio de unos sobre otros; la existencia será fiesta de vida perdurable y compartida. Eso es lo que en este contexto significan los ángeles. Varón y mujer serán libres y plenamente iguales, en transparencia comunicativa (sin hallarse sometido uno a otro).

c) *Plano teológico: Dios es Dios de vivos* (12, 26-27). La independencia personal de hombres y mujeres se encuentra vinculada al Dios de la resurrección, que es el Dios de la historia presente, Dios de Abrahán, Isaac y Jacob, siendo así la memoria viva de un pasado irrepetible (y conservado). Todos los hombres y mujeres aparecen vinculados, llenos de valor, en manos de un mismo *Dios de los que viven*, tanto en este mundo como en el futuro. Por eso, esclavizar a la mujer o utilizarla para asegurar la herencia (por la ley del levirato) va contra la más honda libertad personal que brota de ese Dios de vida.

El Dios de Jesús se sigue llamando Dios de Abrahán, de Isaac y de Jacob (cf. Ex 3, 6.15). Esto significa, a su juicio, que los patriarcas están vivos, pues Dios no puede recibir su nombre de unos seres que ya han muerto (que no existen). Esto significa que la inmortalidad no es tema antropológico cerrado, sino campo especial de teofanía. Por eso se utiliza un argumento teológico: más que la capacidad del hombre importa aquí el poder de Dios, su fuerza y su presencia creadora. No se trata, por tanto, de discutir sobre debilidades e injusticias humanas (siete varones, una mujer), sino sobre el misterio de un Dios que da la vida, que transforma nuestro ser, nos resucita. De esa forma, el texto se dirige hacia el final de Marcos 16, 6-7: sólo en la pascua de Jesús veremos lo que es vida tras la muerte y podremos descubrir el verdadero poder (*dynamis*) de Dios a que se alude en 12, 24.

Pero el tema no es la resurrección futura, sino el hecho de que los hombres puedan vivir como resucitados ya en este mundo. Conforme a Marcos, *lo que vale para la resurrección ha de aplicarse (anticiparse) aquí en la tierra*. Eso significa que la ley del levirato pierde su sentido: la mujer no está al servicio de la herencia del marido, pues cesa la familia patriarcal (cf. 3, 31-35 y 10, 28-31). Por otra parte, varones y mujeres son iguales en el matrimonio (cf. 10, 1-12): la mujer no es un puro objeto de placer y posesión (herencia) del marido; vale por sí misma y según eso la pregunta saducea pierde su sentido.

(105) **Mujer, una experiencia de vida eterna (12, 18-27)**

El tema de las siete mujeres nos sitúa en el centro del evangelio, en el lugar donde se revela de manera más intensa el Dios del Reino, como Fuente de vida (no de muerte). Ciertamente, las mujeres están al servicio del despliegue de la vida (¡como los varones!), pero ellas tienen un sentido especial, y un valor personal, de tal forma que cada una de ellas «existe en sí misma» (por sí misma), desde la vida de Dios, que es fuente de resurrección:

1. *Una libertad angélica.* Más que el dinero del César, oprime a los humanos (especialmente a las mujeres) el poder patriarcal, una ley de dominio masculino. Pues bien, superando ese nivel de imposición, y oponiéndose al grupo que forman saduceos y fariseos (cf. 10, 2), Jesús se ha atrevido a proyectar sobre la mujer y la familia un modelo de la libertad angélica (o escatológica) que iguala a todos los humanos. En su raíz personal, las mujeres no están sometidas a los maridos (ni tampoco a los hijos que puedan tener), sino que son personas, desde Dios, que las valora y resucita (las introduce en su propia Vida).
2. *Un tipo de mujer judía* se hallaba al servicio de la estirpe, como servidora y sagrario de una vida administrada por varones. No importaba su libertad, no contaban sus sentimientos. Sólo un marido que velase por ella, dándole hijos, podía ofrecerle dignidad (como muestra, al menos en un sentido, la historia conmovedora del libro de Rut). Pues bien, en contra de eso, Jesús supone que cada mujer es valiosa por sí misma, porque es destinataria de la resurrección (de Dios).
3. *La mujer del evangelio* no necesita protecciones particulares, ni cláusulas de herencia patriarcal, pues ella vale igual que los varones, ante el Dios que es Vida (su fuente de vida o resurrección). Marcos no elabora una ley especial para mujeres, pues ellas se encuentran incluidas, con iguales derechos, en la comunidad mesiánica (cf. 3, 31-35 y 10, 28-31).
4. *Más allá de la ley del levirato.* Dueño de sí es el esposo; dueña igualmente la esposa (cf. 10, 10-12). Por eso pierde su sentido la ley del levirato donde la mujer pasaba de un marido a otro, como posesión al servicio de la herencia y de los hijos. Tenían razón los saduceos, pues las estructuras que han hecho a una mujer objeto de siete maridos no pueden perdurar, ni son dignas del Reino: para que las cosas continúen como han sido no merece la pena la resurrección, al menos en perspectiva de mujeres. Pero el argumento se puede invertir y Jesús comienza a hacerlo: desde el poder de Dios y su esperanza de resurrección cambia

> la suerte de varones y mujeres, de modo que todos se vuelven iguales, como ángeles del cielo.
> 5. *Resurrección, Dios de vivos, Dios de personas*. Los dos argumentos que Jesús ha empleado en su respuesta (hay resurrección porque hay un Dios de vivos) podían compartirlos en principio (en contra de los saduceos) gran parte de los judíos de aquel tiempo, con los que Jesús comparte una experiencia básica: la afirmación del valor de cada persona (varón o mujer) desde la presencia de Dios, que es «Dios de vivos», es decir, un Dios de personas, que tienen sentido y pervivencia por sí mismas. Ni mujer ni varón son una simple función del pueblo o de la familia (reproducción). Cada uno vale por sí mismo, cada uno «resucita», es decir, existe en Dios, del que proviene, en quien culmina.
>
> En este relato no hallamos todavía ningún tema específicamente cristiano, en la línea de la resurrección del Hijo del Hombre que entrega su vida (cf. 8, 31; 9, 31; 10, 33-34). Para los cristianos posteriores, el verdadero argumento en favor de la supervivencia será la misma resurrección de Jesús, proclamada por el joven de la pascua y expandida luego por la Iglesia. En este campo, Jesús ha comenzado situándose en una perspectiva intrajudía. Por eso no han hallado aquí motivo de condena aquellos que han venido a preguntarle. Por otra parte, el problema primordial que se debate en el fondo de Marcos no es la resurrección de los muertos (así en general), sino el sufrimiento y entrega del Mesías, interpretado como Hijo del Hombre. De eso trata en el fondo todo el evangelio.

c) El gran mandamiento: Dios y el prójimo (12, 28-34)

He presentado un estudio más preciso del tema en *Dios judío, Dios cristiano*, EVD, Estella 1995, 343-349. Sobre el trasfondo judío, cf. K. Hruby, *L'amour du prochain dans la pensée juive*, NRTh 91 (1969) 493-516; A. Nissen, *Gott und die Nächste im antiken Judentum*, WUNT 15, Tübingen 1974. Cf. además C. Spicq, *Agape en el NT*, Cares, Madrid 1977, 114-120; J. G. Mbâ Mundla, *Jesus und die Führer Israels* (NTAb 11), Münster 1984, 110-233. Estudio exegético, en G. Bornkamm, *El doble mandamiento del amor*, en *Estudios sobre el NT*, Sígueme, Salamanca 1983, 171-180, y en M. Navarro, *Amor de sí, amor de Dios, amor del prójimo. Una relectura feminista a partir de Mc 12, 28-34*, en *Annali di Studi Religiosi*, EDB, Bologna 6/2005, 385- 406. Entre los comentarios, cf. Gnilka, *Marcos* II, 190-197; Pesch, *Marco* II, 355-375. Para una visión del tema en el contexto del Nuevo Testamento, cf. K. Berger, *Die Gesetzesauslegung Jesu* I, BibS, Neukirchen 1972, 56-257; V. P.

Furnish, *The love command in the NT*, SCM, London 1973, 22-90; H. Merklein, *Gottesherrschaft als Handlungsprinzip*, FB 34, Würzburg 1981, 100-104; A. Nygren, *Erôs et apagè I-II*, Aubier, Paris 1952/62; Ph. Perkins, *Love Commands in the NT*, New York 1982; K. H. Schelkle, *Teología del NT* III, Herder, Barcelona 1975, 167-200; R. Schnackenburg, *Mensaje moral del NT*, Herder, Barcelona 1989, 100-113; W. Schrage, *Ética del NT*, Sígueme, Salamanca 1987, 8-112; S. Spicq, *Agapè dans le NT. Analyse des Textes* I, EB, Gabalda, Paris 1969.

Éste es un texto de diálogo legal. El escriba y Jesús parten de un mismo principio y se ponen de acuerdo sobre el sentido básico de la Ley. Ésta es la base permanente de unidad entre judíos y cristianos. La diferencia nace al entender y aplicar los términos clave de esa ley fundante (Israel, Dios, prójimo). El texto puede proceder de la historia de Jesús, pero responde al diálogo pospascual entre judíos y cristianos.

a. (Pregunta) *²⁸Un escriba que había oído la discusión y observado lo bien que les había respondido se acercó y le preguntó: «¿Cuál es el mandamiento primero de todos?».*
b. (Respuesta de Jesús) *²⁹Jesús contestó: «El primero es éste: Escucha Israel, el Señor nuestro Dios es el Señor único. ³⁰Amarás al Señor tu Dios con todo tu corazón, con toda tu alma, con toda tu mente y con todas tus fuerzas. ³¹El segundo es éste: Amarás a tu prójimo como a ti mismo. No hay otro mandamiento mayor que éstos».*
c. (Coincidencia entre el escriba y Jesús) *³²El escriba le dijo: «Muy bien, maestro. Tienes razón al afirmar que Dios es Único y que no hay otro fuera de él; ³³y que amarlo con todo el corazón, con todo el entendimiento y con todas las fuerzas, y amar al prójimo como a uno mismo vale más que todos los holocaustos y sacrificios». ³⁴Jesús, viendo que había hablado con sensatez, le dijo: «No estás lejos del reino de Dios». Y nadie se atrevía ya a seguir preguntándole.*

a) *Pregunta* (12, 28). Viene un escriba que ha escuchado complacido las respuestas de Jesús a los saduceos (y quizá también a los herodianos-fariseos). Por eso se atreve a preguntarle sobre un tema candente: ¿Cuál es el mandamiento principal? (*entolê prôtê*). Había sin duda disputas sobre el valor y prioridad de algunos «mandamientos», como hemos visto ya en varios lugares, tratando sobre todo del sábado (2, 23-3, 6) y de las normas de pureza social y alimenticia (7, 1-23). También hemos hallado diferencias sobre la visión del templo y sus funciones sacrales. Sin duda alguna, un celoso sacerdote habría acusado a Jesús de atentar contra la ley del santuario por su gesto en 11, 15-19. Pues bien, a pesar de eso, Jesús y un buen escriba pueden hallarse muy de acuerdo sobre los dos mandamientos principales de la Ley en su conjunto (y no sólo del Decálogo en concreto): amarás a Dios con todo tu corazón y a tu prójimo como a ti mismo.

b) *Respuesta de Jesús* (12, 29-31). Jesús contesta diciendo que hay dos mandamientos «principales», vinculando así la experiencia teológica (*amarás a Dios...*, cf. Dt 6, 4-5) y la experiencia social (*y a tu prójimo...*, cf. Lv 19, 18).

- *Escucha, Israel, el Señor, nuestro Dios...* (12, 29-30; cf. Dt 6, 4-5). Judíos y cristianos pueden entender este pasaje de formas diferentes: ¿Con quién se relaciona *Dios*? ¿Sólo con su grupo israelita? ¿Con la humanidad entera? ¿Quién es *Israel* en ese texto? ¿Sólo los judíos o todos los hombres, unidos por Dios para formar un pueblo universal? Los escribas tienden a cerrar la presencia de Dios en las fronteras de su ley; Jesús la expande a los necesitados (los humanos). Es evidente que *Israel* significa algo distinto para unos y otros.
- *Amarás a tu prójimo...* El prójimo, a quien Dios pide que amemos *como a nosotros mismos*, es distinto en los escribas y Jesús. Sobre su identidad han versado las disputas de Marcos. Prójimo han sido y son para Jesús leprosos y enfermos, pecadores y hambrientos, todos los gentiles. Por mostrarlo así en el templo (diciendo que termina el tiempo de las separaciones) persiguen a Jesús los sacerdotes. Por fidelidad al prójimo israelita le condenan los *sanedritas* (Marcos 14, 53-65).

c) *Coincidencia entre el escriba y Jesús* (12, 32-34). El escriba asiente y Jesús ratifica: *no estás lejos del Reino*. Éste es el momento de más fuerte cercanía entre Jesús y un profesional de la ley israelita (que quizá no comparte la visión oficial de sus compañeros del Sanedrín cuando condenan a Jesús: en 11, 18-27). Ambos se escuchan y alaban mutuamente, en gesto de fuerte cordialidad (12, 32-34). Es evidente que pueden recorrer juntos un largo camino de experiencia de Dios (primer mandamiento) y apertura hacia el prójimo (segundo). Sobre ese plano de principios, Jesús sigue siendo un buen judío. Más aún, por todo lo anterior, quizá podemos afirmar que Jesús ha sido el judío más profundo y consecuente en plano de gratuidad y apertura religiosa.

La escena vincula a seguidores de Jesús y escribas que asumen la misma Escritura israelita, aunque luego la interpreten de modo algo distinto. De todas formas, el tema de la coincidencia, al menos parcial, entre el escriba y Jesús resulta en sí mismo insuficiente. No basta con decir *amarás al prójimo como a ti mismo*. Hay que mostrar cómo son (o se vuelven) prójimo israelitas y gentiles, mujeres y varones (cf. Gal 3, 28 y Lc 10, 25-37*).* Alguien podría desear que Marcos hubiera concretado el contenido del amor de hermano/na, madres/hijos (cf. 3, 31-35; 10, 29-30), esposo/a (cf. 10, 1-16), trazando una tabla de tareas domésticas, como hará la tradición pospaulina (cf. Col 3, 18-4, 1; 1 Ped 2, 11-3, 12; Ef 5, 21-33; 1 Tim; Tito). Pero no lo ha hecho y pienso que su opción es buena. Frente al legalismo judío que traduce el amor en claves de seguridad social (nacional), organizando funciones y distinguiendo deberes (en perspectiva jerárquica), Marcos lo entiende y traduce en línea de libertad e igualdad universal: prójimo son todos los humanos.

Por eso es positivo (necesario) que no cite los códigos domésticos que tienden a *rejudaizar* la comunidad en claves de dominación patriarcalista. Esos códigos fueron quizá buenos en un momento dado, para impedir la disgregación de los creyentes, para atajar el riesgo gnóstico..., pero resultan derivados, no se pueden situar en el nivel fundante del amor al prójimo que vemos realizado en nuestro texto, donde el mandamiento de *amar al prójimo* se entiende en el trasfondo de la entrega de Jesús (de todo Marcos). Precisamente allí donde más se han vinculado escribas y Jesús (sus leyes fundamentales son las mismas), ellos se escinden de manera más intensa. *Los judíos rabínicos* vinculan el amor a Dios (Señor israelita) con la fidelidad y amor al propio pueblo (prójimo judío). Por el contrario, *los seguidores de Jesús* saben que el Dios de Israel es Señor universal y quieren traducir su amor como apertura a los impuros; sobre ese fondo edifican su Iglesia.

El problema de los seguidores de Jesús no ha estado en romper directamente el judaísmo, sino en llevar hasta el extremo (en forma unilateral) algunos principios que los maestros oficiales entendían dentro de un contexto nacional israelita; Jesús, en cambio, pensaba que donde el amor al prójimo es universal no puede haber ya privilegios o ventajas para algunos como los judíos. Éste no es un problema teórico (como no lo es tampoco el del tributo: 12, 13-17), en un plano general o de teoría. La cuestión está en saber lo que el amor de Dios ofrece y pide ya en concreto (y es claro que ese amor no implica lo mismo para Jesús y sus jueces). La cuestión sigue siendo la de saber quién es el prójimo y cómo debemos amarle: sobre la extensión de ese prójimo y el modo concreto de encontrarle y ayudarle se ha explicado Marcos a lo largo de todo el evangelio, presentando las opciones y caminos de Jesús.

Aquí reside el problema: apoyándose en la base de unos mismos principios (sobre Dios-César, sobre la resurrección y la ley fundamental), los jerarcas judíos y Jesús acaban por enfrentarse en diálogo (disputa) de muerte. Desde unas mismas teorías se pueden deducir consecuencias vitales, personales y sociales muy distintas. Esto significa que el evangelio de Jesús conforme a Marcos no se debe interpretar ni resolver en plano de teorías y grandes principios. Es normal que todos estemos de acuerdo, al menos retóricamente, al hablar de cosas generales sobre Dios, sobre la vida eterna o el amor más hondo de los hombres. El problema está en concretar después, en aplicar y precisar esos principios, en la forja de la historia diaria, en el nivel de los compromisos sociales, de la solidaridad con los pobres, etc.

(106) Shema Yishrael. Amar a Dios en Israel y en el cristianismo (12, 28-34)

El credo básico de Israel es el *Shema*, una confesión y compromiso de amor. *Ésta es la palabra esencial del judaísmo, éste ha sido y sigue siendo el punto de partida de la conciencia de amor de occidente (con el cristianismo y el Islam).* Israel nace y se configura escuchando una palabra de Dios, que le pone en pie y le capacita para responder amando: «Amarás a Yahvé tu Dios con todo tu corazón, con toda tu alma y con toda tu fuerza...» (Dt 6, 4ss).

Esta confesión (citada en griego por Mc 12, 28-29) nos lleva más allá de un mandato concreto hasta el fundamento del que brotan todos los mandatos: *escucha, acoge la voz de Dios*. Sólo quién oye bien puede cumplir lo mandado. En el fondo de la Ley (lo que ha de hacerse) se halla la *obediencia*, entendida en su sentido original de *ob-audire* (= escuchar con asentimiento, en griego *hyp-akouein*). Antes del *hacer*, en gesto de duro cumplimiento, está el *escuchar o acoger* la voz de Dios. En el principio, el hombre es *oyente de la Palabra*, como supone aquí Jesús:

1. *Escucha* (en hebreo *shema*; en griego *akoue*). Éste es el principio de todo mandato: «oye», es decir, atiende a la Voz, acoge la Palabra. En el fondo se dice: no te cierres, no hagas de tu vida un espacio clausurado donde sólo se escuchan tus voces y las voces de tu mundo. Más allá de todo lo que haces y piensas, de todo lo que deseas y puedes, está el ancho campo de la manifestación de Dios (y de los otros, que te hablan): abrirse a su voz, mantener la atención, ser receptivo ante el misterio, ése es el principio y sentido de toda religión y de todo amor, esa es la verdad del mandamiento.

2. *Israel*. Es la comunidad de aquellos que escuchan a Dios; eso es Israel. Comunidad de personas que se mantienen atentas, oyendo la misma Palabra: ese es el pueblo que brota de Dios. Quedan en segundo plano los restantes elementos configuradores: patriarcas, circuncisión, leyes alimenticias, ritos de tipo sagrado... Todo eso es secundario. Sólo la escucha del único Dios configura al único pueblo israelita.

3. *El Señor, nuestro Dios, es Señor único*. Pagano es quien se pierde adorando muchas voces y así acaba escuchándose a sí mismo (a sus ídolos). Israelita, en cambio, es quien sabe acoger al único Dios (al «nuestro»). La palabra fundante del mandato pide al creyente que escuche sólo a Dios: que se deje transformar por él, que acoja su revelación y que no crea a ningún otro posible «señor» de los que existen (quieren imponerse) sobre el mundo.

4. *Amarás...* Dios habla desde su propia trascendencia, como fuente de gracia; el ser humano le escucha, para responderle con amor, es decir, con

> la entrega del propio ser. En esta perspectiva, el amor del hombre no es lo primario; no es algo que brota por instinto natural, no es una simple expansión de la especie. Entendido en sentido fuerte, ese amor es gesto de respuesta agradecida, algo que brota cuando se descubre que Dios nos ha ofrecido su palabra y asistencia. Entendido en sentido estricto, este mandato primero no expresa aquello que debemos hacer, sino aquello que somos, en perspectiva de gracia abierta al despliegue de la vida. El hombre se define como aquel ser especial que puede escuchar la palabra de amor, respondiendo a ella. Ciertamente, el amor no se puede imponer: si se cumple por obligación ya no es amor. Pero se debe animar y potenciar. Así dice el texto: *Amarás*...
>
> 5. *Con todo tu corazón/alma/mente/fuerzas*. Para este amor de Dios no hay medida, no hay talión posible (¡ojo por ojo!). El amor desborda los límites y leyes de los hombres. El que ama es corazón (hebreo *leb*, griego *kardia*). El hombre no se empieza a definir por el deseo, la voluntad de poder o el pensamiento discursivo. Al escuchar la voz de Dios y responderle, el ser humano es ante todo corazón: capacidad de amor. El texto original hebreo pone junto al *corazón* el *alma* y el *poder* (*naphseka, me'odeka*). El evangelio, conservando esos dos términos, traducidos al griego (*psychê, iskhys*), añade uno más, *dianoia* o mente, ofreciendo así una visión más amplia del ser humano. Ciertamente, *somos corazón*, capacidad de amor; pero somos *corazón animado, fuerte, pensante*. Conforme a esta visión, el hombre es un ser no definible: no se le puede encerrar en unos límites; no se le calcula usando coordenadas ya sabidas de antemano; no se le puede encuadrar en ningún tipo de ley.

3. Disputa en la plaza: Hijo de David y dinero de la viuda (12, 35-44)

De las tres cuestiones anteriores, que parecen haberse situado en un plano más «irénico» o de diálogo, pasamos a las dos cuestiones fundamentales, una de tipo cristológico (sobre la relación del Mesías como el Hijo de David) y otra de tipo social (sobre el cuidado de las viudas). Ésta son las cuestiones finales de la vida pública de Jesús. Con ellas termina su «mensaje» mesiánico en la ciudad de las promesas (Jerusalén).

a) *Pregunta cristológica* (12, 35-37). Los grupos más significativos del judaísmo de su tiempo (fariseos-herodianos, escribas, saduceos) han preguntado y Jesús ha respondido. Ahora le toca peguntar a Jesús, que tiene así la última palabra: ¿Por qué David llama Señor a alguien que aparece como hijo suyo, es decir, al Mesías? Ésta es una pregunta de gran importancia para el cristianismo primitivo (como sabe Rom 1, 2-3, que llama a Jesús Hijo de David según la carne) y para el judaísmo en general (que ha tendido a interpretar al Mesías en línea davídica, es decir, política y nacional).

b) *La cuestión de los escribas y la viuda* (12, 38-44). Esa cuestión cristológica tiene una gran importancia social, que se expresa de forma significativa en el signo de las «viudas». Hay un mesianismo de poder, que parece expresarse en los «escribas», que son los profesionales de la religión, hombres que a juicio de Jesús toman la religión como medio de crecimiento (en la línea de un Mesías triunfante). En contra de eso, Jesús presenta como figura mesiánica a una «viuda», que no tiene poder ninguno y que, sin embargo, da todo lo que tiene. Ella es el signo supremo del camino de Jesús, al final de su vida pública.

a) Hijo de David, Señor universal (12, 35-37)

He presentado el trasfondo judío del tema en *Dios judío, Dios cristiano*, EVD, Estella 1996, 109-120. Sobre el *mesianismo de exaltación*, además de comentarios a Sal 2 y 110, cf. H. Cazelles, *El Mesías de la Biblia*, Herder, Barcelona 1981, 143-158; S. Mowinckel, *El que ha de venir. Mesianismo y Mesías*, FAX, Madrid 1975, 281-490; J. L. Sicre, *De David al Mesías*, EVD, Estella 1995, 329-406. Desde la perspectiva del cristianismo primitivo, cf. M. Gourgues, *A la droite de Dieu. Résurrection de Jésus et actualisation du Psaume 110, 1*, EB, Gabalda, Paris 1978, 127-143. Para situar el tema, J. G. Mbâ Mundla, *Jesus und die Führer Israels* (NTAb 11), Münster 1984, 234-298; G. Schneider, *Die Davidssohnfrage (Mk 12, 35-37)*: Bib 53 (1972) 65-90. Sobre el título Hijo de David y su aplicación a Jesús, cf. F. Hahn, *Christologische Hoheitstitel. Ihre Geschichte im frühen Christentum* (FRLANT 83), Göttingen 1966, 113-115, 259-262; O. Cullmann, *Cristología del NT*, Methopress, Buenos Aires 1965, 133-160, 227-274 (nueva edición en Sígueme, Salamanca 1998).

Este pasaje propone *un enigma mesiánico*. Parece controversia pospascual entre el judaísmo rabínico y la Iglesia. Jesús toma la iniciativa y plantea a los judíos una pregunta enigmática sobre las relaciones del Mesías con David. Ellos no saben responder. Marcos supone que hay dos formas de entender el mesianismo, una de tipo nacional (judío) y otra universal. Marcos las plantea para que responda el lector, adentrándose en la trama del relato.

a. (¿Cómo dicen los escribas?) ³⁵*Entonces Jesús tomó la palabra y enseñaba en el templo diciendo: «¿Cómo dicen los escribas que el Cristo es hijo de David?».*
b. (La Escritura) ³⁶*David mismo dijo, inspirado por el Espíritu Santo: «Dijo el Señor a mi Señor: Siéntate a mi derecha hasta que ponga a tus enemigos debajo de tus pies. ³⁷Si el mismo David lo llama Señor, ¿cómo es posible que el Mesías sea hijo suyo?». La multitud lo escuchaba con agrado.*

Jerusalén, ciudad del Mesías (11, 1-13, 37)

Del contexto anterior brota este enigma. No lo plantean adversarios o curiosos, sino el mismo Jesús que introduce la figura y función de David en su discurso. Sigue enseñando en el templo (12, 35; cf. 11, 27), como maestro del judaísmo. Antes le habían preguntado los escribas; ahora es él quien les plantea una cuestión: ¿Cómo dicen los escribas que el Cristo es *hijo* o *señor* de David? Se trata, evidentemente, de una pregunta discutida, que separa y distingue a Jesús de los escribas, que aparecen aquí como partidarios de un mesianismo davídico, es decir, en línea de «toma de poder».

Recordemos que el título de *Cristo* está al principio (1, 1) y en el centro del evangelio de Marcos (8, 29), pero como título discutido, interpretado por el mismo Jesús en términos de *Hijo del Hombre* (8, 31). Por otra parte, el ciego de Jericó y la multitud del día de los ramos han llamado a Jesús *Hijo de David*, como representante misericordioso de Dios, que cura a los ciegos (cf. 10, 47-48) y como rey mesiánico, que entra en la ciudad sobre un asno, pero sin tomar el poder y hacerlo suyo (11, 10). Desde este fondo se plantea el problema de su «filiación davídica», que Pablo admite sólo en un plano de «carne» (Rom 1, 3-4) y que Mt 1-2 y Lc 1-2 interpretarán desde una perspectiva de «concepción por el Espíritu», superando así su nivel «carnal» (nacional, militar). Es evidente que ese tema ha dividido a los cristianos (y a los mismos judíos nacionales, que acusan a los cristianos diciendo que su Cristo no es verdadero Hijo de David, pues no ha tomado el poder, no ha instaurado el Reino).

a) ¿Cómo dicen los *escribas...?* (12, 36). Significativamente, la afirmación de que el Mesías ha de ser Hijo de David aparece como opinión de los escribas judíos (no de los cristianos). Esa pregunta de Jesús supone que los escribas suelen entender al Cristo como hijo nacional de David, en la línea del proyecto israelita (vinculado a la dinastía real de Jerusalén: cf. Rom 1, 3), cosa que él (Jesús, o, por lo menos, el Jesús de Marcos) no comparte. Esta perspectiva de los escribas destaca los valores distintivos de la elección israelita: las tradiciones patriarcales, las leyes de pureza, el templo. El Cristo es *hijo de David* porque asume y cumple su proyecto. Lógicamente, quienes piensan de ese modo acusan a Jesús de antimesías, porque pone en riesgo el valor y distinción del pueblo.

b) *Según Jesús, la Escritura no avala la visión de los escribas* (12, 36-37), porque en ella el mismo David dice que el Mesías es su Señor (*Kyrios*), suponiendo así que no es su hijo. Como hemos venido destacando, Jesús interpreta el mesianismo de un modo «no davídico», corrigiendo a Pedro (que le ha llamado Cristo) y presentándose como Hijo del Hombre que se entrega por los demás (8, 27-9, 1). Ciertamente, Marcos ha podido evocar a Jesús desde la perspectiva davídica, pero lo hace citando palabras de otros personajes, en línea de misericordia (cf. 10, 46-52, curación del ciego) y de renuncia al poder (11, 1-11). Desde esa perspectiva plantea el tema del Sal 110, 1, donde el mismo David (autor «oficial» del salmo) llama al Mesías «Señor» (suponiendo así que no es su hijo, o que no actúa como hijo suyo).

Éste es el enigma, que tiene un aspecto social (¿ha cumplido Jesús las exigencias del mesianismo davídico?) y otro teológico, o de interpretación de la Escritura: ¿Cómo se puede llamar al Cristo hijo de David, si el mismo David le ha llamado «Señor» (12, 35), en un salmo clave de la tradición judía? El mismo David habría dicho: «Dijo el *Kyrios* (= Dios) a mi *Kyrios* (= Cristo, pretendido hijo de David): siéntate a mi derecha...» (Sal 110, 1).

En su versión griega, utilizada por Marcos, el salmo emplea las dos veces el mismo nombre (*Kyrios*, Señor divino) al referirse a Dios y a su Mesías, que sería así hijo y Señor de David. Se ha dicho a veces que la paradoja del pasaje, destacada por Marcos, proviene de la traducción griega (LXX), porque el original (TM) distinguía los títulos: Dijo *Yahvé* (= Dios), a mi *Adonai* (= Señor)... Pero el problema permanece aún en hebreo, siempre que el salmo se lea en clave mesiánica (como hacían judíos y cristianos). Ciertamente, en el texto hebreo sólo Dios es Yahvé, pero es evidente que cuando David (el salmo) llama al Mesías *Adonai* (en griego *Kyrios*), diciéndole que se sienta sobre el trono de la gloria, a la derecha de Yahvé, le está dando una categoría divina, un señorío superior al de David o al de sus hijos.

El texto ha planteado perfectamente el problema. (a) Por un lado se dice que *el Mesías es hijo de David* y así aparece subordinado al proyecto nacional de la monarquía israelita, con su ley, su templo y sus instituciones sociales. (b) Pero la misma Escritura, no sólo aquí (Sal 110) sino en otros lugares semejantes (cf. Sal 2), alude a *una figura mesiánica que desborda los esquemas del reino davídico*, tanto en el original hebreo (TM), como en las versiones griegas (LXX). En esa línea, según Marcos, Jesús no aparece como portador del Reino Davídico (en línea de triunfo nacional), sino como representante de Dios desde la pobreza y entrega de la vida. El texto nos sitúa según esto ante el escándalo mesiánico de Jesús.

La pregunta de Jesús sitúa el mesianismo en el trasfondo de la esperanza transcendente (supranacional) de ciertos textos de la Escritura israelita, interpretándolo, al mismo tiempo, en claves de entrega de la vida (es un Mesías humanamente derrotado, a diferencia del Hijo de David, que debería triunfar, con armas y dinero, instaurando un reino nacional). A partir de aquí, el Jesús de Marcos quiere mostrar a los escribas que, aunque fuera *Hijo de David* (¡el texto no dice que lo sea!), el verdadero Cristo desborda ese nivel israelita porque es también *Señor de David* (situándose en un plano mesiánico más alto: de grandeza divina y de entrega de la vida). Ésta es una cuestión clave que el evangelio plantea a los hermeneutas profesionales, escribas de la Ley. Ella se puede responder de varias formas:

Jerusalén, ciudad del Mesías (11, 1-13, 37)

- *Se podría afirmar que el salmo (¡Dijo el Señor a mi Señor!) sólo ofrece una metáfora de saludo cortés*: David llama a su hijo (Cristo) «mi *Señor*» en un sentido figurado (como en las lenguas latinas: *mon-señor, mon-sieur, mon-signore*). Ciertamente, el Mesías posee cierto señorío superior, pero sólo en clave figurada, porque en realidad sólo es un «hombre», aunque con grandeza real (regia). En esa línea entenderían el pasaje los Salmos de Salomón y otros escritos judíos (fariseos) de aquel tiempo.
- *El título se puede interpretar en perspectiva de mesianismo transcendente*: el Hijo de David es su Señor porque en el fondo es un personaje mítico (divino) del tiempo originario, o es un patriarca/profeta elevado a los cielos (Henoc o Melquisedec, Elías o el Hijo del Hombre) que vendrá al final del tiempo para realizar el juicio de Dios sobre la tierra. En esta perspectiva entenderían el texto algunos círculos apocalípticos que han unido el mesianismo de David (Cristo es su hijo) con un enviado celeste.

Marcos ha entendido ese título (el Mesías es Señor) en clave de elevación teológica y de entrega humana (en la línea del Hijo del Hombre). (a) Así podría conceder, por un lado, que Jesús es Hijo de David a nivel de genealogía israelita (cf. Mt 1, 6; Lc 3, 31). (b) Pero él debe afirmar, al mismo tiempo, que Jesús ha desbordado ese nivel, porque en los momentos principales del libro le presenta como *Hijo de Dios* (1, 1.11; 9, 7). Así podría decir, en la línea de Rom 1, 3-4, que Jesús es Hijo de David (en línea de carne) e Hijo de Dios (= Señor de David), por la resurrección.

Esa es la interpretación de muchos exegetas, que piensa que Marcos admite la filiación davídica de Jesús, aunque le da poca importancia (como hace Pablo), diciendo que Jesús no ha sido salvador ni Mesías en ese plano. Pero esa visión no es tampoco segura, de manera que se puede, y a mi juicio se debe afirmar, que, según Marcos, Jesús no ha sido Hijo de David. Éstos son los argumentos que se pueden aducir en esa línea:

- La afirmación de que el Mesías debe ser Hijo de David forma parte de la teología de los escribas, a quienes se les atribuye (12, 35), una teología que Marcos no hace suya, al menos de una forma expresa. La visión de un mesianismo davídico sería propia de los escribas, no de Jesús (ni de Marcos).
- Marcos no acepta el esquema de Pablo en Rom 1, 3-4, diciendo que Jesús ha sido «Hijo de David» sólo en un plano de carne, para convertirse en Hijo de Dios (verdadero salvador) por la resurrección, pues, a su juicio, Jesús era «ya» hijo de Dios en su misma vida histórica (es decir, en la carne), al menos desde el bautismo (1, 11-12); según eso, la vida mesiánica de Jesús no ha sido la de un Mesías davídico, sino que él ha superado ese nivel.
- Ciertamente, Marcos sabe que algunos personajes de su evangelio llaman a Jesús «Hijo de David» en un sentido positivo (en 10, 46-52 y 11, 10). Pero

- no es claro que él asuma como propias esas expresiones, que son de otros, no de Jesús. En esa línea se debe recordar que Marcos recoge también expresiones propias de endemoniados, que exaltan a Jesús, sin que se diga que él las acepta (cf. 1, 24; 3, 11; 5, 7).
- En ese sentido podríamos decir que la «cristología de Jesús como Hijo de David» forma parte de la visión de otros, y así la cita Marcos, pero sin hacerla propia. Desde esa perspectiva, prefiero dejar el tema abierto, sin decidir si Marcos acepta o no acepta el título de Hijo de David como apropiado para entender el mesianismo de Jesús.

Lo único cierto es que Marcos ha planteado el enigma, pero no lo ha resuelto en forma conceptual, sino que ha dejado que los mismos hechos vayan desvelando su sentido, en un relato que nos lleva hasta la Cruz donde Jesús podría aparecer por un lado como Hijo de David (le condenan como a Rey de los judíos: 15, 18), siendo de verdad Hijo de Dios (como confiesa el centurión: 15, 39). De todas formas, más que puramente cristológico, éste es un problema «social»: Marcos está «condenando» (superando) un tipo de mesianismo de poder, vinculado a los escribas y a su forma de entender la filiación davídica de Jesús.

De esa forma queda el tema abierto. El camino que se inició en David (su mesianismo) ha sido desbordado y de esa forma se han quebrado los modelos anteriores en el preciso momento en que Jesús (un posible descendiente de David) se halla asociado por un lado a Dios (es Hijo de Dios, se le llama *Kyrios*), siendo, al mismo tiempo, Cristo por su entrega de la vida hasta la muerte. Jesús es *Kyrios* (como Dios), siendo, al mismo tiempo, aquel que ha recorrido el camino de entrega que viene marcando todo el evangelio, desde 8, 27 en adelante.

Sea como fuere, esta pregunta (¿cómo dicen los escribas que el Mesías es Hijo de David…?) y la respuesta de Jesús que le presenta como *Kyrios*, en la línea de Dios, está en la base de toda la teología posterior de la Iglesia. Los cristianos han empezado a especular (en el sentido más profundo de la palabra), utilizando viejos textos de la Escritura, que ellos comparten con los judíos, descubriendo nuevos matices, como en este caso del salmo 110: «Dijo el Señor a mi Señor…».

En este pasaje, el Jesús de Marcos aparece así sabio entre los sabios, superior a todos los escribas. Ha respondido a las preguntas de los otros, nadie logra responder a las suyas, de forma que la gente queda admirada de sus contestaciones y preguntas (12, 37). Jesús abre nuevas preguntas y experiencias, pero no ofrece ninguna contestación teórica sobre la identidad entre el hombre (hijo de David) y el Hijo de Dios (*Kyrios* divino). La verdadera respuesta no puede alcanzarse en un plano de teoría, sino en la práctica de la vida. El problema de los escribas no está en sus teorías (sobre el carácter davídico del Mesías), sino en su forma de vida. Es aquí donde se plantea el tema del verdadero mesianismo, como indicará el texto que sigue, vinculado al anterior por la cuestión de los escribas.

(107) **Hijo de David**

Conforme a una visión bastante extendida, Jesús no debía ser Mesías por ser Sumo sacerdote (para organizar el culto), ni como Profeta final (para culminar la revelación del Sinaí), sino por ser Hijo de David, situándose, por tanto, en la línea de una renovación social (y política) del pueblo de Israel. Ciertamente, la pretensión de poseer una ascendencia davídica se hallaba bastante extendida y es probable que la familia de Jesús se contara entre aquellas que la mantenían. Quizá sus antepasados emigraron de Belén a Galilea en los años de la conquista y rejudaización de los asmoneos (hacia el 100 a.C.). Por su parte, el mismo Pablo presenta a Jesús como «Hijo de David según la carne» (Rom 1, 3-4) en un tiempo en que aún vivían y tenían gran influjo sus hermanos y parientes en Jerusalén. Pero Marcos ha reinterpretado esa pretensión de un modo por lo menos ambivalente, dejando que sean los mismos lectores del texto los que lo interpreten.

1. *Hijo de David, Mesías misericordioso.* La invocación «Jesús, Hijo de David, ten piedad de mí» se encuentra firmemente anclada en el milagro del camino (Marcos 10, 46-52 par), como indicaremos en el comentario. Es significativo el hecho de que la obra distintiva del Hijo de David sea curar a los enfermos (o mostrar misericordia). Pero esa es una invocación del ciego del camino, y no es seguro que Marcos la haya asumido como propia.
2. *Hijo de David, portador del Reino.* Jesús entra en Jerusalén mientras cantan «Bendito el que viene en nombre del Señor» y «bendito el reino de David, nuestro padre, que viene» (Marcos 11, 9-10). El primer «bendito» es de carácter *procesional*: aclaman a Jesús, como a los otros peregrinos que se acercan a la fiesta, en nombre del Señor. El segundo es de tipo *escatológico*: proclaman la llegada del Reino. Esa visión del Reino de David parece fiel a la historia, de manera que Jesús, al que no se llama expresamente Hijo de David, aparece en un contexto de mesianismo davídico. Pero toda la historia posterior de la pasión deja abierto el tema de la filiación davídica de Jesús.
3. *¿Hijo o Señor de David?* En un nivel de disputa judía y recreación cristiana se sitúa Marcos 12, 35-37 par. Como Hijo de David, Jesús debía estar subordinado a la figura y esperanza del antiguo rey judío, apareciendo como subordinado suyo. Pero la Iglesia cristiana ha descubierto que Jesús se sitúa en un nivel más alto que el de David, de manera que no puede ser su «hijo», sino su Señor, como se afirma acudiendo a Sal 110, 1 donde, según la exégesis del tiempo, el mismo autor del salmo (David) llama a su hijo Señor (con nombre divino).

4. *Rey de los judíos*. Jesús ha suscitado, sin duda, un entusiasmo mesiánico, de manera que su figura se ha debido situar sobre el trasluz de la esperanza del Hijo de David tradicional de los judíos. Pero, conforme al título de la cruz, Jesús ha muerto como un «Rey de los Judíos» (Marcos 15, 26 par) fracasado y condenado a muerte por Roma. Por eso, ese título (Rey de los Judíos) no es signo de trono, sino de fracaso. La transformación pascual de ese fracaso (el descubrimiento de que Jesús es «rey» por haber muerto) constituye el centro del mensaje de Marcos.

Por eso, la filiación davídica de Jesús y su forma de reinado ha de entenderse desde la experiencia del fracaso de Jesús (no ha logrado extender el reino de Dios a lo largo del tiempo de su vida) y desde la gloria de la pascua. Marcos no afirma que Jesús fue hijo de David sólo en el «nivel de la carne» (del fracaso histórico), siendo Hijo de Dios por su resurrección (como dice Pablo en Rom 1, 3), sino que replantea todo el tema mesiánico desde la misma historia de Jesús, que aparece ya como Hijo de Dios en su bautismo (1, 9-11). Por eso, es muy posible que, a su juicio, Jesús fuera hijo de David. Pienso que uno de los grandes méritos de Marcos está en el hecho de haber reinterpretado (superado) el tema del mesianismo davídico de Jesús desde su forma de entender su pasión y muerte.

b) Los escribas y la viuda (12, 38-44)

Cf. H. Fleddermann, *A Warning about the Scribes (Mark 12, 37b-40)*, CBQ 44 (1982) 52-67; J. G. Mbâ Mundla, *Jesus und die Führer Israels* (NTAb 11), Münster 1984.

Marcos tiene un arte especial en crear y contrastar finales, tanto para el libro entero (16, 1-8) como para sus secciones importantes (cf. 8, 22-26; 10, 46-52 y 15, 42-47). Pues bien, entre esos finales sobresale nuestro texto, que sirve para cerrar el tema anterior de la disputa y diálogo ante el templo (11, 27–12, 37) con un texto significativo de advertencia y enseñanza orientadora (12, 38-44).

a) *La advertencia* se encuentra dirigida a los escribas que han jugado un papel clave en la sección anterior, tanto en línea de poder (en el Sanedrín que condena a Jesús: 11, 48; 12, 27) como de autoridad doctrinal: ellos estudian la Escritura o buscan su sentido (cf. 12, 28-34 y 12, 35-37). Pero en la raíz de su estudio y enseñanza aparecen como deseosos de un poder que lleva a la opresión de los más débiles (12, 38-40). Ciertamente, en un sentido son «escribas judíos»; pero Marcos está pensando más bien en el riesgo de los «escribas cristianos», que terminen imponiendo su poder sobre la Iglesia.

b) *La enseñanza* tiene como protagonista a una viuda pobre, que convierte toda su riqueza en limosna para el templo, quedando así sin nada (muriendo) en las manos del Dios, en quien confía su existencia (12, 41-44). Ciertamente, por su lugar y contexto, ésta es una viuda judía, que dona toda su riqueza para un templo que Jesús ya ha condenado. En ese sentido, ella entrega su riqueza para un fin que no es claro, pero lo hace de corazón, entregando su vida por los demás. De esa forma aparece como signo de Cristo.

Entre estos dos polos (escribas hipócritas, ansiosos de dinero, y viuda pobre que da todo lo que tiene) sitúa Jesús a sus discípulos. Los dos pasajes se encuentran bien entrelazados, en forma de contraste ilustrativo. El primero se construye a modo de advertencia general; el segundo empieza con un gesto (limosna de la viuda) para convertirse en enseñanza. El tema de fondo es en ambos casos la riqueza-honor. La palabra que vincula de manera textual ambos pasajes es precisamente viuda (*khera*): los escribas «comen las casas de las viudas», mientras éstas (algunas viudas) ponen todo lo que tienen al servicio del templo (12, 40.42).

a. (Escribas y viuda) *³⁸En su enseñanza decía también: «Tened cuidado con los escribas, a quienes gusta pasear con largos vestidos y ser saludados en las plazas. ³⁹Buscan las primeras cátedras en las sinagogas y los primeros asientos en los banquetes. ⁴⁰Éstos, que devoran las casas de las viudas con el pretexto de largas oraciones, tendrán un juicio muy riguroso».*
b. (Ricos y viuda) *⁴¹Y estando sentado frente al gazofilacio (= al lugar de las ofrendas), observaba cómo la gente iba echando dinero en el gazofilacio. Muchos ricos depositaban en cantidad. ⁴²Pero llegó una viuda pobre, que echó dos monedillas (leptá), que son dos cuartos. ⁴³Jesús llamó entonces a sus discípulos y les dijo: «Os aseguro que esa viuda pobre ha echado en el gazofilacio más que todos los demás. ⁴⁴Pues todos han echado de lo que les sobraba; ella, en cambio, ha echado de su carencia, toda su vida».*

Este pasaje ha vinculado una *diatriba y una parábola*. Es un relato complejo y duro, esperanzado y exigente, que forma como una cruz y cara de una misma enseñanza mesiánica. El judaísmo está reflejado en *los escribas*, que viven a costa de su pretendida religión, oprimiendo a los demás, y *en la viuda* que entrega lo que tiene, convirtiéndose en parábola viviente de Jesús. Sobre un fondo histórico, el mismo Marcos ha tejido este relato complejo y unitario donde culmina la vida pública de Jesús.

La escena anterior (sobre la relación entre el Mesías y el Hijo de David) podría ser un ejercicio de retórica, pero en el fondo estaba en juego un tipo de conducta, una forma de autoridad. Por eso, respondiendo a la cuestión de Jesús, y culminando su discusión con los escribas (cf. 12, 28), Marcos ha añadido estos dos textos complementarios, que sirven para entender bien el tema. Lo que está en discusión no es una teoría mesiánica, sino la forma de vida y de comportamiento de los hombres. Los escribas sabios corren el riesgo de volverse unos corruptos, pues sólo buscan sus ventajas y poder de grupo; no ofrecen su vida, no se hacen pan como Jesús, sino al contrario: viven del aplauso de los otros y devoran la casa de las viudas. Por el contrario, la viuda pobre e ignorante puede presentarse como signo de Dios, la figura más clara del Mesías.

a) *Escribas y viuda* (12, 38-40). El signo distintivo de los escribas es la búsqueda de *prestigio*, interpretado como *poderío*. Precisamente ellos, hombres del libro, han convertido su saber (leen la Escritura, interpretan la Ley) en fuente de dominio sobre los demás. Así aparecen como representantes de la *imposición sagrada*: son expresión de la patología religiosa, que aparece cuando un grupo utiliza su prestigio sacral en beneficio propio. Su poder no es de tipo militar (no brota de las armas), económico (no proviene directamente del dinero) o administrativo. *Los escriban poseen y cultivan un poderío religioso*, fundado en la pretendida sabiduría (conocen el Libro) y en la apariencia de religión, propia de aquellos que «oran» (dicen tener relación con Dios) para provecho propio.

Conforme a la visión de Marcos, los escribas a quienes aquí se alude son básicamente «judíos» (creadores de un nuevo tipo de religiosidad israelita que triunfa tras la caída del templo, el 70 d.C.). Pero Marcos no está criticando a unos «escribas de fuera», sino a los de «dentro de su Iglesia», donde empieza a surgir y está surgiendo una religiosidad de la apariencia. Más que como polémica antijudía (que también puede darse), estos pasajes pertenecen a la más pura polémica intracristiana del evangelio, que critica a los «profesionales» de la religión, que se aprovechan de Dios para provecho propio.

Éste pasaje nos sitúa ante una religión de honores y apariencia, que desemboca en la opresión de los pobres: *¡Devoran las casas de las viudas con pretexto de largas oraciones!* (12, 40). Esta búsqueda de formas externas (vestidos, saludos, privilegios en sinagogas y mesas) se ha vuelto principio de violencia: quien empieza aparentando de ese modo acaba destruyendo (matando) a los más pobres. Ésta es la iniquidad que 3, 29 interpretaba como blasfemia contra el Espíritu Santo (impedir la curación de los posesos) y 9, 42-47 como escándalo contra los pequeños (aprovecharse de ellos).

Los escribas de Dios, profesionales de la religión, se han vuelto portadores de muerte. Marcos había vinculado la oración con la misión salvadora (1, 35-39), la expulsión de los demonios (9, 29) y el perdón interhumano (11, 25). En todos estos casos, el encuentro con Dios se explicitaba en forma de comunicación, creadora de familia. En contra de eso, los escribas judíos (y quizá los cristianos que Marcos critica) utilizan la oración para su servicio, se aprovechan de Dios para imponerse a los demás: *comen de las viudas*. Han pervertido la religión, son *cueva de bandidos* (cf. 11, 17).

Jerusalén, ciudad del Mesías (11, 1-13, 37)

La religión se ha convertido para los escribas en principio de honor propio y egoísta: les hace medrar, les da seguridad material (un vestido distinto, reverencia externa). Pudiera parecer que es simple ostentación, una especie de vanidad o patología inofensiva. Pero es mucho más. Esa enfermedad religiosa se convierte en principio de dominio que se expresa en dos formas contrapuestas y, sin embargo, complementarias: aparentar ante Dios (mucha sinagoga, rezo muy visible) y aprovecharse de los otros (banquetean con los ricos, devoran a las viudas pobres).

Hemos llegado al extremo de la anti-religión, al lugar donde el cultivo técnico y profesional de lo que parece divino (conocimiento del Libro sagrado y manejo legal de la palabra) convierte a sus representantes en un tipo de locos peligrosos. Estos escribas son locos porque han construido su mundo a base de inversiones, de necesidades de apariencia: piensan que son (valen) únicamente en la medida en que lo muestran hacia fuera (vestidos), y por eso necesitan recibir la confirmación externa de su propia valía (saludos públicos). No tienen nada por dentro, carecen de verdad personal; lógicamente, para demostrar su aparente realidad, tienen que andar llamando la atención, buscando el reconocimiento de otros.

No entienden la religión como servicio a los demás, sino que se aprovechan de ella. Piensan que el conocimiento de la Ley eterna (de la que se creen de alguna forma dueños) les da derecho para vivir a costa de los demás. Por eso comen del banquete de los ricos y, lo que es mucho más grave, devoran la poca riqueza de los pobres (de las viudas). Estos escribas o profesionales de una religión convertida en libro-ley parecen abundar en el judaísmo de aquel tiempo, pero también se pueden/suelen dar y multiplicar allí donde una estructura eclesial (incluida la cristiana) convierta su autoridad religiosa en mentira (ostentación) al servicio del propio poder.

De esa forma se aprovechan de los «pobres», y utilizan los bienes de los fieles al servicio de sus propios intereses. De esta forma se han unido en simbiosis con los ricos falsamente piadosos que utilizan la religión para justificar su vida de injusticia. A fin de limpiar su conciencia, estos ricos sientan en su banquete a los escribas, apareciendo así como protectores de la religión, hombres devotos que sostienen el culto y clero con sus ostentosas donaciones. Esta simbiosis de riqueza y falsa religión aparece criticada aquí con fuerza por Jesús, aunque debamos añadir que los culpables principales (directamente desenmascarados en el texto) no son los ricos, sino más bien los escribas. Ellos bendicen con su gesto la acción de los ricos, y encima se aprovechan de ella.

Los escribas invierten así la religión: oprimen a las viudas (pobres) en vez de regalarles su riqueza. Elaboran de esa forma un tipo de piedad que sirve para tener oprimidos a los pobres, para manejarles, dominarles y exprimirles con excusas de piedad y servicios religiosos. Ellas, las viudas devoradas, son ahora el signo de Jesús, entregado y condenado también por esta misma religión oficial de los escribas. Estas viudas devoradas son mujeres, personas a quienes su propia debilidad (falta de marido) y sexo les hacen (en aquel tiempo) víctimas de la voracidad insaciable de unos falsos escribas. Es evidente que Jesús se identifica con ellas, como se ha identificado ya con enfermos-marginados-niños. En favor de estas mujeres (y de todos los humanos oprimidos) ha iniciado un movimiento de Reino. Cuando en 15, 40-41 y 16, 1-8 descubramos plenamente el valor de las mujeres para el Reino, tendremos que recordar a estas viudas oprimidas por la ostentación asesina de los antiguos (y nuevos) escribas.

---

(108) Escribas, una patología religiosa (12, 38-41)

a. Escribas «judíos», contrarios a Jesús. Constituyen la autoridad principal del judaísmo que se está formando en tiempo de Marcos, a partir del estudio y cumplimiento de las tradiciones de pureza que conforman cada vez más la vida del pueblo. Los sumos sacerdotes condenaron a Jesús, pero no constituyen problema esencial para Marcos. Los escribas, en cambio, aparecen como antagonistas de Jesús en todo su evangelio.

1. *Están vinculados a la ley sinagogal*, con ayunos y normas de pureza que Jesús ha superado con su acción liberadora (1, 22; 2, 16; 7, 1.5). Van unidos a los fariseos, como representantes del judaísmo legalista.
2. *Tienen una autoridad que proviene de Jerusalén* (del templo: cf. 3, 21) y quieren controlar (dirigir) al pueblo a través de sus leyes de pureza y de su forma de entender el pecado (y el perdón) (2, 6; 3, 21-30).
3. *Aparecen vinculados a los sacerdotes* en el juicio y condena de Jesús, presentándose así como garantes legales de la legalidad de su muerte (cf. 8, 33; 10, 33; 11, 18; 14, 1; 15, 1.31).
4. *Han mantenido una fuerte polémica pospascual con los cristianos*, sobre temas de perdón (2, 1-12), exorcismos (3, 21-30; 9, 14), mesianismo (9, 11) y ley (12, 28-34). Aunque el Jesús de Marcos les condena por su forma de emplear la autoridad para servicio propio (12, 38-40), podemos suponer que muchos estaban cerca del cristianismo.

b. Jesús, un modelo de escriba. Escribas judíos y cristianos siguen cruzándose preguntas de un lado al otro (cf. 9, 12-13; 12, 28-37); quizá la misma gran condena de 12, 38-40 deba entenderse en clave intraeclesial: Jesús no critica a los escribas judíos (de fuera), sino a los malos cristianos que utilizan su pretendido saber para vivir a costa de los otros (cf. 9, 33-50). Frente a ellos podemos presentar al Jesús de Marcos como un buen escriba mesiánico:

1. *Jesús enseña*, como hacen los escribas, pero lo hace con «autoridad», es decir, superando el plano de las discusiones eruditas y curando a los enfermos (1, 22).
2. *Jesús interpreta la Escritura*, como los escribas, pero lo hace bien, llegando a la verdad de Dios, sin deformar su Palabra (cf. 2, 23-27; 4, 10-11; 7, 6-13; 10, 3-9; 11, 17; 12, 26.28-37).
3. *Jesús es un intérprete de la Escritura*, y así apela al lector, diciendo «quien lea entienda» (13, 14): toma Dn 9, 27 y/o su propio libro como autoridad dentro de la Iglesia: ofrece su relato como signo y lugar de autoridad mesiánica para una Iglesia que vive en riesgo de perder su fundamento cristiano.
4. *El mismo Marcos se puede entender como escriba*, es decir, como un hombre que interpreta la Escritura de Israel desde la perspectiva de Jesús, ya sea explícitamente (1, 2-4; 12, 10-11), ya sea a modo de «midrash» sobre textos del Antiguo Testamento (sobre todo en caps. 13 y 15).

c. Escribas de apariencia, una patología religiosa. El riesgo permanente de los escribas, judíos o cristianos, no está en su teoría (en sus visiones generales), sino en su forma de vida. Desde aquí se entienden las condenas de Jesús, dirigidas tanto a los escribas judíos como a los cristianos. Éstos son los signos y honores que ellos buscan:

1. *Largos vestidos* (*stolais*: 12, 38). No son nada en sí, no se sienten seguros; por eso necesitan crear apariencias. Viven de fachada, enmascarados tras telas y adornos que les sirven para distinguirse de los otros e imponerles su dominio. En ellos critica Jesús la mentira de las *vestiduras sagradas* que la Ley israelita (y las costumbres rituales de muchas iglesias, incluidas las cristianas) han preceptuado para sacerdotes y ministros religiosos.
2. *Saludos en las plazas* (12, 38). La religión les convierte en *funcionarios* y ellos la pervierten, haciéndola principio de autoridad pública: utilizan el Libro para representar su teatro de prestigios. Quieren ser (hacerse honrar) sobre las bases de un conocimiento religioso que utilizan para así imponerse sobre los demás. Es evidente que no viven para crear comunidad, sino al contrario, para elevarse sobre ella.
3. *Las primeras cátedras (prôtokakhedrias) en las sinagogas* (12, 39). Pasamos de la calle a la casa, de la plaza al recinto donde se reúnen los creyentes. También en ese espacio imponen su dominio los escribas, convirtiendo el lugar comunitario de estudio y plegaria en medio para imponerse sobre los demás. Así buscan las *primeras cátedras* para controlar o dirigir desde allí a los inferiores, imponiéndoles su ley.

> 4. *Los primeros asientos (prôtoklisias) en los banquetes* (12, 39). Jesús invitaba a comer a los demás, en grupos fraternos, ofreciéndoles los panes y los peces de su propio grupo. En contra de eso, los escribas se aprovechan de su religión (su dominio del Libro) para comer a costa de los otros. No forman Iglesia, no crean verdadera comunión, sino que emplean su pretendida superioridad para vivir a costa de los demás.

b) *Parábola de la viuda* (12, 41-44). Invirtiendo el tema anterior, la *diatriba* se vuelve *enseñanza parabólica*. Jesús se sienta ante el *gazofilacio* o depósito donde los creyentes depositan las ofrendas voluntarias, planteando nuevamente el tema del dinero, pero no en clave de impuesto obligado (cf. 12, 13-17), sino como participación voluntaria en las cargas de la administración comunitaria, con fines religiosos. Está al fondo la imagen del tesoro del templo donde los judíos ofrecen sus dones. Pero es evidente que Marcos amplía esa imagen: el *gazofilacio* es signo de los bienes ofrecidos a Dios, es decir, para servicio de los pobres. En este contexto pasamos de los *escribas importantes*, ansiosos de honor, a *los ricos también importantes* que pueden invertir un dinero que les sobra al servicio de sus pretensiones de *prestigio religioso* (12, 41). Frente a ellos sitúa Marcos a *la viuda* que entrega su *bios* (12, 42-44), lo que necesita para vivir.

Después de haber acentuado el riesgo de la religión de los escribas (del judaísmo antiguo y de la nueva actitud de sus discípulos, siempre ansiosos de poder), Jesús vuelve los ojos y se sienta con ellos delante del gazofilacio, que es como un arcón de seguridad o caja de caudales donde vienen a ponerse las ofrendas voluntarias y secretas para el templo. Recordemos que Jesús ya ha estado dentro de los patios de ese templo, realizando un fuerte signo profético para así indicar el fin de la estructura económico-sacral del santuario (11, 15-19). Su forma de funcionamiento sacrificial es mala, sus escribas crean una religión de hipocresía. Pero es evidente que en el entorno de ese templo ha podido surgir y se ha desarrollado también una piedad ejemplar de apertura a Dios y de confianza en su misterio.

Como homenaje o monumento ejemplar a los valores no oficiales de ese templo, que ha sido para muchos un signo de gratuidad, abierto al mesianismo del amor, ha transmitido Marcos la escena de la viuda que entrega al tesoro de ese templo (que ella piensa que se emplea para culto de Dios y servicio de otros pobres) todo lo que tiene. En contra del escriba que pervierte la religión haciéndola mentira para su provecho, esta viuda entiende y cumple el sentido más profundo de la piedad israelita como ejercicio de gratuidad y confianza en Dios, que se traduce en gesto de gratuidad abierta hacia los otros.

Los escribas de 12, 38-40 representaban la anti-religión: han pervertido el espíritu y letra de la ley verdadera, como indicaban los textos arriba señalados.

En frente de ellos ha venido a situar nuestro pasaje (12, 41-44) a la viuda más necesitada. Pues bien, ella no aparece ya como en Sant 1, 27 (o en Marcos 12, 38-40) en actitud sólo pasiva, esperando que otros lleguen y le ayuden, sino que viene a presentarse en gesto activo, en línea de pura gratuidad. Frente a los ricos, que dan con ostentación aquello que les sobra, ella ha puesto en manos de Dios su vida entera.

Esta viuda pobre ha sido la que más ha dado, pues todos dan de aquello que les sobra; ésta, en cambio, ha dado de su misma necesidad todo lo que tenía, ha entregado su vida entera (12, 43-4). No aparece como discípula expresa de Jesús, no necesita que le abran los ojos para levantarse y seguirle en el camino como Bartimeo (10, 46-52). Pero en su misma pobreza, sin ser profesional de la Escritura (en contra de los escribas), como mujer abandonada (no tiene marido, carece de familia), esta viuda se eleva ante Jesús como signo de Dios, participante de su Reino.

Esta mujer realiza ya la verdad del nuevo templo que Jesús estaba buscando en 11, 15-19; sabe ya que es casa de oración y de confianza para todos los pueblos. No hacen falta sacerdotes, ni escribas profesionales, ni ancianos que controlen la marcha de la sociedad. Esta viuda generosa que ofrece a Dios (para su culto reflejado en el servicio de los pobres) todo lo que tiene ha descubierto ya de forma plena todo el evangelio, que es el signo más profundo de Jesús sobre la tierra.

No ha venido Jesús a un desierto sin amor, donde sólo existen deseos de poder, violencia y tentaciones. Ha venido también a una tierra donde existen viudas como ésta, mujeres generosas que saben servir y ayudar a los demás, sin buscar poder por ello; ella está en la línea de la suegra de Simón en 1, 31, la profetisa de 14, 3-9 y las discípulas veladas que hallaremos en 15, 40-41. Jesús no ha tenido que enseñar su doctrina a esta mujer. Ella la sabe desde siempre y la practica desde el fondo de su pequeñez y desamparo. Por eso Jesús la ha observado de lejos, la admira y coloca como ejemplo para todos.

Ella no lo sabe, quizá no conoce a Jesús, pues no parece haberle escuchado en la plaza. Pero, en el fondo, le conoce muy bien: está cumpliendo desde antiguo su enseñanza. Por eso Jesús no tiene que advertirle ni enseñarle nada; al contrario, ha venido al templo para contemplarla: se fija en ella, se admira y comenta su gesto. Evidentemente, no está solo en este camino. Son muchos los escribas de Jerusalén que han convertido la Escritura de Dios en una especie de finca particular y la utilizan para dominar a los demás (especialmente a las viudas).

Pero hay también muchas viudas y pobres que han asumido el mensaje mesiánico, aun sin saberlo; por ellas, para expresar plenamente lo que llevan en su corazón, para abrirles un camino de nueva conciencia de Dios y de gesto solidario de amor liberador, está recorriendo Jesús su camino de evangelio. Condenarán a Jesús los escribas (con sacerdotes y ancianos), pero el verdadero

Israel de la promesa de Dios está representado y realizado por aquellos que son como esta viuda y dan todo lo que tienen (la vida entera) para gloria de Dios, es decir, para que los otros vivan. Como representante y Mesías de aquellos que son como esta viuda, ha muerto Jesucristo.

Así podemos afirmar que Jesús ha tenido suerte: ha sabido encontrar la persona oportuna en el momento oportuno. Comenzó su camino con Juan Bautista en el desierto, transformando su ritual de conversión en anuncio de Reino (1, 1-14). Ha terminado el recorrido a la puerta del templo, admirando a la viuda que ofrece toda su riqueza (se entrega a sí misma) por Dios y por los otros. Sobre ese fondo, como una especie de paréntesis del proceso narrativo, surge el mensaje sobre el fin o meta de los hombres y las cosas.

Con esta imagen termina la vida pública (Mc 13 se dirige a los discípulos). Significativamente, Jesús ha querido compararse a una viuda. Frente a *los ricos* que regalan ostentosamente aquello que les sobra, obteniendo así más prestigio, *ella* ofrece silenciosamente dos moneditas, dándose a sí misma, pues ha dado todo lo que tiene. De esa forma viene a presentarse como testimonio de evangelio. *Ella* se entrega por estas moneditas. *Jesús* lo hará al hacerse pan y vino, comida y salvación de muchos (todos; cf. 14, 22-26).

La viuda es por definición una mujer que ha perdido mucho (marido, hijos) y no tiene familia que pueda sustentarla. Parece que debía volverse egoísta, buscando su seguridad, una pensión de vejez, medios para subsistir como persona. Pues bien, ella se olvida de sí misma, piensa en los demás y entrega lo que tiene, poniéndose en manos de Dios, conforme a la palabra de Jesús sobre la oración y la confianza en 11, 23-25: no tiene para alimentarse, pero confía en Dios y da su vida (*bios*) con estas dos moneditas que forman su tesoro.

---

(109) Una viuda ejemplar (12, 41-44)

Marcos ha querido que la vida pública de Jesús culmine con la imagen de una viuda, que no es signo de desconsuelo y muerte (como muchas veces aparece el tema en Israel), sino de esperanza creadora. Cuando Jesús va a comenzar el trayecto final de su camino de entrega, recibe la ayuda ejemplar de esta viuda, que ha dado todo lo que tiene por una causa que, para él, es buena (¡la gloria de Dios!), en el entorno del templo de Jerusalén.

1. *Viudas, un tema clave en Israel.* Esta imagen nos sitúa en el centro de la Escritura, allí donde la ley de Dios formula la exigencia de proteger a los pobres, especialmente a los huérfanos y viudas, a quienes Dios defiende, de manera que ellos no deben ser explotados (cf. Dt 20, 16-19, Ex 22, 21-23). La fiesta

de Dios ha de entenderse y expresarse como abundancia para huérfanos y viudas (Dt 16, 11-14). Lógicamente, el mayor pecado será defraudar o utilizar a los huérfanos, viudas, exiliados, es decir, a las personas que carecen de defensa o poder sobre la tierra (Dt 24, 17-22; 27, 19). Siguiendo en esa línea, Sant 1, 27 ha presentado su más honda palabra; «Ésta es la religión pura y sin mancha: Cuidar a los huérfanos y viudas en apuros y no contaminarse con el mundo».

2. *Lo opuesto a los escribas, según Marcos: una viuda*. Ella es el reverso de una religión hecha para aprovecharse de los otros, y en especial de los pobres (12, 38-40). En el fondo de su sufrimiento (muerte del esposo, abandono social) ha sabido descubrir y cultivar el poder del amor activo, ofreciendo a Dios (que a su juicio se expresa en el templo) todo lo que tiene, su misma vida (*holon ton bion autês*: 12, 44). De esa forma, ella aparece como el más hondo espejo de la gracia, una mujer mesiánica (a diferencia del Dios al que apelan los escribas de 12, 35-37). Sabemos que Jesús ha venido a dar *tên psychên autou*, su vida entera, por los otros (10, 45) y él quiere que sus seguidores hagan lo mismo (cf. 8, 35); pues bien, esta mujer pobre (sin marido y sin fortuna) ya lo ha hecho: ha ofrecido todo (*ton bion autês*) en gesto que la vincula al Reino, pasando así del viejo templo israelita de la ley de la Gracia universal del Cristo.

3. *Verdadero Israel, verdadera Iglesia*. Frente a los escribas, que comen de los demás, frente a los ricos que dan por apariencia, Jesús presenta a esta viuda como signo de Dios: símbolo supremo de su mesianismo, modelo de Iglesia, en la línea de la mujer del vaso de alabastro de 14, 3-9. Ella es *el verdadero Israel*, fuente de familia que se va construyendo en gratuidad, allí donde alguien ofrece su vida como don para los otros. Jesús no ha querido el dinero del hombre rico de 10, 21; tampoco ha definido su postura frente a los impuestos imperiales (12, 13-18). Sin embargo, él ha destacado ahora las dos *monedifas* de la viuda, convertidas en signo de entrega de la vida. Ella ha confiado en Dios; evidentemente confía en una comunidad en cuyas manos (en cuyo *gazofilacio* o caja de dinero) pone todo lo que tiene; así aparece como signo del Reino.

Las mujeres han venido siendo ejemplo para Jesús. Así la suegra de Simón le ha enseñado a servir (1, 21); la sirofenicia le ha enseñado a ver a los gentiles como hijos, no como perritos (7, 24-30); la mujer de la unción le enseñará a morir (14, 3-9). Pues bien, esta viuda del templo le enseña también a darlo todo. Ella es para Jesús el último signo del Reino, en el momento final de su vida pública.

4. Discurso escatológico (13, 1-36)

Mc 13 ha de entenderse en el conjunto del evangelio. Entre los estudios particulares, cf. E. Brandenburger, *Markus 13 und die Apokalyptik*, Vandenhoeck, Göttingen 1984; J. Dupont, *Distruzione del Tempio e Fine del Mondo. Studi sul discorso di Marco 13*, Paoline, Roma 1979; Id., *Les trois apocalypses synoptiques. Marc 13; Matthieu 24-25; Luc 21*, Cerf, Paris 1985; J. Lambrecht, *Die Redaktion der Markus-Apokalypse* (AnBi 28), Roma 1967; Mateos, *Mc 13*; R. Pesch, *Naherwartung. Tradition und Redaktion in Mk 13*, Patmos, Düsseldorf 1969. Además de comentarios, cf. Brandon, *Jésus*, 160-264; *Fall*; Biguzzi, *Templo*, 97-106; Fowler, *Let the reader*; Hengel, *Mark*, 14-30; Malbon, *Space*, 32-33; Theissen, *Colorido*, 145-188. Sobre el «tiempo» escatológico, cf. R. Bultmann, *Historia y escatología*, Studium, Madrid 1971; O. Cullmann, *Cristo y el tiempo*, Estela, Barcelona 1968; B. Mc.Ginn-H. J. Collins-S. Stein (eds.), *The Encyclopaedia of Apocalypticism* I-III, New York 1998s; R. Schnackenburg, *Reino y reinado de Dios*, Fax, Madrid 1970).

El gesto de la viuda dispuesta a morir, pues regala todo lo que tiene para el templo (12, 41-44), nos introduce en la precariedad de este tiempo. Ella expresa la novedad de Jesús (la gracia) sobre una realidad ya condenada (el templo). Precisamente para que perdure y triunfe el signo de la viuda es necesario que caiga y termine ese templo (cumpliéndose así lo indicado en 11, 15-19). Pues bien, esa ruina del templo (orden viejo) de Jerusalén ha de inscribirse y se inscribe dentro de la perspectiva más extensa del fin del mundo antiguo.

Llegamos de esa forma, tras el largo mensaje en Galilea y el camino de Jerusalén (1, 14–10, 52), después de los primeros contactos de Jesús con los representantes de Israel en el entorno de la ciudad y del templo (11, 1-12, 44), al lugar donde nos puso Juan Bautista en el principio: «Viene uno más fuerte que yo, él os bautizará en Espíritu Santo» (1, 8). De ese «bautismo» final del Más Fuerte, interpretado como muerte y nuevo nacimiento, trata nuestro texto (13, 1-36).

Éste es un capítulo de difícil comprensión, donde han venido a cuajar y condensarse rasgos del propio anuncio de Jesús y, sobre todo, experiencias muy antiguas de su Iglesia, que ha tenido que emplear imágenes y formas de expresión propias de una literatura muy particular para expresar el evangelio y situar a los humanos ante la promesa de victoria que brota de la pascua de Jesús. Como decimos, el texto tiene rasgos de tipo apocalíptico que pueden parecer arcaizantes, pues no brotan del mensaje de Reino de Jesús y de su pascua, sino de aquel contexto general de angustias, miedos, compromisos y esperanzas que han llenado la vida de diversos grupos religiosos del momento.

Es normal que puedan encontrarse paralelos en los libros apócrifos, escritos y leídos por entonces con los nombres de Henoc o de Baruc, de Esdras o de algún otro vidente de la tradición israelita. Más claro es el influjo de Daniel (y Zacarías), como se supone expresamente en 13, 14 (¡quien lea entienda!). Sabemos por el Nuevo Testamento que hubo muchos escritores cristianos que entendieron y aplicaron el mensaje de Jesús desde un trasfondo apocalíptico: Apocalipsis de Juan, 2 Tes, Judas, 1 Ped... Pues bien, el más significativo de todos ha sido quizá el autor de nuestro texto (Mc 13), imitado o recreado después por Lc 21 y Mt 24-25.

Mc 13 es un texto de lectura apasionante, que ha logrado decir desde la Iglesia aquello que pudiera parecernos indecible: el camino del evangelio, el mensaje-vida-pascua de Jesús sigue avanzando y triunfa sobre un mundo que se muestra torturado, condenado por su propio desvarío de violencia, tal como culmina en la guerra judía y en la caída de Jerusalén (el 70 d.C.). No fue Jesús quien inventó la apocalíptica, ni Mc 13 quien primero vino a introducirla en el espacio sacral de la Escritura. Las imágenes y anuncios sobre el fin tenían ancho influjo en el ambiente: textos de este tipo se leían y estudiaban con pasión, como ya he dicho (cf. 13, 14). Lo que hace Jesús, lo que dice Marcos (Mc 13) es algo en realidad sencillo y muy profundo: ambos introducen un elemento fuerte de evangelio dentro del esquema apocalíptico. La urgencia del final, sentida con pasión en Juan Bautista, no aparece ya como un motivo que nos lleva a destacar la penitencia (cf. l, 4-8), sino como principio de esperanza para mantenernos fuertes en la prueba y expandir por todo el mundo el evangelio (13, 10).

Conforme a la visión de Mc 13, el evangelio no está al servicio de la apocalíptica, ni es una consecuencia de ella, sino todo lo contrario; las imágenes de tipo apocalíptico deben ponerse y se ponen al servicio del camino de Jesús. Por otra parte, debemos destacar que este encuadre apocalíptico (Mc 13) no se introduce al final del evangelio: no es el último capítulo, ni es cierre donde todo culmina, sino que este sermón es una especie de parada intermedia: como paréntesis abierto entre la acción-disputa de Jesús en Jerusalén (Mc 11-12) y su condena-muerte-pascua (Mc 14-16). Sirve así de pausa de reflexión, para frenar, por una parte, la marcha del discurso (y no llegar demasiado pronto a la condena de Jesús) y para crear, por otra parte, un tipo de suspense más profundo en el relato: lo que se pone en juego en la condena-muerte de Jesús es nada más y nada menos que el sentido final de la existencia.

Eso significa que la apocalíptica de Mc 13 ha sido ya cristianizada. Es normal que algunos de sus elementos provengan de la misma historia de Jesús; otros derivan del contexto judío, que aparece claro en los apócrifos del tiempo; otros han sido estructurados ya y elaborados por la Iglesia, como han visto con mucha precisión los investigadores que trabajan sobre el tema. Es muy posible que el mismo redactor haya recogido fragmentos escritos de un sermón precedente; pero, utilizando tradiciones y textos anteriores, ha elaborado un capítulo genial de apocalíptica cristiana, situándola en el justo lugar de su evangelio.

No es Jesús quien se pone al servicio de la apocalíptica, como si el fin del mundo se encontrara ya fijado y sólo hubiera que dar unos retoques al anuncio de su destrucción ya asegurada. Lo que pasa es lo contrario: el «canto firme» o melodía base en Mc 13 es aquello que Jesús ha ido ofreciendo en su mensaje (Galilea) y su camino de entrega (Jerusalén). Desde ese fondo, el mismo Jesús de Marcos reconstruye y da sentido a unos fragmentos, quizá anteriores, de esperanza y terror apocalíptico. Por eso, toda la verdad de este capítulo ha de verse como consecuencia del relato previo (Mc 1-12) y como anticipo de algo que sólo cobra su sentido final y se interpreta en su verdad a partir de lo que sigue (Mc 14-16). Más aún, todo lo aquí dicho ha de entenderse desde la palabra del joven de la pascua (16, 6-7). No se funda el Reino de Jesús en la apocalíptica, sino al contrario: la apocalíptica que ya se anunciaba previamente cobra sentido y se recrea desde el mensaje de Jesús.

Desde ese fondo leemos y estudiamos este capítulo, dividiendo el material en cuatro unidades: introducción (13, 1-4), crisis social y familiar (13, 5-14), tribulación última, con la venida del Hijo del Humano (13, 14-28), y advertencias sobre el tiempo de la espera (13, 28-37). Por razón del tema nos fijamos de un modo especial en la segunda, centrada en la crisis de la Iglesia y familia.

(110) Escatología, los tiempos del final

Mc 13 plantea el tema del fin de los tiempos o, quizá mejor, del «tiempo del final», es decir, de aquellos acontecimientos y signos que sitúan a los hombres ante la llegada del reino de Dios. Éste es un tema que ha sido y sigue siendo discutido con pasión por los lectores del evangelio. De un modo general, se suelen distinguir dos interpretaciones de la escatología de Jesús: una, de tipo «consecuente», pone de relieve el aspecto apocalíptico (Jesús habla de la «ruina» del tiempo final); otra, que suele llamarse «realizada», insiste en el carácter definitivo de los tiempos actuales. Al lado de ellas quiero destacar la escatología existencial y la «sucesiva». Éstas cuatro interpretaciones dependen de Mc 13 y han sido desarrolladas de un modo especial por autores protestantes:

(1) *La escatología apocalíptica o consecuente* ha sido defendida por *A. Schweitze*. Según ella, Jesús esperó la venida de un Reino futuro, inminente, de tipo apocalíptico, en la línea de algunas esperanzas judías de aquel tiempo. No habló del presente: no quiso cambiar cosas en el tiempo de la historia, ni ofreció el Espíritu de Dios a los pobres y posesos, para liberarles en el tiempo de este mundo. Juzgó que la historia había terminado y no podía cambiar ya; sólo había tiempo para el Reino. Pensó al principio que ese

Reino llegaría durante el mismo tiempo de su vida; tras un primer fracaso, lo esperó para un momento posterior, aunque cercano, tras su muerte: él mismo (Jesús) retornaría como Hijo del Hombre, para juzgar y culminar (destruir) la historia, suscitando el reino de Dios. Pero Jesús murió y su Reino no ha venido todavía; sobre el hueco formado por esa decepción surgió la Iglesia.

(2) *La escatología realizada* (defendida por C. H. Dodd) dice que, en el fondo, el Reino de Jesús ya ha llegado. Él interpreta de un modo simbólico los signos apocalípticos del Hijo del Hombre y las crisis del cosmos; lo que a Jesús le importa no es el mundo físico externo, sino la forma de situarnos ante la realidad (y lo hace de un modo especial en las parábolas). El orden externo continúa como antes; a nivel de historia externa o mundana sigue rodando la marcha política de estados y pueblos. Pero, en el sentido más profundo, la historia verdadera de la revelación de Dios y su presencia sobre el mundo ha culminado ya por medio de Jesús, tal como Pablo y Juan lo han destacado. Se ha revelado ya el Espíritu de Dios y los creyentes (los que acogen el mensaje de Jesús) viven ya a nivel de historia culminada: han descubierto la verdad, moran en el plano de lo eterno. No falta nada, está todo realizado en fe (cumplido el tiempo, salvados los fieles), aunque todavía externamente no se vea.

(3) *Escatología existencial y decisión creyente*. Muchos exegetas han querido y quieren vincular los dos aspectos anteriores, como hizo *R. Bultmann*, quien supuso que Jesús anunciaba con lenguaje mitológico el fin externo de este mundo; pero no lo hacía para evocar sucesos exteriores (que aún debieran realizarse), sino para destacar el carácter escatológico de la existencia actual, es decir, de la misma vida humana (de la vida del hombre en este tiempo). En sentido estricto, Jesús no ha querido anunciar ni preparar un despliegue exterior de acontecimientos cósmicos (fin del mundo), ni sociales (transformaciones en la vida política), sino que se ha limitado a proclamar y reflejar con su vida la presencia de la salvación (de Dios) en cada uno de los fieles. Por eso, no se puede hablar de historia cristiana, sino sólo de historicidad: de un modo auténtico de vivir, en decisión y libertad creyente, ante el misterio de Dios.

(4) *Escatología sucesiva, historia de la salvación*. O. Cullmann ha querido vincular el aspecto consecuente y realizado de la escatología, pero no en forma existencial (como Bultmann), sino a través de un fuerte programa de temporalización de la vida de Jesús y del mensaje de la Biblia. Dios mismo se expresa, a su entender, a lo largo del tiempo, es decir, en un proceso de surgimiento cósmico (creación), despliegue social (Antiguo Testamento),

> concentración personal (Jesús), apertura misionera (Iglesia) y culminación universal (escatología entendida como fin del mundo y cumplimiento de la historia). Ese proceso sigue abierto hacia un futuro todavía no cumplido, pero se centra y recibe su máximo sentido en la pascua de Jesús, que ya se ha realizado en el centro del tiempo, de manera que las esperanzas apocalípticas del Antiguo Testamento y del mismo Jesús se mantienen operantes e influyen de manera poderosa en los hombres.

a) Introducción. Los pescadores mesiánicos ante el templo (13, 1-4)

a. (Punto de partida) *¹Al salir del templo, uno de sus discípulos le dijo: «Maestro, mira qué piedras y qué construcciones».*
b. (Reacción de Jesús) *²Jesús le replicó: «¿Ves esas grandiosas construcciones? Pues no quedará aquí piedra sobre piedra. Todo será destruido».*
c. (Nueva pregunta) *³Estaba sentado en el monte de los Olivos, enfrente del templo. Y Pedro, Santiago, Juan y Andrés le preguntaron en privado: ⁴«¿Dinos cuándo ocurrirá eso y cuál será la señal de que todo eso está a punto de cumplirse?».*

Jesús anunció el fin del templo y *los sacerdotes* han decidido ajusticiarle (cf. 11, 12-19). Pero *los discípulos* no quieren entender: siguen vinculados al honor de la casa israelita, representada por el templo. No han creído a Jesús, pero él les ofrece allí su último discurso:

a) *Punto de partida. Incitación de los discípulos* (13, 1). Uno de ellos dice a Jesús, extasiado, mostrándole el templo (*hieron*): *¡Mira qué piedras, qué edificaciones!* Así expresa su triunfalismo religioso, vinculado al santuario entendido como foco creador, centro sagrado que condensa la unidad de la familia israelita.

b) *Reacción de Jesús: ¡No quedará piedra sobre piedra!* (13, 2). Los discípulos le enseñan las piedras y signos de la gloria religiosa nacional, clasista, que Jesús ha declarado estorbo (higuera seca, cueva de ladrones: cf. 11, 12-29); por eso, como expresión de su mensaje, para bien de la humanidad y cumplimiento de su proyecto de Reino, reitera su tema y anuncia el fin del templo.

a') *Pregunta final. Los cuatro testigos* (13, 3-4). Se ha sentado Jesús en la Montaña de la gran revelación, precisamente contra (frente) al templo. Los cuatro discípulos primeros de la pesca escatológica se vuelven al fin como depositarios de su última palabra (cf. 1, 16-20). Culmina de esa forma la promesa: *El tiempo se ha cumplido* (cf. 1, 14-15). El templo había sido garantía de esperanza nacional. Su fin implica ruina y destrucción de todo lo que existe. Evidentemente, los cuatro pescadores del Reino, preguntan por el *cuándo y las señales*, introduciendo lo que sigue (13, 5-37).

Jerusalén, ciudad del Mesías (11, 1-13, 37)

Para un judío, el mismo ser y la estabilidad de este mundo se vincula al templo. El santuario de Dios garantizaba, con su edificio y liturgia expiatoria, el orden de la tierra. Si falla el templo, el mundo pierde su sentido y los hombres quedan desfondados, sin unión con Dios, ni garantía de vida y pervivencia: ¿Cómo se podrá vivir sin templo? ¿Cómo mantenerse y superar los riesgos de la historia si no existe un santuario donde puedan expiarse los pecados? En realidad, Jesús había respondido: *Más allá de ley y templo hay evangelio; donde acaba la familia i*sraelita viene a desplegarse el Reino. Así lo había ya mostrado en 11, 20-26. Así lo ratifica ahora este discurso eclesial sobre la meta de la historia.

Sale Jesús con los suyos, y le ponderan la magnitud (firmeza) de las piedras y las edificaciones del santuario (13, 1). Hablan así por orgullo nacional, alimentado por la propaganda de los sacerdotes y los libros santos. No hace falta acudir a nuevos textos. Los salmos antiguos ya cantaban a Dios por la belleza y gloria de su santuario; allí habita para siempre, desde allí protege a los suyos de tal forma que ya nadie jamás podrá vencerles (cf. Salmos 45; 48; 75; 84; 87). Esto es lo que quieren recordar y celebrar los discípulos haciendo que Jesús admire el templo: pase lo que pase, se encuentran protegidos. Pues bien, la respuesta de Jesús viene tajante, como espada que cae, cortando las viejas y más bellas esperanzas de todos los «buenos» israelitas: «No quedará aquí piedra sobre piedra» (cf. 13, 2).

Así llega a su meta y adquiere su sentido el signo del principio de esta sección (el gesto de Jesús en el templo: 11, 15-19), lo mismo que las discusiones posteriores con los sanedritas, entendidas desde la señal de la higuera seca (11, 12-14). Por eso, este pasaje no pone un sujeto humano activo de la destrucción. No son los gentiles, no son los enemigos los que arruinan el santuario. El pasivo divino empleado en el texto (*aphethê, katalythê*) nos indica que Dios mismo es quien realiza el juicio, destruyendo el edificio estéril de su templo y culminando así un camino de antigua profecía (cf. Miq 3, 11-12; Jr 6, 26; Is 29, 1-2, etc.).

De todas maneras, esa destrucción del templo no debe mirarse como un simple castigo de Dios (que condena a los malos renteros de la viña: cf. 12, 1-12), sino como expresión positiva de su voluntad salvadora universal: para que Jesús venga a ofrecer banquete de Dios a los pobres del mundo, de manera que todos puedan ya compartir el pan y orar en concordia, es preciso que este viejo templo nacional termine. Es evidente que para unos judíos nacionalistas, como los discípulos de Jesús, para unos hombres que estarían dispuestos a morir por «su» templo, este anuncio ha tenido que sonar como palabra escandalosa, dura, hiriente.

Conforme a la visión normal del tiempo, el Mesías no debía venir para anunciar o promover el fin del templo, sino para guardarlo mejor y restaurarlo en su verdad. Por eso las palabras de Jesús debieron sonar como blasfemia (cf. 14, 58), dejando a los discípulos sin base religiosa y nacional donde pudieran sustentarse. ¿Qué han de hacer ellos sin templo?, ¿cómo vivirán y rezarán en un futuro en el que no exista ya este signo de presencia de Dios sobre la tierra? Privados del templo, ellos parecen unos puros huérfanos de Dios en una historia sin historia.

El templo era el signo supremo de la sacralidad no sólo nacional (elección de Israel), sino también religiosa en el sentido más extenso. El templo consagra el espacio, abriendo un lugar de tierra santa en el centro del mundo; santifica de igual manera el tiempo, suscitando unos momentos especiales de celebración sacrificial... De mil formas, el templo era centro religioso de la historia israelita, era lugar donde un día habrán de confluir todos los pueblos de la tierra. Por eso, al anunciar el fin del templo, Jesús dice que acaban las antiguas mediaciones religiosas. De pronto, ante el mensaje de Jesús, los discípulos se quedan trastornados, sin centro al que mirar, sin lugar de referencia en el que puedan encontrar seguridad sobre la tierra. Sobre las ruinas del templo (que es fracaso de todas las certezas religiosas) tendrá que edificarse la nueva realidad, el orden nuevo de lo humano.

Este fin del templo se interpreta como desquiciamiento completo de los equilibrios anteriores. Es como si Dios (el Dios de la sacralidad) hubiera dejado de existir. Es como si las palabras y promesas precedentes se hubieran mostrado mentirosas. Pues bien, sobre esa ruina de los ideales religiosos, sobre el fracaso de todos los nacionalismos mesiánicos, centrados en el templo de Israel, Jesús ofrece una palabra más alta de muerte y nuevo nacimiento.

Todo lo que sigue está anunciado y contenido de algún modo en la palabra sobre el fin del templo. Es evidente que este mundo viejo acaba. Acaba y se termina el orden conocido de las cosas. Se cumple (se destruye) el cosmos previo de violencias y de luchas imparables. Sobre esa ruina (reflejada en la muerte de Jesús) se asienta la palabra de esperanza, el anuncio de evangelio que se abre en (por) la resurrección. Es normal que el fin del templo se vincule, por tanto, al fin del mundo.

Esta primera palabra de Jesús (13, 2) ofrece así un anuncio y compendio de todo lo que sigue (13, 3-37), un texto que Marcos presenta como enseñanza especial de Jesús a sus cuatro discípulos primeros, a los que Jesús había llamado para que fueran pescadores de la gran faena final (1, 16-20). Por eso ahora se juntan a su lado los cuatro (Pedro, Santiago, Juan y Andrés), sin que Jesús les haya convocado. Son ellos los que toman la iniciativa, como si tuvieran una responsabilidad especial, acercándose en privado, para preguntarle el cuándo y el cómo, es decir, sobre los signos y momentos en que debe cumplirse todo esto (13, 3-4).

Tanto en la pregunta de estos cuatro discípulos (13, 3-4) como en la respuesta de Jesús (13, 5-37) se han fundido de algún modo los dos planos fundamentales de la apocalíptica judía: la caída del templo (es decir, el fin de un tipo de orden israelita) y la destrucción/culminación del mundo. Desde el primer anuncio (fin del templo) puede surgir y surge una imagen nueva del mundo y de la historia. Es como si todas las cosas cambiaran de pronto su función y viniéramos a entrar dentro de un espacio-tiempo loco que ya ha sido evocado muchas veces en los textos de los apocalípticos.

Normalmente, el discurso escatológico debía venir al final del libro. Marcos, en cambio, lo anticipa, situándolo antes del juicio y muerte de Jesús. De esa forma lo pone al servicio del evangelio de la cruz y de la pascua. Los cuatro depositarios del mensaje (Pedro y Andrés, Santiago y Juan) son por una parte personajes de la historia que negarán aún a Jesús (cf. 14, 43-72). Por otra parte, son ya testigos de una verdad pascual que es garantía de vida de la Iglesia.

Marcos ha cristianizado así la apocalíptica, poniéndola al servicio del evangelio. Los temas fundamentales de este capítulo siguen siendo los ya vistos (gloria pascual y entrega de la vida), pero situados en perspectiva de futuro. Marcos no expone aquí una verdad distinta, no especula sobre fechas, no descubre «misterios» de iniciados. Hace algo mayor: entiende el futuro de la Iglesia desde el camino de muerte de Jesús, iluminado ya por la pascua. Desde esta perspectiva podemos leer y comprender el texto.

(111) **Apocalipsis y Evangelio**

Significativamente, el Apocalipsis de Juan y el evangelio de Marcos comienzan de manera semejante, remitiendo los dos a Jesucristo: *Apocalipsis de Jesucristo* (Ap 1, 1) y *Evangelio de Jesucristo* (Mc 1, 1). Eso significa que la experiencia y tarea de Jesús se puede expresar en forma de Evangelio o de Apocalipsis (y quizá de otras maneras, como sería algún tipo de Gnosis). Veamos:

1. *Marcos, una comprensión narrativa de Jesús.* Desde la experiencia pascual (el resucitado es el mismo crucificado), con rasgos que le acercan a Pablo, Marcos ha reinterpretado el mensaje de Jesús en forma de *evangelio*: buena nueva de salvación que se expresa en la experiencia comunitaria (pan, casa) y en la entrega martirial (camino de cruz: 8, 31; 9, 31; 10, 32-24) de sus creyentes. Su Iglesia es la familia de aquellos que *comparten de manera universal el pan* (cf. Marcos 6, 30-44; 8, 1-10), superando la imposición política de Herodes o la pureza exclusivista de los fariseos (cf. 8, 14-21), para crear una comunidad afectiva o grupal (casa/Iglesia) en torno a la palabra compartida de Jesús (cf. 3, 20-35). Desde ese fondo, Marcos desarrolla unos temas de comida que están muy cerca del Apocalipsis, que se ocupa también de las comidas (idolocitos). Además, de manera muy significativa, él introduce dentro de su evangelio un pequeño Apocalipsis (Mc 13).

2. *Línea gnóstica, una comprensión intimista de Jesús.* Una tradición antigua, iniciada quizá en un posible *documento Q* (texto al parecer utilizado por Lucas y Mateo) y desarrollada por el *Evangelio de Tomás* (un apócrifo del Nuevo Testamento), ha traducido el mensaje apocalíptico de Jesús en claves de sabiduría y conocimiento interior. Deja a un lado la implicación social del evangelio, con la transformación integral del ser humano (a nivel comunitario y económico), para destacar la experiencia espiritual. De esa forma se «inmuniza» frente a los riesgos políticos externos y evita la persecución imperial. Conforme a esa visión, el cristiano puede vivir a dos niveles: *sigue a Jesús en plano interno*, de transformación del alma; *acepta en el orden externo* la economía (idolocitos) y la fidelidad política de Roma, como ha puesto de relieve Ap 2-3. El riesgo de esta visión está en desconocer el sentido histórico y social de la muerte de Jesús.

3. *Hay un modelo apocalíptico*, que ha sido desarrollado de forma ejemplar por el Apocalipsis de Juan. Ciertamente, este libro tiene semejanzas con el evangelio de Marcos (y así pone de relieve la importancia de la muerte de Jesús), pero se centra de un modo intenso en la crisis de la historia y en la esperanza de la venida del Hijo del Hombre, es decir, de Jesús resucitado. El Apocalipsis de Juan puede entenderse como un desarrollo de los temas básicos de Mc 13, pero sin el entorno narrativo anterior (vida de Jesús) y sin la presentación detallada de la narración que sigue (muerte de Jesús, crucificado en concreto por los poderes político/religiosos del tiempo). Significativamente, Marcos ha introducido en su «biografía» de Jesús un capítulo apocalíptico. En contra de eso, el Apocalipsis de Juan no introduce un capítulo especial sobre la historia de Jesús.

En ese contexto (y prescindiendo de los aspectos gnósticos, que pueden estar latentes en ambos libros) destacamos las semejanzas entre Marcos y el Apocalipsis, insistiendo así en la continuidad entre el *camino de muerte de Jesús*, que Marcos ha puesto en el centro de su evangelio (Mc 8, 27-10, 52), y su *proyecto martirial*, que el Apocalipsis proyecta hacia el futuro de la historia. (a) Marcos ha insistido en la exigencia positiva del *pan compartido* (multiplicaciones); el Apocalipsis ha destacado el riesgo del *pan idolátrico* (cercano al de Mc 8, 14-21). (b) Marcos ha destacado la exigencia de fidelidad en el seguimiento de Jesús; el Apocalipsis ha insistido en el riesgo de prostitución social de las comunidades cristianas. Ambos conciben el camino de Jesús como proyecto de convivencia que rompe las barreras de un judaísmo legalista y que, superando el riesgo de una imposición imperial, se abre al mundo entero, a través de los mensajeros y/o testigos de Jesús.

b) Violencia final: misión del evangelio (13, 5-13)

Dividimos el pasaje en tres pequeñas unidades. La primera (13, 5-8) sirve de contexto general e introducción. La segunda (13, 9-11) vincula entrega de los discípulos y misión del evangelio. La tercera (13, 12-13) expone la crisis de familia de los últimos tiempos.

1. Contexto: la gran crisis (13, 5-8)

Marcos centra su anuncio apocalíptico en este pasaje de crisis que ha de entenderse partiendo de la muerte y pascua de Jesús (Marcos 15-16). Ha llegado el Mesías de Dios, ha ofrecido sus signos de Reino, pero los poderes del mundo, concentrados en el templo y expandido por el mundo entero (¡todos los pueblos!), han respondido con violencia. El texto recoge los terrores de una humanidad que parece desintegrarse sin lógica alguna, sin ningún sentido. En medio del desquiciamiento de la historia y cosmos, Jesús puede y debe orientar a sus discípulos. Por eso, entre los gestos y caminos de terror que parecen repetirse, sin llevarnos a ninguna parte, eleva la más honda voz de su consuelo.

> a. (Aviso) *⁵Jesús comenzó a decirles: «Mirad que nadie os engañe, ⁶pues muchos vendrán en mi nombre diciendo Yo soy y engañarán a muchos.*
> b. (No os alarméis) *⁷Cuando oigáis hablar de guerras y de rumores de guerra, no os alarméis. Eso tiene que suceder, pero no es todavía el fin.*
> c. (Conflicto cósmico) *⁸Pues se levantará pueblo contra pueblo y reino contra reino. Habrá terremotos en diversos lugares. Habrá hambre. Ese será el comienzo de la tribulación».*

Se abre así un tiempo de mentiras: gentes que dicen ser el Cristo (¡yo soy!), descarriando de esa forma a los demás. Se abre un tiempo de guerras (pueblo contra pueblo, reino contra reino), de tal modo que los hombres corren el riesgo de acabar destruyéndose del todo. Será tiempo de convulsiones cósmicas (terremotos, hambres) que servirán para recordar a los humanos su fragilidad sobre la tierra. Esto es lo que pudiéramos llamar la apocalíptica de la naturaleza y de la historia: sobre un mundo internamente amenazador (terremotos, hambres) se agranda la amenaza producida por el mismo engaño y violencia de los hombres.

a) *Es tiempo de inversión mesiánica*: «Que nadie os engañe; pues muchos vendrán en mi nombre diciendo 'yo soy' y engañarán a muchos» (13, 5-6). Antes no se había revelado el *mal completo*. Había males, confusiones. Sólo ahora, en actitud de oposición a Jesús, se ha expandido y estallado la violencia plena. Frente al bien completo emerge el mal también completo. Cesan los puntos de referencia, se extiende por doquier el engaño de aquellos que pretenden imponer su egoísmo (*¡yo soy!*) frente al Jesús que se ha entregado por los otros (13, 6). Ésta es la gran confrontación, interpretada como juego de confusiones: vendrán muchos falseando a Jesús y utilizando el nombre de Dios, *El que es* (Ex 3, 14), para provecho propio. Dentro de este mundo, quienes hablan de esa forma, imponiendo su «yo» como principio de poder son portadores de engaño, mesías mentirosos que desencadenan, por su propia envidia, movimientos enfrentados de ruptura y persecución generalizada.

b) *Tiempo de luchas: guerra universal* (13, 7-8a). Al egoísmo orgulloso de los malos cristianos que defienden una pascua sin cruz y dicen *¡yo soy!* va unida la guerra universal. De esta forma relaciona Marcos la disputa intracristiana de los que se quieren hacer «cristo» sin amar a los demás y la violencia de todas las naciones. Allí donde cada uno defiende su razón particular hecha mentira emerge la disputa de todos contra todos (*¡se alzará pueblo contra pueblo...!*: 13, 8). Donde se rechaza al Cristo de la entrega de la vida se eleva *la guerra*, interpretada como fuente y ley de toda realidad. No hay remedio, no existe curación para estos males; no hay dioses que ayuden, ni sacrificios que puedan domar esa violencia. Los humanos quedan condenados a la lucha universal: viven de muerte, se mantienen combatiendo unos con otros y así acaban destruyéndose a sí mismos sin remedio.

c) *Tiempo de conflicto cósmico: terremotos, hambres* (13, 8b). Dios ha creado el orden del mundo; pero allí donde los hombres lo destruyen (se enfrentan entre sí) ese mundo pierde su sentido, retornando al caos del que todo ha provenido (cf. Gn 1, 2). Es como si el cosmos perdiera su estabilidad y se quebrara (terremotos), negándose a dar fruto (hambre). El lenguaje del texto es mítico, pues vincula lucha cósmica y batalla interhumana, pero su experiencia de fondo sigue siendo valiosa: hay una intensa relación entre paz social y equilibrio de la naturaleza, de manera que la ruptura en un nivel (lucha humana) es signo de ruptura y destrucción del cosmos.

2. Entrega y misión: Presencia del Espíritu Santo (13, 9-11)

Sobre el fondo anterior de soberbia (de gentes que dicen *¡yo soy!*), de batalla social (guerra) y desequilibrio cósmico se eleva la persecución contra los auténticos discípulos. Ellos no pueden presentarse como salvadores «divinos» (llenos de poderes externos, de tipo superior), ni luchar para imponerse, ni expandir su religión por la violencia. Carecen de poder social, no quieren defenderse por las armas, pero cuentan con la asistencia del Espíritu Santo.

a. (Entrega y misión) ⁹«*Tened mucho cuidado. Os entregarán a los sanedrines, seréis azotados en las sinagogas y compareceréis ante gobernadores y reyes por mi causa para testimonio de ellos;* ¹⁰*pero es preciso que primero se anuncie el evangelio a todos los pueblos.*
b. (Espíritu Santo) ¹¹*Y cuando os lleven para entregaros, no os preocupéis de lo que vais a decir. Decid lo que Dios os sugiera en aquel momento, pues no seréis vosotros los que habléis, sino el Espíritu Santo».*

De esa forma, la soberbia cristológica de los falsos mesías (¡yo soy!) y la violencia desorganizada, imprevisible, de uno contra otros tiende a convertirse en persecución o guerra de *todos los restantes* (los humanos en conjunto) contra los creyentes: (a) por una parte quedan casi todos, vinculados en un mismo combate contra los discípulos sufrientes del Cristo; (b) por otra quedan ellos, indefensos, pues no emplean la violencia para contestarles. Significativamente, la palabra clave del pasaje (*os entregarán, cuando os entreguen: paradôsousin, paradidontes*: 13, 9.11) aplica a los discípulos la misma experiencia de Jesús, a quien el evangelio viene presentando desde 9, 31 como «entregado» (cf. 10, 33 y luego 14, 10ss; 15, 1ss).

La misma violencia de los perseguidores viene a presentarse, de esa forma, como un momento esencial en la expansión del evangelio, de manera que se repite el modelo o esquema ya visto en Jesús (cf. 8, 31–10, 52). Frente a los soberbios y violentos que *entregan y matan* aparecen los creyentes perseguidos que mantienen su fidelidad al evangelio y extienden con la ayuda de Dios su palabra salvadora. Precisamente la impotencia de los misioneros manifiesta la más alta potencia de Dios: ellos, los perseguidos, abrirán el evangelio a todo el mundo. Frente a la dura y orgullosa humanidad que entrega a los creyentes (indefensos) en manos de violencia y muerte, se eleva aquí el misterio de la nueva humanidad eclesial, enriquecida con el Espíritu de Dios. En este contexto puede hablarse de una *misión universal.* Sobre los poderes de este mundo que se unen para rechazar el evangelio mesiánico viene a desplegarse la acción y palabra creadora de los mensajeros de Jesús; desde el reverso del mundo ellos expanden su justicia creadora, extendiendo el evangelio del Mesías entregado (cf. 14, 9).

a) *Entrega y misión* (13, 9-10). Los misioneros suscitan el rechazo de judíos (sanedrines, sinagogas) y gentiles (procuradores y reyes). Ellos han denunciado el riesgo de una sociedad que se funda en la violencia; lógicamente, los violentos les persiguen: *Os entregarán...* De esa forma, entregados por Jesús (y con Jesús) pueden ofrecer el *testimonio* (*martyrion*) más alto de la gracia mesiánica, extendiendo el evangelio (es decir, la nueva vida que surge de la entrega de la vida) a todos los pueblos. Sólo allí donde el rechazo es pleno puede ser plena la gracia. Los misioneros de Jesús no son testigos por aquello que dicen o realizan, sino por su impotencia activa, en manos de una sociedad que puede utilizarles, pero ofreciendo en ella el testimonio de su comunión de casa, mesa y palabra. Ya no existe distinción entre judíos y gentiles. La comunidad de Marcos se siente así llamada, desde el fondo de la persecución, a extender el evangelio a todos los pueblos (*eis panta ta ethnê*).

La misma persecución se vuelve tiempo de testimonio (seréis *martyrion* para ellos), abierto a la misión universal: «Pero antes el evangelio debe ser anunciado a todas las gentes» (13, 10). ¿Antes de que todo acabe? Evidentemente. De esa forma, el mismo camino de entrega-testimonio viene a presentarse como principio de misión para los discípulos del Cristo. No pueden anunciar a Jesús sobre bases de victoria nacional o popular. Únicamente desde un fondo de persecución (pobreza, falta de poder) tiene sentido salvador el evangelio.

b) *Espíritu Santo* (13, 11). El Espíritu Santo defendía en 3, 28-30 a los pobres (leprosos, posesos, publicanos), de manera que pecaban contra él quienes querían impedir la acción del Cristo, llamándole poseso. En nuestro caso, *defiende a los cristianos perseguidos*, en tema que Jn 14–16 desarrolla al ocuparse del Paráclito, abogado de los fieles: pone palabra justa en boca de los perseguidos, dando el testimonio de Jesús, defiende a los que anuncian salvación para los débiles, sufriendo por hacerlo. Juan Bautista había anunciado la venida de Jesús como el que «bautizará a los hombres con Espíritu Santo» (1, 8).

Jesús cumple así la promesa de Juan Bautista prometiendo el Espíritu (el bautismo en el Espíritu Santo, que es la fuerza transformante de Dios) a los discípulos que anuncian el mensaje en medio de persecuciones, como humanos que se encuentran entregados, impotentes, en manos de otros hombres. Parecen los últimos del mundo y, sin embargo, tienen el poder de Dios y lo traducen a modo de palabra: no hablaréis vosotros, hablará el Espíritu Santo, haciéndose promesa y anuncio en la vida de los mismos creyentes perseguidos.

Éste es el *tiempo cumplido del evangelio de Dios* (cf. 1, 14-15) que se abre a todos los pueblos. La misión de Galilea se vuelve universal. No hay estrategia distinta: lo que hizo Jesús continúa, lo que él realizó se sigue realizando, en camino que se abre a todo el mundo. Precisamente aquí, frente al templo que debe destruirse (13, 1-4), proclama Jesús su palabra para el conjunto de los pueblos (*panta ta ethnê*). Así aparece la doble universalidad humana: la *universalidad de la persecución* (todas las violencias se elevan y condensan frente a los cristianos) y la *universalidad de la misión* (sostenidos por el Espíritu, los perseguidos llevan el mensaje al mundo entero). La persecución vincula, de un lado o de otro, a todos los humanos. En esta perspectiva deben entenderse sus palabras clave.

- *Misión universal: Prôton: Antes* que la violencia destructora triunfe y llegue el fin del tiempo, ha de anunciarse por doquier el evangelio a todos los pueblos (13, 10). Están los discípulos angustiados por las persecuciones y la fragilidad del mundo, en círculo de miedo y de locura que parece destruirles sin sentido. Pues bien, Jesús les dice que hay algo previo, más importante: *prôton*, antes, debe extenderse el evangelio en todas direcciones.

- *Espíritu Santo: Dothê: Se os dará*, es decir, recibiréis la fuerza misionera que viene de Dios. (13, 11) Parecen los creyentes seres vanos, nada tienen, nadie les defiende, sin palabras, sin razones, sin justicia. Pues bien, precisamente en ellos, sobre la mentira y violencia del mundo, vendrá a desvelarse la palabra del evangelio salvador de Dios, la fuerza del Espíritu Santo.

Ésta es la misión de la comunidad mesiánica. Ella no extiende el evangelio con palabras especiales, preparadas para esta circunstancia o con un tipo de cultura superior (de judíos o griegos, de latinos u occidentales). La Iglesia es misionera en la medida en que proclama la gracia de Dios desde el fondo de su propia entrega. Allí donde confiesan el nombre de Jesús conforme a su evangelio, siendo perseguidos, los creyentes de Jesús dan testimonio de su Espíritu. Su impotencia expresa el poderío salvador divino.

---

(112) Espíritu Santo

Aparece en algunos lugares fundamentales del evangelio de Marcos, siempre en contextos de gran importancia, como signo de presencia y acción de Dios. En esa línea podemos afirmar que la comunidad de Marcos es una comunidad carismática, que tiene la certeza de que Dios ayuda a sus fieles en las persecuciones, expandiendo de esa forma el evangelio, con la ayuda del Espíritu Santo (13, 11):

1. *Promesa del Espíritu* (l, 8). Al comienzo del evangelio, asumiendo la herencia del Antiguo Testamento, Juan Bautista afirma que él bautiza en agua, para perdón de los pecados, pero que tras él viene uno que «bautizará en Espíritu Santo», ofreciendo así la plenitud de vida –salvación de Dios– para los hombres. Éste es el Espíritu de la plenitud mesiánica, cumplida y realizada según Marcos por Jesús, que aparece así como portador-transmisor del Espíritu.
2. *Bautismo en el Espíritu: Revelación personal.* En la experiencia que sigue al bautismo de Juan (1, 10), el Espíritu de Dios desciende sobre Jesús, quien viene a presentarse de esa forma como aquel que «tiene el Espíritu», y así puede transmitirlo. La misma vida de Jesús es manifestación escatológica del Espíritu de Dios, de su obra salvadora.
3. *Arrojado al desierto por el Espíritu, la tentación* (1, 12-13). El Espíritu aparece así, desde el principio de la acción de Jesús, como el antagonista

de Satanás: introduce a Jesús en la prueba, pero no para que perezca en ella, sino para que pueda triunfar sobre todos los poderes satánicos que mantienen sometidos a los hombres. El evangelio puede interpretarse así como experiencia de lucha (y victoria) del Espíritu Santo sobre Satán, por medio de Jesús.

4. *Exorcismos y pecado contra el Espíritu Santo.* Los posesos llaman a Jesús el *Hagios* o Santo de Dios (1, 14), viéndole así como portador del mismo Espíritu Santo, para liberar a los posesos. Por eso la blasfemia contra el Espíritu Santo consiste en el fondo en identificar a Jesús con el diablo, no aceptando su acción salvadora como expresión del poder de Dios, sino rechazándola como una estratagema diabólica para destruir a los humanos (3, 28-30).

5. *Defensor en la persecución* (13, 11). El Espíritu aparece en el discurso apocalíptico de Jesús como la fuerza y presencia de Dios que anima y da palabra a los creyentes en medio de la prueba. No es una presencia general de Dios, que el hombre pueda conseguir por sí mismo, en introspección meditativa, sino experiencia del poder de Dios que sostiene a los que mantienen la causa de Jesús.

6. *Muerte y don del Espíritu.* Quizá la palabra *exepneusen* (15, 37) (entregó el Espíritu) puede entenderse en el sentido fuerte al morir, Jesús entregó su vida –Espíritu– a Dios (para los humanos).

El final canónico (16, 16-18) no cita al Espíritu Santo, pero ofrece una visión «carismática» de la Iglesia, hablándonos de «signos o dones» que son semejantes a los que 1 Cor 12–14 atribuye al poder/presencia del Espíritu Santo en la Iglesia.

3. Hermano contra hermano: persecución universal (13, 12-13)

El camino de Jesús destruye las viejas estructuras familiares y sociales (como ya hemos visto en 3, 31-35). Por eso es lógico que ponga a los creyentes indefensos en manos de sus propios hermanos y parientes, como aquí se dice.

a. (Entrega) [12]«*Entonces el hermano entregará a su hermano y el padre a su hijo. Se levantarán hijos contra padres para matarlos.*
b. (Perseverancia) [13]*Todos os odiarán por mi causa; pero el que persevere hasta el fin, será salvado*».

Sigue y culmina el modelo de persecución (*el hermano entregará...*) y esperanza (*quien persevere...*), conforme a un esquema humanamente lógico: Jesús ha destruido los lazos de la familia patriarcal; ella persigue a la familia de Jesús. Ésta es la crisis de los tiempos finales: «El hermano entregará al hermano..., y el padre al hijo y se alzarán los hijos contra los padres...» (13, 12). La maldad ha penetrado en el núcleo familiar más hondo. Ya no actúa de manera irracional, sin dirección ninguna, matando cada uno a quien encuentra a su lado, sin importar quien sea (como parecía suponer Miq 7, 6), sino que es fruto y expresión de una racionalidad perversa: actúa de un modo directo, organizado, contra los cristianos, que aparecen ante los demás como adversarios universales, pues han roto los valores que definen el sentido de la antigua familia de este mundo, unida con lazos de violencia.

Los familiares de esos cristianos ya no entregan a cualquier hermano, hijo o padre, no se matan entre sí por el deseo puro de matarse, sino que entregan y destruyen precisamente a los más indefensos, a los que renuncian a la defensa armada, es decir, a los cristianos. Pues bien, esos perseguidos pueden y deben crear en medio de las persecuciones (*diôgmôn*: 10, 30), un nuevo tipo de familia universal no impositiva, no violenta (cf. 10, 28-30). Éste es el conflicto que surge entre los fieles de Jesús (testigos de casa y mesa compartida) y los miembros de la vieja familia del mundo que defienden sus duros intereses grupales.

Así aparece en toda su crudeza la violencia de la vieja familia de opresión que defiende a sus interesados (los que aceptan sus valores) y destruye a los que no aceptan su modelo de vida. En el fondo, esos *valores familiares* de aquellos que «protegen» a su grupo por la fuerza (persiguiendo a los demás) son expresión de un desvalor más grande: fundan sólo un tipo de unidad y orden de violencia pactada, donde cada uno defiende a los suyos, rechazando a los demás.

Los discípulos del Cristo son testigos de una nueva comunión de gratuidad. Lógicamente, la familia antigua responde con su arma de muerte. Los violentos pueden pactar siempre con otros violentos, buscando con ellos un reparto de poder, un equilibrio de fuerzas; pero nunca permitirán que se condene en bloque su violencia, pues entonces quedan sin poder, van al vacío, no pueden sostenerse.

a) *Entrega universal* (13, 12). Ésta no es la lucha de unos fuertes contra otros (en la línea de 13, 8), no es batalla entre grupos más o menos semejantes, igualados por la violencia, sino lucha de todos los violentos (defensores de un orden opresivo) en contra de los no violentos. Lógicamente, es batalla desigual: no hay choque de armas, ni combate parejo sino imposición de los violentos. Es tiempo de entrega universal de aquellos que creen en Jesús, rompiendo las estructuras de un tipo de familia impositiva, violenta.

b) *Perseverancia* (13, 13). El pasaje anterior ha prometido que los seguidores de Jesús anunciarán el evangelio a todo el mundo (13, 10). Con su propio testimonio, los defensores de la no violencia mesiánica van abriendo un camino de comunión universal, con la ayuda del Espíritu. Ante la persecución universal, que culmina en la intimidad de la familia, el discípulo de Jesús sólo puede responder con el testimonio de su fe, con la palabra del Espíritu y, de un modo ya definitivo, con su propia paciencia perseverante (*ho hypomeinas*). Perseverancia significa calma escatológica: saber que Jesús ha realizado su camino y que se encuentra presente entre los suyos, como fuerza de evangelio, en la palabra creadora que proviene del Espíritu Santo. Ésta no es la paciencia indiferente de pensar que todo da lo mismo, no es tampoco la melancolía del que advierte que nada se puede cambiar. Ésta es la paciencia creadora del que sigue dando testimonio, del que habla con poder y adquiere de esa forma la certeza de que el evangelio de Jesús se está anunciando en todos los pueblos de la tierra.

> **(113) Persecución y entrega**
>
> La persecución se vincula a la *entrega, sea activa* (de aquellos que ponen su vida en manos de los otros), sea *pasiva* (de aquellos a quienes otros persiguen o matan). Ambas entregas se encuentran profundamente vinculadas, definiendo el sentido de Jesús y de su Iglesia. Aquí las unimos, destacando la no violencia misionera de los cristianos y la violencia reactiva de los perseguidores:
>
> 1. *Los misioneros de Jesús son seres entregados*: quedan en manos de aquellos a quienes ofrecen su evangelio; no llevan ninguna posesión material, de manera que si los otros no quieren recibirles no tienen más remedio que marcharse (si les dejan). Signo de entrega y confianza suprema es la misión del evangelio (6, 6-13). En este contexto ha consolado Jesús a los suyos, diciendo que serán premiados quienes les ofrezcan un simple vaso de agua en esa situación de desamparo (9, 41).
> 2. *Un ejemplo para los misioneros cristianos son los niños*, seres que se encuentran «entregados», en manos de los otros. A fin de subsistir, el misionero ha de ser recibido (cf. *dekhomai* en 6, 11; 9, 37 y 10, 14), lo mismo que el niño, pues no lleva nada material consigo. Como niños que enriquecen el mundo, siendo perseguidos, así son los cristianos en medio de la tierra.
> 3. *El perseguido/entregado fundamental es Jesús*. Marcos ha escrito el evangelio de su asesinato (cf. 8, 31-38), presentándole como el *entregado* (9, 31; 10, 33). El mismo Jesús se entrega (da su vida: 10, 45; 14, 24) y le van entregando unos a otros: Judas a los sanedritas (3, 19; 14, 10.11.18.41-44); los sanedritas a Pilato (15, 1.10) y Pilato a la tortura y muerte (15, 15).
> 4. *Los cristianos aparecen como perseguidos*, en medio de una violencia universal (cf. 13, 5-8): en contexto judío y gentil (sanedrines y sinagogas, procuradores y reyes: 13, 9; *hypo pantôn*, o por todos: 13, 13), dentro de un mundo donde quiebran las mismas estructuras familiares (hermano

> contra hermano, padre contra hijo...: 13, 12). La vida cristiana es testimonio de amor (esperanza de Dios, pan y amistad comunitaria) en un entorno adverso, pues no puede imponerse el evangelio. Eso supone que para expandir el evangelio los creyentes «misioneros» han de estar dispuestos a quedar en manos de los otros (13, 10; 14, 9).
>
> Entendida de ese modo, el riesgo de persecución es consubstancial para una Iglesia que ofrece el testimonio de Jesús desde su misma fragilidad, quedando indefensa a merced de los poderes de la tierra.

c) Abominación de la Desolación, venida del Hijo del Hombre (13, 14-27)

En el centro de la gran enseñanza escatológica de Jesús a sus cuatro «pescadores de hombres» hallamos la advertencia final (sobre la Abominación de la Desolación: 13, 14-20), con el aviso de no hacer caso a los falsos mesías (13, 21-23) y la promesa de la venida final del Hijo del Hombre, vinculado al Reino que Jesús ha proclamado (13, 24-27). Precisamente aquel que ha sido rechazado-negado-matado (8, 31; 9, 31; 10, 33-34) se convierte en clave de esperanza para sus discípulos y en signo de cumplimiento de la historia, con la gloria y juicio para todos los pueblos, que verán (*opsontai*) al Hijo del Hombre que viene en las nubes, conforme a la imagen de Dn 7, 13-14.

De esa forma se vincula lo más *negativo* (la Abominación de la Desolación, que es la ruina del templo y del viejo orden judío: 13, 14-20) con lo más positivo (la venida del Hijo del Hombre, anunciada por Jesús: 13, 24-27). Entre esos dos extremos se sitúa la llamada esencial a la vigilancia: ¡No hacer caso a los falsos mesías que aparecen como una amenaza en el tiempo de crisis! (13, 21-23). El paso del primer momento al tercero nos sitúa en el centro de la gran revelación apocalíptica.

> a. (Señal horrible: la Abominación) *¹⁴«Cuando veáis la Abominación de la Desolación estando allí donde no debe (quien lea entienda), entonces los que estén en Judea que huyan a los montes; ¹⁵el que esté en la azotea, que no baje ni entre a tomar nada de su casa; ¹⁶el que esté en el campo, que no regrese en busca de su manto. ¹⁷¡Ay de las que estén encinta o criando en aquellos días! 18Orad para que no ocurra en invierno. ¹⁹Porque aquellos días serán de tribulación como no la ha habido igual hasta ahora desde el principio de la creación que Dios creó, ni lo volverá a haber. ²⁰Si el Señor no acortase aquellos días, nadie se salvaría. Pero, en atención a los elegidos que él escogió, ha acortado los días.*
>
> b. (Falsos mesías) *²¹Si alguno os dice entonces: ¡Mira aquí al cristo! ¡Mira allí!, no le creáis. ²²Porque surgirán falsos cristos y falsos profetas, realizando signos y prodigios*

capaces de engañar, si fuera posible, a los mismos elegidos. ²³*¡Tened cuidado! Os lo he advertido de antemano.*
c. (Hijo del Hombre) ²⁴*Pasada la tribulación de aquellos días, el sol se oscurecerá y la luna no dará resplandor;* ²⁵*las estrellas caerán del cielo y las fuerzas celestes se tambalearán;* ²⁶*y entonces verán venir al Hijo del Humano entre nubes con gran poder y gloria.* ²⁷*Y entonces enviará a los ángeles y reunirá de los cuatro vientos a sus elegidos, desde el extremo de la tierra al extremo del cielo».*

a) *Señal horrible. Huida* (13, 14-20). Jesús y los suyos siguen frente al templo (cf. 13, 3), ante el lugar donde el judaísmo tradicional sitúa la crisis final de la historia. Así lo ha escrito Dn 9, 27, así lo ha recogido Mc 13, 14: «Cuando veías la Abominación de la Desolación (= el ídolo abominable) estando allí donde no debe (= en el Templo...)». Ésta es la señal: la profanación del santuario, la destrucción del orden religioso que Jesús había criticado. Lo que Jesús expresó proféticamente (cf. 11, 12-26) aparece ahora como resultado de una invasión militar, de un conflicto político, que Marcos recoge y reinterpreta como amenaza contra el templo. Por eso ha de avisar: *quien lea entienda* (*ho anagignoskôn noeitô*: 1, 14; cf. Dn 9, 27).

La destrucción del templo, profetizada desde antiguo, anticipada por el gesto de Jesús y realizada en el contexto de una lucha militar entre poderes enemigos, es para Marcos expresión de la injusticia y violencia de los hombres, siendo al mismo tiempo un signo de esperanza, pues indica que la palabra de Jesús se cumple y llega el Reino. No ha sido Dios quien ha destruido el templo, sino unos soldados enfrentados, de manera que es difícil saber si el Ídolo forma parte del ejército celota o del romano, como seguiremos viendo. En este contexto se destaca la imagen de la *huida*, vinculada al asalto de la ciudad (Jerusalén) y a los riesgos añadidos que supone, en tiempos como ese, el frío del invierno o el estado especial de las mujeres (embarazadas, lactantes...), destinadas a mayores sufrimientos; pero también los varones se encuentran en peligro y a todos se les dice que no quieran aferrarse a sus bienes: ¡Quien esté en la terraza no entre a la casa...! (13, 15-17).

Todo conserva un trasfondo y sentido judío, pero este pasaje aporta algo nuevo, algo especial: ¡Los seguidores de Jesús no asumen la defensa armada de la ciudad, sino todo lo contrario! He dicho que es difícil saber en qué parte se encuentra el Ídolo Abominable, pero el despliegue del texto nos inclina a suponer que ese Ídolo (Abominación de la Desolación, como lo llaman los textos judíos anteriores: cf. Dn 9, 27; 11, 31; 12, 11; 1 Mac 6, 7), se entiende en Marcos desde una perspectiva intraisraelita. Los que han «profanado» el templo de Jerusalén no son los romanos, sino los mismos celotas judíos que, en el transcurso de la guerra (66-70 d.C.) han tomado por la fuerza el santuario, convirtiéndolo en lugar de lucha y de violencia suma.

Jesús había querido «purificar» el templo, y lo hizo de un modo ejemplar (11, 15-18), siendo condenado por ello. En contra de eso, los grupos celotas judíos, que tomaron el templo por la fuerza (año 66/67 d.C.), lo convirtieron en sede de una lucha a muerte, por el control del «poder militar y religioso», profanándolo de un modo muy intenso. En esa línea entiende Marcos la «Abominación de la Desolación»: No se trata de un pecado romano (pues los romanos no son a su juicio los causantes de la desolación del templo), sino judío, es decir, de un grupo de judíos que, en contra de Jesús y de su movimiento, promovieron la guerra y la violencia como medio de transformación mesiánica.

En este contexto dice Jesús a los cristianos que «huyan» de la ciudad, es decir, que abandonen la defensa de la «higuera seca» (cf. 11, 20-26). De esa forma nos sitúa ante el «éxodo de los cristianos», que huyen del asedio de Jerusalén (que es ya una ciudad profanada). Los seguidores de Jesús no pueden luchar por la defensa de su templo, pues no tienen ciudad que guardar, ni santuario material que defender, ni pueden responder con violencia a la violencia. Su única respuesta es la paciencia y la huida. En esta situación se encuentran: escapando de Jerusalén, perseguidos sobre el ancho mundo, sin ciudad que guardar (contra los celotas), sin patria o nación particular que construir (contra los judíos rabínicos). El camino de entrega de Jesús, iniciado en 8, 31, se expande a través de sus creyentes, a lo largo y extenso del mundo. Escapan sin defenderse, dando testimonio de Jesús y ofreciendo su mensaje en todas partes. Ésta es la misión (el misterio vital) de los auténticos cristianos.

---

(114) Abominación de la Desolación (13, 14)

El signo clave del apocalipsis de Marcos (Mc 13), equivalente al *Número de la Bestia (cf. 666) de Ap 13*, 18, es la Abominación de la Desolación. Marcos supone que alguien (*ho anagignoskôn*) está leyendo, quizá en voz alta, y le pide que preste atención (*noeitô*), porque lo que viene es importante (como dice también Ap 13, 18: «Quien sea sabio calcule»). Se trata de conocer el «secreto», un acontecimiento básico vinculado al despliegue de la crisis final, que, al parecer, ha de vincularse a la guerra judía (66-70 d.C.). Éstas son las interpretaciones más frecuentes y probables de ese signo:

1. *El Anticristo*. Algunos piensan que esa Abominación «puesta en pie donde no debe» (en el templo) es el mismo Satanás o el Anticristo (en la línea del pasaje más elaborado y simbólico de 2 Tes 2, 3-5), que recrea ese mismo motivo. Ciertamente, ese signo está en el fondo del pasaje, pero no de un modo directo, pues el texto de Marcos alude a un signo histórico: no se

refiere directamente a Satanás o al Anticristo en sí, sino a una de sus manifestaciones históricas, vinculadas a la historia final de Jerusalén donde se centra el gran drama (y no en Roma, como supondrá el Apocalipsis de Juan). De todas maneras, es muy posible que Marcos haya querido describir ese signo de un modo general, de manera que no podemos ni debemos interpretarlo de una forma fija. Además, es posible que la identidad de ese Abominable (como la del 666 del Apocalipsis) haya ido cambiando, como indicaremos.

2. *Estatua divina de Calígula*. La Abominación pudo referirse, quizá, más en concreto, al ídolo imperial, que Calígula ordenó construir y erigir en el templo de Jerusalén (con su propia figura divina), causando un inmenso alboroto en el pueblo, que estaba dispuesto a morir antes que dejar que se profanara de esa forma el santuario. Petronio, gobernador romano, retrasó lo posible el cumplimiento de esa orden, que al fin no llegó a cumplirse, por la muerte de Calígula (el 41 d.C.). Ese mandato y ese riesgo idolátrico marcó la conciencia judía (y judeo-cristiana) de aquellos años, de manera que su recuerdo podría estar detrás de la frase: «Cuando veáis la Abominación estando allí donde no debe estar...».

3. *Primer intento de conquista romana*. Más cercana al texto parece la alusión a la presencia del ejército romano, mandado por Cestio, a finales de noviembre del año 66 d.C., sobre la cumbre del Scopus, cerca del Monte de los Olivos, frente a Jerusalén. Muchos piensan que esa fue la Abominación elevada sobre la ciudad, la Señal iniciadora de la guerra, que estalló poco después (el 67 d.C.). El mismo Flavio Josefo (*Bel*. 2, 20; 1, 556) asegura que muchos judíos, al ver el ejército romano (¡que sería el gran signo!), huyeron de Jerusalén, para alejarse de las matanzas (cf. Mc 13, 14-20). Pues bien, tampoco esta referencia parece definitiva, porque tanto Mc 13, 14 como Dn 9, 27 parecen aludir a una profanación, que en este caso no existió, pues Cestio no tomó la ciudad, ni destruyó el templo.

4. *Destrucción del templo de Jerusalén por los romanos* (70 d.C.). Ella ha marcado la historia del judaísmo (y cristianismo) posterior, hasta el día de hoy, de manera que muchos judíos siguen llorando o rezando al recordarla, ante el Muro de las Lamentaciones. Pero tampoco parece que éste sea el signo de 13, 14, por tres razones principales. (a) Marcos supone que la Abominación está en pie sobre el templo (profanándolo así de un modo radical), no que lo destruye, como sucedió el año 70. (b) Ese signo ha de ponerse al principio de la guerra judía (en torno al 67 d.C.), en cuyo contexto se sitúan los acontecimientos que siguen, en especial la huida, no al final (70 d.C.), como debería ser, en el caso de que ese signo fuera

> la destrucción del templo. (c) Según Marcos, este signo ha de entenderse desde una perspectiva de profanación judía (no romana): según todo su evangelio, los antagonistas del Mesías Jesús no son los romanos, sino un tipo de poderes judíos pervertidos, contra los que Jesús se manifestó ya en 11, 15-17.
> 5. *Profanación judía del templo*. Conforme a la dinámica de Marcos, esta Abominación, «situada allí donde no debe», ha de colocarse, a mi juicio, en el contexto de la guerra judía contra los romanos. Jesús había querido purificar el templo, rechazando sus aspectos sacrificiales y particularistas, para abrirlo como casa de oración para todas las naciones, y por ello le condenaron a muerte (cf. 11, 18). En la raíz de su mensaje y de su proceso a muerte está, por tanto, la cuestión del templo, que él ha querido «purificar» (transformar), para que sea «casa de oración para todas las naciones» (11, 17). Pues bien, en ese contexto ha de entenderse, a mi juicio, el gran signo, que puede y debe identificarse con la «profanación histórica» del templo de Jerusalén, al comienzo de la guerra judía (66-67 d.C.), una profanación que ha comenzado con las luchas de los mismos grupos judíos por el control del templo. Los soldados celotas, puestos de pie, allí donde no se debe (en un templo que ha de ser casa de oración para todas las naciones) son para Marcos la Abominación de la Desolación. Según Flavio Josefo, al comienzo de su lucha contra Roma, los grupos judíos más nacionalistas (sicarios y celotas), tomaron y mantuvieron con violencia el templo, iniciando una durísima guerra civil (de tipo religioso), que desembocó en la ruina del judaísmo antiguo; ellos fueron la Abominación, los causantes de la gran ruina. Cuando llegaron ellos debieron huir los cristianos.
>
> Pienso que en esa última línea ha de entenderse, según Marcos, la Abominación «instalada en el templo», el lugar donde no debe (*hopou ou dei*). La misma lucha de los grupos judíos por el control militar y social del templo constituye pues la gran Abominación, la destrucción de un tipo de judaísmo, una destrucción que no viene de fuera (de Roma), aunque culmina con el incendio del templo, el 70 d.C. (por obra de los romanos), sino desde el mismo interior del judaísmo y de sus luchas por el control del santuario.

b) *Falsos cristos y falsos profetas* (13, 21-23). El texto asume y acentúa la exigencia de no dejarse arrastrar por los que en 13, 6 decían ¡*yo soy!* y ahora aparecen como *seudocristos y seudoprofetas...* Es tiempo de ilusiones, crisis y celotismos, vinculados a la guerra judía (es decir, a la defensa de Jerusalén). En este contexto, en la durísima guerra del 66 al 70 d.C., los seguidores de Jesús se verán inmersos en un paroxismo de engaños, amenazados por aquellos que aparecen con aire de mesías.

Éste fue el tiempo de crisis, en el que terminó de madurar (y ha tomado su forma definitiva) el evangelio de Marcos. Fue un tiempo de cambio (y afianzamiento) de fidelidades: pasaron los «falsos» creyentes de un campo a otro campo, como si nada estuviera todavía decidido, como si los cristos y/o profetas pudieran resolver los problemas de la vida y de la guerra; pero también se fortalecieron otros creyentes, como los cristianos, y los judíos verdaderos que están en el origen del rabinismo posterior.

Pues bien, desde ese fondo, habla Jesús (Señor de la pascua) a una Iglesia que se encuentra amenaza y desgarrada, de un modo especial, por el riesgo de la gran lucha judía por Jerusalén y su templo. En ella habían surgido discordias, como si fueran necesarios otros cristos y profetas, como si hicieran falta seres capaces de ofrecer nuevos caminos en el tiempo de la gran desolación. Precisamente en ese contexto, Marcos responde apelando al camino de Jesús. Precisamente para aquellos que se encuentran sometidos a la nueva tentación escatológica ha escrito su evangelio de entrega mesiánica, diciendo que no se aferren a Jerusalén, ciudad condenada por la guerra.

Es posible que, al trazar este pasaje, Marcos haya recogido experiencias y palabras anteriores. Pero lo hace para ofrecer a su Iglesia inquietada por las olas de la tentación escatológica (ha llegado la Abominación final, emergen nuevos cristos), la palabra y testimonio del Cristo verdadero. Por eso, frente al *pisteuete* (creed) en el evangelio de 1, 15, dice ahora *mê pisteuete*, no creáis en cristos falsos. Para que los fieles puedan identificar al verdadero Cristo, en entrega creadora de comunidad, ha escrito Marcos su evangelio, presentado ahora como *profecía escatológica: ¡Mirad que os he avisado!* (13, 23).

En este contexto, Marcos se dirige a los creyentes de una Iglesia ya constituida, pero amenazada por falsos mesías (*pseudokhristoi kai pseudoprophetai*), que apelan a sus falsos milagros (*sêmeia y terata*: 13, 22), capaces de engañar a los creyentes, separándolos del camino de entrega creadora que Jesús ha trazado en su evangelio, y les pide que mantengan la paz, que «salgan» de Jerusalén, pues tienen otro templo más alto, que es la fe que cultivan en su oración y el perdón que ellos mismos se ofrecen (cf. 11, 20-35).

Los milagros de Jesús y de sus seguidores han sido para Marcos principio de Reino (de apertura universal) y signo de humanización (de ayuda a los más necesitados, de entrega de la vida). Por eso, todos ellos venían a centrarse en el signo supremo de la muerte. En contra de eso, los signos y prodigios de los seudocristos se mueven en la línea de la *autoafirmación y orgullo* de aquellos que toman a Jesús como pretexto de engrandecimiento propio y de dominación sobre los demás; son los milagros de aquellos que quieren aferrarse a la defensa armada de Jerusalén, en línea de celotismo militar. Aquello que en Jesús era signo de entrega por los otros (elevación de los pobres, liberación de oprimidos) se convierte en lo contrario: en medio y camino de afirmación propia; los nuevos «cristos y profetas» de la guerra del 66-70 d.C. utilizan su poder para *imponerse sobre los demás* y no para servirles con la entrega de la vida.

Desde ese fondo, en los años definitivos de la caída del viejo judaísmo sacrificial y sacerdotal del templo (entre el 66-70 d.C.), proclama Marcos la palabra definitiva de la «libertad» del evangelio. Los seguidores de Jesús no pueden empeñarse en la defensa de la ciudad amenazada, de manera que tienen que huir de ella. Varones y mujeres quedan de esa forma liberados del *activismo escatológico*: no tienen que defender ninguna ciudad de este mundo, no deben asegurar ninguna conquista económica o social. Les basta con ser fieles al evangelio. Quedan también liberados del *misticismo carismático* de aquellos que se piensan poderosos y así pueden engañar a los creyentes con milagros de un rápido triunfo, de una inversión gloriosa de las persecuciones. El Cristo de Marcos (con sus cuatro testigos eclesiales) les avisa del peligro: la Iglesia no tiene más milagro que la fidelidad en el camino de la entrega. Éste es su prodigio, este su milagro: recorrer con Jesús el camino iniciado en 8, 31. Lógicamente, el discurso escatológico precede a la pasión de Jesús, como diciendo a seudocristos y seudoprofetas que asuman la exigencia de la entrega en favor de los demás, pues sólo de esa forma encontrarán la gloria del Hijo del Humano.

---

(115) **Divisiones en la Iglesia**

Marcos escribe para una Iglesia que corre el riesgo de escindirse, ofreciendo en ella un testimonio de Jesús entregado. Desde ese fondo pueden entenderse algunas controversias, que culminan en la ruptura del tiempo final, vinculada a los falsos cristos y profetas externos (de fuera de la Iglesia), pero también, y sobre todo, a los riesgos de división y engaño que han surgido dentro de las mismas comunidades cristianas, divididas ante la gran catástrofe de la caída de Jerusalén (70 d.C.). El mensaje del Jesús de Marcos quiere promover la Gran Unidad de los creyentes, pero pone también de relieve el riesgo de ruptura y división entre «creyentes» de diversas confesiones o tendencias. En este contexto se pueden entender mejor incluso las divisiones de las iglesias modernas, tras el siglo XVI, gran parte de las cuales tienen un trasfondo apocalíptico, como el señalado en Mc 13. En ese contexto escogemos algunos pasajes y temas que aluden a la división entre los cristianos, y lo hacemos de un modo tanteante, porque es difícil alcanzar seguridad en este campo:

1. *Madre y hermanos de Jesús* (3, 21.31-35). Son representantes de la Iglesia judeocristiana, vinculada a Jerusalén, que no acepta la apertura de Marcos hacia los marginados, pues con ella se rompe la pureza israelita (cf. 3, 30-35; cf. 6, 1-6). Para Marcos, en principio, esta madre y hermanos de Jesús son dudosamente cristianos.
2. *Disputas por el poder.* Pedro reconoce a Jesús como Mesías, pero no quiere aceptar su muerte (8, 27-38; cf. 9, 2-8); así lo indican las discusiones sobre la autoridad, reflejo de una disputa pospascual que Marcos quiere superar con los textos de los niños (9, 33-37). En esa línea se debe situar la crítica al derroche de la unción que hacen algunos en 14, 4-5: frente a la Iglesia del dinero que ellos representan eleva Jesús el testimonio de su entrega (14, 6-9).
3. *El exorcista ajeno* (9, 38-40). Actúa en nombre de Jesús, aunque no acepta la autoridad zebedea, por lo que Juan le ha silenciado. Jesús exige a Juan que no le impida realizar la acción liberadora utilizando su nombre en los exorcismos. Eso significa que hay diversos tipos de iglesias.
4. *La conspiración de los zebedeos* (10, 35-45). Desean un tipo de control, en ámbito de Reino, y así quieren imponer su poder sobre la Iglesia; Jesús no acepta su pretensión de poder.
5. *El riesgo de los escribas cristianos* (12, 38-20). En el fondo de la crítica de Jesús contra los escribas, que parecen básicamente judíos, hallamos una posible diatriba en contra de «escribas» cristianos que desean ya las «primeras cátedras» (en una línea que triunfará después a través del episcopado monárquico).
6. *División escatológica.* Muy significativas son las rupturas de iglesia que Mc 13 ha proyectado hacia el final de los tiempos: muchos utilizan en su favor el nombre de Jesús diciendo ¡yo soy! (como signos de Dios, reencarnaciones del Cristo) y engañando a muchos (13, 6). Éstos son los seudocristos y seudoprofetas que se creen dueños de grandes poderes; rechazan la cruz de Jesús, buscan una Iglesia de gloria (13, 22), en la línea del poder y engaño escatológico.

La unidad de la Iglesia se funda para Marcos en el camino de muerte de Jesús. Todos sus discípulos le abandonan (incluso Pedro; cf. 15, 43-72), pero ellos pueden (deben) volver a Galilea para iniciar allí el camino de la pascua hecha fuente de entrega en favor de los demás. Así lo dice el joven de la tumba vacía, pidiendo a las mujeres (Iglesia judeocristiana que incluye a la madre de Santiago y José, hermanos de Jesús) que se unan con los discípulos y Pedro en Galilea (16, 1-8; cf. 15, 40-41.47). Dentro de una Iglesia dividida por tradición (judeocristianos, familia de Jesús), de fuerte poder (Pedro, zebedeos) y de gloria

> escatológica (seudo-cristos) ha escrito Marcos su evangelio para crear espacios de concordia y unidad, en los que quepan los más pequeños (los niños), partiendo de la entrega de Jesús.

c) *Venida del Hijo del Hombre* (13, 24-27). El antisigno definitivo ha sido para el Jesús de Marcos el «ídolo» elevado (de pie) en el templo de Jerusalén, expresando la perversión suprema de la política y de la vida de aquellos israelitas que quisieron imponer su falso mesianismo por las armas (en los años 66-70 d.C.). Jesús ha dicho a sus discípulos que no se apeguen a ese falso signo, que huyan de la ciudad (que ya no es la suya). Pues bien, en ese mismo contexto, sin fijar con más precisión la fecha, presenta Jesús el signo verdadero, el último signo: «¡Después de aquella crisis... se oscurecerá el sol...!» (cf. Is 13, 10) y «verán venir al Hijo del Hombre...» (Dn 7, 13-14).

Entre el despliegue de la Abominación de Desolación, con los falsos profetas y cristos (en torno al año 66-70 d.C.), y la venida del Hijo del Hombre, que es Jesús, se abre un tiempo indeterminado que, conforme a 13, 10 y 14, 9, puede y debe interpretarse como tiempo de expansión del evangelio a todas las naciones. El texto relaciona el fin del viejo mundo (el sol se oscurecerá...: Is 13, 10) y la venida del Hijo del Hombre (con la salvación de los elegidos).

Otros textos judíos situaban en este lugar la guerra santa (victoria sobre los enemigos de Dios), el cumplimiento estricto de la ley (línea farisea) y/o el arrepentimiento (línea del Bautista): el enviado de Dios llegaría cuando tales cosas se cumplieran. Conforme a Mc 13, la esperanza del fin se vincula a la historia de Jesús (a su entrega como Hijo del Humano) y al anuncio universal de su evangelio. Ésta es la novedad, es la grandeza del mensaje: el cristiano sabe que el futuro depende de Jesús y su palabra.

De esta forma se vinculan *libertad de Dios*, que envía al Hijo del Humano cuando quiere, y *creatividad misionera de sus fieles*, que deben anunciar el evangelio en todo el mundo: ellos se saben portadores de misión universal; tienen confianza en lo que anuncian, reconocen el valor de lo que hacen. En sus manos (en las manos de su Iglesia) está el sentido de la historia. Ellos, misioneros del Hijo del Humano, llevan en su vida (con su entrega esperanzada) la certeza de la salvación. De esta forma son testigos del Cristo y Profeta verdadero.

En este contexto se entienden los dos polos o momentos de la escena. El texto dice, por un lado, que vendrá el Hijo del Hombre... (13, 26): le verán todos, pues se mostrará de forma clara, con poder y gloria grande, como manifestación final de Dios y culmen de la historia (de la creación del ser humano sobre el cosmos). Por otro añade que recogerá a sus elegidos (*eklektous*: 13, 27) de los cuatro extremos del mundo, para vincularlos a su gloria.

Camino de Jerusalén. Muerte del Cristo (8, 27-15, 47)

El texto es sobrio, no resuelve la suerte de aquellos que miran desde fuera la venida del Hijo del Humano: no habla de condenas, no presenta ningún tipo de terrores. Lo que Marcos tuvo que decir sobre el pecado que no tiene perdón ya lo ha dicho donde convenía (cf. 3, 28-29; 9, 42-48; 12, 40), vinculándolo al rechazo de los grandes contra los pequeños: se destruye a sí mismo quien impide que los pobres se salven o les escandaliza, haciéndoles caer. Sobre la identidad de aquellos que *verán al Hijo del Humano* (cf. Mt 14, 30: las tribus de la tierra) nuestro texto no ha querido decir nada, aunque parece razonable pensar que hay esperanza para todos (cf. 10, 45; 14, 24). Marcos es un evangelio positivo: habla a creyentes, traza un camino para seguidores de Jesús; deja en penumbra la suerte de los otros. También ellos verán al Hijo del Humano. Evidentemente, no quedan condenados.

Recordemos que Hijo del Hombre tiene en Marcos el poder de perdonar sobre la tierra, haciendo que todas las cosas (incluso el sábado) se pongan al servicio de los hombres (cf. 2, 20.28), presentándose, al mismo tiempo, como aquel que entrega su vida en gesto de servicio por el Reino (cf. 8, 31). Pues bien, el mismo Hijo del Hombre que empieza perdonando-ayudando a los demás, y sufre por ello, es quien al fin ha de venir con la gloria de su Padre, rodeado de los ángeles santos (cf. 8, 38), para recoger a los elegidos de los cuatro extremos de la tierra y conducirles a su propia culminación (13, 27).

La novedad del texto (13, 24-27) y del nuevo cristianismo no está en la promesa de la venida final del Hijo del Hombre (cosa que aparece ya en Dn 7), ni tampoco en su poder de juicio (que han desarrollado las Parábolas de Henoc, en contexto no cristiano), sino en el hecho de identificar al Hijo del Hombre que viene (es culminador cósmico o juez final) con aquel que ha perdonado los pecados, ha superado un tipo de ley sabática y ha sido entregado, ofreciendo su vida como don para los otros. Dn 7 había ofrecido su visión del tema, lo mismo que han hecho (o harán) 1 Henoc 37-71 y 4 Esdras 13. Pero sólo ahora, quizá por vez primera dentro de la historia cristiana, Marcos ha logrado integrar en su relato evangélico esta visión personal, encarnada y coherente del Hijo del Hombre, como signo del mesianismo de Jesús y de su venida.

---

(116) Hijo del Hombre

La venida final del Hijo del Hombre ha de entenderse, a la luz del último capítulo de Marcos (cf. 16, 6-7), desde la experiencia pascual que el joven de la tumba vacía promete a las mujeres, con los discípulos y Pedro. La visión de Jesús (16, 7) en la pascua ha de entenderse, sin duda alguna, como anticipación y primer cumplimiento de la visión de ver al Hijo del Hombre al final de los tiempos (13, 26). Los jueces de 14, 61-62 y todos los seres humanos (13, 26) le verán de esa manera ya definitiva, gloriosa, inapelable. Pero los creyentes a que alude 16, 6-7 le habrán visto previamente en el mismo camino de la historia cristiana, en la nueva Galilea de la pascua. Para estos últimos ha escrito Marcos su evangelio. Éstos son los tres rasgos del Hijo del Hombre de Marcos:

a. *El Hijo del Hombre es sembrador de Reino.* Por eso tiene autoridad para perdonar los pecados y para superar un tipo de ley antigua (de sábado), en gesto de amor liberador que se dirige a los pobres y perdidos de la tierra (2, 20.28); en esa línea se puede afirmar que Jesús tiene autoridad sacerdotal, pero sin ser sacerdote del templo, ni formar parte de la jerarquía oficial de Israel, sino siendo simplemente un ser humano.
b. *Hijo del Hombre es aquel que es capaz de sufrir por los demás*, entregando la vida por ellos, a favor del reino de Dios, como hemos señalado de una forma programada en el camino de subida a Jerusalén (8, 31; 9, 31; 10, 33). En esa línea se puede afirmar que Jesús (Hijo del Hombre) tiene autoridad regia (como David), pero sin ser rey, y sin pertenecer expresamente a la familia de David (como pongo de relieve en el comentario a 12, 35-37).
c. *Finalmente, Hijo del Hombre es aquel que ha de venir en la gloria final* (cf. 8, 38; 13, 26; 14, 62), en gesto de culminación que asume y lleva a su pleno desarrollo los rasgos anteriores (de tipo más sacerdotal o regio). En ese sentido se puede afirmar que el Hijo del Hombre es el mismo ser humano en su plenitud, siendo revelador definitivo de Dios y de su presencia entre los hombres.

Esos tres rasgos ofrecen el perfil mesiánico de Jesús, como he venido destacando en este comentario, al menos implícitamente, al mostrar la manera en que Marcos reinterpreta el título de Cristo en términos de Hijo del Hombre, tanto en 8, 29-31 como en 14, 61-62. Por eso, cuando 13, 24-27 presenta la venida final del Hijo del Hombre, que envía a sus ángeles y salva así a sus elegidos, debemos entenderlo en ese contexto ya indicado. Aquel que ha de venir el Gran Día (cuando caigan sol y estrellas: cf. 13, 24-25) no es un ser divino indeterminado, un ángel más alto, ni tampoco un mediador al estilo de aquellos que aparecen en cierta literatura apocalíptica (1 Henoc; 4 Esdras), sino el mismo Jesús, aquel hombre que ha realizado sus signos de Reino en la tierra y que ha muerto por cumplir con fidelidad lo que ellos implicaban y exigían.

d) Parábola final: la vigilancia (13, 28-37)

Con esta sección termina el gran discurso apocalíptico (Mc 13), en forma de anticlímax. Marcos ha proclamado ya la gran palabra sobre la venida final del Hijo del Hombre (13, 24-27). Sólo le queda retomar los motivos principales, volviendo a presentar (en paralelo con 13, 5-23) el contenido y exigencia cristiana de este tiempo de espera y decisión final. Más que las señales del derrumbamiento externo, lo que importa es la actitud interior de los creyentes, que deben mantenerse fieles ante el fin.

Este pasaje retoma de algún modo la tensión que vimos ya en 8, 38–9, 1: por un lado nos pide fidelidad en el tiempo de la prueba; por otro afirma que el fin se halla tan cerca que algunos vivirán todavía (no habrán muerto) cuando llegue con poder el Reino. Por los escritos de Pablo (1 Tes 4, 13; 5, 11; 1 Cor 15, 51) conocemos bastante bien ese equilibrio entre el carácter futuro de la venida del Hijo de Dios y la certeza de que va a realizarse muy pronto, en esta misma generación. Marcos ha querido mantener la paradoja, en un texto que consta de tres partes: parábola, declaración central y llamada a la vigilancia:

a. (Parábola de la higuera) [28]«*Aprended la parábola de la higuera. Cuando sus ramas se ponen tiernas y brotan las hojas, conocéis que se acerca el verano.* [29]*Pues lo mismo vosotros, cuando veáis que suceden estas cosas, sabed que ya está cerca, a las puertas.*
b. (Declaración: ni el Hijo lo sabe) [30]*Os aseguro que no pasará esta generación sin que todo esto suceda.* [31]*El cielo y la tierra pasarán, pero mis palabras no pasarán.* [32]*En cuanto al día y la hora, nadie sabe nada, ni los ángeles del cielo ni el Hijo, sino sólo el Padre.*
c. (Vigilancia) [33]*¡Cuidado! Estad alerta, porque no sabéis cuándo llegará el momento.* [34]*Sucederá lo mismo que con aquel que se ausentó de su casa, encomendó a cada uno de los siervos su tarea y encargó al portero que velase.* [35]*Así que velad, porque no sabéis cuándo llegará el dueño de casa, si al atardecer, a media noche, al canto del gallo o al amanecer.* [36]*No sea que llegue de improviso y os encuentre dormidos.* [37]*Lo que a vosotros os digo, lo digo a todos: ¡Velad!*».

a) *Parábola de la higuera* (13, 28-29). Marcos acude otra vez a la imagen de la higuera, que antes había presentado de un modo negativo, desde la perspectiva del templo de Jerusalén, que sólo tiene hojas y que debe quedar seco (11, 12-26). El ciclo de la higuera vieja ha terminado. Ante la Abominación de la Desolación, los verdaderos creyentes han huido de la ciudad (13, 14), porque ya no tienen nada que defender en ella. Pues bien, en ese tiempo final de la huida, amenazados por grandes persecuciones, en medio de la amenaza de un derrumbamiento sin remedio, los creyentes vuelven al signo de la higuera, que ahora han de entender en sentido universal, como expresión del valor de este mundo.

Jesús les dice que vuelvan a pensar en la higuera, que sigue estando en el campo, que ya no es simplemente una señal del templo estéril, sino expresión y signo del tiempo que pasa y se cumple. Es tiempo de primavera final, anticipo y adelanto de la cosecha definitiva, como indican sus ramas, que se ablandan, de forma que por ellas se expanda la blanca y pegajosa savia de la vida, y broten de nuevo las hojas, pues va a llegar pronto la cosecha. ¿Cuándo? Muy pronto. Faltan sólo unos meses, el tiempo en que madure la cosecha dulce de los higos. Es como si fuera el año final, el tiempo de la última cosecha que ya se adelanta.

b) *Declaración: Ni el Hijo lo sabe* (13, 30-32). El signo de la higuera dice dos cosas que son inseparables. (a) Por un lado asegura que *todas estas cosas han de suceder en esta generación* (13, 30), conforme a una palabra que se puede atribuir al Jesús histórico (en la línea de 9, 1, donde se dice algo semejante), aunque el Jesús de Marcos se dirige ya a los lectores/oyentes del evangelio: ahora, cuando se proclama esta palabra, sucederán estas cosas, en el tiempo que tardan en madurar los higos de la higuera. (b) Por otro afirma que *del día y hora nadie sabe nada*, ni siquiera el Hijo –al que vimos dar la vida en la parábola de los viñadores (12, 6) y que aquí aparece en sentido absoluto–, sino sólo el Padre, presentado también como absoluto (13, 32). Esto significa que los fieles deben evitar todo cálculo de tiempo, vivir en vigilancia, en manos del Padre.

Jesús ha preparado ya todas las cosas para el tiempo final, desde el principio de su camino hacia Jerusalén (9, 1), y ha confiado su «secreto» a los cuatro pescadores del principio (1, 16-20; 13, 3), a quienes ahora ha convertido en testigos de la última cosecha de la higuera nueva (la vieja se ha secado: 11, 21), cuyas hojas y frutos han empezado a despuntar. En este tiempo final (que es tiempo de misión y testimonio para todos los pueblos de la tierra: 13, 10) desaparecen o pasan a un segundo plano todos los otros elementos religiosos, incluso los ángeles de Dios, con el mismo Hijo, a quien Dios ha concedido el Espíritu y palabra (cf. 1, 9-11). Al final de todo (como supone en otro contexto 1 Cor 15, 28), el mismo Hijo se entrega confiado en manos de Dios Padre, el único que sabe.

Podemos resumir desde aquí el conjunto del evangelio. (a) *En el principio* (1, 11) estaba el Padre, diciendo su palabra original: ¡Eres mi Hijo! En ella se fundaba todo lo que existe; de ella procedía el camino de la salvación y la misma realidad del mundo, como hemos visto al comentar el texto del bautismo de Jesús. (b) *También aquí al final* (13, 32) se encuentra el Padre. El Hijo ha cumplido su función, ha entregado la vida en sus manos. Por eso se mantiene gozoso en su ignorancia, que no es falta de conocimiento, sino conocimiento superior: es confianza suprema, amor completo hacia aquel que le ha amado.

El «ya» de esta generación (simbolizada por la higuera que despunta) nos introduce en el misterio de la trascendencia de un Dios siempre más grande, pero que se manifiesta como Padre. Implícitamente ha presentado Marcos al

Padre, al ofrecernos su palabra dirigida al Hijo o sobre el Hijo (cf. 1, 11; 9, 7). De manera expresa le ha citado, diciendo ya su nombre, al referirse a la exigencia del perdón (11, 25). Y volverá de nuevo a hacerlo cuando muestre la oración suprema de Jesús en el huerto (14, 36). Pero sólo en este lugar (13, 32) ha vinculado en forma de mutua relación al Padre y al Hijo (a Dios y a Cristo). Bien unidos están y, sin embargo, ni siquiera el Hijo conoce la hora, es decir, dispone de ella: eso queda en manos de la gracia de Dios Padre.

---

(117) Tiempos y signos finales (13, 33-37)

A todos (especialmente a los cuatro de 13, 2) ha dejado Jesús la tarea de vigilar y servir como *criados (douloi) de la casa y porteros (thyrôroi)* del edificio de la Iglesia (13, 34-35). Jesús les había llamado como *pescadores* para reunir a los peces humanos en la gran pesca del Reino (1, 16-20). Ahora les hace *vigilantes*, encargados de velar por la comunidad de los que creen, en gesto de servicio pastoral. Sobriamente ha dicho Marcos lo que debía decir en este pasaje espléndido de esperanza escatológica. Todavía no ha muerto Jesús ni se ha extendido en Galilea el mensaje de su pascua. Pero sus cuatro siervos especiales conocen el fin. Saben que el evangelio ha de anunciarse a todos los pueblos (13, 10) y que Jesús ha de volver como Hijo del humano:

1. *¿Cuándo?* No lo saben ellos, ni los ángeles, ni tampoco el Hijo (cf. 1, 11; 9, 7) ¡*Sólo el Padre! Será cuando él lo quiera* (13, 32). De esta forma ratifica Marcos la experiencia radical de la transcendencia de Dios, marcada en los lugares clave de su texto (cf. 8, 33; 10, 18.40). Al servicio de Dios ha realizado Jesús su tarea. No puede usurpar sus funciones.

2. *¿Dónde?* Tampoco lo dice. Pero es claro que Marcos rechaza un tipo de idea judeocristiana de la venida y cumplimiento mesiánico en el templo. Jesús ha pedido a los discípulos que huyan de la ciudad, que no esperen allí la victoria del Mesías (cf. 13, 14). Jerusalén ha matado a Jesús y sólo tiene un sepulcro vacío. Jesús ha empezado a realizar su mesianismo en Galilea. Parece probable que su retorno se espere precisamente allí, como veremos al final del evangelio (16, 7-8). En esa línea, debe añadirse que el Hijo del Hombre vendrá en las nubes del cielo, como Luz suprema, recogiendo en torno a sí (no en torno a Jerusalén) a los elegidos (cf. 13, 36), como dice también Pablo, cuando afirma que el Señor vendrá en el Aire (1 Tes 4, 17).

El mensaje de Jesús culmina, de esa forma, en un gesto de confianza abierto a los cristianos, pero también a todos los hombres. De esa forma acaba el discurso

> escatológico. Ésta ha sido la última palabra de enseñanza pública. Junto al templo de Jerusalén, después de haber anunciado su ruina (cumplimiento y caída de la institución israelita), Jesús nos ha invitado a dirigir los ojos hacia el fin de toda historia. De esa forma ha introducido su palabra de esperanza creadora (debe anunciarse el evangelio: 13, 10) y de paciencia activa (vigilad: 13, 33) en el mismo tiempo de la espera.

c) *Vigilancia* (13, 33-37). Estamos en la noche que precede a la aurora de la salvación. Como siervos vigilantes debemos mantenernos en el tiempo de tiniebla de este mundo, llenos de esperanza. Es evidente que esta imagen de *la noche* que precede al día, y de *los siervos* que esperan al *Kyrios* proviene de la apocalíptica judía. Pero los cristianos saben que la salvación está ya realizada en Jesús y que el Señor a quien esperan es el mismo que ha muerto por ellos. Eso hace que cambie su actitud: no son simples criados sometidos al capricho de un amo imprevisible; son amigos, compañeros de alguien que les ha precedido en el camino de la entrega generosa de la vida.

Aquí se centra el mensaje de Mc 13. Ha sido un paréntesis: Marcos ha descorrido el telón y por un momento ha mostrado lo que está al otro lado de su muerte, en el fondo de la entrega de Jesús, y lo ha hecho frente al templo de Jerusalén, que aquí aparece como higuera seca, condenada a la ruina. Allí habían preguntado *los cuatro pescadores primeros* (1, 16-20), convertidos en *testigos y garantes finales de la historia* (cf. 13, 3-4). Allí ha respondido Jesús (13, 5-36), hablando de la nueva higuera, que lleva en sus ramas y en sus hojas la promesa de la gran cosecha.

No están aquí los Doce, quizá porque el grupo va a romperse con la traición de Judas (cf. 14, 10-11.43-50), quizá porque ellos son sólo testigos de una misión israelita vinculada al templo. Vigilan con Jesús los Cuatro, citados por su nombre, portadores del *secreto escatológico* de Marcos y testigos de una misión que debe abrirse a todos los pueblos (puntos cardinales) de la tierra (cf. 13, 10). Lo que Jesús les dice a ellos se lo dice (nos lo dice) a todos, pidiendo que mantengamos la actitud de vigilancia activa (13, 37). Es evidente que no han fracasado para siempre, a pesar del relato posterior del abandono (cf. 14, 27-31.50). La Iglesia sigue estando fundada en la palabra de su testimonio.

Es posible que al fondo de esta revelación escatológica especial, dirigida en el momento conclusivo de la historia a los pescadores del principio, haya una especie de camino abierto al *evangelio secreto*, la búsqueda de sabidurías especiales de iniciados, en la línea que han elaborado más tarde algunos textos gnósticos. Pero estos cuatro dialogantes de Jesús son receptores y guías de toda la Iglesia; su mensaje no es palabra oculta, propia sólo de iniciados. Es mensaje y palabra que Marcos transmite a todos los cristianos: ¡Lo que a vosotros digo, *se lo digo a todos: vigilad!* Los cristianos, personificados en estos testigos del principio y final, no están a oscuras. Conocen los signos decisivos (13, 28-31), pueden mantenerse en vigilancia.

Estamos en los días finales (no pasará esta generación: 13, 30), pero al mismo tiempo descubrimos que el tiempo de la gracia nos trasciende, y así tenemos que dejarlo en manos de Dios (sólo el Padre conoce la hora: 13, 32). Sobre ese fondo puede y debe repetirse la palabra «vigilad», como último sentido y exigencia del mensaje escatológico (13, 37). Limitado y sujeto a la muerte es el mundo, como ha recordado Jesús cuando nos habla de la caída del sol y de terremotos. Violento y destructivo es el mismo ser humano que introduce el miedo de la guerra universal sobre el tortuoso camino de este cosmos. Pues bien, superando ese riesgo de fragilidad y muerte, los discípulos de Jesús podrán anunciar el evangelio, según Mc 13.

Anunciarán el evangelio retomando el mismo camino de Jesús en Galilea (cf. 16, 6-7). Eso significa que, al final de su camino, apoyados en la pascua, algunos habrán aprendido la lección de Jesús, convirtiéndose en verdaderos discípulos del maestro entregado y crucificado. También ellos, seguidores del Cristo muerto, serán entregados, hallándose impotentes en manos de los grandes poderes de este mundo; de esa forma podrán ofrecer el mismo testimonio de Jesús, recibiendo la fuerza de su Espíritu Santo. La misión del evangelio invierte todas las perspectivas que nosotros conocemos. No se expande el Reino a través de la victoria, por el triunfo de los grandes, sino todo lo contrario, Jesús presenta ante los suyos la misión y triunfo de los derrotados, de los perdedores de la tierra. Los evangelizadores escatológicos, perdedores como su maestro, seguirán ofreciendo el testimonio de su gracia (Reino) sobre un mundo que les continúa persiguiendo.

De esa forma, el sermón apocalíptico de Mc 13 ha venido a convertirse en promesa de asistencia creadora de Jesús (por medio de su Espíritu) y motivo de confianza transformante Los nuevos misioneros asumen y expanden el gesto de su maestro, abriéndose a todas las naciones de la tierra, en camino que les lleva a los confines del mundo. Sobre la fragilidad cósmica y la violencia humana viene a desvelarse de esta forma el poder nuevo de los testigos del Hijo del Hombre que mantienen y expanden su palabra sobre el mundo. Con esto anunciamos ya los temas de la próxima sección, centrada en el gesto concreto de la muerte y pascua de Jesús. De esa muerte y pascua, expandida a todos los pueblos de la tierra, trata el evangelio. Por eso tenemos que seguir leyendo y comentando Marcos 14–15. Sólo de esa forma se podrá cumplir la promesa contenida en 13, 10: «Antes de que lleguen estas cosas, el evangelio será proclamado en todas las naciones».

(118) Cuatro pescadores, todos los peces del mar (cf. Jn 21, 1-14)

Marcos ha situado la vida pública de Jesús, y su mensaje de Reino, entre la llamada a los Cuatro Pescadores (1, 16-20) y el discurso final, dirigido a esos mismos Cuatro Pescadores (12, 1-37), a los que revela los misterios de la Pesca Final. De manera sorprendente, no ha desarrollado esa imagen de la Pesca Final, que se encuentra, sin embargo, en el fondo de un pasaje misterioso de Juan (Jn 21, 1-14), donde no se habla de Cuatro, sino más bien de Siete (¡el número de Mc 8, 8.20!) Pescadores. Pues bien, según Jn 21, 11, los Siete Pescadores consiguen una pesca de ciento cincuenta y tres peces, número que es símbolo de totalidad, como ha mostrado R. E. Brown, *El evangelio según Juan* II, Cristiandad, Madrid 1979, 1396-1398. Ese número, de fondo sin duda simbólico, ha querido simbolizar algo que ha dado pie a múltiples elucubraciones desde la gematría hasta la progresión geométrica. Éstas son algunas de las más significativas.

1. *S. Jerónimo en su comentario a Ez 47, 6-12*, basaba el simbolismo del número en los zoólogos de su tiempo, que hablaban de las clases de peces conocidos. Con ello pretendía significar la totalidad o la universalidad de la misión cristiana en el futuro (PL 25, 474C). Se podría encontrar un paralelo en la parábola de la red barredera donde se dice que recogieron «toda clase de peces» (Mt 13, 47). Pero parece que esa base numérica carece de fundamento, ya que tanto Plinio como la fuente griega a la que alude (Opiano de Cilicia, ca. 180 a.C.) difieren del número. El primero señalaba 104 y el segundo enumeraba 157 clases conocidas, y otras que estaban por conocer.
2. *S. Agustín* especuló matemáticamente con el número derivándolo de la suma del 1 al 17. En esa línea, el simbolismo que él dio al número 17 parece arbitrario: diez mandamientos y siete dones del Espíritu, a los que se añaden otros números como los nueve coros de ángeles y las ocho bienaventuranzas (*In Io* 122, 8). Otros han aprovecho este número 17 para desarrollarla en otra dirección, pero insistiendo casi siempre en los dos números que significan la perfección en la simbología judía: el 7 y 10. Esto llevaría a simbolizar la perfección y plenitud de la Iglesia.
3. *Explicaciones desde la gematría*. Hay quienes han pretendido encontrar en la gematría la clave del número 153. Y así han propuesto que tal número podría deducirse de una frase hebrea: «la Iglesia del amor» (*qhl h'hbh*). Es cierto que la escuela joánica conocía el arte de la gematría, como lo muestra Ap 13, 18 con el número 666 de la bestia. Pero no parece que en

> el evangelio de Juan pueda buscarse una interpretación ingeniosa como la que apela a un fondo hebreo, con una frase, por otro lado, extraña a la letra del evangelio.
>
> 4. *J. A. Emerton* ha propuesto otra interpretación, siguiendo esta pista de la gematría. Parte del texto de Ez 47, que parece reflejar la escena evangélica de la pesca milagrosa del mar. Ese texto de Ezequiel era conocido en los círculos joánicos, puesto que se hace alusión a él en el río de vida que mana del trono del Cordero (Ap 22, 1-2) y en el torrente de agua viva que salta de Jesús hasta la vida eterna (Jn 7, 37). Ezequiel (cf. 47, 10) afirma que después que el mar quedó henchido y regenerado por el agua viva del templo, los pescadores se pusieron con las redes en su orilla desde Engadí hasta Eglain para pescar la abundancia de peces. Pues bien, la transliteración y lectura gemátrica de esos lugares puede dar la cifra total de 153 (cf. *The hundred and fifty-three fishes in John XXI, 11*: JTS 9 [1958] 86-89).
>
> He citado aquí estas interpretaciones, que R. E. Brown ha recogido, sin hacerlas suyas, para indicar que en el fondo del tema de los Cuatro Pescadores (Mc 1, 16-20) y de la Pesca Final (Mc 13) se abre un tema de fecunda inspiración simbólica, que Marcos no ha desarrollado, pero que han podido hacerlo algunos de su escuela.

3. Muerte solidaria. El Mesías crucificado (14, 1-15, 47)

Mc 14-15 constituye un relato de juicio (entrega) y de muerte. El aparato jurídico/policial de Jerusalén (sacerdotes y soldados) se ha puesto en marcha para entregar a Jesús en manos de la violencia de un sistema complejo (templo e imperio), que se sostiene y justifica a sí mismo por medio de la muerte, que aparece como sentencia y sacrificio legal de Jesús. Unos y otros le «ajustician», según ley, ante el altar del Dios de la muerte. A la luz del camino anterior (cf. 9, 31; 10, 33), sabemos que a Jesús le han entregado los hombres, pero de tal forma que él mismo se ha entregado, a fin de cumplir su tarea mesiánica. Ahora llega el cumplimiento de esa historia que Marcos ha contado de una manera asombrosamente simple y profunda.

Marcos escribe estos capítulos de un modo sencillo, sin intervenciones exteriores de Dios y sin milagros: en la misma debilidad de Jesús, que da la vida cuando se la quitan (cf. 14, 22-25), viene a desvelarse el misterio de Dios y se despliega la vida y plenitud del hombre. Esa misma sencillez viene a mostrarse como signo de profundidad: todos los problemas de la histona humana han venido a centrarse y anudarse en la trama de esta muerte.

Desde antiguo han destacado los investigadores la importancia de estos dos capítulos, pensando que ellos son punto de partida y principio desencadenante de todo el evangelio, que se habría escrito hacia atrás, es decir, para justificar por qué mataron (y mataron de esta forma) al Mesías Jesús, a quien los creyentes veneran como Señor Resucitado. Aquí se anudan los hilos anteriores de la trama, aquí desembocan para plantearse con nueva profundidad todos los temas que he venido destacando: valor de la ley de Israel, anuncio del Reino, sentido y futuro de la pretensión del Cristo.

Es tanto lo que sobre estos capítulos se ha escrito que la bibliografía acerca de ellos resulta inabarcable; nadie es capaz de manejarla con autoridad. Yo me limito a destacar sólo los puntos que juzgo más valiosos a la luz de mi exposición precedente, es decir, desde el punto de vista de la llamada cristiana, tal como está representada por los distintos discípulos del Cristo. La misma perspectiva nos permite resaltar algunas novedades y motivos que pueden causar sorpresa, aunque se encuentran en la línea de todo lo que hemos ido señalando. Me refiero sobre todo a la crisis y fracaso de los Doce, con el surgimiento de nuevos discípulos que hasta ese momento se hallaban ocultos.

Pienso que Marcos utiliza el «efecto sorpresa», haciéndonos ver cosas nuevas cuando parecía que todo estaba ya dicho. Teniendo eso en cuenta, a partir del comentario anterior, pienso que se puede trazar un esquema circular o quiástico (a, b, c – c', b', a') con los motivos principales de estos dos capítulos:

a) *La mujer de la unción* (14, 1-11). Entre los sacerdotes que deciden matar a Jesús (14, 1-2) y Judas que le entrega (14, 10-11) viene a elevarse esta mujer-profeta. Ella es más que discípula, es maestra: reconoce el valor mesiánico de Jesús y le unge para un Reino de «entrega de la vida» (para la sepultura).

b) *Jesús se entrega en manos de Dios* (14, 12-31). Sus Doce discípulos quieren que celebre con ellos la vieja pascua judía, pero Jesús rompe el rito antiguo y ofrece su propia vida (eucaristía), mientras les anuncia que van a abandonarle.

c) *En manos los hombres: huyen todos* (Getsemaní: 14, 32-52). De Dios recibió la llamada: en manos de Dios se coloca, y Dios calla, de forma que él debe seguir su camino. Le traiciona y arresta Judas, uno de los Doce; los otros le abandonan. Fracasa así su modelo de discipulado mesiánico judío.

c') *Juicio de los hombres* (14, 53–15, 20). Hay un doble juicio, uno ante los sacerdotes del templo judío (14, 53-72) y otro ante el comandante de los soldados de Roma (15, 1-15). Juzgan a Jesús, que mantiene su confesión ante el tribunal supremo israelita y calla ante el juez romano.

b') *En manos de Dios: la muerte del Hijo* (15, 21-39). Unimos aquí la crucifixión y muerte, con el sarcasmo de sacerdotes y gente que pasa y se ríe de Jesús. Jesús muere en manos del sistema de violencia de la tierra, pero entrega su vida en manos de Dios, preguntándole por qué le ha abandonado.

a') *Las mujeres discípulas. Sepultura* (15, 40-47). El tema se encuentra de algún modo preparado por los dos últimos versos de la sección anterior: se rasga el velo del templo de Israel, cree el centurión romano (15, 38-39). Pero el sentido más profundo de esos gestos queda vinculado a las mujeres: no sabíamos que estaban; ahora aparecen, ante la cruz, junto a la tumba de Jesús, como auténticas discípulas. Ha fracasado el grupo «oficial» de los Doce; ha surgido un camino nuevo de discipulado que no habíamos previsto.

Éstos son los motivos principales de esta sección: entre la mujer de la vocación o llamada mesiánica de Jesús (14, 3-9) y las mujeres discípulas que emergen cuando llega el momento clave de la cruz-tumba (15, 40-47) va avanzando el relato.

Muerte solidaria. El Mesías crucificado (14, 1-15, 47)

Ciertamente, Dios se encuentra al fondo de todo lo que pasa (como vemos por Getsemaní: 14, 32-42), pero este es un Dios que ahora calla y deja que hablen los mismos personajes de la trama. Entre ellos serán fundamentales las mujeres que han seguido a Jesús hasta el final, y que le acogen cuando muere.

Así ha trazado Marcos los momentos principales de la muerte del Mesías, una muerte prevista al principio (cf. 3, 6), anunciada en el centro (cf. 6, 14-29; 8, 31; 9, 31; 10, 32-34) y simbolizada al final del texto anterior del evangelio (12, 1-12). No habrá sorpresas, el lector conoce el desenlace y así puede centrarse en la función de los actores y el sentido de conjunto de la trama, conforme a los motivos que acabo de indicar. Para simplificar el desarrollo de la trama, distingo tres momentos principales, en los que se engloban y contienen los seis anteriores.

Entrega (14, 1-52; con los motivos de a, b, c). No se deja matar, no muere de sorpresa. Jesús mismo prepara los momentos finales de la trama; así confirma y culmina su evangelio.
Juicio (14, 53–15, 20; corresponde a c'). La autoridad israelita le condena, entregándole al poder romano. Le han abandonado sus discípulos, especialmente Pedro. Queda sólo ante la muerte.
Muerte (15, 21-47; con los motivos de b' y a'). Parece que todo acaba, pero en la misma cruz se elevan los signos de esperanza a través de una serie de figuras que evocan un nuevo comienzo (mujeres, centurión romano).

1. Momentos de la entrega (14, 1-52)

Incluye cuatro unidades que son como escalones de un mismo proceso de entrega. Jesús aparece en todos ellos como protagonista, culminando lo iniciado en Galilea:

a. *Unción. Primera cena* (14, 1-11). Entre la amenaza de los sanedritas (14, 1-2) y Judas, uno de los doce (14, 10-11), en el centro del relato (14, 3-9) emerge una mujer profeta que le unge para la vida.
b. *Pan. Cena final* (14, 12-31). Jesús se hace pan, en gesto que anticipa el banquete escatológico y expresa el sentido más profundo de su entrega por el Reino, suscitando así la Iglesia.
b'. *Crisis mesiánica. Oración de Getsemaní* (14, 32-42). Había recorrido el camino con sus seguidores. Ahora, al final, se encuentra solo, invocando a Dios desde su angustia.
a'. *Traición y prendimiento* (14, 43-51). Sobre la angustia de Jesús se eleva Judas que le entrega con un beso. Todos escapan, incluso un último joven desnudo (14, 51) y así queda en manos de la muerte.

a) Unción de muerte, anuncio de evangelio (14, 1-11)

Visión de conjunto en M. Navarro, *Ungido para la vida. Exégesis narrativa y teología de Mc 14, 3-9; Jn 12, 1-8*, Verbo Divino, Estella 2001, y compendio exegético-teológico en Id., *Marcos*, 477-512. Cf. también S. Lücking, *Mimesis der Verachteten. Eine Studie zur Erzählweise von Mk 14, 111* (SBS 152), Stuttgart 1993; J. Jeremias, *Die Salbungsgeschichte Mk 14, 3-9*: ANW 35 (1935) 75-82; R. Pesch, *Die Salbung Jesu in Bethanien (Mk 14, 3-9)*, en *Fest. J. Schmid*, Freiburg i.Br. 1973, 267-285. Visión de conjunto del tema, desde la experiencia pascual de Jesús en M. Sawicki, *Seeing the Lord: Resurrection and Early Christian Practices*, Fortress, Minneapolis 1994.

El relato de la pasión comienza de forma solemne: «Era la pascua... y los sumos sacerdotes... buscaban la manera de matarle, apoderándose de él con engaño» (14, 1). La condena se hallaba dictada de antemano (11, 18), aunque después los jueces han querido buscar más argumentos (12, 13). Jesús no se ha escondido, no se ha vuelto atrás, no se ha desdicho. Sobre la plaza de Jerusalén ha seguido presentando de manera abierta su evangelio, discutiendo con los diferentes sectores del judaísmo. Los frentes ya están determinados. Sólo queda el desenlace del gran drama.

Pues bien, al llegar este momento, Marcos ha extremado sus artes narrativas, ofreciendo así un relato que es modelo de precisión, de hondura y también de poder evocativo No deja nada en el aire. No improvisa nada. Apenas comenta; hace que los mismos personajes y los gestos hablen, en interrelación cada vez más honda. Le siguen gustando las escenas dobles (o triples), y así quiere narrar el comienzo de la entrega y pasión de Jesús con un tríptico:

a. *Sacerdotes y escribas confirman la sentencia* (14, 1-2). Humanamente hablando, Jesús muere porque le condenan ellos. Lo habían decidido (11, 18) y aquí lo ratifican. Resulta significativa la ausencia de presbíteros, jefes de familia. La muerte del Mesías, enviado de Dios, la deciden los representantes del Templo de Dios (sacerdotes) y los defensores de su Ley (escribas). Unos y otros se sienten amenazados por Jesús y deciden matarle porque tienen miedo de su Reino (es decir, de su programa social y religioso). Pero quieren hacerlo sin soliviantar al pueblo, que podría salir en su ayuda. Para mantener su autoridad sacral necesitan expulsar al pretendiente galileo: la piedra de Jesús no cabe en su edificio particular (cf. 12, 10). Ellos deciden matar a Jesús, pero toman precauciones, no quieren alborotos del pueblo sagrado (*laos*) en el tiempo de la fiesta de la pascua.

b. *La mujer del vaso de alabastro* (14, 3-9) abre a Jesús un camino de vida con el signo del perfume de nardo en contra de sacerdotes y escribas. Ésta es la *mujer mesiánica* que unge al rey Jesús para la muerte que da vida, como riquísimo perfume. Es *mujer hecha palabra* por su gesto, de tal forma que allí donde se anuncie el evangelio se dirá lo que ha hecho ella *para su memoria*: es humanidad que acoge su camino de muerte y de pascua. De forma silenciosa y sorprendente, ella viene hasta la mesa de Betania donde Jesús come en casa de Simón leproso, y le unge como rey. Jesús agradece el gesto de la mujer y, defendiéndola de sus acusadores, interpreta lo que ella ha realizado como preparación para su muerte-sepultura.

c. *Judas Iscariote* (14, 10-11), *uno de los Doce*, del grupo que Jesús mismo ha escogido para acompañarle (ser-con-él) y expandir su Reino sobre el mundo (3, 13-19; cf. 6, 6b-13). Ha seguido a Jesús sin transformarse. Al final, se deja convencer por la razón de los sacerdotes que actúan como representantes de Dios y controlan el poder sagrado del judaísmo: hace lo que debe hacer un buen israelita que asume la elección e identidad del pueblo de la alianza. En nombre del Dios sagrado del templo (que Jesús ha declarado árbol sin fruto, guarida de ladrones: 11, 12-26) decide entregar a Jesús. No se dice que busque dinero, pero los sacerdotes se lo ofrecen y él parece aceptarlo. El grupo de Jesús se rompe; uno de los Doce mensajeros y testigos de su misión para Israel (cf 3, 13-19; 6, 6b-13.30) traiciona a su maestro. Les había escogido Jesús como signo mesiánico, representantes de la salvación escatológica del pueblo. Es normal que, al enfrentarse Jesús con los sacerdotes, representantes de ese pueblo, uno de esos Doce le abandone, para ponerse del lado de las autoridades oficiales, es decir, de los escribas-sacerdotes.

1. Sacerdotes y escribas (14, 1-2)

¹Faltaban dos días para la pascua y los ázimos. Los sumos sacerdotes y los escribas andaban buscando el modo de prenderle con engaño y darle muerte, ²pero decían: «No sea durante la fiesta, a fin de que no surja alboroto en el pueblo».

La iniciativa parte de los sacerdotes y de los escribas. Faltan aquí los «ancianos» o presbíteros, que forman el tercer grupo del Sanedrín (a los que vimos en 8, 31; 11, 27 y veremos en 14, 43.53), y así podemos suponer que no han jugado un papel esencial en la condena de Jesús Mesías. Tampoco aparecen aquí los fariseos, que habían actuado ya contra Jesús en 3, 6; 8, 11-14, con los herodianos, oponiéndose a Jesús en el contexto de Galilea. Todo nos permite suponer que Marcos interpreta básicamente a los sacerdotes, como responsables de la «entrega» de Jesús, y que, al hacerlo, sigue una tradición que es históricamente fiable. Ellos, los sacerdotes, responsables del orden del templo y del culto sacral de Jerusalén han sido los promotores de la condena de Jesús.

Éste no ha sido en principio un problema de política romana (aunque los romanos serán al fin los responsables de la crucifixión de Jesús); no ha sido tampoco, al menos en principio, un problema social del conjunto de Jerusalén y, muchos menos, del judaísmo en su conjunto, sino una cuestión de los sacerdotes. Jesús ha subido a Jerusalén con pretensiones mesiánicas, como enviado de Dios, presentando su propuesta ante los sacerdotes del templo. Ellos se han sentido amenazados; ellos proponen matarle.

Se trata, por tanto, de un problema «sacerdotal», es decir, de interpretación religiosa de la realidad. Los que han propuesto la muerte de Jesús han sido los representantes del culto de Jerusalén, y al hacerlo han seguido una tradición antigua, que Jesús había citado en su parábola de 12, 1-12: Ellos, los «renteros» de la viña de Israel, han visto amenazada su herencia (es decir, su «propiedad») y han decidido matar a Jesús, como, en otro tiempo, sus antepasados habían perseguido a los profetas.

Pues bien, conforme a la visión de Marcos, los sacerdotes no han estado solos, sino que se han aliado a los «escribas», es decir, a los intérpretes oficiales de la ley, que serán los sucesores de los sacerdotes en la creación del nuevo judaísmo rabínico, tras la caída del templo (el año 70 d.C.). Al describir la muerte de Jesús, Marcos no alude sólo a lo que pasó entonces, sino a lo que está pasando en su propio tiempo (en torno al 70 d.C.). Los representantes oficiales de un tipo de Israel han rechazado a Jesús y, en el fondo, lo han hecho «con engaño» (*en dolô*), en el entorno de la gran fiesta de pascua, en contra de la voluntad del pueblo (del conjunto de Israel) que no quería y no quiso matar a Jesús. Al presentar así la muerte de Jesús, Marcos está recogiendo una de las «tradiciones» más arraigadas en la historia de Israel, desde la historia deuteronomista (siglo VI-V a.C.) hasta los apocalípticos de su tiempo (como en 1 Henoc), en la que se dice que los responsables de Israel han matado a los profetas, enviados de Dios.

> (119) Jesús, un «riesgo» israelita
>
> Fue buen judío, fiel a las más hondas tradiciones de su pueblo, pero sus palabras y exigencias le enfrentaron con un tipo de judaísmo, defendido por los *sacerdotes saduceos*, guardianes del orden sagrado y del valor del templo, y por un tipo de *escribas de la ley*, como indicará la tradición cristiana.
>
> 1. *Jesús ha puesto en riesgo los fundamentos de ley* (separación nacional, orden social...) que defendían los «buenos» cumplidores de su tiempo. Privados de esa ley, ellos quedan sin base. *El Dios de los escribas (y de los saduceos) era piadoso según ley*: se complacía en perdonar a los culpables, recordando su alianza, pero lo hacía según ley, separando a los puros de los impuros, a los buenos de los malos. En contra de eso, el *Dios de Jesús es piadoso acogiendo* Jesús a los proscritos de la ley y ofreciendo comunión a los manchados, declarando inútil (superado) el orden sacrificial/legal del templo.

2. *Jesús no ha discutido sobre leyes especiales* (como Hillel y Shammai); no se ha opuesto a un calendario religioso de ritos sacrales (como hacían los esenios). De manera más sencilla y radical, sin necesidad de discusiones de detalle, Jesús ha supuesto que la ley del templo se encuentra superada. No niega o reprueba algunas normas especiales, sino que afirma que la esperanza de Israel ya está cumplida, de manera que sus instituciones antiguas (ley ritual y templo) quedan sin función.

3. *Jesús supone que se ha cumplido el tiempo anterior de la ley*, y por eso él ha podido llamar a los manchados y pecadores, en gesto que le enfrenta con los puros y justos (cf. Mc 2, 17), ofreciendo solidaridad mesiánica y promesa de Reino a los expulsados de la alianza. *Los de Qumrán* habían reforzado la exigencia de pureza, separándose más del conjunto de los israelitas, para mantener su elección; *Jesús* inicia, en cambio, un movimiento inverso: extiende la alianza de Dios y su llamada (curaciones, pan compartido) a los de fuera, enfrentándose así con los llamados justos.

4. *Jesús declara, por revelación de Dios, que el orden nacional de ley y templo, en su forma actual, ha terminado*. Lógicamente, los defensores de ese orden le han juzgado. Humanamente hablando, no tenían otra opción. Por eso, desde un punto de vista histórico, es injusto acusar de una maldad especial a los sacerdotes judíos, pues se limitaban a cumplir su ley: Jesús era un peligro para el pueblo; por eso, en nombre de su Dios, los responsables del buen orden del pueblo le han condenado (Mc 14, 64), porque se arrogaba autoridad divina. El hecho de que (según Mc 14, 53-65 par) buscaran pretextos para acusarle se funda en la «novedad» de su casusa: no había ley clara para condenarle y, sin embargo, conforme a la Ley en cuanto tal debía ser condenado, pues amenazaba la identidad nacional israelita.

La autoridad sacerdotal habría comprendido y aceptado casi todo: un *asceta* duro, como Juan en el desierto, preparando el juicio; un *vidente* apocalíptico, experto en destrucciones; un *esenio* separado, condenando el templo actual; un *celota* violento, luchador por la independencia del pueblo; un *político realista*, aliado a Roma... Pero no pudo aceptar a un *pretendiente mesiánico como Jesús*, que anunciaba y preparaba el Reino rompiendo la estructura nacional israelita.

Ésta es la *paradoja de Jesús*, que según muchos judíos actuales podía tener razón, pero con esa razón no puede mantenerse la existencia de un pueblo como el israelita, que necesita apoyarse en leyes sociales concretas, en instituciones de poder religioso y social. Algunos judíos del siglo XX (cf. de un modo especial a J. Klausner, *Jesús de Nazaret. Su vida, su época, sus enseñanzas*, Paidós, Barcelona 1991) han tendido a decir que Jesús era justo, quizá el más

> junto de todos los judíos, pero el Israel «eterno» no podía (ni puede) seguirle, porque su mensaje acababa destruyendo la identidad social del pueblo, que necesita leyes sociales concretas e instrumentos jurídicos, sociales e, incluso, militares para hacer que se cumplan.

2. La mujer de la unción (14, 3-9)

³Y estando él en Betania, en casa de Simón el leproso, recostado [a la mesa], vino una mujer llevando un frasco de alabastro lleno de un perfume de nardo auténtico, muy caro. Rompió el frasco y se lo derramó sobre su cabeza. ⁴Algunos estaban indignados y comentaban entre sí: «¿A qué viene este despilfarro de perfume? ⁵Se podía haber vendido por más de trescientos denarios y habérselos dado a los pobres. Y la injuriaban». ⁶Jesús, sin embargo, replicó: «Dejadla. ¿Por qué la molestáis? Ha hecho conmigo una obra buena. ⁷A los pobres los tenéis siempre con vosotros y podéis socorrerlos cuando queráis, pero a mí no siempre me tendréis. ⁸Ha hecho lo que ha podido. Se ha anticipado a ungir mi cuerpo para la sepultura. ⁹En verdad os digo: en cualquier lugar donde se anuncie el evangelio, en todo el cosmos se dirá también lo que ella ha hecho, para memoria de ella».

Las autoridades de Jerusalén están jugando con la vida de Jesús a sus espaldas, en términos de engaño y comercio. Como veremos (14, 10-11), en este momento resulta fundamental la colaboración de Judas. Pues bien, sobre ese fondo, como representación profética e inversión creadora del juicio de los sacerdotes y Judas, hallamos el gesto de la mujer profeta. Posiblemente, ella sabe lo que pasa en el entorno: conoce los manejos de muerte que se trazan en torno a Jesús. Su gesto puede entenderse, por tanto, como una especie de representación premonitoria y creadora de aquello que Dios hace en este drama.

Con su mismo gesto, ella dice a Jesús dos cosas muy profundas, sin necesidad de utilizar para ello las palabras. (a) Le dice que quieren matarle y que tenga cuidado. Todo su gesto se puede entender, en ese plano, como aviso de muerte, como representación de aquello que sacerdotes y escribas preparan. (b) Le dice también que ella cree y que quiere transmitirle así su fe: unge a Jesús como rey y le anima para que mantenga su gesto y pueda así entregar la vida.

Rodeado por aquellos que buscan y traman su muerte, en disputa de poder, en ansia de dinero, comprado y vendido por traidores, Jesús ha recibido en el momento justo de su vida a una mujer que ha salido a su encuentro para decirle: ¡eres el Cristo! Esta mujer realiza aquello que el Bautista no pudo realizar en el principio, culminando así lo que él simbolizaba. Juan bautizó a Jesús con agua, haciendo que iniciara su camino mesiánico de apertura a Dios y anuncio de Reino. Ella, la mujer desconocida de la casa de Simón leproso, bautiza a Jesús en el final, cuando le unge con perfume mesiánico en la meta y cumbre de su vida.

Muerte solidaria. El Mesías crucificado (14, 1-15, 47)

Esta escena condensa todo el camino de Jesús. Es un recuerdo del *bautismo* (1, 9-11): como nuevo y verdadero Juan, esta mujer unge (sepulta) a Jesús para la muerte (cf. 10, 38); es un signo de la Iglesia, definida como hogar de un leproso, en contexto de *comida*, como en las multiplicaciones; anticipa la sepultura de Jesús (15, 42-47), y anuncia la misión del evangelio en todo el cosmos... (14, 9; cf. 13, 10).

Jesús está en la casa de un leproso. El dato es significativo: los leprosos eran pobres en sentido fuerte; no podían ni siquiera entrar en el templo, se encontraban rechazados por los sacerdotes. Jesús había ayudado a uno de ellos (1, 40-45), reconociendo su dignidad, limpiándole ante Dios y ante los hombres. Ahora está en su casa, aceptando la hospitalidad de un proscrito. En la casa hay (entra) una mujer de nombre desconocido. Lleva en su mano lo que tiene para ella más valor: un precioso recipiente cerrado (un alabastro) con perfume. Otros deciden matar a Jesús; ella quiere ungirle y le unge para la vida. Algunos discuten sobre temas de poder, desembocando siempre en codicias de dinero; ella, en cambio, emplea todo su dinero para decirle a Jesús una palabra de fe y acompañarle de esa forma en el camino de su entrega (de su mesianismo).

Ella es como la viuda de 12, 41-44. Pero la viuda ofrecía todos sus haberes para un templo viejo que va a ser destruido: hace algo bueno, es fiel a Dios y a sus señales sobre el mundo, pero se mantiene en la línea de una ayuda-entrega que pierde su sentido externo cuando acaba el signo del templo viejo. Esta mujer, en cambio, ha sabido ponerse ante lo nuevo, ante el camino de Jesús, para decirle con su gesto que le entiende y que confía en él, ofreciéndole lo más grande que tiene, en signo de reconocimiento mesiánico.

Esta mujer viene, toma la iniciativa, unge a Jesús. Parece que los gestos normales se encuentran invertidos: Es ella la que hace, la que vierte de manera solemne su perfume sobre la cabeza del profeta galileo; es ella la que dice y confiesa en signo intenso su más honda fe en el Cristo: le proclama rey en el momento decisivo en que los otros planean y preparan ya su muerte. De ese modo asume en forma buena el papel que en otro tiempo había realizado Pedro de manera equivocada: dice a Jesús que es el Mesías y le anima a seguir en su camino (cf. 8, 26-33). Ahora podemos afirmar que esta mujer es el discípulo perfecto: aquel que sabe acompañar a su maestro, ofreciéndole su ayuda más intensa en el momento de la prueba. Lo que Pedro no supo o no pudo hacer, lo realiza muy bien ella.

Algunos de los presentes, quizá de entre los Doce (aunque el texto no lo dice), se indignaban por la acción de la mujer. Han interpretado el mesianismo de Jesús en clave económica y todo lo traducen y reducen a dinero. En un sentido tienen razón: hay que dar limosna. Hay que ofrecer lo que se puede por los pobres (cf. 14, 4-5). Pero su forma de entender la economía termina poniéndoles al fin de parte de los sacerdotes y de Judas, que todo lo traducen a dinero y por dinero entregan al Mesías a la muerte: en la rueda de los intereses económicos, Jesús acaba siendo triturado y rechazado (cf. 14, 10-11).

Esta mujer pertenece a la *memoria* (*mnêmosynon autês*: 14, 9) de la Iglesia, en palabra de tipo eucarístico y pascual. Los paralelos extramarcanos presentan la eucaristía como *anamnêsis*, memoria de Jesús (Lc 22, 19; 1 Cor 11, 23-25) y Marcos se refiere al *pan de las multiplicaciones y de la barca* como signo del recuerdo eclesial (cf. *mnêmoneuein*: 8, 18). A los discípulos les cuesta conservar *la memoria activa del pan* y por eso desconocen a Jesús y siguen ciegos, no sólo en esta escena, sino en la que sigue (en 14, 12-31 donde culmina el tema de los panes); esta mujer, sin embargo, ha comprendido, volviéndose elemento *integral de la memoria de Jesús* hecha anuncio de evangelio.

Desde ese fondo tenemos que volver a la escena del sepulcro vacío (cf. 16, 1-8). Las mujeres compran perfumes y van al *mnêmeion* (lugar de recuerdo funerario, *mnemoneuô*), para conservar la memoria de Jesús en su cadáver, ungiéndolo por siempre en una tumba de Jerusalén. Pero Jesús ya no está, no se le puede recordar con perfume de muerte, pues fue ungido para la vida por esta mujer, de manera que su aroma de pascua se expande a través del evangelio en todo el cosmos (14, 9); por eso, ella pertenece a la *memoria* (*mnêmosynon*) viviente de Jesús. Frente a la *iglesia funeraria* de aquellos que van al *mnêma* o recordatorio sepulcral de Jerusalén, se eleva así la *iglesia kerigmática* del anuncio pascual, vinculada al *mnêmosynon* o memoria de esta mujer que ha ungido a Jesús para una sepultura pascual de entrega de la vida.

En este contexto debemos afirmar que Jesús no ha fracasado del todo con sus discípulos. Por lo menos esta mujer, profetisa mesiánica, le ha comprendido, sirviéndole de ayuda y signo creador en el momento más solemne de su entrega. Mc 13, 10 decía que «primero debe proclamarse (*kêrykhthênai*) el evangelio (13, 10): desde el fondo de su entrega, manejados y juzgados por los hombres, los discípulos expanden con su misma vida el evangelio, superando de esa forma las barreras que dividen y separan a los viejos pueblos (*panta ta ethnê*), de esa forma, todos los hombres podrán vincularse desde el único evangelio, expandido con el testimonio de una vida que se encuentra privada de poder y que a la vez es plenamente poderosa». Pues bien, nuestro pasaje se sitúa en el mismo contexto, pero con un nuevo matiz: ese evangelio extendido a todas las gentes es el evangelio interpretado por esta mujer como perfume que se expande a partir de la tumba (muerte) a todo el mundo (*eis holon ton kosmon*).

Según eso, Marcos no defiende cualquier interpretación del evangelio, sino el evangelio «según esta mujer», que así aparece como tipo de todos los misioneros y evangelistas de Jesús; de manera que su memoria («para memoria de ella»: *eis mnemosynon autês*) debe ir siempre vinculada al anuncio del mensaje-pascua de Jesús. Ciertamente, Marcos reconoce y conserva la memoria de otras figuras ejemplares, y en especial la de Juan Bautista (1, 1-8) y la de Pedro (16, 6-7). Pues bien, la más importante de todas esas memorias «humanas» que acompañan a Jesús y dan sentido más concreto a su evangelio en todo el mundo es para Marcos la de esta mujer. Ella está asociada por su gesto al mesianismo de Jesús y a su muerte pascual, por eso es normal que la Iglesia haya querido identificarla con María Magdalena o con alguna de las mujeres que luego encontraremos bajo la cruz, en el entierro y en la tumba vacía de Jesús (15, 40-41.47; 16, 1-8).

Esta mujer (sea o no la Magdalena de 16, 1-8) ha sido la compañera más valiosa de Jesús, es la primera de todos los auténticos cristianos. Con su habitual sobriedad, Marcos ha preferido dejar los temas puramente apuntados, sin unir personas ni desarrollar posibles conexiones, como hará Juan al decir que esa mujer es Magdalena (Jn 12, 1-8) y presentarla como la primera testigo de la pascua (20, 19-23). Todo nos permite suponer que esa interpretación de Jn está en la línea de lo aquí apuntado, pero Marcos no ha querido ponerlo de relieve. Le basta con saber que esta mujer ha realizado de manera anticipada la experiencia de la pascua (hablarán de ella en el mensaje mundial del evangelio), quizá por eso no ha juzgado necesario volverla a presentar ante el sepulcro en 16, 1-8. Ella había preparado a Jesús para el sepulcro de su entrega mesiánica, de esa forma había creído en él antes de ver su tumba vacía. Jesús ha reconocido y valorado su fe, introduciendo su memoria en la misma expansión universal del evangelio.

Jesús no ha querido que le recordemos en aislado. Por eso no clausura ni cierra su evangelio de forma individual, sino que destaca la presencia y función de aquellos que le acompañan, formando así el contexto más concreto de su camino mesiánico. El más importante de todos ha sido para esta mujer de la unción, que aparece desde ahora como signo de la Iglesia fiel, que sigue vinculada a la memoria del anuncio y celebración del evangelio. Solo una mujer pudo ofrecer a Jesús su identidad, ungiéndole para la entrega mesiánica Sólo Jesús pudo reconocer y valorar para siempre a esta mujer, iniciando con ella la memoria viviente de la Iglesia y haciendo que ella sea como un signo de toda vocación cristiana.

---

(120) Mujer de la unción, memoria pascual (14, 3-9)

Éstos son los motivos centrales de la escena, que pertenece a la tradición premarcana (cf. Lc 7, 36-50; Jn 12, 1-8), aunque sea Marcos quien la ha recreado, definiendo por ella su trama narrativa. Ella condensa, como en un espejo (desde la perspectiva de una mujer), toda la trama del evangelio.

1. *La casa del leproso*: «*Y estando en Betania*, en casa de Simón, el leproso...» (14, 3). Betania forma parte de la tradición de la subida de Jesús a Jerusalén (11, 1) y está unida a los signos de la higuera estéril y de la destrucción del

templo (11, 12-13), que están relacionados con el surgimiento del templo verdadero. Esos motivos se vinculan ahora con el recuerdo del leproso de 1, 40-45, a quien Jesús curó de su enfermedad, diciéndole que fuera a los sacerdotes, en gesto de sumisión y obediencia legal. El leproso no cumplió aquel mandato, no quiso integrarse en el espacio de sacralidad del templo. Por eso, cuando los sacerdotes del templo condenan a Jesús, él puede recibirle en su casa, arriesgándose por él y ofreciéndole su mesa. Frente a los impuros sacerdotes que trafican con la sangre y mantienen con muerte su dominio sobre el mundo, este «puro» leproso acoge a Jesús, de manera que su casa es el primero y más fuerte de los signos de la Iglesia cristiana desde la perspectiva de la pasión del Cristo.

2. *Una mujer con perfume*: «*Vino una mujer llevando un (vaso de) alabastro con perfume de nardo...*» (14, 3). Parece que nadie esperaba esta irrupción: de pronto, en la casa del leproso (del hombre que está fuera de la ley sagrada de Israel) aparece ella (*gynē*, sin artículo definido), como símbolo de Dios (como profetisa de Israel), completando el signo y función del Bautista: *él* le había ofrecido en el principio el agua penitencial (1, 1-8); *ella* ofrece a Jesús el perfume de la culminación (sepultura y mensaje). No se dice su nombre. Sólo sabemos que es (tiene que ser) una mujer. No se sabe si responde con su gesto a un gesto precedente de Jesús (como la suegra de 1, 29-31, y quizá como el leproso), o si actúa de forma espontánea, como representante de la esperanza universal (israelita o humana) de la vida. Parece claro que ella es la humanidad (verdadero Israel) que recibe a su Mesías, reasumiendo en forma nueva y más alta, en el momento clave del drama mesiánico, con el perfume de muerte y vida, la función que al principio (1, 1-11) realizó el Bautista.

3. *Unción real*: «Rompiendo el [frasco de] alabastro lo derramó [su contenido] sobre su cabeza» (14, 3). El gesto de *romper* (*syntripsasa*) está aludiendo a la muerte de Jesús: quebrado el frasco no se puede ya recomponer (pues no tiene tapón); así Jesús debe romperse para que se expanda su perfume. La mujer unge a Jesús en la cabeza, como se unge a un rey (1 Sm 10, 1; cf. 1 Sm 16, 13; 1 Re 1, 39), y lo hace en un *contexto de comida*, en casa de Simón Leproso (no de Simón Pedro). Ella interpreta de esa forma toda la historia de Jesús, que ha curado a los leprosos, que ha dado de comer a la muchedumbre, y que ahora está dispuesto a entregar su propia vida, para iniciar de esa forma el banquete del Reino.

4. *Rechazo*: «Había allí algunos que la molestaban, diciendo: ¿a qué viene este derroche?» (14, 4-5). Esta palabra nos sitúa en el campo de las disputas eclesiales sobre la muerte y resurrección de Jesús (cf. 9, 10).

Algunos discípulos razonan sólo en línea de dinero y lo entienden todo desde claves económicas de compraventa, apelando al servicio de los pobres, como habían hecho en 6, 37, pues sólo entienden a Jesús como Mesías del dinero y piensan que serían necesarios *doscientos denarios* para alimentar a todos. Ahora elevan la cantidad y hablan de trescientos denarios, pues siguen entendiendo a Jesús en claves monetarias y piensan que sólo se puede ayudar a los pobres (darles de comer) con dinero. Para ellos, el Mesías debería ser inmensamente rico, resolviendo con dinero los problemas de la tierra. Por eso rechazan el gesto de Jesús y su manera de entender la muerte y la resurrección.

5. *Defensa*: «Ha hecho conmigo una obra buena...» (14, 6-8). Frente a los discípulos que interpretan a Jesús desde el dinero, ella le ha entendido rectamente, y por eso la defiende y acepta el camino de entrega que ella le ha trazado. Los otros, discípulos varones, no han comprendido, siguen pensando que el Mesías debe obrar en plano de dinero y de poder del mundo. Ella, en cambio, ha entendido: Sabe que el camino de Jesús implica una fidelidad hasta la muerte. Jesús acepta su gesto y afirma que ella ha hecho lo que debía: *¡Ha ungido mi cuerpo para la sepultura!* Lógicamente, cuando las mujeres de 16, 1-8 vayan al sepulcro con perfume abundante no podrán ungir su cuerpo, pues le ha ungido esta mujer para siempre, no sólo para la sepultura (para enterrarse), sino para la resurrección, anticipando así lo que será su vida pascual: un perfume expandido por la casa y por todo el mundo.

El texto culmina en forma de *memoria pascual*: «En verdad os digo, donde se proclame el evangelio, en todo el cosmos se dirá lo que ella ha hecho, para memoria de ella...» (14, 9). Éste es el fin sorprendente (pero lógico) de todo el pasaje. Sabemos ya, desde un contexto apocalíptico de persecución, que el evangelio de Jesús será anunciado en todo el mundo (13, 10). Pues bien, ahora descubrimos algo más: ese evangelio universal está ligado a la «interpretación pascual» de esta mujer. Ella cumple en Marcos una función que, según la tradición de las cartas de la cautividad, ha cumplido Pablo, pues él aparece en ellas como apóstol de los gentiles, garante de la misión universal del evangelio (cf. Ef 3, 1-11). Según Marcos, la «mediadora» de la misión universal de la Iglesia en todo el cosmos (no sólo a todos los pueblos, como en 13, 9, sino a todo el cosmos) es ésta mujer. Por eso, el «evangelio según Marcos» (evangelio abierto a la gentilidad) es evangelio según esta mujer; ella es la intérprete y garante de la verdadera interpretación de la pascua. Por eso se podrá olvidar la memoria de otros (como Pedro o como Pablo), pero no la memoria de esta mujer, vinculada a la memoria de Jesús, pues ella pertenece a la «interpretación» pascual (universal) del evangelio.

3. Judas, uno de los Doce (14, 10-11)

¹⁰Judas Iscariote, uno de los doce, fue a hablar con los sumos sacerdotes para entregarles a Jesús. ¹¹Ellos se alegraron al oírle y prometieron darle dinero; y andaba buscando una oportunidad para entregarle.

La mención de Judas, uno de los Doce, retoma el motivo de los sacerdotes y escribas (14, 1-2). En el centro del tríptico ha quedado la acción de la mujer (14, 3-9), con su signo de evangelio y pascua. A esa mujer se oponen los sacerdotes y Judas, especialmente Judas.

Esta mención de Judas, históricamente indudable (nadie habría inventado una figura como esta, dentro de los Doce) resulta necesaria en un sentido evangélico, para poner de relieve la «novedad» del mesianismo de Jesús, que rompe todos los esquemas «racionales» y nacionales de su entorno. Lo «lógico» es Judas, que se mantiene en la línea de los Doce (que traicionarán también a Jesús, desde las tradiciones de Israel: cf. 14, 12-31) y, todavía más, en la línea de los sacerdotes y escribas de Israel, es decir, del «buen judaísmo».

Por aquello que ha dicho y ha hecho, Jesús ha roto ese buen judaísmo, que responde como los «renteros» de 12, 1-12: Todos ellos, los sacerdotes-escribas, los Doce, Judas, quieren mantener a Jesús dentro de las tradiciones nacionales, dentro de la sacralidad israelita. Por eso, en el momento decisivo, cada uno a su manera optará por su visión de Israel, en contra de Jesús.

Judas pertenece a la historia de la «entrega» de Jesús (que había comenzado en 9, 31). En el momento decisivo, entre los sacerdotes-escribas y Jesús, opta por los sacerdotes, con quienes quiere colaborar, para bien del pueblo. Marcos no dice que «pida» dinero, pero los sacerdotes se lo ofrecen, en la línea de los comensales de 14, 6, que calculaban el gesto de Jesús (y de la mujer de la unción) en claves de dinero. De esa forma retoma el motivo esencial del «escándalo» mesiánico de 10, 17-31, donde Jesús había dicho que no se podía entrar en el reino de los Cielos «teniendo» dinero.

Jesús ha «devuelto» el dinero al César (12, 13-17) y, por eso, sin apegarse a ningún tipo de dinero (¡menos aún al de los sacerdotes!) ha podido proclamar su mensaje de Reino, hasta el final. De esa forma ha quedado en manos del dinero de los sacerdotes, que lo emplean para «comprarle», como a un esclavo. Es muy posible que, en principio, Judas no buscara dinero; pero Marcos sabe que, en el fondo, su gesto se inscribe dentro de la lógica del dinero, que es la que emplean los sacerdotes.

b) Última Cena: traición y eucaristía (14, 12-31)

Sobre contexto y paralelos, cf. J. L. Espinel, *La Eucaristía del NT*, San Esteban, Salamanca 1980, 59-113; J. Jeremias, *La Última Cena. Palabras de Jesús*, Cristiandad, Madrid 1980; X. Léon-Dufour, *La Fracción del Pan. Culto y existencia en el Nuevo Testamento*, Cristiandad, Madrid 1983; cf. también Fowler, *Loaves*, 138-148, y Crossan, *Campesino judío*, 416-424. Para situar el tema en el contexto litúrgico israelita, cf. E. Nodet y E. Taylor, *The Origins of Christianity*, Glazier, Collegeville MI 1998; X. Pikaza, *Fiesta del pan, fiesta del vino. Mesa común y eucaristía*, Verbo Divino, Estella 1998. Para situar el tema en el contexto de la vida de Jesús, además de obras más significativas sobre vida de Jesús (Dunn, Sanders, Theissen...), cf. H. Schürmann, *¿Cómo entendió y vivió Jesús su muerte?*, Sígueme, Salamanca 1982; E. Tourón del Pie, *Comer con Jesús. Su significación escatológica y eucarística*, RET 55 (1995) 285-329; 429-486; Id., *La palabra escatológica de Jesús en la Última Cena (Mc 14, 25 par)*, en *Fe i Teologia en la Historia. En Honor Ev. Vilanova*, Fac. Teología, Barcelona (1998).

El texto anterior (14, 3-9), que exponía la cena de Jesús en casa de un leproso, ha venido a convertirse, por la acción de la mujer y la respuesta de Jesús, en anticipo del misterio pascual, condensado en la Última Cena. Este nuevo texto (14, 12-31), paralelo al anterior en muchos rasgos, tiene como objeto la cena de la vieja pascua de Jesús con los Doce, a los que vimos (3, 14; 6, 7) como signo de la plenitud escatológica de Israel. Ésta es ahora una cena de entrega destructora (los Doce de Jesús van a negarle y entregarle) y de donación mesiánica de Jesús, que da su cuerpo y sangre a los discípulos, en gesto de presencia y despedida (14, 22-26). Aquí se condensa lo más alto (la decisión mesiánica de Jesús, que da su vida por el Reino) y lo más bajo (la traición mesiánica de sus discípulos, que le entregan y huyen).

a. (Preparación. Contexto de pascua) *¹²El primer día de la fiesta de los panes sin levadura, cuando sacrificaban la pascua, sus discípulos le preguntaron: «¿Dónde quieres que vayamos a preparar para que comas la pascua?». ¹³Y envió a dos de sus discípulos, diciéndoles: «Id a la ciudad y os saldrá al encuentro un hombre que lleva un cántaro de agua. Seguidlo, ¹⁴y allí donde entre decid al dueño: El Maestro dice: ¿Dónde está la sala, en la que he de celebrar la pascua con mis discípulos? ¹⁵Él os mostrará un cenáculo grande, alfombrado y dispuesto. Preparadlo todo allí para nosotros». ¹⁶Los discípulos salieron, llegaron a la ciudad, encontraron todo tal como Jesús les había dicho y prepararon la pascua.*
b. (Noche de entrega: Judas) *¹⁷Al atardecer llegó con los doce ¹⁸y estando reclinado y comiendo, dijo Jesús: «Os aseguro que uno de vosotros me va a entregar, uno que está comiendo conmigo». ¹⁹Ellos comenzaron a entristecerse y a preguntarle uno tras otro: «¿Acaso soy yo?». ²⁰Él les contestó: «Uno de los Doce, uno que moja conmigo en el plato. ²¹ El Hijo del Humano se va, tal como está escrito de él, pero ¡ay de aquél que entrega al Hijo del Humano! ¡Más le valdría a ese hombre no haber nacido!».*
c. (Pan y vino. La nueva copa en el Reino) *²²Y estando ellos comiendo, Jesús tomó pan, pronunció la bendición, lo partió, se lo dio y dijo: «Tomad, esto es mi cuerpo». ²³Tomó*

luego un cáliz, pronunció la acción de gracias, se lo dio y bebieron todos de él. ^{24}Y les dijo: «Esta es la sangre de mi alianza que se derrama por muchos. ^{25}En verdad os digo: ¡Ya no beberé más del fruto de la vid hasta el día en que lo beba de nuevo en el reino de Dios!».

d. (Escándalo de todos, nuevo encuentro en Galilea) *^{26}Después de cantar los himnos, salieron hacia el monte de los Olivos. ^{27}Jesús les dijo: «Todos os escandalizaréis, porque está escrito: Heriré al pastor y se dispersarán las ovejas. ^{28}Pero después de resucitar, os precederé a Galilea». ^{29}Pedro le replicó: «Aunque todos se escandalicen yo no». ^{30}Y Jesús le contestó: «En verdad te digo que hoy, esta misma noche, antes de que el gallo cante dos veces, tú me habrás negado tres». ^{31}Pedro insistió: «Aunque tenga que morir contigo, jamás te negaré». Y todos decían lo mismo.*

A la cena que le ofrece Simón Leproso sigue la cena que le ofrecen sus discípulos en contexto de pascua (de celebración nacional judía). No es él quien la inicia, son ellos, ratificando así la tradición israelita. Jesús acepta, pero transforma la celebración en gesto de suprema solidaridad, recreando los principios de la historia israelita (Mar Rojo, comida nacional) desde su propia experiencia de entrega mesiánica. Mientras él completa la entrega de su vida, en fidelidad mesiánica, ellos le entregan y traicionan. Éstos son sus motivos principales, siguiendo el esquema de la traducción:

a) *Preparación: una cena en contexto de pascua* (14, 12-17). Por iniciativa de los Doce (que quieren situarle en un contexto de fidelidad nacional), Jesús pide que le preparen un lugar para celebrar la cena. De esa forma constituye un grupo celebrativo, creando con ellos un signo del Israel escatológico. Están en la Cena los Doce, son el signo de la plenitud israelita.

b) *Noche de entrega: Judas* (14, 18-21). La unión de los Doce con Jesús se rompe precisamente en la cena. Uno de ellos va a traicionarle, como el mismo Jesús sabe y anuncia en palabra de lamento. De esa forma, la cena de la unión se convierte en tiempo de ruptura. Éste es el momento clave del fracaso del «ideal» de Jesús con sus discípulos.

c) *Don y promesa de Jesús (eucaristía)* (14, 22-26). Traiciona a Jesús uno de los Doce, pero Jesús les da su cuerpo y sangre, en gesto de fuerte simbolismo que anuncia el banquete del Reino. Los discípulos no comen ya cordero viejo de pascua judía; toman el pan-vino de Jesús, pero no entienden lo que comen, no entienden su entrega, no comparten su mesianismo, aunque Jesús les invita tomar con él la próxima copa en el Reino.

d) *Escándalo de todos, nuevo encuentro en Galilea* (14, 27-31). Parece acabar el pasaje con el gesto anterior, pues comienzan a salir del lugar de la cena, dirigiéndose hacia el monte de los Olivos (14, 26). Pero antes de llegar (cf. 14, 32), en palabra que se une con lo ya indicado, formando inclusión con el anuncio de la entrega (cf. 14, 18-21), Jesús dice a sus discípulos que van a abandonarle, prometiéndoles, sin embargo, que volverán a encontrarse en Galilea.

1. Preparación: contexto de pascua (14, 12-17)

Los discípulos, que son aquí los Doce (14, 17) y representan la esperanza nacional israelita, quieren sacrificar la pascua con Jesús al modo judío (cf. *ethyon* de 14, 12). No le preguntan si quiere celebrarla, sino dónde deben prepararla (ellos) para que coma (él). Quieren que Jesús celebre la pascua judía, según costumbre. Ellos proponen y Jesús acepta, al menos en un primer momento, para indicarles en el centro de la misma *comida* judía que ellos van a rechazarle y que él va a celebrar otro tipo de cena (14, 18-21.27-31).

La escena guarda cierta semejanza con 11, 1-6. En ambos casos, Jesús envía a dos discípulos, para que preparen la señal o el lugar de su acción (un asno, una habitación de fiesta). En ambos casos ofrece un signo indicador que les (nos) ayuda a entender lo que pasa: un asno atado, un hombre con un cántaro. Estos detalles suelen ser corrientes en las narraciones populares, y así, de un modo popular, en paralelo, han comenzado ambas escenas. Pero pronto descubrimos unas diferencias importantes. En 11, 1-6, era Jesús mismo quien tomaba la iniciativa, pues quería entrar en Jerusalén montado sobre un asno; por otra parte, los discípulos actúan como grupo no identificado: ni en el texto en sí ni en la continuación se identifican con los Doce. Por el contrario, en 14, 12-17 los discípulos toman la iniciativa, aunque después haya sido asumida por Jesús; además, ellos aparecen bien determinados, como Doce. Desde aquí debemos realizar algunas advertencias necesarias para entender bien lo que sigue.

Es tiempo de pascua judía, y los discípulos quieren que Jesús la celebre (14, 12). Por eso pueden tomar y toman la iniciativa: de esa forma se mantienen en contexto israelita. Siguen interpretando a Jesús a partir del pasado, desde el círculo de las tradiciones de su pueblo. Es evidente que esto puede extrañarnos, pues Jesús ha superado o roto muchas de esas tradiciones (cf. 2, 23-3, 6). Más aún, Jesús ha dicho que la higuera de Israel se encuentra seca, y nadie puede alimentarse de ella (11, 12-14); también ha proclamado con gesto y con palabra poderosa el fin del templo israelita (11, 15-18), ratificando su sentencia en largo sermón escatológico (Mc 13).

¿Qué sentido tiene volver a lo pasado y ya caduco, celebrando la pascua judía? ¿No estaremos ante un tipo de retorno a lo que estaba previamente superado? No planteamos aquí el tema de la historicidad, decidiendo si la cena de Jesús con los discípulos fue o no fue pascua judía. Marcos 14, 12 supone que sí; en cambio, Jn 13, 1-2 parece negarlo. Lo que importa en nuestro texto (Marcos 14, 12-17) no es la historicidad externa del hecho, sino el paso de la vieja a la nueva pascua. Por eso, Marcos empieza interpretando la cena de Jesús en contexto de pascua israelita, para superar después (por dentro) ese nivel, haciendo así que pasemos de la alianza (fiesta) judía a la cristiana (cf. 14, 24).

La iniciativa parte de los discípulos. Da la impresión de que ellos quieren introducir el camino mesiánico de Jesús dentro del ceremonial judío, con todo lo que eso significa de cumplimiento de la ley y aceptación de las viejas tradiciones de su pueblo. En ese fondo, celebrar la pascua en Jerusalén significa volver a respetar los rituales sagrados (sólo a la vera de ese templo se puede comer el cordero sacrificado), sometiéndose a las prescripciones sagradas que controlan y definen sacerdotes y escribas. Estamos, a mi juicio, ante una paradoja que a veces suele pasar inadvertida. (a) Jesús acaba de anunciar el fin del templo, rompiendo de esa forma la separación de los judíos respecto de otros pueblos. (b) Los Doce desean reintroducirle en el espacio ritual-ceremonial-familiar que ese templo suscitaba de manera muy fuerte por la pascua. Esto significa que surge una tensión entre Jesús y los Doce, pues caminan hacia metas diferentes.

Esta tensión de fondo enmarca, a mi entender, todo el evangelio de Marcos. (a) Hay un cumplimiento de la profecía: Jesús asume y ratifica la verdad primera de la Biblia israelita. (b) Pero, en otra perspectiva, Marcos destaca la ruptura: todo el judaísmo nacional queda superado y enmarcado en esta nueva perspectiva mesiánica, como iremos descubriendo en la cena de la fiesta. Los discípulos quieren invitarle a la vieja pascua judía, centrándole en la fuerte sacralidad nacional, simbolizada en el cordero sacrificado. Jesús, en cambio, quiere romper ese espacio ritual de un grupo separado. Por eso, en medio de la cena, desenmascara a sus compañeros e invitadores, a los propios discípulos, a quienes desautoriza de una forma casi cruel, y así desvela, sobre el fondo mismo de la vieja pascua (rota por la traición y negaciones), la nueva fiesta de su fidelidad, el gesto de la entrega plena de su vida. Si se olvida esta paradoja, corre el riesgo de olvidarse el fondo y novedad del evangelio.

a. El hombre del cántaro de agua (14, 13). Los Doce quieren «empujar» a Jesús, haciendo ya que se defina y se resitúe en el contexto de la tradición judía. Pues bien, de manera paradójica, Jesús les escucha y, mostrando un conocimiento superior, les dice que vayan a prepararle la cena, guiados por un hombre con un cántaro de agua, al que encontrarán en el cruce de calles de la entrada de la ciudad. Quizá es un servidor que realiza un trabajo de mujeres; quizá es un «deficiente» o un hombre sexualmente indefinido. Sea como fuere, este hombre será una especie de premonición de lo que debe suceder en pascua, pues él nos permite mirar de un modo distinto hacia las cosas y personas. Este hombre del cántaro de agua, este siervo que asume tareas secundarias, este «deficiente» aparece como introductor para la fiesta que Jesús celebrará con sus Doce, es decir, con los representantes del nuevo Israel que él ha venido a reunir-convertir sobre la tierra. Van sus discípulos, encuentran al hombre del cántaro y llegan hasta el dueño de la casa que prepara la sala de la fiesta (el *anagaion*: 14, 15). Después, entrada ya la tarde, viene a cenar con sus discípulos (14, 14) cuidadosamente presentados como los Doce (14, 17).

b. Cena con los Doce, es decir, con los representes del mesianismo israelita, vinculado al triunfo nacional. Sabemos que Jesús les ha elegido (3, 14.16) como señal del Israel escatológico. Ellos han podido comprender (con otros seguidores) el sentido más profundo de las parábolas del Reino (4, 10) y han proclamado dentro de Israel el mensaje mesiánico (6, 7). Jesús ha querido hacerles servidores de los otros (9, 35) y por eso les instruye en la enseñanza más secreta de su entrega por el Reino (10, 32). Le han acompañado en la entrada final en la ciudad (11, 1-26), aunque sabemos que uno de ellos ha decidido traicionarle (14, 10). Pues bien, ahora se dice que ellos quieren celebrar la fiesta con Jesús; esta será la última oportunidad que ellos tendrán para entenderle y construir así las bases del Israel escatológico (14, 17). Pues bien, como veremos, precisamente en la Cena, Jesús descubre y muestra que ellos romperán su compromiso, de manera que termina el mesianismo israelita que ellos representan. Acaba así el mesianismo israelita de los Doce, la función intrajudía de los compañeros de Jesús (cf. 3, 13-19). La misión universal se iniciará de otra manera, no en Jerusalén sino en Galilea (14, 28), no por los Doce en cuanto grupo, sino a través de los «discípulos y Pedro» a quienes deben ofrecer su anuncio las mujeres de la tumba vacía (16, 7).

El paso de Jesús y de los Doce por Jerusalén no ha sido inútil, pues allí ha debido pronunciar Jesús el gran discurso sobre el fin del templo y el anuncio de evangelio a todas las naciones (Mc 13); allí ha recibido la unción para la muerte (14, 2-9) y ha ratificado su entrega, dando su cuerpo como pan, mientras donde los Doce (mesianismo judío) le rechazan y los sanedritas (autoridad oficial) le condenan a muerte. Ha sido necesaria la subida a Jerusalén... pero el proyecto mesiánico de Jerusalén y de los Doce ha fracasado, como seguiremos viendo. Según Marcos, ése ha sido un «fracaso necesario»: Allí donde los Doce le rechazan y traicionan, Jesús ha podido proclamar su mesianismo más alto, realizando el signo de entrega de su vida y culminando aquello que había anunciado e iniciado en la doble «sección de los panes» (cf. 6, 35-8, 26).

Ésta ha sido y sigue siendo la gran paradoja de la «Cena» de Jesús, es decir, de toda su vida y, en especial, de su reinterpretación del mesianismo israelita. Lógicamente, los iniciadores de la cena han sido *los Doce* que siguen moviéndose a nivel israelita de comidas puras y de templo. Por exigencia de su propia tarea mesiánica, Jesús ha debido rechazar y superar esa propuesta de los discípulos. Siglos de retórica rejudaizante (en el mal sentido de la palabra) nos han llevado a entender la nueva comida de Jesús en términos de fidelidad a un judaísmo sacral. Sólo quien descubra la profunda *disonancia* de este texto respecto al desarrollo anterior de Marcos (especialmente a 14, 1-11) podrá entender lo que sigue.

(121) Eucaristía de los Doce. Un signo truncado

Los Doce son signo de culminación israelita (tribus), mantienen el recuerdo de Jesús (que les llamó para estar con él), de su experiencia misionera (envío) y del fracaso del discipulado (al final le abandonan). La Iglesia universal está enraizada en la historia de estos Doce, tal como aparece en el relato de la Cena, que Jesús celebra con ellos como «cena de fondo judío» (Jesús y las Doce tribus de Israel), pero abierta paradójicamente a todos los hombres, a través del signo de la muerte-entrega de Jesús. En este contexto «eucarístico» (Marcos 14, 12-31) reciben los Doce su sentido.

1. *Signo de Israel, las doce tribus.* Parece claro que en el fondo de la elección de los Doce está la decisión que Jesús ha tenido de recrear el camino (ideal) israelita. Mt 19, 28 y Lc 22, 30 lo recuerdan en perspectiva escatológica: ¡Os sentareis sobre doce tronos, juzgando a las doce tribus de Israel! Marcos no lo ha destacado.
2. *Son compañeros de Jesús* y de esa forma simbolizan a todos los cristianos posteriores, pero lo hacen desde una perspectiva israelita. Jesús les constituyó para que fueran con-él (3, 14) y de esa forma ellos se definen por su relación con Jesús como Cristo de Israel, en la línea de aquellos a quienes 9, 40 llama *Khristou*, es decir, *del-Cristo*.
3. *El mismo Jesús les llama, según Marcos, apóstoles, es decir, enviados* (3, 14-15): delegados suyos, portadores de su palabra y acción liberadora (6, 6-13). Por un lado, pertenecen a la historia de Jesús (le acompañaron en su vida); por otro son signo de la Iglesia posterior.
4. *Estos Doce han querido celebrar con Jesús la pascua israelita* (14, 12), ratificando así el carácter nacional, judío, de su movimiento. Según eso, desde la perspectiva de sus discípulos, la celebración de la Cena de Jesús ha empezado teniendo un carácter israelita, como si Jesús tuviera que ratificar en este contexto su proyecto nacional, en la línea en que ellos, los Doce, lo comprenden.
5. *Jesús ha superado el carácter triunfal de la celebración*, y muestra en ese contexto que los Doce van a abandonarle; ellos aparecen así como espejo de una fragilidad y rechazo que ha venido anunciándose a lo largo del evangelio (especialmente en la sección de los panes: 6, 6-8, 26), culminando en la oposición de Pedro (8, 31; cf. 14, 66-72), para desembocar en la huida de todos (14, 42). Pues bien, en ese mismo contexto de entrega y traición (¡la noche en que fue entregado! Cf. 1 Cor 11, 23) Jesús ofrece su vida a los mismos que le traicionan. En ese sentido debemos añadir

que el signo eucarístico de los Doce (14, 12-31) es un signo roto, que no se puede recuperar directamente por la Iglesia (como si sólo los Doce y sus sucesores fueran ministros de la eucaristía), sino a través de la pascua cristiana (que no es ya la de los Doce «apóstoles» judíos).

6. *La experiencia pascual recupera el signo eucarístico de 14, 22-25*, pero no lo hace desde la perspectiva de los Doce, sino en una perspectiva universal, que se despliega a través de las mujeres (16, 1-8, vinculado a 14, 28). Según Marcos, el grupo de los Doce en cuanto tal ha fracasado, de manera que al fin vuelven los Cuatro de 13, 3 como testigos y garantes de la culminación escatológica (cf. siete cestos sobrantes de 8, 7 frente a los doce primeros de 6, 43; cf. 8, 19-20). Pasamos así de la experiencia judía a la misión universal del evangelio.

Los Doce son un signo de los orígenes judíos de la Iglesia de Jesús, que tiene mucho valor, pero que todavía no se ha cumplido, pues la misión universal cristiana no se ha realizado a través de ellos (como el Jesús prepascual hubiera querido), sino por las mujeres de la tumba vacía (16, 1-8). En ese sentido debemos afirmar que ese signo sigue abierto, en la medida en que la Iglesia debe recuperar, de otra manera, sus orígenes judíos, para que «todo Israel» sea salvo, como sabe Pablo (Rom 11, 26). Esos Doce son un signo truncado, una promesa todavía no cumplida, que otros testimonios del Nuevo Testamento han proyectado para el fin de los tiempos, cuando los Doce de Israel sean signo de una plenitud universal ya cumplida, como parece suceder en Mt 19, 28; Ap 21, 12.

2. Cena de traición y entrega. Judas (14, 18-21)

Los miembros del grupo se recuestan (*anakeimenôn*) en la mesa y comparten la comida. Éste es el sello de la unión, el signo de solidaridad suprema. Jesús debería haber hablado entonces del cordero, de la sangre de la pascua israelita, de los ideales de vida judía que él comparte con su pueblo. Era la oportunidad para estrechar los lazos con el pasado y presente de su identidad sagrada. Si todo hubiera sido normal, Jesús debería reafirmar su pertenencia al pueblo de la alianza, en clave de comida sagrada. Pues bien, en vez de eso, en el momento de mayor solemnidad, superando el simbolismo judío de la sangre y del cordero nacional de pascua, sacando a luz el dolor de su entrega y la división del grupo que ha creado, exclama: *¡Uno de vosotros (= de los Doce) me ha de traicionar!* Desde la identidad del judaísmo le abandonan, desde el signo del cordero de la alianza israelita le rechazan.

Jesús ha aceptado la invitación de sus discípulos y se ha reunido con los Doce celebrando con ellos la cena familiar de memoria y esperanza de la plenitud israelita. Ellos son para Jesús y por Jesús representantes del pueblo mesiánico.

Por otra parte, el signo de la comida ha sido fundamental a lo largo de todo su camino, desde el banquete con Leví (2, 13-18), donde ha invitado al Reino a los mismos publicanos, pasando por las multiplicaciones (6, 30-44 y 8, 1-10), que extienden el banquete hacia los pobres de Israel y los gentiles, hasta la cena anterior en casa del leproso, con el gesto de unción y sepultura convertida en anuncio de evangelio (14, 3-9). Culminando todos esos signos, en el momento final de su camino, se ha sentado Jesús con los Doce para realizar dentro del espacio de Israel la última señal de su camino.

Le han invitado ellos, pero Jesús aprovecha paradójicamente este tiempo de encuentro sagrado para conducirles hasta la hondura más oculta de su traición, de su solidaridad pascual convertida en principio de muerte. Más que la culminación del camino de los Doce (pascua final israelita), encontramos aquí su fracaso y destrucción. Mirada en sentido superficial, la postura de Jesús resulta escandalosa: le invitan a cenar y, en vez de alegrarse con los suyos, de beber y de olvidar con ellos los pesares de la vida, aprovecha la ocasión para llevarles hasta el fondo de su negación, desenmascarando así sus verdaderas intenciones. La institución de los Doce ha terminado siendo un fracaso: está rota ya cuando se debía haber constituido como signo final de salvación y Reino: «Uno de vosotros me entregará, uno que come conmigo... uno que mete conmigo la mano en el plato» (14, 18-19).

Por el relato anterior, los lectores conocemos al traidor, que es Judas, como han dicho 3, 19 y 14, 10-11. Pero los sentados a la mesa no lo saben. Jesús se lo ha mostrado sólo en general, diciendo que se ha roto el grupo de los Doce: ha entrado la traición hasta la entraña de ese núcleo familiar que había querido instituir como signo del nuevo Israel. La más honda intimidad, la que se encuentra formada por un gesto de comida compartida (un mismo plato), la más honda promesa que Jesús quiso trazar cuando reunía al grupo de los Doce se ha quebrado a través de la traición y entrega.

Así lo indica el texto: Uno de vosotros me entregará (*paradôsei me*: 14, 18). Hemos resaltado ya el valor central de esta palabra, convertida en fundamento de la vida eclesial (cf. 9, 30-50; 10, 32-34). Pues bien, en el principio de la entrega de Jesús, en el origen de su muerte, no se encuentran gentes de fuera: le ha entregado uno de dentro, uno de los Doce. Es evidente que el grupo se ha roto. Por eso, en el mensaje que brota de la tumba vacía en 16, 6-7 ya no existe lugar para esos Doce: ha fracasado el mesianismo de la plenitud israelita; en su lugar encontraremos, con las mujeres y Pedro, a los discípulos que forman el grupo universal de mensajeros de Jesús que reinicia su camino de Reino en Galilea. La paradoja no ha podido ser más fuerte: allí donde Jesús se ha introducido de manera más intensa en el camino israelita (cena pascual con los Doce) descubrimos que ese mismo camino le destruye y se destruye, saltando por los aires. Se resquebraja el grupo: le expulsa y entrega uno de los Doce, negando de esa forma la esperanza de la plenitud israelita en la manera en que Jesús la había preparado.

Muerte solidaria. El Mesías crucificado (14, 1-15, 47)

En este contexto desaparecen los signos sagrados de la tradición anterior; no se alude a la pascua judía ni al nuevo pueblo que en ella se mantiene y nace cada año, por la celebración de los antiguos ritos familiares. En el mismo lugar donde esa pascua debería haberse convertido en mesianismo universal, uno de los Doce, en connivencia con los sacerdotes del templo, decide entregar a Jesús. Cenar con aquel que va a entregarle, compartiendo un mismo plato: este es el fracaso de la estrategia israelita de Jesús, pero es el principio y centro de su nueva estrategia universal de entrega de la vida por el Reino, más allá del judaísmo.

Mirada de esta forma, la traición de Judas resulta necesaria. Estrictamente hablando, más que acción contra Jesús, la traición de Judas puede tomarse como signo de fidelidad a los principios del viejo Israel, representado por los sacerdotes. Jesús lo sabe, pero no cambia su propuesta, aún sabiendo que ni sus más íntimos entienden; de esa forma acepta el riesgo en que le coloca su gesto. En esa línea añadimos que él puede anticipar y anticipa la traición de uno de los Doce, integrándola en su más alto camino de mesianismo. Sólo en ese fondo adquiere su sentido el nuevo signo de su eucaristía. La misma fiesta judía de pascua se ha vuelto así lugar del rechazo más fuerte (los Doce) y de la mayor fidelidad, pues Jesús mantiene su gesto y ofrece su pan al mismo que va a traicionarle y que lo hace, no por maldad genérica, sino por fidelidad a su pascua nacional. Judas le traiciona (como anunciaba 14, 10-11), *cumpliendo su deber judío*: celebra la pascua de su pueblo, no quiere empezar una distinta con Jesús.

3. Pan y vino. La nueva copa en el Reino (14, 22-26)

En ningún momento se alude a la antigua comida ritual del cordero, al signo de la pascua judía, al paso por el mar o a la muerte de los egipcios opresores. Aquello que los Doce querían celebrar como pascua israelita se ha venido a convertir en nueva Cena de Jesús: enfrentado con la traición y superando todo gesto de violencia o venganza, invirtiendo así el proceso de muerte, Jesús ha querido convertir su misma realidad entregada (vendida) en principio de existencia universal. Aquí culminan, se entrelazan y reciben nuevo contenido todos los caminos anteriores: el banquete del publicano y el gozo de las bodas (2, 13-22), el signo de los panes (cf. 8, 11-21), la higuera estéril (11, 12-14), los sacrificios inútiles del templo (11, 15-19)... En lugar de todo eso viene a introducirse ahora Jesús, para sustituir lo ya caducado (higuera seca, templo destruido) y para culminar lo que se hallaba prometido o anunciado en las multiplicaciones. Desde un fondo de cena pascual judía, sobre la institución rota de los Doce (Israel ha fracasado), Jesús ofrece a todos el gesto de su propia riqueza mesiánica.

Jesús bebe así con los suyos la copa de la fiesta humana (no la pascua judía en cuanto tal). Por eso toma el vino de despedida (14, 25): ha realizado su camino, ha cumplido su tarea y, en gesto de fuerte simbolismo, eleva la última copa precisamente con aquellos «amigos» que le traicionan (o van a abandonarle). En este contexto repite una fórmula que hemos encontrado al referirnos a la higuera estéril. Dijo Jesús: «Que nadie coma ya de esta higuera...» (Israel se ha convertido en árbol seco, ya no puede alimentar a nadie; cf. 11, 14). Pues bien, ahora dice: «Ya no beberé más de este vino...». De esa forma, Jesús se despide de los suyos (de aquellos que van a traicionarle), prometiendo que beberá con ellos la nueva copa del vino nuevo en el Reino (14, 25).

Precisamente allí donde le traicionan y quieren matarle, en el mismo lugar donde se rompe el signo y realidad de la grandeza israelita (los Doce, la fiesta judía de la pascua), despidiéndose de los discípulos (y de todos los que van a matarle), Jesús sigue ofreciendo promesa de Reino, sigue invitando al vino nuevo de la plenitud de Dios: no beberé más hasta el día en que lo beba de nuevo en el reino de Dios. Esto significa: yo os invito al Reino. Desde aquí se entienden los tres momentos de la escena, que culminan en el tercero, que en otro sentido es el primero:

a. Signo del pan (14, 22b). Jesús asume y condensa en el pan de la cena (bendecido, partido, dado) el gesto más profundo de su vida. Lo que ha sido antes el pan compartido y multiplicado (cf. 6, 6b-8, 26) es ahora su cuerpo (*sôma*), ungido para la sepultura por la mujer del vaso de alabastro (cf. 14, 8). De esa forma condensa Jesús el camino y verdad de su evangelio.

b. Signo de la copa (14, 23-24). El cáliz de vino condensa (cf. 10, 38-39) la entrega ya anunciada de Jesús (cf. 8, 27-10, 52). Asumiendo y superando la pascua judía, Jesús ofrece a sus discípulos la copa del agradecimiento que es la sangre de su alianza. El tema resulta más complejo que el del pan; las palabras de Jesús (alianza, sangre) parecen más novedosas, aunque tienen un profundo simbolismo en la historia israelita; por eso Marcos ha tenido que explicarlas con cierta detención.

c. La nueva copa en el Reino (14, 25). Para indicar el sentido de los dos signos anteriores, Marcos pone al final el más antiguo de todos, el signo de la copa definitiva, que indica la culminación del camino (todo se ha cumplido) y que aparece como invitación definitiva al Reino. Precisamente allí donde le traicionan y abandonan, Jesús ofrece a los Doce (y por ellos a todos) su mesa y su vino de Reino.

---

(122) Eucaristía y comidas de Jesús (14, 22-24)

El judaísmo celebra año tras año su pascua, como sabe 14, 12. Los cristianos celebran cada semana (o día) su comida vinculada al mensaje y camino de Jesús, tal como ha sido formulado en 14, 22-24, retomando algunos de los signos básicos de todo el evangelio. Quizá pudiéramos decir que Marcos es un evangelio de la eucaristía, pues se centra y culmina en ella. El pasaje de la institución resume como en espejo (o compendio significativo y actuante) los temas y/o comidas del conjunto de Marcos:

1. *Comidas con pecadores* (2, 13-17). En el comienzo de Marcos hallamos las comidas de Jesús con pecadores y excluidos del pueblo sagrado. Ellas marcan el sentido de su mesianismo, superando un tipo de ritual judío (7, 1-23) y marcando el sentido de su apertura a los gentiles (7, 24-30). Sólo allí donde Jesús ha ofrecido (y sigue ofreciendo) su pan de Reino a los que vienen puede hablarse de eucaristía cristiana. Si en un momento dado la Iglesia lo reservara sólo para los «puros» iría en contra de Marcos.
2. *Multiplicaciones, es decir, alimentaciones* (6, 30-44 y 8, 1-10). La eucaristía cristiana se vincula a los panes y peces que Jesús ha compartido con la muchedumbre. Sin ese trasfondo de «alimentación» más social, abierta a todos los hombres, en gesto de comida para saciar el hambre (con panes y peces), la eucaristía más «sacral» de 14, 22-24 pierde su sentido. El gesto de la Última Cena recoge, por tanto, el sentido y las implicaciones de las comidas de Jesús en Galilea, a campo abierto, con todos los que vienen y están necesitados, para saciar el hambre y anunciar la llegada del Reino.
3. *Entrega de la vida*. La eucaristía es pan hecho cuerpo y copa hecha sangre de Jesús derramada por todos. Ella reasume el camino de entrega de Jesús, anunciado en 8, 31; 9, 31; 10, 32-34 y ratificado en la respuesta a los zebedeos: *¿Podéis bautizaros con mi bautismo, beber el cáliz que voy a beber...?* (10, 38-39). Por eso, la verdadera eucaristía no es el pan o vino aislados de la vida, sino la misma vida «mesiánica», entregada por los demás y compartida con ellos, en gesto de comunión vital.
4. *Unción de Betania* (14, 3-9). En el pasaje que precede directamente a la eucaristía, una mujer unge a Jesús para la «sepultura» y Jesús añade que su gesto se dirá en todo el mundo «para memoria de ella». Esta memoria del perfume de la mujer está asociada a la memoria del pan de Jesús. En esa línea ha de entenderse también el pasaje sobre el pan en la barca (8, 19).
5. *Eucaristía y muerte de Jesús*. La eucaristía constituye el centro del relato de la pasión de Jesús en Marcos (Mc 14–16). A través de ella descubrimos el sentido y las implicaciones de la entrega de Jesús (de su muerte abierta a la vida: 14, 22-24) y podemos mantener su esperanza de Reino (14, 25), compartiendo el pan con los pobres y con todos los hombres y mujeres del mundo.

> Marcos no ha trazado el «ritual» eucarístico como algo separado del conjunto del evangelio. Para él la celebración de la cena de Jesús (que sustituye a la pascua judía) está integrada en la totalidad del seguimiento de Jesús; por eso en Marcos no podemos separar *cáliz y mesa del Señor* (cf. 1 Cor 10, 21; 11, 27) de la *comida abundante* de las multiplicaciones.

a) *Signo del pan* (14, 27b). Esta palabra asume el gesto culminante de la misión de Jesús en Galilea (cf. 6, 30-44; 8, 1-10), condensado en el *signo del pan* en la barca (cf. 8, 14-21). Los discípulos no comprendieron (cf. 8, 21) y así, sobre su propia incomprensión, fue trazando Jesús su camino de entrega, iniciada en 8, 27–9, 1 y expresada en su palabra sobre el templo/higuera del judaísmo (cf. 11, 12-26). Ahora deberían comprender: Jesús les dice claramente que el pan es su cuerpo (aunque veremos por 14, 27-72, que tampoco han entendido):

1. *Tomando el pan (arton).* De los panes y peces del campo, que expresaban el gozo mesiánico del pueblo que se unía y saciaba en la comida, hemos pasado al mismo Jesús que dando el pan se da a sí mismo (muriendo por los otros). Entre las multiplicaciones y la eucaristía se establece un camino de ida y vuelta: sólo se multiplica el pan allí donde el creyente entrega su vida por los otros, volviéndose comida y creando comunión con (para) ellos. El signo central de la *pascua judía* era el cordero sacrificado y compartido en familia de puros. *La pascua cristiana* se expresa en el pan que Jesús ofrece a todos.
2. *Lo bendijo, lo partió y se lo dio.* Es evidente que al fondo de ese signo está el gesto de un padre de familia (o representante de grupo) que, presidiendo la mesa, pronuncia la oración y reparte el pan. Pero aquí hallamos también el recuerdo de las multiplicaciones de Jesús que *toma los panes, bendice a Dios, los parte...* (6, 41; 8, 6). De todas formas, en medio de la continuidad hay una profunda diferencia. *Antes* Jesús daba el pan a los discípulos para que lo repartieran a la muchedumbre, en gesto de servicio. *Ahora* se lo ofrece para que ellos mismos coman. No es un pan cualquiera, sino el de Jesús, abierto al misterio (bendecido) y a la comunicación fraterna (partido, dado).
3. *Y les dijo: ¡tomad!* Ha desaparecido el cordero como principio de unidad y comunión del pueblo; en su lugar aparece Jesús con un pan en las manos. Ya no pronuncia una palabra de sacralidad exterior, como si un cordero fuera expresión y presencia de Dios. La sacralidad mesiánica se identifica con su misma vida, simbolizada en un pan que es su cuerpo regalado (*labete, tomad*) a sus discípulos. No vincula a los humanos con palabras de doctrina, ni con ideales de pura esperanza, sino con el pan de su vida entregada.
4. *Esto es mi cuerpo (sôma).* Jesús personaliza la experiencia del pan compartido de las multiplicaciones, diciendo: *Esto* (= *el pan que llevo en mis manos*) *es mi propio cuerpo*, mi verdad, el sentido de mi vida. Gramaticalmente el sujeto

puede ser la última palabra de la frase, de manera que podemos traducirla: *Mi cuerpo (= mi vida mesiánica, mi Reino) es este pan que llevo en mis manos y que os doy para que lo compartáis*. La mujer del vaso de alabastro había perfumado (ungido) el cuerpo de Jesús para la sepultura, es decir, para la entrega hasta la muerte, en clave de anuncio de evangelio y experiencia pascual (14, 8). Jesús ofrece ahora su cuerpo en el signo del pan que *se parte* (entrega y comparte) a fin de que los suyos se vinculen a su vida, pues ella se ha vuelto principio de unidad para los humanos. Allí donde se asume y recorre el camino de Jesús quedan vencidas, rotas, las barreras que dividen a hombres y mujeres, puros e impuros, enfermos y sanos, judíos y gentiles. Todos participan de su signo, se hacen cuerpo en Jesús.

Así, en proceso de fuerte identificación mesiánica, Jesús mismo aparece como realidad y sentido (contenido y soporte personal) de su obra. El signo del pan es la verdad más honda de su vida. Por eso, en el momento final de su entrega, él ha podido identificarse con el pan que ofrece a quienes le traicionan, superando el signo israelita de los doce y fundando así la Iglesia sobre el signo de su cuerpo convertido en fuente de existencia (encuentro) para todos los humanos. Ésta es la señal que los fariseos discípulos no entienden (cf. 8, 11-21), el sacramento mesiánico: lo que Jesús ha hecho en Galilea (multiplicaciones) se cumple así en Jerusalén. Lógicamente, los discípulos tendrán que volver a Galilea tras la pascua reasumiendo el camino del pan multiplicado.

Se ha secado la higuera del templo (11, 12-14). Pero hay fruto universal de Reino: hay pan abundante de Jesús (¡esto es mi cuerpo!), ofrecido como nuevo principio de existencia para todos los que quieran aceptarle. Éste es, evidentemente, el pan de bendición eucarística (*eulogesas*); pero es, al mismo tiempo, el pan de la palabra y de la vida, de la gratuidad y la esperanza compartida de los seguidores de Jesús. Cuando en 16, 6-7 el joven de la pascua cristiana diga a las mujeres «allí le veréis», podía haber añadido estas palabras: allí veréis su cuerpo y comeréis su pan por siempre, en gesto de plenitud escatológica. Sólo allí donde se niega (se supera internamente) un tipo de pascua especial para unos pocos, Jesús ha podido ofrecer la pascua universal de su cuerpo como bendición para todos (del cuerpo de vida que todos comparten, al entregarse unos a los otros y por los otros).

Se ha cerrado en Israel la pascua Vieja, se abre en Jesús la bendición mesiánica hacia todos los hombres de la tierra, como pan que se da, como evangelio. Pan fue toda la palabra y gesto de Jesús en el camino de su historia. Pan entregado y partido para todos será el más hondo sentido y realidad de su presencia mesiánica a lo largo de la historia futura de los hombres, hasta que llegue el vino del banquete para todos. Allí donde se ha roto el círculo de los Doce, allí donde Israel no puede (o no quiere) abrirse a la plenitud de salvación de todos, en gesto de gratuidad y entrega de la vida, Jesús ha fundado en su propio camino (en su don integral, en su pan y su vino) la nueva comunión de los humanos.

Esto es lo que la Iglesia ha descubierto y sigue celebrando sin cesar en la cena del Señor.

b) *Signo de la copa* (14, 23-24). El tema anterior del pan (que es cuerpo del Cristo) nos había situado ya en contexto de muerte, pero no lo había desplegado de manera expresa. Eso lo hace el signo del cáliz que Marcos explicita en gesto (14, 23) y palabra (14, 24). El gesto es sobrio (como en el caso del pan), la palabra más desarrollada, para destacar el sentido de la muerte.

1. *Tomando el cáliz (potêrion), dando gracias, se lo dio y bebieron todos...* Cáliz es el utensilio (copa o vaso) y es también la bebida que contiene. Preguntando a los zebedeos si estaban dispuestos a beber *el cáliz* que él iba a beber (cf. 10, 38-39), Jesús lo relaciona con la entrega de la vida. Más tarde, el relato de Getsemaní (14, 36: ¡*Aparta de mí...!*) presenta el cáliz como expresión dolorosa de entrega de vida hasta la muerte. Pues bien, ahora Jesús interpreta su vida como copa/cáliz que ofrece y comparte solidariamente, de forma que todos beben de ella y se comprometen a participar en su destino. Beber el cáliz de Jesús en este contexto significa asumir el riesgo y entrega de su evangelio, en generosidad o donación hasta la muerte.
2. *Y les dijo: Ésta es la sangre de mi alianza (haima mou tês diathêkês)...* Superando el rito de la sangre de animales y el pacto sellado con sangre de novillos (Ex 24, 8; cf. Lv 1-9) y la sangre del cordero pascual que tiñe las puertas de la casa para protegerla (Ex 12, 1-13; cf. Lv 16, 14-19), Jesús ha expresado con el cáliz el signo de su vida que vincula a los humanos en alianza. No hay sacrificio exterior de animales, no existe sangre muerta. Sobre una copa compartida ha pronunciado la palabra de su fidelidad, recreando con su vida el signo de la alianza (Lv 7, 22-27; 16-17).
3. *Derramada por muchos*. El cáliz de la alianza de Jesús es su «sangre», derramada por muchos. Esa palabra nos sitúa en el contexto de la copa que Jesús ha de beber (10, 38), pues ella implica *dar la vida como redención por muchos* (*anti pollôn*: 10, 45). Ese cáliz o copa de Jesús es la sangre de su alianza, *derramado hyper pollôn*, en favor de muchos (= todos). *Derramar la sangre* significa dar la vida, en palabra de anticipación profética que debe interpretarse a la luz de los anuncios de la pasión (8, 31; 9, 31; 10, 32-34). Jesús ha muerto introduciendo en su *alianza* a todos los humanos.

Ésta es la sangre de la alianza de Jesús que vincula en comunión a quienes quieran recibirle. Es la sangre de la vida humana, de varones y mujeres, que se dan la vida unos a otros, que conviven entre sí, compartiendo lo que son, en solidaridad vital de amor, de entrega mutua. Entendida así, la sangre-alianza, unida al pan-cuerpo, evoca *el principio generador de la vida y de la nueva comunión humana*; no es la parte material de un cadáver, como si el cuerpo fuera lo sólido y la sangre lo líquido, sino el hombre completo: todo Jesús es *pan-cuerpo*, vida compartida; todo Jesús es *alianza*, sangre entregada.

En el lugar donde estaban los Doce (la antigua alianza de Israel) emerge ahora Jesús, que es la nueva humanidad, principio de apertura y comunión universal. Por eso, él puede y quiere compartir con los hombres su vida, expresada en el vino, como alianza gratuita y universal del Reino en su sangre (*to haima mou tes diathekes*). Siguen allí los Doce, pero ahora son una señal paradójica y quebrada, pues van a negar a Jesús. Precisamente en el lugar donde ellos fracasan (no creen en Jesús) y donde rompen los caminos anteriores (traición de Judas, abandono y negación de los demás), ha ofrecido Jesús la sangre de la fiesta de su alianza derramada (*hyper pollôn*), es decir, por muchos o por todos, por el nuevo Israel universal. Ha terminado un tipo de judaísmo particular. Conforme a la fe de la Iglesia, Jesús ha instituido ya (en su muerte/pascua, anticipada aquí) la unión universal de los humanos.

Sólo esta sangre derramada por todos y celebrada en la copa de vino de alianza de Jesús, vinculada al pan bendecido, que es cuerpo mesiánico, viene a presentarse como lugar y principio de vida donde pueden recibir vida mesiánica y ser comunión todos los humanos. Se hallaba estéril la higuera de Israel, hubo que proclamar el fin de un templo partidista, reservado a los judíos (cf. 11, 12-25). Ha venido Jesús, ha expandido su camino mesiánico, y ya todos pueden gozar y alimentarse de su cuerpo, pues se encuentran convocados por la alianza de gracia (eucaristía) de su sangre.

Entendida así, la eucaristía no es una verdad nueva o un nuevo gesto de Jesús que pudiera separarse de los otros y entenderse por aislado. Ella es sentido y verdad universal de todo lo que él ha realizado o, mejor dicho, de aquello que ha sido y sigue siendo Jesús por la entrega de su vida en favor de los humanos. Han quebrado las viejas formas sacrales del pueblo de Israel (representadas por los Doce), la llamada antigua ha fracasado. Pues bien, desde ese fondo de fracaso, Jesús ha querido ofrecer para todos los humanos un principio gratuito de existencia.

La nueva humanidad no está fundada ya en un tipo de pascua particular israelita, ni es la sacralización de algún tipo de sociedad separada de las otras, sino que ella ha sido recreada y ahora emerge, como don de gracia, a partir de la entrega abundante de Jesús crucificado: su sangre derramada es principio de existencia universal, de alianza de vida para todos (14, 24). De esta forma, aquello que 1, 27 llamaba nueva enseñanza de Jesús, explicitada en su poder de curaciones, ha venido a culminar y realizarse plenamente: hay acuerdo entre Dios y los humanos, puede haber acuerdo entre los hombres. Se ha cumplido así el anuncio de Reino (cf. 1, 14-15), ha llegado a su meta el camino de la entrega salvadora del Hijo del Hombre (8, 31; 9, 31; 10, 33-34).

En ese sentido, la eucaristía constituye el resumen y centro paradójico de la enseñanza de Jesús a sus discípulos. Les ha llevado con él; les ha ido ofreciendo su mismo camino. Ahora, cuando llega el fin, les abre lo más grande que tiene: su cuerpo y su sangre. Jesús invita entregando su vida. Ya no pasa por la orilla del lago diciendo: «¡Seguidme!» (1, 16-20), ni sube a la montaña y repite: «¡Acercaos!» (cf. 3, 13). Todo eso ha sido gesto del pasado. Ahora se inclina en la mesa de la fiesta universal (¡estos Doce fracasados empiezan a ser signo de toda la humanidad) y les invita: «¡Tomad!» o, quizá mejor, «¡Tomadme!». Así culmina el magisterio en actitud de eucaristía pascual: no matan a Jesús desde fuera, por pura traición o por miedo; muere Jesús porque quiere ofrecer a los humanos todo lo que tiene. De esa forma cesan los Doce como signo de Israel, y empieza a revelarse ya en Jesús el nuevo principio de lo humano.

Para los judíos, el cuerpo o familia se fundaba en *la solidaridad biológica* (semen, sangre engendradora) y en la *vinculación sacrificial* de la sangre animal, vertida en nombre y para unión del pueblo (conforme a los pasajes citados de Ex y Lv). Pues bien, en contra de eso, la fuerza unificante del pueblo de Jesús es la experiencia del pan compartido y *la alianza (diathêkê) de la sangre*, su vida ofrecida (derramada) por todos.

La sangre de Jesús ya no es el líquido visible que mana de sus clavos en la cruz, sino toda su entrega personal, su vida hecha regalo en favor de los humanos. En esta perspectiva pueden y deben completarse los momentos del *pan* multiplicado/compartido (cf. sección de los panes: 6, 6–8, 26) y la *sangre* derramada dando vida (cf. anuncios de la pasión: 8, 27–10, 52). Sólo así surge la *Iglesia mesiánica*, formada por aquellos que, uniéndose en Jesús y cumpliendo la voluntad de Dios (3, 31-35), comen el mismo pan y beben del mismo cáliz (cada uno entrega su vida/sangre por los otros). *Cabeza y principio* de esta nueva familia es Jesús que la ha fundado en su cuerpo hecho pan, en su sangre hecha cáliz.

---

(123) Eucaristía y vida cristiana

Marcos ha situado el relato de la cena dentro de la «biografía kerigmática» de Jesús, de manera que no ofrece (como 1 Cor 11, 24-25) el texto de un ritual, sino un recuerdo histórico. Por eso, en principio, no tienen necesidad de evocar la *repetición ritual*: «Haced esto» (como Lc 22, 19 y 1 Cor 11, 24-25), que es como una «rúbrica» que precisa el sentido y la necesidad de repetición del rito. A su juicio, la eucaristía forma parte del recuerdo y despliegue de la vida de Jesús y en ella pueden distinguirse tres momentos:

1. *Hay una eucaristía del pan y los peces*, propia de la historia de Jesús en Galilea. Ésta es la eucaristía diaria de la vida compartida, de la apertura de Jesús hacia pecadores y multitudes, comida de la solidaridad y gozo

anticipado del Reino, que define a los cristianos, como hemos visto ya y veremos aún en el capítulo siguiente. Ella debe repetirse.

2. *Hay una eucaristía de la Cena de Jesús*, que Mc 14, 22-24 (y Mt 26, 26-29) concibe de algún modo como única. Es la eucaristía del final de Jesús, la Cena de su entrega. Ella se celebró sólo una vez y expresa el sentido y permanencia de la donación y muerte de Jesús, en favor de todos. Por eso el texto no dice que se repita.

3. *Desde ese fondo ha de entenderse la palabra del joven de pascua, que pide a las mujeres de la tumba vacía que vayan a Galilea, donde verán a Jesús* (cf. Mc 16, 1-8). Por eso, *la eucaristía de la Cena* ha de actualizarse en la comida con los marginados y pecadores, en la multiplicación de panes y peces de la vida de cada día, con los hambrientos del mundo.

La eucaristía de la Cena de Jerusalén, con el pan y vino de la Cena, marca un momento irrepetible en la dinámica del evangelio. Es irrepetible pero, paradójicamente, debe actualizarse en la vida de la Iglesia que se inicia en Galilea, en torno a los signos del pan y los peces... Enigmática y gozosamente, el vino está ahí, el vino de la entrega de la vida y de la fiesta de Dios, unido al pan que es «cuerpo» de fraternidad mesiánica. Pero la unión final de pan y vino, con la entrega de la vida, sólo puede alcanzarse y celebrarse donde se retoma, una y otra vez, la eucaristía galilea: el compromiso en favor de los excluidos, las «multiplicaciones» de panes y peces. La Iglesia posterior ha *ratificado* la eucaristía del pan y vino de la muerte pascual de Jesús, como único signo de celebración. Sería bueno que explorara más el camino de la eucaristía galilea.

1. *Puede haber una eucaristía diaria de la fracción del pan*, acompañado quizá por los peces, en la línea de Hechos. Ésta es la eucaristía de la comida fraterna, la comunicación económica, ratificada cada día en el servicio a los pobres.

2. *Puede y debe haber una eucaristía dominical festiva*, donde recibe su sentido el doble signo del pan y del vino, celebración gozosa de la vida, en memoria de Jesús resucitado. Esta parece ser la novedad cristiana más antigua, en clave ritual: los seguidores de Jesús han aceptado el ritmo semanal judío, pero han cambiado el día y motivo de la celebración: recuerdan a Jesús cada Domingo (= Día del *Dominus* o Señor), tomando en su honor el pan y el vino, en comunicación espiritual y social. Una eucaristía «dominical» celebrada cada día no tiene sentido.

3. *Desde mediados del siglo II* (controversias pascuales), los cristianos comenzaron a celebrar una *pascua cristiana anual*, en el domingo más cercano

> al plenilunio de primavera. Esa celebración no añade nada a la eucaristía más antigua de la iglesia, pero sirve para situarla en el trasfondo de las celebraciones anuales del judaísmo antiguo. De esa forma, la liturgia cristiana, que tenía sólo un ritmo semanal, empieza a tener otro anual.
>
> El Nuevo Testamento no ha resuelto el ritmo de la eucaristía, sino que dejan abiertos gozosamente unos caminos, que la Iglesia debe explorar y recorrer: la fijación eucarística depende de la tradición antigua y la creatividad actual de la Iglesia, llamada a re-fundar la eucaristía.

c) *¡No beberé más...!* (14, 25). Tal como aparece en el texto actual de Marcos, esta palabra rompe el equilibrio eucarístico anterior con las palabras sobre el pan y el vino (cuerpo y sangre de Jesús, alianza ya realizada) y nos sitúa en una dimensión de esperanza y promesa de Reino, arraigándonos en la misma historia de Jesús. Estrictamente hablando, esta palabra no debería tener sentido en este contexto, pues parece ir en contra de las anteriores, pero Marcos la ha conservado aquí porque es muy significativa y nos arraiga en la historia de Jesús.

Es como si Marcos quisiera recuperar en este contexto la historia de Jesús, situando así la eucaristía cristiana de su Iglesia en el espacio de la gran promesa escatológica de Jesús, que ha subido a Jerusalén para invitar a sus discípulos al reino de Dios. Conforme a un simbolismo que se hallaba al fondo de 2, 18-22, la copa de vino es signo del reino de Dios; pues bien, en este nuevo contexto Jesús interpreta así su último gesto en Jerusalén como palabra y promesa de culminación escatológica, asumiendo el tema clave iniciado en 8, 31. Tal como aparece en el texto actual de Marcos, da la impresión de que esta nueva palabra sobre el vino (Marcos 14, 25) quiere explicitar la anterior (de 14, 25), pero, estrictamente hablando, ella es palabra anterior, pues nos sitúa en el contexto de la historia de Jesús y de su forma de entender la culminación de su ministerio en Jerusalén.

1. *En verdad os digo*. Esta fórmula introduce la sentencia que sigue, y ratifica el valor de lo anterior. Jesús había dicho que su evangelio (y el recuerdo de la mujer de la unción) se extendería a todo el cosmos (cf. 13, 10; 14, 9). Pues bien, ahora añade que su entrega ha culminado en este mundo, que ha llegado para él el gran momento, la culminación (ratificación) de su camino.
2. *No beberé más del fruto de la vid...* Acaba de tomar con sus discípulos la última copa de la decisión y así promete, de forma solemne, que no volverá a beber, será *nazir* o *nazareo* (cf. Nm 6, 9-21), pero no por el tiempo de un voto reducido sino por el resto de la vida, comprometiéndose a morir según el evangelio, por el proyecto que está simbolizado en el pan y vino compartidos.

En este contexto cita *el fruto de la vid* (*genêma tês ampelou*) en imagen que Jn 15 ha expandido en rico simbolismo: como la vid se expresa por su fruto (= hijo) que es el vino, así Jesús expande su vida por la sangre que ofrece a quienes participan de su copa.

3. *Hasta el día en que lo beba nuevo...* Jesús ha dicho en diversas ocasiones que resucitará *después de tres días* (8, 31; 9, 31; 10, 32). También ha citado *el día* final del retorno del Hijo del Humano diciendo que sólo Dios lo sabe (cf. 10, 32). Pues bien, ahora alude al *día del vino nuevo*, es decir, a la fiesta completa del banquete. Entre la última copa con sus discípulos en la Cena y *el vino nuevo* del reino de Dios se establece una profunda conexión que da sentido a todo el evangelio. Marcos sólo ha empleado esa palabra (*nuevo, kainos*) en contextos especiales de ruptura y recreación: habla de *enseñanza nueva* (*didakhê kainê*) como título y nota principal del evangelio (1, 27); en ámbito de bodas de Reino evoca los *nuevos odres* (*askous kainous*) para el *vino joven* (*neon*, con el sentido de *kainon*) del banquete nupcial del Mesías (2, 21-22). Desde ese fondo ha de entenderse la alusión al *vino nuevo* del reino de Dios, vino del banquete en el que Jesús ratifica sus *comidas con los pecadores* en 2, 13-17 (vino nupcial de 2, 21-22), las multiplicaciones del campo (6, 35-55; 8, 1-12) y la *cena con los discípulos* (14, 22-24).

4. *En el reino de Dios*. Jesús había comenzado su mensaje diciendo: *¡Convertíos, pues se acerca el reino de Dios!* (1, 14-15). Pues bien, ese Reino se ha acercado a través de su entrega. Ahora sabemos que el camino ha terminado: Jesús ha cumplido su tarea, ha bebido su copa final, ha ofrecido a sus discípulos la última enseñanza, el testamento de su vida. Sólo le queda morir, esperando en el Reino.

La historia ha llegado a su meta. Jesús anticipa con gesto y palabra el misterio del Reino. Ya no habla en parábolas (*¡Se parece el reino de Dios...!*: cf. 4, 26.30). Su misma vida es parábola: manifestación suprema de Dios en el pan y vino compartidos en su nombre. Se ha cumplido así y se ratifica para siempre el signo de las multiplicaciones que definen la vida de la Iglesia. El camino de Jesús se ha expresado en estos signos de la comunidad mesiánica que nace allí donde los humanos comparten el pan de Jesús (que es su cuerpo) y beben la copa de su alianza (que es su sangre). Se cumple el camino. Más allá sólo existe el Reino.

---

(124) Logion escatológico, la promesa del Reino (14, 25)

Las palabras de este «logion» (¡no beberé más del fruto de la vida hasta que lo beba de nuevo en el Reino...!) evocan el compromiso final de Jesús en favor del Reino y nos sitúan en el centro de su *escatología personal*, vinculada a la *fiesta del vino*, signo distintivo de su anuncio y deseo de Reino. Lo que Jesús promete directamente no es la *pascua final*, ya cumplida, del Reino, en sentido general (como en Lc 22, 16), sino *el vino nuevo* de la gran fiesta israelita y humana que incluye elementos de las grandes fiestas judías de Pentecostés y de los Tabernáculos, con la culminación de la historia salvadora. Desde ese fondo quiero destacar algunos rasgos del texto:

- *Promesa o juramento sagrado*. El texto suele traducirse de forma sencilla: «En verdad os digo que ya no beberé...». Pero su forma original es más sonora y compleja, con una *triple negación* (*ouketi ou mê*), que debe interpretarse como juramento sagrado o voto firme (cf. Mc 9, 1.41; 10, 15; 13, 20), por el que Jesús pone al mismo Dios como testigo de lo que promete, en fórmula hecha, que podría traducirse diciendo «así me haga Dios si...». En el momento más solemne de su vida, rodeado por sus discípulos, tomando con ellos «la última copa», Jesús se compromete a no beber más hasta que llegue el Reino.

- *Voto mesiánico*. El juramento puede interpretarse como *voto de abstinencia escatológica*, que nos recuerda la tradición de los *nazareos*, de tal manera que Jesús puede presentarse así como «nazir del Reino». El vino ha sido (con el pan) el signo más fuerte de su vida y esperanza. Lógicamente, al acercarse el momento decisivo proclama que «ya no beberá más en este mundo viejo, pero que beberá...». Esto significa que podrán matarle, pero que llega (se está acercando de inmediato) el Reino. La Biblia recuerda otros votos semejantes: David no dormirá en su lecho hasta edificar a Dios un templo (Sal 132, 2-5); los conjurados de Hch 23, 23 no comerán ni beberán hasta matar a Pablo... Pero el caso de Jesús es peculiar: se compromete a no beber «hasta que llegue el Reino», vinculando de esa forma su salud y vida a la manifestación salvadora de Dios.

- *El fruto de la vida, el vino nuevo del Reino*. Estas palabras de Jesús, que parecen menos apropiadas en un contexto de pascua judía (donde lo central son los ázimos, el cordero y las legumbres amargas), son perfectamente lógicas en una fiesta «pentecostal» de acción de gracias por la vida, simbolizada en el vino. La fórmula solemne (*el fruto de la vid*) responde a ese trasfondo. Jesús pone su destino al servicio de *la viña de Dios*, es decir, de la vida del pueblo israelita, que hemos evocado varias veces (de un modo especial al ocuparnos de la parábola de los viñadores: Mc 12, 1-12). Con vino bueno de este mundo, en la fiesta de su despedida (entrega), Jesús promete a sus amigos el *vino nuevo del Reino*. Parece claro que no está celebrando sin más la pascua oficial judía del cordero, sino una «fiesta escatológica», la

> fiesta de la gran esperanza de Israel y de la humanidad, centrada en el vino nuevo del Reino. Los Doce le han invitado a una pascua nacional judía; él les invita al Vino del Reino.
>
> Este *juramento escatológico*, que es palabra de entrega de la vida y expresión del Reino, se inscribe en su camino de evangelio: Jesús ha ofrecido su mesa (pan y peces) a los marginados y pobres, a los publicanos y multitudes. Ahora, en el momento final, asumiendo y recreando la mejor tradición israelita, afirma ante los suyos que ha cumplido su camino, ha terminado su tarea: sólo queda pendiente la respuesta de Dios, el vino nuevo y la fiesta del Reino. De esa forma ha vinculado el signo de su acción misionera (*comensalidad mesiánica*) con la entrega de su vida. *La mujer del vaso de alabastro* (14, 3-9) había expresado con perfume el sentido de su entrega final por el Reino. Ahora lo expresa el mismo *Jesús*, ofreciendo a sus discípulos la copa del vino de la tierra, esperando la fiesta del Reino. El vino de la fiesta (que el texto de 14, 22-24 interpreta como signo de entrega personal de Jesús) aparece aquí como anticipo y promesa del Reino: al beber así la última copa, en compañía de sus discípulos, invitándoles a tomar la próxima en el Reino, está fijando y sellando el sentido de su vida.

4. Escándalo de todos, nuevo encuentro en Galilea (14, 26-31)

Tras el gran «paréntesis» eucarístico, Marcos vuelve a presentar el escándalo de los Doce. Podría suponerse ahora que son «Once», pues salen ritualmente del cenáculo (14, 26), y un momento más tarde (en Getsemaní) después descubriremos que el traidor se había separado de los otros (cf. 14, 43). Sea como fuere, esos Doce/Once son signo y compendio de todos los discípulos «israelitas» de Jesús, a quienes él, tras haberles ofrecido el signo de su cuerpo y de su sangre (la nueva humanidad mesiánica) les dice nuevamente que van a abandonarle.

La palabra central es aquí escándalo: todos (14, 27), y de un modo especial Pedro (14, 29), van a tropezar y a caer ante la piedra rechazada que es Jesús (cf. 12, 10-11). Ellos estaban preparados para construir su edificio de Reino, con un Jesús al que pensaban diferente, sobre fundamentos de gloria y plenitud humana. En esa línea reiteran su propia adhesión: están dispuestos a seguir a Jesús hasta la muerte (14, 31). Pero piensan en «su» Jesús, en el Mesías que ellos mismos han buscado y al que quieren manejar y dirigir conforme a sus principios (cf. 8, 29).

Ciertamente, no son mentirosos. No son ni siquiera cobardes. En otra perspectiva, desde urgencias de triunfo nacional, hubieran muerto sin duda por Jesús y con Jesús, acompañando a su Mesías anhelado. Pero no acaban de entender a este Jesús que se deja matar, en camino que va de fracaso en fracaso.

Camino de Jerusalén. Muerte del Cristo (8, 27-15, 47)

Le han invitado a su pascua (fiesta del recuerdo y victoria israelita); no aceptan ni comprenden la nueva pascua de Jesús que ofrece su cuerpo/sangre.

No quieren o no pueden entrar en el camino nuevo de un mesianismo sin poder, ni triunfo externo. Por eso, de una forma normal, conociéndoles mejor de lo que ellos se conocen, Jesús puede decirles: «Todos os escandalizaréis... Antes de que el gallo cante por segunda vez, tú, Pedro, me negarás tres veces» (14, 27.30). Pablo ha comprendido bien este escándalo de la condena de Jesús, centrado en la impotencia y maldición de la cruz, como dice 1 Cor 1, 23 y ratifica Gal 3, 13. Escándalo es la muerte del Mesías, maldición su cruz. Lo sabe Jesús y puede así anunciarlo al resto de los Doce que le quedan todavía. Se ha roto ya el grupo, se quiebra la antigua esperanza de misión israelita. Para realizar su tarea de Reino, en camino de entrega y pasión, Jesús ha debido superar todos los modelos de esperanza israelita. Y así acaba perdiendo a su grupo; no tiene ninguno: queda solo.

Queda Jesús solo y, sin embargo, sigue confiando en sus discípulos. Por eso, desde el mismo fondo de su anuncio de abandono («todos os escandalizaréis»), quiere ofrecerles una palabra mucho más profunda de nueva creación y de esperanza, que volveremos a encontrar en 16, 6-7, como inspiradora del mensaje pascual de la Iglesia. Ahora llegamos al lugar originario en que ella emerge: «Pero después que yo resucite, os precederé a Galilea» (14, 28).

En 14, 25 les ha invitado al Reino final (¡la próxima copa en el Reino!). Ahora les invita a Galilea, para retomar con él el camino del Reino. En un sentido, todo termina con la muerte de Jesús, incluso el grupo de los Doce. Termina la esperanza de culminación israelita con los signos antiguos de pascua judía y de templo. Ha fracasado todo eso; ha quedado destruido en el sepulcro del Mesías. Pero el anuncio de Reino de Jesús en Galilea (que ha llenado toda la primera parte del evangelio: 1, 14–8, 26), y su camino de entrega (8, 27–10, 52), ha ido suscitando algo más grande que todo lo que habían esperado los Doce: la nueva experiencia del Reino que comenzarán a proclamar de nuevo en Galilea.

Esta promesa de vuelta y encuentro en Galilea se funda en la experiencia de resurrección que se encontraba en el fondo de las predicciones de muerte (8, 31; 9, 31; 10, 33-34; cf. también 9, 9). Esta esperanza era la fuente de vida que ofrecía sentido a la escena de la unción en casa de Simón Leproso en Betania (14, 8-9). Ésta es la palabra final de despedida de Jesús a sus discípulos.

Suele decirse que el amor es más fuerte que la muerte. Así lo ha mostrado Jesús en su entrega más honda. Le han abandonado sus discípulos, pero él no les abandona. Por eso, en el mismo momento en que ilumina su rechazo mesiánico («os escandalizaréis de mí»), les abre una puerta de esperanza, de nueva pascua en Galilea. Habrá desaparecido el grupo israelita de los Doce. Quedarán los discípulos que sepan comenzar otra vez (con Pedro y las mujeres) para iniciar el nuevo camino de Jesús en Galilea.

Muerte solidaria. El Mesías crucificado (14, 1-15, 47)

La palabra y vida de Jesús se ha convertido así en piedra de escándalo: es como objeto que nos hace tropezar y caer. Casi todos piensan que Jesús tenía que haber sido de otro modo: los caminos que anunciaba Dios en otro tiempo parecían distintos; escribas, ancianos, sacerdotes, todos van alejándose del Cristo galileo. ¿Podrán seguirle estos discípulos? Jesús sabe que no podrán, y así lo anuncia. Pues bien, la fuerza de su palabra (fundada en una cita profética: ¡Heriré al pastor! Cf. Zac 13, 7) no está en la afirmación de que los suyos llegarán a abandonarle (14, 27). Eso era normal. Lo anormal hubiera sido lo contrario: Jesús debía contar con el fracaso de estos discípulos. La fuerza de su palabra está en la promesa final: «Pero después que haya resucitado, os precederé a Galilea» (14, 28).

De una forma que hoy resulta difícil de precisar históricamente, debemos contar con el hecho de que Jesús ha confiado en algún tipo de retorno: su misión en Galilea no ha podido terminar como fracaso; de un modo que sólo Dios puede asegurar, el camino de evangelio continúa. Esta es la certeza que se hallaba en el logion escatológico: «No beberé más del fruto de la vid...» (14, 25). No beberé más, pero os espero de nuevo en Galilea, especialmente a Pedro, que me negará de un modo especial, por tres veces seguidas, antes de que el gallo cante dos veces en la noche de mi entrega.

De esta forma se vinculan las dos afirmaciones básicas (abandono y promesa, escándalo y misión futura). Quien no pueda verlas unidas no comprenderá la riqueza y novedad del mensaje de Jesús, ni entenderá el sentido de los Doce que terminan como grupo especial, pues no han cumplido aquello que Jesús les había confiado, pero pueden transformarse tras la pascua en miembros de un nuevo tipo de discipulado (con las mujeres y Pedro).

c) Getsemaní. Oración del huerto (14, 32-42)

Este pasaje se ha estudiado sobre todo desde la perspectiva de la oración de Jesús. Además de comentarios, cf. O. Cullmann, *La oración en el Nuevo Testamento*, Sígueme, Salamanca 1999; J. Jeremias, *Abba. El mensaje central del Nuevo Testamento*, Sígueme, Salamanca 1989; W. **Marchel**, *Abba! Père. La prière du Christ et des chrétiens*, AnBib, Roma 1963; S. Sabugal, *Abba'. La oración del Señor*, BAC 467, Madrid 1985; C. di Sante, *El Padre Nuestro: la experiencia de Dios en la tradición judeo-cristiana*, S. Trinitario, Salamanca 1988; H. Schürmann, *Padre Nuestro*, Sec. Trinitario, Salamanca 1982. La visión más completa y documentada del tema en Brown, *Muerte* I, 161-304.

Ha realizado lo preciso, ha dicho todo lo propuesto. Ahora debe retirarse, en la noche de su nueva pascua, la noche de la entrega de su vida transformada en pan y vino de banquete para todos los humanos Parece estar más allá de las preocupaciones y miedos de este mundo, como ser supra-terreno, un *superman* seguro que no sufre, que no siente, no vacila ni se inquieta. Pues bien, es todo lo contrario. Ahora, al final del transcurso de su vida, le encontramos plenamente humano. Tres son los rasgos que definen de algún modo su figura.

    a. (Introducción) *[32]Cuando llegaron a un lugar llamado Getsemaní, dijo a sus discípulos: «Sentaos aquí, mientras yo voy a orar». [33]Tomó consigo a Pedro, a Santiago y a Juan. Comenzó a sentir pavor y angustia, [34]y les dijo: «Siento tristeza de muerte. Quedaos aquí y velad».*

    b. (Primera oración) *[35]Y avanzando un poco más, se postró en tierra y suplicaba que, a ser posible, pasara de él aquella hora. [36]Decía: «¡Abba, Padre! Tú lo puedes todo. Aparta de mí este cáliz. Pero no se haga como yo quiero, sino como quieres tú». [37]Volvió y los encontró dormidos. Y dijo a Pedro: «Simón, ¿Duermes? ¿No has podido velar ni siquiera una hora? [38]Velad y orad para que no caigáis en tentación; que el espíritu está pronto, pero la carne es débil».*

    c. (Segunda oración) *[39]Se alejó de nuevo y oró repitiendo lo mismo. [40]Regresó y volvió a encontrarlos dormidos, pues sus ojos estaban cargados. Ellos no sabían qué responderle. [41]Volvió por tercera vez y les dijo: «¿Todavía estáis durmiendo y descansando? ¡Basta ya! Ha llegado la hora. Mirad, el Hijo del Humano va a ser entregado en manos de los pecadores. [42]¡Levantaos! ¡Vamos! Ya está aquí el que me va a entregar».*

Este pasaje puede tener un fondo histórico, pero Marcos lo ha redactado como paradigma de oración, con elementos de relato biográfico. Presenta a Jesús en experiencia de soledad y de encuentro personal con Dios. Marcos pone de relieve la angustia de Jesús, su petición de ayuda y su confianza básica en el Padre, elaborando una escena dramática que puede entenderse como paradigma fundamental de oración cristiana.

    a) *Introducción* (14, 32-34). Jesús había buscado a Dios con el Bautista, y Dios salió a su encuentro, diciéndole: *¡Tú eres mi Hijo...!* (1, 11). Este reconocimiento, visibilizado en el Espíritu, le había impulsado a realizar la obra de Dios, venciendo la prueba (1, 12-13) y comenzando la misión de reino en Galilea (1, 14-15), con cuatro pescadores de la gran pesca del fin de los tiempos (1, 16-20). Ahora ha culminado el camino y se encuentra nuevamente solo, en la noche de la prueba, buscando la cercanía de Dios y pidiéndole ayuda, acompañado por tres de aquellos cuatro seguidores.

    1.   *La iniciativa parte de Jesús, no de sus discípulos, como en la Cena.* Jesús deja a un lado al grueso de sus discípulos: ¡Sentaos aquí mientras oro! (14, 32). Busca intimidad, no puede estar con todos. No quiere que su petición se diluya en el grupo. Por eso pide a los otros (¡sólo quedarían ocho!) que se sienten (¡no que duerman!) mientras ora.

2. *Toma consigo a Pedro, Santiago y Juan*, para acompañarle en cercanía y plegaria como en el Tabor (cf. 5, 37; 9, 2). Por eso, les revela sin miedo ni falsa vergüenza su flaqueza (*comenzó a aterrorizarse*) y les cuenta su secreto (*¡está triste mi alma...!*), pidiendo que le ayuden velando a su lado y manteniéndose así como verdaderos discípulos, sus compañeros de Reino (14, 33-34).

Ha separado sólo a tres discípulos (como en 9, 2-9), para presentarse de manera íntima, ante Dios y ante los suyos, en gesto de oración, en angustia de muerte. Ésta es su Transfiguración invertida. En el Tabor (9, 2-9) Dios le había mostrado su gloria pascual. En Getsemaní le revela su angustia y pequeñez. En este contexto descubrimos que Jesús mismo depende en algún sentido de sus discípulos. Les necesita y busca en el momento de la prueba; pero, al mismo tiempo, debe estar dispuesto a que ellos duerman y luego le abandonen. Desde aquí se entienden las dos «oraciones» de Jesús.

b) *Primera oración* (14, 35-38). Jesús se sitúa ante Dios, cayendo en tierra y rogando que pase esta hora, en palabra de intimidad que marca el comienzo y final de su oración (14, 35.41): en la angustia y decisión invoca a Dios y pide compañía humana. Se ha inclinado hasta la tierra, como un Adán que vuelve a su origen (del polvo ha brotado), reconociendo su pequeñez, la angustia de su muerte cercana. No se esconde, no se elude.

Su oración es ante todo *reconocimiento*: profundiza en su vida, se siente angustiado y lo dice ante Dios. Esta es la más honda, la única de sus peticiones. En mentira quedan los discípulos sentados al borde del huerto, en mentira permanecen los íntimos: no quieren reconocer el camino de Jesús, pasan por la vida como en sueño. Jesús, en cambio, conoce a Dios y dice su verdad, inmerso en miedo. Así ora, desvelando su secreto ante el Dios que un día le llamó su Hijo: *¡Abba, Padre!... Aparta de mí este cáliz* (14, 36).

A Jesús le cuesta lo que dice. Ha concluido el camino y desde el borde de la muerte quisiera volverse atrás. No desea engañarse, no busca compensaciones, no miente. Se sabe miedoso y lo dice ante Dios, en oración desnuda. La vida se le ha vuelto cáliz, en el sentido radical de esa palabra que recoge y culmina de algún modo todo el evangelio. Los hilos de la trama de su entrega se han ido simplificando. Es como si todos los motivos quebraran y ahora, al final, se centraran en el *cáliz* (*potêrion*) de la Cena:

1. *Potêrion es la bebida donde Jesús ha condensado su camino mesiánico de entrega* (cf. 10, 39). Había encarnado su mensaje en el pan multiplicado y compartido en las multiplicaciones. Pues bien, ahora descubre en propia carne lo que implica hacerse cáliz para todos. Van a destruirle, tiene miedo.

2. *Potêrion expresa el sentido de su Cena: se ha hecho cáliz de bebida para los humanos* (14, 23-24). Se ha dado, ha ofrecido lo que tiene para vincularse con sus seguidores. Evidentemente no se pertenece: no le queda nada de sí, pueden prenderle y destruirle. Tiene miedo, es duro hacerse cáliz.
3. *Quizá en el fondo late el recuerdo del veneno*, la bebida que sirve para matar o matarse (como la cicuta de Sócrates). Ha de beber ese cáliz, dejando que le maten. Ciertamente, tiene miedo. Por eso invoca a Dios, deseando que todo pudiera ser distinto, que no hubiera empezado.

Mirada en esta perspectiva, la historia de Jesús no ha sido fácil. Le ha llamado Dios, ha respondido. Ahora pide ayuda a Dios, desde la angustia de su vida hecha *cáliz*, bebida de dolor y muerte. Está triste, la flaqueza parece dominarle. Por eso invoca, presentando su dolor en petición orante. Al final de su camino, en vez de elevarse lleno de certeza y autoestima, seguro de sí mismo y de su entrega en verdad, Jesús se inclina suplicante ante Dios y ante los hombres. No se ha engañado, no miente.

Humildemente, desde el fondo de su angustia, llama a Dios y pide: (a) *Pide porque sabe que el Padre le ha llamado primero* (¡Eres mi Hijo!: 1, 11). Sólo allí donde el orante deja libre a Dios y acoge su amor, confiando en él su vida, puede suplicarle (¡*Tú lo puedes todo!*: 14, 36). (b) *Pide porque reconoce a Dios como Señor*. Le deja ser, no exige una respuesta: ¡*No se haga lo que quiero...!* (14, 36). Reconocer el *tú de Dios*, eso es pedir; descubrirle mejor que la propia voluntad miedosa, eso es orar para Jesús. (c) *La oración se identifica con su vida*. No pide a Dios cosas externas (lluvia, fortuna, buena suerte...), ni le llama con palabras de mentira. Se coloca en sus manos, en ellas confía. Sólo se pide en verdad a quien se ama: al esclavo se le manda, al superior se le suplica...; como a verdadero amigo pide Jesús a su Padre.

En el huerto y noche de la decisión, Jesús vuelve a ponerse en manos del Dios que le ha llamado, como hijo que confía en su padre, retornando al principio de su vocación (seguimos uniendo 14, 35-36 con 1, 10-11). Sólo así, al final del camino, podemos afirmar que la llamada de Dios fue verdadera: no fue siembra en el vacío, ni espejismo engañoso, sino voz engendradora que el Hijo Jesús escuchó desplegando por ella su existencia.

c) *Segunda oración, petición a los discípulos, Dios ha escuchado* (14, 39-42). Pero Jesús no ha pedido sólo a Dios, pide la ayuda y compañía de sus compañeros, como en la Transfiguración (9, 2-8). En ambos casos ha tomado (*paralambanei*) a Pedro, Santiago y Juan, esperando que le ofrezcan compañía. En ambos casos le desoyen y duermen, pues *no sabían cómo responder* a su palabra (cf. *oida* y *apokrinomai*: 9, 6; 14, 40). Allí donde Jesús culmina su camino, en intensa vigilancia (cf. 14, 35.37), sus Doce le abandonan (14, 38-41):

- *La Transfiguración (9, 2-8) acentuaba la gloria de Jesús.* Acaba de anunciar a los discípulos su muerte (8, 37-9, 1); quiere mostrarles lo que late al fondo de ella, pero ellos no entienden; están como dormidos.
- *Getsemaní (14, 32-42) destaca la entrega.* Jesús necesita de ellos, quiere tenerles a su lado en la angustia. Por eso *les pide* que permanezcan *vigilantes* (*grêgoreite*: 14, 35), acompañándole en plegaria y camino de muerte. Pero ellos no pueden, no quieren, tienen miedo. Es evidente que no están dispuestos a convertir su vida en *potêrion* por los otros. Por eso se sumen en el sueño de su propia inconsciencia ante la *hora* (cf. 14, 42). No han aprendido la lección del Tabor, no responden al Hijo querido de Dios, no comparten su entrega.

El mismo Jesús, que ha pedido *ayuda* a Dios, pide a los suyos *compañía* en el peligro. No es un orgulloso solitario, seguro de sí, resentido... Es hombre frágil que abre su angustia a Dios, su soledad a los discípulos, mostrándoles el miedo que le embarga (*ekthambeisthai kai adêmonein*: 14, 33). No teme perder su autoridad descubriéndose tan débil ante ellos.

Jesús les había ofrecido su vino (14, 24), invitándoles también a la copa de su Reino (14, 25). A los zebedeos les ha dicho que un día beberán su cáliz (cf. 10, 39-40), pero aún no ha llegado ese momento; a Pedro le ha pedido de un modo especial que vele a su lado una hora, que se mantenga firme en el momento de la prueba, pero Pedro duerme (14, 37). Así pide a los tres que le ayuden en la angustia, pero duermen, desoyendo su plegaria. Jesús ha convocado a sus amigos para el día del peligro, pero le abandonan. Ha buscado su ayuda y se la niegan; les ha querido introducir en el misterio de su petición (¡*aparta de mí este cáliz!*) hecha confianza (¡*pero no se haga mi voluntad...!*) y duermen, dominados por la *carne*:

1. *Dios mantiene su fidelidad*, sosteniendo a Jesús y acompañándole en la noche de su entrega. A nivel exterior no hay milagro, no hay voz celeste, ni ángeles custodios, ni prodigios materiales. Pero desde su silencio Dios responde de un modo que sólo se entiende y recibe sentido en la pascua (16, 6).
2. *Jesús se mantiene.* Le ha llamado Dios y él sigue respondiendo, en medio de la angustia, fiel a su Padre, deseoso de presencia humana, pidiendo compañía pero sin recibirla. Jesús sabe aceptar ese fracaso. En favor de su comunidad (cf. 3, 31-35) había iniciado el camino; por ella lo recorre hasta el final, en gesto de fidelidad mesiánica. Pues bien, ellos se duermen. Mientras todos se derrumban él resiste, mientras todos niegan él afirma. La suya ha sido y sigue siendo auténtica plegaria.
3. *Los discípulos no saben pedir desde su angustia, abandonando a Jesús.* Ahora duermen, luego marchan, dejando que padezca solo, como único culpable: ¡*Que beba el cáliz de la entrega por el Reino sin consuelo alguno!* Ellos perte-

necen todavía al plano de la *carne (sarx)*; forman parte de la vieja familia de la tierra hecha de poder, imposición y miedo. A ese nivel siguen, no saben acompañar a Jesús, mantener su palabra y morir con él, uniendo sus cruces a la cruz del Mesías en un Calvario compartido.

En este fondo ha utilizado Marcos dos palabras de gran densidad dentro de la Iglesia (carne y espíritu). Los *discípulos son carne* (*sarx*): siguen buscando su propia seguridad, no ofrecen a Jesús verdadera compañía. De la debilidad de esa *carne* está construido el edificio de este mundo. Jesús en cambio se mueve en ámbito de *Espíritu* (*pneuma*; cf. 1, 10) que implica prontitud para entregar la vida, sin ira ni violencia, superando el miedo. Ese Espíritu es aquí comunidad en la plegaria. Los discípulos no tienen Espíritu y por eso abandonan al maestro. En la noche de la prueba se le duermen; sólo Dios le asiste en la agonía.

Todo el camino y estrategia de los Doce desemboca así en fracaso, como irán mostrando las escenas que siguen. Es el fracaso de estos Doce hombres concretos, que representan el mesianismo israelita, vinculado al triunfo nacional del pueblo, al triunfo del Mesías. En este contexto, Jesús debe rehacer su camino, como verdadero maestro que sabe aceptar el hundimiento de sus seguidores, mirando más allá de ese mismo fracaso, es decir, abriendo una llave de esperanza en el lugar donde parece perdida ya toda esperanza. Marcos irá mostrando desde aquí que Jesús ha sido capaz de superar el hundimiento de sus discípulos: ha sembrado en ellos un camino de esperanza, y les ha dicho que les espera de nuevo en Galilea (14, 28).

Esta esperanza le mantiene en la gran prueba. Jesús necesitaba su ayuda (en Getsemaní, ante la cruz), pero ellos han sido incapaces de ayudarle. No pueden velar ante el misterio de Dios y ante la prueba de inquietud del mundo. La tarea mesiánica exige una presteza y vigilancia, una atención y plegaria que desbordan las posibilidades normales de la vida. Por eso, los discípulos, llegada la hora de velar atentos, se han dejado vencer por el sueño. Sólo la voz de la pascua de Jesús podrá despertarles, a través de unas mujeres (16, 1-8), para retomar el camino, más allá de la muerte.

(125) Oración del huerto (14, 32-42)

Marcos narra esta escena con gran fuerza narrativa. Judas ya se ha ido, está buscando y dirigiendo el grupo de aquellos que vienen a prenderle. Hay ocho que parecen incapaces de ayudar, y así quedan más lejos. Jesús ha buscado a sus tres íntimos (5, 37; 9, 2) para tenerlos a su vera; pero también ellos duermen. Llama, de entre los tres, a Pedro, y tampoco Pedro sabe, o puede responderle.

Desde aquí podemos analizar ya más en concreto los dos momentos de la oración mesiánica, dividiendo su argumento en tres momentos:

- *Jesús sufre*: «Triste está mi alma hasta la muerte» (14, 34). Lo ha dado ya todo, ha dicho el sí de su entrega final en el gesto de la Cena (14, 22-26). Pero ahora, en la soledad de la noche, siente miedo, se entristece y llora. Este descubrimiento de la humanidad sufriente de Jesús, la experiencia de su propio «límite» es parte integral del evangelio. Un Jesús sin sufrimiento, sin angustia ante la muerte, no sería humano, no habría compartido la vida con nosotros, no podría ser comienzo de un camino salvador abierto a todos los hombres. Como primero en recorrer el largo túnel de la entrega, Jesús ha sentido en su carne la amargura del cáliz, la dureza de la hora (14, 35-36). Ha invitado a los suyos a entregar la vida con él (cf. 8, 31-36), les ha ofrecido su bautismo/cáliz como condición de seguimiento (cf. 10, 35-45). Ahora que ha llegado el momento, le cuesta y pide a su Padre que «aparte este cáliz», que «pase esta hora» Es hermoso que haya sido así. Solo sintiendo en carne propia el aguijón de su angustia puede comprender la incertidumbre y miedo de los que le dejan y reniegan.

- *Jesús invoca*: «¡Abba, Padre, todo lo puedes!» (14, 36). Esta confesión de la omnipotencia de Dios (que hemos visto ya en 10, 27) se pone aquí al servicio de la propia debilidad de Jesús: quiere que Dios venga, que le ayude, que le libre de esta hora. En otros dos pasajes, en parte paralelos (1, 9-11 y 9, 2-8), era el mismo Dios Padre quien hablaba, confortando a Jesús o revelando su misterio a los discípulos. Ahora estamos ante una transfiguración invertida (cf. 6, 2-8), Jesús no aparece en la gloria celeste, sino en la miseria y el pleno abandono de su humanidad sufriente. Éste es el bautismo verdadero (cf. 1, 9-11), es la inmersión plena de Jesús en el dolor de nuestra historia. Pues bien, desde el mismo fondo de ese dolor y de ese miedo, invoca como Hijo, diciendo: «¡Abba, Padre!». Quisiera al Padre Dios como cercano-complaciente apartándole este cáliz, pero aquí se le ha mostrado como indiferente, callado, muy lejano. Pues bien, así debe aceptarle-amarle, asumiendo su silencio en medio de esta hora.

- *Jesús pide compañía a sus discípulos*: «Permaneced aquí y orad» (14, 34). Busca a los tres que le han seguido en otras ocasiones, especialmente en la transfiguración (9, 2-8), pero ya no le acompañan, no quieren enfrentarse con su «hora». Les vence el sueño físico (cf. 14, 40), pero de manera todavía mucho más profunda el sueño de la falta de solidaridad con este Cristo; no quieren penetrar en el misterio de su entrega. Le dejan solo en el camino de la muerte. Por tres veces les busca Jesús, queriendo apoyarse de

> un modo especial en la piedra de Pedro pero esa Piedra duerme, no puede sostenerle ni acompañarle en el abismo de su entrega (14, 37). Necesita Jesús la referencia (apoyo, compañía) de sus discípulos, pero ellos no saben que decir, no entienden nada (14, 40), repitiendo de esa forma el gesto de la transfiguración (cf. *ouk ēdeisan ti apokrithôsin* de 14, 40 en relación con 9, 6).
>
> Éstos son los momentos de la prueba de Getsemaní. Es la prueba de Jesús, que se mantiene en ella; y es la prueba de sus discípulos, que no se mantienen. Éste es el momento clave de la crisis del discipulado, que culminará en 14, 52, cuando todos huyan.

d) Traición y prendimiento. Soledad completa (14, 43-52)

Del prendimiento de Jesús se ocupan, desde diversas perspectivas y con sensibilidades históricas distintas, numerosas obras que tratan sobre su vida (desde Crossan, *Campesino*, a Sanders, *Jesus*). Sobre la posibilidad de un enfrentamiento armado, cf. Brandon, *Jésus*. Para una visión de conjunto, con amplia bibliografía, cf. Brown, *Muerte* I, 305-385.

Nos hallamos ante una *historia ejemplar*. Hay un fondo de recuerdo: los discípulos han abandonado a Jesús, le ha traicionado Judas, le han prendido en la noche. Sobre ese fondo ha tejido Marcos una historia ejemplar hecha de inversión de amor (beso de Judas) y superación de la violencia (Jesús se deja prender).

> a. (Judas) [43]*Aún estaba hablando cuando se presentó Judas, uno de los doce, y con él un tropel de gente con espadas y palos, enviados por los sumos sacerdotes, los escribas y los presbíteros.* [44]*El que le traicionó les había dado una contraseña, diciendo: «Al que yo bese, ése es; prendedlo y llevadlo bien seguro».* [45]*Nada más llegar, se le acercó y le dijo: «Rabbi». Y lo besó.*
> b. (Prendimiento y huida) [46]*Ellos le echaron mano y lo prendieron.* [47]*Uno de los presentes desenvainó la espada y, de un tajo, le cortó la oreja al criado del Sumo Sacerdote.* [48]*Jesús tomó la palabra y les dijo: «Habéis salido con espadas y palos a prenderme, como si fuera un bandido.* [49]*A diario estaba con vosotros enseñando en el templo, y no me apresasteis. Pero es preciso que se cumplan las Escrituras».* [50]*Entonces todos sus discípulos lo abandonaron y huyeron.*
> c. (Un joven desnudo) [51]*Un joven lo iba siguiendo, cubierto tan solo con una sábana. Le echaron mano,* [52]*pero él, soltando la sábana, se escapó desnudo.*

1. Judas (14, 43-45)

Estaba Jesús entregado en las manos del propio abandono, pidiendo la ayuda de un Padre que calla y buscando el consuelo de amigos que duermen para trazar con ellos una estrategia mesiánica compartida (14, 32-42). Pero ellos duermen, y a Jesús solo le queda la estrategia del fracaso humano, es decir, del fracaso mesiánico. Ha buscado ansiosamente la llegada del Reino, lo ha preparado y dispuesto todo en Jerusalén, pero el Reino no viene, sino que vienen los delegados del templo que él ha querido «purificar», con Judas, uno de sus Doce. De un modo paradójico, ese descubrimiento del fracaso le da fuerzas para mantenerse firme, sufriendo y superando ya de un modo fuerte toda prueba externa. De ahora en adelante, será el mismo Jesús quien vaya dirigiendo los momentos de su entrega, iluminando con clara palabra y silencio elocuente el juicio ante el Sanedrín y ante Pilato.

En el principio de la prueba externa se halla el prendimiento. Sanedritas y Judas se han puesto de acuerdo para prender a Jesús en un «momento bueno» (14, 1-2.10-11), sin suscitar alboroto en el pueblo sagrado (*laos*). Mientras Jesús oraba entre discípulos dormidos, velan Judas y los sanedritas, preparando bien el prendimiento. Ese mismo Judas, a quien se llama con toda intención uno de los Doce, recibe poderes de sacerdotes-escribas-ancianos (todo el Sanedrín, como en 11, 27 y 14, 53-55) y de esa forma viene, al mando de un grupo popular (un *okhlos*, no laos), con espadas y estacas para prender a Jesús (14, 43).

Así vemos a Jesús como maestro fracasado a quien llega a prender uno de sus discípulos (sus Doce), un miembro de aquellos que debía haber formado parte de su guardia personal. Ha fracasado un tipo de mesianismo de Jesús y, sin embargo, en ese mismo gesto (él mismo se ha dejado traicionar) descubrimos su auténtica grandeza.

El texto no interpreta ni precisa las razones de la traición. Pudiera haber envidia: Judas no logra soportar la superioridad e independencia de Jesús. Pero es más probable que haya celo nacional y religioso: Judas ha llegado al convencimiento de que Jesús se engaña y pone en riesgo la propia identidad del pueblo; por eso, cumpliendo la norma más sagrada de su ley (cf. Dt 13; 17, 1-7), se siente obligado a delatarle ante el buen juicio de los responsables oficiales de Dios sobre la tierra (los sumos sacerdotes).

La traición se convierte de esa forma en acto de servicio. Judas cree que Jesús se ha vuelto «loco», como lo creyeron en otro tiempo sus parientes (cf. 3, 21). Los parientes de Jesús fueron incapaces de llevarlo a casa. Judas es capaz: lo entrega en manos de los Santos Jueces para que ellos juzguen sobre el caso. El discípulo rechaza la enseñanza recibida, delatando así al mismo maestro, en gesto que el evangelista pone en relación con el dinero. Es evidente que Judas ha llevado hasta el final la lógica de aquellos que acusaban de derroche a la mujer del vaso de alabastro (14, 7).

Pero en su conducta no hay sólo un afán de dinero: hay celo religioso, servicio israelita. Sólo puede traicionar de verdad aquel que ha estado cerca: sólo pueden romper la relación cercana aquellos que han estado vinculados en profunda intimidad de mesa. Pasamos de esa forma del espacio del dinero al plano de la vida compartida que el traidor destruye. Sólo quien ha sido amigo puede romper la intimidad que antes había, como ha dicho Jesús al indicar que ha de entregarle «uno de los Doce, el que moja el pan del mismo plato» (14, 18-20).

Comer de un mismo plato era y sigue siendo señal de intimidad profunda. Jesús había creado con sus discípulos un ámbito de encuentro y solidaridad de mesa que parece superior a todas las restantes leyes de este mundo. Pues bien, Judas rompe ese vínculo: se siente engañado (¿fracasado?) por/con Jesús y quiere entregarle a merced de los poderes legítimos. Cumple su deber y lo deja en las mejores manos de los sacerdotes del Santo Tribunal israelita de la Inquisición de fe y costumbres religiosas.

Pues bien, al llegar a nuestro texto (14, 43-49), Marcos ha querido destacar todavía otra señal: más allá del dinero (que ofrecen los sacerdotes) y de la solidaridad de mesa está la cercanía personal de los amigos que rompen distancias y se abrazan. Por eso se saludan con un beso, en señal de vida-aliento-fuerza compartida. Así culmina ya la acción de Judas, señalando a Jesús en la noche y entregándole con un beso.

Jesús, «maestro» verdadero, ha corrido el riesgo de quedar en manos del engaño y de la manipulación afectiva de sus discípulos. Sólo allí donde se llega a la intimidad del plato compartido y el beso amistoso culmina el seguimiento y brota la amistad. Pues bien, en ese aspecto podemos afirmar que Jesús ha fracasado, no sólo en el aspecto mesiánico más amplio (no ha «logrado» hacer que llegue externamente el Reino), sino también en el más pequeño (no ha logrado que sus amigos se mantengan fieles).

Esos son los dos fracasos de Jesús (a nivel de mesianismo israelita y a nivel de relación familiar con sus Doce). Pues bien, en ese mismo fracaso y traición (su discípulo querido, su pueblo del alma le entrega en manos de la muerte) descubrimos su auténtica grandeza: sólo gana el que es capaz de perder; sólo triunfa el que puede fracasar; sólo quiere en verdad quien deja abierta la ventana del amor y la confianza a las traiciones. Judas ha visto unos valores que le han parecido más grandes que Jesús; los sacerdotes sagrados de su pueblo (representantes de Dios sobre la tierra) le han dado la razón y han aceptado gustosos su ayuda.

Es normal que nos cueste condenar del todo a Judas. Lo que importa es entenderle y superar su riesgo, riesgo de todas las personas que se ponen a sí mismas por encima del valor y libertad del ser humano. Antes de acabar esta sección, de manera ya más breve, presentamos otro de los rasgos de la escena: la respuesta de violencia y abandono del resto de los discípulos. Judas ha tomado una iniciativa de violencia (viene con espadas y palos).

(126) Judas, una semblanza

Jesús le ha llamado, como ha llamado a los demás, porque cree que puede ofrecerles su mismo camino de Reino, y compartirlo con ellos, que serán el principio y centro del nuevo Israel mesiánico, las Doce tribus de la nación renovada (3, 14-17). Les llama y educa, asumiendo con ellos un mismo proyecto y tarea. No les puede arrastrar por la fuerza, ni imponer unos criterios, ni exigirles nada a ciegas, sino que debe arriesgarse con ellos, animándoles en la prueba, pero quedando de algún modo en sus manos. Desde ese fondo cobra sentido la historia de Judas.

1. *El caso de Judas no es una anécdota secundaria*, ni una narración edificante (para hacernos sentir miedo ante los riesgos de un mal comportamiento como el suyo), sino que pertenece a la raíz del evangelio. Judas constituye un elemento esencial de este evangelio de la pascua de Jesús crucificado, una figura que sólo puede haber aparecido allí donde Jesús se encarna de verdad en nuestro mundo, actuando como un maestro que ilusiona a unos amigos, pero que les deja en libertad, ofreciéndoles todo y no exigiendo nada por la fuerza. Por eso, tanto como la historia personal de Jesús, que está siempre en el trasfondo, importa su figura, convertida en paradigma de libertad y de traición.

2. *Judas forma parte de un grupo más extenso de seguidores*. Jesús no ha convocado a unos «inútiles» pasivos, incapaces de pensar, sino a personas que conservan su propia libertad y que pueden acompañarle y ayudarle en su tarea de Reino. Es evidente que no llama a sacerdotes-escribas que se hallaban instalados en su propia ciencia y conocían la respuesta de antemano. Tampoco ha convocado sin más a quienes se tomaban por perfectos, de tal forma que estaban satisfechos con aquello que tenían en su entorno religioso, sino que ha llamado a unos representantes del conjunto de Israel: a unos pescadores, para la gran pesca del Reino (1, 16-20); también ha llamado a publicanos (2, 13-17) y a otros, que representan al conjunto del pueblo. Al ofrecer la lista completa de los Doce, Marcos no ofrece más detalles, limitándose a dar sus nombres, y diciendo que son Doce, como signo de todo Israel. Pues bien, al final de esa fiesta, con palabra premonitoria, Marcos añade: «Y Judas Iscariote, el que le entregó» (3, 19).

3. *Las razones de fondo de Judas permanecen ocultas*. No sabemos nada de él, y es preferible no intentar averiguarlo, hallando de esa forma excusas que expliquen su conducta. Marcos no ha querido fijar los argumentos que sirvan para entender la «traición» de Jesús, unos argumentos que valdrían

> para condenarle a él y para disculparnos a nosotros (seríamos distintos). Conforme al evangelio, los otros once no pueden disculparse, echando las culpas a Judas, de manera que todos, los Doce, aparecen reflejados en él, pues todos terminan abandonando a Jesús, dejándole solo con su mesianismo fracasado.
>
> 4. *La otra cara de la traición de Judas viene dada por su fidelidad al sistema* (14, 10-11), de manera que su gesto puede interpretarse como servicio a la institución de Israel, representada por los sacerdotes. Está en juego la gran alternativa: la fidelidad al hombre amigo (Jesús) y la fidelidad al sistema (sacerdotes). En el momento decisivo, Judas ha optado por el sistema, no ha logrado descubrir el valor más alto de Jesús y de su propuesta mesiánica. En ese contexto, Marcos ha puesto de relieve los dos poderes esenciales del sistema, que son el dinero que ellos ofrecen a Judas (15, 10-11) y los «soldados» que ponen a su disposición para entregarle (14, 3-50). Dinero y armas, éstos son los dos poderes a los que puede acudir Judas en su opción por el sistema.
>
> Como he dicho ya, este Jesús que se deja rechazar, que no cierra su puerta ante Judas ni le expulsa de su grupo, sigue en sus seguidores, aunque ellos puedan siempre traicionarle; enseña el camino a sus discípulos, pero no les fanatiza ni impone una doctrina; deja que ellos piensen y que así, en el mismo proceso del discipulado, vayan encontrando su verdad más honda. Desde ese fondo de libertad, Judas pudo sacar la conclusión de que Jesús estaba equivocado y por eso decide colaborar con los sacerdotes, los custodios de la paz sagrada del pueblo israelita, como se dice en 14, 10-11.

2. Prendimiento, una espada. Huida de todos (14, 46-50)

En el momento decisivo, los sacerdotes de Jerusalén (que son «centro» oficial de Israel) y Judas (que aparece de algún modo como centro de los discípulos de Jesús) apelan a la fuerza para encauzar el problema planteado por su movimiento mesiánico. Es como si al final sólo pudiera apelarse a las armas, es decir, al poder de la violencia.

(1) *Judas y sus compañeros prenden a Jesús* (14, 46). Vienen en la noche (que nadie les vea), vienen con engaño (Judas le señala con un beso), vienen con la fuerza: son los representantes del templo sagrado, la guardia militar o «ejército» que mantiene el orden del santuario (bajo control romano). Vienen con espadas y palos, como representantes de un Dios que apela a las armas para mantener su autoridad, prendiendo a Jesús.

Muerte solidaria. El Mesías crucificado (14, 1-15, 47)

(2) *Uno de los presentes sacó la espada...* (14, 47). Estaban dormidos hace un momento, pero dormidos para el proyecto mesiánico de Jesús, es decir, para su camino de entrega no violenta. Pero ellos despiertan y reaccionan ante las armas de los que vienen a prender a Jesús, actuando conforme a los principios del talión o guerra de la historia. Por lo menos uno de ellos desenvaina la espada y ataca directamente al siervo del Sumo Sacerdote (*ton doulon tou arkhiereôs*), es decir, al comandante de la guardia del templo. No se lanza contra uno cualquiera, sino contra el jefe, cortándole la oreja. Actúa con rapidez y decisión, lo que significa que estaba preparado en un plano militar. A ese nivel, los discípulos de Jesús podrían haberse defendido, respondiendo de un modo adecuado (y venciendo o muriendo en el intento). Esa reacción de violencia forma parte del trasfondo mesiánico de los discípulos, dentro de un contexto de alzamiento militar judío, que se ha ido incubando, desde el tiempo del nacimiento de Jesús (en torno a la muerte de Herodes el Grande: 6-4 a.C.), hasta la gran guerra judía (66-70 d.C.).

(3) *Jesús rechaza la violencia armada y se deja prender* (14, 48-49). No permite que sigan con la espada, sino que «responde» con la palabra, tanto a los que vienen a prenderle como a sus discípulos. Conforme hemos visto a partir de la parábola del sembrador (cf. Marcos 4), él no tiene más argumento ni poder que la palabra: *¡Estaba cada día entre vosotros en el templo...!* (14, 49). Abiertamente ha entrado en la ciudad (11, 1-11) y nunca se ha escondido en ella, no ha ocultado su doctrina: el evangelio del Reino es voz abierta, que se dice en la calle (Galilea) y se ofrece sobre el templo. Pero los enviados del Sanedrín tienen que emplear la estrategia del engaño, utilizando para prenderle la oscuridad de la noche, el beso que traiciona y las armas que dominan con violencia.

(4) *Y dejándole huyeron todos* (14, 50). Ésta es la palabra final, la palabra decisiva de Marcos sobre los discípulos. Han podido iniciar la resistencia armada, en el mismo huerto, con el gesto de aquel que ha sacado la espada y ha herido al delegado del Sumo Sacerdote. Pero Jesús se ha entregado sin violencia. De esa forma termina todo su «sueño mesiánico». No les queda ya más reacción que la huida, el abandono de Jesús. Dejan al maestro en manos de sus enemigos y escapan. Jesús les había llamado para que le acompañaran (3, 14), pero ellos, todos, sin excepción (*pantes*), huyen de Jesús. Los principios del discipulado pierden aquí su consistencia: parece que todo ha fracasado. Humanamente hablando, éste debía ser el fin de la aventura del maestro nazareno.

Judas ha empezado a romper el grupo de los Doce, y al fin todos escapan, rompiendo así la comunidad mesiánica de Jesús, que eran signo de comunión israelita y cumplimiento de la alianza. Jesús les había escogido para que *sean-*

con-él, formando familia (cf. 3, 14), pero ellos no quieren ya estar con él. Les ha dado su cuerpo como pan, les ha ofrecido el cáliz de su alianza y ellos lo han bebido, solidarizándose con él (cf. 14, 14.18.22-25), pero ahora rompen esa alianza, dejando a Jesús solo, para defender su proyecto mesiánico. Habían creado familia con Jesús y cuando llega el momento decisivo le abandonan.

En este contexto debemos destacar la unión entre violencia (ellos podrían defenderse con espada) y huida (cuando Jesús renuncia a la violencia de la espada escapan). Parece que ambas actitudes son complementarias, mejor dicho, se identifican. Los que sólo saben luchar con las armas acaban escapando, abandonando y dejando todo como estaba. De esa forma confiesan su derrota o, mejor dicho, la derrota de Jesús, al que dejan solo como único responsable de todo el movimiento: ¡Es causante de todo! ¡Que asuma su gesto! Desde aquí, la historia mesiánica será ya sólo la historia de Jesús.

Desde este fracaso final, pleno, de los Doce (que es ruina del mesianismo israelita) ha de entenderse lo que queda de evangelio, tanto la condena de Jesús como el mensaje de la pascua. La palabra que escucharán en la tumba vacía ya no llevará a las mujeres a Jerusalén para edificar mejor la vieja ciudad santa; ni les invitará a recrear de nuevo el grupo de los Doce para que ellos sean otra vez, en cuanto Doce, portadores de la reconstrucción israelita. Las mujeres de la pascua tendrán que buscar a los discípulos en general (a todos los que han escuchado-seguido a Jesús), reiniciando con ellos (en compañía de Pedro) el camino de evangelio en Galilea (16, 6-7). De esa forma, el fracaso de los Doce puede y debe interpretarse como principio de la misión universal ya señalada en 13, 10 y 14, 9.

3. Un joven desnudo (14, 51-52)

No sabemos quién puede ser este joven (*neaniskos*) habitante del huerto, envuelto en una sábana. Ofrece rasgos de discípulo y parece tener intimidad con Jesús (o con el huerto donde ora). Es el único que sigue a su lado (*synakolouthei*) tras el prendimiento. Pero incluso él escapa, dejando la sábana que cubre su cuerpo nocturno en manos de aquellos que llevan a Jesús. Se ha mantenido a su lado un momento, pero cuando intentan agarrarle huye (*ephygen*) desnudo, en medio de la oscuridad. Jesús queda ya definitivamente solo, a merced de los enemigos y la noche. ¿Sigue en el huerto esperando la pascua?

Las escenas anteriores (Getsemaní y prendimiento) formaban como un díptico: eran las dos caras de un mismo camino de entrega, traición y abandono. Pues bien, al final de ellas, como apéndice personal, Marcos añade la nota misteriosa de este joven que le seguía (a Jesús), vestido con túnica larga sobre el cuerpo desnudo. Todo lo que se ha dicho sobre este pasaje (y es muchísimo) ronda las fronteras de la fantasía. Es difícil saber lo que Marcos ha

Muerte solidaria. El Mesías crucificado (14, 1-15, 47)

querido transmitirnos, aunque podemos suponer que es importante, pues todos los detalles de su texto son significativos, y mucho más en un momento central del gran drama.

Nos gustaría pensar que este joven de la túnica en la noche ha continuado siendo fiel a Jesús, aunque no se haya atrevido a dejarse prender, acompañándole en el juicio y muriendo en el calvario. Nos gustaría vincularle a otras personas fieles que hemos ido descubriendo en el camino: el geraseno y las dos mujeres de Marcos 5, la siro-fenicia de Marcos 7, Bartimeo (10, 46-52) y el leproso con la mujer de la unción (14, 3-9), y sobre todo con las mujeres de la cruz y de la pascua (15, 40-41.47; 16, 1-8). Pero es más probable que este joven desnudo en la noche, a quien los soldados no logran prender, sea el mismo joven de la tumba vacía (16, 1-8), el ángel de la resurrección, o quizá mejor el mismo Jesús a quien, en un sentido prenden, pero en otro sentido «escapa», triunfa de la muerte.

No podemos dar una respuesta definitiva, pero el signo es claro. *Los discípulos* habían huido (*ephygon*: 14, 50), en un sentido negativo, abandonando a Jesús, según él lo había anunciado: se escandalizan de su debilidad, no entienden su mesianismo, rechazan al fin su camino y se dispersan (cf. 14, 27). *Este joven*, en cambio (14, 51-52), huye (*ephygen*) en un sentido positivo: no escapa de Jesús, sino de aquellos que quieren prenderle (han prendido ya a Jesús). Pueden agarrar su sábana/sudario de sueño o muerte, pero no apresarle a él; así puede aparecer como signo del mismo Jesús, que deja en la tumba el sudario, elevándose desnudo a su gloria (cf. Jn 20, 6-7).

---

(127) **El joven de la sábana en la noche (14, 51-52)**

No sabemos quién es este joven de la sábana que huye en la noche del prendimiento de Jesús, después de haberle seguido. Puede ser una figura histórica o simbólica, o ambas cosas a la vez.

1. *Figura histórica 1. El dueño del huerto* (*khôrion*, 14, 32) de los olivos, donde Jesús se había refugiado para orar con los suyos en la noche. En ese huerto estaría la casa del dueño, que sería joven y que, despertado por el alboroto del prendimiento de Jesús, habría salido «con lo puesto», es decir, con la sábana de dormir. Conociendo el lugar como lo conocía pudo escaparse y su recuerdo, como el de Simón Cireneo (15, 21), serviría para certificar la historicidad del relato de Marcos. Pero esta explicación resulta poco verosímil, pues en aquel tiempo la sábana no se empleaba de ordinario para dormir, sino para enterrar a los muertos.

2. *Figura histórica 2. Un discípulo amado de Jesús.* Se suele decir que Jesús habría tenido un discípulo querido, al que se alude en un «Evangelio Secreto de Marcos», del que podrían haberse conservado algunos pasajes en textos de los Padres de la Iglesia. Este joven amigo de Jesús, equivalente al Discípulo amado del Cuarto Evangelio (cf. Jn 13, 23; 19, 26), le habría seguido hasta el huerto y pudo liberarse y escapar, en este momento del prendimiento. Él sería quien está en el fondo de algunas tradiciones del evangelio de Marcos. Pero esta suposición resulta muy difícil de probar.
3. *Figura simbólica 1. Este joven sería el mismo de la tumba vacía* (16, 5), pues en ambos casos se emplea la misma palabra (*neaniskos*), una figura simbólica, un tipo de ángel de Dios. Marcos habría querido indicar de esa manera que a Jesús le han podido prender, pero sólo en un sentido externo. Al verdadero Jesús, que se identifica en el fondo con el «enviado de Dios», no han podido prenderle ni matarle y por eso le hallamos de nuevo en la Pascua, diciendo que ha resucitado. Éste joven sería una especie de ángel de la guarda que acompaña a Jesús, un signo especial de la presencia de Dios.
4. *Figura simbólica 2. El mismo Jesús.* Este joven sería un símbolo del mismo Jesús que vence a la muerte. Marcos nos presentaría aquí una especie de signo de «disociación»: (a) Por un lado prenden a Jesús y le llevan, de manera que, en sentido histórico, él tiene que morir. (b) Pero, al mismo tiempo, aparece a su lado y le sigue (va con él, *synakolothei autô*) un joven celeste al que no pueden prender. Va desnudo, cubierto con una sábana, como Jesús en la tumba donde le encerrarán (también con *sindona*), corriendo bien la piedra, para impedir que se escape (15, 46). Le agarran con fuerza (*kratousin auton*), pero no pueden retenerle, pues en el fondo sólo agarran su vieja ropa de muerte, de manera que él se escapa, desnudo (como los muertos que resucitan), dejando en las manos de los que pretenden aferrarle la sábana inútil.

Esa última explicación parece la mejor, pero tiene el inconveniente de poder conducirnos a un tipo de «gnosticismo», según el cual el verdadero Jesús es el «interior», una figura espiritual, no el hombre concreto que ha sido prendido y ha muerto. Sea como fuere, es un signo hermoso. Han matado a Jesús y han huido *sus discípulos* por miedo y falta de comprensión: no entienden la muerte del Mesías. *Este neaniskos*, en cambio, se eleva como expresión de libertad y de vida en medio de la muerte: es la experiencia y promesa de resurrección que triunfa precisamente allí donde parece haberse impuesto la violencia de los asesinos.

2. Dos juicios y una condena a muerte (14, 53–15, 20)

Han condenado a Jesús, en doble juicio, las autoridades supremas de *Israel* (14, 53-72) y el *procurador de Roma* (15, 1-20). Así culmina el camino de entrega de la vida que había comenzado en 8, 31. Judíos y romanos defienden sus propias estrategias y se unen para matar a Jesús. No hay intervenciones extrañas, milagros externos. Todo sucede y se cuenta de modo humano, como resultado de una trama de intereses sociales y de envidias, como habíamos presentado desde la decisión homicida de fariseos y herodianos (cf. 2, 6), desde la elección de Judas, uno de los Doce, a quien el texto presenta como aquel *que había de entregarle* (cf. 3, 19). Jesús no ha evitado la traición, no ha eludido la muerte: en manos de posibles traidores (Judas y los Doce) ha entregado su vida; en manos de las autoridades de Israel se ha puesto al entrar en Jerusalén, y de esa forma ha mostrado la fuerza del amor del Reino. Desde ese fondo presentamos las reflexiones que siguen.

a) Juicio del Sanedrín: Jesús y Pedro (14, 53-72)

Sobre el juicio de Jesús ante el Sanedrín (y la negación de Pedro) existe una bibliografía inabarcable, recogida y comentada en gran parte por Brown, *Muerte*, 393-788. Además de las obras generales sobre la vida de Jesús (de Crossan y Dunn a Sanders y White), cf. E. Bammel (ed.), *The Trial of Jesus. In Honour C. F. D. Moule*, StBT 2, London 1970; J. Blackwell, *The Passion as Story. The Plot of' Mark*, Fortress, Philadelphia 1986; J. Blinzer, *El proceso de Jesús*, Ed. Litúrgica, Barcelona 1959; H. Cousin, *Los textos evangélicos de la pasión*, EVD, Estella 1991; J. R. Donahue, *Are You the Christ? The Trial Narrative in the Gospel of Mark* (SBL Diss. S.), Missoula MO 1973; K. Kertelge (ed.), *Der Tod Jesu. Deutungen im NT*, QD 74, Freiburg 1982; S. Légasse, *El proceso de Jesús. I: La historia. II: La Pasión en los Cuatro Evangelios*, DDB, Bilbao 1995/6; X. Léon-Dufour, *Jesús y Pablo ante la muerte*, Cristiandad, Madrid 1982; L. Schenke, *Studien zur Passionsgeschichte des Markus* (FB 4), Würzburg 1971; D. Senior, *The Passion of Jesus in the Gospel of Mark*, Glazier, Wilmington 1984; P. Winter, *El proceso a Jesús*, Muchnik, Barcelona 1983.

a. (Introducción. Jesús y Pedro) *⁵³Condujeron a Jesús ante el Sumo Sacerdote y se reunieron todos los sumos sacerdotes, los presbíteros y los escribas. 54Pedro lo siguió de lejos hasta el interior del patio del Sumo Sacerdote y se quedó sentado con los guardias, calentándose junto al fuego.*
b. (Juicio de Jesús) *⁵⁵Los sumos sacerdotes y todo el Sanedrín buscaban una acusación contra Jesús para darle muerte, pero no la encontraban. ⁵⁶Pues, aunque muchos testimoniaban en falso contra él, los testimonios no coincidían. ⁵⁷Algunos se levantaron y dieron contra él este falso testimonio: ⁵⁸«Nosotros le hemos oído decir: 'Yo derribaré*

este templo obra de manos humanas y en tres días construiré otro no hecho por manos humanas"». ⁵⁹Pero ni siquiera en esto concordaba su testimonio. ⁶⁰Entonces se levantó el Sumo Sacerdote en medio de todos y preguntó a Jesús: «¿No respondes nada? ¿Qué significan estas acusaciones?». ⁶¹Él callaba y no respondía nada. El Sumo Sacerdote siguió preguntándole: «¿Eres tú el Mesías, el Hijo del Bendito?». ⁶²Jesús dijo: «Yo soy [y veréis al Hijo del Humano sentado a la diestra del Poder, viniendo entre las nubes del cielo]». ⁶³El Sumo Sacerdote se rasgó las vestiduras y dijo: «¿Qué necesidad tenemos ya de testigos? ⁶⁴Acabáis de oír la blasfemia ¿Qué os parece?». Todos lo juzgaron reo de muerte. ⁶⁵Algunos comenzaron a escupirle y, tapándole la cara, le daban bofetadas y le decían: «¡Adivina!». Y también los guardias lo golpeaban.

c. (Juicio de Pedro) ⁶⁶Mientras Pedro estaba abajo, en el patio, llegó una de las criadas del Sumo Sacerdote. ⁶⁷Al ver a Pedro calentándose junto a la lumbre, se le quedó mirando y le dijo: «También tú andabas con Jesús, el de Nazaret». ⁶⁸Él lo negó diciendo: «No sé ni entiendo de qué hablas». Salió afuera, al portal, y cantó un gallo. ⁶⁹Lo vio de nuevo la criada y otra vez se puso a decir a los que estaban allí: «Éste es uno de ellos». ⁷⁰Él lo volvió a negar. Poco después también los presentes decían a Pedro: «No hay duda. Tú eres uno de ellos, pues eres galileo». ⁷¹Él comenzó entonces a echar anatemas y a jurar: «Yo no conozco a ese hombre del que me habláis». ⁷²Enseguida cantó el gallo por segunda vez. Pedro se acordó de lo que le había dicho Jesús: «Antes de que el gallo cante dos veces, tú me habrás negado tres», y rompió a llorar.

1. Introducción. Jesús y Pedro (14, 53-54)

La escena empieza con una introducción solemne: «Llevaron a Jesús donde el Sumo Sacerdote, y se reunieron todos los sumos sacerdotes, los ancianos y los escribas» (14, 53). Aparecen de esa forma los tres grupos que integran el gran Sanedrín o consejo judicial de Jerusalén. Lo preside el Sumo Sacerdote, que aparece como representante de Dios. A su lado están los grandes sacerdotes (*arkhiereis*), que pertenecen a las primeras familias clericales; para simplificar, les hemos llamado simplemente sacerdotes. Ellos, con los escribas y ancianos, son responsables del orden religioso, jurídico y económico-social de Jerusalén. Han decidido ya la condena de Jesús; ahora aseguran su muerte, entregándole en manos de los romanos, para que éstos lo ejecuten. Lo sabemos por 8, 31; 9, 31; 10, 32-34; 11, 18.27; 14, 1-2.10.43. Lo que ahora va a contarse será la crónica de un juicio anunciado desde muy atrás. De todas maneras, ese juicio anunciado y preparado ofrece novedades que debemos señalar.

Marcos ha construido su escena haciendo que el juicio del Sanedrín contra Jesús (14, 55-65) sea paralelo al juicio «popular» contra Pedro (14, 66-72). Utiliza para ello la técnica sabida del doblete o díptico, poniendo, uno junto al otro, dos gestos o escenas que se corresponden e iluminan mutuamente, para que el lector pueda deducir sus consecuencias. El narrador no juzga, se limita a presentar los hechos. (1) Doble introducción: a) Jesús es llevado ante el Sanedrín en pleno (14, 53); b) Pedro queda al exterior del aula, entre criados del Sumo Sacerdote (14, 54). (2) Doble juicio: a) Sanedrín: Jesús confiesa ante el tribunal su mesianismo y le condenan (14, 55-65); b) Los criados: Pedro niega a Jesús ante los siervos del sacerdote (14, 66-72).

Arriba se encuentra, según eso, el «Santo Tribunal» que debe juzgar a Jesús (14, 53). Abajo, en el pórtico del aula de sesiones, allí donde se juntan y calientan los criados, como un curioso más, se sienta Pedro (14, 54), a quien la huida anterior (14, 50) ha conducido hasta aquí; él ha seguido a Jesús como una especie de sombra; quisiera imitarle y no puede; al fin le negará. La presentación de los dos juicios paralelos (de Jesús y Pedro) constituye una de las aportaciones literarias y teológicas más grandes de Marcos; el juicio de Jesús será inseparable del juicio de su discipulado (representado por Pedro).

Pedro es aquí signo de todos aquellos «comprometidos» que niegan a Jesús porque su compromiso israelita (o su búsqueda de seguridad humana) resulta más fuerte. Ha sido confidente de Jesús, portavoz de los discípulos. En nombre (y por encima) de ellos le ha prometido fidelidad (14, 29), pero no ha sido capaz de mantenerse vigilante (14, 37). Ahora, cuando podía parecer que supera el gesto anterior de la huida (cf. 14, 50), va a negarle de un modo más fuerte, en el patio externo del tribunal donde juzgan a Jesús (14, 54).

---

(128) Jesús, el rechazado, y los que le rechazan

Marcos sabe que algunos (muchos) no han aceptado el mensaje Jesús, después de haber sido llamado y de haberle seguido. ¿Por qué? Ciertamente, él no puede responder de manera teórica, aunque puede apelar al misterio del Reino (4, 11), reflejado en el hecho de que algunos (muchos) no quieren abrir los oídos y los ojos, de forma que no entienden ni ven, conforme a una famosa palabra de Is 6, 9-10, citada en 4, 12. Jesús no obliga a nadie; por eso los hombres pueden rechazarle. Éste rechazo, que sólo puede superarse por la pascua, pertenece al camino de la cruz. Éstos son algunos de los grupos que le han rechazado:

a. Antes de Getsemaní. El proceso de rechazo de Jesús empieza casi al principio del evangelio (en Galilea), para culminar en el prendimiento de Getsemaní.

1. *Familiares y vecinos*. Al principio le rechazan los parientes (3, 21.31-35), como harán también los nazarenos (6, 1-6a): no aceptan a Jesús, pues piensan que él rompe los principios de su tradición y de su grupo. Se vuelven así incrédulos, prefieren los valores de lo que ya está dado en su familia y pueblo.

2. *Escribas* (cf. 2, 6; 3, 23; 7, 1-23, etc.). Se apoyan en la tradición de una Ley que proviene, según ellos, de la Escritura y de las normativas de los maestros del pueblo. En nombre de esa Ley, de aquello que está escrito y ya fijado, tienen que rechazar a Jesús.
3. *Fariseos.* Son los observantes de la Ley. Ellos y sus «escribas» (= escribas de línea farisea) acusan a Jesús de acoger a los pecadores (2, 16), de romper el sábado (2, 24) y se unen a los herodianos (al poder galileo) para matar a Jesús (3, 6); piden señales de tipo impositivo (8, 11-13); Marcos dice que su levadura para el pan del Reino es mala (cf. 3, 14-21). Evidentemente, siendo como son, no pueden creer en Jesús.
4. *Herodes y los herodianos* son representantes del puro poder político, vinculado al rey galileo y a los partidarios de su familia, extendidos por toda Palestina. Ellos no admiten a un profeta como Jesús (cf. 3, 6; 6, 14-16). Es significativa su vinculación con los fariseos (3, 6; 12, 13).
5. *Gentiles de Gerasa* (5, 17). Rechazan a Jesús porque rompe su equilibrio social y religioso con la curación del endemoniado.
6. *El hombre rico* (10, 22) no sigue a Jesús porque está condicionado por sus riquezas; no le rechaza ni condena, pero le abandona.

En el momento culminante del rechazo de Jesús ha colocado Marcos a los Doce, representados de un modo especial por Judas, que le entrega (14, 43-47) y por Pedro, que le niega (14, 67-72). Ellos abandonan a Jesús en conjunto (dejándole sólo ante la muerte: 14, 52).

b. Tras Getsemaní. El abandono de Jesús continúa y culmina tras el prendimiento, de manera que a partir de entonces él tendrá que defenderse a solas, ante Dios y ante los jueces del mundo (ni Pedro logra acompañarle: cf. 14, 66-72). Entre los agentes básicos de este «abandono» podemos citar, desde diversas perspectivas, a los siguientes:

1. *Sacerdotes.* Son para Marcos los responsables directos de la muerte de Jesús. Rechazan su signo del templo y le juzgan peligroso (11, 18-19), y en nombre de ese mismo templo (14, 1-2.10.60-65) condenan a Jesús. Actúan así por envidia (15, 10) y después se ríen de él (15, 29-30).
2. *El Sanedrín* como consejo supremo (compuesto de sacerdotes-escribas-ancianos) aparece en el momento cumbre de la condena. Representa al Israel oficial: no puede creer en el mesianismo de Jesús (11, 27; 14, 53). La forma en que Marcos presenta la intervención del Sanedrín en su conjunto resulta quizá más «teológica» (simbólica) que histórica.

> 3. *Pilato* parece que quiere salvar a Jesús por razones políticas; pero por razones políticas le acaba condenando; para aceptar a Jesús tendría que cambiar su forma de ejercer el poder (15, 6-15).
> 4. *El pueblo de Jerusalén*. Conforme al relato de Marcos (15, 6-14), ha sido el pueblo el que ha rechazado a Jesús, optando por Barrabás, y pidiendo a Pilato que crucifique a Jesús. Estamos ante un dato de tipo simbólico, pero de hondo contenido social y teológico: al fin triunfa el poder de la masa.
> 5. *Los soldados* hacen parodia con Jesús y se burlan de su mesianismo (15, 16-20); cumplen órdenes y ejecutan a Jesús (tras burlarse de él), pero el jefe de ellos (el centurión) termina creyendo (15, 39).
> 6. *Los que pasan y los dos crucificados con Jesús* (15, 29-32) le rechazan también y se ríen de su pretensión mesiánica, dejándole absolutamente solo ante la cruz.
>
> ¿Se puede hablar en este contexto de Dios? De un modo paradójico, entre los que rechazan/abandonan a Jesús, desde una perspectiva de mesianismo intraisraelita, parece destacar el mismo Dios, a quien Jesús dirige su última plegaria: «¿Por qué me has abandonado?». Desde ese abandono «divino» del Mesías ha de entenderse todo Marcos, con la revelación de un Dios que, en un plano, abandona a su Mesías.

2. Juicio y condena de Jesús (14, 55-65)

«Los sacerdotes y todo el Sanedrín buscaban un testimonio en contra de Jesús para matarlo, y no lo hallaban» (14, 55). Así comienza el texto, ofreciendo en su misma concisión un retrato muy hondo de lo que allí estaba pasando (en sentido más teológico que puramente histórico). No se inicia el juicio sopesando neutralmente las pruebas, para ver si hay un delito digno de condena. La sentencia está dictada de antemano (como sabemos por lo menos desde 11, 18). Sólo se requiere algún testimonio que sirva de excusa (inventada o real) para ofrecer legalidad al veredicto de la santa sala.

Pudiéramos pensar que todo es puro trámite, y probablemente es cierto. Pero en el fondo de ese trámite se expresan los más grandes problemas, las cuestiones que en verdad preocupan a los jueces de Israel, lo mismo que a la Iglesia posterior. Todo nos hace suponer que la visión del juicio que ha ofrecido Marcos resulta en el fondo verdadera (aunque los detalles hayan sido recreados por su comunidad y por él mismo). Esa visión nos permite descubrir en el fondo del proceso de Jesús dos grandes cuestiones:

- *Amenaza contra el templo* (14, 57-60a). Unos «falsos» testigos acusan a Jesús de haber dicho: «Yo destruiré este templo hecho por manos humanas y en tres días edificaré otro no hecho con manos humanas» (14, 57). Jesús no quiere disculparse, explicando su palabra. Para ello tendría que explicar de nuevo todo lo que ha hecho y todo lo que ha dicho. Ciertamente, según Marcos, la acusación es falsa, pero en el fondo de ella late una verdad (el triunfo de Jesús implicaría la ruina de este tipo de templo) y, sobre todo, late el miedo de los sacerdotes (como indicamos en 11, 12-25 y lo que sigue). A mi entender, es evidente que a Jesús le han condenado porque su camino mesiánico supone una amenaza para el orden establecido, que se centra en el buen funcionamiento económico, social y religioso de aquel templo.

- *Pretensión mesiánica* (14, 61b-62). Pero la amenaza contra el templo debía interpretarse en una perspectiva teológica más amplia, en el contexto de lo que implica el mesianismo. Aquí nos había situado la discusión con Pedro, en 8, 27-33. Aquí viene a ponernos la pregunta del Sumo Sacerdote, cuando le dice «¿Eres tú el Cristo, el Hijo del Bendito?» (14, 61), reasumiendo la cuestión formulada ya por los delegados del Sanedrín en 11, 28: «¿Con qué autoridad haces estas cosas», es decir, «con qué poder profetizas el fin del templo?». El problema de fondo ha sido éste: ¿Quién es Jesús? En este momento, situado ante el tribunal supremo y santo de Israel, con acusación de muerte, después de haber mostrado su camino de entrega/sufrimiento, Jesús puede contestar y contesta a lo que había silenciado en 8, 30. Entonces había prohibido a sus discípulos que hablaran (diciendo que era el Cristo), porque sus palabras no podían expresar lo que implica el mesianismo. Ahora, en cambio, Jesús habla y lo hace abiertamente, identificando al Cristo, Hijo del Bendito, con el mismo Hijo del Hombre que viene en las nubes (como en 13, 24-27), e identificándose a sí mismo con el Cristo y el Hijo del Hombre.

La palabra clave de juicio, tal como ha sido transmitida por los cristianos, es aquella en la que Jesús dice, ante el tribunal supremo: *Yo soy* (14, 62). Ésta es la palabra de suprema confesión: Jesús se reconoce; no niega lo que ha hecho, tampoco se desdice de las cosas que ha podido decir. Al mismo tiempo, él se atribuye a sí mismo las palabras más sagradas y solemnes de la confesión israelita, afirmando como el Dios que habla a Moisés en la zarza del desierto: *Egô eimi*, Yo soy (cf. Ex 3, 14). En el principio, la palabra del Yo soy (*ehyeh aser ehyeh*), que constituye el nombre del Dios israelita (Yahvé), indicaba una presencia salvadora de Dios que se revela en el conjunto de la vida de su pueblo. Pues bien, esa presencia salvadora de Dios en Israel se ha concretado en el camino y vida de Jesús, que, siendo Cristo-Hijo de Dios, ha de mostrarse como Hijo del Hombre escatológico.

Jesús aparece vinculado al Hijo del Hombre en sus dos rasgos fundantes. (a) Por un lado, se sienta a la derecha del Poder (de Dios), como una especie de rey trascendente en que se cumple la palabra de Sal 110, 1. (b) Por otro, vendrá en las nubes del cielo, como había anunciado Dn 7, 13. El Sumo Sacerdote había preguntado a Jesús si era Mesías. Jesús le ha respondido afirmativamente, presentándose a la vez como Hijo del Hombre glorioso (sentado a la derecha de Dios) y juez celeste que debe venir en el futuro.

Quieren condenar a Jesús con la autoridad de su tribunal (como sacerdotes del templo), y Jesús les coloca ante un tribunal más alto (ante el juicio del mismo Dios). De esa forma defiende su misión, apelando a la venida y juicio del Hijo del Hombre y colocando a sus jueces ante la presencia de un tribunal más alto. Ésta es la paradoja: juzgado en nombre de Dios por la sede más santa y suprema del mundo, Jesús apela al Dios más alto y verdadero, sobrepasando los poderes de su tribunal. Así desautoriza al Santo Sacerdote y su consejo, diciéndoles que el tiempo de su autoridad ha terminado. Jesús ha mantenido el testimonio. Ha defendido ante el gran tribunal su camino de Reino, negando así la competencia del mismo tribunal. Apela a Dios, pero queda en manos de los hombres que pretenden expresar el juicio de ese Dios sobre la tierra.

Estamos ante un conflicto teológico (¿quién es representante de Dios sobre la tierra?), que es, al mismo tiempo, un conflicto social: si Jesús viene en nombre de Dios, ha terminado el tiempo y poder del Sumo Sacerdote y del Sanedrín, igual que ha terminado y debe ya acabar el culto sobre el templo. (a) Éste ha sido un juicio teológico: se trata de saber dónde se revela Dios, quién es el signo real de su presencia sobre el mundo: Jesús o los sacerdotes. (b) Éste es un juicio social. Si los sacerdotes (con escribas-ancianos) fueran signo de Dios sobre la tierra, la estructura sacral israelita debería mantenerse: habría que defender el sábado y el templo, se deberían mantener los ritos que separan a este pueblo de otros pueblos de la tierra, etc. Por el contrario, si Jesús fuera en verdad el enviado de Dios, debería terminar ya la estructura sacral israelita: acaba este templo, cesa el poder de los sacerdotes, resultan innecesarios los escribas... Todo el pueblo de Israel entraría de esa forma en crisis, perdiendo su valor particular, para integrarse en el camino más extenso de lo humano, partiendo de los pobres (publicanos, enfermos, etc.).

Lo teológico y social se han vinculado de forma inseparable. Por eso las dos acusaciones van unidas: decir que Jesús es Mesías (aludiendo al Hijo del Hombre que viene a realizar su juicio) significa que el orden socio-religioso de Israel ha terminado. Los sacerdotes, con el Sanedrín, deben optar: si admiten a Jesús, asumiendo su mensaje y práctica de Reino, deben disolverse como tales (como sacerdotes) y disolver su institución sagrada, asumiendo con el resto del pueblo una aventura de fraternidad mesiánica que nunca se había explorado todavía. Por el contrario, si pretenden mantener el orden social y religioso en el que viven (del que gozan), no tienen más remedio que expulsar a Jesús. No podemos reprocharles por tomar esa última opción.

Aceptar el camino de Jesús no era fácil, ni tampoco prudente, mirando las cosas con los ojos de este mundo. Lo previsible y normal fue lo sucedido:

tomando en serio el peligro de Jesús, y teniendo en cuenta las circunstancias de su entorno social y religioso, los sanedritas le condenaron a muerte. Desde una perspectiva mundana, el juicio del Sanedrín ha sido y sigue siendo a mi entender correcto. Ciertamente, Jesús era hombre bueno y sus ideales resultaban intachables en plano general. Pero en concreto, mirados desde el orden social israelita, esos ideales, y la práctica que los concretaba, terminaban siendo peligrosos. Un pueblo necesita garantías legales y no sueños mesiánicos para existir sobre la tierra. Tiene que defender las instituciones, los tribunales de justicia, las costumbres que mantienen a los hombres vinculados. Si eso cae, se termina, se diluye el pueblo.

El proyecto de Jesús (fin del templo, unión gratuita entre los hombres, cese del mismo Sanedrín...) representaba un tipo de suicidio nacional para los jueces de Israel. Lógicamente, esos jueces dejaron los ideales (sueños) de Jesús a un lado y optaron por la defensa de sus realidades económicas, sociales, religiosas, populares. Por eso, en sentido intramundano, su sentencia nos parece buena y de alguna forma necesaria. La apuesta mesiánica de Jesús era (y sigue siendo) demasiado fuerte si se toma al pie de la letra, pues rompe las barreras anteriores, destruye los poderes establecidos y pone a todos ante el fuerte misterio de la gracia. ¿Puede vivirse como Jesús ha pretendido? Animados por el joven de la pascua, reasumiendo el mensaje-camino anterior de Galilea, los discípulos de 16, 6-7 responderán de una manera afirmativa, superando de ese modo los supuestos del juicio que ha dictado el Sanedrín. Pero con esto pasamos del plano de la ley antigua (equilibrio sacral intramundano) al ámbito de gracia del Reino de Jesús, tal como viene a expresarse por su pascua.

Conforme a la escena de 14, 55-65, se enfrentaron las dos autoridades supremas: *el Sumo sacerdote*, como representante del Templo; *Jesús*, profeta carismático que anuncia el Reino. Eran dos formas de entender y vivir el judaísmo, dos proyectos sociales los que vienen a enfrentarse. Es muy posible que, en su forma actual, la escena haya sido creada teológicamente por Marcos o por un cristiano al que Marcos ha citado. Pero ella transmite la más honda verdad del juicio de Jesús, la razón primordial de su condena: le han juzgado los grandes sacerdotes, acusándole de blasfemo (usurpa el nombre de Dios), porque le han tenido miedo como a profeta contrario a sus intereses económicos y sociales.

Desde el banco de los acusados, respondiendo amenazante a los que quieren condenarle, Jesús apela a Dios y recuerda a sus jueces la llegada del Hijo del Humano. Así mantiene su mensaje y ratifica lo que ha hecho: no se niega ni lo niega. Ha rechazado el valor sacral del templo. Debe rechazar al Sumo Sacerdote que lo avala, presentándose a sí mismo como Hijo (revelación suprema) de Dios, frente al poder de los sacerdotes. Éste ha sido un conflicto de autoridades. El sacerdote necesita que Jesús se someta, pero Jesús no se somete y además apela, por encima del juicio del sacerdote, a la verdad y promesa de su mensaje,

Muerte solidaria. El Mesías crucificado (14, 1-15, 47)

centrado (como en 13, 24-27) en la venida del Hijo del Humano. Esto significa que niega la autoridad de los sacerdotes. Evidentemente, ellos a su vez le niegan, expulsándole del pueblo y condenándole a la muerte: quien actúa como él rompe la unidad de la nación sagrada, pierde el derecho a la existencia.

> **(129) Juicio de los sacerdotes (14, 53-65)**
>
> Los sacerdotes son la autoridad suprema del judaísmo de Jerusalén: presiden el Sanedrín o Gran Consejo, del que forman también parte escribas y presbíteros, y deciden la muerte de Jesús. De ellos tratan en Marcos siete grupos de textos. Menos el primero todos hablan de «sumos sacerdotes».
>
> 1. Sólo dos veces utiliza Marcos el término simple de *hiereus/hiereis* (sacerdote/sacerdotes), como grupo que define y avala el carácter sacral de las comidas y las «enfermedades», que Jesús ha superado de un modo directo (cf. 2, 26) o indirecto (cf. 1, 44-45); a juicio de Marcos, su doctrina aparece como superada. En los restantes casos habla de los *arkhiereis*, término que suele traducirse por *primeros o grandes sacerdotes*, que actúan como colegio, presididos por el *arkhiereus* o Sumo Sacerdote (14, 55.60-63.66). Marcos supone que quieren ser los *primeros*, gran autoridad, en contra de lo que pide Jesús en 9, 35; 10, 43-44. Ellos decretan y, en el fondo, deciden la muerte de Jesús.
> 2. Los *arkhiereis* resuelven sus cuestiones con dinero, y tienen siervos armados y siervas sobre los que mandan, en contra de la forma de actuar de Jesús (cf. 14, 11.43.47.66).
> 3. Los *arkhiereis* deciden matar a Jesús por defender sus intereses en el templo (14, 10), vinculándose con escribas (11, 18; 14, 1) y con escribas y presbíteros (11, 27; 14, 43).
> 4. Los *arkhiereis* con el Sanedrín (14, 55.64; 15, 1) promueven el juicio contra Jesús, aunque el peso de la decisión lo asume el Sumo Sacerdote (*ho arkhiereus*), actuando en nombre de su Dios (14, 60-63).
> 5. Los *arkhiereis* y el resto del Sanedrín entregan a Jesús en manos de Pilato (15, 1). Ellos actúan por envidia y convencen al pueblo para que pida la condena de Jesús (15, 10-11).
> 6. Los *arkhiereis* con los escribas (no los presbíteros) se burlan de Jesús que muere en cruz, ratificando con su burla el juicio de condena (15, 31).
> 7. Por eso, cuando en las predicciones de la pasión el Hijo del Humano aparece condenado por los *arkhiereis* (8, 31; 10, 32), Marcos está dictando implícitamente su condena en contra de ellos.

> En la Iglesia de Jesús no puede haber sacerdotes, pues ellos representan aquella realidad que se opone con más fuerza al evangelio. A pesar de eso, a partir de los anuncios y gestos de entrega de Jesús en Marcos (8, 31; 9, 31; 10, 32-33; 10, 45; 14, 22-25), a la luz de testimonios de Pablo y de la carta a los Hebreos, la Iglesia ha elaborado una lectura sacerdotal de la entrega de Jesús. Ella es válida siempre que defina de manera adecuada (distinta) el sacerdocio de Jesús y no interprete a los ministros cristianos (llamados inadecuadamente sacerdotes) a la luz del sacerdocio condenado por Marcos.

3. Juicio y negación de Pedro (14, 66-72)

Sobre el fondo de la condena de Jesús, Marcos vuelve a presentar a Pedro. Era el último eslabón de la cadena, la última esperanza de su grupo. También este eslabón se rompe: Pedro niega a Jesús, dejándole absolutamente solo ante el juicio sagrado del judaísmo del templo que le condena en nombre de Dios. Le niega en calidad de persona individual, representante del grupo y expresión de la humanidad entera. ¿Lo hace para escaparse? ¿Lo hace por miedo, impotencia o desengaño? El texto no lo aclara. Simplemente relata su negación como culmen de un proceso de rechazos y conflictos con Jesús que habían comenzado en 8, 32. Había querido restaurar el Reino de Israel (al servicio de toda la humanidad); pero el conjunto de Israel, condesado en los sacerdotes de Jerusalén y en sus Doce discípulos le rechaza. De esa forma, Jesús muere solo, sin nadie a su lado.

Mientras Jesús afirma y se mantiene erguido ante el Santo Sacerdote por defender la causa de los pobres (evangelio), Pedro niega y se derrumba, rechazando a Jesús ante unos simples criados quisquillosos. Éste ha sido un juicio a dos niveles, como una película o novela donde se presentan en forma paralela dos escenas contrapuestas. Allí donde Jesús actúa como buen Adán, el humano verdadero, en gesto de gracia universal (sufriendo así condena a muerte), descubrimos a Pedro como mal Adán (el Israel fracasado de las Doce tribus) que rechaza el proyecto de Jesús y cae (se derrumba) en el abismo de sus propias negaciones.

La negación de Pedro ha de entenderse desde la afirmación (entrega salvadora) de Jesús. No es un pecado privado, algo que solo él ha realizado, como por casualidad. En Pedro culmina y se derrumba el mismo camino de los Doce. Se nos ha dicho que todos han huido, dejando a Jesús solo, en manos de sus cautivadores (14, 50). Entre ellos se introduce, por curiosidad y miedo, Pedro. Su abandono se agrava y culmina aquí a manera de negación: más le ha dado Cristo, de manera más intensa le rechaza Pedro al convertir su huida en negación. Esa negación sigue en la lógica de sus pretensiones anteriores (8, 29.32): él acepta a Jesús como Cristo, pero rechaza el camino concreto de su entrega. Jesús ha

Muerte solidaria. El Mesías crucificado (14, 1-15, 47)

terminado entregándose, al confesar su mesianismo perdedor ante el Sanedrín. Lógicamente, le entrega también Pedro, en gesto y palabra negadora que ha de verse como negativo o reverso de la confesión mesiánica de su maestro (15, 61-62).

Pedro ha cometido de esta forma el más intenso de todos los pecados (15, 66-72a). Se trata en realidad de un gesto previsible, ya bien anunciado: lógicamente, a la luz de su anti-confesión (8, 32), Pedro tenía que acabar negando al Cristo condenado, como había señalado ya el texto anterior, del fin de la cena: (a) Pedro le dijo: «Aunque todos se escandalicen, yo no». (b) Jesús le dijo: «En verdad te digo que tú, hoy, esta misma noche, antes que el gallo cante dos veces, me negarás por tres veces». (a') Pero él (Pedro) porfiaba con más fuerza: «Aunque tenga que morir contigo, de verdad que no te negaré» (l4, 29-31a).

Pedro asegura a Jesús su fidelidad y para destacarlo (para destacarse a sí mismo) juzga a los demás, considerándoles débiles, distanciándose de ellos. Presume de valor, se piensa dotado de gran voluntad (puedo morir contigo), y al hacerlo pone al descubierto su más profunda herida. Pero la palabra de Jesús (que conoce bien a Pedro) le coloca en su lugar. No es que Pedro sea débil, es que «piensa de otra forma» (piensa en la línea de las cosas de los hombres, de un mesianismo hecho de triunfo externo, en un nivel israelita: cf. 8, 31-33). No se trata de un pecado de simple debilidad, ni de cobardía (¡Pedro es un valiente para entrar hasta las puertas del tribunal!), sino expresión de una forma distinta de ver las cosas.

Pedro no es débil, sino fuerte, muy fuerte. Pero es fuerte en la línea de «las cosas de los hombres». Por eso no es capaz de comprender y de aceptar el gesto de Jesús que «se deja juzgar» por los sacerdotes, en un proceso que irremisiblemente acabará en su muerte. No estamos ante un pecado de debilidad, sino ante una decisión fuerte de rechazar a este Jesús (que, a pesar de todo, según Marcos, sigue confiando en Pedro).

Desde este fondo se entiende mejor el texto de la triple (es decir, definitiva) negación de Pedro. El mismo ritmo narrativo nos ayuda a penetrar en lo que ella tiene de inevitable y, al mismo tiempo, de libre. Han llevado a Jesús a la sala de sesiones del juicio, donde debe enfrentarse con el pleno de la autoridad israelita. Pedro le ha seguido de lejos y ha quedado en la parte de fuera, calentándose ante el fuego en una noche de fresca primavera, con un grupo de criados (14, 53-54). De esa forma se produce el doble juicio: Jesús mantiene su confesión en el centro de la sala; allá, hacia fuera, ante un grupo de criados, Pedro niega. A Marcos no le importa el «proceso psicológico» de Pedro, sino eso que pudiéramos llamar (que hemos llamado) su juicio teológico y social.

(a) *Estamos ante un juicio teológico.* El «dios» de este Pedro no es ya el de Jesús. El Dios de Pedro va en la línea del triunfo nacional y está, en el fondo, más cerca del «dios» de los sacerdotes que del Dios verdadero de Jesús, como el mismo Jesús le ha dicho (8, 33). Se trata de saber quién es Dios, cómo actúa y se revela, y para aprenderlo ha penetrado Pedro en el aula donde juzgan a Jesús.

(b) *Estamos ante un juicio social.* Se trata de saber quien posee la verdadera autoridad, si Jesús o los sacerdotes. Ciertamente, Pedro no parece haberse puesto en manos de los sacerdotes en cuanto tales (como ha hecho Judas: 14, 10-11.43-47), pero él ha negado a Jesús ante «los criados» del Sumo Sacerdote.

El discípulo primero de Jesús le ha negado hasta el final, después de haber huido con los otros. Le ha negado por tres veces, antes del segundo canto del gallo (que es al amanecer). De esa forma se ha desvinculado definitivamente de Jesús, no sólo ante los sacerdotes, sino (de un modo aún más doloroso) ante los criados de la casa. Mirada así, la negación de Pedro pertenece al evangelio, como expresión de mesianismo humano. Pedro no es malo, humanamente tiene razón: ha hecho todo lo que se puede hacer, ha intentado lo que se puede intentar. Pero al fin su proyecto pertenece a las razones de este mundo, está en la línea de los sacerdotes. Lógicamente, acaba negando a Jesús. Al situar aquí el gesto de Pedro, Marcos muestra que el juicio de Jesús no pertenece al tiempo del pasado, no es objeto de una historia terminada, sino un rasgo permanente de la vida de la Iglesia, amenazada siempre por el riesgo de la negación ante el camino de la muerte.

Es claro que Marcos no ha querido contar la negación de Pedro en un contexto de total desesperanza y por eso ha puesto al final de su relato al gallo que canta por segunda vez en la noche y el llanto arrepentido de Pedro (14, 72). Es claro que dentro del contexto general de Marcos, a la luz del anuncio de Jesús (14, 27-31), del relato posterior de la pasión (donde Pedro no interviene) y, sobre todo, a partir de la palabra del ángel de la tumba (cf. 16, 7), este gallo del llanto de Pedro es animal de pascua. En el momento de la muerte, Pedro y Jesús han estado distanciados, han tenido proyectos mesiánicos distintos.

Jesús ha quedado de esa forma solo, como en el principio (cf. 1, 9-15), enfrentado con Satán en el desierto. Pero allí le servían simbólicamente los ángeles. Aquí nadie. El camino de Reino que ha iniciado acaba en forma de condena: *Dios* ha llamado a Jesús Hijo (1, 11; 9, 7), *los sanedritas* le condenan por hacerse Hijo de Dios, *Pedro* le ha negado por no compartir su mesianismo. El juicio de Jesús ha sido un juicio injusto o apresurado (conforme a las visiones de justicia e injusticia de este mundo). Los representantes del judaísmo sacral, avalados por el Dios del templo, no podían permitir que Jesús hablara y actuara de aquel modo.

(130) Pedro 2. Una semblanza

Se llamaba Simón (forma helenizada del hebreo/arameo Simeón), y era hijo de Juan o Jonás (Bar-Yona), como recuerda Mt 16, 17 (cf. Jn 21, 15). Parece haber sido pescador, y fue primero discípulo de Juan Bautista (cf. Jn 1, 40-44), cosa que

Marcos silencia. Sea como fuere, en un momento determinado, para constituir y formular su nueva función, como fundamento de la comunidad mesiánica, Jesús le llamó y le puso el nombre de Pedro, en arameo *Cefas* (cf. 1 Cor 1, 12; 3, 22; 9, 5; 15, 5; Gal 1, 18; 2, 9.11.14; Jn 1, 42), que se traduce en griego *Petros* (*Petrus*, Piedra, Pedro). Las comunidades helenistas le llamaron *ho Petros*, reconociéndole así, implícitamente, como piedra de la nueva comunidad escatológica de Jesús (cf. Marcos 3, 13; Lc 6, 14; Mt 16, 18). La Iglesia ha conservado y expandido ese nombre, que seguimos empleando todavía.

1. *Nombre*. Se llamaba pues Simeón (como uno de los doce patriarcas, hijos de Jacob) y fue el primero de los discípulos de Jesús (su «primogénito», uno de los Doce). Había sido pescador del lago de Galilea, de familia al parecer humilde, no tenía campos propios, vivía en la casa de su suegra y, posiblemente, era trabajador a cuenta ajena. No era portador de una cultura religiosa especializada (no era sacerdote, escriba o fariseo). Pero se hallaba interesado por la renovación religiosa de Israel y, al menos por un tiempo, había sido discípulo del Bautista (cf. Jn 1, 40-44), cosa que Marcos cuidadosamente omite, para centrar la importancia de Pedro en sus relaciones con Jesús. Debía tener sus ideas propias sobre el mesianismo; por eso, si acogió la invitación de Jesús y se hizo su discípulo, abandonando a su familia (cf. Marcos 1, 16-20) y dejando al mismo Juan Bautista, a quien había seguido por un tiempo, es que debía haber hallado fuertes razones para hacerlo. No vino como un simple espectador pasivo, sino que trajo unas convicciones fuertes sobre lo que debía ser la transformación y culminación de Israel (como las tenían otros muchos en la sociedad judía de aquel tiempo).
2. *Encuentro*. Es muy posible que Jesús confiara de un modo especial en Simón, a quien necesitaba (con otros discípulos y amigos) para llevar adelante su proyecto, para realizar su obra. Por otra parte, Simón se fiaba de Jesús y, en algún sentido, acompañó a Jesús en su búsqueda mesiánica, de manera que en el fondo de la dramática «confesión» de 8, 27-33 puede haber un fondo histórico de encuentro y des-encuentro. Por una parte, Pedro tenía sus propias ideas sobre el compromiso y la aportación mesiánica de Jesús. Por otra parte, Jesús no logró trasmitir a Pedro, ni al resto de sus Doce, su experiencia básica de gratuidad y entrega no violenta de la vida, de manera que sus caminos (el de Jesús y el de Pedro) pudieron distanciarse.
3. *Ruptura*. Es evidente que Jesús y Pedro (Jesús y los Doce) nunca lograron formar un grupo cerrado y compacto, de fidelidad hasta la muerte, en contra de lo que ha sucedido en otros grupos políticos, religiosos y revolucionarios

(como entre los seguidores de Mahoma). La tradición cristina ha sabido (y no se ha esforzado en ocultarlo, sino todo lo contrario), que los Doce abandonaron a Jesús, cuando éste fue juzgado y condenado a muerte (a pesar de haber sellado con él su compromiso en una cena de solidaridad y comunión) (cf. 16, 52). Parece seguro que Pedro negó a Jesús de un modo peculiar, no por simple miedo (que también pudo tenerlo), sino por discrepancias de fondo sobre la actuación «suicida» y victimista de su maestro, que parecía dispuesto a ser juzgado y morir en Jerusalén, sin asumir una estrategia política o militar de toma de poder, sin defenderse de un modo violento (cf. Marcos 14, 54-72 par).

4. *Dos visiones del camino mesiánico*. Resulta muy difícil descubrir a través de Marcos las «ideas» mesiánicas de Pedro, aunque podemos sospechar que tienen algo que ver con la «negación» del camino de cruz de Jesús (como supone 8, 32-33). Es muy posible que en el fondo del intento de defensa armada de Jesús en Getsemaní (14, 47) pueda verse la mano de Pedro, aunque Marcos no lo diga (a diferencia de Jn 18, 10). Pedro podía defender a Jesús con las armas, pero no seguirle en un camino de cruz, y así le abandonó (14, 52) y después le negó (14, 66-72), en un juicio que tiene probablemente un fondo histórico. La consecuencia de ello fue que Jesús murió solo, sin que sus seguidores más íntimos fueran juzgados y crucificados con él. Las únicas cruces que se alzaban al lado de la suya, en el Calvario, fueron las de unos «bandidos» no cristianos, reos comunes o miembros de la resistencia armada contra Roma (el evangelio no ha querido precisarlo). Entre los seguidores de Jesús, sólo unas mujeres que parecían de menos importancia asistieron a su muerte (cf. Marcos 15, 40-47 y paralelos).

5. *La resurrección de Jesús en Pedro*. La representación de Pedro podía haber terminado ahí, tras la negación, el abandono y la muerte de su maestro en el Calvario. Pero la amistad de Pedro hacia Jesús (que respondía a la amistad de Jesús hacia Pedro) era más fuerte que las razones sociales y religiosas de su distanciamiento y traición. La lógica y el orden religioso estaban de parte del Sumo Sacerdote (aliado en este caso a los romanos). Pero el amor superó la lógica de los sacerdotes y, a través de la mediación de las mujeres, Pedro descubrió la razón del Jesús muerto y experimentó el sentido de su vida, por encima de la religión oficial de su pueblo y del imperio de Roma (así lo supone 16, 67 y todo el evangelio de Marcos). En este contexto se entiende la confesión fundacional de la Iglesia, cuando afirma que Pedro «vio» a Jesús después de su muerte (1 Cor 15, 3-7; Lc 23, 34), una confesión que Marcos no ha transmitido pero que está en el fondo de su texto.

> Pedro ha jugado, según eso, un papel importante en Marcos, aunque no es el primer testigo de la pascua de Jesús (en contra de 1 Cor 15, 5), ni aparece como piedra fundamental de la Iglesia, con las llaves del Reino de los cielos (como en Mt 16, 18-19). Él aparece, quizá, como algo más grande: como un hombre a quien Jesús ha perdonado, ofreciéndole un nuevo camino en Galilea (16, 6-7).

b) Juicio de Pilato: el rey de los judíos (15, 1-20)

Sobre el juicio de Pilato sigo tomando como base las obras citadas en bibliografía anterior (sobre 14, 53-72). Visión bibliográfica de conjunto en Brown, *Muerte*, 789-1012. Cf. de un modo especial E. Bammel (ed.), *The Trial of Jesus*, SCM, London 1970; S. G. F. Brandon, *The Trial of Jesus*, Stein and Day, New York 1968; J. Carmichael, *The Death of Jesus*, Dell, New York 1962; H. Cohn, *The Trial and Death of Jesus*, KTAV, New York 1977; Id., *Der Prozeß und Tod Jesu aus jüdischer Sicht*, Insel V., Frankfurt/Main 2001; J. B. Green, *The Death of Jesus: Tradition and Interpretation in the Passion Narrative*, WUNT 33, Tübingen 1988; P. E. Lapide, *Wer war schuld an Jesu Tod?*, Gütersloher V., Gütersloh 1987; B. C. McGing, *Pontius Pilate and the Sources*, CBQ (1991) 416-438; E. Rivkin, *What Crucified Jesus?*, Abingdon, Nashville 1984; H. Schürmann, *El destino de Jesús. Su vida y su muerte*, BEB 109, Sígueme, Salamanca 2004.

Este pasaje histórico-teológico de gran densidad recoge la afirmación fundamental de la Iglesia: Jesús fue condenado por el procurador/gobernador romano, y murió en la cruz c omo un «rebelde» contra Roma. En esa línea debemos recordar que el nombre de Poncio Pilato forma parte esencial del credo cristiano más antiguo (del apostólico o romano), que sólo cita, al lado de Jesús, a dos personas: (a) Nació de María Virgen (para certificar su verdadera humanidad); (b) murió bajo Poncio Pilato, para certificar no sólo su muerte (¡cosa que bastaría a Pablo!), sino su forma de muerte, condenado por el representante del Imperio, por conducta «peligrosa». Sobre ese fondo histórico (certificado por Tácito, *Anales* 15, 44, y por Josefo, *Antigüedades*, 18, 64) ha tejido Marcos este apasionante relato, a partir de referencias bíblicas.

a. (Pilato y Jesús) *[1]Muy de madrugada, los sumos sacerdotes, junto con los presbíteros, los escribas y todo el Sanedrín, llevaron a Jesús atado y se lo entregaron a Pilato. [2]Pilato le preguntó: «¿Eres tú el rey de los judíos?». Él, contestando, le dijo: «Tú lo dices». [3]Los sumos sacerdotes lo acusaban de muchas cosas. [4]Pilato lo interrogó de nuevo diciendo: «¿No respondes nada? Mira de cuántas cosas te acusan». [5]Pero Jesús no respondió nada más, de modo que Pilato se quedó extrañado.*

b. (El juicio de Pilato) ⁶*Por la fiesta les concedía la libertad de un preso, el que pidieran.* ⁷*Tenía encarcelado a un tal Barrabás con los sediciosos que habían cometido un asesinato en un motín.* ⁸*Cuando llegó la gente, comenzaron a pedir lo que les solía conceder.* ⁹*Pilato les dijo: «¿Queréis que os suelte al rey de los judíos?».* ¹⁰*Pues sabía que los sumos sacerdotes lo habían entregado por envidia.* ¹¹*Los sumos sacerdotes convencieron a la gente para que les soltase a Barrabás.* ¹²*Pilato les preguntó otra vez: «¿Y qué queréis que haga con el que llamáis rey de los judíos?».* ¹³*Ellos gritaron: «¡Crucifícalo!».* ¹⁴*Pilato les replicó: «Pues ¿qué ha hecho de malo?». Pero ellos gritaron todavía más fuerte: «¡Crucifícalo!».* ¹⁵*Pilato, entonces, queriendo complacer al pueblo, les soltó a Barrabás y entregó a Jesús para que azotándole le crucificaran.*

c. (Burla de los soldados) ¹⁶*Los soldados lo llevaron al interior del palacio, o sea, al pretorio, y llamaron a toda la tropa.* ¹⁷*Lo vistieron de púrpura y, trenzando una corona de espinas, se la ciñeron.* ¹⁸*Después comenzaron a saludarlo, diciendo: «¡Salve, rey de los judíos!».* ¹⁹*Le golpeaban en la cabeza con una caña, le escupían y, poniéndose de rodillas, le rendían homenaje.* ²⁰*Tras burlarse de él, le quitaron el manto de púrpura, lo vistieron con sus ropas y lo sacaron para crucificarlo.*

a) *Pilato y Jesús* (15, 1-5). Los sacerdotes (desde su perspectiva posterior, Marcos habla aquí de todo el Sanedrín) han querido tener las manos limpias: han condenado a Jesús, pero necesitan que el representante del Imperio le ejecute como a delincuente, según derecho romano. Exigen que muera Jesús, pero no quieren matarle, para evitar conflictos con el pueblo. Actúan como han hecho otros poderes religiosos (cristianos) y sociales, queriendo presentarse como puros ante el pueblo.

A la mañana, según ley, ratifican la sentencia (no se podía condenar a muerte en juicio nocturno), para entregar a Jesús en manos de Pilato, con la acusación de ser pretendiente mesiánico (¡*Rey de los judíos!*: 15, 2). Así le expulsan de la alianza israelita y pueden presentarse como fieles colaboradores de los romanos: sus aliados naturales. Pilato toma nota, escucha lo que pasa, pero, según Marcos, desconfía de los sacerdotes. De esa forma empieza el juego de engaños y en ese juego Jesús pierde la vida.

Los sanedritas acusan a Jesús ante Pilato, diciendo que ha querido hacerse rey de los judíos (15, 2), título que preside esta sección (15, 9.12.18) y la siguiente, apareciendo como causa oficial de la condena de Jesús (15, 26), aunque después, en su parodia, los sacerdotes le llamen Cristo, rey de Israel (15, 32). Le entregan los sacerdotes y Pilato le interroga: ¿Eres el rey de los judíos? (15, 2). Fueron reyes de judíos los últimos macabeos y luego, por concesión romana, Herodes. Pero en los últimos decenios no aparece ya ese título: los romanos gobiernan directamente sobre Judea a través de un procurador y han impuesto en Galilea y Transjordania un «etnarca» vasallo, sin título de rey (el Herodes que ya conocemos por 6, 14, igual que conocemos a sus partidarios o herodianos: cf. 3, 6; 12, 13). Por eso, los que llaman a Jesús rey de los judíos, le acusan de pretender el mando político-social sobre la tierra palestina, entrando así en conflicto frontal con los romanos.

Ésta es la acusación que el gobernador plantea en interrogatorio directo (15, 2-5), pero ni Pilato insiste, ni Jesús, que ha empezado diciendo: «Tú lo dices», le responde. Es evidente que el gobernador romano conoce de alguna forma el caso y sabe que Jesús no representa una amenaza de tipo militar para su imperio. Entre él y Jesús no se establece un diálogo directo: ni Pilato se empeña en saber lo que ese «Reino» supone, ni Jesús se esfuerza por mostrar los temas de su acción en Galilea o los motivos de su entrada en Jerusalén.

Parecen dos mundos contrapuestos. Pilato representa el realismo del poder que debe mantenerse en medio de una situación siempre explosiva: está al servicio de Roma, pero, al mismo tiempo, tiene que buscar un pacto siempre inestable con los varios grupos de judíos influyentes, especialmente con los sanedritas. Jesús representa el profetismo escatológico: ha venido a proclamar y preparar un «Reino» que parece simbólico-religioso, pero que se encuentra vinculado a los más hondos y concretos ideales políticos del viejo pueblo israelita. A Pilato no le importa el rasgo estrictamente religioso de ese Reino, pero debe controlar sus consecuencias de tipo político inmediato.

b) *El juicio* (15, 6-11). Según Marcos, Pilato sospecha de los sacerdotes, descubriendo pronto que quieren matar a Jesús *por envidia* (15, 10). Sabe que se trata de un *asunto interno*, un conflicto o lucha de poderes en la institución israelita, y decide aprovechar la situación, agrandando la ruptura que Jesús ha causado en los judíos. No le interesa la razón, ni la vida del acusado, sino el triunfo de sus intereses, al servicio del orden del Roma. Por eso deja que el pueblo resuelva el conflicto, permitiendo (con ocasión de las fiestas de pascua) que salven a un presunto culpable: que escojan entre *Jesús* (envidiado por los sacerdotes) y *Barrabás* (activista violento). Piensa que el pueblo se opondrá a los sacerdotes, saliendo en defensa de Jesús e introduciendo así una división en la estructura israelita, pero se equivoca: los sacerdotes convencen al pueblo, haciéndole ver el peligro que supone Jesús (el fin del templo, la ruina de esta sociedad judía...).

De esta forma pasamos del interrogatorio judicial al comercio (compraventa) sobre la vida de Jesús. Su inocencia no interesa, como no interesa tampoco el riesgo que supone Barrabás, un sedicioso que aparece en la escena como culpable por asesinato. Entre Barrabás y Jesús, entre los sacerdotes y Pilato va a establecerse una especie de mercado de intereses que se resolverá con la intervención manipulada del pueblo. Así se abre y despliega la segunda parte del juicio oficial de Jesús, presentada aquí (Marcos 15, 6-15) como la más brutal de todas las parodias del poder y la justicia que se han dado sobre el mundo. Protagonista oficial de la escena es Pilato, un engañador engañado, que empieza pensando que Jesús no es peligroso para Roma; en realidad podría liberarle. Pero los sacerdotes, entregándole en sus manos, le han dado una baza política, y él quiere aprovecharla a su favor.

Pilato sabe que ellos han obrado por envidia (*dia phthonon*; 15, 10): sienten que Jesús les quita su poder, les hace competencia y de esa forma quieren destruirle, en gesto ambiguo que delata admiración (quisieran imitarle) y profundo rechazo (le desprecian). Por otra parte él sabe que el pueblo en general tiene (ha tenido) simpatía por Jesús y se hallaría dispuesto a defenderle (cf. 11, 8-10.18; 12, 17.37; 14, 2). Siente así que ésta es una buena ocasión para enfrentar a los sacerdotes (deseosos de la muerte de Jesús) y al pueblo (que parece defenderle), y así apela a la costumbre de conceder amnistía a un culpable en las fiestas de pascua: como signo de buena voluntad, los romanos perdonaban a quien el pueblo pidiera, procurando que la fiesta fuera plena en todos los sentidos. Pilato contaba con un preso peligroso, Barrabás. Ahora acaba de recibir a Jesús, a quien llaman rey de los judíos. Se pone a calcular y piensa que el pueblo gritará amnistía en favor de Jesús, humillando así a los sacerdotes (que quieren la muerte de Jesús).

Pilato desea una ruptura entre pueblo y jerarquía religiosa; que el poder de los judíos se divida y debilite, para así manejarlos con más facilidad; luego tendrá ocasión de ocuparse de Jesús si el asunto lo requiere; por ahora puede quedar libre. Con estos presupuestos y el cálculo seguro de su triunfo, Pilato pone el tema en manos del pueblo, convertido en jurado que debe escoger entre Jesús y Barrabás, queriendo utilizar de esa manera a todos; pero los sacerdotes son más astutos y convencen al pueblo para que pida el perdón de Barrabás, y así condene al «rey de los judíos». Ésta es la paradoja: el poder supremo de este mundo (Pilato representa al César), queriendo manejar a los demás, termina manejado por unos sacerdotes que le vencen, porque saben engañar mejor al pueblo. Los gritos del pueblo manejado (¡crucifícale!: 15, 13.15) deciden la sentencia. La verdad y justicia quedan de esa forma sometidas al veredicto de una masa a la que van moviendo intereses controlados desde fuera.

Sabiamente había comentado Jesús: «Los que parecen mandar... » (10, 42). En realidad, Pilato carece de poder, y así termina preso en el mismo juego de intereses que él ha suscitado. Marcos no ofrece su opinión sobre el proceso de Jesús. Como buen narrador, deja que los mismos actores de la trama vayan actuando y así muestren su intención por lo que hacen, a partir de Pilato que, como he dicho, «sabía que los sacerdotes habían entregado a Jesús por envidia» (15, 10). Este saber le honra, él ha descubierto que la envidia mueve los destinos de la historia. Pero no es lo suficientemente sabio como para controlar los hilos de la trama. Inicia bien el juego al dejar que el pueblo escoja entre Jesús o Barrabás, pero, al fin, lo pierde y acaba siendo víctima de su astucia, cayendo en la trampa de los sacerdotes.

Situado en ese trasfondo, el juicio de Jesús ha sido una parodia legal. No interesan los grandes principios jurídicos, sino los «intereses» de personas y grupos.

Aplastado entre esos intereses, ha muerto Jesús. Los sacerdotes son los únicos que al matarle saben del todo lo que quieren, y lo hacen, a pesar de que, al hacerlo, acaban cayendo en manos de los muchos Barrabás que un día traerán la ruina al templo (años 67-70). En cierto aspecto, los romanos pierden: Pilato no es más que un engañado. El pueblo parece vencedor, aunque es posible que se sienta poco satisfecho por haber tenido que gritar, en borrachera de sangre: ¡Crucifícale! (15, 13.15). Precisamente ahí, en la irracionalidad de ese grito sediento de muerte, termina este juicio, en el que todos parecen juguetes de fuerte violencia destructiva. Sólo Jesús, callado, receptivo, escuchando la palabra de Dios en el fondo de las voces de los hombres, sabe de verdad lo que sucede en todo esto.

> **(131) Juicio de Pilato. Los actores de la trama (15, 2-15)**
>
> Éste ha sido quizá el juicio más importante de la historia de occidente (y del mundo). Tiene, sin duda, un fondo histórico. Pero Marcos lo ha presentado como paradigma de la (falta de) justicia de Roma y de la política en general. Los que «parecen mandar» (10, 42) en realidad no mandan, sino que acaban estando movidos por otros poderes. Así sucede en el famoso juicio de Pilato.
>
> 1. *Pilato, engañador engañado.* Sabemos por Filón de Alejandría y por Flavio Josefo que era un hombre duro. Posiblemente, condenó a Jesús sin juicios ni contemplaciones, aunque por «instigación» de los sacerdotes de Jerusalén, como supone Flavio Josefo (*Ant.* 18, 63-64). Pues bien, sobre ese fondo ha tejido y presentado Marcos esta escena, trazando las razones de fondo del juicio de Jesús. No pretende exonerar a Pilato de su responsabilidad, movido por algún tipo de anti-semitismo (para condenar a los sacerdotes), como suele decirse, pues, en el fondo, su manera de presentar a Pilato constituye una gran acusación en contra de él, pues no solamente aparece como «malo», sino también como una marioneta en manos de los sacerdotes y del pueblo (en cuyas manos ha querido poner el juicio).
> 2. *Pueblo.* No está formado por aquellos que entraron con Jesús en la ciudad, procedentes de Galilea, como peregrinos de la pascua (cf. 11, 8-11), sino por los habitantes de Jerusalén. Ya hemos indicado su postura. Posiblemente, el pueblo no quiere matar a Jesús. Pero una vez que ha caído en la trampa de Pilato y de los sacerdotes no tiene más remedio que escoger..., y escoge a Barrabás. Los sacerdotes lo manejan, pero el pueblo en su conjunto sabe lo que hace y se deja manejar. Son fiestas de pascua; los ideales de libertad y grandeza nacional se palpan en las celebraciones. Jesús representaba la utopía creadora, la esperanza de la gracia, la apertura universal a los valores de lo

> humano, más allá de las pequeñas fronteras de Israel, de pueblo y templo, por eso acaba apareciendo lejano y contrario a los intereses concretos de Jerusalén y de sus habitantes. Barrabás, en cambio, significa lo inmediato: es la sangre política al servicio de la libertad nacional, es la expresión del triunfo concreto, centrado en tierra, ley y templo. Es normal que un pueblo como aquél haya optado por Barrabás. No podemos reprocharle por ello.
> 3. *Los sacerdotes* resultan vencedores. Ellos son ya los únicos que actúan como autoridad judía (no intervienen ya aquí los ancianos y escribas), y convencen al pueblo para que pida la libertad de Barrabás (15, 11). Son de verdad inteligentes. No dicen al pueblo que pida en directo la muerte de Jesús, pues eso podría resultarles peligroso o contraproducente. En este momento dejan a un lado a Jesús e insisten en la libertad de Barrabás, a quien pueden presentar como un héroe nacional, o un celota-soldado de la liberación judía. Es evidente que el pueblo, halagado en sus esperanzas políticas inmediatas, responde pidiendo vida y libertad para Barrabás. Algo semejante es lo que habían querido antes los Doce (Pedro en 8, 29; los zebedeos en 10, 36-37; quizá el mismo Judas al entregar a Jesús). Buscaban al libertador nacional, y Barrabás parecía hallarse en esa línea. No ha sido difícil para los sacerdotes convencer al pueblo... Pues bien, quedando eso claro, sólo puede haber una consecuencia: ¿Qué hacer con Jesús? El pueblo responderá: ¡Crucifícalo! La libertad de Barrabás se compra con la muerte de Jesús.
> 4. *Jesús y Barrabás no intervienen.* Quedan al fondo de la escena, como personas concretas y símbolos. A Jesús le conocemos bien por el relato anterior. De Barrabás ignoramos su trayectoria individual, pero podemos trazar con toda precisión sus rasgos generales. Según el texto de Marcos (quizá no en la historia primitiva) pertenece al espacio de los libertadores políticos, de aquellos que manejan la espada (como quería un discípulo de Jesús en 14, 47), llegando a matar, si es necesario (y lo era), para liberar la tierra y nación que pertenece a los judíos. Evidentemente, no podemos juzgarle: forma parte de los héroes-bandidos de este mundo (héroes si triunfan, bandidos si fracasan; héroes para unos, bandidos para otros). Toda la historia de Israel queda sellada para Marcos en esta opción del pueblo: condenando a Jesús, los judíos abandonan el mesianismo universal y quedan en manos del nacionalismo militar (como indica la guerra posterior del 67-70).

c) *Burla de los soldados* (15, 16-20). Pilato entrega a Jesús para que lo azoten y lo crucifiquen. Pues bien, en vez de azotarle, los soldados de la guardia (los verdugos) se ríen de él, en parodia muy significativa. Esta burla de los soldados ocupa en Marcos el lugar de la flagelación (¿realizada o no realizada?).

Muerte solidaria. El Mesías crucificado (14, 1-15, 47)

Paradójicamente, los únicos que advierten y expresan a modo de parodia la verdad social de lo que pasa con Jesús son los soldados de la guardia imperial, profesionales de la muerte. Saben que todo lo que hace el pueblo, y lo que decide Pilato, es una farsa, y también ellos quieren representarla: trenzan su juego con Jesús, le coronan como a rey, le saludan y rinden homenaje de mentiras.

En un plano, sólo Jesús conoce la causa de su muerte. Pero en otro plano, desde el fondo de su pura violencia reprimida y represora, los soldados de la guardia militar saben y expresan también lo que ese juicio presupone. Por eso, en el momento de la espera, dictada la sentencia (15, 15), y antes de ponerse en camino hacia el lugar de ejecución, ellos realizan una especie de juicio añadido, una parodia burlesca del proceso anterior. Así expresan de verdad, desde el subsuelo del Pretorio, la mentira oficial que se acaba de representar en la gran plaza, convertida en tribunal del imperio.

Ellos, los soldados, no distinguen ya tendencias ni separan grupos: Pilato y sacerdotes. Barrabás y el pueblo. Todos son iguales a sus ojos, y como expresión final de esa igualdad fatídica juegan con Jesús el juego antiquísimo del rey ajusticiado. Ellos saben que el juicio de «arriba» (Pilato, sacerdotes, pueblo) ha sido una farsa, y así lo quieren representar, con su parodia burlesca, convocando a los miembros de la guarnición en el patio de las paradas militares. También ellos montan un juicio, pero tienen la honradez de no buscar razones, de no inventar motivos. Todo estaba preparado de antemano, y así lo representan, descargando sobre Jesús su admiración y su violencia, en gesto ambiguo de coronación y destronamiento donde pueden distinguirse estos momentos:

- *Le coronan rey* (15, 17). Le visten de rojo y colocan un casquete de espinas en su frente. Todos los reyes son como este Jesús; su reinado es mentira organizada, objeto de desprecio, miedo y burla. Así como se burlan de Jesús, a quien ponen el manto rojo en medio del patio, ellos se burlan de todos los reyes del mundo, empezando por el emperador de Roma.
- *Le rinden homenaje* (15, 18) y le saludan con el título ritual: ¡rey de los judíos! Así ha sido siempre la ceremonia de los soldados que coronan al emperador y le rinde homenaje. Ésta es la realidad, invertida y culminada, de aquello que Pedro quiso decir a Jesús al confesarle como Cristo (8, 29); éste es el sentido final del canto de reino que entonaron los peregrinos de Jesús al entrar de una manera solemne en Jerusalén (11, 9-10). Le aclaman rey aquellos mismos soldados que van a matarle. Ésta es la verdad del poder y la mentira sobre el mundo.
- *Le golpean, le escupen y se ríen* (15, 19). En ese gesto puede verse una descarga normal de agresividad. Estos soldados se encuentran sometidos a la presión de la violencia. Conocen por dentro los entresijos del poder, la vanidad de

todas las grandezas. Pudiéramos decir que se encuentran como «desposados» con la muerte sobre el mundo. Es normal que descarguen su miedo, su resentimiento y su violencia sobre este rey inofensivo que aparece ante ellos como expresión de todos los poderes de la tierra.

- *Le destronan y le llevan para crucificarle* (15, 20). La ceremonia ha durado quizá muy poco tiempo, pero ha sido suficiente para que estos soldados digan su verdad. Así han podido representar su juicio, han proyectado sobre Jesús las contradicciones de su propia historia y la historia de todos los humanos. Quizá sin quererlo, sin haber podido escoger otra cosa, ellos han actuado como representantes del poder final del mundo que es la muerte (cf. 1 Cor 15, 26). Por eso han tenido la última palabra en este juicio.

Estos soldados han interpretado la condena de Jesús desde la base de sus viejos rituales de violencia, coronación de un falso rey y muerte. No son ya judíos, sino que están al servicio del Imperio romano, pero tampoco son romanos en sentido estricto, sino representantes apátridas (universales) de la violencia del Imperio, profesionales de un orden que se impone por la muerte. Por eso pueden vender sus servicios al mejor postor de turno, sea el Imperio romano, sean las naciones o Estados posteriores. La verdad que ellos expresan es la más intensa y fatídica de todas, y, como buen narrador, Marcos ha debido recogerla (15, 16-20).

Estos soldados parecen señores del mundo, pero en el fondo son sólo unos gendarmes de violencia, unos verdugos. Dan la impresión de ser insensibles, están más allá de todo Ideal y todo sentimiento. Y, sin embargo, no es así. En el fondo de su misma parodia puede hallarse una nostalgia. Es evidente que, de alguna forma que nosotros ignoramos, ellos admiran a Jesús, como indica el hecho de que el primero en confesar su mesianismo (su carácter divino) ha sido precisamente el Jefe-centurión de esos soldados-verdugos, después de montar guardia ante el Cristo muerto (15, 39).

---

(132) Condena y muerte de Jesús 1. Principios

Marcos ha narrado la muerte de Jesús como un acontecimiento histórico, inserto en la trama de poderes y violencias del mundo. Lo extraño no es que esa muerte haya sido «leída» desde un trasfondo sacral del Antiguo Testamento, apareciendo así como expresión de la gran lucha entre el Dios que actúa por Jesús y los poderes de Satán; lo extraño es que, en el fondo, con gran fuerza, Marcos (con el resto del Nuevo Testamento) ha mantenido básicamente el carácter histórico de la muerte de Jesús.

1. *Punto de partida: A Jesús le han matado porque no mataba.* Él no se ha enfrentado de un modo militar a los poderes del sistema del Templo de Jerusalén o del Imperio romano. No ha querido disputarles ninguna parcela de dominio en clave de batalla. Pero ellos se han sentido amenazados y en nombre del sistema le han matado, manifestando así su miedo y su fragilidad. En esa línea podemos afirmar que *le han matado porque él no quería matar*: le han condenado porque él no quería condenar; le han rechazado porque él a nadie rechazaba. Esta es la paradoja: no buscaba el poder de nadie y, sin embargo, todos los poderes se han juntado y le han matado porque «no era de los suyos», porque no pudieron soportar a un hombre que no quiso hacerles competencia, pero que les iba diciendo lo que eran, para que pudieran conocerse, y no quisieron: No podían soportar que Jesús les llamara «cueva de bandidos» (11, 17; con cita de Jr 7, 11).
2. *Ha muerto por envidia y miedo de los sacerdotes*, como afirma 15, 10. En un pasaje anterior el mismo evangelio ha destacado el *miedo*: «Buscaban la manera de matarle, porque le tenían miedo, pues todo el pueblo estaba admirado de su doctrina» (Marcos 11, 18). Los sacerdotes tienen miedo de «perder su ley», de quedarse sin templo, sin sacrificios e ingresos económicos, es decir, sin pueblo. Así aparecen como signo de perversión sacral: no sirven para nada (nada aportan) y por eso se hacen «fin en sí»: necesitan fieles sometidos y lugares de influjo sagrado, como el templo. Esta envidia refleja una carencia de los sacerdotes, un vacío que les impide gozar de sí mismos al relacionarse con los otros. No están contentos de su suerte, no pueden vivir en verdad con lo que tienen; por eso, la simple presencia de Jesús les disgusta, porque les recuerda su impotencia, de manera que se vuelven violentos. Ellos no pueden robar a Jesús su prestigio, ni apoderarse de sus bienes, ni ocupar su puesto, pues no quieren ser como él (vivir en gratuidad). Pero tampoco pueden soportarle. Por eso le hacen morir, no para ocupar su puesto (no quieren ser como él), sino para impedir que Jesús tenga un puesto desde el que pueda acusarles con su vida y su palabra.
3. *Ha muerto por prepotencia de Pilato y de la política de Roma.* En el fondo de todas las razones de la muerte de Jesús sigue estando la voluntad de poder del Imperio, que no puede soportar que existan rebeliones (ni riesgos de rebelión) en el pueblo. Para poder mantenerse, un Imperio como Roma tiene que matar por simple sospecha, sin entrar de verdad en la responsabilidad de cada uno, ni siquiera en el riesgo real de rebelión en el pueblo. De esa forma, Jesús muere triturado por la rueda de los intereses contrapuestos (y vinculados entre sí) de los sacerdotes de Jerusalén y de la política de Roma. En último término, el responsable ha sido Pilato,

representante de Roma, que quiso imponer en el mundo su justicia, pero que de hecho impuso su pre-potencia.

4. ¿Ha muerto por causas «superiores» de tipo divino o satánico? En este contexto han de citarse tres interpretaciones básicas, que quizá sólo pueden entenderse de forma simbólica. (a) *Un tipo de piedad sacrificial* ha venido repitiendo que el primer causante ha sido el mismo Dios: estaba ofendido por la culpa de la humanidad; necesitaba reparación y no tuvo mejor forma de satisfacer su justicia y de redimir al mundo que haciendo que su Hijo se encarnara y muriera por los hombres (teoría teológica de san Anselmo, en el siglo XII). (2) *Otros, incluso Pablo,* han dicho que Jesús murió a consecuencia de un conflicto angélico (1 Cor 2, 8) o de un tipo de misteriosa lucha entre poderes superiores; en ese contexto se ha llegado a confesar que quien mató de verdad a Jesús fue Satanás, pero que, de hecho, al matarle terminó matándose o condenándose a sí mismo. (3) Finalmente, algunos gnósticos antiguos tendieron a decir que la muerte de Jesús fue una experiencia interior de inmersión en lo divino, de manera que se puede afirmar, incluso, que externamente él no murió; su muerte fue una apariencia, como lo es en el fondo toda muerte. No morimos, sino que parece que morimos, pues el alma (vida interna) es inmortal.

5. *Una muerte real, unas causas sociales.* Los evangelios, y especialmente el de Marcos, afirman (a) que la muerte de Jesús fue real; (b) que los responsables de la muerte de Jesús han sido unos hombres concretos: no sólo Caifás y Pilato con los sacerdotes, sino también Pedro, Judas y los restantes discípulos. Por eso, Marcos presenta la muerte de Jesús en la Cruz (que para la Iglesia es revelación de Dios y centro de toda salvación) como un acontecimiento decidido y realizado por personas concretas, que se opusieron a Dios, matando al mensajero de su Reino (cf. 12, 10). La muerte de Jesús ha sido un acontecimiento social, inserto en la trama de violencia de los hombres. A través de esa trama se ha revelado Dios, revelando en Jesús su misterio de salvación.

3. Muerte y sepultura (15, 21-47)

Además de las obras principales sobre la «vida» de Jesús (de Crossan a Sanders, de Theissen a Dunn, de Meier a Wright) y de los comentarios a Marcos, cf. M. Hengel, *Crucifixion in the Ancient World*, Fortress, Philadelphia 1977; Kelber (ed.), *Passion*; Schenke, *Studien*; Senior, *Passion. De un modo especial*, cf. F. Matera, *The Kingship of Jesus* (JBL DissSer 66), Chico CA 1982, 7-34; J. E. Taylor, *Golgotha. A Reconsideration of the Evidence for the Sites of Jesus Crucifixion and Burial*: NTS 44 (1998) 180-203. Sobre el velo del templo y la «confesión» del centurión, cf. P. Lamarche, *La mort du Christ et le voile du temple*, NRT 96 (1974) 583-599; S. Légasse, *Les voiles du temple de Jérusalem. Essai de parcours historique*, RB 87 (1980) 560-589; H. L. Chronis, *The Torn Veil: Cultus and Christologie in Mark 15, 37-39*, JBL 101 (1982) 87-114. Cf. K. J. Pobee, *The Cry of the Centurion. A Cry of Defeat*, en E. Bammel (ed.), *The Trial of Jesus (In honor of C. F. D. Moule)*, London 1970, 91-101; A. Stock, *Das Bekenntnis des Centurio. Mk 15, 39 im Rahmen des Markusevangeliums*, ZTK 100 (1987) 289-301. Sobre el grito de Jesús, cf. F. De Carlo, «Dio mio, Dio mio, perché mi hai abbandonato?» *(Mc 15, 34). I Salmi nel racconto della passione di Gesù secondo Marco*, Anal. Biblica 179, Roma 2009; H. Schützeichel, *Der Todesschrei Jesu*: Trierer TZ 83 (1974) 1-16; Th. Boman, *Das letzte Wort Jesu:* StTheo 16 (1962) 103-119. Sobre las mujeres y el sepulcro, cf. M. Fander, *Die Stellung der Frau im Markusevangelium* (MThA 8), Altenberge 1990; M. Navarro, *Morir de vida. Mc 16, 1-8: Experiencias de muerte y transformaciones de Resurrección*, Estella 2011; M. Sawicki, *Seeing the Lord: Resurrection and Early Christian Practices*, Fortress, Minneapolis 1994.

La escena empieza con el traslado de Jesús al Gólgota, lugar de ejecuciones (15, 21-22), se centra en su muerte, que va unida a la ruptura del velo del templo y a la fe del centurión pagano (15, 36-39), y culmina en la alusión a la presencia de mujeres y el entierro, conforme al esquema que sigue:

a) *Crucifixión* (15, 21-28). De tipo puramente narrativo (sin diálogos), describe los detalles del camino de Jesús hacia la cruz y el hecho mismo de la crucifixión, fija la razón de su condena y presenta a sus compañeros de suplicio.

b) *Burla de los sacerdotes* (15, 29-32). Tanto como la muerte de Jesús, importa para Marcos el gesto de aquellos que le han condenado y el sarcasmo de los sacerdotes, que se unen en parodia descarnada contra el Cristo a sus ojos fracasado.

c) *Muerte de Jesús* (15, 33-37). Parece que llama a Elías pero invoca a Dios. Su pregunta final (¿por qué me has abandonado?) rompe los esquemas de una historia mundana cerrada en sí misma (incluso con el retorno de Elías y el juicio), para situarnos ante el misterio fundante y siempre nuevo de Dios.

b') *Reacciones ante la muerte* (15, 38-39). La institución sacral israelita se destruye a sí misma (el velo del templo se rasga). Precisamente entonces, ante el Cristo condenado y muerto, se abre el camino de fe de los gentiles, representados por el centurión romano.

a') *Las mujeres y el entierro* (15, 41-47). Tras la muerte de Juan se decía que sus discípulos lo enterraron. Pero a Jesús no le han quedado discípulos para enterrarle, de manera que le ha sepultado con rapidez un «funcionario judío», para que el cuerpo (los cuerpos de los ajusticiados) no permanezcan colgados al aire, pues eso sería una impureza, sobre todo en tiempo de fiesta. En este contexto recuerda Marcos a las mujeres.

Camino de Jerusalén. Muerte del Cristo (8, 27-15, 47)

a. (Crucifixión) ²¹*Por el camino encontraron a un tal Simón de Cirene, el padre de Alejandro y de Rufo, que venía del campo, y le obligaron a llevar su cruz. ²²Y le condujeron hasta el Gólgota, que quiere decir lugar de la Calavera. ²³Le daban vino mezclado con mirra, pero él no lo aceptó. ²⁴Después lo crucificaron y se repartieron sus vestidos, echándolos a suertes, para ver qué se llevaba cada uno. ²⁵Era la hora de tercia cuando lo crucificaron. ²⁶Había un letrero en el que estaba escrita la causa de su condena: «El rey de los judíos». ²⁷Con él crucificaron a dos ladrones, uno a su derecha y otro a su izquierda, ²⁸[de modo que se cumplió lo que dice la Escritura: fue contado entre los impíos].*
b. (Burlas) ²⁹*Los que daban vueltas en torno blasfemaban contra él, meneando la cabeza y diciendo: «¡Ay, tú que destruías el templo y lo reedificabas en tres días! ³⁰¡Sálvate a ti mismo, bajando de la cruz!». ³¹Y lo mismo hacían los sumos sacerdotes y los escribas, que se burlaban de él diciendo: «¡A otros salvó y a sí mismo no puede salvarse! ³²¡El Mesías! ¡El rey de Israel! ¡Que baje ahora de la cruz, para que lo veamos y creamos!». Hasta los que habían sido crucificados junto con él lo injuriaban.*
c. (Muerte) ³³*A la hora de sexta, toda la región quedó sumida en tinieblas hasta la hora de nona. ³⁴Y a la hora de nona gritó Jesús con fuerte voz: «Eloí, Eloí, ¿lemá sabaktaní?» (que quiere decir: Dios mío, Dios mío, ¿por qué me has abandonado?). ³⁵Algunos de los presentes decían al oírle: «Mira, llama a Elías». ³⁶Uno fue corriendo a empapar una esponja en vinagre y, sujetándola en una caña, le ofrecía de beber, diciendo: «Vamos a ver si viene Elías a descolgarlo». ³⁷Pero Jesús, lanzando un fuerte grito, expiró.*
b'. (Reacciones) ³⁸*El velo del templo se rasgó en dos de arriba abajo. ³⁹Y el centurión que estaba frente a él, al ver que había expirado de aquella manera, dijo: «Verdaderamente este hombre era Hijo de Dios».*
a'. (Mujeres y entierro) ⁴⁰*Algunas mujeres contemplaban la escena desde lejos. Entre ellas María Magdalena, María, la madre de Santiago el Pequeño y de José, y Salomé, ⁴¹que habían seguido a Jesús y lo habían servido cuando estaba en Galilea. Había, además, otras muchas que habían subido con él a Jerusalén. ⁴²Al caer la tarde, como era la preparación de la pascua, es decir, la víspera del sábado, ⁴³llegó José de Arimatea, que era miembro distinguido del Sanedrín y esperaba el reino de Dios, y tuvo el valor de presentarse a Pilato para pedirle el cuerpo de Jesús. ⁴⁴Pilato se extrañó de que hubiera muerto tan pronto y, llamando al centurión, le preguntó si había muerto ya. ⁴⁵Informado por el centurión, otorgó el cadáver a José. ⁴⁶Este compró una sábana, lo bajó, lo envolvió en la sábana, lo puso en un sepulcro excavado en roca e hizo rodar una piedra sobre la entrada del sepulcro. ⁴⁷María Magdalena y María la madre de José observaban dónde lo ponían.*

Éste es un texto de revelación teológica. Tiene un claro fondo histórico (a Jesús le mataron de hecho), pero ha sido tejido de forma religiosa, desde una perspectiva marcada por signos del Antiguo Testamento (la visión del Siervo del Segundo Isaías, Salmos del Justo sufriente), abiertos al tiempo de la Iglesia. Sigue siendo un texto sobrio, ascético en detalles, pero su misma sobriedad se vuelve espejo donde viene a reflejarse la historia humana y el misterio de la creación y redención de Dios.

a) Crucifixión. Siete signos (15, 21-28)

Sobriamente va indicando Marcos los momentos del proceso de crucifixión de Jesús. Ninguna nota psicologizante, ningún calificativo. De lo que más importa, de la ejecución en sí, no dice más que una palabra: «y lo crucificaron» (*staurousin auton*: 15, 24a). En torno a ella va presentando una serie de señales, como marcas de un camino abierto hacia el misterio de la muerte del Hijo de Dios, donde culmina esta sección (15, 39). Quiero destacar aquí las siete principales, siguiendo el orden del texto, que así aparece como paradigma o testimonio supremo de la presencia de Dios en la muerte de Jesús (es decir, del Mesías). Ésta es para Marcos la vía triunfal del enviado de Dios, que se opone al Camino de Triunfo, que Vespasiano y Tito celebraron en Roma tras la «victoria» de la guerra del 67-70, que está en el fondo del mismo evangelio, como hemos visto en la introducción:

1. *La primera señal es la ayuda de Simón de Cirene* (15, 21). No sabemos si Jesús está débil y no puede soportar el peso de la cruz. Lo cierto es que los militares-verdugos (utilizando un derecho que parece evocado en Mt 5, 41; cf. *angareuein*) obligaron a Simón de Cirene a llevar la cruz de Jesús. Simón venía de camino, volviendo del campo. No lo había programado ni buscado, pero cumple aquello que le mandan los soldados de la ocupación romana. Este cireneo socorre en su marcha de suplicio a un condenado y, de esa forma, sin saberlo, es el primero en cumplir aquello que el mismo Jesús había dicho: «Si alguien quiere venir en pos de mí, tome su cruz...» (8, 35). Simón carga con la cruz de Jesús, sin haber sido su discípulo; pero, Marcos le recuerda como padre de Alejandro y Rufo y de esa forma indica, de un modo velado, que el encuentro de Simón con Jesús ha sido principio de conversión: es evidente que Simón o por lo menos sus hijos han formado parte de la Iglesia, que recuerda con cariño sus nombres, y que aquí pueden entenderse como signo de todos los cristianos del Imperio romano, uno con su nombre griego (Alejandro), otro con su nombre latino (Rufo).

2. *Gólgota, vino mirrado* (15, 23; cf. Sal 69, 21). Llegan al lugar llamado Gólgota, que significa «calavera», quizá porque es un altozano, en forma de cráneo, fuera de la ciudad, o porque es lugar donde se solía crucificar a los condenados a muerte, de manera que allí podían verse a veces sus cráneos secos, sobre el alto de unas canteras ya abandonadas. Llegaron allí y, según costumbre, unas mujeres humanitarias le ofrecieron vino mirrado, pero él

no quiso tomarlo, para seguir dueño de su mente. La crucifixión es muerte por tortura, un modo de matar dejando que el mismo condenado muera, en impotencia, dolor, agotamiento. Difícilmente se podía haber hallado suplicio más perverso, al servicio del reino de miedo que los poderosos de este mundo (en este caso los romanos) utilizan para controlar por terror a una población oprimida (esclavos, insurgentes), que pudiera rebelarse, poniendo así en peligro el orden dominante. No se han limitado a matar: le han torturado hasta la muerte, a la vista de todos, como público escarmiento. Parece normal que, por pura humanidad o por no escuchar sus gritos, conforme a la costumbre del tiempo, hayan querido ofrecerle una especie de droga calmante. No ha querido tomarla: ha preferido mantener la conciencia despierta hasta la muerte.

3. *Repartieron sus vestidos, echando suerte sobre ellos* (15, 24). Ésta es la primera referencia expresa al Sal 22 (aquí 22, 18), leído por la Iglesia como trasfondo simbólico y teológico para entender la muerte del Hijo de Dios. Lo que sucede en la pasión de Jesús no es una simple casualidad, no es algo inesperado, sino culmen, reflejo y consecuencia de una larga historia de violencia de los hombres. Por eso, el relato de su muerte es, a la vez, lo más extraño y distinto, siendo lo más normal, algo que estaba preparado en las muertes y violencias anteriores de la historia. Así debemos afirmar que Jesús no ha muerto solo, en un espléndido y perfecto aislamiento. Al contrario: toda la dureza, la tortura y sangre de los hombres desemboca, de una forma que parece natural, en esta muerte. Así lo ha visto Marcos cuando cita de manera muy sencilla las palabras del salmo: «Repartieron mis vestidos...». Los grandes del mundo (sacerdotes y Pilato) han obrado como dueños, imponiendo su poder sobre el mensaje y vida de Jesús, condenándole así a muerte. Los soldados (más pobres) sólo pueden repartir lo más pequeño que Jesús ha tenido, es decir, sus vestiduras.

4. *Era la hora tercia y lo crucificaron* (15, 25). El despliegue de las horas resulta muy significativo. (a) Sabemos que el juicio ante el Sanedrín ha sido en la noche, y que debió culminar hacia el segundo canto del gallo, pues esa fue la hora de la tercera negación de Pedro, casi al amanecer (14, 72). (b) Después, en 15, 1, se decía que los sacerdotes se reunieron muy temprano (*prôi*, de madrugada, hacia las seis de la mañana, hora de prima), decidiendo llevar a Jesús ante Pilato, para que le condenara a muerte. (c) Ha seguido el duro (y rápido) proceso y ahora, a la hora de tercia (hacia las nueve de la mañana), le crucificaron, cuando empezaba a calentar el sol. A partir de aquí sigue el recuento del tiempo, que Marcos ha fijado con más precisión. (d) A la hora de sexta (hacia las doce del mediodía) comenzó la oscuridad. (e) Esa oscuridad se extendió hasta la hora nona (hacia las tres de la tarde), en que Jesús grito y murió (15, 33). (f) Quedó después un

tiempo hasta la caída de la tarde (*opsias*, 15, 42), antes de la puesta del sol, cuando le enterró José de Arimatea (15, 42). Tenemos, pues, un largo día de muerte. Todo nos permite pensar que este recuento de horas pertenece a la tradición que Marcos ha recibido de la Iglesia anterior.

5. *Estaba escrito en un letrero la causa o razón de su condena: «¡El rey de los judíos!»* (15, 26). No hacen falta más palabras que concreten o comenten su delito. Tampoco hace falta precisar si Jesús ha sido rey en verdad, o si lo ha dicho simplemente, en pretensión arriesgada y loca, sin serlo en modo alguno (problema que, conforme a Jn 19, 20-22, ha preocupado a los sacerdotes, cuando vieron el letrero que ponía INRI: Jesús Nazareo, Rey de los Judíos). La sentencia queda clara, aunque cada uno la puede interpretar a su manera. Para los romanos será rey fracasado, uno más en la gran lista de pretendientes políticos vencidos; para los sacerdotes será un falso rey, un engañoso profeta de mentiras peligrosas; para los seguidores de Jesús, ese título es principio de su nuevo mesianismo pascual. Allá sobre la cruz hay un letrero que permite interpretar todas las líneas y opciones de la historia.

6. *«Y con él crucificaron a dos ladrones (lêstas)...»* (15, 27). No sabemos si eran unos simples salteadores o, más bien, guerrilleros del posible (deseable) ejército de liberación nacional anti-romano (conforme al sentido que da a este nombre *lêstes* el historiador judío Flavio Josefo). En un sentido estricto, parece que en tiempo de Jesús no se puede hablar de ejército celota bien organizado, pero es posible que hubiera insurgentes armados y que los crucificados con Jesús lo fueran (lo mismo que Barrabás). Sea como fuere, es muy probable que Marcos, en el momento de escribir su evangelio, esté pensando en los celotas guerreros posteriores (del 66-70 d.C.), llamándolos sin más ladrones, conforme a la terminología usual de los romanos, asumida por Flavio Josefo.

7. *Como séptima y última señal puede ponerse el hecho de que fue crucificado entre dos impíos (anomois)* (15, 28). Sea cual fuere el sentido que tiene aquí el término *lestâs*, bandidos, el caso es que Jesús no muere solo. Han librado en su lugar a Barrabás (15, 6-15), pero han puesto a su lado a dos bandidos para darle compañía. Como rey fracasado termina Jesús; a derecha e izquierda padecen otros dos fracasados de la historia. Es evidente que ellos le han dado buena compañía, como ha indicado la glosa posterior de 15, 28, tomada de Lc 22, 37. Todo nos permite suponer que este versículo (esta glosa) no forma parte del evangelio primitivo de Marcos, pero nos ayuda a comprender su texto. Como un bandido más murió Jesús; por eso pueden estar representados y asumidos en su mismo camino de Reino los bandidos, fracasados, torturados y olvidados de la historia. En el cruce (cruz o cárcel, fosa o campo) donde acaban por morir los expulsados de la tierra encontramos a Jesús. Una verdadera guía de fracasados, hecha evangelio de Reino, es el relato de su muerte.

(133) Ser Mesías, aprender a morir

Jesús se ha hecho humano asumiendo la tarea arriesgada de la vida y la dureza de la muerte. Le han matado sacerdotes y romanos, ejecutándole con saña violenta, para que su cruz sirviera de escarmiento. Por anunciar lo que ha anunciado y vivir lo que ha vivido, ha quedado inerme ante la muerte. Su misma no-violencia (anuncio de la gracia de Dios) ha condenado a Jesús y le ha puesto en manos de la violencia de la historia. Por eso se vinculan en su muerte *pecado humano* (egoísmo de aquellos que le matan) y *gracia de Dios* (Padre/madre que le acoge en la muerte), apareciendo así como *asesinato* central de la historia (pecado de la humanidad) y signo supremo del *amor de Dios*, experiencia suprema de gracia.

1. *Como chivo emisario*. La sociedad funciona en claves de violencia: ella se mantiene expulsando (matando) a los presuntos culpables (chivos emisarios). Entre todos ellos, como aquel en quien se unen y condensan los restantes, descubrimos a Jesús; así le expulsan y matan los humanos, ratificando en su muerte el proceso de muerte de la historia, el asesinato fundante de nuestra humanidad violenta. Pues bien, condenado por la violencia del mundo, llamando a Dios desde su angustia, pero sin pedir venganza, Jesús ha revelado y realizado el signo más alto de la vida: ha verificado muriendo la verdad su mensaje, ha mostrado que es posible amar siempre, superar sin violencia la violencia, acoger en pacto de amor a los humanos, a quienes redime con el propio y más alto testimonio de su gracia.
2. *Apuesta por la vida en contra de la muerte*. Donde otros matan por vivir, Jesús muere para que vivan los otros, incluso los que matan; donde otros quieren realizarse contra Dios (en conquista violenta), Jesús deja que Dios sostenga en gracia su existencia. Fundado en ella, está dispuesto a regalar su vida a los demás, muriendo porque anuncia el perdón universal y cumple con sus hechos lo que anuncian sus palabras. Le quitan la vida y él la ofrece, convirtiendo el odio en amor, la violencia en gracia. Precisamente en el momento en que le hacen *chivo emisario* (encarnación de la violencia), él se vuelve portador de gracia del Dios no violento.
3. *La muerte, un grito*. Desde el fondo de la muerte, Jesús llama a Dios diciéndole: ¿Por qué me has abandonado? (15, 34). La muerte es crisis plena: se apagan las certezas, se anulan los poderes, se acaban los caminos. Los señores de este mundo la utilizan para imponerse sobe Jesús: Dios parece callar, no responde a ese nivel, no destruye la muerte con más muerte, matando a los culpables. Calla Dios y su silencio es revelación de gracia suma, tal como la Iglesia ha venido a descubrirlo por la pascua. Humanamente,

> nos hubiera gustado que Dios respondiera a la violencia con violencia, matando con el rayo de su fuego a los culpables (como Elías: cf. 2 Re 1), desclavando a Jesús de la cruz y burlando a los verdugos (como ha creído la tradición musulmana)... Pero ese talión iría en contra del mensaje de Jesús.
>
> 4. *Silencio de Dios.* A nivel de violencia mundana Dios calla, dejando a Jesús sin respuesta, como a los millones de torturados, muchedumbre infinita de todos los que gritan desde el mundo, sin respuesta en esta tierra. Con ellos muere Jesús: eleva su grito y Dios calla. Llama y nadie responde. Su Padre Dios hablará de otra forma, en el misterio de la pascua. En la ribera actual de nuestra vida, no existe más respuesta que la misma pregunta de Jesús, elevada a Dios en amor dolorido y, sin embargo, confiado. Su actitud se ilumina desde el signo sacral de Prometeo.
>
> 5. *Jesús no es Prometeo*, gigante mítico, que robó el fuego del cielo, siendo castigado y sufriendo por su rebeldía. Por el aparente bien de los hombres, Prometeo se había alzado contra el Dios tonante (Zeus), en gesto de tragedia: luchó contra el destino, robó la llama y el poder sacral para los hombres. Por eso, muere sin fin, sufriendo en el Cáucaso, cautivo, la venganza dolorida e implacable de los dioses. Luchar muriendo siempre contra Zeus, tal es su destino. *Jesús*, en cambio, es amigo de Dios, y por eso ha querido ofrecer a los hombres y mujeres la verdad y plenitud de lo divino, sin tener que convertirse en un rebelde para conseguirlo. Su Dios no es Zeus envidioso que quita a los humanos el fuego de vida, sino Padre que regala vida. Éste es su secreto y novedad: Dios ama a Jesús y con Él a los humanos. Por eso, su muerte no es castigo de dioses, ni rebeldía perdurable, sino entrega en el amor supremo. No muere por alzarse, sino porque ha ofrecido a los humanos la gracia de Dios Padre.
>
> Frente al Prometeo que interpreta la vida como envidia y lucha, Jesús ha desplegado su vida como gesto de confianza, mesa y casa compartida. Por eso muere preguntando desde su abandono, ratificando lo que ha hecho y poniendo su vida en manos del Dios que se la ha dado. No grita contra Zeus (como Prometeo), ni eleva su voz hacia la nada; llama a Dios, esperando el nuevo nacimiento de la pascua.

b) Burlas (15, 29-32)

No les basta con haberle condenado; no se sacian con su muerte. Ellos tienen que sentirse vencedores y, por eso, entonan su parodia, como endecha funeraria de sarcasmo en el calvario. Pilato respeta su muerte, igual que los soldados paganos. Pero hay grupos judíos que se han sentido interpelados y que ahora, al verle torturado e impotente, se levantan, se detienen a su lado para despreciarle. Necesitan insultar al condenado para sentirse así seguros. Carecen de piedad ante su muerte. Éste es quizá el texto más sangriento de todo el evangelio, texto que Marcos ha empezado a construir con el recuerdo de Sal 22, 7: «Todos los que me ven se burlan de mí, hacen muecas con sus labios, agitan su cabeza...». Para ellos, la muerte de Jesús es un respiro: pueden ya quedar tranquilos. Pero, al mismo tiempo, esa muerte es motivo de sarcasmo: necesitaban hundir al Mesías para sentirse ellos alzados; del fracaso de los otros viven; sobre la cruz de Jesús edifican su edificio de seguridades. Éstos son los grupos que se burlan:

- *Están primero los que pasan, es decir, la gente en general* (15, 29-30). Es evidente que el relato alude a judíos observantes que se han visto amenazados por la actitud de Jesús ante el templo. No han querido aceptar el nuevo Reino de Jesús, no han podido entender su rechazo del templo. De este modo cantan: «¡Ay del que destruía el templo y lo reedificaba en tres días! ¡Que se salve ahora a sí mismo bajando de la cruz!» (15, 29-30). Muere Jesús mientras sigue firme el templo. No se ha cumplido su amenaza; carecía de sentido su mensaje universal de Reino. El pretendido profeta salvador no puede ni salvarse, cayendo así en las manos de su propia impotencia. De esa forma miran y desprecian a Jesús crucificado sus primeros acusadores.
- *Vienen después los sacerdotes y escribas* (15, 31-32a). Como ha podido verse, ellos han manipulado, según Marcos, el proceso de Jesús, logrando bien sus objetivos. Pueden ya triunfar, pueden gozarse, porque aquel que ponía en riesgo su función sagrada (templo) y su poder legal (lectura de la Biblia) está muriendo sin remedio. Por eso se ríen y cantan: «A otros salvó, a sí mismo no pudo salvarse. ¡El Cristo, el rey de Israel! Que baje ahora de la cruz, para que veamos y creamos» (15, 31-32a). Quizá tuvieron miedo de Jesús, pensando que podía derrotarles, que Dios mismo podía defenderle de una forma externa... Pero no ha pasado nada y Jesús está muriendo. Por eso, al verle derrotado ríen y gritan con sarcasmo (¡el Cristo, el rey de Israel!), rechazando su pretensión mesiánica (cf. 14, 62). Ellos se encuentran seguros del poder de Dios y condenan al Cristo impotente, despreciado ya por su fracaso.
- *También los crucificados le insultan* (15, 32b), tomándole como a un Cristo impotente que no ha sido capaz de liberar a los judíos de la opresión de los romanos, que no ha sido capaz de liberarles a ellos, a todos los que, de diversas formas, buscaban la liberación política, militar y religiosa de Israel. Quizá en un tiempo han confiado en él (como parece haber confiado Judas Iscariote). Pero todo ha sido un espejismo y un engaño. Sus mismos compañeros de suplicio desprecian a Jesús, como Mesías impotente (en contra del centurión romano, que sabrá descubrir la grandeza de alguien que muere como Jesús; cf. 15, 39).

De esa forma se ha creado, en el entorno de Jesús, un espacio de fuerte rechazo, de burla y desprecio. Nos hallamos ante la muerte de un profeta falso, de un Mesías provocador y mentiroso. Será bueno que su muerte sirva de escarmiento a otros. Pueden cantar victoria los que pasan, con los sacerdotes-escribas y los mismos bandidos que están crucificados a su lado. Todos ellos se han unido en contra de Jesús, mostrando que a lo menos tienen algo firme: un tipo de esperanza material, un templo. Este Jesús no tiene nada, es el perfecto Mesías del fracaso.

c) Muerte. El gran grito (15, 33-37)

Como signo de fracaso se extiende por la tierra la tiniebla (15, 33): se oscurece el mundo cuando expira el Hijo de Dios. En medio de esa oscuridad, que es religiosa más que física, sólo unos destellos de luz profética permiten descorrer un poco el velo de misterio. El más significativo de esos «destellos» de luz es el grito de Jesús, que muere invocando a Dios (y no llamando simplemente a Elías). A su lado se encuentran dos signos complementarios, de los que trataremos después: el desgarrón del velo del templo y la confesión del centurión (15, 38-39).

Según Marcos, el signo mayor de la muerte de Jesús ha sido su grito desde la cruz, un mismo grito que aparece al principio y fin de este pasaje (15, 34.37), ofreciendo una de las referencias más significativas de todo el evangelio. Se trata, sin duda, de un grito misterioso, que ha podido entenderse de dos formas: como llamada a Dios o como llamada a Elías. Empecemos por este último sentido:

- *Oyendo gritar a Jesús, algunos pensaron que llamaba a Elías*: «¡Mirad! Está llamando a Elías» (15, 35). La evocación del antiguo profeta ha estado latente a lo largo de todo el evangelio, desde el momento en que aparece Juan Bautista, retomando el anuncio y vestido de Elías (1, 6). Con rasgos de Elías han visto a Jesús algunos de su tiempo (6, 15; 8, 28); el mismo Jesús ha querido precisar el modo y meta de la acción del viejo Elías (9, 11-13). Pues bien, ahora que el Cristo condenado grita, acabando su camino, algunos piensan que está llamando a Elías, como si dijera *Elliyah tha*, Elías ven. Eso supondría que no acepta su fracaso: que invoca al vengador (Elías) y pide que venga el enviado justiciero, con el fuego de Dios, para matar-purificar a los perversos (Mal 3, 2.23). Habría llegado el momento del juicio, sería tiempo de ira (Eclo 48, 10). Jesús pediría la ayuda del profeta del fuego. Así piensan, así escuchan algunos desde el fondo de su miedo: si viene Elías, puede destruirles, desclavando a Jesús de la cruz y asumiendo la venganza sobre aquellos que le matan.

- *Pero Marcos «sabe» (con la Iglesia) que Jesús no ha gritado a Dios pidiéndole venganza*, sino preguntándole «por qué»: «Eloí, Eloí, ¿lemá sabaktaní? ¡Dios mío, Dios mío! ¿Por qué me has abandonado?» (15, 34). Eso significa que

> Jesús no desea ni exige un tipo de satisfacción externa. No llama al Elías vengador (del final de Mal 3, del final de la Biblia hebrea), sino al mismo Dios que le ha constituido «hijo suyo», enviándole a realizar su obra (cf. 1, 10-11), y que parece abandonarle ahora. Esta interpretación cristiana del grito de Jesús resulta incluso más escandalosa que la otra (la de aquellos que pensaron que moría llamando a Elías). Llamar a Elías hubiera sido lo normal para un creyente israelita, pues Elías debía venir al final de los tiempos, para preparar la llegada de Dios. Más escandaloso es pensar que murió llamando a Dios, y preguntándole «por qué» le había abandonado (aunque fuera con las palabras de un Salmo).

Según eso, Jesús muere llamando al mismo Dios (no a Elías) con la más fuerte y más sangrante voz de la Escritura (Sal 22, 1). Desde el fondo de su abandono, como Mesías fracasado de la historia, desde el borde de la muerte, totalmente solo (abandonado, al parecer, por el mismo Dios que le ha enviado a decir lo que ha dicho y a hacer lo que ha hecho), grita Jesús con gran angustia, pidiendo a Dios respuesta. De forma semejante llamó en Getsemaní (14, 36), recibiendo entonces fuerza para mantenerse en el camino. Pero ahora no hay respuesta en esta vida, ni siquiera la posibilidad de seguir y entregarse en manos de los delegados del Sanedrín y de Judas. En este momento, Jesús ya está entregado, de forma que no puede hacer nada, sino sólo gritar y morir. De esa manera, repitiendo el tema del grito, Marcos dice que Jesús, dando una voz grande (*phônên megalên*) expiró, es decir, entregó el espíritu (*exepneusen*), aludiendo probablemente al Espíritu que había recibido tras el bautismo, cuando el mismo Dios le había llamado su Hijo (cf. 1, 10-11).

Dios le había llamado (o respondido) en otros momentos importantes, diciéndole ¡Hijo! (1, 11; 9, 7). Pero ahora Jesús ya no puede escuchar esa palabra: Ha realizado su tarea, ha anunciado y preparado la llegada del reino de Dios, pero todos le han abandonado, incluso el mismo Dios (al menos en un sentido externo). Es indudable que, en un sentido, Jesús ha fracasado; pero en ese mismo momento, desde el mismo fracaso, Jesús sigue llamando a Dios y preguntando, y con esta llamada y grito muere.

En manos de Dios, en oscuridad y grito grande, despreciado por su pueblo, abandonado de todos sus amigos, muere el Cristo, gritando a Dios, con los dolientes de los salmos de Israel. No hay ya espacio o tiempo de respuesta en este lado de la muerte. Así acaba y culmina de verdad su camino mesiánico, según Marcos. Sólo muriendo, y muriendo así, como fracasado en el mundo, el Hijo de Dios ha cumplido plenamente su tarea. Asumiendo de esta forma el camino de la finitud y del fracaso, preguntando a Dios «por qué», Jesús ha conseguido superar la tentación, venciendo para siempre al diablo-Satanás que le venía probando desde 1, 12-13.

Muerte solidaria. El Mesías crucificado (14, 1-15, 47)

Por voluntad de Dios había comenzado y mantenido su camino (desde 1, 9-11). Ante Dios, protagonista de su historia, ha venido ahora a ponerlo, entregándose en sus manos y gritando, con el Salmo 22: *¡Dios mío, Dios mío! ¿Por qué me has abandonado?* (15, 34). Estas palabras (sean históricas o no en un sentido externo) hay que entenderlas en un sentido absolutamente literal, no como expresión de angustia o rechazo (Jesús no se derrumba, ni se vuelve atrás), sino como expresión y signo radical de protesta y de pregunta: «¿Por qué...?». En nombre de Dios ha actuado, a su luz se ha mantenido, dispuesto a dar su vida (como sabemos desde 8, 31). Por eso puede y debe llamar a Dios ahora, con las palabras del salmo, que son las palabras de los sufrientes de la tierra, a quienes él ha querido proclamar el Reino.

Jesús muere con (por) todos los impuros de la historia, para reunirlos en Iglesia de *marginados evangélicos*. Caben en ella los leprosos y posesos, los enfermos y expulsados que ha venido encontrando y ayudando en su camino; con ellos, para ellos, ha muerto Jesús, en soledad completa, en completa compañía. No busca ni llama a un Elías de venganza, no muere invocando el fuego de Dios sobre jueces y verdugos (15, 35-37). Pero puede llamar y llama al Dios en cuyo nombre ha proclamado el Reino, no sólo por él (¿por qué me has abandonado...?), sino en nombre de todos aquellos a quienes ha proclamado el Reino (¿por qué nos has abandonado?).

Muere condenado por unos, despreciado por otros, abandonado por todos, llamando a su Dios desde su angustia, unido así con todos los humanos que se encuentran despreciados, expulsados, rechazados sobre el mundo. A partir de aquí se debe releer el evangelio, descubriendo que esta muerte de Jesús culmina su camino: se ha vinculado a los impuros, con los impuros muere; ha ofrecido solidaridad a los enfermos y pecadores, con ellos fracasa en la tierra. Ahora se unen para matarle los poderes de la ley y fuerza de este mundo (*universalidad de la violencia*). Con todos los humanos despreciados, impuros, rechazados, muere en el Calvario.

De esa forma, la muerte de Jesús hace juego con su vida. Éste es quizá el mayor descubrimiento teológico de Marcos, que ha vinculado el mensaje triunfante de Jesús en Galilea (1, 1-8, 26) con el camino de entrega y fracaso de Jerusalén (8, 27-16, 8), mostrando que ambos son inseparables. Quien vive como Jesús (para acoger a los impuros y compartir con todos el pan multiplicado de la gratuidad) tiene que estar dispuesto a morir como él. No se han equivocado los que le mataron. No se ha equivocado Jesús al aceptar su muerte, poniéndose en manos de Dios con todos los que ha ido buscando en el camino de la vida, para formar con ellos Iglesia o comunidad de Reino. Ahora, con este grito de Jesús, podemos y debemos afirmar que ha fracasado un tipo de *mesianismo nacional judío*, más aún, un tipo de teología de la victoria de Dios sobre la tierra. Entre aquellos que «mejor» pueden situarse (de algún modo) ante el

Jesús de este grito están los judíos que han sido condenados a muerte (o han sobrevivido a la muerte) en Auschwitz. Es evidente que este grito de Jesús en la cruz (y, sobre todo, la cruz) está expresando el final de una teología triunfante de la revelación de Dios en la historia positiva de la tierra.

> **(134) Condena y muerte de Jesús 2. ¿Por qué murió?**
>
> La muerte no es algo que viene como accidente, al final del proceso de la vida, sino un rasgo esencial de la existencia humana. (a) Por una parte, ella forma parte de la constitución de los vivientes superiores, que tienen un ciclo biográfico muy preciso, constituido por nacimiento, despliegue vital y perecimiento; en ese plano, los hombres son *naturalmente mortales*. (b) Pero, en otro sentido, la muerte no es puramente natural, sino que pertenece a la *cultura humana* y puede traducirse como donación de vida (entrega de amor a los otros) o como asesinato (en la línea del mito de Caín y Abel, en Gn 4). Pues bien, la muerte de Jesús ha sido amor supremo (ha regalado su vida por el Reino) siendo suprema violencia (ha sido asesinado legalmente por el sistema). Desde ese fondo queremos recoger algunos de sus momentos o rasgos que nos han acompañado a lo largo de este capítulo.
>
> 1. *Muerte natural*. Jesús ha muerto en primer lugar porque es humano. No es *superman*, apariencia de Dios que camina sobre el mundo, sino un hombre concreto, nacido de mujer, sometido a la ley de la vida y muerte normal de la tierra (cf. Gn 4, 4). En ese sentido, su defunción se inscribe en el gran despliegue de los ritmos de la naturaleza, como las plantas que nacen y mueren, como las estaciones del año que pasan y vuelven. Murió por ser mortal, de tal manera que si no le hubieran ajusticiado con violencia hubiera expirado por enfermedad o vejez. Ciertamente, los cristianos saben que Jesús murió en la cruz y fue enterrado (Marcos 15). Pero pudo morir porque era humano, salido del *humus* o polvo mortal de la tierra.
> 2. *Muerte pervertida ¿le ha matado el Diablo?* La tradición bíblica sabe que la muerte del hombre es más que una expresión de su naturaleza humana, y Marcos añade que a Jesús le han matado otros hombres (los sacerdotes, Pilato...), por miedo y por envidia, para defender su sistema de violencia. Pues bien, en el fondo de esa muerte, puede y debe verse «la mano» del Diablo, como sabe el libro de la Sabiduría: «Dios creó al hombre para la inmortalidad y lo hizo imagen de su propio ser; pero la muerte entró en el mundo por *la envidia del Diablo* y los de su partido pasarán por ella» (Sab 2, 24-25). A Jesús le han matado por «instigación del Diablo», contra quien ha luchado desde el principio (1, 12-13); le han matado unos

«agentes del mal», unos poderes sociales que están de hecho al servicio de Satán (como supone 3, 21-30).

3. *Muerte bendita. Ha muerto a favor de los demás.* Ciertamente, Jesús ha muerto por naturaleza (era mortal) y por per-versión humana (le han ejecutado), pero en sentido aún más profundo él ha muerto por amor: ha puesto su mensaje y vida al servicio de los marginados, enfermos y oprimidos de su entorno, suscitando para ellos y con ellos un movimiento de Reino, al servicio de una salud y comunicación universal, y encendiendo, al mismo tiempo, la oposición de los defensores del sistema político/sagrado que intentan matarle desde el principio (3, 6). Así ha muerto dando la vida, como saben los textos más profundos de Marcos (cf. Marcos 10, 45 y 14, 24). En ese sentido se puede afirmar que la muerte de Jesús ha sido un «sacrificio», pero no para aplacar a Dios, sino para convertir su vida en ofrenda de vida al servicio del Reino (es decir, como principio de la Nueva Alianza).

4. *Morir en Dios: blasfemia o revelación.* Como sabe la parábola de los viñadores (12, 1-12) Jesús ha venido en nombre de Dios, sin más tesoro ni poder que su vida, que él regala, de modo gratuito y generoso, en comunicación sanadora, proclamando la llegada del reino de Dios. Muchos pensaban que Dios es garante y defensor del orden establecido, que se expresa por el templo de Jerusalén y el Imperio de Roma. Por eso, ellos interpretan el gesto de Jesús como desorden social y «blasfemia» contra Dios y, por eso, legalmente le matan, apelando para ello a las razones de la Biblia, que manda aniquilar a los herejes (cf. Dt 13). Entendida así, la muerte de Jesús es un *juicio teológico*. Aquellos que le matan optan por el Dios de sus instituciones, y afirman que Jesús las pone en riesgo; ellos quieren que se cumpla la justicia de Dios, expresada en el sistema. Por su parte, Jesús muere llamando a su Dios desde la suprema debilidad (¿por qué me has abandonado?: Marcos 15, 34); los cristianos dirán que ha muerto por ser fiel al Dios amigo de perdedores y marginados, por encima de todo sistema.

No ha muerto simplemente por causa del Diablo (envidia y violencia originaria), ni tampoco por la violencia de las autoridades sagradas e imperiales, sino por fidelidad a su mensaje y por amor de Dios, como saben Marcos y Pablo. Ha muerto para mostrar y realizar, sobre la dura violencia de este mundo, la más honda y gozosa experiencia de vida, como testigo del Reino (mártir) en favor de los pobres y expulsados del sistema. Murió como perdedor, en nombre de Dios, pero convirtiendo su pérdida en ganancia universal. Otros han perdido y parece que todo sigue igual. Jesús, en cambio, ha perdido y su muerte (derrota) es revelación universal de amor.

d) Reacciones (15, 38-39)

La muerte de Jesús (15, 33-37) ha sido el centro del relato. A sus lados, como escenas contrapuestas de un tríptico de juicio y nuevo nacimiento, se extienden los caminos de lo humano. Hemos indicado ya la reacción de los «observantes» judíos-sacerdotes-bandidos (15, 19-32). Ahora veremos en dos rasgos perfectamente estructurados el efecto de la muerte de Jesús sobre Israel (templo) y sobre los gentiles (centurión romano). La escena está trenzada de tal forma que en ella se quiere decir y se dice toda la experiencia nueva de evangelio en dos palabras mutuamente referidas. Una se refiere a los judíos, cuyo viejo reino acaba (fin del templo). Otra alude a los paganos (fe del centurión) que ahora se abren al misterio salvador de Dios en Cristo, a través de la más honda confesión creyente:

- *Fin de un judaísmo sacral (del segundo templo)*: «Y el velo del templo se rasgó en dos, de arriba hasta abajo» (15, 38). Así lo dijo Pablo al afirmar que Cristo es *telos* o fin de la ley, para salvación de todos los creyentes (Rom 10, 4). Con la muerte de Jesús acaba el templo, y de esa forma viene ya a cumplirse lo que él mismo había dicho al entrar en Jerusalén (cf. 11, 15-19). Tenían razón los que en el juicio le acusaban de poner en riesgo el templo (14, 58); se engañaban los que viéndole en la cruz gritaban su derrota frente al santuario (15, 29). Ésta es la paradoja: por salvar su santuario condenaron a Jesús sacerdotes y escribas; pues bien, ellos mismos, al matarle, han acabado destruyéndolo por siempre. Eso significa que el camino de Israel ha terminado (ha fracasado). Las instituciones del judaísmo sacral, que han juzgado y condenado al Cristo, se condenan a sí mismas. Estéril para siempre queda ya su higuera, rasgado está su templo (cf. 11, 12-15). Muere el Mesías de Israel, y. en su muerte acaba el signo clave del nacionalismo israelita: el velo que separa lo sagrado y lo profano, los judíos y gentiles. De esta forma vence el Mesías fracasado, rompiendo en su fracaso los antiguos privilegios y separaciones de su viejo pueblo.

- *Fe de los gentiles: el centurión romano* (15, 39). Antes se encontraban marginados, pero ahora, con la muerte de Jesús, se integran en el único camino salvador. Como representante de ellos habla en nuestra escena el centurión, que es jefe del grupo de soldados-verdugos que han ajusticiado a Jesús, después de haber representado con él la parodia del rey falso y burlado (cf. 15, 16-20). Los sacerdotes no cambian: están seguros de lo que hacen (15, 29-32). Los centuriones, sin embargo, han cambiado, descubriendo en Jesús la fuerza superior de Dios que actúa en impotencia. Por eso, al final de la agonía mesiánica, el centurión que dirige a los soldados-verdugos, desde el fondo de su mismo paganismo, conmocionado por la debilidad-fuerza de Jesús, grita: «¡En verdad, este hombre era Hijo de Dios!» (15, 39). De esa forma, el rechazo de Israel (fin de su templo) se convierte en principio de salvación universal: todos los hombres de la tierra, representados por este militar, pueden abrirse ya a la gracia de la revelación de Dios en el Cristo crucificado.

Externamente hablando, el templo sigue en pie. Los sacerdotes que allí ofician no han logrado aprender nada y siguen ofreciendo sacrificios y dictando leyes nacionales, como si las cosas siguieran inmutables. Pero quien mira con ojos de fe sabe que el velo (misterio) de aquel templo está rasgado en lo más hondo. Se rompe de esa forma y se supera la escisión entre judíos y gentiles, como había prometido 11, 17 (con cita de Is 56, 7). Ya no existe un Israel privilegiado en plano religioso. Todos los humanos están simbolizados por este centurión-verdugo que, viniendo desde el fondo de su paganismo y su pecado, ha sabido descubrir la fuerza creadora de Dios en aquel Hijo al que crucificaron.

Cumpliendo órdenes recibidas, como último y sangrante eslabón de una fuerte cadena de violencias, este jefe de soldados acaba de matar a Jesús (ha dirigido su ejecución). Pero, al verle morir, cambia su vida: Dios mismo se le muestra en la debilidad del crucificado. Esta es la paradoja que de ahora en adelante irá marcando su existencia y la existencia de todos los que logren descubrir a Dios en Cristo. El mismo pecado (matamos a Jesús) se vuelve así principio de gracia salvadora: ¡es Hijo de Dios, puede salvarnos! De esta forma nace y se realiza al pie de la cruz la verdadera vocación cristiana: llama y salva Jesús a los mismos que le matan. Se ha cumplido así aquella inversión radical de que trataba el evangelio: Dios se hace presente en el amor sacrificado, en la entrega de la vida por los otros, en el gesto de apertura hacia las gentes. Signo de esas gentes, principio de un camino de misión universal y de evangelio abierto a todo el mundo (cf. 13, 10; 14, 9) es este centurión que aparece así como el primero de todos los cristianos que confiesan de una forma expresa la fe en Jesús crucificado (en esta línea estaban Bartimeo: 10, 46-52 y la mujer profeta de 14, 3-9). La palabra de la pascua cristiana que escuchamos en 16, 6-7 ratifica y expande ya por siempre la palabra de fe del militar romano.

---

(135) Cruz de Jesús, amor de Dios en la historia

1. La esfera y la cruz. Según Marcos, la historia de Jesús tiene un origen que no puede contarse, pues proviene del principio sin principio del ser de lo divino. En ese sentido añadimos que ella tiene también una meta o fin que tampoco puede contarse.

a. *Dios no es una esfera*, encerrada en su quietud eterna, sin dolor ni proceso de vida, sin cambios ni muerte en el mundo. Dios no es pura autocontemplación y poderío: lo tiene todo y por tanto nada necesita. Frente a los restantes seres que ha creado, él se cierra inexorable en su propia perfección. Un Dios así, sin Cruz ni amor, sería para muchos hombres y mujeres de este tiempo un enemigo.

b. *Pero el Dios de Jesús se ha introducido en nuestra historia*, y dentro de ella muere en favor de los hombres. Es un Dios de libertad, no es poder que goza obligando a que los otros le rindan reverencia, sino amor que se ofrece en gratuidad, abriendo así un espacio de vida compartida para los humanos. Los cristianos confesamos que Dios se expresa (se realiza humanamente) en la historia salvadora de la Cruz de Cristo.

2. Cruz de Dios, Cruz de Jesús. Dos cruces y un amor. La Cruz de Jesús constituye un momento integrante del proceso de amor de Dios. Ella es signo y consecuencia de la entrega personal de Jesús (ha puesto su vida al servicio del reino de Dios), siendo así presencia y revelación del amor de Dios. ¿No sería preferible que las cosas fueran de otra forma? ¿No sería más divino un amor de donación radical, sin entrega hasta la muerte? ¿No sería preferible un Dios de puro triunfo y no crucificado? No podemos responder en teoría, diciendo lo que Dios pudiera haber sido. Decimos sólo que este Dios de donación mutua y entrega de la vida es nuestro Dios divino, el que se expresa y realiza humanamente (desde la conflictividad y violencia de este mundo) en la Cruz de Jesucristo.

1. *Dios es amor y no hay amor sin que el amante ofrezca su vida al amado*, como el Padre que se entrega absolutamente al Hijo. No hay amor sin que el amado responda en acogimiento y confianza (Jesús se ofrece al Padre, poniéndose en sus manos). Esto es lo que aparece representado y realizado humanamente en la Cruz.

2. *Dios ha realizado su misterio de amor (Cruz pascual) dentro de una historia de violencia (Cruz de pecado).* Humanamente mirada, *la Cruz concreta de Jesús nace del pecado*: él muere porque le han matado, en asesinato donde se condensan todas las sangres de los asesinados (cf. Mt, 23, 35): ella es resultado de la lucha humana y expresión de la maldad suprema (pecado original) de la historia. Pero, mirada en otro plano, ella aparece como *Cruz pascual*: momento en que se expresa y culmina el amor de Dios Trinidad dentro del mundo. Precisamente allí donde los humanos quieren imponerse por la fuerza, instaurando su violencia, revela Dios su amor y Jesús le responde en amor pleno, muriendo en favor de ellos.

3. *Ambas cruces (la del pecado y la de la pascua) son inseparables* y forman la única Cruz del Hijo de Dios (del amor trinitario) dentro de la historia. Por ella ha expresado *Jesús* su amor supremo en claves de gratuidad (ha

Muerte solidaria. El Mesías crucificado (14, 1-15, 47)

> muerto por el Reino) y el *Padre Dios* le ha respondido de forma salvadora, acogiéndole en la muerte y resucitándole en su amor (Espíritu Santo), para bien de los humanos. De esa forma, el amor gratuito de Dios, abierto como don a la Vida de la pascua, ha triunfado sobre la violencia (cruz pecadora y asesina) de la historia humana. De esa forma puede revelarse la cruz gozosa del amor de Dios (la Trinidad eterna) en el mismo centro de la historia de los hombres y mujeres de la tierra (en la cruz pecadora). Dios realiza su amor entre los humanos (siendo matado por ellos) para introducirles en el misterio de su amor divino.

e) Mujeres y entierro (15, 40-47)

En un sentido, Jesús ha muerto solo, sin amigos que pudieran (quisieran) defenderle. Pero luego Marcos dice que estaba acompañado, haciéndonos mirar con más cuidado, sacando de la sombra y presentando con gran fuerza a unos discípulos ocultos (unas mujeres). En realidad no estaban escondidas. Lo que pasa es que no había querido destacarlas antes. Esas mujeres constituyen la reserva de Jesús, son la sorpresa principal de su evangelio. Cuando todo acaba, ellas son signo de que todo empieza. Había ya mujeres a lo largo del camino. Podemos citar a la suegra de Simón, que se levanta de su enfermedad para servir a los compañeros de Jesús (*diēkonei autois*), en palabra que nos lleva a la raíz de la experiencia misionera de la Iglesia: esa mujer empieza haciendo aquello que no saben los Doce, es decir, ponerse al servicio de los otros (1, 29-31; cf. 10, 35-45).

Al referirse a su familia nueva, había dicho Jesús que los que cumplen la voluntad de Dios son su hermano, su hermana y su madre (3, 35), insistiendo de forma sorprendente en el aspecto femenino de la comunidad mesiánica. Jesús ha curado a la hemorroísa para que viva en libertad su condición femenina, y a la niña muerta para que pierda el miedo a madurar (5, 21-43). También se ha dejado convencer por la mujer pagana, ofreciendo camino de vida a su hija (7, 24-30). La pobre viuda generosa es, a su juicio, la (mejor) representante del auténtico Israel (12, 41-44), y la mujer del vaso de alabastro ha sido la única que cree de verdad en su camino de entrega por los otros (14, 3-9).

No hay mujeres malas para el Cristo de Marcos (a no ser la de Herodes Antipas: 6, 21-29). Las mujeres apenas destacaban en la marcha del discipulado externo, pero permanecen firmes y siguen de verdad a Jesús, de tal manera que, al final, cuando parece que todo ha terminado, emergen como portadoras de una siembra fuerte de esperanza. No están del todo aisladas. A su lado puede hallarse el centurión, que descubre la fuerza de Dios en la debilidad del Cristo muerto (15, 39). También las acompaña José de Arimatea, miembro ilustre del Sanedrín, que esperaba la llegada del Reino y que se atreve a pedir el cuerpo muerto de Jesús para enterrarlo con honor en el sepulcro de la roca (15, 42-46). Con estos elementos podemos ya venir a la estructura de este último pasaje del proceso y muerte de Jesús en Jerusalén. Como en muchos casos anteriores, Marcos ha empleado una técnica de emparedado o tríptico que ahora brevemente resaltamos:

a) Mujeres ante la cruz (15, 40-41). Parece que ellas siguen el relato previo: fin del templo y fe del centurión. Pero en sentido más preciso, ellas inician algo nuevo: ofrecen en la Iglesia el testimonio de un seguimiento completo; han fallado los Doce, ante la cruz emergen las mujeres.

b) Enterramiento (15, 42-46). La muerte ha sido verdadera. Así lo certifica el hecho del entierro, realizado de manera pública, con permiso de Pilato, en un lugar-tumba bien determinado.

a') Mujeres en la sepultura (15, 47). No entierran a Jesús con sus manos, pero ven cómo lo hace José de Arimatea. Maduran así su más intenso testimonio, apareciendo como portadoras de un recuerdo primordial en la memoria de la Iglesia.

a) *Mujeres ante la Cruz* (15, 40-41). La historia de la Iglesia pascual no empieza con José de Arimatea que le entierra (15, 42-46), ni con el centurión que le ha llamado Hijo de Dios (15, 39), sino con las mujeres de 15, 40-41.47, que reaparecen en 16, 1-8. Por eso debemos estudiar su gesto con más detenimiento, pues ellas constituyen la «reserva» mesiánica de Jesús, si es que se puede utilizar esa palabra. No han aparecido antes como grupo, pero ahora irrumpen con toda fuerza, como verdadera «comunidad mesiánica», convocada en torno a la muerte de Jesús, para ser principio de la Iglesia. Lo que no han logrado hacer los Doce, lo deben hacer ellas: «Estaban también unas mujeres...» (15, 40-41).

Estaban también (êsan de kai), formando algún tipo de unidad con el centurión creyente a que aludía 15, 39. Ellas aparecen primero de una forma general e indeterminada (*gynaikes*). Luego destacan tres nombres que han de ser muy conocidos en la Iglesia de Marcos. Sorprende la nota final: «Y otras muchas» (*alla polla*). A los ojos de Marcos, Jesús ha tenido éxito entre las mujeres: ellas, en número grande, le acompañan en la muerte. El texto permite distinguir con cierta probabilidad dos grupos. Están primero unas mujeres (tres con nombre) que seguían a Jesús y le servían. Están, además, otras muchas. De ellas se dice que han subido con Jesús a Jerusalén. Quizá no le seguían-servían aún del todo en Galilea; ahora lo hacen, y de esa forma asumen, ratifican y completan con las anteriores los signos centrales del seguimiento mesiánico; estrictamente hablando, ellas no son discípulas, sino seguidoras de Jesús, pues han hecho su camino hasta el final:

- *Han seguido a Jesús* (*ekolouthoun autô*), cumpliendo hasta el final aquello que habían iniciado y no cumplido los discípulos: han escuchado su llamada y

Muerte solidaria. El Mesías crucificado (14, 1-15, 47)

le han acompañado. Han estado en silencio a lo largo del camino. No han discutido, no se han opuesto a los proyectos de Jesús, no han alardeado de fidelidad (contra el Pedro de 10, 28) y quizá por eso han podido mantenerse fieles en la muerte, conforme a la palabra de 8, 34: ¡*Quien quiera venir en pos de mí...!*). Esto significa que pertenecen al grupo de Jesús de un modo mucho más profundo que los «discípulos» (los que simplemente escuchan, pero no aprenden) y que los Doce, que han huido. No sabemos cuándo ni cómo les ha llamado Jesús, pero es evidente que ellas han respondido, más que los pescadores del lago (1, 16-20) y que los Doce (3, 13-20), pues no han abandonado a Jesús al llegar el momento de la cruz. Ciertamente, lo han dejado todo para hacerse seguidoras de Jesús en el sentido estricto de ese término (cf. 10, 21-52).

- *Han servido a Jesús* (*diekonoun autô*), en gesto que recoge la más honda inspiración del evangelio, como los ángeles de 1, 13 y la suegra de Pedro (1, 31); han sido fieles a Jesús, allí donde los varones no lo han sido (cf. 9, 35; 10, 43), imitando al mismo Hijo del Humano que ha venido a servir, no a ser servido (cf. 10, 45). Como servidoras fieles quieren ofrecer a Jesús el último homenaje funerario. A veces se ha entendido esta palabra en sentido puramente material, como algo propio del cuidado femenino; los apóstoles habrían aprendido la «palabra», recibiendo luego la misión más elevada de anunciar el evangelio, las mujeres, en cambio, no sabían otra cosa que servir en los quehaceres de limpieza y de comida. Pero esta forma de entender el texto es mala. Marcos no distingue esas funciones, más aún, insiste en el servicio integral como expresión del ministerio cristiano (en 10, 35-45). Elevándose así sobre los Doce, estas mujeres han comprendido lo que significa seguir a Jesús, traduciendo el discipulado en forma de servicio humano (especialmente dirigido hacia Jesús).

- *Han subido con Jesús a Jerusalén*, acompañando a los discípulos (a los Doce), pero con una diferencia: al llegar el momento de la prueba, los Doce han abandonado a Jesús; ellas, en cambio, permanecen fieles. También han subido los varones (cf. *anabainô*: 10, 32-33), pero no se han mantenido. Sólo ellas *han subido «con»* Jesús (*synanabainô*), compartiendo su ascenso de muerte. Han culminado su camino, están a su lado, forman su familia (como la mujer del vaso de alabastro de 14, 3-9). Pero hay una diferencia: *estas mujeres* parecen quedarse en el servicio de la tumba, no logran comprender la pascua: *la del vaso de alabastro* la ha entendido y aceptado, de tal forma que la vemos vinculada al anuncio del evangelio.

De esa forma cumplen la enseñanza de Jesús cuando decía «quien quiera venir en pos de mí, tome su cruz y me siga» (cf. 8, 34). Al lado del maestro están ahora ellas, para dar un día testimonio de su muerte-pascua, como verdaderas maestras

Camino de Jerusalén. Muerte del Cristo (8, 27-15, 47)

de la Iglesia. Parece sorprendente, pero sólo ahora, cuando llega el fin del Cristo, descubrimos que él ha tenido unas discípulas mujeres que le han entendido bien y le han seguido. ¿Por qué no se mostraron antes? No hacía falta. Marcos deja para el final este efecto sorpresa de las verdaderas seguidoras de Jesús.

Para culminar su tarea de Reino, Jesús necesitaba de ellas. No puede comenzar de cero tras la muerte. La experiencia pascual será un retorno (aunque distinto) a Galilea, como Jesús había dicho en 14, 28, pero necesita que ellas ofrezcan el testimonio de su muerte y animen a los «hombres» para ir con ellas a Galilea. De esa forma las necesita, como expresión de cumplimiento (ha sido enterrado) y nuevo comienzo (anuncio pascual): ellas representan el *triunfo de la muerte de Jesús*. Desacralizado queda el templo, vacía de sentido la ciudad. El camino mesiánico está expresado por estas mujeres que son germen y anuncio de su nueva familia en Galilea. Estas mujeres aparecen en el evangelio en el momento justo, para realizar de una manera justa lo que el evangelio les ha confiado: dar testimonio de la muerte y sepultura de Jesús, reasumiendo luego el camino del discipulado o, mejor dicho, del seguimiento por la pascua. Por eso, cuando se dice que José de Arimatea colocó el cadáver de Jesús en un sepulcro excavado en la roca, corriendo después la gran piedra, se añade: María Magdalena y María la de José observaban donde quedaba puesto (15, 47). Ellas pueden dar y han dado testimonio de ello.

Parecía que Jesús estaba absolutamente solo, pero no es cierto. Parecía que todos le habían dejado, pero no es así: unas mujeres amigas le han seguido y servido; han creído en él precisamente allí donde los otros (Judas, Pedro, los Doce) le han vendido, negado, abandonado. Desde el fondo de la dura soledad de muerte, controlada por varones, emergen ellas, como signo de la verdadera Iglesia, formada por aquellos que siguen y sirven a Jesús, en camino de cruz. Ellas son principio y sentido de la Iglesia; por eso debemos presentarlas con más detención.

No ha habido sorpresas: Marcos ha escrito *la crónica de una muerte anunciada* y preparada desde el comienzo de los tiempos (conforme a la Escritura). Pues bien, en el fondo de ese cumplimiento hemos ido descubriendo los signos de la nueva Iglesia, sobre todo a través de *las mujeres*. Ellas son para Marcos el punto de enlace entre historia de Jesús y mensaje de pascua. Por eso aparecen como máxima sorpresa en esta muerte sin sorpresas. Han estado ocultas a lo largo de un camino que parecía definido por varones. Han dejado la iniciativa a los discípulos, los Doce. Pero ahora que esos Doce han fracasado, rechazando la tarea de Jesús, emergen las mujeres, como encarnación del evangelio, principio y centro de la nueva Iglesia mesiánica.

Ellas son la sorpresa pascual, la expresión máxima del *suspense evangélico*. Ciertamente, eran valiosos Simón de Cirene, el centurión y los amigos enterradores, pero ellos no bastaban para edificar la Iglesia, no pueden recibir la palabra fundante de la pascua. La comunidad mesiánica sólo podrá edificarse sobre el testimonio y palabra vacilante, miedosa pero fuerte, de estas mujeres. Estrictamente hablando no sabemos *quiénes son*, a no ser María Magdalena, que aparece con toda claridad en todas las tradiciones. Por otra parte, sus nombres pueden variar e interpretarse de diversas formas (en Marcos y en los paralelos de Mt 27, 56 y Jn 19, 25). Pero, posiblemente, una de ellas, la segunda, puede identificarse con la madre de los hermanos de Jesús citados en 6, 3:

María Magdalena y María, la madre de Santiago el Pequeño y José, y Salomé (15, 40)
María Magdalena y María la de José (15, 47)
María Magdalena, María la de Santiago y Salomé (16, 1)

En las tres listas aparece primero *María Magdalena*, cuya función en la experiencia pascual y en el comienzo de la Iglesia está bien atestiguada en otras tradiciones del Nuevo Testamento (cf. Jn 20, 1-18). Marcos la presenta sólo aquí, en contexto de muerte, enterramiento y anuncio pascual, vinculada a otra María (que parece ser la misma en los tres casos y que aparece siempre como madre de una o dos personas) y a Salomé, a quien vemos en la primera y en la tercera lista. No conocemos el pasado de María Magdalena, a no ser que la veamos como la mujer del vaso de alabastro, pero aquella ungió a Jesús (14, 3-9) y ésta aún no lo ha hecho.

De Salomé no sabemos nada más, a no ser que unamos Mc 15, 40 con Mt 27, 56 y la interpretemos como madre de los zebedeos. Mejor atestiguada podría estar la figura de la segunda María, a la que nos atrevemos a identificar con la madre de Jesús, a quien la gente llama en 6, 3 hijo de María y hermano de Santiago, José, Judas y Simón. Aquí se la llama madre de Santiago el Pequeño y de José (15, 40); y después madre de José (15, 47) y finalmente madre de Santiago (16, 1). Podemos suponer que, en todos estos casos, es la misma María, aunque Marcos no la presenta como madre de Jesús (como en 6, 3; cf. 3, 21-35). En contra de esa identificación se suelen aducir dos razones, aunque a mi juicio no son concluyentes:

- *Si esa segunda María es la madre de Jesús ¿por qué no se dice?* Pienso que por coherencia con 3, 31-35 (y 10, 30-30). Marcos ha rechazado el valor cristiano de la maternidad genealógica de aquella a quien otros llaman «madre de Jesús» (tanto en 3, 31 como en 6, 3). En esa línea, dentro de la narración evangélica, en ámbito eclesial, según el redactor, María no puede aparecer como *Madre de Jesús*, pues para serlo debería entrar en su comunidad galilea, sentándose en el corro de los discípulos. Por ahora, ella es más bien *madre de los hermanos de Jesús*, en expresión que para Marcos resulta restrictiva.
- *¿Cómo se puede introducir a la madre de Jesús en ámbito eclesial, después de haberla criticado, al menos veladamente en 3, 31 y 6, 3?* Precisamente por eso. En un sentido, Marcos la critica (ella no puede tener pretensiones sobre Jesús).

Pero, en otro sentido, él la valora como madre de los «hermanos de Jesús», que han terminado formando parte de la Iglesia. De esa manera matiza (o puede matizar) su crítica contra los hermanos de Jesús (que aparece especialmente en 3, 31-35), para decir, al fin, que su madre (y veladamente ellos: Santiago el Pequeño y José) han formado parte de la Iglesia.

Esta referencia a la madre de Santiago y José puede compararse a la de Simón de Cirene, padre de Alejandro y Rufo. Los hijos de Simón de Cirene (Alejandro y Rufo) y los de María (Santiago y José) han de entenderse como personajes conocidos de la Iglesia. Por eso se cita en un caso al padre (Simón) y en otro a la madre (María). Como he dicho, el tema de *la madre de Jesús* había quedado pendiente en 3, 31-35 y en 6, 3, de una manera más bien negativa. Pues bien, pienso que Marcos lo reintroduce aquí, en el momento clave de su evangelio, esforzándose por presentarla ante la cruz (como signo de una Iglesia judeocristiana que podría acabar encerrándose en la ley, en una línea que podría compararse a Jn 19, 25-27), para pedirle después que realice el camino pascual, *con los demás discípulos y Pedro* (en 16, 7-8). Esta mujer aparece, por un lado, vinculada a sus hijos más conocidos en la Iglesia (los cuatro de Nazaret, los dos del contexto jerosolimitano: José y Santiago); a ellos debe fidelidad, con ellos está unida. Por otro lado, ella se encuentra incluida entre las mujeres de la cruz, de la tumba y de la pascua (en tradición que tiene todos los visos de ser histórica).

Adelantando lo que sigue, podemos afirmar ya desde ahora que, en algún sentido, estas tres mujeres cumplen el papel de mediadoras eclesiales. A ellas ofrecerá el joven de la pascua la tarea de *decir a los discípulos y a Pedro* que vayan a Galilea, donde verán a Jesús, en programa eclesial que aún no ha culminado cuando Marcos escribe su evangelio (16, 6-7). Eso significa que la madre de los hermanos de Jesús (madre de Jesús) tiene en Marcos una función eclesial que cumplir: en el camino que va de 15, 40 a 16, 8, ella (con María Magdalena y Salomé) aparece como testigo supremo de la Iglesia, pues el joven de la pascua le (les) dirá que deje la tumba (Iglesia de Jerusalén) y vaya a Galilea para ver a Jesús con los discípulos y Pedro.

---

(136) Mujeres y servidoras (15, 40-41)

Los Doce Elegidos de Jesús para Israel han fracaso y le han abandonado (14, 52), quizá porque no habían querido aprender a servir a los demás, como el Hijo del Hombre (cf. 10, 45). Las mujeres, en cambio, han aprendido a servir. Por eso se dice de ellas que han seguido a Jesús y le han servido, en gesto que marcará el comienzo de la Iglesia.

a. Principios. Sobre la base del servicio. En el principio del evangelio de Jesús está la experiencia y exigencia del servicio, como fuente de vida.

1. *Ángeles y Suegra de Simón.* Los primeros servidores en Marcos son los ángeles (1, 13), que acompañan a Jesús, oponiéndose de esa manera a las bestias, que dominan y oprimen. Pues bien, junto a los ángeles de Dios aparece una mujer, la suegra de Simón, como servidora de la casa (1, 21). Jesús le cura y les sirve, a Jesús y a sus acompañantes. En el principio del evangelio está ella, como ejemplo y testimonio de todos los que sirven.
2. *Jesús*, Hijo del Hombre, no ha venido a que le sirvan, sino a servir y dar la vida por muchos (1, 43-45). Este Jesús «diácono» realiza en el mundo la tarea de Dios, que no es fuente y principio de imposición, sino aquel que se entrega y da su vida por los demás. Todo el evangelio de Marcos puede y debe interpretarse como exploración y despliegue de un servicio en favor de los demás. Dios mismo aparece así para Jesús (desde Jesús) como fuente y sentido de un amor poderoso que sirve a los demás.
3. *Mujeres* (15, 40-41). Al final del evangelio, cuando parece que el camino de los Doce ha fracasado y no existe ya salida o solución para el mensaje de Jesús, aparecen las mujeres, como aquellas que han aprendido a servir. Desde ellas y con ellas se puede retomar el camino de pascua, que es el triunfo del servicio sobre el poder.

b. Una tarea abierta para los discípulos. Conforme a la visión de Marcos, los Doce (el conjunto de discípulos varones) no han aprendido a servir y por eso abandonan a Jesús. Así, cuando el joven de la pascua pide a las mujeres que vuelvan con ellos a Galilea, donde verán a Jesús (16, 6-7), está suponiendo que deberán aprender a servir, conforme a una enseñanza que incluye estos momentos:

1. *Servicio de kerigma.* Jesús les envía *kêryssein* (3, 14), es decir, a proclamar el evangelio de Dios (cf. 1, 14). Pero no les hace «doctores en palabras», especialistas de un discurso dogmático, sino portadores de un anuncio (*kerygma*) de conversión o *metanoia* (unir 6, 12 con 1, 15). No son dueños de una palabra que se impone, de una sabiduría elitista: su kerigma o servicio consiste en hacer que los humanos se conviertan, aceptando el evangelio (cf. 1, 14-15), en actitud de entrega de la vida (cf. 13, 10; 14, 9).
2. *Servicio de panes y peces* (tanto en 6, 42-43 como en 8, 6-7). Marcos no conoce la distinción lucana (quizá irónica: cf. Hch 6, 1-6) entre *servidores de la palabra* (los doce) y *de las mesas* (los siete). Todos los discípulos son servidores de panes y peces. Jesús llamó a los cuatro primeros como

pescadores de hombres (1, 16-20), pero después les ha hecho servidores de hombres.
3. *Servidores de niños y pequeños*. Allí donde ellos pretenden ser grandes, Jesús les hace servidores de los más pequeños (de los niños: cf. 9, 33-37; 10, 42-45). La dignidad suprema de los discípulos consiste en acoger y amar a esos niños, en cariño (abrazo), bendición e imposición de manos, como Jesús (10, 13-16).

Cuando Marcos critica a los escribas en 12, 38-40, presentándolos como contrarios al camino de entrega de Jesús (viven de los pobres, no para los pobres), está aludiendo a un tipo de «especialistas» judíos de la religión. Pero es muy posible que critique también a ciertos cristianos que utilizan el nombre de Jesús para sobresalir, como ha indicado en otros lugares (cf. 9, 33-50; 10, 35-45). En el camino de servicio que es la Iglesia ha puesto Marcos como modelo a las mujeres de 15, 40-41.

b) *Enterramiento, José de Arimatea* (15, 42-46). José de Arimatea pide a Pilato el cuerpo de Jesús (*sôma*, con sentido eclesial, como en 14, 8.22), pero Pilato sólo puede conceder el cadáver (*ptôma*: 15, 45), que José envuelve en una *sindona* o sábana (15, 46; cf. 14, 52) y coloca en un *monumento* (*mnêmeion*) excavado en la roca (15, 43). Volvemos de esa forma a los temas evocados en 14, 3-9: la mujer del vaso de alabastro había ungido el *sôma* de Jesús, por eso José no debe hacerlo, limitándose a ponerle en un monumento o memorial de muerte (*mnêmeion*), aunque sabemos ya que la memoria de Jesús, unida a la mujer de la unción, se expresa a través del evangelio (14, 9).

- *Históricamente*, parece que José de Arimatea era sólo un «buen judío» que cumple el rito de enterrar a los muertos, según la ley judía, para que no contaminen la tierra permaneciendo insepultos, especialmente en un día de fiesta. Por eso, él no entierra a Jesús como «cristiano» (por ser discípulo de Jesús), sino como judío. El dato del sepulcro bueno y separado, excavado en la roca, está preparando la escena y simbolismo de 16, 1-8, de manera que posiblemente no puede tomarse como un hecho histórico. Sea como fuere, es probable (casi seguro) que un tal José de Arimatea enterró a Jesús, como delegado del Sanedrín judío, con permiso de Pilato, para que pudiera celebrarse la fiesta de pascua, sin miedo a que la tierra y el aire estuvieran contaminados.
- *El símbolo del sepulcro excavado en la roca* forma parte de la tradición de la pascua. Parece que históricamente José enterró a Jesús en la tumba común de los ajusticiados, según tradición judía (con permiso especial de Roma,

que por ser tiempo de fiesta, permite que se entierren los cadáveres de los ajusticiados). Más tarde, cuando las mujeres vayan al sepulcro (16, 1-8) no podrán encontrar el cadáver, porque no pueden abrir la tumba (que además está posiblemente custodiada). Pero, de un modo misterioso que después estudiaremos, ellas descubren que el auténtico cuerpo de Jesús no está allí, pues ha «resucitado». Desde esa convicción básica, que es el principio de la experiencia cristiana de Pascua, ellas recrearán en forma simbólica, según la verdad más honda de la acción y presencia de Dios, el tema del sepulcro. Pero no adelantemos acontecimientos, volvamos a las mujeres.

José de Arimatea ha hecho lo que debía hacerse según ley, para bien de la pureza judía (no de Jesús), y su recuerdo permanece en la memoria agradecida de la Iglesia, que confiesa que Jesús ha sido «enterrado» (es decir, ha muerto del todo: 1 Cor 15, 3-6). Sea como fuere su función termina aquí, y no vuelve a presentarse tras la pascua. Según Marcos, él no es un cristiano.

---

(137) Sepulcro de Jesús. Riesgo de una religión de muerte (15, 47; 16, 1-8)

En tres lugares importantes aparece en Marcos la palabra *mnemeion* (sepulcro), que podemos traducir como lugar de recuerdo, un monumento elevado (o excavado en tierra) para mantener la memoria de aquellos que han pasado: colocan a Jesús en ese lugar sacralizado (15, 46-47), entran luego allí las mujeres (16, 5), viéndolo vacío, y salen (16, 8) llenas de miedo. El evangelio ha de unirse a una visión nueva del sentido y lugar de la muerte.

a. Algunos nombres:

1. *Monumento*: lugar donde se recuerda y de alguna manera se venera al muerto; de ese recuerdo y veneración nace nuestra historia; dando un tipo de culto a los muertos ha empezado quizá toda religión.
2. *Enterramiento*: de la madre tierra hemos venido, a ella confiamos de nuevo nuestros muertos, en gesto que parece siembra de esperanza.
3. *Sepultura*: sigue en la línea de la palabra anterior, es decir, de ocultar, de poner bajo tierra (sepultar); hay que tapar a los muertos de forma que estén presentes sin que los veamos.
4. *Tumba*: el nombre proviene del griego *tymbos* (montón de tierra), pero se relaciona popularmente con caer (*tomber*) y con reclinarse (tumbarse). Así están los muertos, en gesto de reposo, y decimos de ellos RIP (= descansen en paz).

5. *Cementerio*: viene del griego (koimêterion) y significa lugar de descanso, espacio en el que no existen ya torturas, ni disputas, ni dolores...

b. Funciones. Novedad de la tumba de Jesús:

1. *Para recordar*. La tumba conserva la memoria de los muertos, convertidos de algún modo en «sagrados» (antepasados, garantes de prosperidad para sus descendientes). En algún sentido, la tumba se convierte en la matriz de la religión: sólo aquí, ante el recuerdo (presencia y ausencia) de los fallecidos, cobra sentido, adquiere nueva luz lo que ha sido la existencia.
2. *Para «venerar»*. Los cristianos han rodeado de respeto y esperanza pascual los cementerios, lugares de sus muertos, como puede verse ya en las catacumbas. Después han mantenido la memoria viva de sus mártires, edificando los lugares de oración sobre sus tumbas. Eso es bueno, aunque si se hace de manera triunfalista, exaltadora, ese gesto termina fundando un tipo de nuevo culto precristiano o poscristiano a los difuntos. Se ha dicho que podemos elevar inmensos monumentos sobre los «santos» del pasado (Pedro o Pablo, Napoleón o Lenin) para seguir esclavizando a los pobres mortales del presente.
3. *Pero la tumba de Jesús está vacía*. Enterraron a Jesús, murió de veras. Pero los cristianos no han podido elevar una «pirámide» de orgullo sobre su cadáver. El relato pascual sabe que Jesús no está en la tumba: no podemos buscarle allí ni edificar una «religión» (entendida como sistema de sometimiento) sobre su sepulcro.
4. *No hay santo sepulcro de Jesús...*, sino santa Iglesia, comunidad gozosa de aquellos que aceptan su mensaje y expanden su vida por el mundo. El cristianismo nace allí donde se deja Jerusalén, donde se sale de la «necrofilia» (deseo de tumba) para iniciar un camino de resurrección o reino en medio de la tierra. Por eso ha sido necesario el relato de la tumba vacía con la voz del joven de la pascua de Mc 16.

Epílogo
Pascua, un final abierto (16, 1-8)

Sobre la experiencia pascual, el sepulcro «vacío» y el final sorprendente de Marcos, cf. R. E. Brown, *La muerte del Mesías II. Desde Getsemaní hasta el sepulcro*, Verbo Divino, Estella 2006; J. D. Crossan, *Los orígenes del cristianismo*, Panorama, Sal Terrae, Santander 2002; D. Fuller, *Easter Faith and History*, Tyndale, London 1968; Th. Lorenzen, *Resurrección y discipulado. Modelos interpretativos, reflexiones bíblicas y consecuencias teológicas*, Presencia Teológica 97, Sal Terrae, Santander 1999; F. Lüdemann, *Die Auferstehung Jesu. Historie, Erfahrung, Theologie*, Mohn, Göttingen 1994; F. Pérez Herrero, *Mc 16, 1-8: Un final que es el verdadero comienzo del evangelio*, en S. Guijarro Oporto y J. J. Fernández Sangrador (eds.), *Plenitudo temporis. Miscelánea homenaje al Prof. Dr. Ramón Trevijano Etcheverría*, Salamanca 2002, 191-207; Ph. Perkins, *Resurrection. New Testament Witness and Contemporary Reflection*, Chapman, London 1984. Sobre el final de Marcos ha dicho lo esencial M. Navarro, *Morir*. Cf. además N. C. Croy, *The Mutilation Mark's Gospel*, Abindgdon, Nashville 2003; M. Perroni, *L'annuncio pasquale alle/delle donne [Mc 16, 1-8]: alle origini della tradizione kerygmatica*, en *Patrimonium Fidei: Traditionsgeschichtliches Verstehen am Ende?: Festschrift* für *Magnus Löhrer und Pius Ramon Tragan*, Studia Anselmiana 124, Roma1997, 397-436; V. Phillips, *Full Disclosure: Towards a Complete characterization of the Women who followed Jesus in the Gospel according to Mark*, en I. R. Schildgen, *Crisis and Continuity. Time in the Gospel of Mark*, Sheffield UP 1998; R. Vignolo, *Un finale reticente: interpretazione narrativa di Mc 16, 8*: Rivista Biblica 39 (1990) 129-189.

En sentido estricto, he leído y comentado el evangelio de Marcos desde este final: desde la experiencia pascual del sepulcro abierto y desde la palabra del joven de la tumba a las mujeres. Desde esa perspectiva, Marcos es como pescadilla que muerde la cola: nos conduce al fin para traernos otra vez hasta el principio. Esa imagen es buena, pero no perfecta. Más que un círculo que siempre vuelve hacia sí mismo, Marcos es un camino que se debe retomar desde la pascua. Por eso, las

Epílogo

mujeres y los discípulos de Jesús no deben volver a Galilea para retomar desde allí el mismo camino del principio (1, 14-5), para subir otra vez a Jerusalén, sino abrirse desde Galilea (con la experiencia de Jerusalén y el mensaje de la pascua) a todas las naciones de la tierra (cf. 13, 10; 14, 9).

Ésta es la experiencia fundante de la Iglesia: Jesús resucitado (presente en la misión de los cristianos) es el mismo que había predicado-anticipado el Reino con su vida; el Jesús de la pascua es el profeta galileo que anunciaba el Reino, asumiendo y recorriendo su camino de muerte en Jerusalén. Contra el riesgo de un Cristo exclusivamente glorioso, de un Hijo de Dios resucitado, que pudiera separarse del Jesús comprometido con la historia (hasta la muerte), ha escrito Marcos su evangelio.

Por eso no ha querido recoger y presentar relatos separados o visiones de pascua (como hace Lc 24), pues con ello podría conducirnos a un error: buscar a Cristo en la gloria trascendente de los cielos o en unas visiones separadas del camino de la entrega concreta de la historia. Intencionadamente ha preferido que el mensaje de la pascua nos conduzca de nuevo al lugar de su misión en Galilea, al camino de su entrega creadora de la Iglesia.

Es muy probable (casi seguro) que Marcos conociera relatos sobre la historia pascual de Jesús. Así podría habernos presentado otras palabras, resaltando otros aspectos de su gloria y su mensaje. Pero el texto que ha querido recoger al fin de su evangelio es suficiente (16, 1-8) y ofrece a su juicio un buen esquema del camino y presencia pascual de su Cristo. También nosotros debemos terminar aquí, dejando que los mismos lectores vuelvan hacia atrás y reinterpreten por sí mismos el camino recorrido. Pero debemos hacerlo retomando los motivos de 16, 1-8, donde el joven de la pascua dice su palabra a las mujeres.

La llamada de evangelio ha sido y sigue siendo una historia quebrada por la muerte de Jesús. Ciertamente, el texto de Marcos está lleno de «destellos» pascuales: el curado de Gerasa (5, 18-20), el ciego de Jericó (10, 46-52), la mujer del vaso de alabastro (14, 3-9), etc. Pero de forma paradójica podemos y debemos añadir que la verdad más honda de esos buenos discípulos que descubrieron la pascua de Jesús en el mismo recorrido de su vida sólo recibe su sentido pleno en este relato y experiencia de la tumba vacía. El ciego de Jericó sigue a Jesús hasta Jerusalén para encontrar allí el sentido de su muerte-pascua. La profetisa del perfume está vinculada al mensaje del evangelio porque ha preparado la sepultura de Jesús y participa de la gloria-promesa de su pascua. El mensaje del antiguo endemoniado de Gerasa alcanza validez únicamente si su gesto se expande por la pascua hacia la nueva dimensión del Señor resucitado...

Resulta claro que los Doce en cuanto grupo especial han fracasado, como indica con toda nitidez el relato central de Marcos. Pero a los costados de la marcha han ido apareciendo otros grupos y personas que ahora adquieren su más hondo sentido. Ellos concentran y cumplen su función de anuncio o anticipo de la pascua a través de las mujeres que hallaremos junto a la tumba vacía. Fracasan los doce como grupo, pero sigue Pedro y siguen también otros, en especial los zebedeos (cf. 10, 39), pero no ya como signo de la recreación de Israel, sino de la misión universal del evangelio de la pascua. Y con estas advertencias podemos pasar ya al texto:

> a. (Las mujeres del sepulcro) *¹Pasado el sábado, María Magdalena, y María la de Santiago y Salomé compraron perfumes para ir a embalsamar a Jesús. ²El primer día de la semana, muy de madrugada, a la salida del sol, fueron al sepulcro. ³Iban comentando: ¿Quién nos correrá la piedra de la entrada del sepulcro?*
>
> b. (El joven de la pascua) *⁴Pero, al mirar, observaron que la piedra había sido ya corrida, y eso que era muy grande. ⁵Cuando entraron en el sepulcro, vieron a un joven sentado a la derecha, que iba vestido con una túnica blanca. Ellas se asustaron. ⁶Pero él les dijo: «No os asustéis. Buscáis a Jesús el nazareno, el crucificado. Ha resucitado; no está aquí. Mirad el lugar donde lo habían puesto. ⁷Pero id, decid a sus discípulos y a Pedro: El os precede a Galilea; allí lo veréis, tal como os dijo».*
>
> c. (Las mujeres huyen) *⁸Ellas salieron huyendo del sepulcro, llenas de temor y asombro, y no dijeron nada a nadie, pues tenían miedo.*

Jesús no aparece de manera directa tras su muerte. Lo que sigue (16, 1-8) es la historia pascual de unas mujeres que, buscando su cuerpo en la tumba, para embalsamarlo, descubren la tumba vacía y escuchan la palabra del *neaniskos* (cf. 14, 51-52) que les dirige a Galilea, para reiniciar allí, con los discípulos y Pedro, el verdadero evangelio de la Iglesia mesiánica.

1. Las mujeres van al sepulcro (16, 1-3)

Ellas deben culminar su conversión. Han quedado solas ante el monumento funerario y piensan que no tienen más función sobre la tierra que llorar (embalsamar) al amigo y maestro muerto. Son símbolo de familia que acaba, de muerte que queda. Como miles y millones de mujeres, en rito siempre repetido, van hacia el sepulcro del pariente/amigo muerto. Han sido más fieles que los hombres (se han mantenido ante la muerte), pero no han comprendido la experiencia de la mujer del vaso de alabastro (14, 3-9), no saben que Jesús se encuentra ungido ya para la vida, de manera que deben encontrarle en la palabra de evangelio, comenzando de nuevo en Galilea.

> – *Pasado el sábado*, es decir, cumplido el ritmo de reposo y sacralidad del judaísmo. El sábado se vuelve ahora tiempo viejo, culto a las fuerzas de este mundo que mantienen a Jesús en el sepulcro. Es tiempo de pecado: triunfan

Epílogo

aquellos que han matado; descansan de su asesinato. Sólo allí donde se llegue a superar el judaísmo (ley, nación, sábado) tendrá sentido la nueva vocación mesiánica. Ella se define por la pascua.

- *María Magdalena, María la de Santiago y Salomé*. Son las tres que hemos visto en 15, 40. Forman el centro de ese grupo de discípulos-mujeres que han seguido-servido a Jesús. Ahora quieren realizar con él el último servicio: han comprado aromas para embalsamarlo. Con esto acabaría su camino, termina su tarea de amistad: llegan hasta el fin en su entrega por Jesús y quieren ya tocarle, cuidarle en el sepulcro.
- *Y muy de madrugada...* vinieron al sepulcro cuando salía el sol. El signo de la creación de Dios les acompaña: el sol del nuevo día. Parece que no debería haber salido. Las tinieblas de la muerte de Jesús tendrían que haberse mantenido sobre el mundo para siempre. Pero sale el sol, y es signo de luz, de día-vida diferente, aunque estas mujeres del sepulcro no lo sepan.
- *Y se decían:* ¿Quién nos correrá la piedra...? Son débiles, son poco expertas en correr y descorrer la losa grande de las tumbas. Son en realidad muy pocas. Otros duermen o se afanan en cumplir pobres tareas. Los discípulos varones se hallan lejos, escapando a Galilea (cf. 14, 28). Estas mujeres que, en una temprana madrugada, van hacia la tumba del Mesías muerto llevan en su luto y su dolor todo el misterio de la historia humana. Son discípulas auténticas, aunque todavía equivocadas: mantienen la vocación de Jesús, continúan buscando su camino, pero siguen perdidas tras su muerte.

Van solas. No hay varones que les acompañen y puedan descorrer con fuerza la piedra de la boca del sepulcro. Pedro y los restantes discípulos siguen huyendo hacia la vieja Galilea de sus orígenes carnales, no a la Galilea de la pascua (cf. 14, 28). Los varones del entierro ya han cumplido su misión (15, 42-46) y ahora se ocupan de otras cosas. El centurión ha desaparecido: a Roma le falta mucho tiempo para convertirse. Sólo quedan ellas, las fieles de Jesús, mujeres del recuerdo y del sepulcro, dispuestas a iniciar con el crucificado el rito interminable de la unción y de los cantos/llantos funerarios.

Van con aromas al sepulcro, entendido aquí como lugar de recuerdo de Jesús (*mnêmeion*, recordatorio), sin saber que la unción mortuoria la había realizado ya de forma profética la mujer del vaso de alabastro (14, 3-9). Por eso, el lector que haya entendido aquel relato sabe que Jesús no puede estar en el sepulcro al que caminan las mujeres, pues su recuerdo es palabra de pascua y su cuerpo (*sôma*) se ha hecho pan compartido para los creyentes (cf. 14, 22). Pero ellas todavía no lo saben: son creyentes que aún no han culminado el camino de Jesús. Por eso las presenta Marcos 16, 1-8, en relato de gozosa ironía de pascua: van hacia un sepulcro vacío con perfume mundano (aromas de culto funerario), sin saber cómo podrán utilizarlo (no tienen fuerza para abrir la tumba, penetrando más allá de la muerte). Pero tanto lo que saben como lo que ignoran se les vuelve inútil pues el *recordatorio de muerte* (monumento, *mnêmeion*) está abierto, sin cadáver para embalsamar.

> **(138) Los «grandes» llamados: cuatro, doce, tres (hombres y mujeres)**
>
> En el comienzo de la misión del evangelio no estaban los Doce, que aparecen más tarde (3, 14-17), sino los Cuatro pescadores, a los que Jesús llama a la orilla del Mar de Galilea, concebido como centro donde convergen todos los pueblos. Esos cuatro definen de manera poderosa el proyecto de Jesús, su vida y mensaje. Pero, al lado de ellos, estarán los Doce, y los tres más íntimos, y en fin, las tres mujeres de pascua. Esta variación de personajes ha ido definiendo todo el evangelio:
>
> 1. *Cuatro hombres* (seres humanos, signo de la humanidad entera: 1, 16-20). Ellos aparecían al principio del evangelio, llamados de un modo especial por Jesús, para ser *pescadores de hombres*, para iniciar así con él la gran Pesca del Reino; son dos parejas de hermanos: Pedro y Andrés, Santiago y Juan, que están en el centro del discipulado de Jesús (1, 16-20; cf. 1, 29, donde se dice que van juntos a la casa de la suegra de Pedro). Lógicamente, ellos vuelven al final como *destinatarios y testigos* del mensaje apocalíptico de Jesús, centrado en la reunión de la humanidad en torno al Hijo del Hombre (13, 3.) Parece evidente que en el fondo de ese grupo hay un recuerdo de historia: Jesús ha llamado a cuatro pescadores, como signo de la humanidad entera, para realizar una tarea entendida como pesca, y no como siembra (Marcos 4), ni como pastoreo (cf. también Lc 5, 1-11 y Jn 21).
> 2. *Doce*. Los Cuatro son signo de la humanidad entera, mostrando así que ella es la que importa, antes del pueblo de Israel (que estará representado por los Doce de 3, 14-17 y 6, 7-13). Por esa razón podemos afirmar que los Doce están subordinados a los Cuatro. Vienen después, pero son muy importantes, como signo de un mesianismo israelita, que deberá abrirse después a todos los pueblos (simbolizados por los Cuatro). Frente a los falsos cristos y profetas que pueden engañar a los cristianos (13, 6.21), como testimonio de la verdad apostólica de la Iglesia aparecen ellos. No son gobernantes en el sentido ordinario del término, no son jerarcas. Significativamente, Marcos no ha recogido la sentencia escatológica donde Jesús promete a los Doce que «se sentarán sobre doce tronos para juzgar a las doce tribus de Israel» (Mt 19, 28; Lc 22, 30), pero les ha dado una tarea importante en perspectiva israelita.

3. *Tres hombres* (son los Cuatro menos Andrés). Ellos aparecen como signo de la intimidad de Jesús. Entran con él en la casa del Archisinagogo, superando la ley judía de purezas, como primeros testigos de la resurrección (5, 37). Son testigos de la transfiguración pascual de Jesús y escuchan la voz del Padre que le declara Hijo, iniciando un diálogo sobre la resurrección (9, 2-13). Acompañan y abandonan a Jesús en el huerto de la angustia (14, 32-42). Aparecen así como garantes de tres aspectos fundamentales del evangelio (pasión, pascua y superación de la ley). De todas formas, ellos dejan solo a Jesús ante la gran prueba de Getsemaní.
4. *Tres mujeres*. Emergen como por sorpresa al final del evangelio (15, 40-41.47; 16, 1-8). Donde fallan los varones se afirman ellas como testigos de la muerte de Jesús. Sin ellas no existe evangelio, no hay certeza de la muerte y tumba de Jesús, ni testimonio humano de la pascua. Pero ellas solas tampoco bastan, pues deben superar la fijación de muerte (quedando en el sepulcro) y el riesgo de una Iglesia cerrada en Jerusalén, y por eso tienen que venir a Galilea para unirse con Pedro y los discípulos, formando la única Iglesia. En 16, 8 se dice que ellas huyeron, porque tenían miedo; pero todo el evangelio de Marcos es un testimonio de lo que ellas han hecho, ofreciendo el testimonio de la muerte y pascua de Jesús. Ellas son las «fundadoras» de la Iglesia. En ellas se cumple la buena llamada y vocación de los Cuatro, de los Doce y de los Tres.

2. El joven de la pascua (16, 4-7)

Llegan buscando un cuerpo para ungir en un monumento excavado en la roca (signo de permanencia cósmica). Por eso, cuando ven la entrada abierta y vacío el interior se aterran. Han podido entender y aceptar la muerte del amigo. No son capaces de acoger e interpretar su pascua. Parecen enamoradas de la muerte, como si en ella debieran quedarse. Les cuesta comprender la novedad de la vida anunciada y realizada por Jesús desde el principio del mensaje en Galilea.

La muerte de Jesús les ha descolocado. Parecen perdidas y por eso están buscando en dirección de tumba. Pero el Dios verdadero de Jesús viene a buscarlas precisamente en este camino de la muerte. No les acompaña nadie; no existen varones amigos que lleguen y quieran moverles la piedra. Pero su fe les hace caminar, y descubren que la piedra está corrida. Ésta es la piedra de tumba de la historia, la losa en que vence (nos vence) por siempre la muerte. Pero, desde el otro lado de la vida, surge el misterio de Dios que les habla tomando la figura de un viviente, de un joven sentado a la derecha y vestido de blanco: así, al fondo de la tumba, ellas empiezan a encontrar la gloria de la pascua.

Pascua, un final abierto (16, 1-8)

Pero la tumba está abierta y en ella, en vez de un cadáver, hay un joven que sabe lo que quieren las mujeres y por eso, al verlas asustadas, les dice:«¡No os sobresaltéis, no temáis!». Este «no temáis» constituye un elemento central en todas las llamadas verdaderas: cuando habla Dios, parece que la vida acaba, pero Dios la pacifica y reconstruye. La palabra del joven presenta dos partes. Una es entrad: «No está aquí, mirad el lugar donde lo pusieron». Las mujeres tienen que llegar hasta el fondo de la tumba, descubriendo allí el vacío de Jesús, el hueco que ha dejado en el camino de la historia; en un determinado nivel, Jesús no existe más, ya no podemos verle ni tocarle como antes, no podemos venir a embalsamarle en el sepulcro. La segunda palabra del joven es salid: «Id y decid a sus discípulos y a Pedro...».

Buscaban un cadáver para embalsamar y han encontrado una tarea muy distinta de vida y de total renacimiento. Ellas, las mujeres del sepulcro, habiendo cumplido con fidelidad el camino de discipulado que termina en una tumba, tienen que cambiar y hacerse desde ahora mensajeras de la pascua. Reciben y elaboran de esa forma su nueva vocación. En la vocación de estas mujeres se encuentran incluidos los restantes caminos y llamadas de la Iglesia. Lo que había comenzado con Abrahán, lo que Moisés había descubierto ante la zarza, la denuncia de Isaías, la fuerte debilidad de Jeremías, todas las llamadas de los Doce y de los otros discípulos del Cristo en el camino de su historia se han venido a condensar en esta vocación abierta a la misión universal del nuevo tiempo de la pascua. Ellas, las mujeres, son ante la tumba vacía como un semillero nuevo de vida mesiánica; son en su raíz y su verdad toda la Iglesia.

- *No temáis: buscáis a Jesús el nazareno, el crucificado* (16, 6). El joven comienza recordando lo que quieren; ungir un cadáver, venerar una tumba, perpetuar una historia que siempre desemboca en muerte. Pero Jesús ha roto la espiral de violencia; la tumba está vacía. Por eso, ellas deben renunciar a ese deseo.
- *¡Ha resucitado! No está aquí, mirad el lugar donde lo habían puesto* (16, 6). La presencia de un cadáver puede dar seguridad a los amigos: es memoria tangible del muerto, recuerdo que dura, haciéndonos capaces de seguir muriendo sobre el mundo. Por eso, las grandes iglesias se alzan sobre el suelo de un enterramiento. Pues bien, Jesús no ha dejado ni siquiera un cuerpo. Pero, desde el hueco del sepulcro inexplicable (un *recordatorio* o *mnêmeion* que sólo da fe de una muerte pasada: ¡*Mirad dónde le habían puesto!*) emerge la palabra fiel del mensajero de Dios: ¡*Ha resucitado!* El vacío del cadáver, la soledad que deja el muerto se ha convertido en lugar de proclamación de una presencia y vida superior: ¡*Ha resucitado!* Sobre esa certeza pascual, no sobre una fijación de muerte se funda la Iglesia del Cristo.
- *Pero id (salid) y decid a sus discípulos y a Pedro: ¡Os precede a Galilea!* (16, 7). La soledad del sepulcro se llena con esta palabra de *envío* y misión que reasume

Epílogo

las palabras de Jesús cuando devolvía a su hogar a los curados o enviaba a sus discípulos al mundo (2, 9; 5, 19; cf. 6, 7). Estas mujeres de la pascua deben proclamar la promesa de Jesús (cf. 14, 28): reciben el encargo supremo de fundar *la nueva Iglesia*, reuniendo a los discípulos y a Pedro, de manera que todos puedan encontrar a Jesús en Galilea. *La Iglesia de Jerusalén* sigue centrada en una tumba, entre ritos de muerte, vinculada a la pureza del judaísmo.

- *Allí le veréis como os dijo* (16, 7). Los que han matado a Jesús no han silenciado su voz, no han cegado la fuente de su vida: el camino de solidaridad universal de la Iglesia mesiánica se inicia en Galilea, para abrirse desde allí a todos los pueblos (cf. 13, 10; 14, 9). Han matado a Jesús, pero su mensaje y presencia ha de expandirse a través de las mujeres que lo asumen y propagan, convenciendo a los discípulos, de modo que así todos vayan a encontrarle en Galilea.

Con esta certeza ha escrito Marcos su evangelio. Jesús resucitado se muestra a las mujeres, a través del joven de pascua, enviándolas de nuevo (para siempre) a Galilea, en *la palabra que ellas deben decir a los discípulos y Pedro*, reiniciando el camino de la Iglesia mesiánica. Ellas eran necesarias, tanto en 15, 40-41.47 (cruz y enterramiento), como aquí (sepulcro), transmitiendo el testimonio de la muerte y pascua de Jesús, como germen vivo (simiente escatológica) de Iglesia.

Estas mujeres que han seguido a Jesús para servirle, subiendo así a Jerusalén (15, 41), deben asumir y realizar ahora su más alto servicio: ser evangelistas de la vida de Dios, abriendo el camino de pascua para los discípulos. Han ido a llorar al sepulcro, y ahora tienen que secar su llanto: dejan los aromas y se ponen en camino para un nuevo y más alto ministerio, haciendo de algún modo oficio de «paráclito», es decir, recordando a los discípulos del Cristo la experiencia prometida de la pascua. Decid a sus discípulos y a Pedro. Los restantes eslabones se han roto o han perdido su función. Sólo ellas mantienen la cadena fuerte que vincula la historia de Jesús (el pasado de su vida) y el presente creador de su pascua: son las mediadoras universales de la vocación cristiana, interpretada y vivida en clave pascual. Han buscado a Jesús a su manera, en línea de muerte (quieren embalsamarle), pero el joven de la pascua les conduce hacia un Jesús que vive y les envía para que revivan sus discípulos.

En este momento no se puede hablar ya de los Doce. Ellos han realizado un camino importante con Jesús, desde la primera llamada (3, 13-19) hasta el gesto de la cena en ámbito de pascua judía (14, 12-31). Pero no han cumplido su misión, y se ha disuelto su tarea como Doce, es decir, como grupo israelita. Pero su elección y su experiencia permanecen en otra perspectiva. Acaban como Doce, pero pueden seguir, y quizá la mayoría de ellos siguen como discípulos conforme a lo que el mismo Jesús les había prometido en 14, 28, que ha de unirse a 16, 7.

Pascua, un final abierto (16, 1-8)

Terminan los Doce como grupo, pero el camino que han realizado sigue siendo fuente de vida y lección de aprendizaje tras el tiempo de la pascua. De esa forma continúan los cuatro pescadores de 1, 16-20; se mantienen de un modo especial los zebedeos, bebiendo el mismo cáliz de Jesús (10, 35-45), y continúa sobre todo Pedro, quien conserva de modo preeminente el mensaje del joven de la pascua a través de las mujeres (cf. 16, 7). Siguen éstos y otros muchos que hemos ido encontrando en el camino: los publicanos con Leví (2, 13-17), los que buscan con Jesús la voluntad del Padre, siendo su familia verdadera (3, 31-35), el endemoniado de Gerasa (5, 1-20), la madre y la hija griegas (7, 24-30), lo mismo que otros muchos que podemos condensar en Bartimeo (19, 46-52) y la mujer del vaso de alabastro (14, 3-9). Todos ellos forman la verdad de Galilea, el lugar donde con Pedro y las mujeres vuelve a comenzar el evangelio.

Desaparecen los «apóstoles» israelitas (3, 14) del triunfo del mesianismo israelita, pero de sus ruinas (de sus restos) y de todos aquellos que han seguido de algún modo a Jesús viene a formarse la Iglesia tras la pascua. No es Iglesia nueva en el sentido de recién constituida. Es comunidad que el mismo Jesús ha ido formando en su misión de anuncio y entrega por los otros. Esa comunidad de discípulos de Galilea, que rompen con el sacralismo judío de Jerusalén (sacerdotes, escribas, templo), constituye para Marcos el principio y base de la Iglesia cristiana. Evidentemente ella apela a las mujeres de la tumba vacía, pero apela también a Pedro que ha superado su obstinación anterior (piedra dura y terca: cf. 8, 29-33) y su arrogancia miedosa (piedra vacilante de 14, 9.37.66-71), para convertirse en piedra de cimiento de la comunidad que se reúne en Galilea (cf. 16, 7). Ésta es una comunidad de mujeres que han servido a Jesús (15, 40-41), en unión con Pedro y con aquellos que han sido compañeros del Mesías... Es, en fin, comunidad abierta a todos los que han descubierto el perdón-amor de Dios por este Cristo galileo que ha venido a ofrecer reino de Dios a los perdidos de Israel y de la tierra.

Para los cristianos, en Jerusalén queda sólo un sepulcro vacío, pues su espacio religioso se encuentra dominado por escribas-ancianas-sacerdotes que controlan y dominan la vida de los hombres. Superando esa clausura de Jerusalén, ha surgido Galilea, tierra de libertad evangélica, donde ya no existen sacerdotes (intermediarios sagrados), ni escribas (codificadores de la ley), ni ancianos que asumen el poder sobre los otros. Como germen de perdón universal y curación, campo abierto donde puede compartirse el pan con todos los pobres de la tierra, Galilea se convierte para Marcos en principio y signo del conjunto de la Iglesia.

En esa Galilea han de ofrecer su testimonio y su palabra estas mujeres de la tumba vacía de la pascua. Ellas son como el «paráclito», es decir, una memoria viviente de Jesús, y de esa forma han de servir para los otros de memoria. No enseñan más verdades, no teorizan en clave de principios generales, no reciben más revelaciones. Ellas se limitan a «saber» y vivir de forma intensa y ya resucitada la palabra que Jesús había dicho en el momento de su cena: «Os precedo en Galilea» (14, 28). No había mentido: les está esperando a todos, junto al lago y sobre el monte de su tierra, para iniciar así el camino ya definitivo de la vida. Ellas, plañideras del sepulcro, empiezan a ser desde ahora mujeres de pascua: deben caminar hacia el encuentro de Pedro y de los otros discípulos, para recordarles lo que Cristo ha sido, para situarles en espacio (y tiempo) de revelación pascual: «Allí le veréis». Esta ha sido la palabra clave: lo que empezó en Galilea en otro tiempo, sigue siendo válido: es la historia del Mesías de Dios; por eso el camino antiguo debe recorrerse de nuevo, reinterpretado y recreado por la pascua.

Si el sepulcro de Jerusalén se encontrara lleno con el *sôma* de Jesús (cuerpo muerto, promesa de resurrección futura) el evangelio seguiría vinculado a los ritos nacionales del judaísmo. Pero el sepulcro está vacío; Jerusalén ha perdido su importancia. Frente a la *religión de la pureza judía*, que sigue vinculada a la ley (ungir sin cesar un cadáver, venerar un muerto, perpetuar un pasado), la palabra del joven de pascua dirige a las mujeres hacia Galilea, es decir, al espacio de la libertad universal del evangelio. Más que un *hecho físico*, el sepulcro vacío es un acontecimiento teológico, mejor dicho, es *el acontecimiento teológico del cristianismo*: el camino de Jesús no se ha cerrado y centrado en una tumba de Jerusalén, junto a su templo, bajo las leyes judías, como parecen suponer estas mujeres (Iglesia judeocristiana). El sepulcro vacío las lleva, a través de la palabra pascual del joven, al lugar geográfico y teológico de Galilea, donde nace la Iglesia, desde la visión nueva de Jesús, con los discípulos y Pedro.

Lo que deben dejar las mujeres es mucho más que un lugar geográfico: deben superar las leyes de pureza y separación del judaísmo ritual, empeñado en embalsamar cadáveres. De esa forma pueden ir a Galilea, lugar de la palabra sembrada en toda la tierra: (cf. 4, 3-9) y abierta a las naciones del mundo (cf. 13, 10; 14, 9). Ir a Galilea significa superar aquello que encierra a los discípulos en Jerusalén, la iglesia de la ley, el judeocristianismo. Precisamente las mujeres de la tumba fracasada (no han podido ungir a Jesús) reciben la misión de decir a los discípulos y a Pedro la palabra de la pascua en Galilea. Ellas, mujeres que parecen vinculadas a la muerte, tienen la tarea suprema de la historia: anunciar el principio de la vida en Galilea. Pero, al llegar aquí (16, 8), el texto se complica (o simplifica) de nuevo de una forma que resulta casi intolerable para el lector no acostumbrado a las paradojas (ironías) supremas de Marcos.

> **(139) Galilea, el mundo entero. La misión cristiana**
>
> Jesús inició su mensaje en Galilea (1, 14) en torno a un mar que parece abrirse a todo el mundo; por eso, sus Cuatro pescadores (cf. 1, 16-20) reciben una tarea universal y los pueblos del entorno se hacen signo de todos los pueblos de la tierra

(cf. 3, 7-8). Desde ese contexto podemos evocar los tres pasajes fundamentales en los que Marcos evoca, abierta desde Galilea, la apertura de la misión cristiana a todo el mundo:

1. *Decid a sus discípulos y a Pedro: Os precede a Galilea, allí le veréis* (16, 7). Las mujeres han venido de Galilea a Jerusalén, siguiendo y sirviendo a Jesús hasta su muerte (15, 40-41.47). Ahora tienen que dejar Jerusalén con su tumba vacía y volver a Galilea, para unirse a la Iglesia universal. Parece que (al menos en principio) no lo hacen; quedan en Jerusalén, vinculadas a una Iglesia judeocristiana enraizada teológica y socialmente en la ciudad judía. Pues bien, para culminar su camino, ellas tienen que dejar la ley judía de Jerusalén (que ha desembocado en la muerte de Jesús), para empezar de nuevo el camino del mensaje en Galilea, recordando y retomando todo lo que ha sido el evangelio del Reino y el pan compartido.
2. *En cualquier lugar donde se proclame el evangelio en todo el cosmos...* (14, 9). Una mujer ha ungido a Jesús para la sepultura, en anuncio de pascua que rompe la dinámica de muerte de los sacerdotes. Allí anuncia Jesús la misión universal, vinculada al gesto de esa mujer. Sólo asumiendo su gesto se rompen los muros sacrales de Jerusalén y se abre el evangelio al cosmos, recreado precisamente desde la entrega de Jesús. En la casa de *Simón el leproso*, no en el templo, anuncia Jesús la misión universal del pan compartido.
3. *Primero debe ser proclamado el evangelio a todos los pueblos* (13, 10). Los cristianos se encuentran perseguidos de forma universal (por judíos y paganos), en situación de violencia definitiva. Pero antes de que llegue el fin de los tiempos, la misma persecución y/o muerte les hace misioneros universales: *el mismo Espíritu Santo* (13, 11), les ofrece palabra de evangelio que supera todas las palabras de este mundo.

Jesús ha ratificado y cumplido su evangelio en Jerusalén (entrega de la vida) para iniciarlo de nuevo en Galilea (anuncio del mensaje, familia universal, pan compartido, apertura a las gentes...), en gesto y palabra que se extiende a todo el mundo. Jerusalén ha dejado de ser matriz de pueblos; la promesa profética de la unión final de la humanidad se realiza en Galilea, desde el mensaje y vida de Jesús.

3. Las mujeres huyen. Un final abierto (16, 8)

Lógicamente, parece que el relato debería terminar en 16, 7 [o con un final como el canónico: «Ella (María Magdalena) o ellas fueron y anunciaron a los

Epílogo

discípulos lo que había sucedido...» (16, 9-10)]. Pero el texto acaba de un modo que parece imposible: «Ellas salieron huyendo, no dijeron nada a nadie... pues tenían mucho miedo» (16, 8). ¿Qué significa eso? Quien lo entienda entiende todo Marcos. Estas me parecen las lecturas más coherentes (y complementarias) del texto:

- *Primer nivel, las mujeres escaparon y parece que no fueron*. Mc 16, 8 afirma que las mujeres salieron con miedo del sepulcro y escaparon, de manera que podemos suponer que no han cumplido la palabra del joven del sepulcro, no han dicho nada a los discípulos. La muerte había detenido a los discípulos varones. La pascua detiene a las mujeres. Así tenía que afirmarse en un nivel. Tampoco ellas se encuentran preparadas para pascua, tampoco ellas comprenden el misterio de la vida que brota de la muerte. Todo lo que pueden decir resulta insuficiente, todo lo que hagan es al fin inadecuado, pues el mensaje del Jesús pascual desborda el nivel de las acciones y palabras de la tierra. En el principio de la pascua surge el miedo: con la muerte de Jesús ha terminado todo, no se puede construir humanidad (familia) partiendo del vacío de su tumba. Por eso, es lógico que 16, 8 asegure que ellas no dijeron nada.
- *Segundo nivel, el texto supone que las mujeres fueron*. Todo el evangelio de Marcos está escrito a partir del testimonio de las mujeres, de forma que parece claro que, en algún sentido, ellas han ido a Galilea (al lugar del evangelio), contando la historia que no puede contarse (el mensaje pascual de la tumba vacía), reiniciando el camino del Reino: han dicho la palabra a Pedro y al resto de los discípulos, asumiendo con ellos el proyecto de Jesús, en dimensión de pascua. Por eso han sido y siguen siendo las hermanas primeras, garantes del principio de la Iglesia, del Cristo hecho palabra que se anuncia, para volverse de esa forma «pan» multiplicado y compartido sobre el mundo. Parece evidente que en un sentido han cumplido su misión (las mujeres forman parte de la Iglesia de Jerusalén). Pero en otro sentido más hondo no han ido, no han llegado hasta el final del mensaje de la pascua, no han formado parte de la verdadera Iglesia universal, formada según Marcos en Galilea.
- *Tercer nivel, lo que importa no son las mujeres, sino nosotros, los lectores de Marcos*. En un primer nivel las mujeres no han dejado el espacio de la tumba para dirigirse a Galilea. Pero, conforme ha ido mostrando este trabajo, en los lugares clave de su texto, Marcos supone que las mujeres han ido y que ahora los que debemos ir somos precisamente nosotros, sus lectores. A través de las mujeres, el texto sigue hablando a sus lectores: son ellos los que deben escuchar de una manera personal esa palabra, poniéndose en lugar de las mujeres y decidiendo por sí mismos: ¿Quieren ir, queremos ir? ¿Estamos dispuestos a dejar Jerusalén (judaísmo y templo, mesianismo nacional y seguridad humana) para iniciar la experiencia de evangelio en Galilea? *Seguir*

en Jerusalén significa reinterpretar a Jesús desde el judaísmo, en claves de muerte. *Ir a Galilea* exige descubrirle en el camino universal del evangelio, en el proyecto del pan compartido, de la comunidad que se forma a partir de la palabra de Dios en la entrega creadora de la vida. Para Marcos, una aparición de Jesús resucitado en Jerusalén sería contraproducente, contra-evangélica, pues serviría para avalar de alguna forma el viejo judaísmo. Irónicamente nos sitúa Marcos 16, 1-8 ante la exigencia de la ruptura pascual: Galilea es mucho más que un lugar geográfico, es la totalidad del evangelio. Las mujeres no fueron, yendo de algún modo (de lo contrario no se podría haber contado esa historia). ¿Queremos ir nosotros?

Volver a Galilea y encontrar allí a Jesús supone para las mujeres (y para nosotros) retornar a lo que ha sido el camino del evangelio, expresado en todo Marcos, desde su comienzo: es volver a la comunidad universal de hermanos/as, madres/hijos (3, 31-35; 10, 29-30), retornar a los caminos de la mesa compartida (multiplicaciones: 6, 6b-8, 26), reasumir el compromiso de entrega de Jesús... No es volver para reiniciar eternamente un camino (en una especie de círculo de eterno retorno, para subir otra vez a Jerusalén, bajar a Galilea y así sucesivamente). De Galilea no se vuelve ya a Jerusalén, pues el camino de Jesús se ha realizado y culminado para siempre. De esta nueva Galilea pascual hay que salir hacia todas las naciones del mundo (cf. Mt 28, 16-20), como Marcos ha indicado con suficiente claridad en los lugares clave del enfrentamiento con el templo (en 13, 10) y de la unción mesiánica de Jesús (14, 9). Jerusalén queda atrás, como lugar de entrega y muerte, con el testimonio de un sepulcro vacío; por eso es malo el intento de quienes pretenden recentrar allí la comunidad cristiana, en claves judaizantes (cf. 3, 20-35). El nuevo camino empieza ahora desde el encuentro con el Jesús pascual en Galilea y se extiende a todo el mundo.

Desde esa perspectiva, el miedo de las mujeres sigue siendo necesario. Nosotros, como ellas, somos portadores de un mensaje que nos desborda, de una vida que nos sobrepasa. En el fondo resulta más fácil quedarse en Jerusalén, contando la historia gloriosa de uno que ha muerto y manteniendo de algún modo las fidelidades del antiguo judaísmo (y de Roma). *El miedo de las mujeres de 16, 8* no es miedo al sepulcro ni a la pascua (si ella se entendiera en forma judía, jerosolimitana). *Es miedo a la misión que deben iniciar en Galilea*, un miedo semejante al que una y otra vez han sentido los discípulos haciendo la dura travesía sobre el lago, pasando al otro lado, teniendo que cruzar el mar que conduce a las naciones (o comunica con ellas), sin seguridad legal judía, sin protección política herodiana, sin llevar en la barca más que un pan (cf. 4, 40; 6, 50-52; 8, 14-21). Las mujeres miedosas reflejan los problemas de una Iglesia que, superado el esquema de los Doce apóstoles judíos, tiene que abrirse, desde Galilea, con Pedro y los discípulos a todos los pueblos de la tierra.

Epílogo

Su miedo sigue siendo nuestro miedo. Situarnos ante 16, 8 significa aprender a ser cristianos. El sepulcro abierto nos obliga a dejar Jerusalén (lugar de la esperanza fracasada de Israel, templo inútil, sepulcro vacío), para iniciar el camino de la verdadera comunidad mesiánica en Galilea, recreando allí la casa y mesa, la familia y vida del Cristo galileo. Lógicamente, en esta perspectiva, las apariciones concretas de Jesús resucitado (cf. Lc 23, Jn 20-21) resultan innecesarias. Para Marcos no hay apariciones posteriores, separadas de la vida evangélica del Cristo. La pascua de Jesús está presente y se explicita de nuevo en el camino anterior del evangelio. Sólo así se puede entender y vivir lo que ha contado en este evangelio que aparece como *epifanía del Cristo resucitado*. Lo que a un nivel es narración y recuerdo de la vida de Jesús (de algo pasado) viene a presentarse a otro nivel como testimonio de presencia del resucitado.

Para entender este final de Marcos debemos superar una lógica de tipo lineal, en la que sólo se puede hablar de una respuesta (de un plano de lectura). Marcos ha escrito un libro en diversos planos, libro para leer y para actualizar (es decir, para cumplir). Por eso, el tema de «volver a Galilea» es nuestro tema, el tema de los lectores de Marcos. Desde este fondo podríamos comentar de nuevo todo el texto de Marcos. Pero ya lo hemos hecho esta segunda vez, en perspectiva eclesial. Quien haya seguido nuestra reflexión sabrá entender a Marcos como evangelio del resucitado presente en la historia de entrega de su vida. Testimonio pascual es su narración; así acaba (y acabamos) con la palabra del ángel de la pascua: *¡Id a Galilea, allí le encontrareis!*

---

(140) Geografía y Teología

Hay en la tradición cristiana una serie de lugares llenos de carga teológica: cielo e infierno, como expresión del final bueno o malo de la vida; purgatorio, que algunos toman como signo de purificación final; hay también santuarios cargados de recuerdos sagrados o vinculados a un tipo de presencia salvadora de Dios, de Cristo y María, de los ángeles y santos.

a. Marcos, un esquema de geografía sagrada:

1. *Desierto* (1, 1-13): Punto de partida penitencial, vinculado al Antiguo Testamento, a Juan Bautista (1, 1-8) y con la tentación satánica (1, 12-13). Pero ya aquí se dice que Jesús vino de Nazaret de Galilea (1, 9) y su identidad queda marcada por la voz del Padre de los cielos y por la presencia del Espíritu (1, 9-11).

2. *Galilea* (1, 14-8, 26). Jesús comienza su misión en Galilea (1, 14), donde anuncia la llegada del reino de Dios y realiza sus signos principales. Por eso, el evangelio queda vinculado a Galilea, que es la tierra de Jesús, un lugar abierto por el mar a todos los pueblos.
3. *Camino de Jerusalén, muerte del Mesías* (8, 27-15, 47). Jesús convierte su vida en don al servicio del Reino, que debe llegar a Jerusalén. Por eso sube a la ciudad, y se pone allí en manos de los hombres (de los sacerdotes) que le entregan en manos del poder de la muerte (de Pilato), muriendo asó como un fracasado. Le abandonan los discípulos, las autoridades le matan.
4. *Retorno pascual a Galilea* (16, 1-8). El joven de la pascua pide a las mujeres que vuelvan con los discípulos a Galilea, donde verán a Jesús, retomando su camino de Reino, un camino que, conforme a 13, 10 y 14, 9, se encuentra abierto a todos los pueblos de la tierra, a todo el cosmos. Eso significa que el evangelio no se extiende desde Jerusalén, sino desde Galilea.

b. Anotaciones sobre ese esquema:

1. *Es un esquema casi circular*: acabado el camino en Jerusalén (15, 47), hay que volver a Galilea (16, 6-7) para asumir de nuevo el ideal y mensaje de Reino.
2. *No hay retorno al desierto de Juan* (1, 4). La crucifixión de Jesús implica un cambio de estrategia; sus seguidores no pueden volver a los sermones penitenciales del Bautista, pues Jesús ha resucitado. El ideal y camino de Reino sigue adelante.
3. *No hay tampoco ciudad santa*: Marcos va en contra de toda posible sacralización simbólica de Jerusalén; los seguidores de Jesús tienen que abandonar la vieja ciudad con los sueños viejos (ya superados) del judaísmo (16, 6-7; cf. 13, 14). El judaísmo nacional ha sido superado.
4. *La «cosa» de Jesús vuelve a empezar en Galilea* (14, 28; 16, 7): el camino de ascenso a Jerusalén ha sido necesario, pero ya no podemos volver a realizarlo para triunfar donde Jesús fracasó y convertir los ideales de la ciudad «santa» en signo de la Iglesia. Los cristianos inician su camino situándose en Galilea, que es el lugar del mensaje y de la vida, el campo abierto de la misión y fraternidad evangélica.
5. *Galilea se abre ahora hacia las gentes,* como suponen los grandes textos de misión donde se dice que el evangelio ha de expandirse a todas las gentes, antes de que llegue el fin del tiempo (13, 10); lo que Jesús ha hecho y ha sido se abre ahora a todo el cosmos (14, 9). Por eso el encuentro pascual en Galilea (16, 6-7) será preludio de un camino universal de Reino.

Apéndice
Conclusión eclesial y epílogo canónico
(16, 9-20)

El mejor estudio textual que conozco sobre el tema es el de W. Willker, *The various endings of Mk* (ed. on line: http://www-user.uni-bremen.de/~wie/TCG/TC-Mark-Ends.pdf). Cf. también J. Hug, *La finale de l'évangile de Marc (Mc, 16, 9-20)*, Gabalda, Paris, 1978; J. A. Kelhoffer, *Miracle and Mission: the Authentication of Missionaries and their Message in the Longer Ending of Mark*, WUNT, Tübingen 2000; F. Lemoine, *Les différentes finales de l'*Évangile de Marc (www.ebior.org/bible/Tal/Marc/finales.htm); G. W. Trompf, *The Markusschluss im Recent Research*: AusBR 21 (1973) 15-25.

El texto original de Marcos ha concluido en 16, 8, como sabe la tradición manuscrita más antigua, y como admiten hoy unánimes los investigadores, tanto católicos como protestantes. Por eso, en un sentido estricto, nuestro comentario ha terminado y puede (debe) entenderse por sí mismo, desde lo ya escrito. Sin embargo, algunos lectores antiguos (a partir de finales del siglo II d.C.) han sentido gran dificultad en admitir el fin abrupto de 16, 8: las mujeres habrían respondido con el miedo fugitivo y el silencio a la palabra del joven de la pascua. Ese final, en vez de hacerles pensar con más hondura lo anterior, en vez de sorprenderles y admirarles, haciéndoles vivir y expandir de una manera paradójica el camino de Jesús, les producía inquietud, les perturbaba. Por eso decidieron ofrecer una conclusión más «clara» y fácil para Marcos, añadiendo algunos finales a su texto antiguo.

Existen dos testimonios principales de esa conclusión: (a) el primero (Marcos 16 s.n) es una verdadera conclusión, y no ha sido aceptado canónicamente; el segundo (16, 9-20) es un epílogo que ha entrado en el canon, es decir, en el texto oficial de la liturgia y lectura de la Iglesia. Ambos pueden encontrarse en el texto ofrecido por el GNT.

1. Conclusión no canónica (Marcos 16 s.n)

Este pasaje no se incluye ni se cuenta en el texto oficial de la Biblia. Sólo aparece en estudios críticos o notas aclarativas. Debió escribirse a principios del siglo II y se incluye como único final en alguna traducción antigua (manuscritos it k). Muchos manuscritos lo presentan como una conclusión a la que luego se añade el apéndice canónico de 16, 9-20. Pero, una vez que ese nuevo apéndice se extendió, llegando a dominar entre los textos, aquella primera conclusión acabó pareciendo innecesaria, y así se eliminó. Éste es su contenido:

> Ellas (las mujeres) anunciaron, pues, en breve todo lo encargado (por el joven de pascua) a los que estaban alrededor de Pedro. Y después de estas cosas, el mismo Jesús envió desde oriente a occidente, a través de ellos, el santo e inmortal kerigma de la salvación eterna. Amén.

Ésta es una verdadera conclusión, una especie de respuesta eclesial al conjunto de Marcos. Los lectores del texto base (Marcos 1, 1–16, 8) podían sentirse extrañados. ¿Cómo acabaría todo esto?, ¿dónde y cómo culminaba el camino de Jesús?, ¿fueron fieles las mujeres al encargo recibido? Posiblemente, en un principio no hizo falta responder a esas preguntas: el mismo compromiso de evangelio, la vida de la Iglesia, las estaba respondiendo. El texto de Marcos se encontraba todavía en gestación interna: resultaba inteligible por sí mismo. Pero en un momento dado esa continuidad hermenéutica acabó. El relato evangélico vino a caer en manos de personas que no habían vivido la problemática primera, del tiempo de Marcos. El texto antiguo perdió su referencia inmediata a los problemas de la vida eclesial. Las preguntas anteriores empezaron a necesitar una respuesta. Así surgió esta primera conclusión que ofrece la primera exégesis escrita de Marcos que nosotros conservamos.

- *Las mujeres miedosas, fugitivas, de 16, 8 han cumplido su encargo.* La Iglesia lo sabe y así lo confiesa en esta conclusión del evangelio. Ellas fueron en breve (*syntomos*) y anunciaron todo (panta) a los restantes discípulos. Sobre la fidelidad de estas mujeres se asienta la Iglesia. También nosotros, desde 16, 1-8, hemos supuesto que ellas respondieron al encargo pascual, aunque su palabra deba ser recreada constantemente dentro de la Iglesia, sin convertirse en un pasado lejano, ya cumplido de una vez y para siempre.
- *Este pasaje habla de Pedro y de los que están a su alrededor,* y lo hace en forma casi técnica, como cuando el texto original de Marcos hablaba de aquellos que se hallaban en torno (alrededor) de Jesús, utilizando la palabra *peri*: se sentaba *peri auton* (en torno a él) (cf. 3, 32.34; 4, 10). Pues bien, ahora, el pueblo de los fieles seguidores y discípulos se centran alrededor de Pedro

(*peri ton Petron*). Desaparecen los Doce. Como signo de continuidad con Jesús se encuentran, ante todo, las mujeres y después Pedro con aquellos que le rodean. Por medio de ellos (de las mujeres, de Pedro y los discípulos) extiende Jesús su mensaje. Pedro aparece aquí como centro de la Iglesia.

- *Jesús actúa desde arriba como agente principal*: por eso extiende su palabra desde oriente hasta occidente, como sol nuevo de gracia y salvación. El texto supone que el mensaje se ha extendido ya en el mundo, desde el extremo del este (Babilonia-Persia) hasta el oeste (España), en misión universal y triunfadora. Este anuncio de Jesús se entiende aquí como verdad de su evangelio.
- *El evangelio se interpreta como kerigma*. El evangelio original de Marcos no empleaba kerigma (como sustantivo), sino «anuncian» (*kerigma*) el evangelio (cf. 1, 14; 13, 10; 14, 9). Ahora el sustantivo «anuncio» (kerigma) sustituye al término mismo de evangelio y se convierte en expresión de la nueva realidad mesiánica. Con tono y frases de solemnidad litúrgica, propias de un ambiente muy helenizado, se describe ese kerigma como santo-inmortal y portador de salvación eterna. De esa forma, empleando técnicas literarias del tiempo, el redactor ha cargado en el final del texto el peso teológico del libro. Es evidente que el relato ha terminado. Los lectores pueden responder y responden litúrgicamente: Amén. ¡Así sea!

Literaria y teológicamente es una pena que esta conclusión tardía pero iluminadora de Marcos no haya entrado en el texto canónico del evangelio. Ella ha respetado el texto antiguo, y para respetarlo y valorarlo en su misma integridad ha tenido que mostrar que el camino de evangelio vive: han cumplido su misión las mujeres, ha sido fiel Pedro con los suyos, sigue y triunfa el mensaje de Jesús. El texto primitivo de Marcos era una especie de llamada, como una apuesta dirigida a los creyentes. Esta nueva conclusión indica que la Iglesia ha escuchado esa llamada y ha ganado (sigue ganando) esa apuesta, manteniéndose fiel al mensaje que ahora se reasume y valora en contexto helenista como *sotería* o salvación universal (en el espacio) y eterna (en el tiempo). La Iglesia de Jesús viene a convertirse en campo nuevo y definitivo de sacralidad (el kerigma es *hieron*, sagrado), abierto al mundo de los hombres; pero esta es una sacralidad distinta y liberadora, en la línea de todo lo dicho por Marcos, superando los aspectos que antes (cf. 11, 11.15-16; 13, 1-3) estaban vinculados al templo o *hieron* israelita.

2. Epílogo canónico (16, 9-20)

En un momento determinado, a partir de la segunda mitad del siglo II, algunos manuscritos comenzaron a incluir al final de Marcos una especie de apéndice, que antes circulaba de forma independiente; allí se ofrece un compendio de las

Conclusión eclesial y epílogo canónico (16, 9-20)

experiencias pascuales de los discípulos, seguidas del mandato misionero, la ascensión del Señor y el cumplimiento posterior de su palabra. No se trata de una conclusión, pues no responde en modo alguno a los problemas planteados por Marcos 16, 1-8, a diferencia de Mt 28 y Lc 24, que son auténticas reelaboraciones y ampliaciones del texto original marcano.

Este pasaje (incluido en las biblias canónicas) no es una conclusión (que así debe incluirse en lo anterior), sino un apéndice, añadido desde fuera, una especie de hoja volante pascual donde en forma de resumen o compendio se recogen algunos testimonios fundamentales de la experiencia pascual de Jesús y del comienzo de la Iglesia. No es fácil precisar su origen. Se ha solido decir que el texto asume y compendia los finales canónicos que hallamos en Lc 24, Jn 20 y (probablemente) en Mt 28; todavía hay exegetas que ven así las cosas. Estaríamos ante la primera armonía evangélica conocida, elaborada en clave pascual: para que la Iglesia lo aceptara, el texto de Marcos tendría que haber sido completado (reinterpretado) desde la perspectiva más amplia y segura de los otros evangelios.

Sea como fuere, en un momento determinado, hacia la segunda mitad del siglo II, ese compendio empezó a incluirse al final de Marcos, como intentando llenar su pretendida laguna pascual. La inclusión hizo fortuna y desplazó, y luego eliminó del texto actual de Marcos, el otro final no canónico que acabamos de estudiar. Desde entonces, este pasaje suele añadirse en los manuscritos más utilizados de la tradición del Nuevo Testamento, hasta formar parte del texto canónico. Se trata de una página bella y muy valiosa, aunque estrictamente hablando no forma parte del «evangelio original», que acaba en 16, 8 (como he destacado en el comentario anterior). Este apéndice tiene un gran valor y así debe estudiarse, pero sólo como apéndice, no como cuerpo del evangelio de Marcos. Éstos son sus temas:

a) Aparición a María Magdalena (16, 9-11)

⁹Una vez resucitado, muy de mañana, en el primer día de la semana, se apareció primeramente a María Magdalena, de la cual había echado siete demonios. ¹⁰Ella fue y lo anunció a los que habían estado con él, que estaban tristes y lloraban. ¹¹Pero cuando ellos oyeron que estaba vivo y que había sido visto por ella, no lo creyeron.

Marcos 16, 1-8 ofrecía una versión distinta de los hechos: María Magdalena, con otras dos mujeres, había llegado al sepulcro de Jesús: la palabra del joven les había encaminado a Galilea con Pedro y los discípulos, diciendo que sólo allí podrían ver a Jesús. Pues bien, nuestro pasaje rompe ese proceso narrativo y eclesial y, conforme a una palabra recogida también por Jn 20, 11-18, y de alguna forma por Mt 28, 9-10 (visión de Jesús en el camino), presenta de hecho a Magdalena como el primer testigo de la pascua.

Parece un texto teológico-litúrgico que puede compararse con 1 Cor 15, 3-8, aunque presente diferencias significativas. Omite la muerte-entierro de Jesús, quizá por incluidos en un (el) pasaje precedente. En lugar de la resurrección al tercer día (como signo de culminación escatológica), alude al *prôtê sabbatou* o primer día (litúrgico) de la semana, como iniciando de esa forma el nuevo cómputo cristiano de la historia del tiempo. Más importante es todavía el cambio de orden en las apariciones: 1 Cor 15, 5 empieza por Cefas-Pedro, haciéndole principio del camino de la Iglesia (lo mismo que Lc 24, 34); Marcos 16, 9 destaca en cambio el papel de María Magdalena, a quien Jesús se ha mostrado primero (*prôton*), fundando por ella su Iglesia.

En el origen de la pascua se encuentra esta mujer. Los otros discípulos siguen de entierro: todo nos permite suponer que no se han ido a Galilea (contra Marcos 14, 29; 16, 7). Han quedado en Jerusalén cumpliendo los rituales funerarios normativos por un muerto, gimiendo y llorando (*penthousi kai klaiousin*) al amigo-maestro asesinado. Lloran bien, pero no saben convertir el llanto en gozo de pascua; la palabra de promesa de Jesús no ha conseguido transformarles. Sobre ese fondo, lo más novedoso del pasaje es, a mi juicio, la contraposición entre la primacía gozosa, misionera, pascual de María Magdalena (primera cristiana) y el llanto funerario de los otros discípulos.

Aquí podríamos hallar la más antigua y hermosa de todas las liturgias de la Iglesia: una mujer, iluminada y transformada por Jesús en el tiempo de su historia (le ha librado de siete demonios: cf. Lc 8, 2) y reiluminada de manera plena en su pascua, se atreve a comenzar una «misión imposible»: convencer a los que lloran por el Cristo muerto. Digo que es misión «imposible», y sin embargo es fecunda y necesaria (retomamos así de alguna forma la paradoja de 16, 8). Esa mujer debe realizar lo más difícil y hermoso que se puede hacer sobre la tierra: transformar el llanto de la muerte y de las ilusiones fracasadas en gozo de experiencia pascual. Ella es la primera portadora del mensaje de Jesús resucitado (*anastas*: 16, 9), es portadora de la esperanza de la humanidad resucitada, la roca firme de la Iglesia.

b) Aparición a los dos caminantes y a los Once (16, 12-14)

¹²Después apareció en otra forma a dos de ellos que iban caminando hacia el campo. ¹³Ellos fueron y lo anunciaron a los demás, pero tampoco a ellos les creyeron. Por último se apareció a los Once cuando estaban sentados (a la mesa); y les reprendió por su incredulidad y por la dureza de su corazón, porque no habían creído a los que le habían visto resucitado.

No basta María, mujer sola, sin pareja; se necesitan dos testigos para que el testimonio resulte verdadero. Lógicamente, en este segundo momento de la progresión pascual, el texto quiere presentarlos. Ellos pertenecen al grupo de discípulos que estaban en llanto funerario. No han creído a María: terminan su llanto, abandonan el grupo, se marchan, pero Jesús sale a su encuentro, conforme a una tradición de fondo elaborada por Lc 24, 13-35, aunque hay unas diferencias significativas.

Marcos 16, 12 señala que estos caminantes eran del grupo funerario, de tal modo que aparecen como verdaderos fugitivos. Por otra parte, Marcos 16, 13 (contra Lc 24, 33-34) quiere centrarse en la incredulidad del grupo central de discípulos, que ahora tampoco aceptan la palabra de estos nuevos testigos de la pascua. Se dice que Jesús se les mostró en *hetera morphê*, es decir, en otra figura, es decir, con un rostro distinto al que tenía cuando se mostró a María Magdalena. Se mostró a María de una forma: ella lo dijo, y no creyeron. Se mostró a los caminantes de otra forma: ellos lo dijeron, pero tampoco así lograron suscitar la fe en los afligidos incrédulos. La vida de los discípulos parece así cerrarse en un puro llanto funerario: llanto inútil y vacío por un muerto. Tras el fracaso de Jesús, ellos se encierran y hacen luto: no saben más que lamentarse por el mesianismo fracasado, por el pretendido Cristo asesinado. Sólo los que salen de aquel muro de lamentaciones consiguen descubrir la verdad y vida del Cristo. Antes lo hizo María. Ahora lo hacen y vuelven estos dos trayendo un relato distinto de la pascua de Jesús; pero ni aun así les creen los discípulos, cerrados en la casa de su propio, inútil llanto.

Hysteron de, por último: así empieza la aparición a los Once. El tercer momento de la trama suele ser el decisivo en casi todas las antiguas narraciones del oriente (y de la Biblia). Pero ya no viene Jesús por medio de María, ni habla a través de los caminantes; llega en persona y sorprende a los incrédulos.

Es la aparición definitiva. El banquete funerario (tan normal en casi todas las culturas) se convierte en comida de presencia pascual. Podemos recordar los paralelos de Lc 24, 30.41; Hch 1, 4; Jn 21, 12-13: Jesús resucitado se desvela ante los suyos en el gesto de fracción del pan, en una especie de «nueva multiplicación». Pero sólo nuestro caso ha conservado la conexión entre un banquete previo, de tipo funerario (cf. temática de 16, 10) y la manifestación pascual. De la montaña misionera (Mt 28, 16), hemos pasado a la comida como fuente de toda la misión cristiana.

Estamos cerca del esquema de Marcos 14, 12-31: la cena de pascua judía fue tiempo de reproches por la traición y abandono de los discípulos. De una forma semejante, Jesús aprovecha la intimidad de mesa, la comida compartida, para corregirles de manera ya definitiva. Les reprende por su incredulidad, en tonos muy cercanos a los que podemos ver en Jn 20, 24-29: son bienaventurados los que creen a través del testimonio de los otros, sin necesidad de haber tenido una experiencia pascual de tipo inmediato (Jn 20, 29); son, en cambio, dignos de fuerte reprimenda los que no quisieron creer por la palabra de María Magdalena y de los dos caminantes (Mc 16, 14).

Apéndice

Conforme a la experiencia prometida en 16, 6-7, parece que todos los discípulos debían ver a Jesús en Galilea, en una especie de encuentro pascual inmediato, dentro de la Iglesia. Ahora, en cambio, se pone de relieve el valor de mediación de los testigos. Sólo en este momento tercero y culminante de la experiencia pascual podemos hablar ya de los once como testigos privilegiados y portadores del mensaje de resurrección de Jesús en todo el mundo. Se alude ya a los Once (es decir, los Doce menos Judas) en Mt 28, 16; Lc 24, 9.33; Hch 1, 26; 2, 14. Tanto Mateo (27, 3-10) como Lucas (Hch 1, 18-19) han recogido la tradición del suicidio de Judas, para sacar luego consecuencias diferentes.

Mateo no siente la necesidad de reconstruir el colegio apostólico: el grupo de los Doce ha fracasado y no hay, por tanto, una misión especial a los judíos; los Once restantes han sido ya enviados de una forma directa al mundo entero (Mt 28, 16-21). Lucas, en cambio, ha querido reconstruir el grupo de los Doce, a través de la elección de Matías como sustituto de Judas (Hch 1, 15-26): así conserva el ideal de una misión especial a los judíos, aunque luego el mismo desarrollo de los Hechos servirá para mostrar que ese camino ha fracasado: Israel no se convierte, los Doce van perdiendo su función, y la Iglesia acaba por abrirse de otro modo hacia las gentes (por medio de los siete helenistas y Pablo).

Parece que Marcos 16, 14 se mantiene en una línea semejante a Mt 28, 16-20, como indica de manera muy clara lo que sigue. Los Doce han perdido su sentido: ya no existe una misión especial intrajudía. Quedan Once, pero ya no son un signo salvador para Israel; por eso tienen que asumir de una manera ya directa la misión de Jesús en todo el mundo. No existe un «intermedio israelita» (primero los judíos, luego los gentiles). La distinción sacral entre naciones ha terminado, y la palabra del mensaje se extiende ya de forma inmediata a todos los humanos.

También es significativo el hecho de que desaparezca Pedro en cuanto tal, siguiendo así la línea de Mt 28, 16-20. Pero hay una diferencia. Para Mateo, la función de Pedro ya quedaba clara en 16, 13-20; por eso desaparecía en Mt 28, 7 (en contra de Marcos 16, 7) y no debía nombrarse en Mt 28, 16. Para Marcos es distinto: conforme a la promesa de 16, 7, tendría que esperarse la mención de Pedro (como muestra la conclusión no canónica ya vista). Pues bien, en nuestro caso, Pedro no aparece. Eso significa que existe un desfase entre 16, 7 y 16, 14. Conforme a la visión de 16, 9-20, en el comienzo de la Iglesia sólo existe un nombre propio: María Magdalena. Ella y sólo ella es la primera. Vienen después los dos caminantes sin nombre; llegan al fin los Once compañeros que quedan de Jesús (evidentemente falta Judas); ellos forman el principio de la misión cristiana.

c) *La gran misión (16, 15-18)*

De manera sistemática y precisa se exponen aquí los elementos principales de la misión eclesial. El texto ofrece semejanzas doctrinales y formales con 1 Cor 15,

5-7; Mt 28, 16-20; Jn 20, 19-23; Lc 24, 36-49; Hch 1, 6-8 y otros pasajes que sería largo reseñar de una manera más precisa, pues ello nos haría estudiar los elementos que definen la misión cristiana. Este pasaje incluye rasgos que parecen arcaicos (algunos signos que harán los misioneros) y otros que pudieran tomarse como ya avanzados dentro del mensaje y camino de la Iglesia. Ésta es la palabra pascual de Jesús, que incluye envío, juicio y signos misioneros:

a) *Id a todo el mundo (kosmos) y proclamad el evangelio a toda creatura (ktisis)*.

b) *Quien crea y sea bautizado, se salvará; quien no crea, será condenado.*

c) *Estas señales acompañarán a los creyentes: expulsarán demonios en mi nombre, hablarán en lenguas nuevas, y tomarán serpientes en sus manos, y si bebieran algo venenoso no les hará daño, impondrán las manos sobre los enfermos y éstos sanarán (16, 15-18)*.

a) *El envío es universal* (conforme a un programa que vemos también en Mt 28, 18-19). Pero ahora hallamos más cercanía con respecto a textos como Col 1, 6 (*kosmos*) y Col 1, 23 (*pasê tê ktisei*): es evidente que estamos en contexto universal, de tipo cósmico. Desaparecen los pueblos en cuanto distintos (incluido el israelita; cf. Mt 28, 19); surge la humanidad, emerge el cosmos como abierto a la palabra de los misioneros.

b) *Tras el envío, viene el juicio*, que no aparecía en Mt 28, 16-20. La estructura dual (talión escatológico) resulta semejante a la que aparece en Jn 20, 23: «A quienes perdonéis los pecados, les serán perdonados; a quienes se los retengáis, les serán retenidos» (cf. también Mt 16, 19). La referencia a Jesús (fe) y la identificación eclesial (bautismo) son ahora medios fundamentales de salvación. Se oponen así dos caminos que debemos matizar: la salvación va unida a fe-bautismo; la condena, en cambio, brota de la falta de fe. Quizá pudiéramos hablar aquí de una experiencia paulina, en la línea de Rom 1, 16-17, donde se destaca el carácter salvífico de la fe, en cuanto abierta al testimonio y vida de la Iglesia. En un lugar estructuralmente semejante, Mt 25, 31-46 había resaltado el carácter salvador del servicio gratuito (cristológico) hacia los necesitados y la condena de aquellos que no asumen tal servicio.

c) *Quedan, finalmente, los signos eclesiales*, y de un modo especial los poderes de los misioneros (c), tantas veces aducidos en los testimonios de la Iglesia antigua (cf. Marcos 6, 7-13 par; 2 Cor 12, 12; Rom 15, 18-19; 1 Cor 12-14; Lc 10, 19; Hch 28, 3-7, etc.). No se trata aquí de acciones de servicio universal (como en Mt 25, 31-46) o de amor fraterno (como en Jn 13, 34-35), sino de aquellos gestos de poder transformador que definieron el mensaje-vida de Jesús en todo Marcos (cf. 2, 21-28), y que ahora se amplían y sistematizan, ofreciendo una especie de guía sobrenatural de la renovación cristiana. Los cinco signos aducidos se resumen, en el fondo, en cuatro: exorcismos y curaciones (citados al principio y fin del texto), glosolalia e inmunidad a serpientes y venenos (que se citan en el centro). Sobre un mundo peligroso (mordedura, enfermedades), los discípulos del *Kyrios* serán capaces de expandir la palabra en toda lengua, en un tipo de pentecostés continuado (cf. glosolalia de Hch 2), superando así el poder del diablo (exorcismos) y ayudando a los otros a vivir (curaciones).

De esa forma, la palabra del mensaje (anunciar el evangelio) se convierte en acción transformadora: los discípulos del *Kyrios* tienen algo que ofrecer en el camino de este mundo. En el comienzo de la Iglesia no encontramos un dogma intelectual, ni una jerarquía impositiva, ni estructuras sacralistas. Como base de la Iglesia hallamos la palabra convertida en fuente creadora de existencia para los humanos. En su posible «arcaísmo» (inmunidad a los venenos, exorcismos...), este proyecto de misión está más cerca del texto original de Marcos que muchos de los discursos eruditos que después han trenzado algunos exegetas y pastores eclesiales, más preocupados por su propia teoría o por el orden de su comunidad que por la expansión creadora del evangelio.

d) Ascensión y cumplimiento de la misión pascual (16, 19-20)

[19]*Por su parte, el Señor Jesús, después de hablarles, fue elevado al cielo y se sentó a la derecha de Dios.* [20]*Ellos, pues, saliendo, predicaron por todas partes (pantakhou), con la cooperación el Señor (Kyrios) y el fortalecimiento de la Palabra (Logos), por medio de las señales que les seguían.*

Este pasaje puede presentarse como una buena conclusión del evangelio (todo Marcos) en clave de distanciamiento histórico. Un esquema semejante ha sido elaborado en Lc 24, 50-53 y Hch 1, 9-11, y de manera especial en el conjunto del libro de los Hechos. Con la ascensión de Jesús surge la Iglesia, conforme a una visión que ha desplegado también Jn 13–17 cuando habla de la marcha (subida) de Jesús y del envío del Espíritu.

Jesús aparece ya como el Señor (*Kyrios*), sin ningún tipo de matización. Es evidente que posee un carácter divino. Ha ofrecido a los hombres su palabra de mensaje pascual y fortalecimiento; por eso puede y debe ya subir a lo divino (cielo) y sentarse a la derecha de Dios, en tema bien desarrollado por la tradición lucana y todo el NT, a partir del Sal 110, 1 (cf. Hch 2, 33; Ef 1, 20; Col 3, 1; Heb 1, 3, Mc 14, 62, etc.). Esta ausencia de Jesús hace posible un nuevo tipo de presencia en medio de sus discípulos: sólo cuando «se va», empiezan ellos a sentir su fuerza y actuar con ella.

Como he dicho, este esquema está cerca del de Lucas (Lc 24, 50-53 y Hch 1, 9-11), pero hay una diferencia significativa: el Jesús que sube al cielo envía en Hechos a su Espíritu que anima y funda la vida de la Iglesia; nuestro texto, en cambio, no posee una pneumatología expresa, pues el mismo Jesús que se ha ido (a) es el que sigue actuando entre los suyos (coopera con ellos) realizando sus señales (b). En ese aspecto nos hallamos cerca de Mt 28, 16-20 (aunque allí no había verdadera ascensión): el mismo Jesús que envía a sus discípulos (les separa de sí) se encuentra en ellos y por ellos obra («estaré con vosotros hasta la consumación del tiempo»).

Se repite de esta forma el esquema que hemos visto ya en la conclusión pequeña (no canónica): Jesús resucitado envía a los suyos por el mundo, iniciando así la historia y vida de la Iglesia. Marcos 16, 20 no siente la necesidad de detallar ese *pantakhou* (salieron y predicaron por todas partes), pues ello pertenece ya a la misma experiencia actuante de la Iglesia, que va extendiéndose por todo el mundo conocido. Lucas, en cambio, ha querido narrar ese camino de apertura y expansión del evangelio en Hechos. Este apéndice, que así hemos presentado (Marcos 16, 9-20), cierra de algún modo el texto precedente de Marcos, haciendo que así quede en el pasado, como expresión de un tiempo que es antiguo, en la línea de eso que suele llamarse el esquema de historia de la salvación de Lucas-Hechos. Pero, al mismo tiempo, las palabras finales de ese apéndice (misión eclesial, presencia del *Kyrios*) permiten actualizar todo Marcos en línea de experiencia eclesial; lo que se dice del pasado de Jesús (Marcos 1, 1–16, 8) ha de vivirse y expandirse en el mensaje presente de la Iglesia (Marcos 16, 9-20).

De esa forma se crea una distancia y surge la conciencia de una ruptura con respecto a lo anterior; en cierto sentido, el camino histórico de Jesús ya ha terminado. Pero, al mismo tiempo, el nuevo texto supera esa distancia, volviéndonos a hacer contemporáneos del mensaje-proyecto de Jesús, que sigue actuando y realizando su evangelio a través de nuestra misma acción misionera, que aparece como tema dominante del final de este apéndice. Allí donde se proclama el evangelio (cf. *keryxate to euangelión*:16, 15), el mensajero de Jesús viene a ponerse, desde dentro de la Iglesia, en la misma situación de su maestro cuando comenzaba su anuncio en Galilea (cf. 1, 14). De esa manera, en este tiempo nuevo, podemos y debemos recorrer el único camino de Jesús, ayudados por Marcos. Por encima de la distancia que se ha creado entre Jesús y nosotros, viene a suscitarse una más fuerte cercanía. Por eso tenemos que volver al comienzo de Marcos. Y con esto termina finalmente el comentario.

> (141) **Libro de uso múltiple. Lecturas de Marcos**
>
> A modo de conclusión, quiero presentar a Marcos como libro de múltiples usos. Su evangelio puede (y debe) leerse en varias perspectivas. Indicamos algunas que son las más importantes:

1. *Lectura individual 1. Plano literario.* Marcos es un libro de inmensa belleza. Como tesoro de fuerte literatura puede leerse, destacando el ritmo de sus narraciones, el valor de su conjunto.
2. *Lectura individual 2. Compromiso.* En el fondo de su dura belleza, Marcos ofrece una llamada al Reino. Por eso, el lector ha de preguntarse: ¿Qué me dice? ¿Cómo puede influir en mi existencia? El mismo lector va creando así su evangelio, a medida que lo lee.
3. *Lectura eclesial 1. Plano de gracia.* Marcos transmite la voz de una antigua comunidad cristiana que nos ofrece su manera de entender y seguir a Jesús. A través de su texto, la Iglesia actual me llama (nos llama) a entender a Jesucristo, en actitud de seguimiento.
4. *Lectura eclesial 2. Nivel de compromiso.* Marcos es un texto de llamada, que nos invita al compromiso a favor del Reino. Sólo cuando se asume el compromiso por el Reino se entiende lo que Marcos dice y quiere.
5. *Libro de catequesis.* Para formar (no informar) a los creyentes y encauzarles en el seguimiento de Jesús ha escrito Marcos, a fin de que ellos mismos puedan madurar y realizarse, como seres nuevos (mesiánicos), por Cristo.
6. *Libro de disputa o controversia.* Marcos nos sitúa en el lugar donde la Iglesia cristiana, fundándose en Jesús, ha roto los esquemas o modelos de existencia de un tipo de judaísmo que tiende a cerrarse a sí mismo. Por eso decimos que es un libro de disputa, donde aparece una manera nueva de entender el AT (Biblia hebrea), un modo diferente de entender las promesas de Israel y sus valores como pueblo de la alianza.
7. *Libro de discernimiento cristológico.* Hay en la Iglesia diversas posibles maneras de entender a Jesús. Marcos opta por una de ellas, poniendo de relieve la importancia de la vida de Jesús y su presencia pascual entre sus fieles. Casi toda la cristología posterior de la Iglesia depende de esta opción de Marcos.
8. *¿Libro de liturgia?* Marcos no es sólo un libro para entender, sino también para celebrar el misterio de Jesús, a quien los cristianos miran y cantan como a Hijo de Dios y Señor dentro de la Iglesia. Por eso decimos que se trata de una guía de liturgia, de un modelo de celebración cristiana de la vida en camino de gracia y seguimiento compartido de Jesús.

Bibliografía

1. Boletines bibliográficos

Ofrecen amplia bibliografía los comentarios especializados (como los de Pesch, Gnilka y Marcus). Cf. también:

1. D. J. Harrington, *What Are They Sayings About Mark?*, Paulist, New York 2005.
2. F. J. Matera, *What are they saying about Mark?*, Paulist, New York 1987.
3. R. Neirynck (ed.), *The Gospel of Mark. A Cumulative Bibliography 1950-1990* (BETL 102), Univ. Press, Leuven 1992.
4. W. R. Telford (ed.), *The Interpretation of Mark*, Clark, Edinburgh 1995, 1-62; 307-326.

2. Siglas

Utilizo las siglas normales, tal como aparecen por ejemplo en J. A. Fitzmyer, *An Introductory Bibliography for the Study of Scripture*, SubBi3, Roma 1981; G. Flor-L. Alonso, *Diccionario Terminológico de la Ciencia Bíblica*, Verbo Divino, Estella 2000. Pueden consultarse también los elencos bibliográficos de *Biblica* (Roma) y de ETL (Lovaina). Entre las nuevas o menos conocidas quiero recordar:

ABD	*Anchor Bible Dictionary*, Doubleday, New York.
AT	Antiguo Testamento.
BC	Biblia Cristiana, que consta de AT y Nuevo Testamento. Incluye los deuterocanónicos del AT (Tob, Jdt, Sab, Eclo, Bar, Carta Jr, 1 y 2 Mac, con añadidos a Est y Dn).
BEB	*Biblioteca Estudios Bíblicos*, Sígueme, Salamanca.
BG	Biblia Griega o de los LXX: traducción de BH y Deuterocanónicos.

BH	Biblia Hebrea (canon judío). El canon hebreo, que suele llamarse también Tanak o Tenuka, por estar formado por Tora (Ley), Nebiim (Profetas) y Ketubim (Escritos).
Dtr	Escritor o escuela deuteronomista, ligado al DT; uno de los redactores finales de la BH.
4 Esd	*Cuarto de Esdras*, apócrifo judío del siglo I-II d.C.
Hen	*Henoc*. Literatura apócrifa apocalíptica, vinculada al personaje Henoc y a su grupo. Citamos básicamente los textos de 1 Hen, es decir, del llamado Pentateuco de Henoc.
LXX	Los *Setenta*. Traducción griega de la BH, hecha en Alejandría, entre los siglos IV-I AEC; en ella se incluyen los deuterocanónicos (Tob, Jdt, Sab, Eclo [= Ben Sira], Bar, Carta Jr, 1 y 2 Mac) y se añaden textos a Est y Dn.
Misná	Recopilación de leyes y tradiciones judías, codificadas en el II-III d.C.
Q	Documento Q (= Quelle, fuente). Documento con Dichos o Logia de Jesús, incluidos en Mt y Lc.
1Q, 2Q	*Qumrán*. Lugar junto al Mar Muerto donde se instala una comunidad judía en el II a.C. Citamos sus textos según las cuevas donde se encontraron. Así 1QS es la *Regla de la Comunidad*, encontrada en la cueva 1.

3. Texto

a) *Biblia Hebrea, Antiguo Testamento*

1. *Biblia Hebraica Stuttgartensia*, por K. Elliger-W. Rudolph, Deutsche Bibelgesellschaft, Stuttgart 1977, con aparato crítico. Ha sustituido a la R. Kittel.
2. *Septuaginta,* id est *Vetus Testamentum graece iuxta IXX interpretes*, por A. Rahlfs, Deutsche Bibelgesellschaft, Stuttgart 1979.
3. *Antiguo Testamento interlineal, Hebreo-Español* I-V, por A. Sáenz Badillos y J. Targarona, Clie, Terrasa 1999.

b) *Nuevo Testamento y Marcos*

1. *NTG. Novum testamentum graece.* Edición de E. Nestle, actualizado por K. y B. Aland, Deutsche Bibelgesellschaft, Stuttgart ^{27}1993.
2. *GNT. The Greek New Testament*, editado bajo la dirección de K. Aland, con un comité ecuménico y científico, por las SBU, Stuttgart ^{4}1993.
3. *Nuevo Testamento interlineal. Griego-Español*, por Francisco Lacueva, Clie, Terrasa 1984.
4. *Nuevo Testamento trilingüe*, en griego, latín y castellano, por J. M. Bover-J. O'Callaghan, BAC, Madrid 1945. Utiliza el griego de Bover y el latín de la neo-vulgata.

5. Aparato textual básico, por W. Willker, *A Textual Commentario on the Greek Gospels*. II. *Mark*, Bremen ⁷2010 (http://www-user.uni-bremen.de/~wie/TCG/TC-Mark.pdf).
6. Nueva visión crítica del texto de Marcos, partiendo del Codex Bezae, en G. Rius-Camps, *El evangelio de Marcos: etapas de su redacción*, Estella 2008.

4. Traducciones castellanas

a) *Católicas*

1. *Biblia de Jerusalén* (Desclée de Brouwer, Bilbao 1998). Se inspira en la *Bible de Jérusalem* (Cerf, Paris, 1973ss).
2. *Sagrada Biblia* (BAC, Madrid 1975). Traducción de F. Cantera (AT) y M. Iglesia (NT). Cuida los aspectos filológicos e históricos del texto e introduce notas de tipo crítico. Los términos hebreos suelen estar transliterados y explicados. Biblia para estudiantes de Biblia.
3. *La Sagrada Biblia* (Casa de la Biblia, 1992). Coeditada por Atenas y PPC (Madrid), Verbo Divino (Estella) y Sígueme (Salamanca) La edición de estudio, en tres volúmenes a gran formato incluye un comentario a toda la Biblia.

b) *Protestantes y ecuménicas*

1. *Biblia de Reina-Valera*. Desde 1992, las SBU ofrecen una adaptación y edición de estudio de la traducción antigua (del siglo XVI). Recoge, en perspectiva evangélica y ecuménica, los elementos básicos para el estudio de la Biblia.
2. *Dios habla hoy* (SBU, Madrid 1979). Edición protestante, aceptada en el diálogo ecuménico. Sigue el criterio de la equivalencia dinámica, de fácil comprensión, con ilustraciones pedagógicas.
3. *Traducción ecuménica*. Preparado por una comisión mixta, católico-protestante. *El Nuevo Testamento* apareció hace tiempo (SBU, BAC, Casa de la Biblia, Madrid 1978). La traducción completa (SBU, BAC) ha aparecido el año 2008.

5. Obras de consulta y diccionarios fundamentales

1. Balz, H. y Schneider, G. (eds.), *Diccionario exegético del NT* I-II, Sígueme, Salamanca 1998.
2. Bogaert, P. M. (y otros), *Diccionario enciclopédico de la Biblia*, Herder, Barcelona 1993.

3. Coenen, L.-Beyereuther, E.-Bietenhard, H. (eds.), *Diccionario teológico del NT* I-IV, Sígueme, Salamanca 1984.
4. Metzger, B. M., *A Textual Commentary on the Greek New Testament*, London-New York 1971 [citado como Metzger].
5. Moulton, J. H. y G. Milligan, *The Vocabulary of the Greek Testament*, Grand Rapids 1930.
6. Moulton, J. H. y otros, *A Grammar of New Testament Greek*, 4 vols., Edinburgh 1908/1965.
7. TWNT y TDNT. Cf. G. Kittel (ed.), TWNT: *Theologisches Wörterbuch zum NT*, 10 vols., Kohlhammer, Stuttgart 1933-1969. Trad. Inglesa: TDNT, *Theological Dictionary of the New Testament*, 10 vols., Eeerdmans, Grand Rapids 1960.
8. Vine, W., *Diccionario Expositivo de Palabras del NT*: Tomo I (A-D); II (E-L); III (M-S); IV (T-Z), Clie, Terrasa 1999.

6. Comentarios básicos a Marcos

Al final de la introducción he citado y presentado brevemente quince comentarios básicos a Marcos. Ahora cito algunos más, como orientación general para los lectores, fijándome de un modo especial en los que han sido publicados en lengua castellana.

Achtemeier, P., *Invitation to Mark*, Doubleday, New York 1978; Id., *Mark*, Fortress, Philadelphia 1989.
Anderson, H., *The Gospel of Mark*, Eerdmans, Grand Rapids 1976.
Barclay, W., *Comentario al Nuevo Testamento*. III: *Marcos*, Clie, Barcelona 1998.
Belo, F., *Lectura materialista del evangelio de Marcos*, Verbo Divino, Estella 1975.
Crandfield, C. E. B., *The Gospel According to Saint Mark*, Cambridge UP, Cambridge 1959.
Eckey W., *Das Markusevangelium. Orientierung am Weg Jesu. Ein Kommentar*, Neukirchener V., Neukirchen-Vluyn 2008.
Ernst, J., *Das Evangelium nach Markus*, Pustet, Regensburg 1981.
Evans, C. A., *Mark 8:27–16:20* (WBC 34B), Nelson, Nashville 2001.
France, R. T., *The Gospel of Mark: A Commentary on the Greek Text* (New International Greek Testament Commentary), Grand Rapids 2002.
France, R. T., *The Gospel of Mark*, Eerdmans, Grand Rapids 2002.
Gnilka, J., *El evangelio según San Marcos* I-II (BEB 55-56), Salamanca 1986-1987.
González Ruiz, J. M., *Evangelio según Marcos*, Verbo Divino, Estella 1988.
Gould, E. P., *The Gospel According to St. Mark*, ICC, Edinburgh 1969.
Grundmann, W., *Das evangelium nach Markus* (THNT 2), Berlin 1977.
Guelich, R., *Mark 1, 1–8, 26* (WBC 34), Dallas 1989.

Haenchen, E., *Der Weg Jesu. Eine Erklärung des Markusevangeliums und der kanonischen Parallelen*, Töpelmann, Berlin 1966.
Harrington, D. J., *Mark*, en *New Jerome Biblical Commentary*, Chapman, London 1993, 596-629.
Hooker, M. D., *The Gospel According to Saint Mark* (Black's NT Commentary), London 1991.
Hurtado, L. W., *Mark*, NIBC, Hendrickson, Peabody MA 1989.
Iersel M. F. van, *Reading Mark*, Edinburgh 1989; Id., *Mark. A Reader-Response Commentary*, Sheffield 1998.
Juel, D. H., *Mark* (Augsburg Commentary on the New Testament), Minneapolis 1990.
Klostermann, E., *Das Markusevangelium* (HNT 3), Tubingen 1936.
Lagrange, M. J., *Évangile selon Saint Marc* (Ebib), Paris ³1929 (original 1910).
Lane, W. L., *The Gospel of Mark* (NICNT), Grand Rapids 1974.
Lightfoot, R. H., *The Gospel Message of St. Mark*, Oxford 1950.
Lohmeyer, E., *Das Evangelium des Markus* (KKNT I/2), Göttingen 1967 (original 1937).
Loisy, A., *L'Évangile selon Marc*, Paris 1912.
Lührmann, D., *Das Markusevangelium* (HNT 3), Tübingen 1987.
Mann, C. S., *Mark: A New Translation with Introduction and Commentary* (AB 27), Garden City, New York 1986.
Marcus, J., *Mark 1-8* (Anchor-Yale Bible), New York 2000 (versión castellana: *Marcos. Mc 1-8*, Sígueme, Salamanca 2010); *Mark 8-16* (Yale UP), New York 2009.
Mateos, J. y Camacho, F., *El evangelio de Marcos. Análisis lingüístico y comentario exegético* I-III, Almendro, Córdoba 1993-2000; Id., *Marcos. Texto y comentario*, Almendro, Córdoba 1994.
Moloney, F. J., *The Gospel of Mark: A Commentary*, Peabody MA 2002.
Navarro Puerto, M., *Marcos* (Guías de Lectura del Nuevo Testamento), Estella 2006.
Nineham, D. E., *Saint Mark* (Pelican New Testament Commentaries), London 1967.
Pesch, R., *Das Markusevangelium* I-II (HTKNT 2), Freiburg 1976 (citado por versión italiana: *Il vangelo di Marco* I-II, Paideia, Brescia 1980).
Rigaux, B., *Para una historia de Jesús. El testimonio de Marcos*, Bilbao 1967.
Schlatter, A., *Markus, Evangelist für die Griechen*, Stuttgart 1935.
Schmid, J., *El evangelio según san Marcos*, Herder, Barcelona 1967.
Schmithals, W., *Das Evangelium nach Markus* I-II, Gütersloh-Würzburg 1979.
Schnackenburg, R., *El evangelio según san Marcos* I-II, Herder, Barcelona 1982.
Schniewind, J., *Das Evangelium nach Markus*, München 1968.
Schweizer, E., *Das Evangelium nach Markus* (**NTD** 1), Göttingen (versión italiana: *Vangelo secondo Marco*, Paideia, Brescia 1971).
Swete, H. B., *The Gospel according to St Mark*, London-New York 1898.

Taylor, V., *Evangelio según san Marcos*, Cristiandad, Madrid 1979.
Telford, W. R., *Mark*, Academic Press, Sheffield 1997.
Turton, M. A., *Historical Commentary on the Gospel of Mark*, http://www.michael-turton.com/Mark/GMark_index.html
Wellhausen, J., *Das Evangelium Marci übersetzt und erklärt*, Berlin ²1909.
Witherington, Ben III, *The Gospel of Mark: A Socio-Rhetorical Commentary*, Grand Rapids 2001.

7. Estudios sobre Marcos (o relacionados con Marcos)

Aguirre, R., *Marcos*, en Id. (ed.), *Evangelios sinópticos y Hechos de los Apóstoles*, EVD, Estella 1992, 99-190.

Aletti, Jean-Noel, *La construction du personnage Jesus dans les récits évangéliques. Le cas de Marc*, en Id. (ed.), *Analyse narrative et Bible*, BETL, Leuven 2005, 19-42.

Ambrozic, A. M., *The Hidden Kingdom* (CBQ Mon. Ser. 2), Washington 1972.

Baarlink, H., *Anfängliches Evangeliums: Ein Beitrag zur näheren Bestimmung der Theologischen Motive im Markusevangeliums*, Kok, Kampen 1997.

Bacon, B. W., *The Gospel of Mark: Its Composition and Date*, New Haven/London 1925.

Barbaglio, G., *Jesús, hebreo de Galilea. Investigación histórica*, Sec. Trinitario, Salamanca 2003.

Bartolomé, J. J., *El discipulado de Jesús en Marcos*, EstBi 51 (1993) 511-530.

Barton, S. C., *Discipleship and family ties in Mark and Matthew* (SNTS Mon. Ser 80), Cambrige UP 1994.

Berger, K., *Die Gesetzauslegung Jesu. Ihr historischer Hintergrund im Judentum und im Alten Testament. I: Markus und Parallelen* (WMANT 40), Neukirchen 1972.

Best, E., *Mark, The Gospel as Story*, Clark, Edinburgh 1983; Id., *Following Jesus. Discipleship in the Gospel of Mark* (JSNT Sup. 4), Sheffield 1981.

Biguzzi, G., *«Yo destruiré este templo». El templo y el judaísmo en el evangelio de Marcos*, Almendro, Córdoba 1992.

Bilezikian, G. C., *The Liberated Gospel: A Comparison of the Gospel of Mark and Greek Tragedy*, Baker, Grand Rapids MI 1977.

Blackwell, J., *The Passion as Story. The Plot of Mark*, Fortress, Philadelphia 1986.

Blevins, J. L., *The Messianic Secret in Markan Research* (1901-1976), UP of America, Washington 1981.

Boismard, M. É., *L'Évangile de Marc. La préhistoire*, ÉB, Gabalda, Paris 1994.

Bonifacio, G., *Personaggi minori e discepoli in Mc 4–8. La funzione degli episodi dei personaggi minori nell'interazione con la storia dei protagonisti*, Anal. Biblica 173, Roma 2008.

Booth, R. P., *Jesus and the Laws of Purity. Tradition History and Legal History in Mark 7* (JSOT SuppSer 13), Sheffield 1986.

Bowman, J., *The Gospel of Mark. The New Christian Jewish Passover Haggadah* (SP 8), Leiden 1965.

Brandon, S. G. F., *The Fall of Jerusalem and the Christian Church*, SPCK, London 1957; Id., *Jésus et les Zelotes*, Flammarion, Paris 1971.

Brown, R. E., *La muerte del Mesías*, Verbo Divino, Estella 2005.

Bultmann, R., *Historia de la Tradición sinóptica*, Sígueme, Salamanca 2000.

Burridge, R. A., *What Are the Gospels? A Comparison with Graeco-Roman Biography* (SNTSMS 70), Cambridge 1992.

Calle, F. de la, *Situación al servicio del kerigma. Cuadro geográfico del evangelio de Marcos*, UPS, Salamanca 1975.

Camery-Hoggatt, J., *Irony in Mark's Gospel. Tex and subtext* (SNTS Mon.Ser. 72), Cambridge UP 1992.

Cancik, H., (ed.), *Markus Philologie* (WUNT 33), Tübingen 1984.

Cangh, J. M., *La Galilée dans l'évangile de Marc*: RB 79 (1972) 59-75.

Carbullanca Núnez, C., *Análisis del género «pescher» en el evangelio de Marcos*, Santiago de Chile 2007.

Casalini, N., *Marco e il genere letterario degli annunci (o vangeli)*, Studium Biblicum Franciscanum, Liber Annuus 53 (2003) 45-112.

Castro, S., *El sorprendente Jesús de Marcos: El evangelio de Marcos por dentro*, Desclée de Brouwer, Bilbao 2005.

Cook, J. G., *The Structure and Persuasive Power of Mark: A Linguistic Approach*, SBL Semeia Studies, Atlanta 1995.

Cook, M. J., *Mark's Treatment of the Jewish Leaders* (NT Sup. 51), Leiden 1978.

Crossan, J. D., *Jesús. Vida de un campesino judío*, Crítica, Barcelona 1994.

Crossley, J. G., *The date of Mark's gospel. Insight from the law in earliest Christianity*, T.&T. Clark, London 2004.

Cuvillier, E., *Le concept parabolê dans le Second Évangile*, ÉB, Gabalda, Paris 1993.

De Carlo, F., *«Dio mio, Dio mio, perché mi hai abbandonato?» (Mc 15, 34). I Salmi nel racconto della passione di Gesù secondo Marco*, Anal. Biblica 179, Roma 2009.

Dêlorme, J., *Aspects doctrinaux du second Evangile*, en I. de la Potterie (ed.), *De Jésus aux Évangiles* (BETL 25), Gembloux 1967; Id., *El Evangelio según San Marcos*, CB 15-16, EVD, Estella 1968.

Dewey, J., *Markan Public Debate: Literary Technique, Concentric Structure and Theology in Mark 2, 1–3, 6*, Scholars Press, Chico CA 1980.

Dibelius, M., *La historia de las formas evangélicas*, Edicep, Valencia 1984.

Donahue, J. R., *Are You the Christ? The Trial Narrative in the Gospel of Mark* (SBL Diss. S.), Missoula MO 1973; Id., *The Theology and Setting of Discipleship in the Gospel of Mark*, Marquette UP, Milwaukee 1983.

Draper, J. A. (ed.), *Performing the Gospel: Orality, Memory and Mark: Essays Dedicated to Werner Kelber*, Minneapolis 2006.

Dschulnigg, P., *Sprache, Redaktion und Intention des Markus-Evangeliums* (SB 110), Stuttgart 1984.

Dunn, J. D. G., *Jesús y el Espíritu Santo*, Sec. Trinitario, Salamanca 1975; Id., *Jesús recordado*, Verbo Divino, Estella 2009.

Edwards, J. R., *Markan Sandwiches*: NT 31 (1989) 193-216.

Egger, W., *Frohbotschaft und Lehre. Die Sammelberichte des Wirkens Jesu im Markusevangelium*, J. Knecht, Frankfurt a.M. 1976.

Estévez, E., *El poder de una mujer creyente. Cuerpo, identidad y discipulado en Mc 5, 24b-34. Un estudio desde las ciencias sociales*, Verbo Divino, Estella 2003; Id., *Mediadoras de sanación. Encuentros entre Jesús y las mujeres. Una nueva mirada*, Madrid 2008.

Fander, M., *Die Stellung der Frau im Markusevangelium* (MThA 8), Altenberge 1990.

Focant, C., *Marc, un évangile étonnant*, Leuven UP, Leuven 2006.

Fowler, R. M., *Loaves and Fishes: The Function of the Feeding Stories in the Gospel of Mark*, Scholars P., Chico CA 1981; Id., *Let the Reader Understand. Reader-Response Criticism and the Gospel of Mark*, Fortress, Minneapolis 1991.

Frankemölle, H., *Der Jude Jesus und die Ursprünge des Christentum*, Topos plus Taschenbücher 503, Mainz 2003.

Fredericksen, P., *Jesus of Nazareth, King of the Jews. A Jewish Live and the Emergence of Christianity*, Knopf, New York 2000.

Freyne, S., *Jesús, un galileo judío. Una lectura nueva de la historia de Jesús*, Verbo Divino, Estella 2007.

Fusco, V., *Parola e regno. La sezione delle parahole (Mc 4, 1-34) nella prospettiva marciana*, Morcelliana, Brescia 1980.

Geddert, T. J., *Watchwords: Mark 13 in Markan Eschatology* (JSNTSup 26), Sheffield 1989.

Gnilka, J., *Jesús de Nazaret. Historia y mensaje*, Herder, Barcelona 1993.

Guijarro, S., *Fidelidades en conflicto. La ruptura con la familia por causa del discipulado y de la misión en la tradición sinóptica*, Pontificia, Salamanca 1998; Id., *Jesús y sus primeros discípulos*, Verbo Divino, Estella 2007; Id., *Los cuatro evangelios*, Sígueme, Salamanca 2010.

Hagner, D, A., *The Jewish Reclamation of Jesus: An Analysis and Critique of the Modern Jewish Study of Jesus*, Zondervan, Grand Rapids 1984.

Head, P. M., *Christology and the Synoptic Problem: An Argument for Markan Priority* (SNTSMS 94), Cambridge 1997.

Hebert, D. E., *Mark: A Portrait of the Servant*, Moody P., Chicago 1974.

Heil, J. P., *Jesus Walking on the Sea: Meaning and Gospel Functions of Matt 14, 22-33; Mark 6:45-52 and John 6:15b-21* (AnBib 87), Rome 1981.

Henderson, S. W., *Christology and Discipleship in the Gospel of Mark* (SNTSMS 135), Cambridge 2006.

Hengel, M., *Seguimiento y carisma*, Sal Terrae, Santander 1981; Id., *Studies in the Gospel of Mark*, SCM, London 1985.

Henry, M., *Comentario Bíblico IX. Marcos y Lucas*, Clie, Barcelona 1999.

Hooker, M., *The Message of Mark*, Epworth, London 1983.

Horsley, R. A., *Hearing the Whole Story: The Politics of Plot in Mark's Gospel*, Louisville 2001.

Hurtado, L. W., *The Gospel of Mark: Evolutionary or Revolutionary Document?*: JSNT 40 (1990) 15-32; Id., *Señor Jesucristo. La devoción a Jesús en el cristianismo primitivo*, Sígueme, Salamanca 2008.

Juel, D., *Messiah and Temple: The Trial of Jesus in the Gospel of Mark*, Scholars P., Missoula MO 1977.

Karnetzki, M., *Die galiläische Redaktion in Markusevangelium*: SNW 52 (1961) 238-272.

Kazmierski, C. R., *Jesus, the son of God. A Study of the Markan Tradition and its Redaction by the Evangelist* (FB 33), Würzburg 1979.

Kee, H. C., *Community of the New Age: Studies in Mark's Gospel*, Westminster, Philadelphia 1977.

Kelber, W., *The Kingdom in Mark: A New Place and a New Time*, Fortress, Philadelphia 1974; Id., *Mark's Story of Jesus*, Philadelphia 1979; Id., *The Oral and the Written Gospel: The Hermeneutics of Speaking and Writings in the Synoptic Tradition, Mark, Paul, and Q*, Philadelphia 1983; Id. (ed.), *The Passion in Mark: Studies on Mark 14-16*, Fortress, Philadelphia 1976.

Kermode, F., *The Genesis of Secrecy: On Interpretation of Mark*, Harvard UP, Cambridge MA 1979.

Kertelge, K., *Die Fukktion der Zwölf im Markusevangeliums*, TrierTZ 78 (1969) 193-206.

Kilunen, J., *Die Vollmacht im Widerstreit. Untersuchungen zum Werdegang von Mk 2, 1–3, 6*, AAS Fennicae, Helsinki 1985.

Kingsbury, J. D., *The Christology of Mark's Gospel*, Fortress, Philadelphia 1983; Id., *Conflicto en Marcos. Jesús, autoridades, discípulos*, El Almendro, Córdoba 1991.

Klausner, J., *Jesús de Nazaret. Su vida, su época, sus enseñanzas*, Paidós, Barcelona 1991.

Koch, D. A., *Die Bedeutung der Wundererzählungen für die Christologie des Markusewangeliums* (BANW 42), Berlin 1975.

Köster, H., *Ancient Christian Gospels. Their History and Development*, SCM, London 1990, 273-302.

Kuhn, H. W., *Aeltere Sammlungen im Markusevangelium*s (SUNT 8), Göttingen 1971.

Laufen, R., *Die Doppelüberlieferungen der Logienquelle und des Markusevangeliums* (BBB 54), Bonn 1980.

LaVerdiere, E., *The Beginning of the Gospel: Introducing the Gospel According to Mark* I-II, Collegeville, MN 1999.

Lentzen-Deis, F., *Die Taufe Jesu nach den Synoptikern. Literarkritische und gattungsgeschichtliche Untersuchungen*, J. Knecht, Frankfurt a.M. 1970.

Lohmeyer, E., *Galiläa und Jerusalem* (FRLANT 52), Göttingen 1936.

Lücking, S., *Mimesis der Verachteten. Eine Studie zur Erzählweise von Mk 14, 1-11* (SBS 152), Stuttgart 1993.

Mack, B. L., *A Myth of innocence. Mark and Christian Origins*, Fortrress, Philadelphia 1988.

Maggioni, B., *El relato de Marcos*, Cristiandad, Madrid 1981.

Malbon, E. S., *Fallible Followers: Women and Men in the Gospel of Mark*: Semeia 28 (1983) 29-48; Id., *Narrative Space and Mythic Meaning in Mark* (BibSem 13), Sheffield 1991.

Manicardi, E., *Il cammino de Gesù nel Vangelo di Marco* (AnBi 96), Roma 1981.

Marcus, J., *The Mystery of the Kingdom of God* (SBLDS 90), Atlanta 1986; Id., *The Way of the Lord: Christological Exegesis of the Old Testament in the Gospel of Mark*, Louisville-Edinburgh 1992.

Marshall, C. D., *Faith as a Theme in Mark's Narrative* (SNTSMS 64), Cambridge 1989.

Martin, R., *Mark: Evangelist and Theologian*, Zondervan, Grand Rapids MI 1974.

Martínez Sánchez, J., *El aprendizaje narrado: El desarrollo humano de Jesús de Nazaret y su efecto en el Evangelio de Marcos*, Alicante 2009: http://rua.ua.es/dspace/handle/10045/14153; Id., *Memoria y esperanza: Los textos sagrados de judíos y cristianos en su contexto*. On line: http://www.cervantesvirtual.com/FichaObra.html?Ref=35178, 2010, 195-446.

Marxsen, W., *El evangelista Marcos. Estudios sobre la historia de la redacción del evangelio* (BEB 33), Sígueme, Salamanca 1981.

Mateos, J., *Los Doce y otros seguidores de Jesús en el evangelio de Marcos*, Cristiandad, Madrid 1982; Id., *Marcos 13. El grupo cristiano en la historia*, Cristiandad, Madrid 1986.

Matera, F. J., *The Kingship of Jesus: Composition and Theology in Mark 15*, Scholars, Chico CA 1982.

Meier, J. P., *Un judío marginal. Nueva visión del Jesús histórico* I-IV, Verbo Divino, Estella 1998-2010.

Meye, R. *Jesus and the Twelve: Discipleship and Revelation in Mark's Gospel*, Erdmans, Grand Rapids 1968.

Miller, S., *Women in Mark's Gospel*, T&T Clark, London 2004.

Minette de Tillesse, G., *Le secret messianique dans l'Evangile de Marc* (LD 47), Paris 1968.

Mitchell, J. L., *Beyond Fear and Silence. A Feminist-Literary Reading of Mark*, Continuum, London 2001.

Moloney, F. J., *Mark: storyteller, interpreter, evangelist*, Hendrickson, Peabody, Mass. 2002.
Morales, J. H., *El Espíritu Santo en San Marcos. Texto y contexto*, Bíblico, Roma 2004.
Myers, C., *Binding the Strong Man: A Political Reading of Mark's Story of Jesus*, Maryknoll, New York 1988.
Nardoni, E., *La transfiguración de Jesus en Marcos*, UCA, Buenos Aires 1977.
Navarro Puerto, M., *Nombrar a las mujeres en Marcos. Transformaciones narrativas*: EstBib 57 (1999) 459-481; Id., *Ungido para la vida. Exégesis narrativa de Mc 14, 3-9 y Jn 12, 1-8* (ABE 36), Estella 1999; Id., *Morir de vida. Mc 16, 1-8: Experiencias de muerte y transformaciones de Resurrección*, Estella 2011.
Neirynck, F., *Jesus and the Sabbath. Some Observations on Mk 2, 27*, en J. Dupont (ed.), *Jésus aux origins de la christologie* (BETL 40), Leuven 1975, 227-270; Id., *Duality in Mark. Contributions to the Study of the Markan Redaction* (BETL 31), Leuven 1972.
Nickelsburg, G., *The Genre and Function of the Markan Passion Nawative*: HTR 73 (1980) 153-184.
Parker, Neil R., *The Marcan portrayal of the «Jewish unbeliever». A function of the Marcan references to Jewish scripture*, Lang, New York 2008.
Peron, G. P., *«Seguitemi! Vi farò diventare pescatori di uomini» (Mc 1, 17). Gli imperativi ed esortativi di Gesù ai discepoli come elementi di un loro cammino formativo*, Biblico, Roma 2000.
Petersen, N., *«Point of View in Mark's Narrative»*: Semeia 12 (1987) 97-121; Id., *The Composition of Mark 4, 1-8, 26*: HTR 73 (1980) 185-217.
Pokorny, P., *Das Markusevangelium. Literarische und theologische Einleitung mit Forschungsbericht* (ANRW 25/3), Berlin 1985.
Pramann, S., *Point of view im Markusevang. Eine Tiefenbohrung* (Europäische Hochschulschriften 23/887), Frankfurt/M. 2008.
Pryke, E. J., *Redactional Style in the Marcan Gospel* (SNTS MonSer 33), Cambridge 1978.
Quesnell, Q., *The Mind of Mark: Interpretation and Method through the Exegesis of Mark 6, 52* (AnBib 38), Rome 1969.
Reploh, K. G., *Markus - Lehrer der Gemeinde. Eine redaktionsgeschichliche Studie zu der Jüngerperikopen des Markusevangeliums* (SBM 9), Stuttgart 1969.
Rhoads, D. y D. Michie, *Marcos como relato*, Sígueme, Salamanca 2002.
Rius Camps, G., *El evangelio de Marcos: etapas de su redacción*, Verbo Divino, Estella 2008; Id., *Le Codex de Bèze. Base indispensable pour une édition de l'Évangile de Marc*: CCO 5 (2008) 255-285.
Rivera, L. F., *El relato de la transfiguración en la redacción del evangelio de Marcos. Exégesis*, Buenos Aires 1975.
Robbins, V. K., *Jesus the Teacher: A socio-rhetorical Interpretation of Mark*, Fortress, Philadelphia 1984.

Robinson, J. M., *The Problem of History in Mark* (SBT 21), London 1971.
Rodríguez C. A. (ed.), *Historia de la investigación marciana en el siglo XX*, en R. Aguirre y A. Rodríguez C. (eds.), *La investigación de los evangelios sinópticos y Hechos de los Apóstoles en el siglo XX*, EVD, Estella 1996, 37-152.
Rose, Ch., *Theologie als Erzählung im Markusevangelium. Eine narratologisch-rezeptionsästhetik Studie zu Mk 1, 1-15* (WUNT 236) Tübingen 2007.
Roskam, H. N., *The purpose of the gospel of Mark in its historical and social context*, Brill, Leiden 2004.
Roure, J., *Jesús y la figura de David en Mc 2, 23-26. Trasfondo bíblico, intertestamentario y rabínico*, Anal. Biblica 124, Rome 1990.
Sabbe, M. (ed.), *L'Évangile selon Marc. Tradition et Rédaction* (BETL 24), Leuven 1974.
Sabin, M. N., *Reopening the Word: Reading Mark as Theology in the Context of Early Judaism*, Oxford UP 2002.
Sanders, E. P., *Jesús y el judaísmo*, Trotta, Madrid 2004.
Santos, S., *Un paso un mundo. Relato novelado sobre el evangelio de Marcos*, Almendro, Córdoba 2009.
Sariola, H., *Markus und das Gesetz. Eine redaktionskritische Untersuchung* (A. A. S. Fennicae. D. Humanarum Litterarum 56), Helsinki 1990.
Schenke, L., *Studien zur Passionsgeschichte des Marktus* (FzB 4), Würzburg 1971.
Schierling, M. J. S., *Woman, Cult, and Miracle Recital. A Redactional Critical Investigation on Mark 5, 24-34*, Bucknell UP, Lewisburg 1990.
Schille, G., *Die Urchristliche Kollegialmission* (ATANT 48), Zürich 1967.
Schmahl, G., *Die Zwölf im Markusevangelium* (TTS 30), Trier 1974.
Schneck, R., *Isaiah in the Gospel of Mark* I-VIII (BIBAL Dissertation Series 1), Vallejo CA 1994.
Scholtissek, K., *Die Vollmacht Jesu. Traditions- und redaktionsgeschichtliche Analysen zu einem Leitmotif markinischer Christologie* (NTAbh 25), Münster 1992.
Schüssler Fiorenza, E., *En Memoria de Ella*, Desclée, Bilbao 1989.
Senior, D., *The Passion of Jesus in the Gospel of Mark*, Glazier, Wilmington 1984.
Standaert, B., *L'Evangile selon Marc. Composition et genre littéraire*, Stichting Studentenpers, Nijmegen 1978.
Steichele, H.-J., *Der leidende Sohn Gottes: Eine Untersuchung einiger alttestamentlicher Motive in der Christologie des Markusevangeliums* (Biblische Untersuchungen 14), Regensburg 1980.
Stemberger, G., *Galilee-Land of Salvation?*, en W. D. Davies, *The Gospel and the Land: Early Christianity and Jewish Territorial Doctrine*, Berkeley 1974, 409-438.
Stock, K., *Boten aus dem Mi-Ihm-Sein* (AnBi 70), Roma 1975.
Tagawa, K., *Miracles et Evangile. La pensée personnelle de l'évangeliste Marc* (EHPhR 62), Paris 1966.
Tannehill, R., *The Disciples in Mark: The Function of a Narrative Role*: JourRel 57 (1977) 286-405.

Telford, W. R., *The Barren Temple and the Withered Tree*, JSNT SupSer 11, Sheffield 1980; Id. (ed.), *The Interpretation of Mark*, Clark, Edinburgh 1995.

Theissen, G., *The Miracle Stories of the Early Christian Tradition* (SNTW), Edinburgh 1983; Id., *Estudios de sociología del cristianismo primitivo*, BEB 51, Sígueme, Salamanca 1985; Id., *Colorido local y contexto histórico en los evangelios. Una contribución a la historia de la tradición sinóptica*, BEB 95, Salamanca 1997; Id., *El Jesús histórico*, Sígueme, Salamanca 1999; Id., *La religión de los primeros cristianos*, Sígueme, Salamanca 2002; Id., *La redacción de los evangelios y la política eclesial*, Verbo Divino, Estella 2003.

Thissen, W., *Erzählung der Befreiung. Eine exegetische Untersuchung zu Mk 2, 1-3, 6* (FzB 21), Würzburg 1976.

Trevijano, R., *Comienzo del evangelio. Estudio sobre el prólogo de Marcos*, Fac. Teología, Burgos 1971.

Trocmé, E., *La Formation de l'Evangile selon Marc* (EHPhR 57), PUF, Paris 1963.

Twelftree, G. H., *Jesus the Exorcist: A Contribution to the Study of the Historical Jesus*, Hendrickson, Peabody Mass. 1993.

Vermes, G., *Jesús el judío*, Muchnik, Madrid [4]1997 (1ª 1977); Id., *La religión de Jesús el judío*, Muchnik, Madrid 1996.

Via, D., *The Ethics of Mark's Gospel in the Middle of Time*, Fortress, Philadelphia 1985.

Vidal, S., *Los tres proyectos de Jesús y el cristianismo naciente* (BEB 110), Sígueme, Salamanca 2003.

Vielhauer, Ph., *Historia de la literatura cristiana primitiva* (BEB 72), Sígueme, Salamanca 1991, 349-373.

Villota, S., *«Palabras sin ocaso». Estudio lingüístico-semántico sobre el valor interpretativo de Mc 13, 28-37*, Bíblico, Roma 2002.

Watts, R., *Isaiah's New Exodus and Mark*, Mohr, Tübingen 1997.

Weeden, Th., *Mark: Traditions in Conflict*, Fortress, Philadelphia 1971.

Williams, J. F., *Other Followers of Jesus. Minor Characters as major Figures in Mark's Gospel* (JSNT SuppSer 102), Sheffield 1994.

Williams, J. G., *Gospel Against Parable: Mark's Language of Mystery* (BLS 12), Sheffield 1985.

Wink, W., *John the Baptist in the Gospel Tradition* (SNTSMS 7), Cambridge 1968.

Winn A., *The purpose of Mark's gospel. An early Christian response to Roman imperial propaganda* (WUNT 246), Mohr, Tübingen 2008.

Wright, N. T., *The NT and the Victory of the People of God I*, SPCK, London 1992; Id., *Jesus and the victory of God II*, SPCK, London 1996; Id., *La resurrección del Hijo de Dios*, Verbo Divino, Estella 2008.

Wuellner, W., *The Meaning of «Fishers of Men»*, Westminster, Philadelphia 1967.

Yabro Collins, A., *Is Mark's Gospel a Life of Jesus? The Question of Genre*, Père Marquette Lecture in Theology, Milwaukee 1990.

Zwick, R., *Montage im Markusevangelium. Studien zu narrativen Organisation del ältesten Jesuserzählung* (SB 18), Stuttgart 1989.

Índice de recuadros

1. Por aparición en el texto

1. La Escritura de Marcos: Antiguo Testamento 17
2. Marcos, un libro de fe 21
3. Imágenes de la Iglesia 26
4. Crítica bíblica y lectura de Marcos 33
5. Quince comentarios fundamentales 39
6. Dios habla a Jesús, una cita compleja (1, 2-3) 48
7. Desierto, punto de partida y espacio de crisis (l, 1-20) 52
8. Juan Bautista, una comunidad alternativa 57
9. Bautismo, visión general 61
10. ¡Tú eres mi Hijo! Generación mesiánica (1, 10-11) 66
11. Satán y Jesús. La gran batalla (1, 12-13) 73
12. Creed en el evangelio. Del amor a la fe (1, 14-15) 90
13. Pesca final, cuatro pescadores (1, 15-20) 97
14. Enseñanza nueva. El poder de Jesús (1, 23.27) 105
15. Presencia del Reino. Signos sacramentales 110
16. Satán, los endemoniados 115
17. Irritado con él… La ira del Cristo (1, 43) 122
18. Un paralítico. Perdón de los pecados (2, 1-12) 129
19. Llamada y mesa compartida (2, 13-17) 135
20. El Reino es Perdón: No he venido a llamar a los justos… (2, 17) 138
21. Tres formas de ayuno (2, 18) 146
22. Copa de Reino. Cinco tipos de vino (2, 22; 14, 25) 147
23. Sábado, un tema humano (2, 23-28) 152
24. Enfermos, curar a los 159
25. Geografía. Lugares de Jesús 164
26. Multitud 172

Índice de recuadros

27.	Proceso vocacional (3, 13-14)	175
28.	Representantes de Jesús (discípulos, seguidores…)	179
29.	Llamada, envío y seguimiento	182
30.	Casa y comunidad de Jesús	186
31.	Jesús y el reino de Satán (3, 23-27)	190
32.	Exorcismos, lucha contra el Diablo (3, 20-35)	194
33.	Familia 1. Visión general	199
34.	Familia 2. Comunidad mesiánica (3, 31-35)	203
35.	Parábolas fundamentales, el evangelio como parábola	206
36.	Grupo de Jesús, símbolos de Iglesia	210
37.	Misterio del Reino. El gran conocimiento (4, 11)	214
38.	Siembra de parábola. Las cuatro tierras (4, 14-20)	217
39.	El Evangelio es Palabra (Mc 4)	221
40.	Misión cristiana, una barca en la tormenta (4, 35-41)	226
41.	Curaciones, salud en la Iglesia	232
42.	Animales: la fauna en Marcos	237
43.	Mujeres en Marcos. Un panorama	240
44.	Hemorroisa, mujer muerta en vida (5, 25-34)	246
45.	Mujeres en Marcos. Identidad cristiana	252
46.	Sinagoga, un lugar conflictivo	255
47.	Identidad de Jesús. Familia y oficio (6, 1-6)	261
48.	Programa misionero (6, 7-13)	270
49.	Misión (6, 7-13; cf. 3, 14-17)	275
50.	Herodías, la que hizo morir al Bautista (6, 17-27)	279
51.	Muerte del Bautista: Herodes y Herodías (6, 17-29)	285
52.	Comida 1. Notas de la «multiplicación» (6, 30-44)	292
53.	Comida 2. Marcos, un libro de alimentos	297
54.	Barco en el lago. Misión cristiana	304
55.	Un modo de comer: fariseos, bautistas, cristianos	308
56.	Presbíteros y tradición	313
57.	Marcos y la cuestión del judaísmo	317
58.	Raíz mala y pecados mortales (7, 21-22)	322
59.	Un sistema de purezas (7, 1-23)	325
60.	La siro-fenicia. Gentiles en Marcos (7, 24-30)	333
61.	Admiración y gozo. Todo lo ha hecho bien (7, 37)	339
62.	Comida 3. Visión general en Marcos	346
63.	No hay señal del «cielo», sino pan de pascua	351
64.	Pan, cuerpo mesiánico	357
65.	Iniciación cristiana, gesto sacramental	363
66.	Nombres y títulos de Jesús	382
67.	Anunciar la pasión, reinterpretar la muerte (8, 31; 9, 31; 10, 32-34)	390

Índice de recuadros

68.	Seguir a Jesús, negarse a sí mismo (8, 34–9, 1)	394
69.	Pedro 1. Textos fundamentales	398
70.	Tabor: experiencia positiva, riesgo elitista (9, 2-8)	401
71.	Retorno de Elías y Resurrección de Jesús (9, 11-13)	404
72.	Jesús transfigurado y niño con demonio mudo (9, 2-29)	409
73.	Milagro del niño con demonio mudo (9, 14-28)	414
74.	Jesús, un magisterio peculiar (9, 30)	419
75.	Un problema grave: organizar el Reino (9, 33-34)	424
76.	Niños 1. Centro de la Iglesia (9, 36-37)	428
77.	Exorcismo y control eclesial, cuestión zebedea (10, 38-40)	432
78.	Los que son «khristou». Nombres de los cristianos (cf. 9, 41)	435
79.	La Iglesia y sus signos (cf. 9, 42-50)	442
80.	Matrimonio 1. Lo que Dios ha unido (10, 1-9)	449
81.	Matrimonio 2. Una visión más amplia	453
82.	Niños 2. Visión general en Marcos	459
83.	Mirándole le amó. Abba, Dios de amor (10, 21)	465
84.	Una llamada: Vende lo que tienes, dáselo a los pobres…(10, 21)	467
85.	Dios, que todo lo puede	472
86.	Los pobres, la gran inversión de Jesús	474
87.	Dar y recibir. El ciento por uno (10, 29-30)	479
88.	Familia 3. La gran abundancia	483
89.	Camino de Jesús y seguimiento	487
90.	Diaconía. No ha venido a que le sirvan sino a servir	495
91.	Fe y seguimiento de Jesús	501
92.	Trama mesiánica: Un esquema de Mc 11–13	504
93.	Jesús ante Jerusalén. Temas abiertos	508
94.	Entrada con asno y con ramos (11, 1-11)	512
95.	Discípulos de Jesús, novedad y crisis	514
96.	Flora. Plantas en Marcos	521
97.	Templo 1. El fin de una teología y de una época	525
98.	Templo 2. Nombres y funciones. Jesús, nuevo templo	530
99.	Oración 1. El poder de la palabra	535
100.	Oración 2. Poder del perdón, más allá del templo (11, 22-26)	539
101.	Dios plantó una viña. Autoridad de Hijo Querido (12, 1-12)	544
102.	Viña de Dios. La piedra que los arquitectos rechazaron (12, 10)	552
103.	Moneda del César ¿moneda de Dios?	556
104.	Cosa de Dios, cosas del César (12, 13-17)	560
105.	Mujer, una experiencia de vida eterna (12, 18-27)	565
106.	Shema Yishrael. Amar a Dios en Israel y el cristianismo (12, 28-34)	570
107.	Hijo de David	577
108.	Escribas, una patología religiosa (12, 38-41)	582

109.	Una viuda ejemplar (12, 41-44)	586
110.	Escatología, los tiempos del final	590
111.	Apocalipsis y Evangelio	595
112.	Espíritu Santo	601
113.	Persecución y entrega	604
114.	Abominación de la Desolación (13, 14)	607
115.	Divisiones en la Iglesia	611
116.	Hijo del Hombre	614
117.	Tiempos y signos finales (13, 33-37)	618
118.	Cuatro pescadores, todos los peces del mar (cf. Jn 21, 1-14)	621
119.	Jesús, un «riesgo» israelita	628
120.	Mujer de la unción, memoria pascual (14, 3-9)	633
121.	Eucaristía de los Doce. Un signo truncado	642
122.	Eucaristía y comidas de Jesús (14, 22-24)	646
123.	Eucaristía y vida cristiana	652
124.	Logion escatológico, la promesa del Reino (14, 25)	655
125.	Oración del huerto (14, 32-42)	664
126.	Judas, una semblanza	669
127.	El joven de la sábana en la noche (14, 51-52)	673
128.	Jesús, el rechazado, y los que le rechazan	677
129.	Juicio de los sacerdotes	683
130.	Pedro 2. Una semblanza	686
131.	Juicio de Pilato. Los actores de la trama (15, 2-15)	693
132.	Condena y muerte de Jesús 1. Principios	696
133.	Ser Mesías, aprender a morir	704
134.	Condena y muerte de Jesús 2. ¿Por qué murió?	710
135.	Cruz de Jesús, amor de Dios en la historia	713
136.	Mujeres y servidoras (15, 40-41)	720
137.	Sepulcro de Jesús. Riesgo de una religión de muerte (15, 47; 16, 1-8)	723
138.	Los «grandes» llamados: cuatro, doce, tres (hombres y mujeres)	729
139.	Galilea, el mundo entero. La misión cristiana	734
140.	Geografía y Teología	738
141.	Libro de uso múltiple. Lecturas de Marcos	749

2. Por orden alfabético
(Entre paréntesisis el número del recuadro)

Abominación de la Desolación (13, 14) (114)
Admiración y gozo. Todo lo ha hecho bien (7, 37) (61)
Animales: la fauna en Marcos (42)

Índice de recuadros

Anunciar la pasión, reinterpretar la muerte (8, 31; 9, 31; 10, 32-34) (67)
Apocalipsis y Evangelio (111)
Barco en el lago. Misión cristiana (54)
Bautismo, visión general (9)
Camino de Jesús y seguimiento (89)
Casa y comunidad de Jesús (30)
Comida 1. Notas de la «multiplicación» (6, 30-44) (52)
Comida 2. Marcos, un libro de alimentos (53)
Comida 3. Visión general en Marcos (62)
Condena y muerte de Jesús 1. Principios (132)
Condena y muerte de Jesús 2. ¿Por qué murió? (134)
Copa de Reino. Cinco tipos de vino (2, 22; 14, 25) (22)
Cosa de Dios, cosas del César (12, 13-17) (104)
Creed en el evangelio. Del amor a la fe (1, 14-15) (12)
Crítica bíblica y lectura de Marcos (4)
Cruz de Jesús, amor de Dios en la historia (135)
Cuatro pescadores, todos los peces del mar (cf. Jn 21, 1-14) (118)
Curaciones, salud en la Iglesia (41)
Dar y recibir. El ciento por uno (10, 29-30) (87)
Desierto, punto de partida y espacio de crisis (l, 1-20) (7)
Diaconía. No ha venido a que le sirvan sino a servir (90)
Dios habla a Jesús, una cita compleja (1, 2-3) (6)
Dios plantó una viña. Autoridad de Hijo Querido (12, 1-12) (101)
Dios, que todo lo puede (85)
Discípulos de Jesús, novedad y crisis (95)
Divisiones en la Iglesia (115)
El Evangelio es Palabra (Mc 4) (39)
El joven de la sábana en la noche (14, 51-52) (127)
El Reino es Perdón: No he venido a llamar a los justos… (2, 17) (20)
Enfermos, curar a los (24)
Enseñanza nueva. El poder de Jesús (1, 23.27) (14)
Entrada con asno y con ramos (11, 1-11) (94)
Escatología, los tiempos del final (110)
Escribas, una patología religiosa (12, 38-41) (108)
Espíritu Santo (112)
Eucaristía de los Doce. Un signo truncado (121)
Eucaristía y comidas de Jesús (14, 22-24) (122)
Eucaristía y vida cristiana (123)
Exorcismo y control eclesial, cuestión zebedea (10, 38-40) (77)
Exorcismos, lucha contra el Diablo (3, 20-35) (32)
Familia 1. Visión general (33)

Familia 2. Comunidad mesiánica (3, 31-35) (34)
Familia 3. La gran abundancia (88)
Fe y seguimiento de Jesús (91)
Flora. Plantas en Marcos (96)
Galilea, el mundo entero. La misión cristiana (139)
Geografía y Teología (149)
Geografía. Lugares de Jesús (25)
Grupo de Jesús, símbolos de Iglesia (36)
Hemorroisa, mujer muerta en vida (5, 25-34) (44)
Herodías, la que hizo morir al Bautista (6, 17-27) (50)
Hijo de David (107)
Hijo del Hombre (116)
Identidad de Jesús. Familia y oficio (6, 1-6) (47)
Imágenes de la Iglesia (3)
Iniciación cristiana, gesto sacramental (65)
Irritado con él… La ira del Cristo (1, 43) (17)
Jesús ante Jerusalén. Temas abiertos (93)
Jesús transfigurado y niño con demonio mudo (9, 2-29) (72)
Jesús y el reino de Satán (3, 23-27) (31)
Jesús, el rechazado, y los que le rechazan (128)
Jesús, un magisterio peculiar (9, 30) (74)
Jesús, un «riesgo» israelita (119)
Juan Bautista, una comunidad alternativa (8)
Judas, una semblanza (126)
Juicio de los sacerdotes (129)
Juicio de Pilato. Los actores de la trama (15, 2-15) (131)
La Escritura de Marcos: Antiguo Testamento (1)
La Iglesia y sus signos (79)
La siro-fenicia. Gentiles en Marcos (7, 24-30) (60)
Libro de uso múltiple. Lecturas de Marcos (141)
Llamada y mesa compartida (2, 13-17) (19)
Llamada, envío y seguimiento (29)
Logion escatológico, la promesa del Reino (14, 25) (124)
Los «grandes» llamados: cuatro, doce, tres (hombres y mujeres) (138)
Los pobres, la gran inversión de Jesús (86)
Los que son «khristou». Nombres de los cristianos (cf. 9, 41) (78)
Marcos y la cuestión del judaísmo (57)
Marcos, un libro de fe (2)
Matrimonio 1. Lo que Dios ha unido (10, 1-9) (80)
Matrimonio 2. Una visión más amplia (81)
Milagro del niño con demonio mudo (9, 14-28) (73)

Índice de recuadros

Mirándole le amó. Abba, Dios de amor 10, 21 (83)
Misión (6, 7-13; cf. 3, 14-17) (49)
Misión cristiana, una barca en la tormenta (4, 35-41) (40)
Misterio del Reino. El gran conocimiento (4, 11) (37)
Moneda del César ¿moneda de Dios? (103)
Muerte del Bautista: Herodes y Herodías (6, 17-29) (51)
Mujer de la unción, memoria pascual (14, 3-9) (120)
Mujer, una experiencia de vida eterna (12, 18-27) (105)
Mujeres en Marcos. Identidad cristiana (45)
Mujeres en Marcos. Un panorama (43)
Mujeres y servidoras (15, 40-41) (136)
Multitud (26)
Niños 1. Centro de la Iglesia (9, 36-37) (76)
Niños 2. Visión general en Marcos (82)
No hay señal del «cielo», sino pan de pascua (63)
Nombres y títulos de Jesús (66)
Oración 1. El poder de la palabra (99)
Oración 2. Poder del perdón, más allá del templo (11, 22-26) (100)
Oración del huerto (14, 32-42) (125)
Pan, cuerpo mesiánico (64)
Parábolas fundamentales, el evangelio como parábola (35)
Pedro 1. Textos fundamentales (69)
Pedro 2. Una semblanza (130)
Persecución y entrega (113)
Pesca final, cuatro pescadores (1, 15-20) (13)
Presbíteros y tradición (56)
Presencia del Reino. Signos sacramentales (15)
Proceso vocacional (3, 13-14) (26)
Programa misionero (6, 7-13) (48)
Quince comentarios fundamentales (5)
Raíz mala y pecados mortales (7, 21-22) (58)
Representantes de Jesús (discípulos, seguidores...) (28)
Retorno de Elías y Resurrección de Jesús (9, 11-13) (71)
Sábado, un tema humano (2, 23-28) (23)
Satán y Jesús. La gran batalla (1, 12-13) (11)
Satán, los endemoniados (16)
Seguir a Jesús, negarse a sí mismo (8, 34-9, 1) (68)
Sepulcro de Jesús. Riesgo de una religión de muerte (15, 47; 16, 1-8) (137)
Ser Mesías, aprender a morir (133)
Shema Yishrael. Amar a Dios en Israel y en el cristianismo (12, 28-34) (106)
Siembra de parábola. Las cuatro tierras (4, 14-20) (38)

Sinagoga, un lugar conflictivo (46)
Tabor: experiencia positiva, riesgo elitista (9, 2-8) (70)
Templo 1. El fin de una teología y de una época (97)
Templo 2. Nombres y funciones. Jesús, nuevo templo (98)
Tiempos y signos finales (13, 33-37) (117)
Trama mesiánica: Un esquema de Mc 11–13 (92)
Tres formas de ayuno (2, 18) (21)
¡Tú eres mi Hijo! Generación mesiánica (1, 10-11) (10)
Un modo de comer: fariseos, bautistas, cristianos (55)
Un paralítico. Perdón de los pecados (2, 1-12) (18)
Un problema grave: organizar el Reino (9, 33-34) (75)
Un sistema de purezas (7, 1-23) (59)
Una llamada: Vende lo que tienes, dáselo a los pobres… (10, 21) (84)
Una viuda ejemplar (12, 41-44) (109)
Viña de Dios. La piedra que los arquitectos rechazaron (12, 10) (102)

3. Por temas

1) *Marcos, interpretación*

    Crítica bíblica y lectura de Marcos
    Dios habla a Jesús, una cita compleja (1, 2-3)
    La Escritura de Marcos: Antiguo Testamento
    Libro de uso múltiple. Lecturas de Marcos
    Marcos y la cuestión del judaísmo
    Marcos, un libro de fe
    Quince comentarios fundamentales

2) *Lugares y cosas*

    Animales: la fauna en Marcos
    Desierto, punto de partida y espacio de crisis (l, 1-20)
    Flora. Plantas en Marcos
    Galilea, el mundo entero. La misión cristiana
    Geografía y Teología
    Geografía. Lugares de Jesús
    Sinagoga, un lugar conflictivo

3) Personajes

Juan Bautista, una comunidad alternativa
El joven de la sábana en la noche (14, 51-52)
Herodías, la que hizo morir al Bautista (6, 17-27)
Judas, una semblanza
Los «grandes» llamados: cuatro, doce, tres (hombres y mujeres)
Muerte del Bautista: Herodes y Herodías (6, 17-29)
Multitud
Pedro 1. Textos fundamentales
Pedro 2. Una semblanza

4) Jesús 1. Vida

Admiración y gozo. Todo lo ha hecho bien (7, 37)
Identidad de Jesús. Familia y oficio (6, 1-6)
Irritado con él... La ira del Cristo (1, 43)
Jesús, el rechazado, y los que le rechazan
Jesús, un «riesgo» israelita
Llamada y mesa compartida (2, 13-17)
Oración del huerto (14, 32-42)
Presbíteros y tradición
Sábado, un tema humano (2, 23-28)
Satán y Jesús. La gran batalla (1, 12-13)
Sepulcro de Jesús. Riesgo de una religión de muerte (15, 47; 16, 1-8)
¡Tú eres mi Hijo! Generación mesiánica (1, 10-11)
Un problema grave: organizar el Reino (9, 33-34)
Un sistema de purezas (7, 1-23)

5) Jesús 2. Títulos y presencia

Diaconía. No ha venido a que le sirvan sino a servir
Dios plantó una viña. Autoridad de Hijo Querido (12, 1-12)
Hijo de David
Hijo del Hombre
Jesús transfigurado y niño con demonio mudo (9, 2-29)
Nombres y títulos de Jesús
Retorno de Elías y Resurrección de Jesús (9, 11-13)
Tabor: experiencia positiva, riesgo elitista (9, 2-8)

6) *Jesús 3. Signos y milagros*

   Comida 3. Visión general en Marcos
   Copa de Reino. Cinco tipos de vino (2, 22; 14, 25)
   Cruz de Jesús, amor de Dios en la historia
   Curaciones, salud en la Iglesia
   Enfermos, curar a los
   La siro-fenicia. Gentiles en Marcos (7, 24-30)
   Milagro del niño con demonio mudo (9, 14-28)
   No hay señal del «cielo», sino pan de pascua
   Ser Mesías, aprender a morir
   Un paralítico. Perdón de los pecados (2, 1-12)
   Jesús y el reino de Satán (3, 23-27)
   Exorcismos, lucha contra el Diablo (3, 20-35)
   Satán, los endemoniados
   Exorcismo y control eclesial, cuestión zebedea (10, 38-40)

7) *Discípulos y seguidores*

   Camino de Jesús y seguimiento
   Discípulos de Jesús, novedad y crisis
   Fe y seguimiento de Jesús
   Llamada, envío y seguimiento
   Mirándole le amó. Abba, Dios de amor (10, 21)
   Misión (6, 7-13; cf. 3, 14-17)
   Persecución y entrega
   Proceso vocacional (3, 13-14)
   Programa misionero (6, 7-13)
   Representantes de Jesús (discípulos, seguidores...)
   Seguir a Jesús, negarse a sí mismo (8, 34–9, 1)
   Una llamada: Vende lo que tienes, dáselo a los pobres... (10, 21)

8) *Mujeres*

   Mujeres en Marcos. Identidad cristiana
   Mujeres en Marcos. Un panorama
   Mujer de la unción, memoria pascual (14, 3-9)
   Hemorroísa, mujer muerta en vida (5, 25-34)
   Mujer, una experiencia de vida eterna (12, 18-27)
   Una viuda ejemplar (12, 41-44)
   Mujeres y servidoras (15, 40-41)

9) *Reino y escatología*

Abominación de la Desolación (13, 14)
Apocalipsis y Evangelio
Cuatro pescadores, todos los peces del mar (cf. Jn 21, 1-14)
El Evangelio es Palabra (Mc 4)
Escatología, los tiempos del final
Espíritu Santo
Logion escatológico, la promesa del Reino (14, 25)
Pesca final, cuatro pescadores (1, 15-20)
Presencia del Reino. Signos sacramentales
Tiempos y signos finales (13, 33-37)

10) *Iglesia, comunidad*

Barco en el lago. Misión cristiana
Casa y comunidad de Jesús
Divisiones en la Iglesia
Familia 1. Visión general
Familia 2. Comunidad mesiánica (3, 31-35)
Familia 3. La gran abundancia
Grupo de Jesús, símbolos de Iglesia
Imágenes de la Iglesia
Iniciación cristiana, gesto sacramental
La Iglesia y sus signos
Los que son «khristou». Nombres de los cristianos (cf. 9, 41)
Misión cristiana, una barca en la tormenta (4, 35-41)
Niños 1. Centro de la Iglesia (9, 36-37)
Niños 2. Visión general en Marcos

11) *Sacramentos y vida cristiana*

Bautismo, visión general
Comida 1. Notas de la «multiplicación» (6, 30-44)
Comida 2. Marcos, un libro de alimentos
Eucaristía de los Doce. Un signo truncado
Eucaristía y comidas de Jesús (14, 22-24)
Eucaristía y vida cristiana
Los pobres, la gran inversión de Jesús
Matrimonio 1. Lo que Dios ha unido (10, 1-9)
Matrimonio 2. Una visión más amplia

Pan, cuerpo mesiánico
Tres formas de ayuno (2, 18)
Un modo de comer: fariseos, bautistas, cristianos

12) *Textos básicos 1. Enseñanza*

Cosa de Dios, cosas del César (12, 13-17)
Creed en el evangelio. Del amor a la fe (1, 14-15)
Dar y recibir. El ciento por uno (10, 29-30)
Dios, que todo lo puede
El Reino es Perdón: No he venido a llamar a los justos... (2, 17)
Enseñanza nueva. El poder de Jesús (1, 23.27)
Jesús, un magisterio peculiar (9, 30)
Misterio del Reino. El gran conocimiento (4, 11)
Moneda del César ¿moneda de Dios?
Oración 1. El poder de la palabra
Oración 2. Poder del perdón, más allá del templo (11, 22-26)
Parábolas fundamentales, el evangelio como parábola
Raíz mala y pecados mortales (7, 21-22)
Shema Yishrael. Amar a Dios en Israel y en el cristianismo (12, 28-34)
Siembra de parábola. Las cuatro tierras (4, 14-20)

13) *Textos básicos 2. Condena y muerte de Jesús*

Anunciar la pasión, reinterpretar la muerte (8, 31; 9, 31; 10, 32-34)
Condena y muerte de Jesús 1. Principios
Condena y muerte de Jesús 2. ¿Por qué murió?
Entrada con asno y con ramos (11, 1-11)
Escribas, una patología religiosa (12, 38-41)
Jesús ante Jerusalén. Temas abiertos
Juicio de los sacerdotes (14, 53-65)
Juicio de Pilato. Los actores de la trama (15, 2-15)
Templo 1. El fin de una teología y de una época
Templo 2. Nombres y funciones. Jesús, nuevo templo
Trama mesiánica: Un esquema de Mc 11-13
Viña de Dios. La piedra que los arquitectos rechazaron (12, 10)

Índice general

Contenido 5
Presentación 7
Introducción 11
   1. Marcos, el primer evangelio escrito 11
   2. Título y contenido 19
   3. Un evangelio para comunidades cristianas 22
   4. Para leer a Marcos. Un método 28
   5. Un evangelio teológico y pastoral. Temas fundamentales 35

División de Marcos 42
Prólogo. Comienzo del Evangelio (1, 1-13) 44
   1. Profeta y precursor eclesial: Juan Bautista (1, 1-8) 44
   2. Bautismo y nacimiento mesiánico: ¡Tú eres mi Hijo! (1, 9-11) 58
   3. Prueba mesiánica: Jesús y el Diablo (1, 12-13) 67

I
GALILEA, EVANGELIO DEL REINO
(1, 14–8, 26)

1. NECESIDAD HUMANA Y MENSAJE DE REINO (1, 14–3, 6) 83

1. Comienzo y vocaciones (1, 14-20) 84
   a) Sumario: mensaje en Galilea (1, 14-15) 84
   b) Pescadores de hombres, los primeros compañeros (1, 16-20) 92
2. Siete paradigmas. Invitados al Reino (1, 21–2, 22) 98
   a) Sinagoga: un espíritu impuro (1, 21-28) 100
   b) Casa de Simón: curación y servicio de la suegra (1, 29-34) 106
   c) Aldeas del entorno. Misión itinerante (1, 35-39) 112

d) Un leproso curado que no va a los sacerdotes (1, 40-45) 116
　　　e) Paralítico en casa. Perdón de los pecados (2, 1-12) 123
　　　f) Vocación del publicano. Iglesia de pecadores (2, 13-17) 130
　　　g) Comunidad en bodas. No es tiempo de ayuno (2, 18-22) 139
　3. Contrapunto judío: disputa sobre el sábado (2, 23–3, 6) 149
　　　a) Sábado y comida: templo y hambre (2, 23-28) 149
　　　b) Sábado y salud: curación por la palabra (3, 1-6) 154

2. ELECCIÓN Y MISIÓN. LA TAREA DE LOS DOCE (3, 7–6, 6a)... 161

1. Convocados: muchos, los Doce, familia (3, 7-35) 164
　　　a) Orilla del mar, todos los pueblos (3, 7-12) 166
　　　b) Montaña de elección, el signo de los Doce (3, 13-19) 173
　　　c) Casa familiar: Iglesia disputada (3, 20-35) 184
　　　　　1. Introducción y estructura básica (3, 20-21) 184
　　　　　2. Dios y Satán. Discusión con los escribas (3, 22-30) 187
　　　　　3. Hermanos, hermanas y madre (3, 21.31-35) 195
2. Siembra de Reino. Parábolas (4, 1-34) 204
　　　a) Introducción (4, 1-2) 205
　　　b) Una siembra y cuatro tierras (4, 3-9) 207
　　　c) División de los hombres, misterio del Reino (4, 10-12) 211
　　　d) Explicación alegórica (4, 13-20) 215
　　　e) Ampliación sapiencial.. 218
　　　f) Dos nuevas parábolas y conclusión 220
3. Misión sanadora (4, 35–5, 43) 223
　　　a) Miedo a la misión. Barca en la tormenta (4, 35-41) 223
　　　b) Geraseno. Violencia y misión cristiana (5, 1-20) 228
　　　c) Dos mujeres. Iglesia y pureza social (5, 21-43) 238
　　　　　1. Jairo, el Archisinagogo (5, 21-24a)... 241
　　　　　2. Mujer con hemorragia, la hemorroisa (5, 24b-34) 242
　　　　　3. La hija del Archisinagogo: impureza y muerte (5, 35-43) 247
　　　d) Profeta sin patria. La sinagoga incrédula (6, 1-6a).............................253

3. MESA COMÚN. SECCIÓN DE LOS PANES (6, 6b-8, 26) 263

1. Introducción. Envío y muerte (6, 6b-30) 265
　　　a) Envío y misión de los Doce (6, 6b-13) 266
　　　b) Pregunta de Herodes y asesinato del Bautista (6, 14-29)...................276
2. Iglesia de los panes I: primer desarrollo (6, 30–7, 37) 287
　　　a) Banquete de Jesús. Doce canastas (6, 30-44) 287
　　　b) Fantasma en la noche. Paso por el mar y curaciones (6, 45-56) 298

c) Pureza y libertad. Discusión sobre las comidas (7, 1-23) 306
      1. Acusación judía. Normas de comida (7, 1-5) 309
      2. Respuesta: mandato de Dios y tradiciones (7, 6-13) 314
      3. Conclusión: ritos de pureza y mesianismo (7, 14-23) 318
   d) Pan de los hijos. Mujer siro-fenicia, maestra de Jesús (7, 24-30) 326
   e) Pan y palabra: el sordomudo catecúmeno (7, 31-37) 334
3. Iglesia de los panes II: profundización y catequesis (8, 1-26) 341
   a) Pan universal. Siete canastas (8, 1-9a) 341
   b) Despedida y paso por el mar (8, 9b-10) 348
   c) Signo de Dios. Disputa con los fariseos (8, 11-13) 348
   d) Un pan en la barca. Signo de Iglesia (8, 14-21) 352
   e) El ciego de Betsaida (8, 22-26) 358

II
CAMINO DE JERUSALÉN. MUERTE DEL CRISTO
(8, 27–15, 47)

1. ANUNCIOS DE MUERTE. CAMINO DE LA IGLESIA
   (8, 27–10, 52) 371

1. Primer anuncio: Transfiguración y salud (8, 27–9, 29) 374
   a) Preámbulo mesiánico: ¿Quién dicen que soy? (8, 27-30) 376
   b) Revelación y llamada: ¡El Hijo del Hombre ha de sufrir!
      (8, 31–9, 1) 384
   c) Experiencia de Tabor, curación del niño mudo (9, 2-29) 395
      1. Transfiguración (9, 2-8) 395
      2. Discusión eclesial (9, 8-13) 402
      3. Milagro del padre incrédulo y del hijo mudo (9, 14-29) 406
2. Segundo anuncio: Tratado de Iglesia (9, 30–10, 31) 415
   a) Introducción. El Hijo del Hombre va a ser entregado (9, 30-32) 416
   b) Principio de Iglesia: niños, alejados, pequeños (9, 33-50) 421
      1. Últimos y primeros. Los niños (9, 33-37) 421
      2. Fuera y dentro. Un exorcista no comunitario (9, 38-41) 429
      3. Grandes y pequeños. Escándalo de Iglesia (9, 42-50) 437
   c) Corazón de la comunidad: matrimonio, nuevamente niños
      (10, 1-16) 443
      1. Sobre las mujeres, los esposos fieles (10, 1-12) 444
      2. Niños de Jesús: el hogar de la Iglesia (10, 13-16) 454
   d) Culminación de Iglesia. Ciento por uno (10, 17-31) 460
      1. Vende lo que tienes: un fracasado (10, 17-22) 461
      2. ¡Hijos! El riesgo de la riqueza (10, 23-27) 468

Índice general

    3. Ratificación: Ciento por uno: riqueza y familia (10, 28-31) 474
3. Tercer anuncio: Inversión del poder y seguimiento (10, 32-52) 484
    a) En el camino. Tercer anuncio (10, 32-34) 485
    b) Iglesia y poder. Los zebedeos (10, 35-45) 489
    c) Un ciego en el camino. Visión y seguimiento (10, 46-52) 496

2. JERUSALÉN, CIUDAD DEL MESÍAS (11, 1–13, 37) 503

1. Templo de Dios, casa de todas las naciones (11, 1–12, 12) 505
    a) Asno de Jesús, signo de Reino: la gran entrada (11, 1-11) 505
    b) Templo de Jerusalén, higuera seca (11, 12-26) 515
        1. Signo, higuera estéril (11, 12-14) 517
        2. Gesto de Jesús, ruina del templo (11, 15-19) 522
        3. Higuera seca, fe salvadora. El verdadero templo (11, 20-25) 531
    c) Autoridad de Jesús: discusión sobre la viña (11, 27–12, 12) 540
        1. Cuestión de autoridad. Jesús interrogado (11, 27-33) 541
        2. Viña de Dios: los renteros y el Hijo (12, 1-12) 546
2. Diálogo en la plaza: César, resurrección y Dios (12, 13-34) 553
    a) La cosa es de Dios: devolved al César lo que es del César
       (12, 13-17) 554
    b) Resurrección y familia: mujer de siete maridos (12, 18-27) 561
    c) El gran mandamiento: Dios y el prójimo (12, 28-34) 566
3. Disputa en la plaza: Hijo de David y dinero de la viuda (12, 35-44) 571
    a) Hijo de David, Señor universal (12, 35-37) 572
    b) Los escribas y la viuda (12, 38-44) 578
4. Discurso escatológico (13, 1-36) 588
    a) Introducción. Los pescadores mesiánicos ante el templo (13, 1-4) ... 592
    b) Violencia final: misión del evangelio (13, 5-13) 597
        1. Contexto: la gran crisis (13, 5-8) 597
        2. Entrega y misión. Presencia del Espíritu Santo (13, 9-11) 598
        3. Hermano contra hermano: Persecución universal (13, 12-13)..... 602
    c) Abominación de la Desolación, venida del Hijo del Hombre
       (13, 14-27) 605
    d) Parábola final: la vigilancia (13, 28-37) 616

3. MUERTE SOLIDARIA. EL MESÍAS CRUCIFICADO
(14, 1–15, 47) 623

1. Momentos de la entrega (14, 1-52) 625
    a) Unción de muerte, anuncio de evangelio (14, 1-11) 626
        1. Sacerdotes y escribas (14, 1-2) 627

       2. La mujer de la unción (14, 3-9) 630
       3. Judas, uno de los Doce (14, 10-11) 636
   b) Última Cena: traición y eucaristía (14, 12-31) 636
       1. Preparación: contexto de pascua (14, 12-17) 639
       2. Cena de traición y entrega. Judas (14, 18-21) 643
       3. Pan y vino. La nueva copa en el Reino (14, 22-26) 645
       4. Escándalo de todos, nuevo encuentro en Galilea (14, 26-31) 657
   c) Getsemaní. Oración del huerto (14, 32-42) 659
   d) Traición y prendimiento. Soledad completa (14, 43-52) 666
       1. Judas (14, 43-45) 667
       2. Prendimiento, una espada. Huida de todos (14, 46-50) 670
       3. Un joven desnudo (14, 51-52) 672
2. Dos juicios y una condena a muerte (14, 53–15, 20) 675
   a) Juicio del Sanedrín: Jesús y Pedro (14, 53-72) 675
       1. Introducción. Jesús y Pedro (14, 53-54) 676
       2. Juicio y condena de Jesús (14, 55-65) 679
       3. Juicio y negación de Pedro (14, 66-72) 684
   b) Juicio de Pilato: el rey de los judíos (15, 1-20) 689
3. Muerte y sepultura (15, 21-47) 698
   a) Crucifixión. Siete signos (15, 21-28) 701
   b) Burlas (15, 29-32) 705
   c) Muerte. El gran grito (15, 33-37) 707
   d) Reacciones (15, 38-39) 712
   e) Mujeres y entierro (15, 40-47) 715

EPÍLOGO. PASCUA, UN FINAL ABIERTO (16, 1-8) 725
   1. Las mujeres van al sepulcro (16, 1-3) 727
   2. El joven de la pascua (16, 4-7) 730
   3. Las mujeres huyen. Un final abierto (16, 8) 735

APÉNDICE. CONCLUSIÓN ECLESIAL
Y EPÍLOGO CANÓNICO (16, 9-20) 740
   1. Conclusión no canónica (Marcos 16 s.n) 741
   2. Epílogo canónico (16, 9-20) 742
       a) Aparición a María Magdalena (16, 9-11) 743
       b) Aparición a los dos caminantes y a los Once (16, 12-14) 744
       c) La gran misión (16, 15-18) 746
       d) Ascensión y cumplimiento de la misión pascual (16, 19-20) 748

Bibliografía 751
Índice de recuadros 764

Como muestra de gratitud por su compra,

visite www.editorialclie.info
y descargue gratis:

"Los 7 nuevos descubrimientos sobre Jesús que nadie te ha contado"

Código:
DESCU24

www.ingramcontent.com/pod-product-compliance
Lightning Source LLC
Chambersburg PA
CBHW010717300426
44114CB00021B/2877